北京市2004年工业工作会

2004年2月11日，北京市工业工作会议召开

- 完成工业总产值（现价）3810.36 亿元
- 完成工业增加值 1012.53 亿元
- 工业产品销售收入 3885.65 亿元
- 实现利润总额 235.29 亿元
- 工业出口交货值 408.41 亿元
- 工业经济效益综合指数(%)158.80

BEIJING INDUSTRY

2003年2月1日，中共中央总书记胡锦涛视察北京供电公司

2004年5月3日，国务院总理温家宝、德国总理施罗德出席奔驰项目协议签字仪式

2003年12月8日，全国政协主席贾庆林视察北一大隈（北京）机床有限公司

2003年4月18日，国务院副总理黄菊、曾培炎视察北京经济技术开发区

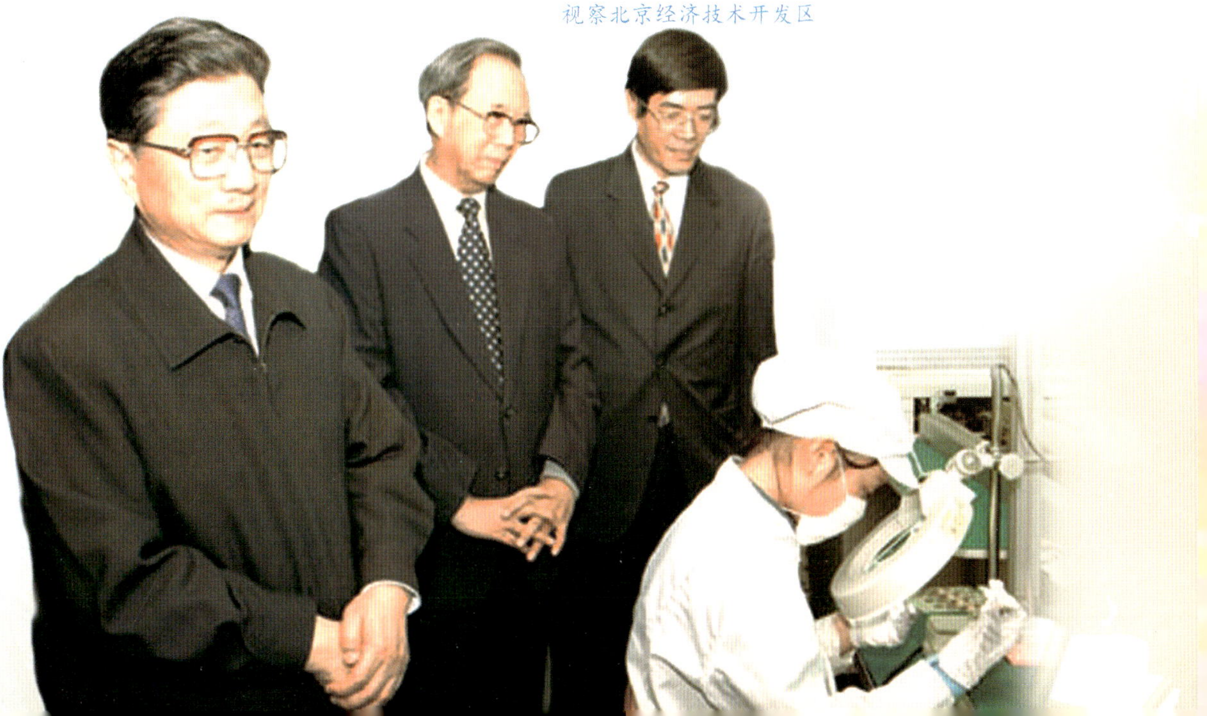

2003年5月12日，国务院副总理曾培炎视察北京现代汽车公司

2003年4月9日，中共中央政治局委员、中组部部长贺国强视察北京现代汽车公司

2003年5月18日，戴姆勒－克莱斯勒股份公司与北京汽车工业控股有限责任公司战略合作框架协议签字仪式

2003 年 9 月 29 日，京东方显示科技园开工仪式

工业促进局局长程连元向市两会代表介绍北京工业情况

2003 年 4 月 28 日，中国清大天达光电设备有限公司与韩国 ON-NURI 电子株式会社合资合作签字仪式

2003年12月23日，北京市委书记刘淇到中芯国际施工现场调研

2003年9月28日，海外专家察看集成电路设计图

2003年12月26日，北京中小型UPS电源市场研讨会

2003 年 12 月 23 日，北京市副市长陆昊在北京现代伊兰特汽车发布会上

2003 年 12 月 8 日，北一大限（北京）机床有限公司开业暨首批产品交付使用仪式

2003 年 10 月 15 日，北京市工业促进局揭牌仪式

2003 年 4 月 2 日，优化工业发展环境新闻发布会

北京工业年鉴

北京市工业促进局　编

IYB 2004

BEIJING INDUSTRY YEAR BOOK

北京燕山出版社

图书在版编目（CIP）数据

北京工业年鉴．2004/北京市工业促进局编．—北京：北京燕山出版社，2004．9

ISBN 7－5402－1631－X

Ⅰ．北...　Ⅱ．北...　Ⅲ．工业经济—北京市—2004—年鉴　Ⅳ．F427．1-54

中国版本图书馆 CIP 数据核字（2004）第 072815 号

《北京工业年鉴》编辑部

北京市朝阳区工体北路 6 号

邮　编：100027

电　话：010　85235624

联系人：刘福林

北京燕山出版社出版发行

北京市东城区灯市口大街 100 号　100006

新　华　书　店　经　销

北　京　世　纪　荣　科　排　版

水利电力出版社印刷厂印制

787×1092 毫米　16 开本　47 印张　1100 千字

2004 年 9 月第 1 版　　2004 年 9 月北京第 1 次印刷

印数：1—2000 册

定价：180．00 元

《北京工业年鉴》编纂委员会

《北京工业年鉴》编辑部

凡　例

一、《北京工业年鉴》由北京市工业促进局编纂，工业各有关单位组稿，每年出版。

二、《北京工业年鉴》编纂以党的基本路线为准绳，坚持实事求是、全面系统的原则，全面反映北京工业的基本情况，如实记载工业取得的成就、经验及教训。

三、《北京工业年鉴》所载内容均经过各级领导的严格审定和有关部门的认真核实。其中文选基本保持原貌。有关数字以北京市统计局提供数据为准。

四、《北京工业年鉴》选用的资料从2003年1月1日到2003年12月31日（“文选”中部分文章例外）。除特殊情况一般不再标明年号。

五、《北京工业年鉴》主要采用文章和条目两种体裁，为阅读方便，以条目体为主，并辅以必要的图表和图片。文字力求简明、扼要、规范，避免空话和套话。

六、《北京工业年鉴》按职能要素和工业单位两种分类方法分类。职能要素反映首都工业发展情况，工业单位如实记载各工业单位的具体情况。

七、2004年《北京工业年鉴》辟有文选、工业大事记、工作概况、工业数据、工业分述、开发区、产业基地、协会组织、重点项目、企业、产品、工业专利、人物、法规政策文件、附录15个一级栏目。

八、“人物”栏目主要领导干部名单，除各区县和其他工业只列主管工业的领导外，其他单位只记载党政正副职领导。“文选”栏目的文章作者一般署行政职务，没有行政职务者署党内职务。

目　　录

文　　选

工业大事记

工作概况

工业数据

工 业 分 述

开 发 区

产业基地

协会组织

重 点 项 目

企 业

产　　品

工业专利

人　　物

法规政策文件

附　　录

彩色插页目录

(北京)机床有限公司、国务院副总理黄菊、曾培炎视察亦庄工业开发区

4 国务院副总理曾培炎视察北京现代汽车公司、中共中央政治局委员中组部部长贺国强视察北京现代汽车公司、戴姆勒-克莱斯勒股份公司与北京汽车工业控股有限责任公司战略合作框架协议签字仪式

5 京东方显示科技园开工仪式、工业促进局局长程连元向市两会代表介绍北京工业情况、中国清大天达光电设备有限公司与韩国 ON-NURI 电子株式会社合资合作签字仪式

6 北京市委书记刘淇到中芯国际施工现场调研、海外专家察看集成电路设计图、北京中小型 UPS 电源市场研讨会

7 北京市副市长陆昊在北京现代伊兰特汽车发布会上、北一大隈(北京)机床有限公司开业暨首批产品交付使用仪式

8 北京市工业促进局揭牌仪式、优化工业发展环境新闻发布会

第二辑

1 北京市领导刘淇、王岐山、国家电网公司总经理赵希正等同志视察度夏工程、220 千伏组合电器高压实验、意大利进口张力机放线工程、北寺 220 千伏变电站

2 国务院副总理黄菊到华北电力调度中心慰问一线职工

3 华北电网成立仪式

4 北京供电公司

5 北京供电公司

6 北京电力建设公司

7 北京电力建设公司

8 首钢集团

9 首钢集团

10 燕山石化

11 燕山石化

12 北京汽车工业控股有限责任公司

13 北京汽车工业控股有限责任公司

14 北京京城机电控股有限责任公司

15 北京京城机电控股有限责任公司

16 北京一轻高级技术学校

17 北京六零八厂

18 北京北国服装有限公司

19 北京光华纺织集团

20 中国北京同仁堂(集团)有限责任公司

21 中国北京同仁堂(集团)有限责任公司

22 北京昊华能源股份公司大安山煤矿

23 北京京煤集团有限责任公司化工厂

24 北京金泰恒业公司京煤四厂

第三辑

1 北京工业经济联合会三届三次理事会、北京企业联合会会长刘克信与首钢总公司董事长朱继民、总经理王青海亲切交谈、企业领导干部系列学习日

2 北京牡丹电子集团有限责任公司

3 北京隆达轻工控股有限责任公司

4 北京兴东方实业有限责任公司

5 北京四环医药科技股份有限公司

6 中国南车集团二七车辆厂

7 中国北车集团北京南口机车车辆机械厂

8 北京中融安全印务公司

9 北七家镇宏翔鸿企业孵化基地

10 北京太空板业股份有限公司

11 北京振利高新技术公司

12 蓬勃发展的河南寨镇工业

13 蓬勃发展的河南寨镇工业

14 北京中道服装服饰有限公司

15 北京圣金龙食品有限公司

16 北京市房山区工业总公司

文　选

努力使首都的工作走在全国前列

北京市代市长　王岐山

当前，我国正处于重要的战略机遇期，全国经济处在发展周期的上升阶段；中共中央做出《关于完善社会主义市场经济体制若干问题的决定》，为进一步解放和发展生产力指明方向；进入筹办奥运会的全面建设阶段，为首都扩大开放加快发展提供了前所未有的历史机遇。

我们必须切实增强责任意识、机遇意识和忧患意识，紧紧抓住、充分利用当前的大好机遇，切实保护好、引导好、发挥好各方面的积极性，全面履行"四个服务"职责，努力使首都的工作走在全国前列。

优化产业结构，转变经济增长方式，促进首都经济持续快速协调健康发展。根据首都经济发展的内在要求，坚持把经济结构的战略性调整作为主线，加快产业结构优化升级，夯实经济增长的基础，扩大经济总量，提高增长质量。

增强高新技术产业的先导地位，强化现代制造业的支撑作用。继续发挥中关村科技园区的带动作用，加快实施《五年上台阶行动纲要》，使之成为制度创新、组织创新、技术创新的综合改革试验区。深入推进"首都二四八重大创新工程"，支持大企业带动中小企业开展专业配套的研发活动，深化科研院所企业化转制，促使企业成为创新主体，形成一批拥有核心技术与自主知识产权的知名产品。

保持软件产业的领先地位，搞好软件产业基地的建设与招商工作。加快振兴现代制造业，支持汽车、微电子、光机电一体化、生物工程和新医药等产业发展，尽快形成多支柱的制造业集群。推动高新技术产业、现代制造业向郊区转移，合理布局，适当集中。积极稳妥地推进传统产业改造调整，扶植发展符合首都特点的都市型工业。全面启动奥运经济促进工作，抓紧建立相关信息服务平台，努力发展适应奥运需求的重点行业和重点产品。

坚持"多予、少取、放活"的方针，加快农村经济发展，促进农民增收。进一步解决好"三农"问题。深化农业结构调整，加大农业基本建设投入，落实现代农业"221行动计划"，推动特色农产品生产向优势产区集中。

积极发展农产品加工业，促进农业科技进步和推广，加强标准化生产和安全食品体系建设，实施产业化经营。积极发展农民专业合作经济组织。加强农村基础设施建设，完成215个行政村的通油路任务。

推进乡镇企业结构调整和体制创新，大力发展农村二、三产业。加快实施山区移民搬迁工程，易地安置采空区和泥石流易发区的险村险户。完善农村土地制度，保障农民对土地承包经营的权利，稳步推进农用地承包经营权流转，促进规模经营。

积极推进集体建设用地使用权流转试点。完善土地征用办法、补偿标准和补偿机制，健全征地与农转非挂钩的制度，维护其应享有的社会保障权利。推进农村集体资产产权制度改革，增强农村经济活力。深化农村税费改革，免征农业税，巩固农民收入增长的良好势头。

充分利用两个市场、两种资源，在更大范围、更宽领域、更高层次上参与国际经济技术合作与竞争。建立符合国际惯例的投资促进体系和管理服务体系，积极扩大对内对外开放，努力把北京建成最具开放性的城市。加快经济技术开发区建设，提高出口加工区管理水平，搞好对外商投资企业的服务。积极吸引国际资本、民间资本以及先进技术和高素质人才，壮大高新技术产业和现代制造业。

完善企业并购法规和操作办法，为中外投资者参与城市基础设施建设和国企改组改造创造条件。广泛吸引跨国公司、国内外金融机构、大企业、大集团来京设立总部、研发中心、营运中心、采购中心，发展总部经济。推进金融、商业、旅游、会展、物流等现代服务业和医疗、教育、文化等重点领域的对外开放，组织实施进一步促进京港更紧密经贸合作的若干措施。

深化外贸体制改革，建立健全内外贸统一的管理机制和贸易促进服务体系，使之互相促进、协调发展。积极应对出口退税政策调整对外贸出口的影响，巩固和提高“大通关”成果，提高加工贸易出口的便利化程度，采取有效措施，确保出口稳步增长。继续搞好“科博会”等大型经贸活动。做好加入世贸组织过渡期的各项应对工作。落实境外投资项目贷款贴息等优惠政策，鼓励和支持有条件的企业向海外发展。

加强同周边省区市的交流与合作，促进环渤海地区经济协调发展，积极参与振兴东北地区等老工业基地和西部大开发。

统筹兼顾，突出重点，在经济体制改革方面取得新的突破。贯彻落实中央和市委关于完善社会主义市场经济体制的决定及意见，加快改革进程，为首都经济社会发展提供强有力的体制保障。深入推进行政管理体制改革，坚持不懈地优化发展环境。

加快政府职能转变，真正将工作重心逐步转到制定规则和标准，强化管理，加强监督和为市场主体提供优质服务上来，进一步推动政企分开、政事分开、政社分开，使政府各职能部门与所办企业和营利性事业单位彻底脱钩。

转变政府投入形式和项目管理模式，建立政府投资监管和评价体系，增强政府投资的引导和放大作用，提高资金使用效益。深化财政管理改革，健全公共财政体系。转变政府资金投向，主要用于公益性和公共基础设施建设、生态环境保护等市场不能有效配置资源的领域,以及对经济结构调整有促进作用的方面。通过专项转移支付,支持南城、郊区和山区发展。

大力发展非公有制经济,积极推进国有资产管理体制和国有企业改革。加快清理和修订限制非公有制经济发展的规定和政策,进一步放宽市场准入,允许非公有资本进入法律法规未禁入的行业和领域,提高非公有制经济在制造业、基础设施和公共事业等领域的比重。

建立健全投资服务体系。完善税收政策,发展适应中小企业需要的多层次金融服务。依法保护私有财产权。提倡具有一定规模的民营企业建立现代企业制度。更多地吸引非国有资本参与国有企业的股份制改造,实现投资主体多元化。深化国有资产管理体制改革,进一步规范和完善国有资产授权经营制度。按照现代企业制度要求,完善法人治理结构。创新国有企业负责人管理体制,分类分层分步下放管理权限。

加强对国有资产的监管,健全监督体系,防止国有资产流失。加快国有经济布局和结构调整。以现代制造业、建筑业、商业、旅游服务业和基础设施等领域的改革为突破口,通过兼并、重组等方式做强一批大公司和大集团。尚未完成改制的国有企业,要加快规范的股份制改造。搞好104户企业的并购工作。运用拍卖、租赁、股份合作等多种方式,进一步放开搞活国有中小企业。认真做好首次经济普查工作。

(摘自2004年2月16日在北京市第十二届人大第二次会议上的政府工作报告,题目为编者所加)

理清思路　明确方向
为做大北京工业经济总量而努力

北京市副市长　陆　昊

第一部分　北京工业过去五年的成绩,发展的基础条件及当前的有利时机

一、北京工业过去五年取得的显著成绩

一是在速度和效益方面有突出的成绩。规模以上工业企业的总产值1998年是1923亿元,2002年达到3094亿元,年均递增速度12.8%;增加值从1998年的614亿元上升到823亿元,这是不低的水平。各类企业,特别是国有控股企业的损益状况有了明显改变。1998年,全市工业企业实现利润48.45亿元,到2002年是152.24亿元。国有和国有控股企业的利润从45.75亿元提高到2002年75.8亿元,很不容易。既有政府的努力,也有企业领导做出的努力。

二是在改革和调整方面取得重大突破。特别是在困难企业退出通道的建立上取得了突出的成绩。过去的几年,我们加大了国有企业改革、改组和改制工作的力度,充分利用国家有关政策,特别是在银行界的支持下,利用债转股的政策,缓解了企业的债务负担。据材料显示,共有18户企业12个项目170.6亿元债务。所有制结构、工业布局结构调整

都有很大的进展。过去五年中，搬迁了125户企业，实施兼并和破产的项目450项，涉及职工人数16.66万人。在北京操作非常不容易。

三是在形成新的经济增长点和大项目推进上有了重要进展。现代汽车，中芯国际、TFT项目、有研硅股、中科镓英等项目都有了重要进展，有的能够今年实现，如现代汽车，有的将在明年和后年发挥重要作用。同时也完成了燕化66万吨乙烯改扩建等重要的技改项目。

四是在区县经济和区县工业区建设方面取得了很大成绩。许多传统农业区域，通过基地建设、招商引资、配合全市经济布局调整，都有了不小的经济总量。占全市经济总量40%。显示了很大的增长潜力。

五是在大力推进改革调整的同时保持了工业战线的稳定。调整兼并破产450个项目，分流职工41.5万人，直接到社会上的是16万人，安全生产保持了多年没有重特大事故的出现。在这种情况下能够保持工业战线的稳定，是非常大的成绩。

二、北京工业进一步发展的良好基础和条件

一是拥有了一定规模的工业经济总量。2002年在全国42个中心城市按照工业经济总量排序，北京排在第四位，上海增加值2196亿元，深圳1010.7亿元，广州891亿元，北京823亿元，后面是天津、无锡、杭州、青岛、南京、重庆。销售收入我们排第五，上海、深圳、天津、广州、北京。按照省、直辖市、自治区来排序，北京工业经济总量排13位，前五名是广东、江苏、山东、浙江、上海。

二是我们的某些产业有了相当的基础。电子信息产业去年总产值达到870.7亿元，销售收入达到980.8亿元，占全市的28%。石化、钢铁、汽车产业都有了一定的经济总量，这些产业的销售额都达到了100亿元以上。

三是在竞争中形成了一批有相当实力和很大潜力的优势企业。全市1~10亿元销售收入的企业308户，这不太重要但却是基础，特别是6、7、8、9亿元销售额的企业处在非常关键的阶段，10~50亿元的企业27户，50~100亿元的企业2户，100亿元以上销售额的企业6户。还要看在产业中的竞争位势。我们在不同量级的、不同产业的产品格局中，都有一些企业位于全国同类产品市场份额的前3名。不能完全看销售额，因为每个产业情况不同，有些销售额虽然不高，但在其产业的竞争中具有很好的位势，这也是非常宝贵的。

四是某些区域在产业基地建设上形成一定的企业聚集效应。亦庄开发区、空港工业区、电子城在吸引大企业方面有了一定的吸引力和聚集效应，中关村科技园区对高新技术成果的创业活动，特别是对留学人员的创业活动有很好的吸引力。这都是重要的基础和条件。

五是经过多年艰苦磨炼，有一批非常宝贵的企业经营者队伍。北京是有人才的，有大腕企业家，不管是民营系统还是国有系统，不管是在企业层面还是在控股公司层面，我们有经营者人才。

三、当前是北京发展工业的有利时机

一是市委市政府对振兴现代制造业高度重视。市九次党代会提出了振兴北京现代制造业的重要决策，这是促进首都经济建设和发展的重大战略决策。市委市政府就进一步振兴现代制造业发了文件，同时还明确要成立以刘淇同志为组长的振兴现代制造业的全市联席会议，这都是非常重要的举措。这个文件对现代制造业的内涵、发展现代制造业的重要意义、指导思想、发展思路、重要目标、重点领域、主要政策和措施都进行了全面阐述，请大家认真学习和领会。

二是市委市政府优化发展环境工作为工业系统发展提供了非常有利的条件，工业系统将是这次活动最大的受益者。市委市政府举行了优化发展环境的大会，市委市政府把2003年作为优化发展环境年，抓住了问题的关键和核心，社会各界也是这样的评价。

三是市委市政府对郊区的发展进行了重新定位，为北京工业发展提供了广阔的空间。首都现代化建设起步在城区，实现在郊区；繁荣要看城区，实力要看郊区；要把郊区建成为首都新的经济增长点。这些思路都是围绕九次党代会提出的重要目标配合提出的，是紧密关联的。

四是奥运和入世为北京工业带来了机遇和挑战。奥运和入世有正面的也有负面的影响。总的讲是有市场机遇，但不一定都是北京企业的，更不一定都发生在北京的国有经济系统，有新的机遇，就会引起社会各界和各类投资者的关注。

当前面临的主要难点和压力有三条：

一是与全国先进地区相比，速度还有压力。过去的五年我们平均速度不错，2002年由于电子信息产业的影响，经过艰苦的努力，增速达到8%，但排序落后，在全国30个省区、直辖市中增速排名是第30名，在全国42个中心城市中排在第39名，这与全国先进地区，特别是与“十六大”后全国出现的快速发展的局面比，我们还有差距。

二是在投资额上的差距。2002年我们总体实际利用外资17亿美元，上海是42亿美元。在制造业中，我们2002年实际利用外资累计只有6.4亿美元，上海是27亿美元。这是后劲问题，必须引起高度关注，采取有力措施。北京总量排在第四位，但我们的后劲有差距。

三是大企业不够多。企业规模不能足够大的话，抗风险能力很低。看看过去五年、十年，许多企业之所以在竞争中不知不觉就消失了或丧失了竞争优势，这和规模有直接的关系。

第二部分　对工业发展有关问题的思考

一、为什么北京要发展工业

北京市要有一定的工业经济总量，至少有以下四方面的原因。

一是直接对GDP的增加作出贡献。现在全市的最大压力、最终的任务是经济总量的问题，胡锦涛总书记视察北京时指出：北京市要在政治、经济、文化、党建、改革、发展、稳定七个方面走在全国的前面。2002年全市GDP是3130亿元人民币，人均3355美元，我们提出的目标是，到2008年全市GDP人均6000美元。假如人口不增长，全市经济总量要有翻番的压力。下一个阶段的翻番是比较难的翻番，我们发展现代制造业的一个直接的贡献是增加全市的经济总量。

二是支撑第三产业的发展。第二产业足够大，可以支撑第三产业发展。东莞和番禺现在五星级大酒店每个地方都有10个以上，很难令人想像。为什么？因为那两个区域都是大面积的制造业区域，也不是都有很高的科技含量。大面积工业区能够支撑10个以上的五星级酒店，营业额和入住率都很高。所以，我觉得搞好第二产业能够支撑第三产业的发展。

三是能够直接解决就业问题。北京不是华盛顿，中国也不是美国，我们的就业压力始终是非常大的。任何一个政府的宏观经济政策都有四个目标：经济增长、物价、就业、国际收支平衡，我们地方政府只考虑前三条。我们二产2002年的就业人数116.7万人。

四是税收问题。对税收的贡献，2002年工业部分为北京市财政做出的贡献是80亿元，1998年是54.8亿元。我们工业其中有一块大税——增值税，去年地方留成部分只有30.1亿元，还有75%要上缴的，不在地方。但工业总的税收量还是比较大的，地方留成与税制有关。

二、北京工业的发展目标

我想目标是四个因素的叠加。

一是要有一定的工业经济总量。不是最大的工业经济总量，因为我们要尊重首都发展的格局和规律。但在基本的格局中，要有一定的工业经济总量，这是通过交流与讨论后得到各方面认同的。外界还是有北京是否要搞工业的不同看法，我们不能忽略外面的看法，因为他们的看法是要影响外面投资者的看法的。我们要与外界讲清楚，通过交流，不少方面也认同北京需要一定的工业经济总量。

二是要有几个有比较优势的、有带动性的产业群体。只有一两个大企业，而没有产业群体，区域经济生命力还不够、还不持久，我们想问题要长远一点。区域中确实需要有那么几个是有区域特征的、有竞争优势的、又有带动性的产业群体，这个目标很重要。

三是在产业当中要有一批在国际国内市场上有竞争力的大企业。这是我们与有些地区比较的主要差距。我们大企业的影响力不够，虽然有，但不多。我们要培育销售额在10亿元、50亿元、100亿元以上的大企业，因为这样的企业抗风险能力强，对区域经济贡献相对长久。

四是要有品牌。地方搞工业，我理解有三个层次：最高层次的目标是既有总量又有自有品牌，如联想、福田、燕京啤酒；第二层次是全球品牌在我们这有分支，有总量，如诺基亚、松下、爱立信等；第三个层次的目标，给人家加工，没有大品牌，只有总量，有增加值、有就业、有税收，这样也行。但层次是不同的。我们追求的目标首先是要有品牌有总量，这也是国家、地方政府和民族所追求的共同目标。有些企业家讲要支持民族工业，这点我是赞同的。我们要考虑竞争，要考虑不同层次的目标。对于企业来讲，首先希望你有品牌又有总量，然后欢迎国际品牌在这有总量，第三个层次也欢迎。为什么大家对青岛的工业很尊重呢？因为有品牌有总量。当它大到一定程度的时候，又有品牌，就有足够的抗风险能力，在产业竞争中处在主动地位。

三、北京工业发展的优势和劣势的分析

分析优势与劣势主要有以下三点考虑：

一是遵循市场经济规律的问题。分析北京地区可能形成的优势产业到底是什么？不宜做大的产业到底是什么？这一点必须说清楚。二是要充分地发挥优势，促进可能发展的产业更快发展。三是采取有力的措施，使不利的方面得到一定程度的改善，或者是根本改善。根本改善不是太容易，但有些方面能得到很大程度的改善。

先看我们的优势（比较一致的看法）：

一是技术、人才优势，为技术密集型产业的发展提供了重要可能性。我想我们比西部地区发展技术密集型产业更有可能性吧。注意短边效应、木桶原理，你一个边短，技术人才密度不够，只是有钱，有地，也不行。

二是市场优势。这要大讲特讲。我个人认为，从营销学的角度给一个定义，是市场中心。要把北京的市场优势说透，要讲它是一个市场中心。有四条理由：第一是足够大的总需求量，北京的社会零售商品销售额去年1744亿元，在全国排名第二，仅次于上海。第二是有非常丰富和密集的各类消费信息，传统工业布局理论不考虑市场信息问题，现在应考虑。第三是有消费示范作用，像MD、MP3、数码相机等新型消费品北京消费者有重要示范作用。第四是在全国的内销市场中居中部，对西北、华北、东北有辐射作用。所以海尔才会与我们谈建立物流中心的问题，这也是意料中的事情。市场中心是工业布局中很重要的因素。市场中心可以支持一批重要企业来你这里发展，比如说：食品、饮料、包装、服装、印刷，凡是以缩短产品生产到消费者使用期限为提高竞争手段的产品，都会在北京选择适合的、一定的发展模式。比如：北京总有国际会议的召开，会议材料的印刷厂建在外地行吗？能满足会议的短期印刷要求吗？所以一定会在北京建厂。所以我特别支持上届市政府提出的北京要发展都市型工业产品。支撑我们发展都市型工业的主要理论依据，还不是技术密集，不是我们的人才优势，是市场中心问题。

三是金融资源的优势。资本供给充足与否，是一个区域工业布局的重要因素。有些理论还特别强调，如果一个区域的资本供给不能持久的话，现存的工业区域也会逐渐消亡。这也是有些省区挖我们金融高手的重要原因，北京有大量的银行和非银行的金融机构的存在，这为各种资本的有效组合提供了非常好的空间。大家要认识到，光有资本没有组合工具也是不行的。没有组合工具也不能直接与产业资本结合，要充分发挥非银行金融机构的作用。为什么我们的金融优势没有充分发挥？一是企业规模不够大，企业搞大之后对金融的要求也会越来越大，与金融界的关系会越来越紧密。金融界肯定永远是喜欢大企业，金融机构更愿意用一天的时间谈成一个100亿元的生意而不是100万元的项目，这是符合市场规律的。二是北京地区的企业比较多地在用经营性方式扩张，而不多用非经营性方式扩张。经营方式扩张指当期销售额增加、当期利润增加、当期生产能力增加、下期销售额增加。但是更要重视非经营方式扩张，就是利用资本市场或者非资本市场一次增加生产能力，一次扩张下期的经营规模。要注意是资本市场或非资本市场，不是所有的非经营方式扩张都要在资本市场上完成，也不是所有的非经营式扩张都要上市。上市在以前可以提高企业的知名度，现在的情况不一样，没有必要只关注上市这一条路，上市在当前情况下还是融资成本相对高的一种方式，因为银行利率低于上市公司平均的净资产收益率要求。

四是城市综合环境优势。这是很多地区所没有的，北京的文化、教育、医疗、社会治安在全国稳居领先地位，关键是要利用这种优势吸引什么样的人来，这种优势是为吸引高素质企业人才、外商、儒商来，不是吸引永远能过苦日子的企业家来，特别是大的外商资本。北京一年有多少场全球最高水平的文艺演出？我去中芯国际谈判，我提出如果开发区的管理机构向你们这些海外高手提供有效的医疗服务、文化服务，你们有没有兴趣？他们是有兴趣的，最近我与多个跨国公司的高级管理人员探讨这个话题，他们也是有兴趣的。关键是我们要把这种优势充分发挥出来。我们的外地驻京机构管理办法公布后，为什么会有这么大的反响？为什么有那么多的外地企业要来北京建立办事机构？还是看中北京的教育水平，不是别的。我们一定要把北京现在已经有的、外地没有的综合优势充分发挥出来。在医疗方面，外企高管可以定期回去做体检，但他们患感冒发烧也会定期吗？如果感冒发烧了，我们这有好的医疗条件能为他们提供。

针对上述的优势，我们大家一起探讨是不是有几类产业在北京有发展机会。

第一类是技术密集型、高新技术产业是有机会的。虽然不是必然，但是有可能发展的。像汽车、石化、电子、医药、机床、仪器仪表等产业，我个人认为这些产业都是典型的技术密集型产业，这些产业在北京发展肯定是有机会的，或者说在北京发展比在相对落后地区发展的可能性更大。

第二类是都市型工业产品，食品、饮料、包装、印刷、服装、家具。比如家具产品，就是当用户确定需求信号后你能用最短的时间提供产品，如果工厂建在外地就来不及；乳制品生产企业也肯定会来北京建立工厂，因为虽然竞争力的因素有价格、设计、成本等很多方面，但有些产品竞争力的标志就是速度，就是产品生产和消费的时间间隔最短。这是由市场中心提供的重要优势。

第三类是有技术含量的民用工业消费品。这实际上是把都市型工业的市场中心优势与技术密集的优势结合起来的一种产品，比如：MD、MP3、商务通、数码相机等产品要做好，必须要建立服务和消费的网点。所以生产这些产品在北京都有机会。

劣势——必须承认社会各界对北京发展制造业还是有不同意见的，不同意见就是对劣势的认识问题。

第一个劣势：比较普遍地认为政府效率低是北京的劣势。这不以我们领导者的意志为转移。对这种劣势的认识要用比较的方法看，不是与北京自身比，比较的方法要横比不能竖比。再怎么解释我们与有些区域比效率是低的，特别是那些高速发展的区域。我认为这就是市委市政府为什么把优化发展环境作为今年工作的重中之重，或者是最根本任务的重要原因。抓好这件工作，工业是直接受益者。

第二个劣势：企业的运行成本是偏高的，主要是土地成本和人工工资。对有些企业来讲，水和气的成本还是偏高的。我认为这个问题也完全有可能改善。土地实际上是政府算账的方法问题，我们有办法用大的资金盘子来平衡。海淀区最近提出了大的平衡方案，是总区域的平衡，不能一块一块地计算。中关村的软件园是1500户拆迁后得到的，你非要这块地很便宜不行，必须是大平衡。一种大平衡是一个时点的横向大平衡，区域内的大平衡。再一个是动态大平衡，不要很多的土地收入，财政给补贴，而下一期的财政不是又收回来了吗？这是很简单的道理，就是动态和静态的问题。同时大家关注房地局今年出台了一系列重大的措施，支撑北京现代制造业发展的土地价格问题。我认为这些文件很有价值，至少把当年企业的一次性现金流量的压力分解了。土地价格对某些企业来讲，不完全是损益表上的压力，是现金流量的压力。而现在可以分期、可以租，就解决了问题。所以，房地局在这些方面有非常有效的措施。各个区县也都在出台一些积极的措施。人工的问题要讲清楚,这是市场竞争的结果,也是市场规律。但我们要做一些适当的、符合市场规律的调节。不要一味地强调,企业特别是一般制造业企业,工资越高,企业就越优秀,不能这样看问题,工资要与企业的竞争结合起来。

第三个劣势:与有些地方比配套能力弱。特别是通过看到长三角、珠三角一望无际的工业厂区,发展空间足够大,我们这个劣势的解决,近期之内是有办法的。是靠区县工业区、靠市委市政府对区县重新的经济定位。据材料显示,目前国家与市级两级开发区,全市有59个,总批复土地210.16平方公里。其中工业用地108.35平方公里,配套用地31.7平方公里,其他65.72平方公里。目前还有可供给的土地面积还有61.15平方公里,做什么项目都够。问题是相对分散,这是近期的问题。中长期解决这个问题还有机会,就是经济学术界很关注的环渤海经济圈的问题,环渤海经济圈为什么没发展起来?我个人有两点认识:一是长三角、珠三角发展势头迅猛,但空间还没满;二是北京和天津的战略定位,如何起到互补作用。能不能双中心这个问题值得探讨。中国的第三个经济圈,出现在环渤海的几率总比出现在西部某个比较封闭区域的几率大。

我们讲优势和劣势的目的是为了找到问题,采取措施,充分发挥优势。静态的劣势可以转化为动态的优势,有些地区劳动力丰富、空间很大,在不知不觉中企业的创新和升级的压力就没有了。中国有些地区就有这些问题。日本就是在一个很小的空间内,逼出了创新和升级的压力和动力,零库存就是日本人发明的。同时指出:要想使这些劣势变成优势,就要让已有的优势充分发挥,来掩盖一个地区可能存在的劣势。这些观点都很深刻,对我们有启发的。

四、扩大经济总量的途径

我们当前面临的主要任务和主要压力是扩大工业经济总量。先谈两个问题。

首先是关于外地经验借鉴的问题。有几个区域的经验值得我们注意和借鉴。

一是近期非常引人注目的苏州和昆山的经验——政府对引进企业提供高效率服务的经验。它绝对不会用7个月的时间审批你的建筑程序。企业会考虑,如果投资决策很急迫,就会选择效率高服务好的。

二是长三角、珠三角的大规模工业配套经验、专业化的经验,比如:在中山,80%的世界灯具在那生产;在长三角,全球很大比例的打火机、袜子、领带都在此生产。大规模的配套导致当地的专业化程度很高。

三是青岛的经验是政府对属地企业低成本高速扩张的有力支持。青岛为什么能搞出5个大规模的企业?既有企业和个人的素质,也有政府动用必要的行政手段支持企业低成本的高速扩张。《经济日报》曾整版报道过青岛的经验。我觉得属地政府有义务和责任用一些符合市场经济规律的手段和办法,把握好时机和从计划经济向市场经济过渡的特点,采取有力措施,给予支持,培育企业发展壮大。

四是对于上海的经验,很值得我们思考的是传统工业经济因素与外部资本有机结合,来完成产业结构调整。为什么这么说?我们北京有的同志不服气,我们当年有很多产品是在全国第一个搞出来的。这是事实,但是不能忘记上海过去的工业经济规模就非常大。由于工业经济规模大,传统工业经济因素很多,比如:上海有100个点,50个垮了,50个起来了,30个搞了合资,10个做大了,3个全行业第一,所以现在有2100亿元的工业经济总量。上海就是大规模传统工业经济因素留下来后,及时地与新的外部资本,特别是外资结合起来。当然上海还在很多工作方面值得我们学习借鉴。

我们在扩大经济总量时要注意的另一个问题是北京现在遇到的问题到底是什么原因?2002年的速度是稍微低了点,但也不是很低了。主要原因是电子信息产业一枝独秀吗?电子信息独秀总比没有秀好,当然产业结构要合理。我赞同市里决定要在光机电一体化、生物工程新医药、汽车等其他产业齐头并举,但我觉得还是有一个问题值得我们大家去思考,就是一个区域的经济增长与一个企业的经济增长是不一样的。不断产生新企业加上旧企业有的被淘汰、有的平稳发展、有的快速发展等四个因素的之和导致一个区域的经济增长;而一个企业的经济增长要么经营方式的扩张,要么非经营方式的扩张。所以从这个角度考虑,北京一定要形成一个不断派生出新企业的机制,这是我们解决问题的一个突破口。按照这样的思考,我觉得我们有四个途径来扩大我们的经济总量。

一是零引入(这是比较形象的说法)。就是原来这里是"零",是一片空地,你来投资。一定要把这一条途径作为我们当前最重要的方式。我为什么要强调时间跨度?我们用10年的时间来看看深圳,用10年的时间看看亦庄,用10年的时间看看空港工业区,是不是零引入的结果?亦庄的发展、空港的发展、苏州工业园的发展、深圳的发展长期看都是零引入的结果。与上海不同,在当地过去没有更多的工业经济因素,但这个地区通过引入发展了。对零引入我们要明确主要主体是各个开发区以及区县的工业区。

二是现有工业经济因素与外部资本的结合。主要是外资和民营资本进入竞争性领域的国有资产体系,与国有资产合作,合资促进,要搞不控股的大合资。只要有传统的经济因素,就可以找到对应的资本结合。我举一个比较极端的假设:张瑞敏很有本事,如果当年去的不是一个电冰箱厂,能有今天的海尔吗?这就说明传统的、现有的经济因素某些时候看是负担,某些时候看也是积极的宝贵的财富,这取决于我们的工作。什么是工业经济因素?品牌是,完整的生产设备体系是,相对完整的专业管理、技术人员和熟练的技术工人都是因素。为什么要讲上海的经验?千万不要把困难企业都看成是包袱,关键是如何转变。我们在国有企业工作的同志都能体会到:我怎么就搞不好,而人到其他企业都能搞起来?这是很典型的问题。主体是控股公司,是现有的国有企业,也包括现有的一些民营企业,请你们也注意。民营企业早期的优势是与国有企业比较而言的,是国有企业的机制不活而你的机制好,当产业内部发生变化的时候,也要引起注意,你的机制优势不在的时候也要注意与有关资本结合和合作的问题。

三是高新技术成果产业化的问题。这是北京独一无二的特点和优势,必须高度重视。10年前,没有人敢说四通、联想、方正会成为今天北京市的支柱企业,谁也不能说今天中关村的一些重要的科技成果10年后就不会形成北京市有重要贡献的产业。比如说:今天的网络计算机芯片、数码相机的芯片技术,你敢说10年后的销售额不能过10亿?50亿?企业一个重要的竞争战略就是技术垄断、技术领先,所以从战略上要高度重视中关村科技成果的产业化问题,这个途径主体是管委会机构和政府有关部门来支持其产业化的过程。它的问题是产业化过程的基本条件许多还没有形成,但最近有重大突破。中关村产权交易所的成立,是风险资本进入后的标准退出通道。没有退出通道,风险资本不可能进入,风险资本不进入,高新技术成果产业化是一句空话。银行的信贷资金不可能支撑大量高风险、高回报的科技成果。因为银行钱对高新技术成果是高风险、固定回报的,这是不对称的。有普遍性的规律是风险资本。

四是现有存量企业的扩张问题。我要特别强调非经营性扩张,这个主体是控股公司和企业。也就是说大家要特别注意利用资本市场和非资本市场进行必要的购并活动、联合活动,这是很重要的。如果只依靠经营性扩张,主体是唯一的,就是企业。

我特别强调的是,我们想问题战略要清晰、要正确,主体要明确,机制要到位。在这四个途径上都必须有主体、有机制,不然又是一句空话。这里所说的机制就是激励机制,引资不引资有什么激励?扩大经济总量不扩大经济总量有什么激励机制?这些问题必须解决,对企业、对政府都一样。

五、政府的作用问题

地方政府的职能是两条,第一是产业促进职能,第二是当前还要履行的所有者职能,就是对国有资产体系的所有者职能。

从产业促进职能的角度考虑,地方政府至少有四项工作要做:

一是通过区域的区位经济比较优势和劣势的分析,从战略上考虑我们的产业政策。产业政策包括几个方面:(1)可能发展哪些产业,而不是必然发展的产业;(2)考虑的时间跨度是5~8年,我们搞产业政策不能再是明年、后年的政策;(3)每个产业竞争格局的策略我要特别强调,每一个产业的竞争格局是有不同特点的,比如说要考虑这个产业供求关系的变化特点,为什么我们对有几个产业给予那么大的希望?我认为医药、汽车,首先不是市委市政府要干,是你这个产业在未来3~5年的时间有增长的空间。轿车最一般的说法今年产量和销量要增加20万辆;医药产业方面,我看医药控股公司的材料非常好,对行业情况的研究很到位,提出有大约20%左右的增长空间。但是产业的竞争还要考虑产业的集中度问题,即这个产业充分竞争的结果。我估计经过5~8年的时间,各个产业的竞争就基本上完全充分了,这就是入世所带来的挑战。有些产业集中度会很高,比如说家电、钢铁、汽车、医药;有的产业不是这种特征,全球的服装业没有一个品牌能占到10%的市场份额,它的产业特点是不一样的。汽车基本是全球跨国公司在中国市场的生产合作性的竞争格局。还要考虑竞争类型,这些产业竞争的理论我们MBA的培训都讲过,是寡头控制局面还是多数企业平分的2%市场垄断竞争的局面?未来产业中企业的所有权性质是什么,是以跨国公司为主体,还是合资为主体?是国有能搞好,还是民营或个体?这也必须想清楚。

产业政策要集中区域的智慧,针对现有企业的特点,深入进行分析,提出引导性的方案。这个工作不能回避,是政府要干的工作。

二是政府还要根据产业政策创造环境和条件,充分发挥区域优势,改变区域劣势。搞工业区是解决我们当前配套能力不足的重要手段。但怎么搞工业区,我们要回答几个基本问题。

企业为什么要聚集?企业一定是单个存在就比聚集起来差?为什么要进你这个工业区?我觉得企业聚集的本质原因是规模效益的问题,首先是开发成本的规模效益,工业区内足够大的开发成本会低于比较小的工业区的加总以后的开发成本，你搞一个十平方公里的跟搞十个一平方公里的工业区总体开发成本前者低，这是第一的。第二如果你开发成本低，就应该体现在对选择你这个区域的企业的供给成本低，借用你的开发区建厂的成本和假如说我单独建厂比应该低。同样含义，环境建设也有规模效益。酒店的问题、公共写字楼的问题、绿地的问题，企业需要，但单个搞总成本高，集中搞，使用率高，价格应该低，企业成本就低。所以工业区的要求要有一定的足够大的面积，这是前提。可见工业区不能太分散，太分散怎么可能出规模效益？不能成规模效益有什么必要搞工业区?! 所以我想工业区可以有边界，但还要有一定的空间，要有足够的面积。那么同时在工业区的问题上还可以考虑一些产业的标准厂房问题，要考虑标准厂房，有些产业不适合，标准厂房可以解决企业入住速度快的问题，可以解决企业现金流量支付的压力问题，可以解决企业的淘汰问题。企业不好了，不租就是了。买了地很麻烦。所以工业区可以有些标准厂房。

统计结果表明，我们现有市区两级工业区 34 个，但是单位土地面积的产出，每公顷土地销售收入亦庄开发区是全市平均水平的 6.7 倍，空港工业区是 4.6 倍；每公顷土地上缴的税金亦庄开发区是全市平均的 8.3 倍，空港工业区是全市的 4.2 倍。肯定有各种因素，但是适当的聚集效益、规模效益，足够大的面积也一定是一个原因，当然与国家政策有关。

*三是不同时期区域经济发展战略要由政府来确定战略主体和机制。*我们工业发展中不干什么、干什么要说清楚，怎么干要说清楚，这是战略。主体要明确，就是哪一件事主要由谁来干要说清楚。机制问题也要确立清楚，就是干了怎么样，不干怎么样，干好了怎么样，干得不好怎么样。这是最基本的问题，我们不能回避。所以政府的重要的作用是要确立不同时期不同区域经济发展的战略、主体、机制。对每一个工业区的引资主体都要有激励机制，是政府管委会也必须有激励机制。如果你是委托一家有政府背景的企业去干这个事，更要有很科学的激励机制。大家知道引资过程当中我们现在通过熟人来做事，没困难就往前拱，遇到困难的时候没有激励机制可能就退了。

*四是政府有重要的义务培育属地企业发展。*政府在促进一个区域经济总量的同时，有培育大企业的任务。这一点青岛做的是比较好的。那么这里我想强调第一是以市场规律为前提培育大企业的。什么是大企业得说清楚，它不是简单的没有关联度的企业产权的简单加总，更不是我们一般意义的控股公司，产品之间的关联度不够大的情况下简单的加总在一起，那不是市场规律的本来意义。第二点我们要明确的是资源要向大企业、好企业集中，向优秀的企业家集中优势资源，实际上市场经济最本质的规律就是一个资源不断配置、配置向优秀人才、配置向优势企业的过程。同时我们不能忘记当前我们处在由计划经济向市场经济过渡的过程当中，政府在促进资源优化配置的过程当中负有不可推卸的责任。第三点按照市场规律扩张，请大家注意，并购方式就是非经营方式。我们明确讲，只要企业发展需要，你需要在外地扩张你不必有压力。我去过很多的企业都在摸我的底，在外地如果收购的企业能够迅速增强你的市场份额，你就收购外地的企业；如果在北京成本低，收购北京的企业。我们支持企业按照符合市场规律的方式扩张，这点请大家放心。燕京啤酒、双鹤药业、汇源果汁都做了很多这样的扩张，他们不那样干，能有今天这样的局面吗？

同时要明确我们支持企业的四条标准：一是企业本身所处的产业要有充分大的总需求，风险不能太大。二是产业有成长性，如汽车和医药。政府为什么要这么支持，是因为看到它的成长性。有些产业总需求的增长是很难的，但现在也确有几个产业总需求的增长有很好的空间，要抓住机会。三是看企业份额的排名，一定要看在同类产品领域份额中所处的排名，当然要考虑关联度，有一定关联度的产品都算。四是看企业的所有权性质是否与未来的竞争格局相吻合。如果我们判断你所在产业的未来的主要格局主体是跨国公司分天下的格局，我们就不会随意地支持作为一个独立完整的国有独资企业进一步发展，个案除外。你如果真的做大做起来了，真到了能与跨国公司拼一下的时候，那我们支持。

以上四条是从政府产业政策职能的角度要考虑的问题。

从所有者职能的角度考虑，我们主要是通过对国有企业和国有资产经营体系的改革，属地国有企业或者壮大或者退出，没有绝对的标准，不是说哪个产业必须退出，没有绝对的标准，不是每一个企业都得退出，谁能壮大就壮大，不能壮大或者已经看出并没有路径的，可能要考虑退出的问题。

六、请企业考虑的问题

第一，关于改革问题。企业改机制的标准，不要跟本地区本行业本控股公司系统内部比是否领先，要看你所处的那个产业领域内效率最高的企业是什么机制。钢铁就跟钢铁比，汽车就跟汽车比，不要在北京市内比来比去。电子在这方面有预见性，虽然在北京地区电子领先，但是发现有很多产品在很多系统、很多企业都是经营者持股的竞争机制，你就有压力，这是对的。

企业的产权的实现方式也要跟产业格局的演变结合起来。改革的形式不是最重要的，本质最重要。我们一批制造业的企业规模不太大，改成公司制以后，董事长、总经理分设。制造业企业当中最难的一个问题就是生产销售和财务决策当中的矛盾。一年到头没有太多的投资决策，董事长干什么，这就要考虑了。我觉得这个问题应该灵活多样。要抓本质。我们下次再开一个研讨班来讨论这个问题。改革的核心问题我想再强调一下，是企业的激励问题，是企业的效率问题。同时，对一部分国有企业来说改慢了就不需要改革了，就需要考虑退出的问题了，是因为改慢了错过了机会，不太好救。所以对现在发展比较好的企业，决不能小富即安，政府也不允许这样的国有企业继续小富即安。

第二，关于管理问题。一是管理要科学。主要是内部的运行流程要科学，激励要科学。比如说工资问题，我们不能回避的，工资是分两部分走的：一部分进管理费用，一部分进生产成本。走生产成本的工资叫变动成本，是随产量变动而变动的成本，不是随利润变动而变动的成本，所以基本的主体产业工人的工资，我觉得按照我们的现实情况分三块：第一块是基本的，固定的，比例不宜太大，好企业也不能太大。第二部分是随产量变动而变动的，是随着他的直接工作劳动成果变动而变动的，这是制造业当中生产成本的本意。第三块结合我们国有企业国情，跟效益变动而变动，你这会儿效益好了能多发，大家振奋；效益不好的及时减下来，这是企业竞争基本规律。二是一定要抓住最基础的问题和环节。我要强调这个事，管理不要赶时髦，虽然现在有很多很新的提法，一定抓住最基础的。比如，企业管理就有一件事要管好，账目相符，没有账目相符的管理，信息化、ERP无从谈起。

三是管理要严格。什么叫严格？我解释一下，谁违背了管理规则要处罚，要狠。我特别拜托国有企业的领导把这些话讲给企业职工。企业是社会化大生产，这是马克思说的。什么叫社会化大生产？每个人的贡献和其他人的贡献紧密相关，你违背了管理规则造成重大损失，我不处罚你，怎么对得起那些努力工作的职工？管理严格不是句空话。国有企业要过的关就在这，什么企业这关过不去都是不行的。

第三，技术开发问题。一是支持企业特别是大企业，投入开发那些具有开发市场前景的，有自主知识产权的产品研发活动。我们在这个方面已有不少行业创出了很好的成果，如电子、福田等。你具备一定实力，有市场前景就干。二是研发的时候注意一下研发的竞争强度和对手对市场的控制力，扬长避短，这也是非常中肯的意见请大家考虑。为什么我们全力支持李德磊网络计算机芯片，如果李德磊干的是 PC 机芯片，我们就要考虑竞争问题。再有水平也要考虑竞争的因素。要考虑对手对市场的控制能力。三是要注意替代产品和相关技术的发展节奏。四是注意技术是可以买的，可以合作的。五是功能一定要实用、要适当。功能的事情在技术研发时，不能只听工程师的，一定要听企业领导者的。有些工程师是从技术先进性角度考虑研发途径的，但这一定要凭企业家判断，你这个技术是不是实用。这点我特别提出请大家学习联想。联想的研发过程，非常适用。

第四，关于营销问题。我很惊讶的是，业内业外的许多人士都说我们北京的企业不太注意营销。一要考虑营销的系统性和战略性。一定要抓住产品在市场的推广过程中最本质的问题，我们有些大企业有硬伤。二要注意营销管理是典型的不确定性的管理，激励设计是非常重要的，变动收入应该占比较大的比重。三是董事会和总经理要在不同层面关注营销问题。所以我觉得现代汽车前段提出，由董事会层面来关注汽车进入中国市场的总体战略是正确的。四是市场布局合理性是非常非常重要的。既要考虑地区需求总量，还要考虑地区的竞争强度，还要考虑地区消费者的心理特征。五是在合资企业中中方人员要在营销方案方面提出有效建议，发挥特长。我们发现，在一些重要的合资企业中营销方案上完全由外方管理，对消费者习惯和文化方式不够熟悉，一看就有问题。最后一点在下一步培训中，要特别注意同行业或相关行业营销的理论与实际相结合的培训。这点我觉得还是要学习联想、学习福田、学习燕京啤酒。这是我说的第二部分。

第三部分　关于今年工作

一、确保全年工业经济总量指标的完成

每一个历史阶段，政府对发展都有不同的目标。过去五年中央要求三年国有企业改革脱困，所以那一段时间我们把利润指标作为重要的改革脱困的目标来实现。目前这个任务按照中央的要求已基本完成。今年的经济指标这样下，第一，对控股公司我们有明确的考核指标，今年就二条考核指标，相关的工业经济总量和引资额，考核与你相关的全部的企业的增加值和销售额，增加值是主，销售额是辅。控股不控股都计算。不再考察你的资产总额。相关的工业经济总量，这是考核指标，硬的指标。另一条要考核引资额有多少。约束条件有一条，就是不能亏损，总体不亏损，或者总体控亏，对区县我们今年下达指导性指标。这些指标都是区县人大会通过的工业指导性指标。但是，经委、规委、房地局

和农委要联合考核区县的工业区的土地利用效率，要努力提高我们的土地利用效率。对中央在京企业不再下指标，但你们情况要及时通报，同时把我们的希望客观地讲给大家。因为属地政府有这样的服务职能，同时也是依靠大家。第二点考虑就是我们对各个部门的引资动作和数额要在工作中落实。第三原定的今年新拔起来的项目虽然不太多，但必须按时投产，不能随意拖延。特别是我们的工业搬迁调整项目，不能随意拖延。说到底，我们的考核就是要把贡献说清楚。比如说，企业通过经营方式扩张，增加了控股公司的总额，贡献在厂长。经济总量增加很多是靠新的投资因素增加的，贡献在控股公司。说区县也是，哪些是你引资的，带来的区县经济增长。哪些是这个企业家做出的努力。中央企业也是一样。你通过存量的上升，我们敬佩。你在北京增加了投资，我们很领情。

二、坚决贯彻市委市政府的决定，做好优化发展环境工作

一是经委要解决好自己的问题，能不审批的东西绝对不要再审批，经委要带头解决好这个问题。同时经委有个任务，要高度关注在企业设立阶段、运行阶段和发展阶段存在的问题以及各个部门对这些问题解决的结果，及时通报给企业，也及时与政府各个部门配合，提出有关建议，这是对经委的要求。

二是要高度关注外地投资企业、中央在京企业投资中遇到的共性问题。比如说外地来京企业普遍有要求，如何得到信贷的支持，信贷的支持方式很体面，很和谐，这个问题我们要好好研究。外地企业领导在当地都是人大代表、政协委员，到你这儿来了，怎么做，人家说得很诚恳，我觉得这个也需要我们帮助解决。

三是初步考虑由投资促进局作为协调民营、外资、外地来京、中央企业，遇到政府各类麻烦问题的总代理结构。

四是我们建议区县一定要有各个工业区的代理服务机构。在我们整体环境还没有改变的条件下，要由这个机构来代理。把目前在政府内部暂时存在还没有完全解决的问题进行协调。

三、进一步加强产业促进组织和功能

一是要构建专业化的产业促进组织。我们必须有专业化的产业促进组织来促进北京几个有优势的产业发展，而且是政府性质的。现在工业控股公司的局级干部197名，在整个的格局中，他们主要的职能是所有者职能，我们希望在下一步改革调整中，要充实对产业促进的力量。

二是要充分发挥现有各个协会组织的作用，特别是要与中央有关专业性行业协会组织加强联系，充分利用他们与外商和外地企业的关系吸引投资。协会组织有许多老同志，经验丰富，也很有事业心。要研究协会组织如何在促进产业发展方面起重要作用。

三是产业促进组织的重要职责是要研究在整个产业政策清晰的情况下，必须拿出一张单子，这张单子是我们今后的工作节奏。行业中领先的跨国公司都是谁？多少跨国公司在几年之内有可能在亚洲地区有扩张意愿？多少跨国公司到北京来发展？我们拉出单子，主动与他联系。同时还要搞清楚全国的大企业谁有可能在北京发展。我们每年写信多少？面对面的交流多少？重点拉了几户？这个事必须由产业组织、协会、控股公司、区县共同打团体战。现在很多事情市委市政府主要领导同志非常敏感，一看报纸登了有一个机床展，要求我们迅速关注跟这些企业结合的可能性。如果我们现在产业促进组织更加专业化，他就会想这个问题。今天我们还捎上一句话，控股公司局级干部以后出国没有引资的工作，我们不会批准。控股公司领导出国必须跟引资工作结合起来，你干什么都成，还得带一个任务，引资，跟谁谈判，因为面对面的交流和谈判是非常重要的，任何生意和合作，都建立在人与人交流的基础之上，这点大家一定要注意。

四是区县要明确搞引资工作的主体是公司还是管委会，要把激励机制和土地利用问题考虑好。

五是我们希望全市有很多工作的主体都要抓引资、促合作、求发展。这是市里迫切希望形成的局面。我们要有多个主体在抓引资促合作，同时市里也要拿出一定的财力奖励在引资方面有突出贡献的个人和组织。

四、国有资产管理体系和国有企业改革的问题

一是关于控股公司的问题。控股公司在过去的改革发展工作中作出极其重要的贡献，这是毫无疑问的。随着中央提出的国有资产管理体系的改革，我们也要按照中央的要求和统一部署，拿出实施办法。

二是关于国有企业改革方面，要把培育大企业当作一个突出的任务来抓。第一是要出台一个支持大企业发展的政府文件。第二要强调优势资源按照市场规律集中到优质企业和优秀企业家身上。我们特别盼望这些职业企业家有激情。有一些企业的领导激情不够。有激情的企业家每天都想着扩张扩张再扩张，从来没有自满的时候。要扩张，就是不甘心今天这个局面，能提高一个百分点就提高一个百分点，抓到一切可能的机会。这样的企业家值得我们尊敬。企业家是种特殊的人才，他和我们四平八稳，稳重有余不一样。当然有需要你考虑问题全面，但要有激情。第三点要支持企业的购并、包括行政性购并。我今天要明确讲这个问题，决不容许国有企业小富即安。民营企业你怎么安我无权管。如果由于认识上的问题抵制了我们改革的进程和企业合理的按照市场规律的组合和发展，采取组织手段。

三是关于国有企业改革退出方面。一是关于外资和民营企业并购国有企业的问题。一要选择好竞争性领域，二要拿好的或比较好的，这都是市委市政府主要领导多次批示当中提到的意见。为了解决好这个问题，有两个很重要的技术问题要好好解决，第一就是关于国有资产评估过程中资产的账面价值与评估价值和交易价值没有完全吻合的问题。本质上说做买卖是由供求双方决定的，除非你不想做成。只要是想做成这买卖，供求决定价格，就是交易价格。现在的交易价格与账面价格，特别是评估价格，总是还有一定的误差。要细化到完全可以操作。第二个要解决的技术性问题是关于企业人向社会人转变的问题。特别要注意新情况，可能是一个还比较好的、正在运转的、万八千收入的企业职工，现在一次性购并后富余职工怎么分流，有普遍性方法转移分流出来，这就是今年的新问题新要求。不是那些已经长期停产扭亏无望，三五年你都拿不了生活费，现在你突然给他一把钱走了，还挺高兴的，不是这类企业，这个要注意。同时退的方面我们坚持破产的力度不能减。把这些要破产的和购并的有机结合在一起。

五、关于加强区县工业区建设的问题

区县工业区是我们进行“零引入”的重要主体，是一张重要的工作王牌。一是最近专门开一个会议，来研究机制问题、考核问题、土地利用问题、规划问题等等。二是请大家一定要珍惜宝贵的土地资源，区县政府必须对土地资源利用有要求，要么是单位面积用工有个标准，要么就是单位土地面积税收，要么就是单位土地面积增加值有个标准。根据你的要求必须有标准。

六、党的工作问题

一是总目标是什么。企业党的工作总目标，总体而言就是要支持改革、促进发展、保持稳定。

二是工作的抓手我要提一下。两个方面，第一点思想观念问题，第二点控制力问题。一定要把影响发展的思想观念，不管在哪个层面都把它彻底暴露出来，有针对性地把大道理讲成小道理，多讲市场经济规律的道理，多讲政府应该发挥必要作用的道理。国有企业再困难一部分人还可以过，少数人还可以过小日子。但是小富即安的问题要解决，几位管过工业的领导，都给我讲过这个观点。你要真干一辈子也行，我又怕你这个厂长不干一辈子，你小富即安，安5年你一走了之，怎么办。所以我们要从机制上来解决。观念问题是核心问题，经委层面、工委层面有什么观念问题？控股公司层面、企业领导有什么观念问题？职工思想观念有什么问题？把观念问题充分暴露出来，而且不能回避这个问题。第二点就是控制力。控制力是指我们对稳定问题的把握。一个厂出台改革措施，有些人围了厂长、找了党委就算是不稳定？不是这样的，只要我们有控制能力来解决这个问题，国有企业改革面临这么大的难题压力，同时大家也要看到在全国总形势下，国有企业改革已经迈出一系列重要步伐，现在我们总比十年前推进纯国有企业改革要好得多，但是很多企业有一些很落后的观念，不能回避单个企业存在观念问题。所以这些问题的解决要通过思想观念和控制力，两个抓手把它解决。

三是明确我们的工作任务。支持经济工作最后要提培育出大企业，培育出职业企业家，吸引优秀人才在工业系统工作，这就是检验的标准。今年中央组织工作会有一个重大的转变，叫“党管人才”，所以我们把这两个任务加进去。经济工作发展了，促成了招商引资，培育了大企业，当然招商引资主要是行政领域的重要任务。不能把引资的活都下达给党委书记、工会主席。

最后一点，注意从总体上把握一下方法，努力把政治准则的方法和市场准则的管理方法有机结合起来。既不能简单地偏重于政治准则，也不能简单地偏重于市场准则，一些民营企业完全可以采用市场准则。在我们国有企业改革推进当中，是不能简单模仿的。因此必须把这两点把握好、结合好，不偏向于任何一方。

（摘自2003年4月9日在振兴北京现代制造业大会上的讲话，题目为编者所加）

明确重点　坚定信心
促进北京工业持续健康快速发展

北京市工业促进局局长　程连元

北京市工业促进局
局长　程连元

在市委市政府的直接领导下，按照《北京市人民政府机构改革方案》的要求，北京市工业促进局于2003年10月15日组建完毕，对外正式挂牌，标志着北京市在探索政府行政体制改革，建立服务型政府方面迈出了新的步伐。今天是全市工业工作会，也是工业促进局成立以来召开的第一次大会，刚才五个单位从各自不同的角度介绍了发展工业，做大经济总量的基本经验。这证明了通过零引入、有效利用传统经济因素与外来资本结合、加速高新技术成果的转化以及通过非经营性扩张等工作，对迅速提升北京工业经济总量确是行之有效的途径，值得工业各个单位学习和借鉴。下面，我借这个机会，通报一下去年工业经济总体情况，并就工业促进局如何开展工作和大家做一次交流。

一、2003年工业经济运行情况和主要特点

(一)工业经济快速增长，经济效益显著提高

2003年全市工业实现快速增长，全年工业增加值首次突破千亿元，达到1017.3亿元，同比增长12%，对全市GDP增长的贡献率达到33.2%。其中规模以上企业累计完成工业增加值970.8亿元，同比增长12.3%；完成不变价工业总产值3618.5亿元，同比增长15.9%。高新技术产业完成增加值314.1亿元，同比增长7.1%；占全市工业的比重达到30.9%，同比增加2个百分点。完成出口交货值408.7亿元，同比增长16.2%；累计产销率98.2%，比同期提高1个百分点。2003年的工业经济运行呈现出几个特点：

1.全面增长，重点突出。全市工业2003年重点跟踪的九大行业呈现全面增长。电子信息行业实现现价产值909.8亿元，同比增长2%，实现恢复性增长；石油化工、钢铁、机械制造业分别实现现价工业总产值482.8亿元、349.3亿元和366亿元，对工业增长的贡献率分别达到13.1%、12.1%和10.5%。交通运输设备制造业实现产值429.6亿元，对工业增长贡献率达到37.9%。其中现代汽车、北汽福田、吉普汽车和汽车有限公司的贡献率分别为16%、13%、3.6%、1.1%。

各控股公司(除化工外)全面增长。按现价口径计算，2003年汽车控股全面扭亏，产值累计增幅达165.3%；电控产值增长23%；隆达增长32.6%；机电增长39.8%；京仪增长24.4%；同仁堂增长14%；医药增长15.7%；一轻增长15.2%；首钢增长26.3%；金隅增长10.6%；纺织增长11.9%；兴东方与同期基本持平。各控股公司合计比去年增长42.6%，

对全市工业增长贡献率达63.3%。

各区域工业经济全面增长。按区域经济统计口径，大部分区县增幅在两位数以上。对全市工业增长贡献率在10%以上的区域分别是顺义28.9%、昌平16%、朝阳14.6%、石景山13.4%。

2.结构改善，多点支撑。工业结构调整力度加大，电子信息一枝独秀局面开始改变。交通运输设备制造业产值占全市工业的比重上升4.3个百分点，电子、石化行业所占比重合计下降3.7个百分点。交通运输设备制造业占比重由原来的第五位（占7.4%）跃升到第三位（占11.7%），成为主导行业之一。市九次党代会明确的重点发展4大产业中的电子信息和汽车两大产业已成为本市主导产业，开始形成互为支撑局面。

3.质量提高，效益改善。经济效益稳步提高。全年实现销售收入3733亿元，同比增长17.2%；实现利润220亿元，同比增长40.6%，高于销售收入增长23.4个百分点；实现利税404.6亿元，增长31.6%；经济效益综合指数155.4%，同比上升了19.1个百分点。

（二）重点项目取得进展，技改投入高速增长，工业后劲增强

2003年全市工业投资增长迅速。全市工业投资完成164.6亿元，比上年同期增长19.7%，其中更新改造投资92.4亿元，同比增长58.6%。工业利用外资成效显著。全市新批外商投资工业企业494家，外商实际直接投资额7.4亿美元，同比增长35.1%。其中，工业总投资千万美元以上的新批项目有38个。

随着现代汽车一期项目的达产、北京吉普的新产品投放市场、北汽福田中重型卡车等产品的量产，以及一批零部件企业的投产，汽车产业重新成为新的经济增长点。2003年北京汽车呈现快速增长势头，福田车辆股份完成产值132.3亿元，同比增加63.8亿元；现代汽车完成产值96.8亿元；吉普公司完成产值35.3亿元，同比增加22.8亿元。北汽控股共完成现价产值293亿元，对全市工业增长的贡献率达到37.8%，充分体现了汽车产业的拉动作用。

电子信息产业重点项目进展顺利。中芯国际12英寸集成电路项目厂房建设基本完成，准备进入设备安装，预计今年上半年投入试生产；京东方于2003年1月完成韩国现代显示技术株式会社TFT－LCD全部资产的收购，开始在北京筹备TFT－LCD第五代线的建设工作；银税一体机、网络计算机、IC卡等领域的产业化工作取得显著进展。装备制造业开始重新崛起，北一大限数控机床、北起多田野等项目顺利投产。首钢结构调整积极推进，彩涂板生产线一次热试成功。20亿元可转换公司债券成功发行，将进一步加速首钢产业结构调整进程。

（三）基地建设全面推进，产业布局相对集中

顺义汽车城市政设施建设2002年6月全面启动，已完成主体道路及部分市政管线的建设。入驻汽车城的零部件企业已有19家，投资总额为18.1亿元。摩比斯零部件、海斯克钢板公司、延峰伟世通内饰件等项目均已开工建设，项目总投资为11.13亿元。平谷、怀柔、密云、昌平等零部件园区的建设也在积极推进当中。

微电子产业基地发展迅速。中芯国际、京东方TFT－LCD等入区项目顺利进展，有研硅股、中科镓英、砷化镓外延材料生产线等项目均进入设备安装调试阶段。

生物医药基地2003年共投资4亿元，完成了起步区3.55平方公里的基础设施建设，开始进入大规模招商引资阶段。已签约入区医药项目18项，总投资近30亿元。

光机电一体化产业基地2003年投入建设资金7373万元，是2002年同期投入的2.17倍，基地已实现七通一平。已引进企业16家，协议投资总额82.75亿元。北京东南压铸有限公司、韩国FLANGE工业株式会社等一批著名企业入驻基地，已有10家企业开工建设。

二、明确奋斗目标，发挥促进职能

市九次党代会提出振兴北京现代制造业，这是市委市政府按照党的“十六大”精神，坚持把发展作为第一要务，促进首都经济建设和发展的重大战略决策。北京在推进信息化、完成工业化、实现现代化的过程中，优先并着力发展具有高技术含量、高附加值、对经济增长带动度大的环境友好型的现代制造业，既是顺应经济全球化和世界制造业向中国转移趋势的需要，也是加快首都经济发展、产业结构优化升级以及环境保护的需要。

大力振兴现代制造业，是首都经济战略在新世纪的延伸和拓展。经过改革开放20多年的建设和发展，北京制造业已经形成相当的规模，在全市经济中占有重要的地位，是支撑首都经济发展的重要产业部门、地方财政收入的重要来源、外贸出口的重要领域、解决城乡居民就业的重要渠道，发挥着其他产业无法替代的作用。但是，北京制造业的发展状况，在制造业规模、工艺技术及关键装备、技术创新投入、原创性核心技术和产品等方面，与国内先进地区相比还有一定差距，因此，必须进一步增强前进道路上的危机感和紧迫感，真正把振兴现代制造业作为新世纪首都发展的主要经济增长点，作为推动结构战略性调整和促进经济持续快速健康发展的最佳切入点，切实抓紧抓好。

工业促进局是市政府新设立的行业性专业化的工业产业促进机构。工业促进局要围绕市工业发展的实际需要，通过各种行之有效的服务手段，组合各种资源，按照不分所有制、不分隶属关系和不分企业大小的原则，促进各类工业企业发展。新的职责要求我们必须实现思想观念创新、方式与方法创新，因此必须尊重客观规律，以对产业深入理解，产业规律清晰把握，以专业化的促进方法和手段，加大对重点发展产业的支持力度。首先，要树立为市场主体——企业服务的观念，以企业为本，要按照“三个不分”的原则，为所有在京企业提供公共服务；要突出行业性、专业化的产业促进特征，着眼于产业的整体发展，工作层面定位于产业，以专业化的工作，组织全社会资源，发展适合首都发展的特定产业。其次，要用新的工作方式来开展工作，综合运用规划引导、政策约束、资金扶持、协调关系和信息服务等手段，优化产业发展环境，围绕企业对资金、技术、人才、信息、市场渠道的需求开展服务工作，满足企业实际要求，依靠特有的知识和能力，在服务与协调中有所作为。第三，把握扩大经济总量的四个途径，逐一分析，具体落实。通过调查研究，掌握国际上大城市产业结构演变规律，掌握现有产业基础、产业布局、产业优势和工业投入情况，掌握国内外投资者，特别是跨国公司投资动向和联系渠道。掌握高新技术产业发展方向和产业化措施。在通过四种途径扩大我市经济总量的过程中，自觉遵循以人为本，全面、协调、可持续发展观，做到方向明确、重点突出、措施切实可行。

从工业促进局机构设置和职能定位看，为了实现专业化产业促进，工业促进局处室设置主要采用了专业化设置原则，主要有电子信息、机电、汽车、生物工程与新医药产业发展处、都市产业发展处和基础产业发展处以及产业布局指导处等12个处室。6个专业性产业促进处室和产业布局指导处的设立，覆盖了符合首都经济发展的各类产业和全市各区域。这种格局可以站在全市经济统筹发展的高度，认真分析符合各个区域特点的产业发展模式，制定切实可行的阶段目标，充分发挥政府引导和协调的职能，促进产业的健康快速发展。

三、求真务实，优化结构，加快工业发展

2004年工业促进局工作的指导思想是：贯彻市委九届六次全会精神，坚持走新型工业化道路，以高新技术为先导，以现代制造业为重点，加速发展适合北京资源特点和环境要求的有比较优势的产业，按照扩大经济总量的四个途径，加速发展重点产业，加快培育产业基地，构建五个服务平台，重点推进一批产业带动力强的龙头项目，努力在优化发展环境、优化产业结构、优化空间布局等方面有所作为，不断壮大北京工业经济总量。

2004年，全市工业经济工作的预期指标是：工业增加值比上年增长9%；工业总投入继续增长，全年投入比上年计划增长20%；招商引资工作取得新的突破，实际直接利用外资超过8亿美元；产业结构得到进一步调整，电子信息、汽车、光机电、生物工程新医药等四大产业比重超过50%。

(一)优化工业产业结构，努力提升产业层级

在市场经济条件下，区域动态的比较优势决定该区域主导产业发展，主导产业决定产业结构。随着比较优势变化，区域主导产业和产业结构不断演进、替换。由于社会的发展和技术的创新以及相对成本的变化，要求我们加速新型产业的发展，以替代现有的主导产业，以增量调整存量，坚持发展高新技术产业和用高新技术改造传统产业，优化经济结构。

按照振兴现代制造业的要求，北京工业要加速发展适合首都资源特点和环境要求的能耗低、污染小、耗水少、技术含量高、单位土地产出效益高的产业。大力推进以汽车、电子信息、光机电、生物工程与新医药为重点的现代制造业，以及低消耗、少污染、高就业的都市型工业的发展。坚决稳妥地调整基础产业。优先发展技术含量高、环境污染少的新型材料工业，加快石油化工下游产品发展，延长本地区产业链。同时，继续推进关五小，坚决调整和淘汰那些资源消耗高、污染重、效益差，不符合首都发展的产业和产品。

——电子信息产业要在做好集成电路重大项目建设，进一步扩大经济总量的同时，着重优化和提升产品结构，不断增强产业的核心竞争力。要继续发展移动通讯，巩固现有优势产业在国内的领先地位；鼓励发展数字高清晰度电视、计算机及网络产品、液晶显示器件、汽车电子产品；重点支持软件及集成电路产业的发展。使北京的IT产业形成独特的优势。

——汽车产业优先发展以轿车和SUV(多功能运动型汽车)为代表的乘用车系列、以及轻卡和中重卡为代表的商用车系列。鼓励并支持轻型客车、载重车以及专用车的发展，优化北京汽车产品结构。支持和完善面向多体系配套和进入跨国公司国际采购链的重点零部件项目。

——机电产业以发展现代装备制造业为主，通过加强与发达国家及世界500强企业合资合作，引进吸收先进制造技术，加速重大装备国产化进程。优先发展数控机床及加工中心、印刷机械等设备，保持相关产品在国内的领先地位。重点发展工程机械、电站及输变

电设备、智能化科学仪器及自动化控制系统等。

——医药产业优先发展中药与天然药物,加快发展医疗器械,适度发展化学药,大力发展医药流通业,逐渐形成体现首都优势的生物工程和新医药产业群;在产业布局上形成以中关村生命科学园为创新研发基地、以北京生物工程与医药产业基地和北京经济技术开发区为产业化基地协同发展的新格局。

——基础产业要重点推进燕化第三轮乙烯改扩建工程,提高合成材料的生产规模和技术含量,发挥基础化工产品的规模优势,积极发展化工新材料和精细化工产业。提高冶金产品的整体档次,重点发展高档轧钢产品。发展新型、绿色建材产品,推进建筑材料功能化改造工程。

——都市工业要充分依托首都的城市功能、文化资源和市场中心地位,重点发展食品、服装、包装印刷、工艺美术等产业。要大力培育名牌产品和优势企业。在壮大北京现有产业基础的同时,积极引进国内外企业来京投资,不断扩大都市产业的规模,提高北京产品的市场占有率。

为了确保上述发展目标的实现,必须运用专业化产业促进手段,发挥政府工业发展资金的导向作用,优先扶持重点产业,加强对产业发展规划和产业发展政策的研究论证,促进主导产业、龙头企业产业升级,推动整个产业快速发展。

鼓励适合首都发展的产业采用先进技术提升竞争力;引导企业采用有利于提升竞争力的经营模式。推进企业技术进步,鼓励建立企业技术中心,推进产学研联合及国际技术合作,加速培育企业的自主创新能力、促进新产品的开发和传统产业技术改造的步伐,不断提升北京工业的产业层级。推进产学研联合,要以市场为导向、企业为主体,要以实际成效为判定标准,同时,加大智力引进力度,以全球智力资源来强化本市技术创新能力,提升北京工业产品的质量和水平,不断提高工业产品的市场占有率。

(二)优化工业空间布局,提高土地产出效益

随着首都现代化建设步伐的不断加快,必须加快农村城市化的进程,而实现农村的城市化,必须走工业化的道路。北京地区各区域的资源条件、工业基础、环境要求、经济发展的水平和比较优势不同,为实现各区域协调快速发展,要加强政府的协调引导作用,逐步形成符合首都建设总体要求和各区域经济特点的发展模式。加速科学、合理的空间布局形成,促进产业聚集,降低企业交易成本,既是首都经济的必然要求,又是各区县工业经济健康、持续发展的保证。

1.要按照振兴北京现代制造业的总体要求,加快制定北京工业空间布局规划,实施北京空间布局发展战略。依据首都国际化大都市发展要求,加快城市工业空间布局结构的优化。按各区域资源禀赋、工业基础条件和环境要求,依据城市功能扩散一般规律和城市发展阶段特点,合理筹划各开发区和产业基地的特定功能。

2.在建设和完善现代制造业四大产业基地的同时,进一步明确各工业开发区的产业定位。引导和鼓励同类产业相对集中集聚发展,形成规模和特色。加强对区域工业布局的指导,鼓励新增和搬迁改造项目按产业类别和技术层次向开发区集中,鼓励同类及配套产业集聚发展,紧密结合各郊区县的资源优势和产业基础,建设一批服装、食品、印刷、文

体等特色园区，形成各具特色的产业基地。

3.结合对开发区的清理和整顿，探索建立以单位土地产出效益为核心的评价体系。引导开发区采取集约式经营管理方式，注重土地资源的节约和使用效益的提高，注重水资源的节约和使用效益的提高。针对特定产业的特殊要求，做好基础设施、生活条件和创业环境的“三个配套”，突出开发区环境对产业的适应性与促进作用。按照市委统筹安排、协调发展的思想，通过调查研究，总结经验，制定《工业基地建设指导意见》，加强对工业开发区的协调与指导。鼓励、支持开发区采用多种引资方式，有效解决资金短缺问题。以重大的结构调整项目(包括招商引资项目)为核心，以产业链的构建为主线，以重点基地建设和整个工业发展为工作面，点线面相结合，不断优化北京工业的空间布局。

(三)优化发展环境，营造产业氛围

创造良好的发展环境，建立高效、有竞争力的政府，努力使生产资源向北京地区积聚，是加速北京工业发展的保证。

为了给北京工业创造更加良好的外部环境，工业促进局要在市政府各部门的支持下，围绕重点产业的发展需求，努力在三个方面实现创新。一是在整合各类资源，提高北京地区资源组合的效率方面有所创新。大力培育各种行业协会和社会中介组织，充分借助北京的地域优势，围绕做大全市工业经济总量，发挥各类协会的人才优势、信息优势和桥梁作用。二是在提高区域配套能力，增强产业聚集度方面有所创新。总结北京星网工业园运作模式，积极借鉴国内外产业配套建设的成功经验，围绕重点产业链的构建，积极引导和培育区域的产业配套能力，降低产业发展的商务成本。三是在搭建和培育各类平台，努力为企业的发展需要服务方面有所创新。努力形成服务的三大特点，即：服务个性化，服务系统化，服务产业化。主动围绕企业在资金、市场、技术、人才，信息等方面的需求，整合社会资源，为企业提供有针对性的服务。积极建立投融资平台、技术交易平台、人力资源开发平台、信息交流平台和市场开发平台等，为产业发展提供全方位服务。

理清发展思路，明确发展重点，是工业促进局履行职能的基本前提。加强基础建设，建立一支高素质的机关干部队伍，是确保各项工作任务完成的基本保证。我们要加强思想作风建设，强化服务意识，确立一切工作的出发点和落脚点都要为优化发展环境、促进企业发展和产业基地建设服务的思想；确立雷厉风行，务求实效的工作作风；确立与人为善，善与人谋的合作原则。我们要建立富有竞争力的运行机制，实行目标层层分解，强化定期考核，调动机关干部的主观能动性。我们要加强制度建设，规范工作行为，通过制度建设，形成科学合理的工作规范，塑造工业促进局全新的工作形象和工作面貌。

(四)以做大北京工业经济总量为目标，加快专业化招商引资

率先基本实现首都的现代化，北京工业承担着艰巨的任务。我们要实现做大工业经济总量的目标，必须按照市领导提出的扩大工业经济总量的基本途径，力争在新的一年中取得明显进展。工业促进局要重点解决好招商引资工作中的投资对象、招商主体、招商渠道和激励机制等问题。要主动与政府有关部门配合，联合各开发区(产业基地)、联合各类企业、联合各类科研院所，通过加快产业基地建设，大力吸引外来资本；通过调整现有的存量资本和传统的生产要素来吸引外资，加速产业扩张；通过发挥首都科技资源优势，加速

高新技术成果的产业化，不断寻求适合北京发展的新经济增长点；支持企业进行非经营性资本扩张，打破传统产业发展模式，不断增强企业的整体实力。要积极争取中央各部门在京投资建设，鼓励各兄弟省市来京投资发展，引导外资、民间资本参与首都现代化建设。要大力发展“总部经济”，广泛吸引著名跨国公司、国内外金融机构、大企业、大集团来京设立地区总部、研发中心、营运中心。

工业促进局将按照市政府赋予的工作职能，在做大北京工业经济的总量上有所作为。2004年重点在充分发挥各种生产要素的作用，大力引进外来资本和高新技术产业化等方面做文章。要继续支持对本地区产业结构有重大影响和带动作用的投资项目，加强对专业化招商引资前期工作的支持。

一是抓好现有产业的发展，实现工业存量的稳定增长。积极支持北京现代、北汽福田和北京吉普三大整车生产企业的发展，继续保持较好的增长势头。支持企业扩大合资合作，加快高档车引进，加快零部件企业稳步发展，努力扩大规模和市场份额，不断提高效益。抓好中芯国际集成电路生产线、京东方 TFT－LCD 第五代生产线等重点合资项目建设，争取尽快形成产能。

二是加大对国内外招商引资的力度，培育新的经济增长点。要抓住新的发展机遇，不断寻求新的合资项目，及时跟踪国内外投资者新的投资意向，关注跨国公司对华投资策略和调整动向。要挖掘和整合各类招商引资资源，建立专业性招商引资渠道。要加强与各类协会、产权经纪机构、招商促进机构、专业投资咨询机构联系，积极与德、日、韩、美、法等国商会、协会建立合作关系，建立通畅的沟通渠道。要主动与国际化投资促进机构建立稳定的业务协作关系，努力提高招商引资的专业化水平，突出行业性和专业化特色，主动组织专业招商引资活动。

要主动与国家大型企业集团建立紧密的工作联系，及时了解他们的战略和发展举措，积极配合其战略发展意图，为其优先在京发展高新技术产业和现代制造业提供便捷服务。努力把大集团发展和首都经济发展统一起来。民营企业是首都经济最具有活力的重要组成部分，我们要积极支持其在京高速发展，同时有针对性的创造条件，吸引国内其他民营企业来京投资，努力增加首都经济的实力，不断增强北京工业的活力。要千方百计使符合首都经济发展要求、具有带动性的重大产业项目落户北京，通过“以商招商，以外引外”，实现对大公司、大项目的引入，为工业总量的持续增长积蓄后劲。

三是大力发展奥运经济，积极参与奥运产业促进工作。要充分抓住北京奥运建设全面启动的契机，认真分析奥运建设需求，大力发展适应奥运建设需要的主导产业和重点产品，积极引导企业争创奥运名牌。

同志们，2004年的经济工作任务十分艰巨，全市工业在积极安排好今年各项工作的同时，还要特别搞好安全生产工作，牢固树立首都无小事的观念，确保全市工业生产的顺利进行。我们要按照市委市政府的要求，树立科学的发展观，沿着新型工业化的发展道路，真抓实干，奋发有为，确保全市工业各项工作任务的完成，为首都现代化建设作出新的贡献。

（摘自2004年2月11日北京工业工作会上的讲话）

加快北方微电子产业基地建设 振兴北京现代制造业

北京市工业促进局副局长　冯　海

北京市工业促进局
副局长　冯　海

市委市政府颁发的"关于振兴北京现代制造业的意见"，全面阐述了振兴北京现代制造业对北京经济发展的重要意义。明确指出，必须把现代制造业作为首都经济发展的重要支撑点和突破口来抓。北京在推进信息化、完成工业化、实现现代化的过程中，必须优先并着力发展具有高技术含量、高增值性、低污染、对经济增长带动作用大的现代制造业。北京地处环渤海经济圈，具有独特的区域优势、科技人才智力优势，是跨国公司产业转移的战略重点和主要基地。大力振兴现代制造业，是首都经济战略在新世纪的延伸和拓展，与发展以高新技术产业为核心的产业导向相辅相成、相互促进，有利于整合现有资源，发挥科技、人才、智力比较优势，有利于扩大就业，促进再就业，保持社会政治稳定。

重点抓好"四大产业"：

——汽车工业。到 2005 年形成年产 50 万辆的规模，实现产值 400 多亿元：到 2010 年年产 70 万辆，实现产值 600 亿元。加快全市汽车产业的资源整合，尽快形成整车和零部件产品开发、生产销售、服务贸易为一体的产业链，使汽车工业成为北京经济的重要支柱产业。

——微电子集成电路产业。到 2005 年建成 3 至 5 条 8 英寸 0.25 微米以上水平的芯片生产线，集成电路产业实现工业产值 260 亿元；到 2010 年再建成 5 条更高水平的芯片生产线，实现工业产值 1000 亿元。加快利用外资发展北京液晶显示产业的新模式，培育制造业发展的新亮点。通过把集成电路产业作为重点，形成集设计开发、芯片生产、封装以及专用材料和专用设备制造于一身的产业链，使北京微电子产业长足发展，保持全国先进水平。

——光机电一体化产业。到 2005 年实现产值 320 亿元，到 2010 年实现产值 800 亿元。形成 2 至 3 户年销售收入超过 50 亿元的企业集团，10 至 15 户销售收入超过 10 亿元的"小巨人"，5 个以上单产品销售收入过 10 亿元的名牌产品，使北京光机电一体化产业成为发展首都经济的新的支撑点之一。

——生物工程和新医药产业。到 2005 年实现产值 230 亿元，到 2010 年实现产值 460 亿元。形成以化学制药、中药库天然药物、生物技术为重点，集生物医药创新、制造、流通和服务一条龙的产业群，努力把生物工程和新医药产业发展成为未来北京的主打产业和首都经济的助推器。

建设好"四大基地"：

——北京汽车工业基地。主要构建“一个基地、三个板块”新格局。一个基地:即以顺义汽车城为中心,包括昌平、怀柔、密云、平谷的部分地区,建成新的汽车生产基地;三个板块:即以现代汽车为代表的轿车板块,以北京吉普为代表的越野车板块,以福田汽车为代表的商用车板块。通过加快基地建设,促进汽车工业的战略重组和产品升级,力争用5到8年的时间使北京成为中国强大的汽车生产基地之一。

——北方微电子产业基地。加快北京经济技术开发区、八大处高科技园区和林河工业开发区三大基地建设,抓紧建设国家集成电路研发中心,实施半导体硅材料基地、砷化镓单晶材料产业化以及中芯国际等重点项目,建立国内研发设计水平最高、生产能力较强的集成电路产业基地。力争用5到8年的时间使北京微电子产业基地的总体技术水平保持国内领先地位。

——光机电一体化产业基地,建立“一个基地、四个园区”的发展模式。把通州光机电一体化产业基地作为核心区建设,发挥产业规划和基地政策的引导作用,发挥中电科北京信息产业园等重大项目的示范效应,形成集聚优势;加快北京经济技术开发区、电子城科技园等园区的建设。用5到8年的时间,把北京建成我国现代化的光机电一体化产业的北方综合基地。

——生物工程和新医药产业基地。北部重点发展以中关村生命科学园为核心的科技创新区域,使其成为北京生物工程和新医药产业的创新基地。东南部重点发展亦庄“药谷”北京经济技术开发区和大兴工业开发区,使其成为生物工程和新医药的产业化基地,继续完善京西生物医药和医疗装备创新带,完善相应的医药现代物流、新药开发等产业配套体系。力争用5到8年的时间,使北京生物医药产业和技术跻身全国先进行列。

微电子产业是现代制造业的基础性产业,是当代高新技术产业群的核心和维护国家主权、保障国家安全的战略性产业。市委八届四次全会提出建设“北方微电子产业基地”的决定,并将其纳入“首都二四八重大创新工程”。并于2001年出台了“鼓励软件产业和集成电路产业发展若干政策实施意见”,明确提出对符合条件的集成电路企业可以享受四项优惠政策。1.对于批准建设的集成电路项目在建设期间所发生的贷款,市政府给予贷款利息补贴,按照建设期间实际发生的贷款利率补贴1.5个百分点,贴息时间不超过3年。在政府引导区域内建设的项目,贷款利息补贴可提高2个百分点。2.政府按企业注册资本金的15%跟进投资,政府投资不行使表决权,不参与分红,但可议价转让撤出。3.政府以划拨方式为集成电路企业提供“七通一平”的土地,使用期限为30年。在使用期限内,企业不得改变土地使用性质,不得转让抵押。4.从获利年度起,第一年和第二年免征企业所得税,第三年至第五年减半征收企业所得税、税率为15%的企业所得税优惠政策。

北京林河工业开发区是市政府规划建设的北方微电子产业基地中三区之一,在顺义区委区政府的大力支持下,经过开发区管委会和全体人员的共同努力,开发区建设取得了长足发展,基本形成了微电子、光机电一体化、生物医药、汽车及零部件的产业格局,各项经济指标连续5年以50%~60%的速度递增。一个现代化的高新技术产业开发区已具雏形。

经过努力,北方微电子产业基地建设取得了重大进展,基本形成了集成电路设计、制造、封装、测试和专用设备、材料等产业链各环节互动发展的格局。总投资5亿元的北京集成电路设计园开园、总投资12.5亿美元的中芯国际8英寸0.25微米以上的集成电路生产线等一批重大微电子项目相继开工建设，总投资10亿美元的京东方TFT－LCD项目将于今年四季度开工建设。这些重大微电子项目的建成投产对振兴北京现代制造业具有十分重要的意义。

（摘自2003年9月6日“前进中的北京林河工业开发区”新闻发布会贺辞）

政府在推进企业信息化中的基本职责

北京市工业促进局副局长　常　青

北京市工业促进局
副局长　常　青

企业信息化是企业为了适应市场竞争、提高经济效益的自主行为，政府的职责是创造良好的外部环境，促进企业信息化的健康发展。

一、加强政府导向

1.规划指导。制定规划是各级政府部门的重要职能，企业信息化也同样需要政府规划的指导。作为一个地区的企业信息化建设规划，应当涵盖以下几个方面的内容：一是现状分析。即本地区企业信息化的基本情况，包括网络建设、系统应用、硬件配置、管理基础以及存在的问题和不足；二是指导思想。即实施企业信息化的基本思路，应当坚持的方针和应当遵循的原则；三是阶段目标。即确定一定时期内企业信息化所要达到的目标，而且应当尽可能地量化，以便于分析和比较；四是保证措施。即为保证企业信息化建设目标的实现所应当采取的措施，如组织领导、推进方式、配套政策等。

在进行了大量调查研究的基础上，2002年年初，北京市经委、市科委和信息化办公室联合下发了《“十五”时期北京工业企业信息化发展规划的通知》；全市各工业控股公司、各区县也都抓紧制定了本系统、本地区的企业信息化规划，对指导和推进全市工业企业的信息化建设发挥了重要的作用。

2.法律规范。信息化的发展，使社会信息行为日益频繁和复杂，急需政府从国家、企业、自然人的合法权益出发，通过制定法律法规予以规范。当前针对企业信息化的立法，应当主要从计算机网络和信息安全、、信息化产品的知识产权保护、软件市场的管理和规范等方面着手，以为企业信息化的健康发展创造良好的法制环境。

3.政策支持。政策是体现政府意志和导向的重要手段。推进企业信息化同样需要有力的政策支持。从北京市目前的情况来看，应主要包括以下几个方面：一是对符合国家重点倾斜和导向类的企业信息化项目，要积极组织申报推荐，尽可能地争取国家有关部门的支持；二是从市政府每年支持企业技术改造和技术创新的资金中安排一定规模，用于支持企业信息化的重点项目；三是明确企业新上技术改造项目要安排一部分信息化建设配套资金，同时列入计划，申请贷款和争取贴息；四是对于水平较高、适应性强、应用面广的企业信息化软件的开发给予重点支持，或根据企业需求资助共用软件标准模块的研制，降低软件开发成本，优惠企业采用；五是对企业实施信息化过程中有关部门设备、软件的购进，在财务核算、摊销年限和折旧办法等方面予以鼓励；六是设立企业信息化建设奖励基金，对在推进企业信息化工作中成效显著、贡献突出的单位及个人予以奖励。

4.标准制定。建立企业信息化的标准化体系，也是政府的重要职能。这个体系应当包括两个方面的内容：

一是企业信息化的标准化。为推动首都信息化的健康发展，北京市组织制定的《首都信息化标准化体系》和《首都信息化标准化工作指南》已经公布实施，为企业信息化的标准化创造了十分有利的条件。应当适应企业信息化发展的需要，制定相应的信息标准、系统规范和安全规则，以保证信息采集、传输、交互的顺畅和系统运行的安全。

二是企业信息化水平的衡量标准。对企业信息化的程度、水平及效果的评价，应当有一个客观的、科学的标准。有关专家认为，企业信息化水平的衡量可以从信息技术的普及情况，信息资源的开发利用情况，企业信息化人才情况及信息技术对企业的贡献率四个方面来衡量。最近国家信息产业部提出了一套企业信息化标杆测试的指标体系，已在我市部分企业中试行。

二、培育先进典型

1.典型选择的多样性。企业的情况千差万别，从企业规模上，有大、中、小企业之分；从业务流程特点上，有离散型加工和流程型生产之别；从要素构成上，有技术密集型、资金密集型和劳动密集型之不同。因此在典型的选择上必须要体现多样性，注重在不同行业、不同规模、不同业务流程特点的企业中选择，使各类企业都能够找到可效仿的对象，得到可借鉴的经验。

2.典型培育的动态性。先进典型的培育是一个过程。确定了培育对象，给予了资金支持，只是培育过程的开始。必须注重抓好三个环节：一是跟踪。要掌握典型企业的动态情况，包括工作计划、实施进度和存在问题；二是指导。对实施过程的完善予以指导和帮助；三是总结。要帮助企业总结成功的做法，归纳提炼可供借鉴的经验。

3.典型推广的示范性。一是特点鲜明。推出的典型经验不一定是面面俱到，但必须在某些方面有突出的特点，并鲜明地体现了企业信息化建设的指导思想和基本方针，如坚持"一把手"工程，注重全员培训，突出业务流程再造等；二是成效显著。企业信息化建设要取得实实在在的效果，最好能以量化指标来描述，有较强的说服力，以宜于推广。特别是那些厂区环境、现场管理较好的企业，加上成功的信息化应用，将具有更直观的典型示范效应。

三、建立服务体系

1.咨询服务体系。针对多数企业对自身管理中存在的问题缺乏清醒认识，或抓不住要害的状况，咨询服务体系可以通过专家的咨询和诊断，帮助企业找到管理问题的症结，找准改进管理、流程重组的切入点；并通过对软件企业及产品的考察、认定，向企业推荐资信好、产品可靠性强、价格合理的软件商，帮助企业选择合作伙伴，提高企业信息化建设的成功率。

2.人才培训体系。针对企业急需培养信息化人才，但又缺乏师资力量和培训能力的状况，人才培训体系可以适应企业实际需要，组织多层次的培训，如对企业主要领导、尤其是“一把手”以提高认识为主要内容的培训，对高中级管理人员以造就复合型人才为主要目标的培训，以及企业管理中不同功能模块的专项培训等。

3.技术支持体系。针对广大中小企业系统规模较小，技术力量不足的状况，技术支持体系可以通过建立中小企业信息化服务平台，为企业承担网络设备、系统维护等业务托管服务，既有利于中小企业的信息化建设，又可以发挥规模效益，降低系统的运营成本。

（摘自 2003 年 7 月 23 日听取企业信息工作汇报会上的讲话）

树立正确的机遇观和发展观

首钢总公司董事长　朱继民

首钢总公司董事长　朱继民

首先必须正确认识首钢面临的机遇。概括起来是三句话：一是要实事求是地承认，当前我们面临着前所未有的压力和挑战；二是要实事求是地看到，我们面临着前所未有的发展机遇；三是要把前所未有的压力和挑战，转变为前所未有的动力和机遇。问题的核心在于，要辩证地、全面地认识困难、压力同机遇的关系。首钢当前确实面临着很多困难，在许多方面同先进企业相比处于劣势。从钢铁业来看，不少企业在扩大产量，我们却要压缩产量，这样在规模上就会处于劣势；不少企业已经完成了一批重大技改项目，我们的冷连轧、热连轧还没有获得批准，在工艺结构、产品结构上也处于劣势；还有成本高、冗员多、劳动生产率低等等，这些都是我们面临的实际困难。但是，我们不能服输，不能服气，不能失去前进的勇气。一个企业不可能永远处在发展的颠峰状态，总是有起有伏。在蓬勃发展、迅速扩张的时候，要能冷静地看到可能存在的危机；在面对巨大压力和困难，处于落后状态的时候，要能冷静地看到蕴含的机遇。世界上很多大型先进的企业，都走过曲折的发展道路。有眼光、有胆略的企业家，要能够透过困难看到机遇。企业在困难的时候，往往也是最有发展机遇的时候。机遇来自于正确地应对挑战。巨大的困难和压力，逼着我们要转变思想观念，开拓发展思路，横下一条心奋力拼搏，就能闯过艰难的过渡期，进入新的更广阔的发展领域。

正是基于这样的认识，我们深入分析了钢铁业压产可能带来的发展机遇，决定把压产和转移生产能力结合起来。这样做，一是可以寻求更大的发展空间，进一步提高钢铁业的经济总量；二是可以在新企业建立新体制、新机制，构筑新的竞争优势；三是可以发挥后发优势，选用各种适用的成熟技术，做到投资少、成本低、见效快；四是可以在此基础上，对石景山厂区的钢铁业进行技术改造，提高产品的技术含量和附加值，实现从普通钢生产向优质钢生产转变，为发展现代制造业提供优质材料。钢铁业是这样，其他产业也是这样。我们有的产业起步早，已经积累了不少宝贵的经验；有的产业在同外资合作上已经具备了一定的基础，拥有了自己独有的配套技术；有的企业在改革体制机制，重组优化资源等方面已经寻找到有效的途径。只要信心坚定，思路正确，就能变压力为动力，化挑战为机遇。

在新形势下如何加快首钢的发展，是首钢当前一切工作的主题。如何实现发展、加快发展？就是要从首钢的实际出发，以思想观念的创新为先导，以开发主导产品、主导业务、主导项目为龙头，以体制机制创新和扩大开放为动力，以人才资源开发为保证，以提高运营管理的效率和水平为手段，构筑新的竞争优势。

第一，必须不断推进思想观念的创新。企业之间的竞争，首先是思想观念的竞争。沿海和南方地区的发展为什么比内地快？他们的自然资源不一定比内地丰富，开始发展时有的地区人才也不比内地多，发展快的一个重要原因就是他们改革开放的步伐快，思想解放，市场经济观念树立得早，而且与时俱进，不断更新。近几年民营企业的发展为什么比较快？一个重要原因，就是他们的思想观念和思维方式更适应市场经济的发展。近年来民营钢铁企业发展很快，有的企业一吨钢就能赚到300元以上的利润。而我们的成本、费用要比民营企业高得多，这正说明我们思想观念、体制机制等方面还没有完全适应市场经济的要求。世界上不存在没有竞争的产业，只有竞争失败的企业。同样的市场环境，不同的思想观念，就会导致不同的决策，得到不同的结果。因此，首钢要实现发展、加快发展，首先必须按照党的“十六大”的要求，自觉地把思想认识从那些不合时宜的观念、做法和体制的束缚中解放出来，不断进行思想观念的创新。

第二，必须不断推进体制、机制的创新。体制、机制的创新是企业发展的动力。国有企业的改革就是要实现公有制与市场经济相结合。要从产权制度改革入手，改革国有企业的体制和机制，进一步完善法人治理结构、决策机制、分配制度等各方面的体制和运行机制。因此，我们强调，要大力推进投资主体多元化的改革，特别是要在上新项目、建立新企业时，一定要实行投资主体多元化，建立新体制新机制。当然，实行投资主体多元化需要一个过程，对现有企业来讲，即使在不改变产权制度的条件下，我们深化企业内部改革，也大有文章做。

第三，必须抓好新产品、新项目的开发。好的产品和项目，是企业生存发展的立命之本。我们一定要在开发自己的主导产品、主导业务、主导项目上狠下功夫。对此，必须有战略眼光，能够看得准，真正找到既有市场前景、又有内在发展条件的好产品、好项目，做出科学的战略决策。必须结合自身实际，抓住能够扬长避短的项目，使自己的优势得到充分发挥；必须有决心、有狠劲，能够抓得住、上得快。错过了时机就失去了取胜的机遇，达不到预期的目的，还可能背上新的包袱。我们要求一把手一定要把主要精力放在新产品、新项目的开发上，一抓到底，切实抓出成效来。

第四，必须高度重视人才资源开发。企业之间的竞争，说到底是人才的竞争。国内外许多知名企业都高度重视人才资源的开发。我们国有企业有许多人才，我们最雄厚、最有希望的资本就是人力资本，关键是要为各类人才提供施展才华的舞台，做到人尽其才，才尽其用。有的人在我们这里并没有被看作是人才，但是离开了国有企业却变成了人才。说明不是我们的干部职工没有才能，而是我们没有为他创造条件。我们要坚持以人为本，充分调动和发挥人的潜能。要抓好现有人才队伍的培养、选拔和使用，同时要抓好社会人才的吸收，为我所用，可以采取灵活的方式，不求所有，但求所用。在项目开发上，要抓好团队建设，由真正的行家里手带领一批有闯劲、肯钻研的骨干一起奋斗。同时要大胆改革现有分配制度，建立切实有效的激励约束机制，这样才能干成事业，促进企业的发展。

第五，必须扩大对外开放与合作。扩大对外开放与合作是实现发展、加快发展的重要途径。我们强调要以开放的思维，创建开放式企业，拓宽企业发展途径和发展空间，要把首钢变成一个开放的学习型的企业。只有扩大开放与合作，才能站在市场竞争的前沿，与时俱进。好的决策不是开会开出来的，不是坐在家里论证出来的，一个好的决策必须要有丰富的信息来源作支撑，必须对外部市场和企业的情况有深刻的了解。现在北京市和全国有许多好的发展项目，有许多发展的机会，我们要拿出相当的精力，从社会上捕捉信息，积极融入社会，广交朋友，争取更多的合作伙伴，才能开辟更大的发展空间。

第六，必须提高经营管理的效率和水平。有了先进的思想理念，有了好的机制和体制，有了好的项目、产品和人才，还必须要有运营管理的高效率和高水平，这里包括决策的效率和水平、日常生产经营的效率和水平等各个方面。涉及到如何理顺决策体制、简化决策程序、明确和落实管理职责等问题。我们要从自身的实际出发，针对存在的薄弱环节，落实好管理创新的各项工作。

综上所述，加快企业发展必须形成各种要素的“乘法”效应。这些要素包括，先进的思想观念、思维方式和企业文化，适应市场经济的新体制、新机制和不断创新的能力，高技术含量、高附加值的产品，先进适用的技术和装备水平，相当规模的经济总量，高素质的人才队伍和富有创造力的团队，扩大对外开放和整合内外资源的能力，科学的管理等各个方面。各个要素之间不是简单的相加，而是相乘。必须通过有效的组织，共同努力，使各要素之间有机结合，密切衔连，相互促进，形成完整的系统合力，促进企业持续、快速、健康发展。

（摘自《企业改革与管理》2003年第4期）

抓住机遇　乘势而上
以改革创新推动燕化持续有效发展

中国石化集团北京燕山石油化工有限公司董事长　杜国盛

中国石化集团北京燕山石油化工有限公司董事长　杜国盛

2004年是燕化公司进一步深化改革、强化管理、继续提高盈利能力的关键一年，也是燕化实施中长期发展战略的重要一年。十六届三中全会为国有企业深化改革、加快发展指明了方向，中国汽车工业高速发展，为石化行业的发展创造了条件。从燕化自身情况分析，接卸俄罗斯原油设施建成投用，在一定程度上缓解了燕化公司原油品种单一、资源紧张的局面。新建、扩建装置为资源优化利用、产品结构改善和提高经济效益创造了有利条件。但不利因素也十分突出：一是资源短缺给生产经营带来极大风险，二是国内外市场竞争加剧，三是燕化生产瓶颈仍需攻关。

今后几年是燕化生存发展至关重要的时期，必须抓住有利条件，准确定位，理清发展思路，制定出切实可行的措施，加快持续有效发展的步伐。

燕化发展的战略目标是在中国石化集团公司整体发展框架内，继续推进规范的公司制改革，不断注入现代经营理念，进一步突出主营业务，努力把燕化发展成一个有一定经济规模、技术领先、管理科学、竞争能力强、盈利能力高的企业，打造成一个核心能力突出、产品特色显著、组织结构合理、形成特色文化的企业。

燕化近期目标是：炼油系统“十五”期间要完成天津—燕山进口原油设施建设，进行以提高重油加工能力、汽柴油质量升级为重点的技术改造，完成烷基化扩量到10万吨/年项目、三催化MIP—CGP项目、100万吨/年焦化项目的建设；“十一五”期间，要完成1000万吨/年的炼油扩量改造，重点建设200万吨/年加氢裂化装置，完成一蒸馏改造。化工系统要大力调整产品结构，保持国内市场领先地位。要加快老装置、小装置改造步伐，消灭亏损装置；“十五”期间，完成SBS装置二期扩量改造、一聚丙烯扩量改造、一高压聚乙烯改造等；“十一五”期间，争取进行第三轮乙烯改造，增加50万吨/年左右乙烯生产能力，加快乙丙橡胶、丁基橡胶、卤化丁基橡胶合资项目的进度，继续抓紧双酚A、聚碳酸酯合资项目的技术谈判，争取完成项目的建设。有限公司要加快燃料结构调整和节能改造，实现水、电、汽、风的专业化管理；一电站改造为CFB炉，三电站改造为水煤浆炉热电站，要加大污水处理回用、大气治理和废渣处理力度。东方石化的发展要符合中国石化的发展规划和北京市城市规划，结合燕化整体规划做好搬迁和改造方案。

燕化发展面临着良好的机遇，我们一定要锐意进取，励精图治，扎扎实实做好各项工作。

一、优化资源配置，加强生产管理，确保装置安稳长满优运行

要按照“油化一体、效益最佳”的原则，优化资源配置，调整产品结构，增强盈利能力。一是落实原油资源，保证原料供应。要确保大庆油按计划进厂，做好接卸俄罗斯油、哈萨克油的工作，打通“津—燕”线海上进口原油通道。要优化生产方案，增产乙烯原料，自产率达到92%以上。二是加强生产管理，实现装置长周期运行。要依靠技术进步，消除装置的瓶颈和隐患。三是做好部分装置的技改工作，建成干气回收、航煤加氢装置，启动焦化装置、烷基化装置的建设和改造，确保一次开车成功。四是抓好达标工作，专业指标达标率争取达到90%以上，装置达标率争取达到85%以上。要加强质量管理，争创“北京市质量管理先进奖”及“全国质量管理奖”。五是搞好安全生产，狠反“三违”现象；开展好HSE管理体系的推广工作，全面实现安全生产目标。六是大力节约用水，继续推行清洁生产，开展好清污分流工作，实施污染治理和污水回用项目。2004年炼厂完成首批清洁生产示范企业验收工作，化工部分开始清洁生产示范企业的准备工作。

二、大力推进科技进步，为企业发展构筑技术平台

要加大科研开发力度，提高自有知识产权的技术水平。一是要继续完善化四原油卸车设施，解决冬季卸哈油存在的问题，实现卸油能力在120万吨/年以上；要落实从天津上岸原油的方案，2004年从海上进口原油40万吨以上。二是要完成“十条龙”攻关项目的验收，完成5万吨/年乙烯－1项目工艺包编制，继续抓好柴油深度脱硫脱芳烃项目、制苯装置抽提甲苯项目的攻关。加速开发核心技术、专有技术，提高燕化产品的技术含量。三是要研究、生产出符合北京地区新标准的汽、柴油。加大合成树脂和橡胶的产品结构调整，多产高附加值产品。四是做好炼油1000万吨/年改造和第三轮乙烯改造总体方案，尽快上报项目建议书和可研报告，完善北京市石化工业园区。

三、增强市场意识，树立现代经营理念，进一步提高供应销售工作水平

要加强供应工作，创新采购方式，优化供货渠道，保证各类物资的供应。要有效整合仓储设施，优化库存结构，降低储备资金占用。要提高计划的准确性和及时率，加快资金结算速度。抓好废旧物资的归口管理，严防资产流失。

销售工作要坚持“紧贴市场、全产全销、低库存运行、卖出当期最好价格”的营销策略，积极进行销售体制改革，提高销售水平。一是安排好产品出厂，优化物流管理。化工产品要优化流程，理顺销售物流关系，建立快速便捷的物流体系；二是努力开拓市场，提升营销管理水平。要搞好售后服务和技术服务工作，继续推行订单销售策略，提高燕化产品市场占有率，产品价格力争达到同行业内较高水平。扩大出口产品范围，调整网点布局。推进电子商务工程，全面提升营销管理水平；三是以市场为导向，产销研紧密结合，做好产品推广和市场推广工作。要提高专用料销售比例和直销比例，突出几个牌号(类)产品在国内市场占绝对优势，扩大新产品的销售规模。四是加强炼油自销产品管理力度，多创效益。新成立的燃气公司，要进一步开发市场，提高价格。

四、强化基础管理，推进管理创新，不断提高企业管理水平

2004年燕化管理工作的主题是“强化基础管理，推进管理创新”。一要坚持依法治企。

要继续完善法人治理结构，落实好董事会、监事会和经理班子的职责和议事规则，明确地区协调委员会的责任和作用，按照现代企业制度规范运作。要重点抓好制度落实，界定公司、厂、车间三级管理职责。各部门要制定岗位说明书，明确工作职责和工作程序。二是继续深入开展全面预算管理和经济活动分析，要加强班组经济核算和车间成本核算，落实各部门的预算责任，严格指标分解与考核。进一步提高经济活动分析的深度，实现各项收入与支出的有效控制。进一步完善经济责任制指标体系和考核体系，加大对执行规章制度、工作程序等软指标考核的力度。三是以人为本，加强"三基"工作，夯实管理基础。要狠反"低标准、老毛病、坏习惯"，制止"违章指挥、违章作业、违反纪律"；加强职工基本功训练的管理和考核，加强基层建设，继续开展"星级车间"和"红旗班组"竞赛活动，提高管理水平。四是全面执行内控制度。要制定出有本企业特点的内控制度。要加大考核力度，强化内部审计，确保制度的有效实施。五是加快推进信息化建设，要全力实现 ERP 系统和 OA 系统的有效运转，提升企业管理水平和企业形象。做好资源优化软件和装置 APC 先进控制等专业软件的开发和投用工作。

五、抓好以改制分流为主要内容的企业改革，增强企业活力

一是积极稳步推进改制分流工作。改制分流工作将进入全面实施阶段，要完成文教卫生、建筑安装、检维修、多种经营企业和部分生活服务业务的改制分流与移交社会职能工作。对改制出去的企业在政策、市场、资源等方面给予必要的支持，同时要清理长期投资，明晰产权关系，规范关联交易。二是继续推行扁平化管理。要在整合同类装置和生产线方面做出尝试。三是完成基层单位竞聘上岗，使竞聘上岗工作制度化。四是继续完善收入分配制度。要继续向市场劳动力价位靠拢，发挥收入分配的激励作用。要加强和完善奖金管理制度，修改"特贴"实施办法。

六、加强企业文化和精神文明建设，塑造一支高素质的干部职工队伍

一是建设有燕化特色的企业文化，提高职工素质，增强企业凝聚力。要结合时代特点和企业特点，建立具有燕化特色的企业文化。要通过企业文化建设，把发展理念、经营管理理念转化为全体职工的共同追求和"愿景"，不断增强企业的凝聚力、亲和力，提升企业竞争力。要重点加强诚信建设、服务意识建设和创新观念建设。二是进一步抓好教育培训工作，不断提高干部职工队伍素质，努力形成燕化自身特点的知识体系和培训体系。要加强高级管理人员的教育培训，努力建设一支负责任、有能力的领导班子；要加强对广大技术人员的培训，不断提高职业技能和业务素质；要加强对工人的培训，提高操作技能，努力提高技师、高级技师在工人队伍中的比重。三是大力推进精神文明建设，使干部职工始终保持奋发向上的精神状态。要通过广泛的形势任务教育，增强搞好企业的信心。要积极推进厂务公开，进一步落实全心全意依靠工人阶级办企业方针。要关心职工生活，提高职工收入，努力改善职工的工作生活环境。要加强民主管理，维护职工合法权益，进一步调动广大职工的积极性、主动性和创造性。

（摘自《燕山企业文化》2004 年第一期）

学习贯彻“三个代表”重要思想
紧扣主题　加速发展

——对抓好发展是党执政兴国第一要务的理解与体会

北京电子控股有限责任公司董事长　鲍玉桐

北京电子控股有限责任公司董事长　鲍玉桐

一、用发展的思路推动经济工作

“三个代表”重要思想为我们提供了建党治国的根本指导思想，而无论代表中国先进生产力的发展要求、代表中国先进文化的前进方向，还是代表中国最广大人民的根本利益，都与发展有着密不可分的关系。人民群众的利益和愿望，是必须通过认真工作、加快发展来实现和满足的。做不到这一点，党的先进性就难以体现，代表中国最广大人民的根本利益就成了一句空话。在工作的实践中，我们必须用发展的思路，积极推进经济工作。信息产业作为国民经济的基础产业、支柱产业和先导产业，又是高新技术产业，担负着推动先进生产力发展、先进文化传播、人民生活质量提高的重任，是加速首都工业化和信息化进程，促进经济和社会发展的重要力量。近年来，作为首都信息产业的重要支持，我们始终本着为首都经济作贡献，加快产业发展的步伐，加速企业组织结构调整，组建大集团，大力实施科技发展战略，努力改造传统电子产业，大力发展科技含量高、见效快的产品，初步实现了产品结构从传统模拟技术向数字化、网络化、智能化过渡，培育了一批新经济增长点。

2003年，我们把培育优势企业，发展优势项目作为经济工作的重中之重。年初，我们制定了“落实四新，实现跨越”的工作目标，按照“发展要有新思路，改革要有新突破，开放要有新局面，各项工作要有新举措”的精神，抓住机遇，迎接挑战，加快发展。这一年，北京京东方科技集团以3.8亿美元成功收购韩国Hydis的TFT－LCD项目，这是迄今为止，中国金额最大的一宗高科技产业海外收购项目。在短短的200多天内，京东方解决了平板显示产业链上的技术、生产、销售等三大层面的核心问题，顺利完成了产业布局，并一举确立了在平板显示领域的竞争优势。11月10日，中国国内企业第一条TFT－LCD模块(薄膜晶体管彩色显示模块)生产线——京东方TFT－LCD模块线正式宣布投产，该模块作为京东方投资建设的TFT－LCD产业基地的一个组成部分，不到5个月的时间就完成了建设并全面进入了投产阶段，预计该生产线今年年底前将达到月产能5万片的生产规模，该模块线的下线将对启动国内TFT－LCD市场起到极大的促进作用。仅此产品，2003年增加销售收入43.95亿元，京东方同时还推出了笔记本电脑、数码相机等高科技产品。

北京牡丹电子集团成功实施"东迁南移"战略,将生产线"南移"到江苏,牡丹与江苏赛博电子有限公司合资建设的新厂房,年产量可达300万台,构筑了彩色电视机规模化生产经营操作的平台。该厂房总投资3100万元,占地4.3万平方米,全部为国际标准化厂房。它拥有5条经过改装的高速彩色电视机整机装配生产线,8条自动插件生产线,设计日产1万台,产品以高清晰度数字电视和网络电视为主。牡丹集团本部"东迁"电子城,以此为契机,实现了产业布局的调整,搭建了高新技术产业平台,实现了集团公司产业结构的升级。

我们继续加大技术开发的力度,经北京市电子城科技园管委会的批准,兆维集团以其占地为基础,成立北京电子城科技园兆维工业园。园内云集北京国际交换系统有限公司、北京松下控制有限公司、汤姆逊兆维多媒体有限公司等国际、国内知名企业,是国家重要的电子信息产品产业基地。园区围绕促进发展通信装备,金融电子等电子信息产品,建成国家重要的电子信息产业基地的目标,进一步优化产业结构,实现高新技术的优化组合以及商品化、产业化、国际化。兆维集团今年为呼和浩特市交管系统研制的CRT大屏显示系统是目前国内最大的CRT大屏显示系统,由兆维视通公司制造。还自主开发了一系列新产品,其中研发承建的"北京市工业视频会议系统",是基于IT方式,并通过首信网络和公网实现的。在北京市抗击非典时期,为北京市提供了现代通迅设备。研发的X-KEY数据安全系统采用了安全可靠的加密算法和先进的嵌入式技术,是国内首款基于无线方式的数据加密产品,已通过中国人民解放军信息安全评测认证中心的认证,填补了国内数据加密技术的空白。

北京七星华创电子股份有限公司积极加大技术研发的速度,国内第一台应用于8英寸IC生产线的立式快速热处理及氧化/扩散炉设备在七星华创电子股份有限公司微电子设备分公司研发成功并已进入设备调试阶段。设备填补了国内IC专用立式炉的空白,不仅着眼于国内用户的应用特点趋势,而且同时具有与引进的国外IC生产线的兼容性、结构简洁、配置先进、工艺及设备性能指标不低于国外同类设备的水平。

二、用发展的眼光研究新问题

在历史的脚步跨入21世纪的今天,我们不仅要面对更加广阔的市场,而且要应对更加激烈的挑战和竞争。只有对面临的新情况、新问题做到心中有数,才能应对自如。北京电控近年来虽然实现了平均年递增30%的增长速度,在资产重组、产业升级、结构调整方面有了一定的优势,但距离市场的要求、国际化的要求还有相当的距离。与业界同行的先进企业相比,还有很大差距。一是观念上的差距。受多年传统观念的影响,长期计划经济的观念在相当一部分干部中是根深蒂固的,特别是距离党的十六届三中全会提出的在国有企业改革方面的新思想、新举措有很大差距;二是规模上的差距。经过几年调整,我们虽然成立了几个大企业集团、几个大合资企业,但就其规模,我们还无法与业内知名大企业相比,更无法与跨国公司相抗衡。我们的产品规模真正能排在全国第一位、第二位的寥寥无几;三是企业制度建设上的差距。一部分大企业集团虽然建立了现代企业制度,但还没有按现代企业制度规范运行,还没有实现真正意义上的"大力发展混合所有制"的"股份制改造"的目标,企业还没真正成为市场竞争主体。同时,企业的经营机制和相应制度也需进一步加强;四是企业的核心竞争能力还不强。表现在企业的盈利的水平还不高,技术创新能力还不强,技术力量储备还不足;五是人才的缺乏。近几年,北京电子控股有限责任公司及所属一批大企业集团通过各种手段,引进了一批中高级管理与科技人才,但从企业发展的客观要求看,各类人才特别是关键岗位的技术带头人,优秀的高级管理人才缺乏。人才队伍整体素质还很难适应发展的需求。

三、用发展的思路制定新的目标与措施

用发展的思路制定新的目标与措施,是发展的需要。我们经过认真的研究,将北京电子控股有限责任公司定位为:经过5年的努力,建成一家从事电子高科技创业投资与产业控股业务的国际化公司,成为高科技创业投资与产业控股业务的名牌企业。我们的主要目标是:“十五”期间,达到和保持年均30%以上的增长速度。到2005年,销售收入(含参股企业)突破400亿元,拉动技工贸营业额实现1000亿元以上,出口创汇超过10亿美元,上缴税金7亿元,实现利润5亿元。2008年,力争销售收入(含参股企业)突破800亿元,出口创汇超过18.5亿美元,上缴税金13亿元,实现利润7亿元。

在企业发展目标上,到2005年培育3家主营收入会计口径过50亿元,统计口径过150亿元,净资产利润率大于8%的大型企业集团;5家主营收入会计口径过10亿元,统计口径过20亿元,净资产利润率大于8%的企业集团;8家主营收入会计口径过2亿元,统计口径过5亿元,净资产利润率大于8%的新型高科技公司;10家主营收入过10亿元,净资产利润率大于15%的中外合资企业。并在此基础上,努力打造2~3个知名品牌,积极培育2~3个具有较强通路能力和规模效益的企业集团,使之进入中国电子的前十强、二十强。本着体制创新、机制创新的精神,依据现代企业制度,将进一步实施企业再造,通过调整、改制,进一步扩大开发,吸引外资,实施“走出去”战略,推动企业的市场化、国际化;进一步引入民营机制,推进下属企业的市场化改造及管理与技术骨干持股制度,确保核心骨干的稳定和急需人才的引进;进一步下放或出售部分中小企业,以利于集中精力抓好大企业;强化非经营性资产的市场化管理与变现。

在产品与技术目标上:“十五”期间,我们要上5~7个具有战略意义的新项目。调整优化原有产品与技术,提升到当今世界先进水平。力争实现整机产品从以传统家电市场为主转向信息化市场为主,大力发展3C整合与网络产品;传统器件产品与装备从以真空电子器件为主,逐步转向新型光电显示器件与微组装器件与装备;从硬件为主转向软硬件并举,有针对性地发展IT服务业务等三个转变。

在措施保障上,我们将按“发展优势企业”“产业关联”和“优势资源向优秀创业团队倾斜”的原则,进一步调整、整合若干小企业,壮大优势企业集团;继续扩大外资和民营企业的嫁接,进一步引进民营化机制,推动企业的市场化改造;继续积极推进企业跨区域收购、联合、重组;完成中小企业产权制度改革。

在产业发展策略上,我们要加大开发投入,建立3~5家国家级技术中心,10家北京市级技术中心,2家企业博士后工作站;进一步扩大对外合资合作。通过调整、重组、改造,加强技术进步与创新,逐步形成以新型显示技术与3C技术为核心,以通信、计算机及数字化视听产品为重点,软硬件与信息服务并举,整机与元器件、零部件配套的新经济产业格局。我们将精心寻找并选择海内外战略合作伙伴,在WTO国际规则的框架下,按产业链的思路和双赢、多赢的模式组建多种形式的产业策略联盟。进一步加快发展战略制高点项目——重点加快新型显示器件(STN、TFT)、网络交换及接入设备、数字AV设备等5~8个战略制高点项目。加快液晶显示产业基地、北方微电子设备基地、电子城产业化基地等重点基地项目的启动与实施。

在实施人才战略方面,我们将加大干部人事制度改革的力度,努力实现人才管理的市场化改造。按照培育10名知名总裁、50名知名总经理、300名科技带头人的目标,造就适应市场化、国际化、高新技术产业发展要求的职业经理人与专业技术领头人队伍。

(原文刊载于《电子政工研究》2004年第二期)

加速改革　做大总量
实现北京汽车工业大发展

北京汽车工业控股有限责任公司董事长　安庆衡

北京汽车工业控股有限责任公司董事长　安庆衡

2003年,北汽控股公司取得了可喜成绩,全年生产汽车34.8万辆,同比增长92.8%;销售汽车33.7万辆,同比增长86.5%;销售收入315亿元,同比增长184.07%;市场占有率从去年的5.6%增加到7.8%;汽车产销量和销售收入在全国汽车行业中稳居第五位,产销增长率居各大汽车集团之首,达到全国平均增幅的近3倍;工业增加值66亿元,同比增长342%;实现利润21.56亿元,同比增利25.32亿元;北京汽车在北京工业经济的增长中保持第一位,贡献率达到40%以上。2003年的各项经济指标完成情况,标志着北京汽车工业在2001年提出的"三年大变样"的战略目标已经全面实现,也标志着北京汽车工业的发展进入了一个新的阶段。

近三年来,通过战略管理和大力度的调整重组,改变了北京汽车长期以来的散、小、乱的状况,初步形成了由北汽控股公司统一领导下的以北京现代汽车公司为代表的轿车,以北汽福田为代表的商务车和以北京吉普汽车有限公司为代表的轻型越野车的三大板块,出现了各企业比翼齐飞,整体协调发展的态势。

一、以发展为主线,以改革为动力,打造三大板块,再造北京汽车工业

(一)坚持国企改革方向,通过对北汽摩公司的彻底调整,培育和支持福田,构筑商用车板块

北汽福田公司成立至今已经七年,而培育和发展福田用了十年。1994年,为了有效地利用当时北京汽车第一大国有企业北汽摩公司的资产、技术和人力资源,为了将产品资源从竞争十分激烈的汽车市场扩大到农用车市场,也为了利用改革领先的山东的灵活机制,

经过高速度的协调，当时诸城车辆厂的576万元资产成建制地并入北汽摩。从此，北汽摩不再是原样的国企，开始走上了改革调整和培育福田之路，同时也是福田发展之路。1996年，以北汽摩公司为第一大股东的股份制企业北汽福田公司应运而生。创新的体制，优秀的经理班子，对市场良好的把握和连续不断的成功的低成本扩张，北汽福田的发展让人耳目一新，发展速度惊人。1998年3月福田公司作为北京汽车的一员，正式被批准成为汽车整车制造企业，福田公司的企业性质发生了根本的变化。在北汽福田发展壮大的过程中，北汽摩调整退出了整车制造企业的行列，在中国的汽车行业中，连续多年的轻卡产销第一，轻客高速发展和发展势头极强的欧曼重卡，使北汽福田成了领跑北京汽车的当之无愧的商用车板块。北汽福田成功的成长过程告诉我们，产权改革是国企改革关键所在，也是符合党的十六届三中全会精神的。

(二)坚持“三年大变样”的方向，充分利用现有存量，彻底重组轻汽公司，组建北京现代，圆北京汽车的轿车梦

2000年，北京汽车工业开始和现代合作的征程。我们坚信北轻汽存量优良，人力资源可贵，重组生产轿车不仅必要而且可能。而北京市发展现代制造业，发展北京汽车的方针给我们带来了绝好的契机。

在中外双方的努力下，北京现代一年来成功地运作，销售保持连续增长，达到了每月超过6000辆和每月创2亿元利润的好成绩，成功打造了以北京现代为代表的轿车板块。

我们承担了轻汽公司原有的14亿债务和近4千名职工安排的难题，但没有这次改革，就没有北京现代，就没有轿车，就没有北京汽车工业今天的大发展。

(三)坚决实施企业重组，坚持与DC合作，重新打造以北京吉普为主的越野车板块

20世纪80年代在中国汽车工业历史上辉煌一时的BJC的光荣的过去已经成了逝去的光环。从1998年开始的连续5年的亏损使得BJC已经面临破产的边缘。

在市委市政府的领导下，我们坚持对外合作的方向，与德国戴姆勒—克莱斯勒股份公司(简称戴克)续签了30年合同。我们利用戴克的全球资源，引进了三菱公司产品，并积极推进“一年一个新产品”的计划，实现了产品的更新换代。

在发展新产品的同时，我们确定并实施了内部重组计划，通过关闭铸造、电热、工具等分厂和人员大量精简，大力度调整重组，实现了扭亏。我们实施吉普公司的搬迁调整的计划，利用可贵的土地资源为重新振兴创造条件。

发展带动了改革，改革也促进了发展，北京吉普公司Jeep2500畅销，帕杰罗销售持续增长，大切诺基被确定为航天员专用车，帕杰罗速跑被确定为航天员工程用车，全时全能的欧蓝德新型越野车2004年年初即将上市，全新的越野车板块打造成功。

通过对三大板块打造的过程，北京汽车原来的核心企业全部调整，取得了新的发展。

二、以做大总量为目标，扩大与两个伙伴的合作，发挥支柱产业的作用

2003年以来，在与现代集团和戴克集团战略合作继续引向深入的同时，三大板块、四个主机厂在轿车、商用车和越野车领域竞相发展，整体优势显现出来，我们在全国汽车行业中排名，无论是销售额还是产销数量均为排名第五，增长速度排名第一。

(一)帮助和推动现有各主机企业做大总量

北京现代公司完成了一期年产5万辆的技术改造项目,四大工艺全面投产,经营取得良好业绩,伊兰特轿车、环保发动机、研发中心等二期10万辆技术改造项目正在实施,伊兰特轿车投放市场,北京现代的总量明显增大。

北汽福田公司在保持轻卡和轻客产品优势、市场优势的同时,积极扩大在商用车市场领域的全方位优势,建成了具有相当规模的商用车生产基地,提升了产品的竞争力,其中欧曼重卡产销增幅在重型车厂中保持第一,福田的总量在持续快速增长。

北京吉普公司通过与戴克公司扩大合作,利用戴克公司的全球资源,引进三菱产品,实现了产品的更新换代;通过内部重组,减轻了企业负担,实现了扭亏。奔驰公司的加盟将提速北京吉普,改变北京汽车工业的整体形象。

北汽有限公司的产品也在低端越野车市场上保持主导地位并粗具规模。

2003年年初,在实现三年大变样的基础上,提出在2005年实现"三年腾飞"的目标,争取在2005年实现产销汽车50万辆,销售收入500亿元。

(二)发挥三大板块的带动作用,发展零部件,做大总量

"三大板块"的发展带动了零部件、服务贸易、物流等产业的发展,形成了二、三产协调发展的态势。我们对汽车内饰件、座椅、减震器、空调器、软轴、凸轮轴、重型变速箱等零部件产品,打破原有格局,彻底进行了调整,有的实现了对三大板块的配套,有的正在积极运作,以北京现代为中心的含通州、平谷在内的顺义零部件工业园,以北汽福田为中心的密云县零部件工业园和正在规划之中的以新北京吉普公司为中心的BDA奔驰零部件工业园,会为做大北京汽车工业总量做出贡献。

(三)扩大与两大伙伴的合作,进一步做大总量

在市委市政府的支持指导下,控股公司本着扩大开放,引进外资,做大总量的原则,在与韩国现代集团成功合作的同时,又于2003年9月8日与戴克集团签订了扩大战略合作框架协议,双方决定对吉普公司进行重组,共同增加投资,生产奔驰轿车;福田公司与奔驰公司合资生产中、重型卡车,引进奔驰技术,增加原有产品的技术含量,提升福田公司的整体技术水平。

与戴克签订框架协议,奔驰决定落户北京,将大大提升北京汽车工业的整体水平和做大总量。

(四)深化体制改革,确保新的发展

北京汽车工业对全市工业的增长和对首都经济发展贡献率的提高,证明了北京市发展现代制造业的决策是正确的。北京汽车工业开始显现出支柱产业的作用和良好的发展态势,这种态势表现在:一是战略由近到远,实现北京汽车工业大发展,确立在全市经济中的主体地位,成为北京汽车工业大发展的战略选择;二是产业由散到精,聚焦"三大板块"企业,发挥整体优势,实现协调发展成为北京汽车工业大发展的必由之路;三是产品由低到高,发展轿车、商用车、越野车板块产品成为北京汽车工业大发展的重要支撑;四是产业链由短到长,二、三产相互融合、相互促进成为北京汽车工业大发展的重要特征;五是对外合作步伐由慢到快,规模由小到大,融入国际汽车发展主流,参与国际汽车市场竞争成为北京汽车工业大发展的追求目标;六是资本运作力度由弱到强,优化资本结构,加速融资

进度将成为北京汽车工业大发展的主线。

现在北京汽车工业正在向着更好的发展远景迈进，到2008年实现产销汽车100万辆，销售收入1000亿元的目标，实现北京汽车工业在发展首都经济中的主体地位，是北京汽车人新的追求，一个致力于把梦想变成现实的北京汽车人团队，一定会实现这个目标。

（摘自在2003年北京经济论坛上的专题演讲）

紧抓机遇　不辱使命

北京现代汽车有限公司董事长　徐和谊

一、北京现代汽车公司的崛起

北京现代汽车有限公司
董事长　徐和谊

北京现代汽车有限公司是由北京汽车投资有限公司和韩国现代自动车株式会社共同出资设立而成，中韩双方各占50%的股份，企业性质为中外合资经营企业，合资期限为30年。

2002年10月18日，北京现代汽车有限公司正式成立。

2003年2月，北京现代汽车有限公司四大工艺生产线改造完成，开始批量生产。

2003年4月，北京现代汽车有限公司仅用半年时间完成了5万辆轿车的产能改造。

2003年4月7日，北京现代汽车有限公司第10000辆SONATA轿车下线。

2003年6月17日，北京现代汽车有限公司第20000辆SONATA轿车下线。

2003年8月13日，北京现代汽车有限公司第30000辆SONATA轿车下线。

2003年12月23日，北京现代汽车有限公司新款轿车伊兰特正式上市。

截至2003年12月底，北京现代汽车有限公司全年实现轿车销售5.2万辆，销售额87.7亿人民币，跻身中国轿车企业十强。

二、北京现代汽车有限公司的质量认证

北京现代汽车有限公司视产品质量为生命，公司领导明确表示，高速发展模式绝不能以牺牲产品质量、信誉和服务为代价，不能片面追求“高速发展模式”，更不能采取“假、大、空”大跃进的方式。在采购、生产和检验等环节上一丝不苟地严把产品质量关，全力以赴地塑造经得起消费者检验和具有生命力的品牌。

2003年5月，北京现代汽车有限公司通过了“3C”认证。

2003年7月25日，北京现代汽车有限公司再接再厉通过了ISO9001质量管理体系认证。

三、北京现代汽车有限公司的配套企业

为了确保轿车生产运行万无一失，努力降低产品价格，提高产品的市场竞争力，北京现代汽车有限公司确立了尽快完善国产化协作配套体系的目标。经过大刀阔斧的工作，北京现代汽车有限公司已与国内五十多家汽车零部件配套企业建立了合作关系，推动了区域经济发展、技术进步以及社会就业的步伐。北京现代汽车有限公司自成立以来，国产化率不断提升，截止 2003 年 12 月，北京现代汽车有限公司的轿车配件国产化率超过 70%。

四、北京现代汽车有限公司服务于社会

自筹建以来，北京现代汽车有限公司有的放矢地对厂区道路实行大面积改造，并加以绿化，装修办公楼和设置景观，使北京现代汽车有限公司更加符合现代化大型汽车制造企业的要求，能够准确把握首都现代化城市的脉动。

作为北京现代制造业的龙头企业，北京现代汽车有限公司始终不渝地关注社会焦点。抗非典期间，北京现代汽车有限公司慷慨解囊，向北京市人民政府捐赠了 10 辆高级 SONATA 轿车，体现了北京现代全体将士们战胜非典的决心，同时也融入了北京现代人的一片爱心。

“热心公益事业，奉献诚挚爱心”是北京现代人矢志不移追求的目标，北京现代汽车有限公司于 2003 年 6 月 1 日国际儿童节向北京市顺义区三所小学捐赠了 60 台电脑，为孩子们力所能及地创造学习环境。

五、北京现代汽车有限公司肩负的使命

短期内迅速崛起的北京现代汽车有限公司，是启动振兴北京现代制造业战略的初期效应，是首都北京走新型工业化发展道路的创新实践成果。“机遇与挑战并存”，北京现代汽车有限公司既具备难逢的历史发展机遇、良好的发展环境和发展优势，又肩负着重大的责任和特殊的使命。

六、增强自身潜力　确保公司稳步发展

北京现代汽车有限公司有了一个良好、快速发展的起步，这只是“万里长征走完了第一步”。作为北京现代制造业的龙头企业，北京现代汽车有限公司如何增强自身的潜力，保持良好的发展势头，是摆在公司全体员工面前刻不容缓的最核心的问题。

构建科学运作机制。适应市场竞争需要，北京现代汽车有限公司将义无返顾地加大信息化建设的步伐，引入现代化手段，积极采用信息技术和网络集成技术，实施企业信息化工程，推进企业信息基础设施建设，构建北京现代制造业的运行系统，不断提升北京现代汽车有限公司的技术能力和管理能力。

不断扩大合资规模。我们要把韩国现代汽车公司发展战略与北京汽车工业调整目标相结合，把双方的优势资源兼收并蓄，力求北京现代汽车产业做强做大。北京现代汽车有限公司已经启动了 15 万辆轿车产能改造项目，增资扩股，筹集资金，全力以赴确保新车型 ELANTRA 生产投放的完成，力争使 SONATA 和 ELANTRA 两款主力车型的市场占有率达到同级轿车 10%以上的市场份额，完成产销经营目标。

全力打造产品形象。纵观国内市场，与同类车相比，北京现代汽车有限公司生产的索纳塔轿车在性能价格比方面占有明显优势，基于此，制订整体营销策划方案和周密宣传方案，加深社会公众对北京现代轿车的认知，致力于塑造广大消费者信赖、有长远生命力的品牌，北京现代人责无旁贷。北京现代汽车有限公司将根据北京特大型都市环保要求高的突出特点，不断改进，提高车辆环保性能，力求与奥运工程的脉动合拍。北京现代汽车有限公司成功地冠名于北京国安足球队，圆了"首都品牌"范畴内企业界与体育界强强联合的梦，产生了轰动的宣传效应。我们殷切希望在北京市委市政府的领导下，抓住北京2008年举办奥运会的机遇，借助奥运浩荡东风，扩大影响，铸就名牌。

加大自主开发力度。北京现代汽车有限公司将塑造民族品牌作为一项重要工作常抓不懈，全力以赴引进人才，储备人才，建立企业技术研发中心，加大自主开发力度，加快零部件升级步伐，增强产品的市场竞争力。

2003年是中国汽车工业50周年华诞，北京现代汽车有限公司这支汽车新军在中国汽车工业50年大事记评选中荣膺"发展速度最快"、"最具成长性的企业"等三项殊荣。这些殊荣鞭策着北京现代人锲而不舍地创造新的业绩，生产高质量的汽车产品，提供优质的服务。

抓住机遇，迎接挑战，精诚奉献，不辱使命。北京现代人将把北京现代汽车有限公司建设成为在全国乃至全世界享有较高知名度和美誉度的"首都"品牌，为北京工业的繁荣兴盛作出应有的贡献。

（摘自北京第十届全国企业家活动日庆祝大会上的讲话）

加快京仪改革发展　建设首都特色产业

北京京仪控股有限责任公司董事长　马士华

北京京仪控股有限
责任公司董事长　马士华

北京京仪控股有限责任公司（简称京仪）学习贯彻"三个代表"重要思想和十六届三中全会精神，认识到一要把加快京仪的改革与发展，作为学习贯彻"三个代表"重要思想的根本实践。二是把京仪建设成为首都特色产业，作为发展先进生产力的奋斗目标。三要在建设特色产业、发展先进生产力的具体实践中，实现改革与发展的新突破。

建设成为首都特色产业，京仪具备了五个有利条件。一是增速快。京仪的营销规模经过近年来的高速发展，比20年前增长了13倍，在全国同行业位居第二，目前的增长势头仍然非常强劲。二是主业精。"术业有专攻"，多年来京仪坚定不移地发展主业，按照有所为有所不为的原则，专注于工业自动化仪表及控制系统（C）、科学仪器（I）、电力控制（E）和以"CIE"技术为基础的环保、光电子、新能源等六大领域的创新与发展，主导产品市场占有率在国内居第一位的10项，居第二位的25项。三是体制新。京仪坚决按照市政府要求，从本系统实际出发，与结构调整相结合，在基本完成企业改制任务的基础上，初步形成了以产权关系为纽带、以处理好母子公司关系为核心的管理框架和基本规制。四是管理强。

京仪学习借鉴跨国公司和上海控股公司的经验，积极推进旨在保证国有资产保值增值的发展战略、全面预算和运营监控三项重要管理。五是资产实。京仪督促企业坚定不移抓好主业提高盈利能力，消化历史形成的资产损失。到2003年末基本完成资产损失消化计划。据财政部统评司公布的2002年全国仪器仪表行业效绩评价标准值20个指标中，京仪有三项是优秀值，6项超过良好值，其余均超过标准值。因此，京仪把充分利用已经具备的基本条件加快自身发展壮大，并逐步建设成为首都特色产业，作为今后五年的奋斗目标。

一、深化对发展先进生产力的认识，实现在提高资产质量基础上经济持续快速发展的新突破

首先是提高经济运营和资产质量。一是继续坚持把主业做大做强。多年来，我们坚持推动所投资企业围绕六大领域发展主业，把主营业务盈利作为企业年度发展重点目标，作为经营者收入分配的重要考核指标，实现了全系统主营盈利。今后要继续坚持，并要在两年之内实现所有控股企业主营盈利。二是继续坚持提高资产质量。从2004年开始，一方面要借鉴跨国公司的经验，高度关注、采取措施、加强考核，推动企业进一步减少应收账款和存货，力争消灭三年以上的应收账款和存货；另一方面要推动企业按照新财会制度逐步计提八项准备，提高抵御经营风险的能力。在提高资产质量的同时，继续保持经济快速增长。要抓住国家经济持续稳定发展、世界经济回暖、北京筹备奥运等重大机遇，着眼于国内外资源和市场，在提前实现"十五"营销规模50亿元目标的基础上，力争到2008年达到100亿元。

二、深化对混合所有制的股份制公司是公有制主要实现形式的认识，实现管理体制创新的新突破

实现管理体制创新的新突破的重点，一是深化控股公司自身改革。今后五年，要积极探索将京仪建设成为北京现代制造业的特色产业，建设成为国家仪器仪表工业科研生产的重要基地，建设成为营销规模和技术水平居全国同行业前列的产业集团的途径。二是推进企业实现产权多元化。要着力解决国有资本一股独大、"近亲结婚"的问题，与实施大企业大公司战略和实现京仪六大领域创新与发展紧密结合，大力吸收国际资本和非公有资本，增强国有资本的影响力、带动力和运营效率。三是推进企业法人治理结构的规范运作。一方面要修订完善相关制度，形成权力机构、决策机构、监督机构和经营管理者之间权责分明、相互制衡的机制；另一方面要深入贯彻实施京仪推进管理体制、机制创新的一系列基本规制，使初步改制企业法人治理结构机制健全、运作有效，以利于维护出资人权益，实现国有资本的保值增值。四是全面推进发展战略、全面预算、运营监控三项重要管理，进一步强化基础工作，提高信息化水平，2005年全面预算管理要覆盖所有企业，使京仪的管理水平迅速与国际接轨。

三、深化对大公司大企业集团战略的认识，实现四位一体的结构调整的新突破

京仪实施大公司大企业战略，应坚持以建设北京现代制造业的特色产业为方向，继续实施以产品技术创新为龙头的产品、产业、企业、布局"四位一体"的结构调整。

要继续坚持有所为有所不为，继续坚持发展高新技术产品、以高新技术改造传统产品的"两高"战略。加快在全国具有比较优势的自动化仪表及控制系统(C)、科学仪器(I)、电力控制装备(E)和以"CIE"技术为基础的新能源、环保、光电子等六大领域的创新与发展。

到2008年,京仪主导产品技术水平要达到国际先进或国内领先,营销规模要保持全国同行业的领先地位。要继续坚持"大办、办大、办好"合资的发展思路,通过引进国际资本、先进技术和管理,提升产业结构,扩大经济总量。要加强企业发展战略研究。要在2~3年内使企业产品技术水平和营销规模达到所处国内小行业前三名,否则就要考虑国有资本的退出。

围绕发展大公司大企业战略,建设"一个中心,五个基地",初步形成特色产业的布局结构。"一个中心"即在中关村核心区建设京仪科研孵化中心,发挥北京特别是中关村的地域优势、人才优势、政策优势,引进国内外资本、人才、技术,形成不断向北京仪器仪表工业输送先进产品和技术的机制,发挥科研孵化功能。"五个基地"即在东城区和电子城建设工业自动化控制系统研制与生产经营基地;在中关村发展区建设分析仪器和在线环保监控仪器及装置的科研生产基地;在大兴工业开发区建设真空获得与应用设备为主的仪器仪表科研生产基地;在通州区建设以大地测量仪器为主的光学产品和数字影视产品科研生产基地;在中关村核心区建设数码相机和高档胶片相机科研生产基地。

培育和发展大公司大企业,要紧紧围绕北京仪器仪表工业六大领域的创新与发展,把京仪建设成为北京现代制造业的特色产业的中心目标,坚持以提高企业竞争力为核心,向优势企业和优秀经营人才配置优势资源;坚持与京仪产业布局结构调整相结合,与建设"一个中心,五个基地"统筹规划,协调推进;坚持与企业体制、机制和管理创新相结合,积极吸收国际资本和非公有资本,使企业实现真正意义上的混合所有制股份制公司,建立完善的法人治理结构,依法依规处理好控股公司与所投资企业及企业与其子公司经济关系,积极推进发展战略、全面预算、运营监控三项重要管理。

(摘自《京仪文化》2003年第3期)

认真学习贯彻十六届三中全会精神
坚定不移推进国有企业改革与发展

北京纺织控股有限责任公司董事长　杨文华

一、增强危机感、紧迫感、责任感,推进国有企业改革与发展

党的十六届三中全会通过《关于完善社会主义市场经济体制若干问题的决定》,国有企业改革进入攻坚阶段,对北京国有纺织企业改革与发展,是最好机遇,也是最后机遇,必须紧抓机遇,进一步增强危机感、紧迫感、责任感。回顾北京国有纺织企业改革历程,前后10年时间,大体压了10万锭,破了10个厂,减了10万人,改革力度不可谓不大。特别是2000年以来,由调整中发展转向发展中调整,提出并实施发展适合首都经济特点纺织工业的思路、重点和目标,三大主业板块、七大企业集团格局基本形成,新的产业园区建设加紧进行,资产质量有所提高,经济运行质量和效益总体平稳,与1998年以前连续出现行业性

北京纺织控股有限责任公司董事长　杨文华

亏损比,不能说没有发展。但是,改革的力度,发展的速度,与国内、国际市场竞争态势不相适应,与全国纺织行业发展水平不相适应。2003 年 1～9 月,全国纺织行业生产增长 19.7%,出口增长 26.3%,利润增长 31.8%,全年保持稳定增长已成定局,主要靠沿海省市拉动,北京虽有回升,但效绩平平。沿海地区纺织行业特别是非国有企业跨越发展,对北京国有纺织企业构成威胁。北京国有纺织企业不改革不行,不发展不行。十六届三中全会以后,国有经济体制改革进入新的阶段,全国纺织行业新一轮"洗牌"已经出现,优胜劣汰不可避免。北京国有纺织企业如不紧抓机遇,加快改革,促进发展,有些企业必死无疑,全军覆没也绝非危言耸听。国有企业要生存、要发展,动力来自改革。必须深刻领会十六届三中全会精神,进一步解放思想,坚定信心,坚持发展是第一要务,积极推进改革,大胆突破改革。

二、强化国有资产管理,促进国有企业改革与发展

授权经营以来,北京纺织控股公司在经营管理国有资产方面做了大量工作,取得很大成绩,乱投资、乱转让、乱出租、乱担保等问题基本得到控制,有效资产已经向优势企业、优势项目集中,资产质量有所提高。但是,在资产运营上,管理资产运行较多,运作资本经营较少;在资产配置上,采用组织准则方法较多,采取市场准则方法较少;在资本经营上,调整内部要素较多,引入外部要素较少。总之,改革程度不够,开放程度不够,市场化程度不够,与国有资产管理体制改革不相适应,与产权制度改革不相适应,与国有企业改革不相适应。必须按照十六届三中全会精神,进一步解放思想,与时俱进,探索国有资产经营管理的有效形式,促进国有资产流动,促进国有企业改革。随着国有资产管理体制改革、产权制度改革和国有企业改革不断推进,国有资产经营管理的形式应不断改进。在管理重点上,逐步实现重点管企业向重点管资产、进而向重点管资本的转变,控股公司主要经营管理所投资企业的国有资本;在管理方式上,逐步从通过企业领导班子特别是主要负责人管理国有资产转向通过企业法人治理结构特别是国有产权代表管理国有资本,总经理由所投资企业董事会按市场化机制选聘,控股公司不应再直接管理;在管理层次上,逐步改变管企业、管资产时"一竿子插到底"的做法,控股公司重点经营管理所投资企业的国有资本,所投资企业以法人财产投资设立的子公司、子企业由所投资企业管理;在管理办法上,逐步修订、制定国有资本经营管理制度,包括国有资本转让、投资和处置管理、国有资本经营预算管理、国有产权代表派出与考核、国有资本经营业绩评价等制度,不断提高改革程度、开放程度和市场化程度。

三、改进加强党建和思想政治工作,保证国有企业改革与发展

十六届三中全会强调,党的领导是顺利推进改革的根本保证。企业党组织必须进一步改进、加强党建和思想政治工作,切实保证国有企业改革与发展。深刻理解、准确把握十六届三中全会《决定》提出的新论断、新思路、新举措,进一步明确国有企业改革的目标、重点、原则,紧密联系企业实际,解放思想,与时俱进,推进改革,保证改革。要发挥政治核心作用,并适应公司法人治理结构要求,改进发挥作用的方式,支持股东会、董事会、监事会和经营管理者依法行使职权,参与企业重大问题的决策,坚持党管人才原则,并同市场化选聘经营管理者的机制相结合。要充分认识国有企业改革的重要性、艰巨性、复杂性,认真做好深入细致的思想政治工作,保证改革的顺利推进,不能不顾职工群众承受程度强行推进改革,也不能顾虑职工群众承受程度放慢或放弃改革,对于职工群众反映的矛盾问题,要积极疏导,认真化解,确保稳定。要加强党风廉政建设,保证国企改革,保护国有资产,警惕在重组改制中出现国有资产流失,重视在资本运营中产生腐败问题,关注在经济交往中萌生腐败诱因。

(摘自 2003 年 12 月 24 日纺织控股公司工作会议上的报告)

以"三个代表"重要思想为指导 认识和把握企业发展规律 在改革创新中实现企业新发展

北京隆达轻工控股有限责任公司总经理 孙燕昌

一、加快推进国有企业建制转机,落实先进生产力代表的要求

(一)加快建立适应社会主义市场经济要求的企业制度和领导体制,促进企业运行机制的根本转换

北京隆达轻工控股有限责任公司总经理 孙燕昌

有什么样的企业制度就有什么样的领导体制,有什么样的企业制度和领导体制也就决定了有什么样的企业运行机制,这是企业运行的一般规律。在传统国有企业制度下,企业制度的特点是一大二公、政企合一,权力高度集中统一,企业的目标是多元化。

在现代公司制的企业制度下,投资主体是多元化,企业把获取最大化的利润回报作为统率一切的经营目标。在这种企业制度下要求的领导体制是出资者、决策者、经营者各方面权利相互制衡、协调运转。在这种企业制度和领导体制下,也就促使企业必须建立起以市场运作为核心的、对瞬息万变的市场情况迅速做出反应的充满生机与活力的企业运行机制。要转变企业的运行机制,必须从建立适应市场经济要求的企业制度入手,在建立适应市场经济要求的企业制度下构筑一套科学规范的领导体制,才能建立和产生适应经营竞争需要的企业运行机制。

(二)积极推进出资者权责的落实,实现企业制度和领导体制的创新

企业制度的核心是产权制度,或叫产权管理制度。经过10年的实践,隆达公司内部的国有企业也已大多改制为公司,但是,长期困扰国有企业的经济效益下滑、国有资产流失、经济运行质量低下等问题并未得到根本解决,关键还是因为产权制度没有理顺,突出的表现在国有资产的出资者缺位,这是当前影响国有企业实现企业制度创新和企业领导体制创新的关键症结所在。

1.国有资产出资者缺位,造成了"行政干预"和"内部人控制"的现象普遍存在。一是由于国有资产出资者缺位造成了"行政干预"现象非常严重,影响了企业成为自主经营的市场经济活动的主体地位。从理论上讲国有资产属于国家(全体人民),国有资产所有者是清楚的,但是从实际的操作层面而言,企业中的国有资产所有权具体由谁来行使和承担,就找不到相应的行使人和承担者,由于国有企业没有集责权于一身的负责任的出资者,是造成"行政干预"严重泛滥的主要原因,而在这样的企业制度下,产生的领导体制、企业运行机制不可能是积极的、高效的。二是由于国有资产出资者缺位,造成"内部人控制"的现象严重,使出资者权益受到了极大的侵蚀。由于国有资产出资者缺位,导致了国有企业没有一个能够真正从企业自身效益最大化考虑企业发展、行使权责、监督、约束经理人的所有者,在这种情况下,企业不是以效益最大化为目标,经营者也没有为委托人寻求效益最大化的动力,造成了应该由出资者按照收益最大化的原则行使的重大决策权、投资权和利润分配权被经理人员和职工行使了,并利用这种控制权,按照追求工资、成本最大化的原则来为自己谋利益。

2.履行出资人职责,把企业所有权落实到位。一是按照国有资产管理体制的要求,切实落实好出资人的职责。党的"十六大"针对解决国有资产管理中权利与责任不相对称这一突出问题,提出建立国有资产监督管理委员会,使它成为管资产和管人、管事相结合的三位一体的国有资产管理部门,作为国有出资人的代表,行使股东的权利,承担股东的责任。这一重大改革举措,对于确立出资者权责,淡化行政干预,促进国有企业发展具有重大的作用,这就从宏观上和整个国有资产体系上较好地解决了所有者缺位和行政干预过多的问题,使国有资产所有者在企业中的权责得到了体现,同时使企业成为真正的运营主体。在这种制度和体制的保障下,国有出资人代表应切实履行好出资人职责,具体就是要通过行使好国有资产收益权、重大决策权和选择管理者的权力真正管好资产,当好老板,在所有权与经营权分离的情况下保障国有资产所有者权益,推进企业制度和领导体制的创新。二是加快国有企业产权多元化改造,从外部进一步促进企业产权主体的到位。党的"十六大"提出,深化国有企业改革,要按照现代企业制度的要求,进一步探索国有制的多种有效实现形式,实行投资主体多元化。只有建立起与市场经济运行机制相吻合的产权主体多元化的企业产权制度,才能使企业建立起产权清晰、责权明确、政企分开、管理科学的企业制度。近年来,我们积极引进外资和民营资本参与国有企业的改制、重组的实践也充分证明,引进这种产权清晰、权责明确的投资主体,对于改造国有企业内部原有的出资者缺位、权责不明的体制可以收到立竿见影的效果。因此,加快国有企业产权多元化改造,是促进出资者到位,推动企业制度创新的有效途径。

3.按照新的国有资产管理体制的要求,切实履行好控股公司自身职责。一是切实履行好重大投资决策的职责。投资决策的职责是控股公司的重要职责,要以投资决策为龙头,不断提高国有资产经营管理的效率和水平。二是要确保国有资产投资收益权的落实。要强化对控股公司国有资产的监督和管理,使出资人的权利真正到位。坚决杜绝由于监督、控制不利造成国有资产流失和损害国有出资人利益的现象。三是要切实履行好选聘企业经营者职责。进一步建立健全经营者选拔委派制度、经营者激励约束制度、经营者考核监督制度,坚持用市场化的原则选聘企业经营者,充分发挥激励、约束、监督和淘汰机制的作用。在推进国有企业制度创新,促进企业经营机制转换上取得新的成效,把先进生产力代表落在实处。

二、培育和塑造适应市场的企业文化,落实先进文化代表要求

1.要坚决扬弃不符合市场经济要求,影响和阻碍企业改革发展的思想观念和文化。企业文化固然成型于某一企业,但必须与社会发展的大环境相融合,也要与民族优秀的文化相结合。长期以来国有企业在计划经济体制下形成了适应那个时代的企业文化,但随着进入市场经济时代,原来企业中固有的文化,已严重不适应当今社会的要求,必须彻底把这些思想意识的糟粕扬弃掉,培育和塑造适应市场经济和竞争要求的企业文化和企业精神。

2.要积极培育和塑造具有时代特征,满足市场需求,适应竞争要求的企业文化。当前,我们正处在全面建设小康社会、加快现代化建设的重要发展阶段,紧紧抓住21世纪头二十年的重要战略发展机遇期,聚精会神搞建设,一心一意谋发展是当今时代的主旋律和时代特征,要把企业文化建设融入到全面建设小康社会、率先基本实现现代化、加快经济发展之中,体现出时代的特征。因此,企业文化建设必须坚持以发展观为核心形成企业员工共同的价值观,培育和塑造企业内的创新意识、竞争意识、开拓意识、服务意识等等,促进生产力的解放,推动企业发展,使企业文化体现出时代的特色。

三、不断提高企业的经济效益,落实人民群众根本利益代表的要求

第一,要处理好长远利益和眼前利益、局部和全局的关系。企业在改革发展的进程中,进行资源整合、资产重组,不可避免地要影响到一些职工的眼前利益、局部利益。不同企业、不同层次的员工对改革会产生不同的想法和看法。改革越深入,越要正确认识和处理好各种利益关系,把眼前利益与长远利益、局部利益和全局利益统一起来。

第二,注意改革、发展、稳定关系。发展是目的,改革是动力,稳定是基础。没有稳定的环境,发展无从谈起;没有改革的深化,发展难以持续;没有发展的支撑,改革和稳定也无法实现。控股公司在这方面承担着很大的责任。在企业调整中,要处理好稳定问题,但不能过分强调稳定,企业在市场竞争中被淘汰是最大的不稳定。我们强调在发展中创造稳定,而不是在竞争中被动地保稳定。从适应竞争来说我们还是应闯,应创,然后达到平衡,促进企业发展。

第三,注意处理好控股公司、企业(集团)和员工三者的关系。从企业制度来说,也就是出资者代表、经营者(经营团队)、员工这三者的关系。这三者在企业发展中具有不同的重要作用,在企业改革发展中要充分尊重和调动三个层次的积极性,创造性。妥善处理好三者的根本利益与眼前利益的关系，既要坚持加快改革调整，又要做到因企制宜，实事求是，“无情改革，有情操作”，保护和调动好三者的积极性。统一思想，统一意志，统一行动，推进企业改革发展。

（摘自2003年10月15日《隆达控股报》）

加快发展建设　实现管理提升 把工作推进新阶段

北京化学工业集团有限责任公司总经理　项大北

北京化学工业集团有限责任公司总经理　项大北

2004年是全面推进化工集团发展战略承上启下的关键一年，是实现发展阶段良好起步之后、实现纵深推进的重要一年。化工集团要重点抓好以下几个方面的工作：

一、认真学习贯彻国资委监管会议精神，实现利润稳定增长

1.主要经济指标：2004年，增加华腾实业公司的指标后，集团公司的产值计划为14.4亿元，销售收入11.4亿元，利润5000万元，增加值2.5亿元。

2.优化经济增长方式，提高经济运行质量。在企业经济增长过程中，要防止单纯偏重资金、资源投入而忽视科技进步、忽视技术改造、忽视人力资源队伍优化、忽视管理的错误倾向，要注重经济效率的增长，提高投入产出比，全面增强以科技、质量、效益、效率为支撑的企业核心竞争力。要进一步整合企业资源，优化成本结构，优化效益支撑点，全方位提高企业应对市场变化的能力，巩固效益成果，从根本上确保企业盈利能力的提高，全系统经济运行质量的提高。

3.切实增强依法经营、规范运作的法制意识。国家越来越多地以法律、法规的方式来约束包括国有企业在内的一切经济实体的各种经济活动，使得国家与国有企业的法律边界更加清晰，也更加规范。过去更多地依靠行政手段管理国有企业，现在则是依靠法律、法规来规范所有的经济实体，突出企业作为法律主体的法律责任。以前大量通过行政手段进行管理和协调的企业承担的责任，现在都已经相继进行了立法，纳入了社会化、法制化的管理范畴。要使企业处于长期、稳定、健康的发展之中，就必须把企业的经营管理严格置于法律、法规允许的范围之内。

4.要正确处理生产经营与搬迁改造的关系。对于正在搬迁改造的企业，面临着双重任务，既要做好搬迁工作，又要抓好正常的生产经营。这其中的重要衔接点，就是如何保住已有的市场，如何稳定用户，如何确保产品质量。要重视这两项工作的统筹协调和有效衔接,加强前瞻性的谋划和运作,加强客户管理,确保市场份额。

二、以精细化工基地一期工程年内建成投产为重点,全面加快建设发展步伐

全面推进精细化工基地建设,确保年内一期建成投产。加强资金管理与控制,严格资金使用,做好工程结算,严把审计关。在施项目加快建设,建成项目尽快达标达产,提高效益。大搪项目要尽快全面投产,顺义空港基地建设项目要尽快充实和置换,加快染料厂建设步伐,加快综合管业项目的建设工作,同时为产品上市做好前期准备。全面做好房地产开发及置业工作。全面做好华腾大厦、华腾科技大厦的运营工作,确保两个大厦的运营收益。其他已建成的置业项目要加强管理,规范运营,力争产生好的效益。房地产公司要以启动东四环路西区项目为契机,加快推进,促进集团公司的房地产开发及置业进入一个新阶段。

三、基本完成现阶段的调整任务

加速调整企业的退出步伐,做好改制重组整合工作,积极解决历史遗留问题。在企业退出的同时,要严格执行相关政策,妥善处理好企业历史遗留问题,化解各类矛盾。改制重组工作计划要加快实施,重点要完成化工研究院的改制和华腾实业集团公司的重组、组建工作。要加快橡胶设计院改制工作进度,促进其体制创新和机制转换,增强发展后劲。完成遗留中小企业产权制度改革的收尾工作。

四、按照市场经济的要求和现代企业制度的规范,全面推进管理提升

1.主动适应政府监管方式的转变,实现集团公司层面的管理转型和职能到位,确保国有资产保值增值目标的实现。实现管理提升的主要任务包括:突出两个特征,实现四个转变。两个特征是管理目标单一、明确,管理程序简单、顺畅。要克服、纠正以前我们在管理理念上存在着的目标多元化、责任多元化、管理依靠行政手段、程序长、环节多等问题,使管理目标由分散型到集约型,真正实现风险与责任挂钩。“四个转变”是:在管理层面上,由生产经营控股型到资本运营型转变,紧扣增值目标,放开实现过程;在管理重心上,由直接管理向间接管理转变,推动完善企业法人治理结构;在管理方式上,各部门必须要由现在的条条管理到决策参谋职能转变;在管理理念上,由各类业务服务型到资本保值增值监控型的转变。

2.对于改制企业、新投资建设的项目,要按照现代企业制度的根本要求,实现观念创新、制度创新和管理创新。已经实现改制以及即将陆续建成的一大批新投资项目,要按照现代企业制度的根本要求,建立、健全各负其责、协调运转、有效制衡的法人治理结构。重点抓好产权代表的到位,克服出资人代表缺位现象;抓好实现产权代表的身分转换,明确定位;抓好法人治理结构的运行,使股东会、董事会、监事会、经理层实现各负其责、协调运转,促使体制创新,实现机制创新,实现管理提升;抓好权利、义务与责任相统一的激励约束机制建立。

3.转变观念,创新思路,转移管理重心,提升管理层面。在市场经济条件下,特别是在一个现代企业制度框架内的企业运营者,将独立地依法履行法人职责。股东投入资产后,企业将依法拥有法人财产权,企业运营者将依法承担起企业资产保值增值、把资产做优做大的责任。在市场经济环境中,企业运营者将主要通过合资合作、贷款、上市等渠道进行融资，而不是像计划经济体制下要求上级主管机关进行帮助，也一般不轻易向股东提出追加投资的要求。此时的企业运营者，思考的管理重点将是企业融资渠道、企业战略推进等层面的重大问题，包括企业外部的银企关系的管理、战略伙伴的合作；企业内部相应的竞争战略、职能战略(包括合理、积极的产品战略、营销战略、人才战略、技术创新战略以及文化战略等)的制定与推进等。企业管理者要积极适应这种变化了的形势要求，尽量克服一些非经济因素、问题的拖累，实现管理提升。

五、与时俱进，树立全面的发展观

发展是第一要务。发展是硬道理。在这几年的改革发展实践过程中，集团公司对于发展也有越来越新的认识。一是"量的积累"，一是"质的飞跃"。"量的积累"，是要形成新的优质增量资产，把"蛋糕"做大，这是发展的形象体现和基本外延。"质的飞跃"，是要实现体制创新、机制创新，实现管理提升。这是发展的内涵要求和活力源泉。还要树立开放的发展观，强调引资与合作。不求所有，但求所在。不求所在，但求发展。

六、加强人才队伍建设，逐步建立人才培养、选拔、使用的新机制

要把促进人才健康成长和充分发挥人才作用放在首要位置，努力营造鼓励人才干事业、支持人才干成事业、帮助人才干好事业的社会环境。深化人才工作的体制改革，必须遵循人才资源开发规律，坚持市场配置人才资源的改革取向，建立充满生机和活力的人才工作体制和机制。坚决破除那些不合时宜、束缚人才成长和发挥作用的观念、做法和体制，推动人才工作体制和机制的全面创新。

要实现集团发展战略，必须进一步加大人才资源开发，落实人才资源战略，加强人才队伍培训，更要形成市场化的吸引人才、凝聚人才的新机制。我们要在人才的社会化、市场化配置方面实现突破，逐步实现用人渠道社会化，工资水平市场化，既看重人才的学历、资历、职称，更注重人才的实际水平和创造价值，加大市场化配置人才资源的力度，积极推动用人机制的改革，为集团发展战略的实现提供强有力的人才支撑。

(摘自2004年北京化工集团工作会上的报告)

坚持创新　推进工艺美术产业新发展

全国工艺美术联协组织理事长　郭泰来

工艺美术是都市经济，属于文化产业，这是它的基本定位。工艺美术行业的主力企业大部分集中在我国大、中、小城市之中。文化产业的概念，不仅由工艺美术产业从业人员的素质特点、产品的文化含量所决定，更由工艺美术厚重的历史文化传承所决定。把它归于文化产业是实事求是，理所当然的。从这个定位出发，我们可以认识到，认真抓好工艺美术事业，继承传统，推陈出新，与时俱进，开拓创新，开发生产出更多更好的工艺美术品，不断地满足人民群众日益提高的生活需求和文化精神需要，是贯彻"三个代表"重要思想的重要方面。工艺美术产业的特点是多方面的。它的最大特点是以手工劳动为主，是劳动密集型产业。由此也决定了工艺美术企业多是中、小型企业(这也是它被称为“都市经济”的一个重要原因)。随着体制改革的深入,大量家庭作坊式的企业也如雨后春笋一样蓬勃发展起来。工艺美术企业的小型化,企业产品的多样化,产品受市场需求波动影响的明显化,又决定了它是完全受市场调节的产业。由此我们应当认识到贯彻中央关于“抓大放小”方针,把工艺美术企业放开搞活,回归民间的做法是符合实际的,从根本上有利于产业的自我调整和健康发展。这即是工艺美术企业要及早退出旧体制的束缚,坚决走民营化之路的根本依据所在。

全国工艺美术联协组织
理事长　郭泰来

综合而言,工艺美术产业是“小商品,大文化;小商品,大市场;小商品,大产业”,我们只有从理性上认识工艺美术产业的地位及其特点,才能够在较高的层次上主动地、自觉地抓好企业的改革和各项经营工作。

工艺美术企业体制的创新,就是要坚定不移地走“市场化、企业化、民营化”的道路。目前联协组织、实业家分会中,已经有越来越多的公司、企业开展了改制工作,踏上了民营之路。改制本身就是企业中权力和财富的再分配,这就决定了企业改制是一项复杂的工作,是多发阵痛的一个艰难过程。从改制和民营化搞得比较成功的单位来看,要保证这项工作能够顺利地进行,就要有一个有能力的领导班子,尤其要选择好一把手大股东,要具备改制成本将要付出的资金,要搞出一个实事求是各方都能接受的资产评估,还要有一系列配套政策的辅助等等。从当前正在改制企业的进展情况来看,由于遇到一些具体的问题和困难,有些单位只好把工作暂时停下来。已经改过的企业有的恐怕还要进行“二次革命”才能达到预期的目标。然而,改制和民营化是工艺美术行业改革的必由之路,如何做好这项工作,需要认真思考,大胆实践。

工艺美术企业的产品也要创新。改革开放二十多年来,工艺美术市场上不断地涌现出大量的新产品,其中,不乏采用新材料、新工艺、新设计、高科技的产品,受到了人民群众的喜爱和欢迎。这方面的经验需要认真的总结和学习。另一方面,我们也看到一些企业在生产经营中,不是“创”字当头,而是“仿”字领先,一味地去仿制其他企业的成功产品,一两家企业去仿冒制作还显不出问题,以仿造为生的企业多了,就容易把这种产品做滥了,市场做砸了,老企业做垮了,仿制企业也容易昙花一现,做萎缩了。仿冒与创新是水火不能相容的,唯有创新才是企业的正路。

工艺美术企业的体制创新和产品创新直接影响着企业的核心竞争力,影响着每一个工美人的切身利益。要保持与时俱进的精神状态,开拓创新,把我们自己的企业率先办成小康企业,为工美人实现小康的目标做出贡献!

(摘自在2003年联协组织实业家分会第16次会议上的讲话)

加快工业化进程　全面建设小康社会

顺义区副区长　李树藩

顺义区副区长　李树藩

过去五年,顺义区工业认真贯彻落实中央和北京市的各项方针政策,紧紧抓住中国入世和北京筹办奥运等历史性机遇,大力实施信息工业化发展战略,实现了工业改革和经济结构调整的突破性进展。

一、工业实力增强,支柱地位更加巩固

截止到2002年底,区属工业企业达到171家,其中年销售收入在500万元以上的有98家,过亿元的有19家。区属骨干企业紧紧围绕优势产业,积极实施大公司、大集团战略,通过多种形式的资产运作和重组,实现了快速扩张。燕京啤酒和顺鑫农业先后成功上市,累计融资36.2亿元。2002年,两家企业的销售收入占全区工业销售收入的18%,利润占全区的42%,有力地支撑了全区工业经济的增长。伴随着企业的快速发展,全区涌现出燕京啤酒、牛栏山二锅头、牵手果蔬汁等一批享誉国内外的名牌产品。

1998年以来,全区乡镇企业速度效益指标均实现了两位数增长,且效益指标明显高于速度指标。全区乡镇企业(包括个体工商户)已发展到15500家,总资产达133亿元,初步形成了以服装纺织、建筑建材、食品饮料等九大行业为主体、独具顺义特色的工业发展格局。2002年底,全区乡镇企业就业人员达到148405人,占农村劳动力总数的68%。

二、培育新兴支柱产业,产业结构调整成效显著

经过几年的调整和培育,全区工业构成中有机化工等行业比重明显下降,电子信息产业、汽车制造业迅速崛起,成为区工业的两大主要经济支柱。2003年这两大产业的销售收入和产值在全区工业中的比重都占到三分之一强。高新技术产业快速发展,增加值占全区工业的比重由1998年的10%提高到2002年的28%。

三、经济功能区加快发展,工业化基础进一步增强

强化工业区市政设施建设,狠抓项目引进,全区形成了国家级、市级、区级、镇级四级工业区优势互补、协调发展的良好局面,工业区真正成为区域经济发展的主要增长点。截止到2002年底,全区各类工业区共引进610多家企业。北京天竺出口加工区已初步建设成为出口加工贸易基地。空港工业区,形成以外商投资企业为主体、以电子通信产业为主导、以仓储保税为特点的现代化高科技工业园区。林河工业区初步形成以微电子、数控机床、生物医药、汽车及零配件制造为主导的现代制造业产业格局。7个区级工业区和11个镇级工业区组织管理体系不断完善,基础设施建设切实加强,整体形象显著提升,成为促进全区经济增长的重要力量。北京汽车城建设粗具规模。

四、企业改革亮点迭出，经济运行质量提高

截止到2002年底，全区工业企业改制面达到90%以上，其中区属改制企业达241家，占区属企业总数的80%。工业企业普遍呈现出勃勃生机和活力，企业效益不断提高。大多数转制企业初步形成了相互制衡的法人治理结构，实现了国家增税、企业增效、区镇财政和职工增收。

五、企业技改力度加大，创新能力提高

五年来，全区工业技术改造累计投入24.8亿元，大多数骨干企业每年的研发投入都达到了本企业年销售收入的3%以上，一批重点企业还建立了自己的技术中心。企业更新了设备，提高了产品的技术含量，创新能力不断增强。

六、私营个体经济快速发展，工业所有制结构得到改善

通过大力推进二次创业以及出台一系列扶持私营个体经济的政策，通过“双管齐下”(即集体转一块，实现公转私营，加上农民自办和引进一块)，全区社会个人和民间投资日益活跃，非公经济迅速发展，国有集体经济比重相对明显下降。到2002年底，在全区工业总产值构成中，国有集体经济占17.8%，比2000年下降5个百分点；私营个体经济由1.1%上升到6.3%，工业所有制结构明显改善。

七、外商投资保持稳定增长，对全区经济贡献不断提高

全区连续7年每年实际利用外资均在1亿美元以上。跨国公司投资活跃，投资规模不断扩大。一批代表北京产业特色的高新技术企业相继落户顺义，增强了全区高新技术产业的实力，推动了全区经济结构和产业结构的调整。目前全区共有外商投资企业550家。2002年，外商投资企业销售收入占全区工业销售收入的69.3%；上缴税收9.05亿元，占全区总税收的38.5%。已投产的356家外商投资企业，吸纳从业人员近4万余人。

八、外贸出口实现跨越式发展，出口结构进一步优化

自1998年以来，全区外贸出口累计227.84亿元。出口额从1998年的18.94亿元猛增至2002年的65.3亿元，增长了2.4倍，年均增长29%。出口市场和出口主体日趋多元化。出口市场从以日本、香港地区为主，发展到美国、欧洲等几十个国家和地区。出口大户企业不断增多，全区年出口在200万美元以上的企业达20多家，出口的产品涉及电子、钟表、玩具等二十多个品种。外商投资企业中出口产品企业98家，在出口中的主导作用进一步增强，出口额占全区出口总额的80%以上。出口产品结构更加优化。2002年，我区机电产品和服装产品出口比重分别达到76.5%和8.8%。机电出口增长较快，出口49.95亿元，在北京市居领先地位。

回顾近年来工业改革与发展的实践，有许多经验值得总结。第一，要牢牢把握发展这个第一要务，做发展先进生产力的组织者、推动者和实践者。正确把握调整与发展的关系，坚持以发展为主题，为发展而调整，在发展中调整，进而以调整促发展。第二，要牢牢把握结构调整这条主线，不断提高经济增长的质量和效益。快速增长的内因就是经过近几年结构调整，全区工业形成了以高新技术产业和现代制造业为主导、几大支柱行业共同发展的良好格局。第三，要牢牢把握企业改革这个中心环节，以制度创新促进机制转变。实践证明，体制决定机制，机制决定活力，活力决定效益。只有坚持制度创新，特别是以产权制度改革为中心，实现投资主体多元化,才能带来机制的转换,增强企业活力。第四,要对重点骨干企业长期实行“放水养鱼”政策,给予扶持。区政府对一些重点扶持的大企业,按其上缴税收区财政留成部分的一定比例专门用于支持其发展。还设立了工业、科技等发展资金,每年由区财政安排专项资金扶持企业发展。第五,发展经济应本着“不求所有,但求所在;不看企业成分,只看企业贡献”的原则,跳出地区、部门、所有制的框框,一视同仁,为企业创造公平竞争的环境。第六,要牢牢把握人才队伍这“第一资源”,抓好企业领导班子建设。

今后几年顺义区加快工业化进程的指导思想是:深入贯彻“十六大”精神,以“同心全面建小康,打造绿色国际港,在京郊率先基本实现现代化”为目标,以发展为主题,以结构调整为主线,以深化改革、扩大开放为动力,大力实施信息工业化发展战略,以信息化带动工业化,以工业化促进信息化,为全面建设小康社会奠定坚实的基础。

具体来讲,加快工业化步伐重点要抓好以下几项工作:

一、以建立现代企业制度为目标,加快全区企业改革步伐

一是建立和完善劣势企业退出通道,加快劣势企业退出步伐。第一,着眼于建立劣势企业退出的长效机制,把企业退出与所有制结构调整相结合,彻底退出,不留隐患。凡破产企业资产一律实行社会化拍卖,争取不同区域、不同所有制的企业都能参与破产资产的竞买工作。对于破产回购且再生产的企业,按照《公司法》要求进行规范改制。第二,积极转变劣势企业职工身分,建立适应市场经济发展要求的企业劳动用工关系。凡转制企业,都要进行用国有集体资产变现资金补偿企业职工、终止劳动合同、转变职工身分的试点工作。同时鼓励职工用补偿金回购企业资产,以股东身分参与企业经营,实现劳动合作与资本合作相结合,按劳分配与按股分红相结合。

二是以列入市政府折子工程的 52 家企业为重点,按照《公司法》要求对其进行规范的改制,建立股东会、董事会、监事会和经理层,构建起公司法人治理结构的基本框架。

三是进一步放开搞活已初步建立现代企业制度的企业。积极探索分配制度改革,建立和完善国有企业经营者和职工的收入激励机制。严格落实《劳动法》及有关法规要求,完善企业用工制度,使企业真正拥有用工自主权。

二、着力构建三大产业群落,推进经济结构战略性调整

一是围绕构建空港高科技产业群落,加快空港工业区高新技术企业孵化器建设,突出发展电子信息、新材料、生物医药等高新技术产业和现代物流等新兴产业,加速形成高新技术产业基地和科技创新基地,增强整体科技水平和竞争力。

二是围绕构建新型制造业产业群落,加大汽车零部件生产企业引进力度,尽快形成汽车产业的规模效益,力争到 2005 年实现销售收入 600 亿元;以有研硅股等项目为龙头,打造微电子产业链,加快微电子基地建设;加强数控一机床建设,尽快形成一批拳头产品。

三是围绕构建都市型饮料食品产业群落,继续依托燕京啤酒、顺鑫农业、汇源果汁等龙头企业,按品牌延伸或产业链延伸,实施工贸一体化和集团化的经营战略,不断发展壮大食品饮料产业。

三、加强四级工业区建设,增强对区外生产要素的吸引力

一是合理规划工业区。根据工业区各自特点,确立主导产业,做到功能定位准确、内部分区科学。着力为空港工业区引进一批高科技含量、高附加值的大项目，特别是引进跨国公司总部和研发中心，增强其自主创新能力，提升空港工业区整体科技水平。加快林河工业区北方微电子基地、数控机床基地和生物医药基地的建设，构建现代制造业产业群落。对区镇工业区进行产业定位和策划，加大对外宣传和有针对性招商引资的力度，努力形成各自主导产业。

二是狠抓工业区基础设施建设，不断提升工业区整体形象。立足高标准规划和建设工业区，构建起适应国际资本投资需要的平台，为工业区扩大经济规模、增强经济实力提供坚实的基础。在建设资金运作上，通过“政银合作”和“银企合作”，广泛吸引社会资金建设工业区，加快工业区基础设施建设步伐。

三是抓好工业区形象建设。从加强工业区绿化美化、整体形象创意和标志性建筑建设入手，不断提升工业区品位和档次，增强吸引力。

四、坚持多管齐下、抓好“四个一批”，加快民营经济发展步伐

一是优化政策环境，催生一批。重点在市场准入、注册资本、建设用地、价格自主权、从业人员等方面放宽政策，加大扶持力度，力求通过政策导向最大限度地激发民间资本的投资热情，积极促进民营经济快速“繁育”、跨越发展。

二是加大招商引资力度，引进一批。工业区是民营经济发展的载体，要加快各类工业区基础设施建设，提高园区集聚功能，为民营经济创造良好的发展空间。

三是加快产权制度改革，转换一批。积极鼓励民营经济参与国有集体企业改革和重组，通过采取员工入股、经营者持大股、一次性买断等多种形式，将国有集体企业直接改制为民营企业。

四是实施骨干带动，壮大一批。在资金、用地、配套设施等方面对民营大项目给予支持，进一步加大对骨干民营企业的帮扶力度，培植一批民营的骨干和龙头企业。

五、积极推进企业信息化建设，以信息化带动工业化

一是搞好规划，分步实施。有针对性地制定全区企业信息化的总体规划，明确工作目标，根据不同发展阶段对不同企业提出相应要求。二是突出重点，分类指导。把营销信息化和生产信息化作为企业信息化的重点工作来抓，指导各类企业确定自己信息化的工作重点。三是循序渐进，量力而行。根据企业承受能力分阶段地加强财务、采购、营销和质量管理信息化系统建设。四是全员参与，抓好培训。既要对企业中高级管理人员和技术骨干进行计算机应用知识的培训，也要对企业其他职工进行培训。

六、着力发展品牌经济，提升区域工业竞争力

大力引进品牌企业，争取每年引进几家国内知名大企业，壮大区内名牌企业队伍。积极实施“质量兴企”战略，引导和推动企业通过ISO9000系列质量管理体系认证，加快培育自有品牌，提升企业核心竞争力。建立区内名牌产品储备库，研究制定优惠政策，鼓励效益好、科技含量高、有一定规模和发展潜力的企业争创国家和北京市名牌产品，并对获得国家级或市级名牌产品的企业给予适当奖励。

七、全面优化企业发展环境，为工业化创造有利的外部条件

一是积极转变政府职能，提高服务水平。将优化发展环境作为当前和今后一个时期的重要工作,树立“人人都是环境,环境也是生产力”和“每个公务员都代表政府形象,每个部门都是投资环境”的观念,转变工作作风,为企业发展提供优质的服务。

二是加大金融服务力度,改善中小企业融资环境。鼓励有实力的非公企业联合成立担保公司,开展担保业务;鼓励中小企业担保公司运作,支持其扩大业务量;鼓励以工业区或行业协会为单位组织联保机构,解决企业贷款担保难问题。

三是建立健全中介服务机构。发挥中介组织作用,为企业提供咨询、评估等服务。引导企业组建行业协会,加强企业自我管理、自我约束、自我监督,克服无序竞争,促进行业健康发展。

四是加快市场建设。合理规划建设若干个大型工业品专业市场,为工业发展提供流通载体。帮助企业开拓市场,采取“政府搭台,企业唱戏”的方式,积极组织企业参加各类展销会、交易会、订货会;引导企业转变营销观念,鼓励企业到市外设立直销点、连锁店。加快劳动力市场建设,健全信息网络,积极开展就业指导和职业介绍。

五是大力整顿和规范市场经济秩序。继续整顿成品油市场、集贸市场、劳动力市场秩序,继续打击制售假冒伪劣商品的不法行为,努力营造统一开放、公平竞争、规范有序、诚实守信的市场环境。

(摘自在2003年顺义区人大常委会第六次会议上的讲话)

适应经济全球化和加入世贸组织的新形势
全力推进区域工业企业的战略转型

海淀区经委主任　臧桂武

海淀区经委主任　臧桂武

一、海淀区工业经济的基本状况及战略转型的基本条件

改革开放以来,特别是《国务院关于建设中关村科技园区有关问题的批复》下达以后,区委区政府的中心工作始终围绕改革、发展、稳定这个大局,全力推进经济体制改革和企业经营模式的转变。区域工业经济基本形成了以市场为导向,以效益为中心,技术、劳动与资本相结合、多种经济形态共同发展的现代工业体系,辖区内工业企业实施战略转型的自身条件已经基本具备。其主要特征是:

1.政府职能转变逐步到位,宏观指导和服务能力大大提高,发展环境不断改善和优化;

2.结构调整成效显著,产业结构趋于合理,特别是高新技术企业和新兴第三产业在国内生产总值中的比重已接近发达国家水平;

3.区域经济规模、整体经济实力按人均计算在国内处于领先地位;

4.工业企业中的高新技术企业数量、经济增长质量和效益、核心竞争能力优势凸显,上缴税金占辖区工业企业的90%以上,对社会的贡献率占据主导地位;

5.社会主义市场经济体制初步建立,经济体制改革成效显著,基本形成了多种所有制经济齐头并进、协调发展的良好局面;

6.改革开放取得丰硕成果,港澳台及外商投资企业实现的工业总产值占区域工业总产值的65.6%,其发展势头仍然强劲;

7.区域创新体系初步建立,企业持续创新能力增强;

8.可持续发展能力进一步增强,生态环境明显改善,市场在资源配置中的基础作用初步实现,资源利用效率显著提高。

二、以改革促发展,加速传统工业向新型工业的转移与升级

区委区政府规划了在2006年提前基本实现工业化、进而基本实现现代化的宏伟蓝图,为区域工业企业的发展指明了方向和奋斗目标。近年来区域工业,以加快发展为主题,以市场为导向,以效益为中心,以经济结构调整为主线,以建立知识经济为方向,积极推进技术创新,大力发展高新技术产业,发生了质的变化和历史性跨越。基本形成了区属工业、乡镇工业、校办工业、街道工业、民营和私营个体企业齐头并进、技术密集与劳动密集相结合、企业门类齐全、整体规模较大、基础较雄厚、多种经济形态共同发展的现代工业体系。但是,全区基本实现工业化任务尚未完成,总体上还处于工业化的后期阶段。突出表现在:农村城市化水平不高,山北地区基础设施比较落后,农业劳动力和农村人口在全社会劳动力和总人口中仍占有一定比例;产业结构层次正处于调整阶段,工业特别是现代制造业的技术水平不高,服务业特别是新兴服务业的规模、档次和水平同已经实现工业化的发达国家相比还存在相当大的差距。因此,加快实现区域工业化,是全区提前基本实现现代化进程中重要而艰巨的历史性任务。

三、推进区域工业企业战略转型的对策与建议

1.要坚持“守攻结合”的发展战略。继续保持和扩大劳动密集型产业的比较优势,在建立区域生产体系和资源重组的同时,组建具有比较优势的产业联合体,共同实施“走出去”的发展战略,使其尽快成为具有竞争优势的龙头产业。当前,最主要的是要坚守和巩固劳动密集型产业特别是区域内已形成比较优势的文化、环保、服装、消费类电子和日常消费品等领域的前沿“阵地”,并在此基础上调整和优化适应市场竞争的产业、产品结构,这是全区工业企业应对经济全球化和“入世”新形势的条件下,近期应优先选择的战略重点。

2.对具有区域特色、市场和竞争比较优势的产业和产品,要积极实施“以我为主”的发展战略,不断扩大市场占有率。鉴于区域内特有的文化、教育、旅游资源,高新技术农业示范基地,环保、服装等所具有得天独厚的比较优势,要进一步挖掘其潜能,尽快形成“人无我有”、“人有我强”的产业、产品结构,提升产业化水准,积极组织实施“以我为主”的发展战略。同时,要根据市场需求,努力借鉴国内外的先进技术成果,大胆进行技术创新,不断提高产品的技术水平、质量档次和用户服务水平,不断降低生产成本,用适用技术、可靠的质量、人性化的优质服务和具有竞争力的价格取得竞争优势。大力发展专业化分工协作,适度扩大企业规模,形成以大带小、以小促大的企业组织结构,逐步形成由劳动密集型向资本密集型产业过渡，最终实现由资本密集型向技术知识密集型产业的根本转变。

3.对具有潜在高成长性和较大市场空间而缺乏技术、资金的优势产业，要坚定不移地实施“请进来”的发展战略。切实把引进国外先进技术和自我创新结合起来，实现区域工业企业的战略转型。要利用市场调节重新配置和整合区域内外的资源，以广纳百川的胸怀和气魄吸纳更多的高新技术成果、人才和资金，参与对新型材料、新医药、半导体、计算机、信息通讯等技术密集和资本密集型产业的投资与管理。要以全新的融资战略改变原有的主要依赖增量投资的传统方式，通过并购、股权多元化等方式尽可能利用国际资源盘活自己的资源，改善经济结构。在实施“请进来”发展战略过程中政府要进一步转变职能，尽快改革市场准入的各种不合理限制，进一步改善和优化投资环境，构建具有区域特色的招商引资平台，鼓励外商、外资在更大范围内、更深层次上的进入，提高利用外资的质量和水平，积极支持外资和先进技术参与企业改组与改造，从而实现区域内工业企业由“封闭型”向“开放型”的战略转移。

4.要从传统市场向争夺新市场战略转变，发挥比较优势，在巩固传统市场的基础上，大胆开拓并占领新兴市场，努力扩大出口。这一战略举措关系到企业的生存和未来地位，必须主动出击快速抢滩，在市场竞争中后发制人。对于具有一定国际竞争能力的企业，要采取适合于自身特点的方式实施“走出去”的发展战略。要鼓励企业向外扩张，支持有比较优势的各种所有制企业走出国门，到国外投资，带动商品和劳务出口，形成一批有实力的跨国企业和著名品牌。加强市场调研，确立企业在全球行业中的定位，确定在全球市场中所处的位置，通过行业整合壮大实力，形成竞争优势，使其在产品的价值链上向高端转移。

5.增强企业核心能力的基本途径是实施创新战略。核心能力战略在产品方面的主要体现是创立品牌，在全球化的背景下，企业必须把产品的品牌提到战略的高度来认识。要下决心在提高自主知识产权方面下工夫，逐步改变落后和竞争力不强的局面。要集中区域内优势力量，按照“有限目标”的原则抢占一批具有自主知识产权的高新技术制高点，努力培育一批具有未来高增长潜力和优势的产业。根据2006年提前全面实现城市化和基本实现工业化，进而基本实现现代化的奋斗目标，必须集全区之力不失时机地在信息技术、生物技术、新材料技术、亚微米深亚微米集成电路的设计制造、高性能计算机、光电子材料与器件、生物芯片、农业生物工程等前沿领域有所作为，力争在2008年基本形成产业化。

6.要从传统的集权管理、科学管理向人本管理的战略转变；从劳动人事管理和人力资源管理向战略性人力资源管理转变；从重视人才学历向重视人才综合素质特别是创新素质转变。将人力资源真正视为最可宝贵的战略资源，并通过对这些资源的科学规划和开发管理使之为实现企业组织的战略目标服务，从而使企业形成自己的核心能力并获得持续竞争优势。

7.要从以产品为中心向以客户为中心的战略转变。随着社会进步和经济发展，消费者对基本需求的要求也越来越高，企业要保持自身优势，必须最大限度地满足客户需要。以个性化客户为中心，把客户置于价值链的顶端，围绕客户的需求生产价廉物美的优质产品和提供人性化的全方位服务，把企业的利益和战略优势融合于客户利益之中，从而实现企业和客户“双赢”的战略目标。

8.要从以企业产权制度改革向产业结构升级的技术进步转变。从各种因素对经济增长作用的发展趋势以及作用空间来看,制约区域经济增长的核心经济因素将从以往的“经济制度瓶颈”转向“产业升级”和“技术进步”。因此,“核心技术的培育”以及“产业结构的转型”将成为经济边际增长的核心。这就决定了未来经济改革的重心应从“所有制改革”、“市场化”、“开放化”转向资本产业结构和劳动力产业结构的调整以及技术进步之上。

(摘自2003年第3期《海淀研究》)

牢固树立科学发展观
努力推进密云工业全面、协调、持续发展

密云县经委主任、乡镇企业局局长　孔令昌

党的十六大报告明确提出,实现工业化仍然是我国现代化进程中艰巨的历史性任务,要坚定不移地走新型工业化道路。2003年,北京市委市政府根据首都特点,进一步提出要统筹城乡协调发展,加速推进郊区工业化,并将“振兴现代制造业”作为当前推进全市工业发展的重点工作。密云县作为首都经济圈的重要组成部分,为实现“保水、富民”的双重目标,提出了首都水源区发展战略,突出工业在国民经济中的战略地位。

密云县经委主任、
乡镇企业局局长　孔令昌

近年来,密云县通过全面实施首都水源区发展战略,突出工业发展载体建设,依托环境优势,坚定不移地贯彻“引进强县、工业强县”的工作方针,加大引进、改革、主导产业培育、政策扶持等方面工作的力度,全县工业保持了快速增长的势头。

2003年,密云工业实现销售收入98.98亿元,同比增长22.2%;实现工业利润6.9亿元,同比增长16.1%;完成工业增加值29.4亿元,同比增长27.1%。工业增加值在全县GDP中所占的比重预计将由2002年的42.7%提升到45.2%。

尽管如此,密云工业的整体实力距县政府制定的到2008年实现工业销售收入300亿元、工业增加值82亿元的目标还有较大的差距,在发展上还存在着一些亟待解决的问题。

第一,与北京工业发达的区县相比,密云工业的经济总量还偏低。

第二,工业发展存在着空间不足、布局分散、难以形成连片发展,以及产业特色不明显、投入产出比低、土地利用率不高等问题。

第三,中心镇、小城镇的工业规划区和工业开发区的基础设施和服务等软、硬环境的

建设水平亟待进一步完善和提高,功能尚不健全。

第四,对培养产业所需人才的重要性缺乏深刻认识,对企业家队伍建设和支撑企业发展的人力资源的开发重视不够,工作力度不大。

第五,产业聚集度低,产品关联度低,没能有效形成具有竞争优势和拉动作用明显的主导产业、龙头企业和名牌产品。

第六,工业发展的服务环境有待进一步优化。政府的一些主要职能部门的机关作风、创新意识、行政效率与当前工业快速发展的要求比还不相称,差距较大。

面对这些问题,要使密云工业实现全面、快速、健康、持续发展,就必须从密云实际出发,牢固树立科学发展观,坚持统筹兼顾、立足当前、着眼长远的方针,本着"强化、巩固、完善、提高"的原则,以"三个调整、九项建设"为中心,扎扎实实地做好以下几项工作。

1.要牢固树立全面、协调、可持续的科学发展观,在维护好密云现有的得天独厚的自然环境、保护好首都饮用水源的基础上,进一步提高对发展工业重要性的认识,增强危机感和紧迫感,坚定决心和信心,有条不紊地抓好工业各项工作;要紧密结合密云县情,从密云工业目前的基础和现状出发,制定出科学合理、切实可行的工业发展规划,尽全力推进密云县工业化的进程。

2.制定和完善有利于工业发展的各项政策,重点支持中心镇、小城镇的工业规划区、县工业开发区和主导产业发展,加快工业布局和主导产业结构调整。一是要进一步完善支持工业企业发展和工业规划区建设的有关政策,加快制定出切实能促进主导产业快速发展壮大的扶持政策,全力推进工业规划区和主导产业发展。此外,还要制定出鼓励非主导产业发展的政策及其他有利于工业发展的相关政策。要充分发挥政策导向作用,在全市、全国乃至更大的空间内将项目、资金、人才引导过来,优化资源配置,实现有利于区域经济发展的资源整合,促进区域经济的发展。二是工业布局调整要与主导产业布局调整紧密结合,要充分利用密云各乡镇的相对资源优势,按照有利于产业链形成的原则,优化工业主导产业布局。要珍惜和合理利用每一寸土地,充分利用工业开发区、中心镇和国家级小城镇的工业规划用地,有条件地选择引进企业,突出产业特色,提高土地资源的利用率和投入产出比。要以有利于工业布局结构优化为前提,适当调整行政区划,促进农村富余劳动力向工业中心镇聚集,使工业真正成为安置劳动力就业和促进农民增收致富的强大载体,推进城镇化进程。三是要在继续抓好标准厂房建设的同时,进一步完善各工业规划区的路、水、电、通信、绿化、网络、物流配送、仓储等基础设施建设,健全工业规划区的功能,全面实现标准化建设。

3.以引进和培育龙头企业、壮大中小企业、扩张工业群体、推进项目建设为核心,加快企业规模质量结构调整。

第一,引进和培育龙头企业,走集团化经营道路。一是通过优化密云软、硬发展环境,继续引进县外大企业到密云发展,带动密云企业机制的创新和思想的解放;二是利用密云纺织服装业的基础和优势,利用中国加入WTO的有利条件,发展服装纺织集团;三是利用良好的生态环境优势,壮大现有农产品深加工企业或引进县外农产品加工龙头企业,提高农民组织化程度,走"公司+农户"道路,发展农产品深加工龙头企业集团,带动农业结构调整的进一步深化；四是利用密云作为北京汽车零配件基地，发展汽车零配件企业集团。

第二，建立服务机构，扩张工业群体，为中小企业提供全面优质服务。中小企业是吸收劳动力就业、促进农村富余劳动力向城镇聚集、统筹城乡发展和推动地区经济发展的重要力量。要围绕中小企业的紧迫需求，建立中小企业服务机构，健全中小企业服务体系，在政策指导、信息咨询、技术服务、融资担保、市场开拓、资产评估、法律公证、培训等方面为中小企业提供有效服务，为中小企业创造一个公平发展的环境。鼓励、支持中小企业向专、精、特、新的方向发展，积极开拓国内、国际两大市场，与大企业、大集团加强配套和分工协作。

第三，选好项目，推进项目尽早建设，尽快投产。围绕符合国家产业政策和环保政策的要求，选好、上好项目，充分发挥好项目快速集聚资金、技术、人才等各种生产要素的作用，引导投资，培育新的经济增长点，增强工业经济的发展后劲和竞争能力。同时，进一步健全工业发展扶持政策，以政策引导和促进新建项目和在建项目早日开工，早日投产，提高土地等资源的利用率，尽快实现社会效益。

4.要以提高效率和优质服务为目标，以适应市场经济需要为出发点，以减少办事审批程序、环节、人员为突破口，加快政府机构改革，转变政府职能，营造亲商、安商、扶商、富商的良好氛围。

5.建立长效机制，加速人力资源开发，加强企业家队伍建设，为推进密云工业化积累人力资本。一是要加快构建全方位、高质量的现代化教育培训服务体系，按照专业技术人员和经营管理人员应达到的素质标准，分类制定再教育培训计划和方案，明确培训工作内容、目标、任务和措施。二是要制定人才智力引进计划，完善人才智力引进的优惠政策和配套措施，鼓励和支持用人单位制定、落实具有自身特点的人才智力引进方法，采取多种形式，构建人才汇集机制。三是建立健全人才使用机制，要以构建创业平台、落实科技创新政策、营造创业环境为重点，大力吸引、培养科技人才，使用好科技人才。四是建立健全人才竞争激励机制，鼓励企业采取知识入股、技术入股等形式，维护企业家利益，对科技人员按贡献分配的竞争激励机制，激活创新源。五是建立健全人才合理流动机制，加快培育与其他要素相结合的人才市场，发挥市场配置人才的主渠道作用。强化政府对人才流动的宏观调控功能，加大对县内人才资源开发的力度，做好人力资源的统计分析与预测规划工作，以调整全县经济结构和促进产业优化升级为导向，大力引导科技人才向二、三产业流动。

6.塑造产品品牌，提高企业竞争力。一是大力宣传做好品牌建设的重要性，提高企业管理者的品牌意识，宣传典型经验，推进品牌建设；二是制定一系列品牌建设扶持政策，从政策上支持和鼓励企业积极实施品牌战略；要在相关知识产权、改善市场环境、投资和税收等层面上大力促进品牌的培育和壮大。

7.深化企业改革，加快建立现代企业制度。针对密云目前国企改革中存在的问题，采取有利于国有资产保值增值、积极稳妥推进的原则，在法律的框架内，以建设现代企业制度为目的，规范法人治理结构，全面高质地推进企业改革工作。对实行改制的企业建立健全国有资产运营监管机制，建立管资产、管事、管人相结合的公有资产管理体制，建立和完善授权经营公司国有资产保值增值考核体制和办法，进一步明确和规范政府与授权经营公司的职责和权限，建立和完善国有资产经营责任制，防止国有资产流失。对实行股份制的企业，要建立和规范法人治理结构；加大财政对改革的支持力度，建立准备金，对资不抵债、扭亏无望、污染严重、产品没有市场的企业，坚持破引结合，破立结合，破转结合，加大依法破产的力度；切实维护职工利益，拓宽就业渠道，解决破产企业职工安置的难题。

8.依靠科技创新和产品创新，加速技术进步，调整产品结构，培育新的经济增长点。一是积极创造条件加大高科技项目的引进，从总体上改善全县的产品结构，逐渐加大高科技产品在全县工业产品结构中的比重；二是对于有升级本能而又能够升级的产品和企业，通过政策扶持，通过科技创新和产品创新，加速产品升级换代，加速技术进步；三是对于不具备升级水平、处于夕阳产业、前景渺茫的企业产品，甚至企业，要坚决淘汰，企业资产通过破产、兼并、划转等重组手段实现再生。通过这些措施，切实提高全县工业的运行质量，确保密云工业正常健康地发展。

9.坚持"引进强县"工作方针，围绕密云工业发展规划，加大引资力度。第一，转变招商方向，从重引进非落地实体企业向重引进落地实体龙头企业的方向转变。落地企业既可以增加财政税收，又能吸收本地劳动力就业，具有稳定性和持续性的特点。而非落地企业的税收具有不稳定性和挤占现有实体企业税款人入库的现实问题。第二，建立健全招商机构，制定奖惩分明的招商政策，培训招商人员，提高招商队伍素质。第三，采取多种形式，为引进企业提供工业用地。政府可以继续坚持"承诺制"，用良好的信誉，为引进企业提供土地使用担保；可通过治理河滩、开垦和恢复耕地等形式再造良田，在耕地面积不减少的情况下，为引进企业置换出地理位置优越、交通便捷的工业用地；可整建制农转非，争取上级支持，把整个行政村的农民转为非农民，改变土地使用性质；可通过群众集体表决，争取农民主动放弃土地所有权，实现土地使用性质的转变。第四，各级政府要做好招商引资规划，以突出地区产业特色为目标，整合资源，做到什么地方引进什么企业，避免盲目引进。第五，要专门研究和加强外资企业的引进工作。外资企业的引进，对全县工业适应国际化要求、迅速提升全县外资环境具有重要作用。可以专门成立外资企业招商队伍，加强对外宣传，主动适应国际商务规则，营造有利于国际跨国公司和其他财团来我县投资的环境，争取在外资企业的引进上取得重大突破。

（摘自在2003年年终总结会上的工作报告）

工业大事记

1 月

1月2日 市经委副主任周毓秋召开专题会研究同仁堂集团公司和中电北分公司改制。

1月3日 市经委总经济师常青主持召开北京传统工艺美术评审委员会第一次会议。会议研究修订了《北京传统工艺美术品种、技艺、珍品及工艺大师认定办法》,讨论了评审委员会工作程序,听取了北京工艺美术行业协会关于工艺美术大师评审工作前期情况的汇报。

1月8日 市委书记、市长刘淇,市委副书记、常务副市长孟学农,市委常委、秘书长孙政才,副市长刘海燕,市政府秘书长黄承祥以及市委、市政府各委办局负责人到北京吉普汽车有限公司调研。

同日 北京昊华能源股份有限公司在北京国际饭店举行成立暨揭牌仪式。该公司是由北京京煤集团有限责任公司作为主发起人,与中国煤炭工业进出口集团公司、首钢总公司、五矿龙腾科技股份有限公司、煤炭科学研究总院共同发起设立。注册资本2.38亿元,有员工12689人,经营范围以煤炭开采为主,办公地点在北京市门头沟区新桥南大街2号。

1月10日 北京市工业工作会召开,市经委副主任冯海主持会议。市经委主任金生官做了题为《抓住机遇,加快发展,努力在新型工业化道路上迈出坚实步伐》的工作报告,市委工业工委副书记张俊明宣读了《关于对2002年工业运行成绩突出的区县、控股(集团)公司进行表彰奖励的决定》,副市长刘海燕在讲话中回顾和总结了过去五年来的工业工作,强调了做好2003年工作必须抓住四个方面的重点工作,市政协副主席毕群、市总工会副主席侯小丽、市委工业工委市经委领导班子以及有关单位的主要领导共300余人参加会议。

1月15日 市委工业工委、市经委组织召开北京市工业企业改革调整“双保全”(确保国有资产的安全和领导干部的安全)经验交流会,会议由市经委副主任周毓秋主持,市委工业工委副书记张俊明、工业纪工委书记彭福旺出席会议。

同日 中国最大的管理软件、财务软件和软件独立供应商用友软件股份有限公司的用友软件园入驻中关村永丰高新技术产业基地签字仪式在翠宫饭店举行。副市长刘志华及有关领导出席了签字仪式。用友软件园入驻中关村永丰高新技术产业基地占地45.52公顷，将建成该集团的永久总部、软件的研发基地和对日本、美国的软件出口加工基地。

1月16日 为落实国务院扶贫开发领导小组《关于开展向西部对口帮扶省区市送温暖活动的通知》精神，市经委召开18个区县政府向内蒙古自治区贫困旗、县送温暖活动会议。

1月20日 市经委副主任张工、李建伟，市经委委员丁镇宽参加"北京市非煤矿山安全整治工作总结大会"。

1月21日 根据市政府《关于首钢12户工矿企业划转区县管理的工作方案》文件精神，经过首钢总公司与顺义区协商，首钢总公司轧辊厂正式划转顺义区并举行了签字仪式。

1月21日至25日 市经委副主任张工，市经委委员丁镇宽带队赴河北、山西两省，对两省有关政府部门、煤炭企业和铁路部门进行慰问。

1月22日 市经委副主任张工、市经委委员陈怀伟与国务院扶贫办内蒙古自治区政府驻京办、市民政局、顺义区有关领导参加了在北京燕京啤酒集团广场举行的北京市政府向内蒙古地区送温暖活动仪式。

1月23日 "北京工美大厦——西藏拉萨地毯有限责任公司经贸文化合作"签约仪式在王府井工美大厦门前举行。北京市经委、民委、东城区政府的领导以及中国黄金总公司、中金公司、黄金协会和北京工美集团有限责任公司领导出席了签约仪式。出席仪式的特邀嘉宾有北京雍和宫大主持嘉木杨—图布丹，雍和宫副管家康玉杰，拉萨大昭寺高僧益西日增，拉萨地毯有限责任公司书记索朗仁青等。仪式上，工美集团公司总经理高颖维将原国务院副总理田纪云题词"民族团结，共同发展"的牌匾赠送给西藏拉萨地毯有限责任公司。

同日 京东方科技集团股份有限公司以3.8亿美元的价格收购韩国现代显示技术株式会社(HYDIS)的TFT－LCD(薄膜晶体管液晶显示器件)业务。这是迄今为止中国金额最大的一宗高科技产业海外收购。

1月24日 市经委副主任李建伟陪同副市长陆昊检查京煤集团长沟峪煤矿、北京有机化工厂和北京供电公司王府井变电站的安全生产情况。

1月27日 市经委主任金生官组织召开18个区县经委(经贸委)主任座谈会。

同日 市经委召开工业系统劳动处长会，市经委副主任周毓秋就贯彻国办《关于解决国有困难企业和关闭破产企业职工基本生活问题的若干意见》提出要求。

同日 市委副书记、市纪委书记、原燕化公司党委书记阳安江，原北京市副市长、原燕化公司董事长、党委书记刘海燕等到燕化给全体职工拜年，刘海燕还带来了国务委员、原燕化公司党委书记吴仪对燕化人民的问候。曾在燕化公司工作过的北京市计委副主任邢少军、北京市经委副主任冯海一同前往。

同日 燕化研究院"YS－8500银催化剂的研究开发"项目通过中国石化股份公司鉴定。专家认为，YS－8500银催化剂选择性高、适用性强，具备了工业放大试生产的条件，建议尽快组织试生产和试用工作。该型催化剂选择性比YS－7银催化剂提高约两个百分点。据测算银催化剂选择性提高1.0%，可节约原料费1200万元/年左右。

1月28日 国家经贸委中小企业司、财政部经建司考察团到市经委考察北京市中小企业信用担保工作。市经委主任金生官、副主任周毓秋向考察团汇报了北京市中小企业信用担保体系发展的基本情况及取得的成效。

1月29日 市政府召开安全生产工作电视电话会议，部署春节和全国人大、政协“两会”期间的安全生产工作。副市长刘志华、陆昊出席会议并讲话。市经委副主任李建伟对全市安全监督管理工作提出了部署意见。市经委委员丁镇宽参加会议。

同日 市经委副主任张工主持召开了《关于加快北京电网建设与改造实施意见》有关问题的专题讨论会，部署了下一步的工作，提出了具体要求，落实了工作程序和阶段目标。会议形成向市政府汇报的《关于加快北京电网建设与改造实施意见》的原则意见。市经委委员丁镇宽出席会议。

同日 市经委总经济师常青主持召开了北京传统工艺美术评审委员会一届二次会议，会议原则通过了《北京传统工艺美术评审委员会工作程序》，并依据《北京传统工艺美术保护办法》，对原评审的128名北京工艺美术大师和12名民间工艺大师进行了重新认定。

1月31日 副市长陆昊到首钢总公司生产一线慰问春节期间坚持生产的职工，市经委副主任冯海陪同慰问。

1月 中国北京同仁堂(集团)有限责任公司被中央精神文明建设指导委员会评为全国精神文明建设工作先进单位。

2 月

2月1日 中共中央总书记胡锦涛在中共中央政治局委员、市委书记刘淇，中共中央政治局候补委员、书记处书记、办公厅主任王刚，市长孟学农的陪同下，来到北京供电公司慰问。在北京供电公司调度室，胡锦涛详细询问了节日期间的负荷情况。夏季保证首都安全供电的工作以及首都电力供应能力和今后的发展。在听取了华北电网集团公司的汇报后，胡锦涛总书记做了重要指示，他说，今天来看望大家，给大家拜年，给全国电力系统的职工拜年。电力系统非常重要，关系到国民经济的发展、人民生活和社会的稳定。广大电力职工为了让人民过好春节，放弃了休息和家人团聚的时间，坚守在工作岗位上，我们向你们表示慰问和感谢。在新的一年里，希望你们认真学习“十六大”精神，全面实践“三个代表”重要思想，不断学习专业知识，提高业务能力和服务水平，为全面建设小康社会作出贡献。

2月9日 副市长陆昊到市经委、市委工业工委机关现场办公。听取两委工作汇报，并做了重要讲话。市人大副主任金生官出席会议并讲话。两委领导班子全体成员参加了办公会。

2月10日 市经委副主任周毓秋召开专题会，就如何推动当前工业系统中长期处于停产、半停产状态的39户市属企业开展脱困工作进行研讨。

同日 市经委副主任周毓秋召开会议，部署北化乙烯系列生产厂债转股和资产重组后富余人员分流安置的相关工作。协调首钢液压机械厂划转大兴区工作。

2月14日 市委工业工委召开党外人士座谈会，通报了北京市工业改革发展及党的工作情况，并就振兴现代制造业、做大北京工业总量听取了意见和建议。

2月15日　全国政协副主席陈锦华，全国人大常委盛华仁，市委副书记、市纪委书记阳安江，国家建设部副部长刘志峰，中华全国总工会副主席李奇生，北京市人大副主任赵凤山，中国石化股份公司副经理曹湘洪，中华全国总工会书记处书记纪明波等到燕化向全体职工祝贺节日快乐，并观看了烟花燃放。

同日　副市长陆昊到双鹤药业调研，并听取了医药集团、双鹤药业、医药股份、万东医疗和紫竹药业等单位关于企业改革与发展的主要情况汇报。市经委副主任冯海陪同调研。

2月17日　市经委副主任战超带领综合处以及信息中心有关人员一行前往上海与广州进行为期6天的企业信息化调研。

2月18日　首钢设计院与比利时CMI冶金工程公司合资组建北京CMI冶金工程有限公司。副市长陆昊、比利时瓦隆大区副首席大臣兼经济大臣塞日·库布拉、比利时驻华大使卡斯通·万杜斯·亚当出席签字仪式。

2月19日　北京市药品监督管理局召开北京市药品质量大会。市经委委员陈怀伟参加会议。会上，市药监局副局长方来英传达吴邦国同志关于药品监管工作的指示，市药监局党组书记、局长冯国安做了工作报告，副市长陆昊做了重要讲话。

2月20日　首钢第一炼钢厂最后一座30吨转炉停产。该厂1964年投产，是中国第一座氧气顶吹转炉炼钢厂。

2月24日　市经委副主任周毓秋出席北京市债转股企业及金融资产管理公司座谈会，并就债转股工作的进展情况、主要成效及下一步重点工作讲话。中国华融、信达、长城、东方资产管理公司的北京办事处、中国企业报、有关总公司（控股、集团）及债转股企业的负责人参加了会议。

2月25日　市经委副主任周毓秋参加国家经贸委企业改革司召开的首钢外埠军工企业改革脱困工作会议。

2月26日　《北京市传统工艺美术保护办法》宣传贯彻大会召开，市经委副主任周毓秋出席大会并做了重要讲话。市经委副主任周毓秋与市政府法制办副主任周继东为“北京传统工艺美术证标”揭牌。

同日　市委工业工委副书记张俊明、市经委副主任张工出席北京变压器厂改制重组仪式。

2月27日至3月1日　市经委委员陈怀伟率领市经委有关部门和焦化厂厂长李永成、总工程师黄保健、首钢总公司规划发展部副部长李小平组成的调研组赴唐山市，就首钢总公司200万吨钢生产能力迁建迁安市项目和焦化厂整体搬迁到京唐港开发区项目选址问题进行调研和考察。

2月28日　市经委和市科委联合在北京饭店举行“北京市人民政府顾问团海外微电子专家组聘书颁发仪式”，出席仪式的有北京市副市长范伯元、陆昊，市经委副主任战超及市政府有关委办的领导。

3　月

3月1日　市经委副主任张工、战超出席中关村产权交易所开业典礼。张工代表市经委与中关村产权交易所签署“推介北京工业利用外资并购和境内外多渠道融资项目合作备忘录”。

3月4日　北京市煤炭工作会议召开。会议的主要内容是深入贯彻国家和市政府关于煤炭工业的一系列重要文件精神，总结交流煤矿安全生产、专项治理整顿的经验做法，研究部署下一步煤矿的调整、深化整顿和安全生产工作。市经委副主任、市安全生产监督管理局局长李建伟、市经委委员丁镇宽出席会议并讲话。

3月5日　市工业工委副书记张俊明主持召开两委机关副处长以上干部大会，市委常委、市委组织部部长赵家骐、市人大常委会副主任金生官、副市长陆昊出席会议。会上，市委组织部副部长史绍洁宣读了市委关于陆昊任市委工业工委书记、市经委主任，冯海任市国防科工办主任的通知。

3月6日　副市长陆昊到京仪控股公司调研指导工作。在听取公司领导的简要工作汇报并参观了博飞公司后，陆昊就仪器仪表工业在北京现代制造业的战略地位、企业技术研发方向、深化管理体制和机制改革、加快经济发展的途径等做了重要讲话。

同日　副市长陆昊视察北京通美晶体技术有限公司、北京铜牛股份有限公司、北京市光机电一体化产业基地对通州区的经济发展、环境建设给予充分肯定。市经委副主任冯海陪同调研。

3月12日　原全国人大副委员长邹家华一行在北京市人大常委会副主任金生官、市经委副主任冯海陪同下视察北京现代汽车公司。

3月13日　副市长陆昊、市经委副主任冯海到燕化调研指导工作。视察了橡胶事业部丁基车间、炼油厂三催化车间、化工一厂裂解车间和二高压车间，询问了工艺技术流程情况。听取了燕化发展规划和建立京西南新材料工业园区、解决第二水源等问题的汇报。陆昊指出，燕化作为中央在京企业为北京的快速发展作出了很大的贡献，国有老企业技术改造和创新在全国都处在领先地位，并为北京市和国家输送了大批干部，在振兴北京现代制造业中的地位是举足轻重的。

同日　北京市、内蒙古自治区高层领导座谈会在北京饭店召开。市委书记刘淇、市长孟学农等市委市政府领导，内蒙古自治区党委书记储波、自治区主席乌云其木格等自治区党委、政府领导参加。市经委副主任冯海、张工参加了座谈会。

3月14日　北京工业外经贸工作会召开，市计委、外经贸委、各区县主管区县长、经委主任，各控股(集团)公司主管经理、外经处处长，重点企业，部分新闻媒体参加了会议。市经委副主任张工出席会议并讲话。

3月17日　副市长、市委工业工委书记、市经委主任陆昊与北京部分三资企业就北京工业发展的意见、建议进行座谈，市经委副主任张工参加座谈会。

3月18日　由国家水煤浆研究中心、北京市科委、北京市环保局、北京市节能监测中心等单位组成的评审组对燕化星城动力站20兆瓦燃油锅炉改烧水煤浆项目进行技术评审。该炉自2002年2月开始改造,11月初正式投用,烟尘排放达到北京市环保局标准。已替代重油1000多吨,经济效益显著。评审组认为:符合国家节约和替代燃料油的政策,有重要的推广价值。

3月20日至21日 市经委召开“确保全市工业全年目标任务的完成动员会”,市经委委员丁镇宽主持了会议,市经委副主任张工讲话,各控股(集团)公司、各区县经委负责人参加了会议并汇报了情况。市经委综合处、运行处分别通报了全市工业经济运行情况和生产能源供需情况。

3月22日 副市长陆昊研究北汽福田公司收购北京第一通用机械厂破产财产等问题。市经委副主任冯海、周毓秋和北汽控股、京城机电控股公司有关人员参加。

3月24日 副市长陆昊在市经委副主任张工陪同下到北京一轻控股有限责任公司调研。听取了一轻控股公司近年来改革发展概况和实施“6155”工程进展情况的汇报,参观了北京星海乐器有限责任公司钢琴生产车间。

3月25日 首钢迁安200万吨钢联工程奠基仪式在河北迁安基地举行,河北省委书记白克明、副省长付双健、省委秘书长王学军,唐山市委书记张和、副书记张学、市人大主任郑宝林、市政协主席宋芳春,迁安市委书记姚自敏、市长刘桂东,首钢总公司领导朱继民、姜兴宏、徐凝、方建一出席仪式。唐山市委书记张和主持仪式,朱继民、姚自敏、付双健为迁钢工程奠基致词。

3月27日 中共中央政治局委员、市委书记刘淇到北京现代汽车集团视察生产、总装车间,慰问了中韩工作人员并听取了汇报。刘淇强调,要用高信赖度的质量铸就企业品牌,以全程化服务建立现代汽车的市场亲和力,把北京现代建成展示北京现代制造业魅力的窗口,为首都率先基本实现现代化作出贡献。市委常委孙政才,副市长陆昊以及市委办公厅、市委宣传部和顺义区的领导陪同调研。

同日 市经委副主任周毓秋与市工商局和电控领导研究北广股权重组工作。分别主持召开北京长毛绒厂、北京生化制药厂破产清算组会议,研究、讨论破产财产变现工作。协调北京第一通用机械厂破产财产变现中存在的问题。

3月31日 双鹤药业现代化中药生产基地通过北京市药监局生产许可验收,进入试生产阶段。

3月 燕化高新技术公司向印尼出口1.54吨聚丙烯YS-842催化剂,这是该产品首次出口。

4 月

4月2日 市经委与北京经济技术开发区管委会共同召开开发区工业节水规划和资源综合利用规划研讨会。

4月4日 市经委副主任周毓秋召开市各综合部门会议,研究制定外资并购国有企业的若干政策;主持召开《北京市支持和发展工业大公司、企业集团若干意见》征求意见座谈会,北京市18个区县的有关负责人参加了会议。

4月6日至10日 第七届中国东西部合作与投资贸易洽谈会(以下称西洽会)在陕西省西安市举办。副市长范伯元率北京市代表团参加了会议。工业系统39家企业与西部地区企业共签订各类经济技术合作合同、协议30项,成交87106万元。其中,合同18项,成交74431万元;协议12项,12675万元。市经委副主任张工还主持召开了京港部分参会企业经济技术合作座谈会,考察了陕西北人印刷机械有限责任公司。

4月8日 副市长陆昊出席"北京市工业系统第十届工人技术比赛"总结表彰大会,并为获奖选手颁发了荣誉证书。市经委副主任周毓秋代表工人技术比赛领导小组对比赛情况进行了总结。市劳动和社会保障局、市总工会、市教委、团市委的主要领导出席了会议。

4月9日 中共中央政治局委员、中组部部长贺国强,在副市长范伯元,市经委副主任周毓秋陪同下视察北京现代汽车公司。

同日 北京工业贯彻"市委市政府振兴北京现代制造业意见"大会召开。副市长陆昊结合近期调研的思考和体会,提出贯彻市委市政府振兴现代制造业,加快工业发展的思路和举措。市经委副主任冯海通报了一季度工业经济运行情况,并对完成今年工作目标做了部署。会议由市工业工委副书记张俊明主持。市人大常委会副主任金生官、市政协副主席黄以云出席会议。

4月10日 市人大常委会副主任田麦久与市人大代表近30人,在副市长范伯元、中关村管委会常务副主任戴卫的陪同下视察了北京集成电路设计园。

4月11日 副市长陆昊到北京医药股份公司所属北京医保全新大药房安定门店,慰问了连日来为预防非典而夜以继日工作的药店职工。

4月15日 市经委行业管理办公室、北京工艺美术出版社共同举办了《京华瑰宝》一书出版发行新闻发布会。《京华瑰宝》一书,由行业管理办公室策划组织,6个月完成全部编印。该书比较系统地介绍了北京传统工艺美术技艺和大师作品,集知识性、观赏性为一体。市人大常委会副主任、《京华瑰宝》编委会主任金生官到会并讲话,22家工艺美术企业和工美大师代表参加了会议。

同日 北京市召开安全生产工作会议,总结2002年全市安全生产工作,布置2003年重点工作,表彰2001－2002年全市安全生产先进单位和先进工作者,副市长陆昊,国家安全生产监督管理局副局长王德学参加会议,并做了重要讲话。市人事局副局长黄强、市总工会副主席张建民、市安全生产监督管理局局长李建伟参加会议,市经委副主任张工主持会议。

4月16日 副市长陆昊与前来参加第八届中国国际机床展览会的客商就北京扩大对外开放、振兴现代制造业进行座谈。

4月17日至18日 市经委副主任周毓秋主持召开十八个区县经委主任例会。会议通报了全市开发区建设情况、市经委近期拟出台政策情况以及经济指标考核变化情况等,研究了中小企业服务体系建设问题和深化改革问题。

4月18日 副市长陆昊召开工业系统主要领导、两委委员以上干部会议,传达中央政治局常务委员会会议精神,布置工业系统和两委机关预防和抗击非典工作。

4月19日 北京防治非典物资保障组正式成立,副市长陆昊、孙安民任组长,成员单位包括市经委、商委、财政局、卫生局、药监局、急救中心、疾控中心等。晚10时,陆昊、孙安民主持召开物资保障组第1次会议，紧急抽调市经委、市卫生局、市药监局精干力量组成物资保障组联合办公室，办公机构设在市经委，市经委副主任张工任办公室主任。会议传达了北京防治非典型性肺炎联合工作小组第二次会议精神，明确物资保障组中心任务是确保重要防治非典型性肺炎物资供应不断档，并向社会公布热线电话。市经委副主任张工、战超，市经委委员陈怀伟、樊健参加会议。

4月20日　市经委副主任张工召开物资保障组办公室工作会，制定工作制度、工作守则并对外公布值班电话，明确了物资组当前急需组织的物资。市经委副主任战超、委员陈怀伟、樊健参加了会议。

同日　北京金隅集团快速支援非典定点医院建设，进驻北京胸科医院。负责安装总面积4700平方米价值370万元的活动房屋300间，以增加非典病房。至4月30日，经过10天的艰苦奋战，按时交付使用。天坛家具公司以最快的速度为非典定点医院"小汤山医院"提供双层床200张，单人床500张，单人床垫500个，折叠床100张，电视柜900个，总价值150万元；建筑涂料厂完成了600平方米防火涂料的喷涂；装饰工程公司连续奋战48小时顺利完成了建筑工程施工任务。

4月21日　市经委、市委工业工委召开处室干部会议，传达国务院文件和中央领导同志的讲话及北京市领导人事变动情况。成立工业系统预防非典领导小组并同时设立三个工作小组，三个工作小组分别为系统工作小组、机关工作小组、物资保障小组。

4月24日　由副市长刘志华为组长、市政府副秘书长卢全为副组长的小汤山非典治疗后备医院筹建工作领导小组成立，市经委副主任周毓秋担任药械组组长，负责协调有关部门确保医院建设所需物资供应。

同日　副市长陆昊召开物资保障组第3次会议，进一步明确物资保障组的重点工作和工作程序，决定成立专用医疗器械和重点治疗药品、共用医疗器械、防护用品、清洗和消毒液四个小组，明确工作负责人和职责。市经委副主任张工、战超、市经委委员陈怀伟、樊健参加会议。

同日　市经委副主任周毓秋主持召开北京第一通用机械厂破产清算组会议，听取京城机电控股公司关于破产清算工作情况的汇报和市产权交易中心关于破产财产拍卖准备工作情况的汇报。

4月25日　副市长陆昊主持召开物资保障组第4次会议，进一步明确中央、市级、区县财政各负其责的三级财政体制，确定了市物资保障组、市卫生局、区县非典办的工作体制和市物资保障组、区县非典办的任务次序，以及市物资保障组内部工作机制。市经委副主任张工、战超、市经委委员陈怀伟、樊健参加会议。

同日　市经委副主任周毓秋召开紧急会议部署筹建小汤山医院的物资采购工作，以确保部分物资于27日(周日)运抵筹建现场，保证医院按时运营。

同日　为完成市政府交办的小汤山非典医院供氧系统、负压系统及医院传呼系统的生命线配套工程建设任务，北京氧气厂首批33名职工进驻小汤山医院。

4月27日　市经委副主任冯海、市经委委员陈怀伟到北京瑞京乳胶制品有限公司现场办公。

同日　市经委副主任张工主持召开物资保障组办公室工作会，分析了物资需求有所缓解的原因，确定了短线、长线产品，强调加强信息的收集和分析工作、加强全球范围内采购，分析物资供求情况，并进一步明确工作程序。市经委副主任战超，市经委委员陈怀伟、樊健参加会议。

4月28日 北京四环医药科技股份有限公司向中关村科技公司和中关村建设集团公司捐赠了100件华素片，并协助购买了2000公斤的过氧乙酸。

同日 副市长陆昊主持召开物资保障组第6次会议，强调一定要加倍努力，理清工作程序和工作重点，坚决完成市委市政府交办的重要任务。部署了信息收集报送、工作程序、重点物资采购供应等工作。市经委副主任张工、战超，市经委委员陈怀伟、樊健参加会议。

同日 中国清大天达光电设备有限公司与韩国ON－NVRI电子株式会社合资合作在北京签字。

5 月

5月1日 中国石化集团公司总经理陈同海，股份公司副总裁曹湘洪，集团公司副总经理刘根元来到燕化化工一厂裂解车间和炼油厂三催化车间现场，向在抗击非典斗争中，节日期间坚守岗位、检修现场的职工表示慰问，鼓励职工坚定信心，一手抓抗击非典，一手抓生产经营，搞好安全生产，减少灾害带来的损失。

同日 副市长陆昊主持召开物资保障组第7次会议，紧急研究当前北京民用市场消毒液和口罩供应紧缺问题。

5月2日 国务院副总理黄菊到北京航天长峰股份有限公司医疗器械分公司和华北电力集团公司，亲切慰问节日期间坚守生产岗位的职工，检查节日供应情况。黄菊强调：各行各业都要为抗击非典提供强大的经济支撑和物质保证。北京市副市长陆昊陪同视察。

同日 副市长陆昊主持召开物资保障组第8次会议，针对当前防治非典中民用消毒液、口罩供需矛盾较为突出的问题，提出增加民用消毒液的战略储备500万瓶、增加民用口罩战略储备1000万只的措施。要求了解民用消毒液销售去向，保证市场供应。

5月5日 北京京煤集团有限责任公司总医院的120名医护人员奔赴北京胸科医院，参加救治非典病人工作，负责72张床位病人救护。

5月6日 市委书记刘淇、市委常委、市委秘书长孙政才到北京经济技术开发区中芯国际北京项目施工现场，向全体建设者表示衷心感谢，并详细询问了预防非典所采取的措施。要求在确保项目建设进度的同时，切实做好非典的预防工作，切实保障每一个员工的身体健康。

同日 副市长陆昊主持召开物资保障组第9次会议，重点布置资金和管理问题。传达了代市长王岐山当日有关资金管理问题的指示精神。

同日 市委工业工委副书记张俊明主持召开两委办公会。市经委副主任冯海传达了国务院总理温家宝考察北京防治非典工作时的重要讲话和市委书记刘淇在全市干部电视电话会议上的重要讲话。会议总结了前一阶段工业系统防控非典工作，对下一步的工作做了安排。

5月8日 市委书记刘淇到燕京啤酒

股份有限公司、北京现代汽车公司和北汽福田欧曼重型卡车制造厂，察看企业坚持生产加快发展情况并慰问一线职工。刘淇强调，要坚决贯彻落实党中央、国务院“一手抓防治非典，一手抓经济建设”的指示精神，确保企业生产正常有序，以高昂的斗志努力工作，加快发展首都经济。

5月9日　中共中央政治局常委、国务院副总理黄菊，中共中央政治局委员、国务院副总理曾培炎在市领导刘淇、王岐山等陪同下，到北京经济技术开发区考察了北京首信诺基亚移动通信有限公司、富士康精密件有限公司、北京松下电工有限公司和GE航卫医疗器械有限公司。黄菊同志强调，中国政府将毫不动摇地坚持扩大对外开放的基本政策，进一步开放外商投资领域，努力改善投资和经营环境，支持外商投资企业加快发展。

5月10日　副市长陆昊邀请部分工业控股(集团)公司负责人，共同探讨非典对北京市工业经济的影响、面临的困难、采取的对策和措施。市委工业工委副书记张俊明对在防治非典中如何发挥好党组织的优势进行了小结，市经委副主任冯海通报了近期工业系统防治非典工作和经济工作情况。

5月11日　市委市政府在中华世纪坛隆重举行“感谢全国支持，奋力抗击非典”活动。市委书记刘淇在讲话中代表市委市政府和1300万北京市民向支持北京抗击非典斗争的全国各族人民、社会各界表示衷心的感谢。30个省、自治区、直辖市政府驻京办事处的负责人参加了此次活动。

5月12日　国务院副总理曾培炎到北汽福田汽车股份有限公司欧曼重型卡车制造厂和北京现代汽车股份有限公司视察。询问了生产经营情况和防治非典的具体措施，对在非典时期仍坚守在生产岗位的国内外员工表示亲切慰问。曾培炎同志强调，要充分估计非典给经济发展带来的影响，坚持两手抓，把非典疫情压下去，把经济建设搞上来，争取抗击非典和经济发展的双胜利。市领导王岐山和陆昊等陪同视察。

5月13日　副市长陆昊接见与北京古桥电器公司合资的泰德摩尔空调制造有限公司以色列籍董事长海宁一行。

同日　中国石化股份公司召开炼化企业达标工作电视电话会议。北京燕山分公司获得节水优胜单位第一名。一蒸馏常减压装置获炼油装置达标第一名，三蒸馏常减压装置和二蒸馏常减压装置在同类装置竞赛中获第三名和第四名，连续重整装置获同类型装置竞赛第二名，乙二醇装置在同类装置竞赛中获第一名，苯乙烯装置在同类装置竞赛中获第二名，一高压聚乙烯装置在同类装置竞赛中获第二名，二聚丙烯装置在同类装置竞赛中获第一名并在同类装置安稳长运行竞赛中名列第一。

同日　北京金隅集团凤山瘟泉度假村接待非典一线医护人员。全市规模最大、人员最多的一批从非典前线下来休整的来自14家医院的218名医护人员抵达北京金隅集团凤山温泉度假村。凤山度假村工作人员的优质服务赢得了医护人员的好评。

5月14日　副市长陆昊主持召开防控非典物资保障组第10次会议，进一步明确了调控物资的采购、出货、退货，调控物资的战略储备，捐赠物资的处理与国家发展改革委员会工作程序等问题。

5月24日　亚洲最大、投资6亿多元的北汽福田商用车生产基地在怀柔区落成。市委书记刘淇，市委常委孙政才、副市长陆昊出席仪式并为用户代表发欧曼重卡钥匙,察看了总装、涂装、焊接车间。刘淇要求,坚持“两手抓”的方针,夺取抗击非典和生产经营双胜利。

5月27日 全国政协副主席黄孟复、副市长孙安民等领导视察昌平区民营企业。参观了康得集团和“健之素”医药科技有限公司,听取了企业和工商联工作汇报。副市长孙安民指出:今后一段时间,非公企业要着重做好三项工作:一是认真落实好胡锦涛总书记视察北京防治非典工作重要指示精神,坚持“两手抓”;二是要认识到防治非典工作的长期性、艰巨性和复杂性,严格按照市委市政府的要求,在预防上下功夫,坚持群防群控,切断传染源;三是认真抓好非公经济发展工作,将非典给企业发展带来的危机转化为转机、商机和契机,研究市场发展新格局,健全完善政府管理服务职能,全面提升非公经济质量。

同日 市经委委员丁镇宽到华北电力集团公司、中铁电气化局集团公司一公司及所承担的北京“八通线”轻轨项目经理部和通州施工工地现场检查非典防控措施落实情况。

5月29日 市委书记刘淇主持召开中芯国际北京项目专题会议,市长王岐山、市委常委孙政才、副市长陆昊、市经委副主任冯海以及市政府各有关委办局的领导参加了汇报会。

同日 科技部副部长马颂德听取了国家高技术研究发展计划“863计划”集成电路制造装备重大专项“100NM高密度等离子刻蚀机与大角度离子注入机”课题进展情况汇报,并参观了七星华创股份有限公司。副市长范伯元、市经委副主任战超等陪同。

5月 隆达轻工控股有限责任公司系统根据北京市政府部署,完成了承担扩建小汤山非典医院的部分物资生产供给任务。即彩色钢板夹板、轻钢建材7000平方米,各种消毒卫生袋3万个和洗衣机、微波炉、6门冷藏柜、蚊香等,并提前输送到位。

6　月

6月1日 市委召开专题会,听取了首钢总公司关于2003～2008年压产、环境治理和结构调整发展规划的汇报。会议要求,首钢要坚持解放思想、与时俱进,切实加大企业内部改革力度,细致研究并提出在实施压产、调整结构、减员增效、妥善安置富余人员等方面工作的具体安排意见和措施;市委市政府及相关部门要为首钢实现压产、结构调整及长远发展提供必要的支持和帮助。市领导刘淇、王岐山、孙政才、陆昊等出席会议。

6月2日 副市长陆昊主持召开物资保障组第11次会议,确定了向外捐赠物资定价问题、调整战略储备原则和储备数量,要求市经委、市卫生局和市财政局共同研究制定“关于市区两级财政支付医疗单位购进战略储备类物资的管理办法”,布置做好物资保障工作回顾记录和政府处理危机中物资保障应急预案工作。

6月3日 市委书记刘淇到八一中学、中关村科技园区及其永丰高新技术产业基地检查高考准备工作和高新技术产业发展情况,并听取了海淀区工作汇报。刘淇强调,要按照“三个代表”重要思想要求,夺取六月防治非典攻坚战决战阶段的胜利，全力推进首都改革开放和现代化建设。

6月4日　市委副书记、市纪委书记阳安江到医药集团调研，听取医药集团和有关企业关于抗非典情况、公司生产经营和发展工作及党风廉政建设工作的汇报。

同日　副市长牛有成等市领导到通州区调研，察看了于家务乡聚富苑工业区的规划和建设情况，听取了通州区关于银政合作支持工业区建设和通州工业开发区一区多园战略的汇报，对通州区工作提出了具体要求。

同日　燕化股份公司橡胶事业部锂系聚合物装置生产出主要用于生产全钢载重子午胎的橡胶：橡胶级低顺式聚丁二烯橡胶（LCRR），填补了国内合成橡胶生产的一项空白。

6月5日　全国人大财经委副主任周正庆主持召开会议，听取非典对北京市中小企业和第三产业的影响及采取的措施。市经委副主任周毓秋汇报了北京市工业中小企业的基本情况，非典对工业的主要影响，非典对商业、服务业的影响，北京市工业防控非典采取的措施。

6月9日　市经委副主任周毓秋与纺织控股公司领导研究北京维尼纶厂、北京涤纶实验厂非经营性资产移交社会化管理工作。

6月10日　市经委副主任、市安全生产监督管理局局长李建伟参加中宣部、国家安全生产监督管理局、国家广电总局、中华全国总工会、共青团中央召开的全国安全生产月电视电话会议，部署开展安全生产月活动。

同日　市经委总经济师北京传统工艺美术评审委员会主任常青考察了《香山勤政殿室内陈设》系列摆件珍品申报工作。

6月12日　北京市市政协主席程世峨到现代汽车视察。副市长陆昊简要介绍了工业系统一手抓抗非典一手抓经济建设的情况。市政协副主席黄承祥、韩汝琦、朱相远、满运来、王长连、张和平、陈难先、陈建生、叶文虎、唐晓青，秘书长李建华一同参加视察。市政府副秘书长李伟、市经委副主任冯海等陪同。

同日　聚丙烯事业部4万吨聚丙烯车间生产出第一批着色管材料 PPR4220S1，是国内首次在工业装置上直接生产带色管材料，此次计划生产约300吨灰色料。

6月13日　北京市工业系统“抗非典、夺胜利、促发展、做贡献，夺取抗击非典和经济发展双胜利竞赛活动”动员大会在北京远东仪表有限公司召开，市委工业工委副书记张俊明主持会议，北京市市委副书记、市总工会主席阳安江在会上发表重要讲话，市总工会及市属工业系统16个局、总公司、控股公司主管书记、工会主席出席了会议。

6月14日　市委书记刘淇、代市长王岐山到燕化公司察看国内最大的乙烯裂解车间和重油催化裂化车间生产情况，听取了燕化公司关于企业工作和拟筹建的北京石油化工新材料工业园区建设的汇报。

6月17日　市经委副主任周毓秋主持会议，研究《北京市关于外资和民营企业并购国有及国有控股企业实施办法》。研究修改《北京市培育和发展工业大公司、企业集团若干意见》。

6月18日　北京市商业银行与北京金隅集团在金隅大厦举行“银企合作协议签字仪式”。出席仪式的有副市长刘敬民，市经委副主任、国防科工办主任冯海，市商业银行董事长阎冰竹，市商业银行行长严晓燕，市人大常委城建环保工作委员会主任张毅等。根据银企合作协议，北京市商业银行将为金隅集团提供综合授信人民币20亿元，同时在国家信贷政策和相关法律法规允许的情况下，优先为北京金隅集团提供信贷资金支持，并提供结算、汇兑、转账、咨询、理财等全方位金融服务。

6月19日 市经委主持召开北京信息产业企业领导座谈会。就如何加速发展北京信息产业、保持第一支柱产业和确保北京市信息产业在全国的领先地位进行了座谈。出席座谈会的有原北京市副市长刘海燕、市人大副主任金生官、副市长陆昊、市经委副主任冯海及中国普天集团总裁欧阳忠谋、联想集团总裁杨元庆、京东方总裁梁新清、北大方正总裁张兆东、清华同方总裁陆志诚、清华紫光总裁李志强等近二十家企业的代表。

6月26日 市经委总经济师常青主持召开“北京工业投资信息登陆国外专业网站”新闻发布会，会议介绍了市经委为降低非典对北京工业外经贸影响所采取的措施。

同日 北京地区500千伏输电线路运行维护移交仪式在京举行。从2003年6月27日零时起，北京供电公司将北京地区500千伏输电线路(18条，853公里)移交给北京超高压公司运行维护。

6月27日 市纺织控股公司在顺义召开京棉集团公司搬迁调整规划研讨会。中国纺织工业协会会长杜钰洲和国家发展改革委员会运行局、中国棉纺织行业协会负责人出席。杜钰洲强调，企业搬迁不能搞简单位移，要加快国有企业改革，推进技术改造和技术进步，要先改制后搬迁，先改革后改造，谁栽树谁挖坑。

6月29日 市经委副主任冯海主持召开电力建设问题协调会，市经委副主任张工、市经委委员丁镇宽出席会议，市计委、规委、物价局及供电企业的负责人参加了会议。

6月30日 市经委副主任周毓秋参加首钢锦州电子计算机厂划归辽宁省锦州市人民政府管理协议签字仪式。

7 月

7月3日 全国人大常委会委员、全国人大农委副主任委员舒惠国一行10余人，到同仁堂集团公司鹿制品有限责任公司，对贯彻执行《野生动物保护法》进行执法检查并听取了北京鹿制品有限责任公司领导执法情况的汇报。市经委委员陈怀伟陪同检查。

7月4日 全国政协常委、人口资源环境委员会主任陈邦柱率全国政协委员20余人到金隅集团北京水泥有限责任公司，就“国家经济发展中的环境保护问题”来北京考察。市经委委员樊健陪同考察。

同日 市国防科工办副主任解铁疆出席上海证券交易所为“北京北方天鸟公司”股票上市交易举办的上市仪式。

7月8日 市经委总经济师常青出席北京工业视频会议系统工作总结会。出席第四届中国东部企业参与西部经济结构调整投资贸易洽谈会并讲话。

同日 燕化在化工四厂成功接卸俄罗斯原油并举行了接卸仪式。这次接卸的原油共48个油罐车2807吨，卸车时间7小时

30分钟，标志着燕化打通了第二条原油通道，可以利用国际原油资源加快燕化的长远发展。

7月9日 市经委副主任周毓秋主持召开《关于外国投资者和民营企业并购国有及国有控股工业企业暂行办法》征求民营企业意见会。联想控股有限公司、博奥生物芯片有限公司、百万庄园实业公司等企业有关人员参加了会议。

7月10日 市经委副主任周毓秋主持召开北京市企业兼并破产和职工再就业工作小组会，审查并原则通过北京革制品厂破产预案和北京矿务局杨坨煤矿关闭破产预案。

7月17日 市经委召开新闻发布会，推出"北京工业百户国企与外资、民间资本并购重组行动"，首批精选了104户产品适销对路、经营状况良好的大中型企业向国内外企业推荐。副市长陆昊出席了会议。

7月18日 北京一轻高级技术学校通过ISO9000质量管理体系认证。全国人大教科文卫委员会副主任汪家镠，北京市劳动和社会保障局副局长宋丰景为该校获得的质量管理体系认证证书揭牌。

7月24日 市经委总经济师常青听取北京雕漆工厂、北京北洋旅游工艺品厂等10个单位新产品开发和技艺抢救项目的汇报，以及"北京工艺美术节"展览会的筹备情况。

7月25日 首钢启动管理信息化建设项目，宣布在未来一两年内斥资1.7亿元，建设先进的ERP（企业资源项目）管理体系。

同日 北京工美集团有限公司完成北京市政府委托的，为抗击非典英模设计制作的500枚纪念章任务。

7月26日 由中国石油和化学工业协会、中国化工企业管理协会、中国化工情报信息协会共同主办、国家化工网承办的，共有27000家化工生产企业参加评选的"2003年中国化工500强排行榜发布大会"在人民大会堂举行，燕化公司以销售收入277.5亿元销售额位居销售额榜首。

同日 北京燕京啤酒集团公司下属的燕京啤酒股份有限公司，投资3.624亿元受让福建惠泉啤酒集团股份有限公司的9537万的国家股，成为惠啤第一大股东。

7月27日 副市长陆昊召开会议，专题研究《北京市关于外国投资者和民间资本并购国有及国有控股工业企业暂行办法》和《北京市关于外国投资者和民间资本并购国有及国有控股工业企业人员分流安置暂行办法》。市有关委办局的主管领导等参加了会议。

7月30日 北京市安全生产监督管理局、北京煤矿安全监察办事处召开全市安全生产信息统计工作会，正式实行安全生产信息统计网上办公。市经委副主任、市安全生产监督管理局局长李建伟，国家安全生产监督管理局调度中心副主任吕海燕出席会议并讲话。

同日 市经委在北京嘉里中心举办了国际资本握手北京工业暨国际投融资机构负责人联谊活动。出席联谊活动的有北京市副市长陆昊、市经委副主任冯海、市计委副主任邢少军、市外经贸委副主任周河、国资公司董事长李爱庆以及市政府有关部门的领导。德意志银行、美国高盛亚洲投资公司、瑞士信贷第一波士顿、日本野村证券等40余家国际著名的投融资机构的代表出席。

同日"北京奥运徽宝"验收交接仪式在王府井工美大厦四层北京工艺美术博物馆举行。"北京奥运徽宝"是受北京奥组委委托,由北京工美集团有限责任公司承制,作为2008年奥运会会徽发布仪式上赠送给国际奥委会的国礼。其设计以故宫博物馆御玺(清代著名二十五宝之一的“奉天之宝”)为参考原型,采用产自新疆和田的上等青白玉作为制作原料,外包装采用雕刻精美的紫檀木,制作时间始于2003年4月1日。

7月 在中国煤炭协会组织的2003年全国煤炭工业100强排序活动中,北京京煤集团有限责任公司以销售收入30.68亿元排名第十七位。

8 月

8月2日 北京市京华客车有限责任公司召开成立大会,副市长陆昊代表市政府对北京市京华客车有限公司的成立表示祝贺,并对北京市京华客车有限责任公司的前身北京客车总厂47年来的成绩给予肯定,希望北京市京华客车有限责任公司继续在市委市政府的关怀下,在全体股东的共同努力下,不断取得新的成绩,为壮大北京汽车产业,振兴北京现代制造业做出贡献。

8月3日 京津沪渝工业(企业)工委书记会会议在北京召开。市人大常委会副主任金生官出席会议,副市长陆昊会见了与会人员。市委工业工委副书记张俊明在会上介绍了北京市工业机构改革方案,四城市交流了机构改革做法和经验,并对国资管理体制等问题进行了研讨。

8月4日 市经委举办“产业整合与并购重组”讲座,著名经济学教授朗咸平博士做了主讲。市工业控股公司主管领导、各区县经委负责人以及参加“北京工业百户国企与外资、民间资本的并购重组行动”的104户国企负责人,计230多人参加了讲座。

8月6日 市经委副主任周毓秋主持召开会议,研究日化一厂土地移交京华信托清算组事宜,首钢所属工矿企业划转区县管理工作事宜,北京化二股权被交通银行冻结影响划转事宜。

同日 市经委总经济师常青与市工经联负责人听取北京工业企业产品数据库工作进展情况的汇报,对存在的问题进行分析,并研究了下一步发展措施。

同日 京东方科技集团斥资10.5亿港币购得在香港和新加坡两地上市的冠捷科技有限公司3.56亿股权,以26.36%的股比成为后者第一大股东,并由此跻身全球显示器行业三甲之列。

同日 “中关村创新之路文化宣传活动”启动。活动围绕中关村在技术创新、制度创新和文化创新等方面的新举措、新成果,集中展示中关村的创新创业活力和良好环境,打造中关村国际品牌。

8月7日 国内首家“科技园区版权保护示范机构”——中关村科技园区版权保护中心日前成立,其下设机构——中国版权保护中心计算机软件著作权登记北京代办处同时挂牌。新成立的“中国版权保护中心计算机软件著作权登记北京代办处”将为企业提供登记便利,从受理登记申请之日起20个工作日内办理完毕并颁发登记证书。

8月8日 北京兴东方实业有限责任公司和西藏拉萨市政府合作的西藏高原现

代园艺及药用植物栽培示范区工程一期工程竣工。全部工程占地面积15.48公顷，85栋高效节能日光温室、2栋双层充气膜连栋温室全部由北京市农业机械研究所承建。该项目一期的竣工，标志着西藏有了国家级农业科技示范园区。

8月11日 北京市代市长王岐山、副市长陆昊会见台湾工业总会大陆经贸考察团。市经委总经济师常青向考察团介绍了北京“工业百户国企与外资、民间资本并购重组行动”的有关情况，并回答了客人关心的有关问题。

8月13日 投资1.2亿元的化学工业出版社印刷厂在北京天竺空港工业区C区奠基，标志北京天竺空港工业区北扩6平方公里的计划开始实施。

8月14日 位于上地信息产业基地的神州数码软件研发中心大厦开工建设，这是中关村软件开发园区建设中的重点项目。北京市副市长范伯元为软件研发中心大厦奠基。大厦预计2005年完工并投入使用。

8月17日 北京四环医药科技股份有限公司与沈阳药科大学签署了《四环医药奖学金设立协议》，设立了为期5年的高校奖学金。

8月20日 副市长陆昊组织召开的企业改制会议。研究化工集团企业改革调整中的有关问题，北京橡胶二厂破产清算问题。京城机电控股公司拨付资金给昌平区经委解决北京轴承厂划转遗留问题。

8月21、22、25、26日 市经委分别召开控股公司、区县经济形势分析会。市经委委员丁镇宽主持会议，市经委总经济师常青传达国家发改委全国经济形势分析会精神。市经委副主任张工作总结发言。

8月22日 “2003年北京第十届全国企业家活动日暨北京企联系统秘书长、企业家联席会”在顺义召开，来自北京市各行业的150多名企业家与中国企业联合会、北京企业联合会、北京企业家协会、市经委和顺义区政府的有关负责同志，以及有关新闻媒体单位参加了会议。北京企业联合会会长刘克信向大会致词，北京现代汽车有限公司董事长徐和谊等四名优秀企业家代表做了大会发言，分别介绍了本企业的简要情况，交流了企业家创业的经验和体会。副市长陆昊在大会上做了总结性发言，对北京市企业家提出了三个方面的希望和要求：一是北京的企业家要有发展的紧迫感，二是要具有强烈的合作精神，三是企业家要有更高、更新的追求。

8月23日 市委书记刘淇、代市长王岐山、副市长陆昊等市委市政府领导到北京供电公司八里庄220kV变电站视察北京电网安全运行情况，并听取了供电公司领导的汇报。市经委副主任冯海陪同视察并汇报了市经委对北京电网安全运行的意见和建议。

8月28日 市人大常委会组织全国人大北京代表团考察北京电力建设和供应情况，市经委副主任张工代表市政府做了《关于首都电力供应情况的报告》，介绍了北京电网的基本情况，对北京电网安全状况进行了分析，提出了进一步提高北京电网安全稳定运行的计划和设想。

8月30日 位于东南四环附近的北京染料厂迁出北京。北京染料厂已全部完成原地停产工作，并提前4个月完成在该地区的产业结构调整。其新厂将在河北、内蒙古等地开工建设。

8月31日 北汽福田公司的新款轻型客车——风景爱尔法全面上市。

同日 二七机车厂出口越南的两台

CK1E型米轨内燃机车，在越南煤炭总公司门翁选炭公司正式交车投入运用。

9 月

9月1日 国家质检总局公布了经中国名牌战略推进委员会综合评价后确认的2003年中国名牌产品，北京星海乐器有限责任公司生产的星海牌钢琴荣获“中国名牌”产品称号。

9月2日 中共中央政治局委员、国务院副总理曾培炎、国务院副秘书长汪洋、建设部部长汪光焘、北京市代市长王岐山、副市长刘敬民一行来到北京金隅集团建欣苑小区视察经济适用房情况。听取了金隅集团关于建欣苑小区经济适用房建设情况的汇报，并入户对小区居民进行慰问。曾培炎副总理对北京金隅集团积极开发经济适用房服务首都给予了高度赞扬，并指出北京市要大力发展经济适用房。

同日 北京市就铁路单位分离企业办社会职能的有关问题与铁道部进行座谈，副市长刘志华、牛有成和铁道部副部长王兆成、彭开宙、蔡庆华出席会议。市经委副主任周毓秋代表北京市政府汇报了有关铁路单位分离企业办社会职能的基本情况和有关政策。

同日 房山区政府与北京市首创投资担保有限责任公司和北京市商业银行联合开展中小企业信用担保业务的框架协议正式签约，成立了房山区中小企业信用担保管理中心。

9月6日至12日 以科技创新与发展为主题的第六届中关村电脑节在海淀展览馆举行。全国人大常委会副委员长傅铁山，全国人大法律委员会副主任、中国企业联合会副会长蒋黔贵，国家教育部副部长章新胜，中国科学院副院长杨伯龄，北京市委常委、市委秘书长孙政才，北京市副市长陆昊与外国驻华使节、兄弟省市领导出席开幕式。电脑节期间共有10万余人参加了各项活动，电脑节期间招商引资签约项目211个，签约金额共计789.68亿元；其中：海淀区签约项目117个，签约金额605.68亿元；中关村科技园区94个项目签约，签约金额184亿元。

9月8日 戴姆勒—克莱斯勒股份有限公司与北京汽车工业控股有限责任公司战略合作框架协议签字仪式举行。标志北京汽车工业正式“牵手”奔驰。北京市市委书记刘淇，市委副书记、代市长王岐山、国家有关部委负责人杨树德、屠光绍、黄海、李克农出席签字仪式。副市长陆昊主持签字仪式。

9月9日 北京市经委批复《北京半导体器件五厂污染扰民搬迁建设项目可行性研究报告》，器件五厂整体搬迁到酒仙桥北京燕东微电子有限公司厂内。

9月12日 北京精细化工基地彩粉工程在大兴安定镇举行开工仪式，工程预计2004年年底完成，年产量400吨。

9月13日 中国工艺美术协会会长李晓光、市经委总经济师常青与八个省市工艺美术协会的主要领导，共同商讨《首届北京工艺美术展》的合作事宜。

9月16日 北京同仁堂(澳门)有限公司开业，是北京同仁堂在澳门设立的第一家药店。

9月18日 北京市委市政府召开全市

再就业工作会议。副市长陆昊代表市委市政府宣布了关于表彰2002年度再就业先进单位及先进个人的决定。北京一轻控股有限责任公司被评为2002年度再就业工作先进单位,至此一轻控股公司已连续三年获此殊荣。市委书记刘淇、代市长王岐山等市委市政府领导为获奖单位和个人颁奖。

9月19日 市工业促进局局长程连元分别主持召开部分区县及经济开发区领导座谈会、高新技术企业座谈会及市属工业控股公司座谈会,听取对工业促进局如何促进工业发展的意见、建议。

9月22日 由北京北仪创新真空技术有限责任公司与两家台湾公司组建、总投资2999万美元的北京世华光电有限公司完成注册。该项目年产10MW太阳能电池板,年销售额将达1.64亿人民币。

同日 副市长陆昊听取纺织控股有限责任公司发展战略规划汇报。陆昊强调,效益背后是成本,成本背后是规模,规模背后是市场,市场背后是体制,要使所有制格局与市场竞争格局相适应。

9月20日至22日 昌平区举办2003年经济技术合作洽谈会,万余人次参加,接洽投资意向242项,共达成高新技术、工业小区建设、房地产开发、旅游、商业服务业等签约项目51项,协议投资总额76.6亿元,引进外部资金75.95亿元。

9月26日 北京赛科药业召开新型降脂药——本悦上市的推介会。向医药界推介国内首个采用缓试技术的降脂药物。本悦使用了独特的缓试技术,保留并发扬了烟酸的药理作用,又减少了用药的次数,降低了药品的副作用,具有更好的安全性、耐受性和依从性。

9月28日 以国家安全生产监督管理局宣教中心副主任贺定超为组长的国务院危险化学品安全管理条例督查二组一行7人,就贯彻落实《危险化学品安全管理条例》情况在朝阳区进行督查指导。

10 月

10月15日 北京市工业促进局举行挂牌仪式。

同日 环保事业部牛口峪污水回用工程正式启动。回用工程采用"双膜"工艺,每小时可处理回用水1200吨,可节约新鲜水1000吨/时,预计回用新生水总量可接近燕化用水量的1/6,将有力缓解燕化水资源的短缺问题。

10月16日 北京京煤集团有限责任公司金泰恒业公司四厂自行投资1.6亿元建设的富地大厦开业。富地大厦位于北京中关村科技园区的上地,为智能化写字楼,建筑面积2.6万平方米,18层结构,楼高88米。

10月16日至17日 由北京市工业促进局、北方微电子产业基地领导小组主办的"2003年北京国际微电子论坛"在北京天鸿科园大酒店举行。北京市工业促进局局长程连元、副局长冯海参加了开幕式。

10月18日 北京四环医药科技股份有限公司董事长文鸣旭荣获"中关村科技园区第二界优秀企业家"称号。中关村"双优"评选是由中关村科技园区管委会联合园区社会团体以及相关机构共同发起的大型社会公益评选活动。评选历时4个多月,采取企业自荐与有关机构、协会和团体推荐相结合方式,参照国际惯例,要求优秀企业家所领导的企业要符合现代企业制度规范,形成一套成功的管理经验和管理体系,品牌在业界具有重要影响。获奖者是通过专家评审、公示候选人、社会公众投票、专家投票等诸多环节而最终确定的。

10月21日 朝阳区召开2002~2003年度工业技术创新总结暨表彰大会,对90家优秀企业奖励786万元。

10月24日 北京电控久益实业发展有限公司与首创集团所属阳光股份有限公司共同组建《北京电控阳光房地产开发有限公司》,负责实施酒仙桥电控职工生活区危旧房改造工作。

10月28日 北京京煤集团有限责任公司鑫华源公司在门头沟路47号举行新厂落成仪式。鑫华源公司原厂址位于门城镇中心区域,根据城市建设规划用于房地产开发,此次工厂搬迁改造投资约5千万元。

10月29日 市委书记刘淇到光机电一体化产业基地调研。视察了中科镓英、比亚迪、摩比斯三家企业的生产和建设情况,听取了通州区经济发展和光机电基地建设情况的汇报,对基地发展提出要求。

10月31日 北京京仪控股有限责任公司在北京市工人俱乐部召开大会,庆祝公司成立20周年,市委副书记阳安江、市人大常委会副主任金生官出席并讲话。原北京市纪委书记李永安、原北京市副市长刘海燕、原北京市总工会主席商保坤等老领导到会祝贺。京仪控股公司现在的经济总量是成立之初的14倍,1992年以来,已连续12年以两位数的速度增长。

11 月

11月1日 北京中石化燃气有限公司正式挂牌运营。该公司是中国石化集团根据北京市政府实行液化石油气专业化配送制度的有关要求,将北京燕山石化公司下属的与液化气经营相关的优良资产重组成立的专业化的液化气销售企业,隶属于中石化股份公司北京燕山分公司。

同日 《首届北京工艺美术展》在北京民族文化宫开幕。开幕式由市工业促进局局长程连元主持,副市长陆昊致开幕词,全国人大常委、中国轻工业联合会会长陈士能致贺词。参加开幕式的有北京市相关委、办、局领导和工美大师、外交使节、外省市集团代表等计500多人。

11月3日 朝阳区与拉萨市城关区签署了《北京市朝阳区与西藏自治区拉萨市城关区关于进一步加强对口支援工作合作协议书》。

11月4日 全国人大副委员长路甬祥、全国人大科教文卫委员会主任朱丽兰率全国人大执法检查组一行9人,在市人大副主任金生官、市政府副秘书长阎仲秋、市人大科教文卫委员会主任史炳忠等陪同下来到北京金隅集团视察贯彻执行《科学技术进步法》情况。

11月5日 北京工美集团有限责任公司完成中央军委委托的为航天英雄杨利伟颁发的金制奖章制作任务。该奖章采用纯金制成,重达550克。11月7日,中央军委主席江泽民将奖章颁发给杨利伟。

11月8日 华北电网有限公司挂牌成立,华北电网有限公司是国家电网公司投资设立的国有独资有限责任公司，主要成员单位包括北京供电公司、天津市电力公司、河北省电力公司、山西省电力公司、山东省电力集团公司等全资企业和内部核算单位、保留及待转让的发电企业。公司在北京市工商局登记注册，注册资本金为人民币600亿元。华北电网有限公司依法经营所拥有的全部法人资产，并负责管理、规划、建设包括首都北京在内的华北区域电网。

11月11日　燕化与中国石化高桥分公司签订吸收式热泵成套技术转让合同，该技术已为燕化创经济效益近千万元。

同日　北京一轻控股公司与北京市世纪恒逸投资有限公司举行签字仪式，一轻控股公司所属北京市第一食品公司产权整体转让民营企业世纪恒逸公司。

11月20日　市政协副主席黄以云、市政协经济科技委员会主任张嘉兴率市政协经济科技委员会委员一行20人，到北京一轻控股公司视察指导工作。

11月23日　由北京同仁堂集团公司、首创科技投资有限公司、深圳海王星辰医药有限公司共同投资兴办的北京同仁堂商业投资发展有限公司签约。

11月25日　北京化工集团公司本部迁入新址办公。新址位于北京亦庄经济技术开发区内的华腾发展大厦。

11月26日　全国规模最大的专业工艺美术创作和研发基地——京城百工坊在崇文区正式开坊。北京市市委书记刘淇到场接见了130余位著名工艺美术大师，并参观了百工坊的工艺品展览。

11月27日　在沈阳药科大学举办的首届“四环医药奖学金”颁奖典礼上，北京四环医药科技股份有限公司董事长文鸣旭为学生颁奖。颁奖会上，沈阳药科大学聘请文鸣旭为该校“名誉教授”。

11月28日　北京重工机械有限公司与日本株式会社多田野签约合资，共同出资组建北起多田野（北京）起重机有限公司。该项目总投资额约3000万美元，中方控股75%。合资公司落户于顺义林河工业区，北京市副市长刘海燕出席签约仪式。

11月30日　北京化工实验厂、北京远通制管有限公司、台湾翁启峰先生合资组建的“华腾远通综合管业有限责任公司”在民族宫举行签约仪式。华腾远通公司注册资金1.02亿元，主要产品为PE实壁管、PE双壁波纹管和预应力钢筒混凝土管（PCCP）。

12　月

12月8日　北一大限（北京）机床有限公司开业暨首批用户交付使用仪式在顺义林河工业区举行。中共中央政治局常委、全国政协主席贾庆林，北京市代市长王岐山等出席仪式。北京市副市长陆昊致辞，市工业促进局局长程连元、副局长冯海参加仪式。

12月9日　北京市工业促进局召开“都市工业投资项目会议”，18个区县经委负责人，部分行业协会秘书长，北京一轻控股有限责任公司等四家工业控股公司负责投资工作的代表出席会议。

12月11日　北京市人大常委会副主任金生官到一轻控股有限责任公司新落成

的电脑刺绣机控制系统生产基地北京兴大豪科技开发有限公司调研。

同日 北京市工业促进局局长程连元一行到房山区调研经济结构调整、工业规划实施情况,并到房山科技工业园区、燕房工业区进行了实地考察。

12月12日 北京同仁堂和记医药投资有限公司签约。投资总额约2.39亿美元,注册资本3000万美元,经营范围为医药类相关健康项目的投资经营。

同日 中国国际货运航空公司在顺义空港工业区举行揭牌仪式。中国国际货运航空公司投资35亿元人民币,注册资金22亿元人民币,是中国目前规模最大且唯一载旗的货运航空公司。

同日 市政协主席程世峨到延庆县龙庆峡羊毛衫厂、双鹤药业和集味村食品有限公司等企业考察。

同日 北京市女企业家协会,在北京长富宫饭店举行成立15周年庆典活动。常务副市长翟鸿祥出席并讲话。

12月13日 市委副书记、代市长王岐山、副市长牛有成、陆昊、市政府秘书长刘晓晨,就推进城市化进程中如何解决好农民问题和加快工业结构调整到房山区调研,实地察看了北京强联水泥公司和韩村河村的村容村貌。

12月16日 北京首钢股份有限公司20亿元可转股公司债券在深圳证券交易所发行成功。

12月18日 北京京煤集团有限责任公司所属杨坨煤矿经北京市第一中级人民法院宣布破产。

12月19日 燕化公司工会在炼油厂三催化车间举行了燕化公司创新成果现场会,向炼油厂许淑云气压机操作法、橡胶事业部韩冰SBS反应温度控制法、化工一厂王文海管式加热器操作法予以冠名授牌,并奖励个人5000元。

12月23日 北京现代第二款车型伊兰特正式上市,北京市人大常委会副主任金生官,北京市副市长陆昊等出席在北京饭店举办的上市仪式。

12月26日 中关村永丰产业基地荣获"国家新材料技术成果转化及产业化基地"称号。

同日 北京市工业促进局、崇文区政府为京城百工坊举办开业庆典和接见国家与省、市级工艺美术大师活动。中共中央政治局委员、北京市委书记刘淇等市、区领导参加了接见活动。

12月28日至31日 中国南车集团北京二七车辆厂生产的X2H型双层集装箱平车从北京东站发车,在京广线运行试验成功。

12月 由北京企业联合会、北京市企业家协会等九家行业协会联合首次评选2003年北京企业100强揭晓,排名销售收入前五名的为联想、燕山石化、首钢、普天首信、北京城建;2002年,北京百强企业销售总收入为3903亿元,比2001年提高10.1%。排名利润额前五名的企业是北京市通信公司、联想、首创集团、普天首信、燕山石化公司;五家企业实现利润占百强企业全部盈利的26%。

工作概况

【综述】 是年,北京工业在市委市政府的正确领导下,克服非典型性肺炎造成的影响,实现了工业经济稳步增长,发展后劲逐步增强,产业布局相对集中,为全市经济的快速增长做出了贡献。

一、工业经济快速增长,经济效益显著提高

2003年全市规模以上工业企业累计完成增加值1012.5亿元,同比增长12.3%;完成不变价工业总产值3740.7亿元,同比增长15.9%。高新技术产业完成增加值328.2亿元,同比增长16.3%。占全市工业的比重达到32.4%;完成出口交货值408.4亿元,同比增长16.2%;累计产销率98.2%,比同期提高1个百分点;全员劳动生产率为10.04万元/人,比上年提高28.5%。工业经济运行呈现出几个特点:

1.全面增长,重点突出

电子信息行业实现现价产值942.6亿元,实现恢复性增长;石油化工、钢铁、机械制造业分别实现总产值455.6亿元、376.2亿元和387.3亿元,交通运输设备制造业实现产值456.1亿元,对工业增长贡献率达到37.9%。其中现代汽车、北汽福田、吉普汽车和汽车有限公司的贡献率分别为16%、13%、3.6%、1.1%。

各控股公司(除化工外)全面增长。按现价口径计算,汽车控股全面扭亏,产值累计增幅达165.3%;电控产值增长23%;隆达增长32.6%;机电增长39.8%;京仪增长24.4%;同仁堂增长14%;医药增长15.7%;一轻增长15.2%;首钢增长26.3%;金隅增长10.6%;纺织增长11.9%;兴东方与同期基本持平。各控股公司合计比去年增长42.6%,对全市工业增长贡献率达63.3%。

各区域工业经济全面增长。按区域经济统计口径,大部分区县增幅在两位数以上。对全市工业增长贡献率在10%以上的区域分别是顺义28.9%、昌平16%、朝阳14.6%、石景山13.4%。

2.结构改善,多领域支撑

工业结构调整力度加大。交通运输设备制造业产值占全市工业的比重上升4.3个百分点,电子、石化行业所占比重合计下降3.7个百分点。交通运输设备制造业占比重由原来的第五位(占7.4%)跃升到第三位(占11.7%),成为主导行业之一。市九次党代会明确的重点发展4大产业中的电子信息和汽车两大产业已成为本市主导产业,开始形成互为支撑局面。

3.质量提高,效益改善

经济效益稳步提高。全年实现销售收入3885.7亿元,同比增长22.1%;实现利润235.3亿元,同比增长42.2%,高于销售收入增长20.1个百分点;实现利税419亿元,增长32.7%;经济效益综合指数158.8%,同比上升了19.1个百分点。

二、重点项目取得进展,技改投入高速增长,工业后劲有所增强

全市工业投资增长迅速。全市工业投资完成164.6亿元,比上年同期增长19.7%,其中更新改造投资92.4亿元,同比增长58.6%。工业利用外资成效显著。全市新批外商投资工业企业494家,外商实际直接投资额7.4亿美元,同比增长35.1%。其中,工业总投资千万美元以上的新批项目有38个。

随着现代汽车一期项目的达产、北京吉普的新产品投放市场、北汽福田中重型卡车等产品的量产,以及一批零部件企业的投产,汽车产业重新成为新的经济增长点。北京汽车呈现快速增长势头,福田车辆股份完成产值132.3亿元,同比增加63.8亿元;现代汽车完成产值96.8亿元;吉普公司完成产值35.3亿元,同比增加22.8亿元。北汽控股共完成现价产值293亿元,对全市工业增长的贡献率达到37.8%,体现了汽车产业的拉动作用,北京汽车工业发展格局日趋完善。

电子信息产业重点项目进展顺利。中芯国际12英寸集成电路项目厂房建设基本完成,准备进入设备安装;京东方完成了韩国现代显示技术株式会社TFT-LCD全部资产的收购,开始在北京筹备TFT-LCD第五代线的建设工作;银税一体机、网络计算机、IC卡等领域的产业化工作取得显著进展。装备制造业开始重新崛起,北一大隈数控机床、北起多田野等项目顺利投产。首钢结构调整积极推进,彩涂板生产线一次热试成功。20亿可转换公司债券成功发行,进一步加速首钢产业结构调整。北新建材与日本新日铁、丰田、三菱共同投资2亿元人民币成立合资公司,开发生产薄板钢骨体系房屋。

三、基地建设全面推进,产业布局相对集中

顺义汽车城市政设施建设6月全面启动,已完成主体道路及部分市政管线的建设。入驻汽车城的零部件企业已有19家,投资总额为18.1亿元。摩比斯零部件、海斯克钢板公司、延峰伟世通内饰件等项目均已开工建设,项目总投资为11.13亿元。平谷、怀柔、密云、昌平等零部件园区的建设也在积极推进当中。

微电子产业基地发展迅速。在中芯国际、京东方TFT-LCD等入区项目顺利进展的同时,有研硅股、中科镓英、砷化镓外延材料生产线等项目也均进入设备安装调试阶段,生物医药基地全年共投资4亿元,完成了起步区3.55平方公里的基础设施建设,开始进入大规模招商引资阶段。已签约入区医药项目18项,总投资近30亿元。

光机电一体化产业基地全年投入建设资金7373万元,是上年同期投入的2.17倍。基地已实现七通一平,引进企业16家,协议投资总额达到了82.75亿元。北京东南压铸有限公司、韩国FLANGE工业株式会社等一批著名企业入驻基地,已有10家企业开工建设。（市工业促进局）

【机构改革】 年内,北京市级党政机关机构改革,将原来7个政府部门进行整合,组建、新设立了5个新的政府机构。

原市委工业工作委员会、北京市经济

委员会（简称两委）在整合中撤消。原两委人员 174 人，处室 30 个。其中：节能环保处、中小企业处、电力管理办公室、煤炭管理办公室、减负办、经济协作办公室、经协联络处等 35 人，成建制划转北京市发展和改革委员会；工业调整处、企业改革处、劳动处及工委所属处室 31 人，成建制划转北京市国有资产监督管理委员会；另有外经处、经济运行处的部分职能及 4 名工作人员，划转北京市商务局。

原市经委所属的北京市安全生产监督管理局（副局级），此次机构改革成为市政府直属机构，正局级单位。原市经委担负的安全生产管理职能及 22 名工作人员全部转出。

根据京政发［2003］18 号《北京市人民政府关于机构设置的通知》，北京市工业促进局（简称市工业促进局）是新设立的 5 个机构之一。

市工业促进局是负责本市行业性、专业化工业产业促进工作的市政府直属机构。市工业促进局同时挂北京市国防科学技术工业办公室（简称市国防科工办）的牌子。2003 年 10 月 15 日正式挂牌。

市工业促进局的主要职责是，根据国家产业政策和本市国民经济发展规划，研究拟订本市工业产业中长期发展规划、年度计划和工业布局调整规划、工业结构调整方案，并组织实施；研究拟订促进本市工业产业发展的政策、措施，并组织实施；研究起草本市有关工业经济方面的地方性法规、规章草案；针对工业产业发展中的重大问题开展调查研究，提出对策建议；指导工业技术创新和技术进步，促进工业高新技术产业发展，协调落实用高新技术改造传统产业的政策、措施，参与制定并定期公布工业投资项目引导目录，协调重大工业项目的组织实施。负责建立和完善本市工业产业信息服务系统，收集、整理、分析、发布工业重点产业相关信息，推进工业产业各种资源的优化配置和工业重点产业的持续发展；负责本市工业经济运行的监测、协调工作；围绕工业重点产业的发展，负责组织和推进专业化招商引资工作；协调本市工业产业配套体系建设，改善工业投资环境，推进重点工业产业链的构建；协调重点工业企业的搬迁调整工作；培育和促进本市工业产业基地建设，指导和协调工业开发区的建设和发展；组织制定工业企业行业规范和行业技术标准；负责工业方面的人力资源开发，为工业企业发展提供人才支持；负责联系本市工业领域行业协会和中介机构；承办市政府交办的其他事项。

市工业促进局人员编制 57 人，内设机构改变以往按管理职能设置的方式，采取按专业设置的方式，内设有：办公室、综合处（法规处）、产业布局指导处、电子信息产业发展处、机电产业发展处、生物工程和医药产业发展处、汽车及交通设备产业发展处、都市产业发展处、基础产业发展处（北京履行禁止化学武器公约事务办公室）、军工综合处、军工科技处、人寺处（老干部处）、监察处（机关党委）等 13 个处室。

综合处（法规处）负责起草本市工业经济方面的地方性法规、规章草案，对本机关制定的规范性文件进行合法性审核，依法承办本机关行政复议、行政赔偿案件和行政诉讼的应诉代理工作；负责建立和完善工业产业信息服务系统，收集、整理、分析和发布工业重点产业相关信息，推进工业产业各种资源的优化配置和重点工业产业的持续发展；负责本市工业经济运行的监测、协调工作；负责工业方面的人力资源开发，为工业企业发展提供人才支持；负责组织制定工业企业行业规范和行业技术标准,联系工业行业协会和中介组织,培育、发展工业行业协会和中介机构。

产业布局指导处负责研究拟订本市工业产业中长期发展规划、年度计划和工业布局调整规划、工业结构调整方案,并组织实施;培育和促进本市工业产业基地建设,指导和协调工业开发区的建设和发展,协调重点工业企业的搬迁调整工作;指导工业技术创新和技术进步,协调落实促进工业高新技术产业发展和用高新技术改造传统产业的政策、措施;参与制定并定期公布工业投资项目引导目录;负责综合性工业招商引资工作。

电子信息产业发展处、机电产业发展处、生物工程和医药产业发展处、汽车及交通设备产业发展处、都市产业发展处、基础产业发展处等6个专业处室,主要职责是:研究拟订行业发展规划和重点产业调整、发展方案,提出促进产业发展的政策措施建议;负责组织推进专业化招商引资工作,引导和推进工业企业开拓国内外市场,指导工业企业开展国际化经营和国内外交流合作;在技术、资金、信息、人才、市场等方面组织社会资源,实现优化配置,促进重点产业的发展;负责组织地区产业配套和产业链的构建。另外,基础产业发展处还负责监控化学品的监督管理工作。

市国防科工办负责北京地区国防科学技术工业的组织、协调工作。军工综合处负责军工及军品配套生产的组织、监督和协调工作,负责管理民用爆破器材的生产和流通;军工科技处负责组织协调军工及军品配套的科研工作,负责推进军工技术转民用工作,负责组织管理北京地区的国防科技技术基础工作和军工保密工作。

(人事处)

【工业运行监测】 是年,北京工业运行监测工作从全市大工业的角度出发,及时、准确地为领导和有关部门、单位提供综合经济信息服务,为北京工业的宏观调控和领导决策提供依据。

为确保全市工业奋斗目标的实现,对北京工业14个控股(集团)公司、18个区县的生产总量及效益指标进行综合的测算平衡,以指导性指标的形式,层层分解下达,逐月、逐季跟踪监测。

为准确、及时分析全市工业运行趋势、状况,在日常月、季度监测、分析的基础上,加大了工业经济运行监测预测、分析调研工作力度。定期召开经济运行分析会,与各控股(集团)公司、区县沟通情况,及时解决工业运行中存在的问题。编发《综合经济分析》,为领导提供及时、有效的信息。针对工业运行波动较大的新情况,加强了工业运行情况的预测预报,逐月收集汇总各总公司、区县及重点企业的预测情况,及时形成预测报告上报有关领导和部门。

全年规模以上企业增加值首次突破千亿,累计完成增加值1012.5亿元,同比增长12.3%,完成销售收入3885.7亿元,同比增长22.1%;实现利润首次突破两百亿大关,达到235.3亿元,同比增长42.2%。重点企业产值稳定增长,全市工业重点监测的前50名企业完成不变价产值2049亿元,占全市工业的56.6%,同比增长20.6%,对全市工业产值的贡献率达到70.5%。

(综合处)

【工业布局】 随着北京城市总体规划的实施和首都经济的发展,工业企业污染扰民搬迁和结构调整的步伐明显加快。到2003年底,已完成搬迁129家企业,转让占地面积796万平方米,工业企业占规划市中心区的比例降到了6.29%，提前完成了2005年城市中心区工业企业布局调整的阶段性目标。

根据工业布局调整的指导思想、原则及目标，按照速度与结构、质量、效益相统一的方针，结合北京市“十五”期间产业结构调整及“完善‘两轴’、发展‘两带’、建设‘多中心’，形成‘两轴－两带－多中心’的城市空间新格局”的城市空间发展战略，提出“城区—都市产业、环城近郊—高新技术产业带、远郊区县—现代制造业基地”的工业总体布局方案。

城区——以旧城为中心，沿传统中轴线和长安街延长线形成的十字空间构架，主要体现政治、文化、体育、服务等功能；市区的奥林匹克公园、中央商务区、中关村科技园区形成三大综合服务功能区；在市区范围内的“两带”上建设若干新城。与城市功能相匹配，在城区发展能耗低、污染少的都市产业，形成国内外企业以产品设计开发、技术服务、经营管理、工业营销为主的总部基地，利用城市中心区域政治、文化和国际交往中心的优势，为工业生产打造技术、市场、人才和金融等服务平台。

环城近郊——以中关村科技园区和北京经济技术开发区为依托，在城市周边地带，发展以高新科技产品研发为主体的高科技产业，逐步形成支撑北京新兴工业的“高新技术产业带”。

远郊区县——依照“强化东部发展带、整合西部生态带”的城市空间发展战略：东部发展带北起怀柔、密云，重点发展顺义、通州、亦庄，东南指向廊坊、天津，应主要承接新时期的人口产业需求，疏导北京新的产业发展方向；西部生态带与北京的西部山区相联系，既是北京的生态屏障，又联系了延庆、昌平、沙河、门城、良乡、黄村等，应实现以生态保护为前提的调整改造，各级城镇主要发展高新技术、高教园区等环保型产业，创建宜居城市的生态屏障。以国家、市和区县三级工业开发区为依托，以重点建设的产业基地为突破口，重点发展现代制造业六大产业，企业向开发区集中，有序分散、集中建设、集中配套，形成集群式产业布局；同时，沿京津塘高速路，充分发挥京、津、廊三地在市场、港口、交通、原料等方面的协同性，集聚区域优势，在更大的范围内进行产业布局，形成京津廊产业带。

加速建设国家级开发区，带动市级开发区的优势产业定位和区县级开发区的整顿重组，形成以辐射分布、规划有序、产业定位合理的工业园区和区县产业带为基础、重点行业相对集中的布局框架体系。

电子信息产业已经成为北京工业的第一大支柱产业，成为拉动全市工业增长的主要力量。将重点依托中关村科技园区、北京经济技术开发区、空港出口加工区、八大处高科技园区、林河工业开发区等工业园区，形成电子信息产业基地。在继续发展计算机、通信等优势产品的同时，重点发展集成电路、软件、数字视听产品以及由微电子产业拉动的上下游系列电子产品。

海淀园重点发展计算机及周边设备、通信设备、数字视听设备产品制造业及软件业；北京经济技术开发区、林河工业开发区和八大处高科技园区重点建设北方微电子产业基地，发展集成电路制造业及上、下游相关产业；酒仙桥电子城要重点发展通信设备、计算机、显示器件等电子产品制造业。空港出口加工区重点发展通信设备、数字视听设备制造业。

北京汽车及零部件制造业重点发展轿车、商用车和运动休闲车的三大类产品及配套零部件产品。整车主要分布在以北京现代为中心的东部、以北京戴克为中心的东南部和以北汽福田为中心的东北部,零部件主要分布在顺义、通州、大兴、平谷、怀柔、昌平区及密云县的市级工业开发区,形成以顺义汽车城为中心的汽车及零部件制造业基地,吸引国内外汽车零部件及相关产业的聚集,形成产业链群,实现企业相对集中及产品开发、生产销售、服务贸易一体的汽车工业新格局。

机电产业重点发展以光机电一体化技术为代表的现代机电产业,加快对传统机械制造业的技术改造及升级,形成技术水平先进、规模优势明显、市场竞争力强、产业化能力突出的发展格局。重点依托"一个基地、五个园区",即:北京通州光机电一体化产业基地、北京经济技术开发区、林河工业区、电子城科技园、丰台科技园和昌平科技园。机械制造行业要以污染扰民搬迁改造为契机,四环路内的多数企业,通过行业调整、资产重组,向通州、大兴、顺义等地相应的工业开发区集中。

生物工程和医药产业是知识经济时代的主导产业之一,是最有发展潜力的产业,确立以化学药、中药、医疗器械为三大产业支柱的产业发展格局;同时,以生物技术为制高点,适度发展化学医药、加快发展中药与天然药物、加速发展医疗器械,逐渐形成集生物医药创新、制造、流通和服务一体化的产业群。重点发展以中关村生命科学园为创新研发基地、以北京经济技术开发区(亦庄)和北京生物工程与医药产业基地(大兴工业开发区)为产业化基地的"南北两翼"协同发展的格局。

基础产业主要包括石化、冶金和建材业。结构调整的重点是以先进技术和适用技术对传统基础产业进行改造和升级,产品向附加值高的环节转移,高污染、高消耗的生产工艺逐步向周边地区转移。石化产业布局重点是房山区和大兴区,依托燕山石化及新材料产业基地和大兴安定精细化工产业基地,利用燕化公司石油化工产业资源,以做大、做强、做精为宗旨,走内涵式发展的道路;扩大乙烯生产能力,优化炼油产品结构,大力发展乙烯及下游产品,发展塑料加工业,形成合成橡胶、合成纤维、塑料、精细化工、新型建材、汽车及配件等行业互动发展的产业链群;冶金业在总量控制的前提下,加大结构调整力度,向多品种、深加工发展,布局重点在石景山、顺义地区,冶炼等高污染生产环节逐步向周边转移;建材业的布局重点在房山、门头沟和昌平,重点建设西三旗建材城,形成新型建材产业基地。

都市产业重点发展食品饮料业、服装纺织业、包装印刷业、工艺美术品和文体用品行业,作为一般竞争性行业,着力围绕发挥首都城市功能、营造环境的要求,实现在产业价值链高端的创新。除在城市中心区保留部分为城市功能服务的都市工业外,在北部和东北部的上风、上水区域,建设食品饮料等低污染行业的生产基地,在东部和东南部建设服装纺织和包装印刷业生产基地。 (产业布局指导处)

【工业产业结构】 北京市工业结构调整取得重大进展,现代制造业发展迅速,基础产业进一步优化,都市产业平稳发展。电子信息、汽车及交通设备、机电、生物工程和医药四大产业全年实现工业增加值487.4亿元,占全市工业增加值的47.9%,特别是汽车及交通设备产业发展迅速,占全市工业增加值的比重由 2000 年的 3.8% 上升到 2003 年的10.8%,上升了 7 个百分点。

"十五"后期,北京工业以重点发展电

子信息、汽车工业、机电、生物工程和医药四大产业为主导，带动都市产业和基础产业全面、协调发展。结合城市发展空间布局调整，加快产业布局调整，加速发展国家级开发区，重点建设市级工业开发区，使园区成为北京工业发展的重要载体。按照布局集中、用地集约、产业集聚的要求，以重点建设的产业基地和工业开发区为依托，加速发展现代制造业，形成集群式产业布局，增强重点产业基地、工业园区的辐射和放大效应，逐步形成布局合理的高新技术产业集群和现代制造业产业集群。

北京电子信息产业经过多年的快速发展，已成为北京工业第一大产业。工业总产值(现价)从2000年的846.7亿元，发展到2003年的929.2亿元(不包括软件)，占全市工业总产值的25.0%，年均递增3.15%。北京地区目前从事电子信息产业的企业有4000多家，拥有818亿元的资产总量，在北京各工业行业中居首位，主要分布在软件、集成电路、手机、计算机、显示器、彩色显像管、程控交换机等几大领域，在2003年全国电子百强企业评比中，北京地区有17家企业入围，入围企业数及销售收入，均位居全国前列。

北京汽车及交通设备产业近两年取得了突破性发展，工业总产值(现价)从2000年的106.2亿元，发展到2003年的434.8亿元，占全市工业总产值的11.7%，年均递增60.0%。2003年北京汽车的产量及销售收入均列全国同行业第五。

北京机电产业具有一定的基础、规模和技术实力，拥有一批骨干企业和有竞争力的优势产品。机电产业工业总产值(现价)从2000年的326.9亿元，发展到2003年的460.8亿元，占全市工业总产值的12.4%，年均递增12.13%。

北京生物工程和医药产业近年来取得了长足发展，已形成了化学药、中成药、医疗器械三足鼎立、生物医药快速发展的产业格局。工业总产值(现价)从2000年的87.6亿元，发展到2003年的145.6亿元，占全市工业总产值的3.9%，年均递增18.46%。

北京都市产业发展稳中有进。低能耗、低物耗、环保型、劳动密集型的都市型工业继续保持增长的态势，在缓解城市就业压力、有效提升首都城市功能和“四个服务”水平等方面发挥着越来越重要的作用。工业总产值(现价)从2000年的493.7亿元，发展到2003年的561.1亿元，占全市工业总产值的15.0%，年均递增4.35%。

北京基础产业调整步伐加快。石化、冶金、建材等产品结构得到进一步调整，淘汰了一批污染严重、技术落后的“五小”企业和相关产品，把有限的资源集中到有市场优势的企业和产品，使产业结构得到进一步优化。工业总产值(现价)从2000年的846.3亿元，发展到2003年1190.9亿元，占全市工业总产值的32.0%，年均递增12.06%。 (产业布局指导处)

【企业技术创新体系】 年内，北京市工业系统共认定市级企业技术中心87家，其中国家级22家，市级65家。对有代表性的38家企业技术中心进行统计，企业销售收入1109亿元，产品销售利润74.6亿元，技术研发投入48.8亿元，占销售收入的比例为4.4%，其中来自政府部门资金7770万元；新产品销售收入357亿元，占销售收入的比例为32.2%；技术开发项目数1686项，获批发明专利154项；技术中心研发人员9061人，其中具有博士学位250人，与大学研究所合办开发机构24个，设在海外的开发机构17个，均比2002年有大幅度提高。全年共受理并组织新产品新技术鉴定14项，全部通过鉴定。加强北京市工业技术创新项目的专家评审工作，为市经委筛选、决策立项提供了依据。加强北京市技术创新网络服务体系建设。顺利运行北京市经委科技处项目管理系统，实施网上办公。全面实现项目申报和管理、新产品新技术鉴定、企业技术中心管理等网上日常工作。实现了电子政务的开展，提高了办公效率。（机电产业发展处）

【电子信息产业】 是年，电子信息产业规模继续扩大，产业发展增速加快。全市各类电子信息产业（制造业和软件业）企事业单位共计有4122家，其中制造业各行业共有940家，软件企业有3182家。电子信息产业全年实现工业总产值（不含软件）945.87亿元，比上年增长2.87%；实现销售产值达到908.8亿元，比上年增长3.72%，位居全国第五。完成工业增加值（当年价格）204.1亿元，比上年增长2.87%，软件营业收入为380亿元，位居全国同行业首位，约占全国的1/4。电子产品出口交货值达到248.40亿元，全行业实现利润52.6亿元，全行业就业人数达到23.97万人，占全市全年平均人数比例为3.04%。人均劳动生产率为92.53万元。

我市的电子信息产业要以结构调整为主线，以内需拉动为重点，扩大出口与外资引进并举，规范市场秩序，推动电子信息产业健康快速发展。

增强企业技术创新能力，重点扶持一批确有研究开发能力的企业，推动各种形式的联合开发，争取在部分有比较优势的重点领域有所突破。特别是贯彻落实国务院18号文件《鼓励软件产业和集成电路产业发展的若干政策》，督促各地及时出台相应配套措施，并对地方的投资积极性进行合理引导，大力推动软件产业和集成电路产业的发展，缓解电子信息产业发展中的瓶颈问题，增加产品的附加值和科技含量，从整体上提高电子信息产品的档次，促进产品结构升级。

充分利用世界电子信息产业结构调整、我市入世和国际资本流动的大好时机，努力创造条件，大力引进外资，提高外资质量，鼓励多种形式的中外合资，并与产业结构调整、市有企业改革、西部大开发等紧密结合起来。特别要继续鼓励跨市公司在我市建立研究开发中心和关键零部件生产基地，提升我市在世界电子信息制造业中的地位。

以中关村科技园为核心，环五环进行产业总体布局，通过大力营造环五环的硬件、软件环境，为投资者提供世界一流的配套服务环境和产业发展环境，形成三个方面较为完善的配套能力：一是基础设施的配套能力、企业配套生产的支撑能力，二是创业环境配套能力，三是生活、文化、娱乐设施配套能力。重点发展数字高清晰度电视产业、通信产业、IC卡及电子识别产业、数码影像产业、计算机及网络产业和汽车电子产业。

进一步加大对国际市场特别是中东欧、南美、非洲等新市场的研究和开拓力度，组织企业出市举办或参加市际展览，并推动有条件的企业“走出去”，鼓励企业提高配套能力，通过整机出口带动元器件出口；健全企业出口与境外投资的服务体系。引导企业外向竞争有序展开；落实有关出口的优惠政策特别是出口退税政策，为企业出口创造良好的环境。

电子信息产业除了在电子产品研发、

整机产品制造、关键电子元器件配套、关键电子专用设备制造、关键电子原材料产业方面基本形成相对完善和重点突出的产业链外，还要重点发展若干市场容量大、技术含量高、带动性明显、具有战略性重点电子产品产业链的成型。推动第三代数字移动通讯系统及终端产业链、信息网络产业链、集成电路产业链、高清晰度数字电视产业链、薄膜晶体管(TFT)液晶显示器产业链等向产业的纵深领域不断发展。

(电子信息产业发展处)

【机电产业】 北京机电产业经过多年发展，已粗具规模。从事机电类产业人员达18.4万人，企业800余家。2003年实现工业总产值(现价)461亿元，占全市工业总产值的12.4%，比2002年增长23.9%；实现销售收入467亿元，占全市工业销售收入的12.5%，比2002年增长24.7%；实现增加值127.1亿元，占全市工业增加值的12.5%，比2002年增长10.9%；实现利税50亿元，同比增长22.5%。

北京机电产业主要发展领域：优先发展数控机床及加工中心、印刷机械、环保设备等，保持相关产品在国内领先地位；重点发展工程机械、电站及输变电设备等产业以及科学仪表及自控系统设备等；积极发展激光加工、机器人以及专用电子装备等，同步跟进世界先进水平。

——机床产业　北京第一机床厂，名列国内铣床行业第一名，近年连续两次评为国内机床行业销售产值、数控机床产值双十佳企业。“北一牌”铣床是国内知名品牌，其中数控龙门镗铣床和升降台铣床，综合技术水平全国最高，几乎独占国内市场。北京阿奇夏米尔工业电子有限公司是由北京实创数控精密机械公司和瑞士阿奇机械产业有限公司合资兴建的高新技术企业，也是控股方瑞士阿奇夏米尔集团在亚洲唯一的研发和生产基地。主要生产CNC低速走丝切割机等中、高档数控电加工机床，是国内电火花加工机床技术的领先者，产品分为4大系列：高精度低速走丝线切割机、数控精密电火花成形机、数控高速走丝电火花线切割机和数控电火花穿孔机，出口量占全部销售量的52.5%，其中60%销往欧美发达国家。

——工程机械　北京工程机械产业具有良好的基础，多年来引进日本、英国、美国、意大利、西班牙等国先进技术，经过消化吸收改造，在工程起重机、工程矿用自卸汽车、公路清障救援车、高空作业平台、专用改装车系列等主导产品上，在国内具有较强的优势，“北起”、“中环”等商标在国内享有较高的声誉，其中“北起牌QY系列起重机”是北京市名牌产品，国内市场占有率达20%，产销量居全国前三名。

——印刷机械　北人印刷机集团，是我国印刷机行业中规模大、品种多、市场占有率最高的龙头企业，技术开发能力强。“北人牌胶印机”是北京市著名商标，拥有较高的商誉价值。通过改制，成为控股公司系统内第一家上市公司，资金实力雄厚，具有较强的发展潜力。

——电站及输变电设备　北京汽轮电机有限公司和北京巴布科克·威尔科克斯有限公司(巴·威公司)的发电机和锅炉，2003年销售收入分别为6.53亿元和8.08亿元，居哈尔滨、上海和四川东方之后，均居全国第四位。北开股份有限公司，与ABB合资成立了北京ABB高压开关设备有限公司，与日本日新成立了北开日新公司，使开关产品生产能力大幅度提高，2003年销售收入达4.1亿元，雄居国内行业之首。

——智能仪表与自控系统　自动化控制系统和仪表、科学仪器、电力控制三大领域的技术与产品比较有优势。工业自动化控制领域(C)中的集散控制系统,总体技术水平国际领先,占国内大型火力发电厂市场40%的份额,排名第一。现场仪表差压压力变送器,总体技术水平国际领先,占同类产品国内市场近30%的份额,排名第一。科学仪器领域(I)中的大地测量仪器,色谱、光谱、红外分析仪器,真空获得和应用设备,总体技术水平均为国内领先,分别占市场20%~35%的份额,排名一、二名,环保监控领域中(大气与水质)监控和处理系统,光电子领域中光引擎和数字影视产品,总体技术水平居国际或国内领先,市场占有率国内前两名。电力控制领域(E)中的变频传动系统,技术水平国际领先,占国内市场20%的份额,排名第一。智能配电装置,技术国内领先,国内市场占有率排名第二。太阳能发电转换装置和系统,技术水平国际先进,批量产能国内第一。

——数码影像及办公设备　北京市照相机总厂以生产照相机为主,同时生产照相器材、缩微仪器、光学仪器、科学仪器等。同日本奥林巴斯公司、香港宝源公司合资创建了三个照相机生产基地,其中包括一个生产中、高档数码照相机的生产基地。北京拥有联想、方正、紫光、京东方四大国产品牌数码相机。

——其他行业　清华同方威视技术股份有限公司以清华大学为依托,运用X射线扫描探测技术,开发制造多种大型集装箱/车辆检查系统及货物行包检查系统。产品技术具国际领先地位。2003年天海公司销售收入3.5亿元,主导产品高压无缝气瓶国内市场占有率59%,出口额占全国200家气瓶生产企业出口总额的45%,产量占全国同类产品产量的60%以上。毕捷电机股份公司生产的BJ牌电机是北京市传统名牌产品,2003年销售收入2.96亿元,在全国电机行业中具有较强的竞争实力和发展潜力。华德液压公司是液压气动密封行业的重点骨干企业,其主导产品液压阀、液压泵及液压成套设备,引进德国力士乐公司技术,在国内产品中居领先地位,细分市场分列第一、第二名。"华德"品牌的信誉和知名度,用户认可度与日俱增,2003年销售收入2.03亿元,大行业排名第四位。

——招商引资　京仪控股公司坚持大办合资、办大合资、办好合资的思路,扩大对外合作,取得了显著成效。开办了二十多家合资企业,其中与ABB公司、爱默生公司、奥林巴斯公司、德国CK公司等国际名牌公司,开办了近十家生产名牌产品的合资公司,提升了本系统产业结构。开办的合资企业中有一批产品经营规模较大、面向国内外两个市场的企业,其中超过10亿元的一家,3~5亿元的两家,1~2亿元的五家,到2003年末合资企业营销规模达到25亿元以上,拉动了全系统经济持续快速增长。　(机电产业发展处)

【生物工程与医药产业】　是年,全市规模以上生物工程与医药生产企业共204户,从业人员42665名,工业总产值(现价)145.5亿元,同比增长15.2%;工业增加值71.9亿元,销售收入133.8亿元,实现利润20.8亿元,同比增长分别为21.7%、8.8%和10.0%。生物工程与医药产业对全市工业的贡献率为11.7%。

全年全市生物工程与医药产业竣工投产的项目共7项,总投资7.5亿元。重点实施的项目共22项,总投资26.6亿元,可实现销售收入54.1亿元,利润6.7亿元,税金2.96亿元,出口创汇2400万美元。包含同仁堂的现代化加工出口基地项目、双鹤药业的塑料袋大输液基地项目等。

产业结构日益清晰。形成了化学药、中成药、医疗器械三足鼎立、生物医药快速发展的产业格局。化学药占总医药工业现价产值的比重为24.2%,中成药为21.7%,医疗器械为30.0%,生物制药为11.5%。

年内,北京医药集团加大企业重组力度,积极贯彻执行集团"二五五零"战略目标,万辉药业与双鹤药业正式实施了重组,新组建的万辉双鹤药业有限公司已设立完毕;赛科药业在企业改制的基础上,对原料药生产进行了重组改制,引入民营机制,与浙江新和诚公司合资共同组建了新的原料药公司;紫竹药业债转股后,调整了股权结构。

同仁堂集团理顺企业机制,深化改革。构建了以资产为纽带的新的企业发展框架:即以国有的集团公司母体为核心,按资产关系形成两条发展主线:一是以集团公司控股的同仁堂和记医药投资公司为依托的发展线,二是集团公司母体所属的八大公司为经营实体的发展线。结合企业自身特点,提出并正在逐步落实制药工业、零售商业、医疗服务业三大产业的发展规划设想,配套实施了"一零三二"工程,总投资额22亿元,共实施项目17个,为将同仁堂建设成为"以现代中药为核心,发展生命健康产业,成为国际驰名的现代中药集团"奠定了基础。

北京医药集团与军事医学科学院药物毒物研究所共同出资组建了北京创新药物研究及产业化基地——药物分子设计平台,实现了企业与研发结构的有机结合,构筑了以企业为主体的新型药物创新体系;中国医药研究开发中心有限公司依托企业优势,打造国家级现代新药制剂研发平台与工程技术转化平台。同仁堂与中国中医研究院合作成立"中研同仁堂医药研发公司",建立国家级北方复方药研发基地的项目已经启动。

北京医药股份有限公司与当今世界物流业居领先地位的西门子德马泰克公司合作,引进西门子德马泰克先进技术和设备,与北药股份自主开发的仓库管理系统(WMS)成功对接,建立全国医药流通行业中首家现代医药物流配送中心,正式投入使用。

产业布局基本形成了以中关村生命科学园为创新研发基地、以北京经济技术开发区和北京生物工程与医药产业基地(大兴工业开发区)为产业化基地的南北两翼、协同发展的格局。北部创新基地——中关村生命园的建设取得重大进展。一期高科技专业园区已建设完毕,其重点项目北京生命科学研究所、北京国家生物芯片工程研究中心均已建设完成,由生命园公司开发的拥有5万平方米GMP条件的北京生物医药孵化基地大厦已建成并投入使用,由军事医学科学院主持的世界蛋白质组学研究中心、江中制药集团、诺和诺德(中国)研发中心等机构和企业年底入驻了生命科学园。二期国际生命医疗园的建设于2003年10月正式启动。

北京经济技术开发区生物工程与医药产业发展迅速,有生物工程与医药企业85家,其中外资企业37家,吸引了拜耳、第一制药、安万特等国际著名制药企业和GE航卫、岛津医疗等医疗器械企业。2003年实现工业产值55.4亿元,销售收入53亿元,利润约4亿元。随着国家人类基因组北方研究中心(诺赛基因)、国家“863”生物领域病毒基因载体研究基地(本元正阳)等一批国家级研发中心和技术平台以及中华老字号同仁堂集团现代化中药生产基地的建设,北京经济技术开发区的化学药、医疗器械、中药与天然药物、生物技术产业规模迅速壮大。

北京生物工程与医药产业基地一期规划8.88平方公里,以“高起点规划与定位,高标准设计与建设,高水平谋划与运作,高效率管理与服务”为总体原则,以产业配套和技术创新能力建设为核心,以高水平的软硬件环境和服务设施为保障,建设集研发、企业孵化、生产制造功能为一体的现代化生物工程与医药产业基地为总体目标,开展了基地选址、规划、设计招标、基础设施建设及招商等大量工作。全年共投资4亿元,完成了起步区2.33平方公里的基础设施建设,实现“八通一平”,为企业入区提供了开工条件。

在4至5月份全市抗击非典的战役中,生物医药行业恪尽职守、不辱使命,确保了全市重要防治非典物资供应不断档,为首都抗击非典提供了物资保障。

(生物工程和医药产业发展处)

【汽车工业】 年底,北京汽车工业企业达到280余家。其中有整车生产资质的企业10家,有改装车资质企业44家,零部件及配套企业220多家。全行业职工6万多人,其中工程技术人员6300多人。行业总资产252亿元,其中固定资产净值88亿元。全行业整车生产能力45万辆。

全年共生产整车、改装车356872辆,同比增长86.62%;销售汽车345605辆,同比增长80.89%;汽车销售收入2936546.2万元;完成零部件销售收入219957.4万元。其中北京现代汽车有限公司生产汽车5.5万辆,销售52128辆,销售收入87.7亿元。北汽福田汽车股份有限公司生产汽车250110辆,销售242263辆,同比增长63.8%;销售收入138.7亿元,同比增长83.19%。北京吉普汽车有限公司生产汽车19720辆,销售20020辆,同比增长122.1%;销售收入34.28亿元,同比增长169.57%;北京汽车制造厂有限公司生产汽车20800辆,销售20673辆,同比增长36.2%,销售收入13亿元。

北京现代汽车有限公司(以下简称北京现代)生产的索纳塔轿车在2003年批量生产、上市销售,行销全国,结束了北京不生产轿车的历史,成为北京经济增长的亮点。新车型伊兰特下线,为企业的持续发展奠定了基础。北京现代已位居全国轿车生产企业第十名。

北汽福田汽车股份有限公司(以下简称北汽福田)积极扩大商用车生产,汽车产销量超过25万辆,按汽车生产企业排序名列全国第五位。其新开发的欧曼重型载重车生产近1.48万辆,跃居同类产品的第四位,建成了具有6~10万辆中重型车生产能力的商用车基地,轻型载货车连续五年保持全国第一位。

北京吉普汽车有限公司(以下简称北京吉普)积极推进产品结构调整,结束了连续60个月的亏损局面。推出了新车型三菱帕杰罗和JEEP2500,受到市场青睐,占据了SUV的高端市场,同时完成欧蓝德项目的引进、试验、工厂改造和投产准备工作。

北京汽车制造厂有限公司(以下简称北汽有限)继续保持低端越野车市场主导地位,汽车产销量进一步增长。新开发的陆霸车顺利进入市场,并取得良好效益。

北京汽车产业坚持对外开放的方针,

积极扩大与国际著名汽车集团的合作，广泛利用世界优秀企业的资源，全面提升北京汽车工业的水平。北汽控股公司签署了与戴克集团的战略合作框架协议，双方决定对吉普公司进行重组，共同增加投资，生产奔驰轿车；北汽福田与奔驰公司合资生产中重型载货车。轿车、商用车的项目建议书均已上报国家发展改革委员会。

北京汽车产业对产业结构、产品结构、资产结构、生产布局的全面整合与战略重组，形成了三大板块的格局。北京现代通过资产重组，启动存量资产，形成了轿车板块；北汽福田通过国企改革和低成本扩张，形成了商用车板块；北京吉普通过扩大开放和内部调整重组，形成了越野车板块。三大板块的发展支撑了北京汽车的高速增长，显现出整体优势。

全系统共完成固定资产投资31.5亿元，比上年同期增长330%，创历史最高水平，是历史上投资最多的“八五”期间的136%。

北京现代公司完成了一期5万辆的技术改造项目，四大工艺全面投产。索纳塔国产化率达到了72%，利润率、资产回报率、全员劳产率等经营指标均在轿车生产企业中名列前茅。索纳塔轿车在国产中高档轿车市场占有率突破10%；伊兰特轿车、环保发动机、研发中心等二期15万辆技术改造项目正在实施，其中伊兰特轿车于年底投放市场。北汽福田实施战略调整，强化综合实力和核心竞争力，已经进入全国工业100强，北京吉普积极实施“一年一个新产品”战略，构建了豪华、高、中、经济型的SUV产品系列。北汽有限公司完成新厂区建设。

北京汽车坚持“有所为有所不为、有进有退”的方针，打破原有格局，对北京汽车工业重新洗牌，对原有整车与零部件核心企业搬迁调整和资产重组，北汽摩公司、轻汽公司等大型企业相继退出汽车制造业，为北京汽车工业新的发展创造空间。北汽摩公司光华路厂区已经搬迁完毕，完成向中央电视台的土地移交。散热器厂区的搬迁和密云新厂区的建设正在进行。北轻汽公司西厂区的主要部分已经搬迁，分流安置职工2000余人，通过股权转让，引进中机电公司8000万元投资。另外对北旅公司进行了调整重组。

北内集团公司完成了双井厂区大部分区域的搬迁工作，经过调整和重组，形成了南四环和通州两个厂区、唐山和平谷两个基地的生产经营格局，完成了发动机、凸轮轴、设备工具和机械制造等有限公司的改制工作。

北齿总厂完成双井厂区的搬迁工作，将土地全部移交给乙方，并与北方车辆集团组建了生产重型变速器的有限公司。

吉普公司制定了工厂搬迁方案，与北京经济技术开发区签署了新厂区建设土地使用合同，开始新厂区建设和奔驰项目的前期工作。

润宇、蒙诺等控股公司三产企业的重组和搬迁工作都在推进。

受汽车“三大板块”发展的拉动，零部件企业配套和出口量增加，汽车贸易及售后服务业蓬勃兴起，北京汽车的产业链加长。随着北京现代汽车的建设，大约有50多家中外企业在北京建厂，基本形成了北京现代汽车的配套体系。北京现代配套率已达50%，配套额近30亿元。对北京吉普、北汽福田和北汽有限的供货也有较大的增加。据21家主要零部件企业统计，为整车配套的总产值增长35.87%。全部零部件产值达54亿元。汽车销售和维修也发展迅速,北汽控股公司和北京汽修公司销售和维修的收入达到76亿元。

汽车及汽车零部件生产基地建设进展迅速,有62家企业在市级开发区落户,总投资达98.8亿元,已有25家建厂完毕,在新厂区开工生产。北京汽车城专门成立投资开发管理公司,完成了详规批复,基础建设全面启动。全年投资达1.5亿元,完成1平方公里土地的"八通一平"市政建设。全年汽车维修业完成营销收入55.6亿元,同比增长40.9%,其汽车维修、销售、检测等门类同比增长在30%以上。

年内,客车总公司改制为京华客车股份有限责任公司。与常州依维柯客车达成框架合作协议,投资130万元,委托国外专家研发的空调系列公交客车完成样车试制,发挥产、学、研一体化的科技平台,全年共研发23种车型。2003年,北京汽车工业各项经济指标均达到历史最好水平。北京汽车行业对市工业增长的贡献率已接近50%,居工业企业首位。

(汽车及交通设备产业发展处)

【都市工业】 所谓"都市工业"是"指适应大都市可持续发展要求,能充分利用大都市的生产要素,可提供就业机会,满足都市特有的市场需求、居民消费升级需要和环境要求的工业。""都市工业"以大都市独特的信息流、人才流、资金流和现代物流等资源为依托,以产品设计、技术开发、轻型加工制造和技术服务为主体,与城市功能、环境相协调,是具有"三低"特点的劳动密集型或技术密集型产业,是适应大都市可持续发展的环境友好型工业。能够发挥对高新技术产业和现代制造业产业的互补作用,是大工业体系合理层次结构的有机组成;能够催化存量资本的再生,有利于实现工业的合理布局和产业升级;有助于发挥中小企业作为经济发展中活跃因素的优势,增强城市经济活力和技术创新能力;可以增加就业岗位,增加经济总量,稳定都市社会安全;能够满足城市居民日益增长的物质文化生活水平;能够为城市运营服务提供广阔的配套空间等。

根据首都经济发展的要求以及都市工业的特点,北京都市工业包括:食品饮料、服装纺织、包装印刷、工艺美术、家具家装、洗涤化妆、文体用品、塑料制品以及家电照明等符合都市工业特征的产业。

截止到2003年12月31日,北京都市工业中主要行业共有企业1580户,占全市规模以上独立核算工业企业的37.6%,北京都市工业中主要行业从业人数为31万人,占全市规模以上独立核算工业企业的31%。北京都市工业中主要行业销售收入为548.1亿元,占全市规模以上独立核算工业企业的14.7%。其中,北京食品饮料业的销售收入为244.3亿元,占全市工业的6.5%;服装纺织业的销售收入为110.3亿元,占全市工业的2.9%;包装印刷业的销售收入为81.5亿元,占全市工业的3%。

都市工业发展思路逐步清晰,布局和结构在调整中进一步优化,形成相对聚集的产业基地。发展都市产业已成为郊区县城镇化建设的重要途径,而且成为北京工业不断增长的重要支撑。

(都市产业发展处)

【基础产业】 年内,全市基础产业产值快速增长,完成工业总产值1191亿元,同比增长19.4%。冶金产业实现工业总产值(现价)404.65亿元,比2002年增长26.7%,其中,黑色金属冶炼及压延加工业实现工业总产值(现价)377.2亿元,比

2002年增长26.2%；石油化工产业实现工业总产值469.95亿元，比2002年增长19.7%，其中，化学原料和化学制品制造业实现工业总产值240.78亿元，比2002年增长18.7%；建材产业实现工业总产值130.02亿元，比2002年增长10.3%。

主要行业经济效益指标大幅度提高，呈现出近年来少有的增长势头，其中，化学原料及化学制品制造业实现利润14.6亿元，比2002年增长447%；黑色金属冶炼及压延加工业实现利润4.4亿元，比2002年增长35%；非金属矿物制品业实现利润6.16亿元，比2002年增长26.8%。

基础产业主要产品产量总体上稳中有升。成品钢材产量784.6万吨，比2002年增长4.6%；原油加工量701万吨，比2002年增长0.8%；乙烯产量88.8万吨，比2002年下降1.8%；水泥产量882万吨，与2002年基本持平；平板玻璃产量666万重量箱，比2002年增长6.5%。

基础产业一批重点项目顺利实施。其中，石油化工产业主要有：北京化工厂搬迁改造发展荧光材料、精细化工和化学试剂三大系列产品项目，中国石油化工股份有限公司北京燕山分公司的第一聚丙烯装置改造项目、异丙苯酚丙酮改造项目。冶金产业主要有：北京首钢嘉华建材有限公司的60万吨矿渣综合利用项目，北京首钢富路仕彩涂板有限公司增资项目，北京首嘉钢结构有限公司的新型钢结构项目。建材产业主要有：北新建材（集团）有限公司的塑钢门窗、建筑乳胶涂料技改工程、北京金隅集团现代建材公司加气混凝土生产线技改项目。

基础产业结构调整取得了较大进展。首钢实施压产、环保治理和结构调整，积极推进以冷轧项目为主的钢铁业结构调整，彩涂板生产线一次热试成功，特钢板材深加工项目开始建设，20亿元可转换债券成功发行。北京化工集团的精细化工基地建设进展顺利，大型搪瓷玻璃项目、“两胶一银”（502胶、感光胶、硝酸银）搬迁项目基本完成，年产聚乙烯管材25000吨项目正式签约。北新建材与日本新日铁、丰田、三菱共同投资2亿元人民币成立合资公司，开发、生产薄板钢骨架体系房屋。

（基础产业发展处）

【行业管理】 年内，市经委的工作按照市委市政府“一手抓抗击非典型性肺炎，一手抓经济建设”的要求，紧紧围绕工业经济的中心工作，从贯彻国家相关行业政策，进行工业产业促进入手，制定了相关行业的法规和规划及行业标准，培育和发展行业协会组织，把用政策调控行业运行、扩大经济总量作为工作的主线，稳步向政府行政管理的规范化目标迈进。

市经委上半年完成四个市政府专家课题，分别是服装纺织行业《建立服装孵化中心，推动服装产业发展的战略研究》、食品饮料《振兴北京食品工业实施方案》、电子信息《整机与器件相结合的模式研究及解决脱节问题的对策研究》和都市工业《北京都市工业发展战略研究》四个行业的课题报告。其中，有的专家课题报告得到了市领导的肯定并做出专门批示。

市经委在2002年市政府专家课题《北京食品发展研究报告》的基础上，组织有关专家提炼、编定了《北京食品工业实施跨越式发展纲要》（草案）。制定了到2010年北京食品工业发展思路和具体发展目标，提出了北京食品工业发展的重点领域、具体措施。在2002年服装纺织行业政府专家顾问课题《建设北京国际时装中心，推动都市服装产业发展的研究》基础上,修改完成了《促进北京服装产业发展规划方案》。在国家制定的《工艺美术保护条例》基础上,市经委根据北京市的实际情况制定了《北京市传统工艺美术保护办法》,并配套制定了工艺美术行业规划纲要。为配合清洁生产法的宣传,加强对电镀行业的管理,出台了《关于加强北京电镀行业管理的若干意见》,并在昌平区政府的大力支持下,组织协调昌平电镀园区顺利开园。

根据《国家中药生产项目管理办法》,组织北京同仁堂天然药物有限公司等企业进行“北京柴胡道地药材规范化生产技术研究”等三个申报项目享受国家关于中药材行业的优惠政策。根据国家对符合条件的铸锻造企业实行增值税先征后返的政策,积极推荐、审核北京市符合条件的铸锻造企业,使北京北瀛铸造有限责任公司等三家企业有资格享受从2003年1月1日至2005年12月31日期间增值税先征后返35%的优惠政策,市经委会同市财政局等部门检查了北京市药品储备基本情况,并会同市卫生局、市药监局等部门修改了医药储备目录,制定了医药储备的管理程序。在非典型性肺炎疫情出现、物资保障组尚未成立时,市经委启动储备系统,确保储备管理资金到位,检查储备药品的情况,提供药品采购的渠道,积极联系和指导承担市医药储备任务的北京医药股份公司开展抗击非典,确保紧缺药品和器械的供应。贯彻国家摩托车生产的产业政策,并组织地方行业主管部门进行宣传和培训。在贯彻落实《关于办理车辆企业更名迁址有关事项的通知》和《关于迁址车辆企业生产条件考核程序和标准的通知》两个文件中,明确了汽车生产企业更名和迁址的审核条件。共为北京市天坛汽车厂等四家企业出具了行业审查意见。农药生产严格执行国家准入制度,市经委研究制定了农药生产批准证书初审工作程序和标准。使农药生产企业的管理更加制度化和规范化,以社团年检为契机,继续加强对工业领域协会的管理工作。行业协会设置更加合理化,人员配置更加年轻化,内部管理更加规范化。

北京汽车行业协会为让更多符合条件的零部件企业能够早日为北京现代汽车配套,专门组团考察韩国的零部件企业,并向市委市政府提出建议。北京医药行业协会积极反映北京医药生产企业对医药招标采购的意见,开展医药行业统计工作以及甘草麻黄草的经营管理工作。北京服装纺织行业协会积极协助市经委推进北京国际服装名城建设工作。

在北京汽车行业协会的协助下,联合市质量技术监督局筹备组建北京汽车专业技术标准化委员会,具体指导北京汽车行业的标准化管理工作,推动北京汽车企业加快向标准竞争领域迈进。

(都市产业发展处)

【法制建设】 是年,法制工作围绕经济建设中心,推进机关依法行政,加强工业法制建设。

与市人大、市法制办配合,完成了《北京市预防和查处窃电行为条例》的草拟工作,该条例于2003年7月18日经市十二届人大常委会五次会议通过,为维护供用电秩序、预防和查处窃电行为确定了明确的操作规范。进行《北京市安全生产条例》的草拟工作,在前期调研的基础上,对草案进行了反复研究和修订。对《北京市〈清洁生产法〉实施办法》、《北京市电力建设办法》的起草调研工作开始启动。

全年共对37项规范性文件进行了合

法性审查，组织了机关行政执法人员的执法业务培训和考试，换发了电力、煤炭、节能、监控化学品等专业执法人员的《行政执法证》。结合全市电力设施安全大检查，组织了全市电力行政执法人员的专项培训，行政执法人员的持证上岗率保持在100%。进一步建立健全了行政执法监督制度。

按照市政府的统一要求，经过与有关方面的反复协调、充分论证，提出了(市经委)行政审批项目的精简方案，2003年4月3日经市政府批准取消了出口罐头代号质保体系审查和限额以下黄金矿产开采、生产、技术改造、科研及1000万元以下技术改造项目三项审批事项。

修订和完善了行政复议、诉讼工作制度。全年办理复议案件一件；代理诉讼案件5件，全部胜诉。对部分企业间的经济纠纷进行了协调，对在京注册的800余名执业企业法律顾问进行了年度业务培训。

(综合处)

【引智与培训】 根据中共北京市委组织部、北京市经济委员会《"十五"期间北京市企业经营管理人员培训实施意见》和《北京市"十五"期间继续举办和规范工商管理培训的实施意见》要求，2003年全市共培训企业经营管理人员3180人，其中高级管理人员880人，中级管理人员520人。为适应国内外经济发展的需要，确保教学质量，整合教育资源，在对全市工商管理培训资格院校进行质量评估的基础上，将原62所资格院校重新调整确认资格院校31所，其中初级10所，中级15所，高级6所。

继续开展企业经营管理人员在职攻读工商管理硕士学位(MBA)的推荐工作，共推荐全市工商企业和经济管理部门的中高层管理人员438人报考。选派40余名国有大中型企业和其他各类所有制企业中的优秀管理人员出国学习先进管理知识，参加对口培训和实地考察。

北京市工业企业有近10万人经过各种形式的岗位培训和职业资格培训，取得国家职业资格证书，提高了劳动技能。由市经委主办的"北京市工业系统第十届工人技术比赛"，历时两年，共设立比赛工种49个，其中通用性较强、覆盖面广或有全国性比赛项目的为市级一类工种，共17个；专业性较强的行业主导工种为市级二类工种，共32个。全市近千家企业的30万名职工参加了基层的培训、考核及选拔。参加市级一类工种决赛的单位有25个总公司、(集团)公司，参赛选手近4000名。106人被授予"北京市工人高级技术能手"称号，101人被授予"北京市高级操作技术能手"称号，4人被授予"北京市青年技术能手"称号，100人被授予"北京市工业系统工人技术能手"称号，81人被授予"北京市工业系统操作技术能手"称号，10人被授予"北京市工业系统青年技术能手"称号。并评选出优秀组织单位16个，优秀工作人员38名，优秀教练员21名。为96名获得技术能手称号的选手办理高级工证书，并对取得各工种比赛前三名选手的农民工办理了农转非。

全年共有29个企业申报引进国外专家项目48个，确定3个重点引智项目，分别是七星华电科技集团公司的聚合物电池设备研制，北汽福田的发动机附件的优化设计，首钢总公司的钢铁企业污水处理厂淤泥的回收利用。

为全面开展引智管理工作，为企业提供全方位的服务，成立了"北京工业国际智力交流协会"。在工业系统各单位的积极配合下，"北京工业国际智力交流"网站正

式运行,半年中共有3000多人次登录网站。（综合处）

【信息化建设】 是年,市经委、市科委和信息办制定了《关于推进北京工业企业信息化建设的指导意见》,引导企业进行信息化建设。对重点四大行业——汽车产业、生物工程和新医药产业、光机电一体化产业和微电子产业给予指导。针对信息化建设的现状,提出了提高对企业信息化重大意义的认识,切实加强对企业信息化工作的组织领导,推进工业控股公司应用信息化提升全面预算管理,积极建设和培育行业性信息化平台和加强企业信息化服务体系建设五项主要措施。

2003年,企业开展信息化工作的意识明显增强,以骨干企业为依托,整合资源,培育具有行业特点的企业信息化应用平台。发挥集团公司优势,带动其下属企业及其周边企业实施信息化建设。在企业改制、资产重组中推进信息化,在企业搬迁、新址规划中统筹信息化,在技术改造、新上项目中提升信息化,在企业管理、流程再造中运用信息化。通州区北京通力环电气股份有限公司ERP系统的电子商务系统,密云县北京青岛啤酒三环有限公司的MRP-Ⅱ管理系统,朝阳区北京英超天銮服装研发设计中心的服装研发设计网络平台建设,怀柔区经委推荐的北京大地燃气工程有限责任公司的电视监控、电子巡更、周界防范系统等,均体现了区县在企业信息化建设中的作用。（综合处）

【抗击非典型性肺炎】 在市委市政府的正确领导和果断指挥下,工业战线广大党员和干部关键时刻冲在前,危急时刻抢在前,困难时候干在前,团结带领全体职工迎难而上,万众一心,对非典展开了一场艰难、坚韧、顽强的阻击战,全面完成了防控非典、物资保供和经济发展各项任务。

——沉着应对,构筑保护职工群众身体健康和生命安全的坚固屏障。工业系统企业面广人多,现代化的生产方式和铁路、电力等重点企业的特殊性质,又决定了企业生产一刻不能停,工作一刻不能断,大大增加了工业系统非典防控工作的难度。面对复杂情况和艰难局面,工业系统广大干部职工没有畏难不前,没有惊慌失措,直面危机,迅速采取严密措施,严防死守,确保防控非典的各项应急措施和预防措施落实到位,坚决切断非典传染的途径,保证了工业系统没有出现一个传染链条,在岗职工没有一个人在工作岗位上感染非典;除一个企业因出现其他传染病例采取特殊防控措施外,没有一个企业停工停产。

——全力以赴,建立保障全市防治非典重要物资供应的绿色通道。在抗击非典的生死决战中,市委工业工委、市经委会同市卫生局、药监局迅速成立市物资保障组办公室,快速反应,高效协调,在全市防治非典物资保障工作中发挥了主力军作用,出色完成了市联合工作小组交给的确保“防非物资”供应的艰巨任务。两个多月的时间,物资保障组共向社会定向供应各类口罩1084.9万只,防护服82.4万套,防护手套278万只,鞋套60万只,过氧乙酸296.9吨,次氯酸钠2308吨,消毒液642.2万瓶,体温计112万支,中药姜八味865.4万副,胸腺肽、甲强龙等药品26.2万支(粒),急救车76辆,X光机81台,呼吸机758台,监护仪602台,输液泵320台,注射泵274台,紫外线灯4410支,各种散用医疗器械1.4万台(套)等。

——临危受命,圆满完成小汤山治疗非典医院建设物资保障任务。在兴建小汤山医院的七昼夜，两委机关干部组成的筹备组药械组和有关工业企业的干部职工日夜奋战在工地上，与病魔抢时间，与疫情争速度，一方面快速协调保障医院建设所需的各项设备和物资，共为医院供应各种物资141种，总价值1400万元；另一方面紧急组织安装设施，古桥电器公司组织90人的安装队仅用两天时间安装了230台空调，化工集团组织170余人全力抢装供氧装置；万东医疗公司服务人员连续奋战75小时完成了X射线机的安装调试任务，为医院按时投入使用做出贡献。

——决战疫魔，千名医护人员勇赴抗击非典最前线。工业系统所属医院先后有2000多名医生和护士义无反顾地奔赴医疗救治一线，支援非典定点医院。其中首钢医院、电力医院、京煤总医院、化工职防院、燕化医院、北京铁路分局中心医院等在做好发热病人接诊、参加地区非典防控和诊断工作的同时，先后支援了佑安、地坛、胸科、402、宣武和长辛店等非典定点医院，承接了重点病区的医疗救治工作，受到定点医院的好评。石龙医院被征用为治疗非典定点医院后，京煤集团公司仅用一天半的时间就将住院治疗的425位矽肺病人全部转移，并紧急组织1500余人日夜施工，仅用三天两夜就完成了平常需20天才能完成的改造任务。各工业控股公司所属颐泉山庄、芙蓉宾馆、通华苑饭店、天鑫宾馆、福泰旅店等圆满完成了一线医院人员疗养休整的接待服务任务。

——心系一线，百万产业职工踊跃捐赠献真情。工业系统广大干部职工为了表达对一线医护人员的崇高敬意，广泛开展了向抗非典一线捐助活动，积极支援全市抗击非典斗争。据不完全统计，工业系统累计向抗击非典一线捐款、捐物4378.48万元，其中捐款2919.97万元，捐物折合人民币1458.51万元。首钢总公司在今年压缩200万吨钢生产能力的严峻挑战面前，捐款1223万元(其中职工捐款180万元)；燕化公司提出国难当头，匹夫有责，积极捐款500万元；汽车工业控股公司捐赠价值511万元的各种车辆，并组织全系统职工捐款102.88万元；普天首信集团向一线医护人员捐赠价值310万元的首信手机1200部；华北电力集团则将建设小汤山医院的全部投资157.8万元无偿捐助。

——把握全局，坚持发展不动摇。严峻的非典疫情不可避免地影响了工业企业的正常生产经营秩序，两委及工业企业没有被动消极地等待，而是主动出击，迎难而上，在坚决落实各项防控措施的同时，坚持做到了“队伍不乱、人心不散、士气不减、工作不断、生产不停”，并且积极采取应对措施克服非典造成的不利影响和困难，努力争取“业务不断、市场不丢、产值不少、任务不减、指标不变”，把非典造成的损失夺回来，保持了上半年工业经济继续增长态势。上半年全市工业规模以上企业累计完成增加值444.5亿元，同比增长12.5%；完成不变价工业总产值1643.8亿元，同比增长16%，全市工业累计完成出口交货值184.9亿元，同比增长28.4%。

——经受考验，取得党建新成果。工业系统各级党委和领导干部经过这次战斗洗礼，提高了科学判断形势的能力、驾驭复杂局面的能力、应对突发事件的能力、协调各方的能力、开拓创新能力、独挡一面的能力。各级党组织在非常时期创造性地开展工作，增强了党的威信，密切了党群、干群关系，提升了创造力、凝聚力、战斗力和控制力。通过这场抗击非典的重大斗争，考察、发现和培养了一批领导干部；锤炼了一批核心作用突出、凝聚力强的基层党组织，锻炼了一批能够团结带领职工群众打硬仗的过硬党员；扩大了一批党的积极分子，发展了一批表现突出的新党员。在防治非典型性肺炎工作中做出突出贡献的北京医药股份有限公司党委等46个先进基层党组织、陈济生等100名优秀共产党员于“七一”前夕受到表彰。

（办公室）

【编辑工作】 2003年版《北京工业年鉴》于7月出版。该年鉴68版彩图，辟有文选、汽车专载、工业大事记、工业概况、工业统计、工业部门、区县及其他工业、开发区、直属单位工业协会、重点工程、外经外贸、企业、产品、工业专利、人物、政策法规文件、附录17个栏目计100万字。该年鉴专门开辟了汽车专载，增加了2001年全国及京、津、沪、渝工业企业主要经济指标；增加了北京市工业系统中共第16次全国代表大会代表及第10届全国人大代表、第10届全国政协委员名单；增加了北京市工业系统第12届市人大代表、第10届市政协委员名单；增加了市委工业工委和市经委职责及内设机构；增加了市经委行政审批项目及程序。该书装帧精美，彩色图片简洁明快，备有检索系统和光盘。

工业系统承担的《北京志·工业卷》20部分志，在已出版《电力工业志》等14部分志的基础上，2003年又有《一轻工业志》、《二轻工业志》两部分志出版；《医药工业志》、《煤炭工业志》、《有色金属工业志》、《黑色冶金工业志》正在出版过程中；《煤炭流通志》、《印刷工业志》正在进行最后修改。

《北京工业志》的编纂又有进展，74万字的《仪器仪表志》出版。到年底《北京工业志》共出版12部。

最可喜的是一部记述北京近代工业百年发展历程的《北京工业志·综合志》于2003年11月出版。这本北京工业最新“家谱”，内容丰富，全书135万字300多张照片，收录了从1936年到2000年北京工业几十项经济指标、主要产品产量和第一个五年计划到第十个五年计划有关工业的内容；记述了从1949年到2000年北京工业发生的重要变革和重大事件，包括上千家企业、上千种产品及管理机构、人物的丰富史料。志书图文并茂，统计资料翔实准确。该书由主管经济工作的相关部门和历届北京市有关领导、专家、企业负责人参与编纂，历时4年完成，是研究和记录北京经济发展的最权威、最全面、最系统的资料文献。（编辑部）

【人大代表建议政协委员提案办理】 年内，市经委共办理人大建议49件，市政协提案26件，其中由市经委主办的建议和提案通过不同的方式与代表和委员取得联系，并认真征求意见。

办理好人大代表建议、政协委员提案是关系到人大代表、政协委员行使民主权利和参政议政的大事，是关系到国家制度建设的问题。市经委始终把办理好建议、提案工作当作一项十分重要的工作去抓。

市办理建议、提案工作会后，市经委及时召开“建议、提案交办会”，要求承办处室把办理过程提高到落实党的“三个代表”重要思想的高度来认识，作为转变政府工作作风，提高政府工作人员素质，为企业办实事，解决实际问题的过程。虚心诚恳认真地听取代表、委员意见，把办理建议、提案的工作提高到一个新水平。

为了做好办理建议、提案工作，市经委组织培训班，在认真总结办理建议提案经验的基础上，提出“整体提高，突出重点”的要求。整体提高是指从总体上保证办理工作质量；突出重点就是把办理工作之中的难点发掘出来，组织力量进行攻关。接到建议、提案之后，首先对建议、提案材料进行梳理，建立工作档案；其次组织有关人员进行专题研究；第三，对代表、委员所提及的问题有了一定认识后及时与代表和委员取得联系，进行沟通，听取意见，对于深入办理建议打下基础。

与代表、委员沟通要贯穿办理工作的全过程。通过办理建议、提案推动了市经委工作的开展。如 0729 号提案《关于建立中小企业服务体系的建议》内容，是我们正在进行的工作，我们一方面向代表、委员介绍工作开展情况，另一方面根据代表、委员提出的建议对工作方案进一步完善。代表、委员满意，也实实在在地促进了政府工作。市政协副秘书长曾广宇在信中写到：几年来贵委为建立我市中小企业体系做了大量工作并取得了可喜的成绩；同时对今后我市进一步推进该项工作也提出了积极可行的措施与办法。我们认为贵委对提案的办理是积极、认真和负责的。（办公室）

工业数据

2003 年北京市工业

项　　目	企业单位个数(个)	#亏损企业	工业总产值(当年价格)	工业总产值(1990 年不变价格)	工业增加值(生产法)
总　计	4019	917	38103630	37407303	10125288
在总计中:					
中央工业	421	110	10535922	8876156	2749165
地方工业	3598	807	27567709	28531147	7376123
工业系统	426	104	10037619	9564867	2406789
非工业系统	270	92	2546455	2065060	900279
区县工业	1974	392	6673037	6398070	1775948
其他工业	928	219	8310597	10503150	2293107
在总计中:					
内资企业	3059	661	22571879	17531819	6109840
国有	902	333	5126087	2841935	1597673
集体	555	84	1344859	1251817	342107
股份合作	191	29	778944	544171	147271
联营企业	45	12	179673	219426	54740
有限责任公司	655	99	7767577	6003191	2202423
股份有限公司	150	20	5828428	5136479	1359439
私营企业	556	83	1516042	1516939	403362
其他内资	5	1	30270	17861	2825
港澳台商投资企业	327	88	4186491	5386429	913948
港澳台合资经营企业	228	56	1822280	2185366	425570
港澳台合作经营企业	12	1	81828	81937	26819
港澳台商独资企业	79	27	2257518	3093850	453414
港澳台商投资股份有限公司	8	4	24866	25275	8145
外商投资企业	633	168	11345260	14489055	3101501
中外合资经营	410	102	8735375	11951684	2212780
中外合作经营	34	6	221562	234937	71092
外资(独资)企业	182	57	2134165	2133462	718438
外商投资股份有限公司	7	3	254158	168973	99191
在总计中:					
农村工业	801	107	2250863	2154485	612617
在总计中:					
国有绝对控股	1216	388	14960806	10943951	4227707
国有相对控股	146	34	5557094	8032973	1257018
在总计中:					
轻工业	1791	446	8083605	7401849	2626873
重工业	2228	471	30020025	30005454	7498416
在总计中:					
大型企业	44	2	14932403	12277677	3526489
中型企业	407	72	12571672	14768549	3609328
小型企业	3568	843	10599555	10361077	2989472

注:本资料统计范围均为全部国有及年销售收入在500万元及以上非国有工业企业。

企业主要经济指标

单位:万元

工业销售产值(当年价格)	全部从业人员年平均人数(人)	资产负债				
		流动资产合计	流动资产平均余额	长期投资	固定资产合计	固定资产原价合计
37289737	1008107	24923256	22986724	5522263	19408475	27559571
10238741	170847	5468206	5120377	1297718	6252091	9429746
27050995	837260	19455050	17866347	4224545	13156384	18129825
9939948	276675	7014918	6442251	2522436	5172075	8075386
2506569	72650	2313813	2139931	624347	3152595	3927567
6469824	331181	4255909	3929975	557277	2831972	3549438
8134654	156754	5870410	5354190	520486	1999742	2577434
22109819	777931	16460608	15286060	5155579	15534057	21906134
5045021	236725	4801736	4674373	1598758	6395635	8803903
1268335	95820	868385	815445	86867	469966	643210
755784	31255	330771	295895	14906	160406	201706
171855	13339	233636	236068	45482	170533	244296
7677282	228635	5564739	4912205	1887127	5588640	7973766
5703377	102140	3736150	3508240	1490813	2305427	3563525
1453452	67805	865010	784880	31358	422553	446866
34713	2212	60182	58955	269	20896	28861
4033364	79783	2351804	2169486	72472	805108	1041773
1779484	54079	1221467	1140628	30990	522675	698388
84498	3164	50627	46684	370	31628	39347
2144490	20763	1059840	963759	41113	214364	249571
24892	1777	19870	18416		36441	54468
11146554	150393	6110844	5531178	294212	3069311	4611664
8549256	99018	4355681	4001578	53645	1985263	3158074
218476	5860	135825	124762	3578	81258	127995
2128863	36503	1520357	1298138	35513	676602	898948
249959	9012	98981	106701	201476	326187	426647
2153889	145147	1173947	1055901	74291	807935	1016047
14774014	466682	11519652	10831400	4507545	13079587	18949741
5421677	51925	2242870	2112435	179586	1302797	2165866
7841114	371283	5874267	5507048	1353429	4292342	5884287
29448623	636824	19048989	17479675	4168834	15116133	21675284
14765989	265736	7051284	6221183	2076851	10447184	15570253
12141883	305862	9280523	8714478	2204942	4958538	6894319
10381865	436509	8591449	8051063	1240469	4002752	5094999

2003年北京市工业企

项目	资产负债				
	固定资产净值年平均余额	资产总计	流动负债合计	长期负债合计	负债合计
总计	16297629	51779832	21156386	6185473	27511740
在总计中：					
中央工业	5416025	13510203	4590745	3398486	8041933
地方工业	10881605	38269629	16565641	2786986	19469807
工业系统	4412929	15198312	6660019	1416929	8104682
非工业系统	2484043	6213091	1819896	311114	2149786
区县工业	2338224	8044848	3829765	665789	4544345
其他工业	1646409	8813378	4255961	393154	4670994
在总计中：					
内资企业	13013541	38408538	14462304	5515749	20112228
国有	5346670	12995209	4766451	3310522	8127651
集体	398853	1482413	780473	115408	914125
股份合作	130929	527968	254079	53522	310159
联营企业	156419	469218	231508	61509	293035
有限责任公司	4635488	13651896	4707080	1284816	6003764
股份有限公司	1991747	7787540	2897645	625372	3568081
私营企业	327472	1399408	745632	64134	815511
其他内资	25963	94887	79436	466	79902
港澳台商投资企业	647527	3448922	2151607	127989	2287427
港澳台合资经营企业	422203	1845114	1016649	98139	1119834
港澳台合作经营企业	26889	85419	39536	1839	41377
港澳台商独资企业	161325	1449737	1049562	25186	1077531
港澳台商投资股份有限公司	37109	68652	45860	2825	48686
外商投资企业	2636561	9922372	4542474	541735	5112085
中外合资经营	1660959	6670352	3214645	206586	3437821
中外合作经营	75120	230390	94984	3153	104638
外资(独资)企业	585520	2313081	1079103	164557	1248445
外商投资股份有限公司	314963	708550	153742	167439	321181
在总计中：					
农村工业	669602	2120921	1087713	123670	1240896
在总计中：					
国有绝对控股	11020733	29797040	10703393	4957323	15764463
国有相对控股	1116600	4084170	1659235	205300	1865117
在总计中：					
轻工业	3715702	12160078	4988797	870115	5900558
重工业	12581928	39619754	16167589	5315358	21611182
在总计中：					
大型企业	8943242	20189286	6238470	4111925	10343338
中型企业	4136728	17041459	7972475	1209880	9266614
小型企业	3217659	14549088	6945441	863668	7901788

业主要经济指标(续)

单位:万元

所有者权益	实收资本	损益及分配					
		产品销售收入	产品销售成本	产品销售费用	产品销售税金及附加	产品销售利润	利润总额
24239951	14786779	38856527	32032375	1761702	361275	4701175	2352909
5440129	2955445	11148813	9532014	329799	151350	1135650	616489
18799822	11831334	27707714	22500361	1431903	209924	3565526	1736420
7093630	4532304	9292846	7689898	362421	64894	1175632	402798
4063305	2443385	2777762	2210503	137609	60467	369183	297833
3500503	2333635	6462741	5177630	429395	59005	796711	341362
4142384	2522010	9174366	7422330	502478	25558	1224000	694428
18268168	9972547	22619485	18927189	802006	276192	2614097	1132751
4839416	2675504	5848154	5016471	114600	168195	548888	126200
568288	350477	1280024	1083433	44124	9578	142889	65653
217809	129216	752655	677961	17487	1872	55336	29986
176183	144872	201646	163885	12933	1346	23483	848
7648133	4661267	7198032	5918495	281641	41464	956432	389968
4219458	1648934	5829286	4829588	243289	46980	709429	435639
583897	350561	1464319	1194018	87536	6688	176076	83853
14985	11716	45370	43338	396	70	1566	604
1161495	976478	4581083	3896337	324545	5947	354253	191030
725281	643365	1804063	1524607	89913	2874	186669	78556
44043	29878	81990	56672	5672	133	19514	12897
372206	212946	2672409	2297388	226662	842	147517	104191
19966	90288	22621	17671	2298	2098	554	-4615
4810287	3837754	11655959	9208849	635151	79135	1732825	1029128
3232531	2444421	8653046	6872794	396869	76583	1306801	830332
125752	109067	215893	145041	32565	273	38014	20118
1064635	991290	2543783	2015626	185572	2264	340322	144626
387369	292976	243236	175389	20145	15	47688	34053
880024	583980	2111925	1754328	110949	11161	235487	113169
14004436	7713797	15201325	12756557	443461	250172	1751136	693056
2219052	1855896	5457669	4508692	168088	54095	726794	492914
6259521	4361993	7965789	5863454	792991	133724	1175621	547443
17980430	10424787	30890737	26168921	968712	227550	3525554	1805466
9817806	5217264	14976967	13098481	393518	168943	1316025	588821
7774845	4883288	13225649	10457438	775622	160216	1832374	1018596
6647300	4686227	10653912	8476456	592562	32116	1552777	745492

2003年北京市工业企业主要

项目	企业单位个数(个)	#亏损企业	工业总产值(当年价格)	工业总产值(1990年不变价格)	工业增加值(生产法)
煤炭开采和洗选业	19	1	541051	203984	134676
黑色金属矿采选业	6		47198	30137	17060
非金属矿采选业	17	4	21643	20324	6713
农副食品加工业	159	51	869264	713992	165688
食品制造业	148	55	753436	730484	253501
饮料制造业	65	19	804657	722636	297043
烟草制品业	1		136857	63983	89584
纺织业	140	35	584092	545912	156057
纺织服装、鞋、帽制造业	206	57	579038	510302	178104
皮革、毛皮、羽毛(绒)及其制品业	30	4	44988	43811	8626
木材加工及木、竹、藤、棕、草制品业	24	6	88830	81863	22234
家具制造业	76	16	170028	174654	36128
造纸及纸制品业	90	23	274769	261792	90570
印刷业和记录媒介的复制	300	73	630940	554468	278763
文教体育用品制造业	38	9	110346	90726	35010
石油加工、炼焦及核燃料加工业	34	8	2089501	682761	255246
化学原料及化学制品制造业	256	52	2701476	2330236	657833
医药制造业	147	22	1062495	1033947	458830
化学纤维制造业	4	1	10741	10458	2120
橡胶制品业	20	4	96986	112951	23429
塑料制品业	163	26	337384	361776	92870
非金属矿物制品业	298	71	1238914	1082989	417910
黑色金属冶炼及压延加工业	26	8	3761554	2136511	846820
有色金属冶炼及压延加工业	43	7	283222	266879	75444
金属制品业	261	49	723111	747284	202525
通用设备制造业	249	58	1106833	1131234	315660
专用设备制造业	210	36	1304104	1345691	428897
交通运输设备制造业	225	51	4561145	4386260	1086269
电气机械及器材制造业	230	42	1462006	1611440	473552
通信设备、计算机及其他电子设备制造业	289	73	9425776	14099573	1967613
仪器仪表及文化办公用机械制造业	155	29	845067	835101	186073
工艺品及其他制造业	49	14	72071	67404	18660
电力、热力的生产和供应业	26	10	1021537	320199	674606
燃气生产和供应业	7	2	120754	52231	105131
水的生产和供应业	8	1	221817	43312	66046

注:2003年工业数据行业名称均使用《国民经济行业分类》新标准。

经济指标(按行业大类分)

单位:万元

工业销售产值(当年价格)	全部从业人员年平均人数(人)	资产负债				
		流动资产合计	流动资产平均余额	长期投资	固定资产合计	固定资产原价合计
549107	24366	224674	198306	162777	110348	169565
44684	3226	24456	20742	301	22748	47461
21418	1491	8285	7987	2481	13221	24213
849085	28843	375752	343444	21480	256242	314046
770661	31932	459596	422096	73827	377184	546878
776505	23305	608205	525985	280626	496197	695670
129759	820	83425	76903	5160	34794	52199
529302	44344	520072	514972	89714	260590	430532
540468	70412	325474	318353	15823	157231	208559
50071	3709	36350	36143	7477	18095	20693
87487	2971	80713	70662	2617	78016	95225
164888	10803	123153	109290	3965	69736	89601
276203	11392	189015	179497	6076	123943	142220
606593	43325	461780	464267	57851	630624	885111
108566	7689	86330	87564	4906	47886	60511
2098686	12133	404805	405975	13323	516112	931623
2667822	53357	1194129	1187879	260365	1762726	3101533
1009097	34807	984135	936342	463669	514080	619616
10645	605	9511	8154	468	14115	15679
97405	4693	61290	62362	2140	75334	109206
342021	18156	268642	253415	48878	237915	338536
1206084	67034	1349306	1225215	246334	946012	1351715
3762473	74016	1885284	1533825	694228	2059594	3383643
278519	9408	244814	232178	80278	97564	74765
686654	33882	517789	479078	35616	296584	396247
1077964	49117	1299479	1232278	140568	555622	765595
1261182	47795	1628556	1486589	409584	556997	742813
4442183	90696	2193427	2009743	187746	1278224	1486388
1415710	39263	1200041	1076939	87788	425831	579358
9171816	84242	5940675	5457960	1414965	1446019	2164052
829708	27749	807805	740342	173370	249088	285055
70095	6574	59868	59206	3073	38607	53673
1015832	33894	906858	847412	319702	4227761	5545934
120700	7786	168586	199682	101441	731307	887032
220344	4272	190975	175940	103646	682131	944630

2003年北京市工业企业主要

项目	资产负债				
	固定资产净值年平均余额	资产总计	流动负债合计	长期负债合计	负债合计
煤炭开采和洗选业	92656	525531	113394	52315	165974
黑色金属矿采选业	19170	55842	26961	7249	34210
非金属矿采选业	12307	24554	7694	1251	9021
农副食品加工业	198188	680332	349682	41349	394886
食品制造业	336215	964992	391502	95474	497395
饮料制造业	473802	1506337	622262	97694	721963
烟草制品业	25870	123663	38696	4265	42961
纺织业	228181	907059	511568	86629	598832
纺织服装、鞋、帽制造业	135527	511480	314827	23166	341812
皮革、毛皮、羽毛(绒)及其制品业	13552	70847	47972	4187	52619
木材加工及木、竹、藤、棕、草制品业	62841	180549	65443	17378	82821
家具制造业	56902	204043	116437	5627	122486
造纸及纸制品业	100688	335744	191100	14200	210680
印刷业和记录媒介的复制	515821	1171481	435777	137005	579992
文教体育用品制造业	36018	144151	81373	13374	94760
石油加工、炼焦及核燃料加工业	455435	935861	328774	34162	392456
化学原料及化学制品制造业	1679426	3590750	1012232	467024	1485092
医药制造业	410032	2051576	691339	113455	806926
化学纤维制造业	12998	27773	15547	1900	17447
橡胶制品业	58559	152946	85411	26052	114221
塑料制品业	213677	588749	262033	19436	283536
非金属矿物制品业	855861	2705067	1285597	329964	1618885
黑色金属冶炼及压延加工业	1742487	4738528	1746581	635413	2381995
有色金属冶炼及压延加工业	44904	451793	166610	17321	184010
金属制品业	249475	896858	470021	47957	535929
通用设备制造业	472218	2052976	1194995	161891	1361566
专用设备制造业	491999	2680596	1265377	120105	1394691
交通运输设备制造业	852670	3761090	1996634	230127	2255314
电气机械及器材制造业	345069	1777828	872700	90168	965631
通信设备、计算机及其他电子设备制造业	1223933	8966718	4677780	250849	4935375
仪器仪表及文化、办公用机械制造业	170699	1256097	590586	64944	656523
工艺品及其他制造业	30737	108222	62768	9469	72714
电力、热力的生产和供应业	3535328	5528145	851406	2815089	3684729
燃气生产和供应业	527199	1002561	85063	18889	103952
水的生产和供应业	617189	1099091	180244	130093	310337

经济指标(按行业大类分)(续)

单位:万元

		损益及分配					
所有者权益	实收资本	产品销售收入	产品销售成本	产品销售费用	产品销售税金及附加	产品销售利润	利润总额
359558	165237	570601	483859	15077	2134	69532	43152
21632	13654	45604	32956	2340	1384	8925	727
15533	13428	21793	17920	549	262	3063	622
285445	200204	852998	738058	47417	691	66833	29265
467597	600008	772789	510855	176784	1056	84094	28395
784375	456574	762700	507397	102362	52580	100361	37172
80702	47288	130683	51392	6771	48478	24043	9054
308228	299048	631674	564919	30511	1251	34994	5268
169668	150896	536469	450808	34445	962	50253	7368
18229	16455	48430	42073	1942	69	4347	1466
97728	78185	89163	77422	4102	175	7465	1448
81558	61242	186300	152084	16916	518	16782	3861
125064	114838	268982	206487	11891	283	50322	35660
591489	406692	617892	471443	14797	3190	128462	47001
49392	43105	115266	93663	6802	257	14545	1955
543213	121779	2200078	1986600	41775	74304	97398	31576
2105659	1406056	2730450	2202375	100495	24932	402648	207656
1244650	606454	1022132	524020	235944	5961	256208	159083
10326	7540	11440	9912	152	40	1336	431
38725	27140	99149	80978	4020	1006	13144	5278
305213	264650	356487	298555	11612	997	45323	21818
1086182	916133	1189858	971950	44147	5325	168437	73372
2356533	1092949	2954314	2507831	24236	16501	405746	105492
267783	135631	277622	248527	5805	439	22851	18049
360928	297714	705163	566534	29400	2922	106308	47079
691410	645329	1134712	920262	50949	2511	160991	33937
1285905	544606	1409846	1060965	49673	5465	293743	130373
1505776	972520	4390055	3565902	145069	79932	599151	367102
812197	541061	1416730	1094510	83432	2863	235924	133448
4031343	1961812	10156934	8857157	416654	7707	875416	551180
599574	314825	857121	700600	34271	1628	120622	63923
35508	24865	80492	61823	3899	155	14615	6603
1815467	994911	1687338	1487197	6361	12957	180823	107977
898609	675456	353645	334739	127	1800	16979	17175
788755	568494	171619	150602	980	542	19495	18945

2003年北京市国有及国有

项　　目	企业单位个数(个)	#亏损企业	工业总产值(当年价格)	工业总产值(1990年不变价格)	工业增加值(生产法)
总　计	1362	422	20517900	18976924	5484725
在总计中:					
中央工业	352	97	8257304	5753863	2231363
地方工业	1010	325	12260596	13223061	3253362
在总计中:					
轻工业	573	181	2819066	2326607	1059198
重工业	789	241	17698834	16650317	4425527
在总计中:					
大型企业	35	2	10707091	6861807	2787166
中型企业	200	31	7430970	9738031	1949369
小型企业	1127	389	2379839	2377086	748189

2003年北京市国有及国有控股

项　　目	资产负债				
	固定资产净值年平均余额	资产总计	流动负债合计	长期负债合计	负债合计
总　计	12137332	33881209	12362627	5162623	17629580
在总计中:					
中央工业	5231659	12072039	3810425	3346406	7208775
地方工业	6905673	21809170	8552203	1816217	10420805
在总计中:					
轻工业	2141393	6242835	2227798	512632	2748375
重工业	9995939	27638374	10134829	4649991	14881205
在总计中:					
大型企业	8329920	17568198	4843593	3951106	8787642
中型企业	2562704	10588294	4942001	798694	5809329
小型企业	1244708	5724718	2577034	412823	3032608

控股工业企业主要经济指标

单位:万元

工业销售产值(当年价格)	全部从业人员年平均人数(人)	资产负债				
		流动资产合计	流动资产平均余额	长期投资	固定资产合计	固定资产原价合计
20195691	518607	13762521	12943835	4687131	14382384	21115608
8105046	154603	4371552	4252786	1221933	6015825	9121774
12090645	364004	9390970	8691048	3465198	8366559	11993834
2750331	144704	2553258	2463936	1077059	2403708	3465316
17445360	373903	11209263	10479899	3610073	11978677	17650291
10693290	223267	5485496	4877404	1838386	9698049	14590605
7148850	164044	5219052	5110323	2000143	3058468	4437291
2353552	131296	3057974	2956108	848602	1625867	2087711

工业企业主要经济指标(续)

单位:万元

所有者权益	实收资本	损益及分配					
		产品销售收入	产品销售成本	产品销售费用	产品销售税金及附加	产品销售利润	利润总额
16223488	9569694	20658994	17265248	611549	304267	2477930	1185970
4835123	2737656	8944652	7647272	163340	149245	984795	499951
11388366	6832038	11714343	9617976	448209	155023	1493135	686019
3494460	2175183	2818103	2062326	240877	105888	409012	200462
12729028	7394511	17840891	15202922	370672	198379	2068918	985508
8752414	4809917	10894975	9452592	165230	163277	1113876	430031
4778965	2945070	7276939	5846053	300723	132623	997541	623958
2692110	1814706	2487080	1966603	145597	8368	366513	131982

2003年北京市国有及国有控股工业

项目	企业单位个数(个)	#亏损企业	工业总产值(当年价格)	工业总产值(1990年不变价格)	工业增加值(生产法)
煤炭开采和洗选业	2		120476	39134	71906
黑色金属矿采选业	3		35948	20912	14105
非金属矿采选业	5	3	5274	4509	2313
农副食品加工业	41	15	350257	288104	54720
食品制造业	49	21	201106	180329	77946
饮料制造业	21	7	425854	341548	157280
烟草制品业	1		136857	63983	89584
纺织业	34	8	182666	170269	40933
纺织服装、鞋、帽制造业	23	9	47867	39880	11928
皮革、毛皮、羽毛(绒)及其制品业	4		2118	2063	1243
木材加工及木、竹、藤、棕、草制品业	6	1	27725	27843	6352
家具制造业	15		37731	41357	11729
造纸及纸制品业	22	10	122733	112582	56786
印刷业和记录媒介的复制	164	56	347792	279989	190017
文教体育用品制造业	11	5	41222	24807	13659
石油加工、炼焦及核燃料加工业	13	2	1953376	546782	240168
化学原料及化学制品制造业	87	27	1948350	1491264	518166
医药制造业	56	9	409168	450191	169871
化学纤维制造业	1	1	1903	1620	767
橡胶制品业	7	3	9438	10315	56
塑料制品业	39	15	72463	81687	16692
非金属矿物制品业	78	30	485944	391789	166142
黑色金属冶炼及压延加工业	5	2	3610568	2018289	821735
有色金属冶炼及压延加工业	11	4	71955	69457	11267
金属制品业	70	28	159147	176024	37262
通用设备制造业	79	28	415723	385835	121804
专用设备制造业	98	26	576753	612245	175769
交通运输设备制造业	96	28	2177848	2187096	697193
电气机械及器材制造业	65	14	366997	483513	103237
通信设备、计算机及其他电子设备制造业	119	34	4633926	7803388	718973
仪器仪表及文化、办公用机械制造业	82	16	245198	241777	72835
工艺品及其他制造业	23	9	16648	14188	4894
电力、热力的生产和供应业	23	9	986091	309745	657885
燃气生产和供应业	3	1	115051	48002	103474
水的生产和供应业	6	1	175731	16409	46038

企业主要经济指标(按行业大类分)

单位:万元

工业销售产值(当年价格)	全部从业人员年平均人数(人)	资产负债				
		流动资产合计	流动资产平均余额	长期投资	固定资产合计	固定资产原价合计
121314	16264	134304	119538	154866	83098	136175
33454	2475	17020	14065	301	18998	40811
5274	1025	5284	5168	2481	10523	19998
340119	13865	122960	117850	9122	106676	166882
210477	10972	128945	131320	36088	118021	187106
418539	13364	297087	279409	244530	280990	445774
129759	820	83425	76903	5160	34794	52199
182638	24173	291385	303962	71331	191474	320787
44264	6617	36046	38299	6598	21342	30334
3312	540	9095	11202	6884	9583	11826
26418	1090	32652	24754	2616	16257	21429
36455	2331	45507	38520	2098	27447	35744
123268	2965	72505	68248	6023	39476	41201
330288	26385	298652	297682	47376	399473	604035
40958	2908	35657	37729	3502	31204	37067
1962100	9954	361722	369265	13175	496901	914633
1941034	32097	717185	751148	234159	1360870	2654341
386001	15178	431718	405286	388485	218640	258084
1326	148	3531	3160		3009	3740
11226	1212	7811	8479	762	7488	7689
75175	5643	114504	112601	38284	101660	140283
481504	23870	609029	557349	219811	471715	684484
3607947	68628	1783532	1434603	690379	1987797	3320780
66897	5389	40857	37266	32923	12876	21146
157280	8025	128994	133078	9926	91500	134208
385750	23790	714344	670892	95680	275873	378220
541583	31582	748724	708371	202174	354333	465556
2100834	53640	1433241	1338642	157261	875439	1073802
361850	11741	374285	337139	49547	158626	187002
4543498	40668	3024412	2932397	1302087	802062	1219348
239538	13934	398257	369311	130936	157881	176100
15920	3146	23287	23510	1306	28309	36372
980385	32772	894058	833654	318794	4185945	5468176
115051	7388	165942	196208	99056	721372	877267
174259	4008	176570	156829	103411	680737	943009

2003年北京市国有及国有控股工业企

项　目	资　产　负　债				
	固定资产净值年平均余额	资产总计	流动负债合计	长期负债合计	负债合计
煤炭开采和洗选业	67722	399412	94197	27605	121802
黑色金属矿采选业	15451	44657	19006	7249	26256
非金属矿采选业	10827	18847	5313	1131	6444
农副食品加工业	98742	255412	153396	10237	163726
食品制造业	114269	300147	106495	20110	126882
饮料制造业	292693	881531	227011	76813	303860
烟草制品业	25870	123663	38696	4265	42961
纺织业	165711	571209	319906	68422	388327
纺织服装、鞋、帽制造业	20390	65826	35573	4780	40863
皮革、毛皮、羽毛(绒)及其制品业	7815	33402	23930	3290	27509
木材加工及木、竹、藤、棕、草制品业	5748	53084	27583	10	27592
家具制造业	21877	75441	45184	1500	46825
造纸及纸制品业	31043	121460	66286	6089	76239
印刷业和记录媒介的复制	334707	756588	278132	90627	369109
文教体育用品制造业	21248	72310	40322	4864	45198
石油加工、炼焦及核燃料加工业	442259	872089	291935	33839	355293
化学原料及化学制品制造业	1334135	2654110	671551	349526	1026602
医药制造业	169935	1072554	361849	57373	419353
化学纤维制造业	3126	6540	3445		3445
橡胶制品业	2657	17418	7759	3505	11264
塑料制品业	91923	263782	116449	6058	124220
非金属矿物制品业	435041	1356127	625515	236118	862812
黑色金属冶炼及压延加工业	1683633	4550223	1643833	591835	2235668
有色金属冶炼及压延加工业	10349	94583	31310	2476	33786
金属制品业	79161	246969	134233	22502	172027
通用设备制造业	231083	1114863	758033	129222	887556
专用设备制造业	276390	1339476	685444	78862	768837
交通运输设备制造业	584383	2507818	1323968	142950	1488385
电气机械及器材制造业	108086	597648	266714	64286	331023
通信设备、计算机及其他电子设备制造业	691392	5223284	2538825	140991	2679864
仪器仪表及文化、办公用机械制造业	104030	703989	344444	57518	402276
工艺品及其他制造业	21358	57722	36269	8023	44768
电力、热力的生产和供应业	3495737	5471939	842916	2776601	3637751
燃气生产和供应业	522760	986531	77061	18855	95915
水的生产和供应业	615785	970557	120049	115093	235143

业主要经济指标(按行业大类分)(续)

单位:万元

所有者权益	实收资本	损益及分配					
		产品销售收入	产品销售成本	产品销售费用	产品销售税金及附加	产品销售利润	利润总额
277610	136296	138835	89489	10762	1071	37513	15481
18401	11804	34508	23845	1576	1164	7924	494
12403	10504	5815	4162	246	172	1235	-560
91686	98277	344691	310703	11507	359	22123	4390
173265	151975	218137	162934	34251	302	20650	5264
577671	249905	413134	287317	30172	43480	52165	31228
80702	47288	130683	51392	6771	48478	24043	9054
182882	184317	269498	257495	6180	488	5335	-8728
24963	19322	43923	38885	2548	51	2440	-1686
5893	3998	2706	1809	411		485	122
25492	24425	27557	24289	1029	82	2157	178
28616	16352	52741	41037	5063	205	6437	2500
45221	27601	113034	72414	5919	59	34642	29137
387479	255183	339035	241380	7004	2582	88068	29947
27112	19704	48233	38888	2401	181	6764	1353
516603	105261	2063612	1878766	24935	74110	85802	25461
1627508	1192199	1966789	1623691	51877	14444	276777	129908
653200	246717	388454	200947	92281	1962	93265	64316
3095	4000	1326	1090	50		186	-169
6154	5476	11916	10837	254	35	790	-298
139561	98710	84960	75252	2893	366	6449	1592
493315	454648	472720	395844	18008	1760	57108	18229
2314555	1056272	2805398	2376575	22377	16288	390158	99331
60797	37293	67276	56717	1776	46	8737	6147
74943	71672	160350	130248	7901	417	21785	7247
227307	240865	408102	341340	12549	941	53273	-20316
570639	265788	619799	482051	22608	3306	111833	41243
1019433	711663	2112300	1559551	73281	72416	407052	259993
266625	151304	371626	275697	29830	535	65565	36333
2543420	1268102	4548415	4084925	105139	3399	354953	254114
301713	172577	246414	189850	11769	652	44142	17233
12954	9870	18833	15116	841	62	2814	-142
1806239	983746	1654074	1461250	6361	12623	173840	107335
890616	671676	348070	330389		1703	15978	16941
735414	564904	126031	129073	980	532	-4554	3298

2003年北京市股份制

项目	企业单位个数(个)	#亏损企业	工业总产值(当年价格)	工业总产值(1990年不变价格)	工业增加值(生产法)
总计	805	119	13596004	11139670	3561863
在总计中:					
中央工业	56	5	3111419	2510528	788584
地方工业	749	114	10484585	8629142	2773279
在总计中:					
轻工业	337	58	2001893	1845825	683152
重工业	468	61	11594111	9293845	2878710
在总计中:					
大型企业	18		8223530	5861433	1906809
中型企业	114	10	3091771	2944609	998754
小型企业	673	109	2280703	2333629	656300

2003年北京市股份制工

项目	资产负债				
	固定资产净值年平均余额	资产总计	流动负债合计	长期负债合计	负债合计
总计	6627236	21439436	7604725	1910188	9571845
在总计中:					
中央工业	1510411	4281837	1249933	529314	1819148
地方工业	5116825	17157599	6354792	1380874	7752697
在总计中:					
轻工业	703776	3029466	1129265	151758	1289495
重工业	5923460	18409970	6475460	1758430	8282350
在总计中:					
大型企业	4697633	11636182	3588679	1226265	4814969
中型企业	1230690	5899844	2362731	433117	2837224
小型企业	698913	3903410	1653315	250805	1919652

工业企业主要经济指标

单位:万元

业销售产值(当年价格)	全部从业人员年平均人数(人)	资产负债				
		流动资产合计	流动资产平均余额	长期投资	固定资产合计	固定资产原价合计
13380659	330775	9300888	8420445	3377940	7894068	11537291
3046557	38245	1743761	1629057	590933	1592182	3029645
10334102	292530	7557127	6791388	2787007	6301886	8507647
1896121	85237	1538335	1451844	517229	838961	1023726
11484538	245538	7762554	6968601	2860711	7055107	10513565
8213102	155934	4074732	3570939	1530548	5500279	8476900
2918185	87025	2969015	2792374	1299392	1454521	2024103
2249372	87816	2257142	2057132	548000	939268	1036288

业企业主要经济指标(续)

单位:万元

所有者权益	实收资本	损益及分配					
		产品销售收入	产品销售成本	产品销售费用	产品销售税金及附加	产品销售利润	利润总额
11867591	6310201	13027318	10748084	524930	88443	1665861	825607
2462689	1441169	3122169	2621431	98944	12051	389743	231133
9404902	4869032	9905149	8126652	425987	76393	1276117	594474
1739971	895199	1967661	1385385	223956	35801	322519	185119
10127620	5415002	11059657	9362699	300975	52642	1343342	640488
6821213	3611557	7746517	6671248	158034	40796	876440	360008
3062620	1460983	2984992	2258036	232403	37452	457101	287034
1983758	1237662	2295809	1818800	134494	10195	332320	178564

2003年北京市股份制工业企业

项　　目	企业单位个数(个)	#亏损企业	工业总产值(当年价格)	工业总产值(1990年不变价格)	工业增加值(生产法)
煤炭开采和洗选业	2		126169	44827	73788
黑色金属矿采选业					
非金属矿采选业	1	1	1541	1541	833
农副食品加工业	36	8	289191	191619	62590
食品制造业	34	10	144821	195764	33670
饮料制造业	17	5	134220	80168	57956
烟草制品业					
纺织业	27	1	225347	200384	42973
纺织服装、鞋、帽制造业	35	6	112197	92841	39016
皮革、毛皮、羽毛(绒)及其制品业	3		7296	6793	1031
木材加工及木、竹、藤、棕、草制品业	2		17719	18983	3124
家具制造业	6	1	33248	36734	10568
造纸及纸制品业	12	1	23770	25391	6082
印刷业和记录媒介的复制	46	9	97681	108696	38782
文教体育用品制造业	2		4728	4728	906
石油加工、炼焦及核燃料加工业	2		139881	64441	13138
化学原料及化学制品制造业	54	7	2026531	1591348	539598
医药制造业	47	6	564157	515855	243398
化学纤维制造业	2	1	3607	3324	1211
橡胶制品业	1		45068	72543	9847
塑料制品业	23	1	72715	84050	10666
非金属矿物制品业	58	8	452743	401104	159534
黑色金属冶炼及压延加工业	9	2	3560284	2005107	818586
有色金属冶炼及压延加工业	14	2	223902	206279	61946
金属制品业	46	8	121250	116672	34385
通用设备制造业	46	5	247643	248985	66110
专用设备制造业	51	3	484884	493739	145485
交通运输设备制造业	39	6	1840729	1715768	279458
电气机械及器材制造业	62	9	520898	530703	173812
通信设备、计算机及其他电子设备制造业	84	13	1652355	1873006	383673
仪器仪表及文化、办公用机械制造业	28	4	91196	89205	30061
工艺品及其他制造业	6	1	6433	5856	1747
电力、热力的生产和供应业	8	1	228372	74049	129405
燃气生产和供应业	1		93347	38953	87215
水的生产和供应业	1		2080	214	1272

主要经济指标(按行业大类分)

单位:万元

工业销售产值(当年价格)	全部从业人员年平均人数(人)	资产负债				
		流动资产合计	流动资产平均余额	长期投资	固定资产合计	固定资产原价合计
130054	16256	133113	118929	154716	83214	136422
1541	497	1547	1610		6095	12208
282656	7832	113588	106464	15454	61245	62345
138962	7577	116803	105271	35207	65371	75069
123918	5278	96176	90091	2274	60996	78790
193730	10734	191889	175835	31322	61013	88227
98471	11925	66887	64810	3067	38735	45644
8123	440	4533	4373	102	497	602
17269	389	8992	1023		10823	11830
30741	1978	41211	33204	1094	13329	24662
24255	1730	12025	12103		12181	13709
94296	5863	56202	54585	7512	97630	127148
4519	629	2140	2026		171	153
139176	1073	36269	40993	6258	41871	55035
2032404	30047	706360	691805	113137	1423279	2649470
535061	17978	514200	497652	334618	275005	327453
3030	312	5433	5401	468	7487	8861
43965	2004	33766	33800	1194	54160	79424
78419	3015	42769	35930	3734	28635	32747
446447	18060	558191	492182	209982	415981	579239
3560853	67291	1749486	1403944	688328	1991906	3292094
225187	3371	220926	207895	78983	84988	53027
115440	6901	132367	110538	9275	44785	49665
251294	9291	245819	234069	39625	107477	141013
474984	14978	743268	668169	224873	195827	282533
1818437	26067	430722	378324	64838	298154	341917
499275	15773	501327	440805	32959	118056	169601
1590755	24390	1951827	1786047	1108142	458710	480759
86889	5614	167015	162001	42653	53771	60563
6709	298	6011	5862	705	1773	2314
228372	8397	268035	280862	69639	1106621	1457713
93347	4703	140707	172452	97548	672910	795474
2080	84	1288	1390	235	1373	1579

2003年北京市股份制工业企业主

项　　目	资　产　负　债				
	固定资产净值年平均余额	资产总计	流动负债合计	长期负债合计	负债合计
煤炭开采和洗选业	67864	398413	93249	27605	120854
黑色金属矿采选业					
非金属矿采选业	5966	7642	613		613
农副食品加工业	40316	192487	92030	16481	108951
食品制造业	55885	226852	96491	14243	112966
饮料制造业	62464	172947	85485	3061	90408
烟草制品业					
纺织业	44930	295260	151348	23985	175826
纺织服装、鞋、帽制造业	33632	110302	68154	2919	71877
皮革、毛皮、羽毛(绒)及其制品业	429	5132	2826		2826
木材加工及木、竹、藤、棕、草制品业	902	20862	635		635
家具制造业	13825	55672	30340	1500	31840
造纸及纸制品业	8151	26458	12905	504	14580
印刷业和记录媒介的复制	85931	165598	63456	20526	84539
文教体育用品制造业	142	2311	1743		1743
石油加工、炼焦及核燃料加工业	33938	84398	1543	371	41103
化学原料及化学制品制造业	1394416	2578921	577705	381761	959466
医药制造业	217752	1174359	348807	41988	391547
化学纤维制造业	7604	15084	11659	200	11859
橡胶制品业	43005	101584	65490	22010	87499
塑料制品业	16984	89267	42893	5593	48486
非金属矿物制品业	364526	1259479	502001	244587	746600
黑色金属冶炼及压延加工业	1691164	4517916	1617718	614579	2232297
有色金属冶炼及压延加工业	31682	408426	143580	15815	159395
金属制品业	33633	195609	119614	9677	130887
通用设备制造业	90864	400230	162767	28672	191439
专用设备制造业	189163	1218539	482835	39729	527179
交通运输设备制造业	214440	822137	440298	44632	487890
电气机械及器材制造业	100223	676638	392941	13167	406138
通信设备、计算机及其他电子设备制造业	349146	3573524	1581977	105905	1687881
仪器仪表及文化、办公用机械制造业	33592	272613	118158	18246	136623
工艺品及其他制造业	1648	8504	5097		5097
电力、热力的生产和供应业	917264	1448052	220716	193678	414394
燃气生产和供应业	474384	911326	69523	18755	88277
水的生产和供应业	1373	2896	131		131

要经济指标(按行业大类分)(续)

单位:万元

		损益及分配					
所有者权益	实收资本	产品销售收入	产品销售成本	产品销售费用	产品销售税金及附加	产品销售利润	利润总额
277560	136311	147574	95732	13173	1072	37598	15480
7029	7168	1541	819	128	83	512	-45
83536	32733	288184	246503	22426	304	18951	11142
113886	60113	140298	104110	21467	533	14187	3034
82539	43809	116658	66766	11609	21178	17104	6199
119434	96327	220272	187978	11942	510	19841	11594
38425	27615	94726	78899	7018	278	8531	2464
2306	1413	8133	6949	470	1	714	443
20227	19711	18139	16260	1005	10	864	102
23831	13603	47074	36078	4781	154	6062	2413
11878	11097	22658	19486	627	78	2467	701
81059	59863	99692	79263	3189	508	16731	6190
569	350	3811	3326		12	472	191
43295	40502	151430	122999	15256	523	12652	2021
1619455	1097170	2061960	1717441	44026	14461	286033	137164
782812	302324	555004	296110	105352	4979	148563	104087
3225	5000	3340	2894	89	2	355	-64
14085	9554	45255	38377	2052	924	3901	508
40781	34392	85202	73760	2965	167	8310	3249
512879	432532	433201	351553	16415	2126	63107	34503
2285620	1029256	2755035	2328366	22230	16221	388218	100817
249031	121032	225086	201084	4957	330	18715	15973
64722	42270	116665	90976	5721	453	19514	7463
208791	140476	264377	221925	9506	717	32229	15231
691359	248462	565760	436976	21544	3345	103895	62957
334248	172499	1755839	1565717	50927	8069	131126	61553
270500	187359	499632	397818	32193	2178	67442	29150
1885643	785131	1584358	1319114	89205	4631	171408	145629
135990	58551	95375	72931	4027	584	17833	8558
3406	2570	8202	6426	222	18	1536	694
1033658	482895	295814	268580	406	2353	24475	18986
823049	605353	315443	291481		1643	22329	17219
2765	2760	1582	1387		10	186	2

2003年北京市外商及港澳

项目	企业单位个数(个)	#亏损企业	工业总产值(当年价格)	工业总产值(1990年不变价格)	工业增加值(生产法)
总计	960	256	15531751	19875484	4015449
在总计中:					
中央工业	60	11	3822543	4605398	808068
地方工业	900	245	11709208	15270086	3207381
在总计中:					
轻工业	485	140	3635740	3506832	1115984
重工业	475	116	11896011	16368653	2899465
在总计中:					
大型企业	9	1	3400447	5142553	655046
中型企业	134	38	7443511	10026010	1977081
小型企业	817	217	4687793	4706922	1383322

2003年北京市外商及港澳

项目	资产负债				
	固定资产净值年平均余额	资产总计	流动负债合计	长期负债合计	负债合计
总计	3284089	13371294	6694082	669724	7399512
在总计中:					
中央工业	511013	2257968	1194425	163815	1361450
地方工业	2773075	11113326	5499657	505909	6038062
在总计中:					
轻工业	1209997	3972405	1886851	240859	2143399
重工业	2074092	9398890	4807231	428865	5256113
在总计中:					
大型企业	457051	1826944	1141030	77509	1221460
中型企业	1674941	6450484	3075171	427067	3515412
小型企业	1152097	5093867	2477881	165148	2662640

台工业企业主要经济指标

单位:万元

工业销售产值(当年价格)	全部从业人员年平均人数(人)	资产负债				
		流动资产合计	流动资产平均余额	长期投资	固定资产合计	固定资产原价合计
15179918	230176	8462648	7700664	366684	3874418	5653438
3683070	20790	1391048	1257219	208344	562045	788797
11496848	209386	7071600	6443445	158340	3312374	4864640
3576908	119460	2184099	1966249	92061	1358940	2014782
11603010	110716	6278549	5734415	274623	2515479	3638656
3253470	32587	1220773	1027811	65028	504259	869857
7301354	98331	3914663	3588591	226229	2033367	2892104
4625094	99258	3327212	3084262	75427	1336792	1891477

台工业企业主要经济指标(续)

单位:万元

所有者权益	实收资本	损益及分配					
		产品销售收入	产品销售成本	产品销售费用	产品销售税金及附加	产品销售利润	利润总额
5971782	4814232	16237042	13105186	959696	85082	2087078	1220158
896518	503041	3689381	3171448	170419	2970	344544	279800
5075264	4311192	12547661	9933738	789277	82112	1742535	940358
1829005	1886989	3573603	2543716	448442	16950	564495	232896
4142777	2927244	12663439	10561470	511254	68133	1522583	987262
605484	423454	3247979	2879350	202430	18046	148153	105024
2935072	2344819	8258028	6648092	448322	60708	1100906	670904
2431227	2045960	4731035	3577743	308944	6328	838019	444230

2003年北京市外商及港澳台工业

项目	企业单位个数(个)	#亏损企业	工业总产值(当年价格)	工业总产值(1990年不变价格)	工业增加值(生产法)
煤炭开采和洗选业					
黑色金属矿采选业					
非金属矿采选业	1	1	819	819	22
农副食品加工业	34	13	334870	302555	61458
食品制造业	50	20	495431	414572	182440
饮料制造业	29	8	400252	438969	141861
烟草制品业					
纺织业	50	19	178100	166401	55481
纺织服装、鞋、帽制造业	73	20	242884	202080	72908
皮革、毛皮、羽毛(绒)及其制品业	13	3	16799	16550	4467
木材加工及木、竹、藤、棕、草制品业	9	5	42431	35837	10693
家具制造业	23	7	70992	72286	12414
造纸及纸制品业	17	6	156843	146725	67011
印刷业和记录媒介的复制	30	6	124829	116849	41728
文教体育用品制造业	21	4	56698	51644	17608
石油加工、炼焦及核燃料加工业	6	4	9020	8839	2924
化学原料及化学制品制造业	57	10	385746	422990	50551
医药制造业	33	7	335427	346332	153247
化学纤维制造业					
橡胶制品业	6		33314	20552	11441
塑料制品业	41	10	119517	131349	43206
非金属矿物制品业	56	16	269253	231099	103533
黑色金属冶炼及压延加工业	3	1	88472	59646	11881
有色金属冶炼及压延加工业	6		16618	21085	3051
金属制品业	47	8	332323	370833	93899
通用设备制造业	57	16	546263	588490	163672
专用设备制造业	40	8	361792	365858	165107
交通运输设备制造业	38	8	1965929	1997373	620940
电气机械及器材制造业	47	10	690203	805567	232246
通信设备、计算机及其他电子设备制造业	109	35	7403312	11843420	1463720
仪器仪表及文化、办公用机械制造业	48	9	587843	585261	102496
工艺品及其他制造业	11	2	38124	35715	9234
电力、热力的生产和供应业	2		181038	46496	96926
燃气生产和供应业	2		2604	2604	548
水的生产和供应业	1		44006	26689	18737

企业主要经济指标(按行业大类分)

单位:万元

工业销售产值(当年价格)	全部从业人员年平均人数(人)	资产负债				
		流动资产合计	流动资产平均余额	长期投资	固定资产合计	固定资产原价合计
819	36	179	185		229	258
320981	12042	129550	117011	3798	104768	168073
524712	15502	268585	239273	36187	258277	401173
385330	9197	293045	228313	35013	258234	334623
157638	9589	101395	99248	4094	50470	92237
233891	30469	148365	145807	3610	57672	88818
18558	1781	13838	13484	85	3545	6308
42832	1382	42838	40743		60722	72752
70884	4086	32674	29379	54	17535	28138
158577	3402	87816	85296		48028	68278
124155	4408	95608	97436	4987	126848	166308
55691	3183	33231	33253	275	8496	12349
9009	346	7930	8116	33	2598	3007
360719	6872	214506	196101	8531	164759	239389
326157	7542	277802	251180	672	129391	183485
32829	1200	16466	16857		13016	20912
118477	5302	82933	77655	2157	97562	152597
261993	9894	251057	233948	3601	212495	309987
85527	2740	67894	64193		32728	25040
12035	678	7176	7643	9	4365	6788
321991	6862	214530	206434	5975	142916	205594
536288	10929	517652	472599	3971	159637	263063
359138	3444	298845	255500	7074	64655	86206
1906323	17441	975109	853218	761	523946	542792
685384	9632	445900	389382	1515	153255	249749
7223254	41918	3485699	3207956	46800	785439	1415382
582744	6154	297706	270585	30439	74177	95770
36335	1028	19133	19737	112	6422	10319
181038	2794	20081	19747	166931	306129	398761
2604	143	1989	2669		6083	5240
44006	180	13117	17721		22	42

2003年北京市外商及港澳台工业企业

项目	资产负债				
	固定资产净值年平均余额	资产总计	流动负债合计	长期负债合计	负债合计
煤炭开采和洗选业					
黑色金属矿采选业					
非金属矿采选业	208	408	314		314
农副食品加工业	92922	254207	128001	2283	131520
食品制造业	233025	594815	208490	69356	284696
饮料制造业	224839	672520	420158	20303	440463
烟草制品业					
纺织业	47882	160383	88167	10297	98573
纺织服装、鞋、帽制造业	53361	216286	135841	9739	145836
皮革、毛皮、羽毛(绒)及其制品业	3628	17820	11611	377	12277
木材加工及木、竹、藤、棕、草制品业	55960	120920	33451	17000	50451
家具制造业	16291	52032	31104	1254	32499
造纸及纸制品业	39851	144015	60368	8506	68873
印刷业和记录媒介的复制	99848	233998	60259	28895	93482
文教体育用品制造业	8257	44795	24778	5789	30579
石油加工、炼焦及核燃料加工业	1474	11586	9126	250	9376
化学原料及化学制品制造业	153607	403154	151855	21637	173492
医药制造业	113148	425494	187117	42979	230207
化学纤维制造业					
橡胶制品业	12295	29804	9543	210	12422
塑料制品业	91989	192712	81372	5177	86679
非金属矿物制品业	190302	501660	209667	20854	230950
黑色金属冶炼及压延加工业	18363	110418	58101	28469	86570
有色金属冶炼及压延加工业	4344	11826	6512		6512
金属制品业	125024	378893	186420	8729	195149
通用设备制造业	148331	700854	379030	3254	382739
专用设备制造业	60131	382892	169676	2634	176549
交通运输设备制造业	289191	1541710	711108	81937	798900
电气机械及器材制造业	143390	620036	267177	3251	271648
通信设备、计算机及其他电子设备制造业	703228	4412827	2720760	110099	2837556
仪器仪表及文化、办公用机械制造业	61703	414133	175527	4420	180625
工艺品及其他制造业	5629	28879	12602	1910	14512
电力、热力的生产和供应业	283300	557959	90260	145081	235341
燃气生产和供应业	2536	8620	5627	35	5662
水的生产和供应业	32	125639	60064	15000	75064

主要经济指标(按行业大类分)(续)

单位:万元

所有者权益	实收资本	损益及分配					
		产品销售收入	产品销售成本	产品销售费用	产品销售税金及附加	产品销售利润	利润总额
94	166	819	801	39		–22	–48
122687	116958	321629	274175	14787	10	32658	11589
310119	507933	522579	323072	142208	103	57197	20225
232057	305581	373790	241042	76615	7283	48850	4371
61811	81337	155672	135410	9281	74	10907	–44
70450	75446	233246	184527	19744	150	28825	4917
5544	6754	18667	15742	804	45	2077	244
70469	52549	43222	37964	2274	31	2953	112
19533	20682	69544	59668	4688	92	5096	443
75141	69325	155142	107072	7793	21	40257	32037
140516	108165	125314	97632	4207		23475	10199
14216	18284	54439	44448	3445	4	6543	216
2210	1975	8405	6453	787		1165	319
229662	174750	384405	253167	41564	9043	80632	52898
195287	189515	318788	142189	105867	15	70718	34683
17382	11578	32933	23639	1549		7744	4718
106033	131518	118095	92532	4148	212	21204	8582
270710	252691	272066	206326	11307	240	54193	22076
23849	41411	85695	77352	381		7962	–3
5314	4105	10772	9304	209		1259	540
183744	168045	340937	267073	15225	158	58481	30373
318115	340614	572508	452220	29755	508	90026	46918
206343	90461	368445	237867	12360	451	117767	46135
742810	482503	1914656	1399153	78874	65200	371429	287841
348388	241009	687665	501600	44886	28	141151	94212
1575271	945826	8187802	7238504	305076	786	643437	378017
233508	134949	592009	500315	19275	137	72282	50898
14367	9763	40138	28481	2505	24	9128	5877
322618	227532	181051	125712		400	54939	55559
2958	1980	2604	1606	43	71	884	609
50575	830	44006	20142			23864	15645

2003年北京市大中型

项目	企业单位个数(个)	#亏损企业	工业总产值(当年价格)	工业总产值(1990年不变价格)	工业增加值(生产法)
总计	451	74	27504075	27046226	7135817
在总计中:					
中央企业	82	4	9446978	7808667	2383923
地方企业	369	70	18057096	19237559	4751894
在总计中:					
内资企业	308	35	16660117	11877664	4503690
国有企业	110	18	4448522	2211778	1383904
集体企业	26	2	399939	366330	82764
股份合作企业	9	1	102400	93891	30861
联营企业	9	2	95675	110662	29319
有限责任公司	76	7	5901772	4088166	1656915
股份有限公司	56	3	5413529	4717876	1248648
私营企业	21	2	275401	278425	70039
其他企业	1		22879	10537	1241
港澳台商投资企业	41	12	3082602	4318460	594047
港澳台合资经营	25	9	1043188	1404486	207559
港澳台合作经营	3		56850	56850	17544
港澳台商独资企业	12	2	1965117	2838813	362222
港澳台商投资股份有限公司	1	1	17446	18310	6721
外商投资企业	102	27	7761356	10850102	2038080
中外合资经营	67	15	6265478	9448208	1513935
中外合作经营	5	1	118458	118415	31608
外资(独资)企业	26	10	1143804	1141336	395623
外商投资股份有限公司	4	1	233617	142144	96914
在总计中:					
农村企业	42	4	688228	639781	186918
在总计中:					
轻工业	176	35	4204142	3701021	1500965
重工业	275	39	23299933	23345205	5634852
在总计中:					
大型企业	44	2	14932403	12277677	3526489
中型企业	407	72	12571672	14768549	3609328

工业企业主要经济指标

单位:万元

工业销售产值(当年价格)	全部从业人员年平均人数(人)	资产负债				
		流动资产合计	流动资产平均余额	长期投资	固定资产合计	固定资产原价合计
26907872	571598	16331807	14935660	4281794	15405723	22464573
9153982	132411	4295710	3967498	1013340	5892974	8960557
17753890	439187	12036097	10968163	3268454	9512749	13504016
16353048	440680	11196371	10319258	3990537	12868096	18702612
4383752	152014	3429796	3291157	1074881	5493110	7668404
367861	19840	266950	244598	36875	151129	203098
94786	5647	60028	47727	2019	38195	46154
91019	5989	151977	153632	41171	128562	176333
5847914	156075	3897887	3395951	1516268	4794166	7096798
5283373	86884	3145859	2967362	1313672	2160635	3404206
256916	12553	188922	165083	5651	83797	80623
27426	1678	54952	53748		18504	26995
2951504	43708	1480584	1338826	45909	416170	498582
1023287	27339	556082	502526	5216	220963	272291
59480	1804	35593	32062	352	19158	25422
1851187	13372	876692	793440	40341	143821	151903
17551	1193	12217	10798		32229	48965
7603321	87210	3654852	3277577	245348	2121456	3263379
6108398	57530	2596430	2386900	13258	1375578	2242943
120106	3190	74734	66608	3321	38144	64612
1145286	17837	893951	727742	27293	392450	546972
229531	8653	89738	96327	201476	315284	408853
636775	32461	371887	290292	42569	293347	327435
4085804	161798	2883615	2673229	945195	2591813	3619000
22822068	409800	13448193	12262431	3336599	12813909	18845573
14765989	265736	7051284	6221183	2076851	10447184	15570253
12141883	305862	9280523	8714478	2204942	4958538	6894319

2003年北京市大中型工业

项目	资产负债				
	固定资产净值年平均余额	资产总计	流动负债合计	长期负债合计	负债合计
总计	13079970	37230744	14210944	5321804	19609952
在总计中:					
中央企业	5122694	11646869	3703839	3327705	7082010
地方企业	7957276	25583876	10507105	1994099	12527942
在总计中:					
内资企业	10947978	28953317	9994744	4817228	14873080
国有企业	4654216	10105420	3335799	3057664	6407206
集企业体	128782	484146	264719	35337	305520
股份合作企业	34648	104293	63457	11384	74841
联营企业	116457	331703	148870	38771	187659
有限责任公司	4062161	10700783	3407072	1088448	4497707
股份有限公司	1866161	6835243	2544338	570935	3154486
私营企业	60848	304736	156102	14689	171273
其他企业	24705	86994	74387		74387
港澳台商投资企业	312683	1998735	1372378	56938	1431317
港澳台合资经营	165184	813240	448878	52333	503211
港澳台合作经营	18506	55769	25268	1839	27107
港澳台商独资企业	95937	1073156	860931		860931
港澳台商投资股份有限公司	33056	56570	37301	2767	40068
外商投资企业	1819309	6278692	2843822	447638	3305555
中外合资经营	1129617	4122717	2027414	159132	2194140
中外合作经营	34869	121547	47892	2000	56392
外资(独资)企业	350602	1347231	625086	119948	745036
外商投资股份有限公司	304221	687198	143430	166557	309987
在总计中:					
农村企业	234965	720827	359714	48511	408707
在总计中:					
轻工业	2269539	6651873	2362568	540301	2917528
重工业	10810431	30578871	11848376	4781503	16692424
在总计中:					
大型企业	8943242	20189286	6238470	4111925	10343338
中型企业	4136728	17041459	7972475	1209880	9266614

企业主要经济指标(续)

单位:万元

所有者权益	实收资本	损益及分配					
		产品销售收入	产品销售成本	产品销售费用	产品销售税金及附加	产品销售利润	利润总额
17592651	10100552	28202615	23555919	1169140	329158	3148398	1607417
4536717	2370096	9957304	8560712	277487	147941	971164	549054
13055934	7730456	18245311	14995207	891652	181218	2177234	1058363
14052095	7332280	16696608	14028477	518388	250404	1899339	831488
3670072	1938343	5093128	4389185	72990	163660	467293	139281
178626	108108	362916	300601	16051	6019	40247	20161
29452	17354	84494	72351	2946	283	8915	4022
144043	112313	119898	97558	8254	1022	13064	2641
6203076	3694500	5317996	4433847	170243	33714	680193	228766
3680758	1378040	5413513	4495437	220193	44534	653348	418277
133462	72226	266665	202721	27361	1107	35477	18177
12607	11395	37998	36778	350	65	804	165
567419	448471	3453854	3022963	247142	3112	180636	118206
310029	222708	1013897	881440	41602	339	90516	51239
28662	15344	57040	38990	3703		14347	10107
212225	124219	2367329	2090900	199925	676	75829	61380
16502	86200	15587	11633	1913	2098	－56	－4520
2973137	2319802	8052154	6504480	403609	75642	1068423	657722
1928578	1445909	6158728	5044651	231337	75157	807584	550323
65155	55705	117103	70500	23633	232	22738	8315
602194	546894	1548506	1226673	130161	238	191435	63744
377210	271294	227817	162656	18478	15	46667	35341
312120	148767	617887	483316	61588	6384	66599	34054
3734345	2381826	4077586	2869899	498891	119921	588877	304191
13858306	7718727	24125029	20686020	670249	209238	2559522	1303226
9817806	5217264	14976967	13098481	393518	168943	1316025	588821
7774845	4883288	13225649	10457438	775622	160216	1832374	1018596

2003年北京市大中型工业企业

项　　目	企业单位个数(个)	#亏损企业	工业总产值(当年价格)	工业总产值(1990年不变价格)	工业增加值(生产法)
煤炭开采和洗选业	3		147928	44445	86165
黑色金属矿采选业	4		41948	24887	15821
非金属矿采选业					
农副食品加工业	11	1	420414	340034	85172
食品制造业	21	8	462216	468292	157264
饮料制造业	12	3	588065	484661	225239
烟草制品业	1		136857	63983	89584
纺织业	17	5	319000	300017	68569
纺织服装、鞋、帽制造业	24	4	231118	199745	74433
皮革、毛皮、羽毛(绒)及其制品业					
木材加工及木、竹、藤、棕、草制品业	1		17097	18361	2912
家具制造业	5	1	78027	83255	13827
造纸及纸制品业	8	2	57148	56466	13281
印刷业和记录媒介的复制	20	1	246702	187388	137360
文教体育用品制造业	2		39328	26702	13264
石油加工、炼焦及核燃料加工业	4		2018466	621659	241606
化学原料及化学制品制造业	19	2	2066401	1659522	590346
医药制造业	23	2	677549	628655	307504
化学纤维制造业					
橡胶制品业	3	1	69305	84245	18523
塑料制品业	9	1	77281	77648	25592
非金属矿物制品业	43	9	634824	524102	241709
黑色金属冶炼及压延加工业	6	1	3712072	2089450	838974
有色金属冶炼及压延加工业	2		51676	36494	23163
金属制品业	14	1	216262	208964	60024
通用设备制造业	25	7	570299	604239	159864
专用设备制造业	23		641874	673669	178165
交通运输设备制造业	38	6	3943084	3755671	923760
电气机械及器材制造业	24	4	643750	763471	212727
通信设备、计算机及其他电子设备制造业	57	12	7755286	12292820	1447075
仪器仪表及文化、办公用机械制造业	15	1	360124	364094	68004
工艺品及其他制造业	1		8220	7890	2133
电力、热力的生产和供应业	10	1	988377	293636	667178
燃气生产和供应业	2		113109	46060	103340
水的生产和供应业	4	1	170272	15703	43240

主要经济指标(按行业大类分)

单位:万元

工业销售产值(当年价格)	全部从业人员年平均人数(人)	资产负债				
		流动资产合计	流动资产平均余额	长期投资	固定资产合计	固定资产原价合计
148735	19242	140012	125379	160953	95590	151438
39454	2975	21601	18278	301	21124	44741
402433	14423	133562	126268	16161	103556	130392
495263	16662	210837	212747	36404	237806	347768
577092	17031	398598	320947	252571	390092	541403
129759	820	83425	76903	5160	34794	52199
281138	20981	284014	292792	63245	161101	263180
199032	23529	128701	126003	7717	71787	94222
-16737	358	8761	781		10808	11791
75704	3917	62340	50435	2528	20829	32721
57255	3478	69416	68022	4972	42239	48692
238029	14179	148884	148760	20978	290596	405075
38938	2554	30090	32787	3496	30862	35630
2027520	10416	360616	362160	11851	498971	912449
2056299	32163	770119	770843	134580	1501889	2762750
652696	18286	650218	616943	394388	311971	404494
67155	2769	45435	46864	1857	66553	100328
77721	5135	86979	81870	31416	96984	130797
623858	32961	752160	675261	226037	625277	915897
3711583	71442	1841927	1491369	690769	2021131	3344415
51608	1725	101143	100368	36743	61946	27143
204780	9252	135815	120042	15535	69514	94989
542852	22469	756598	712770	80625	323126	466239
605386	29505	971441	884541	319086	375968	522643
3834521	70621	1800820	1648643	173224	1109855	1290683
629167	17652	573147	520851	10255	207260	331109
7495439	55282	4278727	3905064	1010538	1078431	1719779
356384	9338	299481	259876	62092	122070	135572
7751	905	10290	9669	2	13163	14706
981468	30450	840011	781269	306122	4030165	5338379
113109	7349	164991	195013	99056	718982	874537
169010	3729	171649	152143	103135	661285	918414

2003年北京市大中型工业企业主

项目	资产负债				
	固定资产净值年平均余额	资产总计	流动负债合计	长期负债合计	负债合计
煤炭开采和洗选业	79185	423698	97967	28522	126489
黑色金属矿采选业	17577	51363	23938	7249	31187
非金属矿采选业					
农副食品加工业	77976	265343	145431	10298	155730
食品制造业	218652	514804	212472	78196	299136
饮料制造业	370987	1105643	358898	92684	451618
烟草制品业	25870	123663	38696	4265	42961
纺织业	131897	527794	292374	52246	344620
纺织服装、鞋、帽制造业	65977	214784	123107	15358	139050
皮革、毛皮、羽毛(绒)及其制品业					
木材加工及木、竹、藤、棕、草制品业	888	20617	582		582
家具制造业	18840	87209	53252	55691	55691
造纸及纸制品业	32963	123772	79632	83849	55691
印刷业和记录媒介的复制	216512	464815	142010	60562	202572
文教体育用品制造业	20837	66194	36288	4850	41138
石油加工、炼焦及核燃料加工业	441107	871439	291598	33823	354559
化学原料及化学制品制造业	1457007	2740017	678047	404162	1087673
医药制造业	266009	1402163	431725	73470	505195
化学纤维制造业					
橡胶制品业		126310	75921	22485	98406
塑料制品业	91732	218825	75235	979	77920
非金属矿物制品业	574887	1733597	750001	280246	1030291
黑色金属冶炼及压延加工业	1704461	4649120	1691092	620425	2311517
有色金属冶炼及压延加工业	12923	215912	54878	6515	61394
金属制品业	58879	233687	129069	10357	139426
通用设备制造业	277067	1182579	765206	120769	885975
专用设备制造业	333528	1718366	818517	84037	902596
交通运输设备制造业	729603	3160002	1698852	197479	1917427
电气机械及器材制造业	189339	823906	425970	24203	450173
通信设备、计算机及其他电子设备制造业	935331	6472622	3540644	190682	3737852
仪器仪表及文化、办公用机械制造业	81890	493004	177235	30293	207747
工艺品及其他制造业	8188	23887	11060	5805	16864
电力、热力的生产和供应业	3462668	5247285	801263	2730206	3531481
燃气生产和供应业	520286	983190	75907	18755	94661
水的生产和供应业	601859	945135	114081	110093	224174

要经济指标(按行业大类分)(续)

单位:万元

所有者权益	实收资本	损益及分配					
		产品销售收入	产品销售成本	产品销售费用	产品销售税金及附加	产品销售利润	利润总额
297209	138668	166255	107174	10782	1263	47036	22852
20176	12154	40374	28825	1636	1376	8537	544
109613	55775	390857	334186	20602	332	35737	20312
215668	299172	477681	306497	120543	456	50185	2158
654025	291901	563449	370048	74380	49120	69901	40978
80702	47288	130683	51392	6771	48478	24043	9054
183173	164796	310536	286073	12103	570	11791	6552
75734	55870	194609	159305	14141	256	20908	3831
20034	19636	17608	15802	998	7	800	71
31518	20718	95481	77620	9536	196	8129	2665
39923	68543	55609	46567	2782	67	6193	871
262243	163935	243746	166814	3677	1767	71489	31624
25056	18117	46815	37788	2241	172	6615	1762
516687	104739	2127140	1928374	35812	74077	88878	27646
1652344	1121252	2073768	1671755	67224	20979	313810	150011
896968	364007	675080	324390	173538	4328	172824	123309
27904	20071	68640	55091	2802	936	9812	4019
140905	89840	84263	65145	2001	409	16708	10159
703306	579344	614155	495411	19827	2353	96564	41065
2337604	1082226	2903033	2462315	22829	16339	401550	104323
154519	61874	52482	41976	1382	155	8970	7808
94261	67110	199179	154858	9733	1230	33358	11957
296605	396372	582434	473860	23785	1164	83626	6125
815770	313274	736036	588401	23645	3103	120887	58804
1242575	816688	3773829	3070179	128662	78424	496565	300123
373733	308604	630264	517019	31914	1489	79842	31042
2734770	1164693	8450409	7497203	331003	4471	617733	416709
285257	121354	370623	311175	8319	649	50480	33677
7023	1082	7666	5861	227	14	1564	876
1687855	909361	1652581	1450527	5567	12771	183715	116378
888528	670230	346352	328752		1700	15900	17257
720961	551858	120980	125538	681	510	-5749	2852

2003年北京市工业企

项　目	工业经济效益综合指数	企业亏损面	总资产贡献率	资产保值增值率	资产负债率
总　计	158.80	22.82	9.42	118.84	53.13
在总计中:					
中央企业	200.78	26.13	9.76	124.66	59.52
地方企业	149.94	22.43	9.29	117.25	50.88
在总计中:					
内资企业	134.82	21.61	7.39	117.51	52.36
国有企业	107.94	36.92	4.83	97.73	62.54
集体企业	114.93	15.14	9.67	113.92	61.66
股份合作企业	133.02	15.18	11.57	130.58	58.75
联营企业	79.05	26.67	3.37	103.20	62.45
有限责任公司	145.83	15.11	7.27	120.84	43.98
股份有限公司	189.46	13.33	11.55	140.61	45.82
私营企业	144.24	14.93	12.26	145.14	58.28
其他企业	52.11	20.00	2.18	57.86	84.21
港澳台商投资企业	165.98	26.91	10.69	121.68	66.32
港澳台合资经营	139.32	24.56	9.34	122.94	60.69
港澳台合作经营	220.74	8.33	22.75	114.85	48.44
港澳台商独资企业	234.83	34.18	12.27	123.27	74.33
港澳台商投资股份有限公司	-5.87	50.00	-2.02	82.13	70.92
外商投资企业	253.90	26.54	16.87	123.46	51.52
中外合资经营	272.76	24.88	19.15	122.88	51.54
中外合作经营	191.07	17.65	14.39	98.56	45.42
外资(独资)企业	226.89	31.32	12.85	131.45	53.97
外商投资股份有限公司	198.93	42.86	8.97	118.04	45.33
在总计中:					
农村企业	126.47	13.36	10.78	112.64	58.51
在总计中:					
国有绝对控股企业	136.77	31.91	6.57	107.61	52.91
国有相对控股企业	291.66	23.29	19.63	170.91	45.67
在总计中:					
轻工业	141.81	24.90	10.20	115.47	48.52
重工业	169.27	21.14	9.17	120.06	54.55
在总计中:					
大型企业	173.15	4.55	7.72	116.61	51.23
中型企业	178.66	17.69	11.41	119.36	54.38
小型企业	140.28	23.63	9.49	121.65	54.31

业主要经济分析指标

单位:%

流动资产周转率(次)	成本费用利润率	全员劳动生产率(元)	产品销售率	增加值率	人均销售收入(元)	流动比率	速动比率
1.69	6.34	100439	97.86	23.43	385441	117.80	85.13
2.18	5.78	160914	97.18	24.01	652561	119.11	85.31
1.55	6.57	88098	98.13	23.20	330933	117.44	85.07
1.48	5.14	78540	97.95	23.09	290765	113.82	80.91
1.25	2.14	67491	98.42	30.06	247044	100.74	73.80
1.57	5.37	35703	94.31	21.31	133586	111.26	70.13
2.54	4.10	47119	97.03	15.99	240811	130.18	81.17
0.85	0.40	41038	95.65	29.42	151170	100.92	68.86
1.47	5.58	96329	98.84	22.27	314826	118.22	86.54
1.66	7.86	133096	97.85	19.68	570715	128.94	89.95
1.87	6.05	59489	95.87	22.66	215960	116.01	76.48
0.77	1.25	12772	114.68	11.12	205109	75.76	25.65
2.11	4.34	114554	96.34	20.75	574193	109.30	80.78
1.58	4.55	78694	97.65	20.77	333598	120.15	85.50
1.76	18.68	84764	103.26	29.54	259135	128.06	78.98
2.77	4.03	218376	94.99	20.08	1287101	100.98	78.85
1.23	-19.94	45834	100.11	25.83	127299	43.33	21.52
2.11	9.67	206226	98.25	25.04	775033	134.53	100.61
2.16	10.67	223472	97.87	22.52	873886	135.49	100.15
1.73	10.07	121318	98.61	27.83	368419	143.00	98.29
1.96	5.94	196816	99.75	35.10	696870	140.89	109.72
2.28	14.53	110066	98.35	31.21	269903	64.38	47.75
2.00	5.65	42207	95.69	22.70	145503	107.93	65.69
1.40	4.63	90591	98.75	24.31	325732	107.63	78.51
2.58	9.98	242083	97.56	20.07	1051068	135.17	104.63
1.45	7.24	70751	97.00	28.21	214548	117.75	82.37
1.77	6.12	117747	98.10	22.12	485075	117.82	85.98
2.41	4.06	132706	98.89	19.94	563603	113.03	81.72
1.52	8.20	118005	96.58	26.57	432406	116.41	85.76
1.32	7.33	68486	97.95	24.96	244071	123.70	87.46

2003年北京市规模以下工业企业主要经济指标

项　目	企业个数(个)	从业人员(人)	工业总产值(当年价格,万元)
总　计	15475	320987	2110000
#法人工业企业	8732	258922	1600000
个体私营工业企业	6743	62064	510000

注:规模以下工业企业指年产品销售收入500万元以下的非国有工业企业和全部个体私营工业单位。

2003年北京市高新技术产业主要经济指标

单位:亿元

项　目	工业总产值(现价)		2003年为2002年%
	2003	2002	
合　计	1520.9	1175.9	129.34
按登记注册类型分			
国有经济	69.4	289.0	24.03
集体经济	22.4	24.0	93.43
外资及港澳台经济	277.6	618.6	44.87
股份制及其他经济	488.2	244.3	199.85
按高新技术领域分			
电子与信息	980.4	718.2	136.52
生物及医药制品	159.5	76.7	207.96
新材料	155.1	98.4	157.70
光机电一体化	173.7	243.7	71.26
新能源	9.6	20.7	46.29
环保设备	4.1	0.5	773.76
航空航天及地球空间技术	38.4	17.7	217.41

2003年北京市主要工业产品生产总量

主要工业产品名称	本年生产量	主要工业产品名称	本年生产量
原　煤	8225709	化学原料药	5242
铁矿石成品矿	6384322	轮胎外胎(条)	1914282
发电量(万千瓦小时)	1451197	塑料制品	137035
供热量(万百万千焦)	3958	水　泥(万吨)	882
自来水生产量(万吨)	65404	平板玻璃(重量箱)	6660784
大　米	7431	生　铁	7881680
食用植物油	10364	钢	8164055
配混合饲料	906764	成品钢材	7846309
乳制品	13426	十种有色金属	18803
白　酒	77567	铝　材	22662
啤　酒	1235116	金属切削机床(台)	4319
软饮料	1090002	汽　车(辆)	347031
冷冻饮品	20531	#载货汽车(辆)	238458
卷　烟(箱)	228797	轿车(辆)	73141
纱	35064	发电设备(千瓦)	1180000
布(万米)	8393	家用洗衣机(台)	231399
服　装(万件)	13078	家用电冰箱(台)	227806
家　具(件)	3237915	房间空气调节器(台)	146323
人造板(立方米)	141721	程控交换机(线)	19346971
体育用品及用具(千元)	212600	移动通信设备(信道)	384142
工艺美术制品(千元)	68357	移动电话机(部)	33345269
原油加工量	7010789	微型电子计算机(部)	4692738
汽　油	1514350	彩色显像管(只)	8859765
柴　油	1701654	半导体集成电路(万块)	46892
焦　炭	3619148	电子元件(万只)	3884493
氢氧化钠(烧碱)(折100%)	135630	录相机(部)	1170051
农用氮、磷、钾化学肥料(折纯)	8808	收录放机(部)	289873
乙　烯	887518	自动化仪表及系统(台)	1125552
塑料树脂及共聚物	1228952	光学仪器(台)	70036
合成橡胶	211779	照相机(台)	2383337
合成洗涤剂	28688		

注:未标注单位者,单位为吨。

2003年北京市外商投资企业批准情况

范围		企业个数（个）	协议总金额（万美元）	注册资金（万美元）	合同外资（万美元）
本年度	全市总计	1360	779632.0	487390.0	321542.0
	其中:新批	1360	622636.0	385970.0	232091.0
	去年同期	1370	404556.5	226837.0	188109.6
	同比		92.7%	114.9%	70.9%
	全市工业	495	180282.0	121819.0	90467.0
	其中:新批	495	128918.0	88798.0	62635.0
	去年同期	541	157298.4	112103.2	77396.5
	同比		14.6%	8.7%	16.9%
	占全市总计		23.1%	25.0%	28.1%
历年累计	全年	19767	7422351.9	4634002.9	3253035.7
	全市工业	12608	2475869.6	1791742.7	1167121.0
	占全市	63.8%	33.4%	38.7%	35.9%

2003年北京市工业外商投资企业批准情况(按行业分)

行业	户数(个)	协议总金额(万美元)	注册资本(万美元)	合同外资额(万美元)
合计	495	180282.0	121819.0	90467.0
制造业	494	180236.0	121773.0	90504.0
农副食品加工业	20	2784.0	1956.0	1591.0
食品制造业	15	5242.0	4104.0	2017.0
饮料制造业	5	5226.0	4006.0	950.0
纺织业	3	628.0	423.0	409.0
服装及其他纤维制品	17	3076.0	2188.0	1307.0
皮革、毛皮、羽毛(绒)及其制品业	3	55.0	55.0	12.0
木材加工及木、竹、藤、棕、草制品业	4	1040.0	722.0	722.0
家具制造业	5	1033.0	645.0	537.0
造纸业及纸制品业	2	203.0	203.0	336.0
印刷业和记录媒介的复制	4	8539.0	4807.0	3230.0
文教体育用品制造业	7	112.0	112.0	86.0
石油加工、炼焦及核燃料加工业	1	967.0	967.0	967.0
化学原料及化学制品制造业	33	25661.0	13213.0	9297.0
医药制造业	39	12529.0	8217.0	7640.0
化学纤维制造业	1	57.0	40.0	28.0
橡胶制品业	3	90.0	85.0	111.0
塑料制造业	9	2369.0	1594.0	1305.0
非金属矿物制品业	39	6537.0	6022.0	3952.0
黑色金属冶炼及压延加工业	1	990.0	594.0	594.0
有色金属冶炼及压延加工业		300.0	320.0	13.0
金属制品业	19	1758.0	1508.0	1269.0
通用设备制造业	28	9414.0	7445.0	4934.0
专用设备制造业	77	20704.0	14873.0	12089.0
交通运输设备制造业	50	34244.0	20240.0	18362.0
电气机械及器材制造业	25	10816.0	6854.0	4503.0
通信设备、计算机及其他电子设备制造业	59	22743.0	18635.0	13056.0
仪器仪表及文化、办公用机械制造业	15	1704.0	1134.0	843.0
工艺品及其他制造业	10	1415.0	811.0	344.0
电力、热力的生产和供应业	1	46.0	46.0	-37.0

2002年全国工业企业主

行业名称	企业单位数(个)	#亏损企业	工业总产值(1990年不变价)	工业总产值(当年价格)	工业销售产值(当年价格)
总计	181557	37783	102568.84	110776.48	108585.81
按登记注册类型分组:					
内资企业	147091	29085	67879.00	78317.20	76683.30
国有企业	29449	11599	12614.06	17271.09	17086.27
中央企业	2790	940	4977.84	8122.34	8085.03
地方企业	26659	10659	7636.22	9148.75	9001.24
集体企业	27477	3983	8688.51	9618.95	9344.92
股份合作企业	10193	1379	2945.53	3202.94	3104.30
联营企业	1964	384	853.49	941.90	922.82
国有联营企业	330	102	275.44	331.25	325.80
集体联营企业	546	70	164.23	176.90	170.25
国有与集体联营企业	733	157	317.04	318.76	315.47
其他联营企业	355	55	96.77	114.99	111.30
有限责任公司	22486	4786	18644.85	20069.77	19672.84
国有独资公司	1349	417	5774.65	6215.53	6166.94
其他有限责任公司	21137	4369	12870.21	13854.24	13505.89
股份有限公司	5998	1207	11690.55	14119.03	13919.00
私营企业	49176	5702	12305.41	12950.86	12494.53
私营独资企业	17166	1556	3402.36	3715.47	3579.74
私营合作企业	3574	355	661.22	717.15	693.32
私营有限责任公司	26195	3448	7516.49	7738.52	7471.42
私营股份有限公司	2241	363	725.34	779.72	750.05
其他企业	348	45	136.59	142.64	138.63
港、澳、台商投资企业	19546	5022	13832.08	13668.81	13367.55
合资经营企业(港或澳、台资)	8828	2159	6588.01	6111.50	5970.13
合作经营企业(港或澳、台资)	2153	551	1122.54	1316.97	1289.36
港澳台商独资经营企业	8349	2258	5447.97	5543.96	5424.61
港澳台商投资股份有限公司	216	54	673.56	696.38	683.45
外商投资企业	14920	3676	20857.77	18790.47	18534.96
中外合资经营企业	8047	1800	12554.61	10234.08	10073.72
中外合作经营企业	983	235	771.96	811.46	808.08
外资(独资)企业	5717	1604	6841.01	7102.72	7019.52
外商投资股份有限公司	173	37	690.19	642.21	633.64
在总计中:亏损企业	37783	37783	11657.36	12932.18	12637.18
在总计中:国有控股企业	41125	14865	37278.08	45178.96	44720.23
在总计中:农村工业	28382	3169	10038.73	11493.51	11171.15
在总计中:轻工业	92525	19240	43550.54	43355.74	42287.35
以农产品为原料	60115	12430	23868.90	27141.00	26479.32
以非农产品为原料	32410	6810	19681.64	16214.74	15808.03
重工业	89032	18543	59018.30	67420.74	66298.45
采掘工业	6810	1151	2580.03	5876.50	5799.21
原料工业	26324	6373	17557.46	26155.65	25941.03
加工工业	55898	11019	38880.81	35388.59	34558.21
在总计中:特大型企业	398	64	14729.28	17626.20	17551.68
大一型企业	2657	668	18783.13	19401.33	19177.50
大二型企业	5697	1624	13673.26	14100.79	13883.34
中一型企业	5102	1476	5721.15	6229.43	6127.45
中二型企业	9469	2824	7482.52	7959.76	7771.73
小型企业	158234	31127	42179.50	45458.97	44074.10

要经济指标(按类型分)

单位:亿元

工业增加值(当年价格)	资产合计	流动资产	应收账款净额	流动资产年平均余额	固定资产原价	生产经营用
32994.75	146217.78	63468.46	16036.79	60798.36	93887.95	80625.18
24421.66	114704.02	47231.41	10922.13	45623.76	75161.07	64479.82
6544.28	40293.29	14791.58	3260.61	14558.02	28226.45	23553.67
3466.93	18234.87	6211.87	1282.80	6218.82	13859.69	11957.07
3077.35	22058.42	8579.71	1977.80	8339.20	14366.76	11596.60
2552.53	7346.12	3928.62	1027.03	3820.54	3599.37	2995.47
818.23	2580.61	1420.32	443.08	1344.00	1206.75	1021.29
271.06	1132.17	503.45	131.49	474.25	684.99	600.39
122.83	500.15	193.98	49.33	180.01	342.43	311.50
43.91	138.08	81.16	19.80	76.76	63.63	53.30
72.33	343.77	179.80	49.31	170.84	178.91	142.64
31.99	150.17	48.51	13.04	46.64	100.02	92.95
5972.04	34421.16	13916.38	3132.83	13297.50	21815.85	18454.41
1933.55	15423.94	5961.06	1218.15	5800.50	9844.87	7844.66
4038.48	18997.22	7955.32	1914.68	7497.00	11970.98	10609.75
4972.28	20089.22	7942.59	1582.08	7651.04	15631.18	14406.61
3255.83	8759.62	4686.53	1333.57	4437.08	3959.95	3418.27
955.57	2028.94	1071.29	310.18	1043.47	985.13	843.23
188.23	379.99	198.07	62.12	195.35	184.82	155.87
1900.47	5763.10	3109.62	873.79	2900.11	2526.67	2198.61
211.57	587.58	307.54	87.47	298.15	263.33	220.55
35.40	81.83	41.93	11.44	41.33	36.53	29.71
3745.83	13627.70	7001.44	2141.75	6628.45	8392.73	7256.10
1721.41	6555.38	3307.26	919.19	3175.52	4190.60	3697.41
361.45	1355.62	665.19	199.45	616.32	1009.73	885.42
1447.67	4844.26	2661.48	931.59	2469.99	2587.92	2129.76
215.30	872.43	367.50	91.52	366.62	604.47	543.52
4827.27	17886.06	9235.60	2972.91	8546.15	10334.15	8889.27
2652.28	9824.29	5228.24	1503.47	4902.41	5621.09	4912.23
256.53	1043.66	443.85	127.73	436.49	709.38	638.44
1674.41	5901.59	3148.41	1229.93	2785.74	3209.17	2612.30
244.05	1116.52	415.10	111.78	421.50	794.51	726.30
2969.16	27714.49	10913.15	2766.29	10852.17	19090.18	15851.81
15935.03	89094.60	33468.77	7273.97	32625.56	64521.95	55569.86
2981.00	7987.27	4381.95	1248.40	4201.67	4050.73	3411.33
12351.66	45134.97	22632.56	5382.68	21784.59	23176.52	19475.80
8118.61	27857.30	13790.52	2891.30	13309.25	14418.71	12194.37
4233.05	17277.67	8842.03	2491.38	8475.33	8757.82	7281.43
20643.10	101082.81	40835.90	10654.12	39013.78	70711.42	61149.38
3255.20	11079.21	3230.15	639.80	3176.67	11276.43	9902.61
8292.80	48871.87	14752.10	3348.88	14445.98	40560.94	35629.23
9095.09	41131.74	22853.65	6665.44	21391.12	18874.05	15617.54
6399.20	32581.95	10268.29	1977.56	10108.85	28467.06	25391.75
6018.07	30930.81	13367.09	3153.87	12770.52	19524.87	16761.40
4315.16	20729.35	9393.86	2280.96	9089.04	12075.14	10145.69
1814.73	8594.89	3854.37	981.91	3656.78	5323.60	4485.71
2294.03	10679.45	5028.16	1363.33	4786.65	6215.41	5145.11
12153.56	42701.34	21556.68	6279.16	20386.53	22281.86	18695.52

2002 年全国工业企业主要

行业名称	固定资产小计	累计折旧	本年折旧	固定资产净值	固定资产净值年平均余额
总　计	67882.55	33067.63	4939.94	60820.32	59482.66
按登记注册类型分组:					
内资企业	54964.83	26547.27	3724.28	48613.80	47385.57
国有企业	21153.17	9748.42	1253.81	18478.03	18103.99
中央企业	10058.39	5018.01	644.37	8841.68	8626.44
地方企业	11094.78	4730.41	609.44	9636.34	9477.55
集体企业	2666.59	1192.58	177.89	2406.79	2393.74
股份合作企业	895.31	401.27	68.42	805.48	793.71
联营企业	480.38	261.85	32.73	423.15	430.45
国有联营企业	231.01	146.07	17.31	196.36	205.80
集体联营企业	46.57	22.00	3.68	41.63	42.31
国有与集体联营企业	126.72	62.74	9.39	116.17	112.19
其他联营企业	76.09	31.03	2.34	68.98	70.15
有限责任公司	16357.90	7423.76	1065.75	14392.09	13863.29
国有独资公司	7525.56	3328.15	430.09	6516.72	6191.86
其他有限责任公司	8832.34	4095.61	635.66	7875.36	7671.42
股份有限公司	10134.13	6538.53	906.16	9092.64	8866.06
私营企业	3247.55	972.10	218.09	2987.85	2909.24
私营独资企业	801.83	239.61	49.99	745.52	735.70
私营合作企业	150.37	45.95	9.90	138.87	137.03
私营有限责任公司	2076.06	624.50	143.80	1902.18	1840.27
私营股份有限公司	219.29	62.04	14.40	201.28	196.24
其他企业	29.80	8.77	1.44	27.77	25.11
港、澳、台商投资企业	5551.55	3131.49	512.78	5261.24	5184.55
合资经营企业(港或澳、台资)	2753.91	1599.49	248.94	2591.12	2567.28
合作经营企业(港或澳、台资)	604.95	427.38	68.56	582.36	589.61
港澳台商独资经营企业	1824.12	847.10	165.46	1740.82	1723.21
港澳台商投资股份有限公司	368.57	257.53	29.83	346.95	304.45
外商投资企业	7366.17	3388.86	702.88	6945.28	6912.54
中外合资经营企业	3926.66	1926.38	374.63	3694.71	3714.64
中外合作经营企业	531.50	205.59	45.86	503.79	501.51
外资(独资)企业	2355.43	987.94	237.26	2221.24	2209.45
外商投资股份有限公司	552.58	268.96	45.12	525.55	486.94
在总计中:亏损企业	13895.21	6415.57	888.16	12674.61	12574.60
在总计中:国有控股企业	46071.10	23759.26	3183.69	40762.69	39728.29
在总计中:农村工业	2992.15	1280.88	232.30	2769.86	2727.48
在总计中:轻工业	17378.87	7482.91	1227.44	15693.61	15406.37
以农产品为原料	10914.08	4571.65	754.86	9847.05	9655.38
以非农产品为原料	6464.79	2911.26	472.58	5846.56	5750.99
重工业	50503.68	25584.72	3712.50	45126.70	44076.29
采掘工业	7083.52	4805.51	648.56	6470.91	6229.82
原料工业	29706.13	14033.88	1983.68	26527.06	25832.19
加工工业	13714.03	6745.33	1080.26	12128.72	12014.28
在总计中:特大型企业	19188.80	11409.85	1514.47	17057.22	16695.07
大一型企业	14097.45	6989.45	1027.42	12535.41	12261.52
大二型企业	8951.40	4155.70	623.06	7919.44	7644.05
中一型企业	3908.65	1789.80	272.64	3533.80	3434.13
中二型企业	4577.42	2116.52	323.03	4098.89	4050.56
小型企业	17158.83	6606.30	1179.32	15675.56	15397.33

经济指标(按类型分)(续一)

单位:亿元

负债合计	流动负债小计	所有者权益合计	实收资本	国家资本	港澳台资本	外商资本
85857.42	61663.06	60242.01	39155.63	13532.91	3376.41	5286.65
68721.39	47517.05	45882.07	27708.35	12511.79	228.91	340.51
25447.31	15908.11	14821.45	8868.61	6210.84	22.12	76.73
10777.41	5770.00	7449.09	3751.17	2064.96	0.32	14.59
14669.90	10138.11	7372.36	5117.44	4145.88	21.80	62.13
4667.53	3893.95	2678.59	1678.18	41.35	31.06	24.99
1580.36	1334.83	1000.25	594.83	35.72	6.72	15.28
653.86	464.66	478.32	309.40	102.26	1.43	1.82
278.97	182.52	221.18	127.00	67.12	0.02	0.16
70.40	57.46	67.68	46.67	1.14	0.18	0.01
216.83	179.73	126.95	100.95	23.37	0.55	1.65
87.66	44.95	62.52	34.77	10.62	0.69	0.00
20990.29	14360.29	13355.52	8883.84	4143.61	57.31	109.12
9394.71	6095.93	5958.89	3733.15	2733.51	27.61	37.55
11595.58	8264.36	7396.63	5150.69	1410.10	29.70	71.58
10139.81	7019.42	9948.74	5094.92	1961.96	82.55	89.06
5192.26	4493.43	3567.35	2258.00	14.25	26.57	23.13
1180.95	1012.52	847.99	566.10	3.85	7.09	7.77
217.20	183.54	162.80	110.66	1.55	0.96	1.34
3449.58	3001.07	2313.52	1425.00	6.91	16.78	13.14
344.54	296.30	243.04	156.24	1.94	1.75	0.88
49.98	42.37	31.85	20.57	1.81	1.15	0.39
7526.21	6263.97	6096.93	4812.21	405.74	2834.89	532.83
3791.41	3026.93	2759.42	2130.49	307.62	893.48	168.35
811.37	627.50	544.25	502.21	52.01	286.81	58.04
2499.05	2276.97	2345.21	1925.03	2.27	1585.96	276.34
424.37	332.57	448.05	254.48	43.85	68.65	30.10
9609.82	7882.04	8263.00	6635.07	615.38	312.61	4413.31
5293.38	4383.88	4530.91	3700.05	493.32	142.30	1979.95
565.85	377.66	477.80	423.94	48.92	22.22	265.50
3296.24	2784.62	2605.35	2246.85	3.79	139.74	2047.82
454.35	335.88	648.94	264.23	69.35	8.35	120.04
20739.37	14597.31	6965.23	8366.79	3273.30	804.03	1445.80
52837.08	34009.59	36139.17	22268.48	12967.30	433.36	832.33
4564.86	3913.14	3422.41	2319.67	34.28	372.22	313.67
26315.19	21699.33	18815.92	12435.73	2913.67	1864.24	2367.61
16547.91	13571.31	11309.38	7390.66	1735.62	1033.28	1308.34
9767.28	8128.01	7506.54	5045.07	1178.05	830.97	1059.27
59542.23	39963.74	41426.09	26719.90	10619.24	1512.16	2919.04
5403.33	3461.55	5648.03	4009.71	2541.40	75.74	34.01
29117.92	15729.41	19702.79	11899.73	5404.49	505.51	677.72
25020.98	20772.78	16075.27	10810.47	2673.35	930.91	2207.31
17233.33	10004.21	15272.49	8296.63	4393.20	168.61	560.01
17780.99	12566.37	13121.03	7812.79	3173.71	506.38	1205.27
12529.17	9148.36	8186.10	5366.77	2159.00	393.07	808.95
5494.03	3968.59	3100.86	2219.52	738.11	218.79	353.15
6835.50	5182.79	3843.95	2750.11	839.65	262.13	432.42
25984.40	20792.75	16717.58	12709.82	2229.22	1827.42	1926.84

2002年全国工业企业主要

行业名称	产品销售收入	产品销售成本	产品销售费用	产品销售税金及附加
总计	109485.77	90243.76	4055.26	1761.61
按登记注册类型分组:				
内资企业	78296.49	64336.41	2621.22	1609.74
国有企业	19867.47	16084.24	481.11	913.05
中央企业	9908.92	7833.29	160.15	748.55
地方企业	9958.55	8250.95	320.97	164.50
集体企业	8800.40	7551.64	311.35	71.65
股份合作企业	2961.44	2532.02	105.70	21.04
联营企业	866.96	722.71	22.58	10.19
国有联营企业	284.10	220.45	7.01	5.94
集体联营企业	160.41	137.02	5.00	1.35
国有与集体联营企业	313.43	273.10	7.06	1.68
其他联营企业	109.01	92.14	3.51	1.22
有限责任公司	19932.22	16278.26	749.38	247.27
国有独资公司	6726.86	5524.44	238.27	98.92
其他有限责任公司	13205.36	10753.82	511.11	148.35
股份有限公司	13774.62	10628.77	541.28	249.79
私营企业	11971.63	10433.80	403.85	95.67
私营独资企业	3400.57	2990.07	110.43	31.25
私营合作企业	659.38	574.22	22.39	6.28
私营有限责任公司	7210.02	6269.75	241.28	53.25
私营股份有限公司	701.65	599.76	29.75	4.88
其他企业	121.74	104.98	5.97	1.08
港、澳、台商投资企业	12897.28	10935.91	510.64	52.81
合资经营企业(港或澳、台资)	5777.43	4843.84	241.03	21.62
合作经营企业(港或澳、台资)	1263.48	1079.68	31.99	5.23
港澳台商独资经营企业	5212.68	4473.79	213.86	18.85
港澳台商投资股份有限公司	643.69	538.60	23.76	7.11
外商投资企业	18291.99	14971.44	923.40	99.05
中外合资经营企业	9960.56	7967.69	546.83	84.82
中外合作经营企业	800.16	608.17	61.18	2.42
外资(独资)企业	6939.75	5948.52	279.31	9.70
外商投资股份有限公司	591.52	447.05	36.08	2.11
在总计中:亏损企业	12619.63	11409.35	504.43	206.29
在总计中:国有控股企业	47844.21	38048.00	1467.44	1401.82
在总计中:农村工业	10578.68	9150.95	353.73	67.82
在总计中:轻工业	40929.49	33405.30	2128.09	1082.35
以农产品为原料	25661.99	20693.17	1250.73	990.56
以非农产品为原料	15267.50	12712.13	877.36	91.79
重工业	68556.28	56838.46	1927.17	679.26
采掘工业	5658.75	3534.31	216.20	125.25
原料工业	29147.05	25161.24	477.74	350.72
加工工业	33750.48	28142.92	1233.23	203.29
在总计中:特大型企业	19963.30	16135.86	437.21	321.81
大一型企业	19270.61	15226.24	871.69	540.67
大二型企业	13937.88	11097.50	623.97	390.42
中一型企业	6120.37	5080.63	248.06	94.15
中二型企业	7684.97	6298.91	324.16	123.96
小型企业	42508.63	36404.62	1550.16	290.60

经济指标(按类型分)(续二)

单位:亿元

产品销售利润	管理费用	利息支出	利润总额	亏损企业亏损总额	本年应缴增值税	全部从业人员年平均人数(万人)
13442.21	6563.82	1793.41	5784.48	1131.57	4476.01	5520.66
9735.02	4971.69	1488.09	3907.26	767.49	3515.13	4466.33
2395.41	1652.74	497.22	563.55	351.97	1116.50	1296.66
1173.41	674.35	224.85	418.22	105.53	590.33	335.83
1222.00	978.38	272.38	145.33	246.44	526.17	960.83
865.75	364.48	105.27	415.06	44.23	272.38	586.04
302.68	139.70	35.24	141.30	12.32	105.12	183.49
111.48	57.32	15.28	45.12	7.44	37.21	42.23
50.71	22.50	7.38	22.97	3.01	17.36	9.86
17.04	7.32	1.33	8.70	0.94	5.80	9.37
31.58	21.54	3.64	9.05	2.46	10.42	17.40
12.15	5.95	2.93	4.39	1.03	3.63	5.60
2656.92	1508.63	481.87	870.55	211.23	948.02	1176.89
864.88	630.36	201.56	124.12	98.26	354.48	437.60
1792.04	878.28	280.31	746.43	112.98	593.53	739.30
2354.77	808.95	238.25	1377.34	100.18	664.62	442.52
1038.31	435.29	114.21	490.23	39.68	368.39	732.90
268.82	100.78	28.46	132.97	10.76	100.75	213.72
56.46	20.61	5.16	25.85	1.63	18.86	45.31
645.76	285.60	73.36	300.13	23.75	226.85	427.80
67.27	28.31	7.24	31.29	3.54	21.93	46.08
9.70	4.58	0.74	4.10	0.44	2.89	5.59
1410.16	620.93	134.05	705.16	126.01	382.20	599.26
670.93	277.44	87.16	332.99	63.41	198.09	234.43
146.58	71.71	17.59	65.21	13.31	41.01	62.60
518.43	234.70	19.19	271.63	45.03	113.01	286.53
74.22	37.08	10.10	35.34	4.26	30.09	15.69
2297.03	971.20	171.27	1172.06	238.07	578.67	455.08
1360.18	549.51	106.47	727.63	117.65	378.69	223.44
128.38	46.30	15.50	68.78	7.91	37.38	26.23
702.19	332.21	36.66	314.46	106.09	125.23	191.52
106.28	43.18	12.64	61.19	6.41	37.37	13.89
509.25	1214.46	430.13	-1131.57	1131.57	462.57	1133.00
6932.84	3701.90	1141.83	2632.94	668.52	2580.51	2423.63
1006.17	373.79	106.77	537.79	34.95	287.24	590.13
4313.59	2188.83	509.50	1848.95	421.81	1470.10	2393.87
2727.39	1295.46	346.32	1210.35	262.03	1001.84	1577.08
1586.20	893.37	163.18	638.59	159.78	468.26	816.79
9128.62	4374.98	1283.91	3935.53	709.76	3005.91	3126.80
1780.50	599.52	102.91	1056.40	29.49	412.96	595.38
3166.01	1406.19	752.18	1194.88	286.27	1520.25	986.71
4182.10	2369.27	428.82	1684.26	394.00	1072.70	1544.71
3066.39	1151.55	413.95	1584.62	103.57	1017.77	505.53
2652.34	1298.18	402.52	1083.59	216.31	901.40	713.88
1825.13	999.03	248.77	763.15	178.59	619.96	686.14
697.46	393.02	116.01	235.71	100.75	253.76	330.70
937.91	532.86	139.76	341.89	105.79	316.87	473.94
4262.98	2189.19	472.39	1775.51	426.56	1366.25	2810.47

2002年全国全部国有及规模以上非国

行业名称	企业单位数(个)	亏损企业	工业总产值(1990年不变价)	工业总产值(当年价格)	工业销售产值(当年价格)
总计	181557	37783	102568.84	110776.48	108585.81
煤炭采选业	2812	441	1002.70	1980.76	1943.75
石油和天然气开采业	84	6	644.81	2756.59	2743.34
黑色金属矿采选业	696	118	165.38	225.46	219.80
有色金属矿采选业	1291	205	378.57	463.90	454.49
非金属矿采选业	1711	277	375.83	419.21	408.28
其他矿采选业	17	3	1.28	2.00	1.98
木材及竹材采运业	383	152	86.61	111.63	107.33
食品加工业	10413	2371	3995.28	4776.96	4660.95
食品制造业	4615	1049	1789.95	1967.31	1905.66
饮料制造业	3287	894	1625.82	1996.26	1943.28
烟草加工业	287	63	1021.94	2037.49	2040.40
纺织业	13248	2654	6141.97	6370.79	6221.93
服装及其他纤维制品制造业	9061	1687	2685.73	2914.91	2833.66
皮革、毛皮、羽绒及其制品业	3932	644	1633.41	1801.46	1762.64
木材加工及竹、藤、棕、草制品业	3033	541	791.47	828.06	805.73
家具制造业	1767	301	478.83	524.21	510.99
造纸及纸制品业	5285	974	1882.00	2081.54	2025.11
印刷业、记录媒介的复制	3806	963	807.35	826.56	805.10
文教体育用品制造业	2327	418	732.32	782.08	761.73
石油加工及炼焦业	1144	232	2132.71	4784.98	4766.37
化学原料及化学制品制造业	12637	2523	7212.97	7220.05	7065.78
医药制造业	3681	849	3167.17	2378.44	2239.72
化学纤维制造业	909	231	1472.76	1121.82	1106.09
橡胶制品业	1822	344	1105.83	1064.60	1039.14
塑料制品业	7665	1373	2478.21	2487.92	2426.50
非金属矿物制造业	15305	3412	4136.40	4557.04	4411.57
黑色金属冶炼及压延加工业	3333	764	4863.93	6492.36	6472.00
有色金属冶炼及压延加工业	2942	647	2415.37	2599.98	2560.50
金属制品业	10039	1755	3160.19	3294.38	3202.63
普通机械制造业	10767	1943	4201.58	4247.96	4123.16
专用设备制造业	6546	1479	2721.09	2818.90	2717.21
交通运输设备制造业	7470	1594	8865.89	8359.27	8217.89
武器弹药制造业	114	45	248.91	256.05	250.27
电气机械及器材制造业	9385	1706	6990.67	6142.00	5967.61
电子及通信设备制造业	5320	1310	16389.80	11288.64	11130.96
仪器仪表及文化办公用机械制造业	2146	484	1170.07	1089.62	1098.25
其他制造业	4582	696	1132.85	1215.11	1181.04
电力、蒸汽、热水的生产和供应业	4946	1427	2194.35	5889.05	5862.73
煤气生产和供应业	329	141	141.96	224.60	26.48
自来水的生产和供应业	2420	1067	124.90	377.57	363.74

有工业企业主要经济指标(按行业分)

单位:亿元

工业增加值(当年价格)	资产合计	流动资产		流动资产年平均余额	固定资产原价	
			应收账款净额			生产经营用
32994.75	146217.78	63468.46	16036.79	60798.36	93887.95	80625.18
919.06	4815.33	1694.22	419.04	1624.59	3752.19	2962.86
1937.05	4402.47	872.72	74.97	897.31	6353.47	6087.27
86.25	392.12	139.16	38.90	136.19	205.00	174.27
150.80	561.21	199.94	35.36	201.99	393.43	317.17
142.48	727.56	254.81	78.76	251.08	470.70	326.38
0.53	3.71	2.27	0.33	1.99	1.44	1.27
55.71	407.31	162.26	26.65	156.69	239.16	141.51
1112.69	3414.49	1658.08	308.24	1581.94	1798.43	1480.49
553.01	2081.65	951.04	206.36	906.01	1139.13	926.01
709.64	2975.06	1356.24	221.56	1326.36	1630.71	1384.49
1359.63	2567.04	1508.49	167.07	1467.01	1022.48	885.38
1569.10	6680.47	3172.33	625.81	3065.20	3878.56	3301.72
746.08	2078.57	1227.84	297.64	1187.49	860.54	713.97
457.96	1136.16	714.90	206.88	692.09	448.27	364.70
213.92	809.15	352.09	69.79	353.60	477.58	388.85
139.34	448.59	240.26	56.43	228.72	209.42	171.99
570.88	2940.17	1179.62	350.62	1140.34	1754.04	1540.30
279.53	1162.35	531.89	161.87	510.11	736.41	618.19
204.52	629.90	379.90	121.69	354.36	283.88	233.87
1003.92	3874.89	1300.61	173.78	1300.58	3712.06	3422.05
1862.64	9723.29	3902.69	954.67	3796.62	6518.83	5652.00
834.65	3693.61	1883.24	526.18	1807.81	1428.80	1188.20
248.92	1563.10	526.07	77.13	513.24	1207.68	1112.39
292.55	1249.93	615.04	183.27	593.12	669.72	574.72
646.84	2538.00	1261.96	397.54	1205.80	1383.68	1161.08
1365.16	6679.60	2764.79	796.08	2664.63	4300.46	3660.87
1799.49	9597.56	3602.28	560.35	3445.20	7192.72	6302.47
626.14	3383.36	1454.51	270.07	1416.11	2120.59	1808.56
841.23	2991.51	1707.09	518.07	1618.27	1408.56	1167.18
1153.03	5399.01	3143.67	966.73	3020.57	2471.04	2069.95
781.75	3662.62	2152.05	544.55	2056.09	1574.40	1249.17
2177.17	9879.16	5456.14	1119.76	5153.32	4221.55	3506.13
55.61	721.36	281.71	52.76	274.64	428.10	308.43
1584.73	6238.42	3778.65	1222.00	3540.26	2431.48	2085.83
2520.92	9779.98	6197.86	2232.88	5548.61	3611.55	2907.17
268.54	1194.17	741.97	245.19	734.37	473.36	391.73
333.46	896.97	525.02	143.99	505.20	371.49	306.46
3165.74	22304.42	4912.74	1470.45	4876.83	20570.47	18031.72
53.10	712.14	232.05	37.75	222.94	502.75	423.24
170.98	1901.40	430.23	75.64	421.08	1633.81	1275.14

2002年全国全部国有及规模以上非国有

行业名称	固定资产小计	累计折旧	#本年折旧	固定资产净值	固定资产净值年平均余额
总　计	67882.55	33067.63	4939.94	60820.32	59482.66
煤炭采选业	2713.84	1262.98	164.75	2489.20	2318.53
石油和天然气开采业	3457.24	3182.83	439.64	3170.65	3101.73
黑色金属矿采选业	150.59	74.87	9.24	130.13	132.91
有色金属矿采选业	296.46	135.66	17.57	257.77	255.21
非金属矿采选业	382.02	128.64	16.69	342.07	338.08
其他矿采选业	1.13	0.47	0.05	0.97	0.99
木材及竹材采运业	186.59	67.70	5.53	171.46	171.81
食品加工业	1394.23	520.81	77.47	1277.62	1257.55
食品制造业	878.15	342.49	60.22	796.63	763.74
饮料制造业	1245.82	510.40	85.76	1120.31	1106.58
烟草加工业	707.10	407.40	62.22	615.08	608.34
纺织业	2807.37	1313.46	199.63	2565.10	2530.02
服装及其他纤维制品制造业	640.65	282.02	49.67	578.52	578.14
皮革、毛皮、羽绒及其制品业	330.21	141.11	24.68	307.16	307.76
木材加工及竹、藤、棕、草制品业	377.93	123.64	21.05	353.94	352.36
家具制造业	159.52	61.29	12.26	148.12	147.28
造纸及纸制品业	1464.40	452.09	88.76	1301.95	1267.96
印刷业、记录媒介的复制	510.24	262.73	48.58	473.68	458.50
文教体育用品制造业	201.22	94.59	17.42	189.29	186.96
石油加工及炼焦业	2329.82	1545.59	192.59	2166.47	2113.70
化学原料及化学制品制造业	4696.31	2332.69	331.28	4186.15	4133.07
医药制造业	1208.18	410.71	72.47	1018.09	978.86
化学纤维制造业	850.26	428.78	62.21	778.90	763.50
橡胶制品业	515.18	216.18	32.59	453.54	455.60
塑料制品业	1010.69	449.17	83.00	934.50	907.07
非金属矿物制造业	3206.50	1414.00	209.39	2886.46	2873.72
黑色金属冶炼及压延加工业	5121.24	2841.45	329.51	4351.27	4290.09
有色金属冶炼及压延加工业	1633.32	710.33	97.63	1410.26	1361.32
金属制品业	1020.44	481.09	78.67	927.47	934.89
普通机械制造业	1716.03	941.57	125.17	1529.47	1527.88
专用设备制造业	1086.53	596.13	67.18	978.26	965.34
交通运输设备制造业	3135.15	1508.68	232.10	2712.88	2679.11
武器弹药制造业	335.43	142.00	12.44	286.11	286.04
电气机械及器材制造业	1720.96	876.51	154.06	1554.97	1543.89
电子及通信设备制造业	2603.15	1278.79	281.84	2332.76	2290.75
仪器仪表及文化办公用机械制造业	323.29	178.19	27.39	295.16	287.54
其他制造业	278.83	116.79	20.25	254.70	256.33
电力、蒸汽、热水的生产和供应业	15467.95	6616.09	1032.31	13954.39	13509.54
煤气生产和供应业	413.95	141.79	19.32	360.97	341.47
自来水的生产和供应业	1304.63	475.93	77.34	1157.88	1098.49

工业企业主要经济指标(按行业分)(续一)

单位:亿元

负债合计	流动负债小计	所有者权益合计	实收资本	国家资本	港澳台资本	外商资本
85857.42	61663.06	60242.01	39155.63	13532.91	3376.41	5286.65
2742.24	1773.88	2045.23	1598.13	1254.03	0.69	3.46
1568.55	906.27	2833.92	1839.51	916.77	69.42	25.41
188.28	158.06	203.85	147.65	103.46	0.61	0.01
362.18	246.14	199.03	151.08	76.72	0.62	0.47
412.74	274.09	314.82	229.78	136.16	4.47	4.70
2.64	2.49	1.07	0.77	0.21	0.00	0.00
269.12	215.17	138.19	96.17	86.80	0.00	0.01
2231.32	1871.02	1183.16	875.77	206.91	79.29	140.46
1212.57	982.77	869.08	660.17	93.08	79.44	219.52
1650.47	1399.07	1324.59	829.07	213.31	114.66	194.14
1198.58	1098.00	1368.46	341.85	319.91	1.15	1.30
4390.70	3479.34	2289.77	1720.84	357.06	261.30	228.52
1176.13	1064.24	902.44	618.68	39.88	141.87	123.40
708.24	624.87	427.91	326.26	14.30	99.88	61.35
493.97	365.44	315.18	262.44	43.87	46.72	39.28
247.93	216.30	200.65	145.77	7.85	33.55	27.63
1873.30	1311.01	1066.87	796.39	211.56	91.69	193.91
605.08	503.65	557.27	366.97	109.20	64.16	36.21
340.66	320.51	289.25	213.32	9.87	85.03	48.86
2186.97	1449.77	1683.19	1116.42	455.00	38.39	52.96
5745.45	4083.80	3977.84	2699.93	785.58	151.42	389.88
1990.84	1645.53	1702.76	1002.68	246.07	50.04	128.61
930.52	606.06	632.58	460.66	126.18	55.74	64.45
780.19	620.99	469.34	347.31	76.86	34.74	110.47
1399.62	1167.88	1138.38	859.07	83.45	218.13	181.61
4155.79	3085.70	2514.35	1976.41	475.47	187.84	254.07
5313.04	3881.84	4249.52	2381.07	1445.87	69.94	61.56
2145.33	1562.01	1238.03	858.57	372.48	50.29	49.28
1821.44	1592.86	1169.92	922.96	102.00	183.87	195.14
3382.23	2878.84	2016.76	1404.98	361.16	74.23	286.14
2334.05	2015.81	1320.47	951.84	329.46	47.72	101.40
6049.53	5093.80	3809.06	2550.16	814.61	127.04	401.88
503.73	378.70	216.99	166.03	40.32	0.00	0.09
3690.31	3306.27	2547.72	1600.89	214.33	190.38	384.65
5717.15	4983.14	4058.28	2362.56	337.07	386.44	876.59
693.69	601.69	500.23	356.78	67.35	45.23	98.19
495.04	447.53	401.93	297.83	12.74	86.83	68.90
13710.30	4809.09	8587.18	467.29	2201.80	190.82	203.78
338.37	222.78	373.77	303.66	250.83	7.18	12.30
799.13	416.66	1102.97	617.91	533.34	5.58	16.07

2002年全国全部国有及规模以上非国有

行业名称	产品销售收入	产品销售成本	产品销售费用	产品销售税金及附加	产品销售利润
总　计	109485.77	90243.76	4055.26	1761.61	13442.21
煤炭采选业	1960.75	1357.27	147.82	28.10	427.56
石油和天然气开采业	2640.83	1370.93	20.48	78.97	1170.45
黑色金属矿采选业	215.35	169.15	10.14	4.91	31.15
有色金属矿采选业	429.28	331.42	12.95	3.83	81.08
非金属矿采选业	393.06	298.15	31.38	8.55	54.95
其他矿采选业	1.86	1.24	0.35	0.02	0.25
木材及竹材采运业	95.46	55.74	2.51	5.06	29.69
食品加工业	4515.94	4052.16	142.66	17.99	303.06
食品制造业	1827.55	1415.49	189.15	7.65	215.24
饮料制造业	1872.69	1242.99	242.06	125.22	262.40
烟草加工业	1994.37	806.02	67.46	767.32	353.57
纺织业	6038.59	5416.72	107.18	26.81	487.88
服装及其他纤维制品制造业	2725.50	2365.15	95.99	11.43	252.94
皮革、毛皮、羽绒及其制品业	1677.13	1500.36	39.61	5.78	131.38
木材加工及竹、藤、棕、草制品业	771.10	676.69	29.57	5.37	59.47
家具制造业	492.80	420.03	21.76	2.86	48.15
造纸及纸制品业	1968.06	1647.27	71.09	9.15	240.56
印刷业、记录媒介的复制	771.61	616.75	20.50	4.08	130.28
文教体育用品制造业	733.65	631.71	24.07	2.20	75.68
石油加工及炼焦业	4893.57	4336.06	70.09	203.91	283.51
化学原料及化学制品制造业	6974.71	5759.92	349.44	50.56	814.78
医药制造业	2279.98	1465.08	355.91	14.20	444.77
化学纤维制造业	1086.55	974.44	17.65	4.08	90.38
橡胶制品业	961.84	788.39	41.84	15.20	116.42
塑料制品业	2371.52	2045.15	68.74	10.10	247.53
非金属矿物制造业	4226.62	3510.01	190.92	34.51	491.14
黑色金属冶炼及压延加工业	6471.51	5537.64	108.34	37.57	787.96
有色金属冶炼及压延加工业	2547.32	2251.79	45.86	10.41	239.25
金属制品业	3083.62	2654.02	110.01	15.17	304.41
普通机械制造业	3992.41	3249.83	162.29	19.75	560.55
专用设备制造业	2630.52	2143.95	111.02	12.58	362.96
交通运输设备制造业	8030.04	6590.41	240.83	116.02	1082.56
武器弹药制造业	246.64	201.58	4.72	0.82	39.52
电气机械及器材制造业	5749.17	4739.42	333.09	19.83	656.83
电子及通信设备制造业	10957.25	9503.78	414.46	13.86	1036.46
仪器仪表及文化办公用机械制造业	1089.06	899.53	46.06	3.21	140.27
其他制造业	1132.32	982.84	39.64	8.43	101.40
电力、蒸汽、热水的生产和供应业	8958.07	7661.19	39.36	50.70	1215.50
煤气生产和供应业	322.81	303.27	12.24	1.32	5.98
自来水的生产和供应业	354.64	270.22	16.05	4.08	64.29

工业企业主要经济指标(按行业分)(续二)

单位:亿元

管理费用	利息支出	营业利润	利润总额	亏损企业亏损总额	本年应缴增值税	全部从业人员年平均人数(万人)
6563.82	1793.41	5404.09	5784.48	1131.57	4476.01	5520.66
316.01	56.53	70.38	84.81	12.14	148.92	379.71
174.88	23.80	944.35	912.58	1.09	226.38	56.01
20.25	3.91	8.07	10.57	2.07	10.62	24.66
43.89	9.73	29.43	31.98	7.91	13.57	43.02
33.92	7.52	15.62	15.80	6.17	18.37	48.70
0.15	0.05	0.05	0.05	0.02	0.10	0.39
22.33	4.10	4.24	2.74	2.11	1.64	58.01
141.30	51.36	118.67	115.31	41.98	74.99	173.52
102.10	26.61	92.06	82.60	35.55	77.42	98.48
127.44	28.89	113.87	120.24	33.66	118.66	91.00
131.00	28.34	202.48	212.71	5.97	211.16	23.21
259.44	91.90	149.27	184.71	57.54	170.23	479.15
133.17	19.08	104.43	111.19	16.23	70.65	265.75
63.63	11.51	56.23	57.50	10.19	36.27	141.29
30.60	11.14	16.86	24.08	11.62	22.82	51.71
24.62	5.09	19.13	19.66	4.78	12.54	33.97
101.27	48.19	94.19	98.25	23.65	85.55	114.99
72.05	10.55	54.40	58.95	8.75	40.07	55.46
44.76	-2.20	28.25	31.34	5.73	15.28	75.56
170.06	55.53	61.27	50.94	45.89	171.96	55.85
464.06	130.31	246.91	279.05	96.13	268.33	310.13
225.29	42.51	184.40	201.42	30.06	150.15	105.50
43.34	23.78	26.25	29.14	17.33	32.02	37.73
61.50	19.23	39.23	40.37	12.35	33.59	62.08
118.90	27.08	103.49	112.37	23.09	70.04	129.56
286.70	87.46	123.95	154.97	71.01	202.86	388.24
376.62	114.91	314.96	294.77	26.17	332.47	239.29
120.73	55.33	70.90	81.67	22.24	83.50	102.34
155.16	32.40	122.27	123.30	29.98	89.04	174.02
333.24	62.46	184.41	191.46	49.09	158.44	264.42
230.67	39.21	112.96	124.24	40.25	94.52	178.11
626.62	89.37	414.35	490.75	85.72	306.59	296.72
43.22	10.49	-13.14	-2.79	6.72	3.69	34.92
346.86	67.83	260.80	285.04	49.78	183.70	238.98
548.33	68.34	450.88	468.97	94.48	193.91	229.41
91.96	9.18	45.65	52.69	12.63	28.95	57.21
53.01	7.81	42.07	51.03	6.34	29.84	108.24
334.83	396.25	514.13	576.29	99.59	658.21	233.25
25.11	3.94	-16.32	-1.05	10.18	9.33	14.71
64.78	13.89	-7.29	4.74	15.38	19.63	45.39

2002 年全国国有及国有控股工业

行业名称	企业单位数(个)	亏损企业	工业总产值(不变价)	工业总产值(当年价格)	工业销售产值(当年价格)
总　计	41125	14865	37278.08	45178.96	44720.23
煤炭采选业	1135	274	760.33	1628.12	1596.87
石油和天然气开采业	68	5	600.49	2523.53	2512.92
黑色金属矿采选业	149	40	49.93	82.06	79.91
有色金属矿采选业	473	123	151.05	191.55	190.05
非金属矿采选业	471	165	131.28	143.65	141.60
其他矿采选业	4	1	0.21	0.28	0.31
木材及竹材采运业	376	151	83.18	107.18	103.34
食品加工业	3149	1196	894.17	1093.67	1074.93
食品制造业	1298	424	419.75	458.87	442.78
饮料制造业	1146	430	621.86	866.82	847.36
烟草加工业	243	55	1000.03	2012.35	2014.85
纺织业	1812	730	1307.05	1343.60	1337.28
服装及其他纤维制品制造业	452	156	110.43	117.72	115.33
皮革、毛皮、羽绒及其制品业	202	105	40.79	46.35	47.57
木材加工及竹、藤、棕、草制品业	427	154	106.90	104.26	102.17
家具制造业	165	57	25.02	22.49	21.83
造纸及纸制品业	708	237	435.76	486.70	474.84
印刷业、记录媒介的复制	1666	633	258.44	268.63	264.25
文教体育用品制造业	186	53	28.15	35.57	35.45
石油加工及炼焦业	260	73	1686.74	4165.19	4159.77
化学原料及化学制品制造业	2810	931	3103.02	3072.39	3037.54
医药制造业	1180	362	1557.45	965.83	922.02
化学纤维制造业	175	78	548.13	400.13	402.18
橡胶制品业	286	107	353.32	317.06	313.86
塑料制品业	718	256	256.47	217.95	211.81
非金属矿物制造业	3145	1144	920.98	1066.59	1040.46
黑色金属冶炼及压延加工业	550	193	3105.48	4333.93	4354.34
有色金属冶炼及压延加工业	555	176	1037.39	1163.05	1154.52
金属制品业	1034	419	318.09	315.59	309.52
普通机械制造业	2180	880	1585.50	1505.81	1473.56
专用设备制造业	1938	837	977.96	983.18	953.80
交通运输设备制造业	2299	840	5932.45	5408.88	5340.41
武器弹药制造业	111	43	246.24	252.61	247.02
电气机械及器材制造业	1285	460	1137.07	934.33	915.48
电子及通信设备制造业	1061	369	5267.14	2881.90	2850.76
仪器仪表及文化办公用机械制造业	609	219	205.70	191.74	187.83
其他制造业	293	110	57.86	58.94	58.34
电力、蒸汽、热水的生产和供应业	4058	1235	1780.18	4930.09	4914.22
煤气生产和供应业	243	118	86.58	157.86	159.49
自来水的生产和供应业	2205	1026	89.52	322.52	309.65

企业主要经济指标(按行业分)

单位:亿元

工业增加值(当年价格)	资产合计	流动资产		流动资产年平均余额	固定资产原价	
			应收账款净额			生产经营用
15935.03	89094.60	#####	7273.97	32625.56	64521.95	55569.86
772.96	4454.21	1525.65	371.65	1461.63	3547.66	2799.87
1819.82	4263.81	844.36	71.09	869.29	6263.30	6000.34
37.44	286.19	88.10	24.40	87.29	150.52	127.04
68.45	390.15	127.90	18.96	129.72	290.01	230.32
59.47	550.01	172.23	53.08	169.04	369.31	239.47
0.08	0.82	0.44	0.13	0.46	0.50	0.45
53.48	399.72	159.45	26.21	153.84	233.02	135.88
255.59	1228.03	558.70	101.35	538.53	710.73	572.73
132.58	704.29	306.70	65.34	288.84	368.20	311.56
347.58	1639.66	764.86	121.34	753.20	806.89	690.60
1350.05	2532.59	1488.41	161.13	1447.37	1004.56	868.60
365.70	2306.69	1038.71	182.22	1010.34	1379.25	1131.85
31.72	176.37	92.25	19.61	89.05	76.54	55.40
6.45	83.43	49.35	8.53	51.32	39.45	29.07
31.32	248.92	84.15	15.79	95.60	177.05	132.73
6.35	43.60	19.73	5.05	19.24	21.17	16.40
142.42	1211.96	438.47	113.91	427.65	682.29	595.01
103.92	511.02	210.42	48.52	209.42	343.62	281.34
12.48	74.72	42.78	10.69	40.11	30.34	24.68
845.55	3302.40	1028.26	131.60	1042.69	3414.52	3161.84
775.89	6117.89	2040.68	396.33	2011.84	4696.54	4116.07
342.46	1934.98	959.37	271.76	934.97	736.21	609.64
97.36	903.09	293.28	39.82	287.04	709.88	651.96
85.87	531.10	255.22	68.94	251.38	272.85	231.29
65.15	452.00	195.86	44.52	190.21	255.54	198.00
333.97	2725.34	1059.08	298.10	1044.87	1770.68	1477.27
1304.66	7913.39	2723.34	423.01	2652.95	6379.26	5582.80
311.35	2259.63	874.65	130.85	861.36	1562.00	1336.54
87.54	576.81	306.77	84.31	299.15	286.46	223.54
405.80	2909.68	1674.18	481.51	1620.96	1348.23	1110.17
269.07	1990.77	1119.55	258.16	1085.40	945.09	726.66
1461.98	7377.28	3999.42	695.00	3811.19	3208.80	2641.46
54.79	716.19	279.85	52.65	272.54	426.79	307.57
246.82	1833.07	1065.15	343.41	989.77	730.80	616.29
682.53	3800.48	2306.47	646.15	2199.57	1300.12	1114.96
61.33	486.86	276.16	74.24	273.40	213.80	173.63
15.26	74.95	42.58	7.78	38.76	29.50	22.62
2696.94	19746.21	4366.36	1307.68	4343.92	17805.65	15475.73
44.40	651.84	209.72	33.90	200.32	467.43	396.11
148.45	1684.43	380.17	65.27	371.32	1467.38	1152.37

2002年全国国有及国有控股工业企

行业名称	固定资产小计	累计折旧	本年折旧	固定资产净值	固定资产净值年平均余额
总计	46071.10	23759.26	3138.69	40762.69	39728.29
煤炭采选业	2552.42	1203.70	155.31	2443.96	2172.95
石油和天然气开采业	3368.78	3174.32	436.87	3088.98	3015.17
黑色金属矿采选业	106.78	60.45	6.49	90.07	93.64
有色金属矿采选业	215.99	107.25	12.42	182.76	182.84
非金属矿采选业	303.44	98.43	11.47	270.88	268.05
其他矿采选业	0.32	0.18	0.01	0.32	0.33
木材及竹材采运业	182.98	65.17	5.38	167.85	168.17
食品加工业	540.88	222.52	25.28	488.21	483.90
食品制造业	293.33	112.51	15.34	255.69	241.10
饮料制造业	653.30	244.95	39.41	561.94	553.13
烟草加工业	695.00	400.70	61.11	603.86	596.95
纺织业	963.15	520.71	54.24	858.54	856.72
服装及其他纤维制品制造业	54.79	25.35	3.23	51.20	51.91
皮革、毛皮、羽绒及其制品业	26.92	14.28	1.05	25.16	25.38
木材加工及竹、藤、棕、草制品业	137.83	50.05	5.96	127.00	130.44
家具制造业	15.14	6.79	0.89	14.38	14.75
造纸及纸制品业	611.36	177.62	29.94	504.67	480.34
印刷业、记录媒介的复制	232.89	132.48	20.34	211.13	205.95
文教体育用品制造业	22.00	10.70	1.23	19.64	19.35
石油加工及炼焦业	2084.36	1473.98	177.14	1940.54	1893.81
化学原料及化学制品制造业	3322.90	1765.88	223.89	2930.66	2909.13
医药制造业	628.98	230.65	34.08	505.56	475.29
化学纤维制造业	489.04	269.17	33.43	440.71	435.11
橡胶制品业	216.42	96.12	11.16	176.73	176.62
塑料制品业	206.15	76.47	11.67	179.08	175.44
非金属矿物制造业	1322.88	603.27	73.28	1167.40	1159.07
黑色金属冶炼及压延加工业	4438.92	2625.83	282.75	3753.43	3718.11
有色金属冶炼及压延加工业	1177.38	565.24	67.41	996.76	965.39
金属制品业	206.24	117.13	11.63	169.33	179.07
普通机械制造业	921.27	556.71	60.04	791.53	799.76
专用设备制造业	627.67	383.62	32.24	561.47	557.14
交通运输设备制造业	2353.06	1186.17	169.03	2022.63	2005.46
武器弹药制造业	334.50	141.59	12.28	285.21	285.11
电气机械及器材制造业	512.99	293.13	42.59	437.67	439.02
电子及通信设备制造业	897.04	504.02	83.45	796.10	796.55
仪器仪表及文化办公用机械制造业	147.90	82.44	9.38	131.36	128.14
其他制造业	22.58	10.36	1.26	19.14	19.63
电力、蒸汽、热水的生产和供应业	13625.23	5586.20	874.88	12219.45	11749.38
煤气生产和供应业	381.36	134.88	17.93	332.55	314.36
自来水的生产和供应业	1176.93	428.24	68.25	1039.15	985.66

业主要经济指标(按行业分)(续一)

单位:亿元

负债合计	流动负债小计	所有者权益合计	实收资本	国家资本	港澳台资本	外商资本
52837.08	34009.59	36139.17	22268.48	12967.30	433.36	832.33
2524.63	1599.26	1901.73	1499.93	1250.86	0.19	1.75
1548.76	888.72	2715.06	1775.54	916.00	26.37	25.14
122.36	102.44	163.83	117.68	103.31	0.06	0.00
264.40	173.18	125.74	99.78	75.18	0.00	0.07
315.02	196.86	234.99	174.53	134.62	0.60	2.26
0.51	0.50	0.31	0.21	0.21	0.00	0.00
268.02	214.18	131.70	90.60	82.16	0.00	0.01
908.91	748.71	319.11	272.51	179.48	9.40	7.93
442.94	356.40	261.35	161.14	79.84	9.55	9.01
885.16	750.68	754.50	346.17	188.14	20.43	36.64
1177.56	1079.94	1355.02	331.35	318.90	1.14	0.00
1702.71	1245.92	603.97	525.88	332.98	14.69	13.89
111.12	95.84	65.24	61.59	36.33	1.90	2.90
71.36	61.79	12.07	20.61	11.54	0.59	2.04
170.20	105.99	78.72	69.94	38.64	3.36	4.25
27.32	22.10	16.28	13.79	7.18	0.27	0.32
794.89	491.16	417.08	277.51	203.33	10.65	6.57
264.69	209.16	246.33	158.00	103.39	6.20	4.50
45.42	43.89	29.30	19.53	8.77	2.05	0.39
1850.44	1173.34	1447.23	950.73	447.32	35.15	14.11
3704.40	2378.34	2413.49	1590.71	748.71	13.91	42.13
1080.35	888.57	854.63	480.16	226.41	17.97	16.42
540.83	331.46	362.25	257.02	119.46	3.40	21.54
362.21	272.37	168.50	114.01	62.18	2.22	4.32
263.00	194.28	189.00	123.73	73.73	4.38	3.47
1773.41	1271.14	942.46	718.63	433.85	16.05	20.97
4281.35	3008.03	3597.04	1969.75	1436.56	27.17	22.05
1470.18	988.27	789.46	540.44	359.58	9.24	6.77
399.63	325.20	177.04	155.10	88.60	6.02	9.54
1956.45	1615.70	953.21	673.57	343.04	11.13	71.07
1382.99	1162.14	599.68	489.81	314.45	7.32	11.82
4610.70	3834.51	2746.01	1868.73	791.47	34.26	241.45
500.59	376.48	214.97	164.83	40.32	0.00	0.09
1195.41	1015.92	637.26	406.82	186.65	16.13	47.15
2137.44	1748.73	1658.49	795.43	285.65	37.85	88.48
328.76	263.50	157.85	125.41	62.43	3.51	6.31
56.61	48.84	18.34	19.80	9.29	0.67	0.39
12295.68	4187.35	7443.60	3962.42	2089.66	76.97	78.44
305.90	196.82	345.94	280.10	248.50	0.85	5.21
694.75	341.87	990.38	564.95	528.60	1.67	2.97

2002年全国国有及国有控股工业企

行业名称	产品销售收入	产品销售成本	产品销售费用	产品销售税金及附加
总　计	47844.21	38048.00	1467.44	1401.82
煤炭采选业	1628.04	1108.66	129.40	21.33
石油和天然气开采业	2511.01	1313.51	19.98	71.60
黑色金属矿采选业	83.85	62.22	2.89	2.39
有色金属矿采选业	185.80	135.32	4.18	1.38
非金属矿采选业	143.08	98.68	14.75	4.58
其他矿采选业	0.23	0.15	0.03	0.00
木材及竹材采运业	91.05	52.60	2.44	4.91
食品加工业	1056.02	942.40	38.98	5.15
食品制造业	425.28	327.76	40.07	1.67
饮料制造业	832.49	519.16	104.09	73.85
烟草加工业	1968.98	787.95	66.43	765.18
纺织业	1344.91	1198.95	25.68	4.76
服装及其他纤维制品制造业	122.95	106.72	4.25	0.34
皮革、毛皮、羽绒及其制品业	41.75	37.27	1.72	0.11
木材加工及竹、藤、棕、草制品业	100.51	85.99	5.10	0.79
家具制造业	23.23	19.57	1.44	0.14
造纸及纸制品业	462.54	374.08	17.90	2.13
印刷业、记录媒介的复制	249.95	188.64	5.28	1.70
文教体育用品制造业	36.88	28.47	1.45	0.13
石油加工及炼焦业	4289.68	3820.80	39.64	194.31
化学原料及化学制品制造业	3062.11	2606.66	89.47	24.42
医药制造业	1015.01	668.00	139.13	6.14
化学纤维制造业	396.43	342.00	7.74	1.74
橡胶制品业	278.71	227.04	11.44	7.03
塑料制品业	223.42	182.63	7.71	0.85
非金属矿物制造业	1019.08	820.55	55.84	7.29
黑色金属冶炼及压延加工业	4356.19	3636.35	62.73	29.01
有色金属冶炼及压延加工业	1187.90	1016.35	22.03	5.26
金属制品业	301.75	251.39	10.94	1.38
普通机械制造业	1458.99	1159.12	62.54	6.28
专用设备制造业	948.48	778.94	36.93	4.32
交通运输设备制造业	5225.63	4221.43	154.67	90.64
武器弹药制造业	243.79	199.34	4.53	0.81
电气机械及器材制造业	903.08	716.70	61.34	3.45
电子及通信设备制造业	2756.06	2329.99	139.45	4.50
仪器仪表及文化办公用机械制造业	198.83	147.26	12.98	0.91
其他制造业	74.49	65.52	2.51	0.45
电力、蒸汽、热水的生产和供应业	8041.39	6996.52	34.33	46.09
煤气生产和供应业	254.65	240.09	10.91	1.20
自来水的生产和供应业	300.02	233.20	14.49	3.60

业主要经济指标(按行业分)(续二)

单位:亿元

产品销售利润	管理费用	利息支出	利润总额	亏损企业亏损总额	本年应缴增值税	全部从业人员年平均人数(万人)
6932.84	3701.90	1141.83	2632.94	668.52	2580.51	2432.63
368.64	290.74	51.05	58.35	9.57	126.82	320.69
1105.91	170.25	22.52	854.05	1.08	218.02	55.44
16.34	14.29	1.98	3.00	1.48	5.71	12.85
44.92	33.55	7.03	8.61	7.16	7.56	26.67
25.02	22.06	5.35	1.30	5.14	9.30	27.81
0.05	0.04	0.00	0.00	0.00	0.01	0.09
28.66	22.00	4.09	2.05	2.09	1.47	57.25
69.42	50.81	18.53	8.34	20.14	24.56	54.11
55.78	28.59	9.75	19.16	7.18	17.60	28.53
135.36	64.48	14.77	66.22	13.69	60.20	45.09
349.43	128.38	27.93	211.33	5.29	209.32	21.79
115.52	95.63	32.30	11.48	29.87	49.74	164.91
11.63	10.48	1.73	0.86	3.08	2.52	15.92
2.66	4.61	1.12	-2.08	2.69	1.20	5.75
8.62	8.77	3.30	0.68	4.02	4.77	8.76
2.08	2.33	0.66	0.15	0.69	0.68	2.41
68.43	36.19	18.79	19.12	14.24	27.28	31.62
54.32	39.24	4.16	18.14	5.29	16.69	24.30
6.82	5.60	1.16	2.27	1.13	1.69	3.85
234.93	147.94	48.59	31.02	39.97	145.81	37.04
341.55	255.48	86.46	43.32	64.06	120.13	166.42
201.74	114.55	23.65	79.09	12.05	66.05	51.02
44.95	27.05	13.34	7.38	10.55	17.07	18.77
33.21	26.19	9.38	0.39	7.62	11.69	20.16
32.23	19.71	5.36	9.33	6.21	8.84	13.36
135.39	119.00	33.84	7.64	37.44	62.38	119.83
628.09	321.95	91.05	211.21	16.62	269.73	169.76
144.26	83.68	37.45	38.66	12.12	50.31	61.37
38.04	31.33	6.14	4.19	9.94	12.91	23.20
231.05	175.95	35.84	37.44	32.80	64.62	112.54
128.28	120.22	23.35	7.13	30.66	35.84	91.70
758.69	480.48	67.57	321.92	71.08	217.07	180.93
39.11	42.97	10.40	-2.74	6.55	3.68	34.62
121.59	99.42	25.12	15.78	23.47	37.46	56.81
282.12	194.25	36.74	111.78	32.10	58.73	63.38
37.67	37.22	5.82	3.56	6.43	8.68	21.11
6.00	4.86	0.90	1.33	1.00	1.73	4.27
973.15	291.82	340.03	426.46	89.76	577.11	212.62
2.45	22.62	3.41	-2.70	9.26	8.36	13.77
48.73	57.17	11.14	-2.30	14.97	17.15	43.13

2002年全国集体工业企业

行业名称	企业单位数（个）	亏损企业	工业总产值（1990年不变价）	工业总产值（当年价格）	工业销售产值（当年价格）
总　计	27477	3983	8688.51	9618.95	9344.92
煤炭采选业	995	62	142.89	201.94	198.85
石油和天然气开采业	1	0	0.24	0.24	0.24
黑色金属矿采选业	218	26	48.67	57.81	55.33
有色金属矿采选业	448	27	150.24	182.90	177.48
非金属矿采选业	569	30	114.11	130.92	126.32
其他矿采选业	6	0	0.45	0.85	0.85
木材及竹材采运业	3	0	0.27	0.30	0.29
食品加工业	1236	115	544.96	677.97	658.31
食品制造业	524	53	164.59	184.16	181.37
饮料制造业	316	38	100.24	115.49	112.30
烟草加工业	27	7	13.26	19.03	19.69
纺织业	1982	374	703.10	789.83	766.81
服装及其他纤维制品制造业	956	176	282.98	311.23	300.29
皮革、毛皮、羽绒及其制品业	406	41	122.66	136.35	131.35
木材加工及竹、藤、棕、草制品业	369	31	90.67	100.16	96.30
家具制造业	222	26	55.16	62.29	60.30
造纸及纸制品业	1313	160	277.85	324.90	315.54
印刷业、记录媒介的复制	402	55	86.28	84.39	81.93
文教体育用品制造业	229	26	52.08	58.14	57.21
石油加工及炼焦业	224	28	99.81	128.15	124.48
化学原料及化学制品制造业	2131	323	587.13	640.64	621.99
医药制造业	314	46	170.93	163.48	155.96
化学纤维制造业	94	16	85.32	73.01	72.21
橡胶制品业	345	53	105.55	119.04	116.56
塑料制品业	1085	186	291.29	307.65	300.30
非金属矿物制造业	3529	595	792.57	900.80	866.90
黑色金属冶炼及压延加工业	698	147	406.50	503.77	491.88
有色金属冶炼及压延加工业	582	106	310.45	336.94	327.85
金属制品业	1830	248	444.49	482.61	463.65
普通机械制造业	1730	235	407.60	460.00	444.20
专用设备制造业	890		221.73	254.40	243.32
交通运输设备制造业	1003	168	442.52	456.86	448.41
武器弹药制造业	2	1	2.28	2.94	2.81
电气机械及器材制造业	1368	232	992.92	902.90	885.40
电子及通信设备制造业	239	48	94.25	88.30	85.39
仪器仪表及文化办公用机械制造业	190	41	49.96	49.61	48.35
其他制造业	671	86	178.00	203.55	200.33
电力、蒸汽、热水的生产和供应业	178	24	29.76	69.85	69.35
煤气生产和供应业	11	0	3.22	3.68	3.68
自来水的生产和供应业	141	20	21.51	31.85	31.25

主要经济指标(按行业分)

单位:亿元

工业增加值(当年价格)	资产合计	流动资产	应收账款净额	流动资产年平均余额	固定资产原价	生产经营用
2552.53	7346.12	3928.62	1027.03	3820.54	3599.37	2995.47
82.38	180.61	87.69	26.00	87.47	101.14	81.60
0.07	0.23	0.12	0.01	0.12	0.13	0.13
18.02	38.69	20.66	6.69	19.89	20.24	17.89
52.41	86.99	35.02	6.67	35.35	56.32	47.19
38.10	54.72	27.68	9.10	28.40	31.47	26.96
0.22	1.59	1.29	0.08	1.05	0.19	0.15
0.09	0.21	0.02	0.00	0.04	0.04	0.02
171.72	314.15	161.67	29.48	148.60	146.61	120.49
42.89	124.59	57.47	11.95	54.81	71.33	59.60
31.62	89.29	40.90	8.57	43.08	47.50	40.55
7.64	35.15	21.39	4.23	21.03	19.39	18.26
197.55	768.05	422.08	67.98	402.47	378.88	301.94
79.80	198.22	116.63	24.03	118.31	84.32	69.67
35.31	70.10	42.08	8.84	43.41	28.02	23.12
25.28	65.38	34.03	6.35	34.26	33.42	28.06
15.42	37.16	19.47	4.27	19.58	18.02	13.77
89.22	260.07	128.29	43.64	126.39	151.19	128.15
26.42	77.68	42.14	16.42	40.37	42.37	34.94
14.28	35.47	21.58	6.19	19.20	16.30	14.27
37.44	99.39	55.24	9.13	52.67	46.66	39.96
169.13	431.24	245.79	80.52	237.20	207.92	170.39
49.81	160.42	86.05	23.37	82.94	68.97	59.98
17.39	54.33	21.93	3.44	20.19	33.74	30.39
29.83	85.39	51.10	13.34	49.45	39.11	32.82
76.78	243.99	126.03	37.12	124.49	124.93	104.07
262.50	781.35	347.20	104.65	343.51	506.50	427.89
112.17	362.51	197.93	33.56	189.95	172.40	136.98
82.13	244.43	136.48	34.83	133.43	119.27	101.06
129.17	330.77	203.33	61.33	199.52	140.89	115.15
131.32	361.92	213.22	67.30	210.34	161.78	132.77
72.21	183.93	113.72	31.55	112.28	78.62	65.15
107.09	397.29	219.65	63.90	208.46	149.66	130.75
0.73	0.62	0.35	0.05	0.14	0.18	0.18
214.51	687.77	401.30	115.92	388.45	222.05	191.51
22.82	90.22	48.22	18.08	47.99	34.51	30.05
13.34	44.07	28.08	8.13	26.86	15.74	12.98
55.86	121.40	76.09	19.20	73.30	49.98	37.01
26.04	113.40	43.35	15.22	43.96	92.29	78.96
1.06	1.48	0.58	0.06	0.79	0.93	0.93
12.76	111.85	32.76	5.80	30.77	86.36	69.72

2002年全国集体工业企业主

行业名称	固定资产小计	累计折旧	本年折旧	固定资产净值	固定资产净值年平均余额
总　计	2666.59	1192.58	177.89	2406.79	2393.74
煤炭采选业	78.27	30.24	4.65	70.90	73.11
石油和天然气开采业	0.11	0.02	0.00	0.11	0.11
黑色金属矿采选业	15.18	6.02	1.05	14.22	14.23
有色金属矿采选业	45.27	13.16	2.21	43.17	41.59
非金属矿采选业	23.07	11.08	1.64	20.39	20.66
其他矿采选业	0.13	0.10	0.01	0.09	0.11
木材及竹材采运业	0.03	0.01	0.00	0.03	0.03
食品加工业	116.56	38.18	6.53	108.43	107.27
食品制造业	53.24	22.05	3.04	49.28	49.51
饮料制造业	35.68	15.10	2.05	32.40	33.92
烟草加工业	11.71	7.82	0.92	11.57	11.96
纺织业	291.87	113.50	17.51	265.38	260.30
服装及其他纤维制品制造业	62.01	27.67	3.82	56.66	55.70
皮革、毛皮、羽绒及其制品业	20.45	8.98	1.24	19.04	19.14
木材加工及竹、藤、棕、草制品业	26.09	8.55	1.49	24.88	25.32
家具制造业	14.58	5.23	0.93	12.79	11.98
造纸及纸制品业	112.46	48.13	8.18	103.06	102.33
印刷业、记录媒介的复制	29.87	15.51	2.89	26.86	26.81
文教体育用品制造业	12.25	4.99	1.02	11.30	10.92
石油加工及炼焦业	35.25	14.90	2.45	31.76	33.23
化学原料及化学制品制造业	150.93	71.61	11.32	136.31	132.89
医药制造业	56.50	20.42	3.76	48.55	45.41
化学纤维制造业	23.46	11.80	1.96	21.94	22.07
橡胶制品业	28.48	13.28	1.86	25.84	26.04
塑料制品业	90.10	42.19	6.16	82.74	81.19
非金属矿物制造业	368.77	167.75	22.73	338.75	343.71
黑色金属冶炼及压延加工业	141.00	51.61	8.63	120.79	116.72
有色金属冶炼及压延加工业	87.62	44.78	7.09	74.49	78.82
金属制品业	100.70	48.58	8.00	92.31	92.44
普通机械制造业	114.03	58.00	8.38	103.78	99.10
专用设备制造业	54.59	30.69	4.01	47.93	49.20
交通运输设备制造业	112.50	51.98	8.88	97.67	95.51
武器弹药制造业	0.06	0.15	0.12	0.03	0.02
电气机械及器材制造业	164.35	79.69	10.18	142.36	145.66
电子及通信设备制造业	26.30	10.33	1.73	24.18	25.22
仪器仪表及文化办公用机械制造业	10.82	6.30	0.90	9.45	9.62
其他制造业	34.82	18.52	1.97	31.46	31.66
电力、蒸汽、热水的生产和供应业	55.54	42.55	3.61	49.73	47.07
煤气生产和供应业	0.74	0.19	0.04	0.74	0.76
自来水的生产和供应业	61.20	30.92	4.94	55.44	52.40

要经济指标(按行业分)(续一)

单位:亿元

负债合计	流动负债小计	所有者权益合计	实收资本	国家资本	港澳台资本	外商资本
4667.53	3893.95	2678.59	1678.18	41.35	31.06	24.99
107.78	87.97	72.83	48.11	2.01	0.02	0.00
0.05	0.05	0.19	0.19	0.00	0.00	0.00
26.44	22.41	12.25	9.65	0.02	0.00	0.00
49.27	35.48	37.72	26.27	0.61	0.14	0.10
27.84	21.86	26.87	16.71	0.27	0.61	0.02
1.31	1.28	0.28	0.30	0.00	0.00	0.00
0.02	0.02	0.19	0.02	0.00	0.00	0.00
189.08	157.50	125.07	69.16	1.93	0.09	1.64
75.14	55.34	49.45	32.95	0.32	0.07	0.49
61.45	51.76	27.84	20.18	0.52	0.05	0.05
30.40	29.24	4.75	4.44	2.00	0.01	0.00
568.34	473.85	199.71	144.94	3.03	1.74	3.62
130.81	110.66	67.42	49.04	0.51	1.43	1.00
46.54	40.35	23.56	17.46	0.06	0.59	0.64
40.29	31.14	25.09	18.95	1.34	0.90	0.75
22.80	19.91	14.36	10.93	0.05	0.45	0.33
157.88	120.31	102.19	65.58	0.65	1.08	0.74
42.48	36.62	35.20	20.22	1.59	0.82	0.79
19.30	16.58	16.16	11.00	0.04	0.63	0.07
60.75	54.12	38.64	25.23	2.36	0.00	0.00
265.16	224.68	166.07	97.05	1.77	3.15	0.93
82.38	72.19	78.04	39.17	0.17	0.09	0.31
37.33	28.72	17.00	13.39	0.26	-0.04	0.41
56.45	51.09	28.94	20.02	0.26	0.01	0.30
160.13	130.47	83.86	54.19	1.81	1.20	0.89
520.34	387.31	261.01	204.71	2.89	0.47	1.05
247.28	216.45	115.23	83.52	0.53	3.41	0.61
161.00	139.02	83.43	48.97	2.47	0.79	1.97
212.90	186.66	117.87	80.17	1.03	2.09	1.49
220.98	192.07	140.95	79.28	1.66	0.99	0.22
112.68	100.49	71.25	44.97	1.19	0.05	0.45
244.01	202.20	153.28	91.81	1.89	0.52	0.86
0.25	0.24	0.37	0.17	0.00	0.00	0.00
408.96	371.88	278.81	114.28	3.74	2.27	2.33
55.94	45.64	34.27	22.92	0.06	5.24	0.47
26.16	23.26	17.90	11.28	0.11	0.18	0.96
76.56	65.55	44.85	29.15	0.81	0.46	1.57
62.76	46.19	50.64	37.62	1.70	1.52	0.00
0.66	0.61	0.82	0.37	0.01	0.00	0.00
57.63	42.76	54.22	13.82	1.69	0.01	0.00

2002年全国集体工业企业主要

行业名称	产品销售收入	产品销售成本	产品销售费用	产品销售税金及附加
总　计	8800.40	7551.64	311.35	71.65
煤炭采选业	187.02	141.47	7.50	4.33
石油和天然气开采业	0.24	0.20	0.01	0.00
黑色金属矿采选业	53.11	43.75	2.43	0.91
有色金属矿采选业	160.92	130.13	5.18	1.74
非金属矿采选业	116.76	95.96	5.94	1.86
其他矿采选业	0.76	0.42	0.22	0.01
木材及竹材采运业	0.21	0.13	0.04	0.01
食品加工业	601.39	527.08	14.00	3.41
食品制造业	165.39	135.14	7.94	1.01
饮料制造业	102.83	84.12	5.00	4.27
烟草加工业	19.92	13.25	1.06	3.67
纺织业	733.05	662.10	13.51	3.66
服装及其他纤维制品制造业	281.52	247.92	7.93	1.66
皮革、毛皮、羽绒及其制品业	123.70	109.77	3.00	0.85
木材加工及竹、藤、棕、草制品业	87.23	72.99	5.68	1.06
家具制造业	58.04	50.54	2.36	0.57
造纸及纸制品业	298.03	256.32	8.61	2.14
印刷业、记录媒介的复制	76.76	62.53	3.15	0.42
文教体育用品制造业	50.59	44.56	1.07	0.26
石油加工及炼焦业	124.63	108.99	5.50	1.32
化学原料及化学制品制造业	587.44	502.62	19.93	3.98
医药制造业	148.20	98.19	25.54	0.92
化学纤维制造业	68.86	63.07	0.91	0.30
橡胶制品业	97.37	83.39	3.34	0.75
塑料制品业	287.83	252.28	7.42	2.02
非金属矿物制造业	808.13	682.13	34.69	8.55
黑色金属冶炼及压延加工业	501.62	457.32	6.80	2.13
有色金属冶炼及压延加工业	315.75	287.06	5.90	1.58
金属制品业	435.15	378.63	13.88	3.14
普通机械制造业	411.97	340.88	15.72	2.92
专用设备制造业	229.82	194.13	7.63	1.94
交通运输设备制造业	426.77	368.92	11.06	2.91
武器弹药制造业	2.15	2.00	0.00	0.00
电气机械及器材制造业	841.39	721.40	44.66	3.17
电子及通信设备制造业	78.52	65.09	2.98	0.48
仪器仪表及文化办公用机械制造业	47.06	39.51	1.89	0.29
其他制造业	175.92	153.58	6.29	2.30
电力、蒸汽、热水的生产和供应业	59.32	48.53	1.23	0.76
煤气生产和供应业	3.48	3.20	0.05	0.01
自来水的生产和供应业	31.56	22.35	1.29	0.34

经济指标(按行业分)(续二)

单位:亿元

产品销售利润	管理费用	利息支出	利润总额	亏损企业亏损总额	本年应缴增值税	全部从业人员年平均人数(万人)
865.75	364.48	105.27	415.06	44.23	272.38	586.04
33.71	12.54	2.85	16.54	1.39	11.84	33.91
0.02	0.00	0.00	0.02	0.00	0.02	0.01
6.02	2.22	0.57	3.16	0.23	1.91	5.86
23.87	4.87	1.51	17.63	0.32	2.63	8.99
13.00	4.56	0.77	7.21	0.10	3.56	9.91
0.11	0.05	0.03	0.05	0.00	0.04	0.14
0.02	0.01	0.01	0.00	0.00	0.01	0.02
56.89	12.67	4.82	31.15	1.33	10.37	21.40
21.31	5.76	3.21	7.47	0.67	4.59	10.81
9.45	3.37	1.27	4.84	0.58	3.26	5.29
1.94	2.08	1.18	0.21	0.45	1.68	1.06
53.79	22.45	10.48	28.98	3.39	17.95	52.77
24.00	11.57	2.74	10.24	1.32	6.97	29.35
10.08	3.60	1.13	5.55	0.32	2.99	9.53
7.50	2.52	0.96	4.11	0.40	2.50	6.73
4.56	2.19	0.50	2.10	0.19	1.25	3.52
30.97	10.39	4.77	16.23	1.48	11.14	23.65
10.66	4.79	0.76	5.73	0.26	3.25	5.05
4.70	2.47	0.33	2.14	0.19	1.60	7.07
8.82	4.62	1.30	3.24	0.66	6.29	6.00
60.91	27.00	6.17	31.04	3.11	20.18	31.59
23.54	9.46	1.66	12.71	0.50	7.17	6.17
4.58	1.59	1.30	2.20	0.41	1.26	2.58
9.88	4.08	1.14	5.08	0.38	2.79	7.58
26.11	12.88	3.31	11.16	2.03	8.58	16.76
82.76	31.58	13.08	37.22	5.38	31.49	77.57
35.38	15.71	5.96	14.70	1.99	11.78	22.32
21.21	8.70	4.33	8.65	3.39	8.01	11.79
39.50	18.11	4.84	17.80	1.86	13.02	30.46
52.46	24.38	4.95	24.49	2.25	15.19	32.15
26.12	12.26	2.25	12.01	1.27	7.91	16.60
43.86	22.71	3.45	20.27	2.68	12.87	25.35
0.15	0.02	0.00	0.12	0.00	0.00	0.17
72.16	38.52	7.72	32.99	2.93	24.60	29.25
9.97	6.33	0.97	3.12	0.85	2.12	9.46
5.37	3.73	0.31	1.84	0.35	1.77	4.36
13.74	6.83	1.99	5.47	0.94	4.69	16.15
8.80	3.41	1.05	5.01	0.39	3.73	3.16
0.23	0.12	0.01	0.18	0.00	0.08	0.09
7.58	4.35	1.59	2.39	0.23	1.30	1.40

2002年全国外商投资和港澳台商投资

行业名称	企业单位数（个）	亏损企业	工业总产值（1990年不变价）	工业总产值（当年价格）	工业销售产值（当年价格）
总　计	34466	8698	34689.84	32459.28	31902.51
煤炭采选业	16	4	6.66	20.66	23.56
石油和天然气开采业	2	0	39.92	216.23	214.40
黑色金属矿采选业	13	2	1.98	2.42	2.31
有色金属矿采选业	17	3	5.93	6.02	5.66
非金属矿采选业	78	19	14.43	16.72	16.76
其他矿采选业	0	0	0.00	0.00	0.00
木材及竹材采运业	0	0	0.00	0.00	0.00
食品加工业	1394	407	1036.03	1179.65	1156.95
食品制造业	1005	312	706.41	778.56	757.63
饮料制造业	463	143	557.76	601.82	589.72
烟草加工业	5	1	5.43	9.21	9.04
纺织业	2579	642	1316.95	1407.78	1369.62
服装及其他纤维制品制造业	3690	878	1221.92	1321.76	1290.87
皮革、毛皮、羽绒及其制品业	1597	372	855.67	958.96	943.86
木材加工及竹、藤、棕、草制品业	631	203	198.97	208.06	205.56
家具制造业	533	151	223.04	248.10	243.98
造纸及纸制品业	760	193	610.34	662.58	649.89
印刷业、记录媒介的复制	539	136	291.95	278.12	271.63
文教体育用品制造业	1070	249	434.05	462.10	453.88
石油加工及炼焦业	108	27	269.83	487.01	477.57
化学原料及化学制品制造业	1844	417	1645.66	1594.88	1560.00
医药制造业	604	157	588.84	524.84	484.37
化学纤维制造业	224	64	382.60	291.16	282.78
橡胶制品业	373	94	434.13	389.47	383.69
塑料制品业	2245	602	1025.61	1042.52	1027.48
非金属矿物制造业	1652	482	804.66	856.38	836.68
黑色金属冶炼及压延加工业	217	58	377.24	487.23	486.78
有色金属冶炼及压延加工业	297	91	329.05	335.60	334.44
金属制品业	2066	510	1157.28	1181.81	1162.86
普通机械制造业	1333	253	1052.56	1000.72	982.03
专用设备制造业	838	168	537.06	546.51	530.54
交通运输设备制造业	1134	272	2996.82	2657.38	2631.25
武器弹药制造业	1	1	2.33	2.72	2.70
电气机械及器材制造业	2050	491	2435.17	2031.43	1989.57
电子及通信设备制造业	2558	733	11460.92	8281.91	8158.03
仪器仪表及文化办公用机械制造业	628	145	738.23	673.83	693.33
其他制造业	1530	320	500.53	538.17	521.95
电力、蒸汽、热水的生产和供应业	299	73	360.96	1079.67	1073.78
煤气生产和供应业	49	20	55.11	63.41	63.51
自来水的生产和供应业	24	5	7.80	13.89	13.84

工业企业主要经济指标(按行业分)

单位:亿元

工业增加值(当年价格)	资产合计	流动资产	应收账款净额	流动资产年平均余额	固定资产原价	生产经营用
8573.10	31513.76	16237.04	5114.67	15174.60	18726.88	16145.37
8.17	25.72	11.76	2.75	11.60	14.78	3.26
106.57	104.50	21.94	1.12	22.18	65.11	65.07
0.70	1.99	0.90	0.09	0.82	0.95	0.64
1.82	5.75	4.40	2.32	4.33	1.43	1.27
4.98	19.42	8.20	1.90	8.84	12.08	10.50
0.00	0.00	0.00	0.00	0.00	0.00	0.00
0.00	0.00	0.00	0.00	0.00	0.00	0.00
265.11	839.48	445.24	88.29	417.44	454.06	378.91
236.69	775.76	371.49	88.80	355.84	488.93	373.94
209.38	789.48	324.77	53.01	312.99	580.08	482.33
5.62	14.14	7.84	1.27	7.62	10.92	9.98
349.38	1496.25	745.00	182.32	723.26	925.58	813.11
341.45	925.51	570.73	152.60	554.38	411.79	340.86
243.91	632.67	418.11	141.03	398.49	254.17	206.60
51.21	272.92	128.45	23.91	123.33	166.46	142.18
67.08	217.93	124.19	31.14	115.18	103.93	86.67
189.61	1021.05	395.63	121.10	383.45	698.56	629.76
90.70	370.37	187.41	67.06	177.14	244.55	209.58
121.27	387.07	238.25	83.37	220.92	185.92	150.46
107.32	457.68	148.29	22.39	139.12	400.68	362.73
440.24	1691.57	823.68	256.54	801.81	978.21	838.78
199.15	651.26	348.75	109.73	343.56	303.14	246.86
67.09	371.00	117.58	21.19	114.46	307.69	283.90
112.85	487.89	225.53	69.72	217.02	297.37	261.91
282.25	1166.14	589.33	198.63	551.30	708.21	597.23
256.91	1383.64	565.91	177.20	529.45	957.20	835.82
112.61	537.33	229.99	42.98	213.88	324.06	300.45
67.65	398.92	182.39	42.35	171.29	238.49	210.50
292.70	1191.94	682.13	223.49	622.87	630.35	531.35
280.38	1172.27	686.41	216.25	657.12	592.39	518.67
157.84	567.80	375.33	99.67	346.22	222.02	181.28
739.54	2445.45	1402.71	276.96	1249.80	1244.98	1096.94
0.17	6.34	2.57	0.23	2.30	4.40	2.81
531.40	1831.73	1088.33	380.25	1032.33	923.30	800.26
1731.99	5618.85	3642.15	1577.83	3236.33	2392.0	1938.43
144.47	475.42	327.09	124.93	331.02	191.49	162.09
156.67	420.99	249.68	74.20	241.24	183.89	152.67
586.00	2596.10	509.96	152.04	500.79	3116.23	2860.00
6.74	64.31	22.72	2.37	21.21	41.02	34.41
5.47	77.13	12.19	3.65	13.69	49.69	23.17

2002年全国外商投资和港澳台商投资工

行业名称	固定资产小计	累计折旧		固定资产净值	固定资产净值年平均余额
			本年折旧		
总　计	12917.72	6520.36	1215.66	12206.52	12097.09
煤炭采选业	11.99	3.27	0.74	11.51	10.10
石油和天然气开采业	65.04	0.06	0.01	65.04	63.12
黑色金属矿采选业	0.87	0.39	0.04	0.55	0.54
有色金属矿采选业	0.87	0.56	0.09	0.87	0.84
非金属矿采选业	8.53	4.00	0.57	8.07	8.10
其他矿采选业	0.00	0.00	0.00	0.00	0.00
木材及竹材采运业	0.00	0.00	0.00	0.00	0.00
食品加工业	317.75	156.68	26.85	297.38	297.11
食品制造业	338.86	169.52	32.33	319.41	309.58
饮料制造业	392.21	201.84	35.44	378.23	378.48
烟草加工业	6.12	4.82	0.67	6.09	5.82
纺织业	618.68	334.44	56.16	591.15	595.05
服装及其他纤维制品制造业	273.72	154.56	26.80	257.22	261.83
皮革、毛皮、羽绒及其制品业	176.43	88.18	15.79	165.99	169.66
木材加工及竹、藤、棕、草制品业	122.97	47.86	8.67	118.59	118.42
家具制造业	74.96	32.05	7.02	71.89	72.33
造纸及纸制品业	562.38	163.61	39.54	534.95	524.56
印刷业、记录媒介的复制	162.10	89.29	19.07	155.26	150.23
文教体育用品制造业	124.25	65.40	12.14	120.52	119.65
石油加工及炼焦业	255.33	157.41	22.08	243.27	221.15
化学原料及化学制品制造业	701.45	314.92	59.05	663.28	643.11
医药制造业	228.98	90.90	17.23	212.24	216.50
化学纤维制造业	219.56	96.33	17.52	211.35	204.67
橡胶制品业	219.84	92.00	15.52	205.37	207.58
塑料制品业	477.99	249.46	48.29	458.75	448.52
非金属矿物制造业	689.10	311.09	54.28	646.10	643.75
黑色金属冶炼及压延加工业	261.88	91.63	15.52	232.43	217.23
有色金属冶炼及压延加工业	191.86	57.05	11.13	181.44	173.19
金属制品业	430.80	222.28	40.22	408.07	412.53
普通机械制造业	404.54	210.82	38.85	381.56	381.88
专用设备制造业	149.55	81.53	13.86	140.49	134.22
交通运输设备制造业	882.39	453.20	90.12	791.78	797.87
武器弹药制造业	3.24	1.18	0.11	3.22	3.05
电气机械及器材制造业	608.20	337.46	67.27	585.84	572.86
电子及通信设备制造业	1661.05	865.00	207.42	1527.81	1512.10
仪器仪表及文化办公用机械制造业	120.40	76.00	14.21	115.49	111.23
其他制造业	131.23	62.11	11.42	121.78	124.50
电力、蒸汽、热水的生产和供应业	1940.10	1216.11	185.65	1900.13	1913.58
煤气生产和供应业	35.44	8.30	1.84	32.73	32.23
自来水的生产和供应业	47.05	9.05	2.19	40.64	39.94

业企业主要经济指标(按行业分)(续一)

单位:亿元

负债合计	流动负债小计	所有者权益合计	实收资本			
				国家资本	港澳台资本	外商资本
17136.03	14146.01	14359.94	11447.28	1021.12	3147.50	4946.14
14.08	13.24	11.64	6.59	2.10	0.50	3.20
10.54	10.53	93.97	56.59	0.00	43.06	0.00
1.02	0.93	0.97	1.06	0.15	0.54	0.01
4.64	4.50	1.11	1.34	0.07	0.34	0.37
10.53	7.55	8.89	9.49	1.08	3.21	3.09
0.00	0.00	0.00	0.00	0.00	0.00	0.00
0.00	0.00	0.00	0.00	0.00	0.00	0.00
512.64	458.56	326.84	296.28	27.63	77.30	135.44
422.93	350.96	352.83	356.71	18.43	77.78	216.49
418.20	352.57	371.28	384.57	43.58	107.41	170.28
5.76	5.55	8.37	7.03	1.44	1.14	1.29
822.16	689.12	674.09	607.50	35.68	244.81	207.81
498.71	466.63	426.80	336.95	16.23	135.13	116.15
389.77	351.46	242.90	194.89	3.86	98.03	59.02
166.29	127.62	106.63	110.81	8.75	41.35	37.63
122.42	110.59	95.51	77.33	1.13	32.68	27.06
623.88	452.55	397.17	353.03	27.76	89.36	189.77
175.16	155.87	195.21	150.15	11.62	62.62	34.91
200.11	190.56	186.96	152.00	2.01	82.17	48.56
227.14	144.39	230.54	137.08	4.98	29.61	42.26
872.08	717.31	819.49	696.45	47.09	143.30	376.48
336.64	284.98	314.62	239.53	25.19	37.26	117.86
199.96	128.64	171.03	151.76	16.79	54.01	47.80
277.47	223.26	210.42	189.55	22.67	34.30	109.18
591.63	508.68	574.51	498.42	15.29	214.75	168.86
744.62	530.54	639.02	602.05	43.87	180.05	244.54
317.84	241.10	219.49	169.77	22.72	37.02	49.96
231.15	175.89	167.77	162.66	19.19	47.12	44.92
658.33	596.28	533.61	476.75	19.42	178.33	190.61
578.78	518.48	593.49	490.63	46.11	68.04	270.77
295.56	268.78	272.24	199.32	19.84	46.42	96.04
1178.83	1031.47	1253.39	824.86	155.61	114.63	340.74
5.13	4.21	1.21	0.69	0.69	0.00	0.00
973.73	915.61	858.00	710.59	37.65	181.11	354.09
3416.53	3089.71	2197.77	1566.56	79.46	362.04	858.19
239.93	229.69	235.49	171.50	11.31	43.91	96.64
208.15	192.81	212.84	176.52	2.46	84.59	66.45
1310.82	539.58	1285.28	815.42	219.42	181.28	191.91
38.92	34.73	25.38	27.47	3.11	7.18	12.05
33.97	21.10	43.16	37.39	6.74	5.11	15.71

2002年全国外商投资和港澳台商投资工

行业名称	产品销售收入	产品销售成本	产品销售费用	产品销售税金及附加	产品销售利润
总　计	31189.27	25907.35	1434.04	151.87	3707.19
煤炭采选业	21.11	8.46	10.18	0.15	2.31
石油和天然气开采业	113.80	49.48	0.09	6.42	57.81
黑色金属矿采选业	2.16	1.90	0.07	0.02	0.18
有色金属矿采选业	5.82	4.93	0.30	0.01	0.57
非金属矿采选业	16.01	12.11	1.75	0.16	1.99
其他矿采选业	0.00	0.00	0.00	0.00	0.00
木材及竹材采运业	0.00	0.00	0.00	0.00	0.00
食品加工业	1168.75	1051.11	41.40	1.53	74.65
食品制造业	744.32	539.05	107.21	1.08	96.98
饮料制造业	578.30	366.40	107.49	22.02	82.40
烟草加工业	9.34	4.91	0.58	1.91	1.93
纺织业	1307.66	1170.30	27.90	2.42	107.04
服装及其他纤维制品制造业	1239.62	1073.19	44.94	2.83	118.65
皮革、毛皮、羽绒及其制品业	891.63	806.26	19.48	1.58	64.31
木材加工及竹、藤、棕、草制品业	199.21	173.60	9.02	0.48	16.11
家具制造业	232.66	198.39	10.18	0.31	23.79
造纸及纸制品业	645.15	515.29	30.66	0.66	98.54
印刷业、记录媒介的复制	260.48	209.72	6.93	0.25	43.59
文教体育用品制造业	440.10	383.32	13.42	0.50	42.87
石油加工及炼焦业	483.22	412.59	14.37	10.49	45.77
化学原料及化学制品制造业	1546.02	1136.08	167.68	10.36	231.91
医药制造业	495.09	282.88	111.31	1.04	99.86
化学纤维制造业	275.72	245.39	4.96	0.42	24.95
橡胶制品业	375.02	298.32	19.10	6.04	51.57
塑料制品业	996.64	853.25	30.79	1.43	111.16
非金属矿物制造业	811.69	669.11	40.66	2.49	99.42
黑色金属冶炼及压延加工业	488.64	435.56	8.58	0.27	44.23
有色金属冶炼及压延加工业	319.89	286.23	5.87	0.21	27.58
金属制品业	1145.75	977.06	46.29	2.04	120.37
普通机械制造业	959.08	752.25	43.85	1.23	161.75
专用设备制造业	532.65	411.44	28.43	0.57	92.21
交通运输设备制造业	2615.73	2019.33	80.66	65.26	450.48
武器弹药制造业	2.87	2.21	0.06	0.01	0.58
电气机械及器材制造业	1929.72	1585.44	110.91	1.78	230.59
电子及通信设备制造业	8099.58	7199.68	243.34	3.40	664.42
仪器仪表及文化办公用机械制造业	682.31	587.17	23.07	0.50	71.58
其他制造业	495.60	430.15	18.20	1.24	46.00
电力、蒸汽、热水的生产和供应业	956.00	662.54	2.86	0.71	289.89
煤气生产和供应业	86.70	82.22	1.25	0.07	3.16
自来水的生产和供应业	15.22	10.01	0.22	0.02	4.98

业企业主要经济指标(按行业分)(续二)

单位:亿元

管理费用	利息支出	营业利润	利润总额	亏损企业亏损总额	本年应缴增值税	全部从业人员年平均人数(万人)
1592.12	305.32	1850.12	1877.22	364.08	960.87	1054.34
1.13	0.42	1.00	0.87	0.08	1.23	0.44
3.24	0.77	53.77	53.82	0.00	6.76	0.15
0.10	0.01	0.07	0.07	0.00	0.08	0.20
0.22	0.07	0.31	0.29	0.02	0.13	0.17
1.17	0.11	0.65	0.37	0.50	0.60	0.99
0.00	0.00	0.00	0.00	0.00	0.00	0.00
0.00	0.00	0.00	0.00	0.00	0.00	0.00
36.15	12.14	27.55	27.03	14.42	17.49	27.63
48.15	7.21	44.15	35.19	25.94	38.21	25.43
40.75	5.67	36.42	38.26	14.65	41.30	16.38
0.93	0.10	0.93	0.93	0.23	1.08	0.25
57.89	15.14	34.01	43.98	17.14	25.49	77.15
68.41	6.58	44.51	46.06	10.39	27.54	126.04
36.45	4.60	23.11	23.11	6.51	14.55	87.64
10.17	3.33	1.56	3.48	6.53	5.82	11.62
12.51	1.84	9.44	9.19	3.60	5.07	15.51
35.68	17.25	45.93	46.05	5.30	28.29	18.14
16.14	3.15	25.07	25.55	2.84	12.80	12.65
26.81	-5.18	14.93	17.38	4.18	5.25	46.93
19.25	6.33	21.20	21.01	1.88	22.12	3.58
101.03	16.98	117.54	115.80	22.18	74.63	27.73
46.54	6.76	46.95	46.17	13.81	40.72	13.25
9.18	5.80	10.55	9.68	6.99	7.82	5.86
22.64	7.48	23.34	23.37	3.55	12.10	17.37
54.42	9.73	48.06	51.80	12.79	27.28	51.08
54.87	14.70	29.47	33.43	18.73	32.70	39.30
14.37	8.25	22.55	22.76	2.70	17.54	8.23
11.49	6.31	9.38	9.76	5.03	5.85	6.80
58.16	10.83	53.52	52.02	14.66	24.66	46.16
74.49	7.98	83.49	83.22	10.77	35.06	29.22
41.24	3.45	49.49	49.65	4.61	18.09	16.00
162.61	13.40	285.19	291.60	21.18	127.63	38.72
0.52	0.23	-0.16	-0.06	0.06	0.03	0.47
107.77	15.28	110.70	117.04	21.72	49.83	71.47
295.25	30.03	348.88	330.18	73.12	107.87	132.28
39.75	1.18	31.37	33.49	5.56	11.16	20.33
25.06	1.56	19.87	27.58	3.56	9.28	46.51
52.93	64.40	172.02	182.87	7.50	103.05	11.56
2.25	0.76	0.50	1.05	1.22	0.97	0.61
2.30	0.69	2.80	3.19	0.13	0.79	0.47

2002年全国大中型工业企业

行业名称	企业单位数(个)	亏损企业	工业总产值(1990年不变价)	工业总产值(当年价格)	工业销售产值(当年价格)
总　计	23323	6656	60389.35	65317.51	64511.71
煤炭采选业	269	58	681.00	1473.66	1443.43
石油和天然气开采业	40	3	634.88	2712.38	2699.36
黑色金属矿采选业	41	12	42.05	68.83	67.55
有色金属矿采选业	151	40	136.75	169.79	167.74
非金属矿采选业	166	42	120.03	130.36	128.47
其他矿采选业	1	0	0.03	0.03	0.03
木材及竹材采运业	93	29	67.98	88.18	84.72
食品加工业	1100	389	1640.70	1918.27	1879.36
食品制造业	596	180	901.60	988.12	968.84
饮料制造业	759	246	1100.57	1405.38	1379.31
烟草加工业	138	31	942.73	1910.92	1920.88
纺织业	1778	548	2647.76	2744.40	2694.89
服装及其他纤维制品制造业	458	107	642.02	697.57	681.85
皮革、毛皮、羽绒及其制品业	231	59	374.44	432.11	428.04
木材加工及竹、藤、棕、草制品业	184	70	213.70	220.07	217.86
家具制造业	88	22	76.19	79.59	76.52
造纸及纸制品业	612	170	917.22	1008.79	985.54
印刷业、记录媒介的复制	449	109	346.64	330.25	321.59
文教体育用品制造业	157	34	182.11	193.24	189.09
石油加工及炼焦业	142	52	1672.69	4094.91	4087.45
化学原料及化学制品制造业	1828	502	4258.82	4193.86	4153.82
医药制造业	888	165	2219.89	1529.69	1454.42
化学纤维制造业	225	81	1085.71	800.91	794.46
橡胶制品业	245	72	648.55	591.76	582.48
塑料制品业	763	238	830.81	794.83	779.95
非金属矿物制造业	1772	572	1515.63	1674.64	1634.67
黑色金属冶炼及压延加工业	371	90	3671.32	5048.45	5063.61
有色金属冶炼及压延加工业	395	103	1374.83	1514.27	1503.25
金属制品业	750	225	917.86	928.40	908.52
普通机械制造业	1510	484	2226.24	2155.31	2103.09
专用设备制造业	1073	369	1425.06	1458.41	1414.09
交通运输设备制造业	1387	368	7021.55	6464.61	6375.35
武器弹药制造业	102	40	243.88	249.62	244.02
电气机械及器材制造业	1223	327	4166.19	3303.07	3224.73
电子及通信设备制造业	1233	326	12766.37	8210.50	8133.16
仪器仪表及文化办公用机械制造业	376	109	646.11	575.26	592.87
其他制造业	222	54	212.89	225.01	220.07
电力、蒸汽、热水的生产和供应业	1168	201	1662.79	4554.59	4534.85
煤气生产和供应业	104	52	94.33	146.00	147.39
自来水的生产和供应业	235	77	59.40	231.52	224.40

主要经济指标(按行业分)

单位:亿元

工业增加值(当年价格)	资产合计	流动资产		流动资产年平均余额	固定资产原价	
			应收账款净额			生产经营用
20841.19	103516.44	41911.77	9757.64	40411.83	71606.08	61929.67
711.04	4153.44	1413.29	343.50	1354.25	3338.16	2634.86
1912.42	4302.09	850.20	69.87	875.66	6246.51	5987.99
30.96	247.92	72.73	19.98	72.76	128.55	107.35
61.09	329.17	108.97	16.35	109.52	242.20	194.45
51.84	500.90	160.47	49.68	158.20	344.59	222.48
0.01	0.28	0.16	0.07	0.16	0.17	0.15
46.12	324.95	135.34	20.16	131.93	211.90	124.13
444.93	1750.53	837.31	138.63	789.01	953.39	800.05
292.63	1168.25	517.52	115.27	493.35	670.25	530.71
526.45	2222.30	1022.93	154.47	1008.60	1229.95	1059.10
1308.80	2406.74	1415.62	142.91	1376.30	948.58	822.85
707.88	3644.68	1623.65	300.35	1575.75	2250.14	1885.31
174.43	717.62	388.74	79.48	371.63	307.16	251.53
123.55	370.46	233.22	71.96	219.96	153.97	122.21
57.96	349.13	130.94	26.60	140.26	235.05	184.59
22.23	116.47	57.20	12.59	54.03	63.60	54.04
291.47	1957.16	698.36	182.47	685.95	1245.20	1111.66
125.13	569.80	240.42	60.80	237.49	385.18	322.65
51.72	191.35	107.83	28.11	102.18	90.91	74.88
803.13	3167.15	983.35	122.76	994.84	3280.01	3043.89
1081.71	6995.72	2510.49	528.88	2469.27	5190.64	4549.84
550.82	2551.03	1287.27	365.13	1245.75	994.39	840.24
180.50	1250.37	410.77	53.75	401.20	980.79	902.94
164.78	823.11	386.05	108.31	373.96	461.54	397.46
206.92	1102.42	499.42	136.23	477.64	643.81	541.12
518.97	3581.64	1394.46	386.86	1348.88	2383.65	2052.59
1470.13	8439.63	3004.02	434.06	2875.58	6637.77	5834.93
389.10	2564.01	1020.27	161.51	1004.79	1750.35	1505.10
238.85	1130.02	619.18	188.65	591.04	580.96	476.23
582.01	3529.39	2040.81	599.94	1980.35	1627.84	1358.19
392.93	2227.77	1293.44	311.67	1238.72	1019.39	804.56
1699.84	8172.38	4455.85	803.37	4217.16	3501.51	2912.95
53.85	708.29	275.35	51.67	270.68	418.83	301.56
872.48	3850.37	2276.74	674.10	2129.69	1544.49	1343.99
1805.14	7405.84	4560.47	1575.69	4155.18	2882.78	2320.52
125.45	684.61	405.55	139.90	438.60	306.04	260.04
62.26	232.78	132.66	34.21	126.77	107.72	93.16
2556.66	17957.95	3886.69	1171.17	3871.08	16712.44	14694.22
35.84	544.91	175.34	28.62	170.54	389.02	336.33
109.15	1273.83	278.68	47.92	273.12	1146.66	868.80

2002 年全国大中型工业企业主

行业名称	固定资产小计	累计折旧	本年折旧	固定资产净值	固定资产净值年平均余额
总　计	50723.72	26461.33	3760.62	45144.75	44085.34
煤炭采选业	2380.52	1141.57	147.70	2196.59	2029.51
石油和天然气开采业	3382.01	3137.11	432.27	3109.41	3042.56
黑色金属矿采选业	87.90	50.98	5.77	77.56	78.48
有色金属矿采选业	178.89	91.83	10.64	150.37	151.82
非金属矿采选业	281.46	91.49	10.68	253.10	251.32
其他矿采选业	0.11	0.06	0.00	0.11	0.11
木材及竹材采运业	165.00	59.75	4.96	152.15	151.82
食品加工业	715.39	306.50	41.86	646.89	635.85
食品制造业	499.07	223.53	37.58	446.72	423.02
饮料制造业	918.03	409.30	67.04	820.65	810.70
烟草加工业	649.20	385.64	57.66	562.94	555.17
纺织业	1568.36	831.21	110.26	1418.93	1405.64
服装及其他纤维制品制造业	238.21	104.29	16.77	202.87	203.17
皮革、毛皮、羽绒及其制品业	106.12	54.97	8.66	99.00	98.94
木材加工及竹、藤、棕、草制品业	181.51	66.11	9.78	168.94	169.17
家具制造业	45.19	20.93	3.70	42.67	40.98
造纸及纸制品业	1072.80	308.01	62.84	937.19	911.04
印刷业、记录媒介的复制	255.45	150.38	24.85	234.79	228.29
文教体育用品制造业	63.44	32.08	5.09	58.83	55.76
石油加工及炼焦业	1992.89	1416.56	170.20	1863.45	1816.28
化学原料及化学制品制造业	3679.00	1926.36	257.69	3264.28	3217.36
医药制造业	828.98	305.76	51.19	688.63	652.27
化学纤维制造业	683.20	357.67	51.01	623.12	609.19
橡胶制品业	354.29	154.42	21.31	307.12	308.68
塑料制品业	466.53	214.69	38.21	429.12	412.68
非金属矿物制造业	1760.47	819.65	110.78	1563.99	1561.43
黑色金属冶炼及压延加工业	4666.94	2695.26	305.03	3942.51	3889.21
有色金属冶炼及压延加工业	1327.40	618.24	78.45	1132.11	1091.31
金属制品业	404.55	213.15	30.92	367.81	365.62
普通机械制造业	1105.55	658.03	79.09	969.81	974.53
专用设备制造业	679.15	411.43	39.65	607.95	599.18
交通运输设备制造业	2579.29	1282.38	194.50	2219.13	2193.17
武器弹药制造业	329.43	138.37	12.14	280.46	280.30
电气机械及器材制造业	1058.54	600.34	95.81	944.14	947.95
电子及通信设备制造业	2064.71	1051.91	226.66	1830.87	1804.38
仪器仪表及文化办公用机械制造业	201.58	121.56	16.87	184.49	182.62
其他制造业	77.61	36.52	5.64	71.20	73.81
电力、蒸汽、热水的生产和供应业	12468.89	5512.67	846.64	11199.76	10848.90
煤气生产和供应业	316.96	111.91	15.16	277.12	261.25
自来水的生产和供应业	889.11	348.71	55.54	797.96	751.83

要经济指标(按行业分)(续一)

单位:亿元

负债合计	流动负债小计	所有者权益合计	实收资本	国家资本	港澳台资本	外商资本
59873.02	40870.32	43524.43	26445.82	11303.69	1548.98	3359.82
2311.26	1459.08	1814.32	1422.78	1179.87	0.11	1.75
1533.70	878.11	2768.39	1822.43	911.18	69.42	25.14
99.04	82.73	148.89	108.42	92.46	0.00	0.00
210.72	143.11	118.45	83.45	57.27	0.04	0.16
293.93	184.23	206.98	152.33	107.96	1.13	0.35
0.16	0.16	0.12	0.09	0.09	0.00	0.00
226.43	183.32	98.52	78.03	70.64	0.00	0.01
1135.16	968.17	615.36	412.67	128.98	34.93	78.74
668.46	534.15	499.80	373.18	57.73	39.23	155.96
1160.65	1002.28	1061.65	593.46	175.42	84.93	162.51
1078.69	991.45	1328.05	305.91	295.29	0.01	0.81
2406.33	1801.99	1238.35	868.04	290.23	86.21	97.15
394.04	347.43	323.57	178.99	17.42	25.12	32.92
248.84	212.07	121.62	92.15	6.96	28.49	21.84
222.43	150.13	126.70	107.39	25.93	12.99	21.76
60.86	50.35	55.61	36.72	4.95	5.59	6.95
1264.47	828.31	692.69	502.17	183.25	47.42	151.69
273.09	218.18	296.71	178.33	74.14	20.64	15.64
96.95	90.92	94.40	58.21	6.59	24.48	10.48
1806.67	1145.47	1355.76	834.14	324.30	34.89	31.63
4094.68	2761.10	2901.05	1900.61	668.24	76.28	243.08
1358.35	1125.28	1192.68	638.29	201.29	32.38	72.86
734.48	461.97	515.89	354.64	95.23	32.40	51.98
517.07	396.35	305.65	217.06	65.28	16.84	70.00
623.11	486.55	479.31	341.86	55.13	73.92	88.61
2194.37	1567.04	1377.80	1052.10	340.35	106.91	166.53
4580.31	3266.81	3824.33	2037.03	1392.37	56.03	35.38
1623.93	1122.14	940.09	628.89	333.54	37.29	28.71
701.76	597.79	428.11	345.69	69.52	62.84	78.45
2260.08	1887.34	1269.29	873.99	293.49	34.29	194.59
1464.73	1251.76	754.94	536.56	254.63	14.42	46.25
4997.24	4175.65	3154.58	2036.37	723.64	65.21	314.89
492.60	369.46	215.05	162.15	38.14	0.00	0.09
2288.41	2032.37	1561.60	905.09	162.60	71.77	245.90
4278.55	3649.80	3122.74	1708.02	290.69	184.93	683.11
412.02	346.08	272.33	193.64	52.25	16.82	51.75
138.36	121.89	94.42	73.30	4.62	18.99	22.69
10922.33	3581.25	7028.69	3572.28	1669.57	128.96	132.86
236.34	159.89	308.57	247.51	216.80	1.50	6.55
462.45	238.14	811.38	411.87	365.64	1.59	10.07

2002年全国大中型工业企业主

行业名称	产品销售收入	产品销售成本	产品销售费用	产品销售税金及附加	产品销售利润
总　计	66977.14	53839.14	2505.10	1471.01	9179.23
煤炭采选业	1475.84	996.43	119.99	18.91	340.52
石油和天然气开采业	2597.98	1345.37	19.84	77.58	1155.19
黑色金属矿采选业	73.30	54.39	2.53	2.37	14.01
有色金属矿采选业	167.19	121.75	4.63	1.15	39.66
非金属矿采选业	133.88	91.23	14.20	4.22	24.24
其他矿采选业	0.00	0.00	0.00	0.00	0.00
木材及竹材采运业	78.70	44.85	1.76	3.85	25.79
食品加工业	1898.12	1693.53	61.21	6.29	137.07
食品制造业	931.33	687.69	115.99	2.59	125.05
饮料制造业	1354.00	848.82	194.16	102.71	208.30
烟草加工业	1894.25	732.94	64.15	758.17	338.99
纺织业	2672.33	2386.20	46.09	9.93	230.11
服装及其他纤维制品制造业	666.85	558.81	30.88	2.24	74.91
皮革、毛皮、羽绒及其制品业	390.86	348.23	8.97	0.56	33.10
木材加工及竹、藤、棕、草制品业	209.37	182.20	9.42	0.74	17.02
家具制造业	78.56	62.43	4.47	0.18	11.47
造纸及纸制品业	972.04	780.18	38.43	3.13	150.30
印刷业、记录媒介的复制	312.82	235.71	7.35	1.52	68.24
文教体育用品制造业	187.57	156.99	6.92	0.43	23.23
石油加工及炼焦业	4201.04	3748.95	35.44	190.13	226.52
化学原料及化学制品制造业	4189.13	3418.17	224.45	32.68	513.83
医药制造业	1529.46	954.46	252.26	9.05	313.70
化学纤维制造业	787.11	699.32	13.21	2.59	71.98
橡胶制品业	537.47	433.80	24.46	11.56	67.64
塑料制品业	789.81	666.78	23.66	1.77	97.60
非金属矿物制造业	1609.11	1300.89	84.49	9.69	214.02
黑色金属冶炼及压延加工业	5071.70	4269.34	70.25	31.09	701.02
有色金属冶炼及压延加工业	1533.91	1321.82	27.79	5.92	178.38
金属制品业	890.54	747.33	38.06	2.72	102.42
普通机械制造业	2077.18	1646.76	94.39	8.38	327.65
专用设备制造业	1384.93	1131.22	57.70	4.99	191.02
交通运输设备制造业	6255.44	5078.00	187.95	100.77	888.61
武器弹药制造业	241.25	196.89	4.67	0.82	38.87
电气机械及器材制造业	3136.20	2523.92	231.83	8.64	371.81
电子及通信设备制造业	8002.06	6935.93	316.49	8.23	752.67
仪器仪表及文化办公用机械制造业	592.54	496.63	22.56	1.06	72.29
其他制造业	210.42	182.49	6.97	0.86	20.10
电力、蒸汽、热水的生产和供应业	7392.66	6365.54	17.87	40.20	977.75
煤气生产和供应业	229.60	218.79	8.70	0.92	1.20
自来水的生产和供应业	220.60	174.35	10.93	2.36	32.96

要经济指标(按行业分)(续二)

单位:亿元

管理费用	利息支出	营业利润	利润总额	亏损企业亏损总额	本年应缴增值税	全部从业人员年平均人数(万人)
4374.63	1321.02	3723.87	4008.97	705.01	3109.76	2710.20
269.27	47.75	36.90	53.88	5.57	114.78	283.99
171.39	22.96	933.41	902.49	1.07	223.09	54.18
12.41	1.54	0.60	2.72	1.28	4.57	11.36
28.28	6.28	6.69	9.04	5.85	6.74	20.69
19.04	5.15	1.78	2.82	3.65	8.57	22.53
0.00	0.00	0.00	0.00	0.00	0.00	0.05
18.10	3.79	4.36	2.86	1.38	1.21	52.45
65.87	28.62	47.24	46.06	22.14	38.75	70.18
59.32	15.84	51.65	45.97	22.94	45.39	39.01
99.35	19.81	96.31	103.65	22.77	96.33	57.01
122.80	25.36	197.85	208.23	3.86	204.21	18.45
139.26	53.52	47.86	76.58	32.52	84.37	226.84
35.18	6.69	35.42	39.87	4.10	18.11	48.20
19.07	4.30	10.54	12.04	3.53	8.07	33.13
11.05	5.14	0.34	3.80	5.86	7.32	10.24
6.32	1.57	4.00	4.33	1.21	2.58	5.60
60.10	35.64	56.23	58.95	16.49	50.47	46.59
37.39	5.26	30.10	32.56	3.14	19.92	18.71
13.35	1.68	9.16	10.44	1.52	4.20	15.68
141.69	48.61	39.03	29.22	38.78	143.25	36.00
312.21	98.93	116.34	146.71	70.36	175.26	177.88
158.70	30.95	131.04	144.78	17.18	106.21	63.16
33.91	19.71	21.43	23.51	12.51	25.01	25.63
37.63	14.03	19.02	20.46	8.77	21.11	29.17
43.31	14.23	41.52	44.45	9.44	24.57	30.88
142.23	47.71	30.04	51.08	37.71	89.53	135.34
339.18	99.68	278.26	259.25	14.15	293.47	179.66
87.96	44.16	50.83	57.11	11.87	57.41	67.02
52.68	14.81	37.43	35.69	15.03	27.35	40.78
211.26	42.99	85.75	91.15	33.06	87.19	128.75
132.27	27.09	44.46	53.24	24.84	47.65	93.13
517.33	73.83	341.28	411.87	63.50	246.22	194.39
42.38	10.40	-12.86	-2.68	6.40	3.63	33.84
199.44	45.66	139.81	155.84	29.77	104.22	101.54
393.01	56.12	325.64	327.55	68.34	138.69	126.16
51.36	6.34	19.53	24.30	7.88	11.82	26.62
11.45	2.41	7.40	8.55	1.89	5.34	13.91
224.69	323.88	457.39	508.25	59.94	543.30	141.04
17.85	2.47	-14.10	-1.51	7.25	7.24	10.08
36.52	6.10	-5.81	3.85	7.45	12.63	20.33

2002 年全国全部国有及规模以上非国

地 区	企业单位数（个）	亏损企业	工业总产值（1990 年不变价）	工业总产值（当年价格）	工业销售产值（当年价格）
全 国	181557	37783	102568.84	110776.48	108585.81
北 京	4551	1202	3200.27	3173.48	3150.19
天 津	5346	1399	3207.05	3323.12	3292.65
河 北	7618	1407	3595.39	4294.68	4229.36
山 西	3474	676	1287.97	1717.88	1673.02
内蒙古	1440	315	743.67	994.75	976.80
辽 宁	6017	1832	4053.30	4888.02	4802.07
吉 林	2572	729	2040.02	2171.17	2126.52
黑龙江	2593	785	1471.14	2487.63	2435.28
上 海	10057	1732	8186.85	7740.56	7661.62
江 苏	21476	3526	12645.58	13865.86	13531.57
浙 江	21896	2140	10505.77	9779.04	9493.90
安 徽	3918	1091	1936.03	2123.61	2084.34
福 建	7462	1579	3642.88	3676.37	3584.36
江 西	3076	945	1007.91	1188.80	1164.38
山 东	13468	1759	9578.88	11497.53	11241.66
河 南	9671	1434	3300.74	4303.66	4232.28
湖 北	6183	1269	3277.55	3589.26	3514.47
湖 南	5438	1485	1681.71	2099.40	2090.40
广 东	22619	5225	17531.00	16378.60	16026.58
广 西	2911	1227	1114.18	1180.55	1155.15
海 南	601	227	229.76	264.58	258.08
重 庆	2060	544	1300.83	1228.37	1204.66
四 川	4908	1056	2726.80	2737.35	2706.91
贵 州	2067	813	686.91	797.90	763.65
云 南	2072	911	855.14	1320.62	1307.43
西 藏	344	73	9.44	19.48	17.72
陕 西	2461	972	1252.50	1505.45	1470.69
甘 肃	3204	641	688.33	1035.52	1007.10
青 海	399	161	123.21	207.59	206.66
宁 夏	388	127	205.80	268.62	264.03
新 疆	1267	501	482.20	917.03	912.30

有工业企业主要经济指标(按地区分)

单位:亿元

工业增加值(当年价格)	资产合计	流动资产	应收账款净额	流动资产年平均余额	固定资产原价	生产经营用
32994.75	146217.78	63468.46	16036.79	60798.36	93887.95	80625.18
840.43	4742.95	2161.86	511.62	2114.73	2655.41	2246.61
843.38	4383.04	1931.09	540.27	1874.76	2940.21	2425.04
1413.48	5985.59	2338.49	507.55	2256.54	4245.90	3647.01
632.99	3912.56	1348.95	293.19	1366.85	2813.75	2459.89
375.82	2151.24	752.88	149.24	708.67	1626.04	1401.30
1377.73	8818.23	3540.88	798.74	3427.01	6543.85	5267.10
669.28	3478.51	1322.98	315.55	1337.62	2317.41	2033.42
1262.04	4391.61	1716.33	437.57	1692.72	3814.53	3402.22
2131.94	10100.07	4911.26	1302.96	4685.28	6164.08	5377.20
3546.72	13270.19	6631.41	1848.48	6297.75	7549.53	6773.28
2403.85	9637.31	4758.17	1286.97	4496.61	4981.39	4653.52
690.64	3272.12	1312.07	285.08	1267.40	2109.52	1935.71
1177.59	4059.60	1781.70	500.93	1678.59	2596.43	2150.70
362.68	2018.67	808.39	215.40	786.42	1290.95	1161.19
3500.54	11904.87	5055.36	991.14	4811.10	7642.64	6772.04
1387.86	5987.80	2484.30	541.25	2446.27	4129.69	3592.28
1170.48	5254.12	2155.91	514.44	2080.32	3356.17	2520.99
706.58	3273.45	1290.68	327.97	1220.70	2218.98	1840.77
4361.14	16584.03	8330.91	2529.11	7659.73	9550.47	7889.89
370.44	2031.75	745.18	166.55	721.10	1382.05	1132.05
82.28	436.75	164.78	42.15	156.99	290.09	226.12
360.12	2101.53	922.43	259.70	922.85	1273.02	1072.78
977.45	5245.63	2130.16	543.81	2045.87	3204.04	2712.31
271.09	1797.46	723.01	196.09	698.79	1098.93	790.21
659.05	2722.14	1083.10	173.64	1067.51	1639.85	1468.89
10.49	90.46	26.39	7.45	24.96	63.68	54.88
533.67	3227.24	1260.03	328.67	1163.06	2237.96	2013.36
340.60	2037.67	718.70	157.46	736.20	1375.51	1108.91
80.16	773.09	240.89	93.10	242.37	570.36	494.09
80.56	588.41	220.29	59.01	215.18	425.83	338.80
373.67	1939.70	599.88	111.67	594.41	1779.66	1662.63

2002年全国全部国有及规模以上非国有

地　区	固定资产小计	累计折旧	本年折旧	固定资产净值	固定资产净值年平均余额
全　国	67882.55	33067.63	4939.94	60820.32	59482.66
北　京	1892.75	989.17	132.87	1666.25	1591.21
天　津	1935.51	1132.44	184.84	1807.76	1729.50
河　北	3143.80	1426.50	197.19	2819.40	2747.46
山　西	2112.50	932.77	142.81	1880.98	1834.37
内蒙古	1154.05	547.71	73.11	1078.33	1033.03
辽　宁	4514.29	2366.59	316.35	4177.27	4073.58
吉　林	1722.61	785.64	118.65	1531.77	1501.22
黑龙江	2426.43	1534.23	212.01	2280.30	2245.10
上　海	4067.17	2461.23	382.97	3702.85	3657.04
江　苏	5499.58	2610.65	443.52	4938.88	4817.52
浙　江	3806.50	1540.94	312.22	3440.44	3346.81
安　徽	1611.53	702.31	99.14	1407.21	1379.05
福　建	1936.49	784.05	141.44	1812.38	1783.30
江　西	984.82	435.59	55.44	855.36	842.72
山　东	5459.06	2821.96	393.94	4820.68	4680.22
河　南	2994.13	1486.92	196.78	2642.77	2571.78
湖　北	2466.61	1226.68	129.86	2129.49	2148.25
湖　南	1641.90	792.65	97.88	1426.34	1454.92
广　东	6832.75	3392.65	580.55	6157.83	6018.21
广　西	1081.18	435.66	62.44	946.39	937.20
海　南	206.51	97.53	15.82	192.56	185.86
重　庆	937.10	444.77	57.99	828.25	818.98
四　川	2514.49	1018.22	127.49	2185.82	2117.59
贵　州	905.34	367.62	57.40	731.31	703.16
云　南	1239.53	571.02	87.07	1068.83	1074.75
西　藏	54.12	12.16	1.56	51.52	46.76
陕　西	1694.41	726.74	112.44	1511.22	1453.58
甘　肃	1033.55	485.54	53.79	889.97	923.88
青　海	460.24	164.20	24.47	406.16	403.15
宁　夏	315.51	139.45	21.40	286.38	268.74
新　疆	1238.10	634.05	106.48	1145.61	1093.72

工业企业主要经济指标(按地区分)(续一)

单位:亿元

负债合计	流动负债小计	所有者权益合计	实收资本			
				国家资本	港澳台资本	外商资本
85857.42	61663.06	60242.01	39155.63	13532.91	3376.41	5286.65
2527.83	1853.74	2215.12	1464.11	470.00	53.55	262.59
2546.38	1911.26	1836.65	1289.40	383.69	88.28	382.76
3735.45	2541.35	2250.13	1479.63	675.50	53.40	100.10
2396.68	1446.73	1447.40	1065.99	653.88	10.39	24.11
1252.24	764.24	898.99	673.85	415.78	7.92	10.60
5218.41	3695.87	3598.88	2419.70	1184.39	89.31	290.13
2215.91	1563.34	1262.60	845.83	385.81	12.36	56.03
2474.36	1789.21	1900.12	1407.21	490.24	12.45	36.68
4966.54	4000.48	5133.53	3254.94	455.92	283.88	994.44
7933.38	6392.15	5336.81	3473.73	622.45	347.90	948.23
5344.25	4280.83	4293.05	2315.26	316.43	178.59	253.16
1969.88	1349.83	1302.24	935.43	478.22	46.44	82.14
2265.92	1552.65	1789.12	1285.45	228.02	361.44	255.97
1316.81	866.00	682.56	491.72	256.55	21.31	8.64
3825.08	5150.98	4800.60	2754.90	1130.34	89.05	271.04
3825.08	2680.24	2162.72	1481.47	649.16	38.87	34.23
2154.53	2024.56	2014.73	1333.03	587.41	41.33	80.29
9208.39	1351.68	1118.91	753.04	343.25	17.43	36.06
9208.39	7378.51	7375.64	4803.44	862.68	1502.35	926.35
1322.07	861.04	703.41	492.16	288.68	15.53	56.22
230.88	142.32	205.87	149.51	64.26	5.83	17.22
1288.78	986.11	812.76	594.01	208.63	17.78	49.65
3239.96	2055.00	2005.67	1146.52	458.43	21.64	57.58
1150.19	742.80	647.27	418.96	243.70	8.05	7.73
1475.14	967.61	1247.00	573.13	299.98	9.98	17.61
24.69	20.10	65.77	50.62	22.00	0.00	0.10
2121.97	1312.53	1103.60	731.84	476.65	21.20	13.71
1286.97	791.37	750.70	528.93	299.56	3.95	5.14
524.47	237.37	248.62	184.93	44.98	1.51	0.30
365.79	231.03	222.62	151.84	93.37	1,43	4.88
1130.81	722.13	808.89	605.00	442.92	13.25	2.96

2002年全国全部国有及规模以上非国有

地　区	产品销售收入	产品销售成本	产品销售费用	产品销售税金及附加	产品销售利润
全　国	109485.77	90243.76	4055.26	1761.61	13442.21
北　京	3182.78	2612.92	157.11	28.98	396.03
天　津	3437.46	2846.70	154.06	31.46	405.24
河　北	4425.00	3679.00	125.32	54.72	565.96
山　西	1707.67	1309.53	117.05	22.65	258.44
内蒙古	972.53	790.25	44.97	14.50	122.81
辽　宁	5013.91	4221.40	135.99	71.17	585.35
吉　林	2145.17	1761.51	63.43	48.91	271.31
黑龙江	2538.73	1729.04	67.98	67.09	672.17
上　海	7976.61	6436.78	324.85	115.65	1099.33
江　苏	13534.78	11669.43	440.94	117.49	1306.91
浙　江	9729.33	8223.33	306.07	114.83	1085.08
安　徽	2096.18	1686.27	85.94	59.54	264.43
福　建	3522.47	2933.84	130.38	51.83	405.38
江　西	1143.26	939.66	45.61	29.69	128.29
山　东	11038.53	9234.60	352.02	123.84	1328.07
河　南	4159.57	3438.38	144.24	75.50	501.46
湖　北	3378.31	2694.26	151.49	72.16	460.41
湖　南	1980.04	1551.47	83.23	94.30	251.03
广　东	16247.73	13822.71	623.63	126.10	1675.29
广　西	1160.41	941.96	45.42	21.47	151.56
海　南	243.63	190.61	19.37	5.40	28.24
重　庆	1235.72	993.29	60.64	27.56	154.22
四　川	2691.91	2107.52	142.26	61.28	380.85
贵　州	752.97	576.52	39.90	35.12	101.42
云　南	1313.29	856.99	52.00	192.48	211.80
西　藏	17.30	11.68	1.19	0.39	3.82
陕　西	1503.30	1133.64	60.38	39.34	278.50
甘　肃	914.19	747.25	24.13	26.99	115.82
青　海	230.72	178.03	7.20	3.40	42.09
宁　夏	279.46	234.24	9.41	3.59	32.22
新　疆	912.81	690.93	39.04	24.15	158.68

工业企业主要经济指标(按地区分)(续二)

单位:亿元

管理费用	利息支出	营业利润	利润总额	亏损企业亏损总额	本年应缴增值税	全部从业人员年平均人数(万人)
6563.82	1793.41	5404.09	5784.48	1131.57	4476.01	5520.66
263.93	38.34	111.79	165.52	47.28	127.49	107.56
172.71	47.42	203.44	186.19	60.40	107.42	120.95
244.87	95.83	229.77	252.97	41.29	194.13	261.86
140.99	59.68	55.15	62.25	20.02	112.55	181.54
61.92	34.14	27.63	37.29	10.81	53.56	78.87
349.32	113.14	138.54	156.16	79.11	210.46	250.49
187.35	38.55	63.27	96.91	43.86	99.84	114.30
176.30	41.39	453.00	459.23	33.51	181.41	168.82
568.76	72.15	484.41	544.63	110.22	319.94	208.97
659.77	154.99	528.81	554.22	77.58	456.87	531.67
430.84	125.09	562.99	606.11	29.70	362.68	412.73
152.47	39.68	80.51	97.27	19.84	102.37	149.36
161.24	50.30	202.40	204.30	31.03	113.07	178.96
82.95	31.78	19.94	23.10	16.36	56.80	95.72
554.55	169.02	634.95	621.89	45.88	416.20	556.37
239.05	104.36	172.06	183.85	28.64	174.14	322.47
245.84	60.08	165.65	175.60	35.14	156.84	205.82
157.70	38.68	58.60	69.01	37.37	104.79	152.26
829.68	140.69	717.14	769.09	143.32	485.04	644.39
95.73	28.18	34.09	35.62	29.70	66.11	82.31
17.46	5.07	6.00	15.90	6.15	16.24	13.10
97.67	32.70	30.71	40.54	21.58	63.93	82.01
201.11	85.93	103.26	122.60	24.44	131.10	191.62
68.50	22.83	16.55	21.41	17.65	48.21	65.16
102.95	38.07	77.53	73.16	30.04	105.83	68.59
2.35	0.20	1.64	2.02	0.92	1.11	2.76
132.08	51.44	107.22	93.18	35.81	80.59	113.87
63.72	27.02	25.61	20.91	20.61	48.27	81.83
19.15	12.38	11.90	11.30	3.92	14.67	13.48
20.80	11.14	2.76	5.14	6.27	13.63	21.47
62.03	23.15	76.76	77.10	23.12	50.73	41.36

2002 年全国国有及国有控股工业

地　区	企业单位数(个)	亏损企业	工业总产值(1990 年不变价)	工业总产值(当年价格)	工业销售产值(当年价格)
全　国	41125	14865	37278.08	45178.96	44720.23
北　京	1866	638	1785.68	1846.63	1841.66
天　津	1636	754	819.90	1078.27	1074.87
河　北	2061	665	1495.24	1950.73	1931.73
山　西	1513	345	758.60	1075.90	1057.96
内蒙古	683	169	491.53	716.31	710.36
辽　宁	1723	737	2270.26	3051.61	3018.95
吉　林	1231	440	1571.30	1691.60	1666.22
黑龙江	1233	491	1021.00	1979.98	1951.66
上　海	1843	428	3645.40	3548.40	3534.61
江　苏	1691	528	2995.53	3160.23	3124.01
浙　江	963	265	1030.62	1331.16	1322.20
安　徽	900	386	937.52	1209.27	1199.21
福　建	1112	430	830.10	963.92	951.00
江　西	1519	639	714.05	867.86	853.49
山　东	2082	498	3202.07	4201.12	4142.76
河　南	2562	724	1718.59	2212.24	2187.82
湖　北	2100	726	1903.57	2168.29	2136.04
湖　南	2043	855	934.47	1234.73	1237.59
广　东	2531	986	3074.54	3159.67	3110.98
广　西	1600	793	653.45	708.69	699.39
海　南	354	160	130.89	162.50	160.53
重　庆	623	247	762.94	742.94	736.30
四　川	1324	436	1465.81	1466.77	1473.80
贵　州	1191	459	482.21	587.56	568.32
云　南	1214	597	599.76	1041.10	1033.28
西　藏	197	53	6.25	14.14	13.00
陕　西	1350	626	955.77	1155.39	1141.96
甘　肃	748	233	438.25	740.18	732.05
青　海	238	104	96.96	170.93	171.26
宁　夏	184	75	125.00	177.96	174.91
新　疆	810	378	360.85	762.85	762.31

企业主要经济指标(按地区分)

单位:亿元

工业增加值(当年价格)	资产合计	流动资产		流动资产年平均余额	固定资产原价	
			应收账款净额			生产经营用
15935.03	89094.60	33468.77	7273.97	32625.56	64521.95	55569.86
475.86	3349.35	1299.02	312.57	1305.31	2133.83	1832.41
322.36	2591.89	905.64	221.33	911.45	2011.62	1674.36
739.04	4126.98	1441.74	313.71	1400.09	3239.49	2774.68
418.51	3134.85	979.49	214.25	1026.85	2406.80	2107.53
271.26	1844.09	587.51	114.35	551.15	1482.81	1280.17
888.11	6650.98	2509.43	493.64	2443.70	5220.86	4102.54
508.76	2871.36	1035.49	232.13	1061.13	1998.99	1749.50
1106.60	3718.51	1373.09	336.78	1367.07	3483.06	3116.83
1139.38	5968.34	2538.76	487.96	2464.80	4143.83	3863.27
918.27	4939.89	2148.23	450.58	2064.60	3198.92	2871.88
501.58	2447.76	904.72	147.40	902.72	1704.50	1590.83
429.51	2289.66	829.10	151.16	805.54	1581.46	1441.57
383.35	1583.26	538.95	109.43	518.32	1220.53	1051.51
270.33	1704.64	671.10	180.38	652.49	1128.92	1013.97
1477.94	6663.52	2460.01	435.70	2346.35	4934.89	4411.30
781.43	4345.54	1690.89	344.34	1681.28	3204.35	2807.03
709.81	4158.06	1648.75	380.98	1583.83	2780.14	2096.82
458.33	2529.90	950.02	233.37	900.43	1802.52	1486.88
1133.63	5865.17	2306.74	532.04	2138.54	3934.66	3258.64
231.25	1475.62	500.49	106.36	488.53	1067.68	861.62
53.76	311.30	107.08	23.56	105.54	231.17	180.99
236.36	1627.03	674.67	182.69	687.01	1049.32	888.83
562.13	3709.04	1409.16	361.82	1364.39	2442.48	2079.41
217.70	1565.23	595.02	163.20	579.74	1001.46	717.15
575.76	2301.96	895.80	138.56	883.23	1391.55	1249.18
7.95	77.78	20.79	6.62	19.46	57.26	49.74
413.99	2700.16	1027.50	269.74	948.68	1948.55	1759.71
250.58	1702.96	572.44	115.65	575.93	1196.39	977.53
68.46	707.63	212.83	86.69	215.68	534.85	466.74
54.18	462.18	165.45	44.59	165.05	349.76	275.18
328.86	1669.97	468.85	82.35	466.66	1639.28	1532.05

2002年全国国有及国有控股工业企

地　区	固定资产小计	累计折旧	本年折旧	固定资产净值	固定资产净值年平均余额
全　国	46071.10	23759.26	3183.69	40762.69	39728.29
北　京	1486.10	826.63	102.07	1307.20	1262.85
天　津	1310.40	800.07	109.45	1211.55	1170.65
河　北	2344.90	1161.18	148.23	2078.31	2021.55
山　西	1755.70	841.21	124.43	1565.59	1526.94
内蒙古	1038.96	509.52	66.27	973.29	932.31
辽　宁	3588.03	1932.22	247.62	3288.64	3209.31
吉　林	1458.33	702.74	104.34	1296.25	1271.52
黑龙江	2154.99	1453.93	198.51	2029.14	1994.91
上　海	2605.61	1778.96	239.70	2364.87	2317.65
江　苏	2283.73	1193.57	163.41	2005.35	1912.56
浙　江	1258.28	573.68	95.03	1130.82	1072.08
安　徽	1192.21	556.64	71.07	1024.81	997.41
福　建	907.30	401.08	60.63	819.45	803.98
江　西	847.37	398.96	49.02	729.95	716.85
山　东	3351.39	1997.15	261.39	2937.75	2857.74
河　南	2287.32	1213.20	148.69	1991.15	1909.77
湖　北	2025.58	1057.47	102.06	1722.67	1751.62
湖　南	1327.91	657.63	76.29	1144.89	1176.60
广　东	3056.80	1330.06	215.84	2604.60	2468.56
广　西	831.67	350.40	46.79	717.27	706.91
海　南	162.63	80.08	11.75	151.09	142.00
重　庆	769.93	373.54	44.19	675.78	670.23
四　川	1920.01	793.93	86.62	1648.56	1602.24
贵　州	823.06	340.24	52.31	661.23	633.81
云　南	1059.51	488.91	73.30	902.64	910.04
西　藏	48.23	11.41	1.37	45.85	43.05
陕　西	1459.10	634.58	96.05	1313.96	1259.21
甘　肃	896.42	434.08	48.41	762.31	795.04
青　海	429.94	155.73	22.70	379.12	376.71
宁　夏	256.69	118.86	17.83	230.90	215.73
新　疆	1132.98	591.60	98.29	1047.68	998.46

业主要经济指标(按地区分)(续一)

单位:亿元

负债合计	流动负债小计	所有者权益合计	实收资本	国家资本	港澳台资本	外商资本
52837.08	34009.59	36139.17	22268.48	12967.30	433.36	832.33
1754.27	1166.18	1595.08	1018.02	461.51	15.25	94.06
1579.50	1021.39	1012.39	689.00	358.86	35.52	44.40
2625.72	1660.11	1501.26	985.60	662.41	21.78	23.49
1917.66	1067.40	1148.71	857.59	648.09	7.06	12.56
1075.24	617.05	768.86	584.59	410.85	4.62	5.88
4056.87	2725.84	2593.17	1677.39	1120.62	11.96	69.68
1879.99	1289.76	991.37	660.00	368.45	4.45	23.20
2089.36	1462.88	1612.02	1200.78	476.02	5.72	3.25
2739.32	2029.31	3229.02	1683.72	403.13	64.05	181.13
2888.93	2044.72	2050.97	1135.37	556.82	24.16	90.92
1233.39	736.16	1214.37	515.98	293.89	13.26	37.20
1341.89	869.26	947.77	644.98	471.53	24.06	5.28
965.91	528.43	612.80	370.01	214.45	19.69	5.75
1142.17	734.30	543.16	379.03	251.50	1.89	2.50
3971.30	2565.90	2692.22	1530.74	1101.31	15.83	24.18
2803.86	1897.13	1541.68	1027.51	628.12	16.67	9.27
2614.02	1582.10	1544.04	1000.68	577.21	11.56	36.41
1743.81	1038.61	786.09	517.38	332.78	3.50	5.81
3071.86	2073.32	2793.31	1447.40	765.45	96.20	76.39
975.29	602.28	494.06	328.25	277.68	1.83	10.72
173.58	100.22	137.72	102.10	61.44	0.66	1.03
994.10	736.74	632.93	469.46	204.49	10.02	34.85
2347.13	1358.96	1361.91	741.12	437.44	5.14	13.37
994.98	615.55	570.24	353.40	239.86	0.33	4.70
1211.39	771.86	1090.56	457.23	296.16	3.96	4.85
21.50	17.38	56.28	44.22	21.62	0.00	0.00
1809.22	1114.82	889.27	585.23	468.20	4.09	6.49
1081.47	622.87	621.50	442.35	287.26	0.75	2.24
487.65	212.40	219.98	166.61	42.66	0.98	0.15
279.30	164.86	182.88	117.26	87.27	0.08	0.43
966.42	581.83	703.55	535.47	440.20	8.29	2.14

2002年全国国有及国有控股工业企

地　区	产品销售收入	产品销售成本	产品销售费用	产品销售税金及附加	产品销售利润
全　国	147844.21	38048.00	1467.44	1401.82	6932.84
北　京	1859.25	1562.67	60.26	24.75	211.57
天　津	1245.79	1023.39	33.35	24.86	164.19
河　北	2249.88	1837.36	52.82	40.22	319.48
山　西	1118.10	840.00	71.69	15.38	191.03
内蒙古	720.91	579.94	34.72	11.84	94.42
辽　宁	3282.38	2770.84	67.46	60.50	383.59
吉　林	1715.06	1418.31	41.01	44.11	211.63
黑龙江	2061.88	1340.11	41.70	62.16	615.46
上　海	3828.57	3057.76	89.64	106.17	575.00
江　苏	3464.43	2917.15	95.10	68.94	383.23
浙　江	1690.29	1380.31	55.72	66.64	187.62
安　徽	1234.04	968.35	42.96	51.48	171.26
福　建	946.00	724.60	38.15	37.17	146.02
江　西	848.41	694.82	28.29	26.20	99.10
山　东	4494.38	3626.50	137.10	83.11	647.67
河　南	2242.04	1827.12	65.20	59.14	290.58
湖　北	2107.37	1643.71	74.18	57.67	331.81
湖　南	1198.18	906.49	40.30	84.90	166.50
广　东	3716.99	3043.10	101.92	70.72	501.25
广　西	716.73	574.91	25.57	17.36	98.89
海　南	155.72	126.07	9.75	4.39	15.52
重　庆	772.01	603.69	39.34	21.74	107.24
四　川	1501.79	1153.43	66.96	49.34	232.05
贵　州	572.50	431.67	24.41	32.73	83.68
云　南	1032.33	625.73	38.88	190.69	177.02
西　藏	13.27	9.82	0.62	0.23	2.42
陕　西	1182.60	891.65	33.58	36.04	229.91
甘　肃	712.64	579.38	14.87	24.64	93.75
青　海	197.26	151.48	4.96	3.09	37.73
宁　夏	201.53	168.72	5.25	2.64	24.93
新　疆	761.85	568.94	31.68	22.93	138.29

业主要经济指标(按地区分)(续二)

单位:亿元

管理费用	利息支出	营业利润	利润总额	亏损企业亏损总额	本年应缴增值税	全部从业人员年平均人数(万人)
3701.90	1141.83	2325.54	2632.94	668.52	2580.51	2423.63
167.69	29.47	36.98	83.18	24.13	74.68	61.23
93.71	32.54	39.85	54.47	38.07	54.02	49.79
169.09	66.29	86.98	107.78	30.57	127.19	137.28
111.29	48.33	29.12	37.13	15.57	79.90	119.91
49.99	30.13	14.01	22.83	8.77	44.10	59.06
254.75	87.02	56.73	68.57	56.20	154.29	147.21
158.59	32.09	39.68	72.45	36.55	82.64	84.02
147.49	34.90	431.19	435.91	26.30	159.54	136.00
285.25	42.71	268.26	317.99	35.95	195.50	81.23
231.10	56.03	106.77	118.14	22.66	149.72	131.15
89.21	29.38	81.58	97.45	10.53	90.29	39.89
108.21	25.06	44.94	57.77	12.55	69.15	82.33
62.25	22.51	64.75	69.60	11.62	52.45	34.29
68.14	27.66	9.87	13.32	14.28	46.01	66.11
309.92	97.00	271.35	266.71	26.29	217.77	204.64
174.42	70.57	57.21	72.89	20.39	115.74	182.41
182.43	45.03	111.82	122.87	27.49	110.91	177.08
117.13	28.99	24.39	34.74	31.12	76.09	90.64
242.78	66.78	203.64	223.70	41.04	186.57	83.00
68.56	18.63	17.03	17.26	22.89	45.57	51.76
10.11	3.94	1.66	9.61	4.84	11.57	9.49
72.52	25.90	14.60	22.74	18.07	47.00	48.65
130.07	63.31	47.35	63.32	16.21	84.50	101.76
58.99	20.49	10.45	16.01	13.86	39.55	49.83
83.11	31.64	67.98	60.88	24.54	90.93	49.69
1.94	0.19	0.65	1.04	0.86	0.99	1.93
114.76	42.95	84.59	70.82	30.68	63.25	89.38
53.22	22.64	20.66	15.14	17.32	42.03	55.85
16.94	11.39	10.75	10.31	3.21	13.06	10.59
16.52	8.67	1.26	2.80	5.02	10.67	15.16
51.76	19.60	69.46	65.50	20.95	44.81	32.25

2002年全国各地区"三资"工业

年份 地区	企业单位数(个)	工业总产值	工业增加值	实收资本	资产合计	流动资产合计
全国	34466	32459.28	8573.10	11447.28	31513.76	16237.04
北京	1047	1258.08	283.13	469.92	1172.32	730.87
天津	1327	1601.29	389.23	579.96	1462.97	812.38
河北	801	528.49	158.20	239.30	722.04	299.22
山西	105	114.72	41.80	79.71	247.42	63.05
内蒙古	96	95.74	35.09	37.98	166.97	101.22
辽宁	1228	1027.07	280.53	471.15	1212.28	536.10
吉林	247	505.72	140.94	118.61	397.68	206.32
黑龙江	172	161.40	56.97	81.40	271.56	123.10
上海	3884	4572.64	1136.56	1882.17	4854.40	2633.82
江苏	4093	4128.85	1066.81	1444.90	3834.54	1872.13
浙江	3145	1921.93	472.21	589.85	1760.20	961.28
安徽	327	334.43	106.98	162.00	399.00	166.40
福建	3230	2308.69	694.74	768.99	2136.04	1061.02
江西	208	130.26	33.69	42.61	150.70	70.63
山东	2385	1770.79	523.37	501.67	1605.62	770.97
河南	416	294.80	89.39	120.77	420.99	203.24
湖北	427	438.74	145.34	207.16	534.19	222.68
湖南	266	172.92	51.08	88.33	222.81	86.77
广东	9808	10055.46	2544.80	2997.40	8540.63	4676.99
广西	246	240.50	69.76	97.94	277.69	117.51
海南	94	54.69	13.15	28.79	62.20	29.42
重庆	153	191.49	57.82	119.26	257.71	111.24
四川	309	214.85	73.15	125.48	314.02	150.11
贵州	73	25.48	3.06	23.64	46.00	24.18
云南	134	80.16	25.63	58.93	131.02	59.71
西藏	5	0.04	0.02	0.32	0.50	0.20
陕西	128	145.92	54.87	67.87	184.39	86.66
甘肃	39	38.01	10.86	14.02	54.90	25.00
青海	10	5.11	1.59	3.07	8.69	3.59
宁夏	28	24.72	7.82	13.60	34.84	15.70
新疆	35	16.30	4.53	10.47	29.42	15.04

企业主要经济指标(按地区分)

单位:亿元

流动资产年平均余额	固定资产原价合计	固定资产净值年平均余额	流动负债合　　计	长期负债合　　计	所有者权益合　　计
15174.60	18726.88	12097.09	14146.01	2864.80	14359.94
723.20	531.03	312.05	583.44	68.73	513.08
771.41	817.41	493.05	686.23	62.53	707.21
283.59	501.61	357.66	278.53	147.37	292.69
67.42	189.64	158.55	80.58	91.19	75.64
98.72	67.09	51.60	58.08	25.90	82.92
508.74	900.96	569.54	450.57	130.33	629.37
176.91	245.65	156.01	157.79	41.72	198.05
124.12	158.01	115.89	129.29	28.11	113.06
2495.06	2696.97	1658.74	2078.89	305.43	2452.47
1761.61	2363.58	1613.22	1840.49	317.05	1675.38
898.91	930.35	624.68	841.10	124.59	794.46
163.12	268.49	190.47	140.42	77.98	178.73
987.80	1279.30	887.88	883.30	261.00	983.17
68.44	83.62	60.64	65.42	16.43	55.30
733.02	962.87	627.82	710.98	178.76	705.35
206.35	305.36	175.61	196.54	43.51	180.80
215.25	333.50	243.33	211.28	93.19	221.77
85.81	158.53	99.84	86.04	24.34	109.58
4195.89	5012.32	3102.55	4118.27	651.59	3720.74
109.81	178.73	130.38	107.46	47.46	122.77
28.08	37.35	26.30	23.05	6.82	32.06
110.37	222.77	127.67	86.24	29.44	142.03
141.41	167.04	119.22	130.43	32.02	147.13
22.70	21.66	14.44	25.49	4.92	14.75
57.59	87.84	60.17	45.78	18.13	67.11
0.19	0.28	0.18	0.05	0.09	0.36
81.64	123.10	65.21	66.52	19.23	96.77
24.71	33.49	20.72	29.05	6.09	19.77
3.12	5.64	4.60	4.35	1.99	2.35
15.22	22.72	16.76	17.54	4.61	12.68
14.39	19.94	12.29	12.79	4.27	12.37

2002年全国各地区"三资"工业企业主要经济指标(按地区分)(续)

单位:亿元

年份 地区	产品销售收入	产品销售成本	产品销售税金	产品销售利润	利润总额	本年应缴增值税
全国	31189.27	25907.35	151.87	3707.19	1877.22	960.87
北京	1293.09	1047.71	2.95	166.91	69.28	45.44
天津	1612.26	1333.71	5.29	173.30	81.33	39.11
河北	509.32	412.36	2.01	75.72	39.98	23.29
山西	105.13	80.03	0.45	16.48	3.26	7.76
内蒙古	93.60	68.28	0.10	14.38	9.63	3.74
辽宁	1004.89	838.68	4.03	123.00	58.47	31.62
吉林	492.21	367.95	18.24	90.48	65.53	28.25
黑龙江	152.35	112.65	3.29	25.43	11.95	8.65
上海	4565.18	3634.02	35.58	643.97	300.79	155.09
江苏	3953.78	3376.43	7.77	415.22	210.30	108.69
浙江	1835.06	1530.64	4.47	233.41	130.97	58.76
安徽	311.35	249.88	2.17	44.29	24.02	16.62
福建	2181.73	1850.34	8.85	234.01	126.83	51.95
江西	124.40	97.89	1.37	17.02	6.51	5.28
山东	1565.55	1309.00	5.28	185.60	94.64	58.60
河南	273.27	221.06	1.24	35.07	16.69	12.69
湖北	404.53	302.30	6.34	58.71	23.32	21.53
湖南	162.64	130.70	1.03	21.44	9.90	7.23
广东	9581.24	8208.01	34.52	981.09	525.26	224.98
广西	224.17	176.78	1.69	34.51	13.93	10.97
海南	47.27	34.72	0.83	6.70	2.17	2.12
重庆	186.78	145.84	1.56	28.57	11.54	11.74
四川	205.44	155.34	1.29	28.85	11.18	10.14
贵州	27.11	20.70	0.09	3.05	0.24	1.06
云南	80.37	61.42	0.25	14.57	7.65	4.03
西藏	0.05	0.03	0.00	0.01	0.00	0.00
陕西	121.19	79.72	0.39	25.88	18.01	9.00
甘肃	34.14	27.71	0.39	4.57	1.90	1.21
青海	5.11	4.03	0.01	0.94	0.42	0.18
宁夏	20.67	16.80	0.38	2.07	0.63	0.65
新疆	15.38	12.59	0.02	1.94	0.88	0.50

2002年全国各地区"三资"工业企业主要经济效益指标(按地区分)

年份 地区	工业增加值率(%)	总资产贡献率(%)	资产负债率(%)	流动资产周转次数(次/年)	成本费用利润率(%)	全员劳动生产率(元/人·年)	产品销售率(%)
全国	26.41	10.46	54.38	2.06	6.40	81313	98.28
北京	22.51	10.93	56.23	1.79	5.61	123860	99.68
天津	24.31	9.33	51.66	2.09	5.36	113746	99.71
河北	29.93	10.96	59.46	1.80	8.52	78161	98.51
山西	36.43	7.67	69.43	1.56	3.22	87578	94.53
内蒙古	36.65	9.46	50.34	0.95	11.33	95653	100.89
辽宁	27.31	8.99	48.08	1.98	6.19	83529	98.70
吉林	27.87	29.36	50.20	2.78	15.83	210142	98.36
黑龙江	35.30	9.73	58.37	1.23	8.64	87115	97.69
上海	24.86	10.78	49.48	1.83	7.07	123303	98.94
江苏	25.84	9.59	56.31	2.24	5.59	98658	97.82
浙江	24.57	12.09	54.86	2.04	7.67	61099	97.66
安徽	31.99	12.40	55.20	1.91	8.35	112089	98.60
福建	30.09	10.01	53.76	2.21	6.19	69573	97.28
江西	25.86	10.18	54.52	1.82	5.52	48833	98.06
山东	29.56	11.04	56.07	2.14	6.44	66887	97.27
河南	30.32	9.01	57.05	1.32	6.48	81113	97.47
湖北	33.13	10.98	58.48	1.88	6.32	118622	99.57
湖南	29.54	9.52	50.82	1.90	6.41	77617	99.40
广东	25.31	9.83	56.43	2.28	5.78	65883	98.32
广西	29.01	11.55	55.79	2.04	6.64	88774	96.30
海南	24.04	8.96	48.46	1.68	4.87	78137	98.54
重庆	30.19	11.38	44.89	1.69	6.65	109698	97.35
四川	34.05	8.46	53.15	1.45	5.79	91493	98.66
贵州	12.00	4.16	67.93	1.19	0.88	17235	97.89
云南	31.97	10.17	48.78	1.40	10.52	102857	98.14
西藏	44.50	0.16	27.07	0.30	-4.42	5180	81.15
陕西	37.60	15.84	47.52	1.48	17.43	184358	95.62
甘肃	28.58	7.93	63.99	1.38	5.98	72842	97.51
青海	31.18	9.18	72.92	1.64	9.14	151629	99.39
宁夏	31.65	6.93	63.60	1.36	3.10	70977	97.21
新疆	27.81	6.00	57.97	1.07	5.96	64016	99.78

工业分述

首钢集团

【综述】 首钢集团是从事矿业、钢铁业、电子机电制造业、建筑业、服务业和海外贸易的大型企业集团，以首钢总公司为母公司，管理首钢矿业公司、北京首钢股份有限公司、北京首钢新钢有限责任公司、北京首钢特殊钢有限公司、北京首钢高新技术有限公司、首钢建工集团、首钢军工集团、北京首钢机电有限公司、中国首钢国际贸易工程公司、北京首钢房地产开发有限公司、首钢生活服务管理中心、北京大学首钢医院等子公司，在香港有4家上市公司，在海外有首钢秘鲁铁矿等控股企业。

2003年，首钢认真贯彻党的十六届三中全会精神和北京市的各项要求，扎实工作，改革发展取得了明显成绩。经济效益创出近年来最好水平。全集团资产保值增值率100.5%；实现利润10.25亿元，同比增长127.7%。矿业公司从2002年亏损到2003年盈利1204万元，特钢公司实现了扭亏为盈，建工集团经济效益比上年增长1倍以上，机电公司、军工集团减亏幅度分别达到88.65%、17.86%。技术研究院组织开发高技术含量、高附加值产品，比上年增加效益4.3亿元。全集团销售收入479亿元，同比增长24%。

钢铁生产克服原燃料质量波动的不利影响，技术经济指标逐季提高。高炉利用系数2.176吨/立方米·日，综合焦比503.01千克/吨，转炉利用系数25.235吨/公称吨·日，转炉钢铁料消耗1088.46千克/吨，连铸比99.75%，钢材综合成材率96.03%。年产生铁788.17万吨，钢材778.85万吨，分别比上年增长2.3%和6%，创出历史最好水平。在特钢电炉和一炼钢厂停产的情况下，二、三炼钢厂转炉钢产量同比增长4.9%，钢产量816.75万吨 。

非钢产业各子公司积极开拓外部市场。机电公司承揽了酒钢、承钢转炉、淮钢技术改造、江苏铁水四大车和日照方坯等5个重点项目，获得加工合同5.58亿元。全年签约11.3亿元，同比增长90%。高新公司承揽了南钢、包钢、江西钨制品和汉江铝业等一批工程项目，外部销售收入2.2亿元，占本部收入总额的75%。建工集团承揽了16个千万元以上的项目，合同金额48亿元，其中社会工程32亿元，同比增长28%。房地产公司的琳琅庄园一期、金泰阁现房全面热销，琳琅庄园二期正在建设，并着手开发了北京万年花城、山东德州、河北南戴河、吉林蛟河等一批房地产大项目。矿业公司与河北涞源县合作开采旺儿沟铁矿,非矿产值8.1亿元,同比增长13.12%。中首公司外销进口矿480万吨,同比增长20%,拓展经营领域,增加了18项外贸业务,出口创汇8331.88万美元,同比增长15.53%。钢材"双高"产品出口美国、日本、韩国,由出口优质低碳软线发展到合金焊线和PC钢棒等多个品种,年出口量23.5万吨,比上年增加7.6万吨。生活服务中心大力兴办早餐工程,积极开展对外后勤托管和绥中、福寿岭2个疗养院合作开发项目。特钢公司汽车园区二期建设,吸引众多名牌轿车专卖店投入运营,已成为北京市第三大机动车交易中心。

新产品开发创出新水平。"双高"产品产量达到321万吨,同比增长52.8%,占钢材产量的比重达到38.3%。PC钢棒、优质软线、C/D级板等一批新产品投入批量生产;"铁路货车新型组合式制动梁用钢"试制成功,填补了一项国内空白。开发非调质钢,从研制开发到发往用户仅用了两个多月,并实现批量生产。香港首长科技公司通过市场融资,引进一流技术团队,在短时间内建成了世界一流科技水平的光掩膜项目。高新公司开发出拥有自主知识产权的智能燃气表,组织了中厚板全自动轧钢系统和视频网络传输系统等一批科研项目的攻关,实现了电磁搅拌装置的产业化。机电公司积极引进新技术,开发出新产品。军工集团引进电泳涂装与复合轧辊生产线等高科技含量项目。首钢技术中心在国家对于企业技术中心年度综合评价中由2002年的第二十位上升到第十位,进入全国优秀企业技术中心行列,在冶金行业中排名第二。首钢评出"十大名优产品",分别是:连铸硬线盘条、汽车空调系统、HRB400钢筋混凝土用热轧带肋钢筋、首钢牌长白结晶器、机器人汽车风挡玻璃涂胶系统、矿用高强度圆环链用圆钢、低合金高强度板、高性能软磁坡莫合金铁芯、首钢环星触摸电脑I5000、锅炉压力容器板。高炉喷煤在线监视控制系统获得国家发明专利。

重点工程建设取得重大进展。北京地区钢铁业结构调整项目,通过二炼钢厂大板坯连铸和中厚板厂技术改造,形成优质板材生产线。彩涂板生产线试运行;一、三高炉压差发电、厂区电网改造、矿山球团二系列、铸造厂离心球墨铸管等项目,已竣工投产并发挥效益。镀锌板生产线已完成设备安装,特钢第一台单机架轧机完成全部土建施工,3.5万立方米制氧机完成空分系统冷箱、空冷塔、水冷塔工艺结构安装,干熄焦二期工程完成熄焦系统设备安装调试,60万吨水渣项目完成重负荷试车。钢铁生产能力转移项目全面推进。迁钢工程已完成高炉本体、热风炉、出铁场和白灰窑本体结构安装,完成了7000风机机房、炼钢系统漩流井沉井、铁合金库结构、制氧系统主厂房和公辅配套的锅炉与发电机组基础、厂区污水处理地下结构施工等。迁安焦化厂完成了储煤室、配煤室及筛焦楼结构施工,达到设备安装条件。

对外开放与合作取得显著成效。首钢总公司成立招商引资工作领导小组及联合办公室,制定了《首钢招商引资工作实施意见》和《首钢招商引资指南》。招商引资项目共18项,合同吸引资金4.16亿元,已到位资金3.27亿元。首钢与萨摩亚富路仕公司合资生产的彩涂板顺利下线,与迁安市合作建设的迁安焦化厂进入施工准备阶段,与香港嘉华集团合作的60万吨水渣超细研磨项目开工,设计院与日本NSC合资成立节能环保公司、与比利时 CMI 公司成立开拓镀锌板生产线建设市场的合资公司,生产服务中心与台湾大地公司合作办幼教中心,特钢公司与北京清华创业投资有限公司等企业共同经营报废机动车,机电公司与德国海瑞克公司签署了合资生产盾构机的合同,与韩国格威尔公司签署合作生产汽车发动机配件的意向书,培训中心与加拿大国际管理学院合作办学等一批招商引资项目,都取得了积极进展。

职工物质文化生活进一步改善。首钢集团在岗职工人均收入 21612 元/年,比上年增长 6.85%。集团销售收入劳动生产率 42.9 万元/人年,比上年 34.46 万元/人年增长 24.5%。其中,北京及迁安地区在岗职工人均收入 25826 元/年,比上年增长 8.82%。有 2112 套职工住宅已交钥匙并入住。家属区的燃煤锅炉改由北京市热力集团负责集中供暖、防雨防汛、抗震加固、道路整修及管线更新。幼儿园设施改造、厂内单身宿舍装修改造等一批项目按期完成。首钢有 13 个家属区被评为市级文明小区。体育文化设施进一步完善。首钢医院完成抗击非典任务,大胆探索以重点学科、特色技术带动医院发展的新路子,实现了扭亏为盈,通过完善内部管理提高了医疗服务水平。(李淑萍)

【资产重组】 年内,首钢总公司和新钢公司两级机构合并,优化和规范了管理职责。为全面推进辅业改制分流的试点工作,总公司成立改制领导小组和办公室,在首冶、首建、机电、中首四个子公司开始产权界定工作,选择 20 多家企业进行主辅分离、辅业改制试点,年内完成 10 家,另外 10 多家进入实质性操作阶段,有 5 家子公司参与了北京市组织的吸引外资和民营企业并购活动。首钢股份公司 20 亿元可转换债券成功发行,用于年产 150 万吨冷轧薄板生产线的建设。实行财务人员委派制和派驻制,加强了资金管理。资本结构进一步优化,首冶公司托管修理厂,二耐火厂托管一耐火厂。锦州计算机厂、北方机械厂已划属地方管理,轧辊厂、红冶钢厂、密云铁矿等 7 个单位已划属北京市的区县管理,镇江船用动力机厂实施破产,风光机械厂、庆华工具厂破产工作取得新进展。按照专业化管理要求,首钢将工序厂的检修中心分离整合为新钢公司的维检中心,全面推行设备"点检定修制"。各工序厂全面推行"四科两室"设置,结合实施 ERP 重组职能机构;继续深化工程招投标体制改革。(宋科匠)

【科技创新】 全年新产品产量 178.65 万吨,比上年增加 96.4 万吨,增幅为 117.19%。科技成果鉴定 33 项,比上年增加 6 项,其中部市级鉴定 22 项,总公司级鉴定 11 项,5 项成果达到国际先进水平。科技成果创效益 7.3 亿元,成果转化率为 96.9%,创历史最好水平。专利申请 37 项,获得专利授权 17 项。研制开发的优质 C/D 级中厚钢板已在三峡工程、缅甸公路桥、连云港至徐州高速公路邳县桥、北京四环、五环公路桥、钱塘江四桥、天津海港等工程成功应用,市场占有率名列前茅,创利 8036.6 万元。铁水鱼雷罐车湿法喷射浇注技术通过河南省科技厅组织的成果鉴定,达到国际先进水平。开发蜂窝蓄热式燃烧新技术,中厚板厂燃料单耗降到 44 千克标煤/吨钢,节能 20% 以上,年效益 1216 万元,达到国内先进水平。预应力钢丝、钢绞线系列盘条为公司增加效益 5000 万元,82B 盘条制作的预应力钢丝、钢绞线广泛

北京供电工程公司

北京市领导刘淇、王岐山、国家电网公司总经理赵希正等同志视察度夏工程

220千伏组合电器高压实验

北京供电工程公司始建于1953年，隶属于北京电力公司。公司具有国家送变电专业施工一级资质及机电设备安装、照明工程二级资质，并拥有电力调试乙级资质和电力工程设计丙级资质。分别于1996年及2003年通过了质量、环境和职业安全健康三个体系认证。长期以来，我们不断提高工程标准化管理水平，为社会和客户提供高技术含量、高供电可靠性的电力工程，赢得了广大客户的信任，取得了良好的社会信誉和经济效益。

公司拥有包括GPS全球卫星定位系统、输电线路导线展放张牵设备、高电压大截面电力电缆敷设装备及制作220kV及以下各种电压等级电缆接头的专用工具和质量检测设备、拥有高压电气试验室、继电保护调试室及相应的检测试验设备，装备精良，技术领先，可以同时满足多个500kV及以下电压等级的送变电工程施工要求，并为客户提供“交钥匙工程”的全程服务。

意大利进口张力机放线工程

北寺220千伏变电站

2003年5月2日，国务院副总理黄菊到华北电力调度中心慰问一线职工

华北电网

华北电网成立仪式

2003年11月8日，华北电网有限公司成立

北京供电公司

北京供电公司领导班子

供电大楼

非典期间供电工人坚持安全生产

昌平50万千伏变电站

50万千伏线路工人高空作业

北京电力建设公司

公司经理 王国忠

公司党委书记 邢建海

华北电力科学研究院有限责任公司综合实验楼工程开工典礼

燕山石化

燕山石化隶属于中国石油化工集团公司，包括中国石化股份公司北京燕山分公司、中国石化北京燕山石化股份有限公司和中国石化集团北京燕山石油化工有限公司。燕山石化始建于1967年，投产于1969年，是国内最大的石油化工联合企业之一，拥有91套石油化工生产装置。年原油加工能力850万吨，乙烯生产能力71万吨，可生产218个品种625个牌号的产品。乙烯、聚乙烯、合成橡胶、聚丙烯、苯酚丙酮、润滑脂等六种产品的生产能力居全国第一位。

企业地址：北京市房山区燕山岗南路一号
电　　话：(010) 69342295/69342923
图文传真：(010) 69342736
邮政编码：102500
电子信箱：office@bypc.com.cn

乙烯裂解炉

创美好生活

首钢老山家属区

留学生游首钢

首钢厂内铁区的优美环境

首钢金属结构厂制作的结构件用于北京三环路马甸立交桥

参加中国职工职业技能大赛焊工比赛的选手与华北电网公司工委主任黄鹏良、组织部长季兵及公司领导合影

北京市槐柏树街19号宿舍楼工程获得北京市结构长城杯

华能北京热电厂烟气脱硫工程为北京环保大业再立新功

北京电力建设公司始建于1964年，隶属于华北电网有限公司。公司具有电力工程施工总承包一级资质，是国家一级施工企业，主要承担大型火电工程、房屋建筑工程、市政公用工程、钢结构工程、环保工程等施工建设，是国家认定的500强建筑企业之一。公司是国家一级档案管理单位，是首都文明单位。被北京质量协会评为“服务质量信得过单位”；被北京市工商局评为“守信企业”。

首钢与您共

首钢第二炼钢厂厂房

首钢中厚板材生产线

污水处理系统

炼油厂一角

北京汽车工业控股有限

索纳塔

帕杰罗 SPORT

路霸 3400

北京汽车工业控股有限责任公司（英文简称BAIC）前身为北京汽车工业集团总公司。一直是中国的轻型越野车和轻型卡车及零部件的主要生产基地，并涉足于国际、国内贸易、房地产开发、服务贸易、农用机械、建筑材料等领域。拥有整车及零部件相关企业26个。2003年资产总额为297亿元，净资产为124亿元，占地342万平方米。

BAIC作为北京汽车工业的“发展规划中心、资本运营中心、产品开发中心和人才中心”，通过战略管理和资本运营，初步形成了由BAIC直接或间接控股的以北京现代汽车公司为代表的轿车，以北汽福田汽车股份公司为代表的商用车和以北京吉普汽车有限公司为

中卡贵族欧曼先锋

风景爱尔法

责任公司

Jeep 大切诺基

欧蓝德

代表的轻型越野车的“三个板块”。

2003年全系统销量和销售收入位居全国第五位，产销增长率居各大汽车集团之首，达到全国增幅的近3倍。

2003年9月8日与戴克公司签订了战略合作框架协议，北京汽车将为振兴北京现代制造业作出更大贡献。

地址：北京市朝阳区东三环南路25号

邮编：100021

电话：67699888

传真：87664048

网址：www.bj-auto.com www.bqkgd jw.com

伊兰特

福田奥铃

北京一轻高级技术学校

团结奋进的学校领导班子（左三为校长孙达夫 左四为党委书记姜淑华）

加拿大阿尔伯塔省卡加里市原市长、尔交国际有限公司行政总裁亚尔·杜义先生来校参观考察

学生在计算机房上机实践

北京一轻高级技术学校创建于1964年，隶属北京一轻控股有限责任公司，是国家重点技工学校和高级技工学校，是北京市软件产业基地软件职业技能示范培训中心。学校以中、高级技工学历教育为主，现有在校生3648人，同时面向社会开展多工种、多层次的职业技术培训和职业技能鉴定工作，每年达3000人次以上。

学校占地125亩，建筑面积38872平方米。开设计算机、轻工、服务三大类17个专业，其中“食品与生物技术应用”、“计算机软件制作”、“机电一体化”、“休闲娱乐与管理”专业为学校的主专业。设备先进的食品实习车间、计算机房、电工实习室、模拟餐厅、模拟客房，以及各类实习实验专用教室为学生提供了良好的实训条件。

学校于2003年7月通过GB/T19001-2000、ISO9001：2000质量管理体系认证，决心用科学的质量管理体系进一步规范学校的教育服务工作，将学校办成教育教学质量一流的特色学校。

地址：北京市丰台区马家堡路63号
邮编：100068
电话：67566081
传真：67566081
网址：www.yqjx.org
Email:yqjx@yqjx.org

北京一轻高级技术学校

北京六零八厂

北京玻璃集团公司党委书记、六零八厂厂长
北京博士伦眼睛护理产品有限公司副董事长　苏志民

六零八厂东南厂区

北京博士伦眼睛护理产品有限公司

六零八厂职工联欢

北京六零八厂是具有独立进出口经营权的国有企业，是中国国际贸易促进会、中国国际商会会员，中国眼镜协会、北京眼镜协会常务理事单位。

企业从事光学产品的开发、研究、生产，来料加工、出口贸易、合资经营等业务，主要产品有：光学眼镜片、光学镜头、隐形眼镜及护理药水。北京博士伦眼睛护理产品有限公司，是北京六零八厂与美国博士伦公司共同投资的中外合资企业，该公司在国内隐形眼镜及相关产品激烈竞争中始终保持了旺盛的生命力，享有北京市优秀外商投资企业、优秀国际经贸合作企业及美国博士伦公司总部授予"亚太地区海外投资典范"等殊荣。2003年北京六零八厂母体完成工业总产值1724.9万元，销售收入2897.8万元，工业增加值1066.3万元，出口交货值1701.4万元，包含合资收益企业实现利润3144.5万元，2003年北京六零八厂再度被评为"首都文明单位"。

地址：北京市崇文区幸福大街63号
邮编：100061
电话：010-67123986
传真：010-67142002

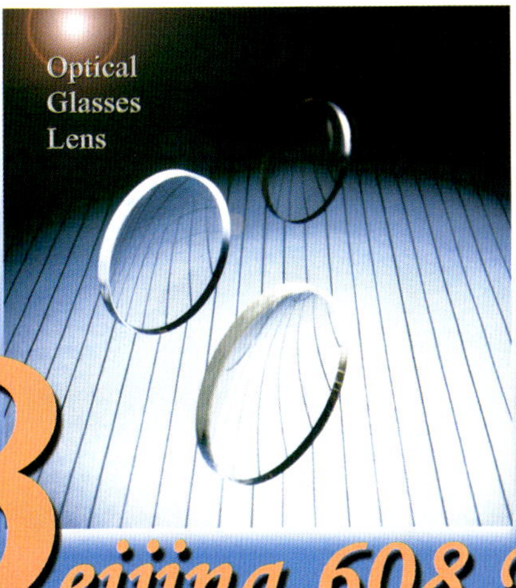

Beijing 608 Factory

北京衬衫厂
“坦博”牌衬衫
用户满意产品
北京质量管理协会用户委员会
北京用户满意工程联合推进办公室
北京服装纺织行业协会
2001年2月
质量管理体系认证证书
北京北国服装有限公司
ISO9001:2000
中国质量认证中心
质量管理体系认证证书
北京衬衫厂
ISO9001:2000
中国质量认证中心
坦博衬衫
卓而不凡
北京北国服装有限公司
北京衬衫厂及所属的北京北国服装有限公司和北京福来克斯时装有限公司，位于北京市朝阳区马泉营12号，该厂通过不断调整改制，扩大规模，年产男女衬衫近300万件，产品80%出口到美国、日本、澳大利亚和香港等东南亚各国及地区。他们自行设计生产的“坦博”牌衬衫，卓尔不凡，质量上乘，在首都各大商场销售，深受消费者喜爱，连续多年被评为“北京名牌产品”。
该厂及所属公司本着“诚实守信，互惠互利，真诚合作”的理念，愿与海内外朋友携手共进，实现双赢。
电话：010-84593311　传真：010-84592682　邮编：100103
地址：中国北京朝阳区马泉营12号　http: // www.bjshint.com

中国北京同仁堂
（集团）有限责任公司
更年 女性之宝
功能与主治：
滋补肝肾，镇静安神，养血通络。用于妇女更年期综合症，肝肾阴虚引起的月经紊乱，潮热多汗，失眠健忘，心烦易怒，头晕耳鸣，咽干口渴，四肢酸楚，关节疼痛等症。
请按药品说明书或在药师指导下购买和使用
国药准字 Z11020185 京药广审（文）第 2003060185 号
OTC
坤宝丸
KUN BAO WAN
北京同仁堂股份有限公司同仁堂制药厂
请按药品说明书或在药师指导下购买和使用
国药准字 Z11020361
京药广审（文）第 2003070222 号
感冒清热颗粒
给您一如既往的关爱
感冒清热颗粒
Ganmao Qingre Keli
北京同仁堂科技发展股份有限公司制药厂
感冒清热颗粒
Ganmao Qingre Keli
（无糖型）

绿色 诚信 质量
关爱您的健康
國公酒
功能主治：
散风祛湿，舒筋活络。用于经络不和、风寒湿痹引起：手足麻木，半身不遂，口眼歪斜，腰腿酸痛，下肢痿软，行步无力。
注意：
孕妇忌服。
国药准字 Z11020459
请按药品说明书或在药师指导下购买和使用
京药广审（文）第 2003120403 号
京制牛黄解毒片
OTC
Jingzhi Niuhuang Jiedu Pian
北京同仁堂科技发展股份有限公司制药厂
功能主治：
清热解毒，散风止痛。用于肺胃蕴热引起：头目眩晕，口鼻生疮，风火牙痛，暴发火眼，咽喉疼痛，痄腮红肿，耳鸣肿痛，大便秘结，皮肤刺痒。
注意：孕妇忌服
请按药品说明书或在药师指导下购买和使用
京药广审（文）第 2004030128 号
国药准字 Z11020472
清热气
去痛疼

北京昊华能源股份公司大安山煤矿

矿长 冯可利

党委书记 刘永先

北京京煤集团公司昊华能源股份有限公司大安山煤矿，始建于1958年，1975年投产，产品为优质无烟煤，主要销往首钢、鞍钢、本钢、唐钢、宝钢、合钢、莱钢等大型冶金企业，并出口韩国、日本、法国、美国、巴西等国家。2003年，大安山煤矿原煤产量173.34万吨，商品煤销量196.02万吨，企业利润7429.15万元。有员工2542人，固定资产1.87亿元。

大安山煤矿多次获得北京市工业系统先进企业、全国煤炭工业现场管理先进单位、北京市工业系统双十佳企业、煤炭工业扭亏增盈先进单位等称号。1998年起连续6年被评为首都文明单位，1994年起连续10年获重合同守信誉单位称号，2001年被评为北京市花园式单位。2001年，大安山煤矿通过中国进出口质量认证中心ISO9002质量保证体系标准认证，2002年通过职业安全健康管理体系认证。

大安山煤矿生产调度室

大安山煤矿职工俱乐部

大安山煤矿矿貌

地址：北京市房山区大安山乡
电话：60372299
邮编：102419
网址：DASMK @SOHU.COM

北京京煤集团有限责任公司化工厂

党委书记 谢保国

厂长 曹文俊

现代化的乳化炸药生产线

北京京煤集团有限责任公司化工厂，是国家定点生产民用爆破器材的中型企业，主要生产粉状铵锑油炸药、乳化炸药、工业电雷管、导爆管雷管、导爆索，产品的技术含量和生产线的现代化程度在同行业中处于领先地位。该厂还承担民用爆破器材及设备的研究开发制造、专业测试与技术培训，多次被北京市命名为花园式单位，连续 5 年荣获“首都文明单位”称号，连续 14 年被评为北京市“重合同、守信誉”单位，在同行业率先通过国际质量和职业安全健康体系认证。

厂址：北京市房山区青龙湖镇
电话：010-80374040
邮编：102471
网址：jmhg@bj-explosive.com.cn

民爆产品

花园式单位化工厂（大门照片）

北京金泰恒业公司京煤四厂

怡美家园会所

京煤四厂厂长 牛进猛

北京金泰恒业公司京煤四厂是北京京煤集团有限责任公司控股的北京金泰恒业公司下属骨干企业。始建于1954年，当时主要任务是保证供应北京市西北部地区工业生产与大专院校生活用煤。在近50年的历程中，创建了花园式工厂，荣获“国家二级企业”称号，创造出人均生产利润居全行业之首的佳绩。

1997年开始，该厂实施“以房地产开发为龙头，以物业经营为基础，以机制转换为动力，以科学管理为保证”的企业发展战略，形成了房地产开发、物业经营、商贸和煤炭经营等多业并举的格局，实现了由煤炭行业向非煤行业的整体转移。近年，该厂扭亏为盈、偿还了2650万元的银行贷款，在1999年至2003年期间，实现利润和上交综合资产管理费达2631万元；职工收入连年增长10%；企业产业结构调整基本到位，通过土地开发，形成了3.7万平方米的优良房地产物业；企业资产总量达到2.6亿元，形成了“干部有正气，职工有士气，工作有生气，企业有名气”的良好局面。

地址：北京市海淀区清河安静庄西路9号院

邮编：100085

电话：82743278

网址：www.Fdtz.com

在中关村北兴建的智能化建筑—金泰富地大厦

四厂与合作伙伴共同开发的优雅居住小区怡美家园

应用于北京五环路及斜拉桥、青藏公路、遵重公路、三峡工程等基础设施上。首钢“矿用高强度圆环链用钢”、“碳素结构钢热轧钢板”、“优质碳素结构钢盘条”及“焊接用钢盘条”4项双高产品荣获冶金行业产品实物质量金杯奖,金杯奖产品从过去单一的线材扩大到线材、型材和板材。首钢冶金研究院高附加值的高温合金、精密合金和铁芯制品产量比上年有较大幅度的增长。该院为“神州五号”载人航天工程研制生产了11个牌号、21种规格的产品。

(李淑萍)

【技术改造】 全年首钢北京地区固定资产投资16.3亿元,其中基本建设投资4.15亿元,占25.47%;更新改造投资10.79亿元,占66.21%。完成固定资产投资项目13项。一、三高炉利用净化后的煤气余压发电项目于2002年4月动工,2003年4月竣工,年内投资1573万元,代替了高炉减压阀组的功能,改善环境,降低噪音,减少污染;矿业公司扩建球团生产线于2002年1月动工,2003年11月竣工,年内投资14033万元。矿业公司引进球团生产设备,当年投资4438万元。中板厂技术改造,2001年7月动工,2003年2月竣工,当年投资28779万元。股份公司大板坯铸机改造,2001年9月动工,2003年11月竣工,当年投资2866万元。主厂区电网改造,2002年3月动工,2003年12月竣工,当年投资220万元。铸造厂环保治理技术升级,2002年9月动工,2003年6月竣工,当年投资1195万元。年内在建的巷目有:2003年1月动工的迁钢200万吨钢搬迁转移项目等。结构调整的另一项重点工程是利用原初轧厂部分厂房和公辅设施,改造后建设一条全新的彩涂板生产线,2002年9月动工,设计年产彩涂板17万吨,当年投资20949万元。嘉华60万吨矿渣综合利用废渣治理项目,对高炉渣进行深加工,生产砼添加剂替代水泥,2003年4月开工,当年投资6662万元。氧气厂新建一台3.5万立方米/小时制氧机组和空分系统,保证高炉喷煤的需要,2003年6月动工,当年投资2960万元。

(李淑萍)

【环境保护】 1995年至2003年,首钢累计环保投资16亿元,2000年主厂区的废气和粉尘排放总量比1995年下降60%,2003年又比2000年下降30%。2003年投资22858.9万元,完成焦化厂煤气脱硫、运焦线改造、一高炉和三高炉压差发电、运输部1号和3号翻车机除尘、炼铁厂新建在线监测系统等32个治理项目;开展燃煤锅炉改用清洁燃料的工作;对119个单位的2484台机动车尾气排放进行检测,合格率达到99%,治理后达标率为100%。炼铁厂等6个单位自筹资金,完成环保设施改造21项,最大限度地减少无组织的粉尘排放。固废资源进行综合利用,炼钢OG泥经过冷固降压成型用作造渣剂,消除了在晾晒、堆积、运输时产生的二次污染,年产值3000万元,可替代进口矿12万吨,降低采购成本4344万元、炼钢成本1062万元。年内主厂区工业污染物排放总量大幅度降低,其中二氧化硫排放总量降低17.53%、烟尘排放总量降低11.96%、粉尘排放总量降低6.12%,总悬浮颗粒物降低18.7%,一氧化碳浓度继续保持国家空气质量一级标准,二氧化硫浓度保持国家空气质量二级标准。新建绿地6.38万平方米,厂区绿化覆盖率35.95%,同比提高1.53个百分点。厂区大气环境质量得到明显改善,环保指标达到历史最好水平。

(李淑萍)

【人事制度改革】 年内,首钢深化干部人事制度改革,加强人才队伍建设,颁布25项新制度、新办法,为优秀人才搭建平台。加大干部公开招聘、竞争上岗、干部交流、末位淘汰、引咎辞职的工作力度,在计财部、机电公司、物资供应公司、中首公司等单位实行了干部竞聘上岗。建立了1000万元人才开发基金,评选表彰了225名优秀青年人才,实施了科技人员双向挂职锻炼。全面启动"高级技术工程",全年晋升高级工1799人、技师156人。年内高级技工总人数已由2002年的1300人增加到3255人,高级技工比例从2002年的2.5%提高到6.5%。结合迁钢等重点项目,培训炼钢、制氧、电力运行等工种568人。首钢第四届管理创新成果获奖项目69个,其中一项获北京市管理创新成果一等奖,一项获全国冶金管理创新成果一等奖,三项分别获北京市和全国冶金企业管理创新成果二等奖,是首钢管理创新获奖最多、获奖级别最高的一年。 (宋科匠)

【减员增效和再就业工程】 2003年,首钢集团在册职工13.51万人,全年净减员2.05万人;其中北京及迁安地区在册职工8.79万人(不含已划出未办关系的红冶钢厂、建材化工厂和带钢厂2589人),全年净减员1.63万人。富余人员安置率达到89.5%。通过减员增效,全年节约工资性支出1.5亿元左右。用好政策,多种渠道,超前启动了压产富余人员的分流安置工作。一炼钢30吨转炉全部停产,697名富余人员全部得到妥善安置;6家企业移交区县管理,北方机械厂、锦州计算机厂、镇江船舶公司划转工作已到位,共减少6309人;积极推进富余人员自谋职业,全年减少9700余人;大龄富余人员内退安置工作平稳进行;迁钢等新项目人员储备及培训工作按计划顺利实施。开展领导干部公务用车改革试点,杜绝了公车私用,节省了管理费支出。 (宋科匠)

【矿业】 首钢矿业公司位于河北迁安,主要从事采选矿、烧结和矿用汽车制造、机电设备修造、建筑安装等。年内生产精矿粉548万吨、烧结矿676万吨、球团矿176万吨。全年销售烧结矿和球团矿176万吨,销售额8.7亿元。产品可比成本降低1.86亿元,降低率7.15%,盈利1263万元。56项可比经济技术指标中,有24项位居国内同行业第一。全员销售收入劳产率26.98万元/人年,比上年提高71.4%,其中采矿劳产率是全国重点冶金矿山平均水平的5倍,选矿劳产率是全国重点冶金矿山平均水平的3.65倍;球团矿劳产率位居全国同行业第一名。年内共投资3.2亿元进行技术改造,完成重点工程13项。实施重点科技项目40多项,取得效益3900多万元。200万吨球团生产线建成投产;水厂铁矿矿石破碎系统投入使用;东部排岩工程全面启动;运输部82米站到选矿站铁路复线工程投入运行。全年非矿产值8.32亿元,比上年增长16.2%。独立法人公司全面盈利,整体效益翻了一番。重汽公司开发生产了50吨级矿用汽车;机械厂工业总产值2.04亿元;修建、建安公司全面推行项目法施工,产值分别达到5883万元和5176万元;电修公司产值达到5200万元。矿业公司由年初的8081人精简到5500人,减员31.94%。职工人均年收入23240元,比上年增长18.7%。 (李淑萍)

【特钢行业】 北京首钢特殊钢有限公司主要生产轧材、锻材、冷拔材、钢丝和钢丸、钢砂等金属制品，以优质碳素结构钢、优质合金结构钢、齿轮钢、非调质结构钢、易切削钢、轴承钢、碳素工具钢、弹簧钢为主导产品，可进行200多个钢号、2500多个品种规格的研发和生产，产品广泛应用于机械、汽车、铁路、轻工、纺织、能源、化工、建筑和军工等领域。经过多年发展，该公司从单一从事特殊钢生产经营的国有独资企业转变为多行业、多法人、多种所有制并存的控股公司，管理27个子公司和参股企业，初步形成了现代制造业、现代服务业和节能环保三大支柱产业。2003年该公司生产钢材42.55万吨，其中品种钢27.74万吨，占钢材总量的65.97%。首钢新钢公司特钢部销售收入10.76亿元，实现利润417.66万元。特钢公司营业收入18254万元。南区土地转让收入44200万元，是近几年回收资金最多的一年，初步解决了历史遗留问题。特钢部产值劳产率66.3万元/人·年，比上年提高34.4万元/人·年；实物劳产率262吨/人·年，比上年提高133吨/人·年。特钢公司营业收入劳产率15万元/人·年，比上年提高5.3万元/人·年。板材深加工项目正在建设，设计年产大圆钢、翼缘板33万吨。北京国际汽车贸易服务园区和天龙源温泉家园项目已经盈利。汽车园区2003年新、旧车交易量9467辆，实现利润100万元，一汽宝来、重庆长安铃木汽车专卖店建成营业。节能环保产业的镁合金精密压铸、报废汽车拆解项目投入运营。研制新型自行车、汽车方向盘骨架和电动工具系列产品，取得了镁合金自行车和压铸产品的自营进出口权。“运动美”牌镁合金自行车荣获第61届米兰国际自行车展外观设计“创新金奖”和“整体自行车车架外观设计专利证书”，自3月在北京、保安等多个城市上市后，已在国内建立69家销售网点，全年销售自行车5600余辆。签订了首批出口1.5万套折叠车架的合同。

（李淑萍）

【建筑业】 首钢建工集团在京企业有北京首钢建设集团公司（简称首建公司）、北京首钢冶金工程建设公司（简称首冶公司）和北京首钢设计院（简称首钢设计院）。首建公司具有冶金工程、钢结构、建筑总承包一级资质，市政工程、机电安装、环保、送变电、起重设备安装二级资质，主要从事房屋建筑、机电设备安装调试、钢结构制作安装、市政工程、大型设备吊装运输、木材加工、商品混凝土生产、建筑科研开发、装饰装修和物资经销业务，有300吨履带式起重机等大型机具。首冶公司具有冶金工程、钢结构、建筑、土石方总承包一级资质，市政工程、起重和机电设备安装二级资质，与北京首钢设计院形成工程设计、施工、房地产开发的综合实力。2003年，首钢建工集团实现利润341.5万元，国有资产保值增值率100.98%。

首建公司累计获得国家优质工程金奖、银奖和冶金行业优质工程、北京市长城杯等十余项嘉奖，2003年营业收入9.8亿元。建筑产值10.04亿元，比上年提高11.24%；全员劳产率119116元/人·年，比上年提高14.38%；年末人数6960人；在岗职工人均年收入19176元，比上年增长8.9%。年产钢结构5万吨，占总收入的四分之一。金属结构厂产值1.5亿元，加工钢结构2.5万吨，90%以上外销。组建总承包部，实行总量承包、独立核算、自负盈亏。首建一公司、恒达公司整合为建安公司；注册成立首建恒信劳务派遣企业；建业宏达汽车有限公司17名员工出资购买全部国有股权，实现了国有资产全部退出、彻底民营化的改制目标。首建集团与北雄集团在河北涞水兴建了年加工能力3万吨的钢结构基地;民建公司与门头沟沥清厂合资组建沥清搅拌站。首建二公司与上海宝建合作生产钢结构,扩大了生产规模;首建恒纪公司与鞍山化工油漆厂合作,扩大了“恒纪超邦”涂料的知名度和市场份额,产品获得国家质量环保认证,向蒙古人民共和国出口。砼搅拌站由年产10万立方米、产值800万元增长到年产80万立方米、产值8000万元的规模,新增固定资产3600多万元,进入京西大型搅拌站行列。

首冶公司全年结算收入66648万元,创历史最好水平,比历史最好水平的2002年提高92.31%。其中,首钢迁钢等工程22629万元,社会工程19919万元;国有资产保值增值率106.3%,增长6.3个百分点;实现利润60万元;签订合同114616万元,其中社会合同30996万元,占签约量的27%,同比提高263.24%,创出了历史最好水平。技术装备率达到9544元/人,同比提高43%。全年减员737人,在册人员3458人。职工月平均工资1068元/人,比上年月均增加12元。组建了迁钢、北京等总承包部;分设劳务中心、设备租赁中心、生产服务中心和资金结算中心。成立首冶金属结构分公司,在矿山建设钢结构加工基地,填补了首冶公司没有重型钢结构制作的空白。《全面推行34551工程,提高企业运行质量》获首钢管理创新成果一等奖、中国钢铁工业协会管理创新成果二等奖。承建迁钢、承钢技术改造、首钢高炉压差发电、镀锌板、干熄焦等项目和总参经济适用房工程等,其中总参项目被评为全军优质工程;完成了俄罗斯设计的卡鲁金热风炉炉体制造安装、首钢60万吨水渣细磨工程。首钢白灰套筒窑工程被评为冶金行业优质工程;外墙保温与混凝土浇注一次成型工艺被评为冶金行业优质施工法。

北京首钢设计院全年完成高阶段设计116项,施工设计78项,折合甲1标准施工图78500张。完成设计合同1.5亿元,总承包合同6亿元,包括首钢迁钢、热镀锌、3.5万立方米制氧机、特钢单机架冷轧等重点工程的设计任务。签订外部设计合同22项4969.5万元,总承包及成套设备合同8项7.37亿元,创下近年来少有的经营业绩。总承包项目覆盖了冶金行业的所有主要专业。该院与比利时CMI公司合资成立“北京考克利尔冶金工程技术有限公司”,共同开发彩涂、镀锌市场。开拓干熄焦业务,与日本新日铁公司合资成立“北京中日联节能环保工程技术有限公司”。全年投入资金167万元,研究课题45项,完成33项,完成额是2002年的2倍。申报专利10项,其中发明专利2项;获得市级以上科技成果奖10项,包括北京市优秀工程咨询二等奖1项,冶金行业科技一等奖1项,全国企业新纪录2项。首钢二高炉技术改造、链箅机－回转窑－环冷机法生产球团矿等17项新工艺、新技术获得首钢科技奖,其中一等奖1项,二等奖2项,三等奖7项。全年营业收入5.5亿元,净收入1.3亿元,实现利润418万元　　(李淑萍)

【房地产业】　首钢房地产业由北京首钢房地产开发有限公司统一经营。年内,该公司提出立足北京、进军外埠、滚动发展、做强做大的发展战略。国有资产保值增值率103%,销售收入43544万元,实现利润701万元。商品房销售10214万元,同比增长137.5%。开发金苹阁、琳琅庄园二期工程,采用中央液态冷热源新技术建设安全防护系统,供暖采用钢筋网片新技术,分户计量。与北京万年永隆房地产开发公司合作开发北京万年花城项目,总建筑面积198万平方米。与北京宏大房地产开发公司合作开发金顶街三区经济适用房项目、经贸大楼、特钢6号地项目;控股北京中基太业投资有限公司;自筹资金3000万元,与山东德州双企房地产开发有限公司合资成立德州御景房地产开发有限公司,合作开发德州夏津项目。投资控股北京天颐拆迁有限责任公司,参股成立首房宏大房地产开发公司。经营项目由过去单一开发普通商品房住宅向集资房、经济适用房、别墅、写字楼、商业地产的综合开发转变,初步形成以房地产开发为主,拆迁、物业、装饰装修、投融资、材料供应为一体的现代房地产开发集团公司。 (李淑萍)

【电子机电制造业】 北京首钢高新技术有限公司管理首钢日电(SGNEC)、首钢莫托曼机器人(SGM)、首钢环星电脑、首钢鹏飞新材料等20多家合资、联营的高新技术企业,全年销售收入12.92亿元,全资各单位实现利润906.36万元。SGNEC生产集成电路成品24570万块。对SGNEC6英寸芯片增加了投资,首钢环星公司e3000、e2000触摸查询一体机实现批量生产,中关村首钢软件园开工建设,鹏飞公司销售膨润土2.5万吨,销售收入327万元。高新公司本部完成钢铁主流程改造的自动化项目,完成首钢彩涂板、三炼钢1号炉、二炼钢、型材厂等自动化项目。承揽南钢、包钢、江西钨制品外部工程项目。连续15年被评为"北京市重合同、守信誉先进单位"。全年减员231人。销售收入劳产率30万元/人·年。在岗职工人均年收入26687元,比上年增长4.03%。

北京首钢机电有限公司主要从事冶金成套设备、通用和非标准机械设备、动力设备、电机和电器设备、液压控制设备、环保设备及备件的设计制造,管理机电设计研究院和14个分公司、厂,在冶金、矿山、节能环保的机电液压设备制造领域掌握了多项成熟技术和一些国际前沿的技术,拥有专利技术52项。全年机电制造总量83458吨,比上年增长1.6倍,其中机加工量27644吨,比上年增长76%;商品铸锻铆焊件26288吨,比上年增长1.8倍;商品大宗消耗件29371吨,比上年增长3倍。承揽制造淮钢技改项目、承钢技改项目、CSP项目以及转炉、烧结、焦化、环冷、轧机等设备,完成了迁钢扩建工程及60万吨水渣工程的部分设备制造任务。全年承揽合同8.3亿元,比上年增长141%。销售收入8.3亿元,比上年增长45%。减员1800人,年末在册人数5807人。劳产率13.5万元/人·年,比上年提高85%;人均年收入16800元,增长12.2%。国家技术攻关薄板坯连铸项目获得首钢科技一等奖,其中结晶器、扇形段等核心制造技术已应用于珠钢、邯钢、包钢、马钢连铸设备的高效化技术改造。永磁电机、电磁搅拌机、方坯液压剪、6.5米焦炉四大机车、环冷机等项目开发取得较好成绩。轧辊厂和液压机械厂划属北京市所在区管理。 (李淑萍)

【海外事业】 中国首钢国际贸易工程公司主要从事进出口贸易、海外工程承包、国际经济技术合作、远洋运输、房地产开发、宾馆公寓、广告策划和国内贸易业务,代表首钢向海外投资,经营管理首钢秘鲁铁矿和香港4家上市公司,在美国、欧洲、东南亚、非洲设有分支机构。2003年资产保值增值率101.21%,销售收入83.76亿元,实现利润7901.81万元。出口创汇8331.88

万美元，同比增长15.53%。收汇8507.89万美元，同比增长13.26%。钢铁产品出口25.59万吨。境内外部市场营业收入23.71亿元，占境内总收入的58.36%，同比增长7个百分点。全年进口矿量首次突破1000万吨，达到1093万吨。新开发进出口业务19种，累计代理经营数控装置进口、燃烧器进口、石墨电极及家具出口等业务上百种。全年进口废钢4.53万吨，比上年增加2.94万吨。香港首控公司实施首长宝佳、首长科技等企业的结构重组，改善了香港首控及首长系公司的资产质量与财务状况，为首钢彩涂板等项目融资7100万元。组建2家澳门离岸公司，构建境内外企业的通道和业务平台，实现了协调互动与资源的优势互补。年内境外网点由16个减少到8个，年节约费用300余万元。承担首钢重点工程19个项目的设备进口及现场服务，均按网络节点的要求完成。海外工程部参与印度、巴基斯坦、埃及等国25个工程及贸易项目的投标，签订160万美元的印度汽轮机组、133万美元的印度沙塔二手炼钢等项目合同，新签海外工程和成套设备出口合同6项，合同额400多万美元，为近年来最好水平。全年中首公司在岗职工人均年收入比上年增长9.9%。

（李淑萍）

【服务业】 首钢实业公司管理物业公司、饮食公司、工贸公司、旅游公司、幼教中心、机关服务中心、沙河服务站。2003年实业公司销售收入55492万元，比上年增长26%；实现利润15.3万元。《建立面向市场的首钢服务业发展战略》获得首钢第四届管理创新成果三等奖。《房改售房管理信息系统》获得首钢科技三等奖。物业公司管理的市级文明小区达到13个，区级文明小区达到9个，荣获北京市企事业后勤协会授予的“开拓创新、物管模范”称号。饮食公司15个中型以上餐厅获得北京市企事业优秀规范化餐厅称号，其中6个餐厅获得优秀示范规范化餐厅称号。发展北京市“早餐工程”，在石景山区、海淀区和门头沟区建立早餐亭273个，销售收入670万元。工贸公司生产润滑油脂30个系列100多个产品，其中KRW－2081高温润滑脂获得首钢第四届管理创新成果三等奖。首钢工业旅游全年接待8000多人，组建旅游客车公司。幼教中心与台湾大地幼教联盟合作办园。金苹果幼儿园被北京市教委命名为“早期教育基地”。（李淑萍）

主要产品名录

单位：吨

产品名称	2003年产量	生产厂家
铁精矿粉	5787188	首钢矿业公司、北京首钢铁矿
石灰石	1631223	北京首钢鲁家山石灰石矿 北京首钢石灰石矿 北京首钢建材化工厂
人造富铁矿	16442332	北京首钢炼铁厂 首钢矿业公司烧结厂　首钢球团厂

续表

产品名称	2003年产量	生产厂家
焦炭	1906495	北京首钢股份公司焦化厂
生铁	7881680	北京首钢炼铁厂
铸铁管	4060	北京首钢华禹铸造厂
钢	8167495	北京首钢股份公司第二炼钢厂 北京首钢新钢公司第一炼钢厂、第三炼钢厂
连铸钢坯	8153269	北京首钢股份公司第二炼钢厂 北京首钢新钢公司第一炼钢厂、第三炼钢厂
模铸钢锭	6010	北京首钢新钢公司特钢部
成品钢材	7788536	
其中:普通大型钢材	21898	北京首钢新钢公司特钢部 北京首钢红冶钢厂
普通中型钢材	214531	北京首钢新钢公司型材厂、特钢部 北京首钢红冶钢厂
普通小型钢材	3227028	北京首钢股份公司 北京首钢新钢公司型材厂、特钢部、 北京首钢红冶钢厂 北京首钢特殊钢公司
优质钢型材	403702	北京首钢新钢公司特钢部、型材厂、 北京首钢红冶钢厂 北京首钢特殊钢公司 北京首钢冶金研究院
线材	3027915	北京首钢股份公司第一线材厂、高速线材厂 北京首钢新钢公司特钢部
中厚钢板	562200	北京首钢新钢公司中厚板轧钢厂
热轧薄钢带	205765	北京首钢宝生带钢有限公司 北京首钢吉泰安合金材料有限公司
冷轧薄钢带	125412	北京首钢宝生带钢有限公司 北京首钢冶金研究院
钢丝	8251	北京首钢吉泰安合金材料有限公司
集成电路(芯片)	24570 (万块)	首钢日电电子有限公司

北京京城机电控股有限责任公司

【综述】 2003年,北京京城机电控股有限责任公司(以下简称京城控股公司)主要经济指标超过目标值。全年完成工业总产值70亿元,比上年增长38.9%;工业增加值25亿元,比上年增长49.5%;产品销售收入73亿元,比上年增长40.2%;利润总额4.4亿元,比上年增长32%;亏损企业亏损额为0.5亿元,比上年降低8.8%;全年出口销售额为5.8亿元,比上年增长11.6%。

推进资本运作。京城控股公司以支柱产业为基础,抓住市场机遇,相继达成了北一圣合、北起多田野、中环重型汽车等合资项目;北京汽轮有限公司与法国ALSTOM签订了合资意向书。同时以北开电气、毕捷股份等8家企业为试点,探索吸收国内外资本进行企业并购;一机床厂尝试跨国并购。年初,北人股份公司增发A股成功,筹集资金1.5亿元人民币。京城控股公司对相关产业进行了"借壳上市"的探索,已经完成前期论证和项目可行性方案的研究。

深化改革,调整产权结构。第二机床厂设计为机电院高技术股份控股式收购控股的重组方案,电线七厂完成了分立改制,与京城控股公司脱离了资产关系;建筑机械厂完成了分立改制工作,迁至三河市。京城控股公司系统内三产类小企业改制完成82户,销售公司、叉车总厂的改制框架方案已经完成。一通、鼓风机厂破产终结程序正在办理;金属结构厂的职工分流工作已经完成,正在准备破产资产的拍卖;红光机械厂已经进行资产清理,等待法院宣告破产。京城控股公司整合机械设备进出口公司、中都兴物资公司,于10月注册成立了北京市首家工业物流公司——京城工业物流公司,并与瑞士专业物流公司"LB"合资,标志着京城控股公司正式进入工业物流领域。

建立全面预算管理体系。京城控股公司有计划地开展全面预算工作,年内增加了北人股份、北一数控、北开股份三家公司推行全面预算管理。天海公司通过实行全面预算管理将企业各项经济行为纳入科学的管理轨道,实现了企业资金流、信息流、实物流的同步控制;中奥电梯公司通过实行全面预算管理,加强了对现金管理,控制采购成本。

推进数学化管理工程。京城控股公司初步建立了经营信息、财务信息和重点项目信息三大平台,启动数学化管理工程。华德液压、北开股份启动了ERP项目,采用新的管理方法和管理手段,实现企业管理升级。 (解　峰)

【企业改制】 2003年6月,北京电线电缆总厂所属电线七厂完成分立改制,组建成北京富莱思沃电线电缆有限公司;北京建筑机械厂将挖掘机和钢结构两大业务分立改制为三河新北建小挖有限公司和三河新北建钢结构有限公司,北京建筑机械厂名称保留,负责离、退休职工及非经营资产的管理;北京中都兴物资公司和北京机械设备进出口公司结合改制组建成北京京城工业物流有限公司。 (夏中华)

【合资合作】 是年,京城控股公司系统新建中外合资公司项目两项,合资公司增资项目3项,引进技术一项。北起多田野(北京)起重机有限公司于3月28日领取营业执照。该公司投资总额2998万美元,注册资本2000万美元,其中北京京城重工机械有限责任公司占75%,日本多田野株式会社占25%。合资公司生产汽车起重机、越野轮胎起重机、高空作业车等产品。合营期限30年。北京天海工业有限公司增资协议于7月22日获得市外经贸委批准。其注册资本由1873.47万美元增至1883.14万美元,中方股东北京京城机电控股有限责任公司增加投资80万元人民币。北京天海门业有限公司增资协议于7月22日获得市外经贸委批准。其投资总额由210万美元增至260万美元,注册资本由150万美元增至200万美元,中方股东北京潮白水泥构件厂增加50万美元。北京现代京城工程机械有限公司增资协议于10月22日获得市外经贸委批准。其投资总额由2750万美元增至2950万美元,注册资本由1100万美元增至1300万美元。其中北京京城机电控股有限责任公司增加80万美元,韩国现代重工株式会社增加120万美元。此次增资用于工业机器人生产。北一圣和(北京)精密工具有限公司于11月17日领取营业执照。该公司投资总额473万美元,注册资本300万美元,其中北京第一机床厂占72%,日本圣和精机株式会社占25%,CMEC日本株式会社占3%。合资公司生产数控机床功能部件及刀具、刀柄等产品。合营期限15年。北京北开电气股份有限公司引进德国保富铁路有限公司1500V直流开关技术,协议总额132250欧元。 (杨 岚)

【企业搬迁】 积极利用土地资源开发资金对部分企业进行了有序的搬迁改造。北人集团(北人股份)亦庄新厂占地面积约16万平方米,建筑面积9.7万平方米,2002年5月开工,2003年5月20日全部厂房竣工,验收合格,6月底车间完成搬迁。北京开关厂(北开股份)亦庄新厂占地面积11万平方米,建筑面积6万平方米,经历240天建设,于2003年3月底新厂建设全部完成验收,6月初全厂搬迁至亦庄。一机床厂林河新厂占地面积25.6万平方米,建筑面积9.5万平方米,按计划分阶段进行建设,其中数控机床公司建筑面积2.4万平方米,于2003年7月13日竣工,该厂房的建设质量受到了市"重大办"的好评;精密零件、刀具、生产线、钣金、电柜、重型厂房在9月陆续动工。 【权英姿】

【产品结构调整】 是年,北京京城机电控股公司通过内部资源重组,企业产权结构调整,对外引资合作等方式,不断调整产业结构和产品结构,取得明显成果。提高产业集中度。以数控机床、印刷机械、工程机械、环保设备为支柱产业,同时重点发展发电和输变电产业,形成4+1的战略格局,在控股公司总量比2002年增长40%的情况下,4+1重点产业板块占到公司总量的86%,比2002年增长8个百分点。扩大重点企业规模。增强竞争能力,控股公司系统首次出现2户销售收入超10亿元的强势企业,销售收入5亿元以上企业增加1户达到5户,1亿元以上企业增加7户达到18户。增加高科技水平产品。随着北一大隈、北起多田野、中环重型汽车等合资项目的成功运作,一批世界一流或国际先进水平的产品陆续投产,参与国内外市场的竞争。其中仅北京第一机床厂与日本大隈株式会社的合资,就引进了8项具有当代先进技术水平的加工中心、数控机床等一流产品。培育新的经济增长点。控股公司组建了北京首家工业物流公司北京京城工业物流公司,北人集团公司在不断提升主

导产品胶印机能力的同时,加速发展印前、印后产品,优化产品结构。(刘艳安)

【技术改造】 是年,完成技术改造投资106602万元。2003年,结转计划内技术改造项目10项,实际完成投资105190万元;新开技术改造项目2项,项目总投资2685万元,年内完成投资1412万元。以上项目按建设性质划分,污染扰民搬迁项目5项,技术改造、技术引进项目7项。北京天海工业有限公司"批量生产大直径和缠绕式汽车用气瓶技术改造"等三个项目通过了项目竣工验收。(王鸿志)

【新产品研发】 2003年底,北人集团引进国外技术改进研制投产的LQD10骑马装订联动线,完成了"CE"和"GS"的安全认证。该生产线由搭页机、订书机、三面切书机和传送带组成,可将折叠好的书帖从搭页、订书到裁切成成品的过程连续自动完成,广泛用于期刊杂志、画报及书本等印刷品的装订作业,比原有订书机提高效率20%。北京第一机床厂开发设计的XHA2140×120动梁龙门加工中心,是目前我国自行开发制造规格最大的龙门加工中心,已通过用户验收;研究开发的新一代数控机床——直线电机驱动的高速立式加工中心,可充分发挥现代刀具材料性能,提高加工效率,降低加工成本,提高零部件表面加工精度和质量,可应用于汽车、模具、航空等制造加工领域。北京北开电气股份有限公司研发的ZW-126kV高压户外型真空断路器(单断口),使真空断路器从中压领域7.2~40.5kV进入到高压126kV及以上领域,为我国城网改造提供了高寿命、高可靠性、无污染的新型断路器。该断路器已完成了西安高压电气研究所的全部型试验,通过了中国机械工业联合会和电力企业联合会(即原机械部、电力部)的鉴定。其技术达到国际领先水平。(郭继云)

【贾庆林参加北一大隈开业仪式】 2003年12月8日,中共中央政治局常委、全国政协主席贾庆林在北京市代市长王岐山等陪同下,在顺义林河工业开发区参加"北一大隈(北京)有限公司开业暨首批产品交付用户仪式",并为第一台产品下线揭幕。仪式结束后贾庆林参观了生产现场。参加此次活动的领导还有:中国银行总行副行长孙昌基、原全国人大常委、内务司法委员会副主任委员顾金迟、原机械工业部部长何光远、北京市委常委、秘书长孙政才、北京市人大常委会副主任金生官、北京市副市长陆昊、原北京市人大常委会主任张健民、原北京市人大常委会副主任汪统、北京市政府秘书长刘晓晨、中国机械工业联合会常务副会长陆燕荪。(解 峰)

【北一大隈投产】 北一大隈(北京)机床有限公司于2002年5月23日签字成立,于2002年10月开始建设,于2003年10月正式建成投产。公司注册资本1.0888亿元人民币,出资比例为北京北一数控机床有限责任公司占49%,大隈株式会社占51%,总投资3.3亿元人民币。该公司将系统化、网络化、信息化技术应用在机床制造的全过程,通过引进世界先进的五面加工机、卧式加工中心柔性生产线(FMS)及立卧加工中心,构成全柔性加工系统,通过引进大隈IT广场(IT-Plaza)底层智能(Macman)管理系统和公司级的上层ERP系统连接,实现公司的信息化管理,创出一条数字化制造的全新运营模式。(解 峰)

【企业破产】 7月15日，北京金属结构厂正式宣告破产，并成立了破产清算组开展工作。对在职职工全部进行了妥善安置，退休职工全部移交地方的准备工作已经就绪，离休职工由京城机电控股公司进行统一接收安置，非经营性资产办理移交，已顺利召开第一次债权人会议。（黄卫东）

【企业减员】 是年，京城控股公司共减员6819人，新增大学生等1492人。净减员5327人，超额完成了全年减员5000人的内控指标。截止到年底，京城控股公司共有在职员工28710人，在岗员工24427人。几年来，公司系统的再就业工作促进了企业减员分流，共有10579名下岗职工享受到再就业优惠政策，并全部实现了再就业，保障了企业的稳定。（张金玲）

【职工培训】 是年，京城控股公司初步建立了技能培训与学历培训、岗位培训与适应性训练、个性化培养与全员培训相结合的培训体系。管理干部培训，选调了11个骨干企业22名企业主要领导，实施了“企业经营管理者个性化培训计划”；组织了第三批企业管理者赴韩国培训。专业技术人员培训，组织实施了科技带头人培训项目；组织系统内57名专业技术人员参加考试，其中31人取得了职业资格；组织十大标兵的评选活动，对企业优秀专业技术人才给予奖励。技术工人队伍培训，如第一机床厂、巴威公司、北开股份公司、天海公司等均制定政策鼓励和支持技术工人参加学习，并选派优秀技术工人出国接受系统培训。京城控股公司还对机关本部员工实施了为期3年的员工培训工作。公司系统人力资源结构得到了进一步的优化，2003年工程技术人员3945人，占在岗职工的16.15%；专业管理人员3147人，占在岗员工的12.99%；其他管理人员1306人，占在岗员工的5.35%，具有高级工以上技术等级证书的技术工人2395人。2003年度人力资源盘点显示，公司系统技术工人占在岗员工总数的47.80%，其中技师以上人员占技术工人总数的4%，高级工占技术工人总数的15%，中级工占技术工人总数的39%，初级工占技术工人总数的21%。技术工人和熟练工人的比例约为1:1。

（张金玲）

【企业文化建设】 是年，京城控股公司系统各单位按照“诚信、员工价值、多元共存、进取观念、团队协作”的原则，通过研讨会、企业形象展示会、现场会等形式，加强企业文化建设。北人集团公司、北开电气股份有限公司等单位结合企业搬迁、发展的实际，通过多种形式进一步总结、提练经营理念、企业精神等，在企业搬迁中实现了“生产不停、市场不丢、人心不散、效益不减”的目标。他们分别在全国机械行业企业文化建设经验交流大会上介绍经验。北人集团公司还被中国企业文化研究会授予“企业文化建设实践奖”和“设计案例奖”。《适应新形势，把握新机遇，把京城控股公司企业文化建设提高到一个新水平》、《再造北人文化，打造国际知名品牌》等企业文化建设成果被市工业系统、市思想政治工作研究会和全国机械行业职工思想政治工作研究会评为优秀成果。（唐蕴馨）

北京电子控股有限责任公司

【综述】 是年,北京电子控股有限责任公司(以下简称电控公司)经济发展呈现较好的增长态势,产品销售收入28479673万元,完成与原市经委签约指标的142.40%,同比增长24.65%;出口额7283490万元,完成签约指标的173.42%,同比增长35.02%;利润总额1739174万元,完成签约指标的289.86%,同比增长62.60%;总产值(不变价)43004535万元,完成签约指标的159.28%,同比增长47.42%;总产值(现价)26674544万元,完成签约指标的166.72%,同比增长53.50%。电控公司主要经济指标大体位于全国同行业中上水平,其中偿债能力和盈利能力位于平均水平,营运能力位于良好水平,发展能力位于优秀水平。所属企业中,按照统计口径,销售收入完成较好的是京东方投资、北广集团、吉乐集团、易亨集团、器件集团;按照会计口径,销售收入和净利润都保持大幅增长的是京东方投资、器件集团、牡丹集团、易亨集团;有6家企业净利润增长超过平均值,分别是京东方投资、正东集团、器件集团、牡丹集团、易亨集团、久益公司,其中京东方投资、正东集团净利润增长超过100%,京东方投资对净利润的增长贡献率达70%。

2003年底,按直属单位统计口径统计,电控公司现有资产总额3585861万元。企事业、社团单位44个。在职职工24591人,离退休人员56558人。产品包括电子元器件、计算机、通信、软件、网络设备、模拟与数字视听产品、广播发射及接收设备、集成电路、电子测量仪器、液晶显示器等。

(电控)

【技术改造及技术引进】 2003年,北京电控系统技术改造、技术引进在施项目22项,其中结转项目14项,新开8项。年度计划投资30806万元,实际完成投资25804万元。在施项目中,扰民搬迁技术改造项目共7项,分别是北广集团扰民搬迁技术改造项目、飞达集团磁头项目、飞达集团电源项目、飞达黄庄厂区扰民搬迁技术改造项目、牡丹元件三厂扰民搬迁技术改造项目、器件五厂扰民搬迁技术改造项目、元件十厂扰民搬迁技术改造项目。7个项目年度计划投资10050万元,实际完成投资9010万元。在施项目中,本年竣工项目5项,分别是兆维数字开发中心项目、吉乐15吋、17吋显示器DY项目、燕东IC生产线填平补齐项目、华虹集成电路设计项目、松下控制装置连接器生产线项目。其中,兆维数字开发中心项目为第三批国债项目,计划总投资18742万元,实际完成投资18669万元,完成计划的99.6%。全年北京电控系统技术改造技术引进项目享受北京市工业发展资金贴息支持814万元,其中正东电子城热电联产项目288万元、吉乐纯平DY项目120万元、吉乐15吋、17吋显示器DY项目106万元、兆维光通信光纤数字视频网络传输系统项目300万元。（电控）

【组建新公司】 是年,电控公司先后批复北京东电实业开发公司与四川省内江市经纬经贸公司共同投资组建内江创源纺织有限公司,北京电控久益实业开发公司所属北京牡丹技贸发展公司、北京牡丹城经营服务公司、北京万事捷通信技术有限公司共同出资组建北京牡丹久益通信设备有限公司,北京正东电子动力集团有限责任公司、北京金达蓝商贸有限责任公司和正东集团职工连文凯、李刚等15名自然人共同出资组建北京正东百合洗衣服务有限责任公司,北京吉乐电子集团有限公司、北京中视芯电子有限公司和吉乐经营者吴治平等15人出资共同组建北京吉逊通电子有限公司,北京方略信息科技有限公司、北京市电子工业发展研究中心、北京大华商贸及自然人王立顺等2人出资共同组建北京大华蓝波科技开发有限公司,北京无线电研究所出资注册成立电子测量技术杂志社,北京大华无线电仪器厂、深圳市华银通讯有限公司和本企业职工叶凌云出资共同组建北京大华微波仪器销售中心,北京电子信息人才服务中心和中心8名职工出资共同组建北京拓普信达人力资源管理中心。 (电控)

【企业改制及股权转让】 是年,电控公司先后批复北京无线电厂所属北京巨福汽车修理有限责任公司产权以17.5万元的价格转让给本企业职工;原北京广播电影电视配件四厂以全部净资产41.03万元转让给北京七一八友谊电子有限责任公司及自然人徐嘉川等;北京无线电仪器二厂所属北京朝阳北方机箱厂整体出售,其中净资产的52%为集体资产划入新公司作为新公司奖励基金,其余48%由北京无线电仪器二厂收回;北京燕京电子进出口联合公司以1699.608万元的价格整体转让给北京海立联合科技有限公司;北京市计算机工业建筑安装工程公司以评估后净资产6.8万元的价格对北京市电子工业建筑设计所实施了并购;电控公司将所持北京华虹集成电路设计有限责任公司的20%股权,以评估值为基数进行了协议转让,并在北京市产权交易中心进行了产权交割,现已全部收回转让资金。 (电控)

【基本建设】 是年,电控公司新开项目3个,分别是北京市丽水嘉园房地产开发中心住宅楼及配套项目、北京电子城有限责任公司和北京兆维电子(集团)有限责任公司的电子城三期标准厂房项目、北京广播电影电视设备制造厂职工住宅楼二期项目。投资合计30250万元;建筑面积合计208994平方米,其中住宅面积67518平方米。续建项目5个,分别是北京市丽水嘉园房地产开发中心丽水园和甜水园住宅小区及配套项目、北京东方冠捷电子有限公司倒班宿舍及配套设施项目、北京无线电仪器二厂生产科研楼项目、北京京东方科技集团有限责任公司配套件厂房项目。投资合计45704万元,建筑面积合计182019平方米,其中住宅面积66747平方米。房地产开发在施项目3个,分别是北京宏源房地产开发公司宏源大厦项目、北京将军苑房地产有限公司将军苑公寓项目、北京星城置业有限公司星城国际大厦项目。 (电控)

【危改项目】 是年,由北京电控久益实业发展有限公司与首创集团属下阳光股份有限公司签订了《酒仙桥电控职工生活区危旧房改造项目合作协议书》。成立了北京电控阳光房地产开发有限公司,由电控集团董事长担任该公司董事长。危改范围涉及酒仙桥地区8个街坊6000多住户,约18000人口。 (电控)

【增资扩股】 2003年,电控公司批复北京七九七音响股份有限公司增资扩股。依据评估结果,每股按1.2421667元增资扩股。七九七音响股份总股本由1200万股扩股为1800万股，净增股本600万股，折合人民币745.30002万元，全部以现金方式入股。其中：余姚舜台电讯器材有限公司出资432.274012万元，增加股本348万股，七位自然人股东每人出资44.718001万元，增加股本36万股。（电控）

【处置金融不良债权】 2003年，电控公司处置了飞达集团原广配一厂华融债权和久益公司所属无仪二厂华融债权两笔不良债权，本息合计5639万元，现金清偿770万元，平均清偿率13.9%。（电控）

【外经外贸】 2003年，电控系统出口销售再创新高。全年出口额72.83亿人民币。其中，合资企业出口62.62亿人民币，自营企业出口10.21亿人民币。合资企业中，东方冠捷、北京JVC与松下彩管出口均超过1亿美元。电控系统所属七一八友益电子有限责任公司、宇翔电子有限公司获得生产型企业自营进出口权，京东方科技集团股份有限公司获得进出口外贸流通企业资格。（见出口创汇表）（电控）

主要出口企业创汇表

企业名称	出口额(万美元)
北京东方冠捷股份有限公司	15677.94
北京JVC电子产业有限公司	14975.50
北京松下彩色显像管有限公司	11581.00
北京飞利浦电子有限公司	9638.30
北京索鸿电子有限公司	4703.00
北京松下电子部品有限公司	4309.40
北京安迅金融设备有限公司	3257.50
北京村田电子有限公司	2668.30
北京乐金飞利浦电子部品有限公司	1637.80
北京松下控制装置有限公司	1478.00

【中外合资企业与海外收购企业】 2003年，电控系统利用外资，成立两家新的合资企业，分别为京东方光电科技有限公司和北京七星弗洛尔电子设备制造有限公司，投资总额分别为2980万美元和1400万元人民币。京东方科技集团以3.8亿美元收购了韩国现代显示技术株式会社(HYDIS)的薄膜晶体管液晶显示器件业务，成立了韩国BOE-HYDIS显示株式会社，为中国金额最大的一宗高科技产业海外收购。又以10.5亿港元收购了香港、新加坡两地上市的冠捷科技公司26.36%的股权，成为该公司第一大股东。（电控）

【新产品、新技术开发】 2003年,电控公司策划技术创新及产业化项目32项。所属企业完成新产品试制项目498项(含军工配套51项),其中鉴定66项。完成新产品投产421项,实现新产品销售收入59.2亿元,利税2.6亿元。全年企业科技投入4.4亿元,科技投入占电控主营产品销售收入(会计口径)的比例为3.0%。

(电控)

【产品结构调整】 2003年,电控公司调整产品结构,将主要产品定位在显示器件、显示器与视讯、显示类精密电子部品与材料、通信网络及自助服务设备、视听终端产品、非显示类元器件及产业机器、广电发射、传输设备等。主要产品的年销售收入达262.2亿元,占产品销售收入的96%。主要产品的品牌有:Panasonic、AOC、牡丹、京东方、吉乐、兆维、JVC、PHILIPS、汤姆逊、SEVENSTAR、建中、鸿雁、Murata、BBEF、CORIN、双广。产品主要由京东方集团、兆维集团、牡丹集团、北广科技、北无、七星华电、吉乐集团、器件集团等企业生产。

(电控)

【教育培训】 是年,电控公司所属教育机构——北京信息职业技术学院、计算机工业学校、电子工业技术学校等单位整合,共同组建北京信息职业技术学院董事会,实行董事会领导下的院长(校长)负责制。

先后举办了全系统人力资源管理师证书课程、企业法人治理结构和并购实务、财务人员管理、企业MBO收购培训班,培训人次达510人。组织320人参加了市劳动局、市经贸委组织的劳动法规、MBA、"科技哲学"、"项目管理"和"人力资源管理"等课程的培训。

(电控)

主要产品名录

产品名称	2003年产量	计量单位	生产厂家
数字程控交换机	490.7	万线	北京国际交换系统有限公司
移动电话	5.4	万台	北京索鸿电子有限公司
显示器	361	万台	北京东方冠捷
彩色显像管	850	万只	北京松下彩色显像管
电子元件	61.8	亿只	北京村田电子、精密电容
录像机	146	万台	北京JVC电子产业有限公司
机芯	314	万套	北京JVC电子产业有限公司
激光视盘机	218	万台	北京JVC电子产业有限公司、北京飞利浦公司
VFD真空显示器件	2176.5	万片	北京京东方科技集团
电声器件	2000	万只	北京松下部品
DY偏转线圈	1800	万只	北京吉乐电子集团有限公司、乐金飞利浦电子有限公司

续表

产品名称	2003年产量	计量单位	生产厂家
摄录一体机	6.7	万台	北京JVC电子产业有限公司
广播发射机	44	部	北京广播电影电视设备制造厂
电视发射机	161	套(部)	北京北广电子集团
电池专用设备	102	台	北京七星华电集团
磁头	59	万只	北京飞达电子集团

北京京仪控股有限责任公司

【综述】 2003年,北京京仪控股有限责任公司,克服困难,紧抓市场,调整产品结构,排除非典干扰,实现经济快速增长,资产质量和经济运行质量显著提高。全系统完成工业总产值34.87亿元,比上年增长27.2%;实现产品销售收入35.53亿元,比上年增长23.8%;实现利润总额2.30亿元,比上年增长26.6%;实现工业增加值7.77亿元,比上年增长25.4%;实现出口交货值12.1亿元,比上年增长18.3%。实现全员劳动生产率66341元/人,比上年增长32.2%。主要经济技术指标实现连续12年两位数增长。全年消化资产损失2477.4万元,累计消化20315.9万元,资产质量大大提高。2003年全系统资本保值增值率为125.8%,同比提高16.3个百分点;资产负债率为55.5%,同比降低1.6个百分点;综合经济效益指数137.6,同比增加14.2个百分点;国有所有者权益增至10.5亿元,是2000年市政府授权时的2倍。

全系统狠抓产品创新、资源整合,突出京仪产业特色,完成新产品试制80项,实现新产品销售收入2亿元。全年共运作合资合作项目22个,有9个项目完成注册或签署了合作协议。北仪创新公司在大兴仪表基地5.1万平方米厂房竣工并投入使用。控股公司编印了《管理体制创新基本规制汇编》,收入了自2000年9月至2003年6月期间市政府对控股公司重新授权、规范改制的有关文件和控股公司规范法人治理结构、理顺母子公司关系、依法经营和监管国有资产的有关文件及其他重要文件。并要求各单位参照《管理体制创新基本规制汇编》,制定并实施本单位的基本规制。初步改制企业建立了集体决策的董事会议事制度,提高了企业战略管理、投资、财务预决算、人事任免等重大事项决策的科学性。规范了企业母公司对子公司的管理,加强了对资产链长度的控制。

2003年末,公司及公司所属企业资产总额39.75亿元,其中固定资产净值6.68亿元;公司及公司所属企业占地面积942492.4平方米,生产经营用建筑面积606482.68平方米,公司及公司所属企业从业人数11788人,其中32%为工程技术人员,工程师以上职称的工程技术人员1000余人。

(姜　宏)

【企业改革】 是年，控股公司制定并实施了《股权代表管理试行办法》，对股权代表的任职资格、产生方式、应负的责任、行使职权做了明确规定，向改制企业的股权代表颁发了代表证书，对股权代表进行了依法依规履职、规范操作培训。京仪世纪公司和京仪北方公司完成重组改制，对厂房、设备等有形资源进行整合，实现了生产经营正常化。以分配制度改革为重点，深化三项制度改革，加快了经营、技术、管理骨干持股试点，修订了企业经营者收入考核分配办法，加大了国有资产保值增值责任的考核力度。大部分企业以全面预算管理为龙头，调整组织机构，明确岗位标准，实行竞聘上岗，建立并实施了考核与预算目标挂钩的分配制度。控股公司建立了1990人的人才信息库，组织企业开展网上招聘，将市场化机制引入人力资源管理。 （姜 宏）

【合资组建企业】 2月，北分瑞利分析仪器(集团)有限责任公司与德国西克公司合资组建的西克麦哈克(北京)仪器有限公司成立，主要生产用于环保监测的烟气在线分析仪器，注册资本金220万欧元；京仪海福尔自动化仪表有限公司与韩国昌民公司合资组建的北京昌民技术有限公司成立，主要生产大管径高精度流量计，注册资本金180万美元；3月，北京光电技术研究所、北京自动化仪表三厂与法国ALIS公司合资组建的北京佛克斯激光设备有限公司成立，合作生产大功率激光加工设备，注册资本金96万美元；9月，北仪创新真空技术有限责任公司与台湾宇阳光电公司、光华科技公司合资组建北京世华光电有限公司，主要生产光电池产品。上述合资项目引资计折合人民币2.14亿元。 （薛 英）

【出口电度表中标】 6月，京仪北方公司在参与向尼泊尔出口电度表产品的国际招标中，以用户满意的质量和时间提供样表，以仅1美分的价格优势击败国内外13个竞争对手，签订了12.5万只电度表的出口合同。 （姜 宏）

【杜德印看望老红军王克】 6月27日，市委副书记杜德印到87岁高龄的老党员、老红军王克家中看望了他。王克1933年参加红军，1934年入党，在长征中曾三过雪山草地，亲历抗日战争、解放战争、抗美援朝战争。转业后曾任原北京市仪器仪表联合厂、光学公司副经理，1983年12月离休。 （姜 宏）

主要产品名录

产品名称	2003年产量	单位	生产厂家
SYMPHONY集散系统	100	套	北京ABB贝利控制有限公司
低压电器元件	542.7	万件	北京ABB低压电器有限公司
智能差压变送器系列	14739	台	北京远东仪表有限公司
EK系列数字过程控制仪表	3682	台	北京远东仪表有限公司
密度耐振型及特殊型压力表	558100	台	北京自动化仪表三厂

续表

产品名称	2003年产量	单位	生产厂家
流量及物位仪表	12000	台	北京京仪海福尔自动化仪表有限公司
自动化暖通仪表	9137	台(套)	北京京仪世纪自动化设备有限公司
金属切削机床	377	台	北京京仪世纪自动化设备有限公司
长寿命和普通电度表	387000	只	北京京仪北方自动化仪器仪表有限公司
智能和普通色谱系列仪器	546	台	北京北分瑞利分析仪器(集团)有限责任公司
智能和普通红外分析器	308	台	北京北分瑞利分析仪器(集团)有限责任公司
智能和普通光谱系列仪器	2061	台	北京北分瑞利分析仪器(集团)有限责任公司
经纬仪系列	10002	台	北京博飞仪器股份有限公司
电子经纬仪系列	4258	台	北京博飞仪器股份有限公司
水准仪系列	34457	台	北京博飞仪器股份有限公司
照相机	1847000	架	北京市照相机总厂
真空获得系列	1123	台	北京北仪创新真空技术有限责任公司
真空镀膜机系列	81	台	北京北仪创新真空技术有限责任公司
真空检测仪表	1397	台	北京北仪创新真空技术有限责任公司
传动装置	90399	台	北京 ABB 电气传动有限公司
电源系列(含电镀电解中频电冶等6种)	11000	千瓦	北京京仪椿树整流器有限责任公司
晶体管晶闸管整流管及模块	47000	只	北京京仪椿树整流器有限责任公司
配电装置(含自动化成套)	39978	套	北京敬业电工有限公司
控制微电机	121400	台	北京敬业电工有限公司

北京兴东方实业有限责任公司

【综述】 北京兴东方实业有限责任公司(以下简称兴东方公司)是北京市政府授权的国有资产经营公司,它的前身是北京市农业机械局。公司注册资本1.4亿元,总资产12.9亿元,下属二级工商企业、事业单位16家,是集研发生产、经营流通、房地产开发等于一身的国有独资大型企业集团。

2003年,兴东方公司以产业和产品结

构基本适应北京率先实现现代化发展的工作目标，抗非典抓经济，谋发展保稳定，团结拼搏。全年实现销售收入3.12亿元，工业总产值9121万元，同比增长0.2%；工业增加值完成1921.9万元，同比增长6.1%；利润总额减亏1211万元，扣除停产企业因素，利润完成222.80万元，同比增长47.6%；完成税收1800万元，同比翻一番；出口供货额1750万元，同比增长12.8%。

受非典疫情影响，公司经济运行速度一度放缓。下半年，兴东方公司三大产业板块努力拼搏，完成了全年经营任务。第一板块设施农业、畜牧养殖机械、节水设备等产品加快了扩大开放的步伐，实现了产业结构多元化。同时实施品牌发展战略，把品牌放在第一位，借助"京鹏"品牌，做大文章，实现京鹏温室、畜牧等产业的规模产业化。北京市农业机械研究所(以下简称农机研究所)在产业发展上形成了温室、畜牧、消防三个产业竞相发展的态势，保持其在国内的市场份额和领先优势，带动畜牧及饲料养殖业、消防产业。畜牧产业借助研究所在养猪、屠宰、饲料等方面的优势，重新整合，创立品牌；加强了对外联合和合作，与森禾种业股份有限公司签订了战略合作协议，使产业链进一步向园艺、种苗、园林绿化等领域拓展，实现"品牌延伸"，同时加快稀饲喂养设备等先进设备的推广和产业化工作。消防产业利用海淀消防厂的经营优势，加快实施管理和技术升级、市场的创新工作，为实现消防产品产业化创造了条件。北京嘉源易润工程技术有限公司(以下简称嘉源公司)抓品牌效益，依托挤奶机行业领域内有影响的大型奶业公司为产业支柱，扩大了产品影响。第二板块物流、仓储业，扩大经营范围，开发新的项目，寻求新的增长点。物资排灌、农机机电、汽车、外贸和钢材收入同比上升。北京市农业机械公司(以下简称北京农机公司)积极开发新的经营项目争取到了福田"欧曼"汽车的代理经营权，下半年正式投入营业；利用昌平农机公司场地，成立北京市农机公司昌平经营部，销售农车、汽车。同时外贸经营通过做好出口代理，扩大进口汽车经营，全年进出口总额达320万美元。农机公司储运站、农机公司南苑仓库充分利用库房资源，开展仓储业务，增加了仓储能力。第三板块房地产业(物业)，实施新的营销策略，下属北京优力凯置业有限责任公司开发建设的大黄庄4号楼于9月全部销售完毕，利润同比上升幅度较大。在完成销售的同时。北京绿岛物业管理公司与客户之间始终保持和谐的关系，实现了零投诉。 (牛福海　陈之喆)

【企业改革】 是年，兴东方公司企业改革改制工作围绕"消除体制性障碍"积极探索兴东方公司整体改革。公司从产业结构、所有制结构、资本结构、人员结构的调整和推进技术创新5个方面对系统内产业、资源进行整合重组，努力打造兴东方现代农业装备集团公司。年内，公司与中关村技术产权交易所达成合作意向，形成战略合作伙伴关系。是年，按照"一企一策"的原则，下属北京森力技术发展公司(以下简称森力公司)根据企业改革要求，对原有58名在职职工通过置换身分、提前退休、内退、调出等不同方式平稳分流安置，企业按新的机制重新运行。农机研究所组建"京鹏环球温室技术有限责任公司"，注册资本1100万元。北京畜牧工程技术有限公司和北京工厂化设施农业工程技术研究中心也完成基本构划。公司对原有三产企业加大了重组、调整力度。北京拖拉机公司所属信大民用建材机电经营部改制为民营企业,德辉经贸公司、众艺园商贸中心、宾来旅馆合并改制为有限责任公司。北京森力技术发展公司所属北京奥森特种润滑材料厂和北京东交民巷消防器材经营部均改制为民营企业。在企业改革改制过程中,全年共平稳分流富余职工455人。

(余　红)

【投资发展】 是年,北京市农业机械研究所开展科技攻关,积极创建“国家工厂化农业设施工程技术研究中心”;通过了ISO9001:2000质量管理体系认证,嘉源公司与以色列耐特菲姆有限公司签署了成立北京嘉源耐特现代灌溉系统有限公司的合资经营合同。农机公司投资200多万元新建5000平方米的库房。在对原汽车经营部改制成立“北京市宸驰汽车贸易有限责任公司”的基础上,又与福田公司建立了合作关系,销售福田“欧曼”汽车。同时对原农机流通协会充实调整,吸收了6家会员单位。农机研究所与北京实创高科技发展总公司签订了“北京市现代农业机械化发展中心”2003年底启动项目的补充协议,并开始实施;与森禾种业股份有限公司签订了战略合作协议,实现了品牌延伸;成立了研究中心,为企业培育新的经济增长点。兴东方公司和西藏拉萨市政府合作的西藏高原现代园艺及药用植物栽培示范区工程一期工程竣工。全部工程占地面积15.48公顷,85栋高效节能日光温室、2栋双层充气膜连栋温室全部由北京市农业机械研究所承建。

(解新创　陈之喆)

【新产品开发】 是年,在市政府组织的北京市重点农业技术难题招标工作中,研究所和嘉源公司联合就“挤奶机关键部件的研究”进行了投标,“大都林”牌挤奶机产品的技术优势、知名度,得到了与会专家的认可。兴东方公司向市农委、市科委、市财政、市农业局等部门申报的“畜禽场清洁生产试验示范”、“温室精量灌溉施肥系统示范”、“温室构件生产设备的技术改造”、“牧草种子国产化加工设备的研发”等项目,分别被列入市农委工业重点扶持项目、北京市重点农业技术难题招标项目、企业发展货款贴息项目、北京市重点农业技术试验示范推广项目和农业科技成果转化项目中。是年,农机研究所对京鹏温室计算机控制系统进行了综合性能的改进,提高了程序的通用性,界面的可视性和控制精度,满足了作物在不同生长阶段及同日不同时间段所需的环境条件,实现了远程控制;建立了作物生长模型,创建了作物专家系统。此外,屋顶全开启式温室已开发成功;国产自动施肥机样机试制成功。全年,新产品开发取得8项专利,并申报了3项专利,发表5篇论文。已经立项并得到资金支持的项目有10项,到位资金822万元,比去年同期到位资金增长13.4%,组织申报了北京市农业技术推广奖2项和北京科学技术进步奖2项。“温室智能化控制系统的研究”获市科技进步三等奖。

(解新创)

【产品销售】 是年,兴东方公司生产园田管理机械170台,销售收入234.1万元;温室设施销售35.1公顷,国产温室计算控制系统20项,销售产值7035万元;挤奶机生产198台套,销售198台套,销售收入1448万元;畜养机械生产70台套,销售70台套,销售收入292万元;压铸件生产120万件,销售收入600万元;消防器材生产20000台、件,销售收入156万元;节水设施产品移动式喷灌机,滴、微喷灌设备等销售额304万元;扩大服务领域销售产值1255万元。北京市农业机械研究所产品销售合同172项,总金额9423.1万元,完成工业总产值7680万元,比去年同期增长16.3%;产品销售收入6000万元,比去年同期增长15.3%;2003年全所实现净利润81万元,比去年同期增长13.6%。北京嘉源易润公司生产的“大都林”牌挤奶机全年销售198台,销售量占据北京市场的90%以上。“大都林”牌鱼骨式挤奶机在北京市政府挤奶机采购招标中,连续第3年中标。“大都林”牌的五大类挤奶机与内蒙古伊利集团所属奶站销售合同超过1000万元;与汇源果汁集团、山东盛能集团、大王乳业、山东光明集团的挤奶设备招标项目中标。“易润”节水灌溉设备微喷灌、园林喷灌及自动控制“易润宝”保护地滴灌系统等产品和城市绿化产品产销量比去年增长40%以上,仅在山西所签销售合同就超过500万元。

(陈之喆)

【外经外贸】 是年,兴东方公司和韩国第二大温室公司韩国现代公司签订产品购销协议,合同额为1280万元;与韩国派伽集团合作的光机电一体化移动式喷灌机,韩国大东机电的工厂化林木育苗设备等项目实现合作、合资经营;与以色列耐特菲姆有限公司签署了成立“北京嘉源耐特现代灌溉系统有限公司”的合资经营合同。是年实现浮法玻璃出口沙特、灌溉产品出口蒙古国、卷膜器出口希腊、三相泵出口日本等。截至年底,累计完成出口销售额1530余万元,超额完成全年的出口销售额指标。2003年度公司接待了来自西班牙、以色列、荷兰、蒙古国、丹麦、德国、意大利、日本和加拿大等10个国家和地区的客人,公司派人赴欧洲荷兰、丹麦和德国参加了国际园艺博览会和国际畜牧展览会,参加了5月份的“国际科技产业博览会”、6月份的“哈萨克斯坦国际经贸洽谈会”、“制造业及农业境外招商活动”等,加强了国际间的交流。

(刘　佳　陈之喆)

【效能监察】 是年,公司有的放矢地确定监察题目,所属单位共完成效能监察项目16项。通过开源节流,加强规范化管理,降低成本费用,避免经济损失747.05万元,追回外欠款284万元。北京市农机公司清欠回收货款全年110万元,超额完成了效能监察工作任务。北京优力凯置业公司完成效能监察项目绿岛苑小区二期工程4号楼销售资金回笼,累计偿还贷款800万元,降低财务费用40余万元。北京市化油器厂完成立项清欠沉淀性货款42.1万元。年审计工作重点是抓好领导干部的年度经济责任审计和离任审计,先后对北京市机械设备厂、北京森力技术发展公司、北京市农机总公司培训中心、北京市农机物资供应公司和北京拖拉机公司等5家企业进行了审计。

(杨俊儒)

【人才管理】 是年,兴东方公司共任免调整基层领导干部19名,其中新任领导职务的6名。为吸引更多的人才共同创业,解决企业后继乏人的问题,公司制定了《引进人才管理办法》,引进中级以上人才4人。

(张韶杰)

【工会工作】 是年,公司工会起草制定了兴东方公司《关于2003年深入实行厂务公开制度的意见》,将厂务公开工作纳入了总体工作目标考核体系,纳入精神文明建设百分考核,并与企业经营管理者的工作考核相结合,与企业领导干部的奖惩挂钩。

全系统共筹措“送温暖”基金9万多元，向297人发放了一次性补助款，走访慰问特困职工、下岗失业人员、退休人员、劳模先进、有突出贡献的科技人员、伤病职工等264人。随着企业改革的深入，劳动争议增多，工会充分发挥企业劳动争议调解委员会作用。是年公司系统共受理劳动争议3件，全部调解成功。

是年，农机研究所的现代连栋温室环境智能控制系统被全国总工会评为职工技术创新示范成果奖；北京京鹏温室工程公司技术部被全国总工会评为技术创新优秀班组。农机研究所的王刚、北京市农机公司的吴俊山被推荐为北京市经济技术创新标兵；研究所张晓文的现代连栋温室环境智能控制系统被推荐为北京市经济技术创新工程优秀成果；嘉源易润公司李和的挤奶机集乳系统改造被推荐为北京市优秀合理化建议。 （任旭光）

主要产品名录

产品名称	单位	产量		销量		生产厂家
		数量	比上年增长(%)	数量	比上年增长(%)	
温室大棚	公顷	35.1	20.2	35.1	20.2	北京市农业机械研究所
园田管理机械	万元	234.1	30	210	29	北京市农业机械研究所
工厂化畜禽养殖成套设备	台套	70	12.9	70	12.9	北京市农业机械研究所
消防器材	台/件	20000	-2	20000	-2	北京市农业机械研究所
节水设施、滴喷灌产品	万元	304	41.3	304	41.3	北京嘉源易润工程技术有限公司
挤奶机	台套	198	32	198	32	北京嘉源易润工程技术有限公司

北京汽车工业控股有限责任公司

【综述】 北京汽车工业控股有限责任公司(英文简称BAIC)是国有独资大型企业、北京市国有资产经营管理的授权单位，其前身为北京汽车工业集团总公司。是中国的轻型越野车和轻型卡车及零部件的主要生产基地，并涉足于国内外贸易、房地产开发、服务贸易、农用机械、建筑材料等领域。拥有整车及零部件及相关企业26个。

BAIC系统内资产总额为189.5亿元，净资产为59.6亿元，占地342万平方米。至2003年末员工总数4.33万人，其中专业技术人员7277人，占16.8%，正高级职称15人，副高级职称584人，博士2人，硕士39人。还有高级技工715人，占技术工人总数的4%。

是年，全系统扭亏为盈，完成工业总产值(现价)302.9亿元，同比增长166.2%；工业增加值66.3亿元，同比增长342.4%；实现销售收入315.83亿元，同比增长184.07%；实现利润21.56亿元，比去年同期增利25.32亿元；实现利税38.56亿元，同比增长39.31亿元；全系统亏损企业8户，亏损额3.7亿元，同比减少37.5%；生产汽车34.8万辆，同比增长92.8%，销售汽车33.7万辆，同比增长86.5%，市场占有率从上年的5.6%增加到7.8%，产销量和销售收入位居全国第五位，产销增长率居各大汽车集团之首。全系统全员劳产率142356元/人，同比增长357.5%；出口创汇完成5200万美元，完成供货额3.3亿元人民币。

BAIC作为北京汽车工业的"发展规划中心、资本运营中心、产品开发中心和人才中心"，近年来，通过战略管理和资本运营，初步形成了由BAIC控股的以北京现代汽车公司为代表的轿车，以北汽福田汽车股份公司为代表的商用车和以北京吉普汽车有限公司为代表的轻型越野车的"三个板块"。

北汽控股公司于2003年9月8日与戴克公司签订了战略合作框架协议。是年，北汽控股公司制定的三大板块战略顺利实施，其表现为：北京现代顺利投产并当年达纲，迅速占领市场，取得巨大的效益；北汽福田在基数大的基础上继续高速增长，在保持轻型货车产销量全国第一的同时，在重型车、客车等领域取得令全国瞩目的成就；北京吉普一举扭亏，产销量翻番，这一年北汽控股公司实现了高速增长，增长速度是全国平均水平的近3倍，居各大汽车集团之首。

2003年北汽控股公司实施了对原有整车与零部件核心企业的搬迁调整和资产重组，改变了北京汽车工业的原有格局，解决北京汽车工业的结构性矛盾。北汽摩公司光华路厂区已经搬迁完毕，并于10月14日完成了向中央电视台的土地移交工作。对北轻汽的领导班子进行了调整，充实了领导力量。北轻汽公司西厂区的主要部分已经搬迁，分流安置职工达到2000余人，以利用存量为核心内容的调整重组工作已经全面展开。通过股权转让，引进中机电公司8000万元投资，对北旅公司进行了调整重组。北内集团公司完成了双井厂区大部分区域的搬迁工作，并且经过调整和重组，形成了南四环、通州两个厂区，唐山、平谷两个基地的生产经营格局，同时完成了发动机、凸轮轴、设备工具和机械制造等有限公司的改制工作。北齿总厂顺利完成了双井厂区的搬迁工作，同时根据市场需求，积极拓宽产品，与北方车辆集团组建了生产重型变速器的有限公司。吉普公司已经制定了工厂搬迁方案，签署了新厂区建设土地使用合同，并且开始了奔驰项目的前期准备工作。北汽控股公司所属的三产劳服企业中，已有22户进行了改制，15户进行了调整。

2003年控投公司系统企业共接收应届大本以上毕业生615人，是上年接收人数的3.4倍，其中研究生、博士生共72人。同时引进"双高"人才48人，7名工人技师取得了国家一级(高级工人技师)的职业资格证书，35名工人技师参加了高级技师的评审与考核。申请建立了控股公司博士后工作站。

(张　力)

【产品开发】 索纳塔产品升级。2003年7月,北京"现代"将索纳塔部分车型的配置进行升级,增加了提高安全性的倒车雷达、语音提示和速度感应自动门锁,以及提高舒适性的电动调节座椅、座椅加热、车载电话等装置。索纳塔部分车型的内饰进行了升级,2.0自动豪华型和2.7V6尊贵型的方向盘更换为桃木纹方向盘,将索纳塔整车内饰的颜色,包括座椅和仪表台的内饰主色调变浅,使内部装饰显得更加淡雅。引进韩国伊兰特轿车产品、技术。在不断提升索纳塔品质的同时,北京"现代"还采用韩国现代畅销全球的第六代Elantra为原型车,推出了一款"伊兰特"。该车针对中国道路状况和消费者需求进行了改进,更符合中国消费者驾驶习惯,充分体现驾驶者的驾驶乐趣。伊兰特搭载了现代自主研发的β系列1.8升或1.6升电喷发动机,具备强劲的动力输出和低燃油消耗。1.8升伊兰特的动力输出工率达到了96千瓦(130马力)/6000转),并在4500转每秒输出162牛顿·米(16.5公斤·米)/4500转的扭矩,0~100公里的加速时间不会超过12秒。伊兰特所具有的动力强劲、外形时尚、配置齐全、价格合理四大特点,成为车市中的一道亮点。

开发7种汽车饰件。2003年初,为满足北京现代汽车公司国产化进度要求,延锋伟世通(北京)公司投资2990万元购买设备,租借首钢京顺轧辊有限公司的部分厂房,进行产品消化吸收和投产前准备,2003年4月1日开始向北京现代批量配套供货索纳塔轿车内顶、地毯、门内饰板、后搁物板、行李箱内饰件等7种产品,2003年完成工业产值3700万元。

重型变速器开发获重大进展。北京齿轮总厂自行开发设计了9D1500、8D1200和6S-1000三种变速器,同时与北京北方车辆集团有限公司合作取得了ZF系列(5S-111GP、5S-80、6S-90)变速器的生产经营权,北齿投资1000万元引进关键设备、改造原有生产线已具备批量生产能力。

1吨级水陆两用车技术开发。1吨级水陆两栖越野汽车同时具有汽车和船艇的主要属性,为满足水陆两栖的使用要求,在NJ2046车底盘的基础上,增加了副分动器、单导管螺旋桨及转向舵,可以实现驱动桥单独工作、螺旋桨单独工作、驱动桥和螺旋桨同时工作的三个功能;同时采用主、副散热器串联的发动机冷却系统,利用船舶密封防腐措施和工艺,1吨级水陆两栖越野汽车可以满足陆上、水上的使用要求。2003年底,该车型已通过概念样车评审。

"雷驰"多功能休闲车。BJ2025系列车型暂定品牌"雷驰",包括轻型越野汽车和轻型客车共12个车型,配置了3种发动机,两种轴距,两种驱动方式以满足不同用户群体的需求。该车型向城市新生代提供了一种既可上下班代步、又可节假日旅游休闲的高效的交通工具。也适合在各级政府机关、企事业单位作为公务用车。BJ2025系列车型采用了国内技术成熟的总成、零部件。底盘的质量可靠,结构布置合理,保证了整车具有良好的操纵稳定性、行驶平顺性、乘员安全性、使用经济性,并符合国家和主要大城市的环保要求。该系列车型采用全金属承载式车身,5门5座。车身内饰美观朴实、色泽明快。2003年底已完成定型试验,进入生产准备阶段。

(陈 宇)

【规划技改】 是年,北京汽车工业控股有限公司完成了公司"十五"发展规划的修改工作,在新修改的规划中提出了"全面发展、做大做强、加快调整、整体发展”的指导思想，进一步明确了实现整车生产能力达到65万辆的奋斗目标。

2003年9月8日，北汽控股公司与戴克公司合资双方签署长期战略合作协议书，奔驰轿车项目将落户北京。北京现代汽车有限公司以“现代速度”已实现年产销5万辆索纳塔轿车，为推进整车对零部件的带动作用，已有22家零部件企业在北京建厂，计划投资达28亿元。北京延锋伟世通汽车内饰件公司、北京江森汽车部件公司等新的工厂年内已基本完成土建工程，北京江森汽车部件公司在成立后的两年时间里，2003年实现销售收入达到数亿元，北齿总厂与618厂重型车用变速器项目已经启动。

2003年全部完成的投资中，列入北京市计划的4个技术改造、技术引进项目，全年完成投资84272万元，累计完成工作量276528万元。工业性基本建设项目2003年实施8项，计划建筑面积63715平方米，竣工面积54590平方米。是年完成了北汽福田汽车股份公司等6个技改项目的验收工作。（崔文旭）

【企业改革】 是年，北汽摩、轻汽公司的整车制造资源已得到调整利用，并依靠存量资产，吸引投资，发展零部件和服务贸易业。北旅公司引进中机电公司8000万元投资，对北旅公司进行调整重组。2003年10月，北二汽被正式列入年度全国企业兼并破产项目。北内及所属企业的改制工作，利用6V87发动机生产设备等有效资源，吸收自然人出资改制组建了北京北内发动机有限公司。利用GM凸轮轴生产线设备，组建了北京北内发动机零部件有限公司。利用其设备工具公司的有效资产，吸收自然人出资改制组建了北京北内设备工具有限公司。利用6V87发动机全部铸造设备及工装与唐山齿轮集团有限公司共同组建了唐山北内唐齿机械制造有限公司。北齿总厂利用有效资产吸引北方车辆集团公司等企业的投资，组建了生产重型变速器的北京北齿前锋传动产品有限公司。按照原市经委“北京工业百户国企与外资及民间资本并购重组活动”的要求，结合控股公司所属企业的具体情况，推荐并组织北京齿轮总厂、北京市汽车传动轴厂、北京福田建材有限责任公司等三家企业参与了并购重组活动。支持企业通过多种形式吸引投资、做大做强。（谢 华）

【生产销售】 是年，北京汽车产销持续增长，始终高于全国平均增长速度；北京汽车在北京市工业经济的增长中保持第一位，贡献率达到40%。控股公司全系统由亏损转为赢利，控股公司系统内盈利企业的利润总额达26.2亿元，亏损企业的亏损额从5.8亿元减少到3.7亿元，其中吉普公司一举扭转了连续5年的亏损局面，实现利润2177.8万元。控股公司全年实现利润21.56亿元，同比增利25.32亿元，实现了三年大变样的目标。北京现代公司完成了一期5万辆的技术改造项目，四大工艺全面投产，索纳塔国产化率达到了68%，利润率、资产回报率、全员劳产率等经营指标均在轿车生产企业中名列前茅。同时，伊兰特轿车、环保发动机、研发中心等二期15万辆技术改造项目正在实施，其中伊兰特轿车已于12月23日投放市场。

5月，福田公司建成了商用车生产基地，形成了6～10万辆中重卡生产能力。吉普公司依托戴克公司技术优势，积极实施“一年一个新产品”战略，推进产品结构调整，完善了SUV产品体系，在提高帕杰罗速跑和Jeep2500生产能力的同时，完成了欧蓝德项目的引进、试验、工厂改造和投产准备工作，12 月 25 日前完成 330 辆的试生产，二代军车的研发已完成了样车设计、评审、制作，转入冬季试验。北汽有限公司新开发的陆霸车顺利进入市场。北京现代项目带动了延锋伟世通(北京)公司的轿车内饰件、光华杰通公司的轿车座椅、三永公司的软轴、北内的凸轮轴等产品的发展，公司所属零部件企业对北京吉普和北汽福田的供货也有所增加。控股公司与延锋伟世通公司合资的空调器、蒙诺公司的伊兰特轿车减震器、北齿总厂的重型变速箱等项目都在积极运作当中。鹏奥、燕盛隆汽车专卖店、物流中心等服务贸易项目也取得了较好的经营业绩，全公司系统服务贸易领域实现销售收入近 20 亿元。（吴树林）

主要产品名录

产品名称	2003 年产量	计量单位	生产厂家
汽车	55113	辆	北京现代汽车有限公司
汽车	20800	辆	北京汽车制造厂有限公司
汽车	250110	辆	北京福田汽车股份有限公司
汽车	19720	辆	北京吉普汽车有限公司
汽车	1089	辆	北京北旅汽车制造有限公司
汽车	1110	辆	北京轻型汽车有限公司
汽车齿轮	121.7	万只	北京齿轮总厂
汽车仪表	11.7	万只	北京计华汽车仪表有限公司
灯总成、镜总成	104.9	万只	北京市北灯汽车灯具有限公司
汽车减振器	102.5	万只	北京蒙诺汽车减振器有限公司
高压喷油泵总成	8	万台	北京亚新科天纬油泵油嘴股份有限公司
喷油器总成	156.8	万台	北京亚新科天纬油泵油嘴股份有限公司
磨片离合器	10.3	万套	北京福达汽车部件有限公司
汽车散热器	13.1	万只	北京汽车摩托车联合制造公司
钢板弹簧	185.8	万片	北京汽车工业集团总公司第一弹簧厂
汽车传动轴	27.2	万只	北京市汽车传动轴厂

续表

产品名称	2003年产量	计量单位	生产厂家
方向盘	1.6	万只	北京汽车方向盘厂
汽车液压制动泵	12.5	万只	北京市汽车制动泵厂
汽车起动机	3.5	万只	北京市汽车起动机厂
汽车变速器	1.3	万台	北京齿轮总厂
汽车分动器	1.5	万台	北京齿轮总厂

北京二七机车厂

【综述】 2003年,北京二七机车厂有职工5139人,其中具有高级专业技术职称263人,中级569人。工厂下设11个部、1室、1个中心、13个车间、9个公司、1个分厂和7个党群部门,医院学校各1所。各种机械动力设备3000余台(套),占地面积104.3万平方米,厂房建筑面积22万平方米,拥有固定资产原值近5亿元。全年实现销售收入6.03亿元(税后),比目标值5.8亿元超出0.23亿元,比2002年的5.36亿元增加0.67亿元,同比增长12.5%。利润180万元,劳动生产率(按现价计算)14.1万元/人·年,比2002年的13.5万元增加0.6万元,同比增长4.4%。国有资产保值增值率100.4%,净资产收益率0.4%,百元销售收入成本96.37元,万元产值能耗0.76吨标准煤,工业增加值12443万元。存货资本周转率1.94%。 (胡跃平)

【改革改制】 是年,北京二七机车厂进行组织结构调整,精简机构。实行了部室制,将原有机构整合为11部1室1中心。改革后的机构比以前减少4个。11部1室1中心:厂长办公室;技术中心;撤消规划管理处,成立规划发展部;撤消生产处、安全环保技术处,成立生产部;撤消综合技术处、质量处,成立质量保证部;销售部仍由原销售部组建成立;撤消人事处和职工教育中心,成立人力资源部;撤消财务处,成立财务部;撤消审计处、监察处,成立审计监察部;撤消设备处、基建住宅处,成立资产管理部;撤消物资处,成立物资部;撤消武装保卫处、社会保障处、计划生育办公室,成立综合管理部;撤消多种经营管理处,成立多集经发展部;成立企业文化部,与宣传部合署办公(一个机构,两块牌子)。撤消金属结构分厂,成立机五车间和焊接车间。撤消了经贸公司。正式制定《工资改革方案》,实行工资制度改革。制定了《两经企业管理者年薪制试行办法》,并开始试行。打破了传统的工资分配方式,更好地体现出管理、技术、技能等要素在工资分配中的作用,重点体现了岗位价值的原则,初步形成靠能力竞岗、凭贡献取酬的机制。全年共完成减员383人。净减员310人,减少中层领导干部8人,对13名中层管理人员进行了任前公示。调整中层管理人员 121 人次。全体职工和退休职工加入了北京市基本医疗保险,同步实施了医改方案,全面启动了医保程序。工厂配合政府为职工参加地方基本养老保险、基本医疗保险、失业保险及工伤保险的有关工作已经基本完成。建立了企业补充医疗保险,制定了离休人员、女工生育和未达到伤残等级工伤人员医疗管理办法。完善了工厂医疗保障体系,解决了在职职工和离退休人员的基本医疗问题。 (胡跃平)

【企业管理】 是年,北京二七机车厂制定了《二〇〇三年度全面预算》,加强了成本控制,实现了闭环管理,提高了企业的经济运行质量。继续加强财务基础工作,改进财务管理方式,把日常零散采购指标也纳入了额度管理;积极筹措、运作资金,节约了财务费用;获 AAA 级银行信用等级证书。及时进行厂内价格调整,制定机加工车间工作中心小时费率,为完善经济目标责任制,建立厂内成本价格体系奠定了基础。加强了审计监督工作,共完成经济合同审计 1478 份,审减金额 104 万元;基建工程项目审计 121 项,审减金额 197 万元。继续实行大宗物资招标采购和物资核销等办法,降低物资、配件采购成本 346 万元;严格控制库存,资金周转天数 25 天;台车物资平均消耗资金比 2002 年消耗定额下降 2.9 万元,下降 1.4%。认真贯彻设备管理条例,强化设备管理基础工作,加强对设备的日常维护保养,提高设备可利用率。设备完好率 97.4%,高于 95% 的计划指标;重点设备停机率控制在 1.04%,低于 1.5% 的计划指标;设备可利用率达到 98.8%,盘活资金 138.2 万元。最大限度地做到能源消耗受控和可计量,做好对各单位能耗的监督统计分析和检查考核工作,万元产值能耗为 0.76 吨标煤,低于 0.88 吨标煤指标。采取公开招聘、竞争上岗的方式为销售部和机车修理分厂补充了人员。在厂区内实行了禁止吸烟,禁止自行车和摩托车等机动车进厂的规定。制定了《技术专家制度暂行办法》和《评聘厂内生产操作岗位助理技师、技师和高级技师暂行办法》,年内评聘资深专家 3 人、专家 1 人、技术主审 8 人,高级技师 15 人、技师 52 人、助理技师 140 人。全年共完成减员 383 人。2003 年末,全厂在册职工为 5139 人,比 2002 年末减少 310 人。全厂联网节点约 800 个正式启用 OA 系统制发公文。

(胡跃平)

【生产发展情况】 是年,北京二七机车厂完成新造机车 145 台,比上年增长 12%。其中东风 7C 型机车 118 台(招标车 105 台、自销车 13 台),GK31E 工矿机车 25 台,CK1E 型 2 台。完成厂修机车 62 台,比上年增长 15.7%。完成机组、配件销售 1218 万元。造修机车总量突破 200 台大关,造修产量均创历史最好水平。 (胡跃平)

【新产品开发】 是年,北京二七机车厂 12V240ZJ6L 型电喷柴油机试验成功。12V240ZJ6L 型采用喷油泵－高压油管－喷油器形式的电控燃油喷射系统,取代了原机械式燃油系统和机械液压式调速器及控制机构与调控传动装置。更加符合“节能与环保”的国家技术产业政策。完成了 EQ12V280ZJ 型柴油机的总装和发动,满足装车条件的性能试验基本完成;为满足“280”柴油机研发需要,建成了功率大、自动化程度高的试验台。东风 7J 型交流传动机车完成调试,并交付北京铁路局进行运用考核；出口越南的 CK1E 型米轨机车研制成功，实现整车出口零的突破；自主创新程度高的公路可走行铁路牵引车完成了分系统调试和动作试验。东风 7C 型模块化机车实现了一件一图，完善了各部件制造的技术条件、工艺文件、质量专检项点和各项检验文件。（胡跃平）

【市场营销】 是年，北京二七机车厂完成新造机车 145 台，比上年增长 12%。其中东风 7C 型机车 118 台[招标车 105 台（包括 20 台模块化机车）、自销车 13 台]，GK31E 工矿机车 25 台，CK1E 型 2 台。完成厂修机车 62 台，比上年增长 15.7%。完成机组、配件销售 1218 万元。造修机车总量突破 200 台大关。全年参加机车投标 38 次，接触路外用户 140 多家，新扩大路外用户 10 家。签订路外机车造修销售合同超过指标 30%，综合回款率达到 90%。2 台 CK1E 型工矿机车成功地出口越南，工厂产品首次进入国际市场。还签订了 2 台台湾电车线工程车合同，开拓了新领域。（胡跃平）

【售后服务】 是年，北京二七机车厂担负着全国 13 个铁路局及路外工矿企业和出口机车的售后服务工作。在不断强化服务意识，加强售前、售中、售后服务工作的基础上，对用户提出的质量问题，通过派人赴段处理，发送三包配件等方式，一一解决。共派出赴段进行售后服务 380 人次，发送三包配件 14574 件。（胡跃平）

【质量工作】 是年，北京二七机车厂通过了 2000 版质量体系第一次监督审核；制定并实施了《跨工序质量问题处理及考核办法》，明确了产品在生产过程和直线结转中质量责任的判定原则以及生产单位在自检中应承担的质量责任；制定了《出厂机车质量责任考核办法》和质量信息传递、报告、通报制度；加强了对外购产品的质量管控和对采购部门应承担的质量责任的考核，完善了《外购产品供方业绩评定办法》，对被评定为三级以下的供方进行了约谈，依据《外购物资质量损失索赔办法》成功地向 30 个供方单位的 2018 项产品进行了连带索赔，共计 99.4 万元，机车在段运用中属于外购配件质量问题比 2002 年约降低 10%；完成了 CK1E 型工矿机车检修手册的编制印发工作。贯彻 ISO10012 标准已列入国家质量监督总局计量检测体系国家级确认计划，建立了文件化计量检测体系。新造机车交验回修件数已由 2002 年的平均每台 32.2 件降低到 29.5 件，降低 8.4%。（胡跃平）

【基本建设与技术改造】 是年，北京二七机车厂完成国债和西班牙政府贷款技术改造项目招标工作。有 13 台仪器设备和 2 个信息化工程项目进行招标采购，1 台非标设备和机车电气试验台项目进行议标采购。完成全部 15 台仪器设备和 CAD 系统及计算机网络部分设备国内和国际招标合同的签订，合同总金额达 3044 万元，其中 2 台德国磨齿机已完成验收。西班牙政府贷款完成合同签订，合同总金额达 4600 万元。完成了钢材库 1、2 号库的改造，建成了钢材备料中心厂房；完成了机车、转向架厂房改造，共修整墙面 11000 平方米、铺设水磨石地面 4800 平方米；完成了原金构分厂露天跨封闭，建成了轮对检修厂房；新建了转向架车间轮对组装厂房和管预制中心厂房；还完成了 40 台设备的基础施工。对 13 个车间厂房内外墙进行了粉刷，总计 13 万平方米；完成了综技楼装修；完成了厂办公楼和车源宾馆前道路整修及区域绿化、机二车间北侧雨水明沟改暗沟及道路拓宽整修、综技楼以西道路两侧区域整治等工程；完成了宿舍区新建及整修混凝土马路5800平方米、硬化地面7100平方米、绿化7000平方米。 （胡跃平）

【多元经营与厂办集体经济】 是年，北京二七机车厂从多集经企业的长远发展出发，着重从基础管理工作入手，建立规章制度，确定骨干企业的经营目标，创下了工厂多集经企业历史上最好的经营业绩。制定了《两经企业经营管理办法》、《两经企业经营管理者年薪制试行办法》。将厂属多集经企业实行统一规范管理，编制并下达了统一的多集经企业《经营目标责任书》，明确了多集经企业的经营管理者按照所管理的资产、完成的经营目标、承担的经营风险取得报酬，最终工厂总体上真正得到了现金流入的回报。各分剥离单位已于年内开始足额上缴应负担的各项费用，电器公司等盈利单位开始定额上缴税后利润，总计达300万元。制定了《关于主辅分离改制分流工作的实施意见》，结合集团公司"主辅分离改制分流工作座谈会"精神，研究起草相关政策。 （胡跃平）

【党群工作】 是年，北京二七机车厂第十六次党员代表大会召开，确立了"努力践行'三个代表'重要思想，开创工厂改革发展新局面"的工作方针，选举产生了工厂第十六届党委委员、纪委委员。开展了"三创新"活动及全厂各支部和广大党员要在抗击非典斗争中开展"学习实践'三个代表'保持先进性"主题教育活动。工厂党委召开表彰会，表彰在争优创先、抗击非典工作中表现突出的先进党组织和优秀共产党员。举办了专职党支部书记培训班。修订了《关于做好中层后备管理人员选拔推荐工作的通知》等规章制度，压缩中层领导干部8人，办理中层干部调配121人次。发展党员59名。落实党风廉政建设责任制，认真履行"一岗两责"，按季度对全厂126名领导干部的执行责任制情况进行考评，考评率达到100%。在全厂中层以上党政正职领导中组织开展了由丰台检察院预防处领导主讲的"预防职务犯罪"专题讲座。对西班牙政府贷款和国债贷款中用于国内采购的部分设备项目，实施了签订《贷款项目廉政责任书》的规定。与7家中标单位，签订了对应项目的《贷款项目廉政责任书》。开展了"小企业"监管专项监察和专项资金投资效益效能监察。围绕生产经营和改革发展做好舆论宣传工作，广泛深入地开展了"从展示车看我们的差距在哪儿？我们怎么办"和"铁路跨越式发展，我们如何跟进"的大讨论活动。完成了工厂企业文化建设规章制度的修订工作，贯彻集团公司"诚信为本，创新为魂"的精神，规划建设工厂发展史展厅，继续开展每周一次的"知厂、爱厂、兴厂"宣传报道活动的企业文化建设工作。举行了多种形式的纪念"二七"革命斗争80周年的活动，以生产经营为中心，组织开展了"大干100天"劳动竞赛和"改进工艺、提高质量"的专题合理化建议活动。全厂职工在当地政府开展的"扶贫济困送温暖，无私捐赠献爱心"活动中，捐献的4000多件衣被发往内蒙古、江西灾区。在非典期间厂工会利用原有设备生产"次氯酸钠"消毒液，为各单位提供了8500升次氯酸钠消毒液。 （胡跃平）

【CK1E工矿车出口越南】 8月，工厂出口越南的2台CK1E型米轨内燃机车，在越南煤炭总公司门翁选炭公司正式交车投入运用。该机车采用车架承载式、外走廊结构、六轴轴式、轴重小于13吨,米轨转向架;采用美国进口电喷柴油机,标定功率970千瓦;司机室内设有冰箱和空调等辅助设施。 (胡跃平)

北京二七车辆厂

【综述】 是年,北京二七车辆厂年末在册人数5041人,其中具有高级专业技术职称113人,中级专业技术职称416人。设置行政部室12个,生产车间11个,中、小学校和医院各1所,党群部门6个,多种经营公司(厂)3个,合资企业2个,厂办集体企业1个。工厂占地面积98.9万平方米,其中生产用地70.2万平方米;房屋建筑42万平方米。固定资产净值1.9亿元。有各类机械动力设备1922台,其中主要生产设备1551台;设备完好率99%。全年实现销售收入7.8亿元,创历史最好水平,同比增长20%,实现利润535.8万元,实现税金3319.5万元。制造业从业人员劳动生产率78671元/人,万元产值综合能耗0.93吨标准煤。全面完成集团公司下达的资产经营责任指标。 (厂办)

【产品销售与服务】 工厂新造铁路货车实现销售2052辆。其中,铁道部招标车1921辆,产品有:C64型敞车1453辆,NX17BK型共用车435辆,C76型敞车33辆;路外车131辆,其中向神华公司销售C64型敞车100辆,向上海安东商品轿车铁路运输有限公司销售SQ4型运输汽车双层平车30辆、SQ3型运输汽车双层平车1辆。检修货车4034辆,均为铁道部招标车,其中:C63A型敞车200辆,C62A型敞车625辆,C62B型敞车88辆,其他60t敞车289辆,完成转型8AG改造的C62B型敞车240辆、C64型敞车371辆、C62A型敞车528辆,平车693辆,完成转型8AG改造的平车986辆,龙门铺轨机托架平车10辆,T6F检衡车4辆。配件销售包括:ST型缓冲器6800套,MT-3型缓冲器13907套,摇枕100个,侧架200个,8G型交叉支撑组成12904件,K2型交叉支撑组成18012件。售后服务工作得到用户肯定。以赴段走访、制定重点客户目录、分派驻段人员、分发并收回《顾客满意信息调查表》等形式,加强与用户沟通,重点走访43个车辆段,了解工厂车辆和配件运用质量状况,及时处理质量故障。 (厂办)

【新产品开发】 2003年是工厂建厂以来新车型开发最多的一年。完成了X2H型双层集装箱车、C64H、X6H、NX17BH、C76、C80、散堆箱货物车、神华C64K型共八种新型货车的设计、引进、试制等工作,均通过了质量认证并具备批产能力;12吋旋压密封式制动缸已完成样机试制并试装车;高强度中梁用乙字型钢通过铁道部技术审查,广泛用于新型车辆上;先后完成5项产品共计170余套检测器具的设计和试制,其中60余套组合式制动梁检测器具通过部级技术审查;L-B型组合式制动梁、MT-2型缓冲器、转K4型转向架、K6型转向架等重要部件研制成功并取得生产质量认证。铸造新产品有精铸高摩和高磷闸瓦托、贝氏体斜铁及转K4、K6型转向架专用的侧

架、摇枕和13A型C级钢钩尾框等。《转K2型转向架技术改进》项目获北京市科学技术协会“金桥工程”项目一等奖。（厂办）

【技术改造】 全年资本性支出4500万元，完成设备购置91台（项）。底漆喷涂改造工程进入实施阶段，底漆厂房开始基建施工；完成12吨落锤试验机设备安装工作。完成工厂3年重点技术改造规划方案的设计工作；新焊接工艺在新车生产中迅速推广应用；加强了工艺装备管理；转向架车间焊接机械手的投产，提高了焊接质量；新建货车底漆喷涂生产线，安装了门式喷涂机和集中供漆系统，大大提高新造车的表面质量；为新造铝合金货车购置大批设备，如：数控剪板机、数控折弯机、锯床、滚板机、数控钻孔机、数控铣床等，确保铝合金货车按计划批量生产；为配合新造车建线购置了中梁卧式两工位组合钻床等；为C76型敞车生产购置配套设备：数控龙门钻铣床、侧架铣床、侧架钻床、四轴数控铣床等。（厂办）

【质量管理】 新造货车一次交验合格率80.2%，检修货车一次交验合格率79.3%。新造、检修货车批量返厂率均为零，全年未发生质量责任行车重大事故。为提高产品质量，规范质量管理工作，制定并发布了相关管理制度，设立质量奖励专项资金，加强产品质量抽查，组织新造货车和检修货车厂内质量观摩活动，推动质量问题的解决。铸造车间基本解决了侧架毛坯的B部位裂纹、MT-3型缓冲器箱体冒口与水口间粘砂、K2摇枕旁承盒周边裂及端头缩孔的惯性质量问题，提高了MT-3型缓冲器箱体铸字质量、箱体外观质量。10月份顺利通过2000版ISO9001质量管理体系监督审核。（厂办）

【企业管理】 全年可控费用比计划减少123万元。财务费用实际发生比计划降低267万元；新造车节支248万元，修理货车节支101万元；拆报废车124辆；全年修旧利废总价值达739万元；物资回收代用221万元；回收废钢铁1.2万吨。加强财务管理，坚持对库存物资储备资金进行考核，加大对应收账款的管理力度，组织开展清产核资工作，认真执行货车修理产品免征增值税政策，及时回收城建税和教育税附加返还款。进一步强化审计工作，全年共完成财务收支及离任审计11个，完成基建及专项费用工程审计454项，审减金额268.52万元；审计各项采购合同421项；直付请款物资价格审计1226项，节约资金37.1万元。物资管理克服了订货合同不均衡、原材料品种多、供应数量大、产品质量要求高等因素，千方百计保证供应；较好地完成了配件产品的外发任务。通过扩大招标范围等手段，控制了采购成本，但因钢材、液氧、煤炭等价格升幅较大，实际采购成本上升了1057万元。加大生产现场管理工作力度，重新评审定级，先后有转向架、机械等7个车间获得了先进型称号。设备管理工作获北京市及全国设备管理优秀单位称号。12月份通过环境/职业健康安全体系第一阶段认证审核。安全生产工作狠抓安全隐患整改，降低了事故发生频率，全年未发生死亡和重伤事故；轻伤事故9件，伤9人，轻伤事故频率1.76‰，实现了2003年工厂安全生产目标。全年未发生重大治安、刑事案件和重大火灾、交通事故，工厂被评为2003年度北京市消防和交通安全先进单位。信息化建设深入发展，完成了Hmis厂级应用系统推广及OA系统

的二次开发、系统升级和系统迁移工作，完成了工厂局域网主干升至千兆方案设计和实施工作。 （厂办）

【多元经营】 工厂多种经营经济实体9个，从业人员852人，实现销售收入1.11亿元。其中非铁路机车车辆产品销售收入2239万元，利润431万元。厂属北京市丰台区宏业科工贸公司实现销售收入6158万元，利润总额118万元。北京隆长泰工程机械有限公司销售收入1639万元，利润146万元；其研制的工程塑料保持架项目4月份通过铁道部技术审查；磨耗板项目8月份通过铁道部组织的技术质量认证；年底通过了ISO9001－2000版质量认证。北京丰华实机械有限公司有员工88人；全年生产销售转8G型交叉支撑组成8366.5辆份、K2型交叉支撑组成9696辆份，销售收入971万元，利润214万元；10月份开始ISO9001质量体系试运行工作，12月份通过了北京大陆航星质量认证中心的外部审核。北京世元陶瓷复合钢管厂销售收入696万元。厂办集体企业长铁车辆工业公司有员工644人，下属7个独立法人单位，全年实现销售收入7900万元。 （厂办）

【工厂公开选拔副厂长】 3月17日，工厂召开由全厂中层以上领导干部参加的公开选拔副厂长演讲答辩民主测评大会，南车集团公司人事部有关领导也参加了会议。四名竞聘者参加了生产、财务两个副厂长的竞聘演讲答辩，他们分别介绍了本人的工作经历和业绩，明确了今后的工作目标，并就提出的问题进行了答辩；与会人员以无记名投票的方式对竞聘者进行了民主测评。本次公开选拔副厂长是工厂根据南车集团有关文件精神，为深化干部人事制度改革，逐步建立领导干部人员选拔新机制而进行的一项重大改革新举措。

（厂办）

主要产品名录

产品名称	2003年产量	计量单位	生产厂家
铁路货车(新造)	2221	辆	中国南车集团北京二七车辆厂
铁路货车(修理)	4034	辆	中国南车集团北京二七车辆厂
MT－3型缓冲器	25657	套	中国南车集团北京二七车辆厂
MT－2型缓冲器	688	套	中国南车集团北京二七车辆厂
ST型缓冲器	10190	套	中国南车集团北京二七车辆厂
交叉支撑组成	18000	辆份	北京丰华实机械有限公司
陶瓷复合钢管及管件	263	吨	北京世元陶瓷复合钢管厂
新型制动梁	3447	台份	北京世元陶瓷复合钢管厂
轴承保持器	45	万件	北京隆长泰工程机械有限公司
密封罩	5	万件	北京隆长泰工程机械有限公司

中国北车集团北京南口机车车辆机械厂

【综述】 2003年，中国北车集团北京南口机车车辆机械厂员工总数2042人，其中具有高级专业技术职称人员61人，中级217人。厂区占地面积96万平方米，其中厂房面积13万平方米，总资产4.90亿元；设备1305台，其中大型精密设备98台，进口设备103台。行政部室13个，党群部门7个，主产品生产车间（分厂）7个，公司3个。医院1个，中小学校各1所。全年实现销售收入1.12亿元，比上年减少752万元；全员劳动生产率64460元/人，比上年增长11%；全厂员工人均年收入13578元，比上年增长10%；利润150万元，比上年增加146万元。（厂办）

【改革改制】 中国北车集团北京南口机车车辆机械厂制定了《南口厂主辅分离改制分流操作指导意见》，向集团公司上报了综合厂、南德公司、医院、铸造车间的改制方案，初步拟订了佳达公司、经联厂的改制方案，完成了南德公司资产评估，确定了模拟运行方案。为南德公司、医院、铸造车间进行内部规范运做奠定了基础。

【企业管理】 是年，中国北车集团北京南口机车车辆机械厂针对工厂基础管理较薄弱的现状，健全绩效考核评议制度，制定和修订了《工厂效绩目标责任制实施办法》、《经济责任制考核办法》、《社会产品管理办法》、《固定资产管理办法》、《综合计划管理制度》和《工厂投资企业派出高级管理人员管理办法》等一批企业管理规章制度；加强劳动纪律管理，员工统一着装并实行胸卡制度。强化作息时间、出入厂管理及考勤制度，劳动纪律明显好转。加强与SKF合资公司及改制单位、租赁公司等企业的合资合作。深化现场管理，环境建设初见成效。（经营规划部）

【生产经营】 2003年，中国北车集团北京南口机车车辆机械厂完成机车配件产量261293件/套，产值5537.3万元，交库销售收入6629.9万元；为SKF公司生产转供件密封座508260件，销售收入825.5万元；承揽社会产品208万元，总计生产完成销售收入7663.4万元。完成各型空压机850台，各型主机油泵705台，各型喷油泵上体装配4701套、下体装配6797套，各型喷油器3847套，各型喷油器偶件51570副，东风4主动牵引齿轮2679个，东风4从动牵引齿轮1746个，电力主动齿轮493个；尤其是各型喷油器偶件比2002年增长16.2%，平均月产量达到4300副。批量生产SS3B、SS4电力从动齿轮234个；生产螺杆空压机26台；进行了SS7C、SS7D电力齿轮和1.0、1.75、2.4等系列螺杆空压机试制生产。先后引进国外先进精端设备，1.25m成型磨齿机、螺杆铣床、螺杆磨床、加工中心、螺杆检测仪等设备已完成调试和陆续投入使用。（生产部）

【新产品开发】 2003年，中国北车集团北京南口机车车辆机械厂完成新产品开发16项，计划外项目完成9项。实现了SS3B、SS4改齿轮的小批量生产；SS7电力齿轮开发项目解决了大齿轮渗碳、淬火热处理工艺问题，电力齿轮已成为工厂新的经济增长点。主导产品LUK－2.7/9－1型螺杆空压机顺利通过铁道部产品质量监督检验中心500小时型式试验，实现小批量装车。1.0m^3/min螺杆空压机在四方厂地铁车上装车使用；1.75m^3/min 螺杆空压机在唐山厂装车运行。两台 1.0m^3/min 螺杆空压机风源系统（配套干燥机）顺利通过评审，对产品更新换代、档次提升具有深远意义；280E 型针阀偶件试制成功；燃油电喷系统取得实质性进展；NPT5 改进型空压机样机顺利通过型式试验；SS7E 电力机车用 NPT5 空压机电机组、V2.4 空压机电机组、1.6 空压机电机组研制成效显著；完成了客车用、货车用空重阀试制工作。

（产品开发部）

【市场营销和售后服务】 是年，中国北车集团北京南口机车车辆机械厂市场开发部与销售公司合并，成立市场营销部。组织人员对所有欠款单位进行清理对账，保留部分信誉较好的代理商，对信誉一般的公司采取先付款后发货的管理办法，对信誉较差的公司停止发货并组织清欠。工厂领导和部室人员积极跑市场，分别走访重点路局和主机厂。根据配件市场的变化，调整了营销对策，多次组织营销人员培训学习，提高营销队伍素质。并选派 5 名新入厂大学毕业生充实了营销队伍。及时处理用户反馈的问题，建立健全了售后管理的相关制度，有效提升了用户对工厂产品售后服务工作的满意度。（市场营销部）

【多元经营与厂办集体企业】 中国北车集团北京南口机车车辆机械厂 7 个多种经营实体单位全年完成销售收入 5745.27 万元，同比增加 385.29 万元，实现利润 44.18 万元，资产回报 320.51 万元，完成工厂下达指标的 118.71%。（厂办）

【基本建设与技术改造】 是年，中国北车集团北京南口机车车辆机械厂完成更新改造项目 43 项，费用 658 万元；完成设备大修 16 项，资金 116 万元。重点更改和大修工程有：20 吨锅炉脱硫除尘沉淀池、大学生公寓、厂大门和厂内马路改造、齿轮新厂房恒温间装修工程、南车宾馆工程、厂内新加油站。6 项技术改造项目为：铸造树脂砂生产线、一机螺杆铣和螺杆磨引进调试、检测中心齿轮测量仪调试投入使用、铸造车间光谱仪和抛丸机改造并投入使用、磨齿机采购及安装调试、热处理厢式多用炉采购和安装调试，为产品上能力上档次提供了有效保障。配合铁通公司完成厂电与铁通网络的转换，实现服务职能社会化。为改善员工生活，集资建房 6112 平方米，84 户居民搬进新居。（经营规划部）

燕 山 石 化

【综述】 燕山石化是隶属于中国石化集团公司的特大型石油化工联合企业，位于北京市房山区燕山办事处境内，占地面积 16 平方公里。前身为 1970 年 7 月成立的北京石油化工总厂，后曾更名为北京燕山石油化学总公司，北京燕山石油化工公司、北京燕山石油化工集团有限公司、中国石化集团北京燕山石油化工有限公司。2003 年，燕山石化包括中国石化股份公司北京燕山分公司（简称燕山分公司，下属单位有炼油厂、研究院、物装中心等）、中国石化北京燕山石油化工股份有限公司（简称燕化股份公司，下属单位有化工一厂、聚丙烯事业部、化学品事业部、合成橡胶事业部、聚酯事业部、树脂应用研究所、营销中心等)、中国石化集团北京燕山石油化工有限公司(简称燕化有限公司,下属单位有燕化高新股份公司、动力事业部、环保事业部、建筑安装公司、津脂公司等)。

燕山石化共有职工2.8万人,有专业技术管理干部8000人,其中高级职称600多人,中级技术职称2600多人。有石油化工生产装置91套、辅助生产装置71套,主要产品有石油产品、有机合成材料、有机化工原料、化纤产品、机械产品、塑料制品和其他工业及民用产品。原油加工能力850万吨/年。乙烯生产能力71万吨/年,占全国总产能的15%;聚乙烯生产能力56万吨/年,占全国总产能的18%;橡胶生产能力23万吨/年,占全国总产能的19%;聚丙烯生产能力44万吨/年,占全国总产能的13%;苯酚丙酮19.5万吨/年;占全国总产能的32%;润滑脂生产能力3万吨/年,占全国总产能的30%。可以生产218个品种、625个牌号的产品。主要产品中,合成树脂、合成橡胶、苯酚丙酮、润滑脂等生产能力居全国第一。在国家统计局公布的2002年全国大型工业企业名单中,燕化名列第11位。在有2.7万家企业参加的首届“中国化工500强排行榜”活动中,燕山石化按销售额排列位居首位。

2003年,燕山石化加工原油724.08万吨,创北京市原油加工量历史最高纪录;其中加工进口原油32.59万吨,创历史最高水平;生产汽油151.44万吨,柴油170.17万吨,生产裂解料203.60万吨;轻油收率73.41%,原油综合损失率1.64%,综合商品率92.03%。化工部分全年生产乙烯72.22万吨,生产合成树脂98.87万吨,专用料比例59.21%,合成橡胶21.18万吨,苯酚丙酮17.60万吨,乙二醇7.68万吨。炼油化工多项经济技术指标均创历史最好水平。完成不变价工业总产值124.52亿元。实现销售收入324.98亿元,比上年增长17.09%。其中:燕化股份公司实现销售收入114.74亿元,比上年增长21.51%;燕山分公司实现销售收入169.84亿元;燕化有限公司实现销售收入40.40亿元。扣除三个公司内部互供产品影响因素,合并实现销售收入230.77亿元,增长17.89%。东方石化全年实现销售收入52.99亿元,比2002年增长22.25%。2003年燕山石化实现利税26.44亿元,比上年增长23.73%,其中:燕化股份公司实现利税14.69亿元;燕山分公司实现利税11.33亿元;燕化有限公司实现利税0.42亿元。完成税金及附加18.18亿元,其中:股份公司5.54亿元;分公司11.22亿元;有限公司1.42亿元。2003年实现考核利润8.51亿元,比集团公司下达的考核利润指标7.7亿元多实现利润8100万元,超额完成了集团公司下达的考核利润指标。其中:股份公司实现考核利润9.15亿元,比集团公司下达的利润指标5.9亿元多盈利3.25亿元;分公司实现考核利润1055万元,比集团公司下达的利润指标2.6亿元少盈利2.49亿元;有限公司考核口径亏损7474万元,比集团公司下达的限亏指标8000万元减亏526万元。

自建厂至2003年,燕山石化已累计加工原油1.97亿吨,实现销售收入2727.11亿元,实现利税累计442.86亿元,实现利润累计188.37亿元。 (孙 明)

【炼油生产】 2003年,燕山分公司原油进厂累计720.47万吨,加工724.08万吨,其中大庆原油691.49万吨、进口油32.59万吨;同比增加8万吨,创历史最高水平。全年生产汽油151.44万吨;其中高标号汽油生产93.87万吨,同比增加8.45万吨,97号汽油同比增加6.51万吨,增加效益约1500万元;生产柴油170.17万吨,生产低凝柴油55.37万吨,同比增加3.78万吨,增加效益约1000万元;生产裂解料203.64万吨,筛料完成3.42万吨,增加效益约510万元;生产润滑油基础油及脱蜡基油料31.17万吨,同比增加1.93万吨,生产石蜡9.70万吨,同比增加0.91万吨。润滑油基础油、异丁烯料、三苯等高附加值产品产量较上年同期也有了大幅增长。主要加工装置保持高负荷运行,重油消化力度加大,可比综合商品率达到92.05%,增加效益1亿元左右;轻油收率同比增加0.18个百分点,增加效益1470万元左右;炼油厂综合损失率1.64%,同比降低0.05个百分点,相当于节约原料油3600吨,增加效益720万元以上。 (孙 明)

【加工进口原油】 年内,燕山分公司炼油厂一蒸馏装置完成加工俄罗斯原油改造。7月1日,建成东方石化公司北京化工四厂接卸俄罗斯原油铁路专用线扩建工程完成。7月8日下午,举行首次接卸俄罗斯原油进厂仪式,共接卸原油48个油罐车2807吨,卸车时间7小时30分钟。7月25日,第一批俄罗斯原油与大庆原油混合接入一蒸馏装置。全年共加工进口原油35.59万吨,其中俄罗斯原油35.39万吨,哈萨克斯坦原油2013吨。 (孙 明)

【化工生产】 燕化股份公司全年生产乙烯72.22万吨,生产合成树脂98.87万吨,橡胶21.2万吨,乙二醇、苯乙烯、苯酚、丙酮等4种产品生产总量33.38万吨,间二甲苯1.76万吨,间苯二甲酸(PIA)1.66万吨。2003年化工系统共节约原料约1827吨,经济效益550万元以上。 (孙 明)

【化工专用料】 年内,燕化股份公司在塑料生产总量比上年同比减少4.1万吨的情况下,专用料产量达到58.54万吨,同比增加1.36万吨,专用料比率达到59.21%,增加3.72个百分点。高压聚乙烯(HDPE)6380M实现工业化稳定生产,打破了进口料独占市场的局面。HDPE6360、中空容器料的开发生产及PPR、PPB高透明注塑料、输液瓶料的开发也取得了进展。新高压聚乙烯LD104、LD165、LD160的开发,提高了产品的稳定性,并成功开发了35kV及以下交联电缆专用基础树脂LD100BW,实现了长周期稳定工业化生产,可替代进口料;使该装置LD100通用料系列占总量的比例由86%下降到30%,产品差价由原来最高470元/吨下降到191元/吨,销售利润率由-3.06%提高到13.08%。 (孙 明)

【技术改造】 2003年,燕山石化利用自有资金完成技改投资4.47亿元。其中:燕化股份公司完成2.19亿元,燕山分公司完成1.58亿元,燕化有限公司完成0.7亿元。共完成技术改造项目185项。炼油部分主要完成接卸俄罗斯原油措施、一蒸馏装置加工俄油改造、二催化、三催化烟机改造、油气回收等项目,跨年度实施项目有航煤加氢、干气回收、污水回用等;三催化装置进行了脱气罐入口斜管和高温取热器改造,解决了困扰多年的流化问题。化工系统检修期间完成乙烯二轮改造完善项目,并建成BA-115炉,为装置实现高负荷生产消除了瓶颈;完成MTBE装置扩能改造、西区苯酚装置扩能和乙二醇装置环氧乙烷精制单元扩能改造。新产品开发进行了低顺式聚丁二烯橡胶、埋地排水管材料、着色聚丙烯管材料、气相法输液瓶专用料等新产品的工业化试生产,效果良好。燕化有限公司完成三电站水煤浆脱硫、三电站至化一蒸汽管线建设等项目。东方石化技改投资全年完成9907万元。（孙　明）

【工艺技术】 通过加强管理力度,优化操作条件,主要装置实现了高负荷平稳运行,技术经济指标有了明显改善,在考核的35套生产装置中有23套装置的能耗、19套装置的物耗再创历史最好水平,30套装置实现了全面达标。在考核的41项专业达标中有31项达到了考核要求。在公司级40项攻关优化项目中有35项开展,其中有30项达到了预期目标,直接经济效益达1.3亿元以上。节能工作成绩突出,全年总体工业生产燃动综合能耗同比减少3.34万吨标油,节水330万吨。（孙　明）

【科研工作】 年内,燕化乙烯-1中试项目完成鉴定验收,炼油厂节水减排和RIDOS催化汽油降烯烃项目进展顺利。HDPE6380M是国内第一家通过ISO/TR9080:1992认证的PE80级管材专用料,埋地排水管材料、着色管材料、输液瓶、料、BOPP料等新产品开发均取得新成果。自主研发的医用输液瓶专用料、高线速BOPP薄膜专用料、中高流动透明聚丙烯专用料、流延膜用聚丙烯专用料4种无规共聚专用料通过鉴定,部分牌号属国内首创,产品质量达到国际先进水平。银催化剂YS-8500、YS-8、YS-7的研制取得实质性进展。（孙　明）

【安全环保】 2003年,燕山石化推进HSE管理体系的建立与实施,12月24日,聚丙烯事业部通过HSE管理体系认证,成为燕山石化首家通过HSE管理体系认证的企业。年内,炼油厂、化工一厂、建安公司举行了发布会,HSE管理体系进入了试运行阶段。燕化认真落实安全生产责任制,对涉及危险化学品单位进行了安全评估和登记,对具有危险化学品运输资质的二级单位进行安全检查;努力消除安全隐患,民用液化气系统隐患治理二期工程,苯酚丙酮装置加消防喷淋水系统,炼油厂北区消防水系统改造等集团公司重点项目治理完成。到2003年底,实现无上报中国石化集团公司重大事故908天,荣获集团公司2003年度"安全先进单位"称号。环保工作加大源头控制的战略,落实《清洁生产促进法》,外排水综合合格率为97.51%,吨原油工业废水排放量0.87吨,万元产值COD排放量2.11千克/万元,牛口峪外排COD累计均值39毫克/升,均优于北京和中国石化集团考核指标。集团公司和燕化公司考核的35套生产装置环保指标全面达标。（孙　明）

【乙烯二轮改造后首次大检修】 6月,燕化进行了2001年第二轮乙烯改扩建完成后的首次大检修,完成了57套装置8583个检修项目,同时完成炼油系统14套装置的检修和改造,累计检修项目5454项。检修中消除了三催化、裂解、新高压、苯酚丙酮等重要生产装置及其公用工程系统中存在的各类设备缺陷70余项。开展提高压力容器和工业管道安全等级等工作。使生产装置非计划停工同比减少9.37%。累计停工时间同比减少48%。（孙　明）

【供销工作】 全年完成采购物资总额25.62亿元,节约采购成本4790万元。化工产品销售创造了连续4个月销售收入突破10亿元的历史纪录。在中国石化集团8家乙烯生产企业中,保持了库存最低,合成树脂系列产品平均价排名第一。炼油自销产品积极开拓市场,实现了全产全销,多种自销产品的价格均有不同程度的提高。

(孙 明)

【企业管理】 燕山石化开展“强化管理年”活动,进一步细化机关部门的职责和流程,深入推行全面预算管理,每月进行经济活动分析,跟踪监控。严格执行经济责任制考核制度,奖惩分明,有效地控制了各项成本费用支出。通过推进“品牌战略”,开展“质量月”等活动,燕山分公司和燕化股份公司分别荣获“北京市质量管理优秀企业”、“北京市质量效益型企业”称号,燕化股份公司被中国质协全国用户委员会评为“全国用户满意服务企业”。炼油厂、橡胶事业部、聚丙烯事业部获“北京市质量先进企业”称号。广泛开展争创“星级车间(队)”和“红旗班组”活动,提高基层管理水平。成立信息部,开展集团公司ERP试点工作。燕山分公司和燕化股份公司分别荣获“北京质量效益型企业”称号,分公司还荣获“北京市质量管理优秀企业”称号,燕化股份公司被中国质量协会全国用户委员会评为“全国用户满意服务”企业。

(孙 明)

【污水回用】 炼油厂锅炉排污水回收是中国石化集团公司“十条龙”攻关项目之一,即将工业废污水回收加工还原成再生水,提高工业水重复利用率。这一项目的实施,使燕山石化在生产规模不断提高的前提下,新水总用量逐年递减:1997年新水总用量约为7329万立方米,2002年下降到6000万立方米以内,2003年降为5370万立方米,全年实际利用再生水182万立方米。吨油水耗由2002年的1.1吨/吨油降到0.86吨/吨油。同时减少了向河道的排水量。

(孙 明)

【北京中石化燃气有限公司成立】
9月1日,北京中石化燃气有限公司完成工商注册,11月1日正式挂牌运营。该公司是中国石化集团根据北京市政府实行液化石油气专业化配送制度的有关要求,将北京燕山石化公司下属的与液化气经营相关的优良资产重组成立的专业化的液化气销售企业,隶属于中石化股份公司北京燕山分公司。该公司实行“统一品牌、统一价格、统一配送、统一服务”的经营原则,向北京市民提供“中国石化”品牌的液化石油气产品。

(孙 明)

【燕山石化居中国化工企业之首】
7月26日,由中国石油和化学工业协会等主办、国家化工网承办的有27000家化工生产企业参加评选的首届“2003年中国化工500强排行榜发布大会”在人民大会堂举行,燕山石化以销售收入277.5亿元销售额名列首位。同月,国家统计局按新发布标准划分的全国大型工业企业名单,燕山石化列2002年大型工业企业名单第十一位,其销售收入2775470万元,资产合计2261940万元,从业人数25252人。12月,由北京企业联合会、北京市企业家协会等9家行业协会联合首次评选2003年北京企业100强揭晓,排名销售收入前五名的为联想、燕山石化、首钢、普天首信、北京城建;排名利润额前五名的企业是北京市通信公司、联想、首创集团、普天首信、燕山石化公司。

(孙 明)

【三家企业实施改制分流】 年内,原燕化有限公司化纤地毯厂、仪表厂和燕化供销公司所属燕联公司实施改制分流。2月18日,北京燕山仪表有限公司召开第一次股东大会,选举产生了董事会和监事会。原北京燕山石化有限公司仪表厂编制撤消。2月28日,北京燕山地毯有限公司召开一届一次股东大会,选举产生了董事会董事和监事会监事,原北京燕山石油化工有限公司化纤地毯厂编制撤消。11月18日,北京燕山燕联物流有限公司,召开首次股东大会选举首届领导班子;该公司由燕化供销公司原燕联公司等几个单位改制而成。 (孙 明)

【创新成果冠名授牌并奖励】 12月19日,燕化工会在炼油厂三催化车间举行创新成果现场会,向炼油厂许淑云气压机操作法、橡胶事业部韩冰SBS反应温度控制法、化工一厂王文海管式加热器操作法予以冠名授牌,并奖励个人5000元。许淑云气压机操作法年可节约蒸汽费用320万元;韩冰SBS反应温度控制法可使SBS每釜生产周期缩短,产量增加。王文海管式加热器可使倒空置换时间缩短。职工创新成果冠名活动在全体职工中产生了很大反响,有47项创新成果申报。 (孙 明)

【东方石化公司实现盈利】 2003年,东方石化公司销售额突破50亿元,实现利润超过5000万元,比预定目标提前两年实现扭亏。该公司自2002年末成立以来,引入中国石化安全生产管理体制,各主要产品产量、物耗能耗等经济技术指标创造了历史最好水平。他们以技术改造为契机,努力实现产品结构、产业结构、人员结构、组织结构和资产结构的调整。对财务实行集中管理,财务费用大幅减少。实施了6方面32项降本减费增效措施,非生产性费用得到有效控制。营销部门采取灵活的销售策略,生产部门及时调整产品结构,使产品的售价接近或高于市场平均水平。物资采购成本明显下降。年内东方石化的资产负债率为30.97%,比上年降低了6.26个百分点。 (孙 明)

北京化学工业集团有限责任公司

【综述】 是年,北京化工集团在2002年改革调整陆续到位、经济效益出现好转和创新发展规划逐步落实的基础上,进入了全面贯彻落实发展战略阶段,各项工作不断获得新进展。经济运行质量进一步好转,改革调整、搬迁改造及发展创新工作按计划进行,基本形成了以基地建设为龙头的新的发展格局,第二产业的发展粗现轮廓,潜心打造的华腾品牌粗具规模,以社会化、市场化为方向的非化产业,继续探索符合自己的发展之路。

按照化工集团发展战略部署,贯彻"进退并举,以进为主,突破拐点,加快发展"的工作思路。全面完成各项经济指标。工业总产值(不变价)完成107399万元,与上年同期相比增长13.27%;工业总产值(现价)完成73961万元,同比增长4.34%,销售收入完成74452万元,同比增长7.49%;利润完成4674万元,同比增长22.12%;利税完成9107万元,同比增长12.42%。

年内,化工集团的生产经营运行明显地分为三个阶段:一是非典前。1~4月份,生产运营正常、逐月提高,并保持了一定的增长势头。二是非典时期,无论是生产计划、销售收入,还是利润情况都受到较大影响,商务谈判、市场营销、技术服务、市场开发、出口交货、原料及产品运输等受到严重制约,导致了各种费用的增长。这种影响因素的翘尾效应一直持续到6月底。三是非典后。各单位都争分夺秒,以丰补歉,在安全生产、市场营销、对外合作、产品开发等方面加强力度,强化管理,正确处理搬迁、生产与发展的关系,以经济效益为中心,以市场营销为龙头,以资金管理为重点,不断推进企业内部三项制度改革,保证了经济运行指标稳步增长。 (化工集团)

【改革调整】 企业结构调整工作取得新进展。橡胶一厂破产终结工作年内完成;合成纤维厂、华英纶公司于2003年8月12日、13日宣布破产,年内在职职工基本分流完毕,土地已正式移交。乙烯企业存续部分实现第一年的平稳过渡。年内,组建了华腾公司。2002年12月26日乙烯债转股和资产重组正式签字后,乙烯存续部分实现了平稳过渡,不仅克服了乙烯划转后带来的诸多现实问题,实现了2000多名干部职工队伍的总体稳定,而且还有序组织了生产经营运行、达到了预期的经济效益目标,并推动了内部改革的深化。继续实施富余人员分流工作。全系统有效减员5470余人。其中,搬迁企业人员分流2206人,破产企业分流1298人,改制单位分流人员311人,另外1655人为按照市场经济标准建立了新型劳动关系或正常终止合同。全年首批546名职工相继得以安置或分流。 (化工集团)

【基地建设】 精细化工基地建设于2003年2月通过北京市规划委的正式审查,3月份取得控制性详规的批复和意见书。集团公司组建了精细化工基地建设指挥部、筹备小组,协调并推进建设工作。精细化工基地彩粉项目,于2003年9月12日开工建设,主体厂房年内封顶。基本完成大搪项目、"两胶一银"搬迁项目。大型搪瓷玻璃项目于2003年11月底开始试运行。502胶、感光胶、硝酸银装置及配套公用工程。8月份完成一期工程,年底前已全部完成搬迁任务。华腾远通管业项目正式签约。

(化工集团)

【企业改制】 2003年,企业改革改制重组工作稳定推进。组建华腾实业集团的产权界定、资产评估、管理架构、运行模式、集体资产管理方式等相关工作已基本结束;实现了化学建材厂、橡胶研究院的跨地区、跨所有制形式的兼并;东光公司兼并了化建公司;化工研究院改制方案论证已经完成,具备改制条件;全系统多年以来形成的其他历史遗留问题,陆续得到缓解或部分解决。 (化工集团)

【华腾品牌】 以华腾投资公司的全面运行为契机,华腾品牌建设继续推进。到2003年,冠以"华腾"名号的企业及建筑物达到10个,华腾品牌粗具规模。

(化工集团)

【房地产开发及置业】 置业面积近10万平方米,包括华腾大厦、华腾科技大厦、华腾北搪商务大厦、华腾商务会馆、华腾发展大厦等优质资产。华腾科技大厦整体验收工作基本完成。华腾大厦全年招租面积接近60%。华腾北搪商务大厦建设基本完成。（化工集团）

【教育工作】 集团党（干）校实施了全员聘用合同制改革，打破了多年形成的事业单位用人机制。工业技师学院实现了全年“确保两大目标、启动两个工程、加快三个建设、做好五项试点”的方针目标，基本建设步伐加快，专业建设力度加大，师资队伍培养加强，学院综合办学实力进一步提高。（化工集团）

【医疗卫生工作】 职业病防治院以创新发展为主题，强化经营，加强管理，提升质量，不断加快人事制度改革和分配制度改革步伐，立足发展、按需设岗，继续实行全员聘用合同制，10月份，通过了卫生局的评审考核，获得了8种职业病的诊断资质和50种职业病危害因素的职业健康检查资质。面对非典疫情，职防院不仅担负起集团公司抗击非典领导小组办公室的繁重的日常工作，还在短时间内建立了发热门诊，成立了专业队伍，选派了42名护士支援佑安医院和海淀区120急救中心，得到了各级政府的充分肯定和大力表彰。（化工集团）

【党风廉政建设】 年内，集团公司领导班子成员以及183名企业领导干部按要求完成了廉洁从政知识测试，系统内有840名中层干部参加了法规宣传教育考核。26个单位向集团公司党委上报了执行“三重一大”制度的情况报告。全年效能监察一级立项项目30项，结项27项，为企业避免和挽回经济损失6110.23万元；建立和完善69项管理制度，为企业改革调整发挥了积极的作用。（化工集团）

【抗击非典】 非典时期，化工集团公司完成了北京市政府下达的各项抗击非典任务：氧气厂与北普公司的部分职工承接的小汤山医院中心供氧系统、负压系统、传呼系统的“生命线”工程，经过连续110个小时的英勇奋战，为1100多间病房安装了吸氧湿化器、负压吸引器，安装各种管线11500多米，传呼线槽8000米，在不足7天内完成了平常需要两个多月才能完成的工作量；化工厂、东光公司、四环公司等单位在短短的20多天时间里，共组织生产“利克”牌消毒液875.49吨，过氧乙酸214吨，缓解了北京市消毒物资的供应矛盾。华腾橡塑制品公司日夜组织乳胶手套的生产，从4月24日起，每天保证生产40万支医用手套。到非典疫情解除，共生产医用检查手套2060万只，生产医用手术手套570万副，放弃了与国外的供货合同，将全部产品转供北京市场。全系统共为抗击非典捐款捐物80多万元。至非典疫情结束，化工集团在职职工中，未发现一起非典和非典疑似病例。（化工集团）

主要产品名录

产品名称	2003年产量	计量单位	生产厂家
彩粉	376	吨	北京化工厂
502胶	115	吨	北京化工厂
化学试剂	1307	吨	北京化工厂
硝酸银	111	吨	北京化工厂
搪瓷设备	2483	吨	北京北搪化工设备厂
再生胶	11677	吨	北京华腾橡塑乳胶制品有限公司
工业胶板	6650	吨	北京华腾橡塑乳胶制品有限公司
跑道胶板	32935	平方米	北京华腾橡塑乳胶制品有限公司
家用手套	7308	万副	北京华腾橡塑乳胶制品有限公司
轴辊	4069	立方米	北京华腾橡塑乳胶制品有限公司
挤出制品	96	吨	北京华腾橡塑乳胶制品有限公司
钓鱼靴	370892	条	北京华腾橡塑乳胶制品有限公司
出口脚垫	24864	片	北京华腾橡塑乳胶制品有限公司
黏合剂(万富达)	1387	吨	北京市化学工业研究院
助剂	333	吨	北京市化学工业研究院
光刻胶系列	134	吨	北京化学试剂研究所
印刷胶系列	123	吨	北京化学试剂研究所
电解液系列	70	吨	北京化学试剂研究所
高纯试剂系列	381	吨	北京化学试剂研究所

2003年度北京名牌产品化工集团生产企业名单

产品名称	生产单位
北化牌化学试剂	北京化工厂
彩色荧光粉	
照相级硝酸银	
开发牌PBT工程塑料	北京市化学工业研究院

北京京煤集团有限责任公司

【综述】 2003年末,北京京煤集团有限责任公司(以下简称京煤集团)有直属企事业单位、子公司和合资公司等单位计26个。其中直属企事业单位13个,控股子公司10个,合资合作等经营单位3个。有员工29336人。其中专业技术人员4338人。京煤集团以2002年30.68亿元的年营业收入业绩,在中国煤炭工业100强企业排序中名列第十七位。

年内,京煤集团围绕企业跨越式发展战略,深化企业改革,调整产业结构,推动技术进步,强化科学管理,克服了非典疫情的不利影响,取得了经营健康发展、改革改制突破、结构调整加快、经济指标提高的显著成绩。

在企业总体经营上,2003年末,京煤集团总资产63.85亿元,比上年的55.24亿元增加8.61亿元,同比增长22.5%。资产净值30.62亿元,同比增长16.90%。有国有资本26.82亿元,缴纳企业所得税5810万元。资产保值增值率105.1%,同比提高4.8个百分点;净资产收益率3.34%,接近行业平均水平;资产负债率52.04%,同比提高2.30个百分点;销售增长率13.54%,同比降低2.81个百分点;资本积累率15.68%,同比降低2.81个百分点。企业经济指标全面完成:工业增加值8.80亿元,同比提高0.64%。全员劳动生产率44622元/工,同比提高16.53%;原煤制造成本112.01元/吨,同比降低3.91元/吨。矿井原煤产量578.76万吨,同比降低8%;煤炭总销量619万吨,同比减少20万吨,降低3.13%;经营总收入34.58亿元,同比提高12.72%;利润总额1.44亿元,其中净利润8339万元。员工人均工资19595元,同比提高4.97%。

在企业改革上,京煤集团控股的昊华能源公司于1月8日揭牌成立后,完善法人治理结构,加强法定制度和内控制度建设。控股的金泰恒业公司在管理层面上,组建了内部监督机构;将丰台与崇文两区的煤炭公司改制为分公司或分公司与有限责任公司并存的企业。京煤集团直属企业中资源枯竭的房山煤矿和杨坨煤矿加快了关闭破产进程;华源公司"脱壳"改制重组,其中原被控股的鑫华源机械制造公司在搬迁中升格为集团公司控股的有限责任公司;三河煤矿实施并购重组;集团正式组建的京煤物业管理公司和京煤离退休管理中心,模拟社会化管理;改制条件成熟的昊亚公司等企业,进行国有资产有序退出、推进股权多元化、实施民营化管理的体制改革。

在煤炭产销上,京煤集团昊华能源公司投入资金1100万元,加大采煤方法改革力度,着重解决井下倾角45°的厚煤层三维顶底板双巷柔掩开采工艺,使采区回收率由50%提高到80%。全年产煤578.76万吨,超年初计划31.55%;全年矿井总掘进13.78万米,其中开拓3.55万米。掘进工效0.21米/工;回采工效5.87吨/工,商品煤灰分15.70%,商品煤含矸率0.06%。煤炭销售上,通过构建和完善统一协调和市场销售体系。全年销售煤613.7万吨,比计划超销93.7万吨;所销售的煤炭中,出口煤与特供煤占总销量的81.3%。其中,出口煤为182.08万吨,占总销量的29.4%;特供煤为321.41万吨,占总销量的51.8%。全年煤炭货款回收14.92亿元。

其中有陈欠款回收1.17亿元。三河煤矿产煤13.65万吨。年内,金泰恒业公司在北京市燃料结构调整,经营民用煤亏损的情况下,从服从首都稳定大局出发,确保40多万户民用煤需求,保供民用煤30万吨。同时销售包括烟煤在内的市场煤115万吨,销售燃料油17万吨。

在房地产业经营上,金泰恒业公司利用土地资源、区位优势,相继预算新建和续建20个房地产项目,总施工面积41.9万平方米。计划总投资20.06亿元,年内已投资5.64亿元。9月16日,其与丰台区政府东兴联公司签订的“金泰城”开发项目有建筑施工面积50~70万平方米,使之实现房地产业由企业内土地开发向社会土地开发的重要转变。西达公司开发的绿岛家园住宅一期工程竣工,建筑面积有5.7万平方米,销售房款达1.37亿元。矿建公司开发的黑山危旧房改建项目进展顺利。

在多种经营上,直属的化工厂、液压支架厂、水煤浆厂等企业经营收入达4.4亿元,利润完成1362万元。其中,液压支架厂加大新型液压支架的产量,全年销售支架3168架,同比提高36%;销售收入4118万元,同比提高25%。化工厂生产新型泰克顿牌雷管和火药各1.10万吨与2057万发,获利润212万元。水煤浆厂生产稳定性强的水煤浆5.48万吨,完成利润51万元。控股的昊煜公司对所属企业产品结构进行调整,使之适销对路。其中“小分子团矿泉水”新产品进入实施生产阶段。昊亚公司调整商业布局,将所属商场、门店及摊位转给社会单位经营,以此盘活存量资产,实现减亏增利的目标。

在科技进步与信息化建设上,继续创新并增加投入。京煤集团投入资金2000万元,实施34项技术创新与信息化建设工程。在采煤方法上,昊华能源公司深化采煤工艺技术改革。所属大安山煤矿推广、应用急倾斜柔性掩护支架放顶煤工艺,木城涧煤矿木坑全部取消损耗大、效益低的陷落采煤法,长沟峪矿在倾斜厚煤层中试行柔掩组合采煤法。全年用新采煤法采的煤量占全部总采煤量的89.14%。大安山矿在锚杆支护留单侧煤柱试验中取得好效果,使原煤坑木万吨耗降低5.06立方米。地面厂新产品开发与革新取得进步。所属化工厂将筹措到的资金338万元,投入到导爆管与导爆索两条生产线及乳化炸药试线的技改项目中,研制出科技含量多的高精度毫秒延期电雷管、新型延期火药、新型投棒双起爆器、新型起爆药工业雷管等,使其火工品价格上升,利润大幅度增加。液压支架厂投入55万元,于年底开发出在国内尚属空白的小型综采支架,扩大了市场占有率。集团公司投资366万元,进行企业信息化建设。各单位基本上接入国际互联网,建立视频会议系统,集团公司机关宽带局域网进行两次大规模扩容和提速建设,昊华能源公司、金泰恒业公司、化工厂、液压支架厂、集团总医院和京煤物业管理公司等单位也加强了信息化建设。

在企业安全生产管理上,结合煤矿行业特点,贯彻《安全生产法》,落实安全责任和安全控制目标。加大各工种员工的培训力度。为此,投入资金6985万元,创企业历史之最。全年百万吨死亡率降到1.9。煤炭主业以外的所属公司工厂未发生死亡事故,安全工作保持平稳。

在企业管理上,京煤集团围绕企业文化建设、创建学习型企业和企业人才工程建设这三项企业基石性工程,进行企业管理水平的升级提质。年内投入30万元,外请中国企业文化研究会专家,进行企业文化策划。经过整合、提升和创新，初步构建了能够凝聚人心、明确方向和增强核心竞争力的京煤企业文化系列。通过创建学习型企业，使集团公司与权属单位在企业管理上，提高了创新能力和学习力。京煤集团于10月份，进行了有30多个单位企业领导参加的"企业文化建设巡礼"活动；于11月28日召开了企业文化建设和创建学习型企业推进会。在人才工程上，加强培训与招聘，形成人才脱颖而出的用人机制；成立与中国矿业大学北京校区联合建立的高等技师学院。在企业内进行技工考评工作：经申报筛选，规范培训，国标考核，权威鉴定，有108名高级技工取得相应的任职资格。

在抗击非典与改善员工生活上，集团公司面对非典疫情，应对及时，使员工无一人感染。还完成筹建非典定点医院和组织120名医护人员支援北京胸科医院抗非典斗争的任务。在改善和提高员工生活上，组织实施了集团董事会确定的205项"民心工程"，投资2868.84万元，解决了漏房修缮、危电改造、管路大修、室外照明、环境治理等影响员工群众生活质量的问题。到年末，京煤集团内基本上消灭了员工的危房。化工厂绿化率达到95%，年内荣获"北京市花园式单位"称号。京煤集团举办了形式多样、员工参与性强的"京煤集团首届职工文化节"活动。京煤集团被北京市地方税务局评为北京市纳税信誉A级企业；京煤集团公司董事长倪文驹被北京市企业家协会等6部门评为2003年度优秀创业企业家称号。 (徐贺成)

【企业改革】 2003年，京煤集团董事会围绕着企业发展战略、体制创新、结构调整、资本运作、技术进步和企业管理，召开正式与临时董事会5次，做出55项决策。在授权资产管理和产权管理方面，成立长期投资管理机构，建立相关的产权代表会议报告制度与外派监事工作报告制度。年内，董事会对16名高管人员决定了任免。其中聘任12人，解聘4人。企业各专业委员会召开专业专题会议11次。1月8日，昊华能源股份公司正式揭牌成立，之后该公司完善法人治理结构，强化预算管理、成本管理、质量管理和效能监督，相继制定出《公司章程》和董事会、股东会、监事会和总经理的工作细则和涉及企业多方面管理的58项内控制度。控股的金泰恒业公司加强对权力的制约和监督，组建了纪检监察、组织人事、财务审计、专职监事等部门为主的"四位一体"内部监督机制；对所属单位有步骤地推进体制机制改革，丰台区煤炭公司改制为分公司；崇文区煤炭公司改制为分公司与有限责任公司。两单位于年底正式挂牌运营。集团公司对所属资源枯竭的房山煤矿和杨坨煤矿，加大依法关闭破产的进程。9月10日，房山煤矿被法院宣告破产终结，1500名职工得到妥善安置，4800名离退休、退养人员老有所养；杨坨煤矿于12月18日被法院裁定宣告破产。华源实业公司在移址搬迁之际，进行"脱壳"改制重组：原华源实业控股公司鑫华源机械制造有限公司升格为集团控股公司。该公司在做好人员分流安置、债权债务和存贷处理后，开始按新机制运行。三河煤矿通过并购重组，开始实施彻底改制。昊亚工贸公司实施国有资产有序退出，加大推进企业股权多元化、经营民营化和员工身份社会化的改革。组建了京煤物业管理公司和木城涧、大安山、长沟峪和门城4个物业分公司及一个离退休管理中心，并模拟社会化管理；积极进行企业并购工作，推荐

4个单位参与北京市104家企业国有股份退出或部分退出、引进外资和民营管理体制的改革。（徐贺成）

【技术改造】 2003年，北京京煤集团有限责任公司共筹措资金2000万元，实施34项技术创新和信息化建设项目。在煤炭生产上，继续推进以改革采煤方法为核心的四项工艺改革。其中，权属昊华公司大安山煤矿推广急倾斜柔性掩护支架放顶煤采煤法，木城涧煤矿在木坑全面取消旧式陷落法采煤，长沟峪煤矿在倾斜厚煤层中试行柔掩组合采煤法，均取得比较好的效果。大安山煤矿改革支护方式，进行锚杆支护留单侧煤柱试验，增加了安全系数，为国内同行业创新。昊华公司探索并实施倾角45度左右煤层三维顶板双巷柔掩开采工艺，采区回收率由50%提高到80%。在矿井设计和采区布置上，大安山煤矿继续实施北区开发和550米水平巷道延伸，长沟峪煤矿进行了呆滞区开发和-410米水平巷道延伸。在煤炭运销系统上，木城涧煤矿进行了大台煤仓改造和王平村储煤场所的改造。在煤矿设备更新和安全管理上，昊华公司投资2470万元，全部更新了煤矿变压器，改造了大部分矿井水泵，增置了大量采掘设备，购置了井下员工自救器，更换了不延燃风筒。在新产品开发上，化工厂研制成功高精度毫秒延期电雷管、新型延期火药，液压支架厂研制成功小型液压支架，矿泉饮料公司开发了小分子团矿泉水，鑫华源公司增加H异型钢结构自动生产线。在信息化建设上，建成集团公司视频会议系统，设有10个站点。高速宽带局域网两次大规模扩容、提速，实现了集团公司系统内的网络互联。（潘惠楼）

【煤炭销售】 2003年，京煤集团昊华公司抓住出口煤和特供煤的重点，突破高灰分煤的难点，强化低硫、低磷、低氮煤的卖点，全年销售煤炭613.73万吨，比计划多93.73万吨。出口煤和特供煤的销量占总销煤量的81.27%以上。全年出口煤离岸量182.08万吨，比计划多12.08万吨。其中，出口1号煤28.80万吨，2号煤65.64万吨，3、4号煤87.63万吨；出口日本70.94万吨，韩国51.35万吨，巴西53.24万吨，墨西哥0.63万吨，美国0.94万吨。在2003年中国企业新纪录审定委员会审定的《中国企业新纪录》上，京煤集团2002年创国内无烟煤出口企业出口比例新纪录。2003年的无烟煤出口量占全部销煤量的比例又创新高。全年特供煤销量321.41万吨，比上年多销13.05万吨。全年小工业用煤及市场煤销售110.24万吨。在块煤用量增长的情况下，及时组织生产矿提高块煤出产率，全年实现高价位块煤销量63.7万吨。煤炭价格稳中有升，出口煤结汇量181.93万吨，出口煤销售收入5420.99万美元。国内煤炭销售收入7.14亿元，比计划多2.10亿元。昊华公司加大清欠和资金回收管理，拟定实施了“指标分解、沟通追讨、重点突破、现款发煤、汇票贴现”等工作方法，狠抓清欠和资金回收的组织落实、制度落实、考核落实。全年回款率完成114.70%，其中，陈欠款回款完成1.17亿元。昊华公司加强销售调度管理，坚持每月调度例会制度，与煤矿的生产部门、铁路的运输部门、港口的存储装船部门和煤炭用户密切协作，做到了外运总量正常，发运均衡，重点用户保证供给，急难用户及时供给，还降低了港存成本。销售的煤炭通过铁路运输量448.13万吨，占总销量的73%。在港口存煤量不敷装船外运时，以汽车运输集港,减轻了铁路运输压力,保证了按时装船。昊华公司强化煤炭产品质量管理,深入到装煤点、用户和港口,监查商品煤质量,组织煤质化验统检。全年抽取监查商品煤样293个,化验煤样785个计5401项。商品煤灰分平均15.7%,含矸率平均0.06%,分别比计划降低3.3和0.09个百分点。商品煤发运3467批次,质量合格率99.91%。昊华公司所属矿井均超额完成销售任务。(潘惠楼)

【房地产开发】 2003年,京煤集团对现有房地产企业进行重组整合,规范企业内土地资源管理,制定出操作性强的企业土地管理及处置办法;继续为房地产企业增资扩股,其中,为矿建工程公司提供3000万元贷款信用担保,使其能用"专项资金,专户储存、专款专用"的办法,来参与实施京西门城黑山地区的危旧房改造工程和黑山大街迁建工程;为金泰房地产公司增资扩股,使其总资本达到5000万元,其中金泰恒业公司的出资由800万元增至3300万元。年内,矿建工程公司施工的城子西街住宅楼工程与中门寺住宅楼二期工程,已完成建筑面积1.92万平方米。西达房地产公司实施的京西门城绿岛家园一期工程,于年内竣工。其内建有9栋高档住宅楼,建筑面积达5.7万平方米,开盘销售4.7万平方米,销售房款1.37亿元。金泰恒业公司续建和新建的房地产项目有20个,总施工面积41.9万平方米,年内投资预算5.64亿元,实际完成3.25亿元。续建的房地产项目有:京煤四厂投资1.6亿元兴建的18层智能高档写字楼——金泰富地大厦,于10月16日建成交付使用,建筑面积2.6万平方米;京煤三厂海博俱乐部、海淀区皂君庙超市、海淀区羊坊店综合楼等项目如期竣工,交付使用;宣武区金泰开阳大厦(建筑面积1.4万平方米,投资2500万元)、朝阳区酒仙桥综合楼等项目,完成主体结构的施工。新建房地产项目中,京煤一厂金泰国益大厦(2.9万平方米)、丰台区泥洼综合楼、金泰房地产公司新新天地商住楼、海淀索家坟住宅楼、京煤三厂海博写字楼和宣武敬老院等项目开工。标志着企业房地产业开发由企业内土地向社会土地转变的丰台区丽泽路"金泰城"项目,于9月16日正式签订合同书。该开发项目的建筑面积可达50~70万平方米。

(杨清旭　徐贺成)

【多种经营】 2003年,京煤集团房地产与多种经营总收入22.25亿元。其中金泰恒业公司经营收入12.31亿元,比上年多收入1.14亿元;利润完成683.70万元,比上年多58.70万元。在市场竞争激烈的情况下,完成了燃料保供任务。城市房产租赁、物业管理形成新的产业,30多家饭店、宾馆以各种方式营销创收,取得较好经济效益。矿建工程公司强化建筑施工,实现经营收入1.37亿元,比上年多0.35亿元。昊煜工贸公司加快产品结构调整,规范企业管理,实现经营收入1.18亿元,比上年多0.21亿元。其中,京强水泥厂扩建后,水泥产量达到18.05万吨,比上年多5.84万吨;营业收入4398.15万元,比上年多1554.29万元。集团公司化工厂、液压支架厂、水煤浆厂和三河煤矿4个直属厂矿单位,完成销售收入1.50亿元,销售收入和利润比上年大幅度提高。其中,液压支架厂全年销售支架3168架,比上年多68架;销售收入4118.89万元,比上年多442.89万元,实现利润930万元,是上年的1.9倍。化工厂生产炸药1.10万吨,比上年多

79.41吨;生产雷管2057.53万发,比上年多141.88万发。京煤集团北京鑫华源机械制造有限公司原址进行房地产开发,工厂边搬迁、边改造、边生产,新增加异型钢生产线,扩大了生产规模,提高了技术档次。实现经营收入7090.40万元,比上年多1852.70万元。北京京西勘察设计院公司引进人才,完成工程勘察49项,工程设计36项,工程勘察资质升为乙级。北京晨光饭店新建康体中心,提高了服务档次。综合地质公司加大市场招标力度,工程中标率不断提高。 (潘惠楼)

【完成民用煤保供任务】 2003年,京煤集团金泰恒业公司把保证北京市城八区40万户居民的用煤供应工作,作为确保首都稳定的一项政治任务来完成,克服非典疫情带来的困难,积极组织货源,合理安排生产加工,强化产品质量,提高服务意识。所属各机煤加工厂、零售点,在抗非典期间,坚持正常经营销售。在9月份北京市决定放开民用煤销售价格后,仍坚持以稳定大局为出发点,严格控制煤产品销售价格。全年共组织煤炭货源29万吨,内有5万吨是由京煤集团调进调节的;生产蜂窝煤打料31万吨,在城八区销售30万吨。其型煤质量达到北京市地方型煤标准率的94%。 (杨清旭 徐贺成)

【燃料油经销17万吨】 2003年,京煤集团金泰恒业公司扩大燃料油经销业务,加强所属油品配送中心与加油站的管理,与中国铝业股份公司、秦皇岛耀华玻璃厂等10余家用户单位加强联系,克服进货渠道减少,运力紧张等不利因素影响,保持市场占有率,扩大了经销量。全年完成包括汽油、柴油、润滑油及重油在内的多品种燃料油销量17万吨,比预算指标增加4万吨。销售收入2亿元,获得利润103万元。 (赵大庆 杨清旭)

【京西建筑勘察设计院资质升级】 2003年3月18日,京煤集团京西建筑勘察设计院的工程勘察专业资质由丙级升到乙级。资质升级工作由北京市规划委员会依据国家建设部《工程勘察资质分级标准》和《工程设计资质分级标准》等文件要求,进行考核审查后批准的。该院成立于2000年8月25日,由原北京矿务局设计所改制而成。自1993年6月取得建筑工程设计乙级资质和工程勘察丙级资质后,注意培养和招收专业高级勘察设计人才,购置与更新勘察专业技术装备,夯实专业资质的基础。已承接和完成了包括北京内联陞鞋城、中骏绿洲庄园、门头沟供电调度中心等393项建筑勘察设计项目。其中2003年完成了包括京西绿岛家园、鑫华源渣浆泵厂房、门头沟焦家坟填埋调节池等54项建筑勘察项目,创造产值422万元,获得利润10万元。 (马志敏 徐贺成)

【首次工人技师评定】 2003年,京煤集团首次进行工人技师评定工作。来自煤矿、建筑公司和机械制造工厂等单位工人,积极申报工人技师任职资格。企业劳动工资部门依据相关条件与标准,筛选出139人参加考评前培训。通过对其专业理论考试与实际技能操作考评,有128人取得工人技师任职资格。参加考评的工人技师岗位工种有13个,主要包括电工、管工、电焊、汽车维修工等通用工种岗位和包括采煤工、凿岩工、井下电钳工等在内的特殊工种岗位。取得工人技师任职资格的工人被所在单位聘任后,将享受同级专业技术职

称人员的待遇。首次评定出工人技师调动了企业技术尖子科研攻关的积极性，促进了员工素质的提高。（潘长利 徐贺成）

【鑫华源公司迁入新址】 10月8日，京煤集团北京鑫华源机械制造有限公司在门头沟区门头沟路47号举行新址落成典礼仪式。该公司原有厂区在门头沟区门城镇，根据城市建设规划被列入搬迁项目。2003年初，京煤集团投资5000万元，在原门头沟矿旧址建设鑫华源新厂区。1月17日，搬迁项目启动。先后拆除旧建筑物1.08万平方米，其中砼结构5653平方米。开挖、清运、回填土石方11万立方米，锚喷护坡2678平方米，浇注砼道路8000平方米，拆卸、检修、安装设备340台，更新购置设备26台，出动运输车辆1300多次。新建工业厂房1.59万平方米，改造旧厂房3828平方米。新建3米H型钢自动生产线1条，自行生产钢结构1200吨。还对新厂区进行了绿化美化。到8月底，公司全部迁入新址。新厂区占地面积4.69万平方米，拥有京西地区加工能力最大的车、铣、刨、磨、冷压等设备。该公司边搬迁、边改造、边生产，全年实现经营收入7090.40万元，比上年多1852.70万元。

（刘科君 潘惠楼）

【房山煤矿破产终结】 2003年9月10日，京煤集团房山煤矿经北京市第一中级人民法院依法裁定破产终结。房山煤矿始建成于1929年，时名济伟煤矿。1933年正式出煤投入生产。1945年抗战胜利后，被解放区政府接收。1949年5月划归新成立的平西煤矿公司。该矿易名多次，20世纪50年代初定名房山煤矿。1958年，房山煤矿井下与京西矿务局万佛堂平硐贯通，万佛堂平硐成为房山煤矿的主要生产和运输巷道，该矿井设计生产能力90万吨。1976年，该矿应用水力采煤。80年代，房山煤矿进入衰老期，产量逐渐下降。1982年，核定生产能力50万吨。2002年2月21日，房山煤矿用企业原有的供水、供电、供暖等生活设施形成的非经营性资产，注册成立北京三竹物业管理中心。同年，房山煤矿因资源枯竭，向北京市第一中级人民法院提出破产申请。2002年11月2日，法院受理。2002年12月12日，北京市第一中级人民法院宣告房山煤矿破产。该矿有职工1438人，离退休人员3438人，抚恤人员868人，退养家属工381人。从1949年至2002年的53年中，房山煤矿共开采原煤2580多万吨。2003年6月，房山煤矿职工安置分流基本完成。其中，符合退休条件的423人，办理了退休手续；按资源枯竭矿山人员破产政策，办理一次性安置255人；在京煤集团系统内安置465人；与企业解除劳动合同领取安置费和经济补偿金51人；有66名工伤职工按规定移交地方社会保险机构；有148人成建制移交北京三竹物业管理中心。（潘惠楼）

主要产品名录

产品名称	2003年产量	计量单位	生产厂家
原煤	5911907	吨	北京昊华能源股份有限公司、北京矿务局三河煤矿
发电	15753	万千瓦·时	北京矿务局煤矸石热电厂
矿泉水	6623	吨	北京市九龙山矿泉饮料公司
炸药	11007	吨	北京京煤集团有限责任公司化工厂
雷管	2058	万发	北京京煤集团有限责任公司化工厂
塑料编织袋	124	吨	北京矿务局三河煤矿
水泥	180534	吨	北京昊煜工贸有限责任公司京强水泥厂
液压支架	3072	架	北京京煤集团有限责任公司液压支架厂
钢窗	17683	平方米	北京鑫华源机械制造有限责任公司
复合板	1185	吨	北京昊煜工贸有限责任公司
金刚石粉	4100	克拉	北京昊煜工贸有限责任公司
巧克力	201	吨	北京莱勒克食品有限公司
水煤浆	54769	吨	北京水煤浆厂
氧气	23	万立方米	北京鑫华源机械制造有限责任公司
铸件	2180	吨	北京源辰铸造有限责任公司
纤维板	2331	立方米	北京昊亚工贸有限责任公司纤维板厂
泵	15	台	北京鑫华源机械制造有限责任公司

华北电网有限公司

【综述】 是年,华北电网有限公司(以下简称公司)以“三个代表”重要思想为指导,认真贯彻党的“十六大”和十六届三中全会精神,以改革为动力,以发展为主题,以服务为宗旨,以经济效益为中心,开拓进取,锐意创新,工作取得良好成绩。全年发电量(京津唐电网统调机组)983.74亿千瓦·时,比2002年增长16.26%;售电量1012.99亿千瓦·时,同比增长14.16%;销售收入394.69亿元(不含税),同比增长14.21%;资产总额940.59亿元,同比增长6.35%;净资产545.12亿元,同比增长2.13%;线损率7.92%,同比降低0.01个百分点。当年电费全部结零,回收陈欠电费13066万元。公司圆满完成了国家电网公司下达的资产经营考核指标,利润总额13.73亿元,应收电热费余额29.4亿元,净资产收益率1.7%,资产负债率42.05%,上缴投资收益1.158亿元。

公司坚持“安全第一,预防为主”的方针,深入落实安全生产责任制和各项安全措施,保证了电网稳定运行,圆满完成了“两会”、十六届三中全会以及神舟五号载人飞船发射等重大政治保电任务。全面完成了国家电网公司下达的安全生产考核指标,未发生人身死亡事故,未发生电网稳定破坏及大面积停电事故,未发生特、重大设备责任事故以及重大以上的火灾、交通事故。

2003年夏季,国民经济的快速增长带动电力需求迅猛增长,全国各大电网都出现了不同程度的拉闸限电。华北电网最大负荷为3995万千瓦,同比增长9.33%;京津唐电网最大负荷达到1961万千瓦,同比增长7.04%。北京电网最大负荷达到822.3万千瓦,同比增长6%。公司加强调度管理,精心安排电网运行方式,加快主配网设备增容改造,做好需求预测管理,提前制定并落实移峰、错峰等措施,保证了华北主网稳定运行,京津唐电网没有出现拉闸限电。公司发挥大电网余缺互补优势,在保证京津唐电网安全的前提下,适时增供送河北南网电力,降低山西和蒙西送电曲线,缓解了各网省公司的用电紧张局面。在非典期间,公司坚持一手抓抗击非典,一手抓安全生产。保证了非典期间的安全供电,受到了国家电网公司的表扬。（华电）

【电网建设】 加强电网规划,开展“十五”规划调整、“十一五”及2020年长远规划编制,进一步完善送变电工程项目前期可行性研究和报批立项工作。华北电网500千伏主网架建设成绩显著。相继投产了500千伏托克托—浑源—安定双回输变电工程、丰镇—万全—顺义双回线路加装串补装置工程、滨海—吴庄输电线路工程、保北—霸州—吴庄输变电工程以及500千伏房山变电站改扩建工程等一批重要电网建设项目,使华北500千伏主网架进一步加强。同时,配合国家电网公司完成了华北—华中联网工程。加大电网改造力度。安排了4.6亿元资金,用于北京地区度夏工程建设,缓解了北京地区电网局部过负荷状况;投入1.14亿元,对冀北地区主配网设备进行增容改造;为保证北戴河地区暑期政治供电,对秦皇岛地区的部分变电站及配网进行了改造。农网改造进展顺利。北京农网二期工程累计完成投资

21.78亿元,占投资计划25.6亿元的85%;冀北地区农网二期改造累计完成全部6亿元的投资计划,公司与河北省政府组成联合验收组,对冀北地区43个县和5个市郊区的二期农网建设与改造单项工程及竣工县整体工程进行了正式验收。北京地区农网三期改造计划已由北京市政府上报国家发改委;冀北地区农网三期改造已经完成4亿元投资。 (华电)

【体制改革】 按照国家电网公司关于电力体制改革工作的部署和要求,开展组建华北电网有限公司的改革研究工作,完成了《华北电网有限公司组建方案》和《华北电网有限公司章程》的起草工作。11月8日,作为国家电网公司所属的五家区域电网公司之一的华北电网有限公司正式挂牌成立。完成北京供电公司的建制调整工作,2004年1月1日起,北京供电工程公司、华北电业联合职工大学以及北京电力行业协会划归北京电力公司管理。对北京送变电公司进行了改革,将北京地区500千伏输电线路交由北京送变电公司内部组建的北京超高压公司运行维护,明确了北京送变电公司由基建施工型企业转变为生产基建型企业。11月25日,北京电力医院登记为独立核算的非赢利性事业法人单位。 (华电)

【经营管理】 北京地区疏导电价矛盾,实现了城乡各类用电同价,冀北地区城乡居民用电实现同网同价,天津出台1.5分/千瓦·时的电价调整方案。加强电费回收,回收陈欠电费13066万元,实现了全网当年电费结零。推动北京市反窃电的立法工作,7月18日,北京市人大常委会正式通过了《北京市预防和查处窃电行为条例》,为北京地区的反窃电工作提供了法律依据。(华电)

【电力基建】 年内,北京送变电公司基建工程施工任务繁重。由于上半年非典疫情突发,承建的迎峰度夏工程受到影响。公司迅速启动应急预案,实施项目封闭式施工。其中:苑桥线工程前后四次持续40多天大规模停电切改,房山变改扩建工程克服了在运行站内施工、安装、调试同期作业带来的困难,丰万顺串补站在外国专家因非典撤离的条件下,完成了工程施工任务。在跨区域重点输变电工程施工中实行施工生产一体化管理,全年先后完成贵广线、荆孝线、左荆线、三广线、神保线、保霸线、霸吴线、达永二回线、达乌线、惠横线和安定变二站、浑源开闭所、丰万顺串补站、霸州变工程项目。在施工调度管理上,开发工程信息管理系统,实现在建工程项目动态跟踪在线管理。在施工安全管理上,落实安全生产责任制,健全安全管理体系,实现全年无人身伤亡事故,无重大机械设备事故、无交通火灾事故。在施工质量管理上,严格工程质量目标和工艺质量指标,提高了工程整体移交水平。霸州变和保霸线、达乌线被华北电网有限公司评为“华北地区一流工程”,侯线被评为山西省“优质工程”,姜家营变和姜顺线、双南线获得电力行业“优质工程”。 (华电)

【电网运行】 年内,华北电网有限公司加强电网管理,优化资源配置,以北京送变电公司为基础,成立北京超高压公司,并将北京地区500千伏输电线路交由北京超高压公司运行维护。6月26日,在华北电网有限公司的主持下,北京超高压公司与北京供电公司完成了盘安线、安北线、昌房线、徐房线、沙昌一、二回线、万顺地二回线运行维护交接工作。年底,公司运行维护500千伏变电站1座、500千伏输电线路1333公里,为确保电网安全稳定运行,在夏季大负荷,冬季防污闪、政治保电和重大节假日供电期间,公司对所运行维护线路中的48项重大危险源进行了安全性分析,完成计划内停电带电检修消缺18条次,消除各类缺陷3285处;直升机航巡作业累计7708公里,发现缺陷256处。（华电）

【企业管理】 年内,北京送变电公司在经营制度建设上,重点加强了财务预算、成本管理、合同管理、用工管理、物资采购、机械供应和小型基建管理。其中:财务预算管理范围扩大至电网运行领域,加大工程款回收力度,积极发挥资产使用效能。劳动用工管理实行成建制施工队考核末位淘汰制度和临时用工劳动派遣制度。经营管理完善了经营承包和项目承包责任制,扩大经营审计监督范围,提高了经营管理整体效益水平。在科技活动中,先后研试750千伏输电线路施工工艺、1000千伏加荷试验高塔施工技术、计算机地面划印施工软件、推广氦气飞艇展放导引绳和大截面导线放线技术,提高了施工机械化作业水平和施工效率。公司基层单位创新创效,直接经济效益10万元以上项目7项,QC小组成果获省部级以上项目8项。公司调整优化人力资源结构,加大在岗职工培训与考核力度。全年举办特殊工种培训、专业人员培训、职业技能培训、岗位适应性培训和思想政治教育培训等不同类型培训班47期,受训职工2920人次。实施CI导入工作,全方位整合企业内质外形,打造核心竞争能力。选择在建的三广线、左荆线、安定变、霸州变项目部进行现场调研,在全公司范围内征集企业理念提交稿141条,通过提炼确定企业理念五大部分20条次,先后完成公司识别系统筹划、企业吉祥物审定、《员工守册》编制和霸州变电站CI导入试点工作。（华电）

【科技进步】 华北电网公司全年共安排4800多万元资金用于新技术开发项目。按照统一规划、统一标准、统一组织实施的原则启动了生产管理系统建设,其中部分系统投入使用。公司本部与国家电网公司以及基层发供电单位实现了办公自动化系统联网运行,提高了公司系统公文流转速度。（华电）

【参加焊工比赛获奖】 2003年10月,由北京电力建设公司7名焊工和两名教练组成的北京焊工代表队来到河南省洛阳,参加中国职工职业技能大赛焊工比赛。这次比赛是建国以来规格最高的焊工比赛。全国有29个省市自治区派出了代表队。总共144名选手参加。代表北京市参赛的北京电力建设公司选手中,佟少文获得全国焊工技能大赛焊条电弧焊组第八名,许国庆获得全国焊工技能大赛二氧化碳半自动焊组第三名,李章杰获得全国焊工技能大赛二氧化碳半自动焊组第八名。北京焊工代表队获得团体第三名。（任永宁）

【国华北京热电厂烟气脱硫工程】 2003年7月15日,北京电力建设公司承建的国华北京热电厂二期脱硫工程提前15天竣工投产。该工程是国华北京热电厂“以大代小”技术改造工程的配套工程,引进世界上较先进、科技含量较高、脱硫效率达到95%以上脱硫装置,投入使用每年可减少向大气排放二氧化硫(SO_2)6000吨。其附属石膏板厂也同期投产,将脱硫副产品做成环保建材。该烟气脱硫工程是全国

第一家利用湿法脱除烟气中的二氧化硫并生产出石膏板的工程，为创建绿色环保电厂创出一条新路。 （伍先琳）

【为客户服务】 华北电网有限公司开展为客户服务活动，制定了《供电客户服务中心规范化应用考核办法》和《供电客户服务中心工作标准》，开展了“供电营业职工文明服务行为规范”演示竞赛。加快优质服务的硬件建设，冀北5个地区的供电客户服务中心及“95598”技术支持系统全部开通运行，北京地区10个远郊区县和冀北地区44个县的供电客户服务分中心全部投入运行。 （华电）

北京金隅集团有限责任公司

【综述】 是年，北京金隅集团有限责任公司(以下简称金隅集团)以发展为第一要务，以利润为中心，在与全市人民共同战胜非典的同时，生产经营、改革改制、调整开发、招商引资和科技创新等工作都取得了优异成绩。全年，完成营业总收入66.06亿元，比上年增长10.1%。产品销售收入完成39.71亿元，比上年增长6.5%，其中：国有企业完成23.52亿元，合资企业完成14.47亿元。实现利税7.01亿元，比上年增长20.9%，其中：国有企业完成4.6亿元，合资企业完成2.34亿元。实现利润3.07亿元，比上年增长7.3%，其中：国有企业完成1.85亿元，合资企业完成1.26亿元。工业增加值完成13.9亿元，比上年增长11.7%，其中：国有企业完成7.5亿元，合资企业完成6.08亿元。全员劳动生产率完成24.8万元/人·年，比上年增长9.3%。出口创汇3810万美元，比上年增长37.8%。

金隅集团新型建材制造业、房地产业及现代服务业三大产业协调发展，新型建材制造业的支撑作用进一步增强。年内，用于新产品开发、工艺技术改进等方面的投入达到1.2亿多元，比上年增长了51.9%。共完成重点科技开发项目25项，投产20项，新增销售收入7000多万元，新增利润1300多万元；新建合资公司3家，完成现有合资公司增资扩产项目8项，协议利用外资5091万美元，实际利用外资3487万美元。合资企业销售收入、实现利润等主要经济指标保持两位数增长。金隅集团的国家“双高一优”项目——处置城市工业废弃物环保示范线工程已经正式开工。

金隅集团公司房地产开复工总面积达到200万平方米以上，新开工104.5万平方米，竣工67.7万平方米，以金隅大厦、腾达大厦、锦湖园公寓等物业项目为代表的现代服务业的出租率均保持在95%以上，年营业收入超过1.4亿元。 （张登峰）

【生产销售】 是年，金隅集团工业企业实现产品销售收入39.7亿元，其中国有工业企业实现23.5亿元，合资工业企业实现14.8亿元。水泥、中密度纤维板、卫生洁具、家具、建筑涂料等五大核心产品全年实现产品销售收入22.2亿元，占集团全部工业产品销售收入55.9%。其中水泥销售382万吨，实现销售收入8.9亿元，分别比上年增长10.7%和4.7%；中密度纤维板销售14万立方米，实现销售收入2.6亿元，分别比上年增长7.7%和11.1%；卫生洁具销售149.7万件，实现销售收入4.91亿元，分别比上年增长31.0%和27.2%。集团矿棉吸声板、商品混凝土，加气混凝土、玻璃棉、玻璃纤维、不定型耐火材料、钢制散热器、复合木地板、彩色钢板、新型防水卷材等10种重点产品实现销售收入9.8亿元，占集团全部工业产品销售收入的24.7%，其中不定型耐火材料、钢制散热器、商品混凝土、玻璃纤维、玻璃棉5种产品比上年分别增长69.8%、27.8%、19%、17.5%、16.6%。

年内，金隅集团企业克服一季度气候寒冷和二季度非典对建材市场生产经营工作的影响，采取多种营销措施，加大了对市场的攻关力度，取得较好的效果。琉璃河水泥厂在销售工作中采取"一户一议、一时一议、一事一定"的销售策略，根据市场和客户的需求，调整产品结构，改善水泥装运环境，简化办事手续。抢抓四季度销售旺季，11月份，日出厂水泥最高超万吨，创历史最好水平，全年实现产销水泥210万吨，销售收入4.8亿元，分别比上年提高16.7%和18.2%。星牌公司在全国大中城市建立起以分公司为主架，特约经销商为补充，多种经销模式为一体的矿棉吸声板销售网络，取得良好的营销业绩，全年产销矿棉吸声板900万平方米，实现产品销售收入2.8亿元，比上年分别提高12.5%和4%。通达耐火技术分公司坚持以水泥行业为主攻方向和向冶金、化工、电力行业扩展的市场战略，全年产销浇注料4.5万吨，实现销售收入6117万元，分别比上年提高61%和70%。北京森华人造板公司、东陶北京公司、北京圣戈班依索维尔玻璃棉、维特克斯玻璃纤维公司、森德散热器公司、三重镜业公司等24家合资企业产品，以良好的产品质量和企业信誉赢得市场，年产品销售量和销售收入比上年增长均在13%以上。是年，金隅集团加大科技投入和技术改造的力度，全年投入8200多万元开发新产品，当年新增销售收入7000多万元，当年回报率在85%以上。天坛家具公司、东陶北京公司新产品形成的销售收入均占企业全部收入的30%以上。

年内，金隅集团抢抓北京市加快市政建设和住宅建设的机遇，提高集团产品在市重点工程中标率，将产品打入北京市60项重点工程中的42项，先后将集团长城牌水泥、京都牌水泥、天坛牌家具、北木牌高档防火木门、TOTO洁具、星牌矿棉吸声板、三旗牌防火涂料、卡莱尔新型防水卷材等优质产品打入首都博物馆、摩根大厦、国家大剧院、地铁五号线、公路五环与六环、中关村科技园区、回龙观小区等一系列重点工程，有力地促进了企业市场开拓和产品销售，实现销售收入6.5亿元。

2003年，继续完善客户信用管理，创新回款手段，实施银行承兑汇票和保理等回款方式，有效回避和降低了企业经营风险。经过加强管理，四季度应收账款上升的势头得到有效控制。　（万洪铎）

【企业调整改制】　年内，北京金隅集团有限责任公司所属北京市建材水磨石厂划归北京星牌建材有限责任公司；北京星牌建材有限责任公司岩棉分厂迁往河北省张家口下花园地区，分厂注册为"下花园星牌建材有限责任公司"。北京市新型防火装备厂防火门车间改制为完全由职工持股的天明兴业科技发展有限公司，改制企业注册地点为北京市通州区。截止到2003年，北京金隅集团有限责任公司共批准改制214个单位。　（王怀斌）

【外经工作】 全年新建中外合资企业3家，分别为东邦门业、奇耐特长城排椅、麦克斯特干拌砂浆；增资扩建项目8项，分别为森华中密度压机延长、克诺浸渍纸、克诺制胶、爱乐屋节能窗、东陶北京、北京东陶、维特克斯玻纤、太尔化工等，完成合同投资总额5091万美元，实际利用外资3487万美元，连续4年外商直接投资额超过3000万美元。3月13日北玛厂与韩国东邦商社的防火门项目签约，年生产规模为5万平方米。10月21日长城家具公司与法国奇耐特公司的排椅项目签约，每年可生产中、高档排椅12万套。12月份金隅集团与麦克斯特集团芬兰奥补地罗克公司的干拌砂浆项目签约，总投资1450万欧元，注册资本800万欧元，建成后每年可以生产高品质干拌砂浆10万吨。年内，金隅集团与奥地利克诺斯班集团按照双方达成的协议，增资1500万美元，延长现有中密度压机，使产量由10万立方米增加到20万立方米，并建设浸渍纸和制胶生产线。东陶北京和北京东陶分别增资128万美元和180万美元，建设产品研发中心，购置新设备。爱乐屋公司增资80万美元，节能窗年生产能力由1万平方米增至5万平方米。金隅集团通过签订股权责任书等措施，加强股权管理，使合资公司全面实现年初制定的各项指标，销售收入13.8亿元，比上年同期提高8.6%，实现利润1.07亿元，比上年同期提高28.9%，东陶北京、北京东陶、森华、森德等企业取得了优异的成绩，东陶两家公司利润突破亿元，这是集团建立合资企业以来的历史性突破。 （张建锋）

【外贸工作】 是年，金隅集团进出口总额5306万美元，比上年增长61.03%。出口创汇3810万美元，比上年增长37.84%。进口贸易1496万美元，比上年增长282%。其中，集团进出口部（进出口公司）出口780万美元；天坛家具公司出口697万美元；东陶机器（北京）有限公司出口1632万美元；北京圣戈班维特克斯玻璃纤维有限公司出口425万美元；北京克诺森华地板有限公司出口216万美元；其他企业出口60万美元。进口贸易主体是金隅集团系统内合资企业设备进口及国有企业技改项目设备进口，由集团进出口部完成1496万美元。金隅集团所属合资企业东陶机器（北京）有限公司、北京圣戈班维特克斯玻璃纤维有限公司、北京克诺森华地板有限公司等三家合资公司出口创汇合计为2273万美元，占集团出口创汇总额59.7%。克诺森华地板有限公司投产之后短短的两三年时间内，年出口规模达到216万美元。国有企业传统产品出口呈增长势头。金隅集团所属天坛家具公司家具出口697万美元。北京星牌建材有限责任公司生产的星牌矿棉吸音板，是国内知名品牌，每年出口数十万美元。北京天坛股份有限公司通达耐火技术分公司生产的不定型耐火材料，产品出口巴基斯坦、泰国等国家。 （李 荣）

【科技开发和新产品】 是年，金隅集团完成重点科技开发项目25项，投产20项，申请专利17项。投产的20个开发项目，年内共新增销售收入约7000万元，产生利润1300多万元。天坛家具公司的中意家具合作开发项目，开发了民用家具3个系列、办公家具3个系列，共291个新品种，实现销售收入508万元。星牌公司研发的功能性覆膜矿棉板，提升了现有产品的抗挠、防潮性能和产品档次，经国家固定灭火系统和耐火构件质检中心对覆膜板防火性能的测试已达到B1级标准。该公司开发的具有色泽鲜艳并有闪光效果的珠光板和不同色彩的铝板，广泛用于建筑轻钢墙体材料及高档室内装饰材料，达到了国内先进水平。上述两个项目实现销售收入536万元，利润95.7万元。建材科研院利用电厂的脱硫石膏做原料来煅烧粉刷石膏，既利用废料，减少环境污染，又降低了生产成本，获得资源综合利用企业称号。燕山水泥厂在水泥粉磨中掺加石灰石尾矿、粉煤灰替代矿渣做混合材料，提高了水泥的早期强度，为稳定批量生产普通42.5水泥提供了保障。该项目降低了生产成本，将磨机台时由16~17吨提高到23吨以上，为企业节约生产成本23万元，可获减免税300万元以上。琉璃河水泥厂的液体混凝土外加剂生产及配套服务技术项目，增强了水泥厂生产的水泥适应性，提高水泥品质，还解决了搅拌站提出的混凝土技术问题。该项目建设了一条年产6000吨液体外加剂生产线，年新增销售收入1440万元，利润150万元。　　（何光明）

【技术改造】　是年，金隅集团共实施技术改造工程76项，完成国有企业固定资产投资8200万元。其中，列入集团重点技改工程20项，完成了15项，正在实施3项，实施率为90%。有4个技改项目通过了北京市建委组织的市级竣工验收。金隅集团环保示范线项目被原国家经贸委列入“双高一优”示范工程项目，获得了北京市环保局的环保审批，并经市经委批准列入了年度开工计划，此项工程计划投资1.9亿元，建成后年处置城市各类工业废弃物能力为10万吨。北京市现代建材公司加气混凝土生产线的增产改造项目，建设投资1544万元，实现了当年建设、当年投产，加气混凝土产品的年产量从15万立方米增加到40万立方米。天坛股份公司通达耐火技术分公司对现有的浇注料生产线进行了多项技术改造，改造后的浇注料生产线日产量从每班42吨提高到96吨，提高幅度达128%。琉璃河水泥厂的余热发电锅炉脱硫脱氮项目全部安装完毕投入使用，建设投资550万元。星牌公司下花园岩棉生产线搬迁改造工程于9月动工，总投资2590万元。　　（于立德）

【参加非典病房建设】　在非典疫情最严重的时候，金隅集团承担了北京胸科医院、小汤山防治非典病房的建设任务，不仅为两项工程提供价值500多万元的建筑材料，还派专人在施工现场加班加点进行活动房安装技术指导，组织企业生产运输保障供应，圆满完成病房建设任务。

（万洪铎）

主要产品名录

产品名称	2003年产量 年生产能力	规格型号	生产企业
水泥	230万吨	矿32.5号、普32.5号、普42.5号	北京市琉璃河水泥厂
	150万吨	普32.5号、普42.5号	北京水泥厂有限公司
	60万吨	矿32.5号、普32.5号、普42.5号	北京市燕山水泥厂
卫生陶瓷	140万件	各种规格型号的分体、连体坐便器、洗面盆等卫生洁具	东陶机器有限公司
	60万件		北京东陶有限公司
中高密度纤维板	16万立方米	各种规格	北京森华人造板有限公司
家具	5亿元(产值)	民用、办公、客房家具	北京市天坛股份有限公司
	6000万元(产值)	高档排椅	北京市长城家具公司
涂料	3000吨	防火涂料	北京市建筑涂料厂
	12000吨	装饰涂料	北京星牌建材有限责任公司
	5000吨	装饰涂料	北京金之鼎化学建材科技有限公司
	3000吨	纳米涂料	北京纳美科技发展有限公司
钢制散热器	500万片	各种规格	北京森德散热器有限公司
矿棉吸音板	1000万平方米	吊顶系列	北京星牌建材有限责任公司
复合木地板	1500万平方米	1285×195×8mm、1200×191×8mm	北京克诺森华地板有限公司
商品混凝土	50万立方米	C30－C60	北京三联混凝土有限公司
防水材料	1400万平方米	SBS、APP改性沥青、TPO、三元乙丙橡胶防水卷材、单组分聚氨酯	北京卡莱尔防水材料有限公司
玻璃棉	6000吨	各种板材、卷材	北京圣戈班依索维尔玻璃棉有限公司

续表

产品名称	2003年产量 年生产能力	规格型号	生产企业
玻璃纤维	5000吨	300－8800TEX、38－76TEX	北京圣戈班维特克斯有限公司
彩色钢板	3万吨	0.2－1.2mm系列彩色涂层板	北京星牌建材有限责任公司
电缆桥架	4000万元(产值)	封闭式插接母线、钢制、防火电缆桥架、铝合金桥架、地面线槽、插座等	北京市建筑五金科研实验厂
防火木门	3万平方米	各种中、高档防火木门	北京市木材厂
树脂胶	各种规格	北京太尔化工有限公司	12500吨
加气混凝土	40万立方米	加气板材(包括隔墙板)、砌块	北京市现代建材公司
	25万立方米		北京市加气混凝土厂
浇注料	10万吨	系列不定型耐火浇注料	北京天坛股份公司 通达耐火技术分公司
粉刷石膏	60000吨	加气混凝土型、外墙内保温型、耐水型等	北京金之鼎化学建材科技有限公司
劈离砖	50万平方米	各种规格墙、地砖	北京市西六建材工贸公司
古建砖、瓦	1000万元(产值)	适用于古建筑的各种规格型号的青砖、瓦及兽头	北京市西六建材工贸公司

北京纺织控股有限责任公司

【综述】 是年，北京纺织控股有限责任公司突出发展主题，推进企业制度创新、技术创新和管理创新，加快调整重组、搬迁转移和产业提升，努力消灭“出血点”，扩大增长点，主要经济效益指标好于上年。面对棉花、羊毛等原材料价格上扬和非典疫情等，生产基本稳定，产销基本平衡，出口继续增长，主营利润回升。规模以上企业现价工业总产值19.04亿元，增加11.5%；工业增加值4.80亿元，增加4.7%；销售收入20.22亿元，增加6.2%；出口创汇2.39亿美元，增加28.6%；主营业务利润1.09亿元,增加10.2%;利润总额1130.6万元,减少71.4%。

年内,纺织控股公司积极组织防治非典物资生产,开辟绿色通道。自4月19日至5月13日,生产、供应无纺布隔离服77150件,布质隔离衣241694件,布质防护服48946套,布质刷手衣34476套,布质医用帽55590顶,一次性医用帽52120顶,口罩315万个,口罩专用纱布100万米,抗菌毛巾1200条,六件套床上用品1000套,三件套床上用品2000套,防雨帆布5000平方米,经编涂层床垫4500个。

国有企业改革。北京雪莲毛纺服装集团公司与北京市毛纺织科学研究所实行重组,并积极吸引北京澳新合润有限公司、北京国门商务有限公司及自然人投资,组建北京毛纺织科学研究(所)有限责任公司。北京衬衫厂与北京国门商务有限公司投资设立北京北国服装有限公司。北京制呢厂、中土畜三利发展股份有限公司与美国派克公司合资北京派利制呢有限公司立项。北京京棉纺织集团有限责任公司与香港集嘉国际(集团)有限公司、邦达国际(香港)有限公司合资北京京棉嘉达纺织有限公司签订意向。

企业搬迁改造。北京铜牛股份公司新厂投产一年已超过搬迁前水平。北京雪莲股份有限公司新厂建设工程基本完工,梳纺设备陆续搬迁并投入生产。北京雪莲毛纺服装集团公司盘活延庆工业开发区内闲置厂房创建北京雪莲科技服装园,22条服装生产线陆续安装投入运营。北京衬衫厂与北京国门商务有限公司实行厂房置换,迁往朝阳区马泉营12号,厂房建筑面积8000平方米。顺义棉纺织产业园区、平谷毛纺织产业园区完成三通一平,并进行勘探、规划、环境评价等项工作。北京京棉纺织集团有限责任公司搬迁改造项目邀请中国纺织工业协会专家论证。

技术创新项目。北京市纺织科学研究所环保型天然纤维转移印花(中试)项目、光华集团彩棉织物织造和后整理研究及产业化项目、铜牛集团彩棉针织产品开发及产业化项目通过验收。分型涤纶纤维已在针织、棉纺织、毛纺织企业推广应用,其中铜牛集团实现规模化生产。竹纤维和竹纤维面料已在针织服装和衬衫中应用。重点企业新产品销售收入占产品销售收入的比例达23.6%。北京华泰仿瓷制品有限公司、北京京兰非织造布有限公司、北京邦维光华纺织品有限公司、北京铜牛科英针织技术开发有限公司为神舟5号载人航天飞船研制了产品。

人力资源开发和结构调整。招收、招聘中专以上毕业生和各类人才121人,其中研究生13人。培训各级各类人员13000余人,其中专业技术人员继续教育培训1124人,工人技术等级培训720人,技师培训176人,各类岗位培训10614人。职工总数38273人,比上年减少7%。终止、解除劳动合同4652人。 (刘秉悌)

【企业改革】 全年共完成15户企业改制,实际吸收社会资本4902.19万元(以当年工商注册资金到位额为准),占注册资本的49.47%;完成的改制企业中,五分之一左右的企业为民营控股,民营资本比例最高达到70%。列入市104户国企并购重组计划的纺织12户企业中,3户取得一定进展。北京雪莲毛纺服装集团公司以北京毛纺织科学研究所部分存量资产1500万元投资,吸引北京国门商务有限公司等民间资本2272.74万元,组建了以研发、检测为主要业务的多元投资的科技型公司制企业——

北京毛纺织科学研究所有限公司，注册资本为3787.9万元。雪莲集团公司原新朋毛纺厂、北京博维特机电设备有限公司并购重组，将该厂改制为北京新博毛纺制品有限公司，注册资本718.55万元，其中：雪莲集团公司占30%，北京博维特机电设备有限公司占70%。该集团还聘请香港绿科投资公司作为财务顾问，协助雪莲集团公司寻找战略投资者。北京京棉纺织集团有限责任公司与香港集嘉有限公司和邦达国际有限公司签订了合资意向，协议金额2000万美元，对京棉集团主要生产线“两纺一织”进行投资改造，京棉集团以存量资产投资700万美元，占35%。北京衬衫厂与北京国门大厦有限公司共同组建了北京北国服装有限公司，注册资本1100.18万元，其中，北衬以部分存量净资产投资600.18万元，国门大厦有限公司以现金投资500万元。北京制呢厂与三利土畜产和美国派克公司签订了合资意向书，初定注册资本1000万美元，其中：中土畜三利发展有限公司投资400万美元，占40%，美国派克公司投资250万美元，占25%，北京制呢厂投资350万美元，占35%。五洲燕阳特种纺织品有限公司按原投资比例增资扩股，注册资本由50万元增加到350万元。北京光华染织厂与其他企业法人、自然人等共同投资组建北京光华天宇科技有限公司，注册资本300万元，其中：光华染织厂占58%。北京市九达纺织集团公司所属北京纺织建设承发包公司实施分立改制，组建了北京方宏置业有限责任公司，注册资本1473.49万元。北京纺织机械器材研究所整建制划归北京京棉纺织集团有限责任公司。北京市碧兰特纺织品经营部整建制划归北京纺织工业供销公司。纺织控股公司持有的对北京京冠毛巾有限责任公司84.38%的股权划拨给北京光华染织厂。

（姜永平）

【技术改造】　年内，列入北京市年度技术改造、技术引进计划的项目共6项，计划总投资32847万元，当年计划投资5620万元，其中300万元为北京市经济委员会工业结构调整资金，其余为企业自筹。实际完成投资5716万元。其中：铜牛集团污染扰民搬迁项目(一期)完成投资5571万元，用于铜牛股份生产车间、单身宿舍及其他附属设施的建设以及部分设备更新改造。京冠毛巾投资145万元购置国产电脑花板26台，对原有梭织机进行改造，改造后的织机能够大大缩短生产周期，提高生产效率，更加适于小批量多品种的市场需求。雪莲公司搬迁新建改造项目尚未结算。

（穆爱勤）

【产品开发】　年内，北京纺织控股公司系统内主要生产企业新产品实现销售收入42308万元，占产品销售收入的23.57%。由纺织控股公司技术中心承担的北京市重点技术创新项目《绿色环保技术(彩棉)的开发与产品的产业化》，历时3年，通过由北京市经济委员会组织的专家鉴定委员会鉴定、验收。项目期内实现彩棉纱产量641吨；梭织布125.84万米、针织布77吨；彩棉服装77.9万件(套)；床上用品2559套；销售收入5597.75万元；利税合计893.94万元；出口创汇2.4万美元，成为了北京纺织新的经济增长点。新型软质输油管、储油罐实现规模化生产，实现销售收入2968万元，创造了良好的社会和经济效益。与北京服装学院合作的科研成果产业化项目“多维高仿真SFY分型纤维应用推广”，实现产品销售收入635万元。面对非典疫情，系统内科研人员在控股公司《关于加强功能性卫生防护纺织品开发的指导性意见》的引领下，打破常规，攻关解决急需物资的技术难题。特别是在一次性防护服的研制过程中，铜牛集团京凯无纺布公司、京工集团京工世纪公司、大华、北衬等单位的技术力量都全力以赴，最终使产品达到了最新颁布的国家标准。非典期间，企业也开发出很多新产品，如北京纺织科学研究所为呼吸机生产厂家开发的呼吸机配套滤芯、防护带；北衬的抗菌护士服；光华集团、铜牛集团与总后军需研究所共同完成的耐久性抗病毒防护服等。在北京市举办的“工业抗非典新产品展示会”上，系统内8个单位的10大类30余种产品参加了展示，为抗击非典做出了贡献。 （穆爱勤）

【外经外贸】 年内，新批外商投资项目立项1项：北京派立制呢有限公司，该公司由北京制呢厂、中土畜三利股份发展公司和美国派克公司共同投资，投资总额1500万美元。清理不良项目2项：北京东北亚大厦有限公司经仲裁解散，中方胜诉，公司进入清算程序；北京华山四达毛纺有限公司终止进入清算。

全年北京纺织控股公司出口创汇23856万美元，同比增加5308.9万美元，增长28.6%。其中自营进出口公司创汇18513.6万美元，同比增加3759.8万美元；三资企业创汇2579.1万美元，同比增加1059.3万美元；工贸公司创汇2763.3万美元，同比增加489.8万美元。在出口创汇中，自营进出口公司有8户同比增长，其中4户较为突出，北京市京工服装进出口公司出口创汇完成4746万美元，同比增加1331万美元。铜牛进出口公司出口创汇完成3485万美元，同比增加1069万美元。北京金三环纺织进出口公司、北京市九达进出口公司出口创汇进入2000万美元行列，分别同比增长22.9%和42.9%。在2003年北京市企业纺织服装出口创汇前100家（按海关统计）排名中，纺织控股公司系统列入19家。在前50家排名中，列入10家。其中：北京市京工服装进出口公司出口创汇4574.8万美元，名列第三；铜牛进出口公司出口创汇3378.7万美元，名列第四；北京市纺织品进出口公司出口创汇2763.3万美元，名列第七；北京金三环纺织进出口公司出口创汇2122.3万美元；名列第十；北京市九达进出口公司出口创汇2022.4万美元，名列第十一；北京京棉纺织进出口公司出口创汇1292.6万美元，名列第十四；北京市顺发进出口公司出口创汇1281.6万美元，名列第十五；北京光华时代纺织品进出口公司（含光华染织厂）出口创汇682.4万美元，名列第二十八；北京高久雷蒙时装公司出口创汇606.3万美元，名列第三十一；北京京澳毛纺公司出口创汇593.7万美元，名列第三十三。进入后五十名的公司企业有：北京溥利毛纺进出口公司、北京时代毛纺进出口公司、北京埃姆毛纺公司、北京金商梦时装公司、北京佐田雷蒙服装公司、北京雪莲羊绒股份公司、北京丝金时装公司、北京大华衬衫厂、北京福莱克斯时装公司等9家。

（陈多福　武小京）

主要产品名录

产品名称	2003 年产量	计算单位	主要生产厂家
纱	24405.4	吨	
	17018.4	吨	京棉集团
	2349.5	吨	京华纺织公司
	3830.3	吨	丽华棉纺织公司
	893	吨	月季红线业有限公司
布	5233.8	万米	
	2307	万米	京棉集团
	1642.1	万米	丽华棉纺织公司
	468.4	万米	五洲染织公司
	55.9	万米	光华染织厂
呢绒	294.8	万米	
	133.1	万米	金羊毛纺公司
	161.7	万米	清河毛纺织厂
毛巾	274.8	万条	毛巾厂
服装	1867	万件	
	304.1	万件	北京衬衫厂
	200.6	万件	大华天坛公司
	1008.5	万件	铜牛集团
	123.9	万件	雪莲服装集团
	79.4	万件	京工集团

北京一轻控股有限责任公司

【综述】 北京一轻控股有限责任公司(以下简称一轻控股公司)是北京市政府授予国有资产经营管理权,并按照《公司法》建立的集投资、融资、控股、参股、产(股)权转让受让及生产、经营、进出口贸易、技术咨询服务、科研为一体的具有独立法人资格的大型控股公司。总资产 106.9 亿元,所有者权益 44 亿元。全系统共有直属单位 25 家,中外合资企业 55 家。拥有以高技术环保型纸制造业、高技术玻璃制造业、食品酿酒制造业、日用洗涤化妆品制造业、中西乐器制造业、光机电一体化及环保产品制造业等为主的六大支柱产业和年销售收入超过亿元或实现利润超过千万元的 15 家明星企业。全系统 13 个产品荣获北京市名牌产品称号,星海钢琴为中国名牌产品。利乐包包装系列产品、博士伦隐形眼镜及护理产品、大豪牌电脑刺绣控制系统、博美硼硅耐热玻璃器皿、清华阳光太阳能高档集热器、光导纤维石英外皮管在国内同行业中市场占有率排位第一,星海钢琴、欧珀莱化妆品、纳贝斯克饼干排位第二。

2003 年,一轻控股公司全面推进企业体制、机制、科技和管理创新,主要经济指标突破历史最好水平。全系统规模以上工业企业完成工业总产值(不变价)47.12 亿元,同比增长 11.3%;工业增加值完成 28.2 亿元,同比增长 19.7%;销售收入完成 52.68亿元,同比增长 9.5%;实现利润 8.91 亿元,同比增长 30.8%;实现利税 15.57 亿元,同比增长 10%;职工年人均收入 20869 元,同比增长 18.06%。

年内,一轻 8 个新工业基地建设取得全面进展,形成北京一轻工业新世纪创新发展的平台。星海钢琴实现一轻中国名牌零的突破,企业和产品获得荣誉称号数量超过历年,新技术新材料在高科技领域的应用取得了重大突破,玻璃研究院研制的星箭分离解锁装置作为“神舟五号”的配套装置,为中国首次载人航天飞行的成功做出贡献。一食公司整体转让给民营企业,成为运用市场机制进行国有资产调整的典型案例。经营者和经营班子持股等多种形式的探索使激励分配制度的改革实现了新突破。国企引进人才有所突破,吸引高素质人才的数量创了新高。一轻控股公司被评为全国厂务公开先进单位,连续三年被评为北京市再就业工作先进单位。一轻《安全生产管理制度》被国家安监局评为一等奖,第一部记述北京一轻工业发展的《北京一轻志》出版发行。 (王书英)

【改革十年】 北京一轻 1993 年被国务院体改委和北京市政府批准为全国百户现代企业试点单位,2000 年经北京市政府二次授权为一轻控股有限责任公司,时至 2003 年,十年来北京一轻在 7 个方面发生了重大变化。

工业总产值(不变价)由 1993 年的 29.6615 亿元到 2003 年的 46.1992 亿元,增长了 55.7%;工业总产值(现价)由 1993 年的 34.2122 亿元到 2003 年的 53.8568 亿元,增长了 57%;工业增加值由 1993 年的 13.9995 亿元到 2003 年的 28.2164 亿元,增长了 101%;销售收入由 1993 年的 35.4591 亿元到 2003 年的 52.68 亿元,增长了 48.57%。全系统实现利润 1993 年为 1.6552 亿元,2003 年为 8.91 亿元,是 1993

年的5倍;实现利税1993年为3.8731亿元,2003年为15.5758亿元,是1993年的4倍。2003年全系统实现利润超过千万元的企业有12家,其中:超过1亿元的有4家,超过2000万元的3家,超过1000万元的5家;销售收入超过亿元的企业有12家,其中:超过6亿元的2家,超过3亿元的5家,超过1亿元的5家。

结构优化。20世纪90年代以来有造纸包装、玻璃制品、日用化学、食品酿酒、中西乐器、钟表衡器、照明器材、搪瓷陶瓷、卫生洁具、文化制笔、光学眼镜、轻工机械等十四个行业,经过产业和企业结构的调整以及市场优胜劣汰的竞争,自行车、缝纫机、火柴、陶瓷、日用搪瓷、电光源、制笔等行业陆续退出,并淘汰了一批造成城市污染、能耗高、附加值低的传统造纸、玻璃以及食品等低档产品。产业结构形成了有发展前景、有市场竞争力的六大支柱行业:即(1)以复合包装纸、文化办公信息用纸和环保再生纸为主的高技术纸制造业;(2)以高技术玻璃、高档瓶罐玻璃、隐形眼镜和太阳能集热器为主的高技术玻璃制造业;(3)以国际国内名牌食品、饮料、白酒、葡萄酒、啤酒为主的食品酿酒制造业;(4)以名牌高档化妆品、工业日用洗涤用品为主的精细化工制造业;(5)以名牌钢琴和管乐为主的中西乐器制造业;(6)以高新技术和生物技术为主的光机电一体化和环保产品制造业。

随着产业和行业结构的调整促进了企业的重组和发展,年实现利润超千万元和销售收入超亿元的企业各12家,总计有15家;同时淘汰了一批劣势企业,其中破产3家、小企业下放地方9家、兼并1家、出售1家。2000年国有授权经营资产的116家企业到2003年调整为109家。一轻直属企业由1993年的40个左右减少到2003年末25个,减少直属企业37%。产品结构的调整更加适应市场的需求,由过去的一百类产品,一千个品种,一万个花色,产品的特点是杂、平、低,转变成五大名优产品群即:(1)以电脑绣花机控制系统为代表的光机电一体化产品群;(2)以光导纤维、单晶硅为代表的新材料产品群;(3)以太阳能利用、再生纸为代表的绿色环保产品群;(4)以生物降解餐盒为代表的生物技术产品群;(5)以名牌钢琴、饮料、酿酒为代表的都市工业产品群。现在的产品特点是名、优、高、特。星海钢琴2003被评为中国名牌产品,13个产品被评为北京市名牌产品。

人员精干。1993年全系统在职职工71574人,2003年末在职职工20955人,十年净减员50619人,减员率为70.7%。劳动生产率(产值劳产率)1993年为4.6万元/人,2003年为19.74万元/人,是1993年的4.2倍。1993年一轻机关总部人数为197人,2003年调整后为80人,减少117人,减员率为59%。

职工收入增加。1993年全系统在职职工年人均收入4497元,2003年为20869元,是1993年的4.6倍,其中国有企业在职职工年人均收入是1993年的3.3倍,合资企业职工年人均收入是1993年的6.8倍。

对国家贡献大。1993年全系统上缴税金2.2亿元,2003年上缴税金7.18亿元,是1993年的3.2倍,自1993年累计向国家上缴各种税金56.7亿元。所有者权益增加。2000年二次授权时国家资本金为10.9亿元,所有者权益为17.2亿元,2003年所有者权益为21.4亿元,所有者权益增加4.2亿元。资产质量提高了。企业历史债务负担减少了,近年来一是通过还本免息政策减少银行负债10亿元,还本4.1亿元，免息6.2亿元；二是实施破产解决债务3.7亿元，三是通过合资进行资产评估，偿还债务7.4亿元，总计减少银行债务21.1亿元。

竞争力提高。企业的竞争力集中表现在企业的规模和产品。企业的合资发展：一轻同跨国公司组建的总投资在1000万美元以上的合资企业近20家。其中与世界500强企业合资合作的有美国百事可乐饮料、日本凸版印刷等5家；与国际同行业排头兵企业合资合作的有瑞典利乐、日本资生堂化妆品、日本卡瓦依钢琴、美国博士伦、美国纳贝斯克饼干等13家。品牌实力：一轻系统共有产品品牌近200个，拥有一批国内外名牌产品，2003年星海钢琴被评为中国名牌产品，13个产品被评为北京市名牌产品。目前全系统既有自主知识产权又有一定生产规模的知名品牌18个，主要有星海乐器、博美耐热器皿、清华阳光太阳能集热器、大豪牌电脑绣花机控制系统、红星白酒、中华牌桂花陈、花王再生纸、金鱼洗涤用品、奥琪等护肤化妆品、五星啤酒、义利食品等。引进国内知名品牌1个：青岛啤酒。与合资企业共创的知名品牌2个：欧珀莱化妆品、龙徽葡萄酒。引进国际知名品牌9个：瑞典利乐包包装、美国百事可乐饮料、美国纳贝斯克饼干、美国博士伦隐形眼镜及护理产品、日本凸版印刷、韩国LG牙膏、法国西普耐火材料、美国美标洁具、日本朝日啤酒。产品市场占有率：一轻产品在国内同行业中国内市场占有率排位第一的产品有利乐包包装系列产品、博士伦隐形眼镜及护理产品、大豪牌电脑绣花机控制系统、博美硼硅耐热玻璃器皿、清华阳光太阳能高档集热器、光导纤维石英外皮管。排位第二的产品有星海钢琴、欧珀莱化妆品、纳贝斯克饼干、百事可乐饮料(碳酸饮料在北京地区排位)。排位第四的产品有红星白酒。排位第五的产品有龙徽葡萄酒、金鱼牌洗涤系列。一轻名牌产品占北京市名牌产品的10%，还有2个国家免检产品。获奖产品中，国家级产品奖10个，省部级产品奖66个，国家科技进步奖3个，省部级科技进步奖65个。

【企业改革与结构调整】 一轻控股公司按照市政府关于加快发展，做大经济总量的要求，制定了2003~2008年中长期发展规划，提出到2008年实现销售收入100~130亿元，实现利润13亿元。按照这一目标，一轻控股公司立足长远，抓好当年，积极贯彻国有企业有进有退，有所为有所不为的调整方针，在产权多元化重组和劣势企业退出两大方面加大调整力度，进行了直属企业“两进、两退、两重组、五整合”以及5家小企业民营化改制、7家亏损小公司注销和5家亏损合资企业的清盘退出。龙徽酿酒有限公司和星海乐器公司进行了增资扩股和产权多元化的重组，并按照《公司法》规范了法人治理结构，完善了决策程序和议事规则。龙徽酿酒公司通过经营者和经营班子持股形成了新的经营机制。造纸包装公司经过企业结构调整和争取金融机构的还本免息政策，使资产质量有了明显改善。玻璃集团公司通过盘活存量，使难以发展和濒临破产的企业获得了生机，形成了次渠、廊坊、永清、豆各庄和清华阳光5个新工业基地，形成了高技术玻璃和新技术新材料产业发展的新格局。制笔公司经过调整企业全面退出了二产。一食公司在收回国有资本金的基础上全部产权转让给民营企业，实现了彻底的退出。列入全市并购计划的10户国有企业开展了多种形式的资产重组洽谈活动。

(王书英)

【重点发展项目】 年内,全系统完成固定资产投资6.6亿元,建筑面积23.2万平方米。完成玻璃集团环保搬迁项目的可研批复,丽源公司、北京啤酒朝日有限公司搬迁项目建议书批复,完成了日化四厂原厂址转让;完成了一食公司整体转让工作;推进了重点企业拆迁腾退工作的进度。8个新工业基地建设取得较快进展,陆续进入竣工投产期。已经建成并陆续试车投产的项目有8个,分别是义利食品、兴大豪电脑刺绣机控制系统、绿环生物降解餐盒、星海三角钢琴、石英外皮管、硅单晶、石英坩埚、博美硼硅玻璃。已经完成主体结构的项目有:凸版资讯、丽源化妆品及资生堂化妆品、北啤朝日、利乐二期、星海钢琴和清华阳光镀膜管等项目。市政协领导和经科委的部分委员对部分基地和项目进行了视察,对建设成果给予了一致的高度评价。在8个基地14个项目中,引进外资品牌技术和自有知识产权、核心技术的比例分别为27%和73%,这些项目在品牌优势、技术含量、研发能力和市场占有率等方面都具备较强的优势,从新技术新产品的发展前景到厂房建设、环境规划、工艺布局充分体现了发展的新思路和高起点。在实施污染扰民搬迁的同时,环保治理工作不断加强,列入全市限期停产的4家企业全部通过了辖区环保部门的验收;限期治理的15家燃煤锅炉企业除2家得到市区环保局延期改造批复外,13家企业都按要求实施了改造或停止燃煤锅炉使用,共投资2629万元,其中获得锅炉改造专项资金1272万元,每年可减少燃煤量2.1万吨、减少烟尘17吨、减少二氧化硫50吨。 (王书英)

【新产品开发】 年内,全系统完成新产品试制112项,累计新产品投产240项,实现销售收入3.8亿元,实现利税8000万元。列入“6630”计划的15项新产品全部实施,其中13个项目实现了规模化生产。兴大豪公司新产品实现销售收入1.1亿元;红星股份公司投产新产品30余项,实现销售收入5000万元;星海乐器公司开发新型钢琴10余种,三角钢琴由年销售840台增长到1530台,实现销售收入3500万元,产品出口北美市场,出口额增长了72%;资生堂丽源公司全年开发新产品30多种,全国产品专柜达到340个,新产品实现销售收入1.6亿元,利润7500万元;义利面包公司开发功能型营养面包,新增销售收入1050万元,新增利润216万元。全系统实施品牌战略工程,涌现出大批获奖产品和企业。欧珀莱化妆品进入中国名牌化妆品系列评比前三名,红星白酒在全国清香型白酒评比中获得第一名,龙徽西拉干红荣获中国国际葡萄酒和烈酒评比银奖,金鱼科技、资生堂丽源、星海乐器和兴大豪公司被评为全国轻工质量效益型先进企业,金鱼液体洗涤剂和欧珀莱化妆品荣获“国家免检产品”称号,红星股份和北京纳贝斯克食品公司被评为中国食品工业百强企业,食品研究所食品酿酒检测一站被提升为国家级检测站,五星青岛啤酒公司被评为市级质量先进单位,造纸七厂用高配比废纸浆生产环保办公用纸技术荣获北京市科技进步二等奖。 (王书英)

【技术改造】 年内,一轻控股公司玻璃仪器厂消化吸收引进技术,建成35吨硼硅玻璃全电熔炉,达到国际先进和国内领先的技术水平。石英硅作为国家重点科研项目神光2号和3号激光器的主要基础材料,产品性能达到国际同类产品先进水平并实现规模化生产。星海钢琴利用计算机控制自动机床打孔，提高了钢琴装配的精度。红星股份公司完成了5个白酒工艺研究项目，白酒成品质量得到较大改进，出酒率提高7%以上。通过环保搬迁自筹资金、吸纳社会资金和争取“双高一优”项目政策，技改资金已基本落实。全年实施项目10项，其中上年结转5项，总投资7145万元，当年新开5项，总投资1.45亿元，年内在施技改项目分别取得了不同程度的进展。（王书英）

【外经外贸】 年内，全系统实际利用外资额7424万美元。凸版资讯、利乐二期、资生堂、北啤朝日、博士伦等公司分别通过增加生产设备、扩大产销能力和增资扩建等途径增加投入，使外商投资企业的规模发展继续加快。全系统产品出口完成3.15亿元，同比增长29.2%，总量和增速都实现了历史最好水平。（王书英）

【人力资源开发】 人力资源开发取得新进展，建立了党管人才的领导机制和工作格局；控股公司和企业完善修订了人才队伍建设规划和实施细则以及各项工作措施；企业从深化三项制度改革入手，形成了企业经营管理者、专业技术人才和高级技工三支队伍整体建设的新思路，人才开发措施不断创新，人才队伍状况得到改善。全年招收高等院校毕业生本科以上人员占全部招收人员的81.1%，吸引高素质人才数量创了新高。企业经营管理者队伍建设从建立健全激励约束机制入手，完善实施了以目标经营责任为考核内容的年薪制，调动了经营者的积极性和创造性。年内全系统职工人数由28145人减少到21468人，全年净减员6677人，超过了年度2080人的减员计划。（王书英）

【企业管理】 企业把管理创新，提高素质与改革改组改造有机结合起来，在资金、成本、质量、市场营销等方面不断创新管理理念，更新管理手段，提高管理效率。企业从强化基础工作入手，管理水平不断提升，年内又有3家单位通过了ISO9000认证，红星股份通过了ISO14001环境管理体系认证，成为双认证企业，金鱼科技股份通过了OHSMS职业安全健康体系认证，成为一轻首家通过国际标准三认证的企业。兴大豪、红星股份、星海乐器、百事可乐、红星酿酒集团、玻璃仪器厂等企业率先运用信息技术加强企业供产销、科研以及办公自动化管理，有效提升了企业现代化管理水平。控股公司技安部门与工会组织联合开展劳动保护法规培训，提高了企业管理人员的法律意识和劳动保护业务知识。全系统所属各企业单位年内未发生重大安全事故，实现了连续5年安全生产死亡事故零指标。（王书英）

【效能监察】 年内，效能监察工作针对企业经营管理的薄弱环节共立项40项，完成36项。建立完善了96项管理规章制度，避免和挽回经济损失220万元，增加经济效益1441万元。加强案件排查和查处工作，案件发生率有所下降，查处违纪案件3件，2人受到党纪处分。（王书英）

【职工科技创新】 年内，全系统参加各项劳动竞赛的职工达7500多人，技术创新项目74项，创造效益667万元，提出合理化建议1100多件，已经实施647件，创造效益681万元。星海乐器公司荣获全国“五一”劳动奖状；红星股份技术开发部荣获首都劳动奖状；3名职工荣获首都劳动奖章；星海乐器公司装配车间共青号生产线三线和玻璃集团青山眼镜公司焊接部青年集体荣获北京市青年文明号称号;5名青年被评为北京市青年岗位能手;一轻团委被授予北京市首届创新创效活动优秀组织奖。（王书英）

【获“全国厂务公开先进单位”称号】经中纪委、中央组织部、国有资产监管会、监察部、全总工会等5部委评选,北京一轻控股有限责任公司荣获“全国厂务公开工作先进单位”光荣称号。一轻系统国有、国有控股企、事业单位厂务公开建制率达到100%,厂务公开基本形式的职代会制度不断加强,三级公开、采购公开等不断深入发展,形成了“党委统一领导,党政齐抓共管,工会组织实施,职能部门各负其责,纪委监督检查,职工群众积极参与”的领导体制和工作格局,推进了党风廉政建设,密切了干群关系,有效促进了一轻的改革和发展。（许 林）

【星海钢琴被评为“中国名牌产品”】经中国名牌战略推进委员会组织各专业委员会进行综合评价,初选名单向社会公示征求意见,中国名牌战略推进委员会全体会议审议核定等严格的评价程序,北京星海乐器有限责任公司生产的星海牌钢琴被评为2003年度“中国名牌产品”。（许 林）

【星箭分离解锁装置配套神舟五号】北京玻璃研究院自行开发研制达到国际先进水平的星箭分离解锁装置,作为神舟五号飞船配套产品装配神舟五号载人飞船,为中国首次载人航天飞行成功做出了贡献,受到中国空间技术研究院表彰,并授予“祝贺神舟五号飞船首次载人成功”奖牌。（许 林）

【红星荣获“中国食品工业百强企业”】根据2002年工业统计资料,按照企业资产规模、销售收入、盈利能力三项指标和独立核算法人单位所在地统计原则,经国家统计局工业交通统计司、中国食品工业协会对中国农副食品加工业、食品制造业、饮料制造业三大行业企业综合实力评测,北京红星股份有限公司获得“中国食品工业百强企业”称号。（许 林）

【3家合资企业进入市外商投资企业50强】北京市经委对全市1052家规模以上工业外商投资企业销售收入前五十名盈利企业进行表彰,其中有北京一轻控股有限责任公司所属3家合资企业分别是:北京利乐包包装有限公司列第二十五名,资生堂丽源化妆品有限公司列第二十九名,北京博士伦眼睛护理产品有限公司列第四十六名。（许 林）

【龙徽成为中国第二大葡萄酒出口商】年内,据轻工业信息中心统计,2002年北京龙徽酿酒有限公司葡萄酒出口量占全国葡萄酒出口量的12.5%,交易额占23.6%,综合排名为中国第二大葡萄酒出口商。龙徽葡萄酒主要出口日本、比利时、法国、美国、德国及西班牙等国家,并在欧洲各地的亚洲高档餐馆中市场占有率列整个亚洲葡萄酒第一。（许 林）

【丽源荣获“守合同、重信用”企业称号】北京丽源公司认真贯彻《合同法》,广泛深入开展争创“重合同、守信用”单位活动。在实际工作中,依法实行经济合同管理,坚持依法经营不动摇,诚实、守信,自觉培育良好的社会信用环境,公司连续14

年被评为北京市"重合同、守信用"单位称号。在国家工商行政管理局首次评选的520家"重合同、守信用"单位中,丽源公司荣获全国"守合同、重信用"企业称号。

(许　林)

【一轻"金鱼"液体洗涤剂获国家免检产品】 年内,北京金鱼科技股份有限公司"金鱼"液体洗涤剂系列产品,通过了国家质量监督检验检疫总局审核,荣获2003年度"国家免检产品"。这是国家质检总局第一年对此系列产品评比"国家免检产品",全国共有30多家企业申报,经专家组反复审核12家企业产品首批获此殊荣,北京地区"金鱼"、"绿伞"两大品牌获得批准。

(许　林)

主要产品名录

产品名称	2003年产量	计量单位	生产厂家
机制纸	10936	吨	北京中天纸业集团公司
机版纸	37010	吨	北京中天纸业集团公司
复合包装包	260262	万个	北京利乐包包装有限公司
钢琴	36801	架	北京星海乐器有限责任公司
西管乐器	33841	支	北京星海乐器有限责任公司
民乐	5646	件	北京星海乐器有限责任公司
电脑刺绣机电子控制系统	28940	套	北京兴大豪公司
日用玻璃制品	24617.5	吨	北京玻璃集团公司
成品眼镜片	748	万副	北京玻璃集团公司
眼镜架	6.8	万副	北京玻璃集团公司
包装瓶	7510.1	万个	北京玻璃集团公司
耐火材料制品	2906	吨	北京玻璃集团公司
高技术玻璃	25920	万元	北京玻璃集团公司
啤酒	98215	吨	北京五星青岛啤酒有限公司
百事可乐	138910	吨	北京百事可乐饮料有限公司

续表

产品名称	2003年产量	计量单位	生产厂家
红星系列白酒	43170	吨	北京红星股份有限公司
葡萄酒	5109	吨	北京龙徽酿酒有限公司 北京红星股份有限公司
金鱼系列洗涤品	25854	吨	北京金鱼科技股份有限公司
欧珀莱化妆品	632841	千元	北京资生堂丽源化妆品有限公司
奥琪、宝贝系列化妆品	24758	千元	北京丽源公司
牙膏	210058.58	千支	北京乐金日用化学有限公司
巧克力、糖果	1247	吨	北京义利食品公司
饼干	23036	吨	北京纳贝斯克食品公司
面包	5938	吨	北京义利食品公司

北京隆达轻工控股有限责任公司

【综述】 是年,隆达轻工控股有限责任公司系统坚持以结构调整为主线,以市场为中心、效益为目标的经营导向,下大力气提高经济增长质量和效益,使各项经济指标实现了两位数的增长。该系统年末共有企业52户。其中国有企业16户,集体工业企业7户,其他经济性质工业企业29户。另有商贸服务企业27户(含三产企业),科研所6个,技术职工学校1所。共有在职职工20246人,离退职工31000人。固定资产净值23.9亿元。主要生产家用电器、塑料制品、皮革皮毛制品,印刷、包装装潢,有色金属材料、文体用品、不锈钢厨房设备等。全年完成工业总产值(不变价)40亿元,同比增长30.5%;销售收入34.3亿元,同比增长29.9%;工业增加值7.1亿元,同比增长24%;实现利润3464万元,同比增长62.1%;经营性净现金767.1万元,同比上升252.2%。

推进控股公司职能转变。围绕公司履行重大决策,投资效益,经营者管理权力,国有资产保值增值,内部人员控制等方面,强化战略管理,完成了印刷、塑料制品、包装、有色新材料等产业的资源梳理,确定控股发展。参股经营和放开搞活的产业,将8个产业划分成相对控股、参股经营和放开搞活的三大类型,加快产业结构、企业结构、产品结构的调整,促进了传统产业、产品改造和升级的结构调整总体框架的实施,使国有资产向具有发展优势和发展潜力的产业聚拢。年内完成了北京塑料建材集团、北京华盾雪花有限公司、北京皮革集团、北京市文体百货工业联合公司和北京市文体研究所等企业的重组及北京印刷集团、北京包装集团的重组整合,见到了成效。

完善资产管理体系,落实投资收益各项制度,先后建立了《母子公司管理条例》、《收缴企业资产占用费管理办法》、《企业预算管理办法》、《搬迁企业新址用地的意见》等配套制度和《贯彻企业国有资产监督管理暂行条例的实施意见》,对15户企业进行了检查,对北京印刷三厂等一批企业的征地、搬迁项目,在系统内进行低成本扩张,统一配置了土地资源。利用国家金融政策,低成本处置了8400多万元的不良资产。广泛开展预算管理,投入200多万元建立了网络集团财务管理软件系统,构建起三级管理平台。推进人事制度改革,完善企业经营者激励约束机制。企业负责人由过去的任命制改革为派出制;变过去传统的干部评价体系为以业绩为中心的评价办法;控股公司总部开始向专家型人才结构转变,任命2名具有博士学位的专业人员担任部门负责人,同时引进了一名国外高级管理人才;建立各类人才库,储备、培养推荐使用优秀人才取得进展,使其具有研究生、大学等高学历的人数和具有硕士、学士学位人员的比例有了较大提高,“一把手”中研究生的比例提高的百分点达到了两位数。近半数的集团公司的经理年龄在40岁以下,直属单位领导班子中35岁以下的成员达到18名,占总数的13%。年内由隆达控股公司直管的单位有11名领导干部进行了轮岗,提拔使用干部15名。加强干部培训,参加各种学习培训的领导干部近200人次,使全系统各级领导干部和骨干的整体素质得到了提高。

调整产权结构,推进企业产权多元化。该控股公司打破国有资本“一股独大”格局,积极引进外资和民营资本,加快国有企业、集体企业的投资主体多元化改造,推动全系统国有企业与非国有资本的合资合作进程,突破了束缚生产力发展的体制障碍。通过产权结构调整经济效益有较大提高,年增加营业利润3000万元。开展合资合作,加速企业转轨建制,完成了一批与外资、民营企业资本合资组建的企业。主要有海信(北京)电器公司、北京突破雪花注塑有限公司、白菊(霸州)有限公司、北京伟豪铝业公司、北京泰德摩尔空调器有限公司、中旗建材公司、意高科技公司等。随着产权制度发生变化,带动了企业在经营理念、管理制度、运行机制等方面一系列变化。年内参股企业的经营业绩迅速上扬,速度效益同步增长,其产品销售收入、实现利润分别增长了158%和59.5%。大力推进引资合作。隆达轻工控股有限责任公司与其他外部资本达成引资意向近6亿元,是近年引资与引资意向数额最大的一年。北京雪花电器集团公司通过广泛引入外埠国有资本、外国资本和民营资本,初步构架依靠多元资本发展的新模式。其北京恩布拉科雪花压缩机有限公司增资扩产项目已经董事会批准投资5100万美元,吸引外资2800万美元。印刷包装产业通过剥离不良资产,吸引外资和民营资本,预计吸引资金近1.5亿元。有色新材料产业引进15名科技人员入股,实现了中科镓英公司的增资扩股。塑料产业积极探索国有同类企业内部交叉持股的方式,组建起了北京地区最大的塑料加工集团。

推进企业结构调整,组建主业突出、核心竞争力强的企业集团。该控股公司加大企业资产的流动，解决“小、散、弱”以及同类型企业内部竞争问题，组建主业突出，核心竞争能力强的企业集团，全年增加企业主营利润 1100 万元。继成立两家塑料集团后，根据塑料泡沫产品和膜类产品的不同定位，实行产品差别化经营战略，两种产品实现利润同步增长两位数以上；启动了印刷、包装两家集团的合并重组，为进一步拓宽市场，引进外资创造了条件；皮革集团重组后，提高了产业的集中程度，拉动了资产在流动中实现增值。同时，实现了中小企业重组，启动了亏损企业破产。北京市文体百货工业联合公司与北京市文体研究所重组后，强化了品牌效应；完成了北京轻工集团公司与控股公司住宅办公室重组；王麻子工贸集团并入北京厨房设备集团，提高了国有资产的运营效率；对资不抵债的北京市革制品厂纳入了破产程序，减少了亏损源。

调整产品结构。隆达轻工控股公司制定出了边际分析的公司标准，各企业按照固定成本和变动成本的分析标准，开展量本利分析工作，制定最佳经营目标，增强了核心竞争能力。京华印刷厂加速核心业务扩张，使商业表格印刷占据北京地区市场的 15%～20%的份额，实现利润 500 多万元。北京市纸箱厂把建立核心业务的重点放在开发名牌企业上，先后与国际知名厂商建立了稳定的业务关系，使主业减亏 370 万元。北京白菊电器集团公司开发成功现代汽车加工项目，设备利用率由 40%提高到了 80%，产品加工收入增加了 1000 多万元。北京厨房设备集团公司开发生产的城市生活垃圾自动破碎分类机、北京白菊电器集团公司研制开发的系列永磁无刷直流电机，通过国家级新产品鉴定；北京印刷二厂开发生产的新型彩票，通过了市政府技术创新项目初审；北京胶印厂与北大方正合作开发的印刷数字化畅流工程，列入了北京市重点支持项目等。（隆工）

【企业调整】 年内，隆达控股公司与华融公司达成对北京市塑料三厂、北京英特塑料机械总厂不良资产处置方案，与华夏银行建立了受信额度方式完成古桥电器公司2500 万元的受信额度和奈特公司 300 万元流动资金贷款以及京华印刷厂 2000 万元设备贷款的信用担保。年内控股公司有 10 户企业纳入了市政府实行国有股转让、并购的范围，于 9 月北京市产权推介会上进行了推介。完成了企业调整重组 9 项任务。包括北京皮革集团公司行政调整重组，将北京市制革厂、北京市皮件三厂、北京市环球皮毛公司、北京长城日用品公司并入集团公司（南辰皮革有限公司）；北京厨房设备集团公司行政调整重组，将北京王麻子工贸集团、北京东方电器公司并入厨房设备集团公司；北京雪花电器集团公司中的塑料制品产业资本投入到北京华盾塑料公司，组建了注册资本 9300 万元的华盾雪花集团，同时将新组建的塑料机械厂划归该集团管理；北京雪花电器集团公司与民营企业突破电气公司合作合资组建北京突破雪花注塑有限公司，注册资本 400 万元，引入外部资金 200 万元，雪花电器集团公司持股 45%，成为以注塑、组装加工为主，承接 OEM 的生产型企业；北京市文体百货工业联合公司兼并北京市文体研究所的行政工作；北京轻工研究所兼并北京装潢设计研究所，组建了北京隆达兴业科技开发有限公司；北京白菊电器集团公司与河北霸州市民营资本合作，合资组建了白菊（霸州）有限公司，注册资本 1200 万元，引入外部资金 660 万元，北京白菊电器集团公司持股45%;北京印刷集团公司与北京包装集团公司合并重组组建北京隆达印刷集团公司,总注册资本41500万元。此外北京市制革厂改制组建了北京惠鼎皮业公司;实施北京市革制品厂的破产工作,解决企业债务16800万元,投入公有资产13500万元,准备分流职工2719人,向属地政府移交非经营性资产建筑面积21000平方米;完成北京通畅公司、北京恩布拉科雪花压缩机有限公司、北京印刷三厂、北京北泡集团公司4项土地盘活项目,转让土地面积达192900平方米,转让资金达45300万元;北京有色金属工业总公司进一步盘活存量资产,对闲置厂房、办公楼进行改造后向社会出租,年增加收入150多万元,同时改革货款回收办法,对无法回收货款通过法律程序追收,从而提高企业的资金周转率。其中北京金鹰公司年资金周转率加快0.68次,北京诺飞公司加快1.29次,北京达博公司加快1.59次,有色金属供销公司加快1.64次,北京超塑公司加快1.74次,达博长城公司加快2.1次;北泡集团公司加快产业结构调整,组建了北泡门窗有限责任公司,成为北泡轻钢有限公司的子公司,由北泡轻钢有限公司出资40%,职工出资60%。同时将北京塑料六厂并入亚大塑胶总公司,实行人员、财务统一管理。完成集团公司范围内的16家三产门市部的产权界定和归属,解决了资产不清,责任不明的问题;北京印刷集团公司结合产权结构调整,完成北京制版厂,北京胶印二厂并入集团公司统一核算前期工作;继完成金田特公司首次股权转让、股比变更和接管运营后,进行第二次股权转让。北京包装集团公司所属企业按其产业属性改革调整为富彩印刷公司、富佳金属印刷容器公司、富文新特印刷公司等5家子公司和一家参股公司后,推行法人治理结构,实现了企业高层管理人员工作角色的转换。

(隆工)

【技术改造】 年内,隆达公司系统实施技术改造项目24项,其中新开项目6项,结转项目18项,计划总投资8.7亿元,已完成投资2.1亿元,在工业发展资金的申报中,有4项获得了资金支持,商业票据印刷生产线技改、商业轮转印刷机技改、键合金丝扩产技改等项目被列入北京市工业发展资金预算计划,5个引智项目列入国家外专局和北京市引智办公室重点支持项目。北京意高科技有限公司大型塑封装裱设备胶辊加工技术,北京达博长城锡焊料有限公司免清洗焊膏生产技术研究、BGA封装用焊球研制,达博有色金属焊料公司集成电路用键合硅铝丝微细丝研究和集成电路用键合金丝新产品开发及规模化生产等项目均已完成,收到预期效果。意高科技有限公司聘请日本富士普拉株式会社数位专家指导大型封装裱设备胶辊加工技术攻关,解决了技术上的难题,并研制开发了多种新机型,扩大了产品在国际市场的销售,出口产品通过了CE认证,行销日本、东南亚、欧美、中东、南非等几十个国家和地区,年出口额达1300万元,占总销售额的70%,年产量由几万台提高到了30万台。改造老设备。北京北泡塑料集团亚大塑料公司对老的生产设备动大手术,围绕旧塑料挤出机进行技术改造,成功制作1条1.4米宽的塑料气垫膜生产线,开发生产了复合铝塑气垫膜、复合纸塑气垫膜、复合导电气垫膜、PP-PE复合气垫膜等一系列新的产品,实现了产品品种的多样化、系列化。北京印刷集团公司根据行业生产发展需要,先后购置和引进一批先进设备。其所属北京京华印刷厂购置三色、九色表格、票据印刷设备和北京印刷二厂引进了德国罗兰700型五色胶印机，北京乾沣印刷有限公司引进日本三菱公司对开四色印刷机等进行技术改造后，较大幅度地提高了生产能力和技术水平。北京京华印刷厂结合票据印刷中的薄弱环节引进技术设备搞改造，建立课题项目，组织攻关，并整合各种工艺、修订技术标准，建立科研工作程序，促进了生产技术快速成熟，同时，对计算机管理系统进行升级改造，完成了生产调度系统，物资采购、库存管理系统，财务管理系统，人力资源管理系统的流程改造任务，形成高效运行的管理系统。北京乾沣印刷有限公司通过多方筹集资金3000万元进行技术改造的同时引进1台八色商业轮转机投入生产，生产能力提高，产品结构发生了质的变化，年实现产品销售收入3000万元，其产品通过了ISO9001质量体系认证。北京华盾塑料公司年技改立项20多项，投资200多万元。其中改造完成的5台塑料农膜生产设备配置了内冷机头，提高了产品的透明度和内在质量。对部分农膜生产设备的人字排、稳泡器、收卷装置多项功能进行技术改造后，生产的农膜产品接受国家质量监督的各项质量指标均100%达标，并入围了国家级免验产品，年农膜产量达到了1.3万多吨，同比提高14.1%。完成两条土工膜生产线的技术改造后，提高产品品位，增加了规格品种，土工膜产品被中国施工协会和国家建材测试中心推荐为建筑施工首选的“中国环保优质建材”。是年产量达到6632吨，同比提高了45.1%。北京市纸箱厂围绕纸制品包装主业务，以申请财政拨款与自筹资金相结合筹资，对老设备进行提高性能改造和引进先进技术设备，引进的3500毫米幅宽的三色超大型印刷开槽机进行配套技术改造后，改变了过去只能生产中型包装产品的单一不配套状况，提升了巨型纸制品包装箱技术含量，产品已供应海信电冰箱、天普、力诺太阳能等大型商品的包装使用。北京胶印厂与北大方正集团工程技术人员密切合作，实施方正印刷系统软件技术，建立起数字理性工作方法，实行用数字管理企业，形成了产品质量管理上新的约束体系。截止到11月份就完成了市印刷质量协会下达的优质品数量月评247.7印张，24个品种的任务，使其书刊印刷产品的合格率达到100%，期间印刷的《动物日记》荣获“华北杯”质量奖。

（隆工）

【新产品开发】 年内，隆达公司系统根据市场需求，研制开发高科技含量、高附加值新产品。雪花电器集团公司树立“大雪花”，意识，发挥品牌效应，在厂商联谊会暨新产品推介会上向经销商推出雪花系列家电产品。全年开发出8大系列46种规格的电冰箱、冰柜、空调机新产品。与雪花电器集团合资组建的海信（北京）公司强化新产品对市场的支撑与推动作用，开发生产了3种电冰箱新产品投入市场，使海信品牌电冰箱达到13个品种。北京厨房设备集团公司相继开发生产了城市生活垃圾自动破碎分类机、轻型消毒车、餐饮和厨余垃圾处理机等一系列抗击非典新产品，获得有关专家论证后好评。其中，XPF2型城市生活垃圾自动破碎分类机，集垃圾输送、破碎、分选为一体，将生活垃圾中95%以上的有机物和98%以上的废弃塑料单独分选出来，每台分类机日处理垃圾100吨，该新产品已经石景山垃圾处理场、朝阳区垃圾处理中心试用，效果良好，通过了国家建设部的新产品鉴定，并申报国家技术进步奖项。该集团公司与北京华泰公司合作开发的厨余生物垃圾处理机，将有机垃圾分解成水和二氧化碳，分解中经湿试器净化后排空，达到了无害处理和国家排放标准。投产后，增加销售收入5000多万元，盈利200多万元。其轻型消毒车新产品选配了多种喷嘴，分别对物件和空气进行消毒，且在无电源的场所亦能运作。北京环宇电器公司自行开发研制，拥有独立知识产权的永磁无刷直流电机系列新产品，广泛应用于工业、航天航空等领域，该产品已通过国家省部级鉴定。北京印刷二厂与北京迈哲技术开发公司等单位合作，研发生产了新型彩票产品，并通过北京市经委技术创新项目的初审。北京胶印厂与北大方正集团合作开发的印刷数字化畅流工程项目，经过北京市有关部门组织论证后，列入北京市经委重点支持项目。该厂还及时研究，开发印制了预防非典宣传册100万册和预防非典的单面宣传画10万张新产品。北京华盾塑料公司以发展高档塑料功能膜、专用薄膜新产品为重点，开发生产了辣椒专用棚模、芦笋专用棚膜、花卉专用棚膜和高透明系列高档农膜、高密度聚乙烯HDPE土工膜、宽幅土工膜等一批新产品和按用户需求开发生产焊边塑料棚膜，130升、200升塑料容器，30升、60升一次性医用塑料垃圾桶等系列新产品。其中，一次性医用垃圾桶已供给医疗单位1.45万只使用。高密度聚乙烯(HDPE)土工膜已在该公司承建的四川省丰都县、忠县生活垃圾卫生填埋场防渗工程中使用并通过了验收，成为三峡库区重庆市13个垃圾填埋场项目中的形象工程。北京市文体百货工业联合公司为迎接2008年北京奥运会与科研单位联手打造飞鹿品牌，成功开发出OTS-232激光测距仪、WH-01数字式风速仪和碳纤维横杆3种科技含量高的体育器材新产品并通过了相关部门组织的产品鉴定会的鉴定。3项新产品已在田径大赛中使用，经过国家有关部门验收，各项性能指标均达到设计和国际田径竞技新规则要求。北京惠鼎皮业公司研制开发出牛皮软纳帕革弹力皮革和一批薄、轻、软皮革新产品，形成了独特风格，年销售收入达到1000万元，其弹力牛皮革已产销3万平方尺。北京达博公司开发生产了一批有色新材料产品。北京北人羽新胶印公司用最快速度、最优质量印制了预防非典型肺炎宣传册50万本、预防非典宣传画10张新品种等。(隆工)

【产品销售】 隆达控股系统全年实现销售收入343380.1万元，同比提高29.9%。北京有色金属总公司实施“跑市场，抓客户，保服务，促销售”的策略，年实现产品销售收入51726万元，同比提高14.3%。北京印刷二厂经过投标取得国家国土资源部土地证的印制任务，实现加工产值1000多万元；京华印刷厂开发的体育彩票印刷产品，完成加工产值3000万元；北京乾沣印刷有限公司和北京利丰雅高长城印刷有限公司承印的八色商业轮转长线产品，企业经济效益增长。北京胶印厂、北京北人羽新胶印公司实施高档精品品牌战略，开发了新客户66家，同时，调整中高档产品定位，承印了《北京市经济技术合作项目册》、《北京市工业进出口开发服务中心旅游画册》、《北人V1视觉识别系统》、《北人股份10周年》、《崇文区工委坚固的屏障》、《北京市旅游局抗非典纪念册》等一批设计难度高的画册。北京乾沣印刷有限公司、京华印刷厂、北京胶印厂在非典防控期间完成市非典防控联合小组安排的395万册预防非典宣传册的交货任务。北京雪花电器集团公司着力做大做强营销亮点，信报箱格口全年完成2.5万个，销售收入300万元，盈利4万元；其配件公司产品销售量月月增加，创利3.6万元，扭转了近10年的亏损局面；宏达汽修厂年实现营业收入550万元，同比增长10%，盈利1万多元；雪花实业公司销售库存压缩机、电冰箱，收回货款125.5万元。在非典期间由该集团公司领导带队深入到北京胸科医院非典患者病房完成223台空调机安装任务。集团公司不仅突破了北京、河北、东北等品牌强势区域的销售额，又扩大到了浙江、河南、山东、山西、湖北、内蒙古、安徽等省区的市场，并在北京打入了苏宁、大中两家大型家电产品连锁店，完成了北京地区的销售任务。海信(北京)公司电冰箱产品市场销售持续增长，据中怡康数字调查公司调查统计，海信(北京)公司电冰箱的全国市场占有率上升到第十一位，其冰箱产品在中国产品推广评价中心评比中获得“全国质量信得过产品”称号。北京北泡塑料集团公司提高产品市场占有率，年销售收入达到2.3亿元，同比增长20%以上。其所属轻钢公司年内共签订了33个百万元以上的销售合同，其中完成承建北京钢琴厂项目一期工程890万元和二期工程998万元的收入，完成内蒙古蒙牛奶业集团的厂房承建任务，工程收入达1250万元；星月机械厂抓住北京老剧场旧舞台改造的市场机遇，积极承揽一批工程项目，按期保质交付使用，提前6个月完成了全厂年经济承包指标。北京包装集团公司的富文新特公司开发生产销售蒙牛奶品和伊利奶业彩色包装箱产品，仅1月至11月的销售额就达到3330万元，比上年同期增长91.7%。富诚彩印公司把具有进货潜力的老客户做主攻市场，按其新的需求，发展新印品，全年销售额超过了4000万元。北京市纸箱厂增加了诺基亚、爱力信、力诺太阳能、联想电脑、海信电冰箱等著名企业新客户，产品销售回款达到6134万元，同比提高9.6%。北京包装装潢制品厂参与内蒙古伊利奶业集团的包装箱供货竞标中中标10种包装产品，增加了2000万元的货源，成为企业的支柱产品。北京华盾塑料公司积极参与国家和省市重点工程的招标活动，共参与水利工程18项配套建设，使用土工膜2085吨，占全年土工膜总销量的30%以上，参与14个垃圾填埋厂工程建设，使用1050吨，同比增加了650吨。（隆工）

【产业发展】 隆达控股公司按其“有所不为，才能有所为”的思想，退出劣势产业，聚拢资源做强优势产业，是年增加营业利润5000万元。各集团公司着力发挥自己的产业优势均收到成效。北京印刷集团公司从单纯性加工产业整合成为客户解决一揽子印刷包装的服务型产业；塑料制品产业从生产低附加值的农用产品向生产高附加值的农用和工业用产品转变；有色材料产业向精细加工有色金属新材料产业快速发展，做强做大主业，扩大了市场，效益增加。隆达公司从过去的控股经营转变为参股经营。雪花电冰箱在发展中破除传统模式，扩大总量，不断吸引外资，形成了多种经济成分参股，入股的新型产业格局。雪花电冰箱合资前年亏损额达200多万元，现金流出达1000多万元，合资参股经营以后，年销售产值达到3.5亿元，实现利润440万元。白菊电器集团公司通过资产剥离，实现与民营企业合作的战略性转移，以其部分生产设备折价投资在河北霸州市与3家民营企业共同组建河北白菊电器有限公司，形成了洗衣机新的生产基地，年产规模达20万台。白菊电器集团公司还与中科院思可达公司合作对家电产品生态堡进行重新设计，改进原产品零件设计40多处，新造模具10套，形成了完整的产品技术、质量和生产体系，年产生态堡3200套，产品边际贡献率达到40%。北京厨房设备集团公司从传统、单一的不锈钢厨房产品，向科技含量高的环保设备产品拓展，并调整生产基地布局，以其子公司兰宝公司为基地开发生产了城市垃圾自动破碎分类机，餐饮垃圾处理机和厨余生物垃圾处理机等环保类产品，国家建设部在该集团公司召开的城市生活垃圾自动破碎分类机科技成果评估会上，专家建议继续开发系列产品，扩大市场；开发生产餐饮生活垃圾处理设备，成为把垃圾生物处理技术与现有的公共厨房设备如澲油池、残食台结合治理的新型环保厨房产品，已在西桥宾馆试用，反映良好；厨余生物垃圾处理机开发投产后，新增销售收入5000万元，实现利润252万元。该集团开发生产的不锈钢信报箱工程，年内增加了2.4万格355万元的工程任务，被列为北京市18家定点制造信报箱厂家的第三名。北京白菊电器集团公司通过梳理企业资产、资源情况，确定产业发展战略，实现集团产业的重组再造，开辟了为现代汽车加工零部件产业，完成了索纳塔汽车19种零部件361份技术、质量和工艺文件，及其零部件的制造任务，3月13日开始正式为主机厂供货，到年末实现收入达1200万元。年底又承揽了“伊兰特”汽车7套零部件的加工任务，已投入了试生产。该集团公司与北京致恒银波科技有限公司、武汉捷丽特科技发展有限公司共同建立了北京白菊中旗建材有限公司，专业生产戴尔蒙德系列体面材和配套生产厨卫水槽等饰材。并进行高分子复合装饰材料的研究开发，以及人造石产品销售和成型加工、技术服务。中旗公司已成为国家实体面材强制性行业标准参与制定单位，拥有了国家15项实体面材专业专利技术，其产品在第四届中国国际建筑装饰材料及配套产品博览会上受到与会厂商的青睐，年内销售收入达到422万元，盈利0.5万元。该集团公司还发展了信报箱产业工程，有效地安置了富余人员，实现年销售收入234万元，实现利润37万元。由中国机械工业企业协会主办、国家机械网承办的2003年《中国机械五百强》排序中，北京白菊集团公司进入当年中国洗衣机10强之列。北京皮革集团公司与民营企业合资建立了北京北华兰宝地温中央空调制造有限公司，成为集科研、生产、安装及售后服务管理为一体的高新技术企业，与清华大学工程力学系合作将发达国家广泛应用的水源热泵技术结合中国实际情况，开发出环保型模块式第三代地温中央空调机组，有效地发挥地温能源效率用于制冷、供暖和生活热水供应，成为新型的节能、环保产品。该公司与北京安装公司配套在北京友谊医院10万平方米的地温中央空调改造工程被北京奥组委、国家环保总局选定为北京2008年奥运项目，写入了北京大型奥运画册《北京环境巡礼》中。非典期间，在中国少年划水队训练基地安装的地温中央空调机组投入运行后，其制冷和生活热水供给系统均符合设计要求。该公司已通过质量管理、环境管理、职业健康安全管理3项国际认证。 （隆工）

【外经外贸】 年内，隆达轻工系统共完成出口交货值2.83亿元，同比增长28.51%，其中，机电产品出口交货1.75亿元,同比增长112.29%,占总出口交货值61.84%,自营企业出口交货值1.28亿元,同比下降3%,占总出口交货值45.37%。该系统直接出口交货达到2.78亿元,增长27.28%,占总出口交货值98.13%。年末,共有中外合资合作企业26家,全年完成工业总产值(不变价)14.25亿元,同比增长19.35%,销售收入8.44亿元,同比增长10.4%,出口交货值1.5亿元,同比增长70.05%,占销售收入的17.81%。北京恩布拉科雪花压缩机有限公司压缩机的全年产销量达到了188万台,再创历史新高,完成工业总产值(不变价)8.3亿元,同比增长25.56%,销售收入3.47亿元,同比增长19.65%,出口交货值6775万元,同比增长516.87%,占销售收入的19.51%。北京古桥电器公司与以色列泰德摩尔公司合资组建了北京泰德摩尔空调制造有限公司,使企业资源得到了充分利用。北京皮革集团公司皮革进出口公司实现了与日本田口等3家公司合资经营,进一步拓宽自身的发展空间。北京印刷集团公司积极与进行引进八色商业轮转机选型的商业接触,完成了自营和代理国家允许的各类商品和技术进口业务的认证。一批合资企业经济效益不断提高。北京德宝商三印刷公司和真弘公司年销售收入同比分别增长11.4%和56.46%,实现利润同比分别增长2.78倍和4.11倍;利丰雅高公司年销售收入7205.1万元,同比增长40.7%,实现利润505.2万元。 (隆工)

【企业管理】 是年,北京隆达轻工控股有限责任公司推出出资者代表职能,完善科学管理体系,建立新的运行机制;围绕营造核心竞争能力,启动了产业、企业、产权等结构改革与调整,促进了资源有效流动和优化配置,形成了持续发展的产业基础。控股公司总部聘请北京大易咨询公司对企业财务需求进行调研,制定了一整套集团公司财务管理新制度,聘请财务专家和精通企业财务管理的企业领导以及香港佛氏财务软件公司对企业经理、财务人员进行"全面预算"培训和财务软件培训,并于11月完成了财务管理软件安装工程,12月投入了试运行,初步形成控股公司对企业财务分析的规范化、系列化,提高了监控水平。在改革与调整过程中,加大制度建设力度和改善人才队伍结构,继续完善企业经营者年薪制,改革子公司高层管理人员薪酬与福利待遇的支付方式,将子公司的17名高级管理人员的劳动人事关系调入控股公司总部管理,明确受控股公司委派、对子公司进行经营管理的派出者定位,完善了高管人员管理制度,制定并实施《高管人员派出管理办法》、《高级管理人员年薪制考核管理办法》、《高管人员劳动合同书》等,并与市相关部门协调解决了高管人员纳入控股公司管理后的挂钩工资不降低的问题;控股公司总部制定了《北京隆达轻工控股有限责任公司本部转制前离退休人员公费医疗管理办法》,统一规范了总部员工及离退休人员的就医行为。北京北泡集团公司制定实施《财务管理办法》、《内部稽查制度》、《重大问题决策制度》等30多项管理制度,并对其子公司承包经营者签订《经营责任书》,进行目标考核等,形成了企业管理工作的制度化、规范化。北京包装集团公司党委、董事会制定并执行了《党委会议事规则》、《董事会议事规则》、《经理办公会议事规则》,指导所属企业制定和完善了相对应的三大制度和职能部门的专业管理制度,为各项工作的开展提供了制度保证。北京雪花电器集团公司年内相继出台《对外投资管理制度》、《合资企业高级管理人员管理办法》、《集团业绩评价与考核管理办法》、《资金管理制度》、《薪酬改革办法》、《考核公示制度》等，规范了企业行为。

（隆工）

【有色铜材等产销量增长两位数】 北京有色金属工业总公司一手抓防治非典一手抓发展，加快产品结构调整，扩大盈利产品生产规模，经济运行速度与效益稳步上升，年内铜材等产品的产销量达到两位数的增长。铜材产品的产销量达到7600多吨，比上年同期增长18%以上；金丝产品的产销量达到700多公斤，比上年同期增长65%以上；纺织槽筒产品的销售量近9万支，比上年同期增长46%以上。（隆工）

【全国首家取得国际认证的中技学校】 北京有色金属工业总公司所属北京市应用职业技术学校开展创意、创造、创新活动，破除原有的设置专业旧框框，开设了适应社会需求和生源要求的专业，即计算机网络、电子电器维修与应用，现代物流与电子商务、商品储运与配送、电脑美术设计、数控应用、社会公务等，大大增强了对生源的吸引力，引起了社会关注。荣获北京市重点学校、北京市职业教育先进单位、首都教育文明单位，并通过了中国、美国ISO双重认证，成为全国首家取得国际认证的中等技术学校。（隆工）

【印刷集团获先进集体称号】 是年，国家统计局在全国范围内开展的投入产出调查中，北京印刷集团公司被授予"全国投入产出工作先进集体"荣誉称号。（隆工）

主要产品名录

产品名称	2003年产量	计量单位	生产厂家
电冰箱	227806.00	台	北京雪花电器集团公司
房间空调器	44645.00	台	北京雪花电器集团公司(古桥电器公司)
冰箱压缩机	188.60	万台	北京恩布拉科雪花压缩机有限公司
家用洗衣机	112050.00	台	北京白菊电器集团公司
塑料制品	3826.10	吨	绿源塑料联合公司、北京华盾塑料有限责任公司、北京市塑料三厂、北泡塑料集团公司、柯莱斯皮公司、突破雪花公司
塑料薄膜	17665.00	吨	塑料集团、华盾公司、塑料三厂
日用不锈钢制品	110.6	吨	北京厨房集团公司
纸制品	38567	万吨	北京市纸箱厂
多色印刷	611.7	万对开色令	北京印刷一厂、北京印刷二厂、北京印刷三厂、北京京华印刷总厂、北京利丰雅高长城印刷有限公司、北京轻联包装印刷集团公司

续表

产品名称	2003年产量	计量单位	生产厂家
书刊印刷(单色)	33.1	万令	北京印刷一厂、北京印刷二厂、北京印刷三厂
票据印刷	41920	千米	北京京华印刷总厂
框架材料(TSN)	719	吨	北京金鹰铜业公司
键合金丝	701	公斤	北京达博焊料公司
青铜线	865	吨	北京铜丝分公司
有色合金	2352	吨	北京诺飞金属材料公司
磷铜带	1992	吨	北京金鹰铜业公司
铝塑管	277	万米	北京奈特铝塑复合管公司
胶印制版	27759	四开块	北京印刷一厂、北京印刷二厂、北京印刷三厂、北京京华印刷总厂、北京制版厂、北京利丰雅高长城印刷有限公司
照相排字	8957	万字	北京印刷一厂、北京印刷二厂、北京印刷三厂
金属包装物品	1149.2	吨	北京轻联富佳金属印刷容器有限公司

北京工美集团有限责任公司

【综述】 北京工美集团有限责任公司是由北京工美集团集体资产管理协会、北京市国有资产经营有限责任公司和北京首都旅游集团有限责任公司共同投资,融商业经营、进出口贸易、科研开发、教育出版、工艺美术品生产等为一体的多元化综合性集团公司。现有在册职工1500余人,拥有下属企事业单位20家,其中合资企业3家,享有自营进出口权、黄金批发零售权,具备珠宝首饰实验室、市级技术研发中心及大师工作室等各种特殊资质。2003年公司注册资本5.1亿元,年销售收入3.9亿元(其中出口创汇1470.1万美元),公司总资产8亿元。公司经营性房产总占地面积4万平方米,总建筑面积10万平方米。

公司经营范围主要有:抽纱、地毯、首饰、特种工艺、金属工艺、环境艺术、旅游服务、航空服务、出版教育、技术咨询、黄金批发零售、房地产开发、物业管理等。公司经营品种繁多,不仅有玉器、象牙雕刻、景泰蓝、雕漆、珠宝首饰为主的传统工艺美术品,还有黄金、现代工艺礼品、家居装饰品等60多个大类,上万个品种。

是年,该公司狠抓了工美大厦为重点的经营管理,积极有序地推进了各项工作的开展,特别是在4月份北京出现不可抗力的非典疫情对公司的经营产生了巨大影响的情况下,积极采取了应对措施,一手抓抗击非典,一手抓经营发展并按照“指标不变、任务不改”的经营方针,克服了非典造成的重大影响，确保了全年各项经济指标和任务的完成，实现了扭转经营性亏损的重大突破，公司整体经营工作得到提升。2003年实现了利润48万元，比计划12万元增加36万元。（路淑惠）

【《北京奥运徽宝》制作完成】 8月3日，由国际奥委会审定的北京2008年第29届奥运会会徽正式公布于众。雕刻着北京2008年奥运会会徽的“奥运徽宝”同时展现在世人面前，这是北京工美集团有限责任公司在短短的100多天里设计制作的。会徽以故宫博物馆御玺(清代著名的二十五宝之一《奉天之宝》)为参考原型进行设计，采用产自中国新疆和田的上等青白玉作为制作原料，由中国工艺美术大师领衔制作，外包装采用高档紫檀木雕刻精美图案而成。《北京奥运徽宝》边长11.2厘米，寓意从1896年到2008年，现代奥运已经走过了112年的历史。台面高2.9厘米，具有第29届奥运会的含义，徽宝组高9.6厘米，表达出中国的陆地面积960万平方公里；徽宝总高13厘米，代表中国13亿人民心向奥运，放徽宝的宝盝高200.8mm，寓意2008年北京奥运会，座高56mm，每一边由14个福相花瓣组成，4面共56个花瓣，代表56个民族。徽宝完成后，北京奥组委给北京工美集团有限责任公司颁发了鸣谢函。（路淑惠）

【铸成航天英雄奖章】 10月8日，北京工美集团有限责任公司所属北京握拉菲首饰公司接到制作表彰航天英雄奖章的任务。时间紧、任务急、质量要求高，集团公司组成领导小组、设计技术小组和安全保卫小组，设计人员反复研究，制定出图样，通过了审核，投入制作。这枚金质奖章重550克，奖章中心图案由五星、宇宙中的航天员、中国地形图、发射塔架和升空火箭组成。经过20多天紧张有序的工作，于11月5日顺利完成任务，举行了奖章交接仪式。（路淑惠）

【完成5000枚防治非典纪念章】 7月8日，工美技术中心接到了为首都防治非典型性肺炎先进工作者制作纪念章的竞标任务，连夜设计出3套方案。由设计师尹博文、许扬共同设计的第3号方案中标。由握拉菲首饰公司制作纪念章，技术中心制作纪念章包装盒，7月19日正式投产。纪念章用120克纯银和4克黄金制作，中心图案为天安门、四颗小星围绕一颗大星，五星周围是环状光芒，最外面一圈是剑形光芒，寓意着人民群众紧密团结在党中央周围，“万众一心，抗击非典”。7月25日，在人民大会堂召开的“首都防治非典型性肺炎工作表彰大会上，5000名抗击非典的先进人物，佩戴上了纪念章。（路淑惠）

【以足金产品打造“工美黄金”品牌】 是年，工美大厦努力营造“工美第一店”的品牌形象，对经营环境进行了重点调整改造，黄金经营面积由原来的40平方米扩大到260平方米，成立了铂金厅。商场投资1000多万元，新增5000多件商品，形成了以黄金、铂金、珠宝镶嵌首饰为主体的经营规模，改进和扩大了首饰加工服务项目，1月23日，集团公司与西藏拉萨市招商局联手打造“汉藏携手共发展、团结合作谱新篇”纯金藏佛销售活动。仅当天就售出“金佛”30尊，到1月31日，共销售金佛98尊。10月16日，“神舟”五号载人飞船遨游宇宙胜利返回，为庆祝“神舟”五号发射成功仅用了3天时间就完成了发行银质彩色纪念币的销售准备工作。首日发行售出纪念币62套。为纪念毛泽东诞辰110周年,工美大厦首家推出了重达10盎司的足金“毛主席立像”摆件,这是工美第一次用足金制作伟人立体像,且用料也是最重的,为打造“工美黄金”品牌奠定了良好的基础。

(路淑惠)

【为特困职工捐款12.5万元】 工美集团党委发挥“工美情”基金作用,组织为系统内特困职工捐款,共捐款12.5万元。两节期间,该公司所属各单位开展“送温暖”工作,对系统内33名特困职工进行了慰问,并分别看望了6名特困职工,给他们送去了补助金和粮油等。 (路淑惠)

【实施合理化建议56条】 是年,在抗击非典中,工美集团公司工会在全系统职工中开展“献计策,做贡献,渡难关”,为集团和企业提合理化建议的活动,有16个单位700多名职工,提出建议922条,其中:年底前已采纳了81条,实施了56条。

【西藏拉萨手工艺品进京展销】 1月23日,由北京市经委和西藏拉萨市经贸委“搭台”,北京工美大厦与西藏拉萨地毯有限责任公司签署了经贸文化合作意向书。北京市民委、北京市经委、中国黄金协会和东城区的领导与拉萨市经委、大昭寺高僧益西旦增和西藏驻京办事处领导出席签约仪式。北京工美集团有限责任公司总经理高颖维把全国人大副委员长田纪云亲笔题写的“民族团结,共同发展”牌匾赠给西藏拉萨地毯有限责任公司,该公司党委书记索朗仁青向北京工美大厦总经理敬献哈达。由西藏拉萨带来的藏毯、藏饰品、工艺品约有1000余种,在工美大厦和“城外诚”进行展销。同时,工美集团技术中心设计人员亲赴拉萨大昭寺精选迎请藏佛,并以该寺主持开光的金佛为原型,严格按着佛教礼制,用纯度达99.99%的黄金为原料,请中国工艺美术大师王树文指导监制,中国三坤金银首饰厂精心制作的1000尊电铸金佛限量编号发行。 (路淑惠)

主要产品名录

产品名称	生产厂家	生产数量	产品规格
各种型号的景泰蓝瓶、尊、盘、罐、文具、灯具、烟具、动物、盒、首饰等;各种型号雕漆器皿、动物、家具;金漆镶嵌家具;玉器人物、平素、动物、花卉等;花丝镶嵌摆件、首饰、剧装道具、仿古瓷、绢人、金属工艺品、骨刻、礼花、挑补绣花、地毯、艺术挂毯、灯彩、仿古画、木雕、硬木家具、工艺服装、旅游纪念品、馈赠礼品、传统题材与现代科技手段相结合的产品类等各种工艺美术品	北京工美集团各厂家	可来料、来样加工,也可由本企业组织开发设计;生产数量视市场需要,及时供应生产	有单件、成套、组合、成对等各种尺寸规格

北京医药集团有限责任公司

【综述】 2003年，北京医药集团公司(简称医药集团)北京地区企业完成不变产值352194万元，比上年增长12.9%；现价产值299373万元，比上年增长15%；工业增加值112531万元，比上年增长11%。规模以上企业完成销售收入937195万元，比上年增长14.6%；实现利润36363万元，比上年增加12.87%；全员劳产率9.91万元/人。主要经济指标保持了平稳增长。实现了全年改革和发展，初步跨入快速发展的轨道。

年内，医药集团加大调整力度，在转换机制上取得新成果。对万辉药业与双鹤药业进行重组，改建成立万辉双鹤药业有限公司，并用重组获得的部分资金对万辉药业的富余人员进行了分流安置。万辉药业的改制成功，探索出了解决上市公司遗留母体问题的新办法。北京制药二厂改制为赛科药业公司后，与浙江“新和诚公司”等投资人共同组建了原料药合资企业浙江新赛科药业有限公司，新公司仅用近半年的时间，就完成厂房建设及设备安装调试。中国医药研究开发中心改制工作顺利进行。年内，集团公司积极探索和实践经营者激励的新形式，主要企业中对主要经营者实行了“T+K”考核激励办法。

医药集团颁布了《预算管理规定》，组织编制了2003年的企业预算，各单位严格按照预算要求，采取措施降低成本，控制费用，确保完成集团公司预算安排的各项经济指标。加强技术质量管理。通过开展药品市场和集团产品现状的调研，为实施产品线管理和进一步拓展市场奠定了基础。医药集团注重科技创新体系的建设，与军事医学科学院建立了战略伙伴合作关系，将共同组建国家药物分子设计研究开发中心；经国家劳动人事部批准，在医药集团建立了博士后科研工作站。抓住市委市政府支持生物工程新医药发展的有利契机，医药集团公司协助企业争取银行对重点技改项目的支持和贷款，加快技术改造与科研开发工作。　(曹秀琴)

【国际合资合作】 2003年，医药集团加大对外的国际合资合作。双鹤药业在意大利投资项目已通过北京市及国家有关部委的审批，完成国内审批手续。还分别与美国Alliance Pharm Corp公司洽谈人造血液代用品项目，与澳大利亚SA公司洽谈代血浆项目，与法国Aguettant公司洽谈系列液体制剂项目。紫竹药业与美国的生殖健康技术公司合资项目，已完成公司注册，开始专利药品研制开发；与法国协力仕技术公司就米非司酮合成工艺改进签署了合作协议，合作成功将降低原料成本，优化生产工艺和环境。5月初，赛科药业与美国的制剂合资项目草签了合资协议。医药股份与西门子德马泰克公司合作进行的马连道现代医药物流派送中心项目，已完成设备安装调试，WMS/硬件系统和公司ERP三方接口测试正在进行。中国医药研究开发中心正在与日本载体技术研究所接触，拟在国内合作建立研究机构。

为扩大出口，基层企业扎实做好基础工作。首先，进行产品国外注册和企业国际认证工作。紫竹药业的产品米非司酮、米索前列醇、长效避孕药制剂已向俄罗斯、乌克兰、土耳其、肯尼亚等国提供注册资料，企业与产品通过ISO14001:1996的环境认证和 ISO9001:2000 的质量认证;左炔诺孕酮准备进行 FDA 认证。赛科药业的磺胺二甲基嘧啶,5 次通过了 FDA 认证。双鹤药业已有 20 个产品在国外进行了注册;万东公司通过了 ISO9000 认证,1 个 X 射线床台和 一种齿科产品通过了欧洲质量与管理与控制体系 CE 认证。其次,通过参加国际展会、专业考察,开拓新的市场。医药股份通过参观德国科隆国际医药博览会,了解到药品和医疗器械产品发展方向,并寻找到拟引进的厂商及代理品种。紫竹药业参加了 2003 年 9 月在埃及开罗举办的“中国生物技术论坛”以及在大连举办的国际生殖健康大会,与印度客户达成备忘录。赛科、紫竹等参加了上海 CPHI 世界原料及中间体大会。万东公司先后参加了迪拜的医疗器械展览会、德国科隆齿科专业展会及德国医疗器械展览会,收集了国际市场需求与大量用户和代理商信息,为今后产品发展定位积累了重要基础资料。10 月,医疗器械所考察了印尼医用加速器市场,走访了主要肿瘤医院,初步确定了代理商;并与越南卫生部、医疗器械公司、肿瘤医院等多次互访,谈判意向性购买合同。双鹤装备携带 DPP170 铝塑包装机参加埃及国际展览会,扩大了公司产品的国际影响。医药集团积极参加国际招标采购,扩大出口份额。紫竹药业参加了印度政府的左炔诺孕酮和炔雌醇的招标,于年初中标,已完成 500 公斤左炔诺孕酮和 500 公斤炔雌醇出口任务。　(曹秀琴)

【投标农村医药连锁网点】 2003 年,根据市政府提出“镇镇有药店”的要求,以解决京郊农村人民用药安全有效、方便的实际问题,在北京市药监局组织了“农村医药连锁网点”招标大会上,医保全新大药房经过投标、竞标,取得在北京市通州、怀柔、顺义、门头沟 4 个区县的经营权,共计中心店 52 个,其中 45 个为新建店,服务网点约千余个,是参与竞标单位中标数量最多的企业。中标后,医保全新大药房制定了农村网点经营管理办法,统筹安排中心店和药品连锁销售点筹建工作,经过努力,怀柔县三个中心店、十几个销售网点已全部开业。　(曹秀琴)

【赛科药业引入民营资本】 7 月 18 日,浙江新赛科药业有限公司在浙江省绍兴市上虞县工业园挂牌。它是由北京赛科药业有限公司、民营企业浙江新和成股份公司等 8 位自然人共同出资设立的。北京赛科药业有限公司是北京医药集团有限责任公司的全资子公司,具有 40 多年原料药生产历史,是国内最早通过美国 FDA 认证的企业。浙江新和成股份公司,是国家重点高新技术的民营化工企业。新赛科药业将以市场为导向,以科技创新为动力,凭借坚强的经济实力、领先的科学技术、可靠的质量、诚挚的服务,共同“创造财富,造福社会”。　(曹秀琴)

中国北京同仁堂(集团)有限责任公司

【综述】 中国北京同仁堂(集团)有限责任公司(以下简称同仁堂集团公司)是一家经北京市政府规范授权的国有独资大型中药企业集团。是年,该集团公司继续抓经济增长、抓改革发展、抓基础管理、抓职工教育,各项工作成效显著。在非典疫情严峻的时期,经受住了市场竞争的挑战,顺利完成各项任务,实现国有资产保值增值。全年实现销售收入43.6亿元,同比增长5.91%;产值12.9亿元(不变价),同比增长10.82%;实现利润2.57亿元,同比增长27.23%;出口创汇1720万美元,同比增长21.6%。年内无质量安全事故,企业和职工队伍稳定。

继续落实"1032"工程,开展合资合作,开辟新的生产经营领域;继续加大资本运作力度,实现投资主体多元化。年内投资发展新项目20个(含同仁堂集团公司及其控股子公司投资数),协议投资总额234207万元,引进资金120918.9万元。

该公司以资产为纽带,形成以其控股的同仁堂和记医药投资公司向下延伸、以其母体所属的八大公司为经营实体的两条发展主线,按照"独立运行、各有侧重、资源共享、整体发展"的运行方针,形成相互渗透、互为补充的有机整体。突出制药工业、零售商业、医疗服务业三大基础(产业),按照抓住品牌整体发展,抓住共性协调发展,抓住人才促进发展,抓住文化保证发展的原则,初步实现"小机关、多实体、大集团"的整体发展目标。 (杜佩意)

【抗击非典】 4月初,面对非典疫情,同仁堂集团公司果断决策,明确提出"善待社会、善待职工",迅速成立抗非典疫情防控、市场供应、宣传稳定领导小组,制定《疫情防控工作应急预案》,建立疫情防控工作网络。做到人员到位,器材到位,措施到位;该集团公司坚持每晚8时召开抗非典工作协调例会部署工作,要求集团公司系统内各商业单位保证正常营业。疫情初始,顾客蜂拥购药,仅4月9日,大栅栏同仁堂药店调剂部抓方3万余副,加工部代客煎药700副,采购部饮片采购量9吨,分别是平日的10倍、4倍、18倍。在抓方量逐日上升,商业单位全负荷运转仍不能满足市民用药需求的情况下,该集团公司经市药品监督管理局批准,停止生产出口产品,腾出生产线,专供抗非典药的生产。4月12日下午,符合标准的配料送达药厂,13日,首批约2万瓶药液投放市场。在中药饮片价格购销倒挂情况下,做出3项承诺:保证供应、保证质量、保证不涨价。该集团公司系统内各单位全体动员,轮流上岗,向市民提供药品和服务。在全市供应的800万副(瓶)抗非典药中,该公司占300万副(瓶),极大缓解了抗非典药供应紧张状况。同时,还为几十家医院的医务人员送去药品及慰问信,并在社区、医院推出"放心门诊到你家"和"健康伴你同行"主题公益活动,向社会捐赠价值7万元的药品,公司、职工捐款161万元,以实际行动兑现"善待社会"的承诺。 (杜佩意)

【企业改革与发展】 年内,同仁堂集团公司继续加大投资力度,投资新项目17个(不含该公司控股子公司投资数),协议投资总额227977万元,其中该公司投资

118042万元，引进资金109935万元。由同仁堂集团公司、中国中医研究院等4家医药企业共同组建北京中研同仁堂医药研发有限公司(简称中同研发)，注册资本2000万元，同仁堂占35%，10月完成新公司注册登记。12月启动的“中药复方药物开发国家工程研究中心”项目，是国家发展和改革委员会在中药领域批准建设的4个国家工程研究中心之一。中同研发承担该中心建设项目的组织和实施任务。配合中研同发的发展，6月向市人事局申报成立同仁堂博士后工作站。11月13日，北京同仁堂制药有限公司签约并入驻北京生物工程与医药产业基地。该公司总投资1000万美元，同仁堂拥有51%的股权，香港泉昌公司占49%，在基地内征集土地50亩，项目总建筑面积12000平方米，分二期建设完成，拟建有水丸、水蜜丸、颗粒剂、片剂、软胶囊生产线。11月23日，由同仁堂集团公司、北京首创科技投资有限公司、深圳海王星辰医药有限公司共同投资组建的北京同仁堂商业投资发展有限公司正式签约。该公司预计投资1亿元人民币，建设期6年，第一期投资5000万元。股比结构为同仁堂集团公司占51%，首创公司占29%，海王公司占20%。12月12日，同仁堂集团公司与香港和记黄埔有限公司共同投资组建北京同仁堂和记医药投资有限公司。投资总额约2.39亿美元，注册资本3000万美元，注册地为北京经济技术开发区。同仁堂集团公司、香港和记黄埔有限公司、北京同仁堂科技发展中心投资股比分别为49%、49%、2%。

年内，同仁堂集团公司还对所属的26家中小企业和18家三产小企业进行全面改制或撤并，储运站、供应站、通州仓库、天成货栈、饮片厂等单位近2000人进入该公司控股和间接控股的两个上市公司，同仁堂集团公司接管原北城批发部、天成货栈、储运站、南城批发部、供应站等单位离退休人员476人、内退人员47人，妥善安排富余人员，转岗不下岗，调整改革及分流安置工作平稳进行，职工收入同比增长20%，职工队伍稳定。同仁堂集团公司所属分支机构全部改变国有独资性质，实现股份制改造。原有不良资产经过几年消化基本清理完毕，资产进一步优化和有效利用，实现盈利，集团整体进入良性循环发展态势。

(杜佩意)

【产品销售】 是年，北京同仁堂股份有限公司对公司经营机构进行重大调整，重新成立北方、南方、中原、华东、新品5个经营分公司，分别负责所在区域的产品推广活动。同时新成立市场策划培训部，负责产品的全面广告策划和业务人员、终端销售店员的培训。年内，组织终端促销活动789场次，加深市场对公司产品的认识。如国公酒销售，就由药酒、丸剂、膏药等剂型组成治疗风湿病系列的产品组合，选择北方8个矿区；针对不同人群需要，组织专题销售，取得1个月销售90万元的好成绩。8月6日至16日，北京同仁堂科技发展股份有限公司开展“走出工厂，走入市场”的调研活动。由公司领导带队，组织了50人的调研队伍，分赴东北、东南、华南、西南4个调研方向，万余公里的调研行程。经过对40余家药店的走访，与870余家一、二级代理商及终端客户经理座谈，收回近400份调查问卷，收集到大量市场信息，更准确把握市场、贴近市场，服务百姓。年内，该公司把本年四季度和下年一季度合并为半年，跨年度设计、实施、考核各项工作，强化“一切围着市场转”的思维模式，为抢占市场、抓住商机、促进经营争取了时间。下半年加快二级销售终端网络的建设速度，在北京、辽宁、吉林、黑龙江、福建、安徽、河南、湖北、湖南、广东等地为27家一级经销商授牌，在其所辖地区分别建立二级和终端网络。年末，板兰根销售增长近70%，六味地黄丸、牛黄解毒片销售增长在20%以上，感冒清热颗粒销售增长0.93%。安宫牛黄丸、生脉饮、浓缩六味地黄丸、利咽灵片销量分别是上年同期的2倍、1.1倍、3.5倍和1.6倍，复方丹参片年销售增长近10倍，牛黄降压丸增长2倍以上，跌打丸从上年销售额不到1万元飙升至151万元。

（杜佩意）

【连锁药店遍京城】 年内，遵循开“精品店、品牌店”的原则，北京同仁堂连锁药店调整部分环境位置不佳的药店，原南城批发部所属零售药店，通过改造，成为连锁药店的形象店。年内，西草药店、松榆里药店、平安药店等6家纳入连锁药店管理，现已有46家连锁药店门店，遍布京城13个区县。同时，连锁药店以全面实施GSP管理为切入点，健全和完善药品经营质量和管理制度，建立符合GSP要求的配送中心库房，完善计算机管理系统，一次性通过北京市药品监督管理局GSP认证中心的验收。经过整顿，连锁药店内部管理水平和经营质量明显提高，实现利润241万元，完成年计划的160%，同比增长86.2%，初步实现从数量扩张型到效益增长型的转变。

（杜佩意）

【外经外贸】 5月19日，同仁堂集团公司在香港设立的独资公司北京同仁堂国际公司完成注册正式成立，实现同仁堂海外出口业务的前移。同时在香港组建北京同仁堂（泉昌）有限公司，负责同仁堂产品在香港的销售业务。9月16日，北京同仁堂（澳门）有限公司药店正式对外营业，至11月16日，实现销售92万澳元（约合人民币100万元），日平均销售额逐步攀升，市场反应良好，有望提前收回投资。年内，同仁堂实现出口创汇1720万美元，同比增长21.6%。

（杜佩意）

【化瘀丸获新药证书】 12月31日，北京同仁堂股份有限公司制药厂研制开发的三类新药化瘀丸获国家食品药品监督管理局颁发的新药证书及药品注册批件。该药由水蛭、虻虫、土鳖虫、当归等15味中药组成，主要功能为益气活血、化瘀通络，用于治疗气虚血瘀型缺血性中风病中经络急性期患者，脑梗塞表现的半身不遂、偏身麻木、口舌歪斜、语言蹇涩等症状。该厂于1994年10月申请进行Ⅱ期临床研究，1996年6月正式获中华人民共和国卫生部药政管理局批准，2000年12月完成临床观察研究。临床观察结果：可明显改善脑梗塞试验病例的中医症状及神经功能缺损症状，化瘀丸治疗脑梗塞总有效率为89.3%，痊愈率为12.3%，显效率为42.7%，未发现不良反应。为治疗脑梗塞有效而安全的内服中药。

（杜佩意）

主要产品名录

产品名称	2003年产量	计量单位	剂型	生产厂家
牛黄清心丸	3192.06	万丸	蜜丸	北京同仁堂股份有限公司
同仁乌鸡白凤丸	2122.88	万盒	蜜丸	
同仁大活络丸	1908.04	万丸	蜜丸	
安宫牛黄丸	86.2	万丸	蜜丸	
国公酒	1054.11	万瓶	酒剂	
金匮肾气丸	1012.95	万丸	大蜜丸	北京同仁堂科技发展股份有限公司
金匮肾气丸	226.14	万瓶	小蜜丸	
六味地黄丸	6564.84	万丸	大蜜丸	
六味地黄丸	2134.55	万瓶	水蜜丸	
浓缩六味地黄丸	602.47	万瓶	浓缩丸	
牛黄清火丸	2000.3	万丸	大蜜丸	
感冒清热颗粒	7911.43	万袋	颗粒剂	
牛黄解毒片	77361.50	万片	片剂	
板兰根颗粒	14701.35	万袋	颗粒剂	
生脉饮口服液	2180.72	万支	合剂	
皮肤病血毒丸	747.5	万瓶	水丸	中国北京同仁堂(集团)有限责任公司
脑立清	256	万瓶	水丸	
香砂和胃丸	840.83	万袋	水丸	
清肺抑火丸	599.66	万袋	水丸	
良附丸	689.83	万袋	水丸	

北京四环医药科技股份有限公司

【综述】 北京四环医药科技股份有限公司(以下简称四环医药公司)是由北京四环制药厂为主,联合五家公司于2000年6月成立的高新技术企业,主要从事化学主要药品研制、开发、生产、销售,并于2001年通过国家GMP认证。2003年,四环医药公司实现合同收入4.3亿元,比上年增长12.52%;销售回款3.58亿元,比上年增长3.65%。据《北京医药行业现状分析报告》的年度统计,在化学药品工业企业排名中,四环医药公司销售收入列第五名,利润总额列第二名。

四环医药公司与军事医学科学院等科研院校建立了长期的合作关系,确保后续产品的持续供应。与此同时,以股份公司为主要经营实体,建立了以化学药研发为主要的康诺伟业公司、以生物抗体研发为主业的天广实公司、以产品销售连锁经营为主业的四环康保公司,为现有产品的升级换代、生物产品的发展、连锁经营提前做好了充分的储备工作。

四环医药公司多次被评为全国质量效益型先进企业,全国卫生产业企业先进单位、中关村科技园区海淀园"2002年度经济20强企业"、北京市地方税务局"纳税信誉A级企业"、海淀区人民政府"海淀区突出贡献企业"、海淀区国税局"2002年度国税50强"等。其产品华素片、苏诺被中关村科技园海淀园评为"2002年度百项表彰拳头产品"。获得国家临床批件六个,生产批件四个,国家标准批件八项;完成了北京市科委重大项目"缓控释制剂技术平台"项目论证及课题任务书论证,获北京市科委500万元专项资金支持;盐酸纳洛酮注射液获"市级高新技术产业化项目",董事长文鸣旭被评为"中关村科技园区第二届优秀企业家"。

【技术改造】 四环医药公司所有车间全部通过GMP认证。仪器设备采取招标引进方式,全年引进进口、国产设备20多台套,其中引进德国片剂铝塑铝包装—装盒—塑封生产线,使华素片的内包—外包—塑封全自动连线生产,实现了单剂量包装,满足OTC需要,不仅提高了劳动生产率,而且实现在线质量控制和自动剔废,保证了产品质量。

【企业文化】 四环医药公司注重企业文化建设的同时重点加强绩效管理过程实施,加强培训体系建设和项目负责。公司通过奖学金设立、GMP培训、员工满意度调查、总经理直通车等活动,不断提高员工职业化素质和团队凝聚力。全年组织培训项目累计59个,受训人数2203人次,34170学时,总体培训满意度在90%以上。培训实用有效并具有发展和创新性,引导员工理解和领会企业文化深刻内涵并与实际工作相结合,为建立职业化、专业化基础平台奠定了坚实基础。

主要产品名录

产品名称	2003年产量	计量单位	用　途	生产厂家
华素片	39650	件	口腔咽喉用药(口含片)	四环医药
孚琪膏	10731	件	皮肤类/抗真菌用药(乳膏/溶液剂)	四环医药
苏诺注射液	14695	件	神经精神类/急救用药(注射液/口含片)	四环医药
盐酸曲马多片	7974	件	神经精神类/镇痛用药(片剂)	四环医药
博苏片	3929	件	心血管类	四环医药

华北京海实业总公司

【综述】 是年，华北京海实业总公司抓改革、创业绩、促发展，取得突出成绩和进步，开创了工作新局面。全公司1000多名员工以及公司管理的两个住宅小区、两个写字楼，均未发现一例非典确诊或疑似病例。金朗大酒店善后处理工作圆满完成，300多名员工得到安置，800多名员工劳动关系遗留问题得到解决。天津石化公司成功改制为多元投资的股份制企业。京工房地产开发公司实现增资扩股，发展势头强劲。总公司经济效益快速增长，与上年相比营业额增长70%，利税增长53%。　(贾云涛)

【企业改革】 2003年，天津石化公司进行改制重组，进一步增强核心竞争力，总公司以该企业评估后的全部净资产投资入股，两家民营企业和部分员工以货币资金投资入股，企业净资产增长了1倍，实现了资本扩张和股份多元化。改制中由员工个人选择，进行人员分流，93名职工自愿与企业解除合同，走向社会自谋职业，分流解除合同员工占员工总数的53%，人员分流后仅工资福利费用每年就可节约近200万元，实现了减员增效。全年营业额和利税与上年相比分别增长100%以上，新增固定资产投资达到860万元，新增储罐3万多立方米。房地产企业吸收民营资本5148万元货币资金入股，增资扩股后成为多元化股份制企业，净资产增加1倍多，改变了国有股一股独大的局面，天津物流公司调整领导班子，强化内部管理，清理富余人员，收缩亏损项目，努力开拓市场，加大经营创收力度，整修库容库貌，9个月时间企业经营不仅扭亏为盈，而且实现利税652万元，呈现良好的发展势头。　(贾云涛)

【金朗大酒店善后处理工作完成】 2003年4月22日，北京市高级人民法院委托拍卖公司对金朗大酒店的房产和配套设施进行公开拍卖，用以偿还债务。该酒店自1995年以来一直由台方股东委托人独立经营。亏损巨大、负债累累，拖欠员工工资，多次引发员工集体上访、申请劳动仲裁及供应商聚众讨债等群体事件。1999年，金朗大酒店中方股权移交华北京海实业总公司管理。2001年11月因拖欠能源费用，酒店被停止能源供应，造成停业。总公司采取紧急措施接管了酒店。2002年1月至2003年4月克服重重困难，恢复了能源供应，酒店重新开业经营。由于酒店欠债数额巨大终被拍卖。总公司按照法院要求，清理分割移交酒店资产，安抚供应商债权人，承担了酒店员工的善后处理工作。2003年11月，金朗酒店善后处理工作全部完成，在职员工300多人得到安置。涉及保险、档案等800多名员工的遗留问题得到解决。没有发生一起员工集体上访、上街和过激事件。　(贾云涛)

东城区工业

【综述】 是年,东城区按照"十五"计划的统一要求和全市的整体工业布局,继续对工业结构进行调整、优化,大力发展高科技产业及以食品加工业、印刷业为代表的新兴都市工业,并应用高新技术及先进适用技术全面提升、改造传统产业整体水平。年内克服了非典对企业生产经营所造成的困难和影响,确保了工业的平稳发展。

由于受部分工业企业外迁和少数大企业指标下滑的影响,工业生产总量减少,各项经济指标有一定程度的下滑。全年完成工业增加值9.6亿元,比上年下降8%;上缴税收2.4亿元,占全区上缴税收的6.8%;完成现价工业总产值51.1亿元,比上年下降7%;完成销售收入55.4亿元;比上年下降2.5%;实现利润2.93亿元,比上年上升7.9%;产销率100%。其中区属地方工业完成现价工业总产值8.18亿元,同比增长22.3%;实现销售收入8.73亿元,同比增长20.6%;利润6021万元,同比上升56.5%;产销率102%。东城区现有工业企业284家,其中中央企业29家,市属企业64家,区属企业191家。这些企业分布在电子及通信设备制造业、家具制造业、食品制造业、仪器仪表及文化办公机械制造业等二十四个行业中,从业人员共计1.8万人。

年内,东城区开展"安全生产月"咨询活动;落实安全生产责任制,实行"一把手"总负责;两会期间、节假日进行多次安全生产大检查。全年共检查单位363个,查出各类隐患736处,整改率98%,下达指令书16份,对有违法行为的单位共处罚17.8万元。全区各类伤亡指标均未超过市政府下达的指标,确保了全区的安全。由经委制定的《东城区危险化学品安全管理条例》已从10月1日起正式实施。全年共培训各类特种作业人员1900余人。 (东城)

【技术改造】 是年,北京远东仪表有限公司陆续添置了数控机床、数控加工中心、各类数控电加工设备和先进的质量检测手段,从国外引进了自动化仪表生产技术、电容器压力变送器等多项具有国际先进水平的技术,促进了企业发展;天坛股份公司陆续从德国、意大利、台湾等国家和地区引进了一批在同行业中技术领先的高频设备、转椅设备、玻璃加工设备及大型自动喷漆线;北京胶印厂先后从德国、日本、台湾等引进具有世界一流水平的四色胶印机、晒版机、折页机、激光照排机、数控切纸机等设备,形成了先进合理的现代印刷工艺流程;北京稻香村食品集团对传统手工作坊式的加工流程进行改造,从台湾等地区引进了大中型食品加工机械,并对原有厂房进行无菌化改造,改善了食品加工流程。

(东城)

【减轻企业负担】 是年,东城区减轻企业负担领导小组办公室以治理"六乱"为全年工作重点,先后进行了对各种涉企行政事业性收费的调查和清理工作,进行了各种形式的检查和整顿工作。同时,加强"九个严禁"的宣传和教育;加强了对各类非强制性办班的管理工作;积极受理有关减负工作的投诉和咨询。根据北京市减负办有关通知精神,为配合在全市范围内开展的企业治乱减负工作大检查,11月底至12月上旬在东城区范围内40余家行政事业性单位开展了企业治乱减负自查工作。

（东城）

【电力管理】 是年，东城区电力管理办公室按照北京市电力办的统一部署，落实“加强首都电网安全工作电视电话会议”的会议精神，从10月开始，对危及东城区供电安全的隐患问题开展了一系列的专项整治工作，共协调解决各类隐患20余处。

（东城）

【调查走访工业企业71家】 在3、4月份开展了对规模以上工业企业基本情况的调查工作。走访机械制造、印刷、电子通讯、仪器仪表、食品饮料、家具制造、服装制造、塑料制品等多个行业的企业71家，通过调研走访具有代表性的工业企业，对东城区域内工业发展状况和工业企业现状有了较为清晰的了解；看到了制约东城区工业发展的问题。同时也发现了不少走产学研结合、工贸一体化、特色经营道路的企业。

（东城）

【东城区第一家科技孵化器挂牌】 6月，东城区第一家科技孵化器——北京金兰巢科技孵化器有限公司正式挂牌并与欧美同学会协商同意，将该孵化器作为留学归国人员“报国计划”实验基地之一。

（东城）

西城区工业

【综述】 年内，纳入西城区区域统计口径的工业企业共有371个，在职职工4.1万人，固定资产净值平均余额142.1亿元。主要产品涉及26个行业，形成了以食品、印刷、医药、非金属矿物制品、通迅设备计算机及其他电子、专用设备制造业燃气及自来水的生产和供应业等为骨干的重点行业。全年完成不变价工业总产值47.8亿元，同比增长6.2%；现价工业总产值76.6亿元，同比增长9.7%；工业增加值32.8亿元，同比增长20.7%；产品销售收入102.4亿元，同比增长11.9%；利税总额9.5亿元，同比增长2.5%，其中利润总额3.6亿元，同比增长18%；产销率为101.8%，同比增长1个百分点。GDP完成24.1亿元，占全区GDP总额的7%。工业经济已逐步成为区域经济发展中新的增长点。区域工业经济中，非公经济发展速度高于国有经济，但国有及控股企业仍居主导地位。在区域371个工业企业中，国有及控股企业150个，占区域工业企业总数的40.4%，全年完成不变价工业总产值33.8亿元，同比增长4.5%，占区域工业总量的70.7%；完成现价工业总产值57.3亿元，同比增长8.2%，占区域工业总量的74.7%，完成工业增加值29.7亿元，同比增长25.8%，占区域工业总量的90.5%；完成产品销售收入85.7亿元，同比增长10.3%，占区域工业总量的83.7%；实现利税总额9.2亿元，同比下降2.9%，占区域工业总量的97.3%；其中利润总额4亿元，同比增长3.8%，占区域工业总量的111.9%；产销率为101.5%，同比增长1.9个百分点。

（潘亚会）

【规模以上企业141家】 在区域371个工业企业中，规模以上企业有141家，占区域工业企业总量的38%。主要产品涉及21个行业。全年完成不变价工业总产值45.3亿元,同比增长6.2%;占区域工业总量的94.7%;现价工业总产值73.9亿元,同比增长9.5%;占区域工业总量的96.4%;工业增加值32.9亿元,同比增长23.6%;占区域工业总量的100%;产品销售收入98.9亿元,同比增长11.7%;占区域工业总量的96.6%;利税总额10亿元,同比增长8.2%,占区域工业总量的105.6%;其中利润总额4.3亿元,同比增长34.5%;占区域工业总量的120.0%;产销率为102%,同比增长1个百分点。规模以上企业的生产和效益呈同步增长态势,从投入产出情况看,工业增加值增幅为23.6%,超过区域工业3个百分点。21个行业中有9个行业的工业增加值的增幅在20%以上;从效益情况看,利润增幅为34.5%,超过区域工业利润增幅16.5个百分点,有10个行业的利润的增幅在20%以上。各项指标完成占全区总量95%以上的规模以上企业生产和效益的稳步增长拉动了区域工业的整体攀升。(潘亚会)

【7个重点行业发展】 141个规模以上工业企业分布在21个行业中,企业经营门类齐全,但各行业之间的生产和盈利水平存在较大差别。从工业增加值看,超亿元的行业有7个,完成工业增加值29.7亿元,占区域工业增加值的90.3%,其中,排在前三位的行业依次是:燃气生产和供应业、水生产和供应业、非金属矿物制品业;从利润总额看,超千万的行业有6个,实现利润4.7亿元,高于区域工业利润总额1.1亿元,其中,排在前三位的行业依次是:燃气生产和供应业、非金属矿物制品业、食品制造业。燃气生产和供应业的工业增加值和利润在区域工业总量中分别占到33.7%和84.4%,已成为区域工业中的第一大行业。随着工业经济的发展,近年来区域规模以上工业企业已逐步形成了食品加工和制造业、印刷业和记录媒介的复制、医药制造业、非金属矿物制品业、通信设备计算机及其他电子制造业、燃气及自来水的生产和供应业、专用设备制造业等重点行业。2003年重点行业共完成工业增加值28.5亿元,同比增长26.8%,占规模以上工业企业总量的86.7%;完成利税总额9.6亿元,同比增长2.7%,占规模以上工业企业总量的96%;实现利润4.4亿元,同比增长13.7%。重点骨干行业在工业经济发展中的支柱作用日趋明显。(潘亚会)

【都市产业粗具规模】 区域现有属于都市产业的行业有食品饮料、服装纺织、印刷业和记录媒介的复制、文体用品、塑料制品等,涉及企业114个,占区域工业企业的30.7%,资产总额60.2亿元,固定资产26.7亿元,从业人员2万余人。2003年完成不变价工业总产值17.8亿元,占区域工业总量的37.3%;完成现价工业总产值24.5亿元,占区域工业总量的32%;完成产品销售收入25.6亿元,占区域工业总量的25.1%;完成利税总额2.3亿元,占区域工业总量的23.9%;其中利润总额5292万元,占区域工业总量的14.9%。近年来,以老字号为主导的食品工业取得了长足的发展,以天福号食品厂、六必居食品公司、宫颐府食品厂等为主导的老字号企业在市场竞争中主动调整经营机制,注重产品推陈出新,大力开拓市内及外埠市场,生产和效益稳步增长,形成了行业规模优势。使食品行业成为都市型工业的重要组成部分。

(潘亚会)

【科技园区建设】 2003年内,西城区在认真实施《西城区人民政府关于落实中关村科技园区政策促进德胜科技园高新技术产业发展的若干规定》的同时,又出台了《西城区孵化基地认定办法》、《关于促进德胜科技园西区发展的若干规定》、《建立园区统计制度的实施方案》等文件。德胜科技园的规划区范围从2.9平方公里扩大到6平方公里。年底,园区管委会对8家科技企业孵化器的认定,标志着园区孵化器的建设已粗具规模。2003年,德胜科技园入驻高新技术企业96家,是开园时的32倍,其中,注册资金千万元以上的企业16家,技工贸总收入达35亿元;截止到2003年12月中旬,德胜科技园高新技术企业累计达136家,累计注册资金超过10亿元。为西城区调整工业结构,大力发展高新技术产业奠定了基础。 (潘亚会 孙兴亚)

【天福号酱肉系列产品屡获殊荣】 北京市天福号食品厂系中华老字号企业,其前身是始创于乾隆3年的天福号酱肉铺,距今已有260多年的历史。天福号食品厂制作的酱肘子曾作为清王朝的贡品享誉京城。近年来,企业以优质的产品和良好的服务赢得了广大消费者的喜爱,其酱肉系列产品屡获殊荣:曾被评为"北京市著名商标"、"国家质量达标食品"、"优质可信产品"、"中国名优食品"、"质量可信、服务满意"产品和"北京名牌产品"。天福号食品厂可生产各类中、西式熟肉制品70余种,在北京市大中型商场、超市内设有直销专柜160多个,销售网点达四百多个。随着对北京周边市场的开拓,产品已销往邯郸、廊坊、保定、承德、石家庄等地。

(潘亚会)

主要产品名录

产品名称	2003年产量	计量单位	生产厂家
手工地毯	5000	平方米	地毯五厂
气体支撑、空滤器开关堵、汽车工具、烟缸	200000	支(套)	北京市科虹机电技术研究所
中西式熟肉制品	10000	吨	北京市天福号食品厂
有压罐带齿球蓄冷器	5	套	北京西冷高技术有限公司
金属镝、金属铽	33.3	吨	北京有研稀土新材料有限公司
膜结构建筑	10000	平方米	北京市光翌空间膜技术工程有限公司
不干胶商标、丝网印刷	36	万平方米	北京轻工印刷厂
纸盒	7	吨	北京轻工印刷厂
各型号电焊机	1400	台	北京电焊机厂
现砼无网、有网外墙保温板、聚苯乙烯泡沫板	31000	平方米	北京亿丰豪沃尔新型建材有限公司

续表

产品名称	2003年产量	计量单位	生产厂家
负温敏传感器	700000	只	北京光电设备厂
交管局专用 v－modem	650	个	北京速连科通信设备有限公司
海绵及制品	100000	公斤	北京亿丰海棉制品有限公司
公路计重收费系统、超限管理系统便携式汽车标重仪	147	套	北京市中山新技术设备研究所
安装式电工仪表	110000	只	北京自动化控制设备厂
智能核心电源	100000	套	北京市有自电子电气开发公司
机械摩擦片	150000	片	北京摩擦材料厂
军地两用刹车盘	7000	套	北京摩擦材料厂
电焊机	675	台	北京电焊机厂
航空地毯、航空座椅布	50000	平方米	北京航空工艺地毯有限公司
配电箱、配电柜、箱式变压器	450	台	北京基业达电气有限公司
制版印刷	18	万平方米	北京鹏亚制版印刷有限公司
钰森节水抗旱治沙移栽袋	200000	袋	北京钰森嘉钰环保科技有限公司
键合金丝	704	公斤	北京达博有色金属焊料有限责任公司
安全防火电线电缆	43023	米	北京亿州仅升特种电线电缆高新技术有限公司
城市中水回用于电厂补水的膜法技术和成套设备	2	套	亚华方达水技术工程(北京)有限公司
RCM－2型氡连续自动监测仪	50	台	北京富迪创业科技有限公司
高强植物纤维复合保温材料	30000	平方米	北京英隆伟业科技开发有限公司
多分区新风机组	17	台	北京优源实力空调技术开发有限公司
纳米非晶金刚石离子镀膜技术	3	台	北京百纳世纪科技发展有限责任公司

崇文区工业

【综述】 2003年,崇文区国有及规模以上工业企业83户,其中区属企业28户。按行业划分主要为医药、工美特艺、食品加工、机械制造、印刷、服装服饰、鞋帽、仪器仪表等14个行业。主要产品有中西药品、景泰蓝、玉器、各种宫灯、象牙雕刻、戏剧服装、糕点、快餐、机床附件、小型压缩机、电子元器件、水暖器材、五金工具等。"同仁堂"中药制品、"奥琪"膏霜类化妆品、"庄子"皮衣、"奥尼尔"皮衣等产品被评为北京市名牌产品。

年初,区域工业经济指标实现开门红,生产经营出现良好势头。但随着非典疫情的蔓延,大部分企业生产经营受到严重影响,导致企业停工停产。面对困境,工业企业采取多种措施克服非典造成的影响,发扬勇于拼搏、连续作战的精神以最快的速度恢复生产,并取得成效。全年主要经济指标均有不同程度的增长,不变价工业总产值完成21.57亿元,同比增长17.8%;现价工业总产值完成28.84亿元,同比增长24%;销售收入完成32.2亿元,同比增长20.1%;实现利润5.04亿元,同比增长29.04%。

年内,按照《崇文区工业发展"十五"计划》,继续抓好企业产权制度改革和经济结构、工业布局结构、产品结构的调整,积极促进都市工业企业的发展,工业布局逐步趋于合理,有效地提升了工业企业市场竞争能力。

以技术创新为先导,用先进的科学技术改造传统产业,提升产品的科技含量和制造水平。自动化仪表二厂的产品高级智能分布式多CPU消防报警系统、"东普"探测器件有限责任公司的产品高温碘化铯(钠)闪烁体等6个产品的项目被列入该区重点科技项目,并得到区政府科技资金的积极支持。

继续加大工业布局调整的力度,积极推进对存在污染扰民的企业实现整体外迁或局部外迁,使资源合理利用。年内金环压缩机厂、工艺木刻厂已完成整体外迁工作,土地资源得到了有效利用。

医药行业是工业系统重点发展的行业,并成为区域经济的支柱行业。非典期间,中国北京同仁堂(集团)有限责任公司、曙光药业有限责任公司肩负使命,不分昼夜加班加点赶制非典药品,有效地保证了市场所需。主要经济指标在行业中占有重要位置,拉动和促进了区域整体工业经济指标的增长。工美行业继续发挥其优势,采取多种措施,积极争办奥运特许产品经营权。非典期间,生产、旅游、销售受到严重影响,面对困境,工美凤凰旅游集团在很短时间内研制开发生产非典系列纪念品1000余种,受到有关部门好评。

年内区经贸委、区商联会共同主办,由京城百工坊承办了"第二届北京工美旅游创新产品展览会暨'百工坊'杯明城墙文化旅游纪念品大赛",参展单位11个,参展作品150余件(套)。工美企业还参加了北京市政府主办的"首届北京工艺美术展",3件作品被评为北京市级珍品,30件作品荣获'北京工美杯'特别金奖、金奖、银奖、铜奖及优秀作品奖。

企业注重加大技术改造投入力度,通过技术改造,进一步提高生产水平和产品质量。年内审批技术改造项目2项,总投资1100万元(其中含外汇122万美元),印刷行业积极引进国外先进的印刷设备,不断提高印刷速度和产品质量,待项目投产后,企业经济效益将稳步增长。

企业领导强化质量意识,在质量管理中不断创新,使得更多的新设备、新工艺和新技术得到充分利用,管理水平不断提高。李秀玲、时念洋、庄再强3位管理者荣获第四届北京质量管理优秀企业家称号。曙光药业有限公司荣获首届区质量管理先进奖企业称号,金环压缩机厂、自动化仪表二厂、朝隆达新科技有限公司等3家企业获得区政府通报表扬。 (贾淑华)

【曙光药业生产防治非典药品】 2003年4月至5月间,曙光药业有限责任公司积极投身防治非典的战斗,连续加班20多天,生产红霉素片1689万片、琥乙红霉素片186万片、阿昔洛韦片128万片、螺旋霉素片3112片,价值近1000万元的药品源源不断地送达防治非典前线。 (贾淑华)

【工美公司生产战胜非典纪念品】 5月16日,在龙潭湖畔的"京城百工坊"工美旅游凤凰集团公司将战胜非典纪念徽章捐赠给市红十字会、市卫生系统和有关单位。

此外,该集团公司还设计生产了克疫鼎(已于2003年底坐落在龙潭湖公园内)、奖杯、奖牌等系列纪念品,用于表彰在抗击非典斗争中涌现出的先进集体和个人。 (贾淑华)

【京城百工坊开业庆典】 12月26日,区政府、市工业促进局为京城百工坊举办开业庆典和接见国家与市级工艺美术大师活动。中共中央政治局委员、北京市委书记刘淇和市人大常委会副主任金生官、副市长陆昊等市级领导及北京工艺美术行业协会会长李进华、区委书记李晓光、区长吉胜久等参加了接见工艺美术大师的活动。市委书记刘淇同志做了重要讲话,并参观了京城百工坊。此次被接见的有中国工艺美术大师15名,北京市工艺美术大师120余名。 (贾淑华)

【多件工美产品获市级大奖】 2003年11月,北京市政府在民族文化宫举办"首届北京工艺美术展"。在参评的186件产品中,崇文区共有30件套产品获得"北京工美杯"奖,占奖项总数的30%。特别是有5件套产品获得最高级别的特别金奖,占到特别金奖总数的62.5%。同时经北京市传统工艺美术评审委员会评审,北京进茂骨雕工艺品有限责任公司制作的大型骨雕作品《故宫》、北京库鹏象牙雕刻有限责任公司制作的景泰蓝作品《德胜鼎》、北京玉缘玉雕艺术有限责任公司的大型插屏《华夏一百文人图》被评为2003年北京市工艺美术珍品。

"北京工美杯"奖是北京工艺美术行业的最高奖项,该区众多大师产品榜上有名。其中由京城百工坊中国工艺美术大师郭石林等设计制作的四件翡翠国宝复制品等5件套产品获特别金奖;北京库鹏象牙雕刻有限责任公司北京三级工艺美术大师冯旭华设计制作的牙雕《十八罗汉》等4件(套)产品获金奖;北京第一绣花厂蔡长钊设计制作的刺绣《大森林》等7件(套)产品获银奖;北京玉器厂王义设计制作的白玉《链瓶》等12件(套)产品获铜奖;北京京城百工坊集体设计制作的《明城墙钥匙》等2件(套)产品获优秀奖。崇文区经贸委也在2003年《北京市传统市工艺美术保护办法》颁布一周年庆祝活动中,获得优秀组织奖。 (贾淑华)

【举办第二届旅游产品展览】 区经贸委、区商联会、区园林局主办，由京城百工坊艺术品有限公司承办的“第二届北京工美旅游创新产品展览会暨‘百工坊杯’明城墙旅游纪念品大赛”于9月30日至10月4日在明城墙遗址公园举办。参展产品主要有玉器、象牙雕刻、景泰蓝、木雕、金属工艺品、剧装、绣花工艺品、工艺字画、宫灯及明城墙文化旅游纪念品等作品150余件。经评审，最终17件产品获奖，其中一等奖2名，二等奖5名，三等奖10名。 （贾淑华）

【“玉雕艺术与生活”讲座举行】 2月25日，北京市经委举办的《百工艺术与生活》知识系列讲座在工美凤凰旅游集团公司“百工坊”举行。讲座由区经贸委、市工艺美术协会协办，京城百工坊艺术品有限公司承办。市工艺美术大师联谊会副会长、中国工艺美术大师李博生主讲《玉雕艺术与百姓生活》，大师还回答了与会者提出的各种问题。参加讲座的有北京市经委、崇文区政协、崇文区经贸委、区域内工美企业有关领导、工艺美术大师、工艺美术爱好者、北京电视台等单位。 （贾淑华）

主要产品名录

产品名称	2003年产量	计量单位	企业名称
铣夹头	5011	套	北京机床附件厂有限责任公司
攻丝夹头	4484	套	北京机床附件厂有限责任公司
加工中心刀柄	305	套	北京机床附件厂有限责任公司
玉雕人物	80	件	北京市玉器厂
玉雕器皿	120	件	北京市玉器厂
玉雕动物	30	件	北京市玉器厂
玉雕花鸟	20	件	北京市玉器厂
玉石盆景	50	件	北京市玉器厂

宣武区工业

【综述】 2003年底，宣武区共有工业企业280家，职工31764人。工业系统资产总计340.94亿元，其中固定资产原值266.2亿元。负债总计306.70亿元，资产负债率为89.95%。全年完成工业总产值89.84亿元，同比增长6.8%。销售收入完成120.74亿元，同比增长35.4%。产品产销率达到100.24%，工业经济综合效益指数为243.85%。利润完成9.86亿元。

全区主要工业行业有印刷包装、电子仪表、中医药、服装加工、工艺美术、机电产品等十几类，主要产品有钞票、邮票、期刊、包装制品、继电器、计价器、服装、鞋、玉器、盆景、雕漆、刺绣、工艺品、止咳饮剂、中药膏贴、教学软件、工业自动控制台、电饼铛、无糖食品等16类，规格品种款式有上万种。电力行业是最重要的行业，对全区贡献率为62.05%。2003年，除电力、印刷等传统工业外，食品加工和制造业、机械和设备制造业、交通运输设备制造业逐渐成为拉动工业增长的新动力。

2003年，该区共有国有工业企业52家，以供电、印刷及军工企业等为重点企业，占全区工业企业的21.3%；资产总计293.6亿元，占全区的89.3%，其中，固定资产251.0亿元，占全区的83.3%。2003年产品销售收入为91.4亿元，占全区的75.7%，实现利润总额7.5亿元，占全区76.5%。共有大型企业15家，其中特大型企业4家，化工集团2003年初已改制，其余3家分别是华北电力集团公司、北京大唐发电股份有限公司和经济日报社印刷厂，涵盖了该区两大支柱行业——电力生产供应业和印刷业。3家企业经济效益良好，保持收入、利润双增长。除特大型企业外，该区还有11家大一型和大二型工业企业，分布在7个行业，其中有8家企业集中在该区的重点行业——印刷业、农副食品加工业、食品制造业和交通运输设备制造业。该区有中型工业企业15家，分布在14个行业，多为传统制造业，企业规模及经济效益水平均与大型企业及特大型企业相距甚远，只有7家企业属于2003年工业规模以上企业。

外商及港澳台合资企业主要分布在食品制造业、纺织服装、鞋帽制造业、印刷业、仪器仪表及文化办公用机械制造业等。其中重点企业由北京义利—纳贝斯克饼干食品有限公司、北京纳贝斯克食品有限公司、北京利丰雅高长城印刷有限公司。其中，北京利丰雅高长城印刷有限公司2003年度的彩色印刷品的产量跃升为北京市第一位。

年内区属及无主管企业规模扩大。2003年企业规模有所扩大，共有企业209家，拥有资产14.5亿元，与1998年相比增长66.6%；实现产品销售收入7.3亿元，与1998年相比增长49%。（宣武区）

【中央驻区工业】 该区共有中央驻区企业28家，占企业总数的10%。资产总计309.76亿元，占全部工业企业资产的90.9%。共实现现价工业总产值70.69亿元，占全部产值的78.7%；产品销售收入100.08亿元，占全部的82.9%；实现利润总额9.85亿元。28家企业共实现工业增加值54.49亿元，占全部增加值的89.15%。（宣武区）

【调整工业布局结构】 该区根据区情，积极推动全区工业布局结构调整工作，重点发展适合城区情况的都市型工业。区属工业系统认真贯彻市政府关于工业改革调整的战略方针和政策，各企业主管单位积极稳妥，逐户推进，分别制定了企业改制计划和布局调整计划，推动了以产权制度改革为核心的企业调整工作。2003年，有11户企业进行了改制，16户企业的改制方案得到批准，正在实施。翔达公司、金源公司的整体改制方案已经批复，整体改制已经开始实施。金工公司的改制方案已经基本形成。金座公司已经完成清产核资，改制方案初步形成。广外、天桥、大栅栏等联社已完成整体改制，牛街联社、大碗茶公司已完成清产核资，改制方案正在形成。该区在推进国有企业产权改革的同时，注意引导企业进行经营机制转换，提高企业竞争力，促使改制企业提高效益，支持区内企业做大做强。进一步支持三纺机公司的汽车配套生产项目，支持科通电子继电器总厂的自动化控制产品生产，争创知名品牌。

（宣武区）

【企业改革】　该区按照“三个一批”（即放飞一批、重组一批、关闭一批）的调整方针，实施企业改革重组和改革调整。2003年，划转未改制的16户企业的整体改制工作全面展开，6月初对参与整体改制企业的生产经营、资产状况等进行了实地考察考评，10月份完成了资产评估工作。确定了整体改制的资产存量，制定了《整体改制资产处置报告》、《整体改制职工安置与职工身分置换经济补偿办法》等重要改制文件，16户企业分别召开职工代表大会，通过了整体改制决定，改制基础工作2003年已经完成。截止到2003年，该区完成了9户企业的产权制度改革，其中国有企业2户，集体企业7户。2户企业在股份合作制的基础上进行了二次改革，参与改革的在岗职工共计1645人。11户改制企业全部建立了现代企业制度，基本实现了经营机制的转换。企业资源优势得到进一步整合，增资减债成效明显。工艺品厂、北京无线电仪器厂、倍得公司、商印厂、卫生材料厂、塑料十四厂、医疗设备四厂等企业都根据市场变化，积极调整经营结构，压缩过剩产能，充分挖掘资源潜力，在人员减少、投入很少的情况下，资产经营收入有了明显提高。（宣武区）

【技术进步】　加大对区内高新技术企业的支持，积极支持各企业进行技术改造、新产品开发、推动技术创新。重点扶持技术密集型中小企业、计算机应用服务型中小企业、以生产环保产品及资源综合利用为主的中小企业、为城市功能服务的劳动密集型中小企业。使该区一批“专、精、特、新”中小企业发展壮大。2003年全年全区各企业共进行技术改造和新产品开发立项10项，较2002年增加30%，投资总额达到1亿元，同比增长30%。（宣武区）

【外资企业】　外商及港澳台合资企业2003年共实现产品销售收入16.1亿元，占全区的18.0%，实现利润总额1.7亿元。其中，中外合资经营企业贡献最大，2003年实现产品销售收入14.4亿元，占全部外商及港澳台投资企业的89.4%，实现利润总额1.6亿元。该区共有外资工业企业44家，占全部工业企业数的14.2%，涵盖该区26个行业中的20个。该区外资企业经济效益良好，部分企业已成为该区的支柱企业。

（宣武区）

【营造市场经济秩序】　该区重视营造开放、有序、公平的市场经济秩序。到2003年底，工商宣武分局及宣武区消费者协会共计受理各类消费投诉、举报1314件。其中消费投诉916件，为消费者挽回经济损失118.82万元。结合“3·15”消费者权益保护日、2003国际消费者权益保护的“四百”活动，以及纪念消法的“八个一”活动，先后举办各类消费咨询、宣传活动近20次，现场接待消费咨询5000余人，发放宣传材料55000余份，在5个街道、12个社区，为2000余人举办专家讲座12次。开展市场经济秩序的专项整治43次，专项打假维权活动39次，查扣伪劣口罩1200余个，消毒液180桶、6765瓶、22.5公斤，带包装消毒液空瓶15664个，各类假酒500余瓶，假药30箱，盗版光盘3万余张，假副食调料782瓶（袋）。涉及制售假冒伪劣商品的行政处罚37起，罚没款8万余元。在集贸市场、大中型超市推行的“场厂挂钩”、“场店挂钩”、“场地挂钩”等做法取得实效，对1863余种食品在网上建立准入备案。从2月份开通食品快速检测车，先后对12大类2907种食品样本进行快速检测，其中蔬菜、饮料、肉食罐头等合格率达到100%，食用油合格率达到99.7%，鲜肉合格率达到98.4%，各类调味品合格率70.8%。宣武区区域发展环境投诉服务中心共计受理各类咨询、投诉、举报和建议534件。其中投诉12件，分别涉及到环境、医疗、违章建筑等纠纷，及时督促有关部门处理。

（宣武区）

【职工技能培训】 区相关单位积极组织各企业参加各种技能培训班、信息化培训班、环保认证培训班，推动各个企业制定技能培训实施方案。加强培养高级技工和技师的工作，建设一支既可解决企业技术难题，又可研发新产品的骨干技术队伍。加强年轻职工队伍的培训工作，培养一支可持续发展的后备骨干技工队伍。积极组织企业内部和企业之间的各工种技能比赛，参加市级技能竞赛活动，促进各企业之间的技术交流活动。区属企业金工公司制定了落实宣武区三年职业技能培训实施方案。

（宣武区）

【开发系列固体继电器】 北京市科通电子继电器总厂经过多年努力，开发出以“国冠”为品牌的全系列300余种规格的固体继电器，包括通用固体继电器、延时固体继电器、智能化固体继电器、特种固体继电器、输入输出(I/O)模块、电机控制模块等系列产品。该厂生产的固体继电器作为一种新型无触点电子开关，具有无噪声、无触点火花、抗冲击力强、可靠性稳定等优点，被广泛应用于船舶、仪器仪表、电力、石化、计算机控制、电机控制、温度控制等自动化控制领域。该厂其研制生产的产品先后荣获国家科技进步三等奖、电子部及北京市科技进步二、三等奖等多项荣誉。1997年通过ISO9002国际质量体系认证，2003年完成了GJB9001－2001办换证工作。该厂投资3000万元进行第二期技术改造。

（宣武区）

【安全生产】 该区高度重视安全生产工作，逐渐形成区政府统一领导，各职能部门各负其责，各街道形成管理网络的安全生产监管体系。各部门、单位进一步完善明确安全生产目标责任制；建立健全防范重大事故季度理会制度，对全区安全生产情况进行综合分析，研究处理突出的安全问题；摸清事故隐患，建立台账，建立事故隐患排查落实制度。全年共查处各类隐患117处，其中较大隐患29处，下发隐患限期整改通知书47份，协调区安全生产有关单位，对区域内建筑施工工地、娱乐场所、加气加油站、重大危险源等重点部门开展综合执法27次，检查了111个单位。全区安全生产形势总体稳定，没有发生重大伤亡事故。市政府下达的6种非正常死亡呈逐年下降趋势，事故起数逐年减少。此外，与有关单位加强联系，构筑了比较完善的安全生产保障网络，大大降低了事故发生率。积极开展“安全月”活动。全年培训考核了特种作业人员2000多人，组织培训考核危险化学品管理人员22人。2003年该区生产事故死亡率为0.2人/万人，低于市下达控制指标0.62人/万人的67.7%；火灾死亡率0.16人/10万人，低于市下达控制指标0.43万人/10万人的62.8%；煤气中毒死亡率为0.34人/10万人，低于市下达控制指标

1.35 人/10 万人数的 74.8%。　（宣武区）

朝阳区工业

【综述】 2003 年，该区以振兴现代制造业为重点，走新型工业化道路，实现了经济增长速度与结构优化、质量提升与效益增长的协调统一，工业经济得到快速发展。

工业主要经济指标增幅均在 15% 以上。全区 670 家规模工业企业共实现总产值（不变价）629.1 亿元，同比增长 19.8%；完成产品销售收入 548.9 亿元，同比增长 21.4%；实现工业增加值 152.3 亿元，同比增长 18%；实现利润 36.4 亿元，同比增长 17.8%；综合经济效益指数达 143.4%，同比提高 12.1 个百分点。其中区属规模工业实现总产值（不变价）101.8 亿元，同比增长 41.6%；实现销售收入 104.8 亿元，同比增长 26.8%；实现利润 8.2 亿元，同比增长 30.2%；综合经济效益指数 161.1%，同比提高了 7.3 个百分点。

克服了非典疫情等不利影响，实现了生产和效益同步增长。朝阳区经委积极帮助企业开拓市场，深入生产第一线，帮助企业解决原材料、生产运输等实际困难。北京松下彩色显像管有限公司因出现疫情，5 月份停产 15 天，疫情稳定后，企业克服种种困难，6 月份就恢复了正常运转。为战胜非典疫情，政府和企业投入了巨大的人力、物力、财力，但全区工业利润仍然大幅提高。至年末规模企业总资产达到 1084.3 亿元，同比增长 8.9%，其中固定资产净值为 321.2 亿元，同比增长 8.9%。总资产贡献率、资产保值增值率和资产负债率分别为 7.2%、105.3% 和 51.7%，处在较好的水平。全员劳动生产率为 9.2 万元/人，同比提高 32.6%。

加强规划引导，工业结构进一步优化。着重抓了规划引导，明确产业发展和投资导向，完成了《2003～2008 年朝阳区现代制造业发展规划》，初步构建了符合朝阳区工业经济特点的产业结构和格局。工业布局有序调整，产业基地建设已见成效。电子城东区重点工程建设取得重大进展，电子城西区的开发建设粗具规模，并加快了电子城西区北扩进程，金盏现代制造业园区加紧了规划建设步伐，初步形成了北部电子信息产业“金三角”。加快了双桥一带生物医药产业的规划调研，通过政策引导和资源整合，加大对现有生物医药企业的扶持力度，促进生物医药产业的发展。产业结构调整成效显著，现代制造业成为该区工业的主体和支柱，2003 年现代制造业完成工业总产值（不变价）477.7 亿元，同比增长 20.6%，占全区规模工业企业产值的 75.9%。

狠抓安全生产，确保全区安全生产持续平稳。认真宣传贯彻《安全生产法》，进一步落实各级安全生产责任制和防范措施，及时消除安全隐患，为防止重大安全事故的发生，确保两节、两会、节假日期间的安全，除了坚持检查不间断外，全年共组织 4 次安全大检查，查处安全隐患 7100 项，下达隐患整改通知书 126 份，有效排查了安全生产的隐患。重点开展了危险化学品专项整治工作，成立了危险化学品安全评估领导小组，进行《危险化学品安全管理条例》的宣传贯彻和相关的安全评估、危险化学品经营许可证发放工作。

率先在全市启动建设学习型企业工作。制定了《关于建设学习型企业行动纲要(2003年—2008年)》和《学习型企业评估标准》,全力打造学习型企业品牌,推出了北京松下彩色显像管有限公司、京客隆超市连锁集团、朝阳公园开发公司、宫霄大厦等10家有基础、有代表性的创造学习型企业示范典型。 (刘 洪 刘亚晖)

【企业改革】 按照"明晰产权归属,理顺管理体制,转换经营机制,优化组织结构,强化资本管理"的思路,以产权制度改革为核心,以建立现代企业制度为目的,积极稳妥地推进中小企业改革。全区中小企业全年改制393家,其中有限责任公司104家,股份合作制17家,出售1家,兼并33家,破产2家,个体经营4家,关闭144家,其他形式88家。至年底,全区中小企业共完成企业体制改革2392家,改制面达到96.8%,基本完成中小企业产权制度改革。其中农村(集体)企业已完成改制1480家,改制面达99.0%;社区企业完成改制569家,改制面为94.1%;其他部门直属企业完成改制343家,改制面为92.5%。

(韩广路)

【行业发展】 该区670家规模以上工业企业分布在31个行业中。2003年,高新技术产业和现代制造业完成工业产值分别为398.7亿元和477.7亿元,同比增长13.4%和20.6%,占全区规模工业产值的63.4%和75.9%。电子信息业仍然是全区高新技术产业的主力,实现产值293.7亿元,占全区规模工业的46.7%。其中,以汽车为主的交通运输设备制造业实现产值79亿元,同比增长77.5%,净增加产值达到34.5亿元,拉动全区工业产值增长6.6个百分点。都市型工业完成工业产值36.8亿元,占全区规模以上工业产值的5.9%。(刘亚晖)

【技术改造】 是年,全区新开技术改造项目45项,计划总投资4.52亿元,同比增长8.9%。其中非公企业技术改造项目为28项,投资额3.04亿元,分别占全区的62.2%和67.3%;都市型工业项目为27项,投资额2.33亿元,分别占全区的60%和51.6%;印刷行业技改项目为15项,投资额1.35亿元,占全区技改投资总额的29.9%。新医药行业的北京市燕京制药厂总投资2700万元的原料药及针剂车间GMP认证的技术改造项目。都市型工业企业的北京爱慕内衣有限公司年内分两期进行了技术改造,总投资2362万元,建设异地联网管理信息系统、增加生产线14条,并对研发中心进行了改造。北京曲美家具有限公司投资1700万元进行板式家具生产线技术改造项目。 (薛 雷)

【新产品开发】 年内,全区工业共申报新产品研制开发项目34项,总投资额达1.65亿元,投资额同比增长3%。电子信息和生物医药新产品开发持续增长,新产品项目数14个,投资额0.71亿元,分别占全区的41%和43%,其中一些项目填补了国、内外空白。如北京泰德制药有限公司研制开发的国家二类新药氟比洛芬酯注射液采用靶向技术,具有镇痛作用,无成瘾性,产品居国际领先水平。面对非典疫情,医药、化工企业抓住商机,生产适销对路产品。北京海淼新世纪科技发展有限公司研发的"环保型杀菌液及杀菌器",既对人体皮肤有保护作用又能杀灭99%以上的细菌。 (王 欣)

【产品销售】 2003年,全区工业继续保持产销两旺的形势。规模以上工业企业产品销售率为97.2%,产销情况保持较好的水平。非典疫情给企业产品营销工作带来了影响,6月底时企业产品销售率下降到94%。疫情过后,企业组织各种活动,夺回市场、开拓市场,使工业产品销售率在下半年逐步回升,产品销售情况不断好转,年底产成品库存同比下降了1.2%。(刘亚晖)

【重奖优秀企业786万元】 年内,朝阳区召开2002~2003年度工业技术创新总结暨表彰大会,对北京首信股份有限公司、北京天利深冷设备股份有限公司、北京曲美家具有限公司、北京紫竹药业有限公司、北京燕京制药厂等90家企业在技术改造、新产品开发、企业管理、质量认证等方面取得的突出成绩给予表彰和奖励,奖励金额达786万元。这是该区连续第六年对优秀企业给予重奖,累计金额达3886万元。

(王建军)

【为长城站建成卫星电视地面站】 对中国南极长城站的地理位置、气候进行综合分析和模拟试验的基础上,北京市京茂通讯设备厂为中国南极长城站建成了第一套数字卫星电视移动接收系统,并于1月底成功收看到中央电视台节目,解决了世界各国长期以来无法在南极极地成功地收看数字卫星电视的问题。(王建军)

【安全生产连续三年获全国先进】 该区安全生产委员会办公室因在健全安全生产管理体系、强化安全生产监督检查、做好区域重大安全隐患的监控以及建立安全长效机制等方面取得的突出成绩,被国家安全生产监督管理局评为2003年全国安全生产监督管理先进单位,这是该区连续三年被评为全国先进单位。(刘晓红)

【农村电力改革初见成效】 年内,按照《北京市农村电力体制改革验收实施办法》的要求,朝阳区经委、电力管理办公室、供电局、农电管理办公室联合对高碑店乡、楼梓庄、王四营等6个供电营业所的电力改革工作进行了验收。各供电所均建立了规范的抄表收费制度,全面推进了“五统一”、“四到户”和“三公开”等制度,实行了供电服务承诺制,积极开展了安全用电及电力设施保护的宣传活动,逐步建立了较规范的农村电力市场。(邢春生)

海淀区工业

【综述】 是年,全区工业系统面对非典疫情的严峻考验,经济总量仍保持快速增长的良好态势,工业经济结构继续优化,高新技术企业在工业经济中的比重进一步提高。

截止到年底,全区共有工业企业1260个,工业总产值(不变价)6670994.1万元,工业增加值(生产法)1489195.2万元,实现工业销售产值(现价)5568938.0万元,在辖区1260个工业企业中,其中区、无主管和海淀园企业1004家,占79.7%;工业总产值、工业增加值、工业销售产值的比例分别为92.9%、89.5%和93.1%;在1004家企业中,海淀园区企业210家,占20.9%,其工业总产值、工业销售产值和工业增加值的比例分别为94%、93.9%和92.2%，其税金和利润总额分别占93.2%和95.0%；高新技术企业占全区企业总数的90%以上，以电子信息、光机电、新材料和新医药为代表的高新技术企业占85%。其中电子信息、光机电、新材料和新医药行业结构的比例分别为59%、16%、14%。

在辖区内1260家企业中，内资企业1105家，占87.7%，工业总产值(不变价)2911946.2万元，占50.5%；在内资企业中，国有工业企业117家，占辖区内工业企业数的14%，工业总产值(不变价)298468.9万元，占5.18%；集体企业370家，占29.4%，工业总产值(不变价)130528.4万元，占1.96%；股份及其他所有制企业558家，占44.3%，工业总产值(不变价)2462180.0万元，占42.73%；港澳台商投资企业63家，占辖区内工业企业数的5.0%，工业总产值(不变价)3013743.2万元，占45.2%；外商投资企业92家，占7.3%，工业总产值(不变价)863333.2万元，占辖区内工业总产值的12.9%。

是年，继续开展了为纳税人服务活动，进一步简化办事程序，为企业发展营造了较为宽松的投资和发展环境，科技园区招商引资工作取得新进展。全区全面贯彻落实了《安全生产法》，强化监管，落实责任，有效防范了重大生产事故的发生。整顿和规范市场经济秩序工作取得阶段性成果，建立了职责清晰的市场监管和执法体系。有效地遏制了经济领域内的各种违法犯罪活动，维护了企业和消费者权益，保证了市场繁荣稳定和区域经济协调发展。（钱志如）

【企业改革】 截止到2003年底，全区累计完成企业改制2029家。其中：改制为股份有限公司28家；有限责任公司488家；股份合作制企业332家；其他形式1181家。全区企业改制面达到了83.6%。其中商业、建筑、街道系统、区工业公司、校办公司和乡镇企业的改制面都超过了90%。年内，完成了对167家集体企业的清产核资和产权界定，指导完成了19家企业的改制工作。其中：国有企业4家，集体企业15家。在19家改制企业中改制为有限责任公司的14家，股份合作制5家，涉及资产总额共计5.97亿元，参加改制企业职工965人。在国有企业改制中批准了区属第一家兼并企业——海淀区生产资料服务公司兼并方案，涉及资产总额4847万元；在区原有三家水厂整体改制的基础上，组建了北京海淀水务有限责任公司，注册资本金8500万元；指导完成了总投资1500万元的中关村数字物流港有限责任公司改制方案；完成了稻香湖培训中心改制方案，改制后成立了注册资本金达4.4亿元的北京市稻香湖投资发展有限公司。在15家集体企业改制中改制为有限责任公司10家，股份合作制5家，改制企业净资产695.91万元，注册资本869.23万元。（钱志如）

【安全生产】 是年，全面落实《安全生产法》，全区6种非正常死亡事故控制在市政府下达的指标以内，因工死亡人数同比下降了33.3%。年内，全区参加“安全月”活动人数达到18万人次，设置安全咨询站236个，发放宣传材料16万份，张贴宣传画3.7万幅，悬挂横幅2555条，设置宣传园地2974个，安全宣传工作被评为市级先进单位。对全区各街乡(镇)77名兼职安全生产监察员和33名专职检查员进行了全员集中轮训，培训率达到100%。对622名建筑施工企业管理人员和2636名特种作业人员进行了培训考核，为37家企业办理《安全资质认可证》，为60个施工工地办理了《安全许可证》，"三同时"立项5项，已验收2项。全年处理工伤事故43起，结案38起。全年共检查各类生产经营单位3万余家，查出隐患5600多处，90%以上的安全隐患已得到妥善解决。元旦春节、人大政协"两会"和"十一"等重点时期、重点阶段期间组织了全区安全生产大检查，出动人员8179人次、车辆1601台次，检查生产经营单位10758家，发现安全生产隐患2889处，已落实解决了2700余处。安全月期间检查企业8412家，查出隐患1769处，绝大部分已整改。深化安全生产专项整治。年内重点开展了超市和农村集贸市场、重大危险源、危险化学品、电力设施安全隐患、非煤矿山、加油站、铁路道口等20余项集中安全专项整治。共治理无证集贸市场35家，有证集贸市场26家，大型超市71家；对38家旅游星级饭店安全生产状况进行了评查；整治全区高压线下安全隐患12处；对全区72处重大危险源实行了普查和监控；对9家危险化学品生产企业安全生产状况进行评估；对99家危险化学品油气经营企业进行安全验收；对人员密集场所安全整治单位4128个；对全区479家交通运输企业进行了安全专项整治。对翠微大厦消防隐患多次检查协调，通过了市消防局验收，全年共消除区挂账的重大事故隐患19处。（钱志如）

【科技管理与技术创新】 全年共进行工业企业技术改造（含技术引进）新开项目30项，其中引进设备性技术改造26项，自主研发性技术改造4项，总投资额40113万元人民币。其中企业自筹资金25613万元人民币，外汇2615.81万美元。通过技术改造投资，促进企业规模化发展并带动了就业。北京恒有源科技发展有限公司致力于研制与开发利用可再生能源，其主导产品中央液态冷热源系统受到了国际和国家有关部门的高度重视。截止到2003年，该系统已获得各项专利32项，其中国内发明专利8项，国际发明专利3项。公司发明的单井抽灌技术处于国际领先水平。国家有关部委和北京市政府大力支持推广应用该系统并将其列入"国家重点新产品"、"北京市重大科技成果"等10余项支持推广计划。2003年北京恒有源科技发展有限公司实现销售收入6013万元，利润1022万元。

加强乡镇企业厂、学、研的联合，促进技术进步实施名牌战略。是年，永大机电设备制造有限责任公司与北京机械工业学院"板式换热器板片成型生产线关键技术研究"、北京东升电焊机厂与北京工业大学"CO_2气体保护焊机焊接技术研究"、北京东升砂布实业公司与北京工商大学"耐水砂纸黏结剂的改性技术研究"等三个项目实现了对接，得到市局科研项目资金支持。实施"彩虹工程"，充分利用院校的科技优势、人才优势，解决乡镇企业发展当中的重点和难点问题。乡镇企业全年研发具有自主知识产权的新产品11项。其中：具有国内领先水平的8项，国际领先水平的3项。投资总额5454万元，可实现销售额17050万元，利税4835万元，创汇6万美元。全年18家企业通过了ISO9000质量体系认证，其中7家企业已通过了2000版的转版。北京恒有源科技发展有限公司获农业部、北京市乡镇企业创名牌重点企业称号。（钱志如）

【人才培养与队伍建设】 年内，完成了对乡镇系统不具备规定学历的建筑、财会、经济、机械、电气等专业人员251人的培训考核工作；完成了北京孚曼生物技术有限公司“纳豆激酶的非临床试验研究”、北京华旗资讯科技发展有限公司“台北大陆电脑市场研讨会”、北京东方正通科技有限公司“北京市应急指挥系统建设”等10家企业的“2003优秀人才专项经费资助”申报工作，其中北京市美髯公科技发展有限公司、北京市双鹭药业股份有限公司、北京市金盛怡科技有限公司、北京市天地德科技有限公司和北京市金山顶尖科贸有限公司等5家企业获得优秀人才培养专项资助15万元；完成了乡镇企业312名初、中级专业技术职称申报材料的评审工作，其中中级职称100人、初级职称212人。（钱志如）

【减轻企业负担】 年内，制定了《2003年海淀区减轻企业负担工作指导意见》和《2003年海淀区减轻企业负担重点抽查办法》；组织举办了全区学习贯彻《中小企业促进法》报告会；制定了《关于建立海淀区中小企业服务体系的意见》；全年走访重点企业189家，建立了与重点行业、重点企业的定期联系制度；在全区范围内开展了减轻企业负担检查工作，全年共出动检查人员190人次，重点检处违规收费的道路集资、市政广告、乱培训办班、报刊杂志摊派等7个问题。被检查单位40个，查处对企业的不合理收费91200元并对责任人做了全区通报批评的处理；编写了《海淀区减轻企业负担工作指南》等。该区企业减负工作通过了国务院减负办和北京市的检查验收。（钱志如）

【企业管理与创新】 2003年，东升乡蓟门公司在17个企业中全面推行了企业人事、劳动、分配三项制度改革，建立了管理人员竞聘上岗，能上能下；员工择优录用，能进能出；收入分配与企业效益、岗位职责挂钩，能增能减的激励与约束机制和考核与培训体系。通过改革，改变了干部、员工在计划经济体制下所形成的陈旧观念，促进了公司员工劳动生产力的解放，增强公司活力，经济效益、经济运行质量、员工整体素质和劳动报酬都明显提高。区经委据此整理成文的《蓟门公司推进三项制度改革促进地域经济跨越式发展》荣获北京市企业管理现代化创新成果二等奖。（钱志如）

【教育培训】 年内组织召开了各（乡）镇主管教育培训工作人员会议，制定了《2003年海淀区工业系统职工教育培训指导意见》。2003年完成了对乡镇企业经营者、企业管理人员和职工的培训，总人数共计18843人。经有关部门组织考核验收，分别取得了绿化工、育苗工、物业管理、电工、焊工、司炉工、厂长经理等各种培训合格证书。（钱志如）

【园区和专业村建设】 是年，进一步改善投资和发展环境，加大招商引资力度，仅中关村电脑节期间就签订招商项目211个，签约金额共计789.68亿元。中科纳米、安泰科技（二期）、大唐电信等高新技术企业已入驻永丰产业基地，投资总额累计13.1亿元，总占地面积21.16公顷。高新技术企业的入驻和投产，提升了全区现代制造业的整体产业化水平。是年，乡镇企业二次创业，作为市65家重点乡镇工业园区之一的四季青四佟文化科技产业园，年内新引进企业15家，入园企业累计86家，新增基础设施投入980万元，园区内金四季购物中心已于10月开业，投资6000万元的科技会馆主楼即将建成。全区乡镇工业园共引进1000万元以上大项目5个，引进资金1.49亿元。有乡镇工业小区5个，占地面积6188亩。二、三产业专业村21个，从事二、三产业农户14674户，占专业村农户总数的86%。全年工业企业技术改造、技术引进新开项目28项，其中4个技术改造投资项目入选北京市工业发展资金项目备选库。技术改造投资总额3.9亿元。（钱志如）

【乡镇企业和区属工业稳步增长】 年内，区属工业和乡镇企业共实现销售收入113.1亿元。其中：区属工业实现销售收入29亿元，同比增长9%；工业增加值6.2亿元，同比增长4.9%，出口交货值1.04亿元，同比增长12.8%。乡镇企业营业收入完成84.1亿元，同比增长9.8%，增加值17.4亿元，同比增长10%，主要经济指标总体平稳增长。（钱志如）

【落实优惠政策企业获得扶持资金】 年内，利用市区扶持企业发展的有关优惠政策，相关企业获得市政府各项扶持资金共计1320万元。其中：北京中关村开发建设股份有限公司混凝土分公司等4家企业申报资源综合利用项目，获得了减免增值税和所得税共计1000万元；北京亿阳信通软件研究有限公司投资2150万元的“软件电信大客户综合管理系统”技改项目，获得政府贴息120万元；二十一世纪空间技术应用股份有限公司投资5100万元的“多种遥感数据处理软件支撑平台”技改项目，获得政府贴息200万元。（钱志如）

【电力行政管理】 是年，成立了海淀区电力设施保护领导小组，制定了《海淀区开展危及首都电网安全运行隐患专项整治工作实施方案》、《海淀区农村电力体制改革验收办法》；共组织开展了4次全区范围内电力设施安全隐患的整治工作，完成了60余处隐患的治理；全区农村11个乡镇、1个农场，99个行政村全部通电，实现一户一表率为100%；实现“四到户”村比例100%；实现统一电价后减轻农民电价负担1272.7万元；完成了第二期农网改造总投资5238万元，工程涉及农户32905户，分装更换变压器175台，新建村配变台区175个，新建10千伏线路57公里，改造10千伏线路132公里。（钱志如）

【对口支援与经济协作】 自1997年开始至2003年，海淀区已连续7年对内蒙古自治区察右前旗进行对口帮扶工作。该区先后为察右前旗无偿提供帮扶资金与物资共计500余万元，用于支持该旗发展农田水利基本建设、畜牧业、乡村道路建设、教育事业、科技卫生等。年内，落实了对口支援资金100万元。于春节期间赴该旗进行了慰问和送温暖活动，捐助资金10万元及价值7万余元的棉衣、棉被、食用油等物资。同时，加强区域内企业与外省市的经济交往，为本区的195家企业在外省市设立办事处等机构提供服务。（钱志如）

主要产品名录

产品名称	2003年产量	计量单位	生产厂家
离合器、水泵、机油泵	120	万件	北京市碧华汽车附件有限公司
汽车自动离合传动系统	35.9	万套	北京四季青汽车液压件厂

产品名称	2003年产量	计量单位	生产厂家
面粉、大米及其制品	25000	吨	北京粮油食品有限公司
箱式密封车、保温车、冷藏车	580	台	北京北铃专用汽车有限公司
离心、轴流风机	8000	台	北京风机二厂
绅士牌服装系列产品	200	万件	北京绅士服装有限公司
高低压开关设备、组合箱式变电站	2300	台	北京龙源开关设备有限责任公司
电力屏及各式异型机柜	3000	台	北京汇通诺尔机电公司
开关、插座	62.3	万套	北京东升塑料电器厂
铁芯、电力变压器	92100 8900	套 台	北京东升铁芯厂
行程开关	24.8	万件	北京第一机床电器有限公司
砂布 砂带 砂盘等	250 600 370	万张 万平方米 万件	东升砂布实业公司
音像、家电、计算机等塑料配件	32	万件	北京西山塑料制品厂
中央液态冷热源环境系统	100	万平方米	北京恒有源科技发展有限公司
有色金属铸造及加工	10	万件	北京市海淀区燕西金属铸造厂
计算机、显示器、移动存储器	150	万台(件)	北京市华旗资讯科技发展有限公司
软件	150	万件	北京博彦科技发展有限公司
锅炉通引风机等	50	万台	北京西山风机有限公司
电焊机	2000	万台	北京东升电焊机厂
旋风除尘器、脱硫除尘器	2500	台	北京西山除尘器厂
通风机系列产品	2500	台	北京当代复合材料有限公司

丰台区工业

【综述】 是年，丰台区共有工业企业1076个，职工93630人，全年实现工业总产值172.25亿元，同比增长12.6%。其中，城镇工业完成产值3亿元，比上年增长228.9%；农村工业完成产值10.8亿元，比上年下降20%。在工业总产值中，三资企业完成产值55.5亿元，比上年增长19.3%。全区工业企业实现增加值52.25亿元，比上年增长14.2%；实现产品销售收入176.84亿元，比上年增长15.5%；实现利润11.42亿元，比上年增长52.4%。

全区337家规模以上工业企业实现工业总产值（不变价格）162.34亿元，比上年增长13.1%；实现工业增加值49亿元，比上年增长12.7%；实现产品销售收入167.45亿元，比上年增长16.7%；实现利润11.65亿元，比上年增长52%。规模以上工业企业完成的产值占全区工业总产值的99%，其增加值占全区增加值的94%，产品销售收入占全区产品销售收入的95%，实现利润超过全区实现利润总额2%。

中关村科技园丰台园区工业企业完成工业总产值44.89亿元，比上年增加8亿元，增长21.8个百分点，占全区规模以上工业企业新增工业总产值的44%，充分显示了园区工业对区域经济的拉动作用。

全区加大技术改造投资力度，继续用高新技术改造传统产业，促进企业的产业结构调整和产品的优化升级，推动全区工业经济的发展。年内共审批技术改造项目33项，比上年增加15项，总投资2.36亿元，比上年增长34%。其中建材类企业投资1.28亿元，占投资总额的54%；印刷行业投资0.46亿元，占投资总额的19%；其他类企业投资0.62亿元，占投资总额的26%。总投资2.36亿元中，除北京洁丰石灰厂石灰窑体设备改造项目向银行贷款200万元外，其余均为企业自筹。

全区工业10个重点行业中，完成工业总产值前五名的是：机电产业63亿元，基础产业45.5亿元，汽车及零部件制造业37.5亿元，都市产业21.2亿元，电子信息产业6.73亿元，分别占全区工业总产值的35.7%、25.8%、21.2%、12%、4%。中关村科技园丰台园科技创业服务中心（北京IBI）积极培育、扶持高新技术企业，在孵企业中，信息技术企业占32%，光机电一体化企业占20%，生物医药企业占8%，环保企业占7%，新材料企业占6%，其他企业占27%。

在非典疫情期间，区委、区政府发挥区域内医药卫生系统单位与企业的多渠道、多形式的采购作用，实现全区防治非典物资保障工作。督导工业企业严格控制人员的外出和流动，协调解决企业在物资保障、交通运输、职工生活、人员出差等方面的困难。在全区工业系统人员的共同努力下，取得了抗击非典和经济效益增长的双胜利。1～6月，全区工业总产值实现68.85亿元，比上年同期增长19.5%；工业增加值实现23.77亿元，比上年同期增长17.2%；产品销售收入实现64.85亿元，比上年同期增长10.6%；利润总额实现2.4亿元，比上年同期增长15.7%。（姜新华　武莎莉）

【丰台园科技创业】 2003年，中关村科技园丰台园科技创业服务中心（北京IBI）配合“总部基地”建设，培育、扶持高新技术企业。北京IBI孵化器网络在孵企业共计610家,全年新入驻企业224家。在孵企业全年技工贸总收入68亿元,比上年增长33%;创造税收2.1亿元,比上年增长36%;为社会提供就业机会7500余个,比上年增长25%。北京IBI不断完善服务体系建设,提升孵化服务水平,被科技部评为"实施火炬计划十五周年先进高新技术创业服务中心",继续保持"首都精神文明单位标兵"荣誉称号;并被授予"2003年度孵育业绩最佳奖"。随着赛欧孵化中心二期、建科兴达孵化中心二期工程在基地内的建成,IBI新拓展孵化面积3.9万平方米。丰台园孵化器网络规模达到12.04万平方米,孵化规模列全北京市之首。（武莎莉）

【资源综合利用】 年内对全区24家资源综合利用认证企业中的19家企业进行了认证工作。24家资源综合利用认证企业全年共利用粉煤灰603405吨,钢渣485243吨,尾矿石82652吨,炉渣63091吨,煤矸石38000吨,废弃聚苯乙烯342.3吨。实现产值76795.64万元,实现利润11208.62万元。（武莎莉）

【招商引资】 年内,区委、区政府加大基础设施的投入,改善全区投资发展环境。继成功举办"新世纪丰台展览"后,又相继举办了第二届丰台花卉节、首届大红门服装商务节及首届长辛店梨枣节。全年新增企业5300家,其中注册资本千万元以上的企业100家;新引进外资企业49家,投资总额1.82亿美元,注册资本9612万美元,同比分别增长179%和68%。全区累计招商外资企业164家,投资总额累计达3.84亿美元,注册资本累计达2.3亿美元。外资企业全年实现销售收入32.5亿元,实现增加值18亿元,上缴税金7亿元,实现出口供货额11亿元。（武莎莉）

【电力设施保护专项整治】 区经贸委按照《电力法》、《电力设施保护条例》和《安全生产法》,开展专项整治工作。成立了丰台区保护电网安全专项整治工作组,制定出专项整治工作计划及《关于清理整顿高压线路下违章建筑物保护电力设施消除安全隐患的实施意见》。组织有关部门协调处理了因丰台区云才灰石厂的爆破采石作业危及到昌平至房山500千伏输电线路途经长辛店镇太子峪村的147号塔位和输电线路的安全问题。并与北京市供电公司等部门对一类43处重点整治对象进行了现场实地的调查。全区清除电网安全隐患14处,其中对一类隐患10处,二类隐患1处,三类一般隐患3处。共清除木材700多立方米,拆除平房60多平方米,拆除违章建筑物5000多平方米。（姜新华）

【丰达水泥厂机立窑生产线关闭】 2003年12月31日,北京市大灰厂丰达水泥厂机立窑生产线关闭。该厂建于1986年,是丰台区长辛店镇唯一年收入超过5000万元的村办集体企业,拥有固定资产5670万元,职工676人,年生产水泥30万吨。为首都环境治理,丰台区委、区政府多次召开协调会,反复研究关停方案,稳妥解决当地干部、职工的生活问题,于年底关闭生产线。（姜新华）

石景山区工业

【综述】 2003年底，石景山区共有工业企业430家，实现工业总值现价422亿元，比上年增长23.8%；实现增加值98.6亿元，比上年增长19.9%，对经济增长的贡献率达到83.1%，占地区生产总值比重为71.2%，实现利润12亿元，比上年增长2.2倍；上缴税金26.4亿元，比上年增长27.1%。全年工业企业经济效益综合指数达到126.8个百分点，比上年提高16.8个百分点。

工业行业结构逐步调整，民营科技企业迅速发展。全区工业企业涵盖了32大类，208小类。电子、汽车支柱行业地位上升占一定比重，合成材料、新型建筑材料、生物新医药、电子计算机、精密仪器仪表等新兴高技术行业有所发展，一些传统行业比重下降，行业结构正在由初级化向高级化发展。年内，全区科技产业完成收入22亿元，增加值6.3亿元，税收1.2亿元。

发展区域经济，提高引资质量。以折子工程为重点的区域经济发展项目进展顺利，特钢厂实施整体开发，对区资源进行整合，初步完成4个产业的厂区规划；首特孵化器运行良好，与湖北远东公司合作生产的以镁合金为原材料的新型自行车项目已经正式投产上市；汽车园规划24万平方米，招商进展顺利，宝来、铃木、奇瑞、雪铁龙等12家品牌汽车专卖店入驻区内，已经开业或正在建设。2003年，全区引进的规模企业16家，注册资金3.6亿元；累计引进112家，注册资金36亿元。其中72家开始经营，上缴税金1.5亿元；全年实现税收1.8亿元。

中小企业改革不断深化，改制目标基本完成。是年，国有、集体企业改制工作取得新进展。长青公司、塑料八厂改制顺利完成；军宏储运部进入改制程序，进展顺利；弹簧厂在为改制作前期准备；集体企业改制难点的古龙集团破产进入程序，资产进行两次拍卖，共变现资金840万元，近400名在职及退休职工的情绪稳定，确保了破产工作的进展。计划改制企业92家，其中国有5家企业已经全部完成改制；集体企业87家，80家已经完成，剩余7家也基本进入改制程序。

加强企业服务体系建设，优化政府服务环境。2003年7月10日，该区召开优化政府服务环境促进经济发展大会，对首钢等26家企业进行了奖励，并出台了《关于优化发展环境，促进中小企业发展意见》和《石景山区支持重点企业和新增企业的办法(暂行)》。政府优化环境，提高效率，更好地服务企业，切实把为企业服务落到实处。

(石景山)

门头沟区工业

【综述】 全区有工业企业356家，规模企业82家，拥有固定资产29.9亿元，年职工平均人数36690人。全年在地工业企业实现工业总产值41.15亿元，比去年同期增长8.4%。其中，区属工业企业完成产值27.29亿元，于上年同期相比增长15.67%；

中央市属工业企业实现总产值13.86亿元,同比下降3.54%。在区属工业中,城镇工业完成产值9.21亿元,比去年同期增长13.62%;乡镇工业完成产值10.42亿元,于上年同期相比增长10.26%;石龙工业区完成产值7.65亿元,比去年同期增长26.92%。实现销售收入35.6亿元,比去年同期增长7.48%;其中:城镇工业完成6.9亿元,比去同期增长9.5%,乡镇工业完成4.7亿元,比去年同期下降11.3%,石龙工业完成6.8亿元,比去年同期增长27.1%。

区属企业全年完成引进重组企业4家,全部完成破产程序企业12家,北京人民轴承厂和北京东方机械厂两家划转企业的改制工作进展顺利。全年实现工业总产值(不变价)35343万元,比上年同期增长14.7%;实现工业总产值(现价)40036万元,比上年同期增长16.2%;实现工业增加值9990.9万元,比上年同期增长18.9%;实现销售收入31958万元,比上年同期增长10%;利润比上年同期减亏867万元,减亏幅度达33.6%。全系统人均劳产率为23557.9元/人,比上年同期增长34.7%;职工年人均收入达到12178元,比上年同期增加了2312元,增长23%。系统内所有企业历史拖欠药费问题全部解决。

石龙工业开发区启动二次创业,共引进征地建厂企业8家,征地面积112.9亩,项目计划投资2.68亿元;引进注册企业127家,比上年增加79%,注册资金总额达7亿元;整合企业4家,累计盘活资金25045.6万元,盘活土地266.1亩,其中生产、办公建筑面积45485.4平方米。整合企业中,以承租的方式为安普公司引进北京联铁科技有限公司,盘活闲置厂房750平方米;通过法律形式盘活企业3家,其中以拍卖形式实现沃垦劳动就业集团整体转让,引进北京市委所属歌华有线广播总公司门头沟分公司;以拍卖形式盘活亚华建筑材料有限公司,引进经济实力较强的民营企业北京东方巨龙工贸有限公司,该企业计划投资1亿元,将亚华公司原址改扩建为我区南城最大的会展娱乐中心;以管委会竞拍回购形式盘活美厨食品有限公司,计划一年内实现新企业入驻。北京精雕科技公司数控基地一期工程、北京万辉——双鹤药业有限公司厂房建设和设备安装两项工程均已完成;北京羚锐卫生材料有限公司已投入试生产。石龙高科技园四期征地基础设施建设顺利完工。年内,实现技工贸总收入962.3万元,上缴税金77.9万元,呈现出良好的发展势头。

区乡镇企业完成总收入41.8亿元,同比增长18%;实现利润总额3.72亿元,同比增长17%;完成工业总产值12.1亿元,同比增长21%;完成出口供货额1.03亿元;为农民提供的直接收入4.2亿元;完成生产性固定资产投资2.5亿元。全区专业村新上建设项目6个,完成固定资产投资及基础设施投资7980万元。其中;冯村四五条煤矸石砖生产线,投资近2500万元。截止到12月底,完成重组引进项目5家,分别为永定镇的北京石龙混凝土搅拌股份有限公司、北京君峰塑钢门窗有限公司;龙泉镇的东方龙泉装饰砖有限公司、龙泉华泰制砖有限公司;王平镇的北京瑞宝建筑材料有限公司。共完成投资14150亿元。万隆工业小区不断加大投资力度,全年累计完成基础设施建设投资2000万元,引进千万元以上规模企业3家,投入资金4050万元。小区年实现总收入将突破3亿元,利润总额5000万元,分别比去年同期增长29.1%、33.4%。 (赵明文)

【标准化厂房开工建设】 8月29日，石龙工业区创业中心一期多层标准化厂房正式开工建设。主体建筑为5层框架结构，水、电、汽、热等设施齐备，楼层结构均为通体大开间对称设计，既可以整体使用，也可适当分割，可满足不同企业的使用要求，为中小企业创业、创新提供场所。该工程总投资为960万元，建筑面积8000平方米。（刘秀英）

【引进重组】 为扩大经济发展总量，优化企业资产，年内完成4家企业的引进重组工作。其中：中门寺水厂引进北京高悦大陆食品有限公司，双方进行资产重组，北京高悦大陆食品有限公司投入250万元用于扩大企业生产规模，年内投入正常运营；华都矿山公司充分利用企业闲置厂房和设备，引进北京韩美华有限责任公司进行合作；平西制衣厂引进南丁格尔服装集团开展合作，利用厂房和设备吸引对方投资，南丁格尔全部接收企业职工，年内已投产；北京国利集团入驻人民轴承厂工业园区已签订协议。（李少东）

【再就业工作】 4月，再就业园区生产基地50个大棚已全部投产使用，总投资580万元，从事各种蔬菜种植和食用菌养殖。园区利用培训基地先后培训下岗失业人员280多名。目前园区已按计划培训并安置下岗失业人员150多人实现就业。至此，整个再就业工作已安排下岗失业人员近300人实现就业，园区的培育、孵化、创业功能开始发挥作用。（李少东）

【万佛砖厂第二条生产线投产】 总投资360万元的万佛砖厂第二条生产线经过近6个月的建设，于3月18日建成。3月28日举行了生产线投产剪彩仪式。第二条生产线的建成，使企业扩大了生产规模，提高了生产能力，不仅解决了48名下岗职工和农村富余劳动力的就业问题，同时也实现了两条生产线同时运转，使企业达到了年产1亿块标砖的生产能力。（李少东）

【安全生产工作】 在深入宣传和贯彻执行《安全生产法》的基础上，进一步加大安全检查工作力度，全年共组织了6次大规模的全区安全联合大检查，检查企业528家，发放整改通知62份，封堵非法采矿2家。全年共培训职工4072人，召开安全例会12次，并做好安全宣传月活动。年末，门头沟区安全生产委员会荣获了北京市和全国的安全生产先进单位称号。（李少东）

【开发区通过AAA等级认证】 年内，开发区获得了金融系统AAA信用等级认证，通过此项认证，现已同中国经济技术投资担保公司北京分公司、北京国际投资有限公司、首创投资担保中心及区内外各商业银行等机构达成金融服务投资意向，成功地为北京大源非织造布有限公司技术改造项目融资900万元，为羚锐公司协调融资300万元，为意高公司协调融资100万元。（刘秀英）

【发展农产品加工企业11家】 是年，该区共确定农副产品加工企业11家，分别是龙泉镇龙泉乳品公司、九元食品厂、物华园农副产品加工厂、永定镇的京西育盛养殖场、妙峰山的绿纯蜂业养殖场、清水镇峪岭资源加工厂等9家区级企业；碧琨种植中心、石龙汇利两家市属企业。全年可实现收入4481万元，同比增长182.7%，带动农户7473户。（刘秀英）

主要产品名录

产品名称	2003年产量	计量单位	生产厂家
水泥	52.5	万吨	北京新港水泥制造有限公司
轴承制造	55	万套	北京人民轴承厂
水刺无纺布	3757.3	吨	杜邦—大源非织造布有限公司
计量表	37	万只	北京富根智能电表有限公司
全自动电热水器	9144	台	北京市宏华电器有限公司
人造金刚石	1487	万克拉	北京市门头沟区城子金刚石厂
煤矸石烧结砖	12000	万块	北京海琨建材厂
破碎机	689	台	北京市人民华都矿山机械有限公司
水泵	2671	台	北京城西龙泉水泵厂
酱油、醋	7432	吨	北京溢香斋酿造厂
粗纺针织绒线	56.4	吨	北京埃姆毛纺有限公司
生产精雕机	1953	台	北京精雕机电系统研究中心
液压和气压动力机械及元件制造业	55	台	北京无极液压工程有限公司
服装	52.3	万件	北京石龙丸信服装有限公司
煤矸石标砖、多孔砖	3849	万块	北京万佛建筑材料有限公司
牛奶	7920	吨	北京龙华牛奶厂
电缆托盘	288.9	吨	北京九龙业电缆桥架有限公司
皮鞋	8.8	万双	北京皇家鞋业有限公司
其他印刷品	12.6	万对开色令	北京世纪兴业印刷有限公司
汽机油润滑油	5064	吨	北京长城奔油脂化工产品装配厂

通州区工业

【综述】 年内，通州区域工业共有企业1600余家，完成工业增加值38亿元，比上年增长28.2%；完成现价工业总产值157.5亿元，比上年增长24.5%；完成销售收入163.2亿元，比上年增长23.8%；实现利润8.5亿元，比上年增长30.1%；工业上缴税金共计 9.5 亿元,比上年增长 23.9%;实现产销率 95.4%;比上年增长 0.5 个百分点。

加强工业园区基础设施建设,推动工业经济快速发展。光机电一体化产业基地、通州工业开发区、国家环保产业园区、聚富苑民族工业区、漷县工业区、食品工业园区等已成为通州工业和通州经济新的增长点。首规委新批工业用地 20.77 平方公里。银政合作方式融资 7.5 亿元,到位 2.3 亿元,吸引社会资本投入基础设施 1.8 亿元。共有 123 个项目进入施工阶段,其中 31 个项目实现当年签约、当年开工、当年投产。

招商引资工作促进经济总量提高。全区共引进 1000 万元以上项目 96 个,其中亿元以上投资项目 22 个,投资总额 77.4 亿元人民币,到位资金达 12 亿元人民币,资金到位率为 15%,单体投资规模达到了 8064 万元。引进项目的数量和质量都好于上年。资金到位率比上年同期高出 7 个百分点。全区完成固定资产投资额 24 亿元,竣工项目 54 个,其中技改竣工项目 18 个,竣工项目完成投资额 7.0 亿元。

推进企业产权制度改革,促进经济发展。共审批破产企业 14 家,累计完成 126 家,化解不良资产 16 亿元,核销银行呆坏账 25 亿元,转换职工身份 6500 人。

工业企业技术改造促进了传统产业的优化升级。全区共计完成技术改造项目 18 个,完成投资 2.27 亿元,比上年增长 33.5%。积极争取北京市工业发展资金的支持,通州工业开发区污水处理厂项目获得 200 万元的货款贴息,北京甘李生物制药项目获得 80 万元科技开发拨款资金,光机电一体化产业基地取得贷款贴息 1429 万元。

安全生产管理,举办培训班,培训企业经营管理者和职工计 6000 余人;开展 5 次全区性安全生产大检查,组成检查组 142 个,共检查企业 4136 个/次,消除事故隐患 2890 处。强化《安全生产法》的宣传教育,共有 150 多家企业参加了上街宣传活动。开展危险化学品专项整治,对 256 家生产、经营、储存企业进行专项检查,规范了现场管理。

加强行业管理,规范市场经济秩序。以加强电力设施保护为重点,组建了群众护线组织,全区共有护线队员 4830 名。以推广使用低硫煤为重点,在农村建立了 8 个低硫煤配送中心,以成品油监督管理为重点,开展创建“五好”加油站活动。提高了成品油流通企业管理水平,北京通州九棵树加油站等 21 家加油站获得“五好加油站”称号。

(刘景泉)

【固定资产投资】 年内,区属工业固定资产投资 239784 万元,比上年增长 53%。工业固定资产投资项目竣工 54 个,完成投资额 70783 万元。新增产值 404962 万元,新增利润 44199 万元。完成工业技术改造投资 23930 万元,完成技改项目 18 个,新增产值 48500 万元,新增利润 4751 万元。

(刘景泉)

【招商引资】 年内,全区共引进 1000 万元以上项目 96 个,投资总额 774238 万元。其中亿元以上投资项目 22 个,项目平均单体投资规模 8064 万元。到位资金 12 亿元,资金到位率 15%,比上年同期增长 7 个百分点。北京市光机电一体化产业基地引进北京现代摩比斯变速器有限公司等 7 家企业入驻基地,协议投资总额 35.3 亿元。其中外商投资企业 5 家,协议投资总额 3.7 亿美元。北京现代摩比斯变速器有限公司实现了当年签约、当年建设、当年投产。其他企业全部当年签约、当年开工建设。

（刘景泉）

【30家企业进入市乡镇企业百强】 年内，通州区30家企业进入北京市乡镇企业百强行列。其中，北京市东亚铝业有限公司、北京市恒聚油田化学剂有限公司等6家企业进入市乡镇企业营业收入百强行列，京洲企业集团、宋庄铸造厂等9家企业进入市乡镇企业利润总额百强行列，北京市东方叶杨纺织有限公司、美采机电有限公司、宝佳制衣（北京）有限公司等15家企业进入市乡镇企业出口产品交货值百强行列。（刘景泉）

【市光机电产业基地建设】 年内，北京市光机电产业一体化基地基础设施建设取得好成绩。共修建道路4条，总长度3550米，全部安装了夜间照明设施。市政工程新建上水管线5170米，中水管线1540米，雨水管线7492米，污水管线3860米，电缆沟槽2220米，电信管道1800米，燃气管线1100米，有线电视管线2860米，电力穿缆10500米，电缆、光缆迁改5640米，垫土方156000立方米。（刘景泉）

顺义区工业

【综述】 是年，全区工业企业累计完成工业总产值442.6亿元，同比增长89.5%；实现销售收入425.7亿元，同比增长74.1%；实现利润总额43.6亿元，同比增长233.3%，完成工业增加值91.4亿元，同比增长82.3%。2003年区域工业经济运行的主要特点：

克服非典影响，骨干企业表现突出。非典期间，多数骨干企业经受住了风雨的洗礼，空港工业区5月份经济运行平稳，工业区内没有出现一家停产或半停产企业。区内的爱立信、松下等骨干公司在5月份共生产手机80.3万部，同比增长1.1倍。顺鑫农业准确把握商机将洁净无污染的生菜大批量供应市场，受到消费者欢迎。现代汽车公司研制出带有空气净化装置的新车型，受到市场认可，在5月份首次突破月产5000辆大关。实现月产5058辆的好成绩。燕京啤酒集团在非典结束后，抓住有利时机，调整思路，加大营销力度，巩固了在北京市场的优势地位，全年实现啤酒产量218万吨。

规模以上工业企业生产快速增长，效益水平不断提高。全年规模以上工业完成工业总产值376.8亿元，同比增长91.2%；完成销售收入361.6亿元，同比增长73.7%；实现利润总额38.0亿元，同比增长308.6%。若扣除现代汽车公司贡献，规模以上工业完成工业总产值280亿元，同比增长43.8%；完成销售收入273.9亿元，同比增长32.8%；实现利润总额16.4亿元，同比增长70.8%。规模以下工业企业经济总量大幅增长，经济运行质量良好。全年全区规模以下工业完成工业产值65.8亿元，同比增长80.8%；完成销售收入64.1亿元，同比增长73.7%；实现利润5.6亿元，同比增长47.4%。其中，镇村私营个体经济发展势头喜人，1～12月累计完成工业总产值33.1亿元,同比增长27.8%;完成销售收入31.6亿元,同比增长26.6%;实现利润2.8亿元,同比增长18.2%。

汽车制造、电子等新兴行业工业生产和效益指标大幅增长,是区域工业经济高速发展的主要推动力。全年,汽车制造业和电子通信设备制造业共完成工业总产值252.3亿元,占全区工业总量的57.0%,同比净增164.5亿元,拉动全区指标增长70.5个百分点;实现销售收入236.3亿元,占全区总量的55.5%,同比净增139.6亿元,拉动全区标增长57.1个百分点;实现利润总额31.4亿元,占全区工业总量的72.0%,同比净增27.9亿元,拉动全区指标增长213个百分点。

市场竞争力强、规模大、效益好的优势企业大批涌现,带动区工业经济整体实力和素质跨越式发展,提升了顺义工业的区位品牌形象。全年全区工业销售收入超5000万元的企业51户,合计实现销售收入328.1亿元,占全区总量的77.1%。其中超亿元的企业25户,实现销售收入310.4亿元,同比增长90.3%,占全区总量的72.9%;超5000万元的企业有26户,实现销售收入17.7亿元,同比增长18.9%,占全区总量的4.2%。

工业区作用更加突出。全年空港工业区累计完成工业总产值169.5亿元,同比增长59.3%,占全区总量38.3%;实现销售收入154.9亿元,同比增长38.4%,占全区总量36.4%;实现利润10.6亿元,同比增长158.5%,占全区总量的24.3%。林河工业区累计完成工业总产值101.7亿元,同比增长18.5倍,占全区总量23.0%;实现销售收入94.1亿元,同比增长18.6倍,占全区总量的22.1%;实现利润21.7亿元,同比净增22亿元,占全区总量的49.8%。

(董昌国)

【企业改革】 2003年,全区破产企业12家,涉及债务约1.3亿元。其中新完成改制企业共有5家,分别是顺安精细化学品有限公司、裕成服装有限公司、牛栏山水泥厂车队、顺华汽车修理厂和金普工贸公司。此外,顺达肯特木器公司、十月酩酒业公司等5家企业进入破产程序。全区累计88家企业实现破产,涉及总资产约4.4亿元,核销债务约13.57亿元(均不包括化肥)。

(董昌国)

【企业技术进步】 2003年,全区工业企业计划实施技术改造项目65项,计划完成投资额9.74亿元,实际完成投资额9.43亿元,比上年增长27.3%。其中,结转项目18项,完成投资额2.92亿元。新开项目47项,完成投资额6.51亿元。区域重点企业燕京啤酒股份有限公司的茶饮料生产线、灌装线技改工程、燕京生物科技园制瓶线技改工程、第十五包装车间技改工程以及南厂二动力锅炉房技改工程全部竣工,累计完成投资1.74亿元。顺鑫农业股份有限公司实施的建立新药研发及中药液体制剂车间全部竣工,共完成投资0.24亿元。林河微电子产业基地项目全部竣工,完成投资3.6亿元。镇企业实施技术改造,全年共实施技改工程49项,完成投资额2.3亿元,同比增长21.1%。 (董昌国)

【企业资源利用】 2003年,全区共有22家新企业进行“资源综合利用企业”的申报认定。共有21家企业通过了认定,其中有14家企业的35个项目首次获得认证,全区被列入“资源综合利用企业”累计达到60家。

(董昌国)

【汽车城建设】 全区共有19家汽车零部件企业入驻顺义区,总投资额为18.03亿元。现代汽车厂区建设工作进展顺利,投资24亿元的生产线一期5万台生产能力改造工程全部完成。总投资20.3亿元的二期扩建工程全部完成并投入生产,其中包括完善伊兰特车身生产线技术改造项目、新增5万台发动机生产线项目、研发中心公用设施项目和厂房基建等。汽车城相关配套企业摩比斯发动机厂、延峰伟世通空调、世钟汽车配件有限公司全部投产。北京汽车制造厂有限公司厂房开工建设。

(董昌国)

【企业技术研发】 燕京啤酒技术中心完成国家重点技术创新项目“绿色国产啤酒大麦生态产业链基地建设与关键技术开发”申报工作,与中国食品发酵研究所共同开发了固项微萃取技术,使啤酒风味成分的分析从原来的9种提高到现在的18种,提高了啤酒的微观控制水平。 (董昌国)

【工业区建设】 2003年,北京天竺出口加工区二期建设0.657平方公里的海关监管设施和各种基础设施建设已全部到位,与一期建设连为一体。按照规划,出口加工区将建成北京市高新技术产业先导区、出口创汇重点区和加工贸易管理示范区。赵全营工业区正式更名为空港工业区C区。南彩镇彩源工业区列为林河工业区B区。林河工业区着手进行B区的发展规划、招商引资、市政建设、人员培训等方面工作。将继续加大B区在光机电一体化及汽车零部件项目的引进力度。 (董昌国)

【招商引资】 2003年,全区工业系统新引进项目370项,协议引进总投资151.26亿元,实际完成投资86.04亿元,完成工作量的56.9%,其中已竣工、投产项目154项,在施103项,办理手续53项,签订意向合同60项。在新引进的项目中,规模较大的有四方天龙医药物流有限公司投资3.6亿元的医药物流配运,澳大利亚波米尔投资发展有限公司投资2000万美元的天竺购物广场,北京天伦力拓纸业有限公司投资5000万元的纸制品加工等。 (董昌国)

【“燕京”品牌价值90.28亿元】 2003年,北京燕京啤酒集团公司的“燕京”品牌价值为90.28亿元,比去年的61.59亿元增长28.69亿元,增长率为46.58%,在国内前三十位最有价值品牌中列第十一位。公司属下最大附属品牌的“漓泉”啤酒品牌,首次参加评估,品牌价值为12.9亿元。燕京啤酒集团所拥有的品牌价值已超过100亿元。“燕京”品牌的价值,1997年为13.50亿元,1998年为24.55亿元,1999年为31.86亿元,2000年为45.69亿元,2001年为55.29亿元,2002年为61.59亿元。

(董昌国)

主要产品名录

产品名称	2003年产量	计量单位	生产厂家
汽车	54000	辆	北京现代汽车有限公司
碳酸饮料		吨	北京长亿人参饮料有限公司
酱油		吨	北京航星调味品有限责任公司
啤酒	218	万吨	北京燕京啤酒集团公司

续表

产品名称	2003年产量	计量单位	生产厂家
金属制包装物		吨	北京燕达皇冠盖有限公司
水泥		吨	北京市顺义区牛栏山水泥厂
移动电话		部	北京松下普天通信设备有限公司
合成洗涤剂		吨	蓝星清洗剂有限公司
移动电话		部	北京爱立信移动通信有限公司
电子元气件		件	北京乐金飞利浦电子有限公司
电子元件		万只	北京村田电子有限公司
电子元气件		件	北京阿奇夏米尔工业电子有限公司
电子元件		件	北京 JVC 电子产业有限公司
白酒		吨	北京顺鑫农业牛栏山酒厂
水泵		台	威乐山姆逊(北京)水泵系统公司
药品		只	北京韩美药品有限公司
设备		台	首安工业消防股份有限公司
服装		件	北京维根制衣有限公司
设备		台	北京冶金工程技术联合开发研究中心
服装		件	北京丽华纺织有限公司
纸制品		令	北京光大纸制品有限公司
门窗		件	嘉寓投资(集团)有限责任公司
钟表		件	西铁城(中国)钟表有限公司
电子元气件		件	北京松下精密电容有限公司
玻璃		件	北京亨博玻璃制品有限公司
门窗		件	旭格幕墙门窗系统(北京)有限公司
电子元气件		件	北京罗森伯格电子有限公司
软饮料		吨	北京牵手果蔬饮品有限责任公司

续表

产品名称	2003年产量	计量单位	生产厂家
化学原料药		吨	北京顺鑫祥云药业有限公司
服装		万件	北京顺美时装有限公司
服装		万件	北京泛美时装有限公司
家具		件	北京天坛华洋家具有限公司
服装		万件	北京南华时装有限公司
平板玻璃		重量箱	北京顺义飞达玻璃厂
软饮料		吨	北京汇源食品饮料有限公司
服装		万件	北京薄涛制衣(中国)有限公司
水泥		吨	北京顺发拉法基水泥有限公司

昌平区工业

【综述】 2003年,昌平区经济总量进一步扩大,综合实力继续增强。国内生产总值完成130.9亿元,增长17%。全年完成不变价工业产值299亿元,增长57.3%。其中,高新技术企业工业总产值完成101.7亿元,占全区工业总产值的34%。以中关村科技园区昌平园为代表的高新技术产业和以北汽福田为代表的现代制造业对全区经济发展的拉动作用日益增强。生命科学园基础设施建设进展顺利,招商引资取得新成果。各镇工业小区基础设施进一步完善,累计入驻企业达到525家,实现收入12.2亿元。全年招商引资工作成效显著,各镇共引进100万元以上各类签约项目323项,协议投资总额148亿元,到位资金22.3亿元,在引进的项目中,已开工建设的有145项,当年建成投产的96项,均创历史最好水平。中油国际公司钻井设备生产项目、北京稻香村食品集团、首创轮胎厂、北京市商业银行昌平支行、中国民航首家区县营业部、中保(控股)财产保险公司等有规模、知名度高的工业项目陆续落户昌平,对昌平增加经济总量和优化经济结构起到积极作用。30个新引进的投资规模在2000万元以上的工业项目中,作为年度重点工程项目已有26个破土动工,开工率86.6%;沙河镇引进的北京摩擦材料厂、北京警盾京西厨房设备有限公司,兴寿镇引进的北京强尼特新型建材有限公司,阳坊镇引进的北京康尔福保健品厂等16个重点项目已建成试产或正式投产,成为区域经济新的增长点。

年内,昌平园完成工业增加值26.8亿元,比上年同期增长23.5%;完成技工贸总收入183.8亿元,同比增长31.3%;完成工业总产值(现价)135.2亿元,同比增长59.4%;上缴税费总额8.8亿元,同比增长54.4%;出口创汇9891万美元,同比增长106.7%;产品销售收入达138.2亿元,同比增长34.6%。全年共引进高新技术企业360家,其中股份制企业335家,占新引进企业的93%,注册资金19.6亿元;"三资"企业25家,注册资金4.97亿元,全年新增注册资金总额24.6亿元。新引进的高新技术企业中,电子信息技术领域占39.2%,新医药生物工程技术领域12.2%,新材料技术领域10.4%,先进制造技术领域占26%,新能源和节能环保技术领域9.2%。其中,注册资金在亿元以上的企业4家,注册资金千万元以上的企业49家。年内昌平园共有23家企业的总收入超过亿元,高新技术工业企业已经成为拉动昌平园经济增长的主要力量。

年内,全区共有105家国有和集体企业进行了产权制度改革,5家资不抵债的企业已进入了破产程序,1家企业破产终结。首钢冶金机械厂、小汤山农机厂、商贸总公司、昌平百货商场等63家企业的改制工作正在推进中。通过改革盘活存量2.8亿元,引进增量0.4亿元。外向型经济稳步发展,利用外资的质量和水平均有提高。新批三资企业60家,投资总额20237.12万美元,协议外资8718.17万美元。外贸出口供货额实现148772.9万元,比上年增长72.3%。

年内,商办工业继续保持了稳定发展的势头。全年累计实现产值(1990年不变价)23108万元,同比增长17.3%;实现销售收入37236万元,同比增长21.2%;上缴税金183万元,实现利润50.3万元,同比增长189%。南口面粉厂在取得ISO9001国际质量体系认证的基础上,管理水平再上新台阶。红叶牌系列面粉多年来以不添加任何添加剂为特色,产品畅销北京,远销河北、山西等地,该厂和后牛坊面粉厂是昌平两家获得国家"食品生产安全许可证"的面粉加工企业。新享牌酱油和食醋是中国调味品协会的推荐产品,远销内蒙古、山西、河北等地。北京市第五肉联厂是市级生猪定点屠宰加工企业,担负着首都肉食品市场供应、中央及市政府的猪内储备任务和历年全国人大、政协"两会"特供任务,非典时期保障了小汤山定点医院的特供任务。该厂年屠宰生猪306256头,同比增长73.5%。生肉制品以冷却肉为龙头,有50余个品种,生产肉制品600吨,熟肉制品多达100多个品种,注册的"大红门"肉制品畅销北京及周边省、市,销售网点达293个,有5个生猪基地,为丰富首都的菜篮子、保证群众吃上放心肉作出了贡献,是市"肉、蛋、菜放心工程"指定的肉食品生产厂家。

年内,共有17家乡镇企业通过了ISO国际质量体系认证,使通过该认证的乡镇企业总数达到71家,乡镇企业整体素质得到了新的提高。 (吴艳冬)

【企业改革】 年内,全区共有105家国有、集体企业进行了产权制度改革。其中,改为有限责任公司的32家,改为股份合作制企业的21家,出售的52家。通过改革盘活存量2.8亿元,引进增量0.4亿元。有5家资不抵债的企业进入了破产程序,1家企业破产终结。一批规模较大的区属国有、集体企业的产权制度改革相继完成。首钢冶金机械厂、小汤山农机厂、商贸总公司、昌平百货商场等63家企业的改制工作正在推进之中。年内,尝试以商招商、网上招商、登门招商等多种形式,开展各类招商活动。全区各镇共引进100万元以上各类招商项目323项,协议投资总额148亿元,到位资金22.3亿元,这些项目中已开工建设的145项,当年建成投产96项,均创历史最好水平。为加快昌平卫星城发展,北京华都酿酒食品有限责任公司从昌平卫星城内迁到兴寿镇秦城,共征用国有土地100亩,新征土地70亩,改造旧厂房8500平方米,新建厂房、车间和库房10388平方米。9月30日新厂综合楼奠基。到12月,整体搬迁工作基本完成,新灌装车间4条生产线正式投入生产。 (吴艳冬)

【技术改造】 2003年,全区共上报技改项目11项,经审核上报市经委技改待批项目1项;审批技改项目10项。总投资1000万元以上项目4项,已完成投资4项。审批的11个项目总投资10044.6万元,其中固定资产投资9933.4万元。全年已有21家企业通过了市经委的审核和认定,并取得了证书——综合利用企业认证。年内,乡镇企业技术工作确定投资在百万元以上的技改项目30项。已完成投资2.2亿元,开工率100%,已竣工24项,竣工率80%,新增产值1.1亿元。开展乡镇企业科技竞赛活动和职称培训评审工作,新评审通过专业技术人员137人,培训职工1.2万人次,引进人才654人。新完成ISO质量体系认证企业17家,累计已有71家企业通过ISO国际质量体系认证。北京安泰钢研超硬材料制品有限责任公司"引进韩国设备,扩大高性能专业金刚石锯片生产能力"技术改造项目,总投资155.2万元人民币,其中购置设备145.2万元,配套设施10万元。北京文录激光科技有限公司引进高精密度光盘生产线扩大生产规模,利用原有超净生产厂房等,引进台湾恒基股份有限公司全自动6色高机密度DVD光盘柯式印刷机一台。项目总投资199.2万元人民币(含外汇24万美元),其中:固定资产投资199.2万元。

北京汽车水箱厂投资的北京弘大汽车空调散热器有限公司年内开发新产品三大系列30个品种。其中有昌河、北斗星和爱迪尔轿车空调系统总成2种,空调平行流冷凝器4种,三菱帕杰罗、哈飞民意、路宝、赛马、福田、菲亚特等水箱共21种,吉利、美日、路宝等暖风机3种。部分品种已开始出口和为主机厂配套。 (吴艳冬)

【外经外贸】 年内,全区共审批三资企业60家,投资总额20237.12万美元,注册资本10678.05万美元,协议吸收外资8718.17万美元,分别比上年增长了15%、85.4%、38.5%、92.1%。其中中外合资企业25家,中外合作企业2家,外商独资企业33家。实际利用外资(当年入资金额)4829.1万美元,其中外资3966.7万美元。全区三资企业经济效益明显增长:完成总产值33.6亿元,同比增长92.4%;销售收入实现40.58亿元,同比增长81.8%;实现利润3.01亿元,同比增长65.2%;上缴税金1.7亿元,同比增长27.2%。全年实现出口供货额148772.9万元,同比增长72.3%。区对外经济贸易委员会积极为企业申办进出口经营权,努力为企业提供加工验厂、合同审批、出口报关、货物运输、海关征免税等全方位服务,年审批加工贸易合同202个,审批金额4028万美元。

(殷建国)

【中关村科技园区昌平园】 昌平园全年共引进高新技术企业360家,注册资金总额达到24.6亿元,其中注册资金千万元以上的企业49家，亿元以上的企业有4家。年内共有23家企业的总收入超过亿元，高新工业企业已成为拉动昌平园经济增长的主要力量。电子信息、先进制造、新医药生物工程、新材料、新能源和节能环保五大支柱产业，占入驻高新技术企业总数的97%以上。中信国安盟固利电源技术有限公司等4家公司年初列入2003年国家重点新产品计划项目，获得国家科技部等五大部委联合颁发的获奖证书；北京威奥特信通科技有限公司等10家公司列入2003年国家和市级火炬计划项目；有研亿金新材料股份有限公司等10余家企业通过高新技术成果转化项目认定，并得到相关财政专向资金支持；北京中瑞诚信生物科技有限公司等10家企业申报国家和北京市星火计划，其中中瑞诚信等企业得到科技部的贷款贴息资金支持。 (赵桂生)

主要产品名录

产品产量	2003年产量	计量单位	生产厂家
激光盘	32235615	片	北京文录激光科技有限公司
平板玻璃	3905569	重量箱	北京秦昌玻璃有限公司
变压器	978269	千伏安	华泰变压器厂
表	689410	只	北京手表厂
电工仪器仪表	428673	台	北京博纳电子有限公司等企业
汽车	250115	辆	北京福田环保动力股份有限公司
载货汽车	232080	辆	北京福田环保动力股份有限公司
农用运输机械(车辆)	101846	辆	北京福田环保动力股份有限公司
水泥排水管	108961	吨	北京远通制管有限公司
方便面	29834	吨	北京统一食品有限公司
玻璃保温容器	7043	万个	北京鹿牌都市生活用品有限公司
水泥	116.20	万吨	北京水泥厂有限责任公司
面粉	0.43	万吨	南口面粉厂
服装	905.36	万件	北京鹏达制衣公司等企业
中成药	676	吨	北京诺华制药有限公司等企业
塑料制品	3822	吨	昌平双飞塑料制品厂等企业

房山区工业

【综述】 2003年3月,召开了全区工业兴区动员大会,进一步明确了以结构调整为主线,以园区建设为突破口,以新型建材、精细化工、生物工程与医药、装备制造业和都市工业等五大产业为重点的发展思路,并狠抓了落实,使全区工业保持了快速、健康的发展势头。

全区地方工业企业发展到4422个,从业职工9.2万人,资产总额75.5亿元,全年实现工业总产值105.4亿元,销售收入118.9亿元,工业增加值27.9亿元,利润总额8.9亿元,税金3.5亿元,同比分别增长22.7%、23%、21.3%、32.3%和26%。

工业在全区经济中的比重提高,对“二三一”产业格局的形成发挥了积极的促进作用。2003年,工业增加值占全区国内生产总值的比重达到22.6%,比2002年提高2.2个百分点。企业规模不断扩大,涌现出一批具有较强带动能力的龙头企业。2003年该区工业企业年销售收入1000万元以上的企业达到103家,5000万元以上企业达到20家,亿元以上企业达到7家,分别比上年增加23家、9家和2家。形成了太行前景水泥有限公司、北京蓝宝酒业有限公司、快鹿织造有限公司、双山水泥集团、卓宸畜牧有限公司等一批龙头企业。年内,工业开发区开始上规模、高标准建设,仅投入信贷资金就达到了4.2亿元,北京石油化工新材料产业基地起步区建设进展迅速,发展态势良好。

淘汰“五小”企业,发展五大产业,结构调整取得成效。顺利关闭了3条水泥立窑生产线、162家砂石厂、47家砖厂、21家石灰(灰粉)厂。在淘汰落后的同时,加快了新型建材、精细化工、生物工程与医药、装备制造业和都市工业等五大产业的发展。全区117家区属国有、集体工业企业已经有95家完成改制,改制面为81.2%,乡镇企业改制面也达到80%以上。累计实施破产100家,其中破产终结企业60家;已累计处置不良债务18.2亿元,占全部不良债务总额的83%。

非公工业企业已经成为全区经济的重要组成部分。年内,非公工业企业实现工业收入73.9亿元,利润总额6.2亿元,分别比上年增长38.2%和34.7%;分别占全区工业收入的62.2%和69.7%。全年非公工业企业共向国家上缴税收总额1.2亿元,占全区工业企业税收总额的34.3%。成为区财政收入的主要来源。 (房山)

【工业园区建设】 年内,建立健全了全区工业园区管理体制。针对全区工业园区缺乏统一有效规划、领导和管理的问题,上半年成立了房山区工业园区建设管理委员会,组织全区工业园区的拉练检查,组织到全市重点工业园区参观学习,召开协调会议,创办了刊物《工业园区动态》。针对全区工业园区“小、散、低、重、乱”等制约因素,整合工业园区,使全区工业园区形成2个市级、9个区级的发展格局。区政府建立了2000万元的工业园区建设发展基金,对园区基础设施建设进行贷款贴息。同时,采取“政、银合作”的方式为8个园区提供了4.2亿元贷款。与北京市商业银行和北京首创投资担保有限公司建立了额度为3000万元的中小企业担保资金,也为工业园区基础设施建设和入区企业提供贷款担保支持。区委、区政府首次制定并出台了《关于推进工业园区建设加快我区工业化进程的意见》。北京石油化工新材料工业园区的总体方案、建设规划等基础性工作已经完成。（房山）

【招商引资】 全年共引进工业生产型企业180个，到位资金16.57亿元，其中，工业园区引进工业项目103个，协议资金32.24亿元，到位资金10.25亿元，分别占全区引进工业项目的57.2%、83.7%和61.9%。北京第一机床厂、日本助野株式会社、中国新兴集团、北京红都服装集团、清华企业集团、华北电力集团、物探研究所、天驰汽车等一批具有一定规模和知名度的企业相继落户该区。市级开发区良乡工业开发区自年初开始，对内部管理实行了全面的改革和创新，加快引进企业进入开发区的速度。3天的时间引进了中国新兴建设开发总公司、北京核原科电电气有限公司、北京百泰生化技术有限公司、北京裕金化工有限公司等五家企业。以开发区投资建厂，企业租赁经营的新的招商模式引入的日本助野袜业公司从咨询到开始建厂，仅用三个星期。在3个月内，二期土地已转让完毕。国土资源部投资5000万元的新合金材料基地、中国新兴集团投资6000万元的“装饰新材料基地”、红都集团投资3000万元的“红都服装产业园”等一批知名企业和大项目相继落户园区，全年良乡工业开发区引进投资5000万元以上的企业6个，引进企业98家，注册资金9.34亿元。区工业总公司引进了国内大型机床生产企业——北京市第一机床厂。2003年，该项目累计完成投资9281万元，一期已经投产，4月第一台产品下线，全年生产各类中型铣床工业台1170台，实现销售收入1200万，做到了当年搬迁，当年投产，当年收益。（房山）

【促进工业发展的4项政策出台】

3月份，房山区推出了4项促进工业经济快速发展的跟进政策。第一项为《关于推进工业园区建设，加快我区工业化进程的若干意见》。这是自该区开始建设工业园区以来首次推出的专门针对工业园区开发建设的扶持政策。第二项是《房山区破产企业职工安置准备金管理使用办法》。区政府设立了规模为1000万元的房山区破产企业职工安置准备金，用于解决因职工安置与财产变现的时间差带来的破产进展缓慢的问题。第三项是《房山区关于进一步加强与驻区中央、市属企业联系和合作，促进区域经济发展的若干意见》。通过明确机构、定期召开见面会、创办刊物等多种形式加强协调和服务，为谋求在更大领域内与驻区中央、市属企业的联系与合作。第四项《关于组建中小企业信用担保有限公司的意见》。区政府与北京市商业银行、北京首创担保公司签订了合作合同，为中小企业提供信贷支持，以信用担保的形式来促进企业发展。注册资金3000万元，担保倍数可放大到10倍，可以为中小企业和园区建设提供3亿元的贷款额度。四项经济政策同时推出，加之《关于促进后SARS加快发展应急措施的通知》中推出的800万元技术改造贷款贴息资金，使该区对工业的扶持资金，达到了破纪录的4800万元。

（房山）

【工业技术改造】 用高新技术和先进适用技术改造传统产业。全年累计完成投资41426.66万元，竣工19项，当年实现销售收入3126.4万元，利润总额226万元，税金235万元。全年共争取市级扶持资金1834

万元。主要有:对工业园区的贷款贴息500万元,结构调整资金300万元,北京高盟化工有限公司贷款贴息81万元,大石窝石雕商贸艺术园区扶持资金100万元,为北京创业玻璃钢门窗有限公司争取国家级产业成果转化资金100万元等项目。 (房山)

【专项整治工作】 在加油站专项整治中,办理了12个加油站的迁址手续。组织引导区内加油站纳入中石油公司和中石化公司连锁经营体系,开展加油站特许经营,规范了成品油流通秩序。在原煤经营企业专项整治中,组织企业参加了煤炭经营许可证年检换证工作,83家企业顺利通过年检。同时,还大力开展企业治乱减负工作,切实减轻了企业负担。 (房山)

【60家企业破产、95家企业改制】 房山区共有354家企业,存在22亿元不良资产。为使这些企业依法减债,重获发展,到2003年底已累计处置不良债务18.2亿元,占统计不良债务总额的83%;累计实施破产100家,其中破产终结企业60家。企业产权制度改革步伐也在不断加快。全区117家区属国有、集体工业企业中已经有95家完成改制,改制面为81.2%,乡镇企业改制面也达到80%以上,企业改制工作已基本完成。 (房山)

【电力管理】 区经委电力办承担着房山区电力管理的行政职能。全年积极协调房山供电分公司及有关单位,顺利完成了房山洪寺35千伏电站和管道110千伏电站建设的前期工作;及时帮助双山水泥集团完成了35千伏电站的增容扩建,为北京燕翔橡胶厂和北京富龙时装有限公司引进电力改造资金共80万元。参与了全区农网改建,按时按质完成了验收。开展了全区电力设施专项整治,成立了领导小组,制定了详细的实施意见,确保了我区电力设施的建设和安全运行。 (房山)

主要产品名录

产品名称	2003年产量	计量单位	生产厂家
双山牌水泥	65.4	万吨	北京双山水泥集团
卓宸牌清真排酸牛羊肉	2320	吨	北京卓宸畜牧有限公司
发泡板材	1309.8	吨	北京燕山塑胶制品有限公司
太阳牌药芯焊丝	512.4	吨	北京金太阳药芯焊丝有限公司
蜜蜂牌酶制剂系列产品	4397	吨	北京美的生物技术有限公司
平板玻璃	3950	箱	北京北化凌波工贸有限责任公司
天线配件	6191	千套	北京希维希电子制品有限公司
刺绣挂毯	7670	件	北京市桂明刺绣厂
印刷品	2099	万色令	北京崇民防伪印刷集团
模数多孔砖	6711.9	万块	北京市阎村砖厂
电器开关柜	9930	台	北京市燕山开关厂
乙烷	10426	吨	北京燕化聚华工贸公司

续表

产品名称	2003年产量	计量单位	生产厂家
原煤	59	万吨	北京金鸡煤炭集团
卷扬机	719	台	北京市房山区卷扬机厂
金舫牌羊毛衫	25.1	万件	北京市紫草坞纺织品有限公司
袜子	1320	万双	北京快鹿织造有限公司
聚氨酯黏合剂	4460	吨	北京高盟化工有限公司
抗氧剂	576.8	吨	北京迪龙化工有限公司
真空泵油、齿轮油、液压油、内燃机油、汽轮机油等	1094	吨	北京市燕山特种润滑油厂
蓝宝牌纯生啤酒	36566	吨	北京蓝宝酒业有限公司

大兴区工业

【综述】 是年，该区抓住北京大力发展现代制造业的契机，深入开展乡镇企业的二次创业工作，产业结构调整和企业改革步伐加快，产业布局得到进一步优化。区属工业总产值（不变价）完成125亿元，比2002年同期增长20.2%；工业收入完成120亿元，比2002年同期增长21.7%；工业利润完成4.8亿元，比2002年同期增长26.4%。

工业园区经济指标增速较快，对经济的拉动作用显著。各镇级工业园区实现总收入41.6亿元，同比增长163%，工业增加值7.8亿元，同比增长202%，利润1.8亿元，同比增长99%，税金1.8亿元，工业园区新增劳动力就业人数6455人。吸收了大量农民就业，各项经济指标大幅增长，远远高于全区经济同期增长速度。至年底，该区有规模企业370家，完成工业产值（不变价）106.2亿元，完成销售收入97.1亿元，完成工业增加值18.5亿元，完成利润总额3.5亿元，各项经济指标比上年同期有很大增幅。

技术改造奖励企业经济指标增长迅速。2002年获得支持的15个技改项目生产经营情况总体上很好，完成工业总产值16.66亿元，比上年增长34.3%；销售收入15.98亿元，以上年增长50.3%；利润7360万元，比上年增长48.9%；税金9500万元，比上年增长47%，其中6个企业四项指标增幅均在20%以上。（王翠瑛　李志广）

【工业园区建设】 年内，大兴区工业园区中黄村工业区、榆垡工业区、亦庄工业区、采育工业区、旧宫工业区、庞各庄工业区、瀛海工业区、青云店工业区和长子营工业区等9个工业园区被北京市确立为“京郊65家重点乡镇工业区”。榆垡工业区被列为“全国乡镇工业园区示范区”，得到农业部和北京市的表彰，其土地运作模式和先进经验在全国进行推广。全年工业园区基础设施投入创新高，14个镇工业园区基础设施投入累计完成5.1亿元，完成年计划的170%。生物工程与医药产业基地的基础设施投入3亿元。各镇工业园区重视形象工程建设，绿化、路灯、标识、标志性建筑陆续建成。年底，2个镇的工业园区达到“七通一平”。10个镇的工业园区达到“六通一平”。工业园区招商引资成效显著，共引进新上项目113个，总投资31.1亿元，到位资金8.9亿元，其中动工建设项目88个，签约项目25个。全年该区新增投资5000万元以上大项目33个，总投资411613万元，到位资金72826万元，其中25个已开工建设。新引进的项目包括大兴工业开发区的三元基因（投资总额28600万元）、中铁长龙机车设备公司（投资总额10000万元）、庞各庄工业区的硕泰集团（投资总额36000万元）、安定工业区的北京精细化工基地（投资总额86000万元）、大兴工业开发区的宫颐府食品厂（投资总额8000万元）、亦庄工业区的日上工贸公司（投资总额5000万元）。（张秀萍）

【工业园区管理】 是年，大兴区重视工业园区大项目的启动和建设。对投资5000万元以上的52个重点大项目采取区主要领导分工负责制，定期召开不同形式的“大项目汇报会、协调会、现场办公会、拉练检查”等，到年底，52个大项目中，已投产或建设完工6个，动工建设38个，签约项目8个。该区加大财政金融部门协调力度，积极争取工业园区基础设施贷款资金，申请国家开发银行的贷款，2003年各镇融资授信额5.2亿元，实际贷款3.2亿元。该区制定了各镇工业园区年度发展计划和发展目标，确定了各镇工业园区年度经济计划指标，规范园区统计月报工作，对统计内容、统计口径、统计时间进行了规范、调整，加强了基础统计工作，逐步完善了工业园区数据库。对工业园区的土地规划、控规以及土地开发使用情况进行调查、监督和指导，积极协调办理工业园区有关的规划、土地手续。积极做好工业园区土地开发情况的调研，制定了区镇工业园区和村级工业区的资源整合方案，推广成功的土地、资金运作模式，对违规开发行为进行清查、治理。多次召开专题会议，重点做好各镇工业园区的二期扩规工作。组织规划、土地和各镇对工业园区的土地存量、项目建设进行调查，积极做好扩规的前期准备工作。该区制定了2003年先进工业区奖励政策、工业园区单项奖励政策、引进投资5000万元大项目奖励政策、纳税大户奖励等政策。（张秀萍）

【生物工程与医药产业基地建设】 北京生物工程与医药产业基地基础设施建设加快，基地形象与服务建设取得进展。到2003年底，该区已经投入资金4亿元对3.55平方公里基地起步区进行建设，起步区内所有道路均已完工，达到“八通一平”，具备入区项目开工条件。生物工程与医药产业基地专业服务体系建设工作取得进展，成立了项目服务部，全面实施入区企业“一站式，一人式”服务制度。基地成立医药企业建厂服务和医药企业品种申报服务两个平台。建设包括信息中心、动物试验室、药理实验中心在内的资源共享服务平台。基地招商引资发展迅速，项目大、科技含量高。截止11月，已签订了18个投资项目，总投资30亿元，包括双鹤药业“制药装备”生产基地、国药集团“国家麻醉药品”生产基地，三九北方物流及临床基地、中国中医研究院生产基地、国家中医药工程中心等项目。基地正在筹划建设北京生命科技馆、占地200亩的商业贸易区、标志性建筑群等项目。基地配套园区建设加快。6月该区批准生物工程与医药产业基地协作配套区的建设，将协作配套区定位于生物医药企业以及包装印刷、微电子、绿色保健食品、纺织服装等产业。到年底，配套协作区一期51公顷已经达到“六通一平”，具备企业入区条件，引进企业11家。

（王翠瑛　李志广）

【招商引资】　大兴区加大工业区基础设施投入，使工业区成为吸引资金、项目的主要力量；通过优惠政策、优质服务为企业发展创造宽松的环境，转变政府职能，为企业提供满意服务。是年共引进各类内联项目439个，投资总额43.2亿元。欧美国家投资企业明显增多成为外商投资企业的主要特点，全年新上外商投资企业48家，协议投资总额1.5亿美元，其中外商投资8796万美元。投资总额超过500万美元8家，北京永利多房地产有限公司投资总额达到3000万美元。该区精心包装了20多个项目送市局网站面向社会招商；在春华秋实活动期间举办大兴区经济和社会发展成果展，签约项目28个，其中内资22个，外资6个。

（王翠瑛　李志广）

【企业改制】　根据市场转型的需要，加大企业改革工作力度，在破产、转制的过程中，坚持既保护国有资产不流失，又兼顾群众利益的原则，对每一个企业的改革，以稳定为前提，妥善做好职工的安置工作，确保破产、转制工作顺利进行。完成了大兴酒厂、大兴磷肥厂、大兴塑料厂的破产工作，美兴照明公司已进入破产程序，完成了大兴印刷厂、大兴汽车工业公司（金属制品厂）的转制工作，平稳完成了红星医院、首钢液压机械厂的划归转交工作。

（王翠瑛　李志广）

【技术改造】　全年上报技术改造项目42项，计划总投资50901.6万元，其中贷款19422.5万元，自筹31479.1万元。用于土建投资3286万元，新建41450平方米，翻建4000平方米。电力增容3555千伏安。全年技改项目批复40个，批复总投资4.92亿元，其中贷款1.33亿元，自筹3.59亿元。到年底竣工30项，完成投资3.35亿元。该区对2002年获得支持的15个技改项目进行了生产经营情况的跟踪管理，坚持四项指标的月报制度，通过跟踪情况，2002年获得支持的15个技改项目的生产经营情况总体上很好，共完成工业总产值16.66亿元，比上年增长34.3%；销售收入15.98亿元，比上年增长50.3%；利润7360万元，比上年增长48.9%；税金9500万元，比上年增长47%。产值、销售收入、利润、税金4项指标均为正增长的项目12个，其中：统一石油、科宝优耐、华融塑胶、美丹食品、宝金龙食品、京兴汽车配件6个企业4项指标增幅均在20%以上。　（贾　民）

【技术创新】　年内积极组织企业参加“彩虹工程”，促进校企合作。组织北京健力药业有限公司、北京东方无纺布有限公司、北京金果酒业有限公司、北京柔星管道有限责任公司、北京泰辰建筑材料有限公司、北京京兴汽车配件厂、北京奥宇模板有限公司7家企业参加“彩虹工程”，到年底，健力药业的项目已在市教委立项并与北京工业大学签署协议。1～3季度，该区工业企业共计开发新产品35项，其中：达到国际先进水平3项，填补国内空白3项，达到国内先进水平26项，总投资8422万元，其中贷款950万元，企业自筹7472万元。开发四新产品119项，总投资6912.7万元。

（贾　民）

【质量管理】 大兴区加强质量管理与申报名牌工程，实施“名牌战略”，鼓励企业创名牌产品，增强市场竞争力。组织符合条件的企业参加上级部门组织的各种评审工作，以此提高企业的知名度和美誉度。到2003年底，该区拥有全国驰名商标2个，北京市著名商标14个，中国名牌产品1个，北京市名牌产品10个，有122家工业企业通过ISO9000质量体系认证。是年，有8家工业企业通过ISO9000质量体系认证。大兴金属工业有限公司被评为“全国乡镇企业创名牌重点企业”。北京丰收葡萄酒有限公司被评为“全国诚信守法乡镇企业”。北京健力药业有限公司、北京德通化纤工业有限公司、北京可纯生物化学工程有限责任公司、北京日上工贸有限公司被认定为北京市乡镇企业创名牌重点企业，占全部榜单的五分之一，北京统一石油化工有限公司、北京丰收葡萄酒有限公司被授予“2003年北京市质量管理优秀企业”称号。北京丰收葡萄酒有限公司、北京万福喜食品有限公司被评为“北京市农业产业化重点龙头企业”。

（贾　民）

【安全生产】 该区加强安全监督管理队伍建设，共组织危险品单位安全生产管理人员、建筑施工单位安全生产管理人员等培训班8期，培训各类人员超过1200人次，合格率超过85%。进一步加强专项整治工作，共召开安全生产会议10次，开展危险化学品深化整治、交通安全专项整治等5个专项整治，组织开展12次“全区安全生产大检查”活动。对安全生产进行广泛宣传，仅在“安全生产月”活动中，订购宣传挂图6824份，安全横幅标语85幅，发放宣传材料3000多份。组成了60多个检查组，采取企业自查政府抽查相结合的方式，检查企业1150多空，发现隐患1500多项，下发整改通知书150多份。“两会”期间该区各部门组成检查组65个，检查企业369家，发现事故隐患183起，下发整改通知书43份。

（王翠瑛　李志广）

【企业管理】 在企业管理工作中，注意搞好各类培训，提高职工素质。发放各类职称证书591个，其中高级职称12个，中级职称57个，初级职称522个。做好成品油、煤炭经营管理工作。遵照市节能办要求，对该区内能耗重点单位进行了全面普查，帮助这些企业配备“重点用能单位能源管理员”。新批资源综合利用企业8家，复审6家，均达到一次审查一次通过。完成对该区101家加油站的普查工作，规范煤炭市场经营管理工作，取缔23家无证无照经营的小煤厂，新批准煤炭经营企业6家，未报审被核销企业4家。搞好节能和资源综合利用工作，能源综合利用企业年可消纳粉煤灰。炉渣等工业废弃物6.5万吨，消纳废聚酯塑料7200吨，年可创产值9000余万元，利润1500余万元。

（王翠瑛　李志广）

【引进外资】 是年，该区新批外商投资（包括港、澳、台资）企业59家，实际利用外资4914.3万美元，出口供货13.33亿元。新批外企数量、投资总额、合同外资、实际利用外资、平均投资规模大幅增长，搬迁外企成为亮点，并购方式得到初步发展，商业利用外资获得突破，外企来源地更加集中。

2003年，新批外企59家，比上年增长18%；外商投资企业投资总额17191万美元，比上年增长238%；合同外资9852万美元，比上年增长227%；实际利用外资4914.3万美元，比上年增长369.9%；外资项目平均投资额291万美元，比上年增长185%；平均合同外资额167万美元，比上年增长178%；投资总额在500万美元以上的企业有11家；新批迁入外商投资企业11家，投资总额合计5549万美元，外资合同合计3528.7万美元；以往该区外商投资企业主要是独资、合资和合作等3种形式，而2003年分别有3家外企以并购方式设立；2003年日本独资企业华堂超市开工建设，开创了该区商业利用外资的先河。外商投资企业按照来源地划分，共有16个国家和地区，其中排在前3位的香港（14家）、美国（13家）、韩国（7家），这3个国家和地区占新批外企个数的57%；按项目所处地域划分，前三名是大兴工业开发区（14家）、西红门（9家）、黄村镇（7家），3个镇新批外企个数合计30家，约占全区新批外企数量的50%。 （李志广）

【外贸出口】 年内，全区出口供货稳步增长，出口供货总额13.33亿元人民币，比上年增长8.7%。出口企业122家，比上年增加了20家。出口产品主要有服装纺织品、农副产品、金属制品、医药产品及玩具等。其中服装纺织与印染产品出口3.9亿元，占总额的23%；以蔬菜为主的农副产品出口23501.8万元，比上年增加1.3%，占总额的约20%；金属制品出口1.52亿元，占总额的10%；医药制品出口4591万元，占总额的3%；塑料制品出口4444万元，占总额的3%；玩具出口3592万元，占总额的2%；机械产品出口3707万元，占总额的2%。外商投资企业全年总产值24.6亿元，比上年增长14%，占全区工业总产值的14.08%；2003年销售收入24.7亿元，比上年减少11.4%，占全区工业企业销售收入的15.42%；外商投资企业直接出口销售收入5748.5万美元，比上年同期减少10%，占出口总额的36.6%；解决劳动就业人数16564人；外商投资企业纳税1.97亿元，同比增长3%；2003年全区增值税完成8000万元，从不同所有制企业增值税完成情况看，国有企业占10.7%，集体企业占11.6%，股份制企业占23.4%，外商投资企业占19%，股份制企业和外商投资企业已成为增值税收入主体，从企业所得税分行业构成来看，外商投资企业占17.7%，略低于股份制企业（28.5%）和私营企业（28%）。 （李志广）

【非典防控】 非典疫情时期，该区工业系统完善防控体系，制定非典防治预案，对企业提出严格的防控要求，加强外地务工人员健康防护，保证全区工业系统没有一例非典病例发生。同时，积极引导和鼓励企业调整生产经营战略，帮助企业协调生产经营环节出现的问题，使大部分企业的生产经营情况正常，工业经济发展态势好于预期。非典期间，该区开辟网上办公，加强网络与通讯建设与交流，例如榆垡工业区通过网络招商，与北京新日月绿色装饰工业园签约，该项目一期投资6000万元，占地100亩，建筑面积70000平方米。湖北省鼎新集团与榆垡镇网上签约，计划总投资6000万元，是年底，已有部分资金到位。魏善庄工业区引进的北京伟世通达环保高科技有限公司，占地65平方米，总投资5600万元。青云店工业区签约引进2个投资5000万元大项目。 （王翠瑛）

主要产品名录

产品名称	2003年产量	计量单位	生产厂家	备注
黄酒、白酒	5070	吨	北京二锅头酒业股份有限公司	瀛海镇
女式服装	12	万件	北京胡氏乔伦服装有限公司	瀛海镇
润滑油	2100	吨	北京市双星高级润滑油厂	瀛海镇
防盗门	70000	樘	北京日上工贸有限公司	亦庄镇
散热器	10000	组	北京日上工贸有限公司	亦庄镇
防火门	20000	樘	北京日上工贸有限公司	亦庄镇
棉纱	3000	吨	北京田源纺织有限公司	亦庄镇
丰收牌干红、干白葡萄酒	10000	吨	北京丰收葡萄酒有限公司	亦庄镇
聚乙烯包装袋	5655	吨	北京联宾塑胶印刷有限公司	青云店镇
腐乳	2200	万瓶	北京市宝金龙食品厂	青云店镇
鲜奶、酸奶	5000	吨	北京兴起食品有限公司	青云店镇
毛衫	55	万件	北京康特制衣有限公司	北臧村镇
女裤	22	万件	北京朗利夫服装有限公司	北臧村镇
泵件	3848	吨	北京荏原机械制造有限公司	北臧村镇
拼装式全钢大模板及模板系列配件	5	万吨	北京奥宇模板有限公司	采育镇
柔性铸铁管及管件	4000	吨	北京柔星管道有限责任公司	采育镇
汽车传动轴、制动、离合、油门踏板	5	万套	北京市京兴汽车配件厂	采育镇
浮法玻璃、在线镀膜玻璃	40	平方米	北京中海兴业安全玻璃有限公司	采育镇
隔热板、保温板	120	万平方米	北京长城新型装饰材料公司	采育镇
羊绒衫、牛绒衫	6	万件	北京冬雪羊绒有限公司	采育镇
SP大板	17	万平方米	北京福安建材有限公司	安定镇
泡沫	300	万套件	北京古德安达工贸有限公司	安定镇

续表

产品名称	2003年产量	计量单位	生产厂家	备注
化妆品原料	10000	公斤	北京昂立达科技发展有限责任公司	安定镇
混凝土添加剂	20000	公斤	北京宏伟科奥建材有限公司	安定镇
水处理剂	300	吨	北京拓凯化工技术有限公司	安定镇
甲壳素	150	吨	北京拓凯化工技术有限公司	安定镇
统一系列润滑油	20	万吨	北京统一石油化工有限公司	黄村镇
巴比龙牌女时装	30	万套	北京巴比龙科工贸公司	黄村镇
实验室设备	7	万件	北京西玛欧美佳实验设备有限公司	黄村镇
地铁建设盾构管片	3000	环	北京第五建筑工程公司构件厂	黄村镇

平谷区工业

【综述】 是年,全区完成工业总产值90.5亿元,比上年增长24%;完成工业销售收入71.6亿元,比上年增长24.3%;实现工业利润4.59亿元,比上年增长22.8%;完成出口供货额16.3亿元,比上年增长16.9%。

招商引资成效显著,以汽车零部件为主的现代制造业发展迅速。全区共引进各类项目261个,实际到位资金43.79亿元。其中,投资5000万元以上项目34个,亿元以上项目17个。兴谷开发区引进大林、大承等8家韩资汽车配件企业,规划占地3000亩的“韩资工业园区”已有汽车零部件企业17家。区政府筹集2.16亿元资金专门用于工业园区基础设施建设,兴谷开发区规模和档次不断提高。新增企业84家,吸纳劳动力就业3690人,加快了农民向二、三产业转移。韩资工业园内星宇、和信、日进、大林等8家汽车零部件企业均已竣工投产。投资上亿元的千喜鹤食品工业园、维达纸业有限公司也已建成投产。外向型经济稳步发展。新发展三资企业23家,投资总额8375万美元,实际利用外资1800万美元。30家企业通过ISO标准体系认证,40家企业获得自营进出口权,7家企业在国外设立了贸易窗口。建成了进出口产品公共保税库,促进了国际贸易往来。有30家企业进行了不同形式的转制,优化了企业的经济结构，调整了股本结构，其中丽都啤酒厂股权整体转让给华润啤酒集团。落实技术改造项目 40 个，完成投入 2.9 亿元。 （平谷）

主要产品名录

产品名称	2003 年产量	单位	生产厂家
雪花啤酒	7	吨	北京华润啤酒有限公司
杰恩羽绒服	80	万件	北京华奈达集团
甲乙基麦牙酚	250	吨	北京天利海化工有限公司
现代汽车配件	46939	台	星宇中车
现代汽车配件	26000	台	日进汽车有限公司
现代汽车配件（油箱）	46000	台	和信汽车部件有限公司
冷冻鲜肉	9000000	公斤	千喜鹤食品有限公司
怡美牛奶	2106	吨	北京怡美食品有限公司
青松岭饮料	500	吨	北京青松岭饮料有限公司
维他露	27329	箱	北京维他露食品有限公司
老才臣腐乳	8876	吨	北京老才臣食品有限公司
北京宴系列白酒	220	吨	北京豪特酿酒公司
泰华果汁	1558	吨	北京泰华食品饮料公司
维达卫生纸	1666	吨	维达北方纸业有限公司

怀柔区工业

【综述】 是年，怀柔区工业企业坚持以“十六大”和十六届三中全会精神为指导，以发展、调整、强化协调服务为重点，一手抓抗击非典，一手抓经济发展，区属工业发展呈现总量扩大、结构优化、后劲增强的良好局面，进入区属工业有史以来发展最快的一年。全年完成工业总产值 83.0 亿元、销售收入 83.9 亿元、利润 3.9 亿元、增加值 17.8 亿元，同上年比分别增长 55.6%、72.3%、283.2%、97.3%。同 1998 年比，产值增长 131.2%（年均递增 18.2%），收入增长 155.8%（年均递增 20.7%），利润增加 4.1 亿元（同期为 -0.2 亿元）。

汽车制造及零部件、食品饮料、包装印刷三大工业板块发展势头强劲。全年完成产值 76.4 亿元、收入 76.2 亿元、利润 3.3

亿元，同上年比分别增长65.3%、86.7%、14.5倍，分别占区属工业总量的92.0%、90.8%、84.8%。其中，汽车制造及零部件行业全年完成产值43.4亿元、收入44.9亿元、利润0.9亿元，同比分别增长125.2%、160.1%、107.0%，分别占区属工业总量的52.3%、53.5%、22.8%。食品饮料行业完成产值22.6亿元，收入24.9亿元、利润1.5亿元，同上年比分别增长36.3%、41.1%、利润增加2.8亿元，分别占区属工业总量的27.2%、29.7%、38.5%。包装印刷行业完成产值10.4亿元、收入6.4亿元、利润0.9亿元，同上年比分别增长0.5%、8.6%、188.6%，分别占区属工业总量的12.6%、7.6%、23.5%。主要行业产品产量进一步增加。全年生产汽车7.2万辆，食品饮料18.9万吨，包装物1.4万吨，水泥86.5万吨，工业用电3.4亿千瓦·时。

全年完成重组转制企业12家。引进项目23个，总投资8.3亿元，到位资金5.7亿元。其中投资1000万元以上项目11个；外资项目5个，总投资5.2亿元；竣工投产15个，在建8个。实施技改项目14个，竣工12个，完成投资5.8亿元。招商技改项目达产后，年可新增产值30.0亿元、收入32.0亿元、利润1.3亿元。全区未发生重大事故，因工死亡率0.43人/万人，低于市下达指标(1.31人/万人)。

（张　敏）

【产业调整结构】 是年，区属工业运用产业政策，培育重点行业和龙头企业，加快产业升级，带动整个行业发展。以福田汽车为龙头，成立汽车配套工作领导小组和办公室，制定激励措施，引进汽车配套和汽车改装企业，加快汽车及配件行业发展。推动福田公司扩产、新建，建成了亚洲最大的中重型卡车生产基地，使怀柔成为北京市三大汽车工业基地之一。对爱芬、红牛、欧陆等企业投入资金进行技改，扩大规模，提高档次。引进朝日啤酒等知名企业，促进食品饮料业和包装印刷业发展，积极发展电子通讯、生物医药等新兴产业，优化行业、企业和产品结构。对已关停的“五小”企业加强监管，巩固关闭成果。依托科技进步，引导企业开展资源综合利用，关闭、淘汰小矿山、小砖场等一批落后生产工艺和劣势企业。新增5个收入0.5亿元以上企业(福斯汽车电线、东明化学、恒源粉末、奥星恒讯、天威瑞恒)，汽车制造及零部件行业成为区属工业支柱。年纳税千万元以上企业达到8家；年销售收入亿元以上企业达到9家，其中10亿元以上企业3家。

（张　敏）

【技术改造】 是年，怀柔区工业以增加品种、改进质量、提高档次和效益为重点，引导企业以高新技术和先进适用技术改造和提升汽车、食品饮料、包装印刷等产业，使一批重点企业规模扩大，优势明显，形成了增效—技改—再增效—再技改的良性循环。福田汽车形成年产轻卡5万辆、中重卡6万辆的能力；爱芬食品建设了巧克力、宠物食品生产线，增加新品种10余项；兴发水泥新增水泥磨，年生产能力从70万吨提高到90万吨。北京红星葡萄酒夜光杯、天惠工业园、红牛生产线、欧陆生产线提速改造等一批竣工项目，形成新的增长点。当年技改见效的福田、爱芬、红牛、兴发4家重点企业全年完成产值60.6亿元、收入62.7亿元、利润2.8亿元，同上年比分别净增28.9亿元、30.8亿元、1.9亿元，分别占区属工业净增总量的97.4%、87.4%、64.7%。

（张　敏）

【186家企业重组转制】 区属工业以国有、集体企业改革为重点，采取资产归属划断、债务处理算断、职工与原企业劳动关系割断等办法，推进企业转制，加快建立规范的现代企业制度，完成四通建材、三程塑钢、第二配件厂等企业的改革。到年底，共有184家完成重组转制，占1999年底的189家区属国有集体工业企业97.4%。其中176家完成产权制度改革，占95.7%。

（张　敏）

【安全生产】 是年，区属工业组建了以专职监察员为主体、兼职监察员为骨架、辐射全区的安全监管体系。开展时令性重点检查和建筑、旅游等行业安全生产检查，组织全区大规模联合检查87次。开展安全生产月活动和安全监察员、项目经理、三高危以及特种作业培训，计培训近2000人。抓非煤矿山、危险化学品、电力、煤炭、成品油、交通、建筑等行业专项整治，投入资金800万元，整改隐患460余处，消除重大隐患5处，建立、健全、完善规章制度240余项。组建了矿山救援抢险队，建立了电力设施管理网络，恢复植被近13万平方米。已经关停的101家非煤矿山企业未发生反弹，又关闭9家非煤矿山企业。（张　敏）

主要产品名录

产品名称	2003年产量	计量单位	生产厂家
欧曼重卡	1.6	万辆	福田欧曼重型汽车厂
福田轻卡	5.6	万辆	北汽福田怀柔汽车厂
红星白酒	47170	吨	北京红星股份有限公司
健力宝	40000	吨	北京广东健力宝有限公司
红牛	37939	吨	红牛维他命饮料有限公司
露露	10000	吨	北京露露饮料公司
妙士一品乳	1200	吨	北京妙士乳业有限公司
易拉罐(铝制)	48895	万只	波尔亚太包装容器有限公司
易拉罐(铝制)	50000	万只	太平洋制罐(北京)有限公司
红螺食品	1500	吨	北京红螺食品集团
西餐	657	吨	北京西餐食品有限公司
混合饲料	85857	吨	北京科高大北农饲料有限公司
冰茶	107497	吨	北京统一食品有限公司
易拉罐(马口铁制)	8336	吨	北京奥瑞金新美制罐有限公司
果汁饮料	38089	吨	汇源莫哈夫食品(北京)有限公司
试剂	12822336	人份	北京耀华生物技术有限公司
西洋参	255452	盒	北京天惠参业有限公司
服装	242	万件	北京辛营服装有限公司
箱式变压器	364205	千伏安	北京科瑞博华电气设备有限公司
果脯	185	吨	北京御食园食品有限公司
纺织机械	525	台	北京亚隆机械设备有限公司

密云县工业

【综述】 2003年,密云县工业工作深入实施“首都水源区发展战略”,牢固树立“工业是强县之基、富民之本”的思想,以“加快三个调整,搞好九项建设,努力实现五个突破”为重点,抓住工业园区建设、招商引资,加快在建项目进度及主导产业的培育等关键性环节,克服非典疫情的影响,扎扎实实地推进了各项工作。研究制定了“工业发展第十一个五年规划”、“工业园区和工业主导产业发展纲要”,提出了未来五年,该县工业及工业园区建设和主导产业的发展目标;加强了工业发展问题的研究;制定支持工业企业发展、工业园区建设和主导产业发展的有关政策。采取以租代征方式合理征用土地,不仅有效缓解了一次性征地投入资金过大的压力,也确保了农民的长期利益。大力推进标准厂房建设,最大限度地降低入区企业的成本和风险,延伸了基础设施概念,有力促进了招商引资的深入发展。积极推动银企合作,较好地解决了工业园区基础设施建设的融资途径问题。创建了山区工业园区,有效解决了该县山区乡镇发展工业的载体问题。这些措施的落实,打破了制约该县工业发展的瓶颈,为今后该县工业经济的进一步快速发展奠定了坚实的基础。

2003年,该县实现工业收入98.98亿元,同比增长22.2%。其中:工业开发区42.7亿元,同比增长27%;县属老工业14亿元,同比增长5.1%;乡镇工业42.27亿元,同比增长24.2%。实现工业利润6.9亿元,同比增长16.1%。其中:工业开发区4.68亿元,同比增长7.8%;县属老工业2964万元,同比增长178.3%;乡镇工业1.92亿元,同比增长28.6%。完成工业增加值29.4亿元,同比增长27.1%。其中:工业开发区14.6亿元,同比增长31.6%;县属老工业4.1亿元,同比增长25.7%;乡镇工业10.7亿元,同比增长21.9%。

(穆怀光　严志浩)

【工业园区建设】 年内,密云县工业园区的开发扩规进展迅速。从保护生态环境和首都饮用水源出发,2003年上半年,根据工业布局调整规划,对原有“一大七小”8个工业园区进行扩规,同时新开发了“巨隆”和“山区”2个工业园区,从而使工业园区的总体格局发展为“一区九园”。全年新增扩规面积11平方公里,工业园区的总面积达到22平方公里,一年的开发量就相当于前十年的总和。全年共完成基础设施投入11亿元,比2002年增加投入5.58亿元,同比增长103%。标准厂房建设从无到有,2003年计划完成标准厂房建设34万平方米,实际完成40万平方米,完成年计划的118%。其中,密云县工业开发区完成23万平方米,乡镇工业园区完成17万平方米,标准厂房的建设延伸了基础设施建设的概念,降低了入区企业的投资风险。引进的入区企业数量多、起点高、规模大。2003年,密云县工业园区共引进入区企业100家,协议投资总额36亿元。其中,投资规模5000万元以上的项目30个,占总数的30%。如山东绿润食品有限公司投资1.3亿元,占地120亩,从事板栗深加工;北京德纳伟业科技有限公司投资6000万元,所研发的项目为国家“863”科研项目;北京密之水物流中心投资7000万元。全年工业园区实现工业总收入54.4亿元,占工业总收入的55.6%,同比增长17%;实现利润4.91亿元,占工业利润总额的72%,同比增长17%;新增劳动力就业11549人,同比增长50%。实现增加值17.2亿元,同比增长49.6%。2003年,工业园区的增加值在工业中的比重达到60%。年内银企合作已经启动,开创了该县工业园区建设融资方式的新途径。2003年,该县农村信用联社已向工业园区建设项目总体授信3000万元。 (穆怀光 严志浩)

【企业改制】 2003年,该县通过采取"引进、重组、盘活"等措施,较好地完成了企业的改制工作,较为稳妥地解决了几年来改革中存在的历史遗留问题。这些问题既有已破产、转制企业的职工安置问题,也包括已破产企业闲置资产的盘活问题。全年工业计划完成改制企业8家,实际完成企业改制22家,占年计划的275%,其中县属工业5家,乡镇企业17家,县属工业企业中最后一家国有中型企业——矿山公司的改制工作已基本完成;全县最后一家纯县属集体企业——光华鞋厂的改制工作现已结束。通过引进、重组、转制,该县龙凤酒厂、化工公司等9家特困企业,已基本盘活,原企业的职工得到了妥善安置,共盘活资产7355万元。国有、集体劣势资本从一般竞争性领域有序退出的步伐加快为全县工业新的一轮发展创造了有利条件。不仅有效地扩大了工业经济总量,促进了产业的优化升级,加快了工业企业建立现代企业制度的步伐,而且妥善地安置了这些企业的职工,维护了社会的稳定。2003年,破产立案企业5家,涉及资产总额1.09亿元,负债1.91亿元。破产终结6家,共核销银行贷款本息3282.50万元。

(穆怀光 严志浩)

【招商引资】 年内,该县认真贯彻落实"工业立县,引进强县"的方针,优化投资环境,创新招商手段,招商引资工作取得突破性进展,全县工业总量进一步增加。全年县属工业及乡镇企业已签约的工业项目达131个,是2002年的1.8倍,协议投资额39.54亿元。其中:工业开发区33个,是2002年的0.73倍,协议投资额17.2亿元;县属老工业6个,协议投资额1.37亿元;乡镇企业93个,是2002年的3.2倍,协议投资额20.97亿元。协议投资5000万元以上的项目33个,是2002年的1.5倍。其中:工业开发区15个,县属老工业1个(丰台桥梁工厂),乡企业17个。

(穆怀光 严志浩)

【技改工作】 2003年,该县工业企业计划实施技改项目32个,其中:县属工业6个,乡镇工业26个。项目计划投资总额为3.37亿元,实际完成投资额3.83亿元,占年计划投资额114%;新增销售收入2.44亿元,利润1249万元,税金2064万元。技改工作投资规模大,超计划完成技改投资企业的8家,超额完成投资7000万元。技改科技含量高,牡丹电子集团公司新增手机扬声器生产线、吉乐电子公司新增背投偏转线圈生产线,其技术均达到国际领先水平。技改资金筹措向多元化发展,全年技改项目共引进资金1.1亿元。其中:利用银行贷款6000万元、民间资本2000万元,引进企业投资3000万元。主导产业的技改项目多,四大主导产业中涉及技改的企业有21家,占工业技改总数的65%;完成技改投资2.63亿元,占工业技改投资总额的69%。达产见效快,年内已达产技改项目24个。如:投资3000万元的富帛公司纺织部设备更新改造项目现已完成,该

企业今年新增销售收入2700万元,新增税金550万元。 (穆怀光 严志浩)

【主导产业培育】 2003年,该县抓住北京市产业结构调整这一契机,结合区域工业发展实际,及时确立了以绿色环保工业为特色,以汽车配件、食品饮料、纺织服装和电子信息为重点的四大主导产业;研究制定了该县工业主导产业的发展规划和主导产业扶持政策,使主导产业有了较快的发展,在全县工业中的比重进一步加大。2003年,仅四大主导产业就实现工业增加值14.32亿元,占工业增加值的50.53%,同比增长40.12%,实现销售收入55.07亿元,占工业销售收入的56.25%,同比增长50%。其中:汽车配件行业完成收入5.92亿元,食品饮料行业完成收入6.9亿元,电子信息业完成收入28.3亿元,纺织服装业完成收入13.95亿元。(穆怀光 严志浩)

【外贸出口】 2003年,该县70家出口企业完成出口交货值11.14亿元,同比增长29.7%,实现了全年出口交货值突破10亿元的目标。其中:工业开发区7家出口企业全年完成出口交货值1.26亿元,同比增长97.2%,占出口总额的11.3%;12家县属老工业出口企业全年完成出口交货值1.86亿元,同比增长11.5%,占出口总额的16.7%;51家乡镇出口企业全年完成出口交货值8.01亿元,同比增长27.7%,占出口总额的72%。出口规模超过5000万元的企业共有5家,分别是:北京中道服装服饰有限公司、清华同方威视技术公司、朗迪服装公司、远洋制衣有限公司和北京富盛镁业有限公司。 (穆怀光 严志浩)

【非公经济发展】 该县认真宣传贯彻落实《北京市促进个体和私营经济发展条例》以及该县促进非公经济发展的若干政策,不断改善投资环境,切实解决一些非公经济发展中遇到的困难和问题。2003年,为了进一步推动民间资本投资该县工业,加快民营企业的发展,县政府又先后出台了《关于支持工业企业发展的办法》和《关于支持工业园区建设的办法》,从而有力地调动了民间资本投资工业的积极性,到2003年底,该县非公经济工业企业个数在全县工业企业中的比例已达到99.2%。

(穆怀光 严志浩)

【乡镇工业安置劳动力就业】 2003年,该县乡镇工业新增劳动力就业形势良好,超额完成全年就业计划任务。全年新增农民就业7789人,完成全年计划的130%,同比增长34.7%。其中:纺织服装、食品饮料两大产业当年新增劳动力就业3098人。乡镇工业已成为农村剩余劳动力向二、三产业转移的主要载体。

(穆怀光 严志浩)

延庆县工业

【综述】 是年,全县共有工业企业1473家,其中:县办85家,中央在京6家,乡办1382家。共有职工21000人。固定资产原值20亿元,其中县办10.5亿元,乡办9.5亿元。共完成工业总产值(1990不变价)29.2亿元,同上年比增长21.9%。其中,县办工业完成5.9亿元,同比增加26%;乡办工业完成21.8亿元,同比增长20.7%;中央在京工业企业完成1.6亿元,同比增长23.7%。产品销售收入27.9亿元,同比增长27.6%。其中,县办工业完成5.4亿元,同比增长11.3%;乡办工业完成20.8亿元,同比增长11.3%;中央在京工业完成1.7亿元,同比增长99.5%。完成利润6311.1万元。其中,县办工业完成-2243万元,同比减少225万元;乡办工业完成7325.4万元,同比增长26%;中央在京工业完成1228.6万元,同比增长18.8倍。完成应缴税金11570.9万元,同比增长5.8%。其中,县办工业完成368.2万元,同比减少333.1万元;乡办工业完成6614.1万元,同比增长9.6%;中央在京企业完成1267.6万元,同比增长43.8%。全县工业完成工业增加值5.8亿元,同比增长33.2%。其中,县办完成1.7亿元,同比增长6.3%;乡办工业完成3.6亿元,同比增长29.3%;中央在京工业完成5388.8万元。

全年全县招商引资共有501个项目,已经签订投资意向,签约资金95亿元。其中注册实体项目140个。全年到位资金与上年相比增加86%。两个开发区和乡镇工业小区招商引资取得突破。延庆经济技术开发区共引进入区企业137家,注册资金9.22亿元,累计入区企业539家,累计注册资金17.7亿元。全年入区企业实现销售收入30亿元,同比增长70%;实现总产值15.1亿元,同比增长92%;实现增加值3.9亿元,同比增长77%;创造利润1.81亿元,同比增长2972%。实现纳税总额1.6亿元。完成财政收入3645万元,同比增长68%。入区企业实现固定资产投资4.68亿元。八达岭工业开发区引进实体企业12家,合同计划投资额5亿元。一年引进入区实体企业数量等于十年之和。两开发区共完成技工贸总收入79.4亿元,上缴税金3507万元。年内全县共完成出口供货额3.52亿元。其中蔬菜直接出口创汇1500万美元,同比增长5%。年内共审批项目10个。其中:合资企业4家,合作企业3家,独资企业3家。投资总额18584.45万美元,注册资本17513万美元,合同外资6115.4万美元,实际利用外资3628万美元。全年对生产经营单位进行安全检查110次,对“三高危”行业进行专项治理整顿,联合执法检查计2200多人次。共查出问题2468项次,下达整改指令书78份。开展了企业法人、项目经理、安全员、工长、特种作业培训等共计2045人,举办了《北京—香港安全知识竞赛》,36支代表队经过三天激烈竞赛,有6支代表队分获一、二、三等奖,获得一等奖代表队参加市级比赛,获得了优胜奖。“安全月”期间共发放宣传材料20000余份,咨询人员24000多人,悬挂巨型条幅720多条,各种串旗、彩旗2700多面。全年对工交企业、旅游业、商业、建筑工地和矿山安全等行业综合整治大检查10多次。六种非正常死亡指标均在市政府控制指标之内,未发生群死群伤的重大事故和特大事故。 (延庆)

【对非煤矿山企业整治验收】 是年,县劳动监察大队会同县经委、公安局等7个部门职合开展非煤矿山安全整治活动。涉及劳动部门验收内容有企业参加劳动年检、社会保险、职工工资发放及签订劳动合同情况。监察大队对26家企业进行验收,其中:集体企业21家,其他企业5家,涉及职工1518人,外地工995人,企业参加劳动年检率达到100%,未发现违反最低工资支付规定。验收中下达限期整改通知书4份,修改企业劳动管理规章制度54条,督促6家企业补办社会保险登记、补签劳动合同505份,补办就业273个。 (延庆)

主要产品名录

产品名称	2003年产量	计量单位	生产厂家
保险杠	10582	个	北京玻璃钢制品公司
213平开门	12799	个	北京玻璃钢制品公司
高档系列挂面	1650	吨	北京京都银龙有限公司
藕粉	522.3	吨	北京天润食品厂
葡萄粉	1128.8	吨	北京天润食品厂
多媒体有源音箱	39	万套	漫步者工贸公司
酱油、醋	300	吨	长城酿造厂
复合饲料	1.47	万吨	北京康拓饲料公司
电线	8994	千米	北京恒阳电缆厂
电缆	404	千米	北京恒阳电缆厂
健骨生丸	6.33	吨	北京匡达制药厂
可立停口服液	80.6	万只	北京九龙制药厂
都梁滴丸	72	万瓶	北京九龙制药厂
铝塑复合管	190.8	万米	北京奈特铝塑复合管有限公司
PP-R#	13.2	万米	北京奈特铝塑复合管有限公司
PES	73.2	万米	北京奈特铝塑复合管有限公司
羊毛衫	2.75	万件	亚龙羊毛衫厂
羊毛裤	6.3	万件	亚龙羊毛衫厂
口服液	3880	万支	北京双鹤高科药物有限公司
针剂	616	万支	北京双鹤高科药物有限公司
高效有机肥料	11019	吨	北京长城高效有机肥料有限公司
蛋黄派、曲奇饼	1200	吨	北京集味村食品工业有限公司
瓦楞原纸	2371	吨	北京三川纸业有限公司
糖浆	105	万支	北京双鹤高科药物有限公司
钻井泥浆调解剂	1600	吨	北京长城广昊腐植酸厂

乡镇工业

【综述】 是年,效区乡镇企业积极应对突如其来的非典疫情,大力发展二、三产业,推进工业园区建设,调整产业结构,使京郊乡镇企业总收入、增加值、利润总额、工业增加值和出口产品交货值继续保持了持续的发展态势。各项主要经济指标增长均超过20%。税金总额增长超过了35%。

年末,京郊乡镇企业数达到15.1万家,同比增加16852家,增长12.6%,其中:集体企业0.9万家,同比减少1485家,下降13.7%;私营个体企业14.1万家,同比增加18337家,增长14.9%。按照工商登记注册类型划分:京郊乡镇企业共有内资企业150513家,港、澳、台商投资企业138家,外商投资企业226家。内资企业中集体企业5651家,占内资企业的3.8%;私营企业13450家,占8.9%。个人投资企业128071家,占85.1%;股份制、股份合作制及其他企业3341家,占2.2%。

职工人数达到120.8万人,同比增加7.2万人,增长6.3%,占郊区从业人员的71.2%。其中:集体企业62.6万人,同比减少2万人,下降3.1%:私营个体企业58.2万人,同比增加9.2万人,增长18.8%。按照工商登记注册类型划分:京郊乡镇企业内资企业职工人数115.6万人,港、澳、台、商投资企业2.3万人,外商投资企业3万人。内资企业中集体企业36万人,占内资企业的31.2%;私营企业21.1万人,占18.2%;个人独资企业37.1万人,占32.1%:股份制、股份合作制及其他企业21.4万人,占18.5%。

京郊乡镇企业营业收入1753.8亿元,同比增长24.6%,比1997年增长135.9%,年平均递增18.7%。其中:集体企业920.2亿元,同比增长14.4%:私营个体企业833.6亿元,同比增长38.2%。增加值383.2亿元,同比增长23.7%,比1997年增长141.1%,年平均递增19.2%。占郊区GDP的46.7%。其中:集体企业178.5亿元,同比增长13%;私营个体企业131.3亿元,同比增长36%。利税总额136.1亿元,同比增长32.4%,比1997年增长182.4%,年平均递增23.1%。其中:集体企业72.8亿元,同比增长20.9%;私营个体企业63.3亿元;同比增长48.7%。利润总额120.2亿元,同比增长22.2%,比1997年增长212.4%,年平均递增25.6%。其中:集体企业54亿元,同比增长12.9%;私营个体企业66.2亿元,同比增长31.1%。出口产品交货值95.9亿元;同比增长25.7%,比1997年增长93.2%,年均递增14.1%。乡镇工业企业营业收入796.9亿元,同比增长23.2%,其中:集体企业471.8亿元,同比增长15.4%;私营个体企业325.1亿元,同比增长36.7%。工业增加值183.9亿元,同比增长20%,其中:集体企业110.9亿元,同比增长12.4%;私营个体企业73亿元,同比增长33.9%。利润总额47.1亿元,同比增长25.3%,其中:集体企业25.7亿元,同比增长17.4%;私营个体企业21.4亿元,同比增长36.3%。

经济运行质量不断提高。乡镇企业人均营业收入14.52万元,同比增长17.9%;人均增加值3.17万元,同比增长16.1%;人均利税总额1.39万元,同比增长15.8%;人均利润总额9951元,同比增长14.9%;人均资产总额13.2万元,同比增长 17.8%。乡镇企业资产总额 1594.2 亿元,同比增长 25.1%。负债总额 902.8 亿元,同比增长 46.2%,资产负债率为 56.6%。

京郊乡镇企业二次创业始终把增加农民就业,富裕农民的工作放在首位,乡镇企业就业人数达到 120.8 万人,占京郊农村劳动力的比重为 71.2%,其中新增就业岗位 7.2 万个。职工工资总额为 119.8 亿元,同比增长 19.9%。职工人均可支配收入 9926 元,比上年的 9048 元增长 9.7%。在农民人均可支配收入的 6223 元中,乡镇企业提供的可支配收入 3350 元,占 53.8%。

非公经济成为拉动郊区经济的重要支柱。个体企业的各项经济指标占全部乡镇企业的比重,均已接近或超过 50%,比上年提高了 4 至 8 个百分点,截止到年底,私营个体企业数占全部乡镇企业的 93.8%,职工占 48.2%,营业收入占 47.5%,增加值占 46.6%,利润总额占 55.1%,劳动者报酬占 46.5%。

是年,京郊年营业收入 500 万元以上的规模企业达到 2545 家,同比增加 153 家,增长 6.4%,占乡镇企业 1.7%;职工人数 43.6 万人,同比增加 3.1 万人,增长 7.6%,占 36.1%;实现营业收入 814 亿元,同比增长 20.2%,占全部乡镇企业的 46.4%;利润总额 43.6 亿元,同比增长 18.5%,占 36.3%;增加值 150.5 亿元,同比增长 12%,占 39.3%;固定资产原值 316.8 亿元,同比增长 12.9%,占 47.4%。在 15.1 万家乡镇企业中,营业收入超亿元的企业 148 家,比上年增加 36 家,占乡镇企业的 0.9%。而 148 家企业的营业收入达到 383 亿元,同比增长 56.3%,占乡镇企业的 21.8%。在 193 个乡镇中,营业收入超 5 亿元的乡镇 105 个,占 54.4%,比上年增加 22 个;105 个乡镇实现营业收入 1522.9 亿元,同比增长 43.6%,占全部乡镇企业的 86.8%。营业收入亿元以上的村 162 个,比上年增加 21 个;实现营业收入 372 亿元,同比增长 26.1%,占全部乡镇企业的 21.2%。

调整产业结构,促进二、三产业发展。年内,京郊乡镇企业完成增加值 383.2 亿元,其中第一产业完成 6.2 亿元,同比增长了 3.3%,占乡镇企业总量的 1.6%,同比下降 0.3 个百分点;第二产业完成 242.8 亿元,同比增长 20.1%,占乡镇企业总量的 63.4%,同比下降 1.8 个百分点;第三产业完成增加值 134.2 亿元,同比增长 31.9%,占乡镇企业总量的 35%,同比提高 2.1 个百分点。在第二产业内部,其中工业完成增加值 183.9 亿元,同比增长 20%,占乡镇企业总量的 48%;建筑业完成增加值 58.8 亿元,同比增长 20%,占乡镇企业总量的 15.3%。

利用外资为郊区经济增长注入新的活力。全年新批乡镇外商投资企业 194 家,协议总金额 4.71 亿美元,同比增长 165.8%,外商投资额 2.7 亿美元,同比增长 187.5%。其中 500 万美元以上大项目 23 个,协议投资额、外商投资额分别占项目总额的 64.6%和 72.7%;外商独资项目 61 个,协议投资总额占总数的 22.19%。累计批准乡镇外商投资企业 2619 家,协议总金额 45.02 亿美元,外商投资额 21.91 亿美元。

投资环境改善,社会资本比重显著提高。京郊乡镇企业施工的固定资产投资项目 2472 项,同比增加了 590 项:本年实际完成投资 167.4 亿元,比上年增长了 51.5%。平均每个项目投资 677 万元,比上年增加了 90 万元,同比增长了 15.3%。

乡镇企业拥有总资产1594.2亿元,同比增长25.1%。其中净资产533.9亿元,同比增长4.6%。乡镇企业固定资产原值达到668.2亿元,同比增长18.7%。企业平均拥有固定资产44.3万元,同比增长5.5%。资本金467.5亿元,同比增长14.1%。从资本金的构成看,集体资本金比重为26.2%,比上年下降4.1百分点:个人资本金比重为43%,比上年提高4个百分点。乡镇企业资产总额达到1594.2亿元,负债总额902.8亿元,资产负债率56.6%。

职工素质进一步提高。2003年乡镇企业具有高中以上学历的职工达到58.4万人,占乡镇企业职工总数的48.3%。其中具有大专以上学历的职工7.3万人,占6%:中专技校学历的职工21.5万人,占17.8%;高中学历的职工29.6万人,占24.5%。乡镇企业拥有技术管理人员20.5万人,占乡镇企业职工总数的17%。

(范馥芳)

【百强企业营业收入达328亿元】 京郊乡镇百强企业实现营业收入328.6亿元,比上年的254亿元增加74.6亿元,增长29.4%,占全市乡镇企业营业收入的18.6%。营业收入超亿元的共148家,比上年的112家增加36家,其中:超10亿元的企业4家,比上年增加2家:5至10亿元(含10亿元)的8家,与上年持平;2至5亿元(含5亿元)的49家,比上年增加23家;1至2亿元(含2亿元)的87家,比上年增加23家。北京韩建集团有限公司的营业收入20.1亿元,为百强之首,比上年第一名增加1.4亿元,增长7.5%;第一百名的企业是北京朝阳三建四公司,营业收入为15000万元,比上年第一百名增加3914万元,增长35.3%。平均每个企业实现营业收入比上年增加7459万元,增长29.4%。列入百强的企业,实现利税总额33.5亿元,比上年增加6.9亿元,增长25.9%,占郊区乡镇企业的20%。进入前一百名的企业利税总额均超过1000万元,最高的达到17180万元,最低的达到1488万元。其中:亿元以上企业2家,与去年持平;5000万元至1亿元(含1亿元)的企业14家,比上年增加7家;3000至5000万元(含5000万元)的18家,比上年增加5家;1000至3000万元(含3000万元)的66家,比上年减少10家。利税总额最大的是北京韩建集团有限公司,利税总额为17180万元,比上年第一名增加1986万元,增长13.1%:第一百名的企业是北京奥宇模板公司,利税总额为1488万元,比上年第一百名增加408万元,增长37.8%。平均每个企业利税总额为3347万元,比上年增加683万元,增长25.6%。出口百强企业实现出口产品交货值57.9亿元,比上年增长25.1%,占郊区乡镇企业的61.1%。进入前百名的企业出口产品交货值均超过2000万元,最高的达到40953万元,最低的达到2461万元。其中:超亿元的企业有10家,比上年同期增加2家;5000万元至1亿元(含1亿元)的26家,比上年同期增加6家;3000至5000万元(含5000万元)的42家,比上年增加了10家;2000至3000万元(含3000万元)的22家。出口规模最大的是北京大发正大有限公司,出口产品交货值为40953万元,比上年同期第一名增加20325万元,增长了近1倍:第一百名的企业是北京西山塑料厂,出口交货值为2461万元,比上年第一百名增加421万元,增长20.6%。平均每个企业出口交货值5796万元,比上年增加1162万元,增长25.1%。

(范馥芳)

【乡镇工业区建设步伐加快】 年初，市委市政府发布了直接关系群众生活的60件实事，确定了京郊65个重点乡镇工业园区，并列入市政府折子工程。截止到年底，65个重点乡镇工业区规划面积179.9平方公里，已开发面积93.3平方公里，较上年分别增加44.6平方公里和28.8平方公里；累计完成工业区基础设施投资70.7亿元，当年新增14.1亿元：累计入区企业2372个，当年新增585个；入区企业累计总投资538.3亿元，其中累计到位资金325.6亿元，较上年分别增长50.4%和58.4%；园区职工人数16.4万人，其中本地农民就业11.5万人，占70.1%，当年新增农民就业2.9万人；到目前已实现销售收入221.2亿元、利税23.7亿元，同比增长28.5%和20.6%。 （巩瑞琴）

【"银政合作"推动基础设施建设】 为了加快65个重点乡镇工业区基础设施建设，今年市财政支农资金实行改革，确定以"银政合作"方式，对扶持资金进行"放大"、"聚焦"。经过几个月的运作，初步建立了"银政合作"体系。年内，市级支农资金中用于重点乡镇工业区基础设施建设部分共落实5000万元，各区县落实与之配套的资金约9924万元，市、区县两级财政共落实资金1.42亿元。通过放大，今年乡镇工业区建设取得的信贷额度和扶持资金共15.2亿元，实际获贷款额12.2亿元，获贴息3430万元。用于入区企业资金额3812万元。"银政合作"方式主要有以下几种类型：一类是建立偿债、风险基金；另一类是政府授权担保；第三类是政府举债。

（巩瑞琴）

【招商引资取得新进展】 京郊各区县招商引资项目共签约508项，其中乡镇企业488项，占96.1%；协议总投资545.6亿元，其中乡镇企业494.5亿元，占90.6%；实际到位资金85.7亿元，其中乡镇企业58.4亿元，占68.1%；已正式履约项目431项，占88.3%。 （巩瑞琴）

【重组引进大项目】 京郊乡镇企业现有企业实施了资产重组。重组引进的千万元以上大项目达761项，总投资544.7亿元，实际到位资金181.6亿元，占33.3%。新增本地农民就业3.7万人，已新增销售收入95.8亿元、增加值35亿元、利润13.1亿元、税金4.5亿元。在761个重组引进项目中，投资亿元以上的项目118个，总投资335.7亿元；投资5000万元至1亿元的项目140个，总投资92.7亿元；投资1000万元至5000万元的项目511项，总投资116.3亿元。 （巩瑞琴）

【农产品加工企业快速发展】 截止到年底，京郊乡镇农产品加工企业共有615家，从业人员52928人，拥有资产129376亿元，固定资产净值60.82亿元，完成总产值145.67亿元，增加值27.79亿元，销售收入135.88亿元，利润总额6.62亿元，上缴税金6.06亿元，出口产品交货值12.48亿元，分别比上年同期增长11.8%、18%、36.7%、24.6%、31.1%、37.9%、36.7%、62.6%、45.7%、23.6%。其中年销售收入500万元以上的规模企业共328家，从业人员44236人，拥有资产120.63亿元，固定资产净值55.06亿元，完成总产值134.95亿元，增加值26.17亿元，销售收入127.35亿元，利润总额6.09亿元，上缴税金5.65亿元，出口产品交货值11.49亿元，分别比上年同期增长11.6%、16.9%、36.7%、

23.1%、17.4%、41%、35.9%、62.8%、48.7%、16.6%。农产品加工企业主要分食品加工业、果品加工业、畜禽加工业、饲料加工业、其他业、酿造业、蔬菜加工业、粮食加工业等行业厂,其增加值分别占全行业的48.9%、11.7%、10.1%、8.5%、6.2%、5.6%、4.7%、3.1%,占比重最大的是食品加工业。（李建玲）

【深入开展“彩虹工程”】 “彩虹工程”作为乡镇企业科技工作的主体和重点,提高了合作项目的成功率,年内,有24个项目正式签约,涉及了技术攻关、企业管理、人才引进、企业发展规划、区域旅游规划设计等多个层面。特别是与北京科技大学在优势互补,共同发展的原则基础上达成的全面合作协议,把“彩虹工程”推向了一个新的高度,标志着“彩虹工程”进入全新阶段,“彩虹工程”深化特点为:一是合作数量多,范围广,产生了较大影响。二是校企合作初步形成了互动机制,真正实现了双赢。三是双方的合作正步入长期、规范的轨道,走向科技合作市场化。（彭其贵）

【开展乡镇企业教育培训】 通过继续开展“5211”乡镇企业教育培训工程,年内,已完成大中专以上学历教育12113人,同比增长33.7%,专业技术人员职称培训和继续教育53564人,同比增长31%,企业管理人员培训41325人,同比增长35.6%,职工全员培训257930人,同比增长21%。同时,抓好农民转岗培训工作,为郊区农民顺利进入二、三产业就业创造了条件,全市共进行农民转岗培训41968人。开展乡镇企业技术职称培训工作,积极协调解决因非典而造成的问题,做好今年不具备资格人员的考前培训工作,保证了职称培训工作的顺利进行。全市共申报初级系列职称1873人,中级系列职称704人,高级系列职称125人。（彭其贵）

【企业技术引进和新产品开发】 乡镇企业加大了技术开发的力度。据不完全统计,全市共引进开发新产品164项,其中国内先进水平以上的新产品124项。乡镇企业自行研制的新产品94项,占75.8%。新产品投入资金14.3亿元,新增销售收入40.5亿元,新增利税4.9亿元,创汇626万元。（彭其贵）

【实施名牌战略与认证】 年内,有7家企业被评为农业部创名牌重点企业,累计29家;局级创名牌重点企业20家,累计62家。有105家企业通过ISO9000质量体系认证,累计799家,有9家企业通过ISO14000环保体系认证,累计21家。（彭其贵）

【外向型经济保持稳步增长】 乡镇企业外向型经济继续保持稳定增长。全年完成出口产品交货值95.9亿元,同比增长25.7%,提前两年达到84亿元的“十五”规划目标。全市新增乡镇出口企业120家,比去年净增60家。新增企业完成出口产品交货值11.9亿元,占出口增长总额的75.7%。重点乡镇、骨干企业出口规模扩大。27个乡镇出口超亿元,比上年增加5个乡镇,全年完成出口产品交货值51.2亿元,占全市出口总额的53.4%;出口超千万元的企业199家,比上年增加20家。纺织服装出口继续保持稳定增长,占出口总额的41.8%,机电和轻工产品出口实现较快增长,同比分别增长29%和25.9%;农产品出口快速增长,同比增长69.2%。自营出口创汇快速增长。99家自营企业实现

了自营出口创汇，全年完成2.17亿美元，同比增长158.33%。　（史建普）

【绿化隔离地区经济发展】 年底，全市第一道绿化隔离地区累计关闭、搬迁、拆除各类企业3238家，涉及固定资产原值53.7亿元，固定资产净值18.2亿元，当地职工3万人，腾退绿地2.8万亩。其中：2003年累计关闭、搬迁、拆除各类企业1066家，涉及固定资产原值18.9亿元，固定资产净值13亿元，当地职工1.8万人，腾退绿地5314亩。全市第一道绿化隔离地区规划产业用地占地面积共计1802.75公顷。截止到年底，经市级审批项目共计占地面积683.36公顷。占规划产业用地的37.9%。产业用地基础设施计划总投资56.9亿元。截止到年底已累计完成31.6亿元，占计划总投资的55.6%。第一道绿化隔离地区产业用地内共计新建项目74个，累计完成投资40.3亿元，占计划总投资170.2亿元的23.7%。其中2003年完成投资14.6亿元，占计划总投资的8.6%。原经市绿化隔离地区建设总指挥部等有关部门确认审定的149家保留企业，已有5家企业被取消保留企业资格。其余144家企业中，由所在的朝阳、丰台、海淀、大兴、昌平、石景山区有关部门完成了保留改造方案的审定工作，有35家企业已完成改造，其中4家已通过区保留企业验收领导小组的验收，102家企业已完成企业改造方案制定，计划在2004年完成技术及绿化改造工作，有7家企业尚未实施改造。　（陈华杰）

国防科技工业

【综述】 2003年，北京地区共有军工企事业单位179个，其中：工业企业44户，科研院所85所，高等院校2所，其他（包括三产业、社团、中介服务组织等）单位50个；另有11个军工集团总公司总部。

2003年度，纳入北京市民用工业军品配套科研生产统计口径的北京市企事业单位总计33户，其中工业企业17户，科研院所16户，完成军品产值2.33亿元，完成军品项目投资2.28亿元，北京地区的国防科技工业在军工单位数量、资产总量、科研经费筹措与投入、利润总额等指标方面处于全国前列，在科技资源储备与科研开发力量上具有显著优势。

年内，北京市国防科工办主要工作为：落实军品科研生产计划，督促检查在京军工企事业单位军品任务完成情况，协调解决生产科研过程中出现的军工地方条件保障问题。加强督促、检查、协调、服务，为高新武器的研制生产提供地方性条件保障。继续加强完善国防科技工业技术基础管理工作。调整“北京国防区域计量站校准/测试实验室认可委员会”组织机构，将1996年成立的该委员会更名为北京国防区域军工计量考核委员会。推进民口配套管理工作，对全市承担军品配套任务的民口单位进行调整，沟通了联系渠道。为军工企业做好服务，394厂搬迁任务及125厂土地置换任务全面完成。

继续组织推进中关村航空科技园和京南航天园在前期准备基础上的项目建设。以中国北方车辆技术研究所为依托开辟“兵器天地”，将其建成寓教于乐的国防教育基地。组织北方车辆有限公司等军工单位参与奥运项目建设,搭建军地双方合作平台,沟通信息渠道。

贯彻落实"预防为主,安全第一"的方针,抓好民爆器材行业管理工作。北京市原有民爆器材生产企业10户,经报请国防科工委同意,撤消7户保留3户。自2003年1月起,全部停止工业火雷管及工业导火索两种产品的生产、销售活动,原有生产线废弃处理。经与北京市煤炭办等单位协商,将全部入井产品按照国家标准更换为煤矿许用型产品,有效提高了煤矿井下作业安全水平。组织两个民爆生产企业共计11项产品技术鉴定和生产线验收工作。其中包括:新建乳化炸药生产线2条,废弃原线并新建导爆索、导爆管生产线各1条,改造铸梯炸药生产线、低感度起爆药生产线各1条。GTG起爆药、雷管刚性引火头、乳化炸药全自动装药机等产品技术水平和安全水平均处于国内领先水平。

根据国家保密局、国防科工委、总装备部召开的会议及有关文件部署和要求,开始对承担武器装备科研生产任务的所有单位(包括军工单位和民口军品配套单位)进行保密资格审查,完成对28个单位的一级保密资格现场审查认证任务。

(国防科工办)

【建成生物工程技术孵化基地】 8月,航天机电设备有限公司在中国第一大有机绿色蔬菜种植基地山东省肥城市,建立了生物工程技术孵化基地——山东航天生物工程有限公司。该项生物工程技术利用生物菌及有机质为主要原料,采用生物技术及新型合成工业,产品达国家规定标准,属国内领先水平并全部达到了日本认证的有机标准,基地一期工程投资500万元,有三条生产线,年产值约2000万元,其中高新技术收入1500万元,占总收入的75%。

(国防科工办)

【北京北齿前锋传动产品公司成立】 11月28日,北京北齿前锋传动产品有限公司成立庆典大会在北京北方车辆集团有限公司召开。北京北齿前锋传动产品有限公司是专业设计开发、生产制造汽车变速箱的企业。由北京齿轮总厂和北京北方车辆集团有限公司共同投资建立。所生产的变速箱全部采用德国ZF公司先进的变速箱生产技术,严格按照ZF公司的生产工艺和质量标准进行生产制造,产品的技术和质量水平在国内具有领先地位。

(国防科工办)

【超大型薄壁铝合金精铸新工艺】 是年,由国营北京曙光电机厂控股组建的合资公司——北京精密铸造有限公司,研发成功"超大型薄壁铝合金精铸工艺"。该工艺特别适合导弹壳体的精铸生产,产品内部质量可达到 中国HG—963及美国军标5480标准,改变了中国导弹壳体砂铸或焊接工艺成型的局面,可将中国的导弹壳体提升到美国的同等水平。 (国防科工办)

【电动玻璃升降器电机通过认证】 曙光国朝机电技术有限责任公司是国营北京曙光电机厂控股组建的合资企业,其主要产品汽车电动玻璃升降器电机通过法国雪铁龙认证,并成为神龙富康等轿车厂家的供货商。2003年向神龙富康轿车供货21万台。 (国防科工办)

【建立民爆器材信息采集系统】 是年,市国防科工办配合公安机关在全国范围内率先建立了民用爆破器材信息采集管理系统,实现了北京地区全部工业雷管实

施逐枚编码管理，可以有效跟踪每一发雷管生命周期内的运行轨迹，提高政府监管水平。（国防科工办）

【BM－218G投产并通过鉴定】 是年，北摩高科摩擦材料有限公司（北京摩擦材料厂）自主创新研制出适用于大动能、超重负荷工作环境的铁基粉末冶金摩擦材料BM－218G，成功应用于苏－30战机刹车盘的生产并通过鉴定，开始批量供应部队使用。还将转化到高速列车、军用装甲运输车的刹车制动装置上使用。（国防科工办）

【获飞机零部件制造批准书】 12月25日，北京北摩高科摩擦材料有限责任公司（北京摩擦材料厂）获得中国民航总局颁发的波音737－700/800飞机刹车盘零部件制造批准书，其产品性能指标达到进口同类产品水平。可以替代进口。（国防科工办）

民政工业

【综述】 2003年，市民政局所属企业151家，职工总数9581人，安置残疾职工3263人，占职工总数的34%。完成工业总产值9.06亿元，实现利税2.94亿元。北京市民政工业总公司（以下简称总公司）作为市属福利企业国有资产的出资人代表，担负着国有资产保值增值、保障残疾人基本生活和维护社会稳定的责任。总公司现有直属企业16家，主要产品包括：美容化妆品、保健品、医药制品、生物制品、化工制品、橡胶制品、服装、床上用品、洗涤用品、瓶盖、制版印刷、包装纸箱、牙科材料与器械、铁道仪器等20余大类、500余种。其中优势骨干企业三家，分别为北京大宝化妆品有限公司、北京市精佳园机械厂和北京市乌鸡精厂，主要从事大宝牌化妆品、精工制版和乌鸡保健品的生产。总公司统筹兼顾改革、发展、稳定和防控非典等各项工作，较好地完成了生产经营指标和各项工作任务，被市民政局评为2003年落实目标管理责任制优秀单位。大宝化妆品有限公司等14个企业被评为2003年市民政局先进企业。（徐　翊）

【抗非典福利生产持续发展】 面对非典疫情造成的不利影响，各企业积极采取各种应对措施。抓住旺销产品的市场和商机，增加生产和销售，努力增加经济效益。大宝化妆品有限公司调整销售策略，细化营销市场，全年在各商场建大宝专柜300多个，超市专柜30多个，并将超市作为零售重点，直接建立超市业务700多家，目前大宝产品已经遍布沃尔玛、家乐福、麦德龙、京客隆、华普等各大超市，全年实现销售收入7.70亿元，上缴税金1.66亿元，完成利润1.2亿元。精佳园机械厂和南风精工公司狠抓外埠子公司的经营；深挖企业市场发展的潜力，去年完成销售收入1.4亿元。大宝特种粘合剂厂不断开发新产品和新市场，去年实现利税119万元，比上年增长198%。京海包装制品厂面向市场调整产品结构，及时清理停产亏损的品种，同时开发效益好的新产品，广开活源，全年完成利税114万元，比上年增长了105%。贺利氏古莎齿科有限公司北京分公司在国内销售下降的情况下，加强出口产品的生产，提高产品质量,通过不懈的努力,在10月、11月达到销售旺季。假肢矫形技术中心在非典疫情过后,开展了“抓管理、促效益”活动,重新制定产品质量规则,规范生产经营管理,组织人员赴外地争取活源,拓宽市场增加效益,使2003年的销售收入和利税都比去年有所增长。时润公司从强化市场销售抓起,充实销售力量,在非典期间迎难而上,完成抢修制造任务,取得了近几年来最好的经营业绩。民政房屋装饰公司克服非典造成家装停工的困难,以信誉赢得客户,先后承揽完成了西郊殡仪馆业务楼、万安公墓等工程,完成产值340万元。此外,北科合作仪器厂、宇海工艺美术品厂、红叶齿科厂、宏瑞德仪表厂等企业均完成或超额完成了利税指标。民福实业总公司、香山橡胶厂、101集团公司等困难企业,经过努力,实现了减亏指标,维护了首都稳定。

(徐　翊)

【新产品研制开发】 大宝化妆品有限公司在保持拳头产品SOD蜜生产销售的同时,研制开发出亮爽系列洗发液等新产品,亮爽焗油洗发露和亮爽清凉洗发露同时推向市场,目前已销售了500万瓶。此外,还开发了“绿色环保”的雪肤活力蜜、雪肤活力霜、雪晶活力蜜、雪晶活力霜四个新型护肤品,年底,小批量投向市场,受到消费者好评。乌鸡精厂于下半年将新产品“血之情口服液”、“静心骨葆胶囊”、“温阳益肾口服液”“洋参乌鸡精胶囊”陆续投放市场。大宝特种粘合剂厂抓住非典给企业带来的机遇,先后推出了宠物驱虱香波、多功能抗静电剂、免水除菌净手剂三种新产品。北科合作仪器厂根据钢铁市场研制定型高速、高精度主轧线测厚仪表,已陆续接到用户订单。市假肢矫形中心为满足不同层次患者的需求,相继开发了骨骼式上肢假肢和超薄型假眼两个新项目。其零部件部研制开发了5种假肢关节和老年人洗浴床,在全国假肢行业展销会上进行了展示。

(徐　翊)

【企业改制】 上半年,精佳园机械厂、京海包装制品厂等8家具备条件的直属企业进行改制工作。针对改制企业操作中遇到的具体问题,总公司出台《关于福利企业改制工作若干问题的意见》,对改制企业在股权设置、不良资产处理和职工解除劳动合同并将经济补偿金转为股权等方面工作,提出了规范要求或指导意见。截至年底,精佳园机械厂已完成了改制工作,其他重点企业也完成了清产核资、产权界定、资产审计评估和改制方案起草,大宝特粘厂、红叶齿科厂、电器仪表公司所属华福水处理设备厂和雅吉手表厂的评估报告已报市国资委审批。民福公司所属铁道科学仪器设备厂、福瑞生物工程公司,造型艺术品厂、时润公司所属赛尔纸业制品厂、福利安全技术研究所和福缘门修造厂等企业的改制工作,正在抓紧实施。 (徐　翊)

【人才引进】 总公司系统全年共引进人才21人,其中招聘硕士生2名,大学生11名,大专生2名,引进相关管理人员6人,充实了各岗位的后备力量。总公司机关有1名同志通过了选拔考试,进入副总经理试用期。为了吸引和留住人才,总公司对于当年新招聘的大学生制定了工资待遇指导意见,规定了最低工资标准,对特困企业发放不足部分,由总公司从人才基金中补足。

(徐　翊)

【信息技术更新】 年初,总公司系统举办了企业信息化培训班,各企业在因特网上建立邮箱,实现了网上文件往来和信息传送。10月,投入近40万元资金,为各企业统一购置或更新了机器设备,安装了用友财务软件,并对企业财务人员进行培训,实现了财务信息报送的网络化。年底前,总公司投资6万元的局域网建成开通,各部室可以实现网上资料共享、文件发送以及召开小型网络会议。此外,大宝化妆品有限公司、乌鸡精厂、贺利氏公司北京分公司、大宝特粘厂、北科仪器设备厂都在因特网上建立了网站或企业名片,方便消费者进行信息查询和产品定购。大宝公司、乌鸡精厂的内部网站已经建立或正在建立之中,企业的办公系统、进销存和财务管理实现了网络化。(徐　翊)

【扶贫助困送温暖】 是年,局、总公司共走访慰问特困户及生活困难户855户,发放慰问金及购买物品共计30余万元。春节期间在局领导的关心帮助下,筹集资金138.6万元用于解决困难企业拖欠职工的医药费。并对总公司系统有特殊困难、有危重病人的44户职工家庭给予了特殊救助共计33万元。节日期间慰问困难户800多户,发放慰问款27万元。助残日为总公司各类残疾职工的981名子女发放大宝助学金47.2万元。(徐　翊)

【李铁映视察大宝化妆品公司】 12月30日上午,全国人大常委会副委员长李铁映同志,在北京市人大常委会副主任金升官同志、北京市民政局局长赵义同志、北京经济技术开发区工委书记王火同志的陪同下,到北京大宝化妆品有限公司视察福利企业生产经营情况。北京大宝化妆品有限公司董事长杜斌同志陪同中央领导参观了现代化生产流水线、产品研发中心、产品质量检验室等部门。李铁映同志与生产一线的残疾职工进行了亲切的交谈,为大宝未来事业的发展提出了五条中肯的期望:健全内部管理体制、强化人才战略、加快企业信息化建设、科研开发走高效低成本之路、适应市场需求不断调整销售战略。(徐　翊)

【大宝产品获中国名牌产品称号】 2003年,大宝牌化妆品通过了中国进出口质量认证中心(CQC)北京评审中心的审核。大宝牌护肤霜被国家质检总局授予"中国名牌产品"称号。2003年化妆品首次纳入"中国名牌产品"评选范围,在全国近4000家化妆品生产企业里,大宝牌护肤霜独获此殊荣。据国家统计局统计表明,大宝牌护肤品连续7年保持全国同类产品销量第一,是出口量最大的民族化妆品,在日本、法国近30个国家和地区都有销售。并成功地向孟加拉国出口了31种化妆品的生产技术,派遣专业人员帮助该国建立了东南亚地区规模最大、现代化程度最高的化妆品工厂,这是中国化妆品行业首次输出产品、输出技术、援建工厂。

主要产品名录

产品名称	生产厂家
SOD蜜	北京大宝化妆品有限公司
美容洗面奶	北京大宝化妆品有限公司
美容日霜	北京大宝化妆品有限公司

续表

产品名称	生产厂家
乌鸡精口服液	北京市乌鸡精厂
迷奇化妆品	北京市亚美日化厂
纸箱	北京市京海包装制品厂
五洁粉	北京市大宝特种粘合剂厂
合成洗涤剂	北京市大宝特种粘合剂厂
粉状印模材	北京市红叶齿科医用器材厂
防水胶圈	北京市香山橡胶制品厂
金属瓶盖	北京市民福实业总公司
轨垫	北京市民福实业总公司
凹印版辊	北京市精佳园机械厂
证书证件	北京市宇海印刷厂
自动化仪表及系统	北京市北科合作仪器厂

北京市校办企业

【综述】 2003年,北京市校办企业系统坚持改革创新发展的思路,在推进校办企业改革、加强校办企业管理、拓展教育企业发展渠道、促进校办企业科技成果转化等方面取得了可喜的进展。

校办企业主要采取建立股份制公司、有限责任公司、消号、关闭等10种形式推进改革,加快建立现代企业制度。截止2003年底,全市共有2221家校办企业完成改革任务,占应完成改革任务2429家校办企业的91%。其中,区县校办企业完成改革任务的92%,市属高校完成改革任务的81%,市教委直属(管)单位校办企业完成改革任务的78%,中专校完成改革任务的71%;部属院校已有327家企业完成改革任务,占应完成改革任务506家企业的65%。

在已改革的企业中,市属(管)高校和单位企业以及区县校办企业消号关闭1537家,兼并、出售、破产72家,两项合计1609家,占应改革企业的66%;改制为有限责任公司、股份合作、合资、分立等形式的464家,占应改革企业的19.1%;其他形式(实习工厂、出版社、书店等)138家,占应改革企业的5.6%。经过改革,全市校办企业数由2000年的2429家减少到2002年底的1203家,但是总资产和净资产以及年销售收入均有较大增长,全市校办企业总资产从2000年的293.25亿元增长到2002年的451.97亿元,净资产从2000年的146.63亿元增长到2002年的179.79亿元。上缴学校利润基本持平年约4亿元,上缴国家税金逐年增长。全市以产权制度改革为核心的校办企业改革任务已基本完成,一种“产权清晰、责权明确、校企分开、科学管理”的现代企业制度已粗见雏形。

2003年,全市校办产业完成销售收入363.56亿元,比上年增长15.75%;税后利润18.21亿元,比上年增长47.81%;补充教育经费3.54亿元,比上年减少14.08%,上缴各项税费12.35亿元。其中,高校校办企业完成销售收入356.52亿元,比上年增长18.38%;税后利润17.69亿元,比上年增长65.64%;补充教育经费3.54亿元,比上年增长13.83%,上缴各项税费11.95亿元,比上年减少17.64%。区县校办企业在企业改制后,校办企业数量大大减少的情况下,完成工业产值7.04亿元,比上年减少45.51%;利润总额5175万元,比上年减少68.45%;上缴税金3958万元,比上年减少53.98%。

加强国有资产管理。在做好国有资产日常产权登记和年检的同时,积极推进北京工业大学、北京教育科学研究院校办产业内部管理体制改革试点工作;开展了对市属(管)单位国有经营性资产以及学校内非经营性资产转为经营性资产的调查摸底工作,在此基础上制定了市教委所属单位经营性国有资产实施监管的电脑软件设计基础方案,并已进入实际编程阶段。

建立教育行业风险管理服务经中国保监会批准,2003年9月27日成立了北京联合保险经纪有限公司北京分公司,目前该公司已在东城、崇文、房山、石景山、怀柔等十二区县建立业务处,处理了36起校方责任保险的理赔案件,转移和降低了学校的办学风险,帮助学校较好地解决了责任事故的善后事宜,使受伤学生得到及时救助和补偿。2003年9月3日,市教委批准在东城区、西城、崇文、宣武四城区进行中小学后勤社会化改革试点正在顺利进行。

加强科技成果转化基础工作在对部分院校的科技成果现状进行调查摸底的基础上筛选出成熟并可以推广的科技成果2000余项,并按需要进行了三级分类。与房山区草签了在其科技园区建立科技成果转化基地的意向书;开通了“北京教育科技产业信息网”为学校科技成果转化提供了一个新的服务平台。 (校办产业管理中心)

【东城区校办企业】 东城区校办企业总公司是区教育系统主办的以筹措教育经费为主要目的的经济实体,主要业务涉及到教育产业,学校后勤服务,国内外教育交流培训及合作,饭店旅游服务,房地产开发、物业管理、建筑装修、建材,专业培训,教育教学设备开发销售和加工业等行业。2003年共有企业58家,资产总额21442万元,从业职工1207人。全年完成总收入9048万元,完成总利润1610万元,向本区教育系统补充教育经费851万元。

年内,有3家校办企业累计利润超过100万元。

年内,东城区校办企业包括注销企业在内,91%的企业已完成改制。除3个企业因历史遗留问题尚未解决待上报改制方案外,其余企业的改制方案已均获区体改办批准,已办理或正在办理资产评估、产权交易等手续。是年,区校办企业总公司获北京市教育委员会授予的“北京市校办企业改革先进单位”称号。 (王德立)

【崇文区校办企业】 年内,崇文区5个教育单位、14户校办企业纳入校办企业管理中心管理。其中,已通过校办企业认证的有8户。按开办单位划分,中学4户、直属1户。按企业类别划分,工业企业7户,商服企业7户、本年连同非教学用房(场地)经营实现利润380万元,比上年增长22%;上缴税金354万元,比上年下降27%;为学校补充教育经费243万元,比上年增长88%。年内,完成改革工作有22户企业。其中出售6户企业,分别是北京亚欧经贸公司、北京欧亚设备公司、北京永商纺织批发经营部、北京忠实印刷厂、北京长城洗涤剂厂、北京利友汽修厂;销号16户企业。未完成改革工作尚有13户企业。3月,北京雪源制冷附件厂获得国际承认的"埃尔维质量认证中心"颁发的"经国际认可论坛和太平洋全合作组织质量管理体系,多边承认协议成员认可"的ISO9001:2000质量管理体系认证书。随着这一体系的建立,生产能力由月产万套,提高到3万套。 (王双喜)

【北京大学校办企业】 北大校办企业是以校内院系的科研成果为发端,以院系的科研力量为依托,不断创新发展。北京大学重视科技开发和科技成果转化,现已建成以信息产业、精细化工、生物制药和教育等为骨干的支柱产业。2003年,北京大学科技企业再创新高,产值达到237.5亿元,比上年增长了22%,其中,北大方正集团的销售收入达到200亿元。各产业上缴学校共6460万元,有力地促进了学校的教学和科研,并形成了一批具有一定代表性的高科技产业化基地。

2003年,方正集团业务稳步增长。据IDC统计数字显示,方正电脑国内市场占有率12.5%,进入亚太第四,世界前10强。数码相机占国内市场的9%,激光打印机上升至第四名。9月,方正收购珠海多层电路板有限公司;11月,方正IT制造中心在苏州园区奠基,建设亚洲最大的PC产品生产基地;12月,方正在深圳参与投资兴建国内第一条锗硅工艺生产线。方正控股的软件销售规模在全国软件行业中名列前十名,仍然占据80%的国内排版系统市场,90%的国外中文报业市场,所拥有的方正阿帕比数字版权技术荣获信息产业部"重大技术发明奖",到2003年底,年销售额超过了2000万元。在国际市场上,12月18日新一代方正日文报业系统在日本《日刊体育》150多种报刊正式投入使用;方正与日本KG情报住宅杂志签订了大型技术开发合同;方正RIP软件打入了欧美主流印刷市场,出货量超过500套,全年实现出口创汇100万美元。2003年,方正集团分别收购苏钢集团和重庆西南合成制药总厂。参股成都商业银行,以4亿元增资扩股的形式控股了武汉正信投资公司,并在年底前完成初步整合控股武汉正信,初步完成了方正的金融产业布局。年内,在SARS肆虐的4月,方正及其员工向北京市捐赠中心捐赠价值800万元电脑等IT设备,向北京大学附属医院捐赠104万元现金。

2003年1月24日,中共中央总书记胡锦涛视察北大未名集团生物城。2月,世界上第一支神经生长因子——"恩经复"在集团下属厦门北大之路公司诞生;7月,国家作物设计中心落户北大生物城,世界最前沿的水稻等农作物的研究在北大未名集团的研发基地进行;11月23日,集团下属北京科兴公司研制的SARS灭活疫苗取得了突破性进展,世界卫生组织和专家对研究所取得的成果给予了肯定;12月,集团被认定为国家"863"成果产业化基地;科技部还正式向国家开发行推荐北大生物城二期建设作为"863"重点项目北大未名集团推动北京北大生物城、深圳北大生物谷和厦门北大生物园三大基地建设。自1999

年相继奠基启动至今，三大基地建设进展顺利，并开始展现其勃勃的发展生机。

2003年3月北大孵化器同中成大厦签订合作协议，拓展7000平方米的孵化空间。8月正式接收成府苑4000平方米的临建设施用于科技孵化，增加了200多个孵化单元。至此北大科技园已形成近21000平方米的孵化器园区，为留学及创业人员提供智能化、信息化的办公场所。2003年留美归国的曲志军博士研究开发了垃圾处理项目入孵北大科技园，北京市政府以市长专项基金对该项目给予支持。一年多的时间，北大孵化器安排46家企业正式入驻孵化，截止到2003年11月份，园区企业技工贸总收入达823.76万元，上缴税金42.62万元。2003年11月，北大孵化器申请并通过了北京市科委组织的北京市高新技术企业孵化基地的认定预审。

2003年10月，北大科技园被科技部批准成为"国家"863"计划成果产业化基地"，成为首家"863"计划成果产业化基地的国家大学科技园。园区的生物技术和转基因项目已经开始了实际运作，"白光"LED项目结束了调研，进入到投资谈判阶段。是年，科技园投资的北京博雅禾木生物技术有限公司取得了创业经营的初步成果。4月，公司启动了昌平30亩基地的建设，"改良草坪草"很快面市销售，试种19亩的草坪全部完成销售，实现纯收入10万元人民币。禾木公司现在已获得农业部转基因植物2个环境释放批件，5项中间试验批文，申请了8个新基因发明专利。科宇干细胞公司科研取得重大突破，干细胞技术治疗帕金森综合症的研究进入临床阶段；2003年角膜干细胞技术已经在解放军309医院进入临床应用，并申请获得国家"863"项目。北大科技园加强国际合作交流，2003年申请加入"世界科技园协会"，成为其正式会员。　（北大）

【北京大学校办企业改制工作铺开】

年内，北京大学校办企业的改制工作全面铺开，北大方正集团、北大未名集团、北大青鸟集团实行股份改制，北大未名集团已经按照上述原则改制完成，方正与资源集团的改制报告也得到教育部批复。《公司法》实施之前成立的全民企业以"关闭"为主，改制为辅。经统计，已经完成取消"冠名"和关闭的校直属企业共计41家，另有6家划归到四大集团下属，已限期更名。剩余3家"全民企业"的更名和改制工作已经在进行当中。《公司法》实施后成立的有限公司和股份公司首先要把隶属于北京大学的股份划归资产公司，然后对现有冠用"北大"校名的企业进行清理，不宜继续冠用校名的，限期更名。对于大部分公司北京大学应逐步退出。

为支持北大方正集团、北大未名集团、北大青鸟集团、北大资源集团（包括科技园）的持续、稳定发展，同时也是为了防止给市场、股市行情造成不必要的震荡，这几个企业可以保留冠名5年，即从2003年至2008年止，但须缴纳固定的冠名费。对于其他企业和四大支柱企业与科技园的下属企业，原则上都必须取消"北大"冠名，如果确有困难，经北京大学批准后保留冠名不得超过5年，同时须缴纳固定的冠名费。

【中国农业大学校办企业】　北农（海利）涿州种衣剂有限公司是由中国农业大学与海南海利化工股份有限公司于1998年4月合资成立的有限公司。公司被国家经贸委列为"产学研"高科技产业化项目序列，是正式批准的集科研、开发、制造、推广为一体的种衣剂企业。结合我国农业生产现状,投资装备了高效液相色谱仪、气相色谱仪、恒温光照培养箱、人工气候模拟室、大面积温室和试验基地,基本上形成了以种衣剂生产为主体、农药剂型加工为特色的高科技农药化工企业。已有多个种衣剂品种获准农业部农业所登记陆续投产。该公司生产的“北农牌”种衣剂属中国农业大学的专利产品,结合我国农业现状研制开发了供玉米、大豆、小麦、花生、水稻、棉花、油菜等不同作物包衣的种衣剂品种24个,颗粒剂2个,农药新产品4个。公司年生产种衣剂8000吨、颗粒剂5000吨,干粉种衣剂1000吨,胶悬剂农药1000吨,产品的高效性、安全性、成膜性、悬浮性等其理化性状均达到了国际同类产品水平。2002年8月25日在全国种衣剂行业中率先通过ISO9002国际质量体系认证,先后获得国家教委科技进步奖、国家星火奖、全国发明博览会奖、农业部科技进步一等奖,全国消费者协会、农业部、农民日报社举办的“首届亿万农村消费者信得过产品”金奖等。被中国植物保护学会、中国科技报研究会评选为“农民信得过农药品牌”。

北京市富通环境工程公司是农业部设施农业生物环境工程重点开放实验室下属的,面向社会的科、工、贸一体化的经济实体。该公司拥有土建、环境工程、机械、电子、化工等专家教授20余人,研究开发了EB1-1V型湿帘、9FJ系列低压、大流量、节能农用风机,SLF系列湿帘冷风机,另外还开发了FTC系列智能化微电脑自控装置,研究、倡导并推广了鸡舍纵向通风与湿帘风机降温技术,并多次承担国家公关项目,“九五”期间,承担了国家重大科技产业工程项目——“工厂化高效农业示范工程项目”,开发出适合我国国情的“中国农大富通温室”系列品牌产品,在我国北方地区大量推广;承担了国家“十五”重点科技攻关项目的“工厂化农业关键技术研究与示范——温室环境智能控制关键技术研究与开发”课题;参与农业部“948”项目“封闭式高效植物生产设施”、“温室作物优质、高产、节能栽培综合环境调节机理与技术”,以及“设施农业分布式网络控制技术的应用与开发”等多项课题的研究;项目编号为2002EA105011的“华北型连栋温室”被列入国家级星火计划,科研成果“智能温湿度传感器”已申报中国实用新型专利,开发的设施农业分布式网络控制系统已具有国际同等先进技术水平。 (中农大校企办)

【北京起重工具厂】 北京起重工具厂系首都经济贸易大学校办工厂,始建于1956年,注册资金1033万元,净资产近1600万元。1996年生产场地迁往黑庄户,厂区占地68亩,建筑面积12800平方米。2001年进行内部体制改革,组织机构调整,设厂部综合办公室、5个职能科室和3个车间。在岗职工110人,其中管理干部21人,工程技术人员11人,高级工25人,中级工56人。2003年实现销售收入1616万元,上缴国家税金142.3万元,营业利润45.7万元。

该厂生产产品主要有手拉葫芦、手扳葫芦、单轨行车、焊接吊链、卷帘机等。主导产品是雄鹰牌HAS、HSZ-80A、HS(622)A 3个系列各7个规格的手拉葫芦,派生产品有HSZ-80B、HSZ-80CB等系列。曾获市、部优称号,首批获得生产许可证和产品质量出口许可证,产品主要行销于东北、华北、西北地区,拥有上百个销售网点,被用户誉为名牌产品。并出口美、英、日等发达国家,出口量保持在4~5万台,占产品总量的80%左右。生产规模及产品质量在手动葫芦行业中始终处于领先地位。1998年按照GB/T19002－ISO9002建立了质量管理体系并验收合格取得质量体系认证证书，2001年又取得新的ISO9001：2000标准质量体系认证证书。1999年取得德国莱茵公司的CE认证。2003年率先获得生产许可证换证验收合格证书。（北起）

【北京工业大学校办企业】 北京长电智源光电子有限公司是北京工业大学光电子技术实验室与全国最大的半导体封装及芯片生产厂家江苏长电科技股份有限公司合作，在北京经济技术开发区注册成立合资公司，是北京市唯一进入国家半导体照明工程的产业化项目，双方初期共投资8200万元人民币。该项目是以北京工业大学光电子技术实验室承担的两项国家"863"计划项目"新型超大功率半导体激光器和超高亮度发光管"(863－307－22－16和863－307－5－15)的科研成果及该室的半导体发光管外延片设计、生长技术及半导体发光管芯片制造技术、工程化技术和发明专利"高效逐级增强高亮度发光二极管及其设计方法"，2002年国家重点新产品计划"高效高亮度发光二极管"为基础，结合长电科技的生产技术、市场能力及雄厚的资金优势，实现该成果的产业化，使科研成果尽快转化为生产力，在北京市大规模生产制造具有自主知识产权的半导体发光管外延片和管芯。北工大软件园由北京工业大学和北京经济技术开发区合作建设，是北京软件产业基地的重要组成部分，列入北京软件产业发展"十五"规划和重点工程。作为北京市三大软件园区之一，北京工业大学软件园以行业应用软件开发、软件加工出口、复合型软件人才培养为特色，为上万名软件研发人员提供幽雅的工作、生活环境。

北京工业大学软件园规划占地面积约31万平方米、建筑面积约42万平方米，总投资约15亿元人民币。A区于2002年4月开工，2003年竣工开园。其他功能区已陆续开工，将分阶段竣工投入使用。（北工大）

【北京理工大学科技园】 北京理工科技园发展有限公司于2002年1月成立，由北京理工世纪科技集团公司和北京理工创新投资有限责任公司组建，公司注册资金500万元。科技园公司旨在发挥北京理工大学各种资源优势，吸引社会各种创新创业资源，在学校周边建设立足北京、面向全国的高新技术研发的聚集地，高新技术企业的孵化基地，高新技术成果的辐射源，创新创业人才聚集和培育基地，产学研结合示范基地。2003年10月，北京理工大学科技园通过国家大学科技园验收并正式授牌。（理工）

【华北电力大学校办企业】 北京华电天德电力科技开发公司是华北电力大学投资成立的电力高科技全资企业，公司净资产3000万元人民币。该公司经华北电力大学授权，对学校投资成立的下属产业公司进行统一管理，负责大学经营性资产的保值增值工作；也是华北电力大学产业集团的法人实体，负责大学高科技成果产业化、大学科技园的建设与经营管理、股权投资与资本运营、电力系统及其相关高科技产品的应用和推广、电子产品和通信设备以及仪器仪表的技术开发、制造、技术服务和销售等。公司作为华北电力大学服务于电力行业、推进高科技成果转化的前沿机构，对内全力支持学校各院系的科技研发工作,及时反馈市场需求信息;对外诚信服务社会,提供电力及其相关行业的高科技产品和技术,并积极推广成熟的应用产品。

华北电力大学校办企业北京四方同创保护与控制设备有限公司2003年推出了CSSP - 2000火电机组仿真培训系统、CSSS - 2000变电站仿真培训系统、CSS - 100BE数字式安全稳定控制装置等新产品。经专家鉴定,新产品技术先进,计算分析结果正确,系统配置灵活、可维护性好、实用性强,整体水平居国内先进水平,其在线建模和在线调试技术达到国际先进水平。各类新产品在全国各地已正式投入使用,运行情况良好。2003年共完成综自站工程94个,单屏共1786面,累计合同额2.2亿元,本年度申请自主知识产权软件著作权共15项,并荣获海淀区人民政府颁发的"2002年度中关村科技园区海淀园优秀新技术企业"称号。

北京华电之星科学技术发展有限公司是华北电力大学、中国电力报社、华中电力康隆集团于2000年8月联合组建的高科技公司,公司以华北电力大学为依托,在电力、能源、环保、机械建筑、计算机等工程技术领域从事科技开发、设计、加工制作、产品代理、销售和咨询等业务。该公司主导产品是TA3000控制系统柴油发电机组和汽轮机组弯扭耦合振动监测分析系统。2003年销售收入为611万元。

北京华电天仁电力控制技术有限公司成立于2003年4月,7月被北京市科学技术委员会认定为高新技术企业,是华北电力大学科技产业园成立后的第一个入园企业。公司技术产业结构以自动控制、信息技术、热能动力、通信、电力专业为主,机械电子、工艺为辅。现设软件开发部、系统集成部、市场企划部、财务管理部。公司先后承接完成了多项省部级重点科研项目,2003年年底公司销售收入金额206万元。公司重点研发了产品"SIS - 康派"优化控制系统产品共30多个模块。正在研发的产品有"IMIS - 英明"火力发电企业及水力发电企业监控及管理系统。并在大唐盘山2 * 600MW机组及山西漳山2 * 300MW四台机组上使用了上述产品,北京华电英康科技有限公司是一家高新技术企业,注册于北京中关村科技园区,华北电力大学是北京华电英康科技有限公司的主要股东。2003年企业销售收入为809.76万元。目前华电英康已成为北电网络(Nortel Networks)、马可尼通讯(Marconi Communications)、摩托罗拉(Motorola)、3Com、思科系统(Cisco System)、茶山网络(DASANNETWORKS)等跨国通信产品厂家的高级代理商。并成功地完成了山西电信通信骨干网、天津电力公司城域宽带网等大型网络工程,华电英康是一家正在快速成长的新型企业,在成功地引进了境外资金并取得了高校的支持后,公司将目光集中在当前世界上增长最快的产业——信息产业上,公司在认真分析和实际参与的基础上,采用符合用户需求的国际领先产品和技术形成了多种解决方案。

私营个体经济

【综述】 年内，由于非典肆虐，北京市私营个体经济发展受到一定影响。广大私营企业、个体工商户在市委市政府的领导下，在政府各有关部门支持以及全市各级私营个体经济协会的帮助下，克服非典带来的种种困难，调整生产经营方向、改变经营策略、积极想办法自救，“解困、救市、促发展”，使得全市私营个体经济依然保持平稳发展。

截止到年底，全市私营企业累计186805户，同比增长23.82%；注册资本(金)2339.53亿元，同比增长17.65%；全市个体工商户累计达446851户，同比增长42.79%，注册资金51.62亿元，同比增长38.32%，从业人员588340人，同比增长33.52%。至2003年底，全市私营企业和个体工商户总入库税收842380万元，同比增长30.4%。

从行业看，北京市私营个体经济遍布农、林、牧、渔、采掘、制造、建筑、交通运输、仓储、批发和零售贸易、餐饮、社会服务制造等多种行业。其中，私营企业分布较多的主要在批发和零售贸易、餐饮业、社会服务业以及制造业，分布数量依次为50428家、37088家和17715家。个体工商户的经营主要集中在第三产业和第二产业。其中，全市从事批发和零售贸易、餐饮业的个体工商户达340352户，居各行业之首。

从区县私营个体经济增长幅度看，石景山区和顺义区私营企业数量长幅较大，比去年同期增长28.99%、43.96%，分居城、郊区长幅之首。丰台区和房山区个体工商户数量长幅较大，比去年同期增长188.11%、56.28%，分居城、郊区长幅之首。

2003年，全市个体工商户完成产值207829.61万元，销售总额1566348.03万元，商品零售额1286545.48万元。

年内，为支持促进北京市私营个体经济发展，在孙安民副市长的召集下，北京市私营个体经济联席会议分别在年初和6月份召开两次工作会议。在总结2002年工作部署2003年工作的同时，特别就如何继续贯彻执行《促进北京市私营个体经济发展条例》和北京市政府下发的关于《解困救市促进经济发展》的14号文件做出安排。

截止到年底，北京市私营个体经济协会已经在15个区县成立了贷款担保机构。在2003年，上述贷款担保机构为603户私企个体户会员办理了贷款担保手续，担保金额达24542.3万元。向其他担保和金融机构推荐私企个体会员贷款239户，贷款总金额为15911万元，其中，顺义光彩贷款担保公司为本区223户私企个体会员担保贷款金额达12655.5万元，同比贷款增加了8908.5万元。

2003年3月，为了表彰私营企业和个体工商户为本市经济和市民生活等诸多方面做出的巨大贡献，市政府召开了北京市历史上首次“北京市优秀私营企业者和北京市个体工商户优秀经营者表彰大会”。会上，经过基层组织推选、市评选表彰领导小组审核、新闻媒体公示、市政府批准的34名私营企业经营者和个体工商户荣膺“北京市优秀私营企业者”和“北京市优秀个体工商户经营者”称号。 （王幼民）

【北京曲美家具有限公司】 创建于1987年的北京曲美家具有限公司，是在一个小作坊的基础上建立起来的，经过十几年的风风雨雨“曲美”成为国内为数不多的集设计、生产、销售于一体的规范化大中型家具企业。“曲美”的进口成型板、诺贝尔油漆、环保胶合剂都要比竞争对手的材料高出几倍的价格。“曲美”成为中国首家“绿色选择”的企业。而且，“曲美”正通过管理体制和市场建设把成本降下来。

（私个协）

【用友软件产业】 作为中国软件产业的领跑者，用友已经完成并带动中国软件产业整体实现技术与资本的有机结合，进入了良性的商业化发展。形成了一个具有相当规模而且正在不断对外扩张的市场。为了使自己从一家财务软件公司蜕变成一家管理软件公司。用友曾经耗资6200万元，调集了100多人的研发队伍分成10个产品组，耗时两年，终于完成了NC管理软件的研发工作。这一软件是专为大中型企业开发提供全面企业应用解决方案的管理软件。作为第一家纯软件上市公司，用友突破了软件企业只能借壳上市或处于非主管产品地位的先例。同时，持续融资的手段也有利于公司持续发展，帮助公司利用资本市场快速扩张。募集资金、收购、兼并等一系列资本市场运作，将全面提高公司管理水平、吸引更多专业人才。唯有将人才、技术、管理与资本等多重优势整合起来，才能塑造国际化、规模化的软件产业集团，领军整个软件产业并通过软件产业的发展来促进国民经济的信息化和生产率的提高，进而实现信息化带动工业化的国民经济全面升级。 （私个协）

【北京绿伞化学有限公司】 绿伞产品的科技含量是较高的，其技术水平均已达到国内先进，有的已达到世界先进。1994年，在全国专利产品博览会上，绿伞有一种产品获金奖，两种产品获银奖。绿伞产品被原国家内贸局、中华全国商业信息中心评为1999年度全国食品、日用品500强领先品牌。2000年5月被北京授予“用户满意产品”、“用户满意服务”、“用户满意企业”称号。 （私个协）

【百灵威化学技术有限公司】 “百灵威的宗旨是致力发展东西贸易与技术的往来。促进中国现代化的发展。”百灵威的风格：“化学家的需要就是百灵威的行动。”百灵威以精细化工为主要专业，同时发展医疗、生化和工业电器技术。百灵威始终以高科技为先导，不断地开发尖端产品。在为中国专业领域提供化学品的同时，百灵威公司还荟萃中国的相关专业领域的优质化学品和生产品，通过公司设在欧洲的基地积极地推荐给西方各国的专业同行。另外百灵威公司还与中国一些高水平单位合作生产各种高级化合物，并把这些产品推向世界，促进了化学界的技术交流与发展。百灵威会聚了大量的国内外生产高精尖产品的技术资源。柯伟伦总裁说：“百灵威采取了‘蚂蚁扛大象’的做法，什么是‘蚂蚁扛大象’呢？一个公司再大，能力是有限的，而有了一个科学的运作模式和现代化的管理方法，就能够不断扩展公司的延伸能力，保证可持续性发展。” （私个协）

开 发 区

北京经济技术开发区

【综述】 2003年,北京经济技术开发区展开二次创业,围绕建设现代制造业和高新技术产业化基地建设目标,运用政府推动和市场机制两种资源,把开发区的发展从主要依靠优惠政策转到优化环境与优惠政策并重上来,从主要依靠政府推动转到市场拉动与政府引导并重上来,加快实施产业促进、扩区开发、管理创新、环境优化、人才强区五大战略,完善依法高效行政、区域信用监管、人力资源开发、信息网络服务、公共交通组织、配套设施服务、治安监控管理、公共卫生防疫等八大体系,实现工作的整体推进和重点突破。

开发区实现国内生产总值85.43亿元,比上年增长11.1%;其中第二产业实现增加值75.43亿元,比上年增长10.5%;第三产业实现增加值10亿元,比上年增长15.74%。全区人均国内生产总值15.19万元。销售(营业)收入559亿元,比上年增长18.5%,完成工业总产值450亿元,比上年增长10.8%;工业企业利润33.3亿元,比上年增长19.4%;工业税收收入20.18亿元,占全区税收收入的70.61%。出口总额15.93亿美元,比上年增长20.68%。财政收入(含免抵)36.23亿元,比上年增长11.99%。

已出让工业用地517.2公顷,每公顷平均投资密度1191.6万美元;已投产企业占地面积293.2公顷,每公顷工业用地平均创造产值1.53亿元、实现税收近1000万元。作为全国国有土地资本运营三个试点单位之一,经营性土地推行了“招拍挂”制度。在全国整顿开发区工作中,北京开发区土地利用和发展情况受到了好评。

实施人才强区战略,积极营造“引得来、留得住、用得好、能作为”的人才发展环境。博士后科研工作站有9人进站,7人参与了国家“863”课题研究,并有4人的研究课题分别列为“863”课题或国家创新项目。充分利用各项人才激励及引进政策,重点引进了一批高新技术产业急需人才。除北京生源外,全年共引进外埠生源本科生276人,研究生196人,高级人才58人。办理工作居住证293人。全年为2065名农村劳动力安置了就业岗位,占当地就业人员总数的56.5%。同时将周边35个村11774

名劳动力纳入就业信息管理系统，免费就业指导926人次，职业技能培训1945人次。

完成核心区征地3436亩，搬迁居民1400户，全部完成核心区15.8平方公里的征地任务。全区完成固定资产投资62.91亿元，比上年增长13.4%，其中入区企业投资51.72亿元，比上年增长20.7%，管委会项目11.19亿元。新增固定资产30.32亿元，比上年增长3.8%。

【重大项目】 奔驰汽车项目正式签约。中芯国际半导体项目厂房建设即将竣工。京东方显示科技园厂房建设提前半年开工，已有6个项目确定在园内投资，投资总额超过3.5亿美元。由台湾著名的高科技电子企业鸿海集团独资兴建的富士康产业园二期工程已开工。中国航空科技工业股份有限公司、国盛科技园、经纬纺织机械股份有限公司、中国数码信息有限公司、华奥星空信息技术（北京）有限公司、普莱克斯工业气体项目等重大项目进展顺利。

【招商引资】 全年新批企业385个，投资总额（含增资）23.65亿美元，比上年增长92.73%。其中三资企业76个，投资总额6.39亿美元，比上年增长0.94%；内资企业309家，比上年增长28.22%，注册资本71.99亿元，比上年增长181.72%。增资企业82家，增资额8.58亿美元。其中三资企业38家，增资额7.96亿美元；内资企业44家，增资额5.2亿元。合同利用外资4.18亿美元，占全市合同利用外资总额的七分之一，同比增长25.96%；实际利用外资2.64亿美元，占全市实际利用外资总额的八分之一，同比增长30.43%；新引进超千万美元的外资项目17个，同比增长41.7%；超3000万元人民币的内资项目18个，注册资本同比增长2.4倍。截止到年底，开发区共批准企业1383家（不含分支机构），批准企业累计投资总额61.31亿美元。其中内资企业1033个，注册资本161.4亿元人民币；外商及港澳台企业350个，投资总额42.86亿美元，占69.9%。三资企业平均投资额1224.57万美元。累计合同外资金额17.42亿美元，累计外商实际投资15.59亿美元。

【高新技术产业发展】 全区共有高新技术企业271家，高新技术企业所产生的工业增加值67.23亿元，占全区工业增加值的90%，对工业经济增长的贡献率达88.75%；工业总产值（现价）405亿元，比上年增长13.16%；产品销售收入401.92亿元，占全区经济总量的90.73%。高新技术企业出口总值15.22亿美元，比上年增长18.61%，占全区出口总值的95.54%。年内，全区新认定高新技术企业95家中，外商及港澳台企业20家，内资企业75家。新认定的高新技术企业主要集中在电子信息技术、生物工程与新医药、新材料与应用技术、新能源与节能技术、环境保护技术等领域。

【基础建设】 全区施工面积322.37万平方米，比上年增长55.2%，其中工业厂房建设面积93.58万平方米，同比增长64.4%；新开工面积176.55万平方米，竣工面积83.32万平方米，比上年增长35.6%。完成市政道路长度13公里，完成各种市政管线17.5公里。新增绿地面积47万平方米，完成荣华路两侧简易绿化22万平方米。

【扩区开发】 是年4月，市政府批准实施扩区以来，完成凉水河西征地5911亩，800多户居民搬迁工作基本完成。高速公路以东征地工作正在加快办理审批手续。河西区的市政工程建设在2002年的基础上,完成了荣昌西街、黄亦路、雅秀斜街、旧头路等道路、雨污水、电信、电力、上水管线的建设工作。河西协作配套区已建成总长约15公里的道路以及各种管线,基本完成了协作配套区内旧头路、凉水河路、博兴路、泰河路等主干总道建设,形成北与核心区、西与黄村连通的道路网。河西区的项目正在审批中,为落实项目所进行的征地拆迁工作进展顺利。为搬迁农民所建设的鹿海苑居住区一期工程,总投资1亿多元,总建筑面积15万平方米,已建成37栋居民楼。年底,河西区东三村已有800多户农民喜迁新居。11月,鹿海苑居住区二期工程开工,总建筑面积12万平方米。荣京东街东延跨京津塘高速公路工程于4月开工。该延伸路段长630米,横穿京津塘高速公路,是连接核心区和路东区的唯一通道,其主路宽15米,属两上两下机动车车道,主路两侧各有宽5米的非机动车道,目前已处于收尾阶段。在道路施工过程中已将水、电、气等市政能源引建至东区,为路东区的开发建设奠定了基础。

【公用设施建设】 引进了华油集团参与开发区燃气经营。利用社会资金投资基础设施项目,已经签署了7.5亿元建设合同,绿化养护、环卫管理走向市场化经营。新建的土地储备中心获得四个商业银行121亿元授信额度,通过信用评级获得国家开发银行90亿元授信资金。22万伏电站、热电冷联产项目、污水处理厂二期、国际企业文化公园二期、商业中心建设等项目正在启动。

【规划管理】 年内,完成新扩区范围的规划调整,扩大工业用地244公顷。组织完善了河西区和路东区控制性详细规划、市政专业规划、道路定线、条图测绘、地块坐标册和管网综合规划工作。组织和参与编制了《绿化景观总体规划》、《开发区公共停车场规划》、《开发区夜景总体规划》、《开发区户外广告规划导则》、《开发区商业发展和网点布局规划》及《开发区内部道路交通系统改善规划》等专项规划。

【防控非典】 非典期间,开发区设立了市疾控中心专家指导组和市急救中心120发热流动巡诊车,与大兴区、通州区政府密切配合,建立了快捷流调机制。制定了《北京经济技术开发区突发公共卫生事件应急处理意见》。同时全力落实了14条具体防控措施,用不到一周时间建设完成了拥有40个床位的密切接触者隔离观察站。启动应急预案,一旦得到疫情报告及时采取措施迅速处置。“五一”节过后又调集力量进一步完善了指挥系统。设置督导员,每天对防疫情况进行督导检查。同时,把抓经济发展的工作力量分成两处办公,确保万一出现情况,工作不受损失。开发区管委会还制定了《北京经济技术开发区关于防治非典型性肺炎疫情期间促进经济发展的若干措施》,并设立开发区扶持企业专项资金,支持为研发或生产防治非典型性肺炎新产品做出突出贡献的企业,从地价、房租金等方面给予相关企业以减免优惠。该政策起到了在非典疫情期间促进企业生产的积极作用。疫情期间,开发区内的生产性企业没有停产、工地没有停工、外籍人士没有因害怕感染非典而撤离,保持了良好的生产秩序和国际形象。累计隔离人员107人,追踪发热病人180人。从4月28日到5月4日,共出现5例非典病人,经过治疗全部病愈出院。

【土地管理】 开发区制定出台《土地一级开发管理办法》。该办法对开发区扩区开发中征地、拆迁、市政基础设施建设的实施程序、工作形式和内容以及资金使用和管理等进行了明确的规定,并进一步拓宽了融资渠道,为开发区土地一级开发提供了制度保证。土地一级开发在政府统一组织实施的基础上进行,具体开发工作采取公开招投标的方式。从而形成"政府统一组织实施,开发项目市场运作"的开发体制,进一步加快开发区的建设步伐。该办法于2003年11月15日起正式施行。

【鼓励投资基础设施】 出台了《鼓励社会资本投资经营基础设施》的实施办法,基础设施项目的投资主体或经营管理主体将由管委会通过公开向社会招标的方式确定,并按照"企业成本+税费+合理利润"的原则核算价格确定合理标底,广场、道路、亭位等基础设施的冠名权、广告权、收费权和经营权可通过有偿竞买方式出让。对于受到管委会定价制约的经营性基础设施产品与服务价格,管委会可采取现金补偿、土地开发补偿或无形资产补偿方式,以保证投资主体或经营管理主体能获得适当的经营效益。《办法》鼓励外资和国内各类投资主体采取参股、控股、独资、收购、租赁、转让等方式参与基础设施项目建设,也可采用PPP等多种投资经营形式,形成多元化投资结构,提高存量资产运营效率。《办法》发布后,举行了"北京开发区基础设施项目签约暨信息发布会",首批推介的基础设施项目共计4类、11个项目,涉及金额近3亿元。包括投资约2亿元人民币的开发区路东新区天然气特许经营权项目;一期投资3000万元人民币覆盖整个核心区的宽带城域网建设项目;4个地块,占地面积为13150平方米,可用于建设24小时便利店、餐饮、商务交流及会议等一站式服务的核心区范围内的产业综合服务设施等。签约的两个项目分别是热电冷联产项目入区协议和金源经开污水处理厂二期《继续合作协议》。

【政务管理】 区纪工委、监察局提出在开发区基本建设中全面实施"阳光工程"的意见,明确在建设过程中切实做到"十公开"、"十不准",即:审批、规划、用地、收费、拆迁、招标、采购、施工、执法、验收要公开,不准超越职权违反规定程序办理审批手续、许可证照或者拖延办理审批等。同时,"意见"也进一步明确了实施"阳光工程"的范围和责任主体,内容和形式,方法和步骤等。落实了工程建设廉政责任书制度。根据商务部2003年对49个国家级经济技术开发区投资环境评价结果,北京经济技术开发区的综合排名从2002年第七位升至第五位,技术创新能力从第六位升至第四位,比较经营成本从第四十一位升至第二十四位。根据2003年市投资促进局调查外商对全市投资环境评价结果,开发区的投资环境满意度位居全市各区县第一位。

【科技促进】 为了促进区内高新技术企业的发展,管委会组织了3次全区性科技成果申报辅导讲座,5家企业申报了材料,其中2家获得了一等奖,2家获得了二等奖。邀请科技部中小企业创新基金管理中心的专家为区内企业进行基金申请辅导。组织2003年度区内高新技术企业申报国家级和北京市的火炬计划项目,有3个项目获国家重点新产品计划立项,火炬计划项目2项,北京市火炬项目7项。组织企业申报国家重点新产品计划,3个项目已获批准。为开发区内两家“科技企业孵化器”申请专项资金支持,促进了区内中小企业和“科技企业孵化器”的发展。组织对区内企业知识产权的专利技术调查,指导企业申报专利,帮助企业申报专利实施资金支持,组织区内企业参加北京市专利试点工作,使开发区8家单位成为北京市专利试点单位,占全市试点单位8%。

【科技孵化器】 5月9日开发区首家民营科技孵化器——汇龙森国际企业孵化园开园,并于9月通过北京市高新产业孵化基地认定。该园占地面积9750平方米,建筑面积1.6万平方米。该企业一期投资达4000万人民币。到年底,累计吸引投资15亿元,其中外资8000万美元。已有150家内外资企业入驻,其中包括世界500强企业日本住友电工公司投资的住力电通光电技术有限公司,美国摩根士坦利公司,还有美国润滑系统公司,国内企业神州细胞工程有限公司等。入园企业主要行业为电子与信息技术、先进制造技术、生物工程与新医药等。实现销售收入8亿元,税收1895万元。孵化园为入园的企业提供丰富的服务项目,如基础物业服务,企业开办全程代办,政策咨询,商务秘书,管理咨询,各类相关扶持资金的申报代办及投融资服务等。

【科协工作】 开发区科协成立以来,开展了大量的工作,已有五家区内企业成立了企业科协。年内,作为五大主导产业之一的生物工程与新医药行业分会成立,将促进行业内企业间的相互交流,企业科技进步与资源共享,维护企业和科技工作者合法权益等各方面起到积极作用。在2003年北京科技周工作总结表彰大会上,北京经济技术开发区科协获2003年北京科技周优秀活动奖和组织工作奖。

【体育活动】 在区内机关干部、企业员工、社区居民中组织“开发区第一届全民健身体育节”,参加者逾千人。参与举办开发区第四届运动会,全区59个队2300名运动员参赛。协助北京市组织“走向2008——首届北京国际长走大会”,万余名长走爱好者参加,其中包括来自50多个国家的外交使节、企业员工及留学生。

【教育事业】 举办了“优化教育资源、建立校际协作关系工作研讨会和建立校际协作关系协议签字仪式”,开发区实验学校、国际艺术学校、亦庄中学、鹿圈中学、亦庄第一中心小学、第二中心小学签订了校际协作关系协议书,成为团结协作的共建关系单位,共同打造开发区的一流教育环境,为投资者和社区居民提供高水平的教育服务。9月26日,北京市21世纪幼儿园亦庄园隆重举行开园典礼,全国人大副委员长、全国妇联主席顾秀莲、原北京市政协副主席、市委统战部部长沈仁道、国家副总督学郭振有、北京市妇联主席荣华以及北京开发区工委、管委会领导出席了典礼。北京市21世纪幼儿园创建于1995年,2002年通过教委联合验收,成为第一家、目前也是唯一的民办一级一类幼儿园。在开发区建立的幼儿园是第4所分园,占地面积2.5万平方米,建筑面积1.56万平方米,建有270平方米的室内风雨操场、300平方米的多元文化长廊和400平方米的科学艺术宫。全园可容纳36个班,包括面向社会和社区的幼儿班,以及服务于外籍人士和海归派的英美班、日韩班和两个月以上的婴幼儿甄期试验班等。

【软件园开园】 9月10日，北工大软件园开园。由北京工业大学与开发区共同开发建设的北工大软件园是北京市三大软件园区之一。北工大软件园以行业应用软件开发、软件加工出口、复合型软浸人才培养为特色，以集成电路设计、嵌入式软件研发等为主导产业，以对日软件加工出口作为园区发展重点，其整体建设预计于2004年完成。开园仪式上举行了首批入园企业签约仪私，世界500强企业之一的美国应用材料公司以及中国数码信息有限公司、北京灵思信息系统有限公司、北京日立北工大信息系统有限公司、北京公达电子有限责任公司等8家企业在仪式上拿到了象征入驻软件园的金钥匙。

【网交会】 6月6日，北京的第一次网交会——2003年北京经济技术开发区网交会举行开幕式。网交会推出了“在线签约”、“在线项目洽谈”、“产品在线展示”、“在线答疑”、“人才招聘洽谈”、“BDA的外国人在线”等6个主题活动。在开发区主会场，开发区管委会与北京、上海、香港及美国分会场4地、5处通过“千龙网”互联，当天网交会的点击数近130万次。管委会分别与在北京的京东方科技集团股份有限公司、在上海的爱尔普公司、在香港的戴德梁行公司签署协议，在主会场的开发区企业北京世纪千网电池技术有限公司与美国一家公司签订越洋定货合同。

【科博会】 在9月15日第六届科博会上，北京开发区签约项目16个，签约总额8.3亿美元。其中外商投资项目12个，占总数的75%。高新技术项目15个，占总数的94%。其中电子信息产业项目5个，机电制造项目4个，生物技术与新医药及医疗设备材料项目3个，新能源新材料项目2个。美国应用材料公司、东芝、日立、IVECO、欧倍德、美国UT公司和中石化公司等世界500强企业参与了项目投资洽谈。北京经济技术开发区管委会荣获本届组委会颁发的“优秀组织奖”和“优秀参展单位奖”。

【青年公寓建设】 为开发区打工人员设计建设的青年公寓年底已经基本完工。项目总投资3亿元，总建筑面积12万平方米。共建有6栋组团式公寓楼及一些配套公共建筑。青年公寓由博大兴物业公司进行管理，配备了培训教室、图书室、棋牌室、公共浴室、自行车棚、餐馆以及临时超市等必要生活设施。为企业员工提供住宿、餐饮、培训、购物、图书阅览、娱乐活动等全方位服务，可以满足区内企业万余名员工的生活需要。青年公寓已经与多家企业签订了租住合同。

【航天科技园二期奠基】 3月18日上午，航天科技园(二期)在北京经济技术开发区举行奠基仪式。该项目由中国运载火箭技术研究院北京万源工业公司与长征火箭股份公司联合建设，位于隆盛工业园内。项目总投资1.2亿元，规划占地23亩，建筑面积30098平方米。工程于3月底正式动工，预计2004年底前全部投入运行。建成后将成为中国运载火箭技术研究院民品的对外合作和战略研发中心。同时也将成为火箭股份公司的主要研发基地。

【SARS检测系统】 5月5日，建于北京经济技术开发区内的本元正阳基因技术股份有限公司研制出SARS冠状病毒全基因组芯片检测系统，这一系统是在本元正阳公司的病原监测系统基础上，利用SARS冠状病毒基因组数据开发的。该系统可以快速、灵敏、准确地检测SARS冠状病毒，检测样品广泛，检测的基因序列范围宽，可以试用于病毒感染的早期检测，还可以试用于检验检疫、环境监测、食品安全监测、科学研究以及临床研究等领域。

【中央领导视察开发区】 5月9日，中央政治局常委、国务院副总理黄菊、中央政治局委员、副总理曾培炎在中央政治局委员、北京市委书记刘淇、北京市代市长王岐山陪同下到北京经济技术开发区考察。他们先后参观了正在生产中的星网工业园、首信诺基亚移动通信有限公司、北京富士康精密组件有限公司、北京松下电工有限公司和通用电气(中国)有限公司医疗系统集团，并询问了企业生产经营情况和防控非典采取的措施。

【通用电气工业园开业】 10月22日，位于北京经济技术开发区的通用电气医疗系统工业园开业。通用电气公司总裁兼首席执行官杰夫·伊梅尔特表示，北京经济技术开发区的投资环境可以和世界上最先进的科技园媲美，北京有一流的人才和一流的环境，是最适合建GE医疗设备生产基地的地方。北京市副市长陆昊出席仪式并在讲话中说，GE医疗系统在非典时期及时地为北京市供应了高质量的医疗设备，提供了医疗保障。工业园的开业将使GE医疗系统在中国的生产能力、出口能力提高两倍，为开发区的经济增长做出更大的贡献。

【香港力宝集团投资】 12月23日上午，香港力宝集团投资10亿美元参与北京经济技术开发区基础设施建设签约仪式举行。北京市副市长张茅及有关单位领导以及力宝集团董事兼中国投资总经理李文藻等出席仪式。此次签约对于引进社会资金完善开发区基础设施和配套服务设施具有重要意义。

中关村科技园区

【综述】 截止到年底，中关村科技园区内的高新技术企业已达12030家(指已进入统计系统的企业，下同)，年末从业人员48.8万人，实现总收入2886.4亿元、上缴税额120.1亿元、出口创汇32.9亿美元。与2002年比较，总收入增长20%，上缴税额20.6%，出口创汇14.4%。全年园区实现生产总值608亿元，比上年增长17.1%，占全市生产总值的16.8%，比上年提高0.6个百分点。

入园企业数量创历史新高。自1999年6月5日国务院批复以来，园区入园企业数量持续增长。2003年新入园企业达4138家，创历史新高。股份制企业依然是园区发展的主流。新入园企业中，股份制企业3597家，占入园企业总数的86.9%；三资企业367家，占8.9%。

大企业群体不断壮大，中小企业同步增长。截止到年底，园区总收入超过10亿元的大型企业已达53家，比2002年的33家增加了20家，企业实现收入1312.5亿元，上缴税费38.2亿元，出口创汇20.8亿美元，分别比上年增长23%、22%和23%，分别占园区总量的45.5%、31.8%和

63.1%，比重进一步提高。对园区经济增长的贡献率达51%，拉动园区经济增长10.2个百分点。中型企业发展态势良好，增长速度快于园区平均增长速度。2003年收入在5000万元至1亿元的企业316家，比上年增加94家；实现收入220.7亿元，同比增长43%，高于平均增幅20多个百分点，占总量比重提高1.2个百分点，对园区经济增长的贡献达17%。这部分企业上缴税费增长48%，出口创汇增长92%，占园区总量的份额分别比上年提高1.8和1.6个百分点。小型企业虽然对园区经济总量拉动不明显，但增势喜人。2003年，收入500万元以下的小企业8729家，占园区企业总数的72.6%，实现收入87亿元，占园区总量比重仅为3%，对园区经济增长的贡献率很低，仅为4%。但收入的增幅达24.6%，出口创汇的增长更是达到50%，均超过园区平均增长速度。

三资企业仍然是园区发展的重要力量，但比重略有下降。2003年园区共有三资企业1373家，占园区企业总量的11.4%，比上年下降0.5个百分点；完成收入1146.7亿元，占园区总量的40.6%，比上年下降2.9个百分点；上缴税费49.0亿元，占园区总量的41.2%，比上年下降3.5个百分点；出口创汇26.2亿美元，占园区总量的79.6%。

产业结构调整，现代服务业基本形成。2003年，园区的高新技术产业的业态已发生了重要变化，形成了制造业、现代服务业两业并举的格局。以在园区收入或企业数量位于前列的十大行业为例，2003年制造业、现代服务业各占5席，对比2002年，制造业减少一席，服务业增加一席。从企业数量看，5大制造业企业数量明显下降，而5大服务业企业数量明显上升；从从业人员数量看，5大制造业占26.46%，而5大服务业占54.4%；从经济总量看，制造业工业总产值占61.1%、产品出口创汇额占69.4%，具有较明显的产品优势。而在总收入、上缴税费方面，服务业与制造业基本持平。其中，在实现总收入方面，制造业占42.5%，服务业占41.5%；在上缴税费方面，制造业占46.1%，服务业占44.3%。在反映高新技术企业特点的技术收入方面，服务业占85.2%。

区域人才聚集，流动活跃。截止到年底，园区从业人员达到48.8万人，比上年底增加8.2万人。其中，年龄在30岁以下占47.1%，接近二分之一；博士6856人，增加1024人；硕士3.5万人，增加6000人；园区从业人员流动量为30%，其中流入17.5%，流出12.8%。园区企业人才呈现高学历、年轻化、流动性强的特点。

创新投入增加，创新能力提高。全年园区企业科技经费支出178.5亿元，同比增长27%。其中研究与发展经费支出130.8亿元，占全部科技经费的73.6%，同比增长38%。R&D经费支出占总收入的比重比2002年提高0.6个百分点，达4.5%，比全国53个高新区平均水平高出2.5个百分点。园区在全国率先研制出具有自主知识产权的中国芯组群，并实现产业化和打入国际市场。此处，园区在新一代互联网协议、国产计算机操作系统研发与应用、高性能计算机、信息安全等方面也实现了重要突破。截止到年底，世界500强企业中有30家在园区设立了研发中心，开展前沿技术研究。园区企业还与世界著名跨国公司共建技术研发联合体，如微软-中星微多媒体技术中心、用友-微软联合开发实验室、联想-英特尔未来技术研究中心、甲骨文-中科红旗LINUX开发实验室。截止到年底,园区已有国家工程研究中心40个、国家重点实验室42个、孵化器34家。

技术交易活跃,成为全国重要的技术创新辐射中心。园区技术交易活跃。全年共成交技术合同12544项,合同额128.83亿元,比上年增长3.25%,占北京市技术合同总额48.55%;其中技术交易额104.70亿元,比上年增长8.79%,占北京市技术交易额46.20%,相当于全国技术交易第二大城市上海市技术交易额的73%。2003年园区输出到北京以外地区的技术合同5964项,占合同总数47.54%;输出技术额68.64亿元,比上年增长10.69%。其中,向港澳台地区输出技术合同49项,合同额2.54亿元,增长262.57%;向境外输出技术合同217项,合同额7.89亿元,下降37.47%。

(顾宝芳)

2003年中关村科技园区总收入亿元以上企业排行榜

2003年总收入100亿元以上企业

1 联想(北京)有限公司

2 北京首信诺基亚移动通信有限公司

2003年总收入10亿元以上100亿元以下企业

1 北京神州数码有限公司
2 神州数码(中国)有限公司
3 UT斯达康(中国)有限公司
4 清华同方股份有限公司
5 中国网络通信有限公司
6 北京松下彩色显像管有限公司
7 北京神华昌运高技术配煤中心
8 北京东方冠捷电子股份有限公司
9 富士康精密组件(北京)有限公司
10 经纬纺织机械股份有限公司
11 北京福田环保动力股份有限公司
12 威讯联合半导体(北京)有限公司
13 中国惠普有限公司
14 北京同仁堂股份有限公司
15 北京普天太力通信技术开发公司
16 清华紫光股份有限公司
17 航卫通用电气医疗系统有限公司
18 北京国际交换系统有限公司
19 北京首信股份有限公司
20 中国石油化工股份有限公司长城润滑油分公司
21 北京金长科国际电子有限公司
22 微软(中国)有限公司
23 北京丰科城医药有限公司
24 中国铁路工程总公司
25 中博世金科贸有限责任公司
26 瑞萨四通集成电路(北京)有限公司
27 北京方正科技信息产品有限公司
28 航天信息股份有限公司
29 中电通信科技有限责任公司
30 中垦农业资源开发股份有限公司
31 路桥集团国际建设股份有限公司

32 联通兴业科贸有限公司
33 北京艾科泰电子有限公司
34 翰林汇软件产业股份有限公司
35 北京中邮普泰移动通信设备有限责任公司
36 北京德尔福万源发动机管理系统有限公司
37 联想进出口有限公司
38 安迅(北京)金融设备系统有限公司
39 北京中兴富奇汽车科技有限公司
40 中牧实业股份有限公司
41 北京富通天地电脑有限公司
42 中国大恒(集团)有限公司
43 中拓国际经贸集团公司
44 中金科技股份有限公司
45 北京鄂尔多斯科技发展有限公司
46 北京化二股份有限公司
47 北京北泰汽车工业有限公司
48 北京市京首贸易服务有限责任公司
49 远大空调有限公司
50 奥林巴斯(北京)科技有限公司
51 蓝星化工新材料股份有限公司

2003年总收入1亿元以上10亿元以下企业

1 北京飞利浦有限公司
2 北京首创电子科技有限公司
3 中铁快运有限公司
4 北京晓通网络科技有限公司
5 北京同仁堂科技发展股份有限公司
6 北京佳柏立信科技有限公司
7 北京市双鹤药业经营有限责任公司
8 北京方正世纪信息系统有限公司
9 中国民航信息网络股份有限公司
10 北京华源亚太科技有限责任公司
11 中国化纤总公司
12 施耐德(北京)中压电器有限公司
13 思科系统(中国)网络技术有限公司
14 北京四方继保自动化有限公司
15 三洋能源(北京)有限公司
16 北京港湾网络有限公司
17 北京科园信海医药经营有限公司
18 北京甲骨文软件系统有限公司
19 北京华胜天成科技股份有限公司
20 北京松下电工有限公司
21 北京ABB电气传动系统有限公司
22 北京京卫国康医药有限公司
23 北新集团建材股份有限公司
24 SMC(中国)有限公司
25 北京宝龙达信息技术股份有限公司
26 北京锦绣大地农业股份有限公司
27 安泰科技股份有限公司
28 北京吉乐电子集团有限公司
29 浪潮(北京)电子信息产业有限公司
30 拜耳医药保健有限公司
31 北京发那科机电有限公司
32 北京四通工控技术有限公司
33 北京松下电子部品有限公司
34 施耐德(北京)低压电器有限公司
35 北京双鹤药业股份有限公司
36 大唐微电子技术有限公司
37 北京中关村科技发展(控股)股份有限公司
38 北京诺华制药有限公司
39 中工国际工程股份有限公司
40 中软网络技术股份有限公司
41 北京北纬机电技术有限公司
42 中仪英斯泰克进出口公司
43 中国华电工程(集团)公司
44 北京信海丰园生物医药科技发展有限公司

45 中国京冶建设工程承包公司
46 中国北大方正电子有限公司
47 安捷伦科技有限公司
48 中国服装股份有限公司
49 中成进出口股份有限公司
50 清华同方威视技术股份有限公司
51 北京北开电气股份有限公司
52 北京四通新技术产业有限公司
53 通标标准技术服务有限公司
54 中国普天信息产业集团公司
55 北京大北农饲料科技有限责任公司
56 中技贸易股份有限公司
57 思爱普(北京)软件系统有限公司
58 北京万东医疗装备股份有限公司
59 揖斐电电子(北京)有限公司
60 太极计算机股份有限公司
61 德农种业科技发展有限公司
62 北京通用电气华伦医疗设备有限公司
63 北京金远见电脑技术有限公司
64 中铁电气化局集团有限公司
65 北京华铁弘兴计算机工程有限责任公司
66 长峰科技工业集团公司
67 北京江森自控有限公司
68 航天长征火箭技术有限公司
69 北京百慕航材高科技股份有限公司
70 北京中恒讯视科技发展有限公司
71 京东方现代(北京)显示技术有限公司
72 北京东方亚科力化工科技有限公司
73 北京用友软件股份有限公司
74 中地海外建设有限责任公司
75 北新建材(集团)有限公司
76 嘉事堂药业股份有限公司
77 北京天宇朗通通信设备有限责任公司
78 北京紫竹药业有限公司
79 北京握奇数据系统有限公司
80 清华同方人工环境有限公司
81 中国铁路通信信号集团公司
82 北京兴大豪科技开发有限公司
83 中国航天时代电子公司
84 贺柏兹·阿克苏·红狮汽车涂料有限公司
85 北京大恒创新技术有限公司
86 北京地杰通信设备股份有限公司
87 北京四环医药科技股份有限公司
88 飞利浦电子(北京)有限公司
89 诺维信(中国)投资有限公司
90 北京国电华北电力工程有限公司
91 中国中原对外工程公司
92 北京毕捷电机股份有限公司
93 北京实创高科技发展总公司
94 北京研华兴业电子科技有限公司
95 北京北大方正进出口有限公司
96 北京中电奥盛移动通信科技有限公司
97 深圳和光现代商务股份有限公司北京分公司
98 石化盈科信息技术有限责任公司
99 北京曙光天演信息技术有限公司
100 有研亿金新材料股份有限公司
101 北京首都在线科技发展股份有限公司
102 北京天星普信生物医药有限公司
103 网之易信息技术(北京)有限公司
104 北京航天斯大电子有限公司
105 北京兆维晓通科技有限公司
106 中国大恒(集团)有限公司北京软件技术分公司
107 北京华夏建龙矿业科技有限公司
108 中国电信集团系统集成有限责任公司
109 北京中科天立科技有限公司
110 北京中科三环高技术股份有限公司
111 北电网络通讯工程有限公司
112 首都信息发展股份有限公司
113 中广影视卫星有限责任公司
114 北京市和利时系统工程股份有限公司

115 北京精电蓬远显示技术有限公司
116 北京摩比斯中车汽车零部件有限公司
117 北京金自天正智能控制股份有限公司
118 北京高阳金信信息技术有限公司
119 北京埃迪恩电信系统有限公司
120 TCL 数码科技(北京)有限公司
121 北京清华阳光太阳能设备有限责任公司
122 京东方科技集团股份有限公司
123 北京北方天鸟智能科技股份有限公司
124 北京天坛生物制品股份有限公司
125 北京赛迪经纬文化传播有限公司
126 北京建谊建筑工程有限公司
127 中油测井技术服务有限责任公司
128 北京恒有源科技发展有限公司
129 清华紫光通讯科技有限公司
130 鑫诺卫星通信有限公司
131 北京七星华创电子股份有限公司
132 清华紫光(集团)总公司
133 北京新浪信息技术有限公司
134 北京联想软件有限公司
135 北京中体彩印务技术有限公司
136 北京新浪网络技术服务有限公司
137 北京实创科技产业发展公司
138 北京驷骑高新科技公司
139 北京科锐配电自动化股份有限公司
140 中国通信广播卫星公司
141 北京北方华德尼奥普兰客车股份有限公司
142 航天东方红卫星有限公司
143 赛尔网络有限公司
144 北京丰台科技园建设发展有限公司
145 北京东华合创数码科技股份有限公司
146 北京振冲工程股份有限公司
147 北京首发实业股份有限公司
148 北京奥瑞金种业股份有限公司
149 北京松下控制装置有限公司
150 北京爱迪发科技有限公司
151 亚信科技(中国)有限公司
152 北京清华诚志科技发展有限公司
153 北京东方高迈资源科技开发公司
154 北京复盛机械有限公司
155 北京桑德环境工程股份有限公司
156 北京华东开关有限公司
157 中国石油化工科技开发公司
158 北京万源金德汽车密封制品有限公司
159 北京实达科技发展有限公司
160 北京 ABB 贝利控制有限公司
161 长城宽带网络服务有限公司
162 北京东陶有限公司
163 北京瑞斯康达科技发展有限公司
164 北京清华同仁科技有限责任公司
165 北京豪特耐集中供热设备有限公司
166 北京中科大洋科技发展股份有限公司
167 北京利亚德电子科技有限公司
168 北京燕化高新技术股份有限公司
169 北京贝尔通信设备制造有限公司
170 国投中鲁果汁股份有限公司
171 北京动力源科技股份有限公司
172 北京龙翔达信息技术有限公司
173 北矿磁材科技股份有限公司
174 北京云星宇交通工程有限公司
175 北京荣之联科技有限公司
176 北京中电报科技发展有限公司
177 北京信威通信技术股份有限公司
178 北京朗新信息系统有限公司
179 北京成功通信电子工程有限公司
180 有研半导体材料股份有限公司
181 北京国电龙源环保工程有限公司
182 北京京精医疗设备有限公司
183 第一制药(北京)有限公司
184 大唐电信科技股份有限公司
185 婷美集团保健科技有限公司
186 北京首钢高新技术有限公司

187 中石化物资装备贵金属有限公司
188 北京乐金系统集成有限公司
189 北京富丰高科技发展总公司
190 北京稀贵金属交易有限公司
191 清华同方光盘股份有限公司
192 北京新晨科技股份有限公司
193 中科软科技股份有限公司
194 建研科技股份有限公司
195 北京松下照明光源有限公司
196 北京中关村丰台园道丰科技商务园建设发展有限公司
197 北京市志和众诚科技有限责任公司
198 北京中电明天科技有限公司
199 北京兆维科技股份有限公司
200 三伍电子系统(北京)有限公司
201 北京金中恒科技发展有限公司
202 赛贝斯软件(中国)有限公司
203 北京中鸿建信息技术有限公司
204 华北电力科学研究院有限责任公司
205 时代博讯高科技有限公司
206 北京康联医药有限责任公司
207 北京通港网络有限公司
208 北京亚都科技股份有限公司
209 博世力士乐(北京)液压有限公司
210 北京惟帆通讯设备有限公司
211 北京康宁光缆有限公司
212 北京中软远东国际信息技术有限公司
213 大恒新纪元科技股份有限公司
214 北京先进数通信息技术有限公司
215 北京北控电信通信息技术有限公司
216 北京兆维光通信技术有限公司
217 北京四方同创保护与控制设备有限公司
218 华资伟业科技控股有限公司
219 北京嘉盛联侨信息工程技术有限公司
220 北京搜狐新时代信息技术有限公司
221 北京方正奥德计算机系统有限公司
222 北京宇信鸿泰科技发展有限公司
223 北京冶金节能实业公司
224 北京极光圣达科技有限公司
225 北京电信通电信工程有限公司
226 北京国电水利电力工程有限公司
227 北京祥玉伟业科贸有限公司
228 中青旅电子商务有限公司
229 北京京都新网信息通信技术有限公司
230 北京亿维德机电设备有限公司
231 北京路新大成沥青混凝土有限公司
232 北京大唐高鸿数据网络技术有限公司
233 北京航材百慕进出口有限公司
234 华禾药业股份有限公司
235 北京神州泰岳计算机技术有限责任公司
236 北京长荣发科技发展有限公司
237 北京爱慕内衣有限公司
238 首钢环星触摸电脑有限公司
239 北京万源工业公司
240 北京华铁弘科信息工程有限公司
241 神州数码软件有限公司
242 央视－索福瑞媒介研究有限公司
243 北京敏视达雷达有限公司
244 中钞信用卡厂
245 北京格林威尔科技发展有限公司
246 北京航天智通科技有限公司
247 北京中创信测科技股份有限公司
248 北京中钞锡克拜安全油墨有限公司
249 北京亚商在线信息技术有限公司
250 北京海淀科技发展有限公司
251 北京合力金桥系统集成技术有限公司
252 北京新东方教育科技有限责任公司
253 北京理工中兴科技股份有限公司
254 北京东方中科集成科技有限公司
255 北京北科麦思科自动化技术有限公司
256 高通无线通信技术(中国)有限公司
257 北京市电信规划设计院

258 智冠电子(北京)有限公司
259 大唐软件技术有限责任公司
260 北京清华力合电子技术有限公司
261 北京青云航空仪表有限公司
262 北京长征高科技公司
263 北京华旗资讯数码科技有限公司
264 北京京东方光电科技有限公司
265 洛娃科技实业集团有限公司
266 北京华风气象影视技术中心
267 中青旅控股股份有限公司
268 北京英力科技发展有限公司
269 北京为华新业电子技术有限公司
270 大唐移动通信设备有限公司
271 北京鑫香洲港经贸集团
272 北京市泰克公路科学技术研究所
273 北京高伟达科技发展有限公司
274 北京威发新世纪信息技术有限公司
275 北京机电院高技术股份有限公司
276 北京博纳电子有限公司
277 北京神州新桥科技有限公司
278 北京北广电子集团有限责任公司
279 中信国安盟固利电源技术有限公司
280 北京明讯亿通科技有限公司
281 北京国科华龙信息技术有限公司
282 北京日伸电子精密部件有限公司
283 时代集团公司
284 北京炎黄新星信息技术有限公司
285 北京航天金税技术有限公司
286 恩益禧－中科院软件研究所有限公司
287 中国科技国际信托投资公司
288 普天首信通信设备厂(集团)
289 北京纵横机电技术开发公司
290 北京福铃汽车技术发展有限公司
291 长城计算机软件与系统有限公司
292 北京北大维信生物科技有限公司
293 北京汉王科技有限公司
294 北京宝亮网智电子信息技术有限公司
295 北京高威科电气技术有限公司
296 北京康拓科技开发总公司
297 北京电子城有限责任公司
298 央视市场研究股份有限公司
299 东方家园网络信息有限公司
300 北京兆维电子(集团)有限责任公司
301 北京天融信网络安全技术有限公司
302 北京科印近代印刷技术公司
303 北京亚邦伟业技术有限公司
304 拜耳光塑板材有限责任公司
305 北京四方立德保护控制设备有限公司
306 航天四创科技有限责任公司
307 中广影视传输网络有限责任公司
308 北京西门子西伯乐斯电子有限公司
309 北京大恒电气有限责任公司
310 华友世纪通迅有限公司
311 北京市太极华青信息系统有限公司
312 中电赛龙通信研究中心有限责任公司
313 北京泰科先锋科技有限公司
314 北京长天科技集团有限公司
315 北京太洋药业有限公司
316 北京华铁弘达信息集团有限公司
317 现代农装科技股份有限公司
318 新奥特硅谷视频技术有限责任公司
319 北京捷通机房设备工程有限公司

2003年中关村科技园区上缴税费亿元以上企业排行榜

1 微软(中国)有限公司
2 联想(北京)有限公司
3 北京金长科国际电子有限公司
4 UT斯达康(中国)有限公司
5 富士康精密组件(北京)有限公司
6 北京松下彩色显像管有限公司
7 中国惠普有限公司
8 北京同仁堂股份有限公司
9 北京福田环保动力股份有限公司
10 北京甲骨文软件系统有限公司
11 北京国际交换系统有限公司
12 北京同仁堂科技发展股份有限公司
13 北京首信诺基亚移动通信有限公司
14 航天信息股份有限公司
15 施耐德(北京)低压电器有限公司
16 北京双鹤药业股份有限公司
17 远大空调有限公司

2003年中关村科技园区出口创汇5000万美元以上企业排行榜

2003年出口创汇亿美元以上企业

1 北京首信诺基亚移动通信有限公司
2 威讯联合半导体(北京)有限公司
3 瑞萨四通集成电路(北京)有限公司
4 北京东方冠捷电子股份有限公司
5 北京松下彩色显像管有限公司
6 奥林巴斯(北京)科技有限公司
7 航卫通用电气医疗系统有限公司

2003年出口创汇5000万美元以上亿美元以下企业

1 北京飞利浦有限公司
2 中国惠普有限公司
3 北京艾科泰电子有限公司
4 中拓国际经贸集团公司
5 三洋能源(北京)有限公司
6 北京北泰汽车工业有限公司
7 安捷伦科技有限公司

工业小区

【综述】 2003年北京市工业小区经受住了非典的严峻考验,招商引资和投资建设都取得了显著的成果,生产经营高速运行,为首都的经济建设做出了贡献。经过十几年的建设和发展,各类工业小区已经成为北京市辐射带动区域经济发展的龙头,增加地区税收的重要来源,安排劳动力就业的重要渠道,成为极具活力的经济增长点。

土地利用效率明显提高。2003年,各工业小区在投资环境、服务管理等方面下功夫,进一步完善基础设施建设,提高了工业小区土地的使用效率。截止到2003年末,全市工业小区累计完成七通一平土地开发面积30.01平方公里,累计签订出让或转让土地使用权合同1151个,土地面积25.76平方公里,已有35.21平方公里成为建成区。

投资项目建设进入新高。北京市各工业小区在完善一期基础设施配套水平的基础上,全面启动了工业小区二期的开发建设。2003年全市工业小区中263个,在施项目共完成固定资产投资98.3亿元,新增固定资产59.6亿元,分别比上年增长90.2%和40.9%;房屋建筑施工面积305.2万平方米,同比增长7.8%。

招商工作成果显著,吸引外资步伐加快。2003年北京市工业小区依托首都良好的政治经济环境,进一步深化管理体制改革,打造综合服务平台,不断创新引资方式,继续加大招商引资力度,引入企业无论从数量还是质量上都明显提高。截止到2003年末,累计招商入区企业共7149家,其中三资企业585家,总投资亿元以上企业192家;项目总投资达983.6亿元,其中三资企业340.3亿元;注册资本591.6亿元,其中三资企业162.4亿元,合同外资金额23.6亿美元;外商实际投资52亿美元。

生产经营高速运行。2003年全市工业小区实现总收入847.2亿元,同比增长40.5%,其中出口销售收入110.7亿元,同比增长59.3%;实现现价总产值575.9亿元,同比增长36.7%;实现增加值160.8亿元,同比增长67%;利润总额达55.6亿元,同比增长1.3倍;从上述主要指标增幅看,北京市工业小区的经济发展处于快速发展时期,对区域的经济发展起到了巨大的推动作用。 (李洁昕)

2003年北京市工业

名称	投产(开业)企业个数(个)				现价总产值(万元)			
	合计	其中			合计	其中		
		高新技术企业	工业企业	三资企业		高新技术企业	工业企业	三资企业
合计	3664	286	1481	331	5758569	2222036	4447886	3410397
天竺空港工业区	142	14	62	49	1594756	1476288	1573563	1555300
顺义林河工业开发区	20	4	16	4	1004797	6148	982738	943832
北京石龙工业区	920	9	765	49	290328	27254	100143	49519
北京大兴工业开发区	248	16	94	30	218836	68797	212274	64576
雁栖工业开发区	84	18	84	18	468545	122681	468545	285077
密云县工业开发区	114	52	78	26	713531	332442	418620	152650
良乡卫星城工业开发区	557	11	50	9	340000	9268	33400	18181
兴谷经济开发区	115		35	17	359482		130791	98502
北京通州工业开发区	86	3	39	12	82486	13403	80599	58405
八达岭经济开发区	298		33	5	88021		21695	1189
望京工业区	247	61	46	51	119879	28191	107946	94383
八大处高科技园区	507	87	104	40	147710	96180	138828	55330
燕山东流水工业区	21	2	9	2	27464	8168	27013	1678
永乐工业开发区	14		3		4566		3100	
北京次渠工业区	5	1	5		36535	14884	36535	
凤翔科技开发区	18	4	17	5	58890	12000	53369	11572
滨河工业区	34	1	9	3	30611	2933	28001	16297
延庆经济技术开发区	234	3	32	11	172132	3400	30726	3907

小区生产经营情况

营业收入(万元)						
合 计	其 中					
	产品销售收入	技术收入	高新技术企业	工业企业	三资企业	出口销售收入
8471965	5199738	187172	2314758	4373000	3430262	1107029
2119661	1552819	933	1455040	1553070	1555853	943178
976513	940792		6610	943535	893467	7636
576847	98090	102116	27146	98090	53186	8970
365184	177712	8970	64635	172337	64337	20247
479461	479461		115326	479461	303883	24534
957451	427112		355108	427112	155268	12593
460000	42074	18750	11082	42074	19248	390
365206	365206			128178	118166	
193114	81643		13368	81643	58114	16135
340348	340348			20767	1716	
319991	149171	6858	98926	105383	106175	39102
752207	135009	48836	131697	135009	60542	15768
56640	28263	708	8168	39008	4722	25
7076				1827		
31474	31474		10701	31474		8686
58890	53369		12000	53369	11572	6233
38411	30710		2879	30710	20181	3532
373492	266485		2071	29955	3832	

2003年北京市工业

名称	自开始至报							
	批准入区企业个数(个)				招商			
	合计	其中			企业个数(个)			
		高新技术企业	工业企业	三资企业	合计	其中 工业企业	三资企业	总投资亿元以上企业
合计	7149	420	1944	585	7346	1942	593	192
天竺空港工业区	311	24	129	98	311	131	98	33
顺义林河工业开发区	58	4	42	20	58	42	20	13
北京石龙工业区	1205	9	765	49	1205	765	49	3
北京大兴工业开发区	632	24	94	45	632	94	45	6
雁栖工业开发区	134	9	114	30	134	114	30	10
密云县工业开发区	377	118	239	72	377	239	72	65
良乡卫星城工业开发区	667	11	99	10	667	99	10	3
兴谷经济开发区	601		50	27	601	50	27	9
北京通州工业开发区	146	4	58	24	114	44	19	17
八达岭经济开发区	447		31	5	447	33	5	
望京工业区	317	75	47	51	316	47	51	13
八大处高科技园区	962	101	118	86	962	118	86	8
燕山东流水工业区	21	2	9	2	21	9	2	
永乐工业开发区	57	2	16	2	57	16	2	3
北京次渠工业区	13	2	13	1	13	13	1	6
凤翔科技开发区	32	4	29	10	262	37	23	2
滨河工业区	630	28	20	33	630	20	33	1
延庆经济技术开发区	539	3	71	20	539	71	20	

小区招商引资情况

告 期 末 累 计

项　目

总投资(万元)			注册资本(万元)		合同外资金额(万美元)	外商实际投资(万美元)	中方实际入资(万元)
合计	其中 工业企业	其中 三资企业	合计	其中三资企业			
9835564	4911343	3402823	5915773	1624201	235924	519693	5512265
2033119	477898	929084	1412473	616979	43353	36107	1025470
843103	801158	580747	369962	259519	17865	16090	207143
478713	287227	107841	451577	87396	6838	5264	373290
375044	95903	130676	279167	83136	7799	6833	239981
573000	573000	357000	275000	22410	22410	357000	216000
1861493	1265068	478553	959350	150748	55761	38475	972813
308505	107440	17649	238505	19000	1154	1154	258505
550393	293370	267684	242180	112876	24290	19076	181912
478628	359759	213173	183854	55813	30834	18521	169392
219405	63605	300	155800	931		37	154869
658510	107497	77763	277871	60622	6163	6131	616861
388502	67173	93083	362519	62140	6528	5367	319718
13618	5016	742	7110	742	38	38	6852
75549	51341	24728	43945	15876	3980	1945	15780
184600	184600	16000	67208	5344	600	600	102000
82330	30900	32448	44973	17535	2930	2355	244
379011	43265	46075	367171	23859	1839	1839	319393
332041	97124	29277	177108	29277	3542	2862	332041

产业基地

【综述】 2003年，北京市汽车产业基地、北京市北方微电子产业基地、生物医药基地、北京光机电一体化产业基地建设取得新的进展。

顺义汽车城是汽车产业基地的龙头，市政设施建设2003年6月全面启动，已完成主体道路及部分市政管线的建设。年内入驻汽车零部件企业19家，投资总额为18.1亿元。摩比斯零部件、海斯克钢板公司、延峰伟世通内饰件等项目均已开工建设，项目总投资为11.13亿元；平谷、怀柔、密云、昌平等零部件园区也在建设当中。

微电子产业基地发展迅速，中芯国际、京东方TFT－LCD等入区项目顺利进展，有研硅股、中科镓英、砷化镓外延材料生产线等项目均进入设备安装调试阶段。

生物医药基地2003年共投资4亿元，完成了起步区3.55平方公里的基础设施建设，开始进入大规模招商引资阶段。已签约入区的医药项目18项，总投资近30亿元。

光机电一体化产业基地全年投入建设资金达7373万元，是上年同期投入的2.17倍，基本实现“十通一平”。已引进企业20余家，协议投资总额近百亿元。中科镓英半导体有限责任公司、韩国现代摩比斯公司等一批著名企业入驻基地，摩比斯变速器有限公司等11家企业已经投产，其余企业正在建设之中。

【北方微电子产业基地】 根据微电子生产的特点及对市政基础设施要求，结合北京市城市发展规划、工业布局调整规划与自然资源状况，优选出顺义林河工业开发区、北京经济技术开发区和八大处高科技园作为北方微电子建设基地。

北京经济技术开发区（简称：北京开发区）是于1994年8月25日经国务院批准的北京市唯一国家级开发区。其中一部分是中关村科技园区亦庄科技园。开发区享有沿海经济技术开发区优惠政策和国家高新技术产业园区优惠政策，是具有与国际接轨的新型管理体制的经济区域。

北京开发区位于北京的东南郊，京津塘高速公路起点西侧，城市五环路南侧，西邻凉水河，北侧为1公里宽的城市规划绿地。开发区距南四环3.5公里，距南三环7公里，距市中心天安门广场16.5公里。三条道路通往市区；沿高速路30分钟车程可抵首都国际机场，5分钟车程可抵铁路货运站，90分钟车程可抵天津新港。开发区周围被绿林环绕，东侧与高速公路之间有300米绿化带，北侧与五环路间有1000米绿化隔离带，西侧与凉水河间有100米绿化带。全区绿化率超过30%。已开工的企业的绿化面积，达到总占地面积的30%以上。区内累计绿化面积已达34万平方米，形成了“四季常青、三季有花”的绿化系统。

北京开发区地质状况优良，基岩埋深80~180米，基岩面起伏平稳，无断裂带，按国家规定建筑物抗震等级按8度设防。工程地质情况可以满足一般工业、民用建设工程需要，地耐力15吨/平方米。冻土深度0.85米。地下水位深度6~11米，且对混凝土无侵蚀性。

截止2003年底，北京开发区共有企业1382家，投资额达61.83亿美元。其中三资企业347家，世界500强企业45家，投资总额42.42亿美元，外商实际投资达15.59亿美元。内资企业共1035家，投资总额达161.06亿人民币。

北京林河工业开发区在2000年10月26日的“2000年北京国际微电子研讨会”上，经北京市人民政府批准被确定为中国北方微电子生产基地。开发区位于顺义区境内首都机场东北部，距北京市区25公里，距首都机场5公里，西靠规划中的公路二环，并以首都机场为对称点，与空港工业区遥相呼应。开发区总体规划面积4.16平方公里，西邻101国道、京承铁路，北有顺平公路，顺通路纵贯南北，与航空港形成立体交通。开发区位于市政府规划的以中关村为中心的“一区带两线”的京密线上，与酒仙桥电子城和空港工业区共同构成北京东北部的电子产业带。

北京林河工业开发区以电子通讯、生物制药、科技孵化三大行业为主导产业。拥有以研制节能材料及产品为主的北京国投节能公司、以生产电子通讯器材为主的北京汇能亚澳通讯设备厂、以生产集装箱检测设备为主的北京华力兴科技发展有限责任公司等一批大型骨干企业。截止到2003年底，开发区共吸引项目70家，投资总额近110亿人民币，其中科技型企业占50%以上。

北京林河工业开发区坐落在顺义城区南2公里处，美丽富饶的顺义区为开发区创造了最佳的外部投资环境。顺义区地处燕山南麓，华北平原北端，属于潮白河冲积平原中下段；境内总面积1021平方公里，平原面积占95.7%，平均海拔35米，属温带半温带半湿润大陆性气候，四季分明，日照充足，空气清新，水质甘纯，堪称潮白河畔的“绿色明珠”。

在林河开发区发展微电子产业，其产品可为空港工业区和电子城的整机厂配套，从而与酒仙桥电子城、空港工业区形成一条电子产业带。

石景山高科技园区的前身是北京八大处高科技园区，是1992年8月经国务院同意，北京市人民政府批准成立的高科技园区，是石景山区人民政府领导和管辖的高科技经济技术开发区，规划占地面积18.8平方公里，区内水、电、气、暖、通讯、光缆等设施完备。已形成电子信息、生物工程、医疗器械、新材料为主的支柱产业。截止到2003年底，园区内已完成投资30亿元人民币，园区累计注册企业960家，注册资金50亿元。已实现经济总收入220亿元，实现总税收8亿元人民币。

园区地处著名的西山风景区，距市中心16公里，距中关村10公里，区内名胜古迹众多，八大处释迦牟尼佛牙舍利塔，法海寺明代壁画闻名于世；长安街、一线地铁、阜石路和将建设的莲石路、五环路纵横交错，创造了便利快捷的交通条件；碧水青山环绕着数座现代化园林平地而起,形成了清新幽雅的良好环境;科研院所技术力量雄厚,高等院校莘莘学子云集,提供了强大的科技支持,为发展高新技术产业奠定了坚实的基础。

园区的发展目标是:以建设北方微电子基地为核心,大力发展微电子产业,带动电子信息、生物工程、光机电一体化、新材料等产业发展,创造完善的投资环境,成为吸纳科技人才、吸纳高新技术、吸纳多方投资,具有与国际接轨的新型管理体制的高科技产业园。 (电子信息产业发展处)

【光机电一体化产业基地】 该基地(英文全称:Beijing OPTO - Mechatronics Industrial Park 简称 OIP)于 2001 年 7 月 23 日经市政府批准正式成立。在市委市政府 2002 年上半年经济形势分析会上,北京市光机电一体化产业基地被确定为振兴北京现代制造业,扩充首都经济总量要重点支持的北京市"四大产业"基地之一。2003 年初,基地又被列为北京市光机电一体化产业的核心区,成为北京现代制造业的一个重要经济增长点。

北京市光机电一体化产业基地规划面积7.5 平方公里,位于北京市东南,地处五、六环路之间,东邻京沈高速路,西邻京津塘高速路,与北京经济技术开发区毗邻,与京津塘高速路、京沈高速路及城市交通大动脉三环、四环、五环、六环连通。距天安门 16 公里,距首都国际机场 25 公里,距北京站 12 公里,距北京国际集装箱中转站 1 公里,距北京国际货物交流中心 2 公里,距天津新港 140 公里。

截止到年底,基地先后引进了以中科镓英半导体有限公司为代表的微电子企业、以韩国摩比斯变速器有限公司为代表的汽车零配件企业、以深圳比亚迪电池有限公司为代表的手机电池企业等共计 20 余家企业,协议投资额近百亿。年内,中科镓英半导体有限公司、摩比斯变速器有限公司等 11 家企业已经投产,其余企业正在建设之中。

北京市光机电一体化产业基地重点发展微电子、光电子、数控机床、印刷机械、智能仪器仪表、医疗设备、电子专用设备、激光技术、机器人等主导产业。基地将重点形成以高新技术经济增长点为主,传统产业改造提升为辅,多个领域支撑的格局。

基地 2 平方公里基础设施建设已达到了"十通一平"("十通"为雨污水分流排水系统、上水、中水、电力、电信、宽带、天然气、热力、有线电视、市政道路通畅;"一平"为土地自然平整)。园区共修建道路 9 条,总长度 12.5 公里,红线宽度 10 ~ 60 米,全部道路实行了夜间照明。园区绿化面积已达到 32 万平方米,做到了三季有花,四季常青。主干道京渠路旁还修建了休闲广场。

基地配套功能:

通道路标准:园区内主要道路路面宽 60 米,园区整体路网分布合理,路路环通。园区首期开发 2.5 平方公里的路网已经完成。其中京渠路是园区连接市区、北京经济技术开发区、首都机场等的重要交通通道;

供电标准:园区内建有 11 万伏变电站一座,供电容量 10 万千伏安,具备双回路供电能力。可保证全天 24 小时电力供应。

通讯标准:园区内规划程控电话容量 10 万门,已建成 1.5 万门。保证国内外通讯信息的畅通。

通天然气标准:园区已开始使用天然气。气源来自华北油田和陕甘宁地区,供应北京地区的天然气门站就建在基地内。天然气主管线直径为400毫米,供气压力为0.4兆帕,供应量为20万立方米/日。

供水标准:园区内市政自来水管网可保证企业生产、生活用水。自来水4万吨/日,压力为0.2兆帕,可为企业提供中水。

供热标准:园区采用集中供热系统。一期供热能力50吨/小时,可保证企业的生产、生活用热。

雨水排水标准:铺设了高标准的雨污分流排水管网,保证企业排水畅通,雨水经管网直接排入东侧通惠排干渠。

污水处理标准:污水经独立的污水管网排放到基地的污水处理厂,污水处理能力1万吨/日。

宽带网标准:园区内铺设了10M带宽宽带网络,可以为企业提供宽带业务。

有线电视:园区内拥有45套节目的有线电视已开通使用。

基地有1万平方米的服务中心,3万平方米的三星级宾馆,20万平方米的配套生活服务区,高标准的饭店、医院、学校、幼儿园、银行、邮局、敬老院等都已建成并投入使用。

光机电基地享受国家级开发区优惠政策。生产型外资企业享受15%的所得税优惠税率,并享受两免三减半的所得税税收优惠;外商投资的高新技术企业,享受15%的所得税率和三免三减半的所得税税收优惠。

为了给入区企业提供高效、便捷的服务,基地为企业提供优质高效的全方位、一条龙服务,包括立项、土地规划、环保、工商、税务等手续的办理和审批。

(机电产业发展处)

【生物工程与医药产业基地】 2002年12月31日,北京市政府办公厅发出《关于建设北京生物工程与医药产业基地的通知》,正式决定在大兴工业开发区建设该基地。北京生物工程与医药产业基地位于北京南部的绿海之中,永定河东侧。交通便利,从基地到复兴门只有18公里,从基地到首都国际机场有40分钟车程,到天津港有90分钟车程。

基地周边20公里半径内,有中国医学科学院、中国疾病预防控制中心、军事医学科学院、中国中医研究院、协和医科大学、北京大学医院、首都医科大学、国家食品与药物监督管理局、中国药品生物制品检定所等生物医药研究临床教学和管理机构46家,占北京地区全部相关机构的93.5%。北京生物工程与医药研究院所大部分集中在南部地区,为基地发展提供了有力的智力支撑和创新能力,产业环境良好。

北京生物工程与医药产业基地周边生物工程与医药产业集聚效应初步形成,大兴区域内就有生物工程与医药企业和研发机构72家,其中包括三元基因、协和制药在内的企业63家,研发机构9家,占全市同类企业总数的23.8%,产值近20亿元,占全市总量的25%。双鹤制药、同仁堂、三九集团等企业已入驻北京生物工程与医药产业基地。

以北京生物工程与医药产业基地为中心的20公里半径范围内,涵盖了北京中央商务区、使馆区、金融街、中关村科技园区、以及完善的商业服务、医疗保健、文化娱乐体系,它们为基地提供了现代都市生活环境。

基地毗邻黄村卫星城,依托完备的市政设施和生活配套条件,形成了良好的国际投资环境。5公里半径内有各类别墅公寓、商场、学校和高尔夫球场等休闲设施,有各类大中小学校。

北京生物工程与医药产业基地远期规划面积 28 平方公里(一期 8.88 平方公里),北起六环路绿化带、南至魏永路、东至京开路、西到永定河。基地主要由四类功能区组成,研发与企业孵化区:吸引国内外科研院所和高校入园建立研发机构和科技型企业,建立一批关键技术和中试放大技术平台,提高生物科技成果的转化速度和效率,孵化出具备产业化开发条件的技术成果和高成长性科技型企业;生产加工区:引进和新建一批企业,针对不同生物工程和医药产品,建立产业化开发和生产基地,带动园区快速发展;贸易物流区:建立和完善贸易、商业、金融、法律、咨询、信息等服务体系;生活服务区:逐步建立商住、教育、娱乐、医疗等服务体系和临床教学科研基地。基地用水由标准水厂供给,水质符合国际饮用标准;雨、污分流排放,建有日处理 6 万吨污水厂;建有集中供热厂;天然气管网入区;保证 110 千伏工业用电;路网完善;互联网宽带网络接通;设有电信支局,土地平整无障碍物。

北京生物工程与医药产业基地致力于建设高新技术产业发展所需要的共性服务体系和生物工程与医药产业所特有的专业服务体系,创造良好的整体产业环境。

共性服务体系:基地将为入区企业提供一条龙服务,建立创业孵化体系和创新服务体系,包括立项审批、工商注册、广告宣传、项目孵化、风险投资、知识产权保护、成果转移等服务,整合各种资源、降低创业风险、加速成果转化、形成产业规模。

专业服务体系:基地建设以 GLP(药品非临床研究质量管理规范)、GCP(药品临床实验管理规范)、GMP(药品生产质量管理规范)、GSP(药品经营质量管理规范)为核心的 4P 新药开发服务系统,引进中介机构如 CRO 公司,提供专业化动物实验、新药报批、临床实验等生物工程与医药产业特色专业服务。

其中包括:信息平台——与世界各地同步享用相关信息、资料,建设一定规模的会展中心,提供学术交流平台;专业孵化器——提供必要的仪器、设备、启动资金等配套服务以及专业化支持和管理,扶植新型企业;实验动物基地——提供品质达标,品种齐全的实验动物,面向全基地承接各种动物实验,出具法定资格实验报告;此外,还包括临床医院、仓储基地、物流中心、仪器设备试剂供给等专业服务体系。

北京生物工程与医药产业基地的总体目标是:以产业配套和技术创新能力为核心,以高水平的软硬件环境和服务设施为保障,形成集研究开发、企业孵化、生产制造功能为一体的国际一流的、现代化生物工程与医药产业基地。

(生物工程与医药产业发展处)

【汽车产业基地】 汽车产业是北京现代制造业龙头。2003 年北京汽车产销量达 35 万辆,汽车制造业产值达到 385 亿元,整车的产量及销售收入均列全国同行业第五,以轿车、越野车为代表的乘用车,以轻卡、重卡、客车为代表的商用车以及零部件企业全面发展。预计到 2008 年,北京汽车产能将达到 150 万辆以上,汽车制造业总产值将达到 1800 亿元。

大力培育乘用车、商用车、专用车及配套零部件全面发展的产业体系。优先重点支持对北京汽车工业发展起到带动作用的轿车、SUV、轻卡、重卡、大客车、专用车等整车项目和对军队现代化建设起到促进作用的军车和改装车项目;支持对完善产业链起到关键作用、依托北京强势产业并拥有核心技术、面向多种车型配套和进入跨国公司国际采购链的重点零部件项目；支持公交客车等城市交通设备的技术改造，推动交通运输设备制造业整体水平提高。

按照“两轴—两带—多中心”的城市格局，北起怀柔、密云，重点为顺义、通州、亦庄形成北京的“东部发展带”。北京现有汽车工业企业主要分布在北京东部，以东部发展带为主的汽车生产基地格局正在形成。

北京汽车城专门成立了投资开发管理公司，完成了详规批复，基础建设全面启动。2003年投资达1.5亿元，完成1平方公里土地的“八通一平”市政建设，满足先期入驻企业的生产需求。北京汽车城建在顺义区，距首都国际机场2.2公里、距北京火车站30公里，距天津海港150公里，另有京哈、京沈高速公路为汽车城的货物运输提供了便利条件。

北京汽车城规划用地6.3平方公里，根据“统一规划、分步建设、滚动发展”的原则，最终把北京汽车城建设成为“产业高科技、经济高效益、管理高水平、布局合理化、设施现代化、环境园林化”具有时代气息的中国北方地区汽车城和汽车贸易核心市场之一。

北京汽车城具有完善的配套基础设施。

道路：北京汽车城内道路总长30.1公里，道路面积81.02公顷，形成完善的交通体系。

给水：北京汽车城规划最高日用水量为36225吨，供水水源为顺义区第一、第二水厂，另外在区内公建带东侧有一规划水源四厂，最高日供水能力为80000吨，管网供水压力为0.3兆帕，采用环状给水管网，在双河路、西环路、顺西南路等主干路上设管径为DN400主给水管；次干路给水管径为DN200－300。

排水：北京汽车城规划最高日排水量为24150吨。采用雨水、污水分流制。顺义污水厂设计日处理能力40000吨。

供电：北京汽车城内京承铁路以西建一座一期3×50兆伏安，110千伏变电站，二期1×50兆伏安，110千伏变电站。除大容量用户由110千伏变电站专线供给10千伏电缆外，其余小容量地块由4座开闭站转供10千伏。开闭站为二进线，八出线。

通讯：建设一座40000回线的电话支局。

燃气：建设一座高中压调压站，是城区天然气的总进口，高压进站压力为1.1～2.5兆帕，中压出站压力0.1～0.4兆帕，调压站日流量为12万立方米，小时流量约2万立方米。

已入驻的企业有北京现代汽车有限公司、摩比斯汽车零部件有限公司、北京海拉灯具有限公司、北京机电院高技术股份有限公司、海斯克钢材有限公司、金刚化工（北京）有限公司等20余家整车及零配件生产企业。亦庄、顺义、通州、平谷、怀柔、密云、昌平七个地区是汽车整车及零部件重点发展区域，具有较好的产业发展基础。北京现代汽车有限公司、北京吉普和奔驰轿车项目、摩比斯、江森、福耀等整车及零部件企业都在此区域内，已经呈现出产业集群的雏形。

到2008年，北京汽车产业将形成以整车企业为核心的产业群，并发展支持多体系的零部件供应平台，实现高水平、低成本、专业化的产业集群。形成整体竞争优势；同时完善汽车销售、维修、配件，汽车金融、保险等领域；完善物流环境，统一政策，构建具有竞争力的汽车产业。北京汽车产业前景广阔！

（汽车及交通设备产业发展处）

协会组织

【北京工业经济联合会】 是年，北京工业经济联合会（以下简称工经联）围绕北京工业战略调整和促进首都经济发展，继续推进企业信息化工作。帮助通州区政府编制全区工业企业信息化三年规划和实施方案。认真研究制订工作方案和调查表，采用资料调查、表格调查和现场调查相结合的方式，对全区工业企业信息化进行了全面调研，分档量化企业信息化应用情况，客观评价企业信息化的现状，预测和规划全区不同类型企业信息化的发展。完成了《通州区企业信息化分析报告》、《通州区2003－2005年工业企业信息化规划》及实施方案。

继续把推荐优秀软件企业和优秀软件产品作为重要工作来抓。受理了15个软件企业、24个产品的申报，聘请专家对其中基本符合要求的12个企业的18个产品到企业现场考察，了解申报企业的资质、经营状况、信息化成功案例及产品的性能、特点、可能存在的问题等。召开专家论证会，分二批对上述12个企业的18个产品进行置疑、论证，通过了11个企业17个产品，作为北京企业信息化推荐企业和产品。共推荐了3批22个企业的31个产品作为北京企业信息化推荐企业和产品。

工经联进一步推进名牌战略的实施。按照市质量技术监督局提出的北京创建名牌产品的规划目标，工经联与市质监局合作，共同成立了《2003－2005年名牌产品培育实施方案》工作小组，先后召开20多次工作例会，制定了名牌产品培育的入围标准。对争创名牌的企业和产品生产经营及管理状况进行了全面了解。通过对164户企业的251个产品分析，提出了2004年北京名牌产品培育名单，制定了《北京市名牌产品培育实施方案》。

充分利用各种渠道为企业搭建信息交流的平台。配合中国工经联举办中德行业论坛，邀请市交通局、北京汽车行业协会、北京电力行业协会、北京食品行业协会及其50多个企业分别参加了中德能源、交通运输和食品加工等3个对口行业论坛。在中德行业论坛上，就北京市交通运输行业状况、发展战略及合资合作意向，与德方企业进行了交流。12月又借中德能源环保论坛在京召开之际，与市工业促进局联合组织了首钢、燕化、航星、绿创、京煤等8个相关企业参会，学习国外同行的先进经验。

中央政府与香港特别行政区政府签署了《内地与香港关于建立更紧密经贸关系的安排》（简称CEPA），从2004年1月1日开始，香港的273种产品进入内地市场实行零关税。为了弄清CEPA实施对北京工业的影响，并能够积极应对，受市经委的委托，工经联会同16个行业协会（食品、医药、化工、日化、塑料、包装、印刷、皮革、针织、机电、仪器仪表、电子、玩具、服装纺织、工艺美术、电子电器）和4个总公司（燕山石化、隆达、一轻、同仁堂）共同承担了制定《北京（工业）落实CEPA若干措施》的任务。工经联组织各协会走访近百个企业，了解分析涉及273项税号产品的企业生产经营情况，做出分析结论，提出了应对措施和政策建议。

为了进一步深化企业信用意识，促进企业诚信经营，推动市场诚信建设，受市工商行政管理局的委托，工经联组织工业领域行业协会开展"守信企业"公示活动。分批听取了电力、针织等26个行业协会及一轻控股、隆达控股、首钢集团总公司活动情况的汇报。并及时给予指导，解决工作中遇到的疑难问题。经北京工经联和37个行业协会及3个控股公司的考核、推荐，并经市工商部门的复核、批准，共595个企业荣获了"北京市守信企业"称号。

为推动行业协会的自身建设，先后推广交流了医药、家具等行业协会在促进产业发展和为会员服务方面的经验，还将工艺美术、服装纺织和汽车行业协会的经验，上报中国工经联，并被中国工经联授予全国地方先进行业协会的光荣称号。

北京工经联被授予为全国地方先进工业经济联合会的光荣称号，北京工经联名誉会长阎承宗荣获中国工经联授予的创业奖，北京经联副秘书长方凝荣获中国工经联授予的先进个人奖。　（工经联）

【北京企业联合会】　北京企业联合会（简称企联）和北京企业家协会（简称两会）是唯一代表企业、企业家（雇主）利益的合法组织，并把维护企业、企业家（雇主）的合法权益作为立会之本来抓。两会为了维护企业和企业家的合法权益，做好劳动关系三方协调工作。建立健全维权组织机构，依法维权。企联成立了维护企业和企业家合法权益工作委员会，动员社会各界共同维护企业和企业家的合法权益。并通过会议、刊物、网络向企业家宣传法律知识，以增强企业家学法、守法的意识，保障企业家依法经营管理，依法维护企业的合法权益不受侵犯。企联成立了维权工作部，负责维权委员会期间的日常工作，并为企业担任法律顾问，帮助和代理企业解决涉法问题。参加北京市劳动关系三方协调，在协调中维护企业和企业家合法权益。企联参加了市级调整劳动关系三方会议。根据调整劳动关系的实际情况，召开了多次会议，就调整劳动关系的重点、热点、难点问题，如贯彻南京会议，珠海会议精神，企业改制中劳动关系变化和问题的研究解决，就业形势，劳动争议案上升趋势分析，劳动立法项目的确定，劳动法律、法规的宣传贯彻，建立健全集体合同制度，建立和完善区县三方协商会议制度等，进行协商，取得共识，形成合力，对维护稳定和谐的劳动关系，化解矛盾，促进再就业起到了积极的推动作用。在有关劳动立法的讨论、征求意见阶段，积极反映企业和企业家的合理要求。北京市在建立地方法规，如已经颁布的《劳动合同管理办法》、《工会法实施办法》，都直接涉及企业。两会积极参与讨论，提出自己的意见。并组织企业领导人参加座谈，直接反映意见。积极承担劳动争议仲裁，维护企业合法权益。北京市劳动关系协调三方商定，在劳动争议仲裁中实行“三方办案”。为此,两会培训了110名兼职仲裁员,轮流出席市劳动仲裁委员会合议庭共271次,合议审理案件271件。两会派出的仲裁员,代表企业方参与仲裁,注重依法维护企业合法权益。进行调查研究,了解企业合法权益受侵害情况,更好地维护企业和企业家合法权益。为了了解企业,尤其是民营企业合法权益受侵害的情况,企联对康得机电集团等企业进行调查了解,听取企业家的意见。针对在劳动争议仲裁中,企业方败诉率高达48%的情况,对判决书进行分析,找出败诉的主要因素,以引起企业家的重视。两会围绕促进经济发展的主线为政府和企业服务。深入基层调查研究,为政府制定经济政策、产业政策,促进产业结构提供依据。两会结合市经委促进经济调整发展所面临的课题,如建立法人治理结构,国有企业脱困后的问题及措施,民营企业的崛起与启示,合资企业发展中面临的情况和问题,如何用高新技术提升传统产业等,深入区县和企业,进行深入调查了解,重在掌握一手资料,为政府决策提供了切实可行的建议和真实的数据资料。如对平谷区办工业和乡镇企业的重组转制、结构调整及经济发展等课题,提出了建议,为福田汽车与密云牵线搭桥,在密云建立汽车零部件基地。沟通与企业的联系,为企业牵线搭桥。坚持为企业和企业家服务,尽最大的力量为企业排忧解难。根据城市规划,丰台桥梁厂计划搬迁,但运作中遇到了难题。企联立即帮助他们与密云县牵线搭桥,选定了新址,又与北京铁路局联系,疏通了已停运的铁路专用线供丰台桥梁厂使用。北京现代汽车公司需要扩展零部件生产基地,企联立即为其到平谷、密云实地考察调研。经过周密规划,现代汽车本地化配套生产已在两地顺利开展。这样不但使落户的企业得到了最优惠的政策,促进了两区县工业经济的发展,也解决了大量下岗职工的再就业问题。

为困难企业无偿提供服务。企联急企业所急,为企业早日脱困出力。北京东方京松服装厂是一家福利工厂,半数以上职工为残疾人。由于服装市场形势变化,产品积压,出现严重亏损,近200名职工面临失业危险。企联立即派出人员进行调查咨询,帮助改制,建立一系列管理制度,使企业很快走上正轨,经营状况明显好转,解除了残疾职工下岗或失业的忧虑,稳定了职工队伍。为企业长期跟踪服务。为了加强对企业的咨询工作,企联牵头组建了咨询委员会,进行企业管理咨询培训,发放中级咨询师证书,协调北京地区咨询业的发展。两会咨询部还积极开展咨询业务,对北京变压器厂等企业进行了咨询。

2003年,两会推荐北京燕京啤酒股份有限公司总经理李福成、中国新兴建设开发总公司总经理于敦才均被评选为全国优秀创业企业家。同时,两会参照中企联的评选办法,评选北京地区的创业优秀企业家,2003年为38名。两会牵头联合北京民营科技实业家协会、首都企业家俱乐部、外商投资企业协会、女企业家协会、青年企业家协会、乡镇企业家协会、个体私营经济协会等兄弟协会,共同举办“全国企业家活动日”庆祝活动,并由市领导为获选的优秀创业企业家颁奖。针对形势和企业要求,举办各种研讨会。两会还和七个兄弟协会一起为绿化北京植树,为申办奥运签名。组织企业参加经贸洽谈、研讨、考察、培训活动,如组织企业参加西安、石家庄、青岛等地的经贸洽谈会;先后组织企业到美国、加拿大、欧洲、南非、台湾、香港、澳门等国家和地区考察,为企业“走出去”牵线搭桥,拓宽了思路。为企业提供各种培训活动。举办了“企业改制政策”、“领导干部知识更新”、“规范公司制度改革、企业经营者和员工持股、创业板上市”、“理财和纳税业务”、“企业管理中级顾问资格”、“高级工商管理”、“现代企业规范化管理实务”、“初级和中级经济师考前辅导”等各种培训和干部系列学习日活动，请著名专家讲课，深受企业和企业管理人员的欢迎。加强信息化建设，办好“北京企联网”和《北京企业》会刊。两会于2001年建成了“北企联合网”，为企业提供网络信息服务，保证每日转发3万字的经济动态信息，点击率不断上升。充分发挥团体会员的积极性，开展广泛的活动。北京铁路分局企协、北京市通信企协、北京电子企协等团体会员，在本单位开展了各种活动，取得了实效。两会每年都开展企联系统“先进企协奖”、“先进企业管理奖”和企联系统“先进企协工作者奖”的评选，表彰为推动企业改革和发展，为企协工作做出贡献的先进单位和个人。

做好北京市“百强企业”的排序工作。两会参照中国企联推出“中国企业500强”的经验和做法，与首都企业家俱乐部、乡镇企业协会等7家兄弟协会，推选“北京百强企业”，百强企业排序工作完成。两会还配合中企联，做好“中国企业新记录”的推荐工作。

开展企业家健康保障工作。为企业家发放医疗健康卡，为企业家检查身体，进行体能检测，在《北京企业》上介绍保健知识，请专家进行健康讲座，为企业家的身体健康服务。

在两会自身建设上，提高两会工作的规范化、科学化、制度化，补充完善了管理制度，如会议制度、会员管理规定、服务项目与内容等，工作中做到“有律按律，无律按例，无律又无例则议，律例不适应则变。”提高两会领导成员和工作人员的素质，要求加强自身学习，进行内部培训。明确了各部室的责任，建立规章制度；推行了内部工作责任制等改革措施，对调动积极性，激发部室活力，取得了一定成果；推行各部室承包责任制，把工作责任与经济责任结合起来，取得了很好的成效。

企联被中企联评为“全国企联系统先进集体”；会员部部长袁秀被评为全国企联系统先进工作者。 （北京企联）

【北京市女企业家协会】 是年，北京市女企业家协会遵循为女企业家服务的宗旨，使活动贴近女企业家、贴近北京市的中心工作、贴近市场、贴近妇联的工作，不断完善协会“三个一”的工作模式（即一座桥、一所学校、一个家），提高协会的活力。

加强组织建设，吸收优秀的企业家入会。在年初的第三届第三次理事会上，增补了理事、常务理事和副会长，新增补会员42人，其中不乏优秀创业女性和社会上具有影响力的女企业家。1位台湾的女企业家，介绍了4位台湾在京女老板入会。

发挥桥梁作用，在政府与企业家之间搭桥。协会多次组织会员参加党和政府官员的报告会。3月10日召开的三届三次理事会上，请市经委副主任周毓秋做了北京市经济形势和任务的报告，使广大会员进一步了解当前政策、经济形势和任务。在企业家活动日的活动中，组织会员听取了市企业联合会组织的由副市长陆昊所做的主题报告。4月8日至9日，与天津塘沽开发区女企业家举行了经贸洽谈会，天津市塘沽区常委副区长王玉燕介绍了塘沽发展历程和地缘优势及优惠政策，女企业家们进行了咨询并参观了开发区，一些企业还谈了合作发展设想。

发挥联合优势,办好女企业家的学校。协会与企业联合会等8家单位成立了培训联盟。举办了企业领导干部系列教育,由于培训人多,培训费集中,请到了国务院发展研究中心党组书记陈清泰等政府官员和刘峰、邓荣霖、邬凤祥、朱雍等资深的专家、教授,讲授当前经济形势、任务、改革制度操作、企业管理创新、金融策划、领导艺术等。组织参加了培训联盟的"高级工商管理培训班"、"财务管理班"等。协会与市工商联女企业家联谊会联合组成赴青岛海尔学习考察团,8月11日赴青岛海尔进行学习考察。参观了海尔产品展示厅、海尔工业园、海尔大学等。学习考察团还听了青岛建工学院钟岩副教授《海尔企业管理创新和名牌战略》的报告,协会还组织具有一定管理经验的会员单位的专家讲课,如请会计师事务所的刘淼讲企业理财,使不少女企业家感悟颇深,还了解了抓财务管理的方法。

不断造就女企业家温馨家园,适应女企业家的特点开展工作。中秋前夕,举办了庆中秋联谊会,姐妹们相聚畅谈感兴趣的话题、跳舞、唱卡拉OK,许多姐妹临时搭班演出节目,短短的联谊会进一步联起姐妹们的友情。9月23日,金诚律师事务所三名律师来协会进行免费法律咨询活动,一些带着具体问题的企业领导现场咨询。9月联合开展了优秀创业女性的展览。

年初协会与市妇联开展表彰优秀创业女性活动,评选了王黎黎等9名2002年度优秀创业女性,市妇联副主席吴秀萍出席大会,市政协副主席黄承祥、市经委副主任周毓秋等为优秀创业女性发了奖。

宣传女企业家抗击非典先进事迹。春季以来,一场"SARS"一度威胁了人们的生命安全与健康,女企协及时收集会员企业一手抓抗击非典,一手抓繁荣经济的感人事迹,出了简报,表彰了大华衬衫厂何永洙;世纪铭人珠宝有限公司董事长王兰;长富宫饭店党委书记李青;房山服装有限公司党委书记王黎黎;紫竹药业董事长尹栩颖;助野日盛袜业有限公司总经理郭秀敏;奥瑞金新美制罐有限公司董事长关玉香;第二机床厂书记章玉明、京富会计师事务所董事长洪瑛等人或企业为抗击非典做出的突出贡献。

12月12日,在北京长富宫饭店举办成立十五周年庆典活动。常务副市长翟鸿祥出席会议并讲话,赞扬女企业家协会是首都女企业家提高素质、完善自身、紧跟时代的学校;博击前进、展示才华的舞台;相互关心、相互支持、携手前行的温馨娘家。

(北京女企业家协会)

【北京工业对外经贸促进会】 年内,北京工业对外经贸促进会(以下简称工促会)主要开展以下工作:

组织企业出国参展、考察,开拓国际市场。因为非典影响,适时调整组团出访计划。组织企业赴北欧进行市场考察。原计划5月成行,因非典影响,推迟到10月中旬进行,人员也由原来的16人减少到9人。考察的国家有:英国、挪威、丹麦、芬兰和瑞典5国。与德国柏林工业经济交流协会等有关国外协会进行座谈、实地考察了德国、英国及北欧国家的轻工、机电产品市场及其对绿色环保要求,有助于企业开拓欧洲市场。考察团全体人员对这次考察反映良好,达到了预期目的。工促会还协助市经委企改处组织电子控股公司、首钢总公司等8个企业的领导赴加拿大进行管理层收购操作的业务考察活动。这次考察活动,使企业的相关负责人了解了什么是企业的管理层收购,什么样的企业适用企业管理层收购。考察小组与加中经济文化中心均富会计师事务所进行了广泛探讨,在专业知识和具体实践上得到了提高。

为企业提供信息、做好中介服务。中国星火总公司直属的北京汇百川技术设计研究所有一项获国家专利的超微细粉加工技术,可将玉米、大豆等许多农产品进行深加工,做到粗粮细做,提高附加值。星火总公司计划在全国布若干生产厂点,工促会与北京中小企业国际合作协会共同协调,到大兴、通州、怀柔等地考察,最后使该所与通州通济达公司达成合作协议,并协助疏通贷款渠道。经过一年的努力,下半年设备安装完工,进行了试车。工促会派人参加了北京东盟委员会、北京东盟之友商务顾问中心等组织的"中国—东盟自由贸易区商机论坛",与参加论坛的10个驻华机构的人员、协会进行联系,交流情况,沟通信息。参加了国家商务部和北京市政府联合主办、北京国际投资促进会承办的"首届国际投资促进论坛",听取了有关部门负责人、国际贸易组织和一些国际知名企业对国家投资政策、国际惯例和企业经验的介绍。协助北京昆光大地科贸有限责任公司筹建了IT事业部并着手筹建工促会网站。参加三资企业年检和协助市经委外经处工作,连续五年协助市经委完成每年例行的三资企业年检。

完成了贝雷科技发展有限公司国有股的转股工作。协助贝雷公司改制为投资多元化的有限责任公司,由民营资本控股。2003年根据国有股要从一般竞争性行业退出的改革精神,按照有关政策将公司的国有股转给公司职工。经过资产评估、制订方案、审批通过北京市产权交易市场等复杂的过程,历时一年多完成了将国有股转给职工的工作。

(北京工业对外经贸促进会)

【北京市中小企业国际合作协会】 年内,北京市中小企业国际合作协会(以下简称中小企协会)在为企业了解国内外情况、提供信息、组织出境考察、咨询服务、培训、促进企业的技术进步、招商引资等方面做了许多工作。年内,通过多方联系搜集到的信息和有关单位的介绍,先后组织北京市50家企业,参加了8次较大规模的各种类型经贸洽谈会、论坛会等活动,同来自美国、德国、日本、越南、泰国、柬埔寨等13个国家的44家外商和企业家进行了经贸洽谈,洽谈项目内容有:汽车、电子、医药、轻工、纺织、机械、家具、服装、化工、食品、建材、塑料、日化、通讯等行业,企业家们通过洽谈,沟通了信息、建立了联系。通过中国贸促会环球商务信息公司介绍的信息,积极组织通知会员单位和对口企业,参加于1月12日至14日在北京金健饭店举行的"美国制造业代理商来华采购洽谈会"。美方参加洽谈会的公司共34家,北京市四强实业总公司等8家企业参加了洽谈会,美方采购范围包括机床配件、金属铸件、轴承、电机、电子、电器、服装等14大项,企业通过参加此次洽谈会与外商沟通了信息、建立了联系。

组织会员单位和对口企业参加由中国工业经济联合会、德国工业联合会、德国驻华大使馆等单位联合举办的2003年中德行业论坛,会长朱鼎恒出席会议并主持论坛分会场会议,此次活动涉及能源、交通运输、矿业和食品机械4个行业,会议于2月10日至12日在凯宾斯基饭店会议厅举行。北京市中小企业国际合作协会副会长兼秘书长杨仁书参加了此次会议，在会上与德国有关协会进行了相互交流，另外还积极组织密掌经委、顺义经委、京诚路业集团等共10家单位参加了大会。

组织北京印刷三厂等6家企业参加8月26日至27日在甘肃省兰州市举行的“第十一届中国兰州投资贸易洽谈会”。会议内容有政府有关部门及知名企业家、经济部门的专家学者，就中小企业的发展投资融资渠道与方式、成功的投资经验等论题做专题演讲；项目洽谈将为东西部（境外）中小企业提供相互交流、寻求合资合作伙伴，进行投资贸易洽谈等，大会在各方面的大力支持下取得了圆满成功。

组织北京稻香村食品集团、北京国际工程咨询公司等20家单位参加“2003年第六届中国国际中小企业经济论坛”大会，论坛自12月2日至4日在北京友谊宾馆举行，来自全国各地的参会代表共400多人，论坛主题是“关注环境变革，积极应对挑战”，主要议题有：我国中小企业扶持政策和服务体系建设，中小企业风险防范机制。通过中国中西部对外开放联谊体、中国东南亚商委会和北京东盟之友顾问中心的介绍，及时向会员单位提供了定于3月30日至4月5日赴越南进行经贸考察的信息。及时向会员单位提供了定于11月份组团赴南非进行商务考察的信息。

7月31日，在北京广西大厦二楼会议厅举行的“中国—东盟自由贸易区商机高层论坛”活动，北京工业对外经贸促进会、北京市皮件三厂等5家企业参加了会议。东南亚国家驻华使节分别介绍各国经济现状、投资政策和商机；政府高级官员、著名企业家和东南亚经济专家介绍中国—东盟自由贸易区建立情况并分析其前景；我国成功进入东南亚市场的大中小型企业各1家分别介绍其经验；中外参会代表交流，东南亚各国驻华大使馆商务参赞，为中国企业提供商务咨询；我国企业向东南亚推荐可合作项目和出口产品。

9月26日，赴俄罗斯及中亚吉尔吉斯共和国，进行建材行业的商务考察洽谈活动。

9月18日，在本会接待了日本大田区产业振兴协会顾问田部宗弘先生和协会秘书柴田庆子女士。他们的来访，主要是为了进一步了解北京市中小企业的现状和政府对中小企业的优惠扶持政策，探讨北京市和大田区企业间如何开展技术交流与企业合作问题。

9月15日参加“2003年中日促进中小企业发展国际研讨会”会议在前门饭店召开，是由北京市决策学学会和日本中小企业诊断协会主办，北京市中小企业国际合作协会副会长秘书长杨仁书参加会议。

10月28日，会长朱鼎恒和副会长杨仁书参加中国慈溪杭州湾新区发展战略论坛，会议在人大礼堂召开。

11月20日至21日，副会长杨仁书参加“2003年北京经济论坛”会议，此会议是由北京市委市政府研究室、市发改委、国资委、商务局、北京日报、北京电台等有关部门联合主办，全国政协副主席李贵鲜等领导出席并讲话，市有关委办局和区县领导及企业，大专院校金融部门负责人参加并发表演讲。

积极通知西城区经委、朝阳区经委、顺义区经委和大宝化妆品有限公司等30多家企业单位参加“大陆商品台湾展示销售活动。10月份，根据国家工商总局关于开展“百万守信企业”创建活动的要求和北京市工商行政管理局关于深入开展“守信企业”公示活动的通知精神，及时印发了开展此项活动的通知，同时把有关宣传材料、申请书、考核表一同寄送给了有关单位，例如：北京天利海化工有限公司、北京百泉化纤厂等共20家单位。

5月份，协助北京市企业管理咨询中心，开展了对企业现状及需求问卷调查活动。对北京市皮件三厂、北京印刷三厂等20家企业，进行了问卷调查，调查涉及到企业的管理、改制、融资上市、立项策划、资本运营、资源运营、法律保护等诸多方面，目的是进一步了解企业的现状和需求，以便有针对性地为企业开展服务，当得知北京市皮件三厂需要开展法律咨询时，会同北京市企业管理咨询中心到厂进一步了解情况，受到了企业的欢迎。2003年5月，帮助《新技术产品信息》报社推荐10家知名企业作为报社的联系单位为企业和报社做好了牵线搭桥服务工作。2003年9月，帮助北京赢商周网络媒体技术服务有限公司寻找准备在网站制作网页的企业，向100家企业寄送了有关在新浪企业网站制作网页的宣传材料，受到了企业的欢迎。为企业提供在北京电视台参加“信用是企业的生命”特别节目的信息，2003年3月与大宝化妆品有限公司等10家企业单位进行联系。受国家经贸委中小企业对外合作协调中心的委托及时向会员单位转发了关于“举办美国证券市场借壳上市研讨班”的通知，为中小企业多方面开辟融资渠道。2月28日，地点在北京港澳中心9号会议厅活动。根据国务院发展研究中心信息网提供的信息，组织会员单位参加定于3月27日至28日在京广中心饭店三层举办的国研论坛，“中国中小企业发展促进与管理创新”论坛会议。中国星火有限公司北京汇百川技术设计研究所有一种超细玉米粉的新技术，中小企业协会等与大兴区有关单位进行调研洽谈合作事项和介绍给大庆市肇州县人民政府驻北京联络处深受企业的欢迎。（北京市中小企业国际合作协会）

【北京机电行业协会】（以下简称：机电协会）年内，北京机电行业协会主要开展了以下工作。搞好行业调研工作，促进重点产品发展。积极参与数控机床、印刷机械产业发展调研工作。北京机电行业协会参与了京城控股公司对数控机床、印刷机械两大支柱产业全过程的调研工作。参与课题方案的制定，走访北京市4家印刷机械单位（北人集团、多元电气公司、贞亨利公司、印刷学院）和6家机床企业（北京第一机床厂、北京第二机床厂、机电院高技术公司、北京机床所、阿奇公司、航天数控集团），在国内西北、东北、东南三地区进行行业调查，参观国内机床、印刷机械大型展览会及国外调研工作，收集大量资料，写出了《数控机床市场分析与预测》等多篇调查报道和专题调研报告。参与北京光机电一体化产业基地的规划工作。为了加快北京装备制造业的发展，北京市委和市人民政府提出“关于振兴北京现代制造业的意见”，重点支持“汽车、电子、光机电、生物工程和新医药”四大产业，并要求加快北京光机电一体化产业基地建设，该基地在通县次渠，与亦庄开发区北邻，一期占地7.5平方公里，并已七通一平，不少光机电产业企业入驻。机电协会参与北京光机电产业调查和基地五年发展规划工作，为北京光机电产业发展做好宣传介绍和引导工作。

完成市经委、市工经联布置《北京落实CEPA若干措施》有关机电产品报告。CEPA，即《内地与香港关于建立更紧密经贸关系的安排》，按此安排，内地将自2004年1月1日起对香港进口额较大273种产品实行零关税，其中有27项属于机电产品，机电协会高度重视此项工作，了解有关企业产品及进口税收情况，全面分析影响，写出专题分析报告，为市领导决策提供依据。

做好北京市机械工程专业技术资格评审组织工作。根据北京市人事局关于2003年专业技术资格评审工作要求，京城机电控股公司承担北京市机械设计高级专业技术资格和机械工程中、初级技术资格的评审工作。评审办公室设在机电协会，由协会承担具体的组织工作，从9月份开始，协会举办了机械工程师论文写作标准学习班，有50多名当年申报晋升人员参加论文学习班，得到行业技术人员的好评。组织并受理申报专业技术资格工作，其中全市机械设计高级工程师申报人员177人，申报机械工程师141人，申报机械专业助理工程师109人，申报机械专业技术员4人。在全市机械行业选择有丰富业务经验的机械工程高级技术人员组成高级工程师评审专家库（76人），中级专业技术资格评审专家库（52人）。修订了机械工程高、中级专业技术资格评审标准和办法。现已组织完成了高、中级专业技术资格专家答辩专业评审委员会评审工作。

机电协会组织北京机电行业企业参与“守信企业”公示活动，该活动由国家工商局提出，旨在全国创建百万守信企业。机电协会进行了行业动员，阐明“守信企业”活动的意义，重点企业逐一动员，发放申请表，认真审核企业申请表填报情况，按照市工商局要求：亏损企业和有不良行为警示记录者，为一票否决，对企业申请情况进行审核打分。机电协会当年共有19家企业被评为“守信企业”。

机电协会承担北京机电行业“工业企业产品数据库”统计管理工作，2003年协会继续做好该项工作，督促有关企业及时上报经济运营数据，了解全行业运营状态。在北京市工经联统一组织下，协会对全市2002年产品数据库年报进行汇总分析，对本市工业进入数据库的主要行业企业的主要指标进行比较，并写出分析报告报送市工经联；协会组织企业申请北京市科技进步奖和中国机械工业科技进步奖，当年北京北开电气公司和毕捷电机公司申报了市和机械工业科技进步奖励项目；加强北京机电行业名牌产品的跟踪管理和培育宣传工作，对行业17种名牌产品的现状进行了调查工作，为北京创名牌规划积累资料；协会定期编辑《北京机电行业协会信息》内部刊物，今年出版发行6期，发布重要信息25条，刊登协会会员简介12篇，起到交流作用。协会不定期发表行业动态和国内外本行业重要信息、展览会及市场科技动态，为会员提供沟通渠道。（北京机电行业协会）

【北京汽车行业协会】 年内，北京汽车行业协会（以下简称汽车协会）开展了以下主要工作。

加强调查研究，提出发展建议，促进行业协调发展。年内，北京汽车工业呈现出了快速发展的势头，特别是行业核心骨干企业北汽控股公司，经过产业结构、产品结构、资产结构及生产布局的全面整合与战略重组，形成了以北京现代轿车、北汽福田商用车、北京吉普越野车的产品板块格局，板块格局的发展支撑了北京汽车的高速增长，显现出了整体优势。协会从北京现代轿车项目零部件本地化着手，展开行业重点零部件企业现状的调查，从2003年3月开始，对8家零部件企业进行了现场调研，为现代轿车配套，组织召开零部件本地化交流会，组织零部件企业赴韩国考察汽车零部件企业。并对北京现代轿车项目零部件本地化进展情况，以及本地企业进入现代配套体系，带动北京汽车增长等情况进行了全面了解。5月25日，协会呈送了“关于进一步抓好北京现代轿车项目零部件本地化工作的建议”报告，报告针对北京现代汽车零部件本地化实施过程中存在的问题，提出了现代轿车项目应充分利用北京汽车工业的存量，拉动北京汽车零部件发展的建议，市委书记刘淇做了“此事值得大力推动”的重要批示、代市长王岐山、副市长陆昊分别做了重要批示，6月11日，在副市长陆昊的主持下，市经委召开了“现代项目零部件本地化工作汇报会”。陆昊提出了“加强北京汽车零部件本地化工作八条要求”并提出了下一步的主要工作。协会按照市汽车工业领导小组办公室的布置，又用近1个月的时间，对行业100家企业进行问卷调查；深入22家重点零部件企业进行考察，向现代项目零部件本地化办公室推荐了13家企业，并完成了调研报告。9月5日，协会与市汽车专家顾问组再次向市委市政府呈送了“关于大力推动北京汽车零部件工业发展的建议报告”，刘淇做了“积极引导部件工业链的发展”的重要批示。年内，协会还提出了“北京汽车工业发展规划中增加客车、专用车板块”、“关于共建北京市机动车排放研究检测中心的建议”报告。协会还受中行北京分行的委托，为该行提供北京汽车行业现状及发展趋势和北京汽车行业投资情况的调研汇总资料，协助完成了中行北京分行支持北京汽车工业发展的调研报告。

协会与北京社会科学院合作，利用协会多年的行业调研成果，共同起草、审核、编写了“北京行业分析黄皮书”中的汽车行业部分，该书已于2004年初出版。

受政府委托，开展“守信企业”公示活动。8月，北京市工商局为了贯彻国家工商局“百万守信企业”创建活动的要求，以改革的态度，政府转变职能的举措，把这项活动的部分工作委托给行业协会承担，提出了“政府组织、企业申请、协会推荐，社会公示”的原则，在近两个月时间里，工作小组对会员企业集中进行了“守信企业”活动的宣传动员，受理了40多家企业申报资料，经考核符合“守信企业”公示条件的37家企业，被推荐为守信企业。

振奋精神，抗击非典。在非典疫情期间，协会全体工作人员坚守工作岗位，深入企业调查研究，了解情况。4月份还组织了零部件企业的领导和有关人员一行共16人赴韩国对口考察汽车零部件企业。协会充分发挥行业纽带作用，及时组织行业4家有关企业生产抗击非典专用车辆，北汽福田公司组织职工加班加点，按期交付了百余辆救护车。北京凯特和北京北铃2家企业，组织优秀技术人员日夜攻关，克服了一个又一个技术难关，终于成功研制出了医疗废弃物运输专用车辆，并组织职工连夜赶制，先后交付了500余台抗击非典用车，不仅保证了北京市抗击非典的需要，还有力地支援了其他省市的需求。广大会员企业在抗击非典的斗争中，还利用捐款、捐车、捐物等多种形式为社会做项献，仅北京汽车工业控股公司所属企业就捐车49辆，捐款近1000万元。

协助政府做好行业管理工作。汽车协会为40余家汽车生产企业完成了目录转公告的工作。为了充分利用有效资源，协会牵头积极进行企业间的改制重组工作，还完成了三家申请改制更名企业的审核、行业意见和上报工作。协会提出的“关于成立市汽车专业标准化技术委员会”的意见已得到原市经委和市技监局的批准。与市科委联合组织召开了汽车行业今后几年科研项目展开论证会。向市人事局推荐高级职称评审专家并完成了高级职称评审任务。

信息与刊物工作。为了适应新形势和行业发展的需要,协会统计工作从2003年起对行业内60家重点企业实行月报试点。北京汽车行业有5家企业和6名个人荣获中国汽车工业协会2003年先进统计工作者称号。协会对在2003年统计工作中取得突出成绩的33名先进个人提出表彰,并授予北京汽车行业先进统计工作者称号。北京汽车行业唯一行业内部刊物《北京汽车信息》至今已发行了556期。信息部举办了2004年汽车市场分析报告会,有80多家会员单位150多人参加了报告会,该报告会协会已连续举办了7次,深受会员单位的欢迎。

行业培训工作。与中国汽车产品认证中心合作,举办了产品质量3C认证培训班;与时代光华公司合作举办了企业高层管理人员提高企业竞争力的高级研修班;与卓越同舟公司合作举办了TS16949标准培训班;与新材料发展中心联合,主办了“2003年先进材料与汽车产业发展论坛”。汽车行业有73家企业,134人次分别参加各种培训班。

会展工作。北京新品轿车展览会是协会首次独立主办的展览会,尽管受到非典影响,展期由5月1日黄金周推迟到8月13日,由于协会与承办方的密切合作,精心组织国内包括一汽、上汽、北汽等10多家著名汽车厂商的70多部展车参加了展览,虽然展览规模不大,但这是非典后,北京举办的第一个以新品轿车为主的汽车展览,吸引了近10万观众,不足5000平方米的展厅几乎天天爆满,会展取得了圆满成功。11月,协会作为协办单位参与了由国家环保局主办的北京国际环保汽车、专用汽车及相关技术设备展览会的组展工作,协会组织了北京三家企业最新研制的8辆环保车辆参展,这是协会为支持国家环保事业的发展与国家环保协会举办环保展会进行了有益的合作。

国际交流与合作。4月份,为了进一步搞好北京现代轿车的配套,协会组织了8家零部件企业16名企业经理和工程技术人员,赴韩国现代汽车公司及为其配套的零部件企业进行了技术考察。10月份,协会零部件企业一行6人赴台湾考察了台湾汽车工业。考察期间,团组对台湾中华汽车整车制造、发动机变速器零部件制造企业及一家汽车经销企业进行了考察、交流。

(北京汽车行业协会)

【北京电子商会】 年内,北京电子商会(以下简称商会)主要工作是开展了电子行业服务方面工作。协助市经委编制《北京电子信息产业“十五”计划纲要》;完成了北京市手机生产企业发展情况调查报告;国家八部委布置的《关于2003年北京市整顿和规范卫星电视接收设备定点生产销售市场秩序工作的汇报》,并完成了卫星电视地面接收设备定点生产、销售的日常管理工作;信息产业部《关于加强无线广播电视发射设备企业生产管理》和定点企业的上报工作;《关于做好2003年第十七届电子信息百强企业申报工作》中北京市地区电子企业的申报工作;《关于编制2004年北京电子信息产业主要发展目标》的调研和上报工作;北京电子信息产业(制造业)嵌入式软件的调查工作;北京电子信息产业(制造业)2002年统计年报和2003年定期统计月报。根据北京市工商行政管理局《关于深入开展“守信企业”公示活动的通知》的文件要求，商会作为行业组织参与了此项活动，受理企业的申请，负责对“守信企业”公示活动的申报企业进行培育、辅导和考核。商会每年的1月15日前对符合标准的企业推荐给政府主管部门，最终将“守信企业”名单录入到北京市企业信用信息系统，以便向社会提供查询。这是北京电子商会在承担了“行业统计管理”职能后，承担的又一项新的行业管理职能。此次受理申请“守信企业”公示活动的单位有18家最终有14家企业获此殊荣。组织国际和地区交流促进经贸合作。组织会员企业参观，为企业招商引资创造商机。9月份，商会组织70余家会员单位的企业负责人参加了在北京饭店举行的“第六届京台科技论坛暨京台科技合作研讨洽谈会”。与会代表聆听了奥运商机、微电子技术、产业标准化、数位视讯、国产数码相机发展之路、软件技术、企业改造与人才培育等论坛。12月18日至2004年1月3日组织了“北京电子商会赴欧洲经贸考察团“赴德国、法国、俄罗斯等国家考察、洽谈经贸合作，10月21日，北京电子商会与美国NETCOMPONETS公司在京东方科技集团股份有限公司共同举办了“全球电子元器件产品数据库产品及服务推介会”。25家会员企业的近40个单位的营销、物流部门的负责人及项目工程技术人员参加了推介会。

深入企业开展调查研究，努力为企业服务。商会先后走访了联想、首信、京东方、兆维、北大方正、清华同方、清华紫光等多家企业。通过调查研究，了解到企业的经济运行情况和存在的问题，并及时向政府有关部门进行了反映。为企业办实事，协助首信集团申报中国名牌产品；为北京市工经联信息中心组织会员企业参加统计员培训班。8月14日，应中关村科技园丰台园管委会主任、北京丰台科技园发展有限公司董事长汪洪先生的热情邀请，商会组织了30余家会员企业的老总到中关村(丰台)总部基地参观学习，了解北京总部基地建设进展情况。会上，总部基地董事长、总经理许为平先生、总经济师吴坤岭分别介绍了“总部基地”项目，展望未来几年对北京市经济发展的推动作用，指出“总部基地”和北京其他经济中心具有相互发展、相互促进的互补关系，是一种补充和促进。8月20日，北京电子商会在中关村海龙大厦举行了“电子产品营销员国家职业资格统一培训鉴定试点工作宣讲大会”。海龙大厦120名企业的负责人参加了会议。经过努力工作部分营销员参加了培训班，并于11月参加了全国的统一考试。

履行商会章程，召开会长扩大会、常务理事会和理事会，按时汇报工作。1月21日，商会召开常务会长会议，重点听取商会秘书处汇报2002年工作总结和2003年工作安排。这次会是为召开理事会的一次准备工作会；2月20日，召开常务会长会议。会议听取了计算机、传感器、电子设备三个分会2002年工作总结及2003年工作安排，以及各分会的换届工作进展情况。会上拟定3月下旬召开“北京电子商会第二届理事会第六次会议；3月28日，北京电子商会在牡丹电子集团召开了2003年第二届理事会第六次全体会议。商会常务副会长、北京电控恒星经贸有限公司总经理柴子明代表会长汇报了商会2002年工作总结和2003年工作安排。商会监事长孟康生作监事会工作报告。 (北京电子商会)

【北京电器电材行业协会】 是年，北京电器电材行业协会(以下简称电器协会)组织电器产品鉴定工作。年底共组织鉴定7家企业的15种产品。

电器协会承担了电器行业"守信企业"公示活动的报名,考核和推荐工作。与此同时对协会所属企业下发了文件。专门召开了申报动员大会。会上就企业关心的具体问题进行宣讲和指导。对48家申报企业逐一进行了考核。

自2003年8月1日起,未获得强制性产品认证书和未加施中国强制性认证标志的产品不得出厂、进口、销售。低压电器行业各企业关注"3C"认证,将此作为头等大事来抓。电器协会为此也积极行动,在《北京电器电材之窗》每期都刊登有关强制性产品认证的信息,解答各会员单位有关强制性产品认证的疑问,并根据企业的需要,协会组织专家为部分企业提供了无偿的技术支持与咨询,使这些企业顺利地取得了认证。

技术交流活动,主要是围绕智能化和环保两个方面开展。电器协会先后举办了变配电设备计算机监控管理系统、M系列微机综合保护继电器、谐波治理和无功补偿等项目的技术交流会和座谈会,使企业与用户、企业与企业之间进行广泛接触与交流。

协会主办的内部刊物《北京电器电材之窗》是行业内的重要传媒和信息窗口。年内共发行了四期,在原有的基础上增加了发行量和信息量。在内容上注意及时性和指导性。

电器协会每年都坚持走访会员单位,做好行业调查,了解企业需求,有的放矢地开展工作。今年由于非典的影响,走访会员单位的数量有所减少。但还是抽时间走访了30%的会员单位。并且发展新会员12家。

协会开办的"电协兴电器电材经营部",是为生产开关柜的企业配套供应电器元件和材料进行服务的企业。该经营部本着"优质的产品,较低的价格,及时的配套,无偿的咨询"经营服务方针,为企业产品配套和咨询服务,年实现销售收入210万元(不含增值税)。 (电器协会)

【北京仪器仪表行业协会】 北京仪器仪表行业协会(以下简称仪器仪表协会)成立于1988年。于2001年12月21日召开了第二届会员代表大会,修改协会章程,选举产生新一届理事会、监事会,决定新形势下本会的工作方针和任务,推动协会工作步入改革调整规范发展的轨道。

仪器仪表协会有团体会员75个单位,个人会员2人。会员结构打破了条块分割和经济类型的限制,突破了生产与流通分离的旧观念,覆盖了工业自动控制系统装置制造、电工仪器仪表制造、实验室分析仪器制造、应用仪表及其他通用仪器制造、环境监测专用仪器仪表制造、海洋专用仪器制造、电子测量仪器制造、光学仪器制造、其他仪器仪表的制造及修理等诸多小行业,比较具有代表性。2003年,会员单位中的北京京仪控股公司全系统完成工业总产值34.88亿元,比上年增长27.3%,销售收入35.54亿元,增长23.8%,利润总额2.29亿元,增长26.5%。北京市照相机总厂、和利时集团公司、时代集团、大恒(集团)有限公司、北分瑞利公司、博飞公司、远东有限公司、敬业电工集团、长城无线电厂、北京自动化技术研究院等规模较大的骨干单位,都取得了好成绩。全行业呈现了良好发展势头。

仪器仪表协会现设有5个工作部门,

即质量工作部、统计与信息部、管理咨询部、教育培训部、对外合作部，建立了7项规章制度，并成立了协会党支部。年内，组建行业专家名录库，将专家们组织起来，调动他们的积极性去具体地帮助会员单位和行业进行咨询诊断、技术服务、管理服务以及根据企业特殊需要提供专项服务。截止到年底，初步登录仪器仪表协会专家库的企业经营管理专家12人，财务审计专家12人，工种技术专家50人。调整协会结构体系，协会将原北京市仪器仪表工业总公司主管的北京质量协会仪器仪表分会通过换届进行调整，视同为分支机构纳入协会结构体系，一套班子两块牌子。将原北京市仪器仪表工业总公司设立的北京市第四十八职业技能鉴定所归属协会主管，立足本行业，面向全社会开展有关职业（工种）的技能鉴定和考核。2003年，在北京博飞仪器股份公司全面推行技术工人持证上岗制度，深化用工制度改革过程中，协会帮助该公司组织开展职业技能鉴定，参加考核鉴定的有300人，覆盖了所有技术工程在岗工人。还组织实施了对应届技校毕业生的技能鉴定，取证者609人。组织了计算机调试工的技能鉴定，取证者30人。受纺织、建材等单位委托组织工人技师考评109人。全年组织实施职业技能鉴定1057人。在对企业质量管理工作情况调查的基础上，根据大多数会员单位的意见，组织开办了“用户满意度”质量管理培训班，60多人参加培训。组织企业领导干部、经营管理人员、财务人员分别参加北京企业联合会和北京企业家协会举办的三个培训班学习。参加企业领导干部系列培训的12人，高级工商管理培训的4人，财务管理培训的13人。

编发市场信息资料，组团出国考察。编发了三期信息资料，主要是汇集了由权威部门提供的国家和地区的一些重点工程项目，供会员单位开发产品、开拓市场作参考，导向企业去抓机遇、抓项目，锻炼提高其市场运作能力。和中国贸促会机械分会联手，组团赴俄罗斯参观国际机械工业展览周活动，并考察同行业生产和市场情况。是协会有史以来为探索对外交流合作途径的首次尝试，也是为企业寻求合作伙伴和开拓国外市场提供的一次机会。追踪国家有关部门启动环保产品国债投资这一重要信息，及时推荐了5户企事业单位（包括一户非会员单位）申报环保产品国债投资项目。涉及贷款余额7600多万元。

年内，协会配合政府部门和中介组织开展工作，为进一步打开行业工作局面打造了基础。北京市工商行政管理局委托各行业协会做好“守信企业”公示活动的考核推荐工作。通过考核，推荐14个单位，市工商局批准公示13个单位。协助北京市质量技术监督局和市工经联推进名牌战略。按市质监局制定的《2003－2005年中国（北京）名牌产品培育规划》，对本行中已是名牌产品的企业和有争创名牌产品要求的企业，进行了企业和产品情况调查，将6户企业的调查资料上报市质监局和工经联，为今后两年名牌产品评审工作准备了条件。（北京仪器仪表行业协会）

【北京半导体行业协会】 北京半导体行业协会（以下简称协会）是在北京市经委（现北京市工业促进局）的指导下，由行业内主要企业发起，于2001年8月16日成立，主要职责是协助政府推动产业发展，开展行业服务工作。协会现接受北京市工业促进局的业务指导，同时接受北京市社会团体管理办公室监督、检查和管理。协会常设的办事机构有办公室、认定办公室、交流合作部、技术部、市场推广部及人才交流培训部。

年内,协会举办"2003年北京国际微电子论坛"于10月15日至18日在北京天鸿科园酒店举行。来自8个国家和地区的近百位境外来宾参加了论坛,1800人次参加了论坛的各项活动。论坛的主题是:微电子产业的全球化与区域经济。主会活动包括开幕式、CEO论坛、环渤海地区微电子/信息产业发展论坛、2008北京奥运论坛、微电子技术与产品发展论坛及展示会。专项活动包括15日全天的"中芯国际晶圆代工技术座谈会";18日上午的"IP复用标准与技术规范"和18日下午的"DFT技术最新进展/结构测试/标准测试接口语言"专题技术报告会。

论坛附设的展示会,无论是规模、内容和形式上与2002年国际微电子论坛都有较大提高。本次组展以市政府主导发展的HDTV芯片、数码芯片、通信芯片、IC芯片、安全芯片、CPU芯片六大产业为主,着重展示一年来微电子领域六大产业发展的成果,38家企业向参会领导及代表充分展示了北京以设计业为龙头。

在"2003年北京国际微电子论坛"上,协会分别与美国VSI联盟签署了"IP标准与规范合作协议书",与美国华美半导体协会、台湾SoC推动联盟签署了共建"中华半导体知识产权交易中心"合作协议书。这两个协议的签署在国内IC行业引起了很大的反响,在IP交易的国际化及SoC设计水平的推进方面,北京又领先了一步。

为政府排忧,为企业服务。协会成立以来,一方面开展与政府的沟通工作,另一方面加强基础设施的建设,完善认定工作的各个环节,开通了企业、产品认证的在线工作平台。利用网上办公,使企业在申报环节上节省了人力、物力。年底,协会认定的企业有53家、产品200种;享受到双高人才政策的有141人,共落实双高人才奖励基金360万元。

2003年年底,经过考评答辩,北京半导体行业协会作为第一批三家(中国半导体行业协会、北京半导体行业协会、上海半导体协会)集成电路企业、集成电路产品的认定机构通过了国家信息产业部、国家税务总局的审批。加强行业信息管理,提高协会信息化管理水平。北京地区半导体产业的企、事业单位共有145家,从业人员10300余人,其中集成电路设计企业109家,占总数的75.1%;全行业实现销售总额62亿元,设计企业销售总额为18.72亿元,占总数的30.2%。与国内集成电路行业调查情况相比较,全国设计企业总数为463家,北京109家,占全国23.5%;全国设计企业从业人员16000人,北京设计企业从业人员5000人,占全国设计企业从业人员的31.2%;全国集成电路设计企业实现销售收入52亿元,北京为18.72亿元,占全国35.9%;全国销售额过亿元的设计企业有12家,北京5家,占全国41.6%;在2003年中国前10大集成电路设计企业销售额排名中,北京有4家企业入围,其中北京的大唐微电子技术有限公司排名第一。2003年协会重新制作完善了会员管理数据库。制作完成了行业企业经济指标管理数据库,并在年中和年末开展了企业主要经济数据的调查工作,返回的数据均已录入数据库中,经过一段时间的运行,数据库的功能完善可靠。在完成企业经济指标数据库开发制作的基础上,还着手开始了企业产品信息数据库、企业人员状况数据库的开发工作,同时开展了行业的人员状况调查和企业产品的调查工作。

开展人才服务工作、建立人才服务平台。本着为会员服务为企业服务的宗旨，在北京IC网上搭建了一个专业的人才服务平台。人才服务平台于9月份开始试运行，获得了企业的好评。已有30多家企业在平台上登载招聘信息，登载求职信息的已有200余人。协会还与新东方IC培训学校、Cadence软件学院、北京航空航天大学研究生院、清华大学二学位培训机构建立了合作关系。通过开展人才服务工作，协会将清华大学二学位培训班的69名学员，推荐到北京地区的集成电路企业进行实习；为新东方IC培训学校推荐了三批学员。

发挥协会优势，开展交流服务。协助HP公司举办"HP EDA解决方案技术论坛"，发送邀请函250余封，有近150人参加论坛；协助Credence公司进行了2天的测试方法学培训，参加培训的有60余人；在信息产业部主办的"中国国际信息技术展览会暨信息产业五年发展成就展"工作中协助市经委组织招展和布展工作，有17家企业参展；协助芯网拓筹备组织"《中芯国际—芯网拓》服务研讨会"，协会负责代表邀请和会议服务工作；协助中国半导体协会开展"IC CHINA 2003中国国际集成电路产业展览及研讨会"在北京地区的招展工作，共组织11家企业参展；协助北京市台办举办"第六届京台科技论坛——暨京台科技合作研讨洽谈会"，协会负责组织京台圆桌座谈会和邀请代表参会。（北京半导体行业协会）

【北京模具行业协会】 年内，北京模具行业协会（以下简称模具协会）对行业情况进行了一次调查。重点，除了解行业的基本情况外，主要是围绕市重点发展的电子信息、汽车、生物工程及医药、建材等几个行业需要模具的情况和为这几个行业服务的模具制作水平。

通过调查，对本市模具行业总体评价是：水平有所提高、发展仍不平衡、关键模具缺口较大、结构需加快调整。全市有近200家模具企业，具有制作大型、精密、复杂模具能力的企业只有十二三家，比例不到10%，这几类模具当前主要依靠进口和外省市来解决。据初步统计，2002年北京市从国外进口模具达到近3000多万美元。还围绕北京几个重点支柱产业需要模具的情况进行了较为详细的了解。就拿汽车行业来说，目前北汽福田、北京现代和北京吉普为代表的商用车、轿车及越野车板块全面快速增长。1～9月份累计销售汽车24.5万辆，同比增长近90%，汽车工业要保持持续、稳定、健康、快速发展，就必须不断地创新，不断开发环保、节能、美观、流畅的新车型，而要做到这些要求，必须有坚强的基础工业支持。模具工业又是基础工业中很重要的工艺装备。全市目前只有一家正在兴建的较大型汽车模具制造企业。据有关资料统计，开发一部轿车需要2000～3000副模具，大型模具就需要100多副。而现在年生产能力只有不到50副，其他汽车关键配套件模具需要300～400副。但是，北京市还没有形成专门为汽车零配件制作模具的专业厂。

电子信息行业需要的主要是小而精的模具，同样缺口很大，只能满足市场需要量的三分之一，其他生物工程医药、建材行业模具情况也差不多，一般缺口也在50%左右，面对市场供需矛盾，提出发展模具指导思想是"与时俱进，以国家产业政策和技术政策为指导，结合北京工业实际情况抓住国企改革的契机和重点发展的高科技产业（模具属高科技产业范围）为核心的机遇"，要"重点突出、分步实施"，逐步形成"结构合理、技术先进、政策配套、体制多样"的模具工业发展氛围，还提出了一些具体的实施建议：

如加快模具行业的体制改革；加快制造业信息网的建立；设立模具开发基金；推广应用高新技术；支持重点模具企业兼并重组做大做强、做出特色；加快高素质技术人才的培训等。

积极为企业开拓市场，提高知名度，做好服务工作。组织有关企业参加各种展示会。组织一些厂家分别参加了在北京、天津、宁波等地的模具展及信息发布会。9月份在宁波举办的模具及设备展览会的厂家分别签订了各种合同及意向书有10多份，总金额200多万元。其中，北京机电院精密模具公司、北京模具厂等单位展出的精密冷冲模及压铸模引起了客户的极大兴趣，签订了多项意向合同。

为外商和模具企业牵线搭桥，做好中介服务。北京模具协会和中国模具协会一起接待了来京考察的澳大利亚、新加坡等国企业和我们直接接待来京的德国、美国、日本等国家的企业。与北京模具厂、机电院精密模具公司、北京兆维工装有限公司、恺之模具公司进行了广泛的接触，使外商了解国内企业情况。

组织相关企业加入模具信息网。建立了协会网站。特别介绍了一些为模具企业提供服务的供应商，用户可以查到有关模具材料、标准件和配套件供应渠道。年内，推荐北京兆维工装有限公司作为制造业信息化示范企业。

积极协助企业继续申报享受国家对模具行业的优惠政策。2003年要对享受优惠政策的企业进行重新认证、调整。配合中国模具协会，将申报材料报给主管部门。对享受优惠政策的企业已得到了认可。对以下几个方面做了服务工作：了解企业申报情况，及时向中国模具协会等单位反映。为使中国模具协会等单位及时地了解申报享受增值税企业的情况，专门召开会议进行布置，并把申报标准及时地传达给各企业。之后深入各个企业落实几项经济指标是否达到了享受优惠政策的条件。对有些存在一些困难的企业帮助分析原因，找出解决的办法。发掘新的重点有活力的模具企业，帮助申报享受优惠政策。北京吉驰汽车模具有限公司就是一个重点汽车模具制造基地，如果他们可以享受优惠政策，就可以利用返还的税款加快技术创新，提高制模水平。该公司很快就将所需办理的手续全部办完，经中国模协领导现场考察认为，所报材料真实，已基本上具备了享受优惠政策条件，从2003年开始享受国家对模具行业税收扶持政策。

组织企业学先进，走多元化投资体制的道路。模具制造企业很多都是从产品厂独立出来的小企业，从企业组织结构和生产性质上很适宜搞多元化的投资体制。但由于长期受集团公司控制，计划经济的成分比较浓，改制工作比较难。组织一些企业学习改革方面的先进经验，组织企业领导参加中小企业中心组织的学习班，效果比较好。如北京迪蒙普瑞模具有限公司原来是电加工所的一个模具研究室，经过改制成股份公司，充分调动起大家积极性，仅用不到三年时间销售额就增加近10倍，并增添了多台数控电火花机床及光学曲线磨床；北京南口机车车辆厂模具分厂也独立成为一个股份公司，各项指标都有明显提高。

开展多种形式的人才培训，解决企业后备技术人才断档、短缺的问题。对高级技工断档短缺的情况做了以下工作：与二轻工业学校一起组建模具技工培训基地。与化工出版社等单位一起组织编写高级技工培训教材(目前这项工作正在实施中)。协助企业招聘一些外地技工学校的人才。从2000年开始已与张家口、内蒙古等技工学校进行了联系,并已有40多个技工来京工作。为厂校挂钩,解决技术人才的合理使用问题。

召开民营企业座谈会,学习有关文件,听取他们对协会工作意见和建议。8月份专门召开一次模具民营企业经理(厂长)座谈会,介绍了全市模具工业发展形势,学习了国家有关支持中小企业和民营企业发展的政策和办法,并听取了他们对办好协会的意见和建议。

积极与各区县开发区联系,解决企业搬迁用地问题。通过协会介绍,吉驰汽车模具有限公司通过引进资金进行大规模的扩展和改造组建成比亚迪模具有限公司,准备从合汽公司搬到光机电一体化基地。正在兴建23000平方米的华北最大的汽车模具制造基地。 (北京模具行业协会)

【北京电力行业协会】 年内,北京电力行业协会(以下简称电力行协)重点开展了以下的几项工作:全面完成各项统计工作任务。组织召开了年度统计工作会议,布置了2003年统计工作任务,提出以分析工作为重点,深入做好行业统计工作;完成了年度和月度定期综合统计报表和施工企业统计报表的汇总、审核和上报工作;完成了《2003年北京电力行业发展分析预测分析报告》;根据近两年的执行情况,对北京工经联2001年启动的《北京工业产品数据库统计报表》方案提出修订意见,修改方案在2004年执行。同时组织了2002年年报和2003年月度统计报表上报工作。组织完成了中电联布置的施工统计工作任务。并完成了2003年定期统计报表。

完成了北京地区2003年的机电产品鉴定工作。2003年在上一年工作的基础上,机电设备产品的鉴定工作会同北京电器电材行业协会,进一步规范了鉴定预审工作制度,并在产品鉴定预审工作中,对产品出厂试验项目进行严格抽查,同时,开展了对机电产品制造企业的基本情况调查工作。2003年完成申请单位的新产品鉴定,共鉴定7家15个产品,并向鉴定合格的厂家颁发了《产品(技术)鉴定验收证书》和产品鉴定铜牌。

建立企业管理创新成果评审工作制度,并完成了评审和上报工作。根据近两年企业管理创新成果申报和评审工作情况,研究制定并下发了《北京电力行业企业管理成果创新成果评审办法》;组织完成了2002年的电力行业企业管理创新成果的项目申报工作,在2003年6月的非典特殊时期完成了评审和上报工作,申报项目共12项,经创新成果评审委员会的评审,第一、二、三等奖各4项,电力行协下发文件进行了通报表彰,并颁发证书。对评审出的4项优秀项目推荐到中电联企业管理创新优秀成果评审,有一项成果获得中电联企业管理创新优秀成果一等奖。

组织参加了《首都北京供电安全可靠性问题战略研究》的课题调研工作。受北京决策咨询中心和城市经济学会的委托,由北京电力行业协会组织,华北电网公司及北京供电公司等单位电力专家共同参与,组成了《首都北京供电安全可靠性问题战略研究》课题组,针对当前北京供电安全状况进行评估,前瞻性提出到2010年乃至2020年战略措施及建议。10月份提出了课题报告初稿。

完成了“守信企业”考核上报工作。从11月中旬起。该协会分三个组队分布全市19个区县的103家电力系统申报企业全部进行了检查和考核工作。考核合格上报单位共100家。

承装电力施工许可证管理得到加强，承修试电力施工许可证管理工作顺利展开。北京地区原有电力施工企业296家，对符合条件的7家京外电力施工企业颁发了《电力施工许可证》。到2003年底，已有(包括京外7家在内)224家企业领取到了电力施工许可证。电力行协组织了专家评审委员会，针对各个企业上报的具体情况，共对申报承修44个、承试36个企业进行了现场考核。现场考核以后，组织召开了2次专家委员会进行评审，经北京电力管理办公室审批，在80个申报企业中有78个企业获得《承修、试电力设施许可证》。

进网作业电工培训工作取得新成果。对编辑计算机理论试题库的工作进行了认真的研究和部署，开发了北京市进网作业电工考试及试题库管理系统，确定每个专业共有10套试卷，在培训中已正式使用。该管理系统还获得了2002年度北京电力行业企业管理创新成果一等奖。同时，我们还完成了变电安装、线路安装、电力电缆、变电运行4个专业实际操作考试统一试题编写工作，使实际操作考试环节统一了试题和标准。开展了变电安装、线路安装、电力电缆、变电运行4个专业的培训考核工作，共培训了1428人。其中，变电安装494人、线路安装375人、电力电缆196人、变电运行363人。包括2002年培训2736人，到年底进网作业电工培训总人数达到4164人。

发挥行业协会优势，积极开展咨询服务。电力行协应国华公司进一步规范工程建设管理的要求，为其编制了“火电建设工程施工组织总设计编制和管理规定”、“火力发电厂基本建设工程启动及竣工验收规程实施管理规定”、“火电工程启动调试大纲编制及管理规定”、“火电建设工程重要文件及现行规章、规范、标准总目录”等四个规程。围绕台山、定洲工程2台机组的启动试运，台山—定洲工程和宁海—黄骅工程“对口赛”安全、质量检查考评，定洲、台山工程施工机械检查，宁海、黄骅工程创优目标及实施措施制定，定洲工程调试大纲和机组性能试验大纲审查，宁海工程施工组织总设计审查以及对国家标准“建筑工程施工质量验收统一标准”的执行和哈蒙水塔施工工艺改进研讨等方面做了许多工作，并进行了十余次现场咨询服务活动。12月10日，台山1号机组已顺利完成168小时满负荷试运，移交生产；定洲1号机组12月30日开始进行了锅炉点火吹管。准电工程2号机组完成了试生产，通过了国网公司组织的达标投产考评；一期工程的竣工验收工作已着手进行。一热二期脱硫工程已完成调试、移交生产。还为大同二电厂、秦皇岛热电厂等非会员单位提供各类相关咨询服务。

政策调研工作取得较大进展。完成了《关于规范电力行业协会发展的指导意见》起草工作，并征求河南、宁夏、辽宁、山东行协课题组成员的意见，修改后上报中电联。

加强网站信息建设，积极开展为会员单位服务工作。开发北京电力网站平台，实现网上申报、实时信息交流等功能，还创办了《华北电网博物馆》。开展了多种形式的学习和交流活动。特别是有针对性地开展统计员、联络员、信息员的业务培训，提高业务水平和工作能力。

（北京电力行业协会）

【北京医药行业协会】 是年，北京医药行业协会(以下简称医药协会)以“服务政府、服务行业、服务企业”为宗旨,以“对业内,是企业利益的协调员;对业外,是行业利益的代言人;对行业,是行业管理的组织者;对政府,是参谋和助手”为理念,努力在“服务”中体现医药协会的价值。

全面按时保质完成药监统计和国家经贸委经济指标统计年报工作。经济统计工作,按照国家经贸委的要求,统一使用新的软件网上报送。为规范全市医药行业经济指标统计,医药协会举办了涵盖全市化学制药、医疗器械、生物制药、中成药及医药经营批发、零售等各领域的医药企业统计员培训班,培训人员共计 174 人。工业企业统计由年初的 70 家增加到 80 家,列入统计的工业企业年销售收入 88 亿元,分别占列入国家经贸委统计范围 181 家的 44% 和 120 亿元的 73.33%。商业企业由年初的 65 家增加到 75 家,国家经贸委年报的商业企业统计均来自医药协会。药监统计是应用国家药监局开发的软件网上申报。年报 25 张、半年报 10 张、季报 8 张。

继续做好广告初审受理工作。11 月底,共受理广告 3567 件,较上年全年增加 700 余件;市药监局批复 3050 件,比上年增加 450 余件。医药协会将受理广告初审作为政府机关交办的一项重要工作,以规范服务为准则,坚持“一次告之”,严格 5 个工作日批复的工作标准。在所受理的广告初审业务中,外地企业占较大比例,办理广告审核材料不全,或广告用语不规范的情况较多,对此,协会坚持热情服务,不厌其烦地做解释工作,甚至直接帮助修改、复印,以减少往返次数,受到企业的好评。即使在非典疫情期间,也没有停止办理初审业务。医药协会广告初审工作质量得到了市药监局的充分肯定。

做好质量管理人员的持证上岗培训工作。协会举办 8 期 GSP 质量人员资格证书上岗培训班,2166 人接受培训;还协助区县分局举办 20 期培训班,2852 人接受培训。协会举办 4 期 GMP 内审员继续教育培训班,626 人参加培训。另外,还举办 1 期 GSP 全程认证培训班 62 人接受培训。

协会协助政府有关部门开展一系列服务工作。其中包括:根据市药监局的指令,组织医疗器械企业座谈,征求“简化医疗器械行政审批程序”的意见,协助政府部门开展行政审批改革。配合市工商局开展“守信企业”公示活动。北京市工商局向社会公示首批“守信企业”,北京医药系统有 27 家(经北京医药行业协会推荐)医药工商企业榜上有名。协助北京市质量技术监督局进行北京名牌产品(医药行业)评审工作,2003 年又开展了名牌产品的跟踪管理、培育和宣传工作。北京名牌产品的申报及培育,已纳入医药协会管理工作。2003 年受全国药用植物及制剂绿色行业标准办公室委托,成立了全国药用植物及制剂绿色行业标准办公室北京受理处,代理北京地区《药用植物及制剂进出口绿色行业标准》以及《药用植物及制剂进出口绿色标识管理办法》的实施工作。设专人从事绿色中药的受理、宣传工作,摸清北京药用植物应用市场,促进绿色中药的推广,推动北京绿色中药的发展。为配合市经委拟订《北京落实 CEPA 的若干措施》,做好 CEPA 安排中实行零关税的 273 种产品,其中涉及医药 8 个品种的产品调查,收集了有关产品数据,听取了相关企业的意见,认真分析 CEPA 对北京医药企业的影响,及时给政府部门提供了一手资料。

进行学术交流,为会员企业服务。2003 年 1 月,协会举办了中法医药开发研讨会,通过介绍法国医药产品开发理念、思路，为会员单位开展国际交流搭建平台，并已初见成果。11月10日，北京紫竹药业与法国医药生物公司，就合作开发米非司酮新工艺等项目签约。7月，医药协会与中国化学制药工业协会共同举办了“非典带给医药行业的思考”的专题研讨会，引导医药企业在反思之中，提高应对突发事件的能力，抓住非典提供的商机，推动医药的创新发展。协会组织不断扩大，全年发展新会员12家。

开展GSP、GMP论证咨询服务工作。全年共接受26家医药经营企业的GSP认证委托，连同上年16家继续工作，GSP论论咨询服务共达42家；GMP委托企业3家，连同上年3家的继续工作，GMP论证咨询服务共计6家；此外，还对4家企业厂房改造图纸进行了咨询服务。在咨询服务中，按照“力保重点，兼顾一般”的原则，力保市骨干优势企业；力保进出口企业；力保区县重点企业；力保生物制品新兴主导企业；力保大型企业所属商业企业等重点企业一次性达标。至10月底，已有21家医药经营企业，3家药品生产企业，分别通过国家、市GSP、GMP的审查认证，取得合格证书。另有4家医药经营企业待审。国家、市GSP、GMP审查认证组对医药协会认证咨询工作给予充分肯定，称赞协会所做的GSP、GMP文件是“具有可操作性的”是“令人放心的”。医药协会的GSP、GMP论证咨询工作，品牌已在行业内树立。

（医药协会）

【北京建材行业协会】 年内，北京建材行业协会（以下简称建材协会）根据自身情况，突出重点，坚持创新，完成了年初制定的全年工作目标。

行业管理工作扩宽了新领域。全面完成水泥生产许可证的换发工作。根据市政府第九阶段治理大气污染规划的要求，停办了16家立窑水泥企业的生产许可证换证工作。为琉璃河、北京水泥厂等28户水泥企业颁发了新的水泥生产许可证；贯彻水泥企业质量管理规程，开展水泥企业化验室验收和换（发）证工作。根据中国建材协会的安排，建材协会组织水泥协会对北京市60万吨以下水泥企业进行了化验室的评审考核。本着为企业服务的精神，对预审文件查出的210个问题，提出指导意见150项，为企业提供了无偿咨询服务。对燕山水泥厂等18家企业进行了评审考核，并由建材行业协会颁发了新的“化验室验收合格证书”；与北京市标准化协会联合，在全市建材生产企业中开展了《室内装饰装修材料有害物质限量》国家标准符合性信用标志的评审活动。按照《符合性信用标志管理办法》，在企业自愿申请的基础上，通过现场检查、产品检测和专家评委会审定，已有北京天坛股份有限公司等39家企业、天坛牌家具等47种产品获得了《国家十项强制性标准符合性信用评价证书》和使用标志；根据市质量技术监督局《关于加强名牌产品跟踪管理、培育和宣传工作的通知》和中央领导关于推进名牌战略的重要批示，协会认真向企业进行了传达贯彻，并对申报2003－2005年北京名牌产品企业，根据入围条件，向市质量技术监督局和市工经联推荐了天坛、星牌等17户企业；根据中国建材质量体系认证中心授权，4月在北京建材行业协会成立了北京联络处，为全市建材企业申办ISO9000，ISO14001，OHSMS18000体系认证和产品质量认证工作提供指导和咨询服务。6月初召开了企业宣贯会并向全市发出了几百份材料，办理了20余家企业的认证和认证的转换工作，为金之鼎、北玛、三重镜业、装饰纸厂、北木等企业共节省了近10万元的费用;做好"守信企业"的推荐工作。根据市工商局的委托和市工业经济联合会的安排,在时间紧任务重的情况下,完成了21户企业的考核、推荐工作;根据国家质量监督检验检疫总局等九部委联合通知精神和市政府对北京市整顿建材市场工作的要求,协会全面参与了建材市场的整顿工作,质量抽查、实施产品登录、举办专业论坛、评选知名企业和知名品牌工作。建材行业协会市场流通委员会召开了委员会,制定了"自律公约",全面配合建材市场整顿工作;开展行业统计工作。完成了前两年的统计资料全市建材行业汇总、排序等工作。开展了百强调查和北京市百强建材企业排序工作。组织建材企业完成市经委的产品数据入库工作。分别被北京市经委行管办和中国建材行业协会评为2003年协会统计工作先进单位。

年内,建材协会对4个质检站实施双重管理,使质检站的工作在2003年有了新的突破,各站正在向国内先进、国际一流的检测站迈进。建材协会指导各站完成了2003-2005年发展规划,确立了建设国内先进、国际一流检测站的宏伟目标;帮助建材、木材家具、水泥三站完成了搬家、改造,改善了实验条件,全部通过了国家实验室的认可。至此,建材、水泥、木材家具、五金4个质检站全部取得国家实验室认可,全面超额完成了创收任务。全年4个站比2002年提高50%。特别是建材站全年完成检测报告7000余份,实现历史新高,还争取课题研究费35万元;五金质检站完成了《陶瓷片密封水嘴》、《机械式冲洗阀》、《卫生洁具排水配件》、《北京市民用建筑门窗应用技术规范》等标准的制、修订工作。建材质检站完成了《外墙内保温板》标准编写,目前正在编写12项国家、地方和行业标准。为加强防水卷材生产管理,还完成了《防水卷材企业实验室管理办法》和《防水卷材生产管理规程》。

年内,协会坚持为企业服务,建材行业协会组织金隅集团等企业参加了西安"中国东西部贸易洽谈会",支持企业产品打入西部市场。还开展了第二批向社会推荐"北京绿色建材产品"活动,有23家企业获得了"北京绿色建材产品"证书,支持了企业产品的营销工作;与市场协会联合主办了首都百家建材生产、流通企业"3·15"诚信宣言签名活动,107家企业负责人郑重地签下了企业和自己的名字,表达了坚持诚信,履行承诺的决心。同时积极开展了知名品牌评选活动;组织专业协会分别完成了建材、水泥、家具、砂石4个行业调查报告。还开展了水泥价格的协调工作。

加强了协会的组织建设。建材行业协会完成了市场流通委员会和化学建材委员会的筹建工作;建立了有关会议制度。建材行业协会先后建立了与各建材专业协会的例会制度、协会办公会议制度、质检站站长联席会议制度,规范了协会及其有关单位的工作联系;加强信息化建设,建立北京建材网(BBMA)。与中科汇联信息技术有限公司签约制作了新的协会网站,目前新网站已经开始运行。 (建材协会)

【北京市矿业协会】 北京市矿业协会(以下简称矿业协会)是经北京市经济委员会审查同意,经北京市民政局注册,具有社团法人资格的北京市全市性的行业协会组织,于1992年正式成立。该会接受北京市经济委员会的日常管理和北京市建材集团、北京市地质矿产局主办单位的业务指导;接受北京市社团管理办公室检查与管理。共有团体会员150家,1999年10月换届后,2000年发展到210个团体会员,其中煤炭分会100家,2001年市经委组建了“北京市煤炭营销协会”,将北京市矿业协会的煤炭分会并入该协会,并将煤炭分会取消,2003年有会员单位120家。该会靠挂在北京金隅集团(原北京建材集团),在北京建材行业协会的指导下,建立健全了《关于加强协会人事管理的有关规定》、《财务管理制度》、《关于加强民主决策的规定》、《关于考核和奖惩的规定》、《重大事项报告制度》、《接受馈赠公示制度》、《监事会工作制度》等。

年内,该会加强人工砂石减免征税费的监督。在提倡综合利用矿产资源,从废石中回收的矿产品,经批准可以减免征税费的工作中出现“只签合同、不买料”的现象,该会向市综合利用办公室撰写专题报告,并提出建议,应查核其人工砂石实用数量,按量计算减税,对超领税赋如数扣还,加强行业规范和自律,授权给矿协、市混凝土协会同地税部门解决,从而保护人工砂石生产积极性,矿业协会与市发改委北京节能和资源综合利用协会磋商,从2004年开始,由矿山企业申请,同时是矿协的会员,并持有采矿证的企业,保护人工砂石生产企业,认真执行国家的减免税费政策。

积极承担非煤矿山生产资格认证工作。随着非煤矿山企业的改制、多数矿山已改成股份制或合作制,造成矿山企业采矿权和生产经营权的分离,矿山企业证照不一。由于多数采矿经营者缺乏专业的安全生产管理知识,企业缺乏必要的安全生产管理机制和生产安全措施的投入,致使北京市非煤矿山生产安全事故时有发生。为此,该会积极参与北京市安全生产监督管理局组织、开展的北京非煤矿山生产经营单位主要负责人、安全生产管理人员和其他从业人员安全资格培训考核工作。编写的“非煤矿山单位主要负责人和安全生产管理人员安全知识学习参考题集”已于9月印制完成。该书认真贯彻落实《中华人民共和国安全生产法》等法律法规,帮助矿山单位主要负责人和安全生产管理人员理解和掌握相关知识,每题给出了参考答案或答题要点。年内已对非煤矿山新任负责人安全资格进行了三批考核阅卷工作,参考人数达428人。

承担黄金工业企业工业统计工作。接受原市经委行管办的委托由该会与北京市建材行业协会共同承担北京市黄金工业企业的统计工作,对怀柔中发黄金有限公司、平谷黄金公司、昌平黄金企业(榆坨梁、分水岭)等每月的主要经济指标、工业总产值及主要产品产量、统计汇总后上报中国黄金协会。

承办“守信企业”公示活动。根据北京工业经济联合会议工作部署,遵循自愿参加,公开、公平、公正,非终身制的原则,在矿业企业全面开展“守信企业”公示活动的申报工作,协会在把握原则,注重质量,讲求信誉的基础上,为北京首钢铁矿、北京威克直接还原材料厂、北京首钢鲁家山石灰石矿、北京云冶冯家峪铁矿、北京兰台矿泉水饮料厂5家申报守信企业,历时3个月时间,经过审查、考核、复检、网上公示,5家申报企业均被北京市工商行政管理局批准为2003年度守信企业。

开展矿业企业改革和发展情况调查。为推动矿业企业的改革和发展,主动向政府及时反映矿业企业问题,对全市780家矿山企业发函调查,在归纳汇总后,将起草“北京市矿业企业改革和发展情况报告”报政府有关部门,向政府提供信息服务。搞好信息服务。“北京矿业”是协会出版的季刊，主要反映协会的活动动态，兄弟行业和兄弟协会的经验，政府主管部门的指示等，“北京矿业”是联系会员单位的主要渠道，是和全国兄弟省市矿协加强联系互相交流信息的重要渠道。中国矿业联合会出版的中国第一部《中国矿业年鉴》记载了北京市矿业协会概况。第一部中国矿业年鉴填补了中国长期缺乏涵盖全国的矿业基本信息和较全面的统计资料的空白。（矿业协会）

【北京水泥工业协会】 年内，北京水泥工业协会(以下简称水泥协会)参加《水泥企业生产许可证的换(发)证》工作。按照全国工业产品生产许可证办公室关于《水泥产品生产许可证换(发)证》实施细则的要求，依据《水泥产品生产许可证企业生产条件现场考核办法》对42家水泥企业的产品质量、生产工艺条件、生产过程控制和企业基础管理等方面的内容，逐条逐项加以考核，全面完成了审查工作。到年底，为北京水泥厂有限公司、北京市琉璃河水泥厂、北京兴发水泥有限公司、北京新港水泥制造有限公司等28家水泥企业换发了生产许可证。对新建的北京太行前景水泥有限公司、改建的北京顺发拉法基水泥有限公司和北京市平谷区水泥二厂新建的生产线，在经考核小组现场考核后已提出上报申请，报请有关部门审批。现在北京太行前景水泥有限公司已经取得了生产许可证。

做好水泥企业化验室评审、考核、颁证工作。由北京建材行业协会、水泥协会和北京市水泥质量监督检验站组成了水泥企业化验室考评小组。考核小组以落实《水泥企业化验室考核评审管理办法》，从帮助企业建立质量保证体系出发，建立正常的化验室工作秩序，认真细致地组织好水泥企业化验室评审考核工作。由质检站专业人员详细讲解了《水泥企业化验室评审考核管理办法》中规定的12项制度和7类28项规定的全部内容和检查、考核的具体细节。各企业组织专门人员，完成本企业《化验室手册》的编制工作。并组织相关人员认真学习《水泥企业化验室评审考核管理办法》和企业《化验室手册》。针对《水泥企业化验室评审考核管理办法》的要求，不同程度地添置了设备、仪表，改建了化验室，培训了上岗人员，建立健全了有关的规章制度，各企业在自查的基础上，针对存在的问题又进行了必要的改进，在加强了资料的整理和归档工作后，提出了考核验收申请报告。

北京市水泥企业化验室评审考核小组，首先对水泥企业上报的资料进行了预审。对先后查出的210项问题，提出了150多项改进意见。在评审过程中，考核小组根据《管理办法》中7类28项83条内容，通过听取企业领导介绍，查阅资料、组织座谈、考试、现场考察等方式进行了评审。到年底除北京市琉璃河水泥厂和北京水泥厂有限责任公司，由中国建材协会组织评审考核外，北京市燕山水泥厂、北京市平谷区水泥二厂、北京双山水泥集团、北京太行前景水泥有限公司、北京新港水泥制造有限公司、北京顺发拉法基水泥有限公司、北京特种水泥厂、北京顺义特种水泥厂、北京市房山磁家务水泥厂、北京赛阳特种水泥制造分公司、北京京强水泥厂、北京恒顺达水泥熟料有限公司、北京市昌平区水泥厂等20家水泥企业通过了考评、验收，取得了水泥企业化验室合格证。

发挥水泥协会的协调作用，规范水泥市场。由中国水泥协会北京水泥市场协作会组织，召开了有12个旋窑企业参加，在琉璃河水泥厂召开的北京地区协调水泥价格预备会。提出了协会会员行为《准则》，得到了与会企业的一致认同。非典疫情消除后，水泥工业协会及时抓住华北地区五省、市严格治理公路超载，进京水泥减少的有利时机，12月17日召开了部分水泥企业市场价格座谈会。根据水泥企业面临原、燃材料涨价，给企业带来水泥成本增高的不利局面，就水泥出厂价格及相关问题在充分研究、讨论的基础上达成了共识。自12月18日起，各水泥企业可把水泥出厂价格上调30元/吨，会议要求各水泥企业加强行业自律。

加强协会自身建设。为更好地发挥协会的桥梁与纽带作用，及时调整充实了协会秘书处。调整后的秘书处人员熟悉水泥工艺和设备，熟悉地质矿山开采和企业管理，了解企业情况，从而加强了秘书处的实力。新的秘书处人员在理事长的带领下，深入基层，调查研究，排除非典影响，数十次深入到水泥企业了解生产销售、原材料供应、职工收入、新建、改、扩建工程进度、产品成本、市场营销、企业规划等情况。同时，征求企业对协会工作的意见和建议，以便改进和加强协会工作。通过调研，对水泥企业普遍关心的北京周边地区水泥企业挤占北京市场、重复建设小水泥企业、污染环境，破坏资源，低价格的无序竞争等问题，通过不同渠道，分别向国家和北京市的有关部门和行业管理部门反映了水泥企业的呼声，受到了国家发改委等相关部门的重视。年内，发展新会员的工作有了新进展。先后有北京太行前景水泥有限公司、首钢新钢公司、法国拉法基北京办事处、上海富大胶带有限公司加入了北京水泥工业协会。

加强信息和统计管理工作。年内，配备了计算机及附属设施，与建材协会共同建立了北京建材网，完成了《水泥工业信息》和《北京建材》合刊工作，丰富了内容、节约了资金。《北京建材》为季刊，每季度的中旬出版，协会工作人员坚持在每期杂志出版后一周内寄发到会员单位。同时，为了加强行业信息交流，由协会出资，通过邮局给42家会员单位订阅了155份《中国建材报》。水泥工业协会还协助北京建材协会完成了2003年北京水泥基本情况的调研编辑工作。 （北京水泥工业协会）

【北京建筑五金门窗行业协会】 北京建筑五金门窗行业协会（以下简称五金协会）1986年成立。年内，该协会以行业调查为切入点，发挥优势，创新务实、团结奋进，基本上完成了工作任务和目标。

对北京建筑门窗行业进行调查。通过资料搜集，网上查询，单位走访，专家座谈等形式，对北京建筑门窗行业的发展历史，行业现状，主要差距，发展机遇、趋势、思路和举措进行了调查研究，并写出了6000余字的调查报告。通过调查，对建筑门窗业在首都建设中的地位和作用；对规范门窗行业秩序的紧迫性；对行业协会在规范和发展行业中的责任加深了认识。通过调查也更加感受到北京市在全国建筑门窗行业发展过程中的作用。如北京门窗公司于1996年在全国率先研制成功25毫米空腹钢窗，率先引进彩板门窗、中空玻璃和铝门窗生产线；新型防火装备厂1982年在全国率先研制成功钢制防火门和防火卷帘门系列；北京木材厂率先研制推出的具有防辐射和装饰双重效果的木制防辐射门等。

规范五金门窗行业自律行为。1月9日，召开了北京建筑五金门窗行业协会年会暨建筑五金门窗行业发展研讨会。总结了2002年协会工作经验和差距，就行业发展问题进行了研讨和交流，通过了“北京建筑五金门窗行业自律公约”。表彰了优秀会员单位及优秀协会工作者。

认定推介行业知名品牌产品。根据《中国名牌产品管理办法》的原则和规定，贯彻“扶优、扶大、扶强”的发展战略，经过企业申报、专家考核认定，认定推介了30余种行业知名品牌产品，并制定了《知名品牌产品维权自律管理办法》、《知名品牌企业维护权自律公约》、《认定推介知名品牌培育管理档案》和投诉记录。具备条件的列入“名牌产品”培育推荐名单，对质量下降，发生重大投诉，造成重大影响者，撤消其称号。

开展“3·15”诚信宣言签名活动。3月15日和建材行业协会、北京市场协会，中国华建筑报等单位，在腾达大厦联合举办了以“诚信打造品牌，诚信铸就辉煌”为主题的首都百家建材五金生产、流通企业“3·15诚信”签名活动。会上通过了首都百家“3·15诚信宣言”和致全国建材生产、流通企业诚信倡议书。107家建材生产、流通企业负责人在大红横幅上签下了企业和自己的名字，表达了坚持诚信，积极履诺的决心。市工商局等政府部门，相关协会、商会、新闻媒体，近200人参加会议，扩大了影响。

举办北京市场散热器畅销品牌信息发布会。根据北京散热器市场情况，协会组成调查组，对百姓关注的北京散热器市场进行了专项调查。先后考察了4个市场、超市、展会，调查了52个散热器品牌，考察了26个生产企业，听取征询了开发商、经销商、生产企业、消费者的意见。写出了“北京散热器市场畅销品牌调查报告”。推出了以森德为首的11个北京市场散热器畅销品牌。召开了有近20家媒体参加的北京散热器畅销品牌信息发布会，向森德等11个畅销品牌和企业颁发了太阳天使奖。向森德颁发了中国新型散热器创新奖。

开展宣传推荐“守信企业”活动。协会转发了市工商局“守信企业”公示活动通知1000余份，进行广泛宣传，扩大影响。对申报企业进行帮助指导，主动和工商局联系协调。直接推荐的13家企业，全部入选。

参与了整理规范建材五金市场的工作。主要做了三件事。一是对五金灯饰市场相关产品的3C认证和《室内装修材料有害物质限量》十项强制性标准的落实情况，进行了调查，并将调查报告报送了市工商局。二是起草了《北京建材市场规范化管理试行标准》审议稿。三是制订了《北京建材市场流通行业规范自律公约》等。

加大了宣传报道的力度。在中华建筑报、中国建材报、首都建设报等媒体设立了五金门窗专版。信息量增加了，报道多了，内容也更丰富了。2003年在宣传报道方面，是协会近年来投入最大、宣传报道最多、效果最好的一年。 （五金协会）

【北京服装纺织行业协会】 北京服装纺织行业协会（以下简称服装纺织协会）是2000年11月由北京服装协会更名而来，是以北京地区的服装纺织行业的工商企业为主体，同时有北京的大专院校、科研院所等单位参加的社团组织。北京服装纺织行业协会涵盖了棉纺织、毛纺织、针织、服装服饰、家纺装饰、鞋帽等行业。

2003年，服装纺织协会主要开展以下工作：开展行业调研，编制行业发展规划。通过数据收集、整理分析，采用文字调查、走访重点企业和召开分类调查座谈会等方式，对规模以上的企业，对服装品牌的发展以及北京服装会展业等情况开展了全面的调研。摸清了企业的基本情况、行业所处的地位、分析出了北京发展都市服装产业的比较优势和劣势，为编制行业发展规划提供了依据。先后为市政府、为行业提供了《2001—2005年北京服装纺织行业发展规划》、《服装品牌发展战略》、《北京服装纺织行业调研报告》、《服装纺织行业入世发展战略研究报告》、《北京服装会展情况的调研报告》等。在编制"十五"规划的基础上，按照市政府专家顾问办公室要求，市经委组织协会等单位开展了"建设北京国际服装名城"的专题调查研究。协会与政府有关部门一起做了大量艰苦细致的工作，深入到北京市有关区县政府、企业、商厦等，做进一步广泛深入的调查研究。与中央在京单位、高等院校、专家学者、国外商会、外商驻京代表机构、新闻媒体等各界人士交换意见，并广泛征求有关委办局的意见，组织有关人员对世界服装名城——米兰、巴黎等地进行实地考察，确立了北京服装产业发展目标和把北京建设成国际服装名城的发展思路。撰写了《建设北京国际服装名城的战略研究》的课题报告。

结合市委市政府提出的振兴北京现代制造业的同时，改造、提升、发展都市工业的重要决策，服装纺织协会对北京发展都市服装产业的比较优势进行了分析，认识到北京服装纺织行业要适应全球经济一体化形势的需要。进一步提出了《建设国际服装名城，推动北京服装产业发展规划》方案。规划的基本框架是集中力量，重点抓好4大工程建设。即"一个发展中心、三条精品街、四大产业园区、十大品牌集团"，以促进国际服装名城的形成与发展。

规划方案的特点：一是由原来的"大纺织带动服装发展"转为以"大服装拉动面料、辅料及相关产业链的提升"；二是由原来加工业的发展，转向服装产业和服饰文化的发展与提升。规划方案坚持了一个结合、两个服务、三个配合。一个结合：与《北京市"十五"规划纲要》、区域发展规划及有关委办规划紧密结合；两个服务：为推进现代化国际大都市建设目标服务；为发展北京奥运经济实现人文奥运服务；三个配合：与会展业密切配合、与商贸业密切配合、与旅游等相关产业密切配合；使"名城"建设成为一项全市乃至国家部门的共建工程。

发挥桥梁纽带作用，推动规划实施。为完善"名城"规划方案，服装纺织协会与北京市经委、商委、首规委、外经贸委、贸促会共同举办了"建设国际服装名城研讨会"。北京市副市长刘海燕、中国纺织工业协会兼中国服装协会会长杜钰洲等在大会上发言。围绕把北京建设成国际服装名城这一目标，协会充分发挥桥梁和纽带作用，努力推进规划实施：一是与首都科技集团、北京服装学院联合举办了新女装"首都科技杯"设计大奖赛，副市长林文漪、刘海燕、人大副主任张燕丽等领导参加了颁奖大会并为获奖选手颁奖。二是与通州区政府联合召开了轻纺服装服饰园区推介大会。三是组织会员企业参加了《北京工业产品展示洽谈会》，向社会展示了服装纺织行业的绿色产品、科技产品的新形象。四是培育和规范服装、纺织企业品牌，开展了名牌产品的评价、宣传和培植工作，积极参与了推荐中国名牌产品、中国著名商标的活动，参加了北京名牌产品服装纺织专业组评审工作。五是积极组织推荐、申报管理创新成果，雪莲羊绒股份公司的"具有羊绒行业特色的现代化管理模式——CIMS应用示范工程"的管理成果，获北京市第16届企业管理创新成果一等奖，铜牛针织集团公司"MIS系统"、邦维光华公司的"调整产品结构，精化企业管理"获北京市第17届企业管理创新成果三等奖。

充分利用人才资源,提高行业整体素质。服装纺织协会结合服装纺织具有专业化类别较多的特点,设立了专家库,努力实现人才集聚。利用人才资源,协会将一批专业造诣深,责任心强,身体条件好的老中青相结合的队伍,组成了4个专业委员会即专家咨询论证委员会、教育培训委员会、产品质量标准监测委员会、学生装委员会。专业委员会的建立使协会工作在深度和广度上更适应企业的需要。结合名城规划中产业园区的建设,专家咨询委员会帮助区县制定园区发展规划;结合学生装、中式服装无标准的问题,学生装委员会制定了北京学生装的行业标准;产品质量标准监测委员会制定了北京服装纺织行业协会中式服装的企业标准;开展了"北京用户满意工程活动";开展了针织、梭织服装和家用纺织品实物检测活动,根据检测数据,对达到国家规定优级品标准的企业,协会颁发证书,并通过媒体进行广泛宣传北京的品牌。结合"入世"的要求,针对全行业通过认证的企业还不足三分之一的现象,教育培训委员会组织了ISO9000(2000)质量认证研讨会,开展了质量体系咨询认证工作。为提高企业的市场竞争力及质量管理水平,开展了服装质量新标准的宣传贯彻工作;开展了高级技工培训工作。

努力开拓信息渠道,开展国内外合作交流。为促进企业信息化发展,协会开办了"北京服装纺织信息"每月2期,分发给会员单位和全国18家地方协会。协会建设了独立网站 www.bict.org.cn 并与市政府网及工业商网链接。服装纺织协会组织会员单位参加欧美等国家的服装展,组织企业赴台进行对口交流,使企业及时掌握国际动态、发展趋势等,推进行业引资合作项目的进展,为企业开拓国际市场搭桥铺路。

加强协会自身建设。协会不断吸引发展新会员。全行业销售额在500万元以上的企业入会面已达80%以上。协会本着"自立、自治、自养"的原则,根据协会章程和职能要求建立健全了各项规章制度和协会工作人员的职责范围,如协会建立了民主决策制度、重大事项报告制度、监事会工作制度、财务管理制度等等,聘请了兼职律师作为协会的法律顾问,为协会及其会员单位提供法律服务,使协会的各项工作做到程序化、规范化、法制化。

(服装纺织协会)

【北京针织行业协会】 北京针织行业是纺织行业中的一个小行业,北京地区约有130多家,企业职工约3万多人。国有企业仅占12.3%(在纺织行业中最低),三资企业占23.1%,民营企业占64.6%。

北京针织行业协会是于1985年由几十家企业自愿发起组建的,1989年9月又重新组建,现有会员企业90家,协会领导人员都是企业的领导组成。

年内,协会发挥优势,办好北京针织品展销会。举办北京针织品春、秋两季展销会是协会的传统项目,到年底,已举办过32届,以此带动和开辟清河毛纺城的展销会,已办过14届,效果比较好,达到社会效益和经济效益双丰收。展销会"面向大众百姓,服务大众百姓"的办展宗旨在展销会上得到了充会体现。企业直接面向市场、厂家直销、品种多样、规格齐全、货真价实、优质服务,从而占领了市场。利用展销会的市场效应,协会积极对各厂的产品给予大力宣传,尤其对名、特、优、新产品在报纸、电台上进行报道宣传，提高了北京针织行业协会会员企业的知名度。

在会员中组织生产协调及设备调剂。积极为会员企业介绍生产业务信息，为企业联系生产加工业务，介绍出口合同订单，为企业之间生产加工产品牵线搭桥，如有些企业承接的生产合同量较大、时间紧、难以完成，由协会出面协助联系其他企业帮助完成，协会还出面为接合同后缺乏资金的企业帮助协调解决资金问题。协会还帮助企业调剂生产设备。凡是会员企业需要增加设备，或是外置多余设备，协会着手与各方联系，千方百计为企业排忧解难。

协会发挥行业技术人才的优势，每年举办一至两次培训班，提高针织企业技术质量管理人员、销售人员的业务素质，针织协会先后举办过“针织内衣、T恤衫商品知识及质量标准检验培训班”、“针织品成衣工艺培训班”、“针织内衣、T恤衫、运动服装新标准宣贯学习班”、“企业标准培训班”、“针织泳装、针织工艺衫、针织腹带、文胸、袜子五项针织行业标准宣传贯彻培训班”等，为会员企业和商业部门培训了大量人才。针织协会绝大部分是中小企业和乡镇企业，都需要各种人才，如工艺设计、产品开发、保全工和车间管理人才。只要企业找到协会，协会就建立需求库。有些企业需求人才，北京市解决不了，还从外地帮助联系解决。

搞好信息传播工作。为会员企业无偿提供每月一期《中国针织》和《中国针织工业协会通讯》刊物，使他们能及时了解全国针织行业的动态。协会不定期(基本上每月一期)编印《北京针织简讯》，及时为会员企业介绍政策要闻、本市及国内外针织信息、产品开发、市场经济信息、针织科技动态、经营管理之道、协会动态，棉纱价格等。对指导企业的技术、生产、经营有积极的促进作用。协会还举行各种形式的信息交流和发布会，与外省市交流，请外商讲座与交流，请专家介绍国内外最新针织技术信息及针织发展流行趋势，为会员企业借阅国内外针织刊物。

协会开展技术、质量、标准、检验等方面的咨询；为企业闲置设备的鉴定，引进设备外资和“内联”的中介服务；组织各种专题报告，介绍国外考察见闻、介绍新产品。推广先进经验等，促进企业间的相互学习与交流。有针对性地开展各种咨询服务工作，得到了业内人士的认可。（针织协会）

【北京日用化学工业学会】 年内，北京日用化学工业学会(以下简称日化学会)围绕科技创新，积极开展中外学术交流活动。10月28日在北京大宝饭店，举办了第七届日用化工学术研讨会，以“科技创新、促进发展”为主题，展示了日化行业科技发展的新成果。来自首都化妆品、洗涤用品行业科研院所以及驻京外企机构的专家，学者、企业领导和科技工作者共90余人，参加了学术交流活动。学术研讨会共收到学术论文24篇，论文内容涉及国内外日化行业发展趋势，化妆品、洗涤用品新配方、新技术、新原料的开发与应用等方面。在“第十四届(广州)日用化工新技术新产品展览会”的举办期间组织了4场技术交流讲座，邀请国内外日化行业的知名公司和科研单位的专家介绍国际化妆品对于天然活性原料发展的新动向，以及防晒剂、新型乳化剂在化妆品中的应用，受到与会的广大科技人员的好评，参加听讲者达300余人次。编辑出版《北京日化》刊物，是开展科技信息交流活动的重要渠道。年内共出版《北京日化》4期，在该刊物上发表的科技论文和国外信息摘要达56篇，对推动和活跃学术交流起到了积极的促进作用。

开展科普咨询宣传活动。北京日化学会、北京科学美容研究会于2003年9月27日在陶然亭公园举办了以“关爱生命、健康生活”为主题的科普咨询宣传活动。两个学会组织邀请了首都美容界和化妆品、洗涤用品行业的专家、科技人员30余名，参加了科普咨询活动。美容界专家在现场向群众讲解了美容与生活，美容与健康的关系，做了美容示范表演，有100余名群众前来咨询和美容。

第十四届(广州)日用化工新技术新产品博览会于11月20日至22日在广州东宝展览中心举办，来自广东、北京、上海、江苏等省市日化行业的生产厂家以及科研院所等50余个单位参加了展出，设展位57个，有2000余名需方前来参观洽谈业务，本届展览会是一次专业性较强的会议。展出的产品主要是日用化工原料、设备、包装和美容化妆品，一些产品科技含量高，具有一定发展水平，在展会期间还举办了4场技术交流讲座，为办好展会创造了有利的条件。4月18日经北京市社团办、北京市科协、北京市经委批准和同意，北京日用化学工业学会承担两个职能作用：即日化科技团体的职能和日化行业协会职能。该两个职能已写入学会章程并经第六届会员代表大会通过。根据市工经联的部署，做好2003至2005年中国名牌产品培育入围申报工作，按照北京市质量技术监督局的要求，除北京大宝化妆品有限公司、北京宏丽源有限责任公司、北京金鱼科技股份有限公司、资生堂丽源化妆品有限公司等已上报外，经研究向北京市工业经济联合会推荐，北京章光101科技发展有限公司的护发产品、北京绿伞化学有限公司生产的洗涤产品，作为北京名牌产品培育上报北京市工业经济联合会。为了配合北京市经委关于原产地香港进口货物实行零关税，落实CEPA的措施要求。学会对日化行业的生产情况进行了调查了解，其中香水、花露水、美容化妆品将受到一定的影响，并提出采取的应对措施和建议，向北京市工经联和北京市经委做了具体汇报。做好，“守信企业”推荐工作。在坚持自愿申报的原则下，有26个企业领取了“守信企业”年度公示申请书，并将够条件的7个单位上报市工经联。全力以赴抗击非典。资生堂丽源化妆品有限公司、北京宏丽源化妆品有限责任公司、北京丽源公司、北京金鱼科技股份有限公司、北京大宝化妆品有限公司和佛世德精细化工有限公司等会员单位捐款、捐物达100余万元。经过换届改选加强了学会领导班子的建设。2003年7月23日至24日在北京市政培训中心召开了第六届会员代表大会。出席会议的会员代表82人，大会审议通过了北京日化学会第五届理事会和监事会的两个工作报告以及经修改补充后的学会章程。大会还以无记名投票选举产生了由43名理事和3名监事组成的第六届理事会和监事会。大会期间召开了六届一次理事会和监事会议，经民主协商选出了理事长、副理事长、秘书长、常务理事和监事长。改选后的理事会理事年龄由原来平均55岁降到50岁。做好组织发展工作。2003年学会团体会员单位由2002年的38个增加到53个，个人会员由原来的800名发展到850余名。特别是在发展团体会员中，除国营、集体企业外还注意吸收外企和民营企业入会。如2003年发展的15个团体会员中，民营企业占发展总数的53%。2003年社团年检，由于北京市社团办给予北京日化学会2002年免检一年的鼓励。今年年检工作重点放在加强学会内部管理,巩固已建立的各项制度,使学会各项工作进一步走上规范化、制度化的轨道。(北京日化学会)

【北京家具行业协会】 年内,北京家具行业协会(以下简称家具协会)积极宣传贯彻标准,规范家具市场,促进企业向环保方向发展。国家质量监督检验检疫总局于1月颁布了《室内装饰装修材料木家具有害物质限量》等10项国家强制性标准,协会与市木材家具质量监督检验站于2、3月份共同举办了两期国家强制性标准的宣传贯彻班,对110家生产企业,140余位总经理、销售、质量技术经理进行了培训。相继在环三环、居然之家、家和家美、福丽特、振宇等家具家居市场,对参展企业经理进行了培训,使企业的经理对购进的基材、胶黏剂、涂料等原辅材料的环保方面质量要求,引起足够重视,并严把进料质量关,对规范家具市场向环保方向发展起到积极的作用。协会与辽宁、天津、重庆等10省市家具协会联合发起共同推出"中国十省市家具知名品牌"活动,经企业申请、评委会评审,质检部门对产品抽查,评出了22家企业为"十省市知名品牌",16家企业为"十省市环保家具知名品牌",由10省市家协联合颁发证书和奖牌,并以十省市家协名义在北京晚报、十省市有影响的报刊上刊登。起到了培育、宣传家具知名品牌的作用。

此外,在比较规范的家具市场,如集美家具建材城、家和家美家居商城,与北京市家装协会共同推出了"联合服务、绿色环保、先行赔付、不满意就退货"的联合承诺活动。参与了北京正时家居商场的绿色环保健康的咨询活动。这些为家居市场提升服务、注重环保、建立良好的信誉,进一步引导和规范家具市场向健康的方向发展起到了推动作用。

家具展览会是推出品牌、展示企业形象的重要平台,11月20～23日在国际展览中心,由中展集团北京华港展览有限公司、北京家具行业协会、中国建筑装饰协会共同成功地举办了"第五届中国(北京)国际家具及木工机械展览会"。此次展会,家具部分比上届增加25%、木工机械部分比上届增加30%,展览总面积近3万平方米,参展厂家近500家。评出了本届展会参展企业的办公家具、红木家具、民用家具、客房家具、展位设计等项特别奖、金、银、铜和优秀奖,展会期间组织了《中国家具发展论坛》专题报告会,参加报告会的企业管理人员、工程技术人员达200多人,材料编印成"论文集"发表。展会中,还组织了中直机关部委、奥委会组委、市政府采购办公室、市18个区县采购办公室主任及10余家招标公司领导与近百家的家具企业经理见面座谈会,为家具企业提供沟通与交流的机会和招投标方面的有关信息。展会突出了办公家具和红木家具,红木家具独居一馆,设立了《专家咨询台》,集中了国内主要生产红木家具的知名厂家和经销商,不仅展出了具有中国传统艺术风格的明清时代的红木家具,同时也展出了体现"中而新"的要求,与现代人文融为一体完美的中国红木家具。如展会隆重推出了正在申办"基尼斯"纪录的深圳市艺美联家私实业有限公司制作的一套超大型工艺雕刻《江山多娇》红木沙发。其尺寸之大、用贵重木材之多、雕刻之细腻、造型之优美、气势之磅礴,堪称世界之最。

于3月、8月协会组织了13家知名企业组成"北京展团",参加了"广州展"、"东莞展”参展面积近5200平方米,北京展团外商订货意向达300万美元,为北京家具的出口创汇,创造出更多的机会。

协会工作人员大多是家具行业从事多年家具设计、生产工艺、技术管理、营销工作的专业人士。他们懂技术、懂经营、懂管理。家具协会选派专家参加了办公家具项目招投标工作。还与中国机电设备招投标中心共同举办了“家具企业招投标业务高级培训班”,有65家企业总经理、主管销售的业务经理、工程技术及质量总监80余人参加。9月份又开展了对北京市18个区县家具企业基本情况的调查。根据上百家企业的调查了解、整理,完成了《北京市家具行业发展规划》。家具协会每月定期刊出《木材与家具信息》,每两月刊出《家具与环境》杂志,免费提供给会员单位。年内,有86家中小型私企、民企加入协会,会员总数已达518家,使会员企业总体实力在北京家具行业中的总体水平地位又有所提升。由于会员单位的支持,协会努力工作,被北京市经委评为2001年度工业领域优秀社会团体。 (家具行业协会)

【北京包装技术协会】 北京包装技术协会(以下简称北京包协)年内为发展北京都市工业,加强行业管理,促进行业进步,提升整体水平,做了大量调研工作。

配合市经委行管办完成提升北京包装、印刷工业整体水平发展战略研究调研工作。包装、印刷工业被北京市政府列入都市工业之一,北京市经委行管办2003年开展《北京包装·印刷工业整体水平发展战略研究》调研课题,北京包协积极配合参与调研。首先召开了由纸、塑料、玻璃、印刷、金属容器、包装机械30多家不同经济成分重点包装企业经理、厂长参加的座谈会。还分别召开了由三元乳业集团公司、同仁堂集团公司及所属制药厂、双鹤制药、北京二商集团公司及所属企业、北京工美集团及所属企业及西单商物股份有限公司参加的重点包装用户座谈会。组织召开了三次专家座谈会,邀请中央在京包装机构、科研院所与包装相关的机械、纸、塑料、印刷装潢设计等方面的专家50多人次。通过走访重点包装企业,形成了《提升北京包装、印刷工业整体水平发展战略研究调研报告》初稿。内容包括五大部分:世界包装工业的发展现状及趋势;我国包装工业发展现状和存在的主要问题;北京包装业的发展现状及存在的主要问题;北京发展包装工业所具有的优势和发展方向;以及发展北京包装业的若干政策建议。全文25000多字并于9月份上报市经委行管办。

做好北京地区危险化学品包装物、容器产品生产许可证工作。为贯彻执行国务院第44号令《危险化学品安全管理条例》,全力做好危险化学品包装物、容器产品生产许可证发证工作,根据市质监局的要求和第一批危包实施生产许可证的4大类16种包装物、容器产品整个生产许可证工作做出工作计划并报市质监局,同时组织危包生产许可证工作班子、由专人负责此项工作。完成了对企业的调查摸底及企业申报和宣传贯彻实施细则的准备工作。

做好“守信企业”公示活动。包协组成专门工作班子,认真学习市工商局《关于深入开展“守信企业”公示活动的通知》,以文件形式发文给会员单位及包装企业参加“守信企业”公示活动。

通过考核2003年北京包装企业有17家符合“守信企业”标准,经协会推荐上报市工商局批准后正式颁发牌匾、证书。

做好行业统计工作。根据中国包协

《关于开展全国包装行业统计工作的通知》,北京包协下发《关于开展2002年北京地区包装业统计年报工作的通知》,并附加国家经贸委、国家统计局642号文件下发至北京地区包装企业。共发信函500多封。克服了上级无拨款等困难完成了北京地区2002年包装行业统计年报工作,并将汇总表及统计工作总结上报中国包协统计处。

负责北京地区"瓦楞纸品回收标志"使用企业的受理工作。北京包协通过向相关企业宣传瓦楞纸品回收标志的意义、作用和办理程序。北京地区第一批在行业内申报使用国际通用"瓦楞纸品回收标志"共有19家企业,为生产出口包装纸箱企业提供了方便。

加强行业质量管理,推进质量认证工作。为提高包装企业的管理水平和综合素质,北京包协与中国方圆标志认证中心合作,为包装企业开展ISO9000质量、ISO14000环境、OHSMS职业健康安全管理体系及产品质量认证。为已通过方圆认证的10多家企业共29名领导和专业技术人员进行了培训,考试合格取得了由中国方圆认证中心颁发的ISO9000质量体系内审员资格证书。

加快北京包装产业基地园区建设。北京包装产业基地园区已初步建成,坐落于著名的北京顺义空港工业区C区,规划占地6000亩,一期开发1500亩,已八通一平,被列入北京市和顺义区重点扶持的工业开发区。与中国标准化协会合作,推进包装标准工作。北京包协根据包装行业的特点借助中国标准化协会的优势,满足包装企业的不同需要,与中国标协合作开展制定"中国标准化协会标准"。推动包装标准与国际标准接轨的进程。组织推荐第四届质量管理优秀企业家评选活动。按照北京质量管理协会《北京质量管理优秀企业家评选办法》,北京包协组织推荐会员单位参加评选"第四届北京质量管理优秀企业家"的活动。经最终评审合格的北人印刷集团总经理陆长安被评为"第四届北京质量管理优秀企业家"。

与市商检协会合作,组织出口商品包装企业出国参观考察、交流。北京包协共同组织北京地区生产包装纸箱、印刷、机械等企业的厂长、经理16人赴澳大利亚参观国际包装展览并参观包装企业,与同行面对面地进行了交流,直接了解包装企业的先进技术、先进管理经验,开阔了眼界,找到了差距,使会员单位受益匪浅。

组织部分企业参展第三届中国印刷网印刷包装制品及防伪技术展示会。北京包协组织部分会员单位参加了活动,北京北人羽新胶印有限责任公司、北京大宝化妆品有限公司等三家企业参加了本次展示会。为企业提供了直接寻找客源的机会,针对性强、目的性强及用户范围分布广泛,参展企业感到很满意。

利用北京包装资料馆独家优势为企业服务。北京包协与崇文区图书馆合作建立的北京包装资料馆是全国唯一的一家包装专业资料馆,1990年成立以来,为包装行业和相关行业做了大量信息服务工作,仅去年一年就为来电来访的读者提供咨询服务300多次,全年接待来馆查阅资料人员多达上千人次,查阅资料近万册,工作人员出馆为包装生产企业上门服务了解信息需求,为企业提供技术咨询60多次。北京包装资料馆还与中国包装技术协会联合举办"瓦楞纸箱、印刷等专业质量技术培训班"。

充分发挥中国包装报北京记者站的作用,宣传企业在抗击非典中的先进事迹。

北京包协联络各企业的通讯员，将各企业在抗击非典中如何战胜非典的先进事迹和无私奉献精神写出来在《中国包装报》上发表。见报有“非典挡不住华盾人前进的步伐”；“北京同仁堂百万副中药包包抗非典、煎药室两条灌装线瓶瓶注真情”；“医药人的天职”；“预防非典制度落实措施到位”；“双鹤药业利益面前不迷失”；“同舟共济抗击非典”；“一手抓抗击非典，一手抓生产经营”等包装塑料、制药、印刷、纸制品、制罐、机械等10多家企业的稿件都在《中国包装报》上发表。

配合中国包装报记者下厂进行采访，中国包装报北京记者站被中国包装报授予2003年度优秀记者站称号。

利用协会内部刊物为企业提供信息服务。北京包协每月定期出版《北京包装信息》刊物，除了提供国内外最新实用信息外，还刊登了协会活动情况。为了更好地为广大会员单位服务，今年5月份在本刊中新增设了“会员介绍”栏目。

包协除了定期出版《北京包装信息》以外，还有不定期出版《企业与市场信息》、《企业与企业家》内部刊物。刊物中新增设“企业家沙龙”栏目，介绍了北人集团公司总经理陆长安“企业带头人”；北京胶印厂厂长姜福祥“带领全厂职工走改革发展之路”等优秀企业家先进事迹，并达到互相学习借鉴的目的。三个刊物发布国内外最新实用信息310条以不同方式传递给企业，为企业发展提供参考。　　（北京包协）

【北京印刷协会】 年内，北京印刷协会（以下简称印刷协会）坚持创新和为企业服务、为社会服务的方向，各专业工作委员会和秘书处的主要工作是：加强对印刷协会在新体制下的工作探讨。由于各级政府职能的调整，协会工作的内容、工作方式发生了很大的变化，由政府进一步调整和规范行业协会的工作已提到日程上，在这个形势下，印刷协会加强了对行业协会在新体制下的工作探讨。在有关会议上协会领导传达了北京市促进行业协会和市场中介发展工作会议精神，向常务理事会员单位印发了《北京市促进行业协会发展暂行办法（讨论稿）》。并努力配合政府部门下达的任务，争取使协会的工作真正走到前台来。

中国外经贸部对美国、日本和韩国的进口铜版纸产品采取了临时反倾销措施，这是中国加入世界贸易组织后的第一起反倾销案件。2月份印刷协会作为国内用户的代表参加了国家经济贸易委员会举行的产业损害调查听证会。这次反倾销最后以中国的胜利而告结束，维护了中国造纸行业和印刷行业的利益。

行业统计工作是协会的一项重要工作，同时也是工作中的弱项，北京的印刷行业归口十分复杂，包括了市属、乡镇、中央在京、军队、大专院校、包装等很多系统，使北京印刷协会很难准确地掌握行业的情况，北京工业经济联合会在2002年开始的计算机统计工作协会积极参加。协助北京工业经济联合会搞好业内统计，已经成为秘书处的一项日常工作，协会6月份与参加单位核实了2002年的统计数字，并参加了分析数字的工作。

肩负起行业自律责任是协会工作的重要内容，中国印刷技术协会在全国印刷业内开展了贯彻《印刷行业公约》的活动，为配合贯彻《印刷行业公约》活动，北京印刷协会做了精心的部署，组织了企业家们的讨论会，并积极向中国印刷技术协会反馈信息。根据印刷业的现状，制定了具有自己特色的《北京印刷行业公约》，有针对性地把自律内容浓缩为八条，分别为：遵纪守法、规范手续、文明经营、严格管理、敬业爱岗、创新图强、公平竞争、团结协作。

参加由北京市社会科学院开始编写《北京行业分析报告》既北京行业的蓝皮书，经过调查了解和座谈，印刷协会拿出了近两万字的初稿，较好地完成了这项任务。

为了树立协会的良好形象，使各级组织更加正规化，印刷协会的网站于2月开通，扩大为行业服务的内容。为了扩大协会的影响，2003年聘请专业人员设计并确定了协会的会徽，并在网站、名片、信封、展会等方面公开使用，会徽简洁、大方、新颖，受到广泛的赞许。这些基础建设的加强，在形象上提高了协会档次。在北京发行的印刷行业杂志很多，协会经过认真筛选，认为《印刷经理人》对企业工作很有指导意义，是一本信息量大，内容丰富的行业杂志，2003年全年为全体协会的会员订阅了《印刷经理人》杂志。3月印协组团，参加了在香港举办的两岸四地印刷业的交流，参加的有香港、台湾、澳门和大陆的印刷界人士，与会人员介绍了自己所在地区印刷业的发展情况和展望，会议期间北京印协与香港、澳门、台湾和全国印刷界的朋友增加了友谊和了解勾通，并在香港参加了一系列丰富的参观访问活动。4月份与全国印协和印刷厂厂长联席会联合组团参加了在上海举办的《中国国际全印展》，全团80余人，这届展会无论展览面积和规模都是历年来国内最大的印刷展会，盛况空前，几乎所有的国内外印刷机械和器材的制造商全都聚会在上海。

“十一”前夕，北京印刷协会组织了会员单位同北人股份公司共同举办了印刷设备技术汇报会，北人集团公司向印刷企业的领导人介绍了印刷业设备、技术、器材的科技进步情况，介绍了北京印刷机械制造业的发展情况。

年初，市经委行业管理办公室以及工业促进局都市工业处，把“提升北京包装、印刷业整体水平发展战略研讨”作为2003年对都市工业发展的调研题目，组织北京印协、北京包协及业内专家参加。印刷协会根据上级的要求准时地拿出了调研报告的初稿。

“守信企业”公示活动，是8月国家工商总局提出的，要在全国创百万家守信企业。印刷协会共推荐25个企业为“守信企业”，其中既有坚持14年获得“重合同守信用”荣誉的北京胶印厂，也有北京辉达安全印务有限公司这样的新型民营企业，由于这项活动是第一年开展，参加单位尚不普遍，现有数量与行业规模不相符合，在新的一年中还将扩大宣传，让更多的印刷企业争当“守信企业”。

年内，印刷协会所属专业委员会开展了以下工作。质量委员会，3月初召开了北京质量大会，完成了质量评比工作，开展了表彰宣传工作。科技委员会，年初组织了几位企业领导和相关的专家，与爱普生公司的同志座谈，一起策划了“我议数码打样”的征稿活动，期望起到推动北京CPT印刷工艺及推广数码打样工艺的效果。信息委员会，坚持了每月编辑、出版、发行《北京印刷信息》，共发行12期；开拓了网络信息和网络技术服务；组织印刷业务、技术和管理的专题培训研讨班，全年共参加学员200多人，包括80余家印刷企业；在北人召开了信息单位联席会，汇报了工作、安排了参观、勾通了关系；坚持了网站的日常信息更新和维护工作。　（印刷协会）

【北京工艺美术行业协会】 是年，北京工艺美术行业协会(以下简称工美协会)宣传贯彻落实《北京市传统工艺美术保护办法》(以下简称“保护办法”)和《北京市传统工艺美术发展规划纲要》精神,取得了可喜的成果。北京工艺美术行业协会被评为“北京市工业领域优秀行业协会”和“全国优秀地方行业协会”。

2月,工美行业召开了全市工美行业宣传贯彻“保护办法”大会后,建立了北京市传统工艺美术评审委员会,命名了140名北京工美大师,出版了记载北京工美大师作品的《京华瑰宝》大型画册。7月15日召开“北京工美行业首批名师收徒拜师会”,有179位艺徒与82位大师签订了合同,当场为大师颁发了带徒津贴。用市政府拨发的传统工艺美术保护资金为盘金毯、汉白玉石雕、戏装盔头、绢花等7个濒危品种发放了抢救补贴资金。举办了第一期有53名艺徒参加的技艺培训班等。11月1日至4日,在北京民族文化宫举办“首届北京工艺美术展”获圆满成功。11月26日,中共中央政治局委员、北京市委书记刘淇亲切接见了100多位北京工艺美术大师。

工艺珍精品不断涌现。8月20日和12月22日,经北京传统工艺美术评审委员会鉴定,分别有白玉《奥运徽宝》、《香山勤政殿金漆镶嵌宝座系列工程》、景泰蓝《德胜鼎》、骨雕《故宫》、黄岫玉插屏《华夏一百文人图》被认定为北京工艺美术珍品。在11月举办的“首届北京工艺美术展”会上,参展作品中有8件获特别金奖、15件获金奖、25件获银奖、29件获铜奖、23件获优秀作品奖。

艺师汇聚“京城百工坊”。历时3年建设的北京及全国同行业最大的传统工艺美术保护基地“京城百工坊”于11月26日开幕,中共北京市委书记刘淇在开幕当天参观了这一基地中的大师工作室并接见工美大师。“京城百工坊”是为抢救和展现北京传统工艺美术技艺和汇聚能工巧匠,由北京工美行业协会和北京工美凤凰旅游艺术品集团有限公司共同筹建的,有102位工美大师及艺徒400余人入驻,他们所从事的工艺品门类有20多种。 (杭　惠)

【北京食品协会】 北京食品协会(以下简称食品协会)在抗击非典工作中发挥了积极作用。

北京食品工业在4月中旬,由于非典疫情迅速攀升,市民恐惧心理增强,北京一度出现了多年没有出现过的集中采购、储备食品的争相抢购风,食品工业企业连续突击30~40小时,日夜不停生产,面粉、植物油、方便面、酱油、调味料等。百姓每天必须都要吃的、要喝的,食品在这种紧急状态时,如果没有食品工业1个月20多亿元产值的食品生产能力和工商企业十亿元的食品储备,在外地车辆进不来,北京市业务人员出不去的特殊困难时刻,北京市场出现抢购,其后果就不堪设想。北京食品工业在这场灾难中经受住了考验,保证了市场供应,确保了人民生活的需要和首都的安定。

在抗非典期间,为了保证市场供应的稳定,食品协会会长带队采访了32家食品企业的70位老总,激励他们开足马力生产各种食品。同时,受市经委委托,食品协会还组织召开十几家企业老总座谈会,对十几家食品企业经济运行情况调研汇总,分析这些食品企业,对受灾害影响较重、生产经营滑坡较大的企业,帮助他们提出减少损失确保销售上升的措施和建议。

(食品协会)

【北京企事业后勤协会】 北京市企事业后勤协会(以下简称后勤协会)于3月13~14日在市政府宽沟招待所召开北京市企业后勤系统改革与发展经验交流会。北京市企业后勤主管领导共有200多人参加了此次大会,国家经贸委企改司主管领导就企事业后勤企业改制分流的背景、意义、内容及政策要点进行了辅导。原北京市经委副主任周毓秋介绍了北京市国有大中型企业改革进展情况及贯彻国家经贸委有关文件的意见和要求。会议安排了首钢餐饮公司实施“早餐工程”,燕化公司后勤改制分流,联想集团金白领餐饮公司食堂托管,新世纪幼儿园改制扩容,城建物业公司更新经营管理理念,门矿医院深化内部改革转换机制等6个后勤不同门类的部门使用多媒体的形式进行了典型经验介绍。

走访会员单位搞好调查研究与企业一起总结出深化改革、创新发展等内容的典型经验,及时召开了现场会进行了广泛的推广。后勤协会有目标地走访了首钢物业管理公司进行深入的调研,于11月25日召开了贯彻落实“物业管理条例”首钢现场会。2001年至2003年末,北京市企业会员单位物业管理公司由20多户增到63户。企业市场化运作力度逐步加大;出现了从无偿服务向有偿服务转变,从单一的物管型向产业化运营转变的新势头。对外接管的服务项目也逐年增加,根据情况的变化,召开了首钢现场会。参加会议的企业有关领导共120多人,代表们首先参观了首钢居民小区和单身宿舍等物业管理项目。会上首钢物业公司做了经验介绍并演示了该公司研发的“房户信息”和“管线实勘”2个软件系统。使大家很受启发。会长董增元以“深化改革、优质服务、开创物业管理新局面”为题在会上做了总结讲话。与会人员认为首钢物业公司之所以改革得好,企业发展得快,就是因为他们观念新、思路清、视野宽、运作实、队伍强,是他们建立健全了适应市场经济的管理平台。

促进企业后勤系统抗击非典和后勤保障任务完成。在北京市抗击“非典”关键时刻,协会领导深入首钢,北汽摩新世纪幼儿园等单位了解防控非典情况,结合北京市企业的实际,以协会名义于5月6日及时发出了《关于抗击非典和加强后勤服务的通知》对后勤系统在企业防控疫情的地位、任务和目标以及应变措施等方面提出了16条意见。受到国家民政部和北京市主管部门的充分肯定和赞扬。医疗卫生委员会于6月17日召开了企业卫生防疫工作座谈会,会上大家对抗击非典工作经验进行了交流。7月23日召开了“北京市企业后勤系统抗击非典和后勤保障先进集体及先进个人总结表彰大会”,共有400多人参加。会上表彰了77个先进集体,57名先进领导干部,212名先进个人,并颁发了光荣册和荣誉证书。这次表彰活动在后勤系统为进一步树立服务意识、深化改革、创新发展,起到了有力的促进和鼓励作用。

培训工作。根据建设部关于物业管理企业经理全部实行持证上岗的要求。为适应北京市企业和组建物业管理企业的需要,后勤协会会商“全国房地产行业培训中心”于7月14日至22日在建工集团支持下举办了面向北京市企事业单位的“物业管理企业经理培训班”。培训方式按建设部统一要求,采取全脱产封闭式培训,由建设部指定的具有培训“全国物业管理企业经理岗位”资格的单位以及取得任教资格的专家教授讲课和辅导。这次共52人通过考核合格,取得了上岗证书。2003年8月上旬举办了贯彻《物业管理条例》讲座;邀请清华大学“物管”教授主讲，北京市企业物管部门250余人到会听课。12月18、19日举办了“企业医院转制和医疗事故处理与防范培训班”，请有关专家授课，医委会委员及相关部门负责人等近30人参加了培训。

学习考察活动。4月14日至20日组织部分会员单位近30人赴马钢集团进行学习考察活动，马钢集团有关领导为我们做了有关后勤工作如何适应市场经济发展和后勤改革经验介绍，并参观考察了后勤服务设施和现场。9月14日至21日组织部分会员单位赴新疆学习考察西部地区后勤服务业的活动。11月1日至15日组织部分会员单位的各级领导赴西欧“九国”进行企业后勤社会化服务的学习考察活动。

餐饮业咨询委员会坚持开展“规范化食堂”评估工作。评估工作继续坚持了3个原则的评估方针：一是坚持标准的原则，保证评估工作公开、公正、公平；二是坚持程序的原则，自愿报名，集体评估，严格按标准审核；三是坚持动态管理的原则，坚持日常管理工作与评估相结合，坚持边评、边学、边改、不断促进管理水平的提高。经过评估工作小组深入现场，全面考核和分析，共有华北电力公司机关食堂等13个单位被认定为2003年度“规范化食堂”。自2000年开展“规范化食堂”评估活动以来，已有59户食堂认定为《规范化食堂》，其中示范食堂9个，优秀食堂25个，规范化食堂25个。至2003年，有首钢、京煤、城建等会员单位共设立35个食品卫生安全快速检测点，这些食堂实施快速检测后，食品合格率大幅度提升，从而为净化食堂进货渠道，及时发现食品的公害，保证食品安全和职工的身体健康起了积极作用。

2002年9月为配合学习贯彻《物业管理条例》协会及时编辑了31篇，近10万字的《宣传贯彻〈物业管理条例〉资料汇编》发放到会员单位。2003年，编印了2期《后勤信息通讯》，其中发表了“领导讲话”、“典型经验”、“后勤动态”和“专题讲座”等稿件22篇与大家见面。（北京市企事业后勤协会）

【北京市工业技术开发中心】 是年，北京市工业技术开发中心（以下简称开发中心）克服了非典带来的不利影响，实现了收支平衡，略有盈余，完成了全年的工作计划。

污染扰民企业搬迁工作。开发中心充分发挥政府、企业间的纽带作用，对企业搬迁过程中的多个环节进行细致有效的咨询服务。根据全市的统一部署，全年计划搬迁企业20家，实际完成企业搬迁立项45项，批准企业转让原厂址45项，转让占地面积224.7万平方米，协议转让金额81.9亿元，其中包括中央在京企业3家，政府土地收购项目1家，挂牌交易项目2家。协助政府完成了南中轴路地区工业企业危改整治项目拆迁价格评估，该地区共有6家工业企业，占地面积由100平方米到10000平方米不等，经过评估，确定了区位补偿价。完成了2001年、2002年基础建设投资资金享受免税情况统计整理工作。完成了数十家企业填报免征土地增值税报表的初审工作。

工业信息工作。继续做好北京工业企业数据库统计报表报送工作，对已入库300户企业的报数系统进行正常的维护，提供优质的服务。同时对入库信息进行加工、整理，将分析结果反馈给政府，为领导提供第一手信息资料。完成了北京市委工业工作委员会网站、原北京市经济委员会网站、北京市安全管理生产监督局网站和北京化工集团等企业网站的改建工作。承接并完成了北京化工集团和北京市安全生产监督管理局的网络化结构布线工作。参加了北京工业企业信息化服务平台的建设工作。

开发和生产的酶标洗板机在国内同行业产品中仍处于领先地位,达到国外同类产品先进水平,国内市场占有率进入前两名,并已经销往国外。继续进行了光机电一体化非标设备的开发工作,完成了上海中雅钢琴厂 PLC 自动粘呢条机、PLC 自动切割机、钢琴键盘五片锯和北京钢琴厂高频键盘自动压粘机的设计、制作,完成了北京钢琴厂木材平面强力抛光机和三角钢琴曲面抛光机的设计任务。

(北京市工业技术开发中心)

重点项目

【综述】 2003年,全市工业投资完成164.6亿元,比2002年同期增长19.7%,增幅高于全市固定资产投资1.4个百分点;工业投资占全市固定资产投资的比重为8.2%。其中基本建设投资68.4亿元,比2002年同期下降10.7%;更新改造投资92.4亿元,比2002年同期增长58.6%;其他投资3.8亿元,比2002年同期增长43.6%。

年内重点投资项目摘选19项(详见2003年北京市工业重点投资项目表)计划总投资285.3亿元,其中贷款113.1亿元,自筹172.1亿元。这批项目达产后可实现销售收入400亿元,新增利税75.7亿元。其中:电子信息产业5项,总投资239.7亿元,项目达产后可实现销售收入240.5亿元,新增利税35.8亿元;汽车产业1项,总投资24.16亿元,该项目2003年实现销售收入87.7亿元,新增利税31.63亿元;机电产业3项,总投资8.99亿元,项目达产后可实现销售收入25.6亿元,新增利税3.3亿元;都市产业1项,总投资7000万元,项目达产后可实现销售收入10500万元,新增利税2025万元;生物工程与医药产业4项,总投资6.4亿元。项目达产后可实现销售收入9.7亿元,新增利锐2.1亿元;基础产业5项,总投资5.2亿元,项目达产后可实现销售收入35.6亿元,新增利税2.6亿元。

在重点实施项目中,中芯国际微电子项目、京东方的TFT－LCD项目、富士康精密组件北京有限公司(二期)项目、北京汽车投资有限公司与韩国现代自动车株式会社合资生产汽车项目等形成了对北京工业经济的重要拉动作用。京东方科技集团股份有限公司是一家A、B股上市的高科技公司,隶属于北京电子控股有限责任公司,是年位列中国电子信息百强第十三名。京东方的彩色液晶显示器件(TFT－LCD)项目,总投资12.5亿美元,工程打桩已全部完成,厂房建设工程进展顺利,项目立项报告已经国务院办公会批准,环境评价通过验收,项目可行性报告及所有附件完成审批。富士康精密组件(北京)有限公司二期项目主要进行手机设计、制造和配送,建立研发中心和零配件制造基地,是诺基亚星网工业园的重要组成部分。富士康公司自2001年成立以来,经营状况良好,2003年出口额为1000万美元,营业额为24亿人民币,实现利税2亿元。汽车产业的北京现代索纳塔轿车生产项目于2002年11月18日启动,2003年顺利上市并行销全国,结束了北京不生产轿车的历史。2003年总计生产5.5万辆，销售5.2万辆，销售收入87.7亿元，实现利税31.6亿元，国产化率达72%，成为中国汽车工业史上发展速度最快的企业，为扩充首都经济总量做出不可替代的贡献。北京吉普汽车有限公司依托德国戴克公司全球技术资源的优势，积极调整产品结构，全面提升产品水平。2003年推出了三菱帕杰罗新车，又改进设计了原切诺基车型。推出JEEP2500越野车，市场好评如潮，供不应求。北京吉普已初步构建了豪华、高、中、经济型的SUV系列产品，为进一步做大发展奠定了坚实的基础。2003年北京吉普汽车销售20020辆，销售收入34.28亿元，结束了连续亏损60个月的历史，进入跨越式发展的关键时期。

【中芯国际北京项目】 中芯国际北京项目计划总投资12.5亿美元，注册资本6.5亿美元，银行贷款6亿美元，在北京建设三条高水平的集成电路生产线。该项目是在中芯国际集成电路制造(上海)有限公司所建设的3个厂房基础上，在北京投资建设四厂、五厂、六厂。

2002年9月29日，北京中芯环球半导体有限公司举行了标准厂房奠基仪式，开始了前期厂房建设工程，与市供电局、市自来水公司、市燃气集团和开发区管委会最后确定了正式供电、供水、供气方案。中芯国际工地有江苏建业等几家国内大型建筑公司进行施工，主体工程已经封顶，开始陆续安装设备。中芯国际于2003年9月在海外完成了C类优先股的发行，为北京项目成功融资6.3亿美元。为北京项目的顺利完成提供了资金保障。中芯国际北京项目预计2004年9月底投产。

【京东方彩色液晶显示器件项目】 京东方科技集团股份有限公司(以下简称京东方)北京彩色液晶显示器件(TFT－LCD)项目及产业基地的建设项目总投资10～12亿美元，注册资金5亿美元。工程打桩已全部完成，厂房建设工程进展顺利，项目立项报告已经国务院办公会批准，环境评价已经通过验收，项目可行性报告及所有附件已经完成审批。

【富士康精密组件二期工程】 富士康企业集团是台湾最大的民营制造业者——鸿海精密工业股份有限公司所投资企业的统称。集团从事信息产品、通讯产品及消费性电子产业的专业设计、开发与制造。富士康精密组件(北京)有限公司是富士康企业集团在华北的重要生产点，也是集团无线通讯产品事业的重要组成部分。主要进行手机设计、制造和配送，设有研发中心和零配件制造基地，并已取得国内外手机大厂从零件到系统整机代工委托，是诺基亚星网工业园的重要组成部分。该公司2003年出口额为1000万美元，营业额为24亿元人民币，实现利税2亿元。

【北京中科镓英项目】 北京中科镓英半导体有限公司位于通州区北京市光机电一体化产业基地，占地55322平方米，一期厂区建筑面积4612平方米。公司注册资本9384.4万元人民币，一期总投资规模1.68亿元人民币。已建成年产150万平方英寸的晶片生产线，包括2～6英寸单晶生长炉、线切割锯、单双面抛光机、10级洁净室和0级全自动晶片清洗系统。

中科镓英公司是国内最有影响的高科技企业，主要从事以砷化镓为代表的第二代、以氮化镓为代表的第三代新型半导体材料的研发、生产与应用。主要产品有高质量的2～6英寸砷化镓开盒即用单晶片、2～3英寸砷化镓外延片及2～4英寸磷化铟开盒即用单晶片。公司已研发出应用于大功率、超高亮度LED用氮化镓基光电子材料，并可小批量提供芯片制造，产品质量达到国际同类产品水平。这些材料广泛用于生产高速数字电路、高速模拟开关电路、微波单片电路、大功率晶体管和微波收发模块以及光电子激光管、光显示用的发光二极管等。

【国泰半导体材料公司项目】 国泰半导体材料有限公司(以下简称国泰公司)是有研半导体材料股份有限公司(以下简称有研硅股)和香港凯晖控股有限公司(以下简称凯晖控股)共同投资成立的中外合资企业。公司成立于2001年6月21日，注册资本为18000万元人民币。其中：有研硅股投资11700万元，占总股本比例65%；凯晖控股投资6300万元，占总股本比例35%。

国泰公司注册地点为北京市顺义区林河工业开发区双河路南侧(北方微电子基地)。经营范围是研制、生产重掺砷硅单晶(片)、区熔硅单晶(片)，并提供相关技术开发、转让及咨询服务。厂区占地60亩，建筑占地面积8513平方米，总建筑面积约1万平方米，现有人员50人。

国泰公司在林河工业开发区实施区熔硅单晶和重掺砷硅单晶工程项目，2003年第三季度建成年产量25吨大直径区熔硅单晶片和40吨大直径重掺砷硅单晶片生产线，产品为重掺砷硅单晶磨片和区熔硅单晶磨片。达产后可年产区熔磨片55万片、4英寸重掺砷磨片85.5万片和6英寸重掺砷磨片57.5万片。项目总投资2.56亿元。

重掺砷硅单晶片是制作超大规模集成电路的绝好衬底材料，也是制造开关电源、彩色电视机中的变容二极管、新型场控高频电力电子器件以及硅微波功率器件重要功能材料，在计算机、无线移动通信、家用电子产品、汽车电子产品等方面有着广泛用途。

【索纳塔轿车生产项目】 北京现代汽车有限公司成立于2002年10月16日，10月18日举行了揭牌开业仪式。11月18日北京现代索纳塔轿车生产启动。在公司成立一年多的时间里，其产品以快致胜，强势入市，完成了年产5万辆的技术改造项目，冲压、喷漆、焊接、装配等均全面投产，形成了索纳塔轿车批量生产的能力，结束了北京不生产轿车的历史。2003年顺利上市，行销全国，总计生产5.5万辆，销售5.2万辆，销售收入达87.7亿元，实现利税31.6亿元，国产化率达72%，为扩充首都经济总量做出了不可替代的贡献，成为北京经济发展的亮点。

【北一大隈数控机床有限公司项目】 北一大隈(北京)数控机床有限公司是由北京第一机床厂(以下简称北一)和日本大隈株式会社(以下简称大隈)共同合资组建的中国国内最大的数控机床合资企业。注册资金1.088亿元，其中北一占49%，大隈占51%，工厂于2002年10月动工兴建。北一与位居世界机床工业前三名的大隈合作，通过引进世界先进的五面加工机、卧式加工中心柔性生产线以及立卧加工中心构成全柔性的加工系统，将形成年产1000台左右高中档机床能力，销售收入将达到8亿元人民币。公司租用一机床林河生产基地，2003年12月8日第一台数控机床下线。

【北京现代京城机械有限公司项目】 公司于2002年8月22日成立,投资总额2750万美元,注册资金1100万美元,其中京城机电占40%,韩国现代重工占60%。公司地址丰台卢沟桥,引进生产技术与管理经验,收购原北京汉拿工程机械公司厂房建筑及生产设备,开发、设计、制造、销售叉车和挖掘机系列产品,达到年产叉车4300台,挖掘机800台生产规模。2003年11月,合资双方同意增资200万美元,投资额增至2950万美元,注册资金增至1300万美元,双方比例不变。项目达产后,2004年拟产销挖掘机1700台,叉车1000台,机器人150台;销售额超过10亿元。

【北京仪器厂污染扰民搬迁项目】 该项目于2001年6月12日由北京市经济委员会(2001)京经规划字第200号文批准实施,项目建设地点为北京市大兴工业开发区,项目建设投资41311万元。项目主要内容包括:新建厂房及配套设施总建筑面积51000平方米;购置精密加工设备、计量检测仪器,建立真空设备研发中心、真空应用技术研发中心、真空技术装备经营销售服务中心和真空设备加工装调中心。2003年8月22日该项目中厂房建设竣工并取得验收。项目预计于2005年初完成,项目达产后销售收入(含税)可达76119万元,利税总额可达12635万元。

【三角钢琴扩产技术改造项目】 北京星海乐器有限公司在"边施工、边改造、边生产"项目实施过程中,三角钢琴产量比2002年产量翻了1倍。从2002年的780台增产到2003年的1553台,产销率达到了100%。

该项目计划投资7000万元人民币,其中贷款4800万元,自筹2200万元,厂房建筑面积21400平方米。新增除尘设备11套、净化装置3套、空调系统2套、电力增容2000kVA、空压站一座、喷淋操作室3间。已经投资6000万元。

该项目将进一步投资,以提升产品工艺达到国际水平为着眼点,促进产业工艺升级,按照"填平补齐"原则购置高档钢琴制作设备,引进国际先进水平的生产工艺流水线。

【同仁堂生产加工出口基地项目】 北京同仁堂现代化生产加工出口基地项目是北京同仁堂股份有限公司承办的技术改造项目。该项目位于北京经济技术开发区,项目总投资4.9亿元人民币,其中银行贷款2.3亿元,企业自筹2.6亿元。项目达产后实现年销售收入6.5亿元,其中年出口创汇2400万美元,年利润总额1.05亿元,税金3000万元。项目旨在建立和完善中药系列标准规范,实现与国际市场接轨,提升中药制造业工装水平。其主要内容是引进部分具有国际先进水平的制剂关键设备,新建质量检测控制中心,建设符合GMP标准的现代化生产车间及出口产品车间。2003年年底,片剂生产车间已经开始试生产,年生产能力15亿片,全面达产后可实现年利润3000万元,实现年销售收入9570万元。颗粒车间、口服液车间等建设预计2004年竣工。

【医药物流配送中心建设项目】 北京医药股份有限公司现代医药物流配送中心,位于北京市宣武区马连道东街17号,是全国医药流通行业中首家现代医药物流配送中心。建筑面积12000平方米,工程总投资4000万元人民币(不含土建)。

2002年7月，北京医药股份有限公司与西门子德马泰克集团合作建设现代医药物流配送中心项目正式签约，2003年12月现代医药物流配送中心正式投入使用。现代医药物流配送中心引进西门子德马泰克先进技术和设备，与北药股份自主开发的仓库管理系统（WMS）成功对接，实现了国外先进物流配送技术本土化。

【北京红惠公司扩产改造项目】 阿托伐他汀、泛昔洛韦是由北京红惠生物制药股份有限公司自主开发的产品，列入市科研计划，均为国家二类新药。阿托伐他汀是20世纪末最新调脂药物，对治疗预防心血管和内分泌系统多种疾病具有重要作用；泛昔洛韦是新的抗病毒药，是阿昔洛韦的换代产品，对病毒的复制具极强的抑制作用。该扩产改造项目总投资4000万元人民币，固定资产投资3500万元，其中银行贷款3000万元。项目改造主要内容为：改、扩建合成车间厂房2160平方米，扩建药品库1558平方米，扩建动力维修间108平方米；安装合成及固体制剂设备157台/件，高质量检测设备仪器6台/件；完善新产品研发中心机构和污水处理系统。2003年已经完成改扩建工程，完成设备安装和调试。预计项目达产后，新增销售额9640万元。

【直接数字化X射线诊断装置项目】 北京万东医疗装备股份有限公司直接数字化X射线诊断装置产业化项目总投资7278万元人民币，其中贷款5519万元。项目达产后预计新增销售收入12000万元，利润2627万元，税金1386万元。随着计算机技术的发展，一些全新的数字化影像技术陆续用于临床，直接数字化X射线摄影系统（Digital Radiograhy，简称DR）因影像质量高，具有非射线成像、无创、无害，同时可作功能分析等优点，丰富了形态医学诊断的信息和层次，发展迅速。北京万东医疗装备股份有限公司开发的DR系统具有自有知识产权（部分），产品技术在国内领先并已完成小规模生产。该系统具有较高的市场占有率和美誉度，在国内知名大医院使用取得良好的应用效果。产品系统的性能价格比好，与国外同类产品相比更具有市场竞争力。北京万东医疗装备股份有限公司通过实施该项目，建设相关实验室和购置设备，形成50套/年的生产能力。

【首钢彩涂板生产线项目】 2002年4月由北京市发展计划委员会批准北京首钢富路仕彩涂板有限公司彩涂板生产线项目立项。项目总投资29527万元人民币，设计能力17万吨/年。产品规格厚0.2～1.25mm，宽700～1300mm。主要产品品种有涂单层和双层、单面面层、双面面层、热压花、冷覆膜等产品。

2003年5月底，该项目设备安装完成，开始单体试车。2003年7月31日生产出第一个彩涂卷。该项目主要建设内容：建设一条两涂两烘的彩涂板生产线及相应的控制设施和成品包装设施，项目工艺技术和主要设备由美国法塔亨特公司提供。

项目投产后已生产彩涂板11000多吨。产品质量优良，设备运行稳定。项目达产后，将实现年销售收入87440万元，利润4425万元，税金1460万元。

【首钢60万吨矿渣综合利用项目】 北京首钢嘉华建材有限公司是由首钢股份有限公司出资60%，香港嘉华公司出资40%合资组建的。60万吨矿渣综合利用项目是利用首钢高炉矿渣,经过超细磨,生产矿渣微粉,替代部分水泥。该项目是提高钢铁工业废渣利用率、节约能源并解决工业废渣污染的环保项目。2002 年 10 月,北京市发展计划委员会批准该项目立项,总投资为 9975 万元人民币。厂址位于首钢公司厂区内,占地 23000 平方米,建设面积 5020 平方米,利用首钢第二耐火材料厂部分厂房、设备进行施工建设。年产比表面积为 $420m^2/kg$ 的矿渣微粉 60 万吨。该项目由北京首钢设计院和南京水泥设计研究院联合设计,由首建集团、首冶集团、首钢计控公司、首钢机电公司负责设备制造和施工。项目 2003 年 4 月 28 日开工,主体设备是由德国伯利休斯公司引进的 RM51/26/435 立磨,设计小时产量 90t/h,比表面积为 $420m^2/kg$。主要建设内容有原料储存、输送系统,立磨及废气处理系统,热风炉系统及成品储存、发送系统。项目建成投产后,年销售收入 10205 万元,年利润 1652 万元,项目全部投资回收期为 5.26 年(含建设期)。

【燕化航煤加氢精制装置项目】 燕化公司地处北京,邻近国内最大航空港——首都国际机场,在生产、销售航空煤油方面,与国内其他石化企业相比,燕化公司地缘优势极为明显。由于资源和产品结构问题,长期以来燕化公司不生产航空煤油,首都国际机场航空煤油主要依靠进口,少量国内资源大都来自东北地区,运输成本昂贵。

在中石化股份公司和北京市有关部委支持下,燕化公司经过多年规划、精心准备,2003 年 6 月开工建设炼油厂 80 万吨/年航空煤油加氢精制装置。项目建设投资 5785 万元人民币,采用北京石油化工科学研究院开发的航空煤油临氢脱硫醇技术,设计生产能力 80 万吨/年航空煤油,产品质量达到国际通用 3 号航空煤油质量标准,投产后可增加销售收入 22 亿元/年,增加利润总额 6414 万元/年。

【燕化催化裂化干气提浓乙烯装置】

燕化公司炼油厂原油一次加工能力 800 万吨/年,二次加工能力以催化裂化装置为主,达到 400 万吨/年,主要生产汽油、柴油和液化气,副产催化裂化干气 13 万吨/年(乙烯含量 15%)。催化裂化干气进入燃料气管网,作为加热炉燃料气,资源综合利用率低,其中含有乙烯、丙烯等宝贵化工资源未能回收利用。经过多年研究,多方案比选,决定建设催化裂化干气提浓乙烯装置,把催化裂化干气中稀乙烯提浓回收。

催化裂化干气提浓乙烯装置 2003 年 6 月开工建设,采用国内开发的变压吸附分离、脱硫脱碳和脱氧干燥工艺,以催化裂化装置副产干气为原料,设计生产能力 30000 标立/时催化裂化干气,生产富乙烯气体 8129 标立/时(乙烯含量 46%)。该项目建设投资 5480 万元,设计生产能力 30000 标立/时催化裂化干气,增产乙烯 3 万吨/年,投产后每年可增加销售收入 3.5 亿元,增加利润总额 6407 万元。

【加气混凝土生产线技改项目】 北京金隅集团为了提升加气混凝土制品的产品质量水平,推进新型墙体材料的广泛应用,2003 年对现代建材公司原有的加气混凝土生产线进行了全面技术改造,以充分利用附近高井电厂排放的粉煤灰和炉渣生产加气混凝土制品。该项目建设内容包括:加气车间更换 6 条新釜,产能由 15 万立方米提高到 25 万立方米,其中板材产能 8 万立方米;利用原砖车间厂房改建一条年产 15 万立方米的加气混凝土砌块生产线。两条加气混凝土生产线年产能合计达到 40 万立方米。

该项目总投资 1544 万元人民币,其中金隅集团向现代公司注资 1200 万元,其余部分由企业自筹解决。2003 年 9 月,加气混凝土生产线改造项目完成,项目达产后可实现年新增销售收入 3425 万元,新增利润 190 万元,预计投资回收期为 4.5 年。

2003 年北京市工业重点投资项目表

单位:万元人民币

序号	企业名称	主管部门	项目名称及内容	总投资			达产后预计经济效益	
				合计	贷款	自筹及其他	新增销售收入	新增利税
	合计	19 项		2852531	1131180	1721351	4001258	756665
	电子小计	5 项		2397356	1081487	1315869	2404929	357814
1	中芯国际集成电路有限责任公司	其他	建设 12 英寸月产 3 万片的集成电路生产线	1035000	496800	538200	500000	160000
2	京东方科技集团股份有限公司	电子控股	第五代薄膜晶体管液晶显示器(TFT-LCD)	993600	579600	414000	1500000	150000
3	富士康精密组件(北京)有限公司	其他	生产无线通信产品、液晶显示器后段组和纳米技术应用产品	331200		331200	360000	30000
4	中科镓英半导体有限公司	其他	半绝缘砷化镓单晶材料产业化	12000		12000	20000	10000
5	国泰半导体材料有限公司	其他	6 英寸区熔硅单晶和重掺砷硅单晶生产线项目	25556	5087	20469	24929	7814
	汽车小计	1 项		241587	0	241587	877000	316300
6	北京现代汽车有限公司	汽车控股	北京汽车投资有限公司与韩国现代自动车株式会社合资生产汽车技术改造项目	241587		241587	877000	316300

续表

序号	企业名称	主管部门	项目名称及内容	总投资			达产后预计经济效益	
				合计	贷款	自筹及其他	新增销售收入	新增利税
	机电小计	3项		89999	13374	76625	256119	33180
7	北一大隈(北京)机床有限公司	京城控股	由北京第一机床厂和日本大隈株式会社共同合资组建生产数控机床系统	24262	13374	10888	80000	12545
8	北京现代京城机械有限公司	京城控股	引进生产技术与管理经验收购原北京汉拿工程机械公司厂房建筑及生产设备,开发、设计、制造叉车和挖掘机	24426		24426	100000	8000
9	北仪创新有限责任公司	京仪控股	污染扰民搬迁项目,在大兴工业开发区新建厂房及其配套设施	41311		41311	76119	12635
	都市小计	1项		7000	4800	2200	10500	2025
10	北京星海乐器有限公司	一轻	扩产三角钢琴技术改造项目	7000	4800	2200	10500	2025
	医药小计	4项		64278	31519	32759	96640	21413
11	同仁堂股份有限公司	同仁堂集团	同仁堂现代化生产加工出口基地项目	49000	23000	26000	65000	13500

续表

序号	企业名称	主管部门	项目名称及内容	总投资			达产后预计经济效益	
				合计	贷款	自筹及其他	新增销售收入	新增利税
12	北京医药股份有限公司	医药集团	现代医药物流配送中心建设项目	4000		4000	10000	1100
13	北京红惠生物制药股份有限公司	朝阳	“阿托伐他汀、泛昔洛韦”扩产改造项目	4000	3000	1000	9640	2800
14	北京万东医疗装备股份有限公司	医药集团	直线数字化X射线诊断装置产业化项目	7278	5519	1759	12000	4013
	基础小计	5项		52311	0	52311	356070	25933
15	首钢富路仕彩涂板有限公司	首钢总公司	彩涂板生产线项目	29527		29527	87440	5885
16	首钢嘉华建材有限公司	首钢总公司	60万吨矿渣综合利用项目	9975		9975	10205	2192
17	燕化公司	中石化总公司	炼油厂80万吨/年航煤加氢精制装置	5785		5785	220000	8480
18	燕化公司	中石化总公司	炼油厂催化裂化干气提浓乙烯装置	5480		5480	35000	8876
19	现代建材公司	金隅集团	加气混凝土生产线技术改造项目	1544		1544	3425	500

企　业

2003年北京百强企业排序名单

在中国加入世贸组织和经济全球化日益加快的今天，为适应国际竞争与接轨的需要，尽快提升企业核心竞争力，促进首都各行业企业健康成长，根据北京市领导指示和中国企业联合会/中国企业家协会《关于建议在全国有关地区和行业开展百强企业排序工作函》的精神，北京企业联合会/北京市企业家协会等九家协会联合于2003年12月举办了“北京百强企业”排序活动。凡是北京市行政区域内的企业（不限所有制、行业、隶属关系）按照2002年销售收入（或营业收入）为序，推出2003年北京企业100强。

编号	单位名称	行业
1	联想控股有限公司	软件
2	中国石化集团北京燕山石油化工有限公司	石油化工
3	首钢总公司	钢铁
4	普天首信集团	电子通信
5	北京城建集团有限责任公司	建筑
6	北京北大方正集团公司	软件
7	北京建工集团有限责任公司	建筑
8	北京住总集团有限责任公司	建筑
9	北京铁路分局	交通运输
10	中国网通集团北京市通信公司	信息
11	京东方科技集团股份有限公司	电子产品制造
12	北汽福田汽车股份有限公司	汽车
13	北京首都创业集团有限公司	房地产/金融
14	北京医药集团有限责任公司	医药
15	北京金隅集团有限责任公司	建材
16	中国石油化工股份有限公司北京石油分公司	石油化工

编号	单 位 名 称	行 业
17	北京京城机电控股有限责任公司	机械
18	北京市燃气集团有限责任公司	燃气生产与供应业
19	北京索鸿电子有限公司	移动通信
20	北京一商集团有限责任公司	商业
21	北京物美商业集团有限公司	商业
22	北京爱立信普天移动通信有限公司	手机制造
23	中国国际旅行社总社	旅游
24	北京燕京啤酒集团公司	轻工
25	北京一轻控股有限责任公司	轻工
26	UT 斯达康(中国)有限公司	通信
27	北京京客隆超市连锁集团有限公司	商业
28	北京二商集团有限责任公司	商业
29	中国北京同仁堂(集团)有限责任公司	医药
30	北京市汽车修理公司	交通运输/设备制造
31	北京超市发连锁股份有限公司	商业
32	北京双鹤药业股份有限公司	医药
33	北京王府井百货(集团)股份有限公司	商业
34	北京诺基亚航星通讯系统有限公司	通讯
35	北京纺织控股有限责任公司	纺织
36	北京京煤集团有限责任公司	煤炭
37	北京西单友谊集团	商业
38	中国人民保险公司北京市分公司	保险
39	北京东方冠捷电子股份有限公司	电子
40	北京市糖业烟酒公司	商业
41	中铁电气化局集团有限公司	铁路/城市轨道交通
42	北京医药股份有限公司	医药
43	北京松下普天通信设备有限公司	邮电通信
44	北京北辰实业集团公司	房地产
45	北京中铁建设有限公司	建筑
46	北京华普产业集团有限公司	商业
47	大恒新纪元科技股份有限公司	电子信息/光机电一体化
48	北京市石景山区北方农工商总公司	农业
49	清华紫光股份有限公司	软件
50	北新建材(集团)有限公司	建材
51	中国惠普有限公司	信息

编号	单位名称	行业
52	北京汇源饮料食品集团有限公司	食品饮料
53	北京粮食集团有限责任公司	食品
54	航卫通用电气医疗系统有限公司	医疗器械
55	北京国际交换系统有限公司	通信设备制造
56	北京航星机器制造公司	军工
57	富士康精密组件(北京)有限公司	机械
58	北京市公共交通总公司	交通运输
59	北京炼焦化学厂	炼焦业
60	中国石油化工股份有限公司长城润滑油分公司	石油化工
61	北京福田环保动力股份有限公司	环保
62	北京金五星商贸集团有限公司	商业
63	北京卷烟厂	轻工
64	北京吉普汽车有限公司	汽车制造
65	北京庄胜崇光百货商场	商业
66	北京城乡贸易中心股份有限公司	商业
67	北京市热力集团有限责任公司	蒸汽热水生产供应
68	北京天鸿集团公司	房地产
69	赛特集团有限公司	商业
70	北京大发正大有限公司	农牧
71	北京燕莎友谊商城有限公司	商业
72	北人集团公司	工业制造
73	北京大北农饲料科技有限责任公司	农业
74	北京蓝岛大厦	商业
75	华普超市有限公司	商业
76	亚信科技(中国)有限公司	电信
77	爱芬食品(北京)有限公司	食品
78	瑞萨四通集成电路(北京)有限公司	电子
79	北京印钞厂	印制
80	北京北泰汽车工业有限公司	汽车零部件制造
81	中海发展(北京)有限公司	房地产
82	北京化二股份有限公司	化工
83	北京大宝化妆品有限公司	化妆品
84	华夏证券股份有限公司	证券
85	北京 ABB 高压开关设备有限公司	电力
86	北京市设备安装工程公司	建筑设备安装

北京工业经济联合会三届三次理事会召开

北京企业联合会会长刘克信与首钢总公司董事长朱继民、总经理王青海亲切交谈

企业领导干部系列学习日

北京牡丹电子集团有限责任公司

北京牡丹电子集团有限责任公司成立于1973年，是电子工业的大型骨干企业，公司以彩色电视机生产经营为主，集电子计算机整机及外部设备、通讯产品、电视机专用生产设备、电子元器件、电子环保仪器、大型模具等产品开发生产、外贸经营、房地产开发经营为一体的跨地区、跨行业的企业集团。有全资子公司、分公司、控股、参股公司20余家，经营范围涉及科研开发、生产制造、维修服务、房地产、商贸餐饮等行业。有雄厚的科研开发能力和可靠的质量保证体系，有先进的计算机辅助设计系统和国内一流的质量部品整机检测手段。被国家经贸委确定为国家级技术中心之一。

2003年企业主营收入15亿元，利润总额3000万元，工业总产值16亿元，工业增加值2亿元。

公司总经理　田明

地址：北京市朝阳区酒仙桥路1号
邮编：100016
电话：010-64325959
传真：010-64351918
网址：http//www. Peony. cn

高清晰度数字电视

快速生产线点装工序

北京牡丹集团入住电子城剪彩仪式

快速生产线

北京隆达轻工控股有限责任公司

北京隆达轻工控股有限责任公司领导班子

北京隆达轻工控股有限责任公司是北京市政府授权的国有资产经营公司。资产总额74亿多元人民币。拥有40余家全资子公司、科研、培训机构，30余家控股、参股企业，内部产业涵盖家用电器、包装印刷、塑料加工、塑料建材、有色金属、皮革制品、环保设备、体育器械、商贸、宾馆、服务业等产业，员工3万多人。

10米吹膜机

公司具有雄厚的技术创新和研发能力，除7所科研院所外，还建有国家、市级企业技术中心。培育开发出了华灯牌农用膜、有色新材料系列产品、新月牌聚脂泡沫、飞鹿体育器械等一批国家级和北京市级名牌产品，畅销国内外市场。拥有雪花冰箱、古桥空调、白菊洗衣机等一批国内知名品牌，在无形资产的开发上具有广阔的潜力。

公司已与世界500强的美国惠尔浦、全球最大的电冰箱压缩机厂商巴西恩布拉科公司，世界知名包装印刷企业日本联合株式会社、德国VAW集团、香港宝柏国际控股公司、香港利丰雅高印刷有限公司，世界皮革生产知名企业意大利柯莱斯皮公司、韩国卡巴奇公司以及国内知名企业海信公司等合资组建了一批具有国际、国内竞争力的大公司。与海尔、科龙、格力、新飞等企业建立了长期、互利、稳固的合作关系。同时还与中国科学院、清华大学、北京大学、中国轻工设计院等高等院校和科研院所进行广泛的合作，组建了一批生产、研发、科技孵化基地，不断推进具有领先技术水平的产品和前瞻性项目的研究和实施。

隆达公司大门

地址：北京市西城区德胜门东滨河路5号　邮编：100011

电话：62371586　传真：62371585

网址：219.232.201.222

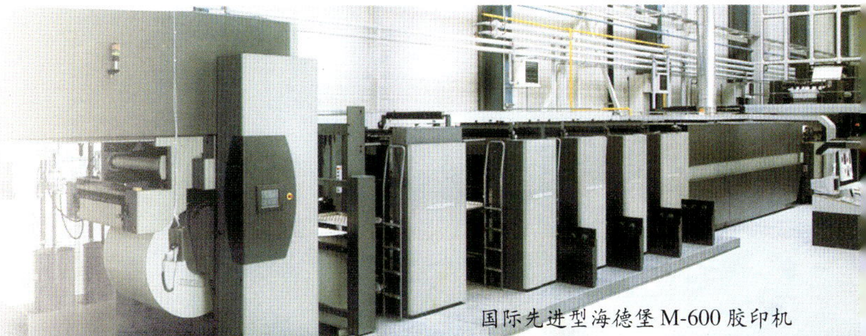

国际先进型海德堡M-600胶印机

北京兴东方实业有限责任公司

生态酒店

党委书记 张朝星

总经理 吕振清

屋面开启式连动温室

鱼骨式自动脱落挤奶机

北京兴东方实业有限责任公司成立于1995年12月，前身是北京市农业机械局。公司是集研发生产、经营流通、房地产开发、饭店服务等于一身的国有独资大型企业集团。公司注册资本1.4 亿元，总资产12.9 亿元，下属二级工商企业、事业单位有16家。近年来致力于现代高效农业、精品农业的开发研制，日光温室设施、田园管理机械、畜牧养殖机械、节水灌溉机械等产品和技术，在北京率全国之先实现农业现代化过程中受到用户的欢迎与好评。

公司大门

地址：北京市海淀区复兴路2号 邮政编码：100038 电话：010—63273336 传真：010—63465918 网址：WWW.Doomeast.com.cn E-mail：njjjyyb@sohu.com

北京四环医药科技股份有限公司

BEIJING FOUR-RING PHARMACEUTICAL CO.,LTD.

董事长 文鸣旭

公司全景

北京四环医药科技股份有限公司是由北京四环制药厂为主联合 5 家公司于2000年6月28日发起设立的高新技术企业，是一家从事药品研制、开发、生产、销售并通过国家GMP认证的制药企业。

四环医药目前有高科技产品13种，其中有代表国内较高水平的国家一类新药2种，具有广阔市场前景的独家产品7种，而且拥有3种专利产品。

四环医药 1991 年正式投产截止到 2002 年 12 月，累计实现销售额 22.8 亿元，上缴国家税收近 4.7 亿元，每年以超过 30% 的速度发展。连续 10 年获北京市新技术产品开发实验区经济 10 强、连续 12 年获“重合同、守信誉”单位、多次荣获“全国医药行业质量效益型先进企业”。

公司主要产品

OTC产品

华素®片(西地碘片) （国家四类新药）

口腔咽喉消炎杀菌药，主治各种口腔溃疡、牙周炎、牙龈炎、急慢性咽喉炎和扁桃体炎等。

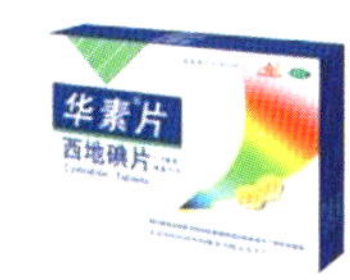

孚琪®(联苯苄唑)乳膏/溶液 （国家二类新药）

高效、广谱、安全抗真菌药，主治各种皮肤真菌病，如手足癣、体癣、股癣、花斑癣等。

处方药产品

苏诺®(盐酸纳洛酮)注射液 （国家四类新药）

吗啡受体拮抗剂，主要用于解除呼吸抑制、催醒及急性酒精中毒。

博苏®(富马酸比索洛尔)片 （国家二类新药）

新一代选择性β1-肾上腺素能受体阻滞剂，用于治疗高血压、心绞痛。

飞赛乐®(盐酸苯环壬酯)片 （国家一类新药）

本品用于预防晕车、晕船及晕机。

地址：北京市海淀区复兴路47号 邮政编码：100036 电话：(010)51921234 传真：(010)51921678 网址：www.sihuan.com.cn 电子信箱：bjsh@sihuan.com.cn

CSR

中国南车集团北京二七车辆厂

X2H型双层集装箱平车整装待发

25t轴重下交叉支撑转向架

L-B 型新型货车制动梁

C76 型敞车

C80 型铝合金敞车

北京市昌平区

北七家镇宏翔鸿企业孵化基地

北七家镇宏翔鸿企业孵化基地大门

风腾机械（北京）有限公司

北京市欧赛彩色印刷有限公司

蓝十字生物药业（北京）有限公司

孵化器研发中心

地址：北京市昌平区北七家镇
邮编：102209
电话：010-69751108
传真：010-69751268
http//: www.hxh.cn
E-mail: office@hxh.cn

孵化基地全景

北京太空板业股份有限公司

北京太空板业股份有限公司是一家专业从事太空板系列产品的研制、开发、生产、销售及配套服务的股份制企业。2003年公司拥有44项知识产权专利，其中发明专利18项，实用型专利26项。其核心工艺技术属国际首创。

太空板系列产品，通过了北京市建委组织的产品鉴定。2002年公司通过ISO9001：2000的质量体系认证，2003年太空板系列产品（发泡水泥复合板）通过北京市重大高新技术成果转化项目的认证；同年太空板及太空板建筑结构列入了国家级火炬计划，该公司被北京市工商局连续3年认定为“重合同守信用企业”。

公司的生产基地建立在北京市大兴区大庄，占地140余亩，公司净资产5147万元，2003年销售收入5723万元，实现净利润888万元，2002年开始，公司对太空板生产设备进行了技术改造，建成了一条机械化生产流水线，年生产能力可达到100万平方米。

太空板系列产品以其轻质、高强、耐火、隔热、保温等综合性能和价格优势，承接了三峡、一汽、哈飞等大量国家重点工程和国际知名企业在华投资的工程项目，产品遍及北京、上海、天津、重庆、黑龙江、吉林、辽宁、河北、河南、广东、贵州、四川、湖南等十几个省市地区，TOTO、NEC、丰田、小松、铃木、通用等国际知名企业在中国的投资项目都选用了太空板，并对太空板的技术水平、公司的售后服务、严格执行合同等各方面给予高度评价。

轻质 太空板板厚100毫米，每平方米仅重60公斤

耐火 太空板耐火板限大于2小时

憎水 太空板不吸水

运往三峡、哈飞等国家重点工程的太空板产品

地　　址：北京中关村科技园区丰台园中核路一号
邮政编码：100070
电　　话：01063789321
联 系 人：樊立
传 真 机：01063789321
信　　箱：taikongban

蓬勃发展的密云县河

河南寨镇位于密云县城南2公里处，距北京市区65公里，距首都机场45公里。这里地理位置优越、交通便利。在建的京承高速公路横贯镇区，高速路进出口均位于该镇中心区内。镇域内除拥有名冠京师、风景秀丽的黍谷山旅游景区外，还建有设施一流的南山滑雪、滑水度假村。河南寨镇的工业基础设施建设完备，镇区规划科学，投资整体环境优越。目前已吸引了32家企业到该镇落户，这些企业主要以服装加工及机械制造为主，2003年实现工业收入24081万元，工业增加值4706万元，利润1220万元，税金713万元，累计安置农村剩余劳动力4060人，工业的快速发展，有力地推动了全镇各项事业的发展。在此，我们热诚欢迎国内外各界有识之士，前来我镇投资办厂。我们将为您提供优良的投资环境、优惠的政策、优质的服务，免除您的一切后顾之忧，使您的投资得到应有的回报。我们坚信，选择河南寨镇投资办厂必将使您走向成功。

北京铁建印刷厂

地址：北京市密云县河南寨镇
电话：010 - 61086003
传真：010 - 61086093
邮编：101500
电子信箱：jinxiao360@sina.com

北京慧缘

南寨镇工业

河南寨镇滨河工业开发区大门

服装厂车间

北京市宝城客运有限责任公司

北京中道服装服饰有限公司

北京中道服装服饰有限公司，是一家以生产各种高中档衬衫为主的中外合资企业。公司占地总面积 26640 平方米，其中建筑面积 10000 平方米。公司共有员工 460 人，拥有各种设备 310 余套，年生产各种衬衫 120 余万件，所产产品百分之百出口，主要销往美国、加拿大等国家和地区。

公司自成立以来，始终坚持“客人第一，质量至上”的经营宗旨，以卓越的管理和高质量的产品赢得了客户的信赖，随着生产规模不断扩大，产品质量不断提高，公司于 2002 年 2 月获得了中国质量认证中心颁发的 ISO9002 质量认证证书，为企业上等级适应日趋激烈的服装出口竞争奠定了坚实的基础。

北京中道服装服饰有限公司全体员工，将时刻遵循“一针一线中道，衣衣不舍追求”的质量方针，狠抓各项管理，扎扎实实工作，竭诚为广大客户服务。

公司地址：北京市密云县太师屯镇永安街 26 号
联系电话：69031725 69033179
传真：69033136
邮编：101504
电子邮件：zhong-dao@china.com

北京圣金龙食品有限公司

公司总经理 李岳桂

公司部分产品

北京圣金龙食品有限公司投资注册于2001年9月30日，项目首期投资2750万元。

公司以中国农业大学的技术力量为依托，公司宗旨是：以振兴民族食品工业为己任，致力于为人类创造天然保健、营养安全的方便食品。在公司员工的共同努力下，研制出的以玉米面、荞麦面、燕麦、莜麦面等多种杂粮为原粮的“五谷面”系列产品，精选粗粮中对人体有益的元素，尤其是荞麦系列产品成为糖尿病患者的首选安全食品。

北京圣金龙食品有限公司，将始终恪守“诚信待人，勤俭持业，求实创新”的经营理念，努力探究人类不断发展的消费需求，为消费者提供越来越多的营养方便食品。我们将全力打造知名品牌，创国内乃至国际一流企业。

地址：北京绿洲工业园区
邮编：101500
电话：010-89097099
传真：010-89097740
电子信箱：xiangli_w@163.com

公司办公楼

北京市房山区工业总公司

董事长、总经理 张耀春

良工工业集团

北京市房山区工业总公司原为县工业局，成立于1955年，1998年改为资产经营性公司。下属企业25家，总资产26000万元，现有职工3200人。

公司实施多元化发展，工业产品制造有锻压机床、铝塑门窗、工业用桶、药芯焊丝、包装纸箱、防火涂料等20多种，部分产品远销国外。2003年与北京第一机床厂合作，组建了北一良工机械有限公司，成为了北京地区重要机械加工生产基地；良工房地产开发有限公司已成功开发了昊天温泉家园、昊文温泉小区、祺兴缘小区，总建筑面积20万平米；良工工业集团在工业园区占地510亩，完成“七通一平”，各项事业蓬勃发展、欣欣向荣。

公司以崭新的形象、优质的服务、良好的信誉欢迎各界友人来房山共图发展。

北一良工厂房

北一良工车间一角

公司地址：北京市房山区良乡昊天大街116号

联系电话：(010)-69368558

传真：(010)-69368558

邮编：102401

E-mail: gyzgs@bjfsh.gov.cn

昊天温泉家园一角

编号	单位名称	行业
87	中国北京全聚德集团有限责任公司	餐饮
88	北京北方车辆集团有限公司	制造业
89	中国南车集团北京二七车辆厂	制造业
90	北京中润发汽车销售有限公司	商业
91	首都航天机械公司	航天
92	北京市地铁集团有限责任公司	地铁
93	北京北重汽轮电机有限责任公司	机电
94	北京东来顺集团有限责任公司	餐饮
95	中国北车集团北京二七机车厂	铁路机车车辆制造
96	北京统一石油化工有限公司	化工
97	北京巴布科克·威尔科克斯有限公司	制造业
98	北京松下电工有限公司	照明器具制造
99	时代集团公司	机电一体化
100	中国电子进出口北京公司	外贸

北京市企业管理现代化创新成果获奖名单

北京市第十八届企业管理现代化创新成果获奖名单，在企业自愿申报，各委办局、总(控股、集团)公司、区县计(经)委、中央在京有关单位推荐的基础上，经北京市企业管理现代化创新成果评审委员会审定，由北京市经济委员会批准，决定对北京四方继保自动化有限公司等63项创新成果进行表彰，其中一等奖13项，二等奖31项，三等奖19项。

序号	获奖项目名称	获奖单位
一等奖(13项)		
1	高新技术成果实现产业化的发展战略	北京四方继保自动化有限公司
2	新型建材企业技术创新管理系统	北新建材(集团)有限公司
3	北京同仁堂连锁经营信息化管理	北京同仁堂连锁药店
4	列车确报及应用信息系统	北京铁路局
5	以产品促发展的企业战略	首钢总公司
6	构建创新管理体系，实现企业跨越发展	北京市煤炭总公司四厂
7	铁路运输安全管理网络化系统的构建与实施	北京铁路分局
8	再造北人企业文化，打造国际知名品牌	北人集团公司
9	员工绩效评估体系的构建与管理	北京吉普汽车有限公司
10	科技兴企战略的决策与实施	北京摩擦材料厂
11	以天鸿品牌管理、提升企业整体价值	北京天鸿集团公司

续表

序号	获奖项目名称	获 奖 单 位
12	铁路货运日计划信息管理系统	北京铁路分局货运管理调度分处
13	知识资本的全程管理	北京未来广告公司
二等奖(31 项)		
14	现代物流企业的网络化管理	北京佳霖恒兴网络技术有限责任公司
15	天鸿集团企业计算机网络的建设与应用	北京天鸿集团公司
16	砼友 99——预拌混凝土生产经营管理系统	北京城建亚东混凝土有限责任公司
17	建筑企业管理信息化的建设与应用	北京城建七建设工程有限公司
18	以服务为产品优化投资环境	北京通州工业开发发展总公司
19	推进三项制度改革,促进地域经济跨越式发展	海淀区东升乡蓟门公司
20	实施品牌发展战略,实现企业经济腾飞	北京奥克斯特制衣有限公司
21	民营企业模拟法人市场化经营机制的构建与实施	北京市炎炎鑫实业公司
22	施工列车运用的全面安全管理	北京铁路局工电重点维修处
23	铁路货票传输审核系统的应用与管理	北京铁路局
24	创新科技孵化器管理模式取得成效	北京自动化控制设备厂
25	以优质服务为目标的物业管理	北京金隅物业管理有限责任公司
26	打造培育企业核心竞争力	北京星牌建材有限责任公司
27	创新经营观念,加速市场多元化进程	北京天坛股份有限公司通达耐火技术分公司
28	企业集团市场营销体系的建立与核心竞争力培育	北京兆维电子(集团)有限责任公司
29	应用咨询管理法实现乙烯装置困境中的腾飞	中石化北京燕山化工股份公司化工一厂
30	采取顺序交叉巡检法,确保三催化装置安全长周期运行	中石化北京燕山分公司炼油厂
31	运用现代管理方法、减少非计划停工,提高高压聚乙稀装置经济效益	燕化化工一厂
32	规范新厂迁建招投标、提升企业管理水平	北京开关厂
33	实施改革创新战略,推动企业健康发展	北京房山商贸有限公司
34	以 GSP 推动药品经营企业管理创新	嘉事堂药业有限责任公司

续表

序号	获奖项目名称	获 奖 单 位
35	打造中式快餐第一品牌	马兰拉面快餐连锁有限公司
36	中药材采购供应信息化管理系统	北京同仁堂科技发展股份有限公司
37	优势互补，低成本扩张	北人印刷机械股份有限公司
38	优化技术资源，实行按贡献取酬的经营管理体制	北京金自天正智能控制股份有限公司
39	深化科技体制改革，推进企业技术进步	首钢总公司
40	铁路假日经济的资源整合并产品开发	北京铁路分局
41	打造“系统管理平台”提高企业管理水平	南口机务段
42	实施机车质量验收前移管理，确保运输安全畅通	丰台西电力机务段
43	传统货运站新型经营管理体系的构建与实施	北京东站
44	建设以诚信为本的现代化合同管理系统	北京铁路分局企管分处
	三等奖(19 项)	
45	北京顺通物流有限公司 ERP 系统	北京顺通物流有限公司
46	企业信息门户平台的建立与应用	北京吉普汽车有限公司计算机中心
47	勇于创新、赢得二化军车竞标	北京吉普汽车有限公司
48	市场经济与班组管理创新	北京吉普汽车有限公司人力资源部
49	实行主修负责制，培养高素质复合型人才	北京吉普汽车有限公司发动机分厂
50	应用 VPN 技术跨地区实行 ERP 管理	北京爱慕内衣有限公司
51	实行人力资源管理、提高企业竞争力	北京兰地一族服饰有限责任公司
52	运用要素分析法，降低二聚装置三耗	燕化聚丙烯事业部
53	开展绿色环保工程促进企业持续发展	北京天坛股份有限公司天坛家具分公司
54	实施工艺卡。成本管理，提高质量降低成本	北京市现代建筑材料公司
55	以仁为本，以德立业的经营管理	北京家田食有限公司
56	计算机网络系统在企业管理中的开发与应用	北京京煤集团有限责任公司化工厂
57	MAXIMO 管理软件的应用	北京昊煜工贸有限责任公司矸石热电厂

续表

序号	获奖项目名称	获奖单位
58	改革与创新——天鸿园方的强企之路	北京天鸿园方建筑设计有限责任公司
59	强化预算管理、提高经营水平	中国服装股份有限公司
60	应用办公信息网络,提升企业管理信息化水平	北京铁路分局办公室
61	构建高效的到补系统,提升客运质量管理水平	北京站
62	实行全面预算管理,提高企业经济效益	北京铁路分局财务分处
63	建立劳动力资源储备机制,推动人力资源良性循环	北京铁路分局劳资分处

注:同等级排名,不分先后。

企 业 选 介

【北京首钢股份有限公司】 北京首钢股份有限公司成立于1999年10月15日,是由首钢总公司控股的上市公司,股票代码000959。总股本23.1亿股,发起人持有

首钢股份公司3号高炉

19.6亿股,公众持有3.5亿股。2003年12月16日,发行20亿元可转股公司债券。该公司下设焦化厂、炼铁厂、第二炼钢厂、第一线材厂、高速线材厂,是国内最大的高速线材生产基地之一。年生产能力为生铁408万吨、钢450万吨、线材330万吨、彩涂板17万吨、镀锌板18万吨,品种有普碳钢、低合金高强度螺纹钢、冷镦钢、焊条钢、弹簧钢等。线材直径5.5~14毫米,多次获得冶金行业和国家优质产品奖,热轧焊线获得国际银奖和美国ABS、英国LR、德国GL、挪威DNA、中国CCS船级社质量认证,高技术含量、高附加值产品产量占产品总量的1/3以上。2003年,总资产129.5亿元,净资产58.75亿元。主营业务收入156.25亿元,利润总额12.21亿元。1999年上市以来,坚持用高新技术改造钢铁业的发展战略,不断进行大规模的技术装备改造,生产水平始终处于国内领先地位。焦炉应用了世界先进水平的干法熄焦技术,炼铁使用了国际前沿的人工智能冶炼系统,炼钢、轧钢实现了全自动化控制,彩涂板生产线最高工艺速度达到120米/分钟。该公司通过了ISO9001:2000质量体系认证,产品以稳定的性能、优良的质量应用于长江三峡、黄河小浪底、香港青马大桥、北京国家大剧院等国家重点工程,远销美

国、日本、瑞士、东南亚等10多个国家和地区,享誉海内外。

地址:北京市石景山区石景山路;邮政编码:100041;电话:88293727;传真:68873028;网址:http://www.sggf.com.cn;法定代表人:朱继民　　(首钢股份)

【北京首钢特殊钢有限公司】 是国家重点特殊钢企业,国家一级企业。该公司采用先进的特殊钢生产工艺,以纯净的铁水为原料,经过炉外精炼或真空精炼,用智能系统控制液面高度、自动连续测温、电磁搅拌和全自动连铸,再经过无扭转、多活套的无张力轧制生产钢材,产品质量稳定可靠。可生产轧材、锻材、冷拔材、钢丝和钢丸、钢砂等金属制品。主导产品是优质碳素结构钢、优质合金结构钢、齿轮钢、非调质结构钢、易切削钢、轴承钢、碳素工具钢、弹簧钢等共计200多个钢号。产品有ϕ12~130㎜热轧材、180~400㎜宽×8~20㎜厚H型钢翼缘板、ϕ80~300㎜锻材、ϕ16~40㎜热轧带肋钢筋、ϕ7~55㎜圆钢或六角钢S=10~36㎜的冷拔材、ϕ0.3~10㎜及异型优质钢丝、钢丸钢砂等2500多个品种规格,年产精品钢材130万吨,包括冷轧板材70万吨,中小型棒材、冷拔材和油淬火钢丝60万吨。广泛应用于机械、汽车、铁路、轻工、纺织、能源、化工、建筑和军工领域,荣获全国科学大会奖和国优、部优、市优产品奖31项。获得了ISO9001:2000质量管理体系认证。改革开放后,该公司由单一从事特殊钢生产经营的国有独资企业转变为多行业、多法人、多种所有制形式并存的控股公司,管理27个子公司和参股企业,初步形成了现代制造业、现代服务业和节能环保产业。

首钢特钢公司炼钢生产车间

地址:北京石景山新古城大街;邮编:100043;电话:68878857;法定代表人:李惠颐　　(郝占起)

【北京首钢冶金研究院】 建于1960年,有职工800余人,获得专业技术职称的职工占总数的37%,其中高级职称55人,博士、教授级高工2人,硕士19人。该院是国内特种功能金属材料的科研、试制和生产基地,主要研制精密合金(软磁合金、钕铁硼及稀土永磁合金、膨胀合金、弹性合金、复合金属材料、电阻电热合金)、高温合金、特种功能不锈钢及制品等,产品有铸造母材、锻材、热轧和冷轧带材、冷拉棒材和丝材、精密铸件、铁芯制品和冲压加工制品。试制、生产和检测工序使用引进的先进设备和仪器,产品性能有可靠的质量控制。该院与国内外多家高等学府、科研院所有密切的合作关系,是清华大学、北京科技大学教学实习基地。20世纪80年代以来,累计完成国家、冶金部、各省市委托的新材料科研课题百余项,在产学研结合、发展高新技术产业、推动科技成果转化方面成果显著。连续出版40多年的学术刊物《金属材料研究》有良好的声誉。该院2001年获得GB/T19001-2000idtISO9001:2000质量管理国际认证,在赢得国内市场的同时，部分产品出口法国、日本、新加坡、伊朗和中国香港。2003年，该院为“神舟五号”载人航天工程研制了11个牌号、21种规格的产品。

地址：北京清河小营东路1号；邮编：100085；电话：(010)62949567、62949578；传真：62913156；网址：adm@bsmri.com；法定代表人：董哲 （冶研院）

【北京首钢冶金工程建设有限公司】 原名首钢第三建设公司，成立于1958年。2002年被建设部核定授予冶金工程、房屋建筑施工总承包一级、市政工程总承包二级资质，以及钢结构工程、土石方工程专业承包一级和起重设备、机电设备安装专业承包二级资质，可承担各类工业建筑、民用建筑、市政工程及钢结构、大型土石方、机电设备安装等施工。注册资本7000万元，管理10个工程公司，职工3600人。其中具有专业技术职称的595人，高级职称41人，中级职称135人，项目经理95人，施工、安全、质量、预算岗位495人全部持证上岗。曾参加鞍钢、包钢、白银有色金属公司、首钢北京厂区和河北迁安厂矿的大规模建设，承建的重点项目有首钢迁安矿区年产1800万吨的水厂铁矿、年处理原矿955万吨的水厂选矿厂、年产610万吨的矿山烧结厂、年产450万吨的首钢第二炼钢厂及大板坯连铸和八流方坯连铸车间、采用国内外先进技术进行现代化改造的首钢炼铁厂、达到国内领先水平的首钢高速线材厂、首钢烟台空调器厂、首钢机械厂重型车间、首钢第二型材厂、采用新技术进行现代化改造的首钢中厚板轧钢厂等。在民用建筑方面，承建辽宁绥中海滨度假村、首钢迁安地区50多万平方米民用工程、北京石景山区特钢、老山、古城、模式口、西黄村、金顶街、苹果园等多层和高塔住宅61.5万平方米及配套的市政工程。施工单位均通过ISO9002质量体系认证。1999年老山民用高塔5号楼和2000年首钢炼铁系统四制粉工程获得全国冶金系统优质工程奖，连续5年被评为河北省重合同守信誉单位。

地址：北京市石景山区老古城路南；邮编：100043；电话：(010)68836167、88291565；传真：(010)88295944；总经理：李国庆 （首冶公司）

【首钢矿业公司】 位于河北省迁安市境内，始建于1959年，厂区占地7.6万亩。是从事采选矿、烧结和矿车制造、机械制造、电力修造、建筑安装的大型矿山企业。2003年销售收入50亿元，固定资产原值55亿元，净值30亿元，职工总数1.7万人。烧结矿、球团矿生产能力分别达到700万吨和300万吨，并有实力雄厚的矿用汽车制造、矿山设备制造和建筑安装业。围绕“一流矿业、开放矿山”的目标和“做强矿产资源业、发展相关产业、服务钢铁、扩大市场经营”四大任务，该公司以市场化、信息化、自动化、加强管理为主线，通过横向发展、纵向延伸，使企业综合实力、市场竞争力、资源和资本运作能力显著提升。

地址：河北省迁安市；邮编：064404；电话：0315－7710398；传真：0315－7710477；法定代表人：郝树华 （矿业公司）

【首钢矿业公司烧结厂】 建于1991年，是首钢炼铁原料的主要生产基地。固定资产原值7.36亿元，年产烧结矿675万吨。按照“关注顾客，以人为本，依法治厂，清洁生产，持续改进，追求卓越，创建一流烧结企业”的方针，该厂以科技创新、管理创新

为动力,以球团化为方向,以工艺升级为主线,不断开发和应用新技术。小球团烧结、

首钢矿业公司烧结厂

除尘灰制粒、烧结机用乳化及再辐射聚焦点火、烧结机用改性橡胶柔性动密封新技术、烧结水煤浆点火技术通过原国家冶金局、北京市科委的成果鉴定,形成自有知识产权。2000年和2001年分别通过质量、环境、职业安全管理体系的国家和国际认证。该厂通过优化矿产资源配置,在满足首钢炉料需求的基础上,依靠良好的产品质量和企业声誉扩大市场份额,巩固华北、东北地区26家紧密层客户,开辟江南和海外市场。推进产学研结合,与钢铁研究总院等多家研究机构建立了稳定的合作关系。不断提高职工素质、研发能力和装备水平,工艺技术、产品质量、经济技术指标、环境保护进步显著,获得北京市、河北省和国家级荣誉称号15个,2002年被授予首届全国冶金矿山“十佳厂矿”称号。

地址:河北省迁安市;邮编:064404;电话:0315－7713810;传真:0315－7710580;厂长:李洪革　(谷响林)

【首钢矿业公司球团厂】　建于1985年,是生产氧化球团的专业厂。有职工551人,其中工程技术人员122人。球团生产能力300万吨,在满足首钢需求的同时销往唐山、天津、山东等地。该厂采用国际先进水平的链箅机—回转窑—环冷机工艺,从配料、混合、造球、布料到焙烧、冷却全部由计算机控制,实现了生产经营管理现代化。坚持生产精品、开发新品、诚信经营,与用户双赢共进的理念,严格执行ISO9002标准,酸性氧化球质量优良,含铁品位65%以上,稳定率高,粒度均匀,ϕ8～16㎜球团占86%以上,氧化亚铁含量<1%,抗压强度≥2000牛顿。经北京科技大学测定,球团还原性能好,低温粉化率低,膨胀效应小,软熔温度高,软熔区间窄,具有优良的高温冶金性能,是高炉冶炼的精品原料。2002年试制成功碱性氧化球,碱度1.0～1.3,含铁品位60%以上,满足了客户对降低焦比的要求,产品供不应求。研发含钛、含碳、含硼球团,进一步扩大品种。该厂还具有年产20000吨钠化皂土的能力,粒度小于－200目的比重≥95%,膨胀率20倍,是造球的优质黏结剂,具有显著的经济效益和市场前景。

首钢矿业公司球团厂生产的氧化球

地址:河北省迁安市;邮编:064404;电话:0315－7713861;传真:0315－7713861;厂长:董伟　(谷响林)

【北京首钢重型汽车制造厂】 是生产重型汽车的专业厂家。1991年开展矿用汽车的研制，下设汽车研究所、总装分厂、金结分厂等。汽车研究所是该厂与北京科技大学联合建立的研发机构。总厂在北京注册，总装分厂设在河北迁安。制造SGA3721型、SGA3722型、SGA3550型、7555B型、75131型矿用汽车和SGA5650型矿用洒水车、SGA9650废钢运输车等，年生产能力300台。通过产学研结合，形成较强的研发能力，有先进的计算机设计软件和多种专用设备，完善的检测试验系统，制造工艺精良。SGA3722型矿用汽车，额定载重量45吨，全液压动力转向，气压蹄式复合制动，液压后卸式举升，油气悬挂减震，液力机械传动变速，是适于在冶金矿山、露天煤矿、水利电力建设工地使用的超廓型非公路车辆，整体造型美观，结构布局合理，技术性能先进，质量稳定可靠，价格适中，是深受客户欢迎的代表性产品之一。

地址：北京市石景山区西黄村；邮编：100043；电话：010－68860743（总部），0315－7713010（分厂）；传真：101－68860743、0315－7704091；E－mail：888@sghdt.com.cn；法定代表人：张庆志

（首钢重型汽车制造厂）

【首钢矿业公司机械厂】 又名首钢机械工具厂，建于1971年，位于首钢迁安矿区。是一家冶炼、铸造、精密铸造、金属结构、机加工、热处理和机电修造于一体的矿山及冶金机械制造厂，具有设计、制造、安装、调试、服务的综合能力。有员工1590人，厂房面积18.5万平方米，固定资产2.4亿元。主要制造采矿、选矿、球团、烧结设备及备件，以及轧辊、磨球系列产品。该厂通过ISO9001－2000质量体系认证，获得了合金钢轧辊、半钢轧辊和铸铁轧辊生产许可证。研制的大筒径永磁磁选机获得原冶金部科技三等奖，研制的成套磁滑轮、磁团聚选矿设备获得国家专利，电铲高寿命铲齿获得部优产品称号。产品销往国内近百家冶金矿山企业，出口芬兰、美国等西方发达国家，2003年销售收入2亿元。

地址：河北省迁安市；邮编：064404；电话：0315－7713466、7713325；传真：0315－7710167；厂长：王玉强 （矿业机械厂）

【北京首钢第一耐火材料厂】 建于1958年，占地面积39万平方米，建筑面积11.3万平方米，资产2.5亿元。1973年建成国内第一条湿法耐火纤维制毡生产线，1978年形成黏土耐火砖、高铝异型砖、不烧制品、不定型耐火制品、特种耐火材料系列产品，被评为冶金部环保先进单位、全国工厂防尘标兵。1984年黏土浇注料、金属陶瓷、耐火纤维制品获得国家优秀新产品金龙奖，1985年耐火纤维在舰船和工业窑炉的应用获得2项国家科技进步奖。1989年为宝钢研制生产耐火砖，高铝砖出口韩国和东南亚，耐火纤维制品出口意大利，获得国际博览会金奖。1997年在耐材行业首批通过ISO9002质量体系认证。经过技术改造，该厂具备了年产15万吨耐火材料的综合生产能力，主要产品有：钢包用耐火材料、中包用耐火材料、连铸功能耐火材料、铁系统用高炉炮泥、铁沟料和鱼雷罐砖、轧材系统用浇注料、预制件、轻质保温耐火材料、硅酸铝耐火纤维毡、毯、棉、板等制品，主要用于冶炼、工业窑炉、石油、化工等行业，扩大了对韩国、伊朗、缅甸及东南亚地区的出口。产品多次荣获国家授予的优质产品奖、金龙奖、国家科学技术进步奖以及国际贸易博览会金奖。

地址:北京市丰台区卢沟桥北小郭庄西路46号;邮编:100072;电话、传真:010－83892607;厂长:刘军

(首钢第一耐火材料厂)

【北京首钢第二耐火材料厂】 原为石景山钢铁厂白云石车间,建于1958年,1993年扩建成立首钢第二耐火材料厂,占地面积15万平方米,资产1.45亿元,是中国最早生产镁碳砖的企业之一,冶金部重点耐材生产企业,中国耐材协会和中国石灰协会理事单位。该厂集耐火材料设计、开发、试制、生产于一体,主营炼钢用耐火材料、活性石灰及炼钢、炼铁炉衬的砌筑维护、技术服务等,1996年按照ISO9002标准建立全面质量管理体系,2001年通过GB/T9002—ISO9002质量体系认证,2002年获得独立的涉外经营权,2003年通过ISO9001:2000版质量体系认证。该厂与钢铁设计研究总院等国内多家著名科研院校合作,形成了承揽各种大中型冶金和工业窑炉耐火材料的设计、开发、技术咨询、生产、供应、砌筑、维护及服务的雄厚实力,参与大型冶金工业新建、改造工程的耐材供应,并在经营方式上与国际市场接轨。采取耐材总承包的方式,在包钢二炼钢、印度SJK钢厂及新钢工程等国内外项目中取得了显著成绩。

地址:北京市石景山区首钢厂东门院内;邮编:100041;电话及传真:010－88294300;E－mail:bjsgen@custeel.com

厂长:冯建设　　(首钢第二耐火材料厂)

【首钢设备结构厂】 隶属首钢机电公司,是华北最大的综合性设备结构制造厂。工厂占地140万平方米。制造厂房7万平方米,固定资产原值1.877亿元,职工1328人,具有年产3万吨设备结构件的能力。该厂制造冶金成套设备和非标设备的专业厂,已形成高炉和转炉设备、连铸连轧设备、焦化设备、烟罩、水冷炉口、铁水车、钢包铁包、换热器、压力容器、桥式吊车、游乐设施、阀门等十大系列的数十种产品。完善的ISO9000质量保证体系,周到的售后服务,可以确保达到用户对产品设计、加工、装配、安装的要求。产品销往全国25个省区,已为首钢、鞍钢、抚钢、邢钢、邯钢、珠钢、杭钢、湘钢、马钢、涟钢、太钢、唐钢、遵钢等数十家钢厂提供了数以万计的产品,多次向日本、津巴布韦、印度、巴塞尔等国输出产品和服务。

地址:河北省迁安市沙河驿;邮编:064401;电话:0315－7011211;传真:0315－7011474;厂长:诸葛卸梅

(首钢设备结构厂)

【北京首钢设计院】 具有独立法人资格的首钢全资子公司。建于1973年,是冶金行业大型综合设计院,设有矿山采选矿、钢铁冶炼、钢材轧制、机械设备、建筑结构、电气自动化、环境保护等30多个专业。拥有建筑设计分院、工程监理公司、造价咨询公司、中美合资麦斯塔国际工程公司、北京

首钢设计院办公大楼

中日节能环保工程有限公司和北京考克利尔冶金工程有限公司。2003年，有职工1051人，其中高工及教授级高工近400人。是集技术咨询、工程设计、工程总承包、工程监理于一体的综合设计院。具有冶金行业设计、民用建筑设计、环境(废气)设计、工程总承包、工程咨询、工程造价咨询、工商领域固定资产投资咨询机构、工程监理等甲级资质；市政设计、城市规划编制、环境(废水)设计、电力行业(火力发电)设计、建筑行业人防工程设计、工程测量乙级资质以及三类压力容器、压力管道、汽车加气站、地下工程竣工测量等专项设计资质，并已取得涉外经营权。在国内冶金设计行业首家获得ISO9000质量体系认证。可承担国内外大、中、小型钢铁企业工厂设计、非标设备设计和民用建筑设计，以及成套设备、工程总承包、市政、环保、娱乐设施等多方面设计。先后完成新建和技术改造工程项目近6000项，相继承揽了20多个省、市钢铁企业的工程总承包及菲律宾、印尼、朝鲜、秘鲁、印度、津巴布韦等国的多项海外工程。同时与奥钢联、西马克、CMI、达涅利、NSC等多家外国公司建立了国际间的技术合作关系并完成多项工程的合作设计。至2003年底，共获得国家科技一等奖和优秀设计金质奖21项，获得冶金行业和北京市优秀设计及科技成果奖128项。有51项发明获得国家专利。

地址：北京市石景山路60号；邮编：100043；电话：68872480；传真：88295389；E-mil：sgdi@sgdi.com.cn；法定代表人：何巍

(白雪松)

【北京首钢建设集团有限公司】 该公司具有冶金工程和民用建筑施工总承包、钢结构专业承包一级资质，市政工程、机电设备安装、起重设备安装、环保工程、送变电工程施工二级资质，是承担工业、市政、民建施工的大型企业，下设14个建筑安装、机械运输、金属结构、建筑装饰、物资经销单位，职工6960人。机械设备上千台套，其中从德国、美国、日本等引进的300吨、150吨履带式起重机、200吨汽车起重机、2立方米挖掘机、3立方米装载机、自卸汽车等百余台，有较强的机械化综合施工能力。在工业建筑、民用建筑、市政工程、国际工程承包方面取得良好业绩，中华世纪坛旋转圆坛和大运村公寓、西黄村9号楼获得北京市"长城杯"、结构"长城杯"，总后勤部安居工程被评为北京市文明施工样板工地。承建了首钢篮球馆、中关村软件园区、微电子标准厂房、开阳里小区、金苑小区等工程，五棵松、岳各庄、蓝靛厂、复兴门立交桥等市政工程，西四环、中关村软件园钢结构，北京硅谷电脑城、首都机场的四位机库、装甲兵学院立体车库等。2000年获得ISO9002质量认证。已获得国家授予的工程质量金银奖、冶金优质工程、北京市长城杯等奖励10余项。2003年在迁钢等组建总承包部，确立总量承包、独立核算、自负盈亏的经营原则，完成产值10.04亿元。

地址：北京石景山苹果园六区；邮编：100041；电话：(010)88293812、88294031；传真：(010)88294681；法定代表人：沈安东

(首建公司)

【首钢环星触摸电脑有限公司】 是中关村高科技园区高新科技股份制企业，注册资本7600万元。拥有世界领先的触摸技术、嵌入系统技术、触摸浏览技术，提供触摸产品、网络电脑产品、各种专用网络信息终端、核心应用软件和网管软件等产品。

设计制造了中国第一台触摸信息查询一体机(KIOSK),开创了中国的触摸电脑产业,为国内实力最强的触摸产品研发、生产基地。1999年被国家信息产业部指定为行业标准制定单位,负责制定KIOSK触摸查询一体机的国家标准。同年,研发具有划时代意义的网络电脑(WBT)技术及产品,并以拥有自主知识产权的软件取得了在国内领先的技术优势。该公司以KIOSK触摸上网一体机、WBT网络电脑、各种专用网络信息终端、核心应用软件与网管软件产品为基础,构造城市公共信息解决方案、电子商务解决方案、金融解决方案、企业管理解决方案、电子政务解决方案、医院解决方案等,提供各种适于政府、教育机构、公共事业、企业使用的网络系统、网络产品及技术服务,并在上海、广州、沈阳、福州、西安、成都、南京等地设有分支机构。2003年,开发的e3000、e2200触摸查询一体机等新机型投入批量生产,x4200信息亭入选数字北京项目。产销触摸查询机1937台,销售收入12583万元。

地址:北京市海淀区花园北路14号;邮编:100083;电话:010－62006688;传真:010－62054984;E－mail:webmaster@sgs.com.cn;经理:曹国栋　　　　(环星公司)

【首钢莫托曼机器人有限公司】 是由首钢总公司、安川电机日本株式会社、日本岩谷产业株式会社共同投资,1996年8月在北京经济技术开发区注册兴建的国内第一家生产工业机器人的专业公司,1997年10月正式投产。投资总额1000万美元,注册资本700万美元,是国内规模最大、技术最先进的机器人生产厂商,具备年产800台工业机器人及其应用系统的能力。该公司销售用于汽车、摩托车、工程机械、化工、家电、建筑等行业的各类机器人、机器人工作站和大中型柔性生产线,可完成焊接、装

首钢莫托曼公司生产的机器人

配、喷漆、涂胶、切割、搬运、研磨作业。操作定位精度0.08毫米,操作系统有中文显示。搬运机器人单机搬运300千克750包/小时,焊接机器人可双机配套完成复杂的对称作业。操作涂胶机器人有可靠的定位对中功能,是国内唯一可替代进口的机器人。还可为用户提供各种周边设备、零部件和完善的技术服务。2003年该公司销售机器人71台,销售收入增长10.98%。

地址:北京经济技术开发区永昌北路7号;邮编:100176;电话:010－67880554;法定代表人:毛武　　　　(莫托曼)

【首钢秘鲁铁矿股份有限公司】 该公司是中国在南美洲最大的实体性企业。1992年,秘鲁政府通过美国第一波士顿银行,招标拍卖秘鲁铁矿公司。首钢派出3批专家考察该矿,并以1.18亿美元购买该公司98.48%的股份(其余为职工持股),1993年注册成立首钢秘鲁铁矿股份有限公司,获得该矿的永久开采使用权,包括由首钢勘探确认的铜矿储量130万吨的开采权。公司总部位于利马,办公楼建筑面积4768平方米。矿区面积671平方公里,在

已探明的150平方公里范围内,铁矿结存储量14亿吨,品位为51%～57%,可供年产1500万吨的钢厂使用40年以上,并有铜、钴、锌、白云石和大理石储量;自1953年建矿后,该矿累计投资10亿美元;露天开采,成品矿最高年产量1000万吨;用15.3公里的皮带运矿,有4个棒磨、球磨、磁选、浮选系列,3条过滤线,精矿粉品位

首钢秘鲁铁矿公司的矿厂

65%～69%;2条球团生产线,能力分别为年产100万吨、200万吨球团;还建有日处理2000吨海水的淡化车间,装机容量62.5兆瓦的发电厂;有停靠20万吨级矿砂船的码头,装船能力4500吨/小时;生活区有地下水采供设施、住宅、医院、学校等。1993年,该矿年产铁矿石521万吨,增长82.7%;公司获利500万美元。扩建4个选矿系列,作业率达到71%,提高35个百分点。矿粉经过细磨加工,品位达到69.3%,含硫量达到中国国标。1998年根据秘鲁新的公司法,改名首钢秘鲁铁矿股份有限公司,电铲、矿车、选矿和球团生产效率达到历史最好水平,降低了成本,产品向日本、中国、美国、韩国、墨西哥、特立尼达、多巴哥出口。该公司是南美太平洋沿岸两大铁矿之一,是秘鲁第五大出口企业和第四大矿业出口企业。秘鲁铁矿是首钢的战略资源之一。

地址:秘鲁利马市智利共和国大道262号;电话:005113304600;传真:005113305136;法定代表人:王平生

(秘铁)

【北京国际汽车贸易服务园区】 是由北京首钢特殊钢有限公司、北创集团、北京市旧机动车有限公司、北京弘汇泽市场管理中心合资创办,建于2000年。园区规划占地24万平方米,其中5.5万平方米的一期工程,包括1.2万平方米的新旧机动车交易大厅和可同时停放2000辆汽车的汽车广场,当年建成营业,二期、三期建设和招商工作年内尚在进行。汽车园区规划建设1个加油站、1座商务博览中心、1个旧机动车交易市场、2个园区标志塔、1个润滑油服务中心和18个四位一体汽车专卖店。主要经营项目有:新车交易、二手车交易、汽车配件、汽车保养、汽车维修、汽车美容装饰、汽车清洗、汽车电子商务、汽车租赁、汽车俱乐部、汽车援救、汽车展示展销、汽车拍卖、汽车广告、汽车解体等,还经营机电设备、五金交电、百货、信息咨询、技术开发、技术培训、技术转让,物业服务。2003年新旧机动车交易9467辆,一汽宝来专卖店、重庆长安铃木专卖店和二手机动车交易量成倍增长,公司实现利润100万元;东风雪铁龙专卖店、奇瑞专卖店正在建设。该园区是京城别具特色的大型汽车贸易园区。

地址:北京市石景山区古城大街;邮编:100043;电话:(010)88912469;传真:(010)68843515;法定代表人:李惠颐

(郝占起)

【北京首钢园林绿化服务中心】 前身为1978年首钢成立的专业绿化队,1982年

改名厂容绿化公司，对首钢厂区及城、矿企业的绿化美化实行专业管理。1998年实施ISO9000标准，2001年获得园林绿化设计施工二级资质。服务中心具有独立的企业法人资格。坚持“以人为本、科技为先、市场为源”的发展战略，建设“绿色首钢”，开发外部市场。1978年以来首钢主厂区绿化投资5亿元，绿化面积由26.8万平方米增至192万平方米，绿化覆盖率由7%增至35.6%，植树760万株，建大型绿地11处，群明湖等大型景点13处，三季有花，四季常青。完成蒲黄榆立交桥、北京康复中心、大兴万亩森林公园、石景山松林公园、百里长街首钢段等绿化美化工程，兴建大型五色草造型60多个，在山区义务植树85万株。用计算机CAD系统进行绿化设计；优良瓜果、菊花无土栽培等技术在北京地区推广；大叶黄杨、早春野生露地花卉的引种栽培、“夏切一号”等260多项成果获得市级科技奖，冰凉花的引种驯化栽培获得中国花卉博览会科技奖；新型果蔬保鲜剂、切花保鲜剂等获得国家专利；切花保鲜剂等获得巴黎国际发明展览会铜奖。首钢连续22年被评为首都绿化美化花园式企业、山区绿化红旗单位，被授予全国绿化先进企业称号。该中心销售苗木、花卉、根艺作品，为客户提供园林绿化、美术装璜、花卉培育等技术咨询和服务，承担园林设计、绿化施工、道路的铺设养护和照明安装，以及图片设计、模型和沙盘制造、室内设计和施工，承办展览展示活动、专业技术和管理培训。

地址：北京市石景山区苹果园地铁站西侧；邮编：100041；电话：(010)88724702；传真：88752891；法定代表人：李崇涛

（杨长林）

【首钢实业公司】 原为首钢生活服务管理中心，1997年8月22日分立为事业法人，2000年10月成立首钢实业公司，与生活服务管理中心一套机构，两块牌子。管理物业公司、饮食公司、工贸公司、旅游公司、幼儿保教中心、机关服务中心、沙河服务站7个直属单位，法人实体40个。经营物业管理、餐饮服务、工贸服务、旅游宾馆、

首钢实业公司管理的物业小区

幼儿保教与老年服务、社区商贸、服装生产等，是跨行业、跨地区、跨所有制的首钢服务业主体企业。2003年底，共有职工4099人，总资产19亿元，销售收入55492万元，实现利润15.3万元。

地址：北京石景山区八角西街85号；邮编：100043；电话、传真：(010)88293953；法定代表人：韩振民

（孟建华）

【北人集团公司】 北人集团公司建于1952年，是中国著名的印刷机械制造企业集团，国家重点扶植的520家企业之一，其控股子公司是中国首批在香港上市的9家企业之一。主要生产平张纸胶印机、卷筒纸胶印机和印后包装设备。主要产品对开单双色胶印机国内市场占有率60%，在国内同行业竞争中以品种、质量、市场、规模、

效益五大优势成为行业的“龙头企业”。“北人”是中国印刷机制造业中科技含量最高的企业,拥有国家级印刷技术开发中心和多项技术专利。通过合资合作、技术引进等多种形式开发出具有国际水平的北人104型平版四色胶印机、商用轮转平版胶印机、表格机、凹印机、模切机、折页机、无线胶订联动线等新产品,形成从印中到印后充分满足印刷工艺要求较为完整的产品体系。

地址:北京市朝阳区东三环南路44号;邮编:100022;联系电话:(010)67714032 (解 峰)

【北人印刷机械股份有限公司】 位于北京市经济技术开发区,是以生产“北人牌”胶印机闻名的印刷机械企业。生产胶印机械已有近50年的历史,是中国最大的胶印机制造商,也是中国机械工业500强之一。1993年经国家体改委批准改组为在香港联合交易所H股上市的股份制企业,1994年在上海证券交易所A股上市。是国内首批境外上市的9家企业之一,公司集开发、设计、生产、销售、服务为一体,生产80多种不同类型和规格的单张纸胶印机和卷筒纸印刷机。拥有国家经贸委认定成立的国家级技术中心,拥有技术专利几十项,始终保持国内胶印机技术的最高水平。拥有完善和发达的市场销售及服务网络,在全国各地建有9个大区域专营公司、60多个经营销售分公司和40多个安装调试服务中心,近百个备件销售网点。产品行销国内各个省市和东南亚、欧洲、北美洲和非洲的10多个国家和地区。

地址:北京市朝阳区东三环南路44号;邮编:100022;联系电话:(010)67714039 (解 峰)

【北京第一机床厂】 是国家重点企业,具有50余年机床生产历史,主要产品为各种类型的升降台铣床、床身式铣床、数控镗铣钻机床、立卧式加工中心、装配生产线专用机床、IT制造专用设备和地质工程钻机等机械设备。产品畅销国内外,远销世界50多个国家和地区。在发展中,北京第一机床厂根据北京整体规划要求,提升传统制造业,吸收并入了第三机床厂,并集合优质资产投资成立了北京北一数控机床有限责任公司。在北京林河工业开发区投资兴建北京数控机床生产基地。该基地生产加工中心机床、数控龙门镗铣床、精密机床零部件加工、机床防护加工、机床刀具制造等数控机床。北京北一数控机床有限责任公司与日本大隅株式会社合资成立了北京北一大隅(北京)机床有限公司,全套引进大隅株式会社技术批量生产立卧加工中心机床和数控车床。北京第一机床厂对外投资控股建立了北京第一机床(高碑店)铸造有限责任公司锻造公司等。

厂址:北京建外大街4号;电话:(010)65686341、65684412、65681159;传真:(010)65682580、65683171;邮编:100022;网址:www.byjc.com.cn;Email:bjby@263.net.cn (解 峰)

【北京天海工业有限公司】 该公司是中外合作经营企业,总投资3000万美元。具有B1、B2、B3、D2级压力容器设计、制造资格。以生产各类高压容器为主。有6条生产线,1条从德国引进的具有世界先进水平的冲压拉伸瓶生产线;2条从日本、韩国引进的管制瓶生产线,可生产大、中、小型各种规格的压缩气体钢瓶和蓄能器;1条从美国引进的缠绕气瓶及呼吸器生产线;低温气瓶生产线主要主产液态氧、氮、氩等低温气瓶；乙炔瓶生产线主要生产溶解乙炔气瓶、焊接气瓶和机动车用液化石油气钢瓶。产品广泛应用于化工、消防、石油、能源、城建、食品、冶金、机械、电子、航天、核能利用以及科研部门。其中多种产品荣获国家级、部级或市级优等产品称号。钢质无缝气瓶在1984年荣获国家银质奖、1986年获北京优质产品奖、1988年获美国最具权威的"DOT"许可证，1996年获得德国"TUV"证书和欧共体"EEC"证书，1997年又取得意大利、印度政府证书，1999年通过加拿大"TC"认证，并通过英国、德国、法国、挪威、美国、日本、中国船级社认证。公司产品已出口世界四大洲30多个国家和地区，被誉为"北京名牌"产品、"中国公认名牌"产品。研制出的车用压缩天然气钢瓶、机动车用液化石油气钢瓶及缠绕气瓶、低温气瓶等对环境保护和节约能源产生重大的促进作用。北京天海工业有限公司各项经济指标连续八年保持全国同行业第一。2002年再次被评为"中国机械工业500强"和"核心竞争力100强"企业，属北京市大中型企业综合经济效益100强企业。

地址：北京市朝阳区黄场路；邮政编码：100023；联系电话：(010)67365383；传真：(010)67367022；法定代表人：王平生

（解　峰）

【北京北开电气股份有限公司】 成立于1999年12月28日。是北京开关厂作为主发起人并以实物和现金出资，中国航空技术进出口北京公分司、天津市塘沽区红肖开关配件厂、北京京东方真空电器有限责任公司、上海华能电器电缆总公司、北京金火炬输变电设备有限责任公司以现金出资，共同发起设立。2003年4月，北开电气从北京朝外关店12号迁往北京经济技术开发区永昌南路5号。新厂占地11万平方米，硬件设施完备，并采用现代化的ERP管理体系，并将销售公司总部设在CBD商务区，有在职员工人数1261人，平均年龄38岁。其中：工程技术人员195人，专业技术103人，大专学历255人，本科以上学历134人。其中包括教授级高工、高级工程师、硕士等近百人。北开坚持"99 + '1' = 0"的管理理念，致力于高中低压开关控制设备，超导，机电一体化开关控制设备的研究和制造。"北开牌"产品在国内外享有很高的声誉，产品广泛应用于城乡电网、石油化工、钢铁、船舶、核电、环保、铁路、国防等领域。被国家技术监督局授予："全国质量管理先进单位"；被北京市和奥申委冠以"绿色企业"称号；被北京市工商局授予2002年度"重合同守信誉"单位；被北京市科学技术委员会授予《高新技术企业证书》；被北京电子城科技园管委会授予"2002年度园区二十佳企业"；2003年4月被朝阳区计划发展委员会评为2002年纳税大户。

企业地址：北京经济技术开发区永昌南路5号；邮编：100176；联系电话：(010)65021131转公司办公室　（解　峰）

【北京汽轮电机有限责任公司】 北京汽轮电机有限责任公司成立于2000年10月，由始建于1958年的北京重型电机厂主要经营性资产通过"分立式债转股"设立。2003年4月，北京汽轮电机有限责任公司变更为北京北重汽车电机有限责任公司。是以大中型火力发电设备为主的电工装备制造综合性企业，集电站汽轮机、汽轮发电机、电站辅机、交流电动机及压力容器设备等产品的开发、设计、制造、服务于一体，产品配套性强。引进技术开发制造的330兆瓦汽轮发电机组,荣获国家经贸委颁发的"国家级新产品奖"、荣获中国机械工业质量管理协会颁发的"全国机械用户满意产品"。通过了ISO9002和ISO9001质量管理体系的认证。连续14年荣获北京市工商局命名的"重合同,守信用"单位。

企业地址:北京市石景山区吴家村;邮政编码:100039;联系电话:(010)68632552

(解　峰)

【北京华德液压工业集团有限责任公司】 华德集团公司是国内重点生产液压基础元件和成套液压装置的大型国有企业集团。

集团公司拥有具有国际水平,国内迄今规模最大、设备最先进、产销量第一的液压阀、年产万台的液压泵/马达及设计制造年产200(台)套大型、特大型成套液压装置的生产基地;拥有从事新产品研发的技术开发中心。产品以引进德国REXROTH公司技术生产的液压元件为主,同时还生产液压成套装置、液压转向器、行星减速机、比例放大器、液压密封件、机床及各种液压铸件。主导产品先后均通过了ISO9001质量体系认证。产品不仅畅销国内,并批量出口,被广泛用于冶金、机床、工程机械、船舶、塑机、军工等各个领域。集团公司坚持"与市场接轨,与国际接轨"的经济方针,"以为顾客创造价值为已任,以为顾客提供服务为天职",永不停息地追求卓越。

【北京现代京城公司】 北京现代京城公司成立于2002年8月22日,是韩国第一大企业集团——现代集团之现代重工业株式会社与北京京城机电控股有限责任公司双方投资成立的合资企业,由现代重工控股管理,全套生产设备由现代集团引进。外籍专家和赴韩培训毕业的熟练工人在管理和生产上确保了产品的卓越品质。2002年9月17日第一台叉车下线入库,9月24日第一台挖掘机下线入库,至2002年年底,现代叉车生产148台,现代挖掘机生产39台,销售额达到15亿元人民币,北京现代正逐步成为国内最大的叉车、挖掘机制造供应商之一,国内叉车、挖掘机生产规格品种最齐全的制造商,也成为叉车、挖掘机行业最具有发展潜力、最具有竞争力的企业之一。

企业地址:丰台区卢沟桥南里2号;邮编:100072

(解　峰)

【北京京城重工机械有限责任公司】 北京京城重工机械有限责任公司是北京京城机电控股有限责任公司根据中国机械行业发展和北京市工业布局调整的需要,将原北京起重机器厂、北京重型汽车制造厂的优势资源进行重组整合后,于2001年12月18日注册成立的。公司通过技贸合作等方式相继引进了日本、德国、英国、美国、意大利、爱尔兰、西班牙等国外先进技术,经过消化吸收和技术改造,提高了产品的设计、试验及制造能力。企业还自行研制了深受用户欢迎的25吨、32吨工程自卸汽车;与爱尔兰联合设计开发了国内技术含量最高,并适合中国国情的25吨铰接式自卸汽车;与西班牙合作开发了市场急需的28吨散装水泥输送车和12立方混凝土搅拌车等。形成品种齐全的工程起重机、工程自卸汽车、混凝土机械等产品系列,产品技术质量均达到国内先进水平,成为中国工程机械行业中重要的研发和生产制造基地。

公司地址:北京市崇文区光明东路1号;邮编:100061;电话:(010)67183545

67163362;电传:(010)67163362(解　峰)

【北京京城工业物流有限公司】　北京京城工业物流有限公司是以北京市机械设备进出口公司、北京中都兴物资公司和其他企业的优良资源组建的一个以工业原材料采购、物流加工和国际贸易为主要业务,直接服务于工业企业的工业物流公司。该公司以"管理、技术领先,服务即时、完善,回报企业、社会"作为经营宗旨,立足北京、辐射华北和东北地区,建立直接为工业企业服务的物流配送体系,通过规范化的运作模式,进而打造京城工业物流的品牌。

地址:北京市崇文区光明东路1号;邮编:100035　　(解　峰)

【北京人民轴承厂】　北京人民轴承厂始建于1969年,是中国轴承工业协会会员单位,轴承行业重点骨干企业。是冶金轴承、石油轴承的专业生产厂,中国钢铁工业协会冶金设备配件服务中心成员单位、中国石油天然气集团公司石油机械轴承一级供应网络成员单位。是中国最大的轧钢轧辊系用轴承专业生产厂家,1997年通过GB/T19001-1994(ISO9001)质量体系认证,2003年通过BG/T19001-2000idt ISO9001:2000质量体系认证。该厂技术力量雄厚,有很强的专业队伍,可根据用户要求利用先进的有限元原理及设计理念对轴承进行优化设计,可为用户提供内径ϕ90~1000㎜的各类轴承产品1000余种。其中单列、双列、四列圆柱(圆锥)滚子轴承,单(双)列角接触球轴承,推力圆柱(圆锥)滚子轴承,调心滚子轴承,深沟球轴承以及用户特殊要求的专用非标准轴承等被广泛应用于冶金行业各种轧钢机、辅机和石油工业钻机、抽油机、泥浆泵、注水泵等设备中。也可为其他行业提供各类精密、特殊及专用轴承。

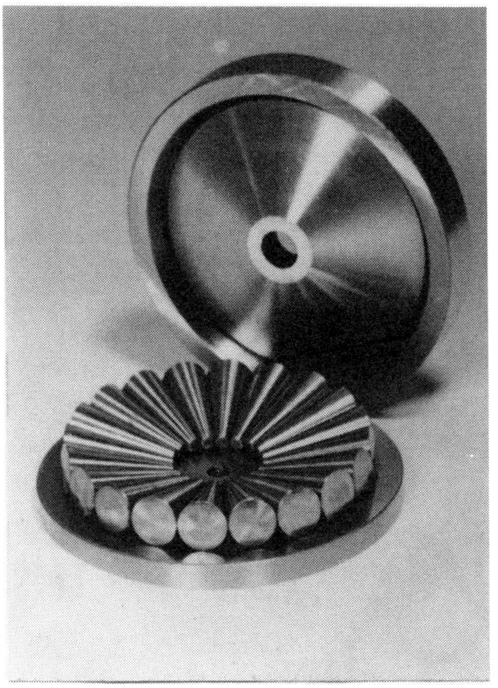

北京人民轴承厂生产的轴承

地址:北京市门头沟区城子大街72号;邮编:102300;电话:010-69826690;传真:010-69826691;法定代表人:肖宝明

(北京人民轴承厂)

【北京检测仪器有限公司】　北京检测仪器有限公司是京仪控股公司的控股子公司。主要生产分析仪器、环保仪器、节能检测仪表和实验装置,企业通过了ISO9001(2000版)质量体系认证。主要产品中,ATSC系列微机控制自动投切电容补偿设备可实现对多组电容器的动态、无触点分级快速投切,是国内最先进的动态无功补偿设备之一。ZRQF系列智能风速计为国内首创,可测量风速、风量、相对湿度,应用于各种有洁净度要求的空间监测。HG-3火焰光度计是测量钾钠微量元素的分析仪器，在人体血清测量以及农业、化工、制药、环保、建材等行业广泛应用。CD 系列便携式大气采样器适用于室内环境监测、大气环境监测和劳动卫生调查等。JWL－1A 型生物采样器用于卫生防疫、疾病控制以及环保、制药、食品工业中的浮游菌或致病微生物采样。

地址：北京市宣武区鸭子桥 39 号；邮编：100055；电话：(010)63262136；网址：www.bjjcyq.com；电子信箱：bjjcyq@bjjcyq.com；法定代表人：钱荣毅 （检测）

【北京京仪北方仪器仪表有限责任公司】 北京京仪北方仪器仪表有限责任公

北京京仪北方仪器仪表有限责任公司

司是由原北京第三电表厂和北京测振仪器厂经过资产重组，按照现代企业制度组建的股份制公司。该公司秉承原企业积 30 余年在电能计量和振动测试领域的技术积累和专业制造经验，坚持以客户为导向，做专家式公司的经营理念。形成两大系列产品，即以感应式单、三相电能表，电子式单、三相电能表，预付费电能表，多费率电能表，低压电力用户自动抄表系统为主导的智能型电能计量产品系列和以位移、速度、加速度传感器及振动分析仪器为主导的现场测试、状态监测仪器产品系列。先后通过了 ISO9001－2000 质量体系认证，荷兰 KEMA 认证及国内相关机构的产品认证，并拥有自营进出口权，产品现已销往世界十几个国家。

地址：北京市大兴工业开发区盛坊路；邮编：102600；电话：(010)60250333；法定代表人：杨永利 （杨永义）

【北京京仪海福尔自动化仪表有限公司】 北京京仪海福尔自动化仪表有限公司由原北京自动化仪表四厂改制而成，隶属北京京仪控股有限责任公司。是物位、流量仪表专业生产厂家。除公司本部外尚有华怡路安、华怡兴业、北京昌民(中韩合资)等 3 家子公司，北京物位仪表经销部、成套部、中华液位仪表网等分支机构。生产 10 大类 30 余种 200 多个规格的物位流量仪表产品。年产仪表 1 万多台，产品销往全国 28 个省市自治区，部分产品配套出口。公司通过 ISO9001(2000 版)质量体系认证和 ISO14000 环境体系认证。是中国仪器仪表行业协会物位仪表专业协会副会长和技术开发部部长单位，中国仪器仪表学会科学管理学会理事单位，是国内物位仪表的主导厂家。

北京京仪海福尔自动化仪表有限公司

地址：北京市东城区安德路 16 号；邮编：100011；联系电话：010－60250310；网址：www.bif4.com.cn；电子邮箱：offec@

hifor.com.cn;法定代表人:蔡一心

（海福尔）

【北京兴东方实业有限责任公司】 北京兴东方实业有限责任公司是北京市政府授权的国有资产经营公司,前身是北京市农业机械局。成立于 1995 年 12 月,具有国有资产经营权、房地产综合开发权和进出口权。注册资本 1.4 亿元,总资产 129 亿元,下属二级工商企业、事业单位有 16 家。该公司立足为农业、农村、农民服务,致力于各种农业机械和机具的开发生产,经历了北京农机从无到有、从小到大、从低级到高级的全部过程,为北京乃至全国的农业生产做出了自己的贡献。随着农业产业结构的调整,公司适应市场需求,相继开发研制出系列日光温室、田园管理机械、畜牧养殖机械、节水灌溉机械、挤奶机械等各种产品,服务于精品农业、设施农业、籽种农业、创汇农业、加工农业、观光农业,以可靠的质量、优惠的价格、满意的服务,为用户提供先进适用的产品,涌现出了“京鹏”温室、“大都林”挤奶机、“易润”灌溉等业内知名品牌。

地址:北京市海淀区复兴路 2 号;邮政编码:100038;电话:(010)63273336 总机;网址:www.boomeast.com.cn;电子邮箱:njjjyyb@sohu.com;公司法定代表人:吕振清

（兴东方）

【北京市农业机械研究所】 北京市农业机械研究所创建于 1959 年,主要从事温室、园艺、养殖机械设施的研发、生产、营销和服务,在全国同行业中具有较强的科技、人才和产业化实力。先后完成了 328 项科研课题和开发设计项目,获奖 144 项次,获国家专利 30 余项。主要科技产品销售到全国 30 余省、市、自治区。是“全国综合科研能力优秀单位”、“全国农业科技开发十强单位”、“京郊经济发展十佳单位”、“全国机械工业系统文明单位”、“首都文明单位标兵”,是北京市科学技术委员会批准设立的北京市菜篮子工程机械设备中试基地、北京市工厂化农业设施工程技术研究中心。2000 年,北京市农业机械研究所转制为企业。研究所以首都及全国工厂化农业发展目标为导向,在设施农业工程等研发和产业化发展领域,一些关键技术和项目不断取得突破与创新,形成了自身优势。2003 年全所实现销售额近亿元,规模和效益跻身全国同行业前茅,确立了北京市农机研究所在国内工厂化设施农业领域的领先地位。

单位地址:北京市海淀区西三旗建材城西路 87 号;邮政编码:100096;联系电话:(010)82913004;传真:82913004;网址:www.bami.com.cn;E-mail:bami@public.dta.net.cn;法定代表人:蔡福栋 （农机所）

【北京嘉源易润工程技术有限公司】 该公司成立于 1985 年,隶属于北京兴东方实业有限责任公司,是股份制有限责任公司。注册资本 1668 万元,总资产 3000 万元,主要从事现代农业设施的研发、生产、销售、服务。主要产品有“易润”牌节水灌溉设备、QD 系列温室和“大都林”牌系列挤奶机设备,“易润”和“大都林”是国内同行业著名品牌。企业严格按现代企业制度运作,被北京市科委认证为高新技术企业,被农业银行北京市分行授予 AAA 级信用等级,是北京市农机企业流通协会和中国奶协的会员单位,是中国灌排协会的副理事长单位,已通过 ISO9000 质量认证系统认证。“大都林”牌挤奶机是在吸收国际先进技术的基础上，结合中国国情自主研发的具有自主知识产权特色的民族品牌，已连续三年在北京市、山东省政府和伊利实业集团有限公司等的设备采购招标中中标，并向“蒙牛”、“汇源”、“三元”等国内各大知名乳业集团提供设备，产品在北京市市场占有率达到90%。“易润”牌节水灌溉设备是引进美国和以色列等国家的先进技术，结合中国节水灌溉的实际需求，在实用技术上有很大突破的成熟产品。适合温室使用的“易润宝”滴灌系统和适合地埋滴灌的系统，在全国已经推广各种项目10多万亩，深受各地用户好评。该企业还建立了全国第一家节水灌溉设备超市，并入驻中关村科技园区永丰高新技术产业基地，建立了自己的产业研发基地。

地址：北京市海淀区复兴路2号；邮编：100038；电话：01063280800/01/02/03；传真：01063271135；网址：www.yirun.com.cn；电子邮件：info@yirun.com.cn；法定代表人：冯阳

（嘉源易润）

【北京电力建设公司】　该公司始建于1964年，隶属于华北电网有限公司。公司具有电力工程施工总承包一级资质，同时还具有房屋建筑工程施工总承包二级、市政公用工程施工总承包二级、高耸构筑物工程专业承包一级、钢结构工程专业承包一级、环保工程专业承包一级，地基与基础工程专业承包二级资质；有北京市质量技术监督局颁发的“一级锅炉安装许可证”、1997年通过了质量体系认证，2002年通过了职业健康安全管理体系与环境管理体系认证。是国家一级档案管理单位、“国家电力公司双文明单位”和“首都文明单位”。到2003年年底共有在册职工3047人，中专及以上学历员工1317人，占员工总数的43.2%，其中有国家一级项目经理103人。企业注册资金1.7亿元，固定资产净值2.3亿元。公司机械设备资源配备充足，能同时满足5个600兆瓦以上机组施工现场和2个300兆瓦机组施工现场的要求，并可根据需求随时调往新开工的施工现场。共完成各类火电工程装机60余台，总容量达10080兆瓦；完成民用建筑面积100余万平方米，燃气、热力管道600余公里。在大型火电机组、变电站、房屋建筑、电力环保等工程的建设中承建的唐山陡河发电厂二期工程曾荣获国家第一枚电力建设最高奖银质奖章；国华三河发电有限责任公司（2×350兆瓦）、大唐天津盘山发电有限责任公司4号机组（600兆瓦）、大唐内蒙古托克托电厂一期2号组（600兆瓦）等工程相继被评为“达标投产机组”及“全国优秀焊接工程”，高水平实现了基建无痕迹移交生产；大唐内蒙古托克托发电有限责任公司一期2号机组创造了首次点火到移交生产仅用76天的华北地区同类机组时间最短纪录、机组整套启动到移交生产用28天的华北地区30兆瓦以上机组最短纪录，同一个现场2台600兆瓦机组投产间隔时间最短的国内纪录。顺义500千伏变电站工程被原国家电力公司评为“送变电优质工程”；房屋建筑工程曾多次获得北京市”优质结构工程”和“结构长城杯”。陕京天然气长输管线工程被中国石油天然气集团公司评为“优质工程金奖”。

地址：北京市朝阳区定福庄西里1号，邮编：100024；联系电话：(010)65762863

（电建公司）

【华北电力科学研究院有限责任公司】　该公司是由华北电网有限公司控股，大唐国际发电股份有限公司、北京国华电力有限责任公司参股的有限责任公司。是中关村科技园区认定的高新技术企业。2000年7月通过了ISO9002质量管理体系认证。2003年4月,实验室通过了中国实验室国家认可和国家计量认证。华北电科院有限责任公司是国家电力公司核准的火电工程甲级资质调试单位,送变电工程甲级资质调试单位。主要承担在役发、供电设备的技术监督、技术服务、技术改造,200兆瓦及以上机组和220千伏及以上输变电工程的基建调试,与发供电设备和电网安全稳定经济运行有关的试验研究,新技术、新工艺、新检测设备的研制和推广,专业技术培训等项业务。设置10个专业研究所、6个专业技术中心和28个实验室,拥有一支作风扎实、技术领先、勇于拼搏奉献的人才队伍、科研、试验、调试设备在国内32个电力试验研究院(所)中处于一流水平。

地址:北京复兴门外地藏庵南巷1号,邮编:100045 电话:010－68031144,传真:010－68014383,网址:ren@ncepri.cn,电子信箱:jiming@ncepri.cn

(华北电力科学研究院有限责任公司)

【北京通达耐火技术公司】 北京通达耐火技术公司是集设计、研发、制造、施工、维护为一体的国内知名的耐火材料科技服务型企业,隶属于北京金隅集团公司,系北京市高新技术企业,是国内同行业中唯一一家通过ISO9001质量管理体系认证和ISO10012国际计量体系认证的企业,公司所在北京天坛股份有限公司自1999年起连续被评为"全国质量效益型先进企业"。拥有北京市火炬计划项目建成的国内领先水平的不定型耐火材料自动化生产线,年生产能力达10万吨,主要为水泥、电力、石化、冶金等行业提供中高档耐火材料及其相关服务,并拥有国家二级炉窑施工资质。公司参与起草了多部国家和行业产品技术标准。产品系中国水泥协会、中国石化、国家电力公司等行业重点推荐产品,被各大设计院在设计文件中直接采用,并获得了国内外广大客户的好评。

北京通达耐火技术公司

地址:北京市德胜门外西三旗;邮编:100085;联系电话:(010)62924372、62914308;传真:(010)62924371;http://www.btrtc.com;电子信箱:sales@btrtc.com lip@bjtd.com.cn

(李　平)

【北京市建筑材料科学研究院】 北京市建筑材料科学研究院成立于1959年,是北京金隅集团的技术中心。于2000年成功转制为高科技型企业,具有科研开发、质量检测、生产经营三个平台。科研开发平台下设高分子材料研究部、无机非金属材料研究部、纳米与环境新材料研究部。建

院以来，共取得科技成果 300 余项，100 余项获科技奖，获得国家专利 30 余项，科技

北京市建筑材料科学研究院

成果转让遍及全国 10 多个省市。质量检测平台由北京市建筑材料质量监督检验站、北京市建筑五金水暖产品质量监督检验站、北京市木材家具质量监督检验站组成。可向社会提供涂料、胶粘剂、墙体材料、砖瓦、防水材料、塑料管材、水暖制品、五金制品、家具、木材等产品的质量检测服务。生产经营平台主要从事“金鼎”牌建筑涂料，粉刷石膏，墙体保温、防水涂料的制造销售与施工技术服务。金鼎建材系列产品已经通过 ISO9001:2000 质量管理体系、ISO14001 环境管理体系、ISO10012 测量管理体系及中国环境标志产品认证。金鼎建材销售网络遍及全国，广泛应用于国内许多重点工程。

地址：北京市石景山区西福村 1 号；邮编：100041；电话：(010)51660218、88724584；传真：88715332；网址：http//www.bbma.com.cn；E-mail：bbma@public3.bta.net.cn；法定代表人：王肇嘉 （崔国强）

【北京昊煜工贸有限责任公司汽修厂】 北京昊煜工贸有限责任公司汽修厂是北京京煤集团有限公司控股的门头沟区汽车修理行业一类企业。始建于 1975 年，现有厂房建筑面积 4000 多平方米，占地面积 1.2 万平方米。是集汽车维修、保养、特约维修、配件销售、车辆报废服务和代办机动车辆险、货运险和人身意外伤害险为一体的综合性企业。该厂还是北汽福田车辆公司、南京跃进汽车公司等特约维修站。企业宗旨是：以质量求生存，以工期求发展，以服务求效益，致力于用专业人员的精湛技术和企业的先进设备，以及人本化和人文关怀的经营理念，竭诚为用户服务。

北京昊煜工贸有限责任公司汽修厂

地址：北京市门头沟区滨河路 75 号；邮政编码：102300；电话：(010)69842824；经理：郑利民 （李玉祥）

【北京宏丽源有限责任公司】 北京宏丽源有限责任公司系北京丽源公司在北京丽源公司所属化妆品生产厂的基础上通过资产重组，以优良资产吸纳社会法人股而组建的。于 2000 年 12 月 29 日正式成立。现有职工 388 人，其中，工程技术人员 30 人。该公司继承了北京丽源公司生产的全部化妆品产品，品牌有“奥琪、华姿、宝贝、紫罗兰”等，产品以优异的性能、价格赢得了消费者的喜爱。在同行业、商业单位以及消费者心目中形成较高的知名度。其产品曾荣获国内化妆品的市优、部优、国优、北京名牌产品等各种质量奖荣誉，尤其奥

琪美容师系列产品在 1996 年度被国家经贸委评为国家级新产品，是国内化妆品中唯一获此殊荣的新产品，产品销售区域主要分布在全国 5 个省市自治区。该公司于 2001 年通过了 ISO9000 质量体系认证。该公司因环保搬迁已在通州区次渠镇光机电一体化工业开发区建设新厂。2003 年销售收入 3000 万元，完成利润 120 万元。

地址：北京市崇文区天坛东路 66 号；邮编：100061；联系电话：(010)67158895

（宏丽源）

【北京一轻高级技术学校】 该公司创建于 1964 年，隶属于北京一轻控股有限责任公司，是国家重点技工学校和高级技工学校，是北京市软件产业基地软件职业技能示范培训中心，学校以中、高级技工学历教育为主，现有在校生 3648 人；同时面向社会开展多工种、多层次的职业技术培训和职业技能鉴定工作，每年达 3000 人次以上。学校占地 125 亩，建筑面积 38872 平方米。开设计算机、轻工、服务 3 大类 17 个专业，其中"食品与生物技术应用"、"计算机软件制作"、"光机电一体化"、"休闲娱乐与管理"专业为学校的主专业。设备先进的食品实习车间、计算机房、电工实习室、模拟餐厅、模拟客房，以及各类实习实验专用教室为学生提供了良好的实训条件。学校于 2003 年 7 月上旬通过了 BG/T19001:2000 及 ISO9001:2000 质量管理体系认证。

地址：北京市丰台区马家堡路 63 号；邮编：100068；电话：(010)67566081；校长：孙达夫

（北京一轻高级技术学校）

【北京乾沣印刷有限公司】 北京乾沣印刷有限公司地处朝阳区和平里西街，公司前身北京印刷三厂是一家具有 40 多年历史的国有企业，是国家新闻出版署确认的国家级定点书刊印刷企业。2001 年经过改制成立股份制公司。拥有主要生产设备有北大方正激光照排系统、海得堡 M－600 八色商业轮转印刷机、日本三菱四色胶印机、瑞士产马天尼胶订联动机等，具有较强的印装生产能力和良好的企业信誉。企业注册资金 2284.6 万元，职工 355 人。2001 年通过 ISO9001 质量体系认证，连续七年被评为北京市质量管理十佳单位，连续十

北京乾沣印刷有限公司

年获北京市"重合同、守信用"单位称号。

地址：北京市朝阳区和平里西街 21 号；邮政编码：100013；电话：(010)84272583；法定代表人：翟康乐　（乾沣）

【北京中融安全印务公司】 该公司隶属于北京印钞厂，是北钞厂唯一面向社会独立经营的国有企业。除完成国家下达的钞票、税票主业任务的同时，常年大量承接社会各种证书、证件、支票、存折、票据、印章等业务。多年来该厂依靠自身的设备生产能力、企业管理能力、质量控制能力以及周到的售后服务。赢得了众多客户的信任，建立了良好的企业信誉，使业务范围不断扩大。

地址：北京市宣武区白纸坊西街 23 号；邮编：100054；联系电话：83514314；网址：www.zrprint.com；法定代表人：周玉华

（北京中融安全印务公司）

【北京市珐琅厂有限责任公司】 北京市珐琅厂有限责任公司是全国生产经营景

景泰蓝艺术陈列室

泰蓝工艺品规模最大的专业企业，集研发、制作、商贸、旅游为一体，是国家命名的唯一一家生产经营景泰蓝的中华老字号，北京市外事旅游接待单位。其主导产品“京珐”牌景泰蓝销往全国各地及世界许多国家和地区。企业创办于1956年1月，1958年郭沫若为其书写厂名。2002年9月转制为有限责任公司。公司占地面积23841平方米，建筑面积24215平方米，有退休及在职职工1300余人。该厂以其产品的研发优势，上乘的质量和浓厚的文化品味享誉国内外市场，并形成知名的“京珐”品牌，数十次荣获国家、部、市级金奖和大奖。2003年，“京珐”牌景泰蓝荣获第四届中国工艺美术大师作品暨国际艺术精品博览会金、银奖；首届“北京工美杯”特别金奖；企业六次荣获北京市“首都文明单位”称号。创办了《景泰蓝艺术陈列室》、《大师工作室》。《陈列室》是国内第一家较为系统介绍、展示景泰蓝艺术的窗口。《大师工作室》的建立，对产品向个性化、多样化发展起着积极的促进作用。企业开办的商品部有5个展销厅，营业面积近2000平方米，经营着2000余种造型各异，规格齐全的景泰蓝工艺品。其中，相当部分大师设计的新品、精品在公司以外不曾面市，且有较高的收藏价值。年内又在商品部开辟了精品廊，以展示各位大师不同的创作艺术风格和特点。

地址：崇文区永外安乐林路10号；邮政编码：100075；电话：(010)67211677；法定代表人：余芳君 （珐琅厂）

【北京市玉器厂】 该厂始建于1958年，为集体所有制企业。拥有数名中国工艺美术大师和优秀的创作设计人员，技术力量雄厚。主要产品有：玉雕人物、器皿、动物、花鸟、盆景等，产品曾多次在全国行业评比中获奖，在国内外享有盛誉。该厂成立了

北京市玉器厂玉器制品

李博生大师工作室、王耀堂大师工作室和李睿大师为主的珍、精品制作组，对玉器的品种创新，产品创新进行了大胆探索，已创作出一批匠心独具、创意新颖的玉雕工艺品，受到同行专家的一致好评。全厂在册职工493人，在职职工184人，退休职工

1148人。年内营业收入666万元,实现利润2.8万元,上缴税金61.4万元。

地址:北京市崇文区光明路11号;邮编:100061;电话:(010)67115310;传真:(010)67180962;法定代表人:张田利

(北京市玉器厂)

【北京四环医药科技股份有限公司】 北京四环医药科技股份有限公司是北京四环制药厂为主联合5家公司于2000年6月28日发起设立的高新技术企业。是一家从事药品研制、开发、生产、销售并通过国家GMP认证的制药企业。四环医药拥有高科技产品13种,其中有代表国内新水平的国家一类新药2种,代表市场前景的独家产品7种,而且拥有3种专利产品。四环医药自1991年正式投产到2003年,每年以超过30%的速度发展,累计实现销售额22.8亿元,上缴国家税收近4.7亿元。连续10年获北京市新技术产品开发试验区经济20强,连续12年获"重合同、守信誉"单位、多次荣获"全国医药行业质量效益先进企业"。

地址:北京市海淀区复兴路47号;邮编:100036;联系电话:(010)51921698;法定代表人:文鸣旭　(四环医药)

【北京正业汽车修理厂】 北京正业汽车修理厂坐落于北京市东南二环路左安门桥畔。系北京市交通局核准的一类汽车维修企业,是北京吉普汽车有限公司指定的特约维修服务站。该厂占地面积6600余平方米,其中维修车间2000平方米,业务接待大厅近200平方米。该厂设备完备,配备有美国进口四轮定位仪,喷油嘴检测、清洗机,发动机免拆清洗机,专用及通用电喷车辆电脑检测仪;F12、R134A冷媒加注机,轮胎拆装机,轮胎动平衡机及燃油烤漆房等全套维修设备。技术力量雄厚,维修技术人员经吉普公司专业培训已全部取得北京市交通局认可的中级以上维修技术等级证书。可承接各种车辆的大、中、小修,以及事故车的钣金整形、喷漆等维修任务。该厂还作为中国人民保险公司崇文分公司的保险代办,能为客户提供完善、周到的保险及理赔服务。作为北京吉普汽车有限公司的特约维修服务站,该厂在北京吉普汽车有限公司设在全国的120余家维修站当中,连续三年维修业务量第一,配件提货量第一,外出服务、道路抢修第一。

北京正业汽车修理厂

地址:北京市崇文区左安门外关厢东里22号;24小时热线电话:(010)67621752、67629338;法定代表人:崔雪平

(北京正业汽车修理厂)

【北京长城密封件厂】 北京长城密封件厂成立于1984年,主要生产各种橡胶密封制品,为冶金、煤炭、工程机械、矿山、化工、国防等部门提供配套密封件,并为引进设备、流水线的汇压和气动系统用密封件国产化服务。同时提供密件系统设计、密封元件的研究和生产及新型密封材料的开发应用,以及密封技术的咨询、技术服务。其主要产品有:O型圈、骨架油封、Y型圈、Yx型圈、组合垫、V型圈、U型圈、J型圈、弹性圈、刹车皮碗、防尘套、波纹管、矩形

圈、膜片等。另外,还可以根据用户的要求生产功能及形状各异的异型橡胶制品。

地址:北京市崇文区杨家园北里1号迤北;邮编:100075;联系电话:(010)67378224;传真电话:(010)67222917;法定代表人:蔡金华 (长城)

【北京机床附件厂有限责任公司】 北京机床附件厂始建于1951年,是国家机电部投资定点生产机床附件的国有中小型企业,隶属于北京市机械工业局,1999年划归崇文区经委管辖,2003年改为有限责任公司。该厂占地10000平方米,建筑面积6246平方米。有在岗职工114人,其中科技专业管理人员40名,高、中级职称占22%。拥有生产设备56台,金属切削机床占90%。主要系列产品有:滚针式铣夹头;可逆式丝锥夹头;可调接杆式快换攻丝夹头;数控机床强力型弹簧夹头刀柄。建厂以来总计向社会提供50万套机床附件产品,已累计向国家上缴利税2800万元。在国内同行业中,该厂历来以产品质量优良著称,"三箭"牌产品享誉国内,凭借质优价低的强大竞争力迅速打开国际市场。2003年企业销售收入近千万元,连续多年出现国内市场紧俏热销,国外销售猛增。国内市场占有率达70%,出口产品销售额达400万元,占企业销售总额的44%。

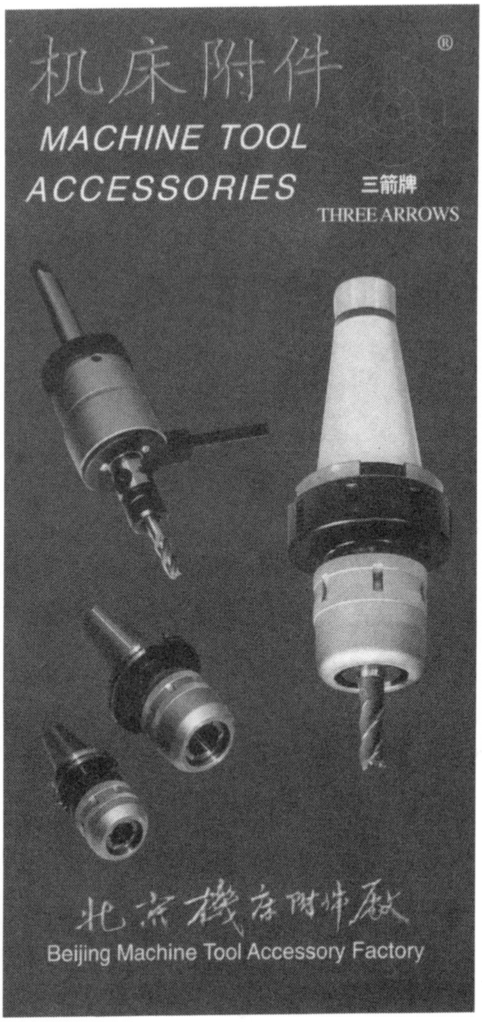

北京机床附件厂有限责任公司生产的机床附件

地址:北京市通洲区潞城镇召里工业园区13号;邮编:101117;电话:(010)69590230;传真:(010)69590230;法定代表人:郑志涛 (北附厂)

【北京市房山区工业总公司】 北京市房山区工业总公司原为县工业局,成立于1955年,1998年改为资产经营性公司。下属企业25家,总资产26000万元,现有职工3200人。公司实施多元化发展。在产品制造方面,工业产品有锻压机床、铝塑门窗、工业用桶、药芯焊丝、包装纸箱、防火涂料等20多种,部分产品远销国外。2003年成功与北京第一机床厂合作,组建了北一良工机械有限公司和北一良工机床零件制造有限公司,成为了北京地区重要机械加工生产基地;在房地产开发方面,良工房地产开发有限公司已成功开发了昊天温泉家园、昊天温泉小区、祺兴缘小区,总建筑面积20万平方米;在工业园区建设方面,良工工业集团占地510亩,完成"七通一平",

北京第一机床厂、大华天坛服装公司将陆续入驻。目前,公司各项事业蓬勃发展、欣欣向荣。

地址:北京市房山区良乡昊天大街116号;邮编:102401;联系电话:(010)69368558,传真:(010)69368558,E-mail:gyzgs@bjfsh.gov.cn　(房山区工业总公司)

【风腾机械(北京)有限公司】 风腾机械(北京)有限公司是美国风腾集团下属的一家全资子公司,2003年在中国投资建立。美国风腾集团是一家在全球范围内享有盛名的集金属自动成型与加工系统的设计、制造、服务于一身的国际化集团公司,旗下集聚了多家拥有世界最先进技术的著名的卷材处理、板材成型和管道加工设备制造商。自20世纪90年代初成立以来,已为全球各地,包括中国在内的生产商提供了数以千计的金属卷料处理系统、单横剪切流水线、金属成型加工系统以及全自动通风管道加工流水线。风腾机械(北京)有限公司依托美国风腾集团提供的先进技术和产品,结合国内用户的具体需要,不断开发、生产适合中国市场的暖通空调管道制造系统、金属板材成型和加工设备、金属卷材处理系统,以及适合汽车、建筑等行业广泛应用的金属辊轧成型设备。

风腾机械(北京)有限公司

地址:北京市昌平区北七家镇宏翔鸿企业孵化基地;邮编:102209;电话:010-89758065、010-51668167;传真:010-89751509;网址:www.formtek.com.cn;法定代表人:尼古拉斯·费勒　(风腾公司)

【北京老万生物质能科技有限公司】 北京老万生物质能科技有限公司是中关村科技园区昌平园唯一的专业从事节能、环保型供热设备的企业,成立于1985年。该公司在“创新、诚信、图强、奉献、自律、共荣、公平、关爱”的企业文化激励下,以“为生活献热,为社会节能,为人类环保”为使命,强化管理,塑造品牌,服务用户,承担责任,创造了中国家庭独立供热的新方式,开辟了高效节能低排放炉具的先河,引领了生态炉具和固体生物质能源产业化的潮流。在北京、天津、济南、郑州、石家庄、西安、太原、辽宁、兰州等地分别建立了生产和销售基地,并有中瑞合资公司,生产规模为全国同行业之首。研发生产的燃煤系列、燃木系列和生态炉具产品以及可再生能源燃料共3大类9个系列70多个规格的品种,各项指标都达到欧洲标准,“老万牌”供热设备已成为北方地区的著名品牌。

北京老万生物质能有限公司

地址：昌平科技园区超前路23号；邮编：102200；电话：010－69743046；传真：010－69743046；网址：www.laowan.com；法定代表人：邢志权

（老万炉业）

【蓝十字生物药业（北京）有限公司】
蓝十字生物药业（北京）有限公司是一个外商投资的高科技企业，成立于1990年，拥有1座8000平方米、4A级的办公生产大楼，有280个员工从事于研发、生产、销售和咨询服务。相继在国内和国外进行了广泛的投资并建立了4个分公司和10多个国内办事处。企业专注于发展胶体金一步法检测试剂产品。在产品的特性、原材料的选择、生产工艺和质量控制上有着与其他厂家不同的特色。“蓝梦孕知”品牌的人绒毛膜促性腺激素诊断试剂取得了显著的销售业绩，“蓝梦孕知”系列产品的销售已达5亿人份，市场占有率达到67%。蓝十字公司积极拓宽了产品线，现在公司有能力生产高质量的生殖类、传染病类、肿瘤类，性传播疾病和毒品类系列测试产品，有多达100个规格的产品可供客户选择。

蓝十字生物药业（北京）有限公司

地址：北京市昌平区北七家镇宏翔鸿企业孵化基地；邮编：102209；电话：010－69756001－05；客户服务热线：800－810－9830，E－mail：mktg@bluecrossgroup－china.com；网址：http://www.bluecrossbiotech.com；法定代表人：祝明

（蓝十字生物药业公司）

【北京市欧赛彩色印刷有限公司】 该公司于2001年10月注册成立。2003年8月，入驻北京市昌平区北七家，现拥有固定资产3000万元，生产基地占地32亩，一期工程为标准厂房，建筑面积6240平方米。已通过ISO9002质量管理体系认证，建立了以生产流程中的质量监督控制管理，自主开发的计算机管理网络应用生产全过程，保证了产品在生产流程各环节的质量要求。主要业务：印前设计、广告宣传品、纸质包装彩色印刷及印后加工。主要服务客户：4A广告：智威－汤逊广告公司、电通广告公司、瑞狮广告公司、达彼思广告公司、第一企划广告公司，IT业：冠群金辰软件、联想、清华同方、金山软件，商业：赛特购物中心、北辰购物中心、北京友谊商店、超市发，工业：中石化，风帆蓄电池、发那科机电。

北京市欧赛彩色印刷有限公司

地址：销售部：北京市朝阳区北苑路172号欧陆经典16号楼601室；邮编：100101；生产基地：北京市昌平区北七家镇宏翔鸿企业孵化基地；邮编：102209；电话：销售部：010－84851014、010－84851012；传真：010－84851013；生产基地：010－

89758005；传真：010－89758005；法定代表人：胡谦 （欧赛彩印）

【北京御食园食品有限公司】 该公司是一家对怀柔区及周边地区的干鲜果品进行加工和销售的民营科技企业，主要生产甘薯系列、板栗系列、豌豆系列等30多个

北京御食园食品有限公司生产设备

品种、200多个规格的产品。实行产、加、技、销一条龙的产业化运营机制，坚持以市场为导向，以科技为先导，以农户为依托，致力于生产和服务，弘扬京味食品的传统风格，发扬适应现阶段休闲食品需求的创新意识，以营养、绿色、健康、美味为产品的生产和开发宗旨，已在北京王府井百货大楼、西单购物中心、东安市场和北京首都国际机场等20多家大商场建立销售专柜；其他如北京燕莎、华联商厦，美廉美等50多家超市销售公司的产品，有外埠经销网点20多个。先后获得“中华老字号企业”、“农业产业化重点龙头企业”、“民营科技企业”等荣誉称号。

地址：北京市怀柔区；邮编：101407；电话：61668198；网址：www.yushiyuan.com；电子信箱：jchunmeishengvi@sohu.com；法定代表人：曹振兴 （御食园）

【北京科高大北农饲料有限责任公司】 北京科高大北农饲料有限责任公司，坐落于北京市怀柔区雁栖工业开发区，注册地在北京市怀柔区雁栖镇，成立于1996年9月，系大北农集团在北京的高科技产业基地之一。公司占地面积210亩，有员工500余人，其中大专以上学历员工达40%；有年产20万吨浓缩和全价饲料生产线2条，年产10万吨预混料生产线1条。已开发、生产了大北农牌、龙农牌、智慧牌浓缩料和全价料3个品牌2个系列100多个品种饲料，产品投放市场后受到普遍好评，产品覆盖北京、天津、河北、山东、辽宁、内蒙古等地，年销量12万吨，销售额5亿元。大北农牌乳猪全价饲料“551”以其极好的适口性和极强的促生长性尤其是以其显著的防乳猪下痢的功效获北京市“名优产品”称号，公司被评为北京市乡镇企业“百强企业”，被怀柔区政府授予“经济发展尖兵”、“十大规模企业”和“创农产品品牌单位”等荣誉称号，2001年12月通过ISO9001:2000国际质量体系认证，是北京市农业产业化重点龙头企业，农行北京市分行“AAA级信用企业”单位。

地址：北京市怀柔雁栖工业开发区；邮编：101407；电话：010－61669933；网址：www.dbn.com.cn；电子邮箱：dbnzhangwei@tom.com；法定代表人：徐信兵

（北京科高大北农饲料有限责任公司）

【波尔亚太（北京）金属容器有限公司】 位于北京怀柔雁栖工业开发区B区，距怀柔城区6公里。1994年8月24日成立，占地106亩，投资总额3000万美元，注册资金1800万美元，总资产4800万美元。有职工人数165人，其中管理及技术人员32人。怀柔区当地员工95名，占55%。该公司是波尔亚太有限公司全资子公司，波尔亚太有限公司是美国财富500强之一美国

波尔公司在香港投资的全资子公司。波尔亚太(北京)金属容器有限公司拥有全套引自美国的制罐生产线,冲杯机、拉伸机、彩印机、缩颈翻边机等,主要设备代表了20世纪90年代国际最先进水平。该生产线具有先进的PLC系统、六色印刷功能及完善的品质控制体系,配有电脑显示监控屏幕,是亚洲单线速度最高的两片易拉罐生产线,设计能力为每分钟1800只罐。公司专业生产206型铝质两片易拉罐,含355毫升及330毫升供应客户包括青岛啤酒、可口可乐、百威啤酒、生力啤酒、百事可乐、燕京啤酒、嘉士伯啤酒、健力宝等国内外著名饮料厂家。

波尔亚太(北京)金属容器有限公司

地址:北京怀柔雁栖工业开发区B区;邮编:101407;电话:010－61668288;传真:010－61667148;第一副总经理:李贯乾

(波尔亚太)

【北京华奈达工贸集团】 位于北京市平谷区滨河开发区内,创建于1994年,注册资金6300万元,是中国北方规模最大的羽绒制品企业之一,集团总占地面积10万平方米,辖属华奈制衣、杰思服装、杰恩工贸、国贸大厦和华奈市政5家核心企业,在瑞典斯德哥尔摩设有分公司,集团拥有员工2500名,固定资产1.8亿元,年生产各类服装200万件(套),其产品不仅在国内占有较大市场份额,而且还出口美国、瑞典、日本和香港等20多个国家和地区,北京华奈达工贸集团始终坚持“科技领先,创新为本,质量第一,客户至上”的经营方针,外盯市场,内抓管理。1997年,获得原国家外经贸部批准的自营进出口权,在全国同行业中,率先通过了ISO9001质量管理体系认证和ISO14000环境管理体系认证,生产的“杰恩”牌羽绒制品在国家质量检测中心,多次被评“优质合格产品”,“十佳畅销品牌”,并连续三届被评为“北京市著名商标”,2002年被评为“北京名牌”。

地址:北京市平谷区滨河开发区内;邮编:101200;电话:69965015;法定代表人:宋庆华

(北京华奈达工贸集团)

【北京兴谷工业开发区】 位于平谷区城区北侧,是城区规划的一部分,前身为北京市平谷县兴谷经济开发区,于1992年10月设立,1993年6月21日首规委批准规划方案,同年8月23日经北京市人民政府第七次市长办公会议批准成立,2000年12月8日经北京市人民政府批准列为市级工业开发区。2002年11月19日,兴谷开发区被列为“汽车及配套零部件生产基地。”平谷区是最早获得批准的国家级生态建设示范县,兴谷开发区以华北地区最大饮食品工业基地为目标,形成了食品饮料制造等都市产业为主,制药、生物工程等高科技产业共同发展的产业格局,至2003年已引进企业700多家,其中生产企业百余家,旺旺集团、维他露食品公司、千喜鹤食品公司、老才臣食品公司、吉盛客食品公司、岐黄制药公司等企业相继建成投产,健力宝健康产业园、美味珍食品有限公司,北京盛唐饮品有限公司正在建设。旺旺集团建有6家企业,投资4860万美元,并于2000年5月通过ISO9002质量管理认证,2003年销售收入5亿元,利润1亿,上缴税金0.5亿元；维他露公司投资1350万美元；千喜鹤公司占地20项，投资2亿元；制药业以东升制药厂、岐黄制药有限公司为主，岐黄公司为北京市高新技术企业，占地13公顷，投资1.8亿元，集科研、中试、生产为一体，现已研制出“强骨胶囊”，列入国家星火计划项目和国家现代中药产业化专项计划；区内还有健天雷昂电子信息技术公司、九鼎通信设备公司等企业。平谷开发区初期规划用地面积503公顷，一期377公顷土地基本开发完毕。2001年底区规划局对开发区总体规划做出调整：东边线自台城路延伸至山桥路，西边线不变，将北边线向北扩展1500米，规划调整后可增加规划用地面积700公顷，该区域位于平谷山前盆地平原区，地质结构简单，水体丰沛，适宜大规模工业开发。2002年北京市提出“以汽车为突破口，振兴北京现代制造业”的首都经济发展战略，平谷区被列为北京汽车本地化生产基础，为吸引更多的韩资企业来平谷投资，平谷区在兴谷开发区规划建设200公顷的韩资企业园。已有星宇、日进、大林企业、和承R&A，韩一理化、佳思、世亚、三五、仁松等企业入区。

地址：北京兴谷工业开发区；邮编：101200；电话：69964071；企业法定代表人：李宝峰 （兴谷工业开发区）

【千喜鹤集团】 是集餐饮服务、食品加工、畜禽养殖、屠宰与肉制品加工、房地产、粮油果品贸易、商业连锁、物流配送、职业技术教育为一体的现代企业。拥有员工近万人，自有资产4亿元，下属3个子公司，经营区域涉及北京、天津、广州等20多个大中城市。下属河北千喜鹤饮食股份有限公司是中国人民解放军饮食社会化保障龙头企业，在全国各地设立了8大管理区62个餐饮中心，为全军三分之二的军事院校及地方院校、大型企业的近20万就餐者提供社会化饮食保障。在所保障范围内建立了较高的美誉度，连续3年被解放军总后勤部、北京市政府授予“军队生活保障社会化改革先进单位”称号；国家权威机构授予”全国绿色餐饮企业”、“中国快餐连锁著名品牌企业”称号。下属北京千喜鹤餐饮连锁有限公司是北京市早餐工程中标单位，公司投资2000余万元，建立了餐饮研发中心、快餐加工中心及物流配送系统。经营网点已陆续扩展到200家。其目标是：做北京市早餐工程第一名。下属北京千喜鹤食品有限公司是北京市政府确定的十家大型生猪屠宰加工企业之一，项目总投资2亿元，占地350亩，是集生猪屠宰、高低温肉制品生产、物流配送及销售为一体的大型饮食品工业园，其设施与流程全部引进世界上最先进的设备与技术（德国伴斯屠宰设备、韩国好拷克分割设备、日本高低温肉制品设备），购、产、销严格按照欧盟标准和美国HACCP标准组织运作，产品严格执行绿色、安全的国际标准。此项目设计年屠宰生猪200万头，生产高低温肉制品5万吨，年营业额15亿元，是国内设备、工艺、质检最先进，华北地区规模最大的肉类加工企业。

地址：北京兴谷工业开发区；邮编：101200；电话：89994119；企业法定代表人：刘延云 （千喜鹤集团）

【维达北方纸业(北京)有限公司】 维北方纸业(北京)有限公司隶属于维达国际控股有限公司，是集研发、生产、销售为一体的现代化生活用纸大型企业。维达北方纸业(北京)有限公司地处北京市平谷区滨河工业开发区，占地面积100亩，建设面积

28000平方米，总投资额为15000万港币(其中一期投资6000万港币，二期投资9000万港币)，注册资本7500万港币(其中一期投资3000万港币，二期投资4500万港币)，一期资金已全部到位，现正在加紧办理二期的投资改造，维达北方纸业(北京)有限公司生产能力为10000吨/年的一期项目于2003年9月13日正式投产，全厂在职员工300余人，大部分为本地员工。维达品牌在全国同行业中久负盛誉，维达纸业是全国唯一一家在生活用纸行业中被授予"中国驰名商标"的企业。公司生产用设备均为进口设备，代表了国际先进水平，部分机台的技术已处于世界顶尖水平。产品采用100%进口纯木浆生产，纸业均匀洁净，纸质柔软、强韧，不含荧光增白剂，主要产品有餐巾纸、面巾纸、卫卷纸、纸巾纸等四大系列近百个产品，是麦当劳、肯德基、香格里拉等多家国内外知名企业的合作伙伴。

地址：北京市平谷区滨河工业开发区；邮编：101200；电话：89993949；企业法定代表人：李朝旺

（维达北方纸业(北京)有限公司）

【北京三盟矿用设备厂】 北京三盟矿用设备厂是北京市民政局社会福利企业。专门生产低压矿用隔爆型电气设备、隔爆型电气综合保护装置、隔爆型检漏继电器以及改造PB_2-6改型、PB_3-6GA高压隔爆配电装置的专业厂，是《全国煤炭行业机电设备定点生产企业》。生产的主要产品有：矿用隔爆型馈电开关、矿用隔爆型真空电磁起动器、矿用隔爆型磁力起动器、矿用隔爆型手动起动器、矿用隔爆型煤电钻综合装置等14种规格型号的产品。年内总产值达到912万元。产品均经国家授权部门检验合格，并颁有《防爆合格证》、《安全标志准用证》及《煤炭工业主要设备(改造生产)许可证》。拥有多名从事过煤矿现场工作和管理工作的各类高、中级专业技术和管理人员。

地址：北京市崇文区左安门滨香园2排7号；邮编：100061；联系电话：69860445；法定代表人：吴宝石

（北京三盟矿用设备厂）

【北京市崇文区社会福利企业管理办公室】 北京市崇文区社会福利企业管理办公室是崇文区社会福利企业的审批和日常监督管理机关，是隶属于崇文区民政局的机关事业法人单位。现辖区内共有各类福利企业29个，企业涉及服装、电子、机械、食品、包装、箱包、汽车修理、印刷、化工等十几个行业。

地址：北京市崇文区福光路4号(崇文宾馆)；邮政编码：100061；电话：(010)67111642；法定代表人：赵震奇

（崇文区社会福利企业管理办公室）

【北京市春海技术开发有限公司】 北京市春海技术开发有限公司成立于1996年，地处风景秀丽的香山脚下，占地3000平方米，拥有高素质的技术、管理、生产及销售队伍。几年来，公司致力于动态电子计量、检定设备的研发与生产。DCX系列电子皮带秤模拟实物校验装置－循环码是该公司独家研制的专利产品，并获得CPA型式批准证书。该产品以其科学的原理、良好的系统检定精度(优于0.1%)、先进的制作工艺、完善的质量管理体系、优质的售后服务，得到了中国计量科学研究院、全国衡器技术委员会等有关机构的认可，已陆续应用于各工业现场，受到专家、用户一致好评。北京市春海技术开发有限公司将以更先进的技术、优质的产品和热情周到的服务答谢广大客户。

地址:北京市石景山区;邮编:100041;电话:88960569;传真:889660566;电邮:chunhai@163bj.com;法定代表人:李春孝

（春海公司）

产　品

2003 年北京市新产品

2003 年北京市鉴定的新产品共 14 项

项目计划编号	产品(技术)名称	完成单位	产品用途
[2003]01	赛灵 2000 I 型中央空调节能控制系统	北京科瑞易联节能科技发展有限公司	对中央空调水系统的优化控制及电机软启动,达到节能环保和多项保护的效果
[2003]02	1900MHz - iPAS(第三代小灵通)基站全向天线系列及室内吸顶全向天线	北京通力环电气股份有限公司	iPAS(第三代小灵通)移动通信系统室外全向和室内吸顶式两类天线
[2003]03	三相四线多费率电能表	北京博纳电子技术有限公司	具有分时计量有功电能(8 个时段 2 个费率)、红外和 RS485 通讯、电量脉冲和秒脉冲输出功能
[2003]04	三相四线电子式多费率电能表	北京博纳电子技术有限公司	具有分时计量有功电量(8 个时段 3 个费率)、电量脉冲输出以及独特的备用电源按键激活等功能
[2003]05	六合一快闪存储卡播放器	北京金盛怡科技有限公司	可脱离计算机系统单独播放卡内资料,并可使用遥控器对所有功能进行操作,使用方便
[2003]06	CR8116 型电容传声器	北京第七九七音响股份有限公司	结构上有创新,开创了国产纯电容传声器用于会议扩声的新领域
[2003]07	LSD - 2(CRL8118)型立体声电容传声器	北京第七九七音响股份有限公司	保持原有单音头的音色,组合成的双音头转动灵活方便,转动噪声低,性能对称性好

续表

项目计划编号	产品(技术)名称	完成单位	产品用途
[2003]08	燕京苦瓜啤酒	北京燕京啤酒股份有限公司一分厂	一种新型啤酒
[2003]09	燕京无醇啤酒	北京燕京啤酒股份有限公司	一种新型啤酒
[2003]10	QM 锅炉前置式环保型煤制备系统(简称 QM 系统)	北京敏捷净化系统有限公司	有效节约煤炭,降低粉尘和二氧化硫对大气的污染
[2003]11	海尔数字电视系统级信源解码芯片(Hi2010)	北京海尔集成电路设计有限公司	可以完成多种数字电视信源解码功能
[2003]12	SG11－R 环型铁芯配电变压器	北京北方华力通特种变压器有限公司;北京东通电力设备有限责任公司	空载损耗、空载电流、噪声低,局部放电低、绝缘耐热等级高等特点
[2003]13	绿色环保技术(彩棉)的开发与产品的产业化	北京纺织控股有限责任公司技术中心	实现了彩棉纤维在机织、针织领域的产业化生产
[2003]14	预制分支电缆	北京市电线电缆总厂	有利于提高配电系统的安全可靠性,且可缩短工期

产 品 选 介

【连铸硬线盘条】 1999 年由首钢技术研究院、第三炼钢厂、高速线材厂研制,2000 年 8 月试生产并获得成功,经国内几十家大中型金属制品企业试用,性能优于同类的其他产品,是首钢股份公司的主导产品。该产品采用低硫铁水炼钢,通过炉外精炼、连铸等工艺制成钢坯,轧制过程中严格控制工艺参数,产品具有良好的组织和性能。该产品生产厂 1996 年获得 ISO9000 国际质量体系认证,企业标准严于国际先进标准,各项指标的控制均严于标准规定,因良好的实物质量和包装质量而深受客户好评。高速控冷热轧盘条获得 2001 年度“全国用户满意产品”称号后,继续完善该产品的生产工艺,提高技术水平。在不经过热处理的情况下,酸洗、磷化后,经不同道次直接拉拔至成品或半成品,可满足不同牌号、不同规格制绳钢丝、弹簧钢丝、预应力钢丝的技术要求,产品质量达到国内先进水平。2003 年,连铸硬线盘条被评为首钢名优产品。

地址:北京石景山区石景山路;邮编:

首钢股份公司生产的
连铸硬线盘条

100041；电话：(010)88293727；传真：(010)68873028；网址：www.sggf.com.cn

（李　丽）

【汽车空调系统】 汽车空调器是烟台首钢东星公司主导产品，是烟台首钢东星公司同世界500强企业日本电装公司合资，采用日本汽车空调先进制造技术和设备生产的，包括TV系列压缩机、10PA系列压缩机、SP蒸发器、ST蒸发器、NCS冷凝器、MF冷凝器、电磁阀、贮液器等多个系列产品，与天津丰田、沈阳金杯、四川考斯特、三江雷诺、湖南长风、福州汽车、本田、小松山推、合肥日立、徐州重工等配套。该产品体积小，重量轻，制冷效率高，采用了中国汽车工业要求的新冷媒技术，性能可靠，生产工艺先进，产品档次高，处于国内领先地位。经过两期扩产升级，生产能力已达到年产30万套，2002年利润总额6436万元，上缴利税7000万元。产品已被国内20多家客户和欧洲、东南亚国家的客户长期使用，与中高档车型配套，市场占有率30%。生产线及产品1999年通过ISO9002质量体系认证和ISO14000环境管理体系认证。2003年，该产品被评为首钢名优产品。

地址：山东省烟台经济技术开发区珠江路20号；邮编：264006；电话、传真：0535－6371341

（东星公司）

烟台首钢东星公司生产的汽车空调器

【HRB400钢筋混凝土用热轧带肋钢筋】 该产品是首钢的主导产品，2000年获得中国船级社质量认证。首钢于“六五”期间开始HRB400热轧钢筋的研究，按照英国标准出口钒微合金化钢筋。1999年完成钒氮微合金化HRB400钢筋的研究，生产的钢筋强度高，塑性好，性能稳定，成本较低，无锈、无油污，钢筋表面无任何肉眼可见的细微裂纹，产品实物质量达到美国、英国、加拿大等6国标准，用全自动液压打捆机等先进设备改进了表面质量和包装质量，同时完善了售后服务。国家技术监督局修订了该产品技术标准，首钢是新标准起草小组唯一的企业代表。HRB400钢筋主要用于国家重点工程，先后供北京国家大剧院、京广铁路、三峡工程、小浪底水利枢纽、南京长江二桥等使用，出口美国、英国、加拿大、日本、韩国、越南、菲律宾、蒙古、中国港澳台地区等。2003 年该产品被评为首钢名优产品，产量 41.5 万吨。与 HRB335 相比，该产品节约用量 14%，建设部新的混凝土结构设计规范已将 HRB400 钢筋列为中国建筑工程使用的首选产品。

首钢型材厂生产的钢筋混凝土用热轧带肋钢筋

地址：北京石景山区首钢厂东门院内；邮编：100041；电话：(010)88295123；传真：(010)88293331；厂长：孙佳　（型材厂）

【首钢牌长白结晶器】　长白结晶器是首钢长白机械厂生产的高质量、高技术含量、高附加值、高市场占有率的产品。该厂被连铸技术国家工程研究中心指定为连铸结晶器定点生产单位。在结晶器的加工制造中，该厂采用了特殊的热处理和成型工艺，提高了结晶器铜管基体的硬度，有效控制了铜管的变形；运用特殊的电镀工艺技术，提高了产品镀层的结合力和厚度；在内水套中采用了 CJ 加工法，提高了水缝精度；在铜管材料上采用了磷铜、银铜、铬锆铜等多种材质，在产品镀层上采用了镀铬、合金镀、复合镀等不同的电镀工艺；在锥度上有单锥度、多锥度、抛物线锥度、钻石型锥度等；在应用范围上可以适应普碳钢、低合金钢、高中碳钢、不锈钢等钢种的浇注要求。该厂生产的结晶器铜管及总成的技术水平处于国内领先地位，并被河北省科技厅评为高新技术产品，2003 年被评为首钢名优产品。该产品已被邯钢、包钢等 170 多家钢铁生产企业选用，出口德国、印度尼西亚、土耳其、巴基斯坦、约旦、津巴布韦和中国台湾。首钢长白机械厂是国内设计最先进、生产规模最大、加工能力最强、产品品种最多的连铸结晶器精品生产基地。

地址：河北省秦皇岛南戴河海滨；邮编：066311；电话：0335－4053859、7970016；传真：0335－4050786；电子信箱：sgcbjjq@vip.163.com；厂长：王宪龙　（王秀波）

首钢长白机械厂生产的首钢牌结晶器

【机器人汽车风挡玻璃涂胶系统】　1999 年由首钢莫托曼机器人有限公司研制开发。同年，第一套机器人涂胶系统成功应用在哈飞汽车公司的总装线上，填补了国内该领域的空白。此后，该公司又研制生产 40 多套机器人涂胶系统，在国内重要的汽车制造厂投入使用。该系统由机器人、供胶系统、玻璃对中装置及控制系统四部分构成。2000 年该公司开发成功国内第一套机器人系统技术，成为中国工业机器人行业的开拓者。玻璃对中装置具有高精度、快节奏一次完成对中定位的特点，重复对中精度可达 ±0.05 毫米，仅此一项就可缩短生产时间 5～6 秒，为提高生产能力起到关键作用；由于该装置性能独特，已于

2002年5月获得国家实用新型专利。控制系统对速度/胶量的协调控制，可以使玻璃的尺寸误差沿玻璃周边均匀分布，确保胶形均匀、稳定，保障了涂布质量。用机器人风挡玻璃涂胶系统取代人工涂胶，适用于各类汽车前、后、侧风挡玻璃密封胶的涂布，改善了操作者的工作条件，是可适应不同车型、不同玻璃尺寸的柔性操作系统。该系统以稳定的技术性能、优良的品质和完善的售后服务，已在市场竞争中占据绝对优势，市场占有率达到90%以上。2003年，该产品被评为首钢名优产品。

首钢莫托曼机器人有限公司
生产的机器人风挡玻璃涂胶系统

地址：北京经济技术开发区永昌北路7号；邮编：100176；电话：(010)67882485、67880541；传真：(010)67882878、67880542；网址：www.sgmotoman.com.cn；法定代表人：毛武 （莫托曼机器人有限公司）

【矿用高强度圆环链用圆钢】 首钢的传统名牌产品，曾被评为国家优质产品银奖。该产品钢号为25MnV，注册商标为首钢牌“SG”。20世纪60年代末研制生产以来，市场占有率曾达到80%以上。2000年2月，首钢技术研究院、第三炼钢厂、型材轧钢厂采用冶炼、连铸、轧制新技术、新工艺进行批量试制炼钢使用低硫铁水，增加了炉外精炼脱氧脱硫，提高了成分控制的稳定性和钢质的纯净度；用连铸取代模铸，

首钢型材厂生产的矿用
高强度圆环链用圆钢

使钢坯的内在组织和表面质量均有明显改善；由于原料质量好，轧制过程严格控制加热温度，确保钢材具有良好的内在质量和表面质量。用户反映该产品无论是外形尺寸还是切割、冷弯、焊接等性能，均可保证达到国家标准，质量稳定。2003年，该产品的产量达到13663吨，被评为首钢名优产品。

地址：北京石景山区首钢厂东门院内；邮编：100041；电话：(010)88295123；传真：(010)88293331 （型材厂）

【低合金高强度板】 秦皇岛首钢板材有限公司生产的低合金系列钢板，2002年12月获得中国钢铁工业协会颁发的“冶金产品实物质量金杯奖”，标志着该产品实物质量已经达到国际同类产品的实物水平。首钢通过提高钢的纯净度、加铝微合金化、控轧控冷等技术开发的Q460C等低合金高强度钢，企业技术标准的各项指标达到或严于国际先进标准，生产工艺严格按照企业标准控制，秦皇岛首钢板材有限公司获

得中国船级社 ISO9000 质量体系认证。2003 年,该产品被评为首钢名优产品。

地址:秦皇岛海港区建设大街 409 号;邮编:066003;电话:0335－3014693

(秦皇岛首钢板材有限公司)

秦皇岛首钢板材有限公司
生产的低合金系列钢板

【高性能软磁坡莫合金铁芯】 该产品是首钢冶金研究院研制生产的高技术含量产品之一。坡莫合金是性能优异、品种多样、用途广泛的软磁材料,称得上是软磁合金的核心品种。中国从 20 世纪 60 年代开始研究镍铁系软磁合金,逐步形成了北京、上海、西安三大科研生产基地。该产品作为特种功能材料,主要应用于通信、计算机、自动控制、电力电子、导弹、雷达、航天、航空等国防领域和国民经济重要部门。首钢冶金研究院开发的非晶态软磁铁芯,产量和质量处于国内领先水平,曾经获得国际博览会金奖,其性能达到国外同类产品的中高档水平。1987 年引进德国 VAC 公司先进的超坡莫软磁合金铁芯生产技术和设备,翌年开始批量生产。经过该院技术人员对引进技术的消化吸收,已在引进技术的基础上开发了多种高性能铁芯,主要有软磁卷绕环形铁芯、软磁环形冲片铁芯、山字形冲片、磁屏蔽和各种磁冲压件等。投放市场后,产量从 1987 年的 30 万支增长到 2003 年 1165 万支,产值从 170 万元增长到 3500 万元,国内市场占有率为 70%,已被 200 多家客户长期使用,其中电子式电度表用高性能铁芯的国内市场占有率已达到 90%左右。该院积极开拓国际市场,已经与法国施耐德、西班牙施耐德、ABB 和瑞士 LEM 等世界著名集团或公司建立了商务联系,每年创汇 20 多万美元。2003 年,该产品被评为首钢名优产品。

地址:北京清河小营东路 1 号;邮编:100085;电话:(010)62949567、62949596、62949578;传真:(010)62913156;网址:http://www.bsmri.com;法定代表人:董哲

(冶金研究院)

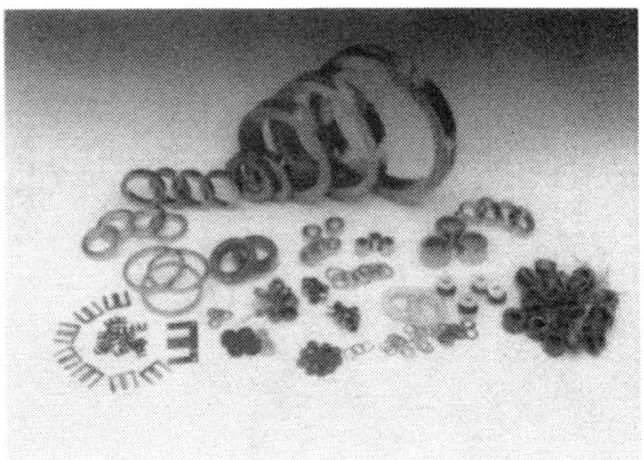

首钢冶金研究院研制生产的坡莫合金铁芯

【首钢环星触摸电脑 I5000】 该产品是首钢环星触摸电脑有限公司开发的 LCD 液晶触摸查询一体机系列产品的一种机型,曾在全国人大、政协两会及中共“十六大”上使用。集成化的计算机系统使用户开机即用,一体化包装、一体化运输,减轻了运输维护成本。该产品主要用于邮局、电信、银行、商场、旅游、宾馆、机场、展厅等公共场所的触摸查询,也可用于证券市场、保险业,税务等查询和费用缴纳业务。I5000 触摸一体机于 2002 年 5 月 22 日获得

国家知识产权局颁发的外观设计专利，是首钢环星批量生产的主导产品，2002年国内市场占有率为33%左右。首钢环星公司凭借超前的技术储备和持续的创新能力，被国家信息产业部确定为触摸查询行业技术规范的制定单位，保持着在触摸查询行业的领先地位。2003年，该产品被评为首钢名优产品。

地址：北京市海淀区知春路花园北路14号；邮编：100093；电话：(010)62006688；传真：(010)62054984；网址：www.sgs.com.cn

（环星公司）

首钢环星触摸电脑有限公司生产的触摸一体机

【锅炉压力容器板】 秦皇岛首钢板材有限公司生产。2000年，该公司依托首钢炼钢、轧材的综合技术优势，研制成功锅炉压力容器板。2002年10月研制生产的16MnR、20R、20g产品，通过国家质量监督局锅炉压力容器安全检察局的免复验认可，取得了锅炉压力容器板技术认证的最高荣誉。同年12月，这3种产品获得中国钢铁工业协会颁发的“冶金产品实物质量金杯奖”。2000年以来，累计生产12万吨锅炉压力容器板，销售额3.5亿元，利税2200万元。国内市场占有率逐年提高，2002年生产的锅炉压力容器板在华北、东北地区的市场占有率达到15%，国内市场占有率接近10%。2003年，该产品被评为首钢名优产品。

秦皇岛首钢板材有限公司生产的产品制作的压力容器

地址：秦皇岛海港区建设大街409号；邮编：066003；电话：0335－3014693

（秦板公司）

【易切削钢】 北京首钢特殊钢有限公司生产。该公司有较强的研发能力、完善的质量控制体系，是国家一级企业、一级计量单位。1962年研制成功易切削钢，70年代在国内率先生产钙系、钙硫系易切钢。80年代初研制出易切削精密模具钢，获得国家发明奖；研制出钙硫复合型高硬度易切削非调质塑料模具钢，形成了易切钢的产品系列。该产品适于进行自动化切削，抗力小，刀具寿命长，光洁度高，易于进行排除性切削，是取代常规钢种，推广机加工自动化和流水作业的理想产品。该公司获得ISO9002质量认证，生产的易切削钢热轧材直径为28～80毫米。

地址:北京石景山新古城大街;邮编:100043;电话:(010)68878857;法定代表人:李惠颐　(郝占起)

【非调质钢】 北京首钢特殊钢有限公司研制生产。"七五"时期,该公司与冶金部钢铁研究总院、东北大学、北京航空航天大学、北京内燃机总厂等单位合作,完成国家重点技术攻关,在国内率先研制出非调质钢,并由该公司批量生产。经过多年的开发和推广应用,产品的生产技术和质量达到国内领先水平,替代了进口,年产量5.5万吨。产品的特点是:综合性能好,通过简化热处理工艺,降低了用户的制造成本。产品以热轧状态交货,规格一般小于直径60毫米,也可按照用户的要求提供特殊标准的非调质钢材。

地址:北京石景山新古城大街;邮编:100043;电话:(010)68878857;法定代表人:李惠颐　(郝占起)

【阀门用油淬火-回火弹簧钢丝】 由北京首特威尔金属制品有限公司(原首钢特殊钢公司拔丝厂)研制生产。该公司1973年建成国内第一条油淬火-回火弹簧钢丝生产线,1978年完善了生产工艺,在国内独家生产该产品,生产能力从600吨/年增加到目前的2500吨/年,主要品种有50CrVA、55CrSiA、60Si2MnA、65Mn等,规格$\phi 0.5 \sim 6.0$mm,主要用于制作发动机气门弹簧和索具,其中主要品种阀门用油淬火-回火铬钒合金弹簧钢丝,1988年获北京市优质产品称号;1982年和1984年2次获冶金工业部优质产品称号;1988年获北京市达到国际先进水平优质产品称号;1989年荣获国家优质产品银质奖;1991年进行技术改造,实现了生产线计算机自动控制,被冶金部认定为国际先进水平生产线;公司起草制定了这一产品的冶金部颁技术标准YB/T5008-93/代GB2271-84,并被认定为国际先进标准;1999年,获得ISO9002质量体系认证。首特威尔金属制品公司独立经营后,2001年再次获得ISO9002认证,2003年获得GB/T19001-2000质量体系认证。产品的特点是:钢质洁净,综合性能优良,尺寸精度高,适于在高应力、高疲劳寿命和高精度要求的条件下使用。

地址:北京市石景山区新古城大街特钢公司院内;邮编:100043;电话:(010)88912707;传真:(010)68872455　(郝占起)

【冷拔冷拉优质钢材】 北京燕特商贸有限责任公司生产。该公司是北京首钢特殊钢公司的子公司,自20世纪60年代建厂以来研制了多种冷拔冷拉优质钢材,主

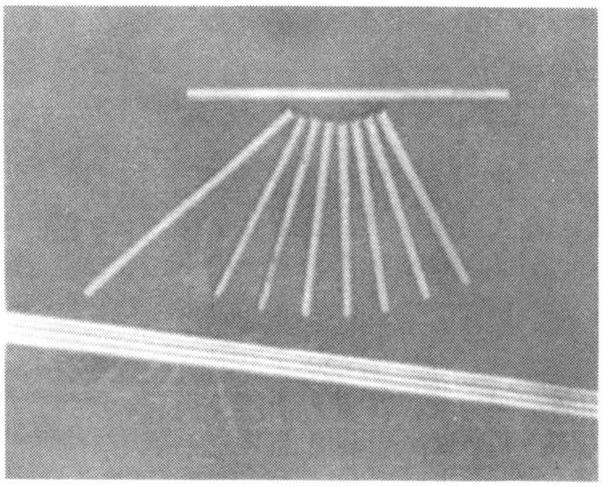

冷拔冷拉优质钢材

要品种有优质碳素结构钢、合金结构钢、碳素工具钢、合金工具钢、易切钢、弹簧钢、不锈钢、轴承钢、耐热钢丝材,多种规格的棒材和异型钢材。该公司研制的15-20Cr合金结构钢冷拉钢材,用于制作发动机活塞销,是国内活塞销最大生产厂信阳内燃机配件厂的指定供应商,年销售量3000吨。易切钢的代表品种Y12-Y15和

Y40Mn用于制作汽车、机械和工具的零部件，年销售量2000吨。

地址：北京市石景山区新古城大街特钢公司院内；邮编：100043；电话：（010）68874203、88912633 （郝占起）

【焦化设备】 首钢机电公司制造。该公司从德国引进6.7米焦炉制造技术，包括可变速定量螺旋装煤、变频调速走行机构控制系统、焦侧除尘等，从国内焦炉自动化、节能和环保改造的需要出发，研制了6米、4.3米焦炉及装煤车、推焦机、拦焦机、熄焦机"四大机车"。吸取国内外焦炉烟尘治理技术的优点，研制出适用于国内不同类型焦炉的焦侧除尘设备，具有烟尘捕集率高、结构简单、投资少、易于操作和维护的特点，特别适合于中国焦炉生产的环境治理，该技术已获国家专利。1992年以来，为首钢焦化厂6米、4.3米焦炉制造了"四大机车"，为该厂的2座焦炉制造焦侧除尘设备，为安阳钢铁公司焦化厂4.3米焦炉制造"四大机车"，为北京焦化厂制造焦侧除尘设备，为山西焦化厂制造6米焦炉，承包年产40万吨的孝义焦化厂、海姿焦化厂技术改造，设备的科技含量、制造技术和服务质量得到了客户的好评。

地址：北京石景山区老山西里；邮编：100043；电话：（010）88297127、88297128；传真：（010）88297135 （机电）

【连铸设备】 首钢机电公司制造。1996年，该公司作为德国西马克公司的合作伙伴，引进了薄板坯连铸连轧技术，即CSP紧凑带钢生产技术。制造了邯郸钢厂、珠江钢厂、包头钢厂3套薄板坯连铸机的关键设备，包括大包转台、中间罐及塞棒机构、扇形段、引锭杆系统、拉矫机及其他非标准设备。CSP热轧带钢新技术具有流程短、效益高的特点，铸坯厚度50～70毫米。CSP漏斗形结晶器、扇形段是"九五"国家攻关项目，首钢机电公司2000年7月完成结晶器实样研制，取得CSP结晶器的专利使用权。扇形段系统对铸坯起导向和夹持作用，是西马克公司CSP生产线的核心技术之一。首钢机电公司在消化吸收引进技术基础上完成加工制造技术攻关和国产化研制，包括建立在"坯龄"理念上的动态控制软件。该产品已应用于邯钢、珠钢、包钢等生产线，投产后运行状况良好。

地址：北京石景山区老山西里；邮编：100043；电话：（010）88297127、88297128；传真：（010）88297135 （机电）

【SGA3722矿用自卸汽车】 北京首钢重型汽车制造厂研制的重型汽车之一，首钢设备结构厂研制了车架、车斗等部件。发动机型号为KTA19－C525，4×2驱动方式，最大装载量42吨，最大总质量72吨，

北京首钢重型汽车制造厂生产的重型汽车

外形长×宽×高＝8.09×3.96×3.7米，轴距4.2米，前轮距为2.83米，后轮距2.53米，最高时速56公里，最大制动距离18米，最小转弯直径20米，最大爬坡度28%，轮胎型号为21.00－33。全液压动力转向，

气压蹄式复合制动,液压后卸式举升,油气悬挂减震,液力机械传动变速,驾驶室的装置舒适豪华。车架车斗的铸造件,采用精密铸造技术制造。车架悬置件较多,用组装胎具、焊接胎具制造,尺寸精度高。车斗筋板用1250吨压力机和专用胎具一次压制成型,外型美观,焊接质量达到一级标准。适于在冶金矿山、露天煤矿、水利电力等大型建设工地运送散装物料,是列入国家汽车产品目录的超廓型非公路车辆。生产能力100台,60%的产品销往首钢外部市场,已有120台在国内15大矿山投入使用,质量、性能得到客户的好评。该产品质量较好,备件供应充足,售后服务及时周到,价格适中。该产品的研制获得2003年首钢科技二等奖。

地址:北京市石景山区西黄村;邮编:100041;电话:(010)68860743、0315-7713010(总厂);传真:(010)68860743;0315-7710138;网址:webmaster@sghdt.com.cn

(重汽厂)

【交流电子开关】 北京首钢高新技术有限公司电气传动研究所研制,首钢控制设备公司生产。SCEC-AES交流电子开关用于控制额定电流380伏电动机,有不可逆、不可逆带制动和可逆、可逆带制动等形式,抽屉式、悬挂式两种产品类型。控制方式,有1999年开发的脉冲方式、2001年开发的光耦方式。这种全无触点的电子开关,已经在现场应用百余台,效果良好。与接触器比较,在高操作频率条件下具有稳定、安全、可靠,使用寿命长等特点,特别适于冶金、石油、化工、纺织、矿山等工业企业用于各种高操作频率电动机的拖动控制。首钢控制设备公司1996年获得ISO9001质量认证。研制的电气控制系统多年来供首钢、包钢、广州钢铁厂、天津铁厂、成都钢铁厂、津巴布韦钢铁厂、印尼马士达钢厂等配套使用。

地址:北京石景山杨家坡2号;邮编:100041;电话:(010)88294968、68873613;传真:(010)88294024

(高新)

【澎润土】 北京首钢鹏飞新材料科技有限公司研制。该公司成立于2000年6月,注册资本178万元,是北京市高新技术企业,隶属北京首钢高新技术公司。该产品采用该公司总经理刘新兵博士研究开发的技术生产,年生产能力5万吨。有冶金球团用、铸造用、涂料用膨润土和有机膨润土等品种。冶金球团用澎润土膨润值等各项指标明显优于普通钙基土,20分钟吸水率550%,不必改动工艺就可以提高球团矿的含铁品位,减少杂质,降低成本,已经在首钢、宣钢、安钢等应用。铸造用膨润土,湿压和热湿拉强度高,在600℃焙烧60分钟,复用性在85%以上,可改善型砂的性能,提高铸件的质量和表面光洁度,已在天津的保利福、佳利福、新瑞祥、勤美达等外资企业推广使用。涂料用高白度钠基膨润土用添加剂改基后,水化和抗沉淀的性能好,膨胀倍数高,白度高,已在北京四环、内蒙古天桥、吉林塞波、青岛益群等涂料厂使用。干法生产有机膨润土工艺已申报国家专利,在油田钻井泥浆中应用。2003年销售膨润土2.5万吨,销售收入327万元。该公司还在辽宁、山东、河北和安徽建有深加工基地。

地址:北京石景山杨家坡2号首钢高新技术公司;邮编:100041;电话及传真:(010)68872036;法定代表人:滕道阳

(鹏飞公司)

【琳琅庄园】 由首钢房地产开发有限公司开发建设的商品房。位于八大处南麓,苹果园地铁站东北侧,交通便捷,环境优美,社区配套完善,户型合理。占地2.05万平方米,总建筑面积5.81万平方米,总投资1.6亿元。项目一期已交工入住,二期正在销售,可于2004年10月交工入住。首钢房地产开发有限公司以"立足北京,进军外埠、滚动发展、做大做强"为发展方针,从事房地产开发、经营、销售、管理等。对内承担首钢职工住宅的投资、建设及管理,先后完成了苹果园、西黄村经济适用房及金顶街危改小区的建设;对外市场化运作,采取独立或合作开发方式,在北京、山东等地区开发金苹阁、琳琅庄园、金泰阁、海云轩、军民园、万年花城、山东德州夏津等多个商品房项目。在做大做强主业的基础上,该公司不断延伸产业链,拓展房地产发展空间,下设首房物业管理有限公司、首钢长城工贸中心、北京金宇贯通装饰装修公司、北京天颐房屋拆迁公司等10家控股、参股子公司,已成为房地产开发为主体,集物业管理、装饰装修、投融资管理、拆迁、材料供应于一体的综合性公司。2003年底总资产12亿元,年开发建设能力50万平方米。

地址:北京市石景山区西黄村首钢地质勘察院内;邮编:100041;电话:010－88292268;传真:010－88292104;网址:www.sg.house.com.cn;法定代表人:徐凝

（首房）

【生态酒店】 生态酒店又称绿色餐厅,是北京市农业机械研究所依托先进的温室工程技术,结合园林技术、生物技术,以人为本而建造,造型别致,具有良好的光线通透性,而且能保持一年四季恒温恒湿,造就四季常青的自然生态环境,使人感觉自然舒适,温馨惬意,神清气爽。

生态酒店

生产单位:北京市农业机械研究所;厂址:北京德外西三旗;联系电话:(010)82913004;邮政编码:1000096

（农业机械研究所）

【屋面可开启式连栋温室】 该类型温室是北京市农业机械研究所打破了传统的温室顶部固定的方式,采用了以温室天沟为固定轴,整个屋面能绕天沟旋转,达到温室顶部全开的目的,给作物的生长提供全部的自然光照,满足作物生长所需的多种光谱能量的需求,并为作物生长提供充分的通风条件,接近100%顶部通风。同时,可以快速除去温室内的高湿空气,达到快

屋面可开启式连栋温室

速空气交换及降温的效果。顶部全开新型文洛式连栋室适用范围非常大,特别适用南方的高温高湿的气候类型地区。

生产单位:北京市农业机械研究所;厂址:北京德外西三旗;联系电话:(010)82913004;邮政编码:100096

（农业机械研究所）

【高效节能日光温室】 又称特色双连栋曝光温室。北京市农业机械研究所生产。温室主体有4种不同材质:普通钢管焊接式、热镀锌钢管焊接式、热镀锌钢管装配式和“儿”字型钢装配式。覆盖材料:单层/双层塑料薄膜、PC板、浪板、玻璃。保温设施:复合保温被+复合保温墙体。卷铺方式:电动卷铺机构。具有保温性能好,节能效果明显;计算机优化设计,采光好;大跨度无柱结构,适合机械化作业;用料省,造价低,土地利用率高;农艺效果好,易于棚内小气候的形成;适用于蔬菜栽培、果树栽培、花卉生产等特点。被专家誉为“我国节能日光温室技术的新突破,部分技术已达到国际领先水平”的光温室群落。

高效节能日光温室

生产单位:北京市农业机械研究所;厂址:北京德外西三旗;联系电话:(010)82913004;邮政编码:100096

（农业机械研究所）

【鱼骨式挤奶机】 北京嘉源易润工程技术公司的大都林牌鱼骨式挤奶机是国际流行先进机型,因挤奶时奶牛排列方式呈鱼骨状而得名,挤奶时奶牛分批进入,适用于各种规模的牛场。该机有以下特点:易于

鱼骨式自动脱落挤奶机

升级:各种配置均可应用于鱼骨式挤奶机中;用户可根据实际需求,选择增加自动脱落系统、自动清洗系统、自动计量系统,从而提高自动化程度。空间自由:奶厅坑道深度合适,挤奶员有自由的操作空间,可以轻松接触到牛乳房,进行挤奶操作。规格丰富:用户可选择2×3~2×20不同规格或中置式的机型,以与牛场规模相适应,充分利用设备。该公司还可根据用户的需要,为用户量身定做适用机型,为伊利集团建造4×8鱼骨式挤奶机,为张家口康牛公司建造1×40中置鱼骨式挤奶机,已投入正常使用。该机型荣获北京市技术推广一等奖,2001年、2002年、2003年在北京市政府挤奶机采购招标中,“大都林”牌鱼骨式挤奶机以合理的价格、最优的配置连续中标。

生产单位:北京嘉源易润工程技术公司;地址:北京市海淀区复兴路2号;联系电话:(010)63273336—5202;邮政编码:100038

（嘉源易润）

【温室内滴灌——“易润宝”灌溉系统】 “易润宝”滴灌系统是北京嘉源易润工程技术公司结合中国蔬菜种植的实际情况，本着发展农业，提高农业科技化水平、科学种田、合理灌溉、全心全意为农民服务的原则而推出的小温室灌溉系统。此系统具有节水、省肥、减少病虫害和改善土壤结构等优点，增产效果明显，适合于各种温室内行栽作物。为城市的菜篮子工程提供优质、新鲜的天然绿色蔬菜。它为小温室的不同灌溉方式提供不同系列的选择，不仅价格低，而且安装方便，简易实用，具有较好的社会和经济效益。针对农户经济状况和现在中国所存在的几种常见大棚规格，系统整体造价有很强的市场竞争力。

温室内滴灌——“易润宝”灌溉系统

生产单位：北京嘉源易润工程技术公司；地址：北京市海淀区复兴路2号；联系电话：83280800；邮政编码：100038

（嘉源易润）

【莱勒克巧克力】 莱勒克巧克力由北京莱勒克食品有限责任公司生产，是用纯天然可可脂、可可液块等优质原料，经严格的精磨、精炼、调温等工艺精制而成的。口感细腻，口味纯正，入口即化，造型独特优雅。自问世投入市场以来，得到消费者的青睐。产品不仅大量出口日本等国，而且在国内市场的销量逐年翻番，并成为原国家内贸部1998年度的推荐品牌之一。北京莱勒克巧克力食品有限公司系由日本莱勒克株式会社、大信实业株式会社和北京矿务局（后改制为北京京煤集团公司）于1992年12月合资组建而成。其拥有国际上先进的巧克力生产设备，具有欧洲一流的高级巧克力生产技术。

莱勒克巧克力

公司地址：北京东城区安定门外青年湖北里化贸大厦6208或6211号；电话：010－69844005；邮编：100011；网址：cicac2@sohu.com

生产厂址：北京市门头沟区门头沟路10号；电话：010－69843715；邮编：102300

（赵子权）

【奥琪美容师系列产品】 奥琪美容师系列产品由北京宏丽源有限责任公司生产。集中开发和应用了多种高科技技术，如脂质体技术、生物有效成分、高纯度分离提纯技术、液晶技术、电脑花样灌装技术，以及最新抗衰老成分的研究成果。其作用是它可以携带有效营养物质，透过皮肤屏障，直接进入细胞内部，从而对皮肤起到营养、滋润、保湿等功效,1996 年度被评为国家级新产品。

地址:北京市崇文区天坛东路 66 号;电话:(010)67158895;传真:(010)67158894;网址:www.lyrh.cn;电子信箱:hly@lyrh.cn、bjhly@2911.net　（宏丽源）

【博苏】 又称富马酸比索洛尔片,是由北京四环医药科技股份有限公司生产的国家二类新药。国家基本药物目录品种,用于原发性高血压、心绞痛的治疗。具有高选择性、长半衰期、肝肾双通道,平衡清除的特征。口服吸收迅速、完全,生物利用度高(90%),首过效应低(<10%),给药后肺、肾、肝含量最高,体内半衰期长(T1/2 10 小时)。该药的 50%经肝脏代谢,50%由肾脏排泄有平衡消除的特点。1999 年荣获“军队科技进步二等奖”。

北京四环医药科技股份有限公司生产博苏

地址:北京市海淀区复兴路 47 号天行建商务大厦 22 层;邮编:100036;电话:(010)51921698;网址:www.sihuan.com.cn;电子信箱:bjsh@sihuan.com.cn;法定代表人:文鸣旭　（四环医药）

【苏诺】 苏诺又称盐酸纳洛酮,是由北京四环医药科技股份有限公司生产的国家四类新药,盐酸纳洛酮为羟二氢吗啡酮的衍生物,阿片受体拮抗剂而无激动活性,与阿片受体的亲和力大于吗啡和脑啡肽,能竞争性地阻断并取代阿片样物质与受体的结合。不仅临床应用于麻醉镇痛药中毒的急救和阿片类药物依赖者的诊断,而且在应激性疾病的休克、急性呼吸抑制、心肺复苏、新生儿窒息、酒精中毒和非麻醉药中毒的救治等方面的疗效优异,可以逆转各种原因所致应激状态下的意识障碍、呼吸抑制和微循环障碍。鉴于苏诺应用范围广,疗效确切,副作用小的特性,已被列入中华人民共和国劳动和社会保障部国家基本医疗保险药品甲类目录,并被中国药典收载,成为危急重症抢救的必备药物。1992 年至 1998 年,苏诺连续七年被评为北京新技术产业开发试验区拳头产品,2002 年荣获“北京市名牌产品”称号。

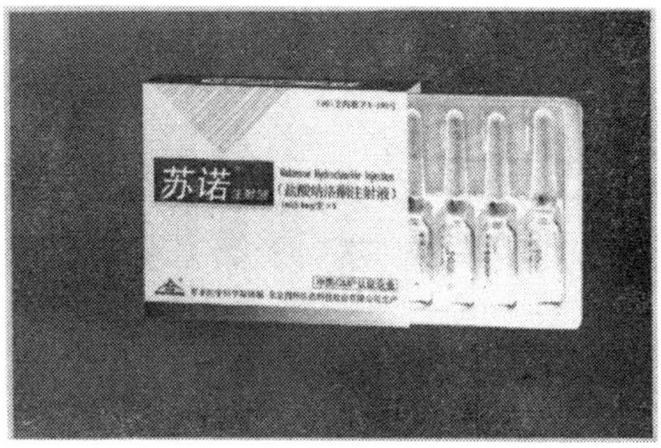

北京四环医药科技股份有限公司生产苏诺

地址:北京市海淀区复兴路 47 号天行建商务大厦 22 层;邮编:100036;电话:(010)51921698;网址:www.sihuan.com.cn;电子信箱:bjsh@sihuan.com.cn;法定代表人:文鸣旭　（四环医药）

【盐酸曲马多】 由北京四环医药科技股份有限公司生产的国家四类新药,国家基本药物目录品种,为非吗啡类强效镇痛药。主要作用于中枢神经系统与疼痛相关的特异性受体,无致平滑肌痉挛和呼吸抑制作用,镇痛作用可维持 4~6 小时。可延长巴比妥类药物麻醉持续时间，与安定类药同用可增强镇痛作用，本品耐受性和依赖性很低。用于癌症疼痛、骨折或术后疼痛等各种急、慢性疼痛。1992 年荣获“军队科技进步二等奖”。

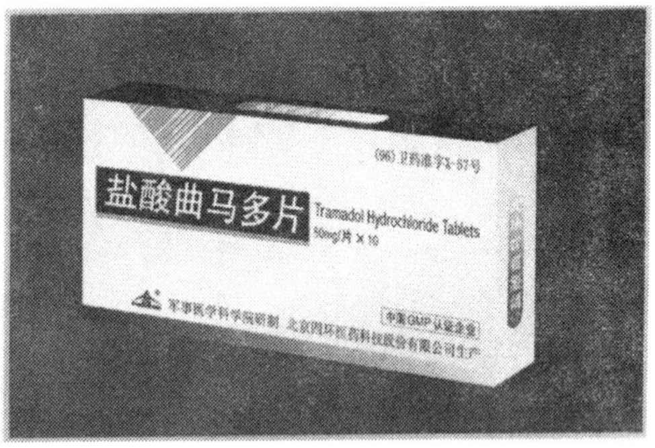

北京四环医药科技股份有限公司
生产的盐酸曲马多

地址：北京市海淀区复兴路 47 号天行建商务大厦 22 层；邮编：100036；电话：(010)51921698；法定代表人：文鸣旭；网址：www.sihuan.com.cn；电子信箱：bjsh@sihuan.com.cn　（四环医药）

【城市轨道交通用成套牵引整流设备】北京变压器厂有限公司研发、生产的城市轨道交通用成套牵引整流设备，由树脂绝缘干式变流变压器和硅整流器组成，是在 10kV 级 24 脉波牵引用树脂绝缘干式变流变压器的基础上，针对全国地铁及轻轨市场的需求而研制的。

该产品在高压网侧线圈上采用了设计合理、结构简单的外延三角形联结移相方式，从而实现了 24 脉波蒸馏的目的。该产品的研制成功不仅节省了专用的移相设备和价格昂贵的滤波、无功功率补偿装置，而且直接从 35kV 降到变流器使用电压，大大降低了使用单位的设备投资。具有运行安全可靠、结构简单、便于维护、无漏油漏气等优点，并且技术先进、性能优良、效率高，可广泛使用于地下铁道及轻轨机车的直流牵引电源领域。

城市轨道交通用成套牵引整流设备于 2000 年 12 月取得了实用新型专利权(专利号为：ZL00206374.3)；2001 年 6 月通过了北京市经委组织的产品鉴定；被评为 2001 年度国家级重点新产品；2002 年获得北京市经委的技术创新项目支持和北京市知识产权局的专门实施资金支持。

（郭继云）

【伊兰特 1.8V 轿车】　2003 年底，北京现代汽车有限公司在成立短短的一年里创造出产销 5 万台的经营业绩，并于 12 月兑现“一年推出一个新车型”的承诺，在全国同时推出中档经济性轿车“伊兰特”。该车外观新颖前卫、线条流畅，配备 1.8 升 16 气阀节能环保发动机，强劲的动力使驾驶者充分体会到热血沸腾的驾驶乐趣。前轮安装麦弗逊式独立悬架，后轮安装双联杆式独立悬架，因此在转弯及刹车过程中具有出色的稳定性，充分式减震器提高乘车舒适感。同时在牵引力防滑系统(TCS)的控制下，在雨水和冰雪等湿滑路面能预防车轮打滑现象，在车辆急转弯时防止因侧滑而发生的事故。充分体现人体工程学及极高的汽车电子配置，使驾驶者充分体验驾车的乐趣。

伊兰特 1.8V 技术参数

型　号	伊兰特 1.8
外廓尺寸	4525 × 1725 × 1425
轴距	2610(mm)
轮距	1485/1475 铝轮(mm)

续表

型　号	伊兰特 1.8
发动机	1.8L 直列四缸 16 气阀多点燃油喷射式
最大功率	96 千瓦
最大扭矩	162 牛·米
轮胎	P225/70R16
90km/h 等速汽耗	6.3L
汽油牌号	RON93

地址:顺义林河工业开发区通顺路 18 号;邮编:101300;电话:89490088;传真:89498260;法定代表人:徐和谊　(现代)

【帕杰罗 SPORT(速跑)汽车】 帕杰罗 SPORT 于 2003 年 1 月正式投产。帕杰罗 SPORT 是在中国生产的第一个以三菱帕杰罗品牌命名的产品,包括了生产该车型的全套技术文件和专利,BJC 拥有在中国大陆的独家使用权。这也是三菱公司首次允许在日本海外生产并使用"PAJERO SPORT"商标的车型。BJC 拥有了 Jeep 与帕杰罗这两大世界上最具号召力的 SUV 品牌,这是任何一个竞争对手所不能比拟的,将全面增强企业在国内高、中档 SUV、越野车市场中的竞争实力。

帕杰罗 SPORT 是日本三菱汽车公司最新推出的全天候、全地形设计理念的帕杰罗系列 2003 款车型,是 V31、V33 车型的换代产品,在欧美的 SUV 市场中占有很大的份额,特别受到年轻人的喜爱。北京吉普汽车公司投产和上市的帕杰罗 SPORT 三款车型包括:2.972LV6 发动机与匹配四速自动器的四轮驱动车型;2.972LV6 发动机与匹配五速手动器的四轮驱动车型;2.351L四缸发动机与匹配五速手动变速器的两轮驱动车型。为了使引进投产的帕杰罗 SPORT 更加适合中国的道路条件与用户的需求,中日双方合作对这一新车型进行了 126 项改进。

(北汽)

帕杰罗 SPORT 技术参数

车型	4×4 3.0.GLS	4×2　2.4
外廓尺寸	4625(长)×1745(宽)×1770(高)	
整车整备质量	1890(kg)	1650(kg)
轴距	2725(mm)	
轮距	1465/1480 铝轮(mm)	
发动机	3.01L V6 多点燃油喷射式	2.4L 直列四缸多点燃油喷射式
最大功率	123/5000 千瓦	94/5500 千瓦
最大扭矩	251/4000 牛·米	194/2750 牛·米
最小离地间隙	180(mm)	185(mm)
最大爬坡度	60%	40%
轮胎	P235/75R16	
汽油箱容积	74L	
汽油牌号	RON93	

地址:北京朝阳区广柒路 36 号;邮编:100022;电话:67712233;传真:67711363;网址:bjc@bjc.com.cn;法定代表人:安庆衡

工业专利

【综述】 北京市2003年度共申请专利17003件，位居全国第六位，较2002年增长了22.84%。其中发明专利申请7833件，较2002年增长了35.40%，以比第二名广东省多1652件的较大优势，保持了北京市发明专利申请第一的位置。北京市实用新型专利和外观设计专利申请量为6665件和2505件，分别比2002年增加了12.58%和17.22%。工矿企业专利申请量达到5253件，较2002年增加29.51%。

1月20日，北京市知识产权局与市经委、科委、教委联合下发《关于深入贯彻落实"十六大"精神，促进发明专利申请，大力提高我市自主知识产权拥有量的工作意见》，《意见》下发到各区县政府、市政府各委办局、市属机构、高校、科研机构专利代理机构及企业，共700个单位。

（王连洁　郝　青）

【中关村国家知识产权制度示范园区挂牌】 10月27日，中关村国家知识产权制度示范园区正式对外挂牌。同时，承担实施园区知识产权战略步骤的中关村知识产权促进局也正式挂牌运转。在揭牌仪式上，国家知识产权局副局长张勤和北京市副市长范伯元分别对示范园区的运作与发展提出了要求。

（王连洁）

【首都企业专利战略推进工程启动】 为推动北京市企业专利工作，提高专利申请量，增强企业的创新能力，北京市启动首都企业专利战略推进工程，2003年9月22日召开的"首都企业专利战略推进工程暨百家专利试点企业动员大会"标志着该工程的正式启动。市知识产权局局长刘东威做了大会动员，北京市副市长范伯元、国家知识产权局副局长张勤到会做了重要讲话。市科委、市经委、市教委、市财政局、中关村科技园区的有关领导，首批12家北京专利试点单位、新确定的百家专利试点企业以及各区、局、总公司知识产权办公室的代表260余人参加了大会。

（安跃林）

【专利申请资助】 年内，北京市知识产权局共资助北京地区单位和个人专利申请7216项次，金额总计5265215元。其中，资助发明专利申请5070项次，金额5002500元，占资助总金额的95.01%；实用新型专利1676项，资助金额208865元，占资助总金额的3.97%；外观设计专利申请470项，资助金额53850元，占资助金额的1.02%，奖励向国外申请的发明专利10件。

（郝　青）

【走访通用电器公司】 4月8日,为落实市委市政府关于进一步优化发展环境的督办件,市知识产权局局长刘东威带领局有关处室领导走访"美国通用电器公司",听取企业负责人就知识产权保护方面的意见,会后,市知识产权局协调工商、版权、海关、高院等部门,研究制定了《进一步优化首都知识产权保护环境的措施》。

(王连洁 杨 晋)

【召开全市知识产权工作会议】 3月25日,召开2003年全市知识产权工作会议,各区县、局总公司知识产权管理机构、企业、高校、科研机构、商场、知识产权服务机构及行业协会等120人参加会议。传达了2003年知识产权办公会议精神和北京市副市长范伯元的讲话,市知识产权局局长刘东威作工作报告,通州知识产权局、清华同方、北新智诚专利代理有限公司代表做了典型发言。 (王连洁)

【中关村企业知识产权状况调查】 市知识产权局与中关村科技园区管委会,共同就园区重点高新技术企业知识产权状况进行调查研究,此次调研共发放问卷235份,回收有效问卷229份,回收率达97%以上,通过调查研究进一步摸清了企业的专利、商标、版权等知识产权的状况,以及存在的问题,为下一步制定科技园区知识产权保护的相关政策奠定了坚实的基础。

(谷彦芳)

【召开促进中医药知识产权发展研讨会】 入世之后,中医药知识产权保护因其紧迫性和特殊性,备受社会各界的关注,为此,市知识产权局与市药品监督管理局于7月9日和7月10日召开会议,研究探讨北京市中医药知识产权保护中存在的问题及解决的对策。参加会议的有来自国家中医药管理局、中国中医研究院、国家药典委员会、国家中药品种保护审评委员会、中国中医药科技开发中心、中国医学研究开发中心、北京市中药综合研究所、北京大学、清华大学、西苑医院、广安门医院、中国北京同仁堂集团、双鹤药业等单位的学者、教授、医师和中药企业家30余人,与会代表就国家和北京市涉及中医药的知识产权保护的法律法规及政策、如何保护和开发中国现有传统中医药资源、中医药产业的国际化及现代化的发展道路等有关问题进行了充分的交流和磋商。 (龚 飒)

【首次在中关村公开审理专利纠纷】 2003年11月4日,北京市科研知识产权局在新建成的中关村知识产权促进局审理厅公开审理了中国建筑科学研究院建筑物理研究所向北京源洁管材制造有限公司、北京源洁管材制造有限公司源力砖块砖厂提出名称为"保温承重劈裂砖块"(ZL94215842.3)专利侵权纠纷一案。该案是自中关村知识产权促进局成立以来,第一次在该局审理厅审理的案件。 (祁胜刚)

【专利技术合同实现金额大幅增长】 2003年北京市知识产权局登记处共登记专利技术转让合同117份,合同成交总金额为16281万元,实现合同68份次,实现金额4522万元。各项指标均有不同程度增长,其中增长幅度较大为实现金额,与2002年的2238万元相比,增长了102%;签订合同份数也增长21.8%。 (秦灿宏)

【专利权质押贷款】 2003年市知识产权局共接受31家企业的专利权质押、担保、贷款申请,经知识产权局审查推荐、担保公司担保，成功地为3家企业贷款融资共计650万元。涉及7项专利技术，其中发明专利3项，实用新型4项。此项工作的开展对帮助中小企业融资，推动北京市专利技术的产业化、提高企业竞争力起到积极作用。（秦灿宏）

【专利行政执法】 2003年，市知识产权局受理专利侵权纠纷案22件；其中发明专利4件，实用新型7件，外观设计11件。全年审结专利侵权纠纷案29件；其中发明专利5件，实用新型10件，外观设计14件，包括4件专利侵权涉外案。另查处冒充专利行为3件。（张大伟）

【专利代理机构统计】 2003年度北京市知识产权局共审核设立了北京挺立专利事务所等23家的专利代理机构，使北京市专利代理机构总量达到了127家，是全国专利代理机构最多的省市，占全国535家专利代理机构的近五分之一。（郝　青）

【知识产权新闻宣传】 2003年，北京市知识产权局共通过电视、广播、报刊等媒体刊发、播发知识产权新闻宣传稿件168篇次，使北京市知识产权新闻宣传保持了较高频率，在面向全社会宣传知识产权法律法规、政策导向、重要事件和工作动态方面发挥了重要作用。（张伯友）

【4个区完成区域经济与知识产权软课题研究】 北京市知识产权局组织4个区完成“区域经济与知识产权”的软课题研究报告。朝阳区“如何在朝阳区特别是CBD内实施积极的知识产权保护，优化发展环境”、通州区“通州区知识产权与区域经济战略研究”、昌平区“专利对昌平区区域经济发展的影响”、海淀区“海淀区知识产权战略研究”。（王连洁）

2003年北京地区主要工业企业授权专利项目名单

专利号	专利名称	专利权人名称	地　址	邮　编
20022006540	带有可自由弯折功能百洁刷组件的拖把	艾喜益环保制品（北京）有限公司	北京市朝阳区大屯路2号科华商务大厦3楼315室	100101
20033276498	包装盒	艾喜益环保制品（北京）有限公司	北京市朝阳区大屯路2号科华商务大厦3楼315室	100101
20033299234	包装架	艾喜益环保制品（北京）有限公司	北京市朝阳区大屯路2号科华商务大厦3楼315室	100101
20022568824	辊底式复合运动热油淬火槽	爱协林工业炉工程（北京）有限公司	北京市海淀区8956信箱12号楼102室	100089
20022533826	热处理炉内工件快速冷却装置	爱协林工业炉工程（北京）有限公司	北京市海淀区8956信箱12号楼102室	100089

专利号	专利名称	专利权人名称	地址	邮编
19991078284	一种介入医疗支架支撑力测量仪及其测量方法	安泰科技股份有限公司	北京市学院南路76号	100081
20001299832	一种镁基储氢合金的制备方法	安泰科技股份有限公司	北京市学院南路76号	100081
20001097377	气体保护焊接细丝的方法	安泰科技股份有限公司	北京市学院南路76号	100081
20022330291	一种大型环状粉末压坯用方便吊钩	安泰科技股份有限公司	北京市学院南路76号	100081
20011155353	高导磁率圆环形铁芯的处理方法	安泰科技股份有限公司	北京市学院南路76号	100081
20011362596	立向下进药芯焊丝	安泰科技股份有限公司	北京市学院南路76号	100081
20011235101	一种金属陶瓷模具材料	安泰科技股份有限公司	北京市学院南路76号	100081
20022914447	一种避免二次污染的脉冲分区反吹型气体过滤装置	安泰科技股份有限公司	北京市学院南路76号	100081
20022571531	低成本排放的气体辅助式反吹清洗液体过滤器装置	安泰科技股份有限公司	北京市学院南路76号	100081
20011397454	铬钼钢药芯焊丝	安泰科技股份有限公司	北京市学院南路76号	100081
20022464719	大容量智能IC卡	安智泰科电子系统(北京)有限公司	北京市朝阳区望京新兴开发区利泽中园2区208号C、D座5层	100102
20023067624	瓶贴	百年制酒有限公司	北京市朝阳区北土城西路9号	100029
20022572023	一种试片	宝安康电子(北京)有限公司	北京市海淀区上地信息路1号(1-2号)B栋2层	100085
20022534938	微短路测试仪	北大先行科技产业有限公司	北京市昌平科技园区超前路9号	102200

专利号	专利名称	专利权人名称	地　址	邮　编
20011234296	一种苯萘聚合物及其制备方法和应用	北大先行科技产业有限公司	北京市海淀区海淀路52号北大太平洋科技发展中心16层	100080
19991223667	兼有高飞功能的地效飞行器	北海达洋翼船有限公司	北京市西城区阜外大街37号国桥宾馆401室	100037
2002203191X	一种纯平彩色显像管的荫罩框架结构	北京松下彩色显像管有限公司	北京市朝阳区大山子酒仙桥北路9号	100015
20022027068	纯平彩色显像管防振动式X向凹槽荫罩装置	北京松下彩色显像管有限公司	北京市朝阳区大山子酒仙桥北路9号	100015
2002257428X	一种车载钻孔机	北京埃德尔博锋检测技术有限责任公司	北京市海淀区高梁桥娘娘庙85号舒至嘉园2号楼505号	100044
20011205105	通用型环氧活性磁珠工业化生产方法	北京艾奥生物科技研究所有限公司	北京市丰台区葆台路101号	100070
1999109431X	一种随意视频点播系统结构	北京爱必得电脑有限责任公司	北京市海淀区海淀路80号1406房间	100080
20022442731	升降式高杆灯	北京爱德威金属杆交通照明技术有限公司	北京市昌平区1005信箱	102200
20022825266	一种携带式探测雷达	北京爱迪尔国际探测技术有限公司	北京市海淀区恩济庄18号庄缘宾馆1号楼2层	100039
20022574751	防止肩带滑落的文胸	北京爱慕内衣有限公司	北京市朝阳区望京新兴产业开发区利泽中园2区218－220号	100102
20013422375	防水塑窗框材	北京爱特塑钢门窗有限公司	北京市和平里东街交林夹道长和大厦A座1－F、1－G、1－C	100013
20022353259	耐磨抽油杆接箍	北京安东奥尔工程技术有限责任公司	北京市朝阳区花家地东路5号利景名门605室	100102
20022088520	沉砂管	北京安东奥尔工程技术有限责任公司	北京市朝阳区花家地东路5号利景名门605室	100102

专利号	专利名称	专利权人名称	地 址	邮 编
20022465421	负压捞砂管串开关装置	北京安东奥尔工程技术有限责任公司	北京市朝阳区花家地东路5号利景名门307室	100102
2002246543X	负压捞砂管串装置	北京安东奥尔工程技术有限责任公司	北京市朝阳区花家地东路5号利景名门307室	100102
20022465448	负压捞砂吸砂头	北京安东奥尔工程技术有限责任公司	北京市朝阳区花家地东路5号利景名门307室	100102
20032045964	加厚油管螺纹修复专用刀具	北京安东奥尔工程技术有限责任公司	北京市朝阳区花家地东路5号利景名门305室	100102
20023402644	电磁屏蔽桌	北京安方电磁屏蔽技术开发中心	北京市海淀区青龙桥后街丙13号	100091
20022933700	高屏效防信息泄露玻璃	北京安方电磁屏蔽技术开发中心	北京市海淀区青龙桥后街丙13号	100091
20022933697	电磁屏蔽机柜	北京安方电磁屏蔽技术开发中心	北京市海淀区青龙桥后街丙13号	100091
2002243500X	无线移动电话专用电磁屏蔽套	北京安方电磁屏蔽技术开发中心	北京市海淀区青龙桥后街丙13号	100091
20023326522	远程控制终端箱	北京安控科技发展有限公司	北京市海淀区上地四街1号	100085
20022574603	继电器数字量输出电路	北京安控科技发展有限公司	北京市海淀区上地四街1号	100085
20022574611	提供直流5V和24V双路隔离输出的小功率开关电源电路	北京安控科技发展有限公司	北京市海淀区上地四街1号	100085
2002257462X	模拟量输入电路	北京安控科技发展有限公司	北京市海淀区上地四街1号	100085
20022574638	数字量输入电路	北京安控科技发展有限公司	北京市海淀区上地四街1号	100085
20022574646	用于自动化控制终端的热电阻信号调理电路	北京安控科技发展有限公司	北京市海淀区上地四街1号	100085
20022822704	用于自动化控制终端的热电偶信号调理电路	北京安控科技发展有限公司	北京市海淀区上地四街1号	100085
20022822712	电流信号调理电路	北京安控科技发展有限公司	北京市海淀区上地四街1号	100085

专利号	专利名称	专利权人名称	地　址	邮　编
20022822720	用于自动化控制终端的热电阻、载荷组合信号调理电路	北京安控科技发展有限公司	北京市海淀区上地四街1号	100085
20022822690	串口扩展电路	北京安控科技发展有限公司	北京市海淀区上地四街1号	100085
20022822739	脉冲量输入电路	北京安控科技发展有限公司	北京市海淀区上地四街1号	100085
2002243853X	水源井远程终瑞控制器	北京安控科技发展有限公司	北京市海淀区上地四街1号	100085
20022859756	用于自动化控制终瑞的手操器电路	北京安控科技发展有限公司	北京市海淀区上地四街1号	100085
20022859764	电压信号调理电器	北京安控科技发展有限公司	北京市海淀区上地四街1号	100085
20022859772	自动化控制终端的热电阻、角位移、载荷组合信号调理电路	北京安控科技发展有限公司	北京市海淀区上地四街1号	100085
20022893989	具有热备功能的远程终端单元主控电路	北京安控科技发展有限公司	北京市海淀区上地四街1号	100085
20022893997	远程终端单元主控电路	北京安控科技发展有限公司	北京市海淀区上地四街1号	100085
20022859799	场效应晶体管数字量输出电路	北京安控科技发展有限公司	北京市海淀区上地四街1号	100085
20022893970	模拟量输出电路	北京安控科技发展有限公司	北京市海淀区上地四街1号	100085
20022438238	三相计量控制器	北京安控科技发展有限公司	北京市海淀区上地四街1号	100085
20022407375	一种电器封装盒	北京安控科技发展有限公司	北京市海淀区上地四街1号	100085
20022333266	遥控型贵重物品防卫器	北京安联华科技有限公司	北京市西城区黄寺安德里北街25号院	100084
20022333274	自动型贵重物品防卫器	北京安联华科技有限公司	北京市西城区黄寺安德里北街25号院	100084
20022827072	车载防爆罐	北京安龙联合科贸有限公司	北京市朝阳区劲松九区910号	100021
20022355154	一体化浮罩式沼气发生器	北京安泰恒信电力设备有限公司	北京市海淀区志新西路1号院2-406号	100083

专利号	专利名称	专利权人名称	地址	邮编
20022404759	光纤传像束探测器	北京安泰信达科技有限公司	北京市宣武区姚家井三巷34号	100054
2002282619X	岩芯热解分析装置	北京奥嘉仪高新技术有限公司	北京市朝阳区北苑路86号嘉铭桐城A座12单元	100101
20022331875	高强度防腐门	北京奥力神新型建材有限公司	北京市通州区漷县镇经济开发区漷兴三街8号	101109
20022331883	防腐防火门	北京奥力神新型建材有限公司	北京市通州区漷县镇经济开发区漷兴三街8号	101109
20022331891	轻质防腐门	北京奥力神新型建材有限公司	北京市通州区漷县镇经济开发区漷兴三街8号	101109
19991196260	垂直采集脐带血的装置及其方法	北京奥泰生物工程有限公司	北京市海淀区双榆树东里甲22号	100086
20022891358	家庭智能单元	北京奥特美克科技发展有限公司	北京市海淀区上地信息中路2号院国际科技创业园C座8层803室	100085
20022572031	输液容器用三孔胶垫	北京奥星恒迅包装科技有限公司	北京市朝阳区麦子店西路3号新恒基国际大厦603室	100016
20012661414	输液袋接口装置	北京奥星恒迅包装科技有限公司	北京市怀柔区雁栖工业开发区滨河西路3号	101400
20011185775	一种中心控制机构速调伸缩式刚性角电梯井模架	北京奥宇模板有限公司	北京市大兴区工业开发区金星路21号奥宇模板租赁中心	102600
20023402431	圆形插拔式电度表表座	北京百花山电表专用箱开发有限公司	北京市门头沟区石龙工业区商务中心3－71号	102300
20022567291	圆形插拔式电度表表座	北京百花山电表专用箱开发有限公司	北京市门头沟区石龙工业区商务中心3－71号	102300
20022827641	三组份全塑型喷涂聚氨酯体育场馆面层	北京百正威塑胶制造有限公司	北京市朝阳区祁家豁子甲8号马甸经典家园A707室	100029

专利号	专利名称	专利权人名称	地址	邮编
20033029660	恒力电机	北京班森华扬智能交通系统工程技术有限公司	北京市宣武区建功西里2号楼天缘公寓B座1105室	100054
20022383131	油田生产设备无线监控管理系统	北京邦讯朗博科技有限公司	北京市海淀区半壁街南路8号汇景阁公寓1208室	100089
20033530351	空心型材	北京宝藏科技发展中心	北京市大兴区西红门镇福星花园2号楼3门101室	100076
20033530343	空心型材	北京宝藏科技发展中心	北京市大兴区西红门镇福星花园2号楼3门101室	100076
20022432272	燃气快速检漏抢险车	北京保利泰达仪器设备有限公司	北京市朝阳区慧中北里新荣家园C座2A室	100012
20022435468	组合式多功能光盘门票	北京保利星数据光盘有限公司	北京市朝阳区酒仙桥东路1号	100016
20012191345	带微型光盘驱动器的电子图书阅读机	北京保利星数据光盘有限公司	北京市朝阳区酒仙桥东路1号	100016
2002246767X	超薄型120mm光盘	北京保利星数据光盘有限公司	北京市朝阳区酒仙桥东路1号	100016
20022891870	一种超薄型光盘存储介质	北京保利星数据光盘有限公司	北京市朝阳区酒仙桥东路1号	100016
20022816011	冷光光子治疗仪	北京葆韵堂科技有限公司	北京市海淀区魏公村韦伯豪家园6号3单元104室	100081
20021000808	一种印刷品色版图稿扫描输入方法	北京北大方正集团公司	北京市海淀区成府路298号方正大厦9层	100871
20001299220	一种电子邮件的传递方法	北京北大天正科技发展有限公司	北京市海淀区海淀路52号北京北大太平洋科技发展中心19层	100080
20022896503	一种大屏幕数字广告远程控制播放系统设备	北京北斗行空科技发展有限公司	北京市朝阳区慧中北里天创世缘311楼2606室	100012
20022349057	模块化数据保险库	北京北方正星数据技术有限公司	北京市海淀区上地创业中路四街3号4层	100085

专利号	专利名称	专利权人名称	地址	邮编
20022574727	开关设备两门机械联锁装置	北京北开电气股份有限公司	北京市朝阳区朝阳门外关东店12号	100020
20022574689	户外紧凑型高压配电装置	北京北开电气股份有限公司	北京市朝阳区朝阳门外关东店12号	100020
20022574700	一种断路器操动机构输出拐臂	北京北开电气股份有限公司	北京市朝阳区朝阳门外关东店12号	100020
20022574719	一种组合电器用小型盆式绝缘子	北京北开电气股份有限公司	北京市朝阳区朝阳门外关东店12号	100020
20022574662	一种隔离开关动触头	北京北开电气股份有限公司	北京市朝阳区朝阳门外关东店12号	100020
20022574697	断路器分闸缓冲操动机构	北京北开电气股份有限公司	北京市朝阳区朝阳门外关东店12号	100020
20023698187	瓶子(土壤改良剂)	北京北农康地生物技术有限公司	北京市海淀区清河镇安宁庄东路18号	100085
20022567860	比例随动式错油门和其构成的汽轮机用控制装置	北京北重汽轮电机有限责任公司	北京市石景山区吴家村	100040
20001212478	一种以天然芦荟为主要原料的芦荟胶姆基糖	北京贝拉芦荟开发研究中心	北京市北京工商大学阜成路11号	100037
20001212486	一种以天然芦荟为主要原料的芦荟胶丸及其制备方法	北京贝拉芦荟开发研究中心	北京市北京工商大学阜成路11号	100037
20001301330	一种有效清除卷烟烟气中自由基的卷烟滤嘴及其制造方法	北京倍和德营养制品科技发展有限公司	北京市朝阳区麦子店西街3号新恒基国际大厦816室	100016
20022892605	方便、实用的新型清洁抹布	北京倍舒特实业发展有限公司	北京市密云工业开发区	101500
20022892613	防渗漏、防侧漏宠物卫生尿垫	北京倍舒特实业发展有限公司	北京市密云工业开发区	101500
20033011990	卫生巾包装袋(33.5cm纤巧)	北京倍舒特实业发展有限公司	北京市密云工业开发区	101500
20022351302	激光粉尘仪	北京宾达绿创科技有限公司	北京市西直门南大街16号东楼404室	100035
20022396659	车载报站装置	北京宾达同创科技有限公司	北京市西直门南大街16号	100035

专利号	专利名称	专利权人名称	地　址	邮　编
20012640085	一种冲击式细碎机	北京博得尔科技有限公司	北京市海淀区马连洼北路上地加油站北办公楼101号	100085
20022380787	天文地球仪	北京博昊明德科技开发有限公司	北京市西三环中路3号	100036
20011038497	网络型冷水机组用控制器	北京博瑞科技发展公司	北京市清华大学紫光大楼606厅	100084
20011018704	一种HPV16和HPV18的扩增方法	北京博泰迪生物工程科技开发有限公司	北京市丰台区海鹰路9号	100070
20022456511	便携式网络测试仪	北京长城鼎兴网络通信技术有限公司	北京市海淀区学院路甲38号长城电脑大厦A301室	100083
2002245652X	一种串行管理总线接口模块	北京长城鼎兴网络通信技术有限公司	北京市海淀区学院路甲38号长城电脑大厦A301室	100083
20022825703	照明矩阵控制箱	北京长峰工业有限公司	北京市海淀区永定路50号	100854
20033034095	包装瓶	北京长江创建科技发展有限公司	北京市朝阳区幸福中街锦绣公寓A座402室	100027
20022400869	一种四活塞流量计	北京长空机械有限责任公司	北京市9712信箱101分箱	100101
20022433430	液化石油气加气机	北京长空机械有限责任公司	北京市9712信箱101分箱	100101
20033537771	加气机	北京长空机械有限责任公司	北京市9712信箱101分箱	100101
20001299069	一种调节免疫功能的营养保健品	北京长寿保健品有限公司	北京市西城区西单北大街30号	100034
20001299050	一种延缓衰老的功能性营养保健品	北京长寿保健品有限公司	北京市西城区西单北大街30号	100034
20033537879	包装箱(二)	北京长亿人参饮料有限公司	北京市顺义区化肥厂南	101300
20033537909	包装箱(一)	北京长亿人参饮料有限公司	北京市顺义区化肥厂南	101300
20033537895	包装罐(二)	北京长亿人参饮料有限公司	北京市顺义区化肥厂南	101300
20033537887	包装箱(一)	北京长亿人参饮料有限公司	北京市顺义区化肥厂南	101300

专利号	专利名称	专利权人名称	地址	邮编
20023380128	壁柜门及移门装饰型材(4)	北京超辰经济发展有限责任公司	北京市崇文区前门东大街8号楼5门101室	100051
20023507020	隐框壁柜门及移门型材(3)	北京超辰经济发展有限责任公司	北京市崇文区前门东大街8号楼5门101室	100051
20023380101	壁柜门及移门装饰型材(3)	北京超辰经济发展有限责任公司	北京市崇文区前门东大街8号楼5门101室	100051
20023507012	隐框壁柜门及移门型材(4)	北京超辰经济发展有限责任公司	北京市崇文区前门东大街8号楼5门101室	100051
20023066725	移门上滑挡块(壁柜专用)	北京超辰经济发展有限责任公司	北京市崇文区前门东大街8号楼5门101室	100051
20023507047	隐框壁柜门及移门型材(1)	北京超辰经济发展有限责任公司	北京市崇文区前门东大街8号楼5门101室	100051
20022402438	直插式无噪音锁	北京超辰经济发展有限责任公司	北京市海淀区上地信息产业基地三街中黎科技园C门301室	102206
20033034265	展示柜及橱柜结构型材(一)	北京超辰经济发展有限责任公司	北京市崇文区前门东大街8号楼5门101室	100051
20023398043	折门滑道(1)	北京超辰经济发展有限责任公司	北京市崇文区前门东大街8号楼5门101室	100051
20033034273	展示柜及橱柜结构型材(二)	北京超辰经济发展有限责任公司	北京市崇文区前门东大街8号楼5门101室	100051
20022940707	一种导轨滑轮	北京超辰经济发展有限责任公司	北京市崇文区前门东大街8号楼5门101室	100051
20023402008	隐框壁柜门及移门连接件	北京超辰经济发展有限责任公司	北京市崇文区前门东大街8号楼5门101室	100051
20023066717	移门隐轮上滑挡块(壁柜专用)	北京超辰经济发展有限责任公司	北京市崇文区前门东大街8号楼5门101室	100051

专利号	专利名称	专利权人名称	地　址	邮　编
20023507039	隐框壁柜门及移门型材(2)	北京超辰经济发展有限责任公司	北京市崇文区前门东大街8号楼5门101室	100051
20033561206	壁柜门及移门滑道型材	北京超辰经济发展有限责任公司	北京市海淀区上地信息产业基地三街中黎科技园2号楼C门301室	100085
20033561192	壁柜门及移门结构型材	北京超辰经济发展有限责任公司	北京市海淀区上地信息产业基地三街中黎科技园2号楼C门301室	100085
20022573771	一种防蒸发的加热炉加水通气装置	北京超拓远大石油科技有限公司	北京市海淀区上地四街1号	100085
20032397437	采用腹部进气侧板鸭式气动布局的飞机	北京超翼技术研究所有限公司	北京市海淀区复兴路14号3号楼3门323号	100843
20032397445	采用梯形翼两侧进气侧板鸭式气动布局的飞机	北京超翼技术研究所有限公司	北京市海淀区复兴路14号3号楼3门323号	100843
20032397453	采用双三角翼两侧进气侧板鸭式气动布局的飞机	北京超翼技术研究所有限公司	北京市海淀区复兴路14号3号楼3门323号	100843
20022908471	高压气体多种压力分级输出装置	北京晨光维中能源技术有限责任公司	北京市北京经济技术开发区宏达北路16号3号厂房305室	100176
20011005505	机场跑道基层注浆加固施工工艺设备	北京城建地铁地基市政工程有限公司	北京市海淀区大柳树路15号	100081
2002253590X	整体收缩门洞口模板	北京城建二建设工程有限公司	北京市海淀区复兴路81号	100039
20022535896	整体收缩窗洞口模板	北京城建二建设工程有限公司	北京市海淀区复兴路81号	100039
20033553793	燕尾槽挤塑保温板	北京城建二建设工程有限公司	北京市海淀区复兴路81号	100039
20022437193	方便预留筋与拉结筋连接的橡塑料块	北京城建七建设工程有限公司	北京市朝阳区德胜门外祁家豁子2号	100029

专利号	专利名称	专利权人名称	地　址	邮　编
20022376313	新型减振扣件	北京城建设计研究院有限责任公司	北京市西城区阜城门北大街5号	100037
20022092412	钢铝复合接触轨授流装置	北京城建设计研究院有限责任公司	北京市西城区阜成门北大街5号	100037
20032369255	地铁通风、空调多功能设备集成系统	北京城建设计研究总院有限责任公司	北京市西城区阜成门北大街5号	100037
20022031812	改进型电缆卷线器	北京城市排水集团有限责任公司	北京市崇文区龙潭北里4号	100061
20022029877	运输车的翻斗装置	北京城市排水集团有限责任公司	北京市崇文区龙潭北里4号	100061
20022896325	刮泥机的防滑行走轮	北京城市排水集团有限责任公司	北京市崇文区龙潭北里4号	100061
20022896333	移动式齿轮油注油器	北京城市排水集团有限责任公司	北京市崇文区龙潭北里4号	100061
20032366124	栅渣提升输送装置	北京城市排水集团有限责任公司	北京市崇文区龙潭北里4号	100061
20023805706	杯子	北京创之典企业策划有限公司	北京市朝阳区十里堡甲3号都会华庭巴黎阁32A	100025
20022569375	对流连续通风采光的畜禽舍	北京达尔曼农业科技发展有限责任公司	北京市海淀区上地信息中路2号创业园D栋7层	100085
20022569383	屋顶通风采光的畜禽舍	北京达尔曼农业科技发展有限责任公司	北京市海淀区上地信息中路2号创业园D栋7层	100085
20022569391	新型畜禽舍结构	北京达尔曼农业科技发展有限责任公司	北京市海淀区上地信息中路2号创业园D栋7层	100085
20033091706	气溶胶喷雾器	北京达轮医疗及电子仪器有限公司	北京广安门内大街6号枫桦国际商务中心2－901室	100053
20022539913	干冰膨胀烟丝设备	北京达特烟草成套设备技术开发有限责任公司	北京市丰台区海鹰路3号3号楼4层	100070
20022527907	多人骑方向盘式自行车	北京达西旅游开发有限公司	北京市马甸冠城南园丁香阁3CD	100088
20022359664	多功能视频监控信号处理装置	北京大恒正智电子科技发展有限公司	北京市海淀区上地五街5号	100085

专利号	专利名称	专利权人名称	地　址	邮　编
20022059806	曝光机的近似平行光控制增益结构	北京大祥机械国际有限公司	北京市朝阳区机场路草场地166号	100015
2002232481X	同轴控制式消防信号蝶阀	北京大宇合力阀门有限公司	北京市大兴区榆垡工业区	100075
20033059640	金条	北京戴梦得首饰制造有限责任公司	北京市西城区百万庄北街6号	100037
2003353893X	电脑彩票销售机	北京德法利科技发展有限责任公司	北京市石景山路22号万商大厦写字楼1501－1506室	100086
20032424884	具有软木层的强化木地板	北京德合家建材销售有限公司	北京市海淀区西四环中路39号1号楼501室	100039
20023383763	生态污水处理装置	北京德基清源环境科技有限公司	北京市海淀区首体南路20号国兴家园7号楼1707室	100044
20022377875	生态污水处理装置	北京德基清源环境科技有限公司	北京市海淀区首体南路20号国兴家园7号楼1707室	100044
20022375511	带有清晰光源的一次性窥器	北京德佳科技开发有限责任公司	北京市大兴县清源北路	102600
20001245783	废聚酯塑料再生改性纺制差别化功能化纤维生产工艺	北京德通化纤工业有限公司	北京市大兴县黄村民营工业区	102600
20022888934	数码影像输出装置	北京迪福特数码科技中心	北京市海淀区北下关街道皂君庙甲7号407室	100081
20022467521	分布式以太网接入系统	北京迪吉特科技发展有限公司	北京市朝阳区蒋台路乙21号佳丽酒店326房	100016
20022464832	用于电火花机床的平移装置	北京迪蒙吉意超硬材料技术有限公司	北京市海淀区花园路B3号	100083
20022432957	原油含水分析仪	北京迪威尔石油天然气技术开发有限公司	北京延庆县菜园南街1号	102100
20022459529	计量集输多通阀	北京迪威尔石油天然气技术开发有限公司	北京市海淀区志新西路8号	100083

专利号	专利名称	专利权人名称	地　址	邮　编
20022459537	注脂密封式多通阀	北京迪威尔石油天然气技术开发有限公司	北京市延庆县菜园南街1号	102100
20032002408	立式橇装井口加热炉	北京迪威尔石油天然气技术开发有限公司	北京市海淀区志新西路8号	100083
20032037252	液压抽油泵	北京迪威尔石油天然气技术开发有限公司	北京市延庆县菜园南街1号	102100
20011363479	一种卡介苗热休克蛋白65和多表位HER－2抗原融合蛋白重组蛋白疫苗	北京迪威华宇生物技术有限公司	北京市海淀区中关村南大街12号176信箱	100081
19991091264	电力线载波结合滤波器电路的设计方法及结合滤波器电路	北京电力设备总厂	北京市良乡昊天大街12号	102401
20022086137	电容式低损耗变压器	北京电研华源电力技术有限公司	北京市海淀区清河小营东路15号	100085
2003201175X	高压真空负荷隔离开关	北京电研华源电力技术有限公司	北京市海淀区清河小营东路15号	100085
20022941797	一种多画面输出系统	北京鼎视通软件技术有限公司	北京市海淀区花园东路30号花园商务会馆7306室	100083
20022911340	一种新型自动双模压(滤)瓦机	北京东方彩虹瓦业有限责任公司	北京市大兴区榆垡镇工业开发区	102602
20022537171	一种用二次真空处理的杨木木材及其处理设备	北京东方长城木业有限公司	北京市西城区后广平胡同38号国英公寓7B	100035
20022050345	拉伸仪的测力装置	北京东方孚德技术发展中心	北京市西城区百万庄大街11号	100037
20012603082	移动式堆料机的转动机构	北京东方孚德技术发展中心	北京市西城区百万庄大街11号	100037
20001210017	毫米波治疗仪	北京东方康威科技发展中心	北京市西三环北路27号北楼519室	100089

专利号	专利名称	专利权人名称	地址	邮编
20033048029	高能紫外光子治疗仪	北京东方科医人技术维修站	北京市东城区建国门内大街7号光华长安大厦2座10层1018室	100005
2003356129X	光子嫩肤仪	北京东方科医人技术维修站	北京市东城区建国门内大街7号光华长安大厦2座10层1018室	100005
20023702036	节油O型带	北京东方龙邦科技有限公司	北京市西城区西直门南大街16号北京科技大厦北楼309号	100035
20023702044	节油贴片	北京东方龙邦科技有限公司	北京市西城区西直门南大街16号北京科技大厦北楼309号	100035
20023803835	数码多媒体电脑辞典(V600型)	北京东方新起点电子产品有限公司	北京市朝阳区安定路33号化信大厦A座3层306室	100029
20022437622	一种新型坯体分缝机	北京东方新强设备制造有限公司	北京市大兴区榆垡镇工业开发区	102602
20022437630	一种自动切割倒角机	北京东方新强设备制造有限公司	北京市大兴区榆垡镇工业开发区	102602
20022434089	一种新型拍式自动切坯机	北京东方新强设备制造有限公司	北京市大兴区榆垡镇工业开发区	102602
20022434097	一种自动夹坯机	北京东方新强设备制造有限公司	北京市大兴区榆垡镇工业开发区	102602
20022457976	一种托板转向上架机组	北京东方新强设备制造有限公司	北京市大兴区榆垡镇工业开发区	102602
20022538682	一种托板输送机	北京东方新强设备制造有限公司	北京市大兴区榆垡镇工业开发区	102602
20022538674	一种上下架干燥车提升机	北京东方新强设备制造有限公司	北京市大兴区榆垡镇工业开发区	102602
20022457984	一种托板转向下架机组	北京东方新强设备制造有限公司	北京市大兴区榆垡镇工业开发区	102602
20022402381	一种改进型螺旋折流板换热器	北京东方亿鹏传热技术有限责任公司	北京市朝阳区北苑路172号1号楼202室	100101
20022353046	吸放式纸币分离机构	北京东方智明科技有限公司	北京市海淀区罗庄西里5号	100088
20022353097	纸币分离吸放装置	北京东方智明科技有限公司	北京市海淀区罗庄西里5号	100088
20022353062	倾斜式纸币分离装置	北京东方智明科技有限公司	北京市海淀区罗庄西里5号	100088

专利号	专利名称	专利权人名称	地 址	邮 编
20022373004	环行多面值纸币出钞装置	北京东方智明科技有限公司	北京市海淀区罗庄西里5号	100088
20022353011	纸币自动吸放装置	北京东方智明科技有限公司	北京市海淀区罗庄西里5号	100088
2002235302X	纸币分离装置	北京东方智明科技有限公司	北京市海淀区罗庄西里5号	100088
20022353054	吸放式纸币分离装置	北京东方智明科技有限公司	北京市海淀区罗庄西里5号	100088
20022353038	吸放式纸币出钞装置	北京东方智明科技有限公司	北京市海淀区罗庄西里5号	100088
20022353070	纸币吸放装置	北京东方智明科技有限公司	北京市海淀区罗庄西里5号	100088
20033000425	标贴(东海防水)	北京东海防腐防水工程技术有限责任公司	北京市海淀区海淀南路14－2号	100080
20033000433	液料包装桶	北京东海防腐防水工程技术有限责任公司	北京市海淀区海淀南路14－2号	100080
20022534911	小型液体包装机包装量控制装置	北京东华原医疗设备有限责任公司	北京市朝阳区安定路35号安华发展大厦628室	100029
20022532323	控制煎药机煎药时间的装置	北京东华原医疗设备有限责任公司	北京市朝阳区安定路35号安华发展大厦628室	100029
20032366779	新型中药液体包装机温度检测装置	北京东华原医疗设备有限责任公司	北京市昌平区科技园区振超路1号	102200
20023399708	标贴(4)	北京东龙元生物医药科技有限公司	北京市海淀区马甸冠城北园5号楼18层B室	100088
20023399716	标贴(5)	北京东龙元生物医药科技有限公司	北京市海淀区马甸冠城北园5号楼18层B室	100088
20033033404	天地元养生酒礼品盒	北京东龙元生物医药科技有限公司	北京市海淀区马甸冠城北园5号楼18层B室	100088
20033033366	天宝丹包装盒(内)	北京东龙元生物医药科技有限公司	北京市海淀区马甸冠城北园5号楼18层B室	100088

专利号	专利名称	专利权人名称	地　址	邮　编
20033096007	标贴(7)	北京东龙元生物医药科技有限公司	北京市海淀区马甸冠城北园5号楼18层B室	100088
20022527079	一种远端教学系统	北京东石计算机技术有限公司	北京市西城区阜外大街2号万通新世界广场A1605号	100037
20022527087	一种网络多媒体设备	北京东石计算机技术有限公司	北京市西城区阜外大街2号万通新世界广场A1605号	100037
20022895639	实木铝保温窗	北京东亚铝业有限公司	北京市通州区张家湾镇工业开发区	101113
20022895647	高保温铝门窗型材	北京东亚铝业有限公司	北京市通州区张家湾镇工业开发区	101113
20022087974	弹片式压力开关	北京动力源科技股份有限公司	北京市丰台区科学城星火路8号	100070
20022329927	便携式药液输注装置	北京动力源科技股份有限公司	北京市丰台区科学城星火路8号	100070
20023514922	标贴(豆豆厨巧克力蜜豆奶)	北京豆豆厨食品有限公司	北京市大兴区西红门镇星光工业园区E区2号	100076
20023514906	标贴(豆豆厨原味浓豆浆)	北京豆豆厨食品有限公司	北京市大兴区西红门镇星光工业园区E区2号	100076
20023514930	标贴(豆豆厨微甜浓豆浆)	北京豆豆厨食品有限公司	北京市大兴区西红门镇星光工业园区E区2号	100076
20023514957	标贴(豆豆厨杏仁蜜豆奶)	北京豆豆厨食品有限公司	北京市大兴区西红门镇星光工业园区E区2号	100076
20023514876	包装瓶	北京豆豆厨食品有限公司	北京市大兴区西红门镇星光工业园区E区2号	100076
20023514884	标贴(豆豆厨绢豆腐)	北京豆豆厨食品有限公司	北京市大兴区西红门镇星光工业园区E区2号	100076
20023514892	标贴(豆豆厨鸡蛋豆腐)	北京豆豆厨食品有限公司	北京市大兴区西红门镇星光工业园区E区2号	100076
20023514914	标贴(豆豆厨甜橙蜜豆奶)	北京豆豆厨食品有限公司	北京市大兴区西红门镇星光工业园区E区2号	100076

专利号	专利名称	专利权人名称	地 址	邮 编
20023514949	标贴(豆豆厨微甜黑豆浆)	北京豆豆厨食品有限公司	北京市大兴区西红门镇星光工业园区E区2号	100076
20023514868	标贴(豆豆厨木棉豆腐)	北京豆豆厨食品有限公司	北京市大兴区西红门镇星光工业园区E区2号	100076
19981063543	倍频数据传输装置及其传输方法	北京多思科技工业园股份有限公司	北京市1095信箱313号3组客楼	100091
19981160646	指令控制排序方法及其装置	北京多思科技工业园股份有限公司	北京市海淀区学院路30号逸夫科技馆	100083
19991041976	边进边出的寄存器队列装置及其方法	北京多思科技工业园股份有限公司	北京市海淀区学院路30号逸夫科技馆	100083
19981061249	数据相关串行操作的错位并行处理方法	北京多思科技工业园股份有限公司	北京市1095信箱313号3组客楼	100091
20001322788	剪撑式恒转矩匀速升降台	北京恩菲科技产业集团恩菲专用设备技术公司	北京市海淀区复兴路12号	100038
20022826831	串列地坑式升降横移机械停车设备	北京恩菲科技产业集团	北京市海淀区复兴路12号	100038
20022330755	船用数据仪	北京二十一世纪科技发展有限公司	北京市海淀区知春路111号理想大厦7层	100086
20032365497	双级调压器	北京阀门四厂	北京市崇文区天坛东路76号	100061
20033489122	浴室五金挂件(A)	北京法贝卫浴设备有限公司	北京市北四环中路6号华亭嘉园E座10D	100029
20022928472	室内空气质量检测仪	北京方盛世纪科技发展有限公司	北京市海淀区北洼路甲3号院A座218室	100089
2002208634X	无源以太网数据侦听器	北京方正数码有限公司	北京市海淀区西三环路27号北科大厦4层	100089
20022086250	无源以太网数据侦听响应器	北京方正数码有限公司	北京市海淀区西三环北路27号北科大厦4层	100089

专利号	专利名称	专利权人名称	地　址	邮　编
2002303002X	DVD 视盘机（Q30）	北京飞利浦有限公司	北京市朝阳区酒仙桥东路 1 号 710 信箱	100016
20023700807	DVD 视盘机（DVD625K）	北京飞利浦有限公司	北京市朝阳区酒仙桥东路 1 号 710 信箱	100016
20022826548	USB 接头固定装置	北京飞天诚信科技有限公司	北京市海淀区学院路蓟门饭店五号楼三层	100088
2002340356X	回形针	北京非非医疗器械有限公司	北京市朝阳区团结湖东里 12 号团结公寓 A 座 6D	100027
20022325417	全自动电子灭蛾灯	北京丰茂植保机械有限公司	北京市怀柔府前东街 10 号	101400
20011043660	复合材料载体活性炭棒及其制备方法	北京峰华铁讯有限责任公司	北京市海淀区白石桥路 3 号友谊宾馆北院写字楼 2 层	100873
20022298894	药液过滤器	北京伏尔特技术有限公司	北京市石景山区八大处高科技园创业园中区 A 座	100041
2003310056X	针头、注射器收集盒(箱)	北京福门子科贸有限责任公司	北京市海淀区大慧寺 8 号国家海洋预报中心办公楼	100081
20022352120	铝塑复合型材	北京福田建材有限责任公司	北京市通州区通胡大街 70 号张玉文转	101117
20022352112	水艺窗	北京福田建材有限责任公司	北京市通州区通胡大街 70 号	101117
20023324511	四腔三密封塑料异型材一	北京福田建材有限责任公司	北京市通州区通胡大街 70 号	101117
20023324503	四腔三密封塑料异型材二	北京福田建材有限责任公司	北京市通州区通胡大街 70 号	101117
20022433570	新型多点密封塑窗	北京福田建材有限责任公司	北京市通州区通胡大街 70 号	101117
20022403493	不锈钢塑钢复合门窗	北京福田建材有限责任公司	北京市通州区通胡大街 70 号	101117
2003302863X	标贴	北京福运泉有限责任公司	北京市朝阳区雀各庄乡奶东村	100012
20011345551	音频数据小波包编码器中子带滤波延迟估计和修正的方法	北京阜国数字技术有限公司	北京市海淀区车道沟 1 号滨河大厦 A 座 6 层	100089

专利号	专利名称	专利权人名称	地 址	邮 编
2001144567X	小波音频编码信号处理中块效应消除方法	北京阜国数字技术有限公司	北京市海淀区车道沟1号滨河大厦A座6层	100089
20011345578	一种用于多媒体出版物的加密系统	北京阜国数字技术有限公司	北京市海淀区车道沟1号滨河大厦A座6层	100089
20011345586	用于知觉音频编码的信号处理方法	北京阜国数字技术有限公司	北京市海淀区车道沟1号滨河大厦A座6层	100089
20011445688	在小波音频编码中的基于感知熵的长短块切换方法	北京阜国数字技术有限公司	北京市海淀区车道沟1号滨河大厦A座6层	100089
20011096187	小波分解滤波器组和重构滤波器组的构造方法	北京阜国数字技术有限公司	北京市海淀区车道沟1号滨河大厦A座6层	100089
20032360673	食物垃圾粉碎机	北京富鼎环保科技有限公司	北京市通州区马驹桥镇星火工业区	101102
20023697504	护眼灯(712)	北京富能照明器材有限公司	北京市海淀区金盏南路	100018
20033064350	包装盒(二)	北京富视诺强医疗科技发展有限公司	北京市朝阳区建国门外大街88号现代城A座36层3612号	100022
20033064342	包装盒(一)	北京富视诺强医疗科技发展有限公司	北京市朝阳区建国门外大街88号现代城A座36层3612号	100022
20022433376	横置弹簧钢板式独立悬挂前桥	北京富新达电动车有限公司	北京市通州区运河东大街58号	101101
20023754710	交换机(BH2000)	北京港湾网络有限公司	北京市海淀区西三环北路21号久凌大厦13层	100089
20023754737	路由器(NH1728)	北京港湾网络有限公司	北京市海淀区西三环北路21号久凌大厦13层	100089
20023754729	交换机(BH800)	北京港湾网络有限公司	北京市海淀区西三环北路21号久凌大厦13层	100089

专利号	专利名称	专利权人名称	地　址	邮　编
20033056196	交换机柜	北京港湾网络有限公司	北京市海淀区西三环北路21号久凌大厦13层	100089
20023754702	交换机(BH400)	北京港湾网络有限公司	北京市海淀区西三环北路21号久凌大厦13层	100089
20001058428	紫外光表面清洗机	北京高力通科技开发公司	北京市丰台路11号	100039
20033533679	外置式IC卡读写器	北京高立开元创新科技有限公司	北京市海淀区上地五街5号二层	100085
20033533687	手持式数据采集器(条码、IC卡)	北京高立开元创新科技有限公司	北京市海淀区上地五街5号二层	100085
19991219406	综合异步传递模式业务和同步传递模式业务的方法和设备	北京格林威尔科技发展有限公司	北京市海淀区东王庄小区33楼2层	100083
19991193482	突发同步的实现方法及装置	北京格林威尔科技发展有限公司	北京市海淀区东王庄小区33楼2层	100083
20022537392	一种混合网光传输设备	北京格林威尔科技发展有限公司	北京市海淀区上地信息产业基地西路38号	100085
20022459812	伪钞鉴别仪	北京公达电子有限责任公司	北京市朝阳区平乐园100号	100022
20023330473	人民币伪钞鉴别仪	北京公达电子有限责任公司	北京市朝阳区平乐园100号	100022
20022914250	IC卡读卡机	北京公交华讯电子科技有限责任公司	北京市海淀区阜成路42号中裕商务花园6号楼C座2层	100036
20023758953	IC卡读卡机	北京公交华讯电子科技有限责任公司	北京市海淀区阜成路42号中裕商务花园6号楼C座2层	100036
19971163618	10kV以上高压配电线路故障无线自动报警装置	北京供电公司	北京市前门西大街41号	100031
20012185418	一种新型带电引流线夹	北京供电局大兴供电局	北京市大兴县黄村兴政街1号	102600
20001094076	带识别码的铅封及其制作方法	北京供电局大兴供电局	北京市大兴县黄村兴政街1号	102600

专利号	专利名称	专利权人名称	地 址	邮 编
20012312088	自行车隐形防盗锁	北京恭安海洋科工贸有限责任公司	北京市朝阳区育慧北里世纪村	100101
20023515325	书柜(三组六层)	北京古典高捷家具有限公司	北京市朝阳区三侗房乡西柳	100024
2002351552X	书柜(二组六层)	北京古典高捷家具有限公司	北京市朝阳区三侗房乡西柳	100024
20023515821	楼梯柜(三组合)	北京古典高捷家具有限公司	北京市朝阳区三侗房乡西柳	100024
20023515228	米座(家具)	北京古典高捷家具有限公司	北京市朝阳区三侗房乡西柳	100024
20023515422	坐巴(家具 KD－4)	北京古典高捷家具有限公司	北京市朝阳区三侗房乡西柳	100024
20023301880	蝶阀	北京冠龙阀门厂	北京市丰台区小屯路甲 148 号	100071
20022050353	侧吸下排式多功能排油烟灶具	北京冠维工贸中心	北京市朝阳区广渠门外祁家坟 54 号	100022
20022327010	用于农业信息网的信息机	北京光彩农业信息网络技术有限公司	北京市海淀区海淀路 52 号 20 层	100080
20022888330	具应急逃生装置的复合型钢质防火卷帘门	北京光华安富业门窗有限公司	北京市昌平区沙河镇七里渠北村定泗路 406 号	102206
20022094393	新型波纹管换热器	北京广夏环能科技有限公司	北京市朝阳区北四环中路 6 号 F 座 15C	100029
20022854266	承重型补偿器	北京国电华北电力工程有限公司	北京市西城区黄寺大街甲 24 号	100011
20022854258	承重型补偿器	北京国电华北电力工程有限公司	北京市西城区黄寺大街甲 24 号	100011
20022854274	承重型补偿器	北京国电华北电力工程有限公司	北京市西城区黄寺大街甲 24 号	100011
20023379405	游泳馆(曲面屋顶)	北京国电华北电力工程有限公司	北京市西城区黄寺大街甲 24 号	100011
20022822437	旋汇耦合脱硫装置	北京国电清新环保技术工程有限公司	北京市复兴路 83 号东 12 楼 3 层	100856
20001238000	一种复合保温砂浆及其制备方法	北京国电实力科技发展有限公司	北京市丰台区丰台北路 22 号	100071
20022310258	干式高压设备出线套管	北京国电四维电力技术有限公司	北京市密云工业开发区东吉路	101500
20022310266	高压设备出线套管端头	北京国电四维电力技术有限公司	北京市密云工业开发区东吉路	101500

专利号	专利名称	专利权人名称	地　址	邮　编
20022315098	干式高压电器密封结构	北京国电四维电力技术有限公司	北京市密云工业开发区东吉路	101500
20022372989	干式高压电流互感器	北京国电四维电力技术有限公司	北京市密云工业开发区东吉路	101500
20022436006	一种干式高压电流互感器	北京国电四维电力技术有限公司	北京市密云工业开发区东吉路	101500
20022435999	干式高压电流互感器	北京国电四维电力技术有限公司	北京市密云工业开发区东吉路	101500
20022370315	具有微调功能的调匝式消弧线圈	北京国电四维电力技术有限公司	北京市密云工业开发区东吉路	101500
20022829458	预制型干式电缆终端	北京国电四维电力技术有限公司	北京市密云工业开发区东吉路	101500
20022941169	干式高压电流互感器	北京国电四维电力技术有限公司	北京市密云工业开发区东吉路	101500
20022427449	干式高压穿墙套管	北京国电四维电力技术有限公司	北京市密云工业开发区东吉路	101500
20022427465	干式高压穿墙套管	北京国电四维电力技术有限公司	北京市密云工业开发区东吉路	101500
20022427457	干式高压穿墙套管	北京国电四维电力技术有限公司	北京市密云工业开发区东吉路	101500
20032370555	多重嵌套式环流曝气塔	北京国科海蓝环境科技发展有限公司	北京市海淀区成府路华清嘉园甲5号1007室	100083
20022477136	异地签章机	北京国科信达防伪技术有限公司	北京市西城区西直门内大街玉桃园小区甲12楼202号	100035
20022825606	煤粉锅炉高温空气点火装置	北京国力能高科技有限公司	北京市海淀区中关村南大街48号7号楼B039室	100081
20022849262	签章机专用热转印色带芯轴	北京国信防伪技术有限公司	北京市西城区西内大街玉桃园一区甲12楼301号	100035
20022355030	信息传输线路实时监测装置	北京国信通电信科技有限公司	北京市海淀区白塔庵汉荣家园2号楼2402号	100086
20011235195	润滑油用抗磨节能剂及其制备方法和用途	北京海淀科保科技发展有限公司	北京市海淀区知春路20号国际企业合作商务大厦	100088
20022331794	可旋转的消火栓	北京海淀普惠机电技术开发公司	北京市142信箱27分箱	100854

专利号	专利名称	专利权人名称	地 址	邮 编
20022383263	减压稳压消火栓	北京海淀普惠机电技术开发公司	北京市海淀区永定路83号	100854
20022407898	减压稳压消火栓	北京海淀普惠机电技术开发公司	北京市海淀区永定路83号	100854
20022536116	薄形自救卷盘	北京海淀普惠机电技术开发公司	北京市海淀区永定路83号	100854
20022536124	一种栓体可旋转的带有减压稳压装置的消火栓	北京海淀普惠机电技术开发公司	北京市海淀区永定路83号	100854
20022435654	大截面板式换热器	北京海淀永大机电设备制造有限责任公司	北京市海淀区永丰北路	100094
20022403248	电视信号实时智能监测报警仪	北京海尔广科数字技术有限公司	北京市西城区月坛北街甲1号内1楼	100037
20022536906	摆杆式计步器	北京海弗莱医疗设备有限责任公司	北京市海淀区首体南路20号5楼1005室	100044
20023329823	饮料罐(用于香蕉椰子混合果汁饮料)	北京海爵食品有限公司	北京市怀柔区怀北镇河防口村547号	101408
20023329831	饮料罐(用于菠萝椰子混合果汁饮料)	北京海爵食品有限公司	北京市怀柔区怀北镇河防口村547号	101408
20023329815	一种多边形饮料罐	北京海爵食品有限公司	北京市怀柔区怀北镇河防口村547号	101408
20033056552	灯罩	北京海兰齐力照明设备安装工程有限公司	北京市北三环西路48号北京科技会展中心1号楼B座4C	100086
20033056544	瓦檐灯	北京海兰齐力照明设备安装工程有限公司	北京市北三环西路48号北京科技会展中心1号楼B座4C	100086
20022531750	高速数字式热阵记录器	北京海利赢医疗科技有限公司	北京市丰台区丰台路口53号121－123号	100071
20022531769	全数字无线心电多通道遥测器	北京海利赢医疗科技有限公司	北京市丰台区丰台路口53号121－123号	100071
20023380764	中央空调温度控制器	北京海林电器设备有限公司	北京市海淀区西三旗东路	100096

专利号	专利名称	专利权人名称	地　址	邮　编
20033096031	中央空调温度控制器	北京海林电器设备有限公司	北京市海淀区西三旗东路	100096
20022091289	复合金属过滤网及其防砂筛管	北京海能海特石油科技发展有限公司	北京市昌平区石油大学石油工程系	102200
20022567259	用于筛管连接的滑套连接装置及设有该装置的筛管	北京海能海特石油科技发展有限公司	北京市昌平区石油大学石油工程系	102200
20022927867	超硬材料与金属基体材料复合体	北京海能海特石油科技发展有限公司	北京市昌平区超前路9号	102200
20022936033	细分区段调控地层流体或注入流体流动的油气井完井系统	北京海能海特石油科技发展有限公司	北京市昌平区超前路9号	102200
20022936041	具有流量调控装置的筛管	北京海能海特石油科技发展有限公司	北京市昌平区超前路9号	102200
20022373535	具有可控断开部件的连接装置及其筛管连接头与筛管	北京海能海特石油科技发展有限公司	北京市昌平区府学路石油大学院内	102249
20012706183	固体有机废物好氧发酵装置	北京海斯顿环保设备有限公司	北京市通州区马驹桥	101102
20012746886	洗车废水回用装置	北京海斯顿环保设备有限公司	北京市通州区马驹桥	101102
19991191889	一种脉冲驱动源电路	北京海通嘉讯科技有限公司	北京市石景山区鲁谷路74院18号楼2单元101号	100040
19991191854	一种利用交流线路遥控通讯的方法	北京海通嘉讯科技有限公司	北京市石景山区鲁谷路74院18号楼2单元101号	100040
20033533083	壁挂式自助查询机	北京海威汇达计算机技术有限责任公司	北京市海淀区上地四街1号院5号楼1层	100085
20023398817	包装盒	北京海月鑫源商贸有限公司	北京市海淀区万寿路5号	100063
20033524491	包装盒(妈咪爱)	北京韩美药品有限公司	北京市朝阳区京顺路5号曙光大厦A座8层	100028

专利号	专利名称	专利权人名称	地　址	邮　编
20023701366	棋盘(六国军棋)	北京汉士长城投资咨询有限公司	北京市朝阳区安立路68号阳光广场B2-2801号	110101
19981176933	语音输入记事本	北京汉王科技有限公司	北京市海淀区中关村南一条1号	100080
20022327533	用于计算机录入的无线、无源手写板	北京汉王科技有限公司	北京市海淀区中关村东路95号	100080
20022056491	具有短消息收发功能的e风智能电话机	北京汉王科技有限公司	北京市海淀区中关村东路95号	100080
20023760664	手写电话电脑机壳	北京汉王科技有限公司	北京市海淀区中关村东路95号	100080
20023760672	带有可分离的PDA短信电话机壳	北京汉王科技有限公司	北京市海淀区中关村东路95号	100080
20022948406	多功能脱机指纹考勤机	北京汉王科技有限公司	北京市海淀区中关村东路95号	100080
20022948414	用于手写轨迹采集的触摸屏控制装置	北京汉王科技有限公司	北京市海淀区中关村东路95号	100080
20022948422	双弹簧手写笔	北京汉王科技有限公司	北京市海淀区中关村东路95号	100080
20023760680	汉王e风手写短信电话机壳	北京汉王科技有限公司	北京市海淀区中关村东路95号	100080
20001035533	低分辨率视频设备字符显示清晰度的增强方法	北京瀚华凯捷技术开发有限公司	北京市海淀区上地信息中路2号创业园D栋711室	100085
20022916199	电梯智能称重仪	北京航天贝科尔控制技术有限公司	北京市丰台区南大红门路1号北京9200信箱21分箱	100076
20033051836	麻醉蒸发器	北京航天长峰股份有限公司医疗器械分公司	北京市海淀区金沟河路3号820-1室	100854
20023377216	300/500/1000卡尺数显组件	北京航天峰光电子技术有限责任公司	北京市海淀区玉泉路16号	100039
20023377224	150卡尺双色外观数显组件	北京航天峰光电子技术有限责任公司	北京市海淀区玉泉路16号	100039
20022846506	磁性位移测量装置	北京航天峰光电子技术有限责任公司	北京市海淀区玉泉路16号平房	100039

专利号	专利名称	专利权人名称	地址	邮编
20022025367	一种电动三轮车	北京航天万方新技术有限公司	北京市9200信箱71分箱11号	100076
20022432221	油气弹簧加载平衡磨合试验机	北京航天万方新技术有限公司	北京市9200信箱71分箱11号	100076
20022011900	电梯专用的后备式停电应急电源	北京航天万源稀土电机应用技术有限公司	北京市丰台区南大红门路1号	100076
20022353984	自清扫型热式烟气流速测量装置	北京航天益来电子科技有限公司	北京市142信箱206分箱9号	100854
20022936009	蜂窝复合夹层吸声装饰板	北京航艺通幕墙装饰有限公司	北京市340信箱航艺通公司	100024
20022335455	吸引式洁耳器	北京豪迈万通数码科技有限公司	北京市丰台区莱户营东街60号哈特商务酒店6401室	100054
20023402555	一次性卫生坐便纸	北京好家洁厨卫用品有限公司	北京市海淀区上地信息中路20号D305	100085
20023402563	一次性卫生坐便纸纸盒	北京好家洁厨卫用品有限公司	北京市海淀区上地信息中路20号D305	100085
20023402571	一次性卫生坐便纸固定盒	北京好家洁厨卫用品有限公司	北京市海淀区上地信息中路20号D305	100085
20022400052	成型垃圾气化炉	北京浩业达高新技术发展有限公司	北京市朝阳区北四环中路北奥大厦15层	100029
20022400060	中置式成型垃圾气化炉	北京浩业达高新技术发展有限公司	北京市朝阳区北四环中路北奥大厦15层	100029
2002204809X	农村家用沼气配件集成器	北京合百意生态能源科技开发有限公司	北京市顺义区李遂镇南孙路23号	101300
20032396945	低压小流量燃气开关	北京合百意生态能源科技开发有限公司	北京市丰台区马莲道高楼村49号百业商务会馆C座101室	100073
20032396953	串联弯折通道测压装置	北京合百意生态能源科技开发有限公司	北京市丰台区马莲道高楼村49号百业商务会馆C座101室	100073
2003239697X	户用沼气调控净化器	北京合百意生态能源科技开发有限公司	北京市丰台区马莲道高楼村49号百业商务会馆C座101室	100073
20033555117	能量卡	北京合川时代科技有限公司	北京市海淀区中关村南大街2号北京科技会展中心B座2002A室	100086

专利号	专利名称	专利权人名称	地 址	邮 编
20032044828	欧元识伪仪	北京合众动力航空技术有限公司	北京市海淀区苏州街29号乐家花园	100080
20022439110	全天候卫星定位接收机	北京合众思壮科技有限责任公司	北京市海淀区知春路知春大厦118号1501室	100088
20011097264	一种寻找单相接地故障的方法及探测器	北京合纵科技有限公司	北京市海淀区上地信息路19号314厅	100085
20022934790	电缆接头	北京合纵科技有限公司	北京市海淀区上地信息路19号商服中心314厅	100085
20001079336	一种实现总线型计算机网络冗余的方法	北京和利时系统工程股份有限公司	北京市海淀区西三旗建材城中路10号	100096
20022054545	新型电液伺服控制系统	北京和利时系统工程股份有限公司	北京市海淀区西三旗建材城中路10号	100096
20001078089	一种核电站压水反应堆堆芯功率测量方法	北京和利时系统工程股份有限公司	北京市海淀区西三旗建材城中路10号	100096
20012796069	机械就中滑阀	北京和利时系统工程股份有限公司	北京市海淀区西三旗建材城中路10号	100096
20012796077	一种新型的电液放大滑阀	北京和利时系统工程股份有限公司	北京市海淀区西三旗建材城中路10号	100096
20022403396	一种基于普通电话网的电源设备监控装置	北京恒电电源设备有限公司	北京市海淀区中关村南大街6号1206室	100086
19981110886	便携式股票委托查询交易机	北京恒基伟业电子产品有限公司	北京市海淀区紫竹院路广源闸5号广源大厦4层421室	100081
20032002262	盖上设置有按键的手机	北京恒基伟业电子产品有限公司	北京市海淀区紫竹院路广源闸5号广源大厦4层	100081
2003200222X	颜色、质感或形态可变化的手机按键	北京恒基伟业电子产品有限公司	北京市海淀区紫竹院路广源闸5号广源大厦4层	100081
20022442243	一种便携式个人数字助理机	北京恒基伟业电子产品有限公司	北京市海淀区车道沟1号青东物业西9层	100089
20032002297	盖上带有分区透视窗口的手机	北京恒基伟业电子产品有限公司	北京市海淀区紫竹院路广源闸5号广源大厦4层	100081

专利号	专利名称	专利权人名称	地　址	邮　编
2002369789X	有线电视机顶盒	北京恒通视讯科技发展有限公司	北京海淀区上地四街1号	100085
2003305553X	导轨包装套	北京恒远讯达技术开发有限公司	北京市宣武区南滨河路25号	100055
19991111893	一种生物催化剂的制作方法和所制成的生物催化剂及用途	北京红缔康华生物工程技术有限公司	北京市海淀区知春里希格玛公寓B座1705室	100086
19991057279	超声浓差酸碱法生产盐酸阿霉素脂质体注射剂	北京红缔康华生物工程技术有限公司	北京市海淀区知春里希格玛公寓B座1705室	100086
20033557640	包装袋(蓝天爱心募捐)	北京红木棉广告有限公司	北京市西三环南路乙6号银河大厦八层	100073
20023515201	包装袋(榨菜)	北京红山食品有限公司	北京市海淀区黑山沪羊场1号	100094
2003302572X	酒瓶	北京红星股份有限公司	北京市怀柔县红星路1号	101400
20033025738	包装盒	北京红星股份有限公司	北京市怀柔县红星路1号	101400
20033554501	酒瓶	北京红星股份有限公司	北京市怀柔县红星路1号	101400
20033554536	包装盒(2)	北京红星股份有限公司	北京市怀柔县红星路1号	101400
20013601717	壁柜门的边框(二)	北京宏安新业经贸有限责任公司	北京市东城区和平里五区18号楼	100013
20022851038	封闭式全自动速热开水机	北京宏华电器有限公司	北京市门头沟区石龙工业区美安路1号	102308
20023327472	卡式可抛弃型手机	北京宏业信通科技有限公司	北京市海淀区中关村南大街乙56号方圆大厦7层705号	100044
20022823573	镶嵌式防火型钢制电缆桥架	北京洪恩达电缆桥架制造厂	北京市德胜门外双泉堡18号	100085
20022348824	热量表用集成球阀	北京鸿豪兴达仪表有限公司	北京市昌平南口1023信箱	102202
20023400366	超声波加湿器	北京鸿历广达科技有限公司	北京市朝阳区东三环北路38号光华饭店	100020
20022466045	节能环保电暖气	北京鸿盛天启科技有限公司	北京市海淀区半壁街南路8号	100089

专利号	专利名称	专利权人名称	地 址	邮 编
20022359877	摄像头卡座	北京琥珀设计有限公司	北京市海淀区中关村南大街2号数码大厦25层	100086
20023326123	带USB接口的MP3播放器	北京琥珀设计有限公司	北京市海淀区中关村南大街2号数码大厦25层	100086
20023399732	带USB接口的MP3播放器(4)	北京琥珀设计有限公司	北京市海淀区中关村南大街2号数码大厦25层	100086
20023396326	带USB接口的MP3播放器	北京琥珀设计有限公司	北京市海淀区中关村南大街2号数码大厦25层	100086
20023396318	带USB接口的MP3播放器	北京琥珀设计有限公司	北京市海淀区中关村南大街2号数码大厦25层	100086
20023399759	带USB接口的MP3播放器(2)	北京琥珀设计有限公司	北京市海淀区中关村南大街2号数码大厦25层	100086
20023399767	带USB接口的MP3播放器(1)	北京琥珀设计有限公司	北京市海淀区中关村南大街2号数码大厦25层	100086
20023399724	带USB接口的MP3播放器(5)	北京琥珀设计有限公司	北京市海淀区中关村南大街2号数码大厦25层	100086
20033079498	电磁表箱防护罩	北京华东开关有限公司	北京市朝阳区左安门外龙爪树南里69号	100078
2003307948X	照明箱防护罩	北京华东开关有限公司	北京市朝阳区左安门外龙爪树南里69号	100078
20023405163	金属雕刻电镀一体机	北京华辉伟业科技有限公司	北京市西直门内大街172号	100035
20022571647	直接数字电容频率转换电器	北京华控技术有限责任公司	北京市海淀区上地创业路8号3号楼2层	100085
20032036221	多媒体电脑飞镖机	北京华控技术有限责任公司	北京市海淀区上地创业路8号3号楼2层	100085
20022940669	一种CAN智能中继器/网桥	北京华控技术有限责任公司	北京市海淀区上地创业路8号3号楼2层	100085
1999110840X	土壤水泥凝固剂	北京华来能源材料有限公司	北京市海淀区清华园	100084
20033026408	机箱(8088A)	北京华旗资讯数码科技有限公司	北京市海淀区西草场1号1502室	100080

专利号	专利名称	专利权人名称	地　址	邮　编
20033026505	机箱(T22)	北京华旗资讯数码科技有限公司	北京市海淀区西草场1号1502室	100080
20033026335	电脑机箱(206)	北京华旗资讯数码科技有限公司	北京市海淀区西草场1号1502室	100080
20033026432	电脑机箱(908C)	北京华旗资讯数码科技有限公司	北京市海淀区西草场1号1502室	100080
20033026351	机箱(209A)	北京华旗资讯数码科技有限公司	北京市海淀区西草场1号1502室	100080
20033026459	机箱(D12)	北京华旗资讯数码科技有限公司	北京市海淀区西草场1号1502室	100080
2003302636X	301机箱	北京华旗资讯数码科技有限公司	北京市海淀区西草场1号1502室	100080
20033026467	T08机箱	北京华旗资讯数码科技有限公司	北京市海淀区西草场1号1502室	100080
20033026378	302机箱	北京华旗资讯数码科技有限公司	北京市海淀区西草场1号1502室	100080
20033026475	T62机箱	北京华旗资讯数码科技有限公司	北京市海淀区西草场1号1502室	100080
20033026386	机箱(606B)	北京华旗资讯数码科技有限公司	北京市海淀区西草场1号1502室	100080
20033026394	机箱(608B)	北京华旗资讯数码科技有限公司	北京市海淀区西草场1号1502室	100080
20033026491	机箱(T11)	北京华旗资讯数码科技有限公司	北京市海淀区西草场1号1502室	100080
20033026343	208B机箱	北京华旗资讯数码科技有限公司	北京市海淀区西草场1号1502室	100080
20033095930	音箱(一)	北京华旗资讯数码科技有限公司	北京市海淀区西草场1号1502室	100080
20023843330	MP3播放器	北京华旗资讯数码科技有限公司	北京市海淀区西草场1号1502室	100080
2003356096X	MP3播放器	北京华旗资讯数码科技有限公司	北京市海淀区西草场1号1502室	100080
20033075212	卷尺	北京华人创业量具有限公司	北京市东城区王府井大街74号	100006
20022947280	双翻转提拉窗	北京华实玻璃钢制品有限公司	北京市房山区良乡凯旋大街建设路1号	102488
20023834242	型材	北京华实玻璃钢制品有限公司	北京市房山区良乡凯旋大街建设路1号	102488
20022941517	终端监控装置	北京华通为尔广视科技有限公司	北京市海淀区上地信息路22号数码大厦B座1门508室	100084

专利号	专利名称	专利权人名称	地　址	邮　编
20022941525	标识码插入装置	北京华通为尔广视科技有限公司	北京市海淀区上地信息路22号数码大厦B座1门508室	100084
1999107498X	广播电视和互联网络综合系统	北京华纬迅科技有限公司	北京市海淀区上地东路29号留学人员创业园522室	100085
20022086048	预防狂犬病组合式急救盒	北京华卫骥生物医药有限公司	北京市西城区后海北沿14号	100009
20022528083	一种用于检测直流系统绝缘电阻的模块	北京华星恒业电气设备有限公司	北京市大兴区西红门星光工业社区B区	100076
20022093230	液晶投影机的空气过滤动态封闭防尘机箱	北京华讯博通科技发展有限公司	北京市海淀区马甸西街甲2号彩虹大厦4层	100088
20033420416	控制面板(网络中央控制系统)	北京华讯博通科技发展有限公司	北京市海淀区马甸西街甲2号彩虹大厦4层	100088
19991060725	有、无线综合保安报警系统	北京华讯和达数据科技有限公司	北京市海淀区知春路22号四层	100088
19991001605	中高层钢结构抗震住宅的施工方法	北京华洋建设开发有限公司	北京市德胜门外黄寺大街25号	100011
20022407952	水平－上向流节能型油气水砂分离器	北京华油惠博普科技有限公司	北京市海淀区北三环中路39号	100088
20022574786	海上油田浮式生产储存装置专用油气水砂分离器	北京华油惠博普科技有限公司	北京市海淀区北三环中路39号	100088
2002209041X	电子制冷机内胆	北京华玉兰电制冷技术有限责任公司	北京市海淀区杏石口路甲28号	100089
20022946330	外部自然循环复极式离子膜电解装置	北京化工机械厂	北京市朝阳区西大望路27号	100022
20022089322	有效高度可变动的裂解炉	北京化学工业集团有限责任公司东方化工厂	北京市通州区滨河路143号	101149
20023704721	瓶贴(欢臣饮料)	北京欢臣氏饮吕有限公司	北京市怀柔区庙城镇高两河村西北京达园饮品有限公司	101400

专利号	专利名称	专利权人名称	地址	邮编
20023704756	包装箱B(欢臣饮料)	北京欢臣氏饮品有限公司	北京市怀柔区庙城镇高两河村西北京达园饮品有限公司	101400
2002370473X	包装罐B(欢臣饮料)	北京欢臣氏饮品有限公司	北京市怀柔区庙城镇高两河村西北京达园饮品有限公司	101400
20033072264	标贴(爆橙汁)	北京欢臣氏饮品有限公司	北京市怀柔区庙城镇高两河村西北京达园饮品有限公司	101400
20023704748	包装箱A(欢臣饮料)	北京欢臣氏饮品有限公司	北京市怀柔区庙城镇高两河村西北京达园饮品有限公司	101400
2002289750X	新风加湿换气机	北京环都人工环境科技有限公司	北京市海淀区韩家川路46号	100094
20022564977	盘圆法制造细径药芯焊丝的无退火制造设备	北京环球机电科技有限公司	北京市海淀区中关村南三街乙5号	100080
20022851747	地埋式拾音器	北京寰宇宸投资顾问有限公司	北京市西城区广成街4号院金宸公寓1号楼801室	100032
20023697466	外包装本色(龙马本色)	北京皇台商贸有限责任公司	北京市朝阳区亚运村汇园国际公寓F座806室	100044
20033029075	电锁	北京黄氏方菱电子机械自动化有限公司	北京市朝阳区亚运村汇园公寓J-1007室	100101
20033029083	开门器	北京黄氏方菱电子机械自动化有限公司	北京市朝阳区亚运村汇园公寓J-1007室	100101
20022873430	汽车遇险呼救装置	北京汇邦兴业科技发展有限公司	北京市朝阳区北辰东路8号辰运大厦B-407室	100101
20022531440	防止冷桥热损失的预制直埋保温管	北京汇源技术发展公司	北京市朝阳区定福庄路北口	100024
20033027552	饮料瓶	北京汇源饮料食品集团有限公司	北京市顺义区小营镇/丁建军	101305
20023511257	瓶子(PET型)	北京汇源饮料食品集团有限公司	北京市顺义区北小营镇	101305
20023511265	瓶子(苗条型)	北京汇源饮料食品集团有限公司	北京市顺义区北小营镇	101305
20023511273	瓶贴(真鲜橙)	北京汇源饮料食品集团有限公司	北京市顺义区北小营镇	101305

专利号	专利名称	专利权人名称	地址	邮编
20023511281	瓶贴(真苹果)	北京汇源饮料食品集团有限公司	北京市顺义区北小营镇	101305
2002351129X	瓶贴(真蜜桃)	北京汇源饮料食品集团有限公司	北京市顺义区北小营镇	101305
20023511249	瓶贴(真菠萝)	北京汇源饮料食品集团有限公司	北京市顺义区北小营镇	101305
20023755199	包装袋(阿拉斯加水果冰)	北京汇源饮料食品集团有限公司	北京市顺义区北小营镇/丁建军	101305
20033528497	包装盒(果肉型桃汁)	北京汇源饮料食品集团有限公司	北京市顺义区北小营镇	101305
20033094438	瓶贴(真の水)	北京汇源饮料食品集团有限公司	北京市顺义区北小营镇/丁建军	101305
20023757159	饮料瓶	北京汇源饮料食品集团有限公司	北京市顺义区北小营镇/丁建军	101305
20023757140	饮料瓶	北京汇源饮料食品集团有限公司	北京市顺义区北小营镇/丁建军	101305
2002293474X	装有吸嘴的饮料瓶	北京汇源饮料食品集团有限公司	北京市顺义区北小营镇	101305
20033528500	包装盒(果肉型苹果汁)	北京汇源饮料食品集团有限公司	北京市顺义区北小营镇	101305
20033528527	包装盒(果肉型菠萝汁)	北京汇源饮料食品集团有限公司	北京市顺义区北小营镇	101305
20033528543	包装盒(果肉型山楂汁)	北京汇源饮料食品集团有限公司	北京市顺义区北小营镇	101305
20033528489	包装盒(果肉型梨汁)	北京汇源饮料食品集团有限公司	北京市顺义区北小营镇	101305
20033528535	包装盒(果肉型猕猴桃汁)	北京汇源饮料食品集团有限公司	北京市顺义区北小营镇	101305
20033535035	包装桶(2.5L PET)	北京汇源饮料食品集团有限公司	北京市顺义区北小营镇	101305
20022566716	对称平衡型金属隔膜压缩机	北京汇知机电设备有限责任公司	北京市大兴区西红门镇金星工业园区	100076
2002246655X	小型增氧机	北京惠佳特电器设备有限公司	北京市海淀区知春路128号泛亚大厦401室	100086
20022466568	膜分离制氧装置	北京惠佳特电器设备有限公司	北京市海淀区知春路128号泛亚大厦401室	100086

专利号	专利名称	专利权人名称	地址	邮编
20022466541	空气分离制氧的装置	北京惠佳特电器设备有限公司	北京市海淀区知春路128号泛亚大厦401室	100086
20022851690	去除水蒸气的装置	北京吉大小天鹅仪器有限公司	北京市朝阳区望京新兴产业区利泽中园103楼301室	100102
20023511788	一种轻型越野汽车	北京吉普汽车有限公司	北京市朝阳区广渠路36号	100022
20001094327	带状线结构的射频陷波器	北京吉兆电子有限公司	北京市海淀区清华园清华大学学研大厦B座709室	100084
20022947701	大功率热插拔调频功率放大器	北京吉兆电子有限公司	北京市海淀区清华园清华大学	100084
20023376236	散热器外壳	北京集天众合科技开发有限公司	北京市朝阳区北苑路180号加利大厦1号楼402号	100101
20022464077	翅型散热器片	北京集天众合科技开发有限公司	北京市朝阳区北苑路180号加利大厦1号楼402号	100101
20023754184	包装箱	北京加增工贸有限公司	北京市朝阳区长营乡公主坟村	100024
20033524106	包装盒(佳盈中药注射液)	北京佳农科技发展有限公司	北京市海淀区中关村南大街12号	100081
20033524114	包装盒(佳盈西药注射液)	北京佳农科技发展有限公司	北京市海淀区中关村南大街12号	100081
20001095633	电话交换机模拟接口综合测试装置	北京佳讯飞鸿电气有限责任公司	北京市海淀区明光村佳讯公司办公楼	100088
20001237799	一种数字调度通信系统	北京佳讯飞鸿电气有限责任公司	北京市海淀区明光村佳讯公司办公楼	100088
20022546014	多路IP电话管理器	北京迦南捷通网讯技术有限公司	北京市海淀区北三环路57号远望楼北楼238室	100088
20022569359	混合动力电动车的双电机驱动同步控制器	北京嘉捷源技术开发有限公司	北京市经济技术开发区宏达北路8号1号楼3层	100176
20022898468	用于混合动力电动车的动力装置	北京嘉捷源技术开发有限公司	北京市经济技术开发区宏达北路8号1号楼3层	100176

专利号	专利名称	专利权人名称	地址	邮编
20022567135	多户表智能控制装置	北京嘉龙信通电子有限公司	北京市海淀区长春桥路5号新起点嘉园2号楼1506室	100089
2002206074X	一种饮水机	北京嘉润恒健康饮水环保工程设备有限公司	北京市朝阳区亮马桥路39号第一上海中心8层803室	100016
20022060758	液位补偿装置	北京嘉润恒健康饮水环保工程设备有限公司	北京市朝阳区亮马桥路39号第一上海中心8层803室	100016
20022383999	一种锁闭阀	北京嘉润恒健康饮水环保工程设备有限公司	北京市朝阳区亮马桥路39号第一上海中心8层803室	100016
20022432108	变径止回阀	北京嘉润恒水务投资有限公司	北京市朝阳区亮马桥路39号第一上海中心8层	100016
20022432094	带节水装置的制水设备	北京嘉润恒水务投资有限公司	北京市朝阳区亮马桥路39号第一上海中心8层	100016
20023320753	移动电话	北京嘉盛联侨信息工程技术有限公司	北京市朝阳区亮马桥路32号高斓大厦15层	100016
20022874887	一种旋翼式数字移动通讯设备	北京嘉盛联侨信息工程技术有限公司	北京市朝阳区亮马桥路32号高斓大厦15层	100016
20022874895	一种旋翼式手机	北京嘉盛联侨信息工程技术有限公司	北京市朝阳区亮马桥路32号高斓大厦15层	100016
20022874909	数字移动通讯设备的听筒结构	北京嘉盛联侨信息工程技术有限公司	北京市朝阳区亮马桥路32号高斓大厦15层	100016
20022874879	旋翼式数字移动通讯设备	北京嘉盛联侨信息工程技术有限公司	北京市朝阳区亮马桥路32号高斓大厦15层	100016
20022901671	旋翼式数字移动通讯设备的旋转轴	北京嘉盛联侨信息工程技术有限公司	北京市朝阳区亮马桥路32号高斓大厦15层	100016
2002290168X	一种旋翼式手机	北京嘉盛联侨信息工程技术有限公司	北京市朝阳区亮马桥路32号高斓大厦15层	100016

专利号	专利名称	专利权人名称	地　址	邮　编
20023801131	移动电话	北京嘉盛联侨信息工程技术有限公司	北京市朝阳区亮马桥路32号高斓大厦15层	100016
20012780251	音乐喷泉用动感孔雀开屏装置	北京建通兴业环境科技有限公司	北京市朝阳区酒仙桥路5号建通鸿雁宾馆902室	100015
20022404821	用于音乐喷泉的数控喷头	北京建通兴业环境拉技有限公司	北京市朝阳区酒仙桥路5号建通鸿雁宾馆902室	100015
20022376046	用于音乐喷泉的径向摇摆装置	北京建通兴业环境拉技有限公司	北京市朝阳区酒仙桥路5号建通鸿雁宾馆902室	100015
20022534598	人体健康测评议	北京健寿道俱乐部有限责任公司	北京市建国门北大街8号华润大厦204号	100005
20032400950	一种小型家用净水器	北京洁明天地环保设备有限公司	北京市朝阳区马甸裕民路12号	100086
20022411399	一种电源车	北京捷强动力科技发展有限公司	北京市中关村南大街6号中电信息大厦1201室	100086
20022852107	钢丝绳锚具	北京今腾盛膜结构技术有限公司	北京市朝阳区小营路10号阳明广场3号楼北座5F	100101
20022852093	钢丝绳锚具	北京今腾盛膜结构技术有限公司	北京市朝阳区小营路10号阳明广场3号楼北座5F	100101
20022330860	自控式汽车尾气高效净化装置	北京金杯贸易有限责任公司	北京市丰台区丰北路32号	100071
20022330879	新型太阳能交通标志	北京金杯贸易有限责任公司	北京市丰台区丰北路32号	100071
20022001662	在筒状金属零件内表面加工硫化物层的设备	北京金东方科技发展有限公司	北京市西城区后广平胡同38号国英公寓7B	100035
20001245805	一种制粒用黏结剂及其制造方法	北京金发工贸公司	北京市东四西大街46号	100711
20011154314	一种钢制防腐散热器	北京金基业工贸集团	北京市安定门外大街60号	100011
20022052046	物品移动探测器	北京金联盾科技有限公司	北京市海淀区首体南路1号	100044
20023833734	连体折叠包装盒	北京金麦隆食品有限责任公司	北京市丰台区角门路18号	100075

专利号	专利名称	专利权人名称	地 址	邮 编
20033003696	游艺机(电动狂牛)	北京金牛旋风游艺器材有限公司	北京市丰台区北京西客站南广场亚视大厦1005室	100055
20022084231	游戏涌泉喷头	北京金瀑布环境艺术有限责任公司	北京市北四环中路6号华亭嘉园D座34B	100029
19991031679	针对蛋白激酶基因的反义核酸及其抑瘤作用	北京金赛狮生物制药技术开发有限责任公司	北京市海淀区皂君庙乙7号	100081
19981021964	类胰岛素生长因子受体基因的反义核酸的抑癌作用	北京金赛狮生物制药技术开发有限责任公司	北京市海淀区皂君庙乙7号	100081
1999109364X	针对囊依赖的淋巴细胞白血病基因的反义核酸的抑癌作用	北京金赛狮生物制药技术开发有限责任公司	北京市海淀区皂君庙乙7号	100081
20022040285	红外感应陶瓷水龙头	北京金陶洁具有限公司	北京市大兴黄村黄良路8号	102600
20022467726	一种变温差蒸发水源热泵设备	北京金万众空调制冷设备有限责任公司	北京市昌平北七家金万众工业园	102209
20012328677	擦窗机用的污水自动回收处理装置	北京金汛新世纪机器人制造有限公司	北京市海淀区海淀路86号南楼308室	100081
20012328685	一种安全吊挂卸载装置	北京金汛新世纪机器人制造有限公司	北京市海淀区海淀路86号南楼308室	100081
20022852131	钢框竹木胶合板大模板	北京金洋恒泰模板有限公司	北京市大兴西红门镇团河路4号	100076
20022382186	具有数字机顶盒性能的DVD装置	北京金裕兴电子技术有限公司	北京市西城区德胜门外大街97号	100088
2002337747X	英语通(裕兴移动课堂)	北京金裕兴电子技术有限公司	北京市西城区德胜门外大街97号	100088
20023008210	文曲星NC1020电子字典	北京金远见电脑技术有限公司	北京市2898信箱	100085
2003300532X	电子字典(文曲星CC880)	北京金远见电脑技术有限公司	北京市海淀区上地信息产业基地信息中路1号(1-2号)	100085

专利号	专利名称	专利权人名称	地　址	邮　编
19981013597	声控汉字识别方法	北京金远见电脑技术有限公司	北京市海淀区上地信息产业基地孵化楼1号楼5层	100085
20033005311	文曲星电子字典（CC330）	北京金远见电脑技术有限公司	北京市海淀区上地信息产业基地信息中路1号(1－2号)	100085
20033005338	文曲星电子字典（PC1010）	北京金远见电脑技术有限公司	北京市海淀区上地信息产业基地信息中路1号(1－2号)	100085
20033534063	电子辞典（CC180）	北京金远见电脑技术有限公司	北京市海淀区上地信息产业基地信息中路1号(1－2号)	100085
2003353408X	掌上电脑（GP162）	北京金远见电脑技术有限公司	北京市海淀区上地信息产业基地信息中路1号(1－2号)	100085
20033534071	电子辞典（NC2000A）	北京金远见电脑技术有限公司	北京市海淀区上地信息产业基地信息中路1号(1－2号)	100085
20033554072	电子辞典（PC506）	北京金远见电脑技术有限公司	北京市海淀区上地信息产业基地信息中路1号(1－2号)	100085
20022327487	食用菌液体菌种转移罐	北京锦绣大地农业股份有限公司	北京市海淀区四季青廖公庄166号	100039
19991097343	水培作物工厂化生产方法	北京锦绣大地农业股份有限公司	北京市海淀区廖公庄锦绣大地农业股份有限公司	100039
19991189949	芦荟试管苗过渡移栽方法	北京锦绣大地农业股份有限公司	北京市海淀区廖公庄锦绣大地农业股份有限公司	100039
20001228269	裂褶四糖簇合物及其制备方法和应用	北京锦绣大地农业股份有限公司	北京市海淀区四季青乡廖公庄	100039
20011000996	裂褶四糖烷基苷类化合物及其制备方法和应用	北京锦绣大地农业股份有限公司	北京市海淀区四季青乡廖公庄	100039
20022852743	液复可调式新型防抱装置	北京京沪号克汽车制动新型技术有限公司	北京市9213信箱(汇宝隆大厦3007)	100076

专利号	专利名称	专利权人名称	地　址	邮　编
20022531734	血液回收机的离心杯与电机的联接装置	北京京精医疗设备有限公司	北京市经济技术开发区(亦庄)万源街11号	100009
20022376941	微电脑控制逆变器	北京京瑞博技术开发有限公司	北京市海淀区昆明湖南路1号	100089
19991007395	一种消除饮用水中微污染物质硝酸盐及亚硝酸盐的方法	北京京润新技术发展有限责任公司	北京市安定门外大羊坊甲6号	100012
20022089942	直流电机角度驱动器及角度电控阀门	北京京威汽车设备有限公司	北京市朝阳区建国门外灵通观1号	100022
20033092818	椅子(二)	北京精模科技发展有限公司	北京市海淀区西草场1号1502室	100080
2003309280X	床头	北京精模科技发展有限公司	北京市海淀区西草场1号1502室	100080
20033092796	椅子(一)	北京精模科技发展有限公司	北京市海淀区西草场1号1502室	100080
20023334975	一次性妇科活检针	北京景生炎工贸有限公司	北京市海淀区皂君庙甲16号8-1-1	100081
20022442235	变频电磁搅拌电控装置	北京景新电气技术开发有限责任公司	北京市丰台科技园区海鹰路1号2号厂房	100070
2003302409X	电表箱	北京敬业百花山电表箱有限公司	北京市西城区西什库大街31号	100034
20033024103	电表	北京敬业百花山电表箱有限公司	北京市西城区西什库大街31号	100034
20023832568	贮热式电暖器(四)	北京敬业为民供暖设备有限公司	北京市西城区西什库大街31号	100034
20023832576	贮热式电暖器(三)	北京敬业为民供暖设备有限公司	北京市西城区西什库大街31号	100034
20023832584	贮热式电暖器(二)	北京敬业为民供暖设备有限公司	北京市西城区西什库大街31号	100034
20023832592	贮热式电暖器(一)	北京敬业为民供暖设备有限公司	北京市西城区西什库大街31号	100034
20022935843	贮热式电暖器	北京敬业为民供暖设备有限公司	北京市西城区西什库大街31号	100034
20022383670	直通式同轴密封电磁阀	北京九鼎绿环科技有限公司	北京市房山区燕化双益宾馆410室	102500

专利号	专利名称	专利权人名称	地　址	邮　编
20022053611	网络设备的远端供电装置	北京九洲神通科技有限公司	北京市东城区地安门东大街 66－2 号	100009
19991238451	新 L－苏糖酸衍生物	北京巨能亚太生命科学研究中心	北京市亚运村国际会议中心 6023 室	100101
20011041145	一种等渗运动饮料及其制备方法	北京巨能亚太生命科学研究中心	北京市西城区宣武门西大街甲 129 号金隅大厦 9 层	100031
2002235901X	昆虫捕捉装置	北京具和聚热能设备技术开发有限公司	北京市朝阳区望京中环南路甲 2 号国际商务中心(佳境天城 B 座 2508 室	100102
2002331124X	烟盒	北京卷烟厂	北京市朝阳区管庄西里 42 号	100024
20022345558	手动旋转门的磁阻尼装置	北京凯必盛自动门技术有限公司	北京市昌平区水库路 57 号	102200
20022391096	两翼旋转门	北京凯必盛自动门技术有限公司	北京市昌平区水库路 57 号	102200
2002240726X	一种基于无线通信的自动门故障处理系统	北京凯必盛自动门技术有限公司	北京市昌平区水库路 57 号	102200
20023697113	自动旋转门制动器	北京凯必盛自动门技术有限公司	北京市昌平区水库路 57 号	102200
2002289280X	一种改进的多功能自动旋转门	北京凯必盛自动门技术有限公司	北京市昌平区水库路 57 号	102200
20012788732	全效内燃式水加热器	北京凯明洋能源工程公司	北京市朝阳区小营路内 10 号阳明广场 3 楼 3C	100101
20022350934	运输车辆二折式全密闭装置	北京凯特专用汽车厂	北京市丰台区丰西路刘庄子	100070
20001336150	半导体激光鼻腔照射治疗仪	北京康健通技术开发有限公司	北京市海淀区成府路 29 号地大附中教 2 楼	100083
20022398988	黄锈水处理器	北京康科环保设备有限公司	北京市石景山区八大处高科技园区海特饭店 5839 室	100043
2002239897X	长效灭菌器	北京康科环境工程有限公司	北京市石景山区八大处高科技园区海特饭店 5839 室	100043
20022433481	全过程水处理器	北京康科环境工程有限公司	北京市石景山区八大处高科技园区海特饭店 5839 室	100043

专利号	专利名称	专利权人名称	地址	邮编
2002243349X	防腐水处理器	北京康科环境工程有限公司	北京市石景山区八大处高科技园区海特饭店5839室	100043
20022332316	双总线工业控制机	北京康拓科技开发总公司	北京市2729信箱	100000
2003308002X	双活塞气动隔膜阀	北京康拓科技开发总公司	北京市中关村南三街16号	100080
20022354107	可燃气体高压电离空气自动点火装置	北京柯布克科技开发有限公司	北京市朝阳区东三环北路2号南银大厦615室	100027
20022329536	水煤浆流化式热风炉	北京柯林斯达能源技术开发有限公司	北京市中关村丰台科技园航丰路6号	100070
20022329544	立轴式线加速破碎机	北京柯林斯达能源技术开发有限公司	北京市中关村丰台科技园航丰路6号	100070
20022329552	星形直立式搅拌机	北京柯林斯达能源技术开发有限公司	北京市中关村丰台科技园航丰路6号	100070
20011026510	磁敏电阻倾斜角传感器	北京科大天宇微电子材料技术开发有限公司	北京市北京科技大学科技楼105室	100083
20033147469	移动卫视接收天线罩	北京科迪安科技有限公司	北京市海淀区金沟河路19号316室	100039
20022058567	防水材料抗渗试验装置	北京科海利新型建筑材料开发有限公司	北京市复兴路甲1号	100038
20022816461	水量控制装置	北京科华兴业科技发展有限公司	北京市海淀区西翠路9号瑞成大酒店8026室	100036
20022816453	电控水阀装置	北京科华兴业科技发展有限公司	北京市海淀区西翠路9号瑞成大酒店8026室	100036
20022539891	一种用于污水净化装置的速分生化球	北京科净源环宇科技发展有限公司	北京市海淀区车庄西路35号花园写字楼	100044
20023400706	燃气管道用电磁阀	北京科力恒安全设备有限责任公司	北京市海淀区车公庄西路甲20号	100044
20023400692	可燃气体探测器	北京科力恒安全设备有限责任公司	北京市海淀区车公庄西路甲20号	100044
20022565043	可燃气体探测器	北京科力恒安全设备有限责任公司	北京市海淀区车公庄西路甲20号	100044

专利号	专利名称	专利权人名称	地　址	邮　编
20022572376	具有信号远传功能的单点壁挂式气体检测报警仪	北京科力赛克科技有限公司	北京市海淀区中关村北二街甲2号	100084
20001004522	油溶性维生素粉末及其制造方法	北京科力新技术发展总公司	北京市海淀区西三环北路27号	100089
20033062838	喷码机	北京科诺华电子技术有限公司	北京市石景山区苹果园北路海特花园44楼305室	100041
20001030698	开关柜	北京科锐配电自动化技术有限公司	北京市海淀区上地信息产业基地四街1号3层	100085
20032004117	中央空调集中供热水泵变频控制装置	北京科瑞易联节能科技发展有限公司	北京市朝阳区安定路39号长新大厦4楼	100029
20033051879	轻型客车（HT002）	北京科信泰汽车研究所有限公司	北京市北京经济技术开发区隆庆街3号	100176
20033051860	轻型客车（HT001）	北京科信泰汽车研究所有限公司	北京市北京经济技术开发区隆庆街3号	100176
20001004484	耐浓、稀硝酸腐蚀的高硅奥氏体不锈钢	北京科冶钢材有限责任公司	北京市海淀区高梁桥斜街13号	100081
20022528105	前置刀盘割草机	北京可尔机械制造有限公司	北京市朝阳区安慧北里秀园18号楼	100101
20022528075	甩绳式割草机	北京可尔机械制造有限公司	北京市朝阳区安慧北里秀园18号楼	100101
20012636320	中低速磁悬浮列车用钢枕	北京控股磁悬浮技术发展有限公司	北京市延庆八达岭特区办事处	102102
20033035148	冷冻手术治疗机	北京库蓝医疗设备有限公司	北京市海淀区上地信息路26号中关村创业大厦318室	100085
2002337635X	快乐珠心算扑克	北京快乐天地科技发展有限公司	北京市丰台区方庄芳城园1区16号	100036
20033010099	数字语音教学机	北京昆喜科技发展有限公司	北京市海淀区中关村南大街9号理工科技大厦1208	100081
20002500957	一种光学抛光机摆架定位杆防脱落装置	北京兰雪工贸有限责任公司	北京市丰台区大红门东前街50号(南门)	100075

专利号	专利名称	专利权人名称	地　址	邮　编
20023400552	射频读卡巡更器	北京蓝卡软件技术有限公司	北京市海淀区上地信息路19号	100085
20033557101	瓶(一)	北京蓝猫淘气饮品营销有限责任公司	北京市密云县西滨河路计委投资楼346室	100007
2003355711X	瓶(二)	北京蓝猫淘气饮品营销有限责任公司	北京市密云县西滨河路计委投资楼346室	100007
20022568174	具备智能卡读卡器功能的计算机外置数据接收设备	北京蓝拓扑电子技术有限公司	北京市海淀区清华园三才堂丙33号写字楼3层	100084
20022857591	采用模块化的分离天线结构的双频无线局域网的接入点	北京朗通环球科技有限公司	北京市建国门外大街1号国贸大厦1座33层	100004
20001207288	利用废塑料生产汽油、柴油和液化气的工艺方法及设备	北京乐意环保技术有限公司	北京市朝外大街10号昆泰大厦1506室	100020
20022898166	扩频数字微波传输装置	北京雷波泰克信息技术有限公司	北京市海淀区中关村北二条13号	100080
20022374965	安全带舒适夹	北京雷利洁科技发展有限公司	北京市丰台区右外北甲地路9号院2号楼1910室	100054
20023399007	自动取款机(300)	北京立德金融设备系统有限责任公司	北京市朝阳区酒仙桥14号	100016
20023398981	自动存取款机(210)	北京立德金融设备系统有限责任公司	北京市朝阳区酒仙桥14号	100016
2002339899X	组合式自动存取款机	北京立德金融设备系统有限责任公司	北京市朝阳区酒仙桥14号	100016
2002340745X	火灾探测器	北京利达防火保安设备有限公司	北京经济技术开发区荣京东路17号	100176
20023407476	火灾报警控制器	北京利达防火保安设备有限公司	北京经济技术开发区荣京东路17号	100176
20023407468	火灾探测器	北京利达防火保安设备有限公司	北京经济技术开发区荣京东路17号	100176
20022945326	改进型模块化功率单元	北京利德华福技术有限公司	北京市海淀区上地七街国际科技创业园C座8层	100085
20022945334	三相正弦交流电源异常情况检测电路	北京利德华福技术有限公司	北京市海淀区上地七街国际科技创业园C座8层	100085

专利号	专利名称	专利权人名称	地　址	邮　编
20022946349	高压变频调速系统专用的旁路切换柜	北京利德华福技术有限公司	北京市海淀区上地七街国际科技创业园C座8层	100085
20022055827	无谐波污染高压变频器能量回馈装置	北京利德华福技术有限公司	北京市海淀区上地七街国际科技创业园C座8层	100085
20022357610	一种软连接高亮度霓虹灯	北京利亚德电子科技有限公司	北京市海淀区颐和园北正红旗西街9号	100091
2002330376X	集成电路芯片(LEYARD pro)	北京利亚德电子科技有限公司	北京市海淀区颐和园北正红旗西街9号	100091
2002285018X	电子显示屏箱体结构	北京利亚德电子科技有限公司	北京市海淀区颐和园北正红旗西街9号	100091
20022529101	异型LED灯结构	北京利亚德电子科技有限公司	北京市海淀区颐和园北正红旗西街9号	100091
20022397876	一种具有新型遮阳罩的LED模块	北京利亚德电子科技有限公司	北京市海淀区颐和园北正红旗西街9号	100091
20022382437	智能锅炉节能控制器	北京联创航力科技有限公司	北京市海淀区海淀路50号北大资源东楼1049号	100080
20022092773	一种柱模	北京联东模板有限公司	北京市通州区次渠镇工业开发区北京联东模板有限公司	101111
20022464026	一种能够发射平行光的发光二极管	北京联发中拓科技发展有限公司	北京市昌平区回龙观镇	100096
20022464034	一种高亮度平行光二极管照明装置	北京联发中拓科技发展有限公司	北京市昌平区回龙观镇	100096
20022464042	一种能够发射平行光的发光二极管	北京联发中拓科技发展有限公司	北京市昌平区回龙观镇	100096
20022434534	拼装式厌氧生物反应器	北京联合创意环保设备有限公司	北京市海淀区定慧寺东里17号楼506室	100036
20022571167	真空式冰箱	北京联合科信制冷技术有限公司	北京市海淀区翠微南里7号楼101室	100036
20022568042	加热式增压空调机	北京联合科信制冷技术有限公司	北京市海淀区翠微南里7号楼101室	100036
20022332979	一次性肠内营养供应袋式管路	北京灵泽医药技术开发有限公司	北京市朝阳区石佛营西里12号楼丰苑大厦B座-1103室	100025

专利号	专利名称	专利权人名称	地址	邮编
20022356487	一种基于射频识别技术的停车场计时收费系统	北京六合万通微电子技术有限公司	北京市海淀区上地信息中路20号中关村发展大厦E座401号	100085
20023382333	油桶(龙霸1升摩油)	北京龙霸润滑油有限公司	北京市大兴区旧宫工业园区20号	100076
20023405058	油桶(龙霸摩油2002－2)	北京龙霸润滑油有限公司	北京市大兴区旧宫工业园区1号	100076
20021295085	车牌自动识别方法	北京龙浩亚安智能数码科技有限公司	北京市昌平区科技园区振兴路9号	102200
20022029850	饮食业油烟净化器	北京龙鸣振华环保净化设备有限公司	北京市朝阳区广渠路九龙花园2号楼B座110室	100022
20022861203	皮夹折叠式便携太阳能充电器	北京龙腾源科贸有限公司	北京市海淀区增光路45号	100037
20033072256	标贴	北京龙燕兴科贸有限公司	北京市崇文区东花市北里中区14号楼	100000
20023303581	果蔬榨汁机	北京隆基机电设备有限责任公司	北京市海淀区西直门外北下关交大东路宫颐府405室	100035
20022399445	果蔬榨汁机顶盖	北京隆基机电设备有限责任公司	北京市丰台区科学城恒富花园2号楼5218室	100071
19991222067	淋病诊断试剂盒	北京陆桥医学生物技术中心	北京市朝阳区高碑店北路甲3号	100025
20023331402	塑壳不锈钢(或塑料电镀)装饰圈按键保温瓶	北京鹿牌都市生活用品有限公司	北京市昌平区南口镇东大街22号	102202
2002238202X	双玻平开隔声门窗	北京绿创隔声门窗有限责任公司	北京市昌平区科技园振兴路28号	102200
20022396012	一种增效复合活性炭过滤器	北京绿创环保科技有限责任公司	北京市海淀区苏州街1号绿创大厦	100080
20022816941	一种过滤吸附罐	北京绿创环保科技有限责任公司	北京市海淀区苏州街1号绿创大厦5层	100080
2000130044X	营养酸模SOD的提取工艺	北京绿华伟业科技有限公司	北京市西直门南大街2号	100035
20023754621	粘鼠板	北京绿叶世纪日化用品有限公司	北京市大兴区西红门镇志远工业大院12号	102600

专利号	专利名称	专利权人名称	地　址	邮　编
20022034781	电热采暖炉	北京绿园新世纪电器有限公司	北京市通州区潞城镇工业区	101107
20022854738	一种笔记本电脑的外包装彩箱	北京伦飞科技有限公司	北京市朝阳区酒仙桥东路1号	100016
20001295675	防晒洗衣粉	北京洛娃科技实业有限公司	北京市海淀区玉渊潭徐庄59号	100089
2000123787X	锂电池工业废气处理中N－甲基吡咯烷酮的回收工艺	北京迈胜普技术有限公司	北京市海淀区白石桥路30号百成科技楼	100081
20033049300	餐桌	北京猫王家具销售有限公司	北京市朝阳区亚运村安立路8号汇欣公寓22层2201室	100101
20033028567	电视架(A)	北京猫王家具销售有限公司	北京市朝阳区亚运村安立路8号汇欣公寓22层2201室	100101
20033030367	电视架(B)	北京猫王家具销售有限公司	北京市朝阳区亚运村安立路8号汇欣公寓22层2201室	100101
2003304936X	柜(三层)	北京猫王家具销售有限公司	北京市朝阳区亚运村安立路8号汇欣公寓22层2201室	100101
20033049378	抽屉柜(二层)	北京猫王家具销售有限公司	北京市朝阳区亚运村安立路8号汇欣公寓22层2201室	100101
20033030340	衣架(B)	北京猫王家具销售有限公司	北京市朝阳区亚运村安立路8号汇欣公寓22层2201室	100101
20033049343	搁架(五层)	北京猫王家具销售有限公司	北京市朝阳区亚运村安立路8号汇欣公寓22层2201室	100101
20033049351	抽屉柜(五层)	北京猫王家具销售有限公司	北京市朝阳区亚运村安立路8号汇欣公寓22层2201室	100101
20033030375	穿衣镜	北京猫王家具销售有限公司	北京市朝阳区亚运村安立路8号汇欣公寓22层2201室	100101
20022398961	家用心电检测仪	北京美高仪软件技术有限公司	北京市昌平区城区镇超前路21号	102200

专利号	专利名称	专利权人名称	地　址	邮　编
20023011874	百事达生物肥	北京美科博微生物工程技术有限公司	北京市海淀区复兴路22号院72号楼兴兴写字楼312室	100036
20022909605	新型环保农耕微型垂直旋耕机	北京美科艺数码科技发展有限公司	北京市海淀区花园路4号通恒大厦105室	100088
20022088598	多种口味的冻干保鲜水果/蔬菜结构	北京美味珍食品有限责任公司	北京市朝阳区建国门外大街1号国贸大厦西楼1层L124A	100004
20023382295	包装箱(月饼)	北京美味珍食品有限责任公司	北京市朝阳区建国门外大街1号国贸大厦西楼1层L124A	100004
20023382287	包装箱(佛跳墙)	北京美味珍食品有限责任公司	北京市朝阳区建国门外大街1号国贸大厦西楼1层L124A	100004
20022377883	一种清水花盆	北京妙龙科技有限公司	北京市海淀区清华东路2号86号信箱	100083
20012230235	防驼背连身调整型内衣	北京欧迪芬服装有限公司	北京市门头沟区石龙工业区	100075
20022568727	柔珠空气袋	北京欧迪芬服装有限公司	北京市丰台区赵公口24楼1层	100075
20022568735	压模手捧式胸垫	北京欧迪芬服装有限公司	北京市丰台区赵公口24楼1层	100075
20022892524	具有不同穿着功能的文胸	北京欧迪芬服装有限公司	北京市丰台区赵公口24楼1层	100075
20032400276	罩杯可抽取式多用文胸	北京欧迪芬服装有限公司	北京市门头沟区石龙工业区	100075
20022899960	防侧滑底盘测功机	北京欧林特汽车设备高科技有限公司	北京市海淀区车公庄西路35号花园写字楼1层	100044
20022899987	底盘测功机的传动结构	北京欧林特汽车设备高科技有限公司	北京市海淀区车公庄西路35号花园写字楼1层	100044
20033555400	车筐(防盗)	北京欧耐经贸有限公司	北京市丰台区丰管路5号盛鑫嘉园3号楼1403室	100071
20022331018	低噪音便拆式泵	北京欧胜龙水泵有限公司	北京市丰台区南方庄1号(安富大厦303室)	100078

专利号	专利名称	专利权人名称	地址	邮编
20022331034	低噪音高效多级泵	北京欧胜龙水泵有限公司	北京市丰台区南方庄1号(安富大厦303室)	100078
20022897933	一种新颖的柱翼型散热器	北京派捷散热器有限公司	北京市海淀区四季青柴家坟73号	100089
2002289795X	一种挂装对流式散热器	北京派捷散热器有限公司	北京市海淀区四季青柴家坟73号	100089
20022856765	一种一次性垃圾箱	北京鹏远环境工程有限公司	北京市朝阳区安贞西里4区23号楼深房大厦19A	100029
20022569804	通水电缆	北京普力华达焊接设备有限公司	北京市顺义区马坡地区四丰乐村	101300
20022855289	检测样杯	北京普利生仪器有限公司	北京市海淀区上地群英科技园5号楼2层东	100085
20022434488	压力消解反应器	北京普析通用仪器有限责任公司	北京市海淀区清华东路17号79号	100083
20022434496	双光束双波长微型光度计	北京普析通用仪器有限责任公司	北京市海淀区清华东路17号79号	100083
20023333626	水质监测仪	北京普析通用仪器有限责任公司	北京市海淀区清华东路17号79号	100083
2002243447X	压力消解气动计量进样化学反应装置	北京普析通用仪器有限责任公司	北京市海淀区清华东路17号79号	100083
20022854282	计算机网络连接断开装置	北京普讯数通科技发展有限公司	北京市海淀区中关村东路123号都市网景C座806	100086
20022329609	可换炉芯的高效燃煤热风炉	北京普照机电有限公司	北京市海淀区香山门头村612号	100093
20023402733	货车(双排三翻低槽货箱)	北京汽车摩托车进出口公司	北京市朝阳区农光东里34号天客隆商务大厦B527	100021
20023402717	货车(三翻低槽货箱)	北京汽车摩托车进出口公司	北京市朝阳区农光东里34号天客隆商务大厦B527	100021
20023402709	货车(单排低槽货箱)	北京汽车摩托车进出口公司	北京市朝阳区农光东里34号天客隆商务大厦B527	100021
20023402725	货车(深槽货箱)	北京汽车摩托车进出口公司	北京市朝阳区农光东里34号天客隆商务大厦B527	100021

专利号	专利名称	专利权人名称	地 址	邮 编
20022538100	将彩色液晶显示转换为视频显示的装置	北京前导时代软件技术有限公司	北京市崇文区天坛东里48号院4-2-301室	100061
20023699930	包装箱("北京特供")	北京青岛啤酒三环有限公司	北京市密云县果园西路98号	101500
20023508809	标贴	北京青岛啤酒三环有限公司	北京市密云县果园西路98号	101500
20023699949	包装箱("百年经典")	北京青岛啤酒三环有限公司	北京市密云县果园西路98号	101500
20022432566	台式小型回流焊机	北京青云创新科技发展有限公司	北京市海淀区双榆树北三环西路43号	100086
20022461485	钠米银系抗菌杯	北京青云当代科技发展有限公司	北京市西城区百万庄扣钟北里6号楼-1	100037
20022092676	铝合金断冷桥框架结构	北京青云联合空调设备有限公司	北京市昌平区水青路1号	102249
19961023864	小负荷高灵敏度核子秤	北京清大科技股份有限公司	北京市海淀区西三环北路105号(首都师范大学)	100037
20022887253	全匹配式高精度核子秤	北京清大科技股份有限公司	北京市海淀区徐庄甲58号	100089
19991096010	多重降解的组合物母粒	北京清大亚太科技研究中心	北京市海淀区学院南路68号吉安大厦203室	100081
20022400710	慢进快退封合机构	北京清华丰新技术有限责任公司	北京市海淀区圆明园东路水磨中街新区25号	100084
20022400664	新型截断刀	北京清华丰新技术有限责任公司	北京市海淀区圆明园东路水磨中街新区25号	100084
20022400702	袋型包装机无级调节封合阻尼结构	北京清华丰新技术有限责任公司	北京市海淀区圆明园东路水磨中街新区25号	100084
20022400729	包装机下料速度调节装置	北京清华丰新技术有限责任公司	北京市海淀区圆明园东路水磨中街新区25号	100084
20022400699	新型多排拉纸装置	北京清华丰新技术有限责任公司	北京市海淀区圆明园东路水磨中街新区25号	100084
20022400737	液体分装机构	北京清华丰新技术有限责任公司	北京市海淀区圆明园东路水磨中街新区25号	100084

专利号	专利名称	专利权人名称	地　址	邮　编
19991008464	一种长余辉蓝色荧光体	北京清华工业开发研究院	北京市清华大学华业大厦6层	100084
20022379509	上收口双水套高效采暖炉	北京清华华丰流体工程技术公司	北京市海淀区圆明园东路水磨西街62号	100084
19991195515	核径迹微孔综合防伪标识的制造方法及其制品	北京清华试金石新技术有限公司	北京市海淀区清华大学校内	100084
2002294933X	重离子微孔滴水变色防伪标识	北京清华试金石新技术有限公司	北京市海淀区清华大学校内	100084
20022949305	重离子微孔滴水消失激光全息复合防伪标识	北京清华试金石新技术有限公司	北京市海淀区清华大学校内	100084
20022949321	重离子微孔局部全息综合防伪标识	北京清华试金石新技术有限公司	北京市海淀区清华大学校内	100084
20022949313	水抹图文变换重离子微孔防伪标识	北京清华试金石新技术有限公司	北京市海淀区清华大学校内	100084
20001367641	利用物体本身的显微状态进行防伪的方法	北京清华试金石新技术有限公司	北京市海淀区清华大学校内	100084
20022355413	一种更长寿命全玻璃真空太阳集热管	北京清华阳光能源开发有限责任公司	北京市海淀区上地国际科技创业园104座25层E	100085
20022398457	一种太阳热水器及热水系统集热量的混水法测试装置	北京清华阳光能源开发有限责任公司	北京市海淀区上地国际科技创业园104座25层E	100085
20022398473	一种太阳热水器及热水系统贮热水箱热损系数测试装置	北京清华阳光能源开发有限责任公司	北京市海淀区上地国际科技创业园104座25层E	100085
20022575634	一种新型全玻璃真空管太阳集热器及热水器的密封结构	北京清华阳光能源开发有限责任公司	北京市海淀区上地国际科技创业园104座	100085
20022575642	一种新型全玻璃真空管太阳集热器及热水器	北京清华阳光能源开发有限责任公司	北京市海淀区上地国际科技创业园104座	100085

专利号	专利名称	专利权人名称	地　址	邮　编
20022355391	一种金属型材夹口压紧连接结构的太阳反射器	北京清华阳光太阳能设备有限责任公司	北京市昌平区城区镇科技园区创新路17号	102205
20022354263	一种新型挡风圈	北京清华阳光太阳能设备有限责任公司	北京市昌平区城区镇科技园区创新路17号	102205
20022442936	一种半自动合缝机	北京清华阳光太阳能设备有限责任公司	北京市昌平区城区镇科技园区创新路17号	102205
20023401621	太阳热水器	北京清华阳光太阳能设备有限责任公司	北京市昌平区城区镇科技园区创新路17号	102205
20022442944	一种太阳集热器连集管	北京清华阳光太阳能设备有限责任公司	北京市昌平区城区镇科技园区创新路17号	102205
20022398449	一种非承压式太阳热水器贮热水箱的防冻通气管1	北京清华阳光太阳能备设有限责任公司	北京市昌平区城区镇科技园区创新路17号	102205
20022398465	一种气动压紧设备	北京清华阳光太阳能设备有限责任公司	北京市昌平区城区镇科技园区创新路17号	102205
20022575626	一种新型发泡工装	北京清华阳光太阳能设备有限责任公司	北京市昌平区城区镇科技园区创新路17号	102205
20023513586	公共卫生间	北京清华紫光泰和通环保技术有限公司	北京市通州区潞苑南大街25号	101100
20023513594	附带公共卫生间的商亭	北京清华紫光泰和通环保技术有限公司	北京市通州区潞苑南大街25号	101100
20022055894	旅客列车用免水冲便器	北京清华紫光泰和通环保技术有限公司	北京市通州区潞苑南大街25号	101100
20033077290	可移动式值班室	北京清华紫光泰和通环保技术有限公司	北京市通州区潞苑南大街25号	101100
20033077304	厕具外壳(免水冲)	北京清华紫光泰和通环保技术有限公司	北京市通州区潞苑南大街25号	101100
20001097598	β-羟基结构的季铵盐复合相转移催化剂及其制备	北京清华紫光英力化工技术有限责任公司	北京市清华大学紫光大楼506室尹应武	100084

专利号	专利名称	专利权人名称	地　址	邮　编
2000109758X	R－(＋)－N－(取代苯基)丙氨酸或其酯的制备方法	北京清华紫光英力化工技术有限责任公司	北京市清华大学紫光大楼506室	100084
20001033883	工业副产氯化氢气体精制回收工艺	北京清华紫光英力化工技术有限责任公司	北京市清华大学紫光大楼506室	100084
20033029903	单元柜(QMB400－12)	北京曲美家具有限公司	北京市朝阳区来广营北路黄岗东侧	100012
2003302992X	餐椅(2002D－9)	北京曲美家具有限公司	北京市朝阳区来广营北路黄岗东侧	100012
20033029938	双门衣柜(QMB600－2)	北京曲美家具有限公司	北京市朝阳区来广营北路黄岗东侧	100012
20033029946	餐椅(2002D－10)	北京曲美家具有限公司	北京市朝阳区来广营北路黄岗东侧	100012
20033029881	餐桌(QMBT10)	北京曲美家具有限公司	北京市朝阳区来广营北路黄岗东侧	100012
19981006213	一种矿物质水及其制造方法	北京屈臣氏蒸馏水有限公司	北京市丰台区东管头甲2号	100071
20033004722	包装袋(全聚德烤鸭棕侧面)	北京全聚德烤鸭股份有限公司配送中心	北京市大兴区旧宫镇科技路23号	100076
20033004749	包装袋(全聚德烤鸭红侧面)	北京全聚德烤鸭股份有限公司配送中心	北京市大兴区旧宫镇科技路23号	100076
20033530971	饮料瓶	北京全顺酒业有限公司	北京市怀柔区雁栖工业开发区	101408
20023310480	家具、橱柜自动封边机	北京全新兴业科贸有限公司	北京市朝阳区新源西里中街8号天和楼103室	100027
20022567410	断路器动作可靠性试验提示装置	北京人民电器厂	北京市大兴工业开发区金苑路29号	102600
20013582925	足部保健专用盆	北京人名足部反射区保健开发中心	北京市东直门南大街甲10号中航大厦二层人名保健中心	100027
2002370635X	包装盒(爱目の镜镁铝合金)	北京人因展业科技有限公司	北京市海淀区万泉河路68号紫金庄园4号楼508室	100086
20022861645	视保屏	北京人因展业科技有限公司	北京市海淀区万泉河路68号紫金庄园4号楼508室	100086

专利号	专利名称	专利权人名称	地 址	邮 编
20022357947	电磁铁	北京人友冶金公司	北京市东城区东四西大街46号709室	100711
20022858830	一种用于超声肿瘤治疗机的换能器单探头	北京仁德盛科技有限责任公司	北京市海淀区花园路3号	100083
20022895043	一种用于超声肿瘤治疗机的两次聚焦装置	北京仁德盛科技有限责任公司	北京市海淀区花园路3号	100083
20022895035	超声肿瘤治疗机换能器	北京仁德盛科技有限责任公司	北京市海淀区花园路3号	100083
20022895019	可调整发射路径的超声肿瘤治疗机换能器	北京仁德盛科技有限责任公司	北京市海淀区花园路3号	100083
20032004516	一种IGBT过流保护电路	北京日佳电源有限公司	北京市朝阳区高碑店南里西区甲1号	100022
20032004524	可实现软开关的IGBT功率变换电路	北京日佳电源有限公司	北京市朝阳区高碑店南里西区甲1号	100022
20032004532	小型户用太阳能发电系统负荷控制装置	北京日佳电源有限公司	北京市朝阳区高碑店南里西区甲1号	100022
20032004540	一种单相并网型功率调节器	北京日佳电源有限公司	北京市朝阳区高碑店南里西区甲1号	100022
20032004559	控制母线自动调压装置	北京日佳电源有限公司	北京市朝阳区高碑店南里西区甲1号	100022
20032004567	硅链断路保护装置	北京日佳电源有限公司	北京市朝阳区高碑店南里西区甲1号	100022
20032004575	一种简化结构的三相逆变电源主电路	北京日佳电源有限公司	北京市朝阳区高碑店南里西区甲1号	100022
2002237390X	一种多功能门	北京日上工贸有限公司	北京市大兴县旧宫镇成寿寺路东侧2号	100176
20022373918	一种防火门	北京日上工贸有限公司	北京市大兴县旧宫镇成寿寺路东侧2号	100176
20022373926	一种多功能装饰门	北京日上工贸有限公司	北京市大兴县旧宫镇成寿寺路东侧2号	100176
20023307870	乳胶手套	北京乳胶厂	北京市通州区次渠工业区北神树村东	101111
20022312366	一种读卡机以及与插卡座的组合结构	北京锐瑟科技有限公司	北京市海淀区中关村大街49号大华写字楼C－316室	100080

专利号	专利名称	专利权人名称	地　址	邮　编
20022312390	一种插卡座以及与读卡机的组合结构	北京锐瑟科技有限公司	北京市海淀区中关村大街49号大华写字楼C－316室	100080
20022660496	读卡机与插卡座的组合结构	北京锐瑟科技有限公司	北京市海淀区中关村大街49号大华写字楼C－316室	100080
20022520759	不等轴三维磁场空间线圈装置	北京瑞达思科技开发公司	北京市民族大学南路11号	100081
20022520740	可校式三维磁场空间线圈装置	北京瑞达思科技开发公司	北京市民族大学南路11号	100081
20022899278	无源智能预付费燃气表	北京瑞丰天光海特科技发展有限公司	北京市海淀区紫竹院路31号华奥中心嘉慧苑1208室	100089
20023810548	包装袋	北京瑞格乐咖啡食品有限公司	北京市经济技术开发区梅园里1区1号	100176
20001075268	印刷电路板上同轴接头的安装方法	北京润光泰力科技发展有限公司	北京海淀区清华东路东王庄小区33号2层	100083
20022894527	转换开关	北京润科机床电器有限公司	北京市朝阳区酒仙桥六街坊	100016
20022348840	快速均质混合机	北京润泽东方环保科技有限公司	北京市朝阳区慧忠北里华汇公寓301楼A座708室	100012
20022574425	微波工业废水专用处理机	北京润泽东方环保科技有限公司	北京市朝阳区慧忠北里华汇公寓301楼A座708室	100012
2002331043X	多功能流体处理专用工业微波炉	北京润泽东方环保科技有限公司	北京市朝阳区慧忠北里华汇公寓301楼A座708室	100012
20022380558	微波能水处理机组设备	北京润泽东方环保科技有限公司	北京市朝阳区慧忠北里华汇公寓301楼A座708室	100012
20022005811	水表自动抄表系统	北京若斯科技发展有限公司	北京市中关村南大街34号	100081
19991217969	防尘与防水土流失专用胶乳	北京赛绿特科技发展有限公司	北京市复兴路乙15号(科技部机关服务局)冯超	100862
20022436464	跑步机滚轮	北京三和松石机电有限责任公司	北京市崇文区新景家园12号3单元1105室	100062

专利号	专利名称	专利权人名称	地 址	邮 编
20023400420	包装盒	北京三和园食品有限公司	北京市朝阳区酒仙桥路1号	100015
2002284693X	电缆连接夹	北京三康华元科技发展有限公司	北京市丰台区西四环南路88号赛欧科园科技孵化中心202室	100071
20022085823	快装式自紧密封长丝纺丝组件	北京三联虹普纺织化工技术有限公司	北京市朝阳区望京北路9号叶青大厦A座102室	100102
20022087648	新型自紧密封长丝纺丝组件	北京三联虹普纺织化工技术有限公司	北京市朝阳区望京北路9号叶青大厦A座102室	100102
20022084169	功能活性净水器	北京三信和化工开发有限公司	北京市通州区张家湾镇(有限公司)	101103
19991093453	一种昔多芬的制备方法	北京三雄高新技术开发有限责任公司	北京市西城区金融街23号平安大厦718	100032
19991111532	有用的昔多芬中间体及其制备	北京三雄高新技术开发有限责任公司	北京市西城区金融街23号平安大厦718	100032
20022827250	用于遮盖保密信息的覆盖膜带及其具有该膜带的卡	北京三友光信科技有限公司	北京市昌平科技园区超前路5号	102200
20022827269	用于遮盖保密信息的覆盖膜带及其具有该膜带的卡	北京三友光信科技有限公司	北京市昌平科技园区超前路5号	102200
19971071241	高血压理疗仪	北京三株路德医疗器械有限责任公司	北京市昌平县科技园区白浮泉路13号	102200
20022855769	外聚光型真空集热管	北京桑达太阳能技术有限公司	北京市海淀区花园路3号	100083
20022086463	太阳能草坪灯	北京桑普光电技术有限公司	北京市海淀区花园路3号	100083
20022086471	太阳能庭院灯	北京桑普光电技术有限公司	北京市海淀区花园路3号	100083
2002208648X	太阳能专用灯泡	北京桑普光电技术有限公司	北京市海淀区花园路3号	100083
20022086447	单元式烟气余热加热水套	北京桑普阳光技术有限公司	北京市海淀区花园路3号	100083
20022086099	多功能炊暖炉具	北京桑普阳光技术有限公司	北京市海淀区花园路3号	100083

专利号	专利名称	专利权人名称	地　址	邮　编
20022094849	一种防止湿水垢爬电导通的水位电极	北京桑普阳光技术有限公司	北京市海淀区花园路3号	100083
20023305622	采暖炉(A)	北京桑普阳光技术有限公司	北京市海淀区花园路3号	100083
20023305614	采暖炉(B)	北京桑普阳光技术有限公司	北京市海淀区花园路3号	100083
20022441417	小型燃气采暖炉	北京桑普阳光技术有限公司	北京市海淀区花园路3号	100083
20022092838	散热器内壁循环处理的装置	北京森德散热器有限公司	北京市通州区	101149
20022324585	带有防腐保护层的散热器	北京森德散热器有限公司	北京市通州区	101149
20022565507	内置印制电路板的通用串行总线的插头	北京深思洛克数据保护中心	北京市海淀区中关村南大街33号	100081
19981016219	保健文胸	北京生命之光科技发展有限责任公司	北京市崇文区体育馆路13号	100061
20033049246	贴面纸(Ⅱ)	北京生远兴工贸有限公司	北京市朝阳区管庄乡郭家场村	100024
20033049238	贴面纸(Ⅰ)	北京生远兴工贸有限公司	北京市朝阳区管庄乡郭家场村	100024
20001368311	一种微晶玻璃－陶瓷复合装饰板的制备方法	北京盛康宁科技开发有限公司	北京市海淀区清华大学华业大厦2606室	100084
20001300725	一种防腐耐磨的微晶玻璃内衬复合钢管的制备方法	北京盛康宁科技开发有限公司	北京市海淀区清华大学华业大厦2606室	100084
20001244922	一种超薄型微晶玻璃板的生产方法	北京盛康宁科技开发有限公司	北京市海淀区清华大学华业大厦2606室	100084
20001096044	复相微晶玻璃材料及其制造工艺方法	北京盛康宁科技开发有限公司	北京市海淀区清华大学华业大厦2613室	100084
20001096036	陶瓷－微晶玻璃梯度复合板材及生产工艺方法	北京盛康宁科技开发有限公司	北京市海淀区清华大学华业大厦2613室	100084

专利号	专利名称	专利权人名称	地址	邮编
20022348255	手提式太阳能多用应急灯	北京盛世鑫龙科贸有限公司	北京市东城区和平里兴化路11号兴华商务大厦A420室	100013
20023697318	自保焊电源（PEC10－400）	北京时代科技股份有限公司	北京市海淀区上地信息产业基地西路38号	100085
20023697326	交流方波氩弧焊机（WSE－250）	北京时代科技股份有限公司	北京市海淀区上地信息产业基地西路38号	100085
20023697334	弧焊电源（PEN30－315）	北京时代科技股份有限公司	北京市海淀区上地信息产业基地西路38号	100085
20023697369	焊接小车（FD10－200T）	北京时代科技股份有限公司	北京市海淀区上地信息产业基地西路38号	100085
20023697288	变频器（TVF2150）	北京时代科技股份有限公司	北京市海淀区上地信息产业基地西路38号	100085
20023697296	变频器（TVF1055）	北京时代科技股份有限公司	北京市海淀区上地信息产业基地西路38号	100085
20023697342	送丝机（FD25－100）	北京时代科技股份有限公司	北京市海淀区上地信息产业基地西路38号	100085
2002369730X	变频器（TVF1150）	北京时代科技股份有限公司	北京市海淀区上地信息产业基地西路38号	100085
20022909052	送丝机	北京时代科技股份有限公司	北京市海淀区上地信息产业基地开拓路17号	100085
20033423059	逆变焊机（WSM－400）	北京时代科技股份有限公司	北京市海淀区上地信息产业基地开拓路17号	100085
20033423040	控制面板	北京时代科技股份有限公司	北京市海淀区上地信息产业基地开拓路17号	100085
20033423717	红外测温仪	北京时代之峰科技有限公司	北京市海淀区上地西路28号1幢2层	100085
20033423865	激光测径仪	北京时代之峰科技有限公司	北京市海淀区上地西路28号1幢2层	100085

专利号	专利名称	专利权人名称	地　址	邮　编
2000123496X	充气式建筑结构体	北京时空通用科贸有限公司	北京市朝阳区亚运村安慧北里安园10号楼	100101
20022467343	智能无线点菜器装置	北京食苑星技术有限公司	北京市海淀区学院路37号北航科技开发楼B209室	100083
20022851364	牙科手机灭菌器	北京世博科脉生物技术有限公司	北京市德胜门外甲11号美江大厦502	100088
20033035881	包装袋(生物发酵剂)	北京世纪阿姆斯生物技术有限公司	北京市海淀区学院路二里庄15号B座3层	100083
20033035873	包装袋(生物配肥素(颗粒))	北京世纪阿姆斯生物技术有限公司	北京市海淀区学院路二里庄15号B座3层	100083
2003303589X	包装袋(生物配肥素(粉剂))	北京世纪阿姆斯生物技术有限公司	北京市海淀区学院路二里庄15号B座3层	100083
20032037864	环保节能有机物料发酵装置	北京世纪阿姆斯生物技术有限公司	北京市海淀区学院路二里庄15号B座3层	100083
20022345566	一种频率键控射频信号调制器	北京世纪创微科技发展有限公司	北京市朝阳区北四环中路6号华亭嘉园F-7E	100029
20032366353	生物反馈电子排扰助学机	北京世纪聪达科贸有限公司	北京市丰台区北大街1号	100071
20022354433	集装箱式数据中心	北京世纪互联信息系统有限公司	北京市朝阳区酒仙桥路10号京东方科学技术园内	100016
20033520852	包装盒(V*组合营养泡腾片)	北京世纪劲得保健品有限公司	北京市宣武区禄长街头条4号	100050
20022396187	脉冲超细干粉自动灭火装置	北京世纪联保消防新技术有限公司	北京市丰台区莱户营东街甲88号(鹏润豪苑19层)	100054
20022009132	橡胶-铅网复合阻尼器	北京世纪千网电池技术有限公司	北京市经济技术开发区宏达北路12号创新大厦A座306室	100176
20022437940	铅酸蓄电池的端子结构	北京世纪千网电池技术有限公司	北京市经济技术开发区宏达北路12号创新大厦A座306室	100176

专利号	专利名称	专利权人名称	地　址	邮　编
20022353410	人工湿地植物床空气净化装置	北京世纪赛德科技有限责任公司	北京市朝阳区东土城路8号林达大厦B座11层C室	100013
20022084487	人工湿地植物床	北京世纪赛德科技有限责任公司	北京市朝阳区东土城路8号林达大厦B座11层C室	100013
20001340417	补钙保健产品的泡腾冲剂及其制备方法	北京世纪维康营养保健品有限公司	北京市宣武区禄长街头条4号	100050
20022327576	电光调制器	北京世维通光通讯技术有限公司	北京市海淀区三里河路15号中建大厦A座3层	100037
20022027815	钢模板组合焊接设备	北京市奥宇模板有限公司	北京市大兴区工业开发区金星路21号奥宇模板公司	102600
20011156481	双链核糖核酸在制备治疗人类柯萨奇病毒感染药物中的应用	北京市百林康源生物技术有限责任公司	北京市右安门外东滨河路营养源研究所	100054
20001078321	一种生物饲料基料及其制造工艺	北京市北芪生物养植公司	北京市东城区和平里7区甲22楼	100013
20022031340	门窗洞口等建筑、构筑物现浇混凝土洞口模块	北京市北新创佳科技有限责任公司	北京市海淀区学院路30号	100083
20022031359	新型外爬架	北京市北新创佳科技有限责任公司	北京市海淀区学院路30号	100083
20001367951	高强增白腻子	北京市昌平苑兴福利涂料厂	北京市昌平区兴寿镇上苑村西	102212
20013605917	连体桌椅	北京市长城家具公司	北京市丰台区东铁匠营顺3条21号	100078
20033563918	折叠排椅(二)	北京市长城家具公司	北京市丰台区东铁匠营顺3条21号	100078
2003356390X	折叠排椅(一)	北京市长城家具公司	北京市丰台区东铁匠营顺3条21号	100078
20023326115	乳胶瓶	北京市长城建筑装饰材料厂	北京市大兴区西红门镇京良路金鹰街9号	100076
20022534245	柔力球拍	北京市朝阳区麦子店福利塑料制品厂	北京市朝阳区呼家楼向军南里4巷3号内2号	100020

专利号	专利名称	专利权人名称	地　址	邮　编
20001367315	一种吸排有害气体、厨房油烟的方法及其装置	北京市朝阳区南磨房工业公司	北京市朝阳区祁家坟54号	100022
20022911472	管路电加热装置	北京市晨弘科技有限责任公司	北京市丰台区南苑西路42号	100076
20023301333	钢筋混凝土钢筋保护层水泥砂浆垫块	北京市第五建筑工程公司构件厂	北京市大兴区黄村镇磁魏路	102600
20022059199	助力车	北京市富克士机电信号技术开发有限公司	北京市丰台区丰西人民村63号北卫恒生转富克士公司	100044
20022433287	一种对辊式连铸机带坯冷却收集装置	北京市钢成冶金机械技术开发公司	北京市宣武区白纸坊22号606室	100053
20022381651	井盖弹簧压力锁	北京市光环电信设备铸造有限责任公司	北京市通州区马驹桥胜利村	101102
20022353704	高空作业平台的平台围栏	北京市广安创高机械有限公司	北京市西内大街295号	100035
20022353690	高空作业平台	北京市广安创高机械有限公司	北京市西内大街295号	100035
20022002383	液压平衡机构和臂架式高空作业平台	北京市广安创高机械有限公司	北京市西内大街295号	100035
20022058745	连续式全自动燃气节能开水器	北京市海淀京西厨房设备有限公司	北京市海淀区永定路南采石路18号	100039
20023333200	橱柜(四门)	北京市海淀京西厨房设备有限公司	北京市海淀区永定路南采石路18号	100039
20023333197	橱柜(双门)	北京市海淀京西厨房设备有限公司	北京市海淀区永定路南采石路18号	100039
20023333189	橱柜(单门)	北京市海淀京西厨房设备有限公司	北京市海淀区永定路南采石路18号	100039
2002246364X	静电油烟净化器	北京市海淀京西厨房设备有限公司	北京市海淀区永定路南采石路18号	100039
20022861661	全自动磁化电开水器	北京市海淀京西厨房设备有限公司	北京市海淀区永定路南采石路18号	100039
20033054185	全自动磁化冷热水电开水器	北京市海淀京西厨房设备有限公司	北京市海淀区永定路南采石路18号	100039
20032399618	火车轮轴表面裂纹自动检测装置	北京市航信正德科技有限公司	北京市海淀区永定路52号	100854

专利号	专利名称	专利权人名称	地址	邮编
20022048103	低液柱农村家用沼气测压装置	北京市合百意生态能源科技开发有限公司	北京市顺义区李遂镇南孙路23号	101300
20022049568	聚合物生产中聚合输送一体化的大型聚合床	北京市恒聚油田化学剂有限公司	北京市通州区漷县开发区	101109
20011025255	钻扩压浆灌注桩法	北京市机械施工公司	北京市复外南礼士路15号	100045
20012747629	双向弹性阻尼体减震器	北京市捷瑞特弹性阻尼体技术研究中心	北京市宣武区广安门南滨河路1号高新大厦1408室	100055
20012747637	高能弹性阻尼体碟形减震器	北京市捷瑞特弹性阻尼体技术研究中心	北京市宣武区广安门南滨河路1号高新大厦1408室	100055
20023333294	"京B"牌铜饰工艺骨灰盒	北京市金秋铜装饰材料厂	北京市通州区马驹桥镇小周易村工业园区	101102
20022028692	铁路道岔表示缺口监测装置	北京市京佳电通工程公司	北京市海淀区北方交通大学282信箱	100044
20023326395	覆膜机	北京市康得机电发展总公司	北京市海淀区上地六街17号康得大厦	100085
20022352708	冶炼炉专用测试装置	北京市科海龙华工业自动化仪器有限公司	北京市朝阳区东直门外南皋	100015
20022359710	测温定氧一体化传感器	北京市科海龙华工业自动化仪器有限公司	北京市朝阳区东直门外南皋	100015
2002240614X	具有显示窗的固定式红外测温仪	北京市科海龙华工业自动化仪器有限公司	北京市朝阳区东直门外南皋	100015
20022406158	自校准金属溶液快速测温仪	北京市科海龙华工业自动化仪器有限公司	北京市朝阳区东直门外南皋	100015
20022406166	采用复合红外探测器制作的双色红外测温仪	北京市科海龙华工业自动化仪器有限公司	北京市朝阳区东直门外南皋	100015
20022352694	防结水窥测镜	北京市科海龙华工业自动化仪器有限公司	北京市朝阳区东直门外南皋	100015

专利号	专利名称	专利权人名称	地址	邮编
20022533052	煤气差压自动控制装置	北京市科海龙华工业自动化仪器有限公司	北京市朝阳区东直门外南皋	100015
20022535012	燃气热值仪使用的水循环排污装置	北京市科海龙华工业自动化仪器有限公司	北京市朝阳区东直门外南皋	100015
20022535047	气动安全阀	北京市科海龙华工业自动化仪器有限公司	北京市朝阳区东直门外南皋	100015
20022571396	带有图形显示界面的金属溶液氧活度测量设备	北京市科海龙华工业自动化仪器有限公司	北京市朝阳区东直门外南皋	100015
20022535020	燃气热值仪使用的燃烧室	北京市科海龙华工业自动化仪器有限公司	北京市朝阳区东直门外南皋	100015
20022533060	空气恒温自动控制装置	北京市科海龙华工业自动化仪器有限公司	北京市朝阳区东直门外南皋	100015
20022858563	带有分度号的快速测温热电偶传感器	北京市科海龙华工业自动化仪器有限公司	北京市朝阳区东直门外南皋	100015
2002256554X	大功率直流固体继电器	北京市科通电子继电器总厂	北京市宣武区白纸坊东街31号北京市科通电子继电器总厂	100054
20022912045	一种塑封微型固体继电器	北京市科通电子继电器总厂	北京市宣武区白纸坊东街31号北京市科通电子继电器总厂	100054
20022894829	环保不染手粉笔	北京市门头沟区粉笔厂	北京市门头沟区东辛房后花园86号	102300
20001299433	茄红素的提取方法	北京市农林科学院蔬菜研究中心	北京市西郊板井村	100089
20022403353	搅龙翻抛式有机肥制作机	北京市农业机械试验鉴定推广站	北京市丰台区南方庄甲60号	100078
2002282359X	袋式青贮饲料灌装机	北京市农业机械试验鉴定推广站	北京市丰台区南方庄甲60号	100078
20033055890	人工机械心脏瓣膜	北京市普惠生物医学工程公司	北京市海淀区学院路北口三建公司仓库院内	100083
20023380225	鞋盒(一)	北京前进鞋厂	北京市崇文区广渠门外大街14号	100022

专利号	专利名称	专利权人名称	地 址	邮 编
20033008973	鞋盒(二)	北京前进鞋厂	北京市崇文区广渠门外大街14号	100022
20001340409	人工光照补钙仪	北京市三益源科技开发有限责任公司	北京市朝阳区豆各庄乡水牛房村	100023
20022916210	预制混凝土装配式可调雨水口	北京市市政工程管理处	北京市朝阳区砖角楼南里	100013
20001056468	重力式钢架防渗膜围堰及其施工方法	北京市水利工程基础处理总队	北京市海淀区黑山沪羊场1号	100094
20022377832	压差式脚踏淋浴器	北京市水暖器材一厂	北京市崇文区幸福大街59号	100061
20022853340	超高温电磁阀	北京市天昊节能设备厂	北京市顺义区天竺地区龙山龙泉寺大街25号	101300
20022382178	一种采暖锅炉	北京市天昊节能设备厂	北京市顺义区天竺龙山龙泉大街25号	101300
20022941940	防滴漏水表	北京市天河水水利工程投资管理有限公司	北京市宣武区南线阁10号基业大厦408室	100053
20033529671	水表	北京市天河水水利工程投资管理有限公司	北京市宣武区南线阁10号基业大厦408室	100053
1999121725X	一种聚合物/金属修补材料及其制备方法	北京市天山新材料技术公司	北京市石景山区石景山路23号中础大厦326室北京市天山新材料技术公司	100043
20022411402	一种波纹管换热元件和采用该元件的即热容积式换热器	北京市伟业供热设备有限责任公司	北京市朝阳区驹子房供热设备厂	100018
20022387439	重叠式波纹管换热器	北京市伟业供热设备有限责任公司	北京市朝阳区驹子房供热设备厂	100018
20023309830	包装盒(花好Ⅱ型)	北京市乌鸡精厂	北京市朝阳区平房路69号	100025
20023705280	包装盒(中华乌Ⅴ型)	北京市乌鸡精厂	北京市朝阳区平房路69号	100025
20023696834	包装盒	北京市信鹏发科技发展有限公司	北京市西城区车公庄官园批发市场二楼九道01-03-05-07号	100044
19981081290	动物标本保存液	北京市燕化研新技术开发公司	北京市房山区燕山凤凰亭路9号	102550

专利号	专利名称	专利权人名称	地　址	邮　编
20022936017	一种防火、排烟阀	北京市燕郊华通空调设备有限责任公司	北京市通州区宋庄镇小堡工业区(南区)燕郊华通空调设备厂	101118
20032044364	空调风口人字阀	北京市燕郊华通空调设备有限责任公司	北京市通州区宋庄镇小堡工业区(南区)燕郊华通空调设备厂	101118
20022816798	高压燃气调压阀	北京市燕山工业燃气设备有限公司	北京市朝阳区安定门外安华里二区北京市公用事业科学研究院	100011
19991203704	多媒体影像与其脚本同步的方法	北京市以泰智和计算机网络技术有限公司	北京市海淀区复兴路83号西12楼丙门2号	100039
19991001907	一种计算机网络数据广播通信系统	北京市以泰智和计算机网络技术有限公司	北京市海淀区复兴路83号西12楼丙门2号	100039
19981248195	一种数字视频信号点播的方法	北京市以泰智和计算机网络技术有限公司	北京市海淀区复兴路83号西12楼丙门2号	100039
20033059918	商品销售亭	北京市远见天下顾问有限公司	北京市东土城路8号林达大厦B座3M室	100013
20033535701	箱式变电站	北京市中电开关厂	北京市大兴区金星工业开发区金大路10号	100076
20032042221	空心板成型设备的组合式推进铰刀	北京市紫微星实业总公司	北京市顺义区城西	101300
2003204223X	空心板成型设备的组合式推进铰刀夹持器	北京市紫微星实业总公司	北京市顺义区城西	101300
20022352996	压力平衡三通调节阀	北京市自动化系统成套工程公司	北京市东城区安德路地兴居9号洲际大厦B座五楼	100011
20023701412	水表(1)	北京市自来水集团京兆水表有限责任公司	北京市朝阳区东直门外香河园3号	100028

专利号	专利名称	专利权人名称	地 址	邮 编
20023701420	水表(2)	北京市自来水集团京兆水表有限责任公司	北京市朝阳区东直门外香河园3号	100028
20023701439	水表(3)	北京市自来水集团京兆水表有限责任公司	北京市朝阳区东直门外香河园3号	100028
20023701447	水表(4)	北京市自来水集团京兆水表有限责任公司	北京市朝阳区东直门外香河园3号	100028
2002232724X	故障氯瓶检修装置	北京市自来水集团来水亭物资有限公司	北京市宣武区马连道12号	100055
2003305780X	整体自行车车架	北京首特钢远东镁合金制品有限公司	北京市石景山区古城大街	100043
20023700025	数字移动电话机(九)	北京首信股份有限公司	北京市朝阳区东直门外将台路5号	100016
19991115899	移动电话机的显示屏照明及键盘照明的省电装置使用方法	北京首信股份有限公司	北京市朝阳区东直门外将台路5号	100016
20033056862	数字移动电话机(十二)	北京首信股份有限公司	北京市朝阳区东直门外将台路5号	100016
20033056870	数字移动电话机(十一)	北京首信股份有限公司	北京市朝阳区东直门外将台路5号	100016
20033056900	数字移动电话机(十)	北京首信股份有限公司	北京市朝阳区东直门外将台路5号	100016
2001118759X	可将显示屏翻转显示的移动电话机	北京首信股份有限公司	北京市朝阳区东直门外将台路5号	100016
20011004665	装设有太阳能电池的移动电话机	北京首信股份有限公司	北京市朝阳区东直门外将台路5号	100016
20011187603	具有单键拨号功能的移动电话机及实现方法	北京首信股份有限公司	北京市朝阳区东直门外将台路5号	100016
20011107820	移动电话机的带闹铃备忘录工作模式的实现方法	北京首信股份有限公司	北京市朝阳区东直门外将台路5号	100016
20022947582	阻抗转换插头	北京首信三维电器有限责任公司	北京市朝阳区东直门外将台5号	100016

专利号	专利名称	专利权人名称	地 址	邮 编
20022947590	同向阻抗转换模块	北京首信三维电器有限责任公司	北京市朝阳区东直门外将台5号	100016
20022947574	异向阻抗转换模块	北京首信三维电器有限责任公司	北京市朝阳区东直门外将台5号	100016
20022537163	一种带监控设置的热插拔硬盘盒	北京曙光天演信息技术有限公司	北京市海淀区中关村科学院南路6号	100080
20022827919	一种热插拔多路电压输出开关电源模块并联供电负载均衡电源装置	北京曙光天演信息技术有限公司	北京市海淀区中关村科学院南路6号	100080
20022347925	将8兆数据分配到4个2兆通道传输的网络适配器	北京数码视讯科技有限公司	北京市海淀区六道口静淑苑路清华创业广场5F	100083
20022520066	一种卫星信号数据传输流接收转发调制器	北京数码视讯科技有限公司	北京市海淀区六道口静淑苑路清华创业广场5F	100083
20022307702	卫星信号传送流接收转发器	北京数码视讯科技有限公司	北京市海淀区六道口静淑苑路清华创业广场5F	100083
20022954384	电动升降摄影平台	北京数维时空科技发展有限公司	北京市朝阳区北辰东路8号辰运大厦B215	100010
20022531335	无应力导钩碟型心脏瓣膜	北京思达医用装置有限公司	北京市丰台区9218信箱	100076
20022534954	靶控注射泵	北京思路高高科技发展有限公司	北京市海淀区外火器营厢红旗甲1号	100089
20022355472	小车式窗轨滑车的窗帘轨道装置	北京斯莱德龙业装饰用品有限公司	北京市朝阳区大屯路3号(917大楼院内)	100101
20033006695	地弹簧	北京斯利凯建筑材料有限公司	北京市朝阳区望京新兴开发区丽泽中园2区208号A座216	100102
20001061917	一种含有矿物质和微量元素的活化浓缩液	北京四博工贸有限公司	北京市朝阳区霄云路霞光里8号鑫泰大厦310室	100016
20011154489	一种一体化配电电力线载波设备	北京四方华能电网控制系统有限公司	北京市海淀区上地信息产业基地四街9号	100085

专利号	专利名称	专利权人名称	地 址	邮 编
20011039337	测控装置内部传输网络通信的方法	北京四方同创保护与控制设备有限公司	北京市海淀区上地信息产业基地四街9号	100085
20011039345	变电站自动化系统测控单元通信管理装置	北京四方同创保护与控制设备有限公司	北京市海淀区上地信息产业基地四街9号	100085
20011039329	微处理器和CAN控制器的接口方法	北京四方同创保护与控制设备有限公司	北京市海淀区上地信息产业基地四街9号	100085
20022376666	变频器专用控制器	北京四海金帆智能控制技术有限公司	北京市海淀区学清路18号(北京机电所1002室)	100083
20022442685	一种具有模块化结构的锅炉智能模糊控制器	北京四海金帆智能控制技术有限公司	北京市海淀区学清路18号(北京机电所1002室)	100083
20033098816	华素片外包装设计(一)	北京四环医药科技股份有限公司	北京市海淀区复兴路47号	100036
20033098824	包装盒(华素片二)	北京四环医药科技股份有限公司	北京市海淀区复兴路47号	100036
20022465855	新型室外夜间主动发光型指示牌	北京四通智能交通系统集成有限公司	北京市海淀区皂君庙5号卉园大楼A415	100081
20022358439	多舱隔离式运钞车	北京四维约翰逊保安器材有限公司	北京市怀柔区雁栖湖工业开发区66号	101407
20022377980	带有提款箱倾斜转轮传动装置的运钞车	北京四维约翰逊保安器材有限公司	北京市怀柔区雁栖湖工业开发区66号	101407
20022377972	一种锁具	北京四维约翰逊保安器材有限公司	北京市怀柔区雁栖湖工业开发区66号	101407
20023077867	运钞车	北京四维约翰逊保安器材有限公司	北京市怀柔区雁栖湖工业开发区66号	101407
20023077808	运钞车	北京四维约翰逊保安器材有限公司	北京市怀柔区雁栖湖工业开发区66号	101407
20023077859	运钞车	北京四维约翰逊保安器材有限公司	北京市怀柔区雁栖湖工业开发区66号	101407
20023077816	运钞车	北京四维约翰逊保安器材有限公司	北京市怀柔区雁栖湖工业开发区66号	101407
20023077824	运钞车	北京四维约翰逊保安器材有限公司	北京市怀柔区雁栖湖工业开发区66号	101407
20023077840	运钞车	北京四维约翰逊保安器材有限公司	北京市怀柔区雁栖湖工业开发区66号	101407

专利号	专利名称	专利权人名称	地址	邮编
20033033544	运钞车	北京四维约翰逊保安器材有限公司	北京市怀柔区雁栖湖工业开发区66号	101407
20033027218	运钞车	北京四维约翰逊保安器材有限公司	北京市怀柔区雁栖湖工业开发区66号	101407
20022358420	局部可更换板式结构车厢	北京四维－约翰逊保安器材有限公司	北京市怀柔区雁栖湖工业开发区66号	101407
20022438297	一种四向锁	北京四维－约翰逊保安器材有限公司	北京市怀柔区雁栖湖工业开发区66号	101407
20022438300	统一供电的电磁锁装置	北京四维－约翰逊保安器材有限公司	北京市怀柔区雁栖湖工业开发区66号	101407
20022459715	防暴自动锁死机构	北京四维－约翰逊保安器材有限公司	北京市怀柔区雁栖湖工业开发区66号	101407
20022399607	运钞车逃生机构	北京四维－约翰逊保安器材有限公司	北京市怀柔区雁栖湖工业开发区66号	101407
20022459707	一种银行运钞车	北京四维－约翰逊保安器材有限公司	北京市怀柔区雁栖湖工业开发区66号	101407
20022443789	流动式矩阵钱柜车	北京四维－约翰逊保安器材有限公司	北京市怀柔区雁栖湖工业开发区66号	101407
20023515236	运钞车	北京四维－约翰逊保安器材有限公司	北京市怀柔区雁栖湖工业开发区66号	101407
20022536892	一种车辆底盘与车厢的连接装置	北京四维－约翰逊保安器材有限公司	北京市怀柔区雁栖湖工业开发区66号	101407
20022575251	车用逃生天窗	北京四维－约翰逊保安器材有限公司	北京市怀柔区雁栖湖工业开发区66号	101407
2002257526X	装有落袋式钱柜的银行运钞车	北京四维－约翰逊保安器材有限公司	北京市怀柔区雁栖湖工业开发区66号	101407
20022536884	落袋式钱柜	北京四维－约翰逊保安器材有限公司	北京市怀柔区雁栖湖工业开发区66号	101407
20022851062	司机、副驾驶和押运员隔离的运钞车	北京四维－约翰逊保安器材有限公司	北京市怀柔区雁栖湖工业开发区66号	101407
20022851054	司机和押运员隔离的运钞车	北京四维－约翰逊保安器材有限公司	北京市怀柔区雁栖湖工业开发区66号	101407
20022914501	防破坏运钞舱门	北京四维－约翰逊保安器材有限公司	北京市怀柔区雁栖湖工业开发区66号	101407
20022948813	具有锁死机构的旋转传递装置	北京四维－约翰逊保安器材有限公司	北京市怀柔区雁栖湖工业开发区66号	101407
20022914498	装有组合式保险柜的运钞车	北京四维－约翰逊保安器材有限公司	北京市怀柔区雁栖湖工业开发区66号	101407

专利号	专利名称	专利权人名称	地 址	邮 编
20033008825	运钞车	北京四维－约翰逊保安器材有限公司	北京市怀柔区雁栖湖工业开发区66号	101407
20022948783	旋转传递装置	北京四维－约翰逊保安器材有限公司	北京市怀柔区雁栖湖工业开发区66号	101407
20022443770	多层后门运输车	北京四维－约翰逊保安器材有限公司	北京市怀柔区雁栖湖工业开发区66号	101407
20022948775	一种运钞车的车门互锁控制装置	北京四维－约翰逊保安器材有限公司	北京市怀柔区雁栖湖工业开发区66号	101407
20032370865	双向传递的旋转传递装置	北京四维－约翰逊保安器材有限公司	北京市怀柔区雁栖湖工业开发区66号	101407
20033033536	运钞车	北京四维－约翰逊保安器材有限公司	北京市怀柔区雁栖湖工业开发区66号	101407
20022818650	彩色显像管黑化零件用悬挂式黑化架	北京松下彩色显像管有限公司	北京市大山子酒仙桥北路9号	100015
19991250737	一种可降低电动机噪音的装置	北京松下通信设备有限公司	北京市天竺空港工业区天柱东路19号	101312
20001296981	数据流索引文件生成及用该文件访问帧和切变镜头的方法	北京算通数字技术研究中心有限公司	北京市中关村科学院南路8号	100080
2001101864X	数字视音频、数据混播与互联网接合的交互数字广播方法	北京算通数字技术研究中心有限公司	北京市中关村科学院南路8号	100080
20001369814	一种机顶盒软件动态升级的方法	北京算通数字技术研究中心有限公司	北京市中关村科学院南路8号	100080
20022399755	多啮全悬柔传动装置	北京太富力传动机器有限责任公司	北京市海淀区大钟寺14号(公司注册地址)	100029
20022949577	一种空中别墅建筑组合结构	北京太空板业股份有限公司	北京市丰台区桥南中核路1号北楼五层	100004
20022571604	家用可燃气体报警的智能燃气表装置	北京泰科先锋科技有限公司	北京经济技术开发区宏达北路5号	100176
2002253797X	一种用于屋面排水的雨水斗	北京泰宁科贸有限公司	北京市德外大街12号541室	100011
20022401423	全板式轨道传感器	北京特迪亚－亨特利电子有限公司	北京经济技术开发区宏远北路16号	100176

专利号	专利名称	专利权人名称	地　址	邮　编
19991262387	铁路信号智能电源系统	北京特锐电子科技开发有限公司	北京市海淀区阜城路42号18楼B座2层	100036
20022893725	能量回收型电池充放电装置	北京天成伟业科技有限责任公司	北京市海淀区上地信息产业基地信息中路32号中关村创业大厦717室	100086
20022893717	智能电源	北京天成伟业科技有限责任公司	北京市海淀区上地信息产业基地信息中路32号中关村创业大厦717室	100086
20011180021	番茄红素的分离制备方法	北京天纯维通生物技术有限公司	北京市西直门南大街16号	100044
20033491194	室内基站外壳	北京天地宽科技有限公司	北京市石景山区西井路19号B楼1门	100041
20033491208	室外基站	北京天地宽科技有限公司	北京市石景山区西井路19号B楼1门	100041
20033491178	有线交换单元外壳	北京天地宽科技有限公司	北京市石景山区西井路19号B楼1门	100041
20033491186	基站控制器外壳	北京天地宽科技有限公司	北京市石景山区西井路19号B楼1门	100041
20033491216	无线收发机	北京天地宽科技有限公司	北京市石景山区西井路19号B楼1门	100041
20022927964	一种自控型放顶煤液压支架	北京天地玛珂电液控制系统有限公司	北京市朝阳区和平里青年沟路5号	100013
20022466215	一种液控单向阀	北京天地玛珂电液控制系统有限公司	北京市朝阳区和平里青年沟路5号天玛公司	100013
20022466223	一种双液控喷水阀	北京天地玛珂电液控制系统有限公司	北京市朝阳区和平里青年沟路5号天玛公司	100013
20022325018	焊接绝热气瓶	北京天海工业有限公司	北京市朝阳区黄厂路	100023
20022399364	节能模糊静电除尘装置	北京天惠人控制设备技术有限公司	北京市昌平区南口镇东大街52号	102202
20022399356	熔窑火焰换向装置	北京天惠人控制设备技术有限公司	北京市昌平区南口镇东大街52号	102202
20022330941	半自动升降障碍桩	北京天阶科技工业公司	北京市132信箱110分箱	100039
20022329560	可移走式障碍桩	北京天阶科技工业公司	北京市132信箱110分箱	100039

专利号	专利名称	专利权人名称	地 址	邮 编
20022330933	自动控制的气动障碍桩	北京天阶科技工业公司	北京市132信箱110分箱	100039
20022398511	一种氧气发生装置	北京天科伟业环境科技有限公司	北京市海淀区花园东路8号1-231	100083
20022358064	一种制冷系统的回油结构	北京天利深冷设备股份有限公司	北京市朝阳区望京利泽中园101号	100102
20032366930	一种热交换设备	北京天利深冷设备股份有限公司	北京市朝阳区望京利泽中园101号	100102
20022334602	一种三腔玻璃真空太阳能集热管	北京天普太阳能工业有限公司	北京市大兴区芦城工业区北京天普太阳能工业有限公司	102600
20033095132	包装标贴	北京天山红贸易有限公司	北京市丰台区西局西街乙8号	100073
20023755369	床头柜	北京天坛股份有限公司天坛家具分公司	北京市东城区安外小黄庄路甲9号	100013
20023755377	写字桌	北京天坛股份有限公司天坛家具分公司	北京市东城区安外小黄庄路甲9号	100013
20023755385	书柜	北京天坛股份有限公司天坛家具分公司	北京市东城区安外小黄庄路甲9号	100013
20023755393	多屉柜	北京天坛股份有限公司天坛家具分公司	北京市东城区安外小黄庄路甲9号	100013
20023755407	梳妆台	北京天坛股份有限公司天坛家具分公司	北京市东城区安外小黄庄路甲9号	100013
20023755350	酒柜	北京天坛股份有限公司天坛家具分公司	北京市东城区安外小黄庄路甲9号	100013
20022908501	安全隔离网闸	北京天行网安信息技术有限责任公司	北京市海淀区花园路B3号迪蒙大厦南楼七层	100083
2000136913X	多电平箝位式直流变换器	北京通力环电气股份有限公司	北京市通州区东关芙蓉西路1号	101100
20022400214	PWM型高频开关电源恒压/恒流控制器	北京通力环电气股份有限公司	北京市通州区东关芙蓉西路1号	101100
20022400206	UPS旁路切换器	北京通力环电气股份有限公司	北京市通州区东关芙蓉西路1号	101100
20022396349	振荡式交流接触器直流控制器	北京通力环电气股份有限公司	北京市通州区东关芙蓉西路1号	101100
20022400176	恒流驱动式直流继电器控制器	北京通力环电气股份有限公司	北京市通州区东关芙蓉西路1号	101100

专利号	专利名称	专利权人名称	地　址	邮　编
20022396365	反激式高频开关电源输出短路保护器	北京通力环电气股份有限公司	北京市通州区东关芙蓉西路1号	101100
20022396357	功率变换器过流保护器	北京通力环电气股份有限公司	北京市通州区东关芙蓉西路1号	101100
20022396373	逆变器控制器	北京通力环电气股份有限公司	北京市通州区东关芙蓉西路1号	101100
20022400184	ZVS－ZCS FB PWM变换器	北京通力环电气股份有限公司	北京市通州区东关芙蓉西路1号	101100
20022400192	瞬时过压保护器	北京通力环电气股份有限公司	北京市通州区东关芙蓉西路1号	101100
20032368518	一种无线数据传输处理器	北京通联万达科技有限公司	北京市海淀北三环西路48号科技会展中心2号楼7B	100086
20032399065	一种高清晰度超大屏幕显示系统	北京通元光谷科技有限公司	北京市朝阳区建外大街8号华彬大厦701室	100022
20001245546	一种铸造管件端口加工方法及其设备	北京通州宋庄铸造厂	北京市通州区宋庄镇宋庄村西	101118
20033059152	空气净化器(森林雨)	北京同方洁净技术有限公司	北京市海淀区王庄路1号清华同方科技广场B座22层	100083
20033059144	空气净化器(纳米光催化)	北京同方洁净技术有限公司	北京市海淀区王庄路1号清华同方科技广场B座22层	100083
2003305620X	纸币清分机	北京同方清芝商用机器有限公司	北京市海淀区王庄路1号清华同方科技广场A座5B	100083
20022032517	底部可以加热的提取罐	北京同仁堂股份有限公司同仁堂药酒厂	北京市通县南门外果园49号	101149
20022333665	钻机的动力头主轴与钻杆间的防松装置	北京土行孙非开挖技术有限公司	北京市海淀区北洼路甲3号正豪办公大厦D座306室	100089
20022333657	非开挖定向钻进铺管钻机的链条张紧装置	北京土行孙非开挖技术有限公司	北京市海淀区北洼路甲3号正豪办公大厦D座306室	100089
20023758945	自动酶标洗板机	北京拓普分析仪器有限责任公司	北京市东城区朝阳门内北小街71号	100010
20022407251	超声检测装置	北京万东康源科技开发有限公司	北京市朝阳区双泉堡甲4号303室	100085

专利号	专利名称	专利权人名称	地 址	邮 编
2002207984X	一种X射线数字摄影装置	北京万东医疗装备股份有限公司	北京市朝阳区建外郎家园6号	100022
20022005196	抽取式告事贴容器盒	北京万豪告事贴办公用品制造公司	北京市海淀区东北旺唐家岭村西	100094
20022405208	心脏病自动救助装置	北京万双赢科技投资有限公司	北京市崇文区培新街甲5号	100061
20001322354	聚合氯化铝生产方法	北京万水净水剂有限公司	北京市朝阳区东坝乡单店村	100018
20022087400	轿车门洞密封条	北京万源金德汽车密封制品有限公司	北京市丰台区南大红门路1号	100076
20012598755	平移车	北京万源天骅自动化工程有限公司	北京市丰台区万源南里甲43号	100076
20022348727	压力开关	北京威盾消防安全设备有限公司	北京市大兴区黄村镇清广路2号	102600
20032405146	手动操纵阀	北京威力清矿山控制技术有限公司	北京市海淀区清华东路甲1号写字楼205－207室	100083
20022337660	新型加密键盘	北京微灵通科技开发中心	北京市海淀区王庄路27号院内2号楼6单元401室	100080
20022337652	曲折线加双枝地线无线局域网分集天线	北京微灵通科技开发中心	北京市海淀区王庄路27号院内2号楼6单元401室	100080
20022457062	多存储器式物理隔离型计算机数据安全防护装置	北京唯美星计算机安全保护技术有限公司	北京市朝阳区建国路88号现代城A座1911室	100022
20032009119	条码智能终端	北京维深科技发展有限公司	北京市海淀区西三环板井路市农林科学院培训中心2层	100089
20013503235	配电箱(一)	北京维展电器有限公司	北京市昌平区沙河镇工业小区	102206
20022059652	家用分质供水机	北京维卓尔科技发展有限公司	北京市东城区北新桥九道湾北巷21号	100007
20022432884	组合式滚轮固定轴	北京卫金帆医学技术发展有限公司	北京市丰台区科学城富丰路2号星火科技大厦1层	100070
20022432906	一种C臂可横向移动的数字血管造影机	北京卫金帆医学技术发展有限公司	北京市丰台区科学城富丰路2号星火科技大厦1层	100070

专利号	专利名称	专利权人名称	地　址	邮　编
20022437215	血管造影机六个主控回路的供电电路	北京卫金帆医学技术发展有限公司	北京市丰台区科学城富丰路2号星火科技大厦1层	100070
20022437207	血管造影机的操纵装置	北京卫金帆医学技术发展有限公司	北京市丰台区科学城富丰路2号星火科技大厦1层	100070
20022437223	用于血管造影机的制动装置	北京卫金帆医学技术发展有限公司	北京市丰台区科学城富丰路2号星火科技大厦1层	100070
20022432892	用于数字血管造影机的三向触动防撞开关	北京卫金帆医学技术发展有限公司	北京市丰台区科学城富丰路2号星火科技大厦1层	100070
20022437231	血管造影机的控制卡输出扩口电路	北京卫金帆医学技术发展有限公司	北京市丰台区科学城富丰路2号星火科技大厦1层	100070
20022432914	一种控制血管造影机直线运动精度的装置	北京卫金帆医学技术发展有限公司	北京市丰台区科学城富丰路2号星火科技大厦1层	100070
20022909729	树木输液吊袋	北京沃川生物技术有限公司	北京市海淀区知春路49号希格玛大厦B508	100080
20022535756	安全路由器	北京五达捷讯科技有限责任公司	北京市海淀区中关村南四街4号	100080
20001362046	一种钢管长距离顶进误差的控制方法	北京五维地下工程有限责任公司	北京市海淀区五棵松路91号	100039
20033055076	罐贴(五星上将啤酒)	北京五星青岛啤酒有限公司	北京市海淀区西三旗建材城中路2号	100096
20033055084	罐贴(e品啤酒)	北京五星青岛啤酒有限公司	北京市海淀区西三旗建材城中路2号	100096
20032041918	光标阅读机非圆柱体送纸轮组件	北京五岳鑫信息技术有限公司	北京市海淀区上地信息路22号实创科技综合大厦东区5层	100085
2003204108X	阻尼式出纸仓挡纸机构	北京五岳鑫信息技术有限公司	北京市海淀区上地信息路22号实创科技综合大厦东区5层	100085
20032403666	整体式双面扫描装置	北京五岳鑫信息技术有限公司	北京市海淀区上地信息路22号实创科技综合大厦东区5层	100085

专利号	专利名称	专利权人名称	地址	邮编
2002246297X	电子光盘门票	北京五洲国际广告有限公司	北京市海淀区恩济庄路18号恩济庄园1号楼11－12AB	100036
20022934138	一种处理垃圾焚烧尾气的干式净化装置	北京悟能科技有限公司	北京市海淀区上地信息中路20号(中关村发展大厦)	100085
20022457402	一种数码相机外部存储器	北京先锋博创科技发展有限公司	北京市海淀区体院西路甲2号A202房间	100084
20022916229	预制混凝土圆形门拱式检查井	北京欣金宇砼制品有限公司	北京市丰台区张郭庄村2号	100072
20022916237	预制混凝土矩形门拱式检查井	北京欣金宇砼制品有限公司	北京市丰台区张郭庄村2号	100072
20012011223	装载机机头牵引的冲击式压路机	北京欣路特科技发展有限公司	北京市西土城路8号幼儿园1层王建国转	100088
20022379134	家用风道式燃气供暖设备	北京欣彤暖通科技发展有限公司	北京市海淀区增光路45号中国工运学院主办公楼506室刘大伟转	100037
20022887245	诱导风机	北京新安特玻璃钢设备有限公司	北京市丰台区六圈六新路车辅59号	100071
20022465189	真三维虚拟演播室系统	北京新奥特集团	北京市海淀区西草场1号硅谷电脑城六层	100080
20022406085	模块电源	北京新雷能有限责任公司	北京市德外西三旗东路	100096
20022896848	模块电源印刷电路板	北京新雷能有限责任公司	北京市德外西三旗东路	100096
20022357351	一种高精度面阵CCD自动检测轮对装置	北京新联铁科贸有限公司	北京市北方交通大学388信箱	100044
20022031901	一种植物纤维解离装置	北京新伟世纪科技发展有限公司	北京市海淀区首体南路6号新世纪饭店1110室	100044
20022946586	以编织布为导电载体的电热板	北京新宇阳科技有限公司	北京市海淀区上地信息中路20号(中关村发展大厦)	100085
20022816127	清洗过滤加油机	北京鑫晨星工程机械技术服务有限公司	北京市朝阳区朝外红庙延静西里2号华商大厦915A	100025
20022396810	多通道光隔离器	北京鑫海莱光电科技有限公司	北京市海淀区紫竹院路31号华澳中心2号楼3C	100089

专利号	专利名称	专利权人名称	地址	邮编
20022335560	半自动胶囊片剂捡视机	北京鑫航成科技发展有限公司	北京市丰台区南苑东南大道73号	100076
20022335595	软胶囊地面供料机	北京鑫航成科技发展有限公司	北京市丰台区南苑东南大道73号	100076
20022335552	履带式全自动软胶囊干燥机	北京鑫航成科技发展有限公司	北京市丰台区南苑东南大道73号	100076
20022335579	超声波软胶囊清洗机	北京鑫航成科技发展有限公司	北京市丰台区南苑东南大道73号	100076
20022335587	实心滴丸机	北京鑫航成科技发展有限公司	北京市丰台区南苑东南大道73号	100076
20022026770	加热源直接对输液管加热的输液管内介质加热器	北京鑫禾丰医疗技术有限公司	北京市海淀区学院路38号北京鑫禾丰公司	100083
20022373772	残疾人电动轮椅车	北京鑫科鸿科技开发有限责任公司	北京市石景山区广宁村复兴街	100041
20033076839	中低压成套开关柜型材	北京鑫日久科技开发有限公司	北京市海淀区翠微路2号院主楼210	100036
2002289120X	一种多媒体教学装置	北京鑫台华科技有限公司	北京市丰台区西罗园二区21号楼	100077
2002233386X	使用蓝牙技术的无线身份认证和数据收发的门禁系统	北京信源咨讯信息技术有限公司	北京市海淀区亮甲店130号恩济大厦402	100036
20022058508	具有光导纤维检测器的振动测量装置	北京星迪震洋光纤科技发展有限公司	北京市朝阳区安定门外北苑五号院四区	100012
20022088733	一种安全型大容量非水电解质电池	北京星恒电源有限公司	北京市八达处高科技园区中园路10号	100041
20022091998	用于超薄大容量密封无水电解质电池的带安全阀的电极	北京星恒电源有限公司	北京市八达处高科技园区中园路10号	100041
20022854916	用于无水电解质电池的正负极片	北京星恒电源有限公司	北京市海淀区车道沟8号信弘大厦B座	100041
20022460918	抗吸潮型矿棉吸声板	北京星牌建材有限责任公司	北京市朝阳区高井2号	100025
20023381981	吊顶龙骨型材	北京星牌建材有限责任公司	北京市朝阳区高井2号	100025

专利号	专利名称	专利权人名称	地址	邮编
20022891196	图书页面向上的扫描器	北京星震同源数字系统有限公司	北京市海淀区中关村大街22号中科大厦	100080
2002209525X	音频特征转换仪	北京旭领得佳数据技术有限公司	北京市丰台区东高地东营房小区20楼1单元9号	100076
20022955860	多元滚轮架	北京宣武华光焊接工艺成套装备联营公司	北京市房山区燕山北庄路6号	102500
20022955852	大型设备合拢对中装置	北京宣武华光焊接工艺成套装备联营公司	北京市房山区燕山北庄路6号	102500
20022396586	一种互动式瞄准型模拟射击系统	北京雅康大众科技有限公司	北京市海淀区上地信息产业基地开拓路11号216室	100085
2002245635X	全自动装订机	北京亚博通科技发展有限公司	北京市石景山区古城北街甲4号	100043
20023375493	全自动装订机	北京亚博通科技发展有限公司	北京市石景山区古城北街甲4号	100043
20012316733	角度可调管道	北京亚都科技股份有限公司	北京市海淀区体院西路甲2号	100084
20023379162	加湿器(十五)	北京亚都科技股份有限公司	北京市海淀区体院西路甲2号	100084
20023379189	加湿器(十三)	北京亚都科技股份有限公司	北京市海淀区体院西路甲2号	100084
20023379146	加湿器(十七)	北京亚都科技股份有限公司	北京市海淀区体院西路甲2号	100084
20023379170	加湿器(十四)	北京亚都科技股份有限公司	北京市海淀区体院西路甲2号	100084
20023406836	加湿器(十八)	北京亚都科技股份有限公司	北京市海淀区体院西路甲2号	100084
20023379154	加湿器(十六)	北京亚都科技股份有限公司	北京市海淀区体院西路甲2号	100084
20023506091	加湿器(十九)	北京亚都科技股份有限公司	北京市海淀区体院西路甲2号	100084
20022945466	能有效降低超声波加湿器落水噪声的散热器	北京亚都科技股份有限公司	北京市海淀区上地信息路1号2号楼15层	100085
20033030405	空气净化器(十一)	北京亚都科技股份有限公司	北京市海淀区上地信息路1号2号楼15层	100085
20033056293	电飘香	北京亚都科技股份有限公司	北京市海淀区上地信息路1号2号楼15层	100085
2003351612X	空气净化器(十二)	北京亚都科技股份有限公司	北京市海淀区上地信息路1号2号楼15层	100085

专利号	专利名称	专利权人名称	地址	邮编
20022435557	室内空气净化装置	北京亚都科技股份有限公司	北京市海淀区体院西路甲2号	100084
20022572058	超声波加热加湿器	北京亚都科技股份有限公司	北京市海淀区体院西路甲2号	100084
20033539073	加湿器(二十一)	北京亚都科技股份有限公司	北京市海淀区上地信息路1号2号楼15层	100085
20022539093	超声振动筛	北京亚富乐科技发展有限公司	北京市朝阳区安立路66号1-C-202室	100086
20032045379	超声清网器	北京亚富乐科技发展有限公司	北京市海淀区青云里满庭芳园D606	100086
20022853545	一种攀岩用攀岩壁结构单元	北京雁栖利峰攀岩材料公司	北京市怀柔国家登山队训练基地	101400
20022853553	一种攀岩用攀岩支点	北京雁栖利峰攀岩材料公司	北京市怀柔国家登山队训练基地	101400
20023315202	食品容器	北京雁栖中央化学有限公司	北京市怀柔雁栖工业开发区	101407
20023697261	饮料瓶(2)	北京燕京啤酒集团公司	北京市顺义县城南	101300
20023697253	饮料瓶(1)	北京燕京啤酒集团公司	北京市顺义县城南	101300
19981117309	润滑油溶剂精制添加剂及配制方法和在精制中的应用	北京燕山石油化工公司炼油厂	北京市房山区燕山	102503
20023697873	瓶贴(北京峨嵋山泉水)	北京燕兴隆饮料有限公司太极胜境分公司	北京市平谷区兴谷开发区10号	101200
20001234293	一种使用电子邮件地址信息的方法	北京一致沟通网络技术有限公司	北京市海淀区白石桥路3号友谊宾馆北区万隆物业B203	100873
20001078844	呼叫不在线网络用户上网的方法	北京一致沟通网络技术有限公司	北京市海淀区白石桥路3号友谊宾馆北区万隆物业B203	100873
20013507109	汽车仪表板(1)	北京依波信科技有限公司	北京市海淀区知春路56号中航科技大厦5层	100086
20023707666	沙发床(普士)	北京依诺维绅家具有限公司	北京市怀柔区杨宋镇凤翔开发区三园15号	101400
20023707674	沙发(奥奇)	北京依诺维绅家具有限公司	北京市怀柔区杨宋镇凤翔开发区三园15号	101400
20033049904	沙发(2)	北京依诺维绅家具有限公司	北京市怀柔区杨宋镇凤翔开发区三园15号	101400
20033035555	沙发(9)	北京依诺维绅家具有限公司	北京市怀柔区杨宋镇凤翔开发区三园15号	101400

专利号	专利名称	专利权人名称	地 址	邮 编
20033035563	沙发架(8)	北京依诺维绅家具有限公司	北京市怀柔区杨宋镇凤翔开发区三园15号	101400
20033049890	沙发架(1)	北京依诺维绅家具有限公司	北京市怀柔区杨宋镇凤翔开发区三园15号	101400
20033035520	沙发骨架(12)	北京依诺维绅家具有限公司	北京市怀柔区杨宋镇凤翔开发区三园15号	101400
20033049920	沙发骨架(4)	北京依诺维绅家具有限公司	北京市怀柔区杨宋镇凤翔开发区三园15号	101400
20033035539	沙发骨架(11)	北京依诺维绅家具有限公司	北京市怀柔区杨宋镇凤翔开发区三园15号	101400
20033049939	沙发骨架(5)	北京依诺维绅家具有限公司	北京市怀柔区杨宋镇凤翔开发区三园15号	101400
20033035547	沙发架(10)	北京依诺维绅家具有限公司	北京市怀柔区杨宋镇凤翔开发区三园15号	101400
20033049947	沙发架(6)	北京依诺维绅家具有限公司	北京市怀柔区杨宋镇凤翔开发区三园15号	101400
20033035571	沙发(7)	北京依诺维绅家具有限公司	北京市怀柔区杨宋镇凤翔开发区三园15号	101400
20033035512	茶几	北京依诺维绅家具有限公司	北京市怀柔区杨宋镇凤翔开发区三园15号	101400
20033049912	沙发(3)	北京依诺维绅家具有限公司	北京市怀柔区杨宋镇凤翔开发区三园15号	101400
20023697105	沙发(弗莱克斯)	北京依诺维绅家具有限公司	北京市怀柔区杨宋镇凤翔开发区三园15号	101400
20033560374	茶几	北京依诺维绅家具有限公司	北京市怀柔区杨宋镇凤翔开发区三园15号	101400
20033560471	单人沙发(爱克斯)	北京依诺维绅家具有限公司	北京市怀柔区杨宋镇凤翔开发区三园15号	101400
20033560366	维斯茶几	北京依诺维绅家具有限公司	北京市怀柔区杨宋镇凤翔开发区三园15号	101400
20033560463	三人沙发(爱克斯)	北京依诺维早家具有限公司	北京市怀柔区杨宋镇凤翔开发区三园15号	101400
20033032165	数据终端(家智星-110型)	北京铱尔世纪信息科技有限公司	北京市朝阳区西坝河东里77号楼底商5号	100028
20001004328	一种氯丁耐油靴及生产工艺	北京宜刚鞋业有限公司	北京市通县次渠工业区	101111
20023404507	运加油车计量控制器	北京怡诚机电设备公司	北京市海淀区学院路31号地大附中内	100083
20012748188	GSM无线定位装置	北京移舟启程信息技术有限公司	北京市海淀区厂洼中街66号北大三金大厦3层	100089

专利号	专利名称	专利权人名称	地址	邮编
20022030212	数码影像专用处理装置	北京亿美网科技有限公司	北京市西城区北礼士路甲98号阜成大厦B座5层	100037
20011038691	一种基于业务独立模块的电信业务开发方法	北京亿阳巨龙智能网技术有限公司	北京市海淀区南路19号时代网络大厦6018室	100080
20023833661	包装盒(云南普洱)	北京易兴恒业经贸有限公司	北京市房山区燕山凤凰亭南里3号楼	102400
20023407492	套装包装盒(益寿堂西洋参乌鸡口服液)	北京益寿堂保健科技有限公司	北京市密云县工业开发区水源路36号	101500
20023407506	包装盒(益寿堂西洋参乌鸡口服液)	北京益寿堂保健科技有限公司	北京市密云县工业开发区水源路36号	101500
20023407522	包装盒(益寿堂当归乌鸡口服液)	北京益寿堂保健科技有限公司	北京市密云县工业开发区水源路36号	101500
20023407530	套装包装盒(益寿堂传统乌鸡精)	北京益寿堂保健科技有限公司	北京市密云县工业开发区水源路36号	101500
20023407638	套装包装盒(益寿堂洋参含片)	北京益寿堂保健科技有限公司	北京市密云县工业开发区水源路36号	101500
20023407484	包装盒(益寿堂洋参茶)	北京益寿堂保健科技有限公司	北京市密云县工业开发区水源路36号	101500
20023407549	包装盒(益寿堂传统乌鸡精)	北京益寿堂保健科技有限公司	北京市密云县工业开发区水源路36号	101500
20023407646	包装盒(益寿堂洋参含片)	北京益寿堂保健科技有限公司	北京市密云县工业开发区水源路36号	101500
20023407514	套装包装盒(益寿堂当归乌鸡口服液)	北京益寿堂保健科技有限公司	北京市密云县工业开发区水源路36号	101500
20022860614	道路养护加热板	北京意拓实信设备有限公司	北京市西城区北礼士路甲98号阜成大厦A402	100037
20022860657	道路养护加热设备的控制装置	北京意拓实信设备有限公司	北京市西城区北礼士路甲98号阜成大厦A402	100037
20022860606	可折叠的道路养护加热板	北京意拓实信设备有限公司	北京市西城区北礼士路甲98号阜成大厦A402	100037
20023404531	高频开关电源(600A)	北京艺能通讯有限公司	北京市朝阳区酒仙桥东路1号	100016

专利号	专利名称	专利权人名称	地址	邮编
20023404523	整流模块(48/50)	北京艺能通讯有限公司	北京市朝阳区酒仙桥东路1号	100016
2002340454X	高频开关电源(300A)	北京艺能通讯有限公司	北京市朝阳区酒仙桥东路1号	100016
20022853243	汽车空挡识别装置	北京银厚普科技发展有限公司	北京市海淀区上地国际科技创业园1号2号楼402	100085
20011158026	旋锁式连接锁紧装置	北京银九鼎光电技术开发有限公司	北京市太平路46号527信箱	100875
20012234931	无色荧光油墨在线检测装置	北京印钞厂	北京市宣武区白纸坊街23号	100054
2002209489X	号码隔色印码机	北京印钞厂	北京市宣武区白纸坊街23号	100054
20022852239	锥形交叉场发射天线装置	北京英夫美迪数字技术有限公司	北京市海淀区复兴路47号天行健商务大厦1209	100036
20033009325	标贴	北京英福特科技有限公司	北京市朝阳区东三环中路25号北京住总12层	100020
20033531927	仪器仪表外壳(EN6000－1)	北京英华达电力电子工程科技有限公司	北京市海淀区北三环西路43号青云当代大厦1304室	100086
20033531919	仪器仪表的外壳(EN6000－2)	北京英华达电力电子工程科技有限公司	北京市海淀区北三环西路43号青云当代大厦1304室	100086
20033559856	表壳(EN6000－3)	北京英华达电力电子工程科技有限公司	北京市海淀区北三环西路43号青云当代大厦1304室	100086
20022459030	塑料中空拉吹成型机的气液增压缸高压锁模	北京英瑞信科技发展有限公司	北京市西城区鼓楼西大街41号215室	100009
20022456430	一种适于中小学生使用的Unikid手机	北京英泰利智科技发展有限公司	北京市海淀区北洼西里22号中海雅园北区2号9B	100089
20022892788	一种用于计算机输入激光系统	北京鹰搏蓝天科技有限公司	北京市梨园北街4号院2号楼101室	101101
20033004803	蛋品包装盒	北京永华设计包装有限公司	北京市石景山区鲁谷路58号	100043
20033035970	盒盖(蛋糕)	北京永华设计包装有限公司	北京市石景山区鲁谷路58号	100043

专利号	专利名称	专利权人名称	地　址	邮　编
20022899413	静音凸轮	北京永茂机电科技有限公司	北京市大兴区黄村兴华中路21号	102622
20022888756	模拟失重状态处理水产动物受精卵的装置	北京永天龙生物工程技术有限公司	北京市海淀区芙蓉里1号楼3单元502号	100080
20022052194	盘管一体型微滤机	北京永新双益环保设备有限公司	北京市海淀区清华大学学研大厦A座8楼	100084
20001321285	基于有线电视网的个性化电视广告发送与接收系统	北京永新同方信息工程有限公司	北京市海淀区清华大学永新同方写字楼	100084
20022350209	一种同位素自动分装装置	北京永旭伟业科技发展有限责任公司	北京市海淀区花园路13号汉太华写字楼302室	100088
20022053913	整体式绝缘接头	北京永逸舒克防腐蚀技术有限公司	北京市朝阳区安华里2区7号楼	100011
20022941444	用于抽油烟机的柱式传感器	北京宇翔电子有限公司	北京市崇文区龙潭路3号	100061
20022941436	验钞电子秤	北京宇翔电子有限公司	北京市崇文区龙潭路3号	100061
2002245750X	采暖用恒温阀	北京昱创伟业温控消防新技术有限公司	北京市宣武区南菜园街49号007室	100054
19991031997	大功率超声波换能器阵驱动电路	北京源德生物医学工程股份有限公司	北京市北京经济技术开发区永昌北路24号	100000
20022443355	混凝土空心砌块	北京源洁管材制造有限公司	北京市怀柔区北房镇经纬工业区28号	101400
20033484643	储物柜	北京远光通联科技有限公司	北京市丰台区科兴路9号	100070
20011160934	纸浆净化方法	北京造纸七厂	北京市通州区滨河路126号	101149
20022940960	一种三导向阀塔盘	北京泽华化学工程有限公司	北京市海淀区上地信息路11号彩虹大厦南楼315室	100085
20022946837	浮阀－舌孔复合塔盘	北京泽华化学工程有限公司	北京市海淀区上地信息路11号彩虹大厦南楼315室	100085
20022457046	一种高速并行通信连接装置	北京兆日科技有限责任公司	北京市海淀区西三环北路11号B座2层	100089
20022377964	改烧水煤浆的热采注汽锅炉	北京浙大国能科技有限公司	北京市中关村南大街11号光大国信大厦3203室	100081

专利号	专利名称	专利权人名称	地 址	邮 编
19991055438	投影管用有像散补偿的双束电子枪	北京真美视听技术有限责任公司	北京市酒仙桥路13号	100016
19991055446	投影管用高亮度、高分辨率双束电子枪	北京真美视听技术有限责任公司	北京市酒仙桥路13号	100016
20022950362	逆向阀门	北京振冲工程股份有限公司	北京市朝阳区定福庄西街1号	100024
20022827668	外保温组合浇注无网聚苯板用塑料卡钉	北京振利高新技术公司	北京市丰台区西局西街乙88号	100073
20022889825	胶粉聚苯颗粒外保温粘贴面砖墙体	北京振利高新技术公司	北京市丰台区西局西街乙88号	100073
20022889809	聚氨酯保温墙体	北京振利高新技术公司	北京市丰台区西局西街乙88号	100073
20022889833	聚氨酯外保温粘贴面砖墙体	北京振利高新技术公司	北京市丰台区西局西街乙88号	100073
19981203655	非平衡平面磁控溅射阴极及其镀膜装置	北京振涛国际钛金技术有限公司	北京市海淀区海淀路74号乙	100080
20023803533	书本形壁挂式指纹考勤、触摸查询、监控多功能机柜	北京正茂科技发展有限公司	北京市海淀区西草场1号硅谷电脑城1025室	100080
20023405384	复合板	北京至柔科技发展有限公司	北京市海淀区上地信息路2号创业园D栋705室	100085
20023405392	一次性复合托盘	北京至柔科技发展有限公司	北京市海淀区上地信息路2号创业园D栋705室	100085
20023405376	复合支撑梁	北京至柔科技发展有限公司	北京市海淀区上地信息路2号创业园D栋705室	100085
20023805358	镭捷系列激光喷码机	北京志恒达科技有限公司	北京市石景山区鲁谷路58号鲁谷工业大厦西5层	100043
20022946888	封离型射频激励CO波导激光器	北京志恒达科技有限公司	北京市石景山区鲁谷路58号鲁谷工业大厦西5层	100043

专利号	专利名称	专利权人名称	地　址	邮　编
20022955828	一种金刚石工具磨床	北京智峰秋科技有限公司	北京市宣武区宣武门东大街4-2-404号	100051
20001325507	色带驱动轴	北京智凯办公自动化设备有限公司	北京市海淀区北四环西路29号	100083
20001297937	一种有顺序播放的影视光盘的制作方法	北京智联通科技发展有限公司	北京市海淀区北京大学资源楼1316号	100080
20022461981	精密内圆电火花加工装置	北京中昌宝华科技发展有限公司	北京市海淀区上地信息中路32号中关村创业大厦605室	100089
2002246199X	仿形外圆精密电火花加工装置	北京中昌宝华科技发展有限公司	北京市海淀区上地信息中路32号中关村创业大厦605室	100089
20023324139	包装盒(松茸胶囊)	北京中诚佳元保健科技有限公司	北京市西城区车公庄大街甲4号物华大厦A座1203室	100044
20022528016	基于无线移动通信公网的数据采集装置	北京中电创微科技发展有限公司	北京市天竺空港工业区B区12栋5层西座	101300
20022466797	专用手机	北京中电创微科技发展有限公司	北京市天竺空港工业区B区标准厂房12号楼5层西座	101300
20023706457	一波长天线	北京中电创微科技发展有限公司	北京市天竺空港工业区B区标准厂房12号楼5层西座	101300
20023374802	标贴(芬华)	北京中电芬琳装饰材料有限公司	北京市丰台区丰台路67号丰体中心	100071
20001212494	氧化铈抛光盘及其制造方法	北京中电光明抛磨技术发展中心	北京市石景山永乐小区东区	100040
2002244274X	带手表的手机	北京中电未来通讯技术开发有限公司	北京市阳区东三环中路25号住总大厦13层	100020
20022438572	带PDA功能的手机	北京中电未来通讯技术开发有限公司	北京市阳区东三环中路25号住总大厦13层	100020
20022462341	带键盘和触摸屏的直立式手机	北京中电未来通讯技术开发有限公司	北京市阳区东三环中路25号住总大厦13层	100020
20032038364	一种红外照明装置	北京中都创新科技有限公司	北京市海淀区北四环中路229号海泰大厦1723室	100083
20022399283	用于香烟盒的防伪内支架	北京中防包装材料有限公司	北京市朝阳区北三环东路18号恒温楼401室	100013

专利号	专利名称	专利权人名称	地 址	邮 编
20022915737	用于包装香烟的防伪衬纸	北京中防包装材料有限公司	北京市朝阳区北三环东路18号恒温楼401室	100013
20022350616	无泵水幕喷漆室水幕监控与自动补水装置	北京中航银燕环保技术发展中心	北京市北辰东路利康饭店7号院	100101
20022326901	用于喷漆室的伸缩移动式前室	北京中航银燕环保技术发展中心	北京市朝阳区北辰东路利康饭店7号路	100101
20022819576	纳米二氧化钛光触媒水处理装置	北京中环捷宇新材料工程技术有限责任公司	北京市西直门内北顺城街11号	100035
19991035763	高速渗透泵激光打孔机	北京中惠药业有限公司	北京市海淀区清华大学华业大厦2513室	100084
20033035601	梁(建筑用1)	北京中建华维模板有限公司	北京市朝阳区望花路东里1号	100102
20033035628	梁(建筑用3)	北京中建华维模板有限公司	北京市朝阳区望花路东里1号	100102
20033035598	模板(建筑用)	北京中建华维模板有限公司	北京市朝阳区望花路东里1号	100102
2003303561X	梁(建筑用2)	北京中建华维模板有限公司	北京市朝阳区望花路东里1号	100102
20032407459	模板支撑梁	北京中建华维模板有限公司	北京市朝阳区望花路东里1号	100102
20022914722	一种高炉水冷却壁在线温度监测控制装置	北京中科创新园高新技术有限公司	北京市海淀区北四环西路61号705室	100080
19971190267	白内障超声乳化仪	北京中科电气高技术公司	北京市海淀区中关村北二条6号	100080
20022301119	谐振管式高声强声波发生器	北京中科工程管理总公司	北京市海淀区中关村大街22号中科大厦A座402室	100080
20022316752	远程低频声波振打除尘器	北京中科工程管理总公司	北京市海淀区中关村大街22号中科大厦A座402室	100080
20022316760	低频回声均化出灰器	北京中科工程管理总公司	北京市海淀区中关村大街22号中科大厦A座402室	100080
20022386238	双水路可升降喷头	北京中科恒业中自技术有限公司	北京市海淀区中关村北一条3号	100080
2002254934X	一种安全电源插座转换器	北京中科可来博电子技术有限公司	北京市海淀区中关村路17号	100080

专利号	专利名称	专利权人名称	地　址	邮　编
20022549358	带地线转换器插座	北京中科可来博电子技术有限公司	北京市海淀区中关村路17号	100080
20022349766	高水平度酶标板	北京中科联星生物科技有限责任公司	北京市海淀区增光路甲34号云建大厦6层	100037
20023704306	移动存储器(金存小博士V8)	北京中科软件存储技术有限公司	北京市海淀区中关村南大街乙56号方园大厦写字楼601室	100044
20022378898	燃烧煤浆的节能倒焰窑	北京中科通用能源环保有限责任公司	北京市海淀区中关村路11号	100080
20022857540	循环流化床锅炉冷渣器	北京中科通用能源环保有限责任公司	北京市海淀区学院南路皂君庙14号鑫三元写字楼8层	100081
20022857559	循环流化床烟气脱硫装置	北京中科通用能源环保有限责任公司	北京市海淀区学院南路皂君庙14号鑫三元写字楼8层	100081
20022857532	外置流化床换热器	北京中科通用能源环保有限责任公司	北京市海淀区学院南路皂君庙14号鑫三元写字楼8层	100081
20022315624	高弹性垫板	北京中科用通新材料技术有限公司	北京市海淀区中关村北一条2号	100080
20022856889	高回弹力垫板	北京中科用通新材料技术有限公司	北京市海淀区中关村北一条2号	100080
2002292860X	户式中央空调的远程控制装置	北京中立格林控制技术有限公司	北京市海淀区知春路128号泛亚大厦992室	100086
2000802216X	厕具冲洗方法及其厕具和组件	北京中联环洁通节水技术有限责任公司	中国北京市百万庄三里河路9号	100037
20011019654	从大豆乳清水中提取大豆低聚糖的方法	北京中联捷思科技发展有限公司	北京市西外大街132号京鼎大厦806室	100032
20011019662	纳滤膜法提纯大豆低聚糖的方法	北京中联捷思科技发展有限公司	北京市西外大街132号京鼎大厦806室	100032
20023398299	标贴(电梯电脑控制器)	北京中联莱茵电梯设备有限公司	北京市宣武区育新街47号3号楼AB座	100054
20012787477	多层钢板叠合结构的钢板混凝土复合井壁	北京中煤矿山工程有限公司	北京市和平里青年沟路5号	100013
20012757012	箱中袋液体包装装置	北京中农大话食品科技有限责任公司	北京市海淀区圆明园西路2号食品学院	100094

专利号	专利名称	专利权人名称	地　址	邮　编
20022353798	环模制粒机	北京中农飞天环保科技中心	北京市圆明园西路2号中国农业大学(西区)南门	100094
20023704861	蜂王浆包装盒	北京中农蜂蜂业技术开发中心	北京市海淀区香山卧佛寺西侧	100093
20033483663	包装袋(多抗有机肥)	北京中农新科生物科技有限公司	北京市海淀区中关村南大街12号土肥所科技开发实验楼201/202室	100081
20012750123	一种核子秤在线计量装置	北京中乾机电设备有限责任公司	北京市海淀区中关村南大街甲56号方园大厦商务楼303B	100044
20022383980	一种γ射线气体探测器及用其制成的物料计量装置	北京中乾机电设备有限责任公司	北京市海淀区中关村南大街甲56号方园大厦商务楼303B	100044
20022001050	瞬间设温装置、暖间设温定量装置及带有上述装置的饮水机	北京中日新自动化系统有限公司	北京市海淀区上地信息中路32号,中关村创业大厦608-609房间	100085
20022403280	带有通信装置的饮水机	北京中日新自动化系统有限公司	北京市海淀区上地信息中路32号,中关村创业大厦608-609房间	100085
2002285441X	一种饮水机电动出水结构	北京中日新自动化系统有限公司	北京市海淀区上地信息路26号,中关村创业大厦	100085
20022053891	商用数据终端	北京中商建明科技信息有限公司	北京市朝阳区霄云路26号鹏润大厦A-803室	100016
20011365455	纳米聚氨酯-橡胶粒复合材料及其制备方法	北京中商世纪纳米塑胶材料有限公司	北京市海淀区西三旗中关村科技园北新材料园孵化器207	100096
2002337764X	金统士4L油桶	北京中石统一润滑油有限公司	北京市大兴区旧宫工业园区1号	100076
20022328424	快闪存储器程序写入的装置	北京中视联数字系统有限公司	北京市北京经济技术开发区宏达北路10号万源商务中心5层	100176

专利号	专利名称	专利权人名称	地　址	邮　编
20022542752	大功率宽频段短波同相水平天线	北京中天广电通信技术有限公司	北京市海淀区学院南路68号汇智楼5层	100081
20032430841	现浇混凝土楼板的钢构早拆支承装置	北京中铁建设有限公司	北京市丰台区吴家村路1号	100040
20022380051	凝结水管网水击缓冲装置	北京中投洁天节能环保科技有限公司	北京市西城区府右街灵境胡同甲1号	100032
20022457003	在静止介面上移动的微型打印机	北京中文之星数码科技有限公司	北京市海淀区北洼路4号华奥公寓2号楼9层G室	100089
2002282071X	用于在存储媒体和移动通信终端之间进行数据传输的装置	北京中星微电子有限公司	北京市中关村南大街3号海淀科技大厦5层	100081
20022820701	一种停车场智能管理系统	北京中星微电子有限公司	北京市中关村南大街3号海淀科技大厦5层	100081
2002370084X	摄像头	北京中星微电子有限公司	北京市中关村南大街3号海淀科技大厦5层	100081
20022537198	多媒体自动监控系统	北京中星微电子有限公司	北京市中关村南大街3号海淀科技大厦5层	100081
20022887695	支持多种接口并带有摄像功能的可移动存储装置	北京中星微电子有限公司	北京市中关村南大街3号海淀科技大厦5层	100081
20022537201	面部识别式门控制装置	北京中星微电子有限公司	北京市中关村南大街3号海淀科技大厦5层	100081
20022094008	三折式侧摇双动医用床	北京中亚医疗器械有限公司	北京市朝阳区小红门北里55号	100176
2002233548X	两档式冲水阀	北京中以赛维节水设备有限公司	北京市海淀区三里河路11号建材工业协会大楼334室	100831
20023076771	丁字路口直行标志	北京中咨路捷工程技术咨询有限公司	北京市丰台区方庄芳群园3区11号楼7层	100078
20022852611	低温蓄冷循环水机组	北京众合创业科技发展有限责任公司	北京市海淀区文慧园北路10号综合楼	100088
20023833491	阴阳烛台	北京主题建筑设计咨询有限公司	北京市海淀区西三环北路54号中国画研究院	100044
19961206020	新型外墙外保温施工工艺	北京住宅开发建设集团总公司	北京市朝阳区东三环中路25号	100020

专利号	专利名称	专利权人名称	地　址	邮　编
2002235204X	电动执行器	北京铸诚达空调配件厂	北京市 95－012 信箱	100095
20023699140	多功能胎教仪	北京壮志凌云科技发展有限公司	北京市海淀区中关村南大街 2 号数码大厦 A 座 2107 室	100086
20033004900	囊	北京紫竹药业有限公司	北京市朝阳区三间房东路北京紫竹药业有限公司	100024
20033004919	封签(神竹)	北京紫竹药业有限公司	北京市朝阳区三间房东路北京紫竹药业有限公司	100024
20033004927	瓶贴(神竹)	北京紫竹药业有限公司	北京市朝阳区三间房东路北京紫竹药业有限公司	100024
20033004870	包装盒(神竹)	北京紫竹药业有限公司	北京市朝阳区三间房东路北京紫竹药业有限公司	100024
20033004889	包装箱(神竹)	北京紫竹药业有限公司	北京市朝阳区三间房东路北京紫竹药业有限公司	100024
20033004897	瓶盖	北京紫竹药业有限公司	北京市朝阳区三间房东路北京紫竹药业有限公司	100024
20022433627	激光遥控地址码设定装置	北京自动化仪表二厂	北京市永内大街 44 号	100050
20022818308	泥浆液位报警器	北京自动化仪表四厂	北京市大兴工业开发区盛坊路北京自动化仪表四厂	102600
20022333347	一种降低磁块上下面表面场强差别的装置	北矿磁材科技股份有限公司	北京市右安门外草桥 28 号	100054
20022086595	一种汽油机	北内集团总公司	北京市朝阳广渠路 31 号	100022
20023065621	机动车车身(二)	北汽福田汽车股份有限公司	北京市昌平区沙河镇沙阳路	102206
20023383046	三轮车驾驶室	北汽福田汽车股份有限公司	北京市昌平区沙河镇沙阳路	102206
20033033692	轻型卡车(一)	北汽福田汽车股份有限公司	北京市昌平区沙河镇沙阳路	102206
20033053871	汽车(轻卡 3)	北汽福田汽车股份有限公司	北京市昌平区沙河镇沙阳路	102206
2003305388X	轻卡(2)	北汽福田汽车股份有限公司	北京市昌平区沙河镇沙阳路	102206

专利号	专利名称	专利权人名称	地　址	邮　编
20033053898	轻卡(1)	北汽福田汽车股份有限公司	北京市昌平区沙河镇沙阳路	102206
20033033706	机动车	北汽福田汽车股份有限公司	北京市昌平区沙河镇沙阳路	102206
20033053855	轻卡灯具	北汽福田汽车股份有限公司	北京市昌平区沙河镇沙阳路	102206
2003305391X	轻卡格栅	北汽福田汽车股份有限公司	北京市昌平区沙河镇沙阳路	102206
20023702443	轻客仪表台	北汽福田汽车股份有限公司	北京市昌平区沙河镇沙阳路	102206
20033033684	轻型卡车驾驶室壳体(二)	北汽福田汽车股份有限公司	北京市昌平区沙河镇沙阳路	102206
19991190025	轻质板材自动包装设备用机械手	北新建材(集团)有限公司	北京市德外西三旗东黄土店	100096
19991190033	板材自动包装线	北新建材(集团)有限公司	北京市德外西三旗东黄土店	100096
19991190459	板材自动包装线	北新建材(集团)有限公司	北京市德外西三旗东黄土店	100096
20022051821	一种十字键操作系统控制的自动焊机装置	北新建材(集团)有限公司	北京市德外西三旗东黄土店	100096
20022359540	冷轧精密超窄钢带包装的张力调节装置	北新建材(集团)有限公司	北京市德外西三旗东黄土店	100096
20022437959	龙骨机的打标记设备	北新建材(集团)有限公司	北京市德外西三旗东黄土店	100096
20022359575	冷轧精密超窄钢带的制备装置	北新建材(集团)有限公司	北京市德外西三旗东黄土店	100096
20022334513	可开启的暗插式装饰板	北新建材(集团)有限公司	北京市德外西三旗东黄土店	100096
20023306130	圆弧跌级板	北新建材(集团)有限公司	北京市德外西三旗东黄土店	100096
20023332107	超越暗插龙骨(H型)	北新建材(集团)有限公司	北京市德外西三旗东黄土店	100096
20023700521	装饰板(二十四)	北新建材(集团)有限公司	北京市海淀区西三旗建材城西路16号	100096
20023707739	四通(二)	北新建材(集团)有限公司	北京市海淀区西三旗建材城西路16号	100096
20023833238	窗用转向角(六)	北新建材(集团)有限公司	北京市海淀区西三旗建材城西路16号	100096

专利号	专利名称	专利权人名称	地 址	邮 编
20023833335	锁体安装靠模	北新建材(集团)有限公司	北京市海淀区西三旗建材城西路16号	100096
20023707763	弯头(四)	北新建材(集团)有限公司	北京市海淀区西三旗建材城西路16号	100096
2002370778X	管接头(二)	北新建材(集团)有限公司	北京市海淀区西三旗建材城西路16号	100096
20023700491	装饰板(二十七)	北新建材(集团)有限公司	北京市海淀区西三旗建材城西路16号	100096
20023707798	管接头(一)	北新建材(集团)有限公司	北京市海淀区西三旗建材城西路16号	100096
20023700505	装饰板(二十六)	北新建材(集团)有限公司	北京市海淀区西三旗建材城西路16号	100096
20023700513	装饰板(二十五)	北新建材(集团)有限公司	北京市海淀区西三旗建材城西路16号	100096
20023755415	立管检查口外盖(一)	北新建材(集团)有限公司	北京市海淀区西三旗建材城西路16号	100096
20023755423	三通(四)	北新建材(集团)有限公司	北京市海淀区西三旗建材城西路16号	100096
2002370053X	装饰板(二十三)	北新建材(集团)有限公司	北京市海淀区西三旗建材城西路16号	100096
20023755431	三通(五)	北新建材(集团)有限公司	北京市海淀区西三旗建材城西路16号	100096
20023755466	三通(八)	北新建材(集团)有限公司	北京市海淀区西三旗建材城西路16号	100096
20023707771	管箍(一)	北新建材(集团)有限公司	北京市海淀区西三旗建材城西路16号	100096
20023700483	装饰板(二十八)	北新建材(集团)有限公司	北京市海淀区西三旗建材城西路16号	100096
20022359559	冷轧精密超窄钢带在线厚度宽度测量装置	北新建材(集团)有限公司	北京市德外西三旗东黄土店	100096
20022896465	具有柔性承插口的塑料管件	北新建材(集团)有限公司	北京市海淀区西三旗建材城西路16号	100096
20022334521	颗粒状物料抛料装置	北新建材(集团)有限公司	北京市德外西三旗东黄土店	100096
20022898379	一种管件检查口及检查口盖	北新建材(集团)有限公司	北京市海淀区西三旗建材城西路16号	100096
20022885943	旋转门窗试验机	北新建材(集团)有限公司	北京市海淀区西三旗建材城西路16号	100096
20022885951	平开上悬门窗试验机	北新建材(集团)有限公司	北京市海淀区西三旗建材城西路16号	100096

专利号	专利名称	专利权人名称	地址	邮编
2002289666X	暗插式吸音板	北新建材(集团)有限公司	北京市海淀区西三旗建材城西路16号	100096
20022885919	用于制造塑钢门窗五金件中C形件的折弯装置	北新建材(集团)有限公司	北京市海淀区西三旗建材城西路16号	100096
20022885927	用于制造塑钢门窗五金件中C形件的冲缺口装置	北新建材(集团)有限公司	北京市海淀区西三旗建材城西路16号	100096
2002233453X	装饰吸音板	北新建材(集团)有限公司	北京市德外西三旗东黄土店	100096
20022885935	塑钢门窗五金件中C形件的连续成型机	北新建材(集团)有限公司	北京市海淀区西三旗建材城西路16号	100096
20033030804	装饰吸音板(三)	北新建材(集团)有限公司	北京市海淀区西三旗建材城西路16号	100096
20033005850	插销(一)	北新建材(集团)有限公司	北京市海淀区西三旗建材城西路16号	100096
20033005869	假中挺传动器(二)	北新建材(集团)有限公司	北京市海淀区西三旗建材城西路16号	100096
20033003580	窗用下铰链(二)	北新建材(集团)有限公司	北京市海淀区西三旗建材城西路16号	100096
20033005788	窗用下转轴	北新建材(集团)有限公司	北京市海淀区西三旗建材城西路16号	100096
20033005885	传动器执手	北新建材(集团)有限公司	北京市海淀区西三旗建材城西路16号	100096
20023705825	暗插式吸音板	北新建材(集团)有限公司	北京市海淀区西三旗建材城西路16号	100096
20023703229	凹凸条纹装饰板	北新建材(集团)有限公司	北京市海淀区西三旗建材城西路16号	100096
20033003521	锁座(四)	北新建材(集团)有限公司	北京市海淀区西三旗建材城西路16号	100096
20033005826	窗铰链靠模(二)	北新建材(集团)有限公司	北京市海淀区西三旗建材城西路16号	100096
20033030839	装饰吸音板(六)	北新建材(集团)有限公司	北京市海淀区西三旗建材城西路16号	100096
20023833246	窗用转向角(五)	北新建材(集团)有限公司	北京市海淀区西三旗建材城西路16号	100096
20033030855	装饰吸音板(八)	北新建材(集团)有限公司	北京市海淀区西三旗建材城西路16号	100096
20033074178	龙骨(Z型一)	北新建材(集团)有限公司	北京市海淀区西三旗建材城西路16号	100096

专利号	专利名称	专利权人名称	地址	邮编
20033030790	装饰吸音板(二)	北新建材(集团)有限公司	北京市海淀区西三旗建材城西路16号	100096
20033057737	垫装木排	北新建材(集团)有限公司	北京市海淀区西三旗建材城西路16号	100096
20033030847	装饰吸音板(七)	北新建材(集团)有限公司	北京市海淀区西三旗建材城西路16号	100096
20033057249	温控阀	北新建材(集团)有限公司	北京市海淀区西三旗建材城西路16号	100096
20033057257	调节阀	北新建材(集团)有限公司	北京市海淀区西三旗建材城西路16号	100096
20033057265	回水角阀	北新建材(集团)有限公司	北京市海淀区西三旗建材城西路16号	100096
20033057273	温控阀阀体(一)	北新建材(集团)有限公司	北京市海淀区西三旗建材城西路16号	100096
20033030782	装饰吸音板(一)	北新建材(集团)有限公司	北京市海淀区西三旗建材城西路16号	100096
20033074194	龙骨(Z型三)	北新建材(集团)有限公司	北京市海淀区西三旗建材城西路16号	100096
20033072604	装饰吸音板(复合型一)	北新建材(集团)有限公司	北京市海淀区西三旗建材城西路16号	100096
20033074208	龙骨(Z型四)	北新建材(集团)有限公司	北京市海淀区西三旗建材城西路16号	100096
20033072612	装饰吸音板(复合型二)	北新建材(集团)有限公司	北京市海淀区西三旗建材城西路16号	100096
20033030820	装饰吸音板(五)	北新建材(集团)有限公司	北京市海淀区西三旗建材城西路16号	100096
2002375544X	三通(六)	北新建材(集团)有限公司	北京市海淀区西三旗建材城西路16号	100096
20033057281	温控阀阀体(二)	北新建材(集团)有限公司	北京市海淀区西三旗建材城西路16号	100096
20033074186	龙骨(Z型二)	北新建材(集团)有限公司	北京市海淀区西三旗建材城西路16号	100096
20033030812	装饰吸音板模具	北新建材(集团)有限公司	北京市海淀区西三旗建材城西路16号	100096
20022359583	冷轧精密超窄钢带的表面处理装置	北新建材(集团)有限公司	北京市德外西三旗东黄土店	100096
20022359605	冷轧精密超窄钢带中的收卷装置	北新建材(集团)有限公司	北京市德外西三旗东黄土店	100096
20022464247	一种复合矿物棉吸音板	北新建材(集团)有限公司	北京市德外西三旗东黄土店	100096

专利号	专利名称	专利权人名称	地　址	邮　编
20022464255	一种复合石膏板	北新建材(集团)有限公司	北京市德外西三旗东黄土店	100096
20023707801	立管检查口内盖(一)	北新建材(集团)有限公司	北京市海淀区西三旗建材城西路16号	100096
20023833114	窗用上轴承	北新建材(集团)有限公司	北京市海淀区西三旗建材城西路16号	100096
20023833211	窗用转向角(八)	北新建材(集团)有限公司	北京市海淀区西三旗建材城西路16号	100096
20023833319	门窗用连杆	北新建材(集团)有限公司	北京市海淀区西三旗建材城西路16号	100096
20023833416	窗用执手(一)	北新建材(集团)有限公司	北京市海淀区西三旗建材城西路16号	100096
20023833122	切断机	北新建材(集团)有限公司	北京市海淀区西三旗建材城西路16号	100096
2002383322X	窗用转向角(七)	北新建材(集团)有限公司	北京市海淀区西三旗建材城西路16号	100096
20023833327	窗用助升滑块	北新建材(集团)有限公司	北京市海淀区西三旗建材城西路16号	100096
20023833130	锁座安装靠模(二)	北新建材(集团)有限公司	北京市海淀区西三旗建材城西路16号	100096
20023707747	立管(一)	北新建材(集团)有限公司	北京市海淀区西三旗建材城西路16号	100096
20023833149	锁座安装靠模(一)	北新建材(集团)有限公司	北京市海淀区西三旗建材城西路16号	100096
20023833343	扣板安装靠模	北新建材(集团)有限公司	北京市海淀区西三旗建材城西路16号	100096
20023707755	弯头(五)	北新建材(集团)有限公司	北京市海淀区西三旗建材城西路16号	100096
20023833157	窗用顶杆(五)	北新建材(集团)有限公司	北京市海淀区西三旗建材城西路16号	100096
20023833254	窗用转向角(四)	北新建材(集团)有限公司	北京市海淀区西三旗建材城西路16号	100096
20023833351	窗用中铰链	北新建材(集团)有限公司	北京市海淀区西三旗建材城西路16号	100096
20023833165	窗用顶杆(四)	北新建材(集团)有限公司	北京市海淀区西三旗建材城西路16号	100096
20023833262	窗用转向角(三)	北新建材(集团)有限公司	北京市海淀区西三旗建材城西路16号	100096
2002383336X	门执手(二)	北新建材(集团)有限公司	北京市海淀区西三旗建材城西路16号	100096

专利号	专利名称	专利权人名称	地　址	邮　编
20023700475	装饰板(二十九)	北新建材(集团)有限公司	北京市海淀区西三旗建材城西路16号	100096
20023833076	锁座(二)	北新建材(集团)有限公司	北京市海淀区西三旗建材城西路16号	100096
20023833173	窗用顶杆(三)	北新建材(集团)有限公司	北京市海淀区西三旗建材城西路16号	100096
20023833270	窗用转向角(二)	北新建材(集团)有限公司	北京市海淀区西三旗建材城西路16号	100096
20023833378	门执手(一)	北新建材(集团)有限公司	北京市海淀区西三旗建材城西路16号	100096
20023833084	锁座(一)	北新建材(集团)有限公司	北京市海淀区西三旗建材城西路16号	100096
20023833181	窗用顶杆(二)	北新建材(集团)有限公司	北京市海淀区西三旗建材城西路16号	100096
20023833289	窗用转向角(一)	北新建材(集团)有限公司	北京市海淀区西三旗建材城西路16号	100096
20023833386	窗用执手(四)	北新建材(集团)有限公司	北京市海淀区西三旗建材城西路16号	100096
20023833092	窗用下铰链	北新建材(集团)有限公司	北京市海淀区西三旗建材城西路16号	100096
20023833106	窗用下轴承	北新建材(集团)有限公司	北京市海淀区西三旗建材城西路16号	100096
20023833203	窗用转向角(九)	北新建材(集团)有限公司	北京市海淀区西三旗建材城西路16号	100096
20023833300	门窗用斜拉杆	北新建材(集团)有限公司	北京市海淀区西三旗建材城西路16号	100096
20023833408	窗用执手(二)	北新建材(集团)有限公司	北京市海淀区西三旗建材城西路16号	100096
2003300580X	门铰链靠模	北新建材(集团)有限公司	北京市海淀区西三旗建材城西路16号	100096
20033003556	门锁	北新建材(集团)有限公司	北京市海淀区西三旗建材城西路16号	100096
20033003564	门窗用斜拉杆(三)	北新建材(集团)有限公司	北京市海淀区西三旗建材城西路16号	100096
20033005761	窗铰链支座	北新建材(集团)有限公司	北京市海淀区西三旗建材城西路16号	100096
2002383319X	窗用顶杆(一)	北新建材(集团)有限公司	北京市海淀区西三旗建材城西路16号	100096
20023833297	窗用传动器	北新建材(集团)有限公司	北京市海淀区西三旗建材城西路16号	100096

专利号	专利名称	专利权人名称	地　址	邮　编
20023833394	窗用执手(三)	北新建材(集团)有限公司	北京市海淀区西三旗建材城西路16号	100096
20023707720	四通(三)	北新建材(集团)有限公司	北京市海淀区西三旗建材城西路16号	100096
20033005834	锁座(三)	北新建材(集团)有限公司	北京市海淀区西三旗建材城西路16号	100096
20033005842	假中挺传动器(一)	北新建材(集团)有限公司	北京市海淀区西三旗建材城西路16号	100096
20023755458	三通(七)	北新建材(集团)有限公司	北京市海淀区西三旗建材城西路16号	100096
20033003572	门窗用斜拉杆(二)	北新建材(集团)有限公司	北京市海淀区西三旗建材城西路16号	100096
20033005877	插销(二)	北新建材(集团)有限公司	北京市海淀区西三旗建材城西路16号	100096
20033003599	窗用上转轴	北新建材(集团)有限公司	北京市海淀区西三旗建材城西路16号	100096
20033005796	窗用中铰链(二)	北新建材(集团)有限公司	北京市海淀区西三旗建材城西路16号	100096
20033004617	卡件(二)	北新建材(集团)有限公司	北京市海淀区西三旗建材城西路16号	100096
2003300577X	窗用下轴承(二)	北新建材(集团)有限公司	北京市海淀区西三旗建材城西路16号	100096
20022896678	吸音板与龙骨的连接件	北新建材(集团)有限公司	北京市海淀区西三旗建材城西路16号	100096
19981200338	用于重组腺伴随病毒生产的全功能辅助病毒的产生及其用途	本元正阳基因技术股份有限公司	北京市北京经济技术开发区永昌中路6号	100176
19991190394	可用于大规模生产的重组腺病毒伴随病毒生产方法及用途	本元正阳基因技术股份有限公司	北京市北京经济技术开发区永昌中路6号	100176
19981017533	以黏粒为基础构建重组单纯疱疹病毒及其用途	本元正阳基因技术股份有限公司	北京市北京经济技术开发区永昌中路6号董小岩	100176
19961003294	具有显示功能的智能开关	比特联创电子(北京)有限公司	北京市丰台北路甲79号冠京商业大厦9层	100073
20001248553	保护硬盘免受震动损害的方法及其装置	比特联创电子(北京)有限公司	北京市丰台北路甲79号冠京商业大厦9层	100073

专利号	专利名称	专利权人名称	地　址	邮　编
19991111524	溶胶－凝胶法制备锂二次电池正极材料 Li CrxMn2－x04 的新方法	博大电池有限公司	北京经济技术开发区宏达北路8号1号厂房	100176
19991111575	锂离子电池的正极活性材料 Li Co02 的二步合成制备新方法	博大电池有限公司	北京经济技术开发区宏达北路8号1号厂房	100176
2002253816X	一种易清灰的水套加热炉	超拓远大石油科技有限公司	北京市海淀区上地四街1号	100085
20022538178	一种安全性能提高的水套加热炉	超拓远大石油科技有限公司	北京市海淀区上地四街1号	100085
20022538186	一种易清灰的水套加热炉	超拓远大石油科技有限公司	北京市海淀区上地四街1号	100085
20022328815	近对称式双向远心成像物镜组	大恒新纪元科技股份有限公司	北京市海淀区中关村大街22号中科大厦11层	100080
20012590770	用于流体计量领域的流量信号转换装置	大庆联谊伟华高科技有限公司	北京市丰台区和义东里3区9号	100076
20022334114	代码交换预收水费数据的大流量水表控制装置	大庆联谊伟华高科技有限公司	北京市丰台区和义东里3区9号	100076
20022334092	代码交换预收水费数据的控制装置	大庆联谊伟华高科技有限公司	北京市丰台区和义东里3区9号	100076
20022334106	代码交换预收燃气费数据的控制装置	大庆联谊伟华高科技有限公司	北京市丰台区和义东里3区9号	100076
20022573755	基于优码交换预收水费数据的水资源控制装置	大庆联谊伟华高科技有限公司	北京市丰台区和义东里3区9号	100076
20022573763	代码交换预收费的电能表控制装置	大庆联谊伟华高科技有限公司	北京市丰台区和义东里3区9号	100076
20011416351	一种应用陶瓷金属润滑机制的润滑油添加剂	大庆宇能石油化工有限公司	北京市昌平区北七家镇沙各庄33号	102209

专利号	专利名称	专利权人名称	地 址	邮 编
20022859888	全数字化、高分辨率、多接口的多媒体传输编解码器	大唐电信科技股份有限公司	北京市海淀区学院路40号	100083
20033096910	微蜂窝基站设备	大唐电信科技股份有限公司	北京市海淀区学院路40号	100083
19991237625	采用闪速存储器作内存的智能卡集成电路	大唐电信科技股份有限公司微电子分公司	北京市海淀区学院路40号	100083
20001300296	采用逻辑区间链表寻址的智能卡嵌入式软件系统实现方法	大唐电信科技股份有限公司微电子分公司	北京市海淀区学院路40号	100083
20011044160	一种在公用电话系统开展增值业务的系统和方法	大唐电信科技股份有限公司微电子分公司	北京市海淀区学院路40号	100083
20001367404	在一个物理存储内架构不同用途的多逻辑分区的IC卡	大唐电信科技股份有限公司微电子分公司	北京市海淀区学院路40号	100083
20011347147	一种无线电子商务网络系统及其实现方法	大唐微电子技术有限公司	北京市海淀区学院路40号	100083
2002246459X	一种非接触卡读卡机具天线	大唐微电子技术有限公司	北京市海淀区学院路40号	100083
20023449225	液化石油气充装瓶	道达尔菲纳埃尔夫(中国)投资有限责任公司	北京市建外大街1号国贸大厦1座2808室	100004
20023833866	种子包装袋	德农种业科技发展有限公司	北京市海淀区中关村南大街12号中国农科院信息楼	100081
20022358676	移动通信系统中接收机的单环路自动增益控制板	东方通信科技发展有限公司	北京市海淀区上地二街	100085
20023381698	现金存、取设备(多媒体)	丰盛华维科技(北京)有限公司	北京市经济技术开发区宏达北路8号1号厂房第3层A单元	100176
20023699663	标贴	福运泉(天津)野酸枣开发有限公司	北京市朝阳区崔各庄乡奶子房福运泉公司	100012

专利号	专利名称	专利权人名称	地址	邮编
20022890084	灭火瓶泄压报警开关	国营第三九四厂	北京市通州区半壁店大街北口1号	101149
20012797219	一种新型气管切开套管	海尔科化工程塑料国家工程研究中心股份有限公司	北京市海淀区中关村北一街2号	100080
20012797197	一种新型气管插管	海尔科化工程塑料国家工程研究中心股份有限公司	北京市海淀区中关村北一街2号	100080
20012797189	一种新型导尿管	海尔科化工程塑料国家工程研究中心股份有限公司	北京市海淀区中关村北一街2号	100080
19991223330	一种缓燃母粒及其制备方法	海尔科化工程塑料国家工程研究中心股份有限公司	北京市海淀区中关村北一街2号	100080
19991223322	一种含有抗菌防霉剂的树脂组合物及其制备方法	海尔科化工程塑料国家工程研究中心股份有限公司	北京市海淀区中关村北一街2号	100080
20001345885	纳米PVC门窗异型材组合物	海尔科化工程塑料国家工程研究中心股份有限公司	北京市海淀区中关村北一街2号	100080
19991223306	一种无毒的聚氯乙烯组合物及其制备方法	海尔科化工程塑料国家工程研究中心股份有限公司	北京市海淀区中关村北一街2号	100080
19991223314	一种含纳米PET的聚酯基组合物及其制备方法	海尔科化工程塑料国家工程研究中心股份有限公司	北京市海淀区中关村北一街2号	100080
19981032192	基因工程腺病毒及其用途	杭州赛狮生物技术开发有限公司	北京市海淀区皂君庙乙7号张晖	100081
2002237888X	冰淇淋甜品机	和路雪(中国)有限公司	北京经济技术开发区万源街16号	100176
2002307521X	冰淇淋甜品机	和路雪(中国)有限公司	北京经济技术开发区万源街16号	100176
20023001429	冰淇淋包装盒盖	和路雪(中国)有限公司	北京经济技术开发区万源街16号	100176
20023834072	冰淇淋蛋筒（迷你可爱多）	和路雪(中国)有限公司	北京经济技术开发区万源街16号	100176
20033086796	冰淇淋包装盒	和路雪(中国)有限公司	北京经济技术开发区万源街16号	100176
20033086818	冰淇淋包装盒	和路雪(中国)有限公司	北京经济技术开发区万源街16号	100176

专利号	专利名称	专利权人名称	地　址	邮　编
20033086834	冰淇淋包装盒	和路雪(中国)有限公司	北京经济技术开发区万源街16号	100176
20033085773	冰淇淋包装盒	和路雪(中国)有限公司	北京经济技术开发区万源街16号	100176
2003308677X	冰淇淋包装盒	和路雪(中国)有限公司	北京经济技术开发区万源街16号	100176
20033086842	冰淇淋包装盒	和路雪(中国)有限公司	北京经济技术开发区万源街16号	100176
20033085781	冰淇淋包装盒	和路雪(中国)有限公司	北京经济技术开发区万源街16号	100176
20033086788	冰淇淋包装盒	和路雪(中国)有限公司	北京经济技术开发区万源街16号	100176
20033086826	冰淇淋包装盒	和路雪(中国)有限公司	北京经济技术开发区万源街16号	100176
20023803649	冰淇淋包装筒(小可爱多)	和路雪(中国)有限公司	北京经济技术开发区万源街16号	100176
2003308680X	冰淇淋包装盒	和路雪(中国)有限公司	北京经济技术开发区万源街16号	100176
20023803630	冰淇淋包装盒(迷你可爱多)	和路雪(中国)有限公司	北京经济技术开发区万源街16号	100176
20033000409	标贴	和路雪(中国)有限公司	北京经济技术开发区万源街16号	100176
20033484740	冰淇淋包装筒(小可爱多)	和路雪(中国)有限公司	北京经济技术开发区万源街16号	100176
20022052011	铝合金多模数条形吊顶	亨特建材(北京)有限公司	北京经济技术开发区中和街16号1006室	100176
20033093350	包装桶桶贴(硝基漆稀释剂)	红狮涂料国际有限公司	北京市丰台区永定门外宋家庄顺八条6号	100078
20033093369	包装桶桶贴(硝基外用清漆)	红狮涂料国际有限公司	北京市丰台区永定门外宋家庄顺八条6号	100078
20033530874	包装桶桶贴(怡然涂乳胶漆)	红狮涂料国际有限公司	北京市丰台区永定门外宋家庄顺八条6号	100078
2003353084X	包装桶桶贴(轻松涂内墙优质乳胶漆)	红狮涂料国际有限公司	北京市丰台区永定门外宋家庄顺八条6号	100078
20033530947	包装桶桶贴(醇酸防锈漆)	红狮涂料国际有限公司	北京市丰台区永定门外宋家庄顺八条6号	100078
20033530866	包装桶桶贴(外墙优质乳胶漆)	红狮涂料国际有限公司	北京市丰台区永定门外宋家庄顺八条6号	100078
20033530963	包装桶桶贴(红丹醇酸防锈漆)	红狮涂料国际有限公司	北京市丰台区永定门外宋家庄顺八条6号	100078

专利号	专利名称	专利权人名称	地址	邮编
20033530904	包装桶桶贴(装饰性无光调合漆)	红狮涂料国际有限公司	北京市丰台区永定门外宋家庄顺八条6号	100078
20033530890	包装桶桶贴(装饰性调合漆)	红狮涂料国际有限公司	北京市丰台区永定门外宋家庄顺八条6号	100078
20033530882	包装桶桶贴(装饰性清漆)	红狮涂料国际有限公司	北京市丰台区永定门外宋家庄顺八条6号	100078
20033530831	包装桶桶贴(随意涂内墙乳胶漆)	红狮涂料国际有限公司	北京市丰台区永定门外宋家庄顺八条6号	100078
20033530823	包装桶桶贴(乳胶封闭底漆)	红狮涂料国际有限公司	北京市丰台区永定门外宋家庄顺八条6号	100078
20033530920	包装桶桶贴(硝基外用磁漆)	红狮涂料国际有限公司	北京市丰台区永定门外宋家庄顺八条6号	100078
20033530858	包装桶桶贴(抗菌防毒5合1内墙高级乳胶漆)	红狮涂料国际有限公司	北京市丰台区永定门外宋家庄顺八条6号	100078
20033530912	包装桶桶贴(装饰性磁漆)	红狮涂料国际有限公司	北京市丰台区永定门外宋家庄顺八条6号	100078
20033530939	包装桶桶贴(铁红醇酸底漆)	红狮涂料国际有限公司	北京市丰台区永定门外宋家庄顺八条6号	100078
20012589721	电视互动系统	鸿联九五信息产业股份有限公司	北京市朝阳区东三环北路团结湖南里5号	100026
20023396393	五门衣柜(C)	华鹤集团有限公司北京分公司	北京市朝阳区霄云路26号鹏润大厦A 901室	100016
20023396415	五门衣柜(B)	华鹤集团有限公司北京分公司	北京市朝阳区霄云路26号鹏润大厦A 901室	100016
20023396423	连体双人床	华鹤集团有限公司北京分公司	北京市朝阳区霄云路26号鹏润大厦A 901室	100016
20023396431	十二门书柜	华鹤集团有限公司北京分公司	北京市朝阳区霄云路26号鹏润大厦A 901室	100016
20023396377	双人床(A)	华鹤集团有限公司北京分公司	北京市朝阳区霄云路26号鹏润大厦A 901室	100016
20023396385	双人床(B)	华鹤集团有限公司北京分公司	北京市朝阳区霄云路26号鹏润大厦A 901室	100016

专利号	专利名称	专利权人名称	地址	邮编
20023396407	五门衣柜(A)	华鹤集团有限公司北京分公司	北京市朝阳区霄云路26号鹏润大厦A 901室	100016
20022532439	可拉伸餐台	华鹤集团有限公司北京分公司	北京市朝阳区霄云路26号鹏润大厦A 901室	100016
20022532447	抽拉式写字台	华鹤集团有限公司北京分公司	北京市朝阳区霄云路26号鹏润大厦A 901室	100016
19961008318	一种全自动汉语分词系统	华建机器翻译有限公司	北京市海淀区学院路30号科群大厦西楼华建集团公司李华	100083
20022378065	多孔植物生长砖	华清青生态环保科技(北京)有限公司	北京市朝阳区麦子店西路3号新恒基大厦227室	100016
20022378073	生态砖	华清青生态环保科技(北京)有限公司	北京市朝阳区麦子店西路3号新恒基大厦227室	100016
20022387528	三自由度搬运装置	机科发展科技股份有限公司	北京市海淀区首体南路2号	100044
20022387447	码垛机	机科发展科技股份有限公司	北京市海淀区首体南路2号	100044
20022387420	脱箱机	机科发展科技股份有限公司	北京市海淀区首体南路2号	100044
20023311584	纸巾盒	金佰利(中国)投资有限公司	北京市朝阳区光华路7号汉威大厦东区27层	100004
2002338106X	包装袋(三)	金佰利(中国)投资有限公司	北京市朝阳区光华路7号汉威大厦东区27层	100004
20023381043	包装袋(一)	金佰利(中国)投资有限公司	北京市朝阳区光华路7号汉威大厦东区27层	100004
20023381086	包装袋(五)	金佰利(中国)投资有限公司	北京市朝阳区光华路7号汉威大厦东区27层	100004
20023381094	包装袋(六)	金佰利(中国)投资有限公司	北京市朝阳区光华路7号汉威大厦东区27层	100004

专利号	专利名称	专利权人名称	地址	邮编
20023381051	包装袋(二)	金佰利(中国)投资有限公司	北京市朝阳区光华路7号汉威大厦东区27层	100004
20023381078	包装袋(四)	金佰利(中国)投资有限公司	北京市朝阳区光华路7号汉威大厦东区27层	100004
20023400536	包装袋	金佰利(中国)投资有限公司	北京市朝阳区光华路7号汉威大厦东区27层	100004
20023377283	双连包装袋	金佰利(中国)投资有限公司	北京市朝阳区光华路7号汉威大厦东区27层	100004
20023707194	纸巾盒	金佰利(中国)投资有限公司	北京市朝阳区光华路7号汉威大厦东区27层	100004
20023698853	纸巾盒	金佰利(中国)投资有限公司	北京市朝阳区光华路7号汉威大厦东区27层	100004
20033001987	纸巾盒(一)	金佰利(中国)投资有限公司	北京市朝阳区光华路7号汉威大厦东区27层	100004
20033011702	包装袋	金佰利(中国)投资有限公司	北京市朝阳区光华路7号汉威大厦东区27层	100004
2003349150X	包装袋(三)	金佰利(中国)投资有限公司	北京市朝阳区光华路7号汉威大厦东区27层	100004
20033491518	包装袋(二)	金佰利(中国)投资有限公司	北京市朝阳区光华路7号汉威大厦东区27层	100004
20033491526	包装袋(一)	金佰利(中国)投资有限公司	北京市朝阳区光华路7号汉威大厦东区27层	100004
20033423679	包装袋(二)	金佰利(中国)投资有限公司	北京市朝阳区光华路7号汉威大厦东区27层	100004
20033423687	包装袋(一)	金佰利(中国)投资有限公司	北京市朝阳区光华路7号汉威大厦东区27层	100004

专利号	专利名称	专利权人名称	地　址	邮　编
20033491496	包装袋(四)	金佰利(中国)投资有限公司	北京市朝阳区光华路7号汉威大厦东区27层	100004
20023757175	包装袋	金佰利(中国)投资有限公司	北京市朝阳区光华路7号汉威大厦东区27层	100004
20033002916	包装袋(三)	金佰利(中国)投资有限公司	北京市朝阳区光华路7号汉威大厦东区27层	100004
20033002932	包装袋(一)	金佰利(中国)投资有限公司	北京市朝阳区光华路7号汉威大厦东区27层	100004
20033001960	纸巾盒(三)	金佰利(中国)投资有限公司	北京市朝阳区光华路7号汉威大厦东区27层	100004
20033002924	包装袋(二)	金佰利(中国)投资有限公司	北京市朝阳区光华路7号汉威大厦东区27层	100004
20033001979	纸巾盒(二)	金佰利(中国)投资有限公司	北京市朝阳区光华路7号汉威大厦东区27层	100004
20022539301	高隔热、高隔音真空玻璃的真空室消气剂设置装置	京东方科技集团股份有限公司	北京市朝阳区酒仙桥路10号	100029
20022529802	支撑物为金属丝的高隔热、高隔音玻璃	京东方科技集团股份有限公司	北京市朝阳区酒仙桥路10号	100029
20022535217	高隔热、高隔音玻璃	京东方科技集团股份有限公司	北京市朝阳区酒仙桥路10号	100029
2002253931X	高隔热、高隔音真空玻璃的周边封接装置	京东方科技集团股份有限公司	北京市朝阳区酒仙桥路10号	100029
20022535225	高隔热、高隔音玻璃	京东方科技集团股份有限公司	北京市朝阳区酒仙桥路10号	100029
20022535233	高隔热、高隔音玻璃的排气孔封口装置	京东方科技集团股份有限公司	北京市朝阳区酒仙桥路10号	100029
20022537430	高隔热、高隔音玻璃	京东方科技集团股份有限公司	北京市朝阳区酒仙桥路10号	100029

专利号	专利名称	专利权人名称	地 址	邮 编
20022537449	真空玻璃排气通孔封口装置	京东方科技集团股份有限公司	北京市朝阳区酒仙桥路10号	100016
20022573275	用于真空玻璃的线状消气装置	京东方科技集团股份有限公司	北京市朝阳区酒仙桥路10号	100016
20022537872	高隔热、高隔音玻璃	京东方科技集团股份有限公司	北京市朝阳区酒仙桥路10号	100016
2002253248X	内设有支撑物固定件的高隔热、高隔音玻璃	京东方科技集团股份有限公司	北京市朝阳区酒仙桥路10号	100016
20022382550	物理隔离交换机	京东方科技集团股份有限公司	北京市朝阳区酒仙桥路10号	100016
20033028109	网络计算机面板(一)	京东方科技集团股份有限公司	北京市朝阳区酒仙桥路10号	100016
20033028117	网络计算机面板(二)	京东方科技集团股份有限公司	北京市朝阳区酒仙桥路10号	100016
20033028125	网络计算机面板(三)	京东方科技集团股份有限公司	北京市朝阳区酒仙桥路10号	100016
19991190696	落锤式压实机械	蓝派冲击压实技术开发(北京)有限公司	北京经济技术开发区永昌北路3号714楼	100176
1999107324X	用冲击压实进行混凝土道路更新的方法	蓝派冲击压实技术开发(北京)有限公司	北京经济技术开发区永昌北路3号714楼	100176
19991192192	沥青道路的维修方法	蓝派冲击压实技术开发(北京)有限公司	北京经济技术开发区永昌北路3号714楼	100176
20022569073	可移动的全自动化学清洗设备	蓝星清洗工程有限公司	北京市空港工业开发区B区	101300
20013504061	包装纸(蓝莓口香糖)	乐天(中国)食品有限公司	北京经济技术开发区永昌北路8号	100176
19991007042	基于计算机主板固化存储器的硬盘保护方法	联想(北京)有限公司	北京市海淀区科学院南路10号	100080
20022051716	带环绕衬垫的抗压包装纸箱	联想(北京)有限公司	北京市海淀区上地信息产业基地创业路6号	100085
20022074112	线控线挡防脱落结构	联想(北京)有限公司	北京市海淀区上地信息产业基地创业路6号	100085
20012707341	低噪音集成热管散热器	联想(北京)有限公司	北京市海淀区上地信息产业基地创业路6号	100085

专利号	专利名称	专利权人名称	地　址	邮　编
20012672068	计算机机箱	联想(北京)有限公司	北京市海淀区上地信息产业基地创业路6号	100085
20022063773	电脑机箱内部部件的安装固定装置	联想(北京)有限公司	北京市海淀区上地信息产业基地创业路6号	100085
2002205667X	扩展存储设备活动状态的信号连接装置	联想(北京)有限公司	北京市海淀区上地信息产业基地创业路6号	100085
20022079777	扩展套与主机的卡接结构	联想(北京)有限公司	北京市海淀区上地信息产业基地创业路6号	100085
20022063285	便于更换的电脑机箱的后面板	联想(北京)有限公司	北京市海淀区上地信息产业基地创业路6号	100085
20022074082	掌上电脑皮盖	联想(北京)有限公司	北京市海淀区上地信息产业基地创业路6号	100085
20022066381	电脑机箱的部件安装支架	联想(北京)有限公司	北京市海淀区上地信息产业基地创业路6号	100085
20022050299	开设安装有外设的翻门的机箱	联想(北京)有限公司	北京市海淀区上地信息产业基地创业路6号	100085
2002206639X	电脑的扩展板卡的安装定位装置	联想(北京)有限公司	北京市海淀区上地信息产业基地创业路6号	100085
20022050310	具安全控制系统操控的计算机开/关重启的装置	联想(北京)有限公司	北京市海淀区上地信息产业基地创业路6号	100085
2001266071X	显示器装饰板	联想(北京)有限公司	北京市海淀区上地信息产业基地创业路6号	100085
20022041214	电CPU温度控制风扇转速的CPU散热器	联想(北京)有限公司	北京市海淀区上地信息产业基地创业路6号	100085
20012707538	计算机电源	联想(北京)有限公司	北京市海淀区上地信息产业基地创业路6号	100085

专利号	专利名称	专利权人名称	地 址	邮 编
20012660744	电脑机箱软驱的按键装置	联想(北京)有限公司	北京市海淀区上地信息产业基地创业路6号	100085
20022052445	三截式导轨	联想(北京)有限公司	北京市海淀区上地信息产业基地创业路6号	100085
20022063749	无风扇的中央处理器的散热器	联想(北京)有限公司	北京市海淀区上地信息产业基地创业路6号	100085
20022052453	单元服务器热插拔风扇的安装装置	联想(北京)有限公司	北京市海淀区上地信息产业基地创业路6号	100085
20022056653	具有高效散热结构的线路板	联想(北京)有限公司	北京市海淀区上地信息产业基地创业路6号	100085
20022063765	电脑的光驱和硬盘的固定装置	联想(北京)有限公司	北京市海淀区上地信息产业基地创业路6号	100085
20022056661	具有改良散热风道结构的计算机	联想(北京)有限公司	北京市海淀区上地信息产业基地创业路6号	100085
20012797863	电脑主机的光驱式防电磁辐射盖板	联想(北京)有限公司	北京市海淀区上地信息产业基地创业路6号	100085
20012711772	一种两声道音箱	联想(北京)有限公司	北京市海淀区上地信息产业基地创业路6号	100085
20022015981	计算机用有源耳麦	联想(北京)有限公司	北京市海淀区上地信息产业基地创业路6号	100085
20022074090	掌上电脑的皮盖与主机的连接结构	联想(北京)有限公司	北京市海淀区上地信息产业基地创业路6号	100085
2002201599X	计算机用4声道耳麦	联想(北京)有限公司	北京市海淀区上地信息产业基地创业路6号	100085
20022088709	并口打印设备的标准端口扩展装置	联想(北京)有限公司	北京市海淀区上地信息产业基地创业路6号	100085

专利号	专利名称	专利权人名称	地址	邮编
20022302719	弹性微触按键开关	联想(北京)有限公司	北京市海淀区上地信息产业基地创业路6号	100085
20022387064	光盘放置器	联想(北京)有限公司	北京市海淀区上地信息产业基地创业路6号	100085
20022372687	笔记本电脑内置式可容纳带有USB接口设备的装置	联想(北京)有限公司	北京市海淀区上地信息产业基地创业路6号	100085
20022325182	内嵌液晶触摸屏的机群服务器机柜门	联想(北京)有限公司	北京市海淀区上地信息产业基地创业路6号	100085
20022387080	软驱检测装置	联想(北京)有限公司	北京市海淀区上地信息产业基地创业路6号	100085
20022325190	组合型机柜门	联想(北京)有限公司	北京市海淀区上地信息产业基地创业路6号	100085
20022387102	软驱按键检测装置	联想(北京)有限公司	北京市海淀区上地信息产业基地创业路6号	100085
20022383417	具有多功能的计算机机箱	联想(北京)有限公司	北京市海淀区上地信息产业基地创业路6号	100085
20022047115	分离式底座的支脚收放结构	联想(北京)有限公司	北京市海淀区上地信息产业基地创业路6号	100085
20022411135	低噪声硬盘热插拔装置	联想(北京)有限公司	北京市海淀区上地信息产业基地创业路6号	100085
20022318038	板卡固定托架	联想(北京)有限公司	北京市海淀区上地信息产业基地创业路6号	100085
20022379533	无线网卡连接装置	联想(北京)有限公司	北京市海淀区上地信息产业基地创业路6号	100085
20022416145	弹片式驱动器固定托架	联想(北京)有限公司	北京市海淀区上地信息产业基地创业路6号	100085

专利号	专利名称	专利权人名称	地址	邮编
20022359044	具有收音功能的掌上电脑	联想(北京)有限公司	北京市海淀区上地信息产业基地创业路6号	100085
20022381562	机箱IDE冷插拔设备背板	联想(北京)有限公司	北京市海淀区上地信息产业基地创业路6号	100085
2002236997X	电子设备中的冷却卡	联想(北京)有限公司	北京市海淀区上地信息产业基地创业路6号	100085
20022387099	模拟软驱试装装置	联想(北京)有限公司	北京市海淀区上地信息产业基地创业路6号	100085
20023012811	掌上电脑(运动形)	联想(北京)有限公司	北京市海淀区上地信息产业基地创业路6号	100085
20023012919	低音音箱	联想(北京)有限公司	北京市海淀区上地信息产业基地创业路6号	100085
20023015012	数码随身听	联想(北京)有限公司	北京市海淀区上地信息产业基地创业路6号	100085
20023088818	机顶盒机箱(2)	联想(北京)有限公司	北京市海淀区上地信息产业基地创业路6号	100085
20023285834	硬盘模组(2)	联想(北京)有限公司	北京市海淀区上地信息产业基地创业路6号	100085
20023277459	外置存储器	联想(北京)有限公司	北京市海淀区上地信息产业基地创业路6号	100085
20023321350	MP3(2)	联想(北京)有限公司	北京市海淀区上地信息产业基地创业路6号	100085
20023321369	MP3(1)	联想(北京)有限公司	北京市海淀区上地信息产业基地创业路6号	100085
20023289287	笔记本电脑(2)	联想(北京)有限公司	北京市海淀区上地信息产业基地创业路6号	100085

专利号	专利名称	专利权人名称	地　址	邮　编
20023289686	电脑液晶显示器	联想(北京)有限公司	北京市海淀区上地信息产业基地创业路6号	100085
20023289295	笔记本电脑(1)	联想(北京)有限公司	北京市海淀区上地信息产业基地创业路6号	100085
20023289694	电脑主机	联想(北京)有限公司	北京市海淀区上地信息产业基地创业路6号	100085
20023289309	掌上电脑	联想(北京)有限公司	北京市海淀区上地信息产业基地创业路6号	100085
20023285826	硬盘模组(1)	联想(北京)有限公司	北京市海淀区上地信息产业基地创业路6号	100085
20023454008	液晶显示器(二)	联想(北京)有限公司	北京市海淀区上地信息产业基地创业路6号	100085
20023385413	线控耳机(RAY+C)	联想(北京)有限公司	北京市海淀区上地信息产业基地创业路6号	100085
20023451416	无线网卡	联想(北京)有限公司	北京市海淀区上地信息产业基地创业路6号	100085
20023454318	机顶盒(XPC-B)	联想(北京)有限公司	北京市海淀区上地信息产业基地创业路6号	100085
20023450029	电脑主机箱(二)	联想(北京)有限公司	北京市海淀区上地信息产业基地创业路6号	100085
20023451424	掌上电脑(WALRUS-B)	联想(北京)有限公司	北京市海淀区上地信息产业基地创业路6号	100085
20023450037	电脑主机箱(一)	联想(北京)有限公司	北京市海淀区上地信息产业基地创业路6号	100085
20023385448	掌上电脑(RAY+A)	联想(北京)有限公司	北京市海淀区上地信息产业基地创业路6号	100085

专利号	专利名称	专利权人名称	地　址	邮　编
20023454245	手机(三)	联想(北京)有限公司	北京市海淀区上地信息产业基地创业路6号	100085
20023385456	针打仿真器	联想(北京)有限公司	北京市海淀区上地信息产业基地创业路6号	100085
20023453958	音箱(四)	联想(北京)有限公司	北京市海淀区上地信息产业基地创业路6号	100085
20023454253	手机(二)	联想(北京)有限公司	北京市海淀区上地信息产业基地创业路6号	100085
20023453966	音箱(二)	联想(北京)有限公司	北京市海淀区上地信息产业基地创业路6号	100085
20023454067	键盘(一)	联想(北京)有限公司	北京市海淀区上地信息产业基地创业路6号	100085
20023454261	手机(一)	联想(北京)有限公司	北京市海淀区上地信息产业基地创业路6号	100085
20023453974	音箱(一)	联想(北京)有限公司	北京市海淀区上地信息产业基地创业路6号	100085
20023454075	键盘(二)	联想(北京)有限公司	北京市海淀区上地信息产业基地创业路6号	100085
2002345427X	音箱(五)	联想(北京)有限公司	北京市海淀区上地信息产业基地创业路6号	100085
20023453982	电脑主机箱(三)	联想(北京)有限公司	北京市海淀区上地信息产业基地创业路6号	100085
20023454083	视频盒	联想(北京)有限公司	北京市海淀区上地信息产业基地创业路6号	100085
20023454288	机顶盒(XPC－A)	联想(北京)有限公司	北京市海淀区上地信息产业基地创业路6号	100085

专利号	专利名称	专利权人名称	地址	邮编
20023449713	音频播放器	联想(北京)有限公司	北京市海淀区上地信息产业基地创业路6号	100085
20023450010	液晶显示器(一)	联想(北京)有限公司	北京市海淀区上地信息产业基地创业路6号	100085
20023449721	掌上电脑	联想(北京)有限公司	北京市海淀区上地信息产业基地创业路6号	100085
20023672250	折叠式平板电脑	联想(北京)有限公司	北京市海淀区上地信息产业基地创业路6号	100085
20023012986	带立式键盘的显示器	联想(北京)有限公司	北京市海淀区上地信息产业基地创业路6号	100085
20022530509	数据线固定组件	联想(北京)有限公司	北京市海淀区上地信息产业基地创业路6号	100085
20022530517	用于生产线的简易震动装置	联想(北京)有限公司	北京市海淀区上地信息产业基地创业路6号	100085
2002247451X	服务器机柜顶部的束线架	联想(北京)有限公司	北京市海淀区上地信息产业基地创业路6号	100085
2002246641X	具有收音机功能的个人计算机键盘	联想(北京)有限公司	北京市海淀区上地信息产业基地创业路6号	100085
20022474536	易拆装脚垫	联想(北京)有限公司	北京市海淀区上地信息产业基地创业路6号	100085
20022415742	计算机光驱及软驱的整体式抽拉装置	联想(北京)有限公司	北京市海淀区上地信息产业基地创业路6号	100085
20022661859	一种台式手机座	联想(北京)有限公司	北京市海淀区上地信息产业基地创业路6号	100085
20022063757	电脑中的横插卡和竖插卡的组合固定装置	联想(北京)有限公司	北京市海淀区上地信息产业基地创业路6号	100085

专利号	专利名称	专利权人名称	地　址	邮　编
20022475850	电脑内存尺寸的检测制具	联想(北京)有限公司	北京市海淀区上地信息产业基地创业路6号	100085
20022546359	计算机指示灯	联想(北京)有限公司	北京市海淀区上地信息产业基地创业路6号	100085
20022546367	无线接收器折叠式金属支架	联想(北京)有限公司	北京市海淀区上地信息产业基地创业路6号	100085
2002253007X	计算机关机状态时辅助电源供电的控制装置	联想(北京)有限公司	北京市海淀区上地信息产业基地创业路6号	100085
20022546375	掌上电脑的无线通讯背夹	联想(北京)有限公司	北京市海淀区上地信息产业基地创业路6号	100085
20022477675	有效降低电磁干扰影响的主板装置	联想(北京)有限公司	北京市海淀区上地信息产业基地创业路6号	100085
2002242797X	液晶显示器的旋转支架	联想(北京)有限公司	北京市海淀区上地信息产业基地创业路6号	100085
20022520783	指纹锁	联想(北京)有限公司	北京市海淀区上地信息产业基地创业路6号	100085
20022542191	CPU 散热器的支撑装置	联想(北京)有限公司	北京市海淀区上地信息产业基地创业路6号	100085
20022474498	服务器机柜用导线槽	联想(北京)有限公司	北京市海淀区上地信息产业基地创业路6号	100085
20022573704	一种电气信号的测试装置	联想(北京)有限公司	北京市海淀区上地信息产业基地创业路6号	100085
20022829202	便于随身携带的遥控器	联想(北京)有限公司	北京市海淀区上地信息产业基地创业路6号	100085
20022565310	二维减震式硬盘架	联想(北京)有限公司	北京市海淀区上地信息产业基地创业路6号	100085

专利号	专利名称	专利权人名称	地　址	邮　编
20022829210	电脑机箱的前置端口的滑门装置	联想(北京)有限公司	北京市海淀区上地信息产业基地创业路6号	100085
20022829229	电脑机箱外部插口的翻盖	联想(北京)有限公司	北京市海淀区上地信息产业基地创业路6号	100085
20022551832	电脑CPU热管散热器的固定装置	联想(北京)有限公司	北京市海淀区上地信息产业基地创业路6号	100085
20022829253	电脑主板后IO插接件接地导电海绵的安装装置	联想(北京)有限公司	北京市海淀区上地信息产业基地创业路6号	100085
2002204146X	计算机用的可弹出音箱	联想(北京)有限公司	北京市海淀区上地信息产业基地创业路6号	100085
20022829261	电脑机箱侧门的电磁屏蔽装置	联想(北京)有限公司	北京市海淀区上地信息产业基地创业路6号	100085
20022550577	装饰条固定装置	联想(北京)有限公司	北京市海淀区上地信息产业基地创业路6号	100085
20022825177	激光触控笔	联想(北京)有限公司	北京市海淀区上地信息产业基地创业路6号	100085
2002282927X	电脑多用途电源的电磁辐射屏蔽装置	联想(北京)有限公司	北京市海淀区上地信息产业基地创业路6号	100085
20022550585	液晶显示器的支撑装置	联想(北京)有限公司	北京市海淀区上地信息产业基地创业路6号	100085
2002257168X	基于数字信号处理器的掌上电脑内置调制解调器	联想(北京)有限公司	北京市海淀区上地信息产业基地创业路6号	100085
2002247448X	机群服务器机柜组的走线盖板	联想(北京)有限公司	北京市海淀区上地信息产业基地创业路6号	100085
20022829180	电脑机箱外置板卡多用途屏蔽装置	联想(北京)有限公司	北京市海淀区上地信息产业基地创业路6号	100085

专利号	专利名称	专利权人名称	地 址	邮 编
20022829199	电脑前置端口的照明装置	联想(北京)有限公司	北京市海淀区上地信息产业基地创业路6号	100085
20022066373	电脑机箱中光驱及硬盘的支架	联想(北京)有限公司	北京市海淀区上地信息产业基地创业路6号	100085
20033001502	笔记本电脑(8)	联想(北京)有限公司	北京市海淀区上地信息产业基地创业路6号	100085
2003300160X	笔记本电脑(2)	联想(北京)有限公司	北京市海淀区上地信息产业基地创业路6号	100085
20033001510	笔记本电脑(9)	联想(北京)有限公司	北京市海淀区上地信息产业基地创业路6号	100085
20033001618	笔记本电脑(1)	联想(北京)有限公司	北京市海淀区上地信息产业基地创业路6号	100085
20023451432	掌上电脑(WALRUS－A)	联想(北京)有限公司	北京市海淀区上地信息产业基地创业路6号	100085
20033001537	笔记本电脑(7)	联想(北京)有限公司	北京市海淀区上地信息产业基地创业路6号	100085
20033001065	电脑主机箱(C)	联想(北京)有限公司	北京市海淀区上地信息产业基地创业路6号	100085
20033001561	笔记本电脑(4)	联想(北京)有限公司	北京市海淀区上地信息产业基地创业路6号	100085
20033039178	手机(G628－C)	联想(北京)有限公司	北京市海淀区上地信息产业基地创业路6号	100085
20033039372	手机(M－Phone－C)	联想(北京)有限公司	北京市海淀区上地信息产业基地创业路6号	100085
20033001081	电脑主机箱(A)	联想(北京)有限公司	北京市海淀区上地信息产业基地创业路6号	100085

专利号	专利名称	专利权人名称	地　址	邮　编
20033001596	笔记本电脑(3)	联想(北京)有限公司	北京市海淀区上地信息产业基地创业路6号	100085
20033039305	平板电脑通讯笔	联想(北京)有限公司	北京市海淀区上地信息产业基地创业路6号	100085
20033039402	手机(WILD－B)	联想(北京)有限公司	北京市海淀区上地信息产业基地创业路6号	100085
20033040419	MP3播放机(5)	联想(北京)有限公司	北京市海淀区上地信息产业基地创业路6号	100085
20033001529	笔记本电脑(A)	联想(北京)有限公司	北京市海淀区上地信息产业基地创业路6号	100085
20033039224	MP3播放器(D)	联想(北京)有限公司	北京市海淀区上地信息产业基地创业路6号	100085
20033039321	手机(CoolRock－B)	联想(北京)有限公司	北京市海淀区上地信息产业基地创业路6号	100085
20033034036	移动电话(联想TUNNY)	联想(北京)有限公司	北京市海淀区上地信息产业基地创业路6号	100085
20033039232	视频播放仪	联想(北京)有限公司	北京市海淀区上地信息产业基地创业路6号	100085
20033039437	键盘	联想(北京)有限公司	北京市海淀区上地信息产业基地创业路6号	100085
20033043035	手机	联想(北京)有限公司	北京市海淀区上地信息产业基地创业路6号	100085
20033039240	计算机	联想(北京)有限公司	北京市海淀区上地信息产业基地创业路6号	100085
20033039348	手机(CoolRock－D)	联想(北京)有限公司	北京市海淀区上地信息产业基地创业路6号	100085

专利号	专利名称	专利权人名称	地　址	邮　编
20033001553	笔记本电脑(5)	联想(北京)有限公司	北京市海淀区上地信息产业基地创业路6号	100085
20033039151	手机(G628 – A)	联想(北京)有限公司	北京市海淀区上地信息产业基地创业路6号	100085
20033039259	电话键盘	联想(北京)有限公司	北京市海淀区上地信息产业基地创业路6号	100085
2003303916X	手机(G628 – B)	联想(北京)有限公司	北京市海淀区上地信息产业基地创业路6号	100085
20033039267	指纹键盘	联想(北京)有限公司	北京市海淀区上地信息产业基地创业路6号	100085
20033039364	手机(M – Phone – B)	联想(北京)有限公司	北京市海淀区上地信息产业基地创业路6号	100085
20033001073	电脑主机箱(B)	联想(北京)有限公司	北京市海淀区上地信息产业基地创业路6号	100085
2003300157X	笔记本电脑(B)	联想(北京)有限公司	北京市海淀区上地信息产业基地创业路6号	100085
20033064679	电子词典(UD1000)	联想(北京)有限公司	北京市海淀区上地信息产业基地创业路6号	100085
20033039186	手机(G628 – D)	联想(北京)有限公司	北京市海淀区上地信息产业基地创业路6号	100085
20033039283	平板电脑	联想(北京)有限公司	北京市海淀区上地信息产业基地创业路6号	100085
20033039380	手机(M – Phone – D)	联想(北京)有限公司	北京市海淀区上地信息产业基地创业路6号	100085
20033039194	MP3 播放器(A)	联想(北京)有限公司	北京市海淀区上地信息产业基地创业路6号	100085

专利号	专利名称	专利权人名称	地址	邮编
20033039291	平板电脑控制器	联想(北京)有限公司	北京市海淀区上地信息产业基地创业路6号	100085
20033039399	手机(WILD - A)	联想(北京)有限公司	北京市海淀区上地信息产业基地创业路6号	100085
20033040397	MP3 播放器(3)	联想(北京)有限公司	北京市海淀区上地信息产业基地创业路6号	100085
2002338526X	音频播放器(2)	联想(北京)有限公司	北京市海淀区上地信息产业基地创业路6号	100085
20023385278	音频播放器(1)	联想(北京)有限公司	北京市海淀区上地信息产业基地创业路6号	100085
2002209220X	一种服务器监控系统监控信息的储存装置	联想(北京)有限公司	北京市海淀区上地信息产业基地创业路6号	100085
20022302700	电脑的前置通用串行接口滑动门装置	联想(北京)有限公司	北京市海淀区上地信息产业基地创业路6号	100085
2002241570X	模拟电源试装检验装置	联想(北京)有限公司	北京市海淀区上地信息产业基地创业路6号	100085
20022415718	模拟光盘驱动器试装检验装置	联想(北京)有限公司	北京市海淀区上地信息产业基地创业路6号	100085
20022538119	带有定时功能的USB 充电器	联想(北京)有限公司	北京市海淀区上地信息产业基地创业路6号	100085
20022415726	电脑机箱侧门的启闭装置	联想(北京)有限公司	北京市海淀区上地信息产业基地创业路6号	100085
20022427821	热管散热器的固定装置	联想(北京)有限公司	北京市海淀区上地信息产业基地创业路6号	100085
20022468021	弹片式扩展卡固定装置	联想(北京)有限公司	北京市海淀区上地信息产业基地创业路6号	100085

专利号	专利名称	专利权人名称	地址	邮编
20022415734	电脑扩展卡的无螺钉锁紧装置	联想(北京)有限公司	北京市海淀区上地信息产业基地创业路6号	100085
20022050647	机箱内发热元部件的散热装置	联想(北京)有限公司	北京市海淀区上地信息产业基地创业路6号	100085
20022462252	电脑内置式智能卡读卡器	联想(北京)有限公司	北京市海淀区上地信息产业基地创业路6号	100085
20022424962	模块开合装置	联想(北京)有限公司	北京市海淀区上地信息产业基地创业路6号	100085
20022456872	一种带锁的键盘	联想(北京)有限公司	北京市海淀区上地信息产业基地创业路6号	100085
20022468870	液晶显示器的便于升降的折叠式支架	联想(北京)有限公司	北京市海淀区上地信息产业基地创业路6号	100085
20022091297	便携式计算机不关机更换电池的供电装置	联想(北京)有限公司	北京市海淀区上地信息产业基地创业路6号	100085
20022041494	手持微型计算机用的底座	联想(北京)有限公司	北京市海淀区上地信息产业基地创业路6号	100085
20022302697	后抽式卧式电脑机箱	联想(北京)有限公司	北京市海淀区上地信息产业基地创业路6号	100085
20022436197	CPU 多功能散热器	联想(北京)有限公司	北京市海淀区上地信息产业基地创业路6号	100085
20022427996	电子产品的减震连接装置	联想(北京)有限公司	北京市海淀区上地信息产业基地创业路6号	100085
20022041486	手持微型计算机用的五向键帽	联想(北京)有限公司	北京市海淀区上地信息产业基地创业路6号	100085
20023359404	无线接收器	联想(北京)有限公司	北京市海淀区上地信息产业基地创业路6号	100085

专利号	专利名称	专利权人名称	地　址	邮　编
20023385405	线控耳机(RAY+B)	联想(北京)有限公司	北京市海淀区上地信息产业基地创业路6号	100085
20023672617	无线网卡	联想(北京)有限公司	北京市海淀区上地信息产业基地创业路6号	100085
20023691921	掌上电脑(一)	联想(北京)有限公司	北京市海淀区上地信息产业基地创业路6号	100085
2002369193X	线控器(二)	联想(北京)有限公司	北京市海淀区上地信息产业基地创业路6号	100085
20023672242	计算机防火墙	联想(北京)有限公司	北京市海淀区上地信息产业基地创业路6号	100085
20023694955	投影仪	联想(北京)有限公司	北京市海淀区上地信息产业基地创业路6号	100085
20023716258	电子辞典(1)	联想(北京)有限公司	北京市海淀区上地信息产业基地创业路6号	100085
20023801069	掌上电脑(2)	联想(北京)有限公司	北京市海淀区上地信息产业基地创业路6号	100085
20023385375	线控耳机(WALRUS－A)	联想(北京)有限公司	北京市海淀区上地信息产业基地创业路6号	100085
20023691875	掌上电脑(六)	联想(北京)有限公司	北京市海淀区上地信息产业基地创业路6号	100085
20023385383	线控耳机(WALRUS－B)	联想(北京)有限公司	北京市海淀区上地信息产业基地创业路6号	100085
20023691883	掌上电脑(五)	联想(北京)有限公司	北京市海淀区上地信息产业基地创业路6号	100085
20023691891	掌上电脑(四)	联想(北京)有限公司	北京市海淀区上地信息产业基地创业路6号	100085

专利号	专利名称	专利权人名称	地 址	邮 编
20023716266	电子辞典(2)	联想(北京)有限公司	北京市海淀区上地信息产业基地创业路6号	100085
20022427074	电脑机箱防脱落的后扩展位挡片	联想(北京)有限公司	北京市海淀区上地信息产业基地创业路6号	100085
20022427066	电脑硬盘安装架	联想(北京)有限公司	北京市海淀区上地信息产业基地创业路6号	100085
20033029547	多媒体车载卫星导航系统(外挂式)	菱科电子技术(中国)有限公司	北京市经济技术开发区隆庆街甲10号	100176
20033029539	多媒体车载卫星导航系统(滑轨式)	菱科电子技术(中国)有限公司	北京市经济技术开发区隆庆街甲10号	100176
20033029555	多媒体车载卫星导航系统(伸缩式)	菱科电子技术(中国)有限公司	北京市经济技术开发区隆庆街甲10号	100176
20023696443	标签机	摩登思标签制品(北京)有限公司	北京市朝阳区来广营乡红军营村	100012
20022908579	一种贴标签机	摩登思标签制品(北京)有限公司	北京市朝阳区来广营乡红军营村	100012
20022908560	贴标签机	摩登思标签制品(北京)有限公司	北京市朝阳区来广营乡红军营村	100012
20022913041	双层、组合式电镀挂具	普天首信通信设备厂(集团)	北京市东直门外将台路5号	100016
20023834285	天线罩	普天首信通信设备厂(集团)	北京市东直门外将台路5号	100016
1999122437X	车辆防盗抢系统的定位装置和方法	清华同方股份有限公司	北京市清华大学2670信箱	100084
19991197046	微型自记仪器的通讯接口电路	清华同方股份有限公司	北京市2670信箱212室李国良	100084
19991189582	一种温度自记仪	清华同方股份有限公司	北京市2670信箱212室	100084
19991091582	一拖多空调压缩机吸、排气压力检测装置及其检测方法	清华同方股份有限公司	北京清华同方科技广场A座2907	100083
19991189590	一种以自来水为冷源的相变蓄冷空调器	清华同方股份有限公司	北京市2670信箱212室	100084

专利号	专利名称	专利权人名称	地　址	邮　编
20022093001	一种纸币清分机钞票双张检测装置的控制回路	清华同方股份有限公司	北京清华同方科技广场 A 座 2907	100083
20022092986	一种烟气有害成分的净化装置	清华同方股份有限公司	北京市 2670 信箱	100084
20022092994	一种应变测量式纸币清分机钞票双张检测装置	清华同方股份有限公司	北京市 2670 信箱	100084
20022332324	用于电话通讯的自动摘机装置	清华同方股份有限公司	北京市海淀区北京清华同方科技广场 A 座 2907	100083
20022332383	用于家庭网络通讯的电话装置	清华同方股份有限公司	北京清华同方科技广场 A 座 2907	100083
20022332391	用于电话通讯的振铃采样装置	清华同方股份有限公司	北京清华同方科技广场 A 座 2907	100083
20022358714	一种用于家庭网络网关的装置	清华同方股份有限公司	北京清华同方科技广场 A 座 2907	100083
20022354735	双向红外遥控器	清华同方股份有限公司	北京市 2670 信箱	100084
20022379452	一种含黏附性粉尘烟气的除尘净化装置	清华同方股份有限公司	北京市 2670 信箱	100084
20022090363	一种组合式烟气有害成分吸附净化的装置	清华同方股份有限公司	北京清华同方科技广场 A 座 2907	100083
20022379460	一种袋式除尘器烟气净化装置	清华同方股份有限公司	北京市 2670 信箱	100084
20022354727	一种手持式双向红外遥控器	清华同方股份有限公司	北京市海淀区北京清华同方科技广场 A 座 2907	100083
2002238023X	闭式外融冰空调装置	清华同方股份有限公司	北京清华同方科技广场 A 座 2907	100083
20022375732	闭式外融冰蓄冰槽	清华同方股份有限公司	北京市 2670 信箱	100084
20023383925	手持表	清华同方股份有限公司	北京清华同方科技广场 A 座 2907	100083
2002338395X	显示自计仪	清华同方股份有限公司	北京清华同方科技广场 A 座 2907	100083
20023383933	智能网络安装系统二联开关面板	清华同方股份有限公司	北京清华同方科技广场 A 座 2907	100083

专利号	专利名称	专利权人名称	地 址	邮 编
20023383917	计费热量表	清华同方股份有限公司	北京清华同方科技广场 A 座 2907	100083
20023383941	智能网关控制器	清华同方股份有限公司	北京市清华同方科技广场 A 座 2907	100083
20001033409	冰蓄冷空调过冷水动态制冰系统的微小冰晶消除装置	清华同方股份有限公司	北京市 2670 信箱(清华大学铸工楼)212 室	100084
19991096614	一种蓄冷蓄热型热泵空调机	清华同方股份有限公司	北京清华同方科技广场 A 座 2907	100083
20022529942	PC 时序分析仪	清华同方股份有限公司	北京清华同方科技广场 A 座 2907	100083
20012674079	防油纤维滤料	清华同方股份有限公司	北京清华同方科技广场 A 座 2907	100083
20022850805	一种液柱喷射脱硫除尘一体化的设备	清华同方股份有限公司	北京市 2670 信箱	100084
20022566864	一种应用于教学实验中的程控数字交换机	清华同方股份有限公司	北京清华同方科技广场 A 座 2907	100083
20022566872	用于教学实验的程控数字交换机	清华同方股份有限公司	北京清华同方科技广场 A 座 2907	100083
20022350888	一种总线耦合电路	清华同方股份有限公司	北京清华同方科技广场 A 座 2907	100083
20022897712	用于家庭网络与远端计算机通讯的调制解调装置	清华同方股份有限公司	北京清华同方科技广场 A 座 2907	100083
20011096330	一种适用于寒冷地区的热泵空调机组	清华同方股份有限公司	北京清华同方科技广场 A 座 2907	100083
20001033417	冰蓄冷空调过冷水动态制冰系统的高过冷度过冷却器	清华同方股份有限公司	北京市 2670 信箱(清华大学铸工楼)212 室	100084
19991096622	一种相变蓄热电取暖器	清华同方股份有限公司	北京清华同方科技广场 A 座 2907	100083
20001237640	一种模拟自然风的空调末端装置	清华同方股份有限公司	北京市 2670 信箱研发中心	100084
20022459685	纤维球过滤装置	清华同方股份有限公司	北京清华同方科技广场 A 座 2907	100083

专利号	专利名称	专利权人名称	地　址	邮　编
20022459693	一种制作纤维球滤料的装置	清华同方股份有限公司	北京清华同方科技广场 A 座 2907	100083
20023834765	中文注释键盘	清华同方股份有限公司	北京市 2670 信箱	100084
20001300040	一种电感材料及其制备方法	清华同方股份有限公司	北京清华同方科技广场 A 座 2907	100083
20011419431	利用膜分离处理大豆加工废水的方法	清华同方股份有限公司	北京清华同方科技广场 A 座 2907	100083
20011041641	一种计算机组成原理的实验装置	清华同方股份有限公司	北京市海淀区清华园	100084
20001029215	单 SCSI 设备号下连接多驱动器的光盘库存储系统	清华同方光盘股份有限公司	北京市海淀区清华园	100084
20001055518	即插即用的超大容量虚拟光盘存储系统的实现方法	清华同方光盘股份有限公司	北京市海淀区清华园华业大厦	100084
20001074903	超大容量虚拟光盘文件系统构造方法及其系统	清华同方光盘股份有限公司	北京市海淀区清华园	100084
19991262395	移动式集装箱检测系统的门框式扫描车	清华同方威视技术股份有限公司	北京市 2670 信箱 212 室	100084
19991223624	移动式集装箱检测系统的可折叠式探测器扫描臂装置	清华同方威视技术股份有限公司	北京市 2670 信箱 212 室	100084
20022406123	一种整车原木的多面辐照检疫处理装置	清华同方威视技术股份有限公司	北京市海淀区双清路同方大厦 A 座 5 层	100084
20022860525	用于自动扫描式大型物体辐射检查系统的拖车	清华同方威视技术股份有限公司	北京市海淀区北京清华同方科技广场 A 座 2907	100083
20022913599	地坑式邮件辐照灭菌设备	清华同方威视技术股份有限公司	北京市 2670 信箱	100084
20022949550	内藏离子泵式扫描装置	清华同方威视技术股份有限公司	北京市 2670 信箱	100084
20022913580	用于邮件辐照灭菌系统的传输翻转装置	清华同方威视技术股份有限公司	北京市 2670 信箱	100084

专利号	专利名称	专利权人名称	地址	邮编
20001033395	集装箱检测扫描臂刚性化折叠结构	清华同方威视技术股份有限公司	北京市2670信箱(清华大学铸工楼)212室	100084
20011434473	接触式图像传感器扫描仪校正方法	清华紫光股份有限公司	北京市海淀区清华园清华大学紫光大楼101厅	100084
2002243478X	软驱转接机构	上海北大方正科技电脑系统有限公司	北京市海淀区上地五街9号方正大厦辅楼204室	100085
2003303110X	电脑主机(innovator)	上海北大方正科技电脑系统有限公司	北京市海淀区上地五街9号方正大厦辅楼204室	100085
20033008183	一体式电脑(创新二)	上海北大方正科技电脑系统有限公司	北京市海淀区上地五街9号方正大厦辅楼204室	100085
20033056102	影音播放器(卓越影音王)	上海北大方正科技电脑系统有限公司	北京市海淀区上地五街9号方正大厦辅楼204室	100085
2003305603X	电脑主机机箱(商祺N600)	上海北大方正科技电脑系统有限公司	北京市海淀区上地五街9号方正大厦辅楼204室	100085
20033056137	笔记本电脑(颐和A1)	上海北大方正科技电脑系统有限公司	北京市海淀区上地五街9号方正大厦辅楼204室	100085
20033056048	电脑主机机箱(商祺9000)	上海北大方正科技电脑系统有限公司	北京市海淀区上地五街9号方正大厦辅楼204室	100085
20033056145	笔记本电脑(颐和C1)	上海北大方正科技电脑系统有限公司	北京市海淀区上地五街9号方正大厦辅楼204室	100085
20033056056	机箱(服务器)	上海北大方正科技电脑系统有限公司	北京市海淀区上地五街9号方正大厦辅楼204室	100085
20033056153	笔记本电脑(颐和C2)	上海北大方正科技电脑系统有限公司	北京市海淀区上地五街9号方正大厦辅楼204室	100085
20033056064	电子书(eBook)	上海北大方正科技电脑系统有限公司	北京市海淀区上地五街9号方正大厦辅楼204室	100085

专利号	专利名称	专利权人名称	地　址	邮　编
20033056161	笔记本电脑（颐和 C3）	上海北大方正科技电脑系统有限公司	北京市海淀区上地五街 9 号方正大厦辅楼 204 室	100085
2003305617X	笔记本电脑（颐和 C4）	上海北大方正科技电脑系统有限公司	北京市海淀区上地五街 9 号方正大厦辅楼 204 室	100085
20033056021	电脑显示器（飞越 3000）	上海北大方正科技电脑系统有限公司	北京市海淀区上地五街 9 号方正大厦辅楼 204 室	100085
20033056129	音箱(卓越影音王）	上海北大方正科技电脑系统有限公司	北京市海淀区上地五街 9 号方正大厦辅楼 204 室	100085
20033008167	计算机无线键盘	上海北大方正科技电脑系统有限公司	北京市海淀区上地五街 9 号方正大厦辅楼 204 室	100085
20033008191	一体式电脑（创新三）	上海北大方正科技电脑系统有限公司	北京市海淀区上地五街 9 号方正大厦辅楼 204 室	100085
20033056099	电脑用电视接收器(卓越影音王)	上海北大方正科技电脑系统有限公司	北京市海淀区上地五街 9 号方正大厦辅楼 204 室	100085
20033085897	电脑主机机箱（商祺 N600）	上海北大方正科技电脑系统有限公司	北京市海淀区上地五街 9 号方正大厦辅楼 204 室	100085
20033056080	电脑键盘(卓越影音王）	上海北大方正科技电脑系统有限公司	北京市海淀区上地五街 9 号方正大厦辅楼 204 室	100085
20033056188	笔记本电脑（颐和 C5）	上海北大方正科技电脑系统有限公司	北京市海淀区上地五街 9 号方正大厦辅楼 204 室	100085
20033031118	显示器（innovator）	上海北大方正科技电脑系统有限公司	北京市海淀区上地五街 9 号方正大厦辅楼 204 室	100085
20033080429	服务器（圆明竖条）	上海北大方正科技电脑系统有限公司	北京市海淀区上地五街 9 号方正大厦辅楼 204 室	100085
20033080445	电脑主机机箱（文祥立式）	上海北大方正科技电脑系统有限公司	北京市海淀区上地五街 9 号方正大厦辅楼 204 室	100085

专利号	专利名称	专利权人名称	地 址	邮 编
20033056072	电脑主机机箱（卓越影音王）	上海北大方正科技电脑系统有限公司	北京市海淀区上地五街9号方正大厦辅楼204室	100085
20033085889	服务器（圆明横条）	上海北大方正科技电脑系统有限公司	北京市海淀区上地五街9号方正大厦辅楼204室	100085
20033080437	电脑主机机箱（文祥卧式）	上海北大方正科技电脑系统有限公司	北京市海淀区上地五街9号方正大厦辅楼204室	100085
20033008175	一体式电脑（创新一）	上海北大方正科技电脑系统有限公司	北京市海淀区上地五街9号方正大厦辅楼204室	100085
20033554129	低音炮(1)	上海北大方正科技电脑系统有限公司	北京市海淀区上地五街9号方正大厦辅楼204室	100085
20033557527	电脑主机机箱（飞越3000改进）	上海北大方正科技电脑系统有限公司	北京市海淀区上地五街9号方正大厦辅楼204室	100085
20033554137	电脑主机机箱（A++改进）	上海北大方正科技电脑系统有限公司	北京市海淀区上地五街9号方正大厦辅204室	100085
20033557535	电脑音箱（baseline主）	上海北大方正科技电脑系统有限公司	北京市海淀区上地五街9号方正大厦辅楼204室	100085
20033559260	电脑键盘（xf030804）	上海北大方正科技电脑系统有限公司	北京市海淀区上地五街9号方正大厦辅楼204室	100085
20033557519	电脑音箱（super）	上海北大方正科技电脑系统有限公司	北京市海淀区上地五街9号方正大厦辅楼204室	100085
20033559279	电脑显示器（家用LCD）	上海北大方正科技电脑系统有限公司	北京市海淀区上地五街9号方正大厦辅楼204室	100085
20033554145	电脑主机机箱(baseline)	上海北大方正科技电脑系统有限公司	北京市海淀区上地五街9号方正大厦辅楼204室	100085
20033557543	电脑音箱（baseline副）	上海北大方正科技电脑系统有限公司	北京市海淀区上地五街9号方正大厦辅楼204室	100085

专利号	专利名称	专利权人名称	地　址	邮　编
20023301287	移动存储器	深圳市中数信技术开发有限公司北京分公司	北京市海淀区上地信息路2号国际创业园2－17－E	100085
20022376593	存储容量以标准卡方式置换的USB快闪电子盘	深圳中数信技术开发有限公司北京分公司	北京市海淀区上地信息路2号国际创业园2－17－E	100085
20022850147	连续运输设备	神华集团有限责任公司	北京市东城区安定门西滨河路22号	100011
20022850155	给料破碎机	神华集团有限责任公司	北京市东城区安定门西滨河路22号	100011
20022850163	井下无轨辅助运输胶轮车	神华集团有限责任公司	北京市东城区安定门西滨河路22号	100011
20022850171	履带行走式液压支架	神华集团有限责任公司	北京市东城区安定门西滨河路22号	100011
20023334355	宽带网络调制解调器（Ⅱ）	神州数码（中国）有限公司	北京市海淀区知春路49号希格玛大厦2层	100080
20023400803	无线以太网适配器（DCWL－320U）	神州数码（中国）有限公司	北京市海淀区知春路49号希格玛大厦2层	100080
2002340079X	无线接入器（DCWL－3000AP）	神州数码（中国）有限公司	北京市海淀区知春路49号希格玛大厦2层	100080
20023809566	网络交换机面板（1）	神州数码（中国）有限公司	北京市海淀区上地东路5号神州数码大厦	100085
20023809574	网络交换机面板（2）	神州数码（中国）有限公司	北京市海淀区上地东路5号神州数码大厦	100085
20023809582	网络交换机面板（3）	神州数码（中国）有限公司	北京市海淀区上地东路5号神州数码大厦	100085
20022359966	钻石浮雕面强化木地板	圣象实业（深圳）有限公司	北京市朝阳区霄云路16号鹏润大厦A座15层	100016
20023322470	电器附件边框	施耐德电气（中国）投资有限公司	北京市朝阳区东三环北路8号亮马河大厦17层	100000
20013605402	便携式测振仪	时代集团公司	北京市海淀区上地信息产业基地西路38号	100085
20023697377	全洛氏硬度计	时代集团公司	北京市海淀区上地信息业基地西路38号	100085

专利号	专利名称	专利权人名称	地 址	邮 编
19991001028	超声测量中串扰噪声抑制方法	时代集团公司	北京市海淀区上地信息产业基地西路38号	100085
20022827277	全洛氏硬度计	时代集团公司	北京市海淀区上地信息产业基地西路38号	100085
20012793345	手持式粗糙度仪	时代集团公司	北京市海淀区上地信息产业基地西路38号	100085
20032046456	线型差定温探测器	首安工业消防股份有限公司	北京市顺义区李桥镇南半壁店工业区李天路22号	101304
2003204786X	平行导体缆式可复位线性定温探测器	首安工业消防股份有限公司	北京市顺义区李桥镇南半壁店工业区李天路22号	101304
20032363141	模拟量式线型感温探测器用智能型微机调制器	首安工业消防股份有限公司	北京市顺义区李桥镇南半壁店工业区李天路22号	101304
20032365675	分段辊式双面机	首都航天机械公司包装机械厂	北京市34信箱47分箱	100076
20033054096	触摸查询一体机	首钢环星触摸电脑有限公司	北京市海淀区花园北路14号	100083
2002370005X	多媒体自助服务售卖机	首钢环星触摸电脑有限公司	北京市海淀区花园北路14号	100083
20022460284	TSOP封装外引线成型用压着块	首钢日电电子有限公司	北京市石景山区首钢日电电子	100041
20022348018	翻钢装置	首钢总公司	北京市石景山区首钢总公司	100041
20022348026	氧枪修复装置	首钢总公司	北京市石景山区首钢总公司	100041
20022330828	一种除尘风机	首钢总公司	北京市石景山区首钢办公厅	100041
20022382100	防堵机械雾化喷枪	首钢总公司	北京市石景山区首钢办公厅	100041
20022359508	高速旋转轴与端盖之间的密封装置	首钢总公司	北京市石景山区首钢总公司	100041
20001299786	短土钉连续墙基坑支护方法	首钢总公司	北京市石景山区首钢技术质量部	100041

专利号	专利名称	专利权人名称	地址	邮编
20022858318	利用焦化工艺处理医院垃圾的系统	首钢总公司	北京市石景山区首钢总公司	100041
2002285830X	利用废塑料提高冶金焦炭强度的系统	首钢总公司	北京市石景山区首钢总公司	100041
20022898719	一种电磁搅拌器密封无压水循环冷却器	首钢总公司	北京市石景山区首钢总公司	100041
20022940650	链箅机可调式铲料板装置	首钢总公司	北京市石景山区首钢总公司	100041
20022940634	链箅机头的保护装置	首钢总公司	北京市石景山区首钢总公司	100041
20022377301	城市生活垃圾高温干馏处理的系统	首钢总公司	北京市石景山区首钢总公司	100041
2002237731X	废塑料与煤共焦化处理设备	首钢总公司	北京市石景山区首钢总公司	100041
1998124744X	一种家养食用新鲜螺旋藻的方法	思可达高技术产业化中试配套有限公司	北京市三里河54号（国家科委五楼）	100045
19981173195	数字化卫星网络全媒体电视	思可达高技术产业化中试配套有限公司	北京市西城区三里河54号2143信箱全国高技术产业化协作组织	100045
20022405410	双辊振动破碎机	天地科技股份有限公司	北京市和平里青年沟东路5号天地科技股份有限公司	100013
20023758325	液压支架活柱保护套	天地科技股份有限公司	北京市朝阳区和平街青年沟路5号	100013
20022888977	液压密封挡圈	天地科技股份有限公司	北京市朝阳区和平街青年沟路5号	100013
20022888985	活塞及活塞杆用液压密封圈	天地科技股份有限公司	北京市朝阳区和平街青年沟路5号	100013
20022888993	立柱、千斤顶活塞及活塞杆用密封结构	天地科技股份有限公司	北京市朝阳区和平街青年沟路5号	100013
20022567127	一种石材炊具	威海明进厨房用品有限公司	北京市西直门北大街45号时代之光名苑4楼804室	100044
20022359451	大蒜栽植机	现代农装科技股份有限公司	北京市朝阳区德胜门外北沙滩1号	100083

专利号	专利名称	专利权人名称	地址	邮编
20022857575	一种新型栽植传动变速箱	现代农装科技股份有限公司	北京市德胜门外北沙滩1号	100083
20023330554	触摸式多媒体信息查询台	鑫益震科技(北京)有限公司	北京市海淀区上地产业基地信息路2号2座6F/A	100085
20001141597	一种宽带码分多址系统中的多径筛选方法	信息产业部电信传输研究所	北京市月坛南街11号	100045
20033049165	理疗床	延吉喜来健医疗器械有限公司北京分公司	北京市朝阳区利泽中二路1号中辰大厦	100102
2001124139X	非透明桥式卫星信道接入方法	洋浦百年树人实业有限公司	北京市朝阳区延静里中街3号	100025
20022382453	组合式展览架	易事特展览设备(北京)有限公司	北京市朝阳区农展南路甲1号朝网俱乐部写字楼4层EST	100026
20022053956	一种记忆合金医用内支架	有研亿金新材料股份有限公司	北京市新街口外大街2号	100088
20012785563	涡轮形状记忆合金热机	有研亿金新材料股份有限公司	北京市新街口外大街2号	100088
20022456279	可移动真空柜式被褥臭氧消毒机	中奥环保高科技有限责任公司	北京市海淀区首体南路20号国兴家园6号楼2208室	100044
20022090878	手机供电控制装置	中电东方通信研究中心有限责任公司	北京市海淀区中关村南大街6号中电信息大厦10层	100086
20022089977	带有相机的折叠手机	中电东方通信研究中心有限责任公司	北京市海淀区中关村南大街6号中电信息大厦10层	100086
20022892338	镜面手机	中电赛龙通信研究中心有限责任公司	北京市海淀区中关村南大街6号中电信息大厦10层	100086
20022892346	变声手机	中电赛龙通信研究中心有限责任公司	北京市海淀区中关村南大街6号中电信息大厦10层	100086

人　物

北京市工业主要领导干部

《北京工业年鉴》每年记载工业有关部门(包括中央部分在京工业企业)的主要领导名单,名单以上年年末为准。为了规范,各工业控股(集团)公司只列党、政正副职领导,区县和其他工业只列主管工业的领导,领导的职务变化标明任职、离任时间,以市委组织部批文为准。

市、局、委、办领导

北京市人民政府副市长(主管工业)

陆　昊

北京市工业促进局

局　　长　程连元(9月任职)
副 局 长　冯　海(9月任职)
　　　　　常　青(9月任职)
纪检组组长　彭福旺(9月任职)
助理巡视员　丁镇宽(9月任职)
　　　　　樊　健(9月任职)

中共北京市委工业工作委员会

书　记　陆　昊(兼,3月)
　　　　陆　昊(9月离任)
　　　　金生官(3月离任)
副书记　张俊明(9月离任)
委　员　马嗣荣(9月离任)
　　　　李国杰(9月离任)
　　　　彭福旺(兼纪工委书记)
　　　　(9月离任)
　　　　冯　海(9月离任)
　　　　周毓秋(9月离任)
　　　　张　工(9月离任)
　　　　常　青(9月离任)
　　　　王文璇(9月离任)

北京市经济委员会

主　　任　陆　昊(兼,3月)
　　　　　陆　昊(9月离任)
　　　　　金生官(3月离任)
副 主 任　冯　海(9月离任)
　　　　　周毓秋(9月离任)
　　　　　张　工(9月离任)
　　　　　李建伟(9月离任)
　　　　　战　超(9月离任)
总经济师　常　青(9月离任)
委　　员　丁镇宽(9月离任)

陈怀伟(9月离任)
樊　健(9月离任)

北京市国防科学技术工业办公室

主　任　金生官(2月离任)
冯　海(2月任职)
副主任　解铁疆

首钢总公司

董　事　长　朱继民
副董事长　王青海(5月任职)
总　经　理　朱继民(5月离任)
王青海(5月任职)
常务副总经理　徐　凝(5月任职)
副总经理　徐　凝(5月离任)
王　毅
王青海(5月离任)
党委书记　朱继民
党委副书记　霍光来　姜兴宏
王青海(4月任职)

北京京城机电控股有限责任公司

董　事　长　李崇璞
总　经　理　林抚生
副总经理　任亚光　李济生
侯子波　邱山明
党委书记　李崇璞
党委副书记　林抚生　任亚光

北京电子控股有限责任公司

董　事　长　鲍玉桐
总　经　理　王东升
常务副总经理　韩燕生
副总经理　李松平　张伯旭
党委书记　鲍玉桐
党委副书记　王东升　陈积贵

北京京仪控股有限责任公司

董　事　长　马士华
总　经　理　程连元(9月离任)
副总经理　卞援朝　傅之威　吴振山
党委书记　马士华
党委副书记　王　岩
程连元(9月离任)

北京二七机车厂

厂　　长　王东明
副厂长　张建中　阎建华
马建勋　高维寅　刘纯义
党委书记　刘晓平
党委副书记　王东明　魏尚志　杨少波

北京二七车辆厂

厂　　长　赵恒山
副厂长　张宏泽(2月离任)
杜向东　史硕致
安　卫(3月任职)
杨瑞欣(3月任职)
党委书记　王永进
党委副书记　赵恒山　杜向东

北京南口机车车辆机械厂

厂　　长　宋治贵
副厂长　何金祥(3月离任)
谢传军　耿　刚
曾建平(3月任职)
杨银刚(3月任职)
党委书记　王振雄
党委副书记　宋治贵(2002年11月任职)
陶振德

北京兴东方实业有限责任公司

总　经　理　吕振清
副总经理　郭德昌　尹　杰
段义绵　蔡福栋
党委书记　张　耕(3月离任)
张朝星(3月任职)
党委副书记　吕振清
毛东山(4月任职)
张朝星(3月离任)

北京汽车工业控股有限责任公司

董　事　长　安庆衡

副董事长　徐和谊
总经理　董　扬
副总经理　郭新民　郭　谦　刘　伟　袁汉同　周　榕(11月任职)
党委书记　安庆衡
党委副书记　徐和谊　董　扬　吴淑文

中国石化集团北京燕山石油化工有限公司

董事长　杜国盛
副董事长　王玉英
总经理　王永健
副总经理　王瑞华　吕常钦　乔宪一
党委书记　王玉英
党委副书记　尚　勃

中国石化股份公司北京燕山分公司

经理　杜国盛
副经理　杨清雨　许红星　赵起超

北京化学工业集团有限责任公司

董事长　蔡德军
副董事长　项大北
总经理　项大北
副总经理　刘文超　王德铺
苏增录(2002年12月离任)
田振清
孙绍刚(2002年12月离任)
夏庆安
党委书记　蔡德军
党委副书记　项大北　张荣立

北京京煤集团有限责任公司

董事长　倪文驹
总经理　于新华
副总经理　范　路　潘振芳　李京来
党委书记　倪文驹
党委副书记　于新华　付合年　白书元

中国华北电力集团公司

总经理　朱国桢(1月任职)
副总经理　朱国桢(1月离任)
钱遵培
孙正运(1月任职)
刘铭刚(1月任职)
栾　军(9月离任)
郭要斌　张一士
张丽英(1月离任)

北京金隅集团有限责任公司

董事长　张　毅(5月离任)
王　东(5月任职)
总经理　陈志达
常务副总经理　王　东(5月离任)
副总经理　王孝群　陈志民　蒋卫平
党委书记　张　毅(5月离任)
王　东(5月任职)
党委副书记　陈志达　张秀荣

北京纺织控股有限责任公司

董事长　杨文华
总经理　龙云泽
副总经理　蒋志民(5月离任)
冷　克　吴　立　林士昌
党委书记　杨文华
党委副书记　龙云泽　王玉川

北京一轻控股有限责任公司

董事长　刘　渊
副董事长　陈天宝
总经理　陈天宝
副总经理　郭秀健　彭　林　肖宇航
党委书记　刘　渊
党委副书记　陈天宝　郭秀健

北京隆达轻工控股有限责任公司

董事长　高书平
总经理　孙燕昌
副总经理　任玉成　张德华　李　玎
党委书记　高书平
党委副书记　孙燕昌　刘庆志

北京工美集团有限责任公司

董事长　郭泰来
总经理　高颖维
常务副总经理　李　节
副总经理　马　辉　吴文学
党委书记　郭泰来
党委副书记　高颖维　侯金成

北京医药集团有限责任公司

董事长　卫华诚
总经理　贺　旋
副总经理　王杰扬　刘立津　王志勉
党委书记　卫华诚
党委副书记　贺　旋　谢　颖

中国北京同仁堂(集团)有限责任公司

董事长　殷顺海
副董事长　田大方
总经理　梅　群
副总经理　王　泉
冯小平(3月离任)
谢占忠(3月任职)
丁永玲(3月任职)
张庆增(10月任职)
党委书记　田大方
党委副书记　殷顺海　王　泉

北京同仁堂股份有限公司

董事长　殷顺海
副董事长　田大方　梅　群
总经理　毕界平(2月离任)
匡桂申(2月任职)
副总经理　李正华
顾海鸥(5月离任)
佟振会(5月离任)
高振坤(10月离任)
王志举(5月任职)
宋卫清(5月任职)
李兴毅(10月任职)

北京四环医药科技股份有限公司

董事长　文鸣旭
副董事长　万祖国
总经理　张润宁

华北京海实业总公司

总经理　张建国
副总经理　贾云涛　冯长辉　吴厚发
范铁栋　郝秀清
党委书记　张建国
党委副书记　郑世明

东城区

常务副区长　岳　鹏(1月任职)
副区长　岳　鹏(1月离任)
经委主任　卢　仪

西城区

常务副区长　白云生(11月任职)
常务副区长　曹增森(3月离任)
经贸委主任　王　新

崇文区

副区长　李文玉
经贸委主任　仲万升

宣武区

副区长　袁双梅
经贸委主任　王　佐

朝阳区

副区长　佟克克(6月任职)
邱水平(6月离任)
经贸委主任　闫学锋

海淀区

副区长　张宗林
经委主任　臧桂武

丰台区

副区长　沙松平
经贸委主任　徐鸣凤

石景山区

副区长　赵　琦
计经委主任　侯建设

门头沟区

副 区 长　王兰栋

经委主任　高增明

房山区

副 区 长　刘顺林

经委主任　高言杰

通州区

副 区 长　张树森

经委主任　高志禄

顺义区

副 区 长　李树藩

经委主任　王玉奇

昌平区

常务副区长　杨旭明

经 委 主 任　刘凤才

大兴区

副 区 长　黄伟荣

经委主任　邱国占

平谷区

副 区 长　王颖光

经委主任　王建忠

怀柔区

副 区 长　祝自河(1月任职)

王建中(1月离任)

经委主任　董　林

密云县

常务副县长　李和平

经 委 主 任　孔令昌

延庆县

副 县 长　龚　善

经委主任　党　良

北京乡镇企业局

局　长　夏连生(3月离任)

雷占泉(3月任职)

副局长　雷占泉(3月离任)

汪进军　陈志峰

北京经济技术开发区管理委员会

主　任　李凤玲(3月离任)

鲁　勇(3月任职)

副主任　王金玲　陈文申　顾宝华

马利生

中关村科技园区管理委员会

常务副主任　戴　卫

副 主 任　任冉齐　张贵林　夏颖奇

北京市教育委员会

副 主 任　杜松澎

校办产业管理中心主任　翟士良

北京市民政工业总公司

总 经 理　杜　斌

党委书记　王九华

京工人物

【新时代的普通劳动者王建】 王建是北京供电工程公司变电施工处工人,49岁,中共党员。1996年4月荣获首都劳动奖章;1999年4月荣获国家电力公司劳动模范;2000年4月荣获北京市劳动模范;2000年4月荣获全国劳动模范奖章;2003年6月荣获北京市工业系统优秀党员岗位技术能手称号。2003年,继上年北京地区负荷创历史新高后,北京电网又面临严峻考验。定福庄220千伏变电站对缓解北京东部电网压力具有重要意义。作为变电施工处技质科的科长,王建像在工地扎了根。年初时,天气寒冷,风一吹,脸上像刀割一样疼,时间长了手脚都冻麻木了。工人们在室外工作久了,都会到室内暖和暖和,可王建一工作起来就舍不得休息好像感觉不到冷。白天他在室外施工,晚上他在室内组织接线。同志们一觉醒来,总还能看到他忙碌的身影。王建平时加了多少班,牺牲了多少节假日,谁也数不清。每次上报加班补助时,他总是利用班长的"特权"把自己的名字悄悄划掉。在"9511"工程中,王建被授予"特等功臣"称号,上级奖励他1万元的奖金。他找到处里的领导说:"活都是大家干的,钱怎么能自己拿,我就算浑身是铁,又能打几根钉呢!"他把一部分奖金分给了几个施工班组,又用剩下的钱给班里买了个台球桌,供大家休息娱乐时用。在施工处,王建对民工的关照是出了名的。在广安门站,两位民工不慎丢了行李,王建给他们送去自己的衣物,给了每人100元钱;在滨河站,他把自己的大衣和棉坎肩给了民工,自己穿着单薄的工作服工作;逢年过节,王建总是到工地看望民工,与他们一起欢度佳节。作为新时代的工人,王建认为当工人仅仅靠苦干是不够的,更要不断学习掌握现代科学技术知识、现代管理方法。一些退休的老师傅至今还记得王建在学习上的那股钻劲儿,变电的几项专业技术,王建几乎样样是好手。党支部组织读书比赛,王建拿回大奖。如今,他又迷上了计算机。王建有他自己的人生哲学。该工作的时候,他会不怕脏不怕累地干;该放松的时候,他会去参加各种体育活动,和单位里的大学生一起娱乐,带着家人去看芭蕾舞。王建说:"会工作,也要会生活。'一身油泥,两臂蛮力'不是现代工人的模样。时代对人是有要求的,新时代工人的生活,应该有多种色调,应该跟上时代发展的潮流。"

（北京供电工程公司）

【创新采煤技术的"土专家"王文宣】 京煤集团公司控股的北京昊华能源公司木城涧煤矿采掘五段54队队长王文宣,年龄不过35岁,却被煤矿员工赞誉为创新采煤技术的"土专家"。王文宣是1990年在京煤集团引进"四川"采煤队时随队进京的。他投身北京采煤行业后,干一行爱一行。虽然只有初中文化,却很快成为所在煤矿采煤的行家里手和"现场大拿"。井下长壁式采煤法用单体支柱支护顶板,控制力不强,易造成大面积垮落,他大胆创新,在40米的上山巷工作面中,采取分段密集支柱方式采煤。这样做既增加对顶板的控制能力,又使炮响后产生的冲击波有空间得以释放,从而使采煤量与安全指标大为提高。接着,他在采用密集支柱采煤法的基础上,提出采区由单面生产改成双面平行作业，实行“三采三回”的作业新方法，又收到缩短工作面顶板无支护时间以增加安全系数，使生产循环得到保证，工效大幅度提高的好效果。这种采煤工艺改革技术，将所在采煤队月产煤量由5000吨提高到8000吨。王文宣继续改进和创新采煤技术。在煤炭生产的推帮过程中，他提出采煤工作面设计最优长度为38米至40米，这样可以减少耗时费力的工作面搬家次数。在生产中，他发现往支架里输送乳液的高压管，由于其受力不均，经常出现爆裂现象，致使生产中断；且这些高压管价格不菲，每根300元，一个月下来爆裂四五根，就损失1500元。为扭转这种浪费现象，他通过调查钻研，提出主供管采用无缝钢管代替高压管的建议。经过试验，获得了成功，解决了高压管爆裂影响生产的问题。还因无缝钢管可重复使用多次而大大节省材料费的支出。仅此，每个单体支柱工作面平均减少投入一万元。该项采煤技术创新，获2001年度北京市工业系统优秀合理建议奖。王文宣还针对原先生产工艺使废旧高爆管堆满库房，成为废弃物的现象，进行重复使用的技术创新，经他试验得出：用锥形接头卡子把废旧高爆管连接上，即可重新使用。此项新技术运用到生产后，每月可节约材料费1.2万元。不停顿的采煤技术创新，使王文宣带领的采煤队，在2003年的采煤量达到8万吨，创所在煤矿一个队用新法采煤量的历年最高纪录。其单体支柱丢失率也控制在1%以下；正常生产循环率则达到95%，且没有发生一起轻伤以上的安全事故。1996年王文宣被评为局级先进生产者，1997年评为“企业十佳生产队长”。1997年和1998年被评为局级青年岗位技术能手。2002年被评为北京市经委技术创新标兵。2003年被授予全国“五一”劳动奖章。　　（徐贺成）

【优秀青年工程师王启林】　王启林，1958年6月出生，中共党员，研究生，高级工程师，现任北京燕京啤酒集团公司副总经理兼一分公司经理。他作为燕京领导班子成员之一，密切配合李福成总经理搞好企业的各项工作，为燕京的发展做出了重要贡献。自1992年至2001年上半年，王启林全面负责燕京的设备管理工作。他曾主持参与了多项技改工程建设，如总部4－12包设备的选型、订购、安装、运转，糖化车间、制冷车间设备扩建工程，20万吨精品工程建设，以及外埠企业设备改扩建工程等。在工作过程中，他本着科学、严谨的态度，对引进的设备进行认真考察，综合评价，采用招投标方式，在保证设备先进性及操作性的基础之上，最大限度地降低了企业投入成本。在设备选型上严格参照国际标准来选择供应商，同时全面考虑国内实际生活水平、产品销售价格、成本控制能力等因素，引进的重点放在先进技术和关键设备上，从而使同样规模的工程费用从9亿多元降低到5亿元人民币左右。燕京集团公司的整体装备能力得到了大幅提升。2001年，王启林调任一分公司任总经理，全面负责企业的经营管理工作。在市场调研的基础上，他着重对公司内的产品结构进行了调整，先后推出8度苦瓜啤酒、8度世纪风、10度干啤王、9度精品等新品。同时，加大营销市场的网络建设，开发新市场。2003年北厂各项经济指标大幅提高，啤酒产量达22.4万吨，销售收入28437.4万元，利税总额8380.4万元，实现利润570.8万元。王启林先后被评为北京市优秀青年工程师、北京市优秀青年知识分子、北京市工业企业优秀科技人员、全国食品

工业科技进步先进科技管理工作者、中国科技协会第三次全国代表大会代表、获得顺义区劳动奖章。（燕京）

【北汽福田的带头人王金玉】 北汽福田公司在董事会的领导下，以王金玉为首的经理班子通过积极运作，使"福田汽车"于1998年在上交所开盘上市，一次融资3.23亿元人民币，实现了产业与金融的对接，为福田的持续性发展打通了资本通道。而后，福田公司以此为平台，进一步推动资产重组。1999年6月26日，北京福田环保动力股份有限公司在北京注册成立。该公司发起股东48家，后又增资扩股到100多家，分布于全国27个省、市、自治区，注册资金39602.6万元。福田以6413万元作为第一大股东，负责全面运营。近几年，通过配股、收购、兼并、重组、控股、参股等形式，先后又有原怀柔冲压厂、东方农机厂、北京第一通用机械厂等众多国企和国有资产聚集在福田的麾下。8年时间，北汽福田汽车以年均递增91%以上的发展速度，跃升至全国整车生产企业的前列，成为重点扶持骨干企业和国家520家重点企业之一。在企业发展战略上，作为总经理的王金玉坚持走以产品调整促产业升级的道路，使福田公司不断跃上新台阶。1999年，福田进入汽车领域，当年产销汽车6.4万辆，在全国轻卡生产企业中排名第一。2002年，福田更以突破13万辆的产销在市场上占有绝对优势。为实现产业升级，福田进一步向重型卡车生产领域进军。2001年产品研发，2002年技术改造，2003年一季度"欧曼"重卡新工厂全面建成投产。三月份，"欧曼"重卡销售突破1500辆，一举完成市场的重大突破。欧曼重卡以"起步，就与世界同步"的开发理念，以欧洲技术为平台的全新设计，成为中国重卡家族的"新宠"。在企业管理上，王金玉借鉴国外先进的管理经验和管理技术，并且结合福田的实际大胆创新：2002年，引入SBU管理技术，建立多种业务管理模式；2003年，建立公司理念体系，成功切换标识，BIS正式启动；北汽控股和戴克签订《战略合作框架协议》及《商用车合作备忘录》后，北汽福田和戴克在重型卡车、发动机等领域合资经营，将使福田公司朝着国际化经营管理的方向迈出新的步伐。在福田公司良好经营业绩面前，王金玉没有感到满足，他着眼于全国和北京汽车工业发展的全局，对北汽福田的未来走向做出新的规划，要让福田汽车成为国内最具竞争力和具有国际影响力的汽车品牌。（福田）

【生命不息、工作不止的阎承宗】 2003年12月，在中国工业经济联合会第四次全国会员代表大会上，北京工业经济联合会名誉会长阎承宗被授予"创业奖"。阎承宗原任北京市经委主任，历任第六、第七届全国人民代表大会代表和北京市人大财经委主任。自1991年3月担任北京工业经济协会常务副会长，至2000年10月协会更名为联合会后，担任名誉会长。1991年，阎承宗从市经委主任的岗位上退下来，经他多方努力同年3月15日成立了北京工业经济协会。为了加快对协会的培育和发展，他撰写文章，论述了协会的设置、行业协会与专业协会的关系等。他提议建立了"京、津、沪"三市工经协会每年定期研讨、交流工作经验的联席会制度，先后总结、推广了北京汽车行业协会加强行业管理、服务于企业的经验；北京模具行业协会加强自身建设、注重行业调研和交流等方面的经验，以及一些协会承办部分政府职能的做法和体会。他组织制定了包括编制协会发展规划、行业统计、调查研究、行业自律等方面的8项基本职责,并提出了工业经济联合会和行业协会的自身建设等具体事项。为顺利开展工作,奠定了坚实基础。阎承宗紧紧围绕北京工业的改革与发展深入调研,总结经验,提出指导性意见。他在工经协会的10年工作中,利用《北京工业经济情况》刊物,先后总结推广了全市各行业40多个集团公司和厂矿企业在实行股份制、注重科技创新、实施结构调整、企业管理、内部建设、营销策略等方面的经验和做法,并从不断进行新的技术改造、产品结构调整、树立精品意识、实行成本否决和提高对企业破产积极作用认识等十几个方面,为国有大中型企业献计献策。为20多个企业解决实际困难提出建议,把尽心为企业服务落到实处。十几年来,阎承宗先后向政府各部门以《重要情况与建议》书面形式,30多次反映企情民意,并围绕北京工业发展、首都经济建设提出具体建议。如《"上船"企业呼吁政府不要失信于民》、《应允许北京上高频头项目的建议》、《当前北京工业系统利用外资改造需要研究的几个问题》、《建议改进增值税的计征办法》、《关于完善北京市国有资产经营公司的几点建议》和《关于北京市工业系统国有资产管理问题的意见》等,使政府在制定政策中有所考虑,利于北京工业经济的健康发展。为了推进乡镇企业的发展,阎承宗会同北京市其他4位全国人大代表历时一个半月,深入到通县、顺义、昌平、延庆、大兴五个区县,对乡镇企业的生产经营情况进行调研,写了《关于当前郊区乡镇企业发展有关问题的看法》,并向市委市政府做了专题汇报,时任中共北京市委书记的贾庆林听取汇报后指示"市政府有关部门要在此基础上制定出支持乡镇企业发展的若干政策。"阎承宗年过七旬,身体有病,做过3次大手术。他仍然孜孜不倦地学习、研究党和国家的方针政策,深入企业数百家实地调研,组织完成《北京工业经济情况》、《调查信息》、《重要情况和建议》262篇,其中总结推广企业和协会经验46篇,完成调研报告120多篇。其中由他亲自撰写的文章近百篇。在担任工经联名誉会长以来,他还先后撰写、发表了《北京工业22年改革历程回顾》、《对改制中几个问题再认识》、《2000年北京多种所有制工业企业经济效益比较》、《入世后企业面临形势与对策》、《北京工业五年来资本金结构的变化》以及《我们在反倾销工作中总结点什么》等20多篇文章,把自己对北京工业的关心、关注、思考、建议融入其中,以生命不息,工作不止的赤子之心,义无反顾地为推进协会建设和首都经济发展作出贡献。他的行动深深感动了大家。有人深情地赠他一首《蜜蜂吟》:"四处奔波飞舞忙,万花丛中聚天香,一生勤奋别无求,只愿人间多蜜浆。"

(何秉忠)

【连获殊荣的企业家刘玉彬】 刘玉彬,1954年9月出生,1989年入党,1970年参加工作,中专学历,经济师。刘玉彬于1988年创建了北京兴达波纹管制造厂,于2000年转制为北京兴达波纹管有限公司,担任董事长(总经理)和党支部书记。目前该厂拥有职工300人,其中工程技术人员占职工总数的43%,已成为净资产过亿元的北京市高新技术企业和我国北方规模最大的波纹管专业制造厂。1995年,该企业与外资共同投资兴建了北京宝凯金属软管有限公司。1997年至2003年,企业累计上缴税费近亿元,曾获北京市"八五"期间技术改造、技术引进优秀企业一等奖，“兴达”牌波纹管产品先后获市科技进步奖、国家级新产品奖、国家科委成果推广产品及四项国家专利，公司于 1996 年取得劳动部压力容器制造许可证，1998 年通过 ISO9001 质量体系认证，1999 年取得德国西门子公司产品供应商资格，并获自营进出口权，2000 年在国内同行首家通过国家技术监督局压力管道元件制造安全注册。“兴达”牌金属波纹补偿器、金属软管系列产品成功地应用于西昌卫星发射中心、神舟号飞船、首都国际机场等重大工程项目，并出口多个国家。公司连续 7 年获首都精神文明建设委员会授予的“首都文明单位标兵”称号。2000 年，“兴达”与其他企业共同创建北京科融投资担保有限公司，2003 年在非典影响及原材料大幅涨价的不利条件下，实现销售收入 8000 万元，利税 2000 万元，不仅圆满完成全年经济指标，还扩大 500 万元波纹管产品的出口任务。刘玉彬在引导本地劳动力就业，促进本地劳动力增收致富方面作出突出贡献。目前，企业吸纳当地的劳动力占企业职工总数的 70% 以上，在企业就业的农民工年收入超过 25000 元，极大地促进了本地的农民增收工作。刘玉彬先后获得北京市、大兴区优秀共产党员和优秀经营管理者称号，两次当选北京市劳动模范，从 1989 年起已连续四届当选为大兴区(县)人大常委，从 1998 年起至今当选为北京市人大代表。兼任中石协膨胀节协会副理事长、北京市女子监狱特邀执法监督员、大兴国税局社会执法特邀监察员、大兴区民促会副理事长、大兴区个私协副理事长等。　(兴达)

【不断奉献造福一方的刘振邦】　刘振邦，68 岁，1958 年入党，党校大专班毕业，曾任大兴区采育镇北辛店村党支部书记 30 岁，曾获得北京市“先进工作者”称号，1992 年创办北京奥宇模板有限公司。他坚持科技兴企，把一个传统劳动密集型模板企业，建设成为全国高新技术模板龙头企业。先后制定出科技进步和技术创新奖励政策，坚持每年科技投入和技术改造投入不少于总收入的 3%，成立了科研室，科研人员自行研制出双面铣边机等多项新技术、新工艺。与国家科研单位合作研制了两条自动化焊接流水线，率先在全国实现了模板生产自动化。独立自主研制出独具特色的 29 项专利技术，其中三项发明专利。组成了全新技术的拼装式全钢大模板，并在全国率先实现了系列化、标准化，为全国提高清水混凝土工程质量，推进建筑业的发展作出了重要贡献。公司产品先后被建设部列为“十项新技术”推广项目，被评为“重大科技成果推广项目”、“星火计划项目”、“火炬计划项目”、“中国优秀专利项目”，先后被北京市科委、陕西省建委认定为重大推广项目，北京市著名商标、名牌产品，全国用户满意产品；“用户满意企业”，“用户满意产品”，“重合同守信誉单位”，市农行“AAA 信用企业”，率先在全国模板业通过 ISO 质量、环境、职业健康安全三体系综合认证，被认定为高新技术企业、北京市科技先导型企业。奥宇公司现有资产 1.5 亿元，现有职工 1600 余名，其中各类技术人员 130 多人，公司产品服务于 14 个省市自治区，出口越南并名扬欧美。公司向社会提供先进优质模板由 1 万多平方米提高到 80 万平方米，增长 80 倍；年销售额由 380 万元增长到 2.5 万元，增长 65 倍；累计为国家创造税收达 4000 多万元。解决了大兴区近 1000 名农村剩余劳动力就业，人均年收入达万元以上，当地人民家庭生活稳定，人心安定。刘振邦 1994 年当选为中国建筑金属结构理事,中国模板协会常务理事,1999 年以来又先后被中国民营实业家协会评为“对发展民营科技企业勇于创新,成绩显著”的“新秀奖”,中国民营促进会“创新奖”,中国建筑金属协会“先进个人”,北京市技术市场“金桥奖”,并选入“21 世纪人才库”等。（奥宇）

【优秀的企业管理者冯运生】 冯运生现任北京市陶瓷厂厂长,兼北京东陶有限公司中方董事,北京通达耐火技术公司总经理。在工作中他具有强烈的责任感和使命感,坚持实事求是,开拓创新,经过十余年的艰苦努力,使北京市陶瓷厂和与日本东陶合资组建生产“TOTO”品牌的北京东陶公司均走上了健康发展的道路。2003 年,北京市陶瓷厂与合资企业共实现销售收入 6.07 亿元,实现利润 1.102 亿元。其中“北京市陶瓷厂实现销售收入 1.17 亿元,实现利润 525 万元,合资企业实现销售收入 4.9 亿元,实现利润 1.05 亿元,创历史最好水平。2000 年北京市陶瓷厂先后通过了 ISO9002 质量管理体系认证和 ISO0012 计量体系认证,2003 年又进行 ISO14000 环保体系认证和 OSASE18000 职业健康体系认证,坚持开展 5S 管理活动,企业管理水平不断提高。北京市陶瓷厂 2002 年荣获北京市精神文明建设先进单位,合资公司荣获首都“双爱双评”先进单位。北京市陶瓷厂连续 8 年被集团公司评为先进党委和先进企业。冯运生多次荣获集团公司优秀党员、先进党务工作者和先进职工并多次荣获市级先进称号。荣获北京市优秀思想政治工作者、经济技术创新标兵,2004 年获得北京市“五一”劳动奖章。（东陶）

【难不倒的磨床高级技师李宝臣】 李宝臣 1962 年毕业于天津 291 技工学校,是北京东方电子管厂的磨床高级技师。多年来为客户攻克许多技术难题,获得市爱国立功竞赛标兵、优秀党员、百佳职工和全国“五一”劳动奖章等诸多殊荣。30 多年来,谁也记不清李宝臣有多少个节假日是在车间里度过的,也没有人能够说清他一年休过几个双休日。有一年春节,企业承接了 BMCC 公司的一批任务,大年初二就要求开工,领导驱车去了正在天津探亲的李宝臣家,当看到李宝臣那年近 80 岁的老母亲边掉眼泪边埋怨儿子时,领导很感动,不忍心让李宝臣回来上班,然而,李宝臣初四赶回单位一个人默默地干了起来。领导曾两次安排他去北戴河疗养,他都因为有任务而放弃了。当 310 模具车间订单逐日减少时,李宝臣提出要制造松下彩色显像管模具,经过日夜奋战两个月,生产出与日本进口的模具毫不逊色的产品。客户试用后,当即同意签订 100 万元的新模具订单。过去国内用户使用封口轮都是进口的,奥普公司曾在国内许多厂家做过试验,都不理想。李宝臣进行了周密的运算和精心的设计,所加工的工件质量完全合格,最终为用户提交了满意的产品。李宝臣在模具行业有了名气,许多客户慕名前来。赛格日立显像管公司要制作一批轧轮,难度相当大,李宝臣与车工师傅制定了详细的工艺,克服了微量变形的困难,终于试制成功,满足了客户的需求,至今这种产品一直是独家制造。有一次从日本进口了一台光学曲线磨床,厂里派李宝臣去日本培训两周时间,为了尽快掌握操作,他白天拉着翻译同日方人员交谈、学习、咨询,晚上整理记录了上万字的笔记。每天只睡三四个小时。在使用设备的过程中,李宝臣又克服了软件不全的问题,独创出一些加工办法,填补了生产需要中的空白。李宝臣技艺全面,内圆磨、外圆磨、工具磨、光学曲线磨,全套的磨床工艺他都能琢磨出独到的加工工艺来,近几年,企业每年有近300万元的加工合同,在很大程度上离不开李宝臣,大伙称他是企业的"经济支柱"。可李宝臣却说"这是一名老技术工人应该做的。"曾有许多单位想以高薪和优惠的住房作为条件聘任李宝臣,作为共产党员的李宝臣从不为之所动。年已半百的李宝臣,还几次把自己获得的荣誉奖金,捐给集团公司,作为特困职工的公积金。（吴　茗）

【创新经营的优秀企业家李秉骥】　李秉骥,1947年12月26日出生,中共党员,大专学历,现任北京燕京啤酒集团公司副总经理,北京燕京啤酒股份有限公司副董事长、常务副总经理。李秉骥密切配合李福成总经理的工作。自1991年起,他全面负责燕京的生产管理工作,1995年,被派到北厂任公司常务副总经理兼北厂厂长。第一年,北厂扭亏为盈,生产啤酒14.1万吨,创利税近6000万元,实现利润1100多万元,职工收入也从原来的年平均不足5000元,增加到8600元。自1995年后,北厂平均每年完成啤酒产销量20多万吨,共实现上缴税金4.6亿多元,实现利润1.4亿元,企业资产也从资不抵债发展到4亿多元,资产增值6亿多元。截止到2001年上半年,北厂共生产销售啤酒约110万吨。2001年6月,燕京成立了外埠企业管理公司,李秉骥任总经理,主抓集团公司收购兼并以及外埠企业的管理工作。他勇于改革,锐意进取,对收购兼并企业进行了管理整合、市场整合、人力资源整合、品牌整合、技术整合,充分发挥大集团的优势,并采集各家之优势,使所有的外埠企业与总部形成一个有机的融合。至2003年底,先后完成兼并收购企业5家。2003年外埠企业啤酒产销量169.8万吨,销售收入34.94亿元,利税总额8.13亿元,利润1.11亿元,资产总量44.2亿元。由于卓越的工作业绩,李秉骥先后被评为北京市顺义区优秀企业家,荣获顺义区劳动奖章,并获国家级创新经营成果奖。（燕京）

【冲在抗击非典第一线的沈春艳】　沈春艳是北京市化工职业病防治院临床部内科护士长。在北京非典疫情最严重的时刻,作为一名医务工作者,她主动参加了赴佑安医院的护理队并任副队长,带领队员冲上抗击非典的最前线,全面负责医疗队护理业务质量工作。一线的居住环境是30人挤在一个狭小的空间内,住的是上下床,共用一个卫生间。打开宿舍的窗户,对面不足百米就是收治SARS病人的病房;穿上厚厚的防护服和隔离衣、戴上40多层的口罩后窒息感阵阵袭来;浓浓的消毒水味呛得人泪水横流。但是无论居住环境多简陋,工作条件多艰苦,她终始勤勤恳恳、任劳任怨。在医疗队她分管的工作是安排好全体队员的工作和休息,她根据每个人的性格特点和技术特长,合理安排了每日8个班次的运转,并带头挑起了强度最大的白班次护理工作。在工作中她虚心学习新技术、新经验,在较短的时间内掌握了非典病人的护理常规,并在全队进行推广。在做好医疗工作的同时,她还积极主动做好周围人的思想工作。对患者,她尽心护理和安抚,对队员,她关心备至,细心呵护,使全体队员团结一致,克服种种困难,取得了无一名队员感染,无重大差错和事故发生的好成绩,圆满完成党和人民交给的任务。

沈春艳被评为市抗击非典先进个人。

（化工）

【打造“京鹏”品牌的年轻人杨仁全】 1972年出生的杨仁全，毕业于西南农业大学农业工程专业、首都经贸大学金融管理专业（研究生），现为美国Winrock国际农业开发中心、加拿大拉瓦尔大学与中国农科院研究生院联合举办的国际MBA班在读研究生。1994年大学毕业后一直在北京市农业机械研究所从事温室工程的科研、开发、推广和管理工作，先后担任京鹏温室科技开发部主任、京鹏温室工程公司副总经理、总经理、董事长，北京市农业机械研究所所长助理、副所长、党委副书记、所长等职务。杨仁全1997年获得“北京市青年岗位能手”称号、“北京市星火科技一等奖”、“北京优秀发明银奖”，1998年被评为“北京市爱国立功竞赛标兵”，1999年获得“首都劳动”奖章，2000年5月被评为“北京市劳动模范”，2002年荣获“京郊农业科技与推广先进科技工作者”称号、“北京市科技推广一等奖”，2003年荣获“北京市农口百名优秀中青年专家”称号。杨仁全在主持温室工程产业期间，带领温室公司的年轻人，形成了一个朝气蓬勃的“京鹏”团队，深入分析掌握国内外温室市场的发展趋势，制定了温室产业走高科技、国际化、多元化道路的发展规划、搭建起完善的市场营销网络，加强国际交流合作，精心研制开发新型温室产品，打造出了“京鹏”高效节能日光温室、检疫隔离温室、屋面可开启式连栋温室、绿色生态酒店、特色温室、网室等近20种产品并研制开发了16项专利产品，使“京鹏温室”在国内外市场被公认为品牌温室。现在，北京农业机械研究所的温室公司已发展成为业内销售额最高、市场占有率最大、技术领先、实力雄厚的专业公司。杨仁全担任北京市农业机械研究所所长后，继续致力于农业机械现代化事业，坚持不懈地努力，在农机研发、生产、销售、服务等领域不断改革创新。目前，杨仁全还担任着中国太平洋经济合作全国委员会粮农资源开发委员会委员、《中华园艺》理事、《中国花卉园艺》与《中国供销商情绿化与花卉》等专业刊物编委、中国温室国家标准评审专家等社会职务，并是北京市设施农业技术装备应用协会发起人之一。

（陈之喆　刘大军）

【研发新产品的带头人周新平】 北京金鹰铜业公司铜丝分公司是生产有色金属铜基合金焊接材料的企业。1997年进行环保搬迁后，生产经营处于亏损状态。周新平在2000年担任主管生产经营副经理后，根据市场需求信息，及时果断地将原产品结构调整定位在以铜基合金新产品焊接材料的研发和生产上，半年内先后研制成功铝青铜、铁铝青铜、锡磷青铜等五项有市场竞争力的新产品，并批量投入生产。同时，对高铝青铜原生产工艺进行改造，采用连铸、冷拔制造工艺，使该产品达到国外相关标准，并实现出口创汇。在产品结构调整方案项目完成后，实现效益12万元，扭转了生产经营原亏损局面。2003年，周新平为使企业在市场经济中求得发展，他把全部精力投入到工作中。在五项新产品投入批量生产后，又带领公司科技人员成功研发出CuA18Ni2、CuA18Ni6两项新产品，通过了产品质量鉴定，投入正式生产。大力调整产品结构，坚持以新产品开发为发展方向，使铜丝分公司由2000年亏损近200万元到2001年实现利润100万元，成功地实现了产品市场转型，使企业扭亏为盈。经过开发产品攻关和技术创新，铜丝分公司已发展成为国内有色金属铜基焊料基地。为此，2004年4月周新平被北京市总工会授予首都“五一”劳动奖章。并获得过北京市工业企业优秀科技人员三等奖和北京市工业系统先进教育工作者称号。

（金鹰）

【自强不息的“王牌销售员”金红】　北京国际交换系统有限公司（BISC）是一家中方与德国西门子公司合资的通信设备制造企业，金红任该公司市场销售部大客户部总监。金红进入公司从事销售工作之初，负责东北三省的市场工作，当时偌大的东北仅沈阳电信局有一台BISC公司的产品。金红从协助用户解决问题着手，跑机房、走访运营部门、提供技术支持，半年时间打开了辽宁市场。之后，BISC迅速成长为业内领军企业，年销售额最高达到46亿元。她个人在4年时间内连续取得销售额2亿元、1.5亿元、2.8亿元、1.8亿元的业绩。2001年金红被公司任命为市场部大客户部总监，负责公司对中国铁通的市场工作。她带领4人从铁通总部入手，通过多方努力，半年时间被中国铁通确定为战略合作伙伴，BISC产品入围铁通选用产品名单，被确定为中国铁通交换机主力供应商之一。2002年，中国电信拆分为北方的中国网通和南方的中国电信，BISC决定由金红负责网通的市场工作。当时正值网通集团公司刚刚组建，BISC产品处在转型期，新的产品需推荐，新的客户关系亟待加强。不到一年的时间，BISC新产品ADSL宽带接入设备成功入选中国网通采购名单，并获得大额订单。NGN技术作为电信交换机的新一代换代产品，市场竞争尤其激烈，金红带领手下的团队，通过公关、宣传、演示等，与重庆网通签订了中国第一个NGN商用合同，BISC公司的产品被网通南方公司确定为入围测试的四大主力机型之一。金红为了事业曾多次推迟了做母亲的计划，一年360天更多的时间是在为订单忙碌。她的信条是“做市场先做人”，她的多个销售案例已入选公司和业内销售人员培训教材，她在电信系统和用户拥有良好的口碑，是被业内竞争对手和猎头公司争相追逐的“王牌销售员”。

（电控公司）

【默默奉献的技术专家武进田】　武进田毕业于天津大学，硕士研究生，教授级高级工程师，目前担任北京瑞利分析仪器公司紫外部主管设计。1992年至1993年，他主管合资公司BI100型液相色谱检测仪波长数字显示机构国产化项目。项目成功，国产波长数字显示机构替代进口，为公司节约大量外汇；1996年至1998年，他作为主管设计主持研制WFX－110型原子吸收分光光度计。该产品采用富氧空气－乙炔火焰的控制及安全保护原理，解决了用氧气替代氧化亚氮（费用高，有毒）进行高温火焰分析的技术难题，使得富氧空气－乙炔火焰分析法得以实现。在光机电路软件方面进行了全新设计，使公司的原子吸收产品达到国际先进水平。清洁无毒、费用低、易普及，深受用户欢迎。1998年投产以来，已创造了8030万元人民币的销售收入，于1999年分获北京市科技进步和国家机械工业局科技进步三等奖。1995年至1998年，武进田在公司WFX－100原子吸收分光光度计石墨炉系统的研制工作中，分管该产品光辐射测温系统的研究设计。他将黑体辐射理论应用于测温技术，解决了高温（1200－3300K）快速温度测控的技术难题。该产品的研制成功使公司的石墨炉电源产品技术达国际先进水平。1998年投产以来累计实现销售收入962万元人民币。产品于1999年获国家机械工业局科技进步三等奖。1999年至2001年,武进田作为主管设计,主持研制成功了UV-1600紫外可见光分光光度计。仪器光路上采用半反半透分光技术,将光源的光分为两束,其中一束作为反馈,用以扣除光源波动的影响,极大地降低了仪器的漂移,解决了紫外可见光分光光度计漂移的技术难题。他还对该仪器造型进行研究改进,设计出造型新颖美观、工艺简便、成本低廉的仪器外壳。2000年投产以来已累计实现970万元人民币的销售收入。该产品被列入2002年国家级重点新产品计划及国家技术创新项目。在2003年11月28日召开的北京市第八批有突出贡献的科学、技术、管理专家表彰大会上,北京北分瑞利分析仪器(集团)有限责任公司的武进田被授予"北京市有突出贡献技术专家"称号。 (李建国)

【全国"三八"红旗手单薇】 单薇是资生堂丽源化妆品有限公司生产管理部部长,同时又担任着公司的工会主席,如何处理好这两种职务关系?单薇给自己定下一个原则:在工作中要维护员工的合法权益,同时教育引导员工共同维护企业的利益,促进企业的发展。1996年开发区要求各企业建立工会,由于国情不同,日本人对成立工会不是太理解,开始不同意成立工会,经过激烈的争论后,才达成共识,通过民主选举单薇当选为工会主席。虽然这个主席享受副厂级待遇,但工会的工作只能利用业余时间做,日本老板可能还对你有看法,搞不好会影响评奖升职,面对大家的信任和支持,她没有辜负大家的期望。工会成立后的第一任务是签订集体合同。当时企业和员工都不理解,她耐心解释宣传:劳动合同是企业单方的。集体合同是工会代表员工平等协商的。经过努力,资生堂公司终于成为北京经济技术开发区前三个签订了集体合同的企业之一。经过几年的努力,公司逐渐为员工配置了足球场、篮球场和两块标准塑胶地面的网球场,还有乒乓球室和图书室。单薇认为:身在外资企业,也要有爱国主义的精神,要有民族自豪感。为了不影响工作,除了外籍员工外全部员工提前半小时到公司,在庄严的国歌声中感受爱国主义的情怀。在香港回归等一系列重大政治事件中,工会都举行了升国旗等活动。单薇从近几年的工作中悟出了不少道理,要让工会充分发挥作用,得到外企老板的认可和支持,就必须严格要求自己,让外方老板知道中国的员工是这样出色。单薇15岁到内蒙古建设兵团,坎坷的经历磨练了她的意志,她时刻以党员的标准严格要求自己,她管理的130多名员工都把她当亲人,就连婆媳吵架、丈夫工作去留、买房子装修甚至穿什么衣服都会找单薇商量。单薇每年农历的大年三十都和工会委员带着慰问品和热情洋溢的慰问信,到各个商场慰问节日坚持工作的美容顾问。几年前,单薇是生产管理部的副部长,她为了和日方管理人员更好地交流和管理生产,积极学习日语和各类知识。她每天都要到生产现场检查进度,发现问题及时解决,还观察每位员工的情绪及时谈心,消除不良情绪。2003年春季非典侵袭北京,她为公司员工订购了预防非典的中药,星期天带领工会委员兵分三路将几吨重的中成药送到各商场每一位员工手中。2003年公司、日本本部为单薇颁发了"特殊贡献奖"。她还连续几年被评为北京经济技术开发区工会"双爱、双评"先进个人,2000年被评为北京市总工会“优秀职工之友”,2002年荣获北京市首都“五一”劳动奖章。她还出席了北京市第九次党代会,是与会的唯一位非公企业女党员代表,成为了当时媒体争相报道的热点。（王玉婵）

【“星火示范”先进个人胡新年】 北京市丰台区榆树庄构件厂厂长胡新年,十多年来,把过去只能生产小型预制构件的村办企业,发展为年生产构件达10万立方米,商品混凝土年生产40万立方米以上的大中型乡镇企业。胡新年重视科学技术和尊重人才。1992年10月他接收了辞职来厂的8名科技人员。这些人在原单位有的是机械工程师,有的是混凝土专业高级工程师,有的是管理人才。为了调动他们的积极性,胡新年在政治上关心他们,在厂领导班子的培养下,没有几年8名科技人员都发展成为中共党员。胡新年还从生活上为他们解决实际困难,考虑8名科技人员没有住房,在当时企业比较困难的情况下,想尽一切办法为每人购买了两居室。有一年一名总工患了骨癌,厂领导班子召开会议专门研究,从企业的福利费中拿出了42万元为他治病。胡新年对人才的重用和一片赤诚深深打动了所有的外聘人员。十几年来,在胡新年的领导下,榆树庄构件厂飞速发展,北京市很多重点工程都采用了该厂的产品。如:中央军委大楼、长安街光大大厦、国际俱乐部改造工程、北京工艺美术服务部、天宁寺大城广场、石景山区委办公大楼、燕京啤酒集团写字楼、北京市四环、五环和京沈高速公路工程等,现在企业还正在为2008年北京奥运会准备天津泰达足球场的看台板。另外,东北大连软件园全国首家清水幕墙板、河北省石家庄东方购物中心、山东威海中信银行大厦等外埠工程不但为北京争了光,而且还开创了构件行业跨省销售的先河。面对激烈竞争的市场,胡新年采取了“人无我有,人有我优,人优我廉,人廉我转”的经营策略,使产品不断更新。2003年北京西客站和北京站站台扩建工程,施工单位点名就要榆树庄构件厂的产品。胡新年所领导的榆树庄构件厂不但打出了品牌,打出了知名度而且促进了经济发展。1990年榆树庄构件厂全年销售收入1601万元,2003年实现1.73亿元。榆树庄构件厂被中华人民共和国农业部授予“全国乡镇企业科技进步先进单位”、北京市建委批准的“二级企业”、“北京市乡镇百强企业”、“北京市星火示范企业”,1995年获得国家统计局中国技术进步评价中心、中国建筑标准设计研究所颁发的“全国建筑标准设计推广优秀产品奖”,并确认为“中一型乡镇企业”,1998年通过了ISO9002国际标准质量认证。胡新年1995年被评为北京市劳动模范,2003年被科技部、农业部授予“星火示范先进个人”。（榆树庄构件厂）

【科技管理创新的领跑者钱凯】 首钢股份公司总经理钱凯,1983年大学毕业,1988年赴法国进修,1991年获得燃气与热能工程双硕士学位后回国。1993年,他编制国外大型电站锅炉的热力计算程序,为首钢廉价引进二手设备提供了选型和改造依据。1995年,他为国内第一座以重油为燃料生产氧化球团的竖炉设计燃烧器和快速点火方法,效益显著,同时提出了用石油硬沥青水浆替代重油的高科技含量新方案。他在《中国科协第一届学术年会文集》发表了“梁底组合式步进加热炉数字模型及计算机仿真研究”论文;他领导的课题组解决了首钢自备电站220吨锅炉全烧低热值高炉煤气的关键问题，年效益2200万元以上，这项专利技术获得首钢重大科技项目奖和中国优秀专利金奖。钱凯先后被评为首钢劳模、首钢专家、全国冶金系统杰出科技青年，北京市有突出贡献的专家，获得首都劳动奖章和国务院批准的专家津贴。1997年，钱凯调任炼铁厂副厂长之后，在推动节能、环保技术创新上做了大量的工作，热风炉冷风及烟气流场匹配技术的研究应用，年效益1200万元以上。2000年首钢进入结构调整最艰难的阶段，38岁的钱凯调任首钢技术研究院第一副院长。让他始料不及的是：这一个曾经创新了中国“三高一喷”炼铁新技术、首创氧气顶吹炼钢的功勋单位，在全国企业技术中心的排名下滑到第一百二十一位，迎接他的是37名技术骨干的请调报告。困难再大不浮躁，因为钱凯清楚地知道人才在企盼什么，首钢在期待什么。他在院长（首钢总工程师）和总公司党委支持下，求真务实地改革科技运行机制，调动科技人员的积极性，用海纳百川的胸怀凝聚人心。技术研究院作为首钢研究开发新技术、新产品和增产高科技含量、高附加值产品的龙头，三年跨出三大步，“双高”产品在首钢钢材产量中所占的比重2003年提高到38.34%，比普通产品增收6.75亿元；新产品的比重提高到21.23%，5项科研成果达到国际先进水平，11项成果达到国内领先水平，科技成果在生产中应用的效益达到7.3亿元以上，有力地推动了首钢的技术升级和产品换代。科技人才的队伍不断壮大，该院有享受政府津贴的专家7人，博士16人，在读博士9人，高级职称138人，与成果和效益直接挂钩的“技术官”收入分配机制体现了人才第一资源的价值。经国家发改委认定，2003年首钢技术研究院在301家企业技术中心的排名上升到第十位，冶金企业的第二位。同年，钱凯获得全国“五一”劳动奖章。

（宋科匠）

【用心血塑铸艺苑之花的郭孝儒】 郭孝儒1921年7月13日出生于北京市，1938年入北平国立艺术专科学校学习雕塑，毕业后留校任助教。1947年到北平师范大学工艺美术系任教。1949年北平和平解放后，他加入了华北大学美术供应社，从事设计制作奖章、证章等工作。中华人民共和国成立前夕，他参与了国徽的研制工作，利用超薄塑技法和光学折射原理解决了制作国徽浮雕标准样的难题。后来，他相继承担了为民主德国大使馆创作《马克思胸像》，为捷克斯洛伐克大使馆塑造《哥特瓦尔德胸像》以及在任弼时同志逝世后，为任弼时创作胸像等任务。还为“毛泽东号机车”创作了悬挂在车头前的浮雕像，为纪念孙中山诞辰100周年，1954年受全国政协委托，他创作出经宋庆龄审定的《孙中山雕像》。1956年为历史博物馆创作了《张衡胸像》，受中央军委委托创作《黄继光胸像》等。1958年，郭孝儒调到北京市二轻局筹备装潢设计室，后转入北京市工艺美术研究所从事纪念章、奖章和手工艺品的设计。1971年，他设计制作的《万里长城》浮雕获全国美术展览二等奖；他为新西兰友好人士路易·艾黎80寿辰刻制的浮雕像由新西兰博物馆珍藏。此外，他还创作了周恩来青铜浮雕像、鲁迅浮雕像。20世纪80年代，他创作有《中医大师张仲景像》、《胡志明像》，毛泽东、周恩来、朱德等伟人纪念币。1989年为北京市政府领导访日，设计制作了《铃木正一》浮雕像。1990年承塑了陈嘉庚、郑成功、鉴真大师纪念币，以及《铁人王进喜》雕像。郭孝儒30多岁时妻子就去世了，曾有不少人为他说亲，他都婉言谢绝。他和女儿相依为命，每日除照顾幼女的生活外，只一门心思扑在雕塑工艺上，创作出了一件件被博物馆收藏的艺术精品。1993年，郭孝儒被轻工业部授予“中国工艺美术大师”称号，2003年1月由北京市经委认定为“北京市工艺美术特级大师”。2003年6月27日，郭孝儒因病逝世。

（李老汉）

法规政策文件

中华人民共和国国务院令

第 378 号

《企业国有资产监督管理暂行条例》已经 2003 年 5 月 13 日国务院第 8 次常务会议讨论通过，现予公布，自公布之日起施行。

总理 温家宝

二〇〇三年五月二十七日

企业国有资产监督管理暂行条例

第一章 总 则

第一条 为建立适应社会主义市场经济需要的国有资产监督管理体制，进一步搞好国有企业，推动国有经济布局和结构的战略性调整，发展和壮大国有经济，实现国有资产保值增值，制定本条例。

第二条 国有及国有控股企业、国有参股企业中的国有资产的监督管理，适用本条例。

金融机构中的国有资产的监督管理，不适用本条例。

第三条 本条例所称企业国有资产，是指国家对企业各种形式的投资和投资所形成的权益，以及依法认定为国家所有的其他权益。

第四条 企业国有资产属于国家所有。国家实行由国务院和地方人民政府分别代表国家履行出资人职责，享有所有者权益，权利、义务和责任相统一，管资产和管人、管事相结合的国有资产管理体制。

第五条 国务院代表国家对关系国民经济命脉和国家安全的大型国有及国有控股、国有参股企业，重要基础设施和重要自然资源等领域的国有及国有控股、国有参股企业，履行出资人职责。国务院履行出资人职责的企业，由国务院确定、公布。

省、自治区、直辖市人民政府和设区的市、自治州级人民政府分别代表国家对由国务院履行出资人职责以外的国有及国有控股、国有参股企业，履行出资人职责。其中，省、自治区、直辖市人民政府履行出资人职责的国有及国有控股、国有参股企业，由省、自治区、直辖市人民政府确定、公布，并报国务院国有资产监督管理机构备案；其他由设区的市、自治州级人民政府履行出资人职责的国有及国有控股、国有参股企业，由设区的市、自治州级人民政府确定、公布，并报省、自治区、直辖市人民政府国有资产监督管理机构备案。

国务院，省、自治区、直辖市人民政府，设区的市、自治州级人民政府履行出资人职责的企业，以下统称所出资企业。

第六条 国务院，省、自治区、直辖市人民政府，设区的市、自治州级人民政府，分别设立国有资产监督管理机构。国有资产监督管理机构根据授权，依法履行出资人职责，依法对企业国有资产进行监督管理。

企业国有资产较少的设区的市、自治州，经省、自治区、直辖市人民政府批准，可以不单独设立国有资产监督管理机构。

第七条 各级人民政府应当严格执行国有资产管理法律、法规，坚持政府的社会公共管理职能与国有资产出资人职能分开，坚持政企分开，实行所有权与经营权分离。

国有资产监督管理机构不行使政府的社会公共管理职能，政府其他机构、部门不履行企业国有资产出资人职责。

第八条 国有资产监督管理机构应当依照本条例和其他有关法律、行政法规的规定，建立健全内部监督制度，严格执行法律、行政法规。

第九条 发生战争、严重自然灾害或者其他重大、紧急情况时，国家可以依法统一调用、处置企业国有资产。

第十条 所出资企业及其投资设立的企业，享有有关法律、行政法规规定的企业经营自主权。

国有资产监督管理机构应当支持企业依法自主经营，除履行出资人职责以外，不得干预企业的生产经营活动。

第十一条 所出资企业应当努力提高经济效益，对其经营管理的企业国有资产承担保值增值责任。

所出资企业应当接受国有资产监督管理机构依法实施的监督管理，不得损害企业国有资产所有者和其他出资人的合法权益。

第二章 国有资产监督管理机构

第十二条 国务院国有资产监督管理机构是代表国务院履行出资人职责、负责监督管理企业国有资产的直属特设机构。

省、自治区、直辖市人民政府国有资产监督管理机构，设区的市、自治州级人民政府国有资产监督管理机构是代表本级政府履行出资人职责、负责监督管理企业国有资产的直属特设机构。

上级政府国有资产监督管理机构依法对下级政府的国有资产监督管理工作进行指导和监督。

第十三条 国有资产监督管理机构的主要职责是：

(一)依照《中华人民共和国公司法》等法律、法规，对所出资企业履行出资人职责，维护所有者权益；

(二)指导推进国有及国有控股企业的改革和重组；

(三)依照规定向所出资企业派出监事会；

(四)依照法定程序对所出资企业的企业负责人进行任免、考核，并根据考核结果对其进行奖惩；

(五)通过统计、稽核等方式对企业国有资产的保值增值情况进行监管；

(六)履行出资人的其他职责和承办本级政府交办的其他事项。

国务院国有资产监督管理机构除前款规定职责外，可以制定企业国有资产监督管理的规章、制度。

第十四条 国有资产监督管理机构的主要义务是：

(一)推进国有资产合理流动和优化配置，推动国有经济布局和结构的调整；

(二)保持和提高关系国民经济命脉和国家安全领域国有经济的控制力和竞争力，提高国有经济的整体素质；

(三)探索有效的企业国有资产经营体制和方式，加强企业国有资产监督管理工作，促进企业国有资产保值增值，防止企业国有资产流失；

(四)指导和促进国有及国有控股企业建立现代企业制度，完善法人治理结构，推进管理现代化；

(五)尊重、维护国有及国有控股企业经营自主权，依法维护企业合法权益，促进企业依法经营管理，增强企业竞争力；

(六)指导和协调解决国有及国有控股企业改革与发展中的困难和问题。

第十五条 国有资产监督管理机构应当向本级政府报告企业国有资产监督管理工作、国有资产保值增值状况和其他重大事项。

第三章 企业负责人管理

第十六条 国有资产监督管理机构应当建立健全适应现代企业制度要求的企业负责人的选用机制和激励约束机制。

第十七条 国有资产监督管理机构依照有关规定，任免或者建议任免所出资企业的企业负责人：

(一)任免国有独资企业的总经理、副总经理、总会计师及其他企业负责人;

(二)任免国有独资公司的董事长、副董事长、董事,并向其提出总经理、副总经理、总会计师等的任免建议;

(三)依照公司章程,提出向国有控股的公司派出的董事、监事人选,推荐国有控股的公司的董事长、副董事长和监事会主席人选,并向其提出总经理、副总经理、总会计师人选的建议;

(四)依照公司章程,提出向国有参股的公司派出的董事、监事人选。

国务院,省、自治区、直辖市人民政府,设区的市、自治州级人民政府,对所出资企业的企业负责人的任免另有规定的,按照有关规定执行。

第十八条 国有资产监督管理机构应当建立企业负责人经营业绩考核制度,与其任命的企业负责人签订业绩合同,根据业绩合同对企业负责人进行年度考核和任期考核。

第十九条 国有资产监督管理机构应当依照有关规定,确定所出资企业中的国有独资企业、国有独资公司的企业负责人的薪酬;依据考核结果,决定其向所出资企业派出的企业负责人的奖惩。

第四章 企业重大事项管理

第二十条 国有资产监督管理机构负责指导国有及国有控股企业建立现代企业制度,审核批准其所出资企业中的国有独资企业、国有独资公司的重组、股份制改造方案和所出资企业中的国有独资公司的章程。

第二十一条 国有资产监督管理机构依照法定程序决定其所出资企业中的国有独资企业、国有独资公司的分立、合并、破产、解散、增减资本、发行公司债券等重大事项。其中,重要的国有独资企业、国有独资公司分立、合并、破产、解散的,应当由国有资产监督管理机构审核后,报本级人民政府批准。

国有资产监督管理机构依照法定程序审核、决定国防科技工业领域其所出资企业中的国有独资企业、国有独资公司的有关重大事项时,按照国家有关法律、规定执行。

第二十二条 国有资产监督管理机构依照公司法的规定,派出股东代表、董事,参加国有控股的公司、国有参股的公司的股东会、董事会。

国有控股的公司、国有参股的公司的股东会、董事会决定公司的分立、合并、破产、解散、增减资本、发行公司债券、任免企业负责人等重大事项时,国有资产监督管理机构派出的股东代表、董事,应当按照国有资产监督管理机构的指示发表意见、行使表决权。

国有资产监督管理机构派出的股东代表、董事,应当将其履行职责的有关情况及时向国有资产监督管理机构报告。

第二十三条 国有资产监督管理机构决定其所出资企业的国有股权转让。其中,转让全部国有股权或者转让部分国有股权致使国家不再拥有控股地位的,报本级人民政府批准。

第二十四条 所出资企业投资设立的重要子企业的重大事项,需由所出资企业报国有资产监督管理机构批准的，管理办法由国务院国有资产监督管理机构另行制定，报国务院批准。

第二十五条 国有资产监督管理机构依照国家有关规定组织协调所出资企业中的国有独资企业、国有独资公司的兼并破产工作，并配合有关部门做好企业下岗职工安置等工作。

第二十六条 国有资产监督管理机构依照国家有关规定拟订所出资企业收入分配制度改革的指导意见，调控所出资企业工资分配的总体水平。

第二十七条 所出资企业中的国有独资企业、国有独资公司经国务院批准，可以作为国务院规定的投资公司、控股公司，享有公司法第十二条规定的权利；可以作为国家授权投资的机构，享有公司法第二十条规定的权利。

第二十八条 国有资产监督管理机构可以对所出资企业中具备条件的国有独资企业、国有独资公司进行国有资产授权经营。

被授权的国有独资企业、国有独资公司对其全资、控股、参股企业中国家投资形成的国有资产依法进行经营、管理和监督。

第二十九条 被授权的国有独资企业、国有独资公司应当建立和完善规范的现代企业制度，并承担企业国有资产的保值增值责任。

第五章 企业国有资产管理

第三十条 国有资产监督管理机构依照国家有关规定，负责企业国有资产的产权界定、产权登记、资产评估监管、清产核资、资产统计、综合评价等基础管理工作。

国有资产监督管理机构协调其所出资企业之间的企业国有资产产权纠纷。

第三十一条 国有资产监督管理机构应当建立企业国有资产产权交易监督管理制度，加强企业国有资产产权交易的监督管理，促进企业国有资产的合理流动，防止企业国有资产流失。

第三十二条 国有资产监督管理机构对其所出资企业的企业国有资产收益依法履行出资人职责；对其所出资企业的重大投融资规划、发展战略和规划，依照国家发展规划和产业政策履行出资人职责。

第三十三条 所出资企业中的国有独资企业、国有独资公司的重大资产处置，需由国有资产监督管理机构批准的，依照有关规定执行。

第六章 企业国有资产监督

第三十四条 国务院国有资产监督管理机构代表国务院向其所出资企业中的国有独资企业、国有独资公司派出监事会。监事会的组成、职权、行为规范等，依照《国有企业监事会暂行条例》的规定执行。

地方人民政府国有资产监督管理机构代表本级人民政府向其所出资企业中的国有独

资企业、国有独资公司派出监事会,参照《国有企业监事会暂行条例》的规定执行。

第三十五条 国有资产监督管理机构依法对所出资企业财务进行监督,建立和完善国有资产保值增值指标体系,维护国有资产出资人的权益。

第三十六条 国有及国有控股企业应当加强内部监督和风险控制,依照国家有关规定建立健全财务、审计、企业法律顾问和职工民主监督等制度。

第三十七条 所出资企业中的国有独资企业、国有独资公司应当按照规定定期向国有资产监督管理机构报告财务状况、生产经营状况和国有资产保值增值状况。

第七章 法律责任

第三十八条 国有资产监督管理机构不按规定任免或者建议任免所出资企业的企业负责人,或者违法干预所出资企业的生产经营活动,侵犯其合法权益,造成企业国有资产损失或者其他严重后果的,对直接负责的主管人员和其他直接责任人员依法给予行政处分;构成犯罪的,依法追究刑事责任。

第三十九条 所出资企业中的国有独资企业、国有独资公司未按照规定向国有资产监督管理机构报告财务状况、生产经营状况和国有资产保值增值状况的,予以警告;情节严重的,对直接负责的主管人员和其他直接责任人员依法给予纪律处分。

第四十条 国有及国有控股企业的企业负责人滥用职权、玩忽职守,造成企业国有资产损失的,应负赔偿责任,并对其依法给予纪律处分;构成犯罪的,依法追究刑事责任。

第四十一条 对企业国有资产损失负有责任受到撤职以上纪律处分的国有及国有控股企业的企业负责人,5 年内不得担任任何国有及国有控股企业的企业负责人;造成企业国有资产重大损失或者被判处刑罚的,终身不得担任任何国有及国有控股企业的企业负责人。

第八章 附 则

第四十二条 国有及国有控股企业、国有参股企业的组织形式、组织机构、权利和义务等,依照《中华人民共和国公司法》等法律、行政法规和本条例的规定执行。

第四十三条 国有及国有控股企业、国有参股企业中中国共产党基层组织建设、社会主义精神文明建设和党风廉政建设,依照《中国共产党章程》和有关规定执行。

国有及国有控股企业、国有参股企业中工会组织依照《中华人民共和国工会法》和《中国工会章程》的有关规定执行。

第四十四条 国务院国有资产监督管理机构,省、自治区、直辖市人民政府可以依据本条例制定实施办法。

第四十五条 本条例施行前制定的有关企业国有资产监督管理的行政法规与本条例不一致的,依照本条例的规定执行。

第四十六条 政企尚未分开的单位,应当按照国务院的规定,加快改革,实现政企分开。政企分开后的企业，由国有资产监督管理机构依法履行出资人职责，依法对企业国有资产进行监督管理。

第四十七条 本条例自公布之日起施行。

关于规范国有企业改制工作的意见

国办发[2003]96号

党的“十五大”以来，各地认真贯彻国有经济有进有退、有所为有所不为的方针，积极推进国有经济布局和结构调整，探索公有制的多种有效实现形式和国有企业改制的多种途径，取得了显著成效，积累了宝贵经验。但前一阶段国有企业改制工作中出现了一些不够规范的现象，造成国有资产的流失。国有企业改制是一项政策性很强的工作，涉及出资人、债权人、企业和职工等多方面的利益，既要积极探索，又要规范有序。为全面贯彻落实党中央关于国有经济布局结构调整和国有企业改革的精神，保证国有企业改制工作健康、有序、规范地进行，现提出以下意见：

一、健全制度，规范运作

（一）批准制度。国有企业改制应采取重组、联合、兼并、租赁、承包经营、合资、转让国有产权和股份制、股份合作制等多种形式进行。国有企业改制，包括转让国有控股、参股企业国有股权或者通过增资扩股来提高非国有股的比例等，必须制订改制方案。方案可由改制企业国有产权持有单位制订，也可由其委托中介机构或者改制企业（向本企业经营管理者转让国有产权的企业和国有参股企业除外）制订。国有企业改制方案需按照《企业国有资产监督管理暂行条例》（国务院令第378号，以下简称《条例》）和国务院国有资产监督管理委员会（以下简称国资委）的有关规定履行决定或批准程序，未经决定或批准不得实施。国有企业改制涉及财政、劳动保障等事项的，需预先报经同级人民政府有关部门审核，批准后报国有资产监督管理机构协调审批；涉及政府社会公共管理审批事项的，依照国家有关法律法规，报经政府有关部门审批；国有资产监督管理机构所出资企业改制为国有股不控股或不参股的企业（以下简称非国有的企业），改制方案需报同级人民政府批准；转让上市公司国有股权审批暂按现行规定办理，并由国资委会同证监会抓紧研究提出完善意见。

（二）清产核资。国有企业改制，必须对企业各类资产、负债进行全面认真的清查，做到账、卡、物、现金等齐全、准确、一致。要按照“谁投资、谁所有、谁受益”的原则，核实和界定国有资本金及其权益，其中国有企业借贷资金形成的净资产必须界定为国有产权。企业改制中涉及资产损失认定与处理的，必须按有关规定履行批准程序。改制企业法定代表人和财务负责人对清产核资结果的真实性、准确性负责。

（三）财务审计。国有企业改制，必须由直接持有该国有产权的单位决定聘请具备资格的会计师事务所进行财务审计。凡改制为非国有的企业，必须按照国家有关规定对企业法定代表人进行离任审计。改制企业必须按照有关规定向会计师事务所或政府审计部门提供有关财务会计资料和文件,不得妨碍其办理业务。任何人不得授意、指使、强令改制企业会计机构、会计人员提供虚假资料文件或违法办理会计事项。

(四)资产评估。国有企业改制,必须依照《国有资产评估管理办法》(国务院令第91号)聘请具备资格的资产评估事务所进行资产和土地使用权评估。国有控股企业进行资产评估,要严格履行有关法律法规规定的程序。向非国有投资者转让国有产权的,由直接持有该国有产权的单位决定聘请资产评估事务所。企业的专利权、非专利技术、商标权、商誉等无形资产必须纳入评估范围。评估结果由依照有关规定批准国有企业改制和转让国有产权的单位核准。

(五)交易管理。非上市企业国有产权转让要进入产权交易市场,不受地区、行业、出资和隶属关系的限制,并按照《企业国有产权转让管理暂行办法》的规定,公开信息,竞价转让。具体转让方式可以采取拍卖、招投标、协议转让以及国家法律法规规定的其他方式。

(六)定价管理。向非国有投资者转让国有产权的底价,或者以存量国有资产吸收非国有投资者投资时国有产权的折股价格,由依照有关规定批准国有企业改制和转让国有产权的单位决定。底价的确定主要依据资产评估的结果,同时要考虑产权交易市场的供求状况、同类资产的市场价格、职工安置、引进先进技术等因素。上市公司国有股转让价格在不低于每股净资产的基础上,参考上市公司盈利能力和市场表现合理定价。

(七)转让价款管理。转让国有产权的价款原则上应当一次结清。一次结清确有困难的,经转让和受让双方协商,并经依照有关规定批准国有企业改制和转让国有产权的单位批准,可采取分期付款的方式。分期付款时,首期付款不得低于总价款的30%,其余价款应当由受让方提供合法担保,并在首期付款之日起一年内支付完毕。转让国有产权的价款优先用于支付解除劳动合同职工的经济补偿金和移交社会保障机构管理职工的社会保险费,以及偿还拖欠职工的债务和企业欠缴的社会保险费,剩余价款按照有关规定处理。

(八)依法保护债权人利益。国有企业改制要征得债权金融机构同意,保全金融债权,依法落实金融债务,维护其他债权人的利益。要严格防止利用改制逃废金融债务,金融债务未落实的企业不得进行改制。

(九)维护职工合法权益。国有企业改制方案和国有控股企业改制为非国有的企业的方案,必须提交企业职工代表大会或职工大会审议,充分听取职工意见。其中,职工安置方案需经企业职工代表大会或职工大会审议通过后方可实施改制。改制为非国有的企业,要按照有关政策处理好改制企业与职工的劳动关系。改制企业拖欠职工的工资、医疗费和挪用的职工住房公积金以及企业欠缴的社会保险费等要按有关规定予以解决。改制后的企业要按照有关规定按时足额交纳社会保险费,及时为职工接续养老、失业、医疗、工伤、生育等各项社会保险关系。

(十)管理层收购。向本企业经营管理者转让国有产权必须严格执行国家的有关规定,以及本指导意见的各项要求,并需按照有关规定履行审批程序。向本企业经营管理者转让国有产权方案的制订,由直接持有该企业国有产权的单位负责或其委托中介机构进行，经营管理者不得参与转让国有产权的决策、财务审计、离任审计、清产核资、资产评估、底价确定等重大事项，严禁自卖自买国有产权。经营管理者筹集收购国有产权的资金，要执行《贷款通则》的有关规定，不得向包括本企业在内的国有及国有控股企业借款，不得以这些企业的国有产权或实物资产做标的物为融资提供保证、抵押、质押、贴现等。经营管理者对企业经营业绩下降负有责任的，不得参与收购本企业国有产权。

二、严格监督，追究责任

各级监察机关、国有资产监督管理机构和其他有关部门，要加强联系、密切配合，加大对国有企业改制工作的监督检查力度。通过建立重要事项通报制度和重大案件报告制度，以及设立并公布举报电话和信箱等办法，及时发现和严肃查处国有企业改制中的违纪违法案件。对国有资产监督管理机构工作人员、企业领导人员利用改制之机转移、侵占、侵吞国有资产的，隐匿资产、提供虚假会计资料造成国有资产流失的，营私舞弊、与买方串通低价转让国有产权的，严重失职、违规操作、损害国家和群众利益的，要进行认真调查处理。其中涉嫌犯罪的，依法移交司法机关处理；造成国有资产损失的，按照《条例》的规定，追究有关责任人的赔偿责任。对中介机构弄虚作假、提供虚假审计报告、故意压低评估价格等违规违法行为，要加大惩处力度；国有资产监督管理机构和国有及国有控股企业不得再聘请该中介机构及其责任人从事涉及国有及国有控股企业的中介活动。

为加快建设和完善产权交易市场体系，确保产权交易公开、公平、公正，由法制办会同国资委、财政部等有关部门研究有关产权交易市场的法规和监管制度，各地依照法律法规及有关规定，根据实际情况制订具体实施细则。

三、精心组织，加强领导

（一）全国准确理解国有经济布局和结构调整战略方针，坚持党的“十六大”提出的必须毫不动摇地巩固和发展公有制经济，必须毫不动摇地鼓励、支持和引导非公有制经济发展的方针。国有企业改制要坚持国有经济控制重要行业和关键领域，提高国有经济的控制力、影响力和带动力。在其他行业和领域，国有企业通过重组改制、结构调整、深化改革、转换机制，在市场竞争中实现优胜劣汰。

（二）在国有企业改制工作中，各地区要防止和纠正不顾产权市场供求状况及其对价格形成的影响作用、不计转让价格和收益，下指标、限时间、赶进度，集中成批向非国有投资者转让国有产权的做法。防止和避免人为造成买方市场、低价处置和贱卖国有资产的现象。

（三）国有企业改制要从企业实际出发，着眼于企业的发展。要建立竞争机制，充分考虑投资者搞好企业的能力，选择合格的投资者参与国有企业改制，引入资金、技术、管理、市场、人才等资源增量，推动企业制度创新、机制转换、盘活资产、扭亏脱困和增加就业，促进企业加快发展。

（四）地方各级人民政府及其国有资产监督管理机构、国有及国有控股企业，要高度重视国有企业改制工作，全面理解和正确贯彻党中央、国务院有关精神，切实负起责任，加强组织领导。要从实际出发，把握好改制工作的力度和节奏。在国有企业改制的每一个环节都要做到依法运作，规范透明，落实责任。上级国有资产监督管理机构要加强对下级国有资产监督管理机构的指导和监督，及时总结经验，发现和纠正国有企业改制工作中存在的问题，促进国有资产合理流动和重组，实现国有资产保值增值，更好地发挥国有经济的主导作用。

北京市关于境外投资者和境内非公有制经济组织并购国有工业企业暂行办法

京政发[2003]21号

第一条 为加快首都经济发展，振兴现代制造业，做大本市工业经济总量，鼓励、引导和规范境外投资者和境内非公有制经济组织（以下简称并购方）并购本市国有及国有控股工业企业（不含上市公司，以下简称国有企业），促进国有企业的战略性改组，依据《中华人民共和国公司法》及其他有关法律、法规及规章，制定本办法。

第二条 本办法适用于下列并购情形：

（一）国有企业的国有产权持有人将全部或部分产权转让给并购方；

（二）国有企业的国有股权持有人将全部或部分国有股权转让给并购方；

（三）国有企业将企业的全部或部分资产出售给并购方，并购方以所购买的资产独自或与出售资产的企业等共同设立新企业；

（四）国有企业通过增资扩股吸收投资，将该企业进行改组。

第三条 市产权交易机构为并购双方提供并购信息、并购申请、评估交易等事项的服务。

第四条 并购程序：

（一）国有企业实施并购，应当优先采用公开竞价方式确定并购方及交易价格。采用公开竞价方式的，应当依法履行有关手续，并将相关情况予以公告。采用协议方式的，应当实行挂牌交易。

（二）国有资产授权经营单位组织被并购企业进行资产清查、产权界定、债权债务清理、财务审计和资产评估。

（三）并购双方在达成并购意向的基础上，制定并购方案。并购方案主要包括转让产权、股权或出售资产的基本情况、人员安置、债权债务处置、转让（出售）比例、交易价格、付款方式及条件、产权交割事项以及企业重整等内容。

（四）被并购企业应向职工代表大会通报并购方案，充分听取职工意见，其中职工分流安置方案须经职工代表大会审议通过。

（五）产权交易合同须经国有资产授权经营单位审核，由并购双方签订，并在市产权交易机构办理产权交割手续。

第五条 资产评估和交易：

(一)按照公开、公平、公正的原则,由并购双方协商或采用招标方式,共同委托具有合格资质的评估机构。资产评估可采用国际通行的评估方法。并购当事人须以拟转让产权、股权或拟出售资产的评估结果作为确定交易价格的依据。

(二)交易值与评估值的差额通过以下方式认定:

采用拍卖、招标方式实施并购的,按照《北京市产权交易管理规定》(市政府 90 号令),以评估值作为底价;交易价格低于底价 90%的,报国有资产授权经营单位或者主管部门备案。

采用协议方式实施并购、交易值与评估值的差额在 20%以内的,由国有资产授权经营单位认定;交易值与评估值的差额超过 20%的,由市国有资产监督管理机构认定。认定机构应聘请专家委员会对交易过程进行评审。上述认定工作应在 30 个工作日内完成。

(三)被并购企业发生资产损失,需要核减国有权益时,按市财政局、市审计局《关于印发〈北京市国有企业资产损失认定处理试行办法〉的通知》(京财企一〔2002〕707 号)执行。由于产权、股权转让或资产出售以及人员分流安置、剥离移交非经营性资产导致的国有资产授权经营单位国家资本金下降,由市国有资产监督管理机构相应核减对国有资产授权经营单位的考核指标。对于国家资本金不减少,而需核减其他资产项目并在当期损益中体现的,由国有资产授权经营单位核准,报市国有资产监督管理机构备案。

第六条 并购方一般应当在企业法人营业执照颁发之日起 3 个月内支付全部价款。确有特殊情况的,经国有资产授权经营单位同意,并购方应在营业执照颁发之日起 6 个月内支付价款总额的 60%,其余价款应当依法提供担保,在营业执照颁发之日起 12 个月内付清。

改组为外商投资企业并增加注册资本的,可以按照外商投资企业有关分期缴资的规定办理缴资手续。

第七条 妥善解决企业债仅债务和担保问题:

(一)并购双方须与债权人充分协商,妥善解决债务和担保问题。国有资产授权经营单位应统筹考虑,就统贷统还、解决为国有企业担保和国有企业之间互相担保等问题提出处置方案,并与并购方和债权人达成一致意见。

(二)产权、股权并购的,并购后的企业继承被并购企业的债权债务;资产并购的,出售资产的企业债权债务仍由本企业承担。

并购双方、债仅人可以对被并购企业的债权债务的处置另行达成协议,但该协议不得损害第三方利益和社会公共利益。

(三)拟出售资产的国有企业有外国政府贷款或世界银行、亚洲开发银行贷款的,按照《国务院批转财政部、国家计委关于进一步加强外国政府贷款管理若干意见的通知》(国发〔2000〕15 号)和《财政部关于印发〈国际金融组织与日本国际协力银行贷款管理暂行规定〉的通知》(财际字〔2000〕1 号)的有关规定办理。

第八条 被并购企业用地处置方式:

(一)并购前,应由国有资产授权经营单位会同土地行政管理部门,明确界定企业的经营性和非经营性用地范围。

(二)被并购企业的工业性质和经营性用地,如维持并购前的土地用途,或转让土地使用权而符合《北京市实施国土资源部〈划拨用地目录〉细则》(以下简称《划拨用地目录细则》),或改变土地用途而符合《划拨用地目录细则》,可暂按划拨方式使用,划拨期限依据《划拨用地目录细则》的有关规定执行。

(三)被并购企业的经营性用地继续以划拨方式使用的,可根据划拨土地的平均取得和开发成本,评定划拨土地使用权价格,作为原土地使用者的权益,计入被并购企业的资产,经土地行政管理部门批准,可依法转让,抵押。

(四)转让土地使用权且不符合《划拨用地目录细则》的,应依法办理土地出让或土地租赁手续。改变土地用途且不符合《划拨用地目录细则》的,应依法办理土地有偿使用手续,并按照《北京市人民政府办公厅转发市国土房管局等部门关于停止经营性项目国有土地使用权协议出让有关规定的通知》(京政办发〔2002〕33 号)执行。土地受让方缴纳地价款后,其中土地出让金部分参照市经委等部门制定的《北京市推进污染扰民企业搬迁加快产业结构调整实施办法》(〔99〕京经规划字第 200 号)有关规定,用于支付国有企业并购成本。

(五)被并购企业的非工业性质的经营性用地,并购后不改变土地用途并维持现状使用的,可按协议出让方式办理土地有偿使用手续;如规划用途调整后仍为经营性用地的,按京政办发〔2002〕33 号文件有关规定执行。

(六)并购需要办理国有土地使用权出让手续的,土地出让年限可在国家规定的最高年限内,由双方议定。

(七)以划拨方式取得土地使用权的,并购后未经土地行政管理部门批准,不得以该划拨土地使用权进行转让、抵押。

第九条 妥善安置被并购企业的在职职工和离退休人员:

并购后企业控制权转移或企业全部或主要经营资产出售的,国有资产授权经营单位和被并购企业必须制定妥善安置职工的方案。被并购企业应以现有资产清偿拖欠职工的各项费用。被并购企业与职工实现双向选择。对留用职工依法重新签订或变更劳动合同。对解除劳动合同的职工要依法支付经济补偿金。

被并购企业在职职工的安置和离退休人员的管理服务具体事项按照《北京市关于境外投资者和境内非公有制经济组织并购国有工业企业人员分流安置暂行办法》执行。

第十条 推进非经营性资产的剥离和移交工作:

(一)并购方相对控股或所占股权比例达到 40%的企业,比照《北京市人民政府办公厅转发北京市破产企业非经营性资产移交暂行办法的通知》(京政办发〔2002〕20 号)的规定,由国有资产授权经营单位将职工住房等非经营性资产移交区县政府管理。

(二)并购方不控股且所占股权比例未达到 40%的企业,要将供水、供电、供暖生活服务设施等非经营性资产分设。

第十一条 免收并购中机动车过户应收取的旧机动车交易市场经营管理费,按有关规定减免并购中的有关行政事业性收费。

第十二条 通过并购变更设立或新设企业的外国投资者的股权比例超过 25%的,执行外商投资企业所适用的税收法律法规，符合《外商投资企业和外国企业所得税法》及其实施细则等有关规定条件的，享受税法及其有关规定所制定的各项企业所得税优惠政策。

北京市人民政府关于实施食品药品放心工程

京政办发〔2003〕42 号

近年来，本市认真实施"无公害食品行动计划"、"三绿工程"（指：提倡绿色消费、培育绿色市场、开辟绿色通道），大力推进安全食用农产品生产体系建设，逐步建立食品卫生监督量化分级管理制度，启动食品放心工程和药品质量保障工程，开展食品药品市场秩序专项整治，取得了一定成效。但目前本市食品药品生产经营活动中仍存在一些问题，非法从事食品药品生产经营和制售假冒伪劣食品药品的行为尚未得到有效禁止，不仅危害人民群众的身体健康和生命安全，而且扰乱首都市场经济秩序。为进一步加强食品药品安全质量监督管理，维护食品药品生产经营秩序，根据《国务院办公厅关于实施食品药品放心工程的通知》（国办发〔2003〕65 号）要求，市政府决定，从现在起，在全市范围内实施食品药品放心工程。经市政府同意，现就有关问题通知如下：

一、明确目标，突出重点

实施食品药品放心工程要以党的"十六大"精神和"三个代表"重要思想为指导，按照"标本兼治，着力治本"的工作方针，把整治与建设、当前与长远、专项整治与日常监管有机结合起来，推进农产品、中药材标准化生产，发展现代流通方式，开展质量认证，建立健全食品药品安全法规、标准和认证体系，完善食品药品监管体制，确保人民群众食品药品的消费安全。近期，要着力抓好食品药品专项整治，并以此推动食品药品放心工程的全面实施。

食品专项整治要以列入本市重点监督管理名录的食品以及水果等食品为重点，加强对食品生产源头污染治理，严格市场准入，依法取缔无证照生产经营食品行为，严厉打击制售假冒伪劣食品违法犯罪活动，特别是加强对城乡结合部食品加工场所的监管，强化对学校、建筑工地等单位集体食堂和餐饮业的食品安全管理。药品专项整治要严厉查处无证生产经营行为，打击制售假冒伪劣药品和医疗器械违法犯罪活动，规范药品生产经营秩序。通过整治，使生产经营假冒伪劣食品药品的违法犯罪活动得到有效遏制，大案要案得到及时查处，食品药品安全状况得到改善，市场秩序明显好转，人民群众对食品药品的安全感普遍增强。

二、主要内容和措施

（一）狠抓生产加工环节整治，加强源头管理。继续实施"无公害食品行动计划"，加强食用农产品安全生产体系建设，加快食用农产品标准化基地建设，推行安全食用农产品标志制度，向符合条件的单位和个人核发《安全食用农产品标志使用证书》，健全食用农产品安全生产监测体系。加强农业投入品监管，禁止使用已公布的禁用农业投入品，严格控制使用限用农业投入品。开展对植物产品农药残留超标、畜产品使用违禁药物和兽药残留超标以及水产品药物残留超标的整治，解决蔬菜有机磷农药残留超标、猪肉“瘦肉精”污染以及水产品氯霉素和甲醛污染问题。加强对食品生产加工环节监管，在列入本市重点监督管理名录食品的生产企业中实行生产质量管理规范（GMP）和危害分析关键控制点（HACCP）管理，强化生产场地、产品和从业人员的卫生许可管理，对食品生产企业实行生产许可证制度，对生产的食品实施强制检验制度。药品研制环节推行医药研究机构药品非临床研究质量管理规范（GLP）和药品临床试验管理规范（GCP）认证，药品生产环节全面实施生产企业药品生产质量管理规范（GMP）强制认证，加快实施中药材生产质量管理规范（GAP），实行中药材标准化种植。在医疗器械生产企业中推行ISO9000质量体系认证，在医疗机构推行医疗机构制剂配制质量管理规范（GPP）和药品使用质量管理规范（GUP）。严格药品审批，从源头确保上市药品质量。

（二）严格市场准入，规范经营行为。进一步完善食品市场准入制度，归集发布食品安全标准，严禁无标准生产的食品上市。在商场、超市、食用农产品市场、餐饮业进一步推行食品备案制度和进货检查验收制度，推行豆制品市场准入制度和豆制品、熟肉制品、调味品等散装食品包装入市。推动学校、建筑工地和其他单位的食堂以及餐饮企业落实“场厂挂钩”、“场地挂钩”协议准入制度和食品采购索证索票制度。在本市药品经营企业强制实施药品经营质量管理规范（GSP）认证，严格执行药品批发零售企业设置标准，严厉查处买卖、出租、出借或变相出租、出借《药品经营许可证》以及挂靠经营等违法违规行为；全面清查已注册医疗器械产品，严厉查处生产、经营、使用无证医疗器械的行为。对药品和医疗器械广告实施动态监测，建立药品市场定期巡查制度。

（三）推广现代流通方式，提高市场组织化程度。积极推进食品药品流通体制改革，大力发展农业产业化和连销经营、物流配送等现代营销方式，鼓励食品药品连锁门店进社区、进农村。加快完成农副产品批发市场升级改造，培育大型农产品经销公司和物流配送中心，重点发展一批连锁经营的社区生鲜超市。提高药品经营集约化程度，推进覆盖城市、辐射农村的药品供应网络建设。

（四）完善法规，加大执法力度。深入贯彻执行《北京市食品安全监督管理规定》，加快制定食品药品安全地方性法规工作。加大执法检查力度，彻查大案要案，完善执法责任制和责任追究制。重点查处城乡结合部食品加工点，依法取缔无证照生产经营食品行为，坚决打击制售假冒伪劣食品违法犯罪活动。加强对学校、建筑工地等单位集体食堂和餐饮业执行食品安全卫生法规、标准的监督检查力度。凡不具备食品卫生和质量安全基本条件的企业不准开业、生产，已经开业的要立即停业整顿；凡未经检验或检验不合格的食品不准出厂销售。在查办制售假冒伪劣食品药品违法犯罪案件工作中，行政执法机关要加强与司法机关的联系和配合，努力建立行政执法与刑事执法相衔接的工作机制。

（五）建立应急处理机制。各区县政府、各有关部门要依照国务院《突发公共卫生事件应急条例》以及有关法律法规规定，尽快建立严格的突发事件防范和应急处理责任制，有效预防、及时控制和消除食品药品安全突发性事件的危害。继续发挥食品放心工程专家组对食品危害的评估作用，完善卫生部门对食物中毒等突发公共卫生事件的应急处理机制，发挥工商行政管理部门食品市场监控和快速反应系统的作用。建立完善对突发性食品危害及严重安全隐患、药品不良反应和医疗器械不良事件的监测、报告网络，健全信息分析、筛选、评估制度，建立各部门协调配合的食品安全预警制度、信息发布制度和安全评价体系，坚持药品质量公告制度，建立药品质量综合信心指数。

（六）加强法制宣传教育，加快信用体系建设。加强对《食品卫生法》、《产品质量法》、《标准化法》、《药品管理法》、《医疗器械监督管理条例》及《食品安全监督管理规定》等法律、法规、规章的宣传教育，开展行业诚信教育和职业道德教育。充分发挥本市企业信用监督管理系统和食品安全信用监督管理系统的作用，建立食品卫生监督量化分级管理制度，完善药品和医疗器械研制、生产、经营、使用单位的信誉评估体系。对信用不良的企业及其产品实施重点监控，向社会公示失信企业及其产品，起到警示、惩戒作用。

（七）发挥社会监督作用。充分发挥消费者协会和质量监督、商业、食品药品行业协会等中介组织的作用，加强食品药品行业自律，广泛开展健康食品进社区等活动。发挥12315和12365投诉举报电话、药品群众举报信箱和药品监督网上投诉系统的作用，建立卫生监督投诉举报系统，动员和鼓励社会公众对食品药品生产经营违法违规行为进行监督。重视新闻媒体舆论监督，大力宣传食品药品生产经营和质量卫生安全监管中的好典型，对影响恶劣的违法违规案件要公开曝光。

食品药品放心工程是一项复杂的系统工程。市计委、市财政局要会同市工商局、市药品监督局、市商委、市农委、市农业局、市卫生局、市质量技术监督局、市环保局等部门研究制定规划，在建设农产品和中药材标准化生产基地、开展食品药品监测、开展食用农产品生产环节农药和兽药等农业投入品的监测、建设农副产品批发市场、屠宰行业升级改造、设立公路兽医卫生监督检查站、推行食品统一配送车、实施不合格食品无害化处理以及强化药品和医疗器械检验机构建设等方面适当增加投入。

三、加强领导，落实责任

（一）地方负责，落实责任。实施食品药品放心工程要坚持全市统一领导，区县政府负责，部门指导协调，各方协调联动的方针。各区县政府要切实负起责任，加强领导和协调，结合本地区实际，确定工作重点，明确工作任务和目标，将任务和责任分解到有关单位和人员，并尽快制定工作方案，于2003年8月10日前将方案报市工商局。

（二）分工协作，综合治理。实施食品药品放心工程由市工商局和市药品监督局牵头，市计委、市商委、市农委、市农业局、市卫生局、市质量技术监督局、市公安局、市财政局、市教委、市环保局等部门协同配合，齐抓共管。工商行政管理部门要认真做好食品生产经营企业及个体工商户的登记注册工作，依法取缔无照生产经营行为，加强对流通领域食品安全质量的监督管理，实施流通领域食品准入制度，严肃查处虚假食品药品广告、商标侵权的违法行为；药品监督管理部门要继续强化对药品研制、生产、经营、使用全过程的监督管理，确保人民群众用药安全；流通部门要加强对食品流通的行业指导和管理，推进流通体制改革；农业部门要组织农产品标准化生产基地和安全食用农产品生产体系建设，实施农产品质量安全例行监测制度；卫生部门要加强食品生产、流通领域卫生许可证的发放和食品卫生监督管理，强化对学校、建筑工地等单位集体食堂和餐饮业的食品卫生监督，实行食品卫生量化分级管理制度,完善食品污染物监测网络和突发性食品卫生事件应急处理机制建设;质量技术监督部门要加强对食品生产企业的监督管理,推行食品认证,全面实施食品质量安全市场准入制度,查处生产假冒伪劣食品和无证、无标准生产的违法行为。各部门对列入本市重点监督管理名录的食品要继续落实统一计划、部门抽检、专家评估、统一发布的联合抽检制度。

(三)督促检查,狠抓落实。市政府责成市工商局、市药品监督局会同有关部门组成检查组,在2003年内组织两次对各区县专项整治工作的督促检查。各区县政府、各有关部门要对整治工作抓紧部署,组织力量加强督查,并将食品专项整治情况及时报市工商局,药品专项整治情况报市药品监督局,由市工商局会同市药品监督局汇总后报市政府。

北京市关于境外投资者和境内非公有制经济组织并购国有工业企业人员分流安置暂行办法

京政办发〔2003〕49号

第一条 依照《北京市人民政府印发北京市关于境外投资者和境内非公有制经济组织并购国有工业企业暂行办法的通知》(京政发〔2003〕21号),为规范被并购企业、并购后的企业对在职职工、离休干部、退休人员的分流安置及管理服务行为,依据有关法律、法规及规章,制定本办法。

第二条 企业人员分流安置工作的主要内容:

(一)并购双方做好协商工作。双方应就留用人员、法定不能解除合同人员、离休干部、退休人员、富余人员的分流安置渠道及相关费用进行协商,确定解决问题的框架原则和各自承担的责任,并载入并购方案。

(二)制定留用人员安置方案。被并购企业根据与并购方协商确定的留用人员范围、数量及双向选择具体方法、劳动合同处理具体方式(协商一致解除或变更劳动合同),以及留用人员安置的具体责任,制定留用人员的安置方案。

(三)制定富余职工分流安置方案。

1.制定主辅分离、辅业改制分流安置职工方案。被并购企业应按照原国家经贸委等八部委《印发〈关于国有大中型企业主辅分离辅业改制分流安置富余人员的实施办法〉的通知》(国经贸企改字〔2002〕859号)和国务院国有资产监督管理委员会等四部委下发的《关于进一步明确国有大中型企业主辅分离辅业改制有关问题的通知》(国资分配〔2003〕21号)的有关规定,采取措施,积极推进落实主辅分离、辅业改制工作,妥善安置富余职工。

2.由国有资产授权经营单位制定建立劳务派遣企业的方案。对企业离岗休养人员,以及愿意到劳务派遣企业就业的富余职工,由劳务派遣企业接收管理。劳务派遣企业应与离岗休养人员、富余职工协商变更劳动合同法人名称及其相关内容。

3.对没有进入并购后的企业、且不选择进入劳务派遣企业的职工,由被并购企业与职工解除劳动合同,并依法支付经济补偿金。

(四)制定离休干部管理服务移交方案。明确离休干部待遇的具体费用项目、测算的费用以及其他相关事项。

(五)制定退休人员管理服务移交方案。明确退休人员待遇的具体费用项目、测算的费用以及其他相关事项。

(六)完善并通过职工分流安置方案。在征得国有资产授权经营单位同意后,企业的并购方案交职工代表大会审议,充分听取职工意见。其中涉及职工分流安置的工作方案,须经职工代表大会审议通过。

第三条 由国有资产授权经营单位按市劳动保障局等部门《关于印发〈北京市劳务派遣组织管理暂行办法〉的通知》(京劳社就发〔1999〕39号)的有关规定设立劳务派遣企业,并制定管理办法、生活保障和工资待遇、缴纳社会保险办法等规章制度,负责对富余人员进行就业指导、培训等管理服务,组织富余人员开展劳务输出。安置富余人员的劳务派遣企业可享受本市再就业优惠政策。

进入劳务派遣企业人员所需的费用采取预提与创收结合的方式解决。其中离岗休养人员的经费分两部分预提:退休前所需费用按本人在被并购企业中的实际待遇保障情况据实计算;退休后所需费用按本办法中已退休人员的预提办法计算。大龄职工和就业特殊困难职工的经费比照国有搬迁企业职工分流安置费用计提标准预提经济补偿金、离厂补助费和就业培训费。

第四条 国有资产授权经营单位负责对被并购企业离休干部的管理服务。

按照《中共北京市委办公厅北京市人民政府办公厅关于转发〈市委组织部、市编办、市经委、市财政局、市劳动保障局、市老干部局关于进一步加强企业离休干部工作的意见〉的通知》(京办发〔2002〕30号)规定的离休干部经费标准,由被并购企业预提离休干部经费支出项目交给国有资产授权经营单位,以保证离休干部各项费用和待遇的落实。对离休干部的日常管理服务工作,由国有资产授权经营单位统筹安排。

第五条 被并购企业退休人员的社会保险关系和个人档案交由本人户口所在地街道(镇)的劳动保障事务所实行社会化管理。

退休人员实行社会化管理后享受社会保险基金负担的基本养老、基本医疗及工伤保险等待遇。

原由被并购企业负担的退休人员统筹项目外费用,应以不减少退休人员的福利待遇为原则,参照《北京市人民政府办公厅印发〈北京市调整经济结构若干配套政策实施办法(试行)的通知〉》(京政办发〔1995〕67号)以及市劳动保障局等部门《关于印发〈北京市国有破产企业职工分流安置暂行办法〉的通知》(京劳社就发〔2002〕53号)的规定进行预提。除上述两个文件规定费用项目范围以外的、符合国家和本市政策且属于企业保障退休人员福利待遇的其他费用项目,也应进行预提。预提费用足额上缴到国有资产授权经营单位,由其负责管理和发放,保障退休人员的相关待遇。

第六条 按照本办法第三、四、五条规定预提的各项费用,由国有资产授权经营单位制定相应的管理使用办法。各项预提费用实行专户存储、专款专用,不得挪用。

国有资产监督管理部门和审计部门负责对各项预提费用的使用情况进行监督。

第七条 妥善安置被并购企业工伤职工。

(一)伤残等级达到1至4级的工伤职工,由并购后的企业负责管理。

(二)伤残等级达到5至6级的工伤职工,由并购后的企业安排适当工作,难以安排工作的,由并购后的企业按月发给伤残津贴。伤残津贴实际金额低于本市最低工资标准的,由并购后的企业补足差额。

经工伤职工本人提出,该职工可以与并购后的企业解除或者终止劳动关系,由并购后的企业支付一次性工伤医疗补助金和一次性伤残就业补助金。

(三)伤残等级达到7至10级的工伤职工,经双向选择可到并购后的企业或劳务派遣企业就业,并按有关规定享受工伤保险待遇;解除劳动关系的,由并购后的企业或劳务派遣企业发给一次性工伤医疗补助金和一次性伤残就业补助金。

(四)被并购企业中因工死亡职工的供养亲属实行社会化管理,供养亲属抚恤金由街道(镇)劳动保障事务所负责发放。

北京市工业促进局
(北京市国防科学技术工业办公室)
主要职责、内设机构和人员编制规定

京政办发〔2003〕59号

根据中共中央、国务院批准的《北京市人民政府机构改革方案》和《北京市人民政府关于机构设置的通知》(京政发〔2003〕18号),设置北京市工业促进局(简称市工业促进局)。市工业促进局是负责本市行业性、专业化工业产业促进工作的市政府直属机构。市工业促进局同时挂北京市国防科学技术工业办公室(简称市国防科工办)的牌子。

一、主要职责

(一)根据国家产业政策和本市国民经济发展规划,研究拟订本市工业产业中长期发展规划、年度计划和工业布局调整规划、工业结构调整方案,并组织实施。

(二)研究拟订促进本市工业产业发展的政策、措施,并组织实施;研究起草本市有关工业经济方面的地方性法规、规章草案;针对工业产业发展中的重大问题开展调查研究,提出对策建议。

(三)指导工业技术创新和技术进步,促进工业高新技术产业发展,协调落实用高新技术改造传统产业的政策、措施,参与制订并定期公布工业投资项目引导目录,协调重大工业项目的组织实施。

（四）负责建立和完善本市工业产业信息服务系统，收集、整理、分析、发布工业重点产业相关信息，推进工业产业各种资源的优化配置和工业重点产业的持续发展；负责本市工业经济运行的监测、协调工作。

（五）围绕工业重点产业的发展，负责组织和推进专业化招商引资工作；协调本市工业产业配套体系建设，改善工业投资环境，推进重点工业产业链的构建；协调重点工业企业的搬迁调整工作。

（六）培育和促进本市工业产业基地建设，指导和协调工业开发区的建设和发展。

（七）组织制定工业企业行业规范和行业技术标准；负责工业方面的人力资源开发，为工业企业发展提供人才支持；负责联系本市工业领域行业协会和中介机构。

（八）承办市政府交办的其他事项。

二、内设机构

根据上述职责，市工业促进局设10个职能处室。

（一）办公室

负责本机关政务工作；负责公文处理、信息、议案、建议、提案和信访、档案、保密、外事、接待联络工作；负责重要文稿的起草和重要会议的组织工作；负责重要文件和会议决定事项的督查工作；开展本市工业行业基本情况和国内外工业发展情况的调查研究，提出促进本市工业改革与发展的政策建议；负责本机关对外宣传及新闻发布工作；负责机关及所属单位的财务工作；负责机关后勤保障和安全保卫等行政管理工作。

（二）综合处（法规处）

负责起草本市工业经济方面的地方性法规、规章草案，对本机关制定的规范性文件进行合法性审核，依法承办本机关行政复议、行政赔偿案件和行政诉讼的应诉代理工作；负责建立和完善工业产业信息服务系统，收集、整理、分析和发布工业重点产业相关信息，推进工业产业各种资源的优化配置和重点工业产业的持续发展；负责本市工业经济运行的监测、协调工作；负责工业方面的人力资源开发，为工业企业发展提供人才支持；负责组织制定工业企业行业规范和行业技术标准，联系工业行业协会和中介组织，培育、发展工业行业协会和中介机构。

（三）产业布局指导处

负责研究拟订本市工业产业中长期发展规划、年度计划和工业布局调整规划、工业结构调整方案，并组织实施；培育和促进本市工业产业基地建设，指导和协调工业开发区的建设和发展，协调重点工业企业的搬迁调整工作；指导工业技术创新和技术进步，协调落实促进工业高新技术产业发展和用高新技术改造传统产业的政策、措施；参与制定并定期公布工业投资项目引导目录；负责综合性工业招商引资工作。

（四）电子信息产业发展处

（五）机电产业发展处

（六）生物工程和医药产业发展处

（七）汽车及交通设备产业发展处

（八）都市产业发展处

(九)基础产业发展处(北京市履行禁止化学武器公约事务办公室)

以上6个专业处室的主要职责是:研究拟订行业发展规划和重点产业调整、发展方案,提出促进产业发展的政策措施建议;负责组织推进专业化招商引资工作,引导和推进工业企业开拓国内外市场,指导工业企业开展国际化经营和国内外交流合作;在技术、资金、信息、人才、市场等方面组织社会资源,实现优化配置,促进重点产业的发展;负责组织地区产业配套和产业链的构建。另外,基础产业发展处还负责监控化学品的监督管理工作。

(十)人事处(机关党委、老干部处)

负责本机关及直属单位的干部、人事及机构编制管理工作,负责本机关及直属单位的党群工作;负责本机关及直属单位离、退休人员的管理工作。

纪检、监察机构按有关规定派驻。

三、人员编制

市工业促进局行政编制为45名,另核定纪检、监察编制3名,老干部工作机构行政编制3名。其中,局长1名,副局长4名;处级领导职数21名。

四、其他事项

按照有关规定,市国防科工办负责北京地区国防科学技术工业的组织、协调工作,内设2个处,核定行政编制6名,其中处级领导职数2名。

(一)军工综合处

负责军工及军品配套生产的组织、监督和协调工作;负责管理民用爆破器材的生产和流通。

(二)军工科技处

负责组织协调军工及军品配套的科研工作;负责推进军工技术转民用工作;负责组织管理北京地区的国防科技技术基础工作和军工保密工作。

北京工艺美术行业发展规划纲要

京经行管[2003]25号

北京工艺美术历史悠久、文化内涵丰富,是具有独特宫廷艺术风格和鲜明地方特色的产业。按照北京市"十五"发展纲要和刘淇市长在市人大十二届一次会议"政府工作报告"中提出的"加快发展都市型工业"的要求,"做特"、"做精"、"做强"北京工艺美术产业,不仅体现了"人文奥运"理念,而且对于促进北京的文化、旅游、服务等产业的全面发展,扩大对外交流,积极发展劳动密集型产业等都具有十分重要的意义。为此,北京市经委制定《振兴北京工艺美术行业的规划纲要》,以进一步加强引导,促进北京工艺美术行业的发展。

一、北京工艺美术行业的基本情况

北京工艺美术在900多年的发展历程中,不断聚集全国各地的能工巧匠,逐步形成了历史悠久、门类齐全、技艺精湛,具有一定规模和地方特色的产业。北京工艺美术行业主要分为两大类:一是宫廷艺术,其中的玉器、景泰蓝、牙雕、雕漆、金漆镶嵌、花丝镶嵌、宫毯、宫绣被中外赞誉为“燕京八绝”。二是民间艺术,如绢人、面塑、泥塑、剪纸、风筝、内画等。目前,一些传统技艺、人才、品种在激烈的市场竞争中,濒临断档、失传,作为特种工业产品的北京工艺美术行业面临着严峻的挑战。

(一)行业现状

1.经济总量。2001年的统计资料显示:我市工艺美术生产企业213家,销售收入6.3亿元。其中,规模以上企业46家,占全行业企业的21.6%;销售收入4.5亿元,占全行业的71.4%;出口交货值3.4亿元。

2.人才资源。2001年,我市工艺美术行业从业人员1.2万人。专业人员约1000多人,其中,市属国有企事业单位专业技术人员504人。清华美院、职业技术学校等专业院校,每年培养专业人才近千人。北京工艺美术行业现有高级工艺美术师46名、工艺美术师128名。此外,行业中还有荣获工艺美术行业大师荣誉称号的人员140名。

3.企业现状。工艺美术行业作为一种特殊的以传统手工艺为主的小行业,其特点是小企业居多,集体、个体企业占全行业的50%以上。工艺美术行业的企业,在激烈的市场竞争中面临着严峻的挑战。一些国有企业负担较重,经营困难,甚至破产;一些企业在调整、改革中奋力拼搏,逐步摆脱困境,为我市工艺美术技艺的保护和发展,为文化、旅游产业的繁荣及促进国内外政治、文化交流做出了较大贡献。

4.相关机构。北京拥有中国工艺美术博物馆、北京工艺美术博物馆等文化机构12家,其中北京工艺美术博物馆馆藏珍精品就达3000件。全国唯一的工艺美术专业出版机构——北京工艺美术出版社,每年出版专业书籍近50个品种。

(二)面临的机遇

“十五”期间,是全面实现“新北京、新奥运”战略目标的重要时期。奥运经济的带动,必将极大地繁荣北京的政治、经济和文化生活。作为与文化、旅游、家居装饰产业紧密相连的北京工艺美术行业,迎来了难得的发展机遇。

一是可借“人文奥运”和“全面建设小康社会”之势大发展。党的“十六大”提出了“全面建设小康社会”的奋斗目标。首都北京要率先实现此目标,必须从产业抓起。北京工艺美术产业,不仅与人民生活密切相关,而且是具有文化和艺术内涵的特种产业。随着首都精神文明和物质文明建设的不断加强,人们对提高文化素养、艺术品位、环境质量的需求一定会不断加大。工艺美术产品作为艺术品,在为国内外消费需求提供产品的同时,也为首都经济发展增加了具有历史、文化内涵特色的“亮点”产业。

二是可借“入世”机遇大发展。北京工艺美术行业,基本代表了中国传统宫廷艺术和民间艺术的最高水平,具有行业竞争优势。特别是我国加入世界贸易组织后,具有中国民族特色的工艺美术行业基本不存在“反倾销”等行业壁垒问题,面临的形势无疑是机遇大于挑战。

三是可借贯彻《北京市传统工艺美术保护办法》之势大发展。北京市政府针对本市存在的传统工艺美术产品生产急剧萎缩、技艺面临失传、人才严重断档等问题,于2002年9

月颁布了《北京市传统工艺美术保护办法》，并将振兴北京传统工艺美术行业，作为都市工业发展中的重点工作。通过认真落实《北京市传统工艺美术保护办法》，既要保护北京传统工艺美术品种、技艺和人才，又要使北京这一特色行业能在继承中不断创新，在激烈的市场竞争中健康发展。

四是可借市场资源优势大发展。北京拥有国内外知名的工艺品商贸市场、旅游景点及沿线以工艺品为主的旅游品市场，众多大商场中的工艺品专卖摊位以及数千家以现代工艺品为主的礼品公司，各种艺术品展示会及文化交流活动等。这不仅为工艺美术产品的设计开发、生产营销提供了市场空间，而且为北京成为全国名优工艺美术品的集散地提供了条件。同时，奥运会的举办不仅为北京工艺美术行业带来了商机，而且为提升整体产业水平创造了良好的发展环境。

二、振兴北京工艺美术行业的总体设想

（一）基本思路

以“十六大”精神为指针，紧紧抓住发展北京都市工业和文化产业的机遇，发挥北京的资源优势，在保护北京传统工艺美术人才和技艺的同时，加大改革调整步伐，鼓励制度和产品创新。广泛调动民间积极性，采取政府支持和市场运作相结合的方式，“做特”、“做精”、“做强”北京工艺美术产业，使北京成为全国同行业中的龙头，光大北京传统工艺美术事业。

（二）发展目标

到 2010 年，北京工艺美术行业要完成“三大平台”建设，实现“四个第一”，各项经济指标在“十五”基础上，实现翻番。

1.建立“人才平台”、“保护平台”、“展示平台”

（1）“人才平台”：发挥首都专业院校优势，加强产、学、研的结合，培养、吸引和激励人才，使行业中的名人、名作不断涌现。

（2）“保护平台”：抢救、发展、创新传统技艺和品种，建立证标保护制度，建设集商贸、研发、制作为一体、具有区域经济特色的企业集群。

（3）“展示平台”：向国内外宣传、展示北京工艺美术行业的“真”、“精”、“特”、“优”产品，形成具有一定特色的展销大市场。

2.抓好“四大项目”，打造国内外知名的中国“第一坊”、“第一馆”、“第一店”和“第一园”，在崇文、朝阳、东城和房山等地区形成特色区域经济。

（1）在崇文区建成传统工艺美术保护基地——“京城百工坊”，并成为全国的“第一坊”；

（2）建成全面展示北京传统工艺美术水平的珍精品“第一馆”；

（3）王府井工美大楼要成为中国经营工艺美术品的“第一店”；

（4）在房山区建成具有一定规模、档次最高的石雕艺术“第一园”。

（三）发展重点

1.基本原则

产业发展要突出“四个结合”：一是保护人才、技艺与企业“三改一加强”相结合；二是

继承传统技艺、品种与创新相结合；三是工业生产与文化、商贸、旅游市场相结合；四是产业发展与区域资源优势相结合，形成集群效应。

2.重点产品和市场开发

(1)重点培育发展被赞誉为“燕京八绝”的玉器、景泰蓝、雕刻、雕漆、金漆镶嵌、花丝镶嵌、宫毯和宫绣等传统宫廷艺术。鼓励发展绢人、泥塑等民间工艺美术产品。

(2)对具有发展潜力并形成传统工艺美术产业规模基础的区、县、乡、镇，授予荣誉称号。

(3)以崇文区祈年大道、宣武区琉璃厂文化街、朝阳区潘家园市场、东城区王府井大街为重点，进行商贸市场开发和建设。

3.主要任务

(1)2005年，在崇文区建成总体规模3.5万平方米的“京城百工坊”。预计入坊工艺美术及传统技艺30个类别，500个品种；工坊数量17个，大师工作室100间(抢救、扶植、培养工艺美术大师及技艺)，入坊大师120~150位；预计到2010年，可实现销售收入3~4亿元。

(2)2006年，在北京工艺美术博物馆，将展出工艺美术珍精品约3000余件。并使其成为北京工艺美术行业珍精品收集、展示和文化艺术交流的重要场所。

(3)2006年，结合北京市城市雕塑规划要点，在房山区初步建成规模较大、档次最高的石雕艺术工业园区。园区规划面积1.6平方公里，总投资5亿元，入区企业总计划达到200家，预计销售收入可达6亿元。

(4)打造“北京工美艺术节”，开展国际交流活动。充分发挥北京和中央各类中介组织的作用，联手打造每年一次的“北京传统工美艺术技艺节”。要大力开发国内外市场，使北京传统工艺美术产品走向全国，走向世界。

(5)建立人才激励机制，建设人才培养基地，开展人才、技艺资料的整理、编辑、出版等宣传工作。

三、振兴北京工艺美术行业的政策措施

北京市传统工艺美术行业的建设，应结合地区经济发展重点，采取“政府引导、企业投资、市场运作”的模式，有效推进《北京传统工艺美术保护办法》的落实，促进北京工艺美术行业的发展。

1.建立北京传统工艺美术保护发展资金。发展资金主要用于人才保护和人才培养；技艺抢救、保护和创新；传统工艺美术保护基地和大师工作室的建设；征集收藏、展示优秀工艺美术代表作品；组织工艺美术大师创作优秀作品；科研和产品开发。

2.建立健全认定和管理制度。一是制定北京传统工艺美术品种、技艺和珍品及北京工艺美术大师、民间工艺大师的认定制度；二是人才保护和奖励政策；三是北京传统工艺美术保护发展资金管理办法；四是北京传统工艺美术证标使用办法。

3.落实人才引进和知识产权保护政策。参照执行《北京市关于扩大对内开放，促进首都经济发展的若干规定》政策，吸引外地省级以上工艺美术大师到北京创办企业。相关企业可依照国家有关政策，允许具有工艺美术大师和民间工艺大师称号的传统工艺美术技艺人才，以技艺作价入股，并可在本人的作品上署名。

4.组织珍精品创作和鉴定,规范北京工艺美术市场。在京的单位和个人,每年可向北京工艺美术行业协会报送创作计划和项目,市经委对珍精品创作给予资金等方面的支持。对假冒伪劣、粗制滥造的行业,北京工艺美术行业协会要配合执法部门严厉打击,规范北京工艺美术市场。

5.由北京工艺美术行业协会组织的、本市工艺美术大师和民间工艺大师参加的国内外展会,政府给予一定资助并对获奖作品给予奖励。

6.发挥行业协会的服务、自律和协调作用。要充分发挥北京工艺美术行业协会在行业管理中的作用。协会要积极协助经委,维护企业利益,加强行业服务、自律和协调,做好保护和发展传统工艺美术工作。

《北京传统工艺美术保护办法》有关实施细则和成立北京传统工艺美术评审委员会

京经行管[2003]26号

为深入贯彻落实《北京传统工艺美术保护办法》,保护北京传统工艺美术人才和技艺,加强行业管理 ,促进北京传统工艺美术事业的繁荣和发展。根据《北京传统工艺美术保护办法》的要求,制定了有关实施细则,并成立北京传统工艺美术评审委员会。

北京传统工艺美术评审委员会成员名单

北京市经济委员会根据《北京传统工艺美术保护办法》的要求,遵循“公平、公正、公开”的原则,在北京工艺美术行业协会推荐和广泛征求意见的基础上,成立了由19人组成的北京传统工艺美术评审委员会(2002年12月—2005年12月),成员名单如下:

一、主任

常　青　　北京市经济委员会总经济师

二、副主任

肖燕翼　　故宫博物院副院长

袁运甫　　清华大学美术学院博士生导师

三、委员

文乾刚　　北京雕漆厂总工艺师

王　振　　原北京工美总公司总经理

王树文　　原握拉非首饰公司总工艺师

孙　森　　原北京象牙雕刻厂总工艺师

张兰青　　北京市经济委员会处长

张同禄　　原北京工艺美术厂总工艺师

张　昌　　清华大学美术学院教授

宋建中　　原北京地毯工业公司副总经理
李进华　　北京工艺美术行业协会会长
李苍彦　　《北京工艺美术志》主编
赵　书　　中国民间文艺家协会副主席
郭义华　　北京金漆镶嵌厂总工艺师
郭泰来　　北京工艺美术有限责任公司董事长
唐克美　　原北京工美总公司副总经理
董文钟　　原北京玉器厂总工艺师
曾建中　　北京工艺美术博物馆馆长

四、北京传统工艺美术评审委员会下设秘书处

秘 书 长:朱　洪　　北京工艺美术行业协会
副秘书长:郭连启　　北京市经济委员会

北京市经济委员会
二〇〇二年十二月

北京市传统工艺美术证标使用管理办法

第一章　总　　则

第一条　为促进北京传统工艺美术行业的繁荣和发展,维护传统工艺美术行业在国内外市场的信誉,根据《北京市传统工艺美术保护办法》,制定本办法。

第二条　"北京市传统工艺美术证标"(以下简称证标)的字样及图案,用于证明北京传统工艺美术品种、技艺产品或作品的特定品质。

第三条　北京工艺美术行业协会(以下简称工艺美术协会)协助北京市经济委员会(以下简称市经委),做好证标的相关管理工作。

第四条　对使用证标的产品,经市经委批准,颁发北京市传统工艺美术保护证书。

第二章　申 请 程 序

第五条　申请使用证标的,应向工艺美术协会递交《北京市传统工艺美术证标使用申请书》。

第六条　工艺美术协会自收到申请书之日起30日内进行审查,提出初审意见后,报市经委审批,审批时间为10个工作日。

第七条　符合证标使用条件的申请人,应办理如下事项:

1.领取《北京市传统工艺美术证标准用证》。

2.领取证标。

3.申请人缴纳证标使用管理费。

第八条 证标使用期为二年。到期继续使用者,须在使用期满前30天向工艺美术协会提出续用申请。逾期未申请者,市经委将禁止其使用证标。

第三章 证标使用者的权利和义务

第九条 证标使用者的权利:

1.可在规定的产品或包装上使用证标。

2.使用证标做产品广告宣传。

3.优惠参加行业技术培训、贸易洽谈会、信息交流等活动。

4.产品纳入政府采购目录。

第十条 证标使用者的义务:

1.建立产品质量管理体系,维护北京传统工艺美术品特有品质和市场信誉。

2.接受工艺美术协会及相关部门对证标使用的监督。

3.加强证标产品的市场监管,发现假冒和伪造证标的应及时举报。

4.应设专人负责证标的管理工作,任何单位和个人不得以任何形式将证标转让、出售、馈赠。

第四章 监督管理

第十一条 工艺美术协会设立"北京市传统工艺美术证标管理办公室",主要职责:

1.组织实施《北京市传统工艺美术证标使用管理办法》。

2.为证标使用单位提供相关服务。

3.建立产品检测机构,为消费者提供证标产品的质量检测服务。

产品检测范围包括:高档玉器、象牙雕刻、金漆镶嵌、金银花丝镶嵌、雕漆、金(铂金)银珠宝首饰、高级手工织毯和丝毯、高档景泰蓝。

4.协助政府有关部门调查处理假冒侵权案件。

第十二条 证标受法律保护。市经委对擅自使用、伪造、仿冒证标的,将依法查处。

第十三条 证标使用者如违反本办法或停止生产经营行为的,市经委将收回其《北京市传统工艺美术证标准用证》和已领取的证标。

第五章 附 则

第十四条 证标使用管理费的收取标准,由工艺美术协会按照国家有关规定确定,并报有关部门审批后执行。

第十五条 证标使用管理费应遵循“专款专用”的原则，主要用于印制证标、检测产品、受理投诉、收集案件证据材料和宣传等工作。

第十六条 本办法自发布之日起施行。

北京市传统工艺美术保护发展资金管理办法

为贯彻国家《传统工艺美术保护条例》和《北京市传统工艺美术保护办法》，保护本市传统工艺美术的技艺和人才，促进传统工艺美术事业的繁荣和发展，公开、公平、科学、高效地使用传统工艺美术保护发展资金，特制定本办法。

一、资金来源

北京传统工艺美术保护发展资金年度资金总额度为300万元。

市财政局每年在“文物事业费”项目中列支，资金额度为200万元。市经委、市财政局每年在工业结构调整资金中安排项目资金，资金额度为100万元。

二、资金使用方向

北京传统工艺美术保护发展资金的使用方式为专项拨款补助。

北京传统工艺美术保护发展资金重点用于北京传统工艺美术人才和技艺保护，促进行业振兴与发展。发展资金具体使用在以下七个方面：

1.传统工艺美术保护基地和大师工作室的建设；

2.技艺抢救、保护和创新；

3.发放大师带徒津贴，促进人才保护和人才培养；

4.征集、收藏、宣传、出版传统工艺美术技艺资料和优秀工艺美术代表作品；

5.组织工艺美术大师创作优秀作品；

6.科研和产品开发；

7.举办大师作品展览会，组织参加国内外交流活动。

三、资金申报及拨付

1.根据《北京市传统工艺美术保护办法》规定，北京工艺美术行业协会协助市经委行业管理办公室做好传统工艺美术保护发展资金的具体管理工作。

2.凡在本市工商部门登记注册的单位或个人，不分所有制和隶属关系，只要符合资金使用方向，均可向北京工艺美术行业协会提出申请，并提供项目可行性报告。

3.每年11月30日前，北京工艺美术行业协会根据申请情况进行初审，并提出下年度具体项目及专项资金预算，报市经委行业管理办公室、市财政局教科文处和经建一处审核。

4.市经委会同市财政局对项目进行论证审核后，下达下年度资金使用计划。市财政局根据年度资金使用计划将300万元传统工艺美术保护发展资金拨付到北京市经委。北京市经委行业管理办公室依照年度资金使用计划，报主管主任批准后，按照北京市经委财务管理办法签订合同后拨付到立项单位。

四、资金的监督检查

1.北京市经委和北京市财政局要对项目进度及资金到位和使用情况进行监督检查，并配合监察和审计部门对项目进行督察和审计。

2.北京工艺美术行业协会协助北京市经委和北京市财政局，对使用北京传统工艺美术保护发展资金的有关单位进行日常监督。杜绝任何弄虚作假或截留、挪用北京传统工艺美术保护发展资金的行为，保证北京传统工艺美术保护发展资金按时、足额到位，并专款专用。

3.项目承担单位要严格按照国家规定的管理办法规范操作，在实施过程中遇到问题要及时向北京市经委汇报。

4.实行单位法人和项目负责人负责制。凡涉及弄虚作假、截留、挪用北京传统工艺美术保护发展资金，妨碍督查人员对企业检查，违反项目操作程序的企业，要追究有关单位法定代表人及项目负责人的责任。对截留或挪用的资金全部收缴市财政，并取消其申请资格。

五、项目跟踪管理

凡列入北京传统工艺美术保护发展资金的项目，市经委将随时对项目进度情况进行跟踪管理。承担项目单位每半年应向市经委报送项目实施进展、资金使用、项目效益等相关材料。

本办法由北京市财政局和北京市经济委员会行业管理办公室负责解释。

本办法自2002年12月1日起执行。

北京传统工艺美术品种、技艺、珍品及工艺大师的认定办法

（试行）

第一章　总　　则

第一条　为促进北京传统工艺美术行业的繁荣和发展，根据《北京市传统工艺美术保护办法》，本市实行北京传统工艺美术品种、技艺和珍品及北京工艺美术大师、北京民间工艺大师（以下简称北京工艺大师）评审认定制度。

第二条　在北京市人民政府领导下，北京市经济委员会（以下简称市经委）负责认定工作的领导，北京工艺美术行业协会（以下简称工艺美术协会）协助市经委做好认定的具体工作。

第二章　组织机构

第三条　市经委设立传统工艺美术评审委员会(以下简称评审委员会),办事机构设在工艺美术协会。

第四条　评审委员会由19名委员组成,委员会设主任一名、副主任两名。评审委员会委员从政府主管部门、工艺美术协会、北京工艺大师、高(中)级工艺美术师及行业专家、学者中产生。评审委员会委员由工艺美术协会推荐,市经委聘任,每届任期三年。

第五条　评审委员会根据工作需要,可以设立技术顾问组,主要职责是在技术、工艺等方面对申请传统工艺美术品种、技艺和珍品认定的品种、技艺、作品提出意见。

第三章　申请认定

第六条　申请认定的单位必须为在本市注册的工艺美术企业。申请认定的个人应具有北京户籍或与本市工艺美术企业建立劳动合同关系,并且从事工艺美术专业工作15年以上,或具有助理工艺美术师以上职称。

第七条　申请认定的单位或个人应向工艺美术协会递交申报材料,工艺美术协会自材料收齐之日起30日内,向评审委员会提交初审意见。

第八条　申请北京传统工艺美术品种、技艺认定的,应提交以下材料:

1.认定申请书;

2.采用传统工艺美术技艺特色及产品生产规模、工艺流程说明;

3.作品获奖证书及复印件、照片;

4.主要技术人员简历及相关学历、职称证书等文字资料。

第九条　申请北京传统工艺美术珍品认定的,应提交以下材料:

1.认定申请书;

2.作品实物照片;

3.采用天然、贵重、珍奇或稀有材料制作的证明;

4.作品创作思想、艺术价值、技艺方法的文字说明;

5.参加国内外有影响的展览会的获奖或荣誉证书及复印件。

第十条　申请北京工艺大师认定的,需有两名北京一级以上工艺大师或具有高级工艺美术师职称的人员推荐,并应提交以下材料:

1.填报申请表,并交申请人一寸免冠照片2张;

2.个人业绩、成果材料及学历、职称、作品获奖证明的复印件;

3.所在单位或社区的艺龄证明;

4.专业技艺论文或书面材料;

5.反映申请人近三年技艺水平的作品照片(特级:10件作品照片、一级:8件作品照片、二级以下:6件作品照片),并附文字说明。

第四章 评审认定

第十一条 评审委员会依据申请材料,30日内对申请人员及作品进行现场实物考察,并将申请人提交认定的传统工艺美术品种、技艺和工艺美术珍品目录及拟评北京工艺大师名单向社会公示。

第十二条 自公示之日起30日内,任何单位和个人有权提出异议。评审委员会在公示期满30日内,对署名的书面异议做出答复,并通知意见人和申请人。

第十三条 评审委员会在公告期满之日起三个月内进行评审。每次出席评审的评审委员会委员,不得低于委员总数的三分二。出席评审的委员采用无记名投票进行表决,赞成票达到出席委员三分之二(不含三分之二)以上,评审结果有效。

第十四条 评审委员会将评审结果报市经委,由市经委认定后颁发证书并予以公告。

第十五条 被认定为传统工艺美术品种的,应符合以下条件:

1.百年以上历史,有文字或实物记载,表明世代相传;

2.突出民族和北京地域特色,艺术表现形式鲜明、丰富;

3.材质独特,源于自然,符合环保要求;

4.在国内外有较高声誉或具有较高的经济、艺术价值;

5.能够代表北京优秀传统工艺美术品种。

第十六条 被认定为传统工艺美术技艺的,应符合以下条件:

1.通过艺人代代家传或师承形成的,具有百年以上历史,具有完整的技艺流程;

2.技艺精湛并能展现独特的风格流派;

3.能够充分展示原材料的材质美。

第十七条 被认定为传统工艺美术珍品的,应符合以下条件:

1.属于北京传统工艺美术保护范围内的品种,采用天然、贵重、珍奇或稀有材料制作的作品;

2.文化内涵深厚,创意新颖,题材健康,主题鲜明,保持优秀传统并具有时代特征,是不可多得的原创性作品;

3.作品制作技艺精湛,充分合理利用原料,展示材质美,突出工艺美,风格独特,体现本行业最高水平。

第十八条 北京工艺美术大师分为特、一、二、三共四个级别:

1.被推荐并认定为中国工艺美术大师的,视其技艺类别,为当然的北京特级工艺美术大师。

2.北京一级工艺美术大师:授予二级称号3年以上;应在社会上享有较高的声誉;其作品多次在国内外有影响的行业展览会上获奖;在继承传统技艺和专业技术创新方面能主持研究、设计工作;具有理论和技艺上的突出贡献;能形成独特的技艺风格;是本行业某技艺领域公认的代表人之一。

3.北京二级工艺美术大师:授予三级称号3年以上;在社会上享有一定的声誉;能指

导、从事专业研究和设计制作；其作品多次在国内外行业展览会上获奖；对继承、创新、发展传统工艺美术事业做出较大贡献者。

4.北京三级工艺美术大师：在行业内享有一定的声誉，能从事本专业的设计和开发制作。其作品多次在行业展览会上获奖，对继承、创新、发展传统工艺美术事业做出一定贡献者。

第十九条 北京民间工艺大师分为特、一、二、三共四个级别：

1.被推荐并认定为中国工艺美术大师的，视其技艺类别，为当然的北京特级民间工艺大师。

2.北京一级民间工艺大师：授予二级称号3年以上；其作品在社会上享有较高的声誉并多次在行业展览会上获奖；在继承优秀传统技艺上有创新，并形成独特的工艺和技术。

3.北京二级民间工艺大师：授予三级称号3年以上；其作品在社会上享有一定声誉，在具有一定社会影响的行业展览会上获奖；其制作的民间工艺美术品具有地方特色。

4.北京三级民间工艺大师：其作品在继承传统基础上已逐渐形成特色，作品能够代表北京优秀民间工艺美术水平。

第二十条 市经委对新认定的北京工艺大师名单予以公告，同时对本市现有的北京工艺大师每两年复查一次并予以公告(未履行大师义务或脱离北京工艺美术行业3年以上的不予公告)。

第五章 奖励政策

第二十一条 被认定为北京一级工艺美术大师、北京一级民间工艺大师的，由市经委择优推荐申请中国工艺美术大师的认定；被认定为北京工艺美术珍品的，市经委择优推荐申请中国工艺美术珍品的认定。

第二十二条 被评为中国工艺美术珍品、北京工艺美术珍品的，市政府将对设计制作单位或个人予以奖励，具体奖励金额由评审委员会提出初步意见。

1.被评为中国工艺美术珍品的，市政府对主持设计制作的人员奖励3~5万元。

2.被评为北京工艺美术珍品的，市政府对主持设计制作的人员奖励1~3万元。

第二十三条 市经委对被认定为传统工艺美术品种、技艺的单位和个人，在参加工艺美术协会组织的传统工艺美术国内外展会中，可享受补贴和优惠政策(具体标准按照每次展会情况另行制定)。

支持、鼓励行业企业和北京工艺大师著书立传，采取多种形式开展传统工艺美术人才、品种、技艺的挖掘、抢救、发展工作。

第二十四条 北京工艺大师承担带徒(2名以上)学艺任务，且带徒一年以上的，经工艺美术协会核准后，报市经委批准，每月可领取带徒津贴。

1.被市经委认定为北京特级工艺大师(按照公告公布的名单)，每月可领取带徒津贴800元。

2.被市经委认定为北京一级工艺大师(按照公告公布的名单)，每月可领取带徒津贴

500元。

3.被市经委认定为北京二级工艺大师(按照公告公布的名单),每月可领取带徒津贴300元。

4.被市经委认定为北京三级工艺大师(按照公告公布的名单),每月可领取带徒津贴100元。

第二十五条 奖励和津贴的领取程序:

1.公告公布后30日内由大师所在单位或个人写出书面申请,并将有关协议或证明报工艺美术协会。

2.工艺美术协会负责将名单分类汇总,并报市经委和市财政局批准后发放。

3.所有奖励和津贴的支出单据,由工艺美术协会存档,并报市经委、市财政局备案。

第二十六条 本办法由市经委负责解释。

第二十七条 本办法自发布之日起执行。

北京市贯彻实施《中华人民共和国中小企业促进法》若干措施

京经中小〔2003〕159号

为进一步促进我市中小企业发展,特制定本市贯彻实施《中华人民共和国中小企业促进法》若干措施。

一、资金支持

1.根据《中华人民共和国中小企业促进法》要求,市财政安排扶持中小企业发展的专项资金,每年不少于200万元,负责全市中小企业工作的部门会同财政部门提出资金使用方案。

区县财政根据实际情况安排专项资金,为中小企业发展提供财政支持。

2.市财政安排扶持中小企业发展专项资金主要用于支持中小企业信用担保体系和中小企业服务体系的建立、健全,扶持直接为各类中小企业提供服务的中介机构。专项资金主要用于以下方面:

(1)建立信用担保风险补偿资金。为支持民间资本设立的各类商业性担保机构和互助性担保机构发展,对其为中小企业融资担保发生的代偿损失给予有限补偿。

(2)创造条件设立再担保资金,建立再担保机构。为各类中小企业担保机构提供再担保,降低中小企业信用担保机构风险。支持北京信用担保业协会开展工作。

(3)为中小企业发展服务网的设立、运行、维护提供资金支持。

(4)设立中小企业培训资金。发挥北京市大专院校、协会等机构的作用,针对本市中小企业特点和企业需求,对中小企业的各类管理人员和专业技术工人进行培训。

二、信用担保体系建设

3.建立中小企业信用担保风险补偿机制。市政府出资设立的信用担保机构发生代偿损失,按年最高不超过6%的比率财政给予有限补偿。

为鼓励民间资本设立的商业性担保机构和互助性担保机构开展中小企业融资担保业务,对其为中小企业融资担保发生的代偿损失给予有限补偿。每年一季度核定上一年度担保机构代偿损失,按最高不超过该担保机构上一年度担保额的1%的比率给予资金补偿。补偿后担保机构仍对违约企业具有追偿权,担保机构追偿实现后,实际损失小于补偿金的部分,应予退回。北京市信用担保监管联席会办公室和北京信用担保业协会负责委托审计部门或认定机构确认,并负责补偿金发放及监督返还工作。

4.加强贷款担保培训工作的力度。组织重点担保公司和协作银行对全市中小企业担保机构的从业人员进行培训,促进担保行业规范运作,明确贷款担保业务流程,降低担保风险;对有贷款需求的中小企业进行培训,明确中小企业申请贷款的条件、程序及反担保的相关要求,提高贷款担保效率。

5.实施中小企业金融支持工程。定期召开金融支持工程推介会,组织区县经委推荐有市场、有效益、有信用并有贷款需求的中小企业,协调有关金融机构、信用担保公司为中小企业提供信贷服务。对重点区县重点企业建立档案,对企业申请贷款、资金使用及还贷过程进行跟踪监督。定期组织区县经委、申请贷款企业协调解决企业实际问题。推广企业贷款融资典型经验。

三、服务体系建设

6.成立北京市中小企业发展服务中心,联系和引导社会各类服务机构、中介组织以及社会团体等,实现中小企业服务机构的功能整合和资源共享,帮助中小企业解决发展中遇到的问题。

各区县应根据实际情况组建中小企业服务中心,逐步形成市、区县两级中小企业服务网络。

7.加强北京市中小企业发展服务中心业务建设。根据中小企业需要,建立综合服务大厅,吸引符合企业当前需求的中介服务机构在此设立服务窗口。逐步搭建企业信用担保服务平台、企业培训服务平台、人才推介服务平台、产权交易服务平台、法律财务服务等平台,为中小企业提供各类服务。

8.建立中小企业信息平台。设立中小企业发展服务网,作为政府与中小企业沟通的桥梁。以中小企业发展服务网为载体,组建中小企业各类信息库,聚集和带动社会相关信息资源;与区县经委及中小企业服务中心联网,实现资源共享。逐步建立健全向全社会开放的中小企业信息服务系统,为中小企业提供便捷的政策和商务信息服务。

9.建立中小企业咨询辅导团队,在市中小企业发展服务中心设立咨询服务窗口,为中小企业提供创业辅导、经营诊断、市场营销、法律咨询等方面的服务。定期召开会议研究解决中小企业提出的疑难问题,应企业要求承接到企业进行全面、专项或单项咨询、诊断项目。

四、深化中小企业改革调整

10.深化中小企业改革。推荐一批国有、国有控股或参股企业转让国有股权,降低国有资本比重,通过股权转让加快国有资本从一般竞争性领域逐步退出,加快企业建立现代企业制度步伐。

11.转让国有股权所得主要用于解决企业改制工作中的遗留问题,引入非公资本,扩大经济总量。转让国有股权所得可以集中用于优势企业发展项目或投资。通过适度增加对产品有市场、有发展空间的中小企业的投入,逐步形成股权转让周转投入机制,实现股权转让变现的良性循环,为企业战略定位,技术改造、产品更新换代奠定良好基础,提供基本保证。

五、其他

12.本措施适用于各类中小企业,由北京市经济委员会、北京市财政局会同有关部门组织实施。

关于本市国有大中型企业初步建立现代企业制度评价标准

京政体改发〔2003〕2号

为规范本市国有大中型企业建立现代企业制度行为,指导企业提高改制质量,根据党的十五届四中全会精神,参照《中华人民共和国公司法》(以下简称《公司法》)、《国务院办公厅关于转发国家经贸委国有大中型企业建立现代企业制度和加强管理基本规范(试行)的通知》(国办发[2000]64号)等有关法律、法规和行政规章的规定,制定本评价标准。

一、关于企业公司制改革

(一)选择适宜的改制方式。企业应根据实际情况,实事求是地选择改制方式。资产质量较好、负担较轻的,应选择整体改制方式。资产质量差、人员多、负担重,不具备整体改制条件的企业,可以在对企业资产、人员、产品进行重组的基础上,以出资设立子公司的方式进行部分改制。以出资设立子公司方式进行部分改制的企业,其出资额应占企业净资产的50%以上或将75%以上的主营业务投入到子公司。

(二)进行规范的公司制改造。除极少数必须由国家垄断经营的企业可以改制为国有独资公司外,竞争性行业的企业都应改制为产权清晰、出资主体多元化的公司制企业,并按《公司法》等法律、法规进行工商注册登记。

(三)建立出资人制度。企业出资人按投入企业的资本额享有所有者权益,履行出资人义务,并以出资额为限对所投资企业承担有限责任。出资人通过所投资企业的股东会或股东大会(以下简称股东会)依法行使资产受益、重大决策和选择管理者等权利,不直接干预所投资企业的具体经营活动,不直接支配所投资企业的法人财产,不越过所投资企业股东会或董事会直接任免企业高级管理人员，不对所投资企业股东会人事选举决议或董事会聘任决议履行批准手续。

(四)确立企业法人财产制度。企业拥有法人财产权，依法自主经营、照章纳税、自负盈亏，并以其全部法人财产独立享有民事权利，承担民事责任。

企业依法接受出资人监督，维护出资人的合法权益，并对出资人承担资产保值增值的责任。

(五)实现政企分开。对国家出资兴办和拥有股份的企业，政府通过股东代表行使所有者职能，不干预企业的日常生产经营活动。企业不套用党政机关的行政级别，也不比照党政机关干部的行政级别确定企业经营管理者的待遇，实行适应现代企业制度要求的企业经营者管理办法。

(六)建立规范的母子公司体制。已改制企业要按照《公司法》等有关法律、法规的要求，理顺与出资人和子公司之间的产权关系，并在资产、业务、财务、机构和人员等方面实现彻底分离。

(七)分离企业办社会的职能。按照“多种形式、分类指导、分步实施”的原则，企业采取措施，将所办的普通中小学校、医院等公益型机构以及后勤服务等福利型机构与生产经营主体相分离。分离的机构，根据实际情况或移交当地政府统筹管理，或转为企业化经营，或关闭停办。

二、关于企业的法人组织结构

(八)建立规范的法人治理结构。企业依法设立股东会、董事会、经理和监事会，并制定相应的议事程序和工作规则，做到机构健全、人员到位、运作规范，形成各司其职、各负其责、协调运转、有效制衡的机制。

国有独资公司按照《公司法》的有关规定，不设股东会。

(九)加强董事会建设，完善经营决策机构。董事会作为企业的经营决策机构，其成员依法由股东会选举和更换。董事会对股东会负责，并承担资产保值增值的责任。

国有及国有法人控股的公司，其董事会中应当有职工代表；其他公司的董事会中可以有职工代表。董事会中的职工代表由公司职工民主选举产生。董事会中的股东代表三分之一以上由不在企业内部任职的人员担任，并可设独立于公司股东且不在公司内部任职的独立董事。

董事长一般不得由公司股东单位的法定代表人或总经理担任。

董事会按规定建立集体决策及可追溯个人责任的议事制度，并能够根据实际情况和需要，在董事会下设立由专业人士组成的投资决策委员会、审计委员会、薪酬与考核委员会等非常设咨询机构，为董事会决策提供支持和服务。董事会会议对所做出的决定形成会议记录，并由出席会议的董事签名确认。对于违反法律、法规、行政规章或公司章程致使企业遭受严重损失的决策，必须做到能够依法追究有关人员的责任。

(十)规范公司经理职权，建立市场化的选聘机制。经理层人员一般应通过公开选拔，依法由董事会聘任或者解聘。经理对董事会负责，具体负责企业的日常生产经营活动。董事会与经理层要减少交叉任职，董事兼任经理层人员的人数，一般不超过董事人数的一半。董事长和总经理原则上不由一人兼任,董事长和经理是分设的,董事长不越权行使经理职权。

(十一)充分发挥监事会对董事会决策、经理层经营行为和公司财务的监督作用。监事会作为企业的监督机构,其成员列席董事会会议,依照《公司法》等有关法律、法规、行政规章和公司章程履行监督职责。监事会在必要时能够指定中介机构对公司财务进行审计。

监事会成员依法由股东会选举和更换,对股东会负责。监事会成员中应当有公司职工代表,职工代表由公司职工民主选举产生。除国有独资公司的监事会由市政府派出外,其他企业监事会中的股东代表半数以上由不在企业内部任职的人员担任。

三、关于企业内部改革与健全管理制度

(十二)实行劳动合同制度,建立企业与职工双向选择、竞争上岗的用工机制。企业能够根据生产经营需要科学设置工作岗位,依法自主决定招聘职工,并依照《北京市劳动合同规定》(市政府第91号令),通过平等协商与职工签订劳动合同,确定劳动关系;与工会签订集体合同,建立协调劳动关系机制。在企业内部实行定岗定员、全员竞争上岗制度。对于经培训仍不能胜任工作的职工,企业能够依法与其解除劳动合同,形成职工能进能出的机制。

(十三)经营管理人员实行聘任制,形成择优录用和竞争上岗的新机制。改革人事制度,按照精干、高效原则设置各类管理岗位和管理人员职数。企业内部各级管理人员都是通过公开竞聘、择优上岗的,并实行定期考核的任期制。打破企业内部管理人员和工人之间的身份界限,按照公开、平等、竞争、择优的原则,采取面向社会公开招聘等多种形式吸引优秀人才,加大公开选拔经营者的力度。对于不称职的经营管理人员能够及时从管理岗位上调整下来,形成经营管理人员能上能下的机制。

(十四)改革收入分配办法,逐步建立“市场机制调节,职工民主参与,政府监控指导”的收入分配制度。企业在建立健全资产经营责任制的基础上,形成了激励和约束相结合、收入与责任、风险相对称的企业收入分配机制。

企业内部实行了以岗位工资为主要形式的工资制度。岗位工资标准和职工工资收入与企业经济效益和职工实际贡献挂钩,形成收入能增能减的机制。

积极探索资本、技术和经营管理等生产要素参与收益分配的途径和办法。在健全监督约束机制和进行严格考核的基础上,对董事会、经理层等成员试行了年薪制或持有股权等多种分配方式,使其按照职责和贡献取得报酬。对科技人员实行项目成果奖、新产品新增利润提成或技术折价入股等分配办法。

(十五)按时足额缴纳各项社会保险费,建立职工住房公积金制度。企业严格按照北京市的有关规定,依法参加职工基本养老保险、基本医疗保险、失业保险和工伤保险等,并按时足额缴纳各项社会保险费。依照有关规定为职工建立并缴纳住房公积金。

(十六)加强企业发展战略研究,确定科学合理的战略目标。企业设立了专门机构,负责研究、制定、实施企业发展、技术创新和市场营销等战略,并将其列入重要议事日程,确保企业长期稳定的发展。

（十七）加大技术改造力度，形成不断创新机制。企业设立了技术研发中心或相应机构，技术开发投入占销售总额的比例达到3%以上，新产品产值占总产值的比例不断提高，形成了自主开发能力与产品升级换代的技术创新能力。通过技术创新，企业要拥有具有自主知识产权、具有竞争优势的产品和技术。

（十八）企业规章制度健全、完善，管理科学、规范。企业不断强化基础管理工作，建立健全各项规章制度并严格执行。企业重点加强了企业资金预算管理、成本费用管理、财务审计等各项财务管理制度和企业形象（资信）、安全生产和产品质量管理。企业资产负债表、损益表和现金流量表等财务报表的填报符合国家有关规定，能够真实、客观、准确地反映企业经营状况；年度会计报表通过注册会计师审计。

（十九）精简职能部门，减少管理层次。企业采用现代管理技术、方法和手段，建立起精简、高效的经营管理组织体系。

四、关于改制企业加强党的领导和民主管理的工作

（二十）发挥企业党组织的政治核心作用。改制企业能够严格依照《中国共产党章程》和《公司法》等法律、政策的规定，在企业中坚持发挥党组织的政治核心作用，并在实践中积极探索和完善企业领导制度的途径和方法。党委主要成员通过法定程序进入董事会、监事会。

（二十一）完善职工民主管理制度。企业能够按照《中华人民共和国工会法》等法律、法规的要求，坚持和完善以职工代表大会为基本形式的企业民主管理制度，建立健全厂务公开和民主评议企业领导人员的制度，发挥工会和职工代表大会在民主决策、民主管理、民主监督方面的作用。

（二十二）加强企业精神文明建设。改制企业能够自觉加强思想政治工作，发展企业文化，开展创建文明企业、文明班组和争当文明职工活动，并在职工中树立爱岗敬业、诚实守信、奉献社会的良好职业道德和职业风尚，努力建设一支有理想、有道德、有文化、有纪律的职工队伍。

五、关于企业的经济效益状况

（二十三）企业经营状况得到明显改善。通过“三改一加强”，企业资产负债率、净资产收益率、资本保值增值率等主要经济指标达到或好于同行业平均水平，职工收入水平不断提高。

六、其他

（二十四）依据《中华人民共和国中外合资经营企业法》改制为中外合资企业的，参照本评价标准进行规范。

（二十五）本评价标准由市政府体改办负责解释。

联络指南

单位名称	地址	网址或电子邮箱	电话	邮编
北京市工业促进局	北京市朝阳区工体北路6号	www. bjid. gov. cn	85235626	100027
北京市发展和改革委员会	北京市西城区复兴门大街2号	www. bjpc. gov. cn	66410901	100031
北京市商务局	北京市东城区朝阳门内大街190号	www. bjmbc. gov. cn	65248780	100010
北京市科学技术委员会	北京市西城区西直门南大街16号	www. bestinfo. net. cn	66153389	100035
北京市财政局	北京市海淀区阜成路15号	www. bjcz. gov. cn	68423868	100037
北京市质量技术监督局	北京市朝阳区育慧南路3号	www. bjtsp. gov. cn	84611177	100029
北京市工商行政管理局	北京市海淀区倒座庙9号甲	www. hd315. gon. cn	82690900	100080
北京市人民政府国有资产监督管理委员会	北京市西城区南礼士路	www. beijing. gov. cn	68017755	100045
北京市交通管理委员会	北京市宣武区广安门内大街317号	www. bjjtw. gov. cn	63032255 -6507	100053
北京市药品监督管理委员会		www. bjda. gov. cn	84551498	100016
北京京城机电控股有限责任公司	北京市朝阳区东三南路48号	www. jcmeh. com	67756668	100022
北京京仪控股有限责任公司	北京市东城区安定门西滨河路25号	biipao@ puplic3. bta. nta. cn	64218506	100011
北京电子控股有限责任公司	北京市朝阳区三里屯西六街6号	www. behc. com. cn	84544207	100027
北京市有色金属工业总公司	北京市宣武区槐柏树街2号		63021987 63021350	100005

单位名称	地址	网址或电子邮箱	电话	邮编
北京化学工业集团有限责任公司	北京市亦庄经济技术开发区西环北路23号华腾发展大夏	www. bjhgjt. com. cn	67860685	100176
北京纺织控股有限责任公司	北京市东城区东单三条33号	www. bthc. com. cn	65127929 65127369	100005
北京一轻控股集团有限责任公司	北京市宣武区东经路5号	www. bjyq. com. cn	63030788 63157942	100050
北京隆达轻工控股有限责任公司	北京市西城区德胜门东河路5号	www. 192. 168. 1/yoffcy	62371567	100011
北京医药集团有限责任公司	北京市朝阳区白家庄西里5号		65023451 65021695	100020
中国北京同仁堂集团公司	北京市崇文区崇文门外大街42号	www. tohgrentang. com	67171761 67171755	100062
北京兴东方实业有限公司	北京市海淀区复兴路2号	www. boomeast. com. cn	63273336 63466193	100038
首钢总公司	北京市石景山区石景山路	www. shougang. com. cn	68293520 68873606	100088
北京京煤集团有限责任公司	北京市门头沟区新桥南大街2号	www. beijingcoal. com. cn	69842426 69842252	102300
北内集团总公司	北京市朝阳区东三环中路		67714072 67719557	100022
中国石化集团北京燕山石油化工有限公司	北京市房山区燕山岗南路1号		69342281 69342923	102500
中国华北电力集团公司	北京市宣武区广安门大街482号	122. 33. 23/hcpg/default. asp	83583114	100051
北京供电局	北京市西城区前门西大街	www. bpsb. com. cn	63128201	100053
北京汽车工业控股有限责任公司	北京市朝阳区东三南路25号	www. bj – auto. com. cn	63033185	100050
北京金隅集团有限责任公司	北京市西城区宣武门西大街甲129号	www. bbmg. com. cn	66411587	100031

单位名称	地址	网址或电子邮箱	电话	邮编
北京工美集团有限责任公司	北京市东城区王府井大街200号	www. eart. net	65140151	100005
华北京海实业总公司	北京市朝阳区工体西路甲7号	jinghai@ citiz. net	65527483 65527481	100020
北京四环医药科技股份有限公司	北京市海淀区复兴路47号	www. sihuan. com. cn	51921234	100036
北新集团建材股份有限公司	北京市海淀区德胜门外西三旗东		82913831 66932678	100096
北京二七机车厂	北京市丰台区长辛店杨公庄1号	ww. 27rail. com. cn	83306001 83306125	100072
北京二七车辆厂	北京市丰台区张郭庄1号	www. epc	83877722	100072
北京南口机车车辆机械厂	北京市昌平区南口镇道北	www. np. com	69771260 -2461	102202
北京工业经济联合会	北京市崇文区好景胡同33号		65114383	100051
北京企业联合会	北京市朝阳区建国门外大街12号楼		65684886	100022
北京市中小企业服务中心	北京市海淀区中关村南大街中关村科技发展大厦		62140459	100081
北京市工业经济研究所	北京市朝阳区团结湖北三条瑞博写字楼	briie@ 263. net	85983019 85987281	100026
北京市技术创新服务中心	北京市海淀区知春路111号理想大厦		82665796	100086
北京市东城区经济委员会	北京市东城区藏经馆11号(西门)		84047301	100007
北京市西城区经济委员会	北京市西城区真武庙四条六里甲6号	www. jmw. com	68013253	100035
北京市宣武区经济贸易委员会	北京市宣武区育新街2号			
北京市崇文区经济委员会	北京市崇文区幸福大街32号	www. cwjmw. com	67110318	100061

单位名称	地址	网址或电子邮箱	电话	邮编
北京市朝阳区经济委员会	北京市朝阳区南磨房双龙南里128号		87312475 87312494	100021
北京市海淀区经济委员会	北京市海淀区西三环北路厂洼19号		68413388	100089
北京市丰台区经济贸易委员会	北京市丰台区文体路2号		63812117	100071
北京市石景山区计划经济委员会	北京市石景山路35号		68824023	100043
北京市门头沟区经济委员会	北京市门头沟区城子大街56号	tjk－jw@sina.com	69842584	102300
北京市房山区经济委员会	北京市房山区良乡政通路1号	zonghekel@126.com	89351446	102488
北京市通州区经济委员会	北京市通州区新华大街85号		69545127	101100
北京市顺义区经济委员会	北京市顺义区新顺南大街9号	www.jingw.bjshy.gov.cn	69441064	101300
北京市昌平区经济委员会	北京市昌平区城区镇北环路22号院			
北京市大兴区经济委员会	北京市大兴区兴政街15号	www.dxjj.dxic.gov.cn	69243537	102600
北京市平谷区经济委员会	北京市平谷区林荫北街		69962876	101200
北京市怀柔区经济委员会	北京市怀柔区城南大街37号	jjw@bjhr.gov.cn	69644413	101400
北京市密云县经济委员会	北京市密云县东大街育才路		69043060	101500
北京市延庆县经济委员会	北京市延庆县阪泉路建业胡同2号	yqw@263.net	69103310	102100
北京市乡镇企业局	北京市朝阳区惠新东街6号	www.bte.gov.cn	84638314	100029
北京市民政工业总公司	北京市东城区新太仓胡同34号	www.biflqy.com	64017386 64025626	100007

企业名录

单位名称	办公地点	联系电话	邮政编码	主要产品	销售收入（万元）
电子、通讯行业					
北京兆维电子（集团）有限责任公司	北京市朝阳区酒仙桥路14号	64361361	100016	网络商品、通讯设备、印刷材料	55716.87
北京正东电子动力集团有限公司（七五一厂）	北京市朝阳区酒仙桥路4号	64377041	100015	电、热力、煤气	1569.28
北京北广电子集团有限责任公司（七六一厂）	北京市西城区黄寺大街23号	62018319	100011	销售商品、租赁收入、租金收入	4385.13
北京大华无线电仪器厂（七六八厂）	北京市2452信箱	62921294	100083	仪器类、成品油、电源类	1124.07
北京京东方投资发展有限公司（七七四厂）	北京市朝阳区酒仙桥路10号	64363589	100016	显示器及显示器件、精密电子零件与材料、移动数码产品与IT服务	1061889.27
北京七星华电科技集团有限责任公司	北京市朝阳区酒仙桥东路1号	64311193	100016	电子元器件、电子专用设备、原材料	45593.91
北京东光微电子有限责任公司（八七八厂）	北京市朝阳区酒仙桥路12号（北京九〇三信箱）	64370289	100016	集成电路、制版、外壳收入	1269.67
北京无线电厂（北京益泰电子集团有限责任公司）	北京市海淀区北洼路4号	68419348	100089	彩色摄像机、组合音响、弱电系统集成	20400.93
北京牡丹电子集团有限责任公司	北京市朝阳区酒仙桥东路1号南门（8号楼）	64325778 64325927	100016	彩色电视机、元器件等	157191.1
北京北电科林电子有限公司	北京市朝阳区酒仙桥中路18号	64325445	100016	转播机、会议工程、工业电视	4727.71
北京飞达电子集团公司	北京市海淀区苏州街75号	62553751	100080	二极管	1136.71

续表

单位名称	办公地点	联系电话	邮政编码	主要产品	销售收入（万元）
北京吉乐电子集团有限公司	北京市朝阳区酒仙桥南路5号	64354808	100016	彩汤普－N2920、三星－2910系列、彩粗－5404	10302.07
北京市无线电元件六厂	北京市东城区北京站东街10号	65249117	100005		
北京飞宇微电子有限责任公司	北京市朝阳区三里屯西五街5号	64652346	100027	薄膜集成电路、厚膜电路、展览服务收入	2533.88
北京宇翔电子有限责任公司	北京市崇文区龙潭路3号	67111067	100061	传感器、集成电路、信号机	2170.65
北京半导体器件五厂	北京市西城区德胜门外五路通14号	62018308	100011	模块、石英制品、cw78	2500.14
北京燕东微电子有限公司	北京市东直门外西八间房万红西街2号	64364865	100015	分立器件、电路加工费	6890.86
北京易亨电子有限责任公司	北京市朝阳区北三环东路28号	64405566	100013	房租收入、加工收入	1292.1
北京广播电影电视设备制造厂	北京市朝阳区双桥街12号	65896785	100024	广播发射机、结构广播发射塔、天线	15012.53
北京博彦科技发展有限公司	北京市海淀区上地6街17号康德大厦4层	62985533	100085	软件	2000
北京华旗资讯科技发展有限公司	北京市海淀区中关村硅谷电脑城15层	62566688	100080	计算机、显示器、移动存储器	120000
北京汇民科技有限公司	北京市海淀区中关村数码大厦12层	62510153	100086	杀毒软件	1700
三伍电子系统（北京）有限公司	北京市昌平区科技园区创新路17号	84813535	102209	液晶显示屏	16300.9
北京北科麦思科自动化工程技术有限公司	北京市昌平区超前路9号	62322870	102200	电子计算机及外部设备	12956
罗格朗（北京）电气有限公司	北京市昌平区城北超前路4号	89702233	102200	低压电器附件	9733.9
北京宏达电子配件有限公司	北京市怀柔区富乐工业园区	69642449	101400	防爆带、内磁、框架	20834

续表

单位名称	办公地点	联系电话	邮政编码	主要产品	销售收入（万元）
北京市宏华电器有限公司	北京市门头沟区永定美安路	69804715	102308	全自动电热水器	16452
北京市中山新技术研究所	北京市西城区护国寺大街74号	66188953	100035	公路超限管理系统、计重收费系统	1200
北京百纳世纪科技发展有限责任公司	北京市西城区新德街甲20号702室	82025778	100088	纳米非晶金刚石离子镀膜技术	
爱立信移动通信有限公司	北京市顺义区天竺空港工业区	64571188	101312	移动电话	
松下通信设备有限公司	北京市顺义区天竺空港工业区	80480000	101312	移动电话	
JVC电子产业有限公司	北京市顺义区天竺空港工业区	80486066	101312	电子元件	
索鸿电子有限公司	北京市顺义区天竺空港工业区	80486868	101312	电子元件	
村田电子有限公司	北京市顺义区天竺空港工业区	80486622	101312	电子元件	
松下精密电容有限公司	北京市顺义区天竺空港工业区	80486718	101312	电子元件	
北京希维希电子制品有限公司	北京市房山区窦店镇	80318038	102402	天线配件	2545
飞利浦电子（北京）有限公司	北京市朝阳区酒仙桥东路1号	64323300	101016	音视频扬声系统	
京东方现代（北京）显示技术有限公司	北京市朝阳区酒仙桥东路	64316698	100016	其他电子设备	
北京赛多利斯仪器系统有限公司	北京市朝阳区北京工业区东湖渠	64392233	100102	电子天平	
通美晶体技术有限公司	北京市通州工业开发区	61562241	101113	单晶硅	930
北京嘉华天润科技有限公司	北京市通州区东关芙蓉西路1号	89521194	101100	通讯电源	5350
华明电子生物技术发展(北京)有限公司	北京市宣武区琉璃厂西街52号	64914742	100052	峰谷彪、红外表	2333.2
北京大百科光盘有限公司	北京市密云县溪翁庄镇	69012794	101500	光盘制造	952
北京牡丹电子部品有限公司	北京市密云县十里堡镇	89022582	101500	电子产品	3000

续表

单位名称	办公地点	联系电话	邮政编码	主要产品	销售收入(万元)
北京市崇新通信技术开发公司	北京市石景山园区西井路3号	88794993－207	100043	通信交换设备制造	
理光电子技术北京有限公司	北京市石景山园区创业园中区E1号	88797580	100043	办公用品及耗材	
机械、仪表、小五金行业					
北人集团公司	北京市朝阳区东三环南路48号	67714032	100022	印刷机	15694.3
北人印刷机械股份有限公司	北京经济技术开发区荣昌东街6号	67802559	100176	印刷机	71587.2
北京第一机床厂	北京市朝阳区建国门外大街4号	65670987	100022	金属切削机床	23876.6
北京北一数控机床有限责任公司	北京市朝阳区建国门外大街4号	65670987	100022	金属切削机床	30374.7
北一大隈(北京)机床有限公司	北京市顺义区林河工业开发区双河大街16号	65670987	101300	金属切削机床	
北京第二机床厂	北京市丰台区卢沟桥南里4号	83219661	100072	磨床	
北京市机电院高技术股份有限公司	北京市朝阳区工体北路4号	65945638	100027	数控机床	11615.7
北京京城重工机械有限责任公司	北京市崇文区光明东路1号	67195535	100061		
中环动力北京重型汽车有限公司	北京市通州区次渠	67195535	101111		
北京现代京城工程机械有限公司	北京市丰台区卢沟桥南里2号	83213377－3605	100072	挖掘机、叉车	41187.6
京城环保产业发展有限责任公司	北京市崇文区光明东路1号	67184909	100061	垃圾处理设备气体压缩	22905
巴布科克·威尔科克斯有限公司	北京市石景山区石景山路36号	68875881	100043	电站锅炉	80827.7
北京重型电机厂	北京市石景山区吴家村	68639674	100040	桥梁结构件、热力供应	17794.9
北京北重汽轮电机有限责任公司	北京市石景山区吴家村	68639674	100040	汽轮发电机、电站汽轮机	65297.3
北京ABB高压开关设备有限公司	北京市丰台区永定门外石榴庄南里7号	67640055	100075	高压开关板、高压断路器	100688

续表

单位名称	办公地点	联系电话	邮政编码	主要产品	销售收入（万元）
北京北开电气股份有限公司	北京经济技术开发区永昌南路5号	67802628	100176	六氟化硫断路器;六氟化硫全封闭组合电器	42022.1
北开日新电机高压开关设备有限公司	北京经济技术开发区宏达南路8号	67802628	100176	六氟化硫全封闭组合电器	7422.3
北京天海工业有限公司	北京市朝阳区黄厂路	67365383	100023	高压气瓶	35277.4
天津天海高压容器有限责任公司	天津市天津港保税区	67365383	300456	高压气瓶	
北京毕捷电机股份有限公司	北京市朝阳区酒仙桥北路7号	64382312	100015	交、直流电动机	29579.7
华德液压工业集团有限责任公司	北京经济技术开发区同济北路5号	67881998	100176	液压件	20262.4
北京市机电研究院	北京市朝阳区工体北路4号	65945638	100027		1.6
北京市农业机械研究所	北京市德外西三旗	82913004	100096	生产、开发设施农业产品，温室大棚、畜禽养殖机械、园田管理机械	5240.3
北京嘉源易润工程技术有限公司	北京市海淀区复兴路2号	63280805	100038	挤奶机、节水产品	1520.2
北京市小型动力机械厂	北京市丰台区马家堡路88号	67562447	100077	小汽油机	1241.3
北京市动力机械配件厂	北京市西城区大木仓北一巷	66032266	100031	汽缸垫、交通管理设施	700
北京市机械设备厂	北京市丰台区南苑大泡子	67979705	100076	玉米收获机	98.5
北京拖拉机公司	北京市西城区德胜门外新风街	82272090	100088	小型拖拉机	21.4
北京联合收割机发展集团	北京市朝阳区双桥中路	65895354	100024	联合收割机	312.1
北京市化油器厂	北京市大红门西路22号	61280269	100075	化油器产品	134.1
北京森力技术发展公司	北京市海淀区复兴路2号	63273336－350	100038	奥森润滑油	343.3
中国南车集团北京二七车辆厂	北京市丰台区张郭庄甲1号	83804016	100072	新造、检修铁路货车及配件，铸造产品	78000

续表

单位名称	办公地点	联系电话	邮政编码	主要产品	销售收入(万元)
北京市丰台区宏业科工贸公司	北京市丰台区张郭庄甲1号	83804201	100072	机械设备制造、修理、安装,罐车检测	6158
北京隆长泰工程机械有限公司	北京市丰台区张郭庄甲2号	83871531	100072	轴承辅件、金属冲压件	1639
北京丰华实机械有限公司	北京市丰台区张郭庄甲1号	83804592	100072	铁路货车用转向架交叉支撑装置	971
北京世元陶瓷复合钢管厂	北京市丰台区张郭庄甲1号	83804578	100072	陶瓷复合钢管及管件,聚合物复合管,铁路货车配件	696
北京长铁车辆工业公司	北京市丰台区张郭庄5号	83804555	100072	货车检修、零件加工、土建工程、汽车修理	7900
北京福田汽车股份有限公司	北京市昌平区沙河镇沙阳路	69738888	102206	商用汽车	1401970
北京吉普汽车有限公司	北京市朝阳区广渠门36号	67712233	100022	越野车	342829
北京现代汽车有限公司	北京市顺义区林河开发区顺通路18号	89498266	101300	轿车	877129
北京汽车制造厂有限公司	北京市朝阳区广渠门东路方家村	67730377	100022	汽车	129701
北京轻型汽车有限公司	北京市海淀区首体南路9号	68417722	100044	轻型卡车	3076
北京汽车摩托车联合制造公司	北京市朝阳区呼家楼南里1号	65071712	100020	汽车	6558
司达旅行车公司	北京市丰台区西马场北里13号	67568989	100075	旅行车	578
北京北旅汽车制造有限公司	北京市丰台区大红门西街26号	67577788	100075	旅行车	2449
北内集团	北京市朝阳区广渠路31号	67715588	100022	内燃机	11756
北京齿轮总厂	北京市朝阳区定福庄西里2号	67567733	100024	变速器	16972
北京亚新科天纬油泵油嘴股份有限公司	北京市丰台区程庄路3号	63811155	100071	高压油泵	26626

续表

单位名称	办公地点	联系电话	邮政编码	主要产品	销售收入（万元）
北京市北灯汽车灯具有限公司	北京市宣武区陶然亭街12号	63521902	100054	汽车灯具	2770
北京蒙诺汽车减振器有限公司	北京市宣武区广外鸭子桥25号	63273331	100055	汽车减振器、零部件及配件	11827.2
北京汽车工业集团总公司第一弹簧厂	北京市顺义区张辛庄	89427551	101300	钢板弹簧	3621
北京汽车传动轴厂	北京市朝阳区来广营	84912470	100012	传动轴	5145
北京市汽车制动泵厂	北京市丰台区永外宋家庄路41号	67623335	100078	制动泵	1359
北京市汽车起动机厂	北京市东城区安定门内车辇店街21号	64272266	100028	起动机	1968
北京福达汽车部件有限公司	北京市昌平区东小口乡中滩村105号	84811133	102209	离合器	2103
北京润宇汽车内饰件厂	北京市朝阳区德胜门外南大街	64879131	100101	内饰件	502
北京三永软轴有限公司	北京市顺义区后沙峪街14号	80482922	101300	汽车软轴	22324
北京第二汽车制造厂	北京市昌平区东小口镇中滩村6号	84811433	102209	汽车	14
北京计华汽车仪表有限公司	北京市西城区西四北二条21号	66162062	100034	汽车仪表	74
北京市汽车方向盘厂	北京市大兴区南四环路东路	67649088	100075	汽车方向盘	100
北京市照相机总厂	北京市海淀区北环西路25号	62632021	100086	胶片相机、数码相机	108195
北京北分瑞利分析仪器（集团）有限责任公司	北京市海淀区温泉	62456608	100095	智能型色谱、光谱系列仪器，红外分析仪器	25457.6
北京光学仪器厂	北京市通州区新华大街157号	69544601	101149	太阳光谱辐射计，单色仪，光谱仪	2137.9
北京博飞仪器股份有限公司	北京市通州区新华大街157号	69544601	101149	光学、电子经纬仪系列产品水准仪系列产品	10019.5

续表

单位名称	办公地点	联系电话	邮政编码	主要产品	销售收入（万元）
北京敬业电工集团	北京市西城区西什库大街31号	66175725	100034	配电装置，控制电机、微电机，分马力电机	46536.0
北京北仪创新真空技术有限责任公司	北京市建外郎家园1号	65813041	100022	真空获得系列，真空镀膜机系列，真空检测仪	3954.4
北京远东仪表有限公司	北京市东城区和平里北街6号	64212531	100013	智能差压压力变送器系列	43551.8
北京远东仪表公司	北京市东城区和平里北街6号	64212531	100013	数字式兆欧表，多媒体教学装备	702.3
北京检测仪器有限公司	北京市宣武区广安门外鸭子桥39号	63461608	100055	火焰光度计，风速计	新设立
北京京仪世纪自动化设备有限公司	北京市丰台区苇子坑2号	67616014	100078	智能化执行器、风阀、仪表、数控铣床	4700.7
北京模具厂	北京市崇文区敬业西里2号	67116702	100061	模具及压铸件	1133.1
北京京仪椿树整流器有限责任公司	北京市西城区北新华街45号	66055231	100031	电源系列、晶体管、晶闸管、整流管及模块	3002.5
北京市自动化系统成套工程公司	北京市东城区安外地兴居9号	64253225	100011	工业自动化系统成套工程	2378.8
北京自动化技术研究院	北京市西城区鼓楼西大街41号	64040576	100009	SYMPHONY 集散系统	20734
北京ABB电气传动有限公司	北京市朝阳区酒仙桥路10号	84566688	100016	变频调速装置	62551.6
北京自动化仪表三厂	北京市朝阳区成寿寺威仪路6号	67633531	100078	普通及特殊压力表，压力开关	4967.4
北京京仪海福尔自动化仪表有限公司	北京市大兴工业开发区盛坊路	60250310	102600	流量及物位仪表、磁致伸缩液位计	1481.7
北京京仪北方自动化仪器仪表公司	北京市大兴工业开发区盛坊路	60250333	102600	长寿命和普通电度表	3549.7
北京自动化系统工程研究设计院	北京市西城区百万庄16号	68993328	100037	工业自动化系统成套工程	1502.2
北京光电技术研究所	北京市东城区东皇城根北街甲20号	64045440	100010	激光医疗、激光检测系列，激光全息制品	2261.9

续表

单位名称	办公地点	联系电话	邮政编码	主要产品	销售收入（万元）
北京电影机械研究所	北京市朝阳区团结湖北路2号	65825237	100026	光引擎及光学识别器件，电影制片微缩设备	907.5
北京海淀区达兴电控厂	北京市海淀区门头村616号	62598598	100093	低压成套开关设备	1000
北京龙源开关设备有限责任公司	北京市海淀区香山南路魏家村甲97号	62593380	100093	高低压开关设备、组合箱式变电站	2822
北京东升塑料电器厂	北京市海淀区学院路皇亭子	62015277	100088	开关、插座配电箱等	2300
北京东升铁芯厂	北京市海淀区清河永泰庄甲15号	62948762	100085	铁芯、电力变压器	3800
北京第一机床电器有限公司	北京市海淀区海淀路86号	62551090	100086	行程开关	2000
北京市碧华汽车附件有限公司	北京市海淀区香山四王府西南	62599381	100093	离合器、水泵、机油泵	4500
北京凝华实业有限公司	北京市海淀区西四环中路39号	68278618	100036	超声波抛光机、电火花切割机等	1000
北京恒有源科技发展有限公司	北京市海淀区四季青杏石口路	62598595	100089	中央液态冷热源环境系统	6013
北京和利时电机技术有限公司	北京市海淀区学清路11号	62927938	100085	运动控制电机及驱动系统	1900
北京西山风机有限公司	北京市海淀区杏石口路50号	62590436	100089	锅炉通引风机等	2200
北京东升电焊机厂	北京市海淀区西直门外高梁桥斜街19号	62172832	100044	电焊机	1100
北京风机二厂	北京市海淀区西三旗东路	82902148	100096	离心、轴流风机	1800
北京通达交通设施器材厂	北京市海淀区闵庄路5号	88450423	100089	交通设施及交通标志	700
北京汇通诺尔机电有限公司	北京市海淀区温泉西路南安河5号	62455617	100095	电力屏及各式异型机柜	2800
北京西山除尘器厂	北京市海淀区杏石口路79号	62590569	100089	旋风除尘器、脱硫除尘器等	1800
北京北铃专用汽车有限公司	北京市海淀区四季青南坞村10号	88438125	100089	专用厢式汽车	3195

续表

单位名称	办公地点	联系电话	邮政编码	主要产品	销售收入（万元）
北京当代复合材料有限公司	北京市海淀区香山普安店220号	62590588	100093	通风机系列产品	1850
北京国实电器有限公司	北京市海淀区温泉科技园区	62488553	100095	机械加工与表面处理	2000
北京华都换热设备厂	北京市海淀区永丰六里屯北口	62472941	100094	板式换热器	1000
北京四季青汽车液压件厂	北京市海淀区四季青中坞村	62859701	100089	汽车自动离合传动系统	4100
北京市海淀区燕西金属铸造厂	北京市海淀区温泉镇白家疃村南	62465569	100095	有色金属铸造及加工	1000
北汽福田汽车股份有限公司	北京市昌平区沙河沙阳路老牛湾	80716401	102206	汽车、农用车	1401969.9
北京福田环保动力股份有限公司	北京市昌平区科技园区超前路9号	69733311	102206	发动机、汽车	213315.3
北京南口斯凯孚铁路轴承有限公司	北京市昌平区南口镇南口工厂院内	69779240	102202	轴承	26446.4
北京复盛机械有限公司	北京市昌平区科技园区永安路47号A228室	69732555	102206	空压机	14547.5
中国北车集团北京南口机车车辆厂	北京市昌平区南口道北	69771260	102202	机车车辆配件	11287.5
现代农装科技股份有限公司	北京市昌平区科技园区振兴路9号	64882496	102200	农业机械设备	10064.3
北京柯布克科技开发有限公司	北京市昌平区科技园区超前路9号	64106518	102200	机电系统	7607.1
北京清华阳光太阳能设备有限责任公司	北京市昌平区阳坊镇	69766832	102205	太阳能设备	21896.9
北京博纳电子有限公司	北京市昌平城北科技园区永安路47号	80795211	102200	专用仪器仪表元件	11748.7
科锐博华电气设备有限公司	北京市经纬工业园区	61681913	101407	箱式变压器	9286
北京富春龙汽车货厢有限公司	北京市庙城高两河村	60693889	101401	汽车货厢	7099
北汽福田北京欧曼重型汽车厂	北京市怀柔镇红螺东路21号	89683062	101400	汽车	274663
北汽福田怀柔汽车厂	北京市怀柔镇迎宾中路	69643280	101400	汽车	161884
北京福斯汽车电线有限公司	北京市怀柔雁栖开发区	61667047	101407	汽车电线	5032

续表

单位名称	办公地点	联系电话	邮政编码	主要产品	销售收入（万元）
北京安瑞吉电气设备有限公司	北京市门头沟区龙泉三家店村水闸路30号	69840844	102300	高压开关	130784
北京精雕机电系统研究中心	北京市海淀区西三环北路厂洼街4号	68482139	100036	生产精雕机	126228
北京人民轴承厂	北京市门头沟区清水涧人民轴承厂	61879161	102302	轴承制造	106721
北京富根智能电表有限公司	北京市门头沟区永定石龙东路1号	69803044	102308	生产计量表	43974
北京凌华兴业科技有限公司	北京市海淀区上地信息产业基地	62960789	100009	计算机硬件开发	43245
北京无极液压工程有限公司	北京市门头沟区永定石龙工业区龙园路1号	69806356	102308	生产液压成套设备	41723
北京意高科技有限公司	北京市门头沟区石龙工业区美安路3号	69804548	102300	包装工业专用设备制造	26465
北京市人民华都矿山机械有限公司	北京市门头沟区中门寺村	61892852	102300	破碎机	14279
北京机床附件厂有限责任公司	北京市通州区潞城镇召里工业园区13号	69590230	101117	铣夹头	920
崇文区雷源制冷附件厂	北京市崇文区金鱼池中街4号	67656451	100051	制冷附件	147.4
北京金环压缩机厂	北京市通州区台湖镇次渠	69507025	101111	压缩机	534
北京市汇鑫机械厂	北京市丰台区分钟寺351号	67611327	100078		1502.9
北京正业汽车修理厂	北京市崇文区左安门关厢东里22号	67629372	100078	汽车修理	
北京自动化仪表二厂	北京市崇文区永内大街44号	67018517	100050	仪器仪表	613.3
崇文区康达实验厂	北京市崇文区金鱼池西区19楼11门101号	67025046	100050	医疗器械	1066.2

续表

单位名称	办公地点	联系电话	邮政编码	主要产品	销售收入（万元）
北京电子光学设备厂	北京市崇文区桃阳路11号	67269194	100075	显微镜	1786.9
北京基业达电气有限公司	北京市西城区鼓楼西大街215号	64059649	100009	配电箱、配电柜、箱式变压器	4500
北京摩擦材料厂	北京市西城区德外黄寺大街12号	62024360	100011	军地两用刹车盘及民品摩擦片	2800
北京科虹机电技术研究所	北京市西城区德外新康街2号	62364529	100088	气支撑、空滤器开关堵、压力开关	800
北京自动化控制设备厂	北京市西城区德外大街11号	62016392	100088	安装式电工仪表	900
亚华方达水技术工程(北京)有限公司	北京市新街口外大街8号B座113室	82281823	100088	城市中水回用于电厂补水的膜法技术和成套设备	550
北京富迪创业科技有限公司	北京市德胜门外大街11号B座607B	84922848	100088	RCM－2型氡连续自动监测仪	500
北京优源实力空调技术开发有限公司	北京市德胜门外大街11号	82022119	100088	多分区新风机组	170
北京现代汽车有限公司	北京市顺义区林河工业区	89490022	101300	汽车	
西铁城钟表有限公司	北京市顺义区天竺空港工业区	80486655	101312	钟表	
吉祥德尔格安全设备有限公司	北京市顺义区天竺空港工业区	80498071	101312	安全设备	
汇能亚澳通讯设备厂	北京市林河工业区	89495901	101312	通讯设备	
长城松下精工空调设备有限公司	北京市顺义区天竺空港工业区	80489772	101312	空调器	
威乐山姆逊(北京)水泵系统公司	北京市顺义区天竺空港工业区		101312	水泵	
北京冶金工程技术联合开发研究中心	北京市顺义区天竺镇		101312	冶金设备	
北京罗森伯格电子有限公司	北京市顺义区天竺空港工业区		101312	电容	
北京阿奇夏米尔工业电子有限公司	北京市顺义区马坡镇		101300	电容	

续表

单位名称	办公地点	联系电话	邮政编码	主要产品	销售收入（万元）
北京日上工贸有限公司	北京市大兴区亦庄镇东工业区新城工业园区15号	87398228	100023	防盗门、防火门、散热器	5800
北京新同志工贸有限公司	北京市大兴区长子营镇米庄村东	80210528	102606	食品机械	2000
北京市京兴汽车配件厂	北京市大兴区采育镇水沙营	80202831	102615	汽车配件	2400
北京荏原机械制造有限公司	北京市大兴区北臧村镇	60275167	102609	铸件	4016
北京中环汽车装饰件有限责任公司	北京市大兴区黄村镇西庄村天堂河	61266631	102609	各种汽车装饰件	20000
基康仪器（北京）有限公司	北京市房山区良乡工业开发区	89362929	102488	位移计传感器、钢筋计、渗压计	4020
北京北一良工机械有限公司	北京市房山区工业总公司	69368558	102401	机床零件、工作台	1162
北京市房山区卷扬机厂	北京市房山区周口店大街13号	69301781	102405	卷扬机	1234
北京帕尔普线路器材有限公司	北京市房山区良乡工业开发区	89360860	102488	线路器材	4770
北京市燕山开关厂	北京市燕山北庄甲1号	69341285	102500	电器开关柜	2334
北京隆达轻工控股有限责任公司	北京市西城区德胜门东滨河路5号	62371586	100011	家电、商业票据、农膜、塑料轻工建材、有色新材料、体育器械、皮革制品	343380.1
北京雪花电器集团公司	北京市大兴区黄村兴华中路1号	69241477	102600	空调器、电冰箱	8258
北京白菊电器集团公司	北京市朝阳区安苑东里一区4号	64960378	100029	洗衣机、电机制造、加工业	9949.1
北京厨房设备集团	北京市西城区西内大街132号	66185638	100032	不锈钢制品	1000
北京恩布拉科雪花压缩机有限责任公司	北京市丰台区永外贾家花园15号	67252244	100075	冰箱压缩机	34713
海信（北京）电器有限公司	北京市大兴区清源路34号	69251331	102600	电冰箱	56885.4
北京汽车制造厂有限公司	北京市朝阳区广渠东路方家村51号	87742613	100022	汽车	

续表

单位名称	办公地点	联系电话	邮政编码	主要产品	销售收入（万元）
北京ABB电气传动系统有限公司	北京市朝阳区酒仙桥东路10号	84566688	100016	电气传动装置	
北京江森汽车部件有限公司		87772255	100022	汽车零部件	
颇尔过滤器（北京）有限公司	北京市朝阳区霄云路26号鹏润大厦B706	84584011	100026	过滤器及配件	
北京华东开关厂	北京市朝阳区龙爪树南里69号	67676662	100078	高压开关板	
北京长虹开关厂	北京市小红门肖村	67669042	100176	高低压配电柜	
北京变压器二厂	北京市通州区马驹桥镇环保园区	60526704	101102	电力变压器	3100
北京富新制冷设备有限公司	北京市通州区运河大街58号	81580242	101101	制冷配件	7500
北京桑德环境工程股份有限公司	北京市通州区马驹桥	60505545	101102	环保设备、环保工程	20000
比泽尔压缩机公司	北京市通州工业开发区	69574545	101113	制冷设备	1167
北京第三纺织机械有限公司	北京市宣武区广安门外马连道东街30号	63437918	100055	汽车零部件及配件制造	4687.6
北京燕京汽车厂	北京市宣武区太平街8号	63186436	100050	汽车修理	3299.6
北京东山机械技术有限公司	北京市宣武区右安门内西城根3号	63537363	100054	密封件	4022.2
北京北方长城光电仪器有限公司	北京市宣武区西便门内大街85号	83171089	100053	光学仪器制造	2544.4
北京中马电泵有限责任公司	北京市密云县车站路17号	69044617	101500	潜水电泵	1108
密云县德宝工贸有限公司	北京市密云县滨河工业区	61088858	101500	无压锅炉	1000
上海大众汽车密云销售维修中心	北京市密云县东门外	69051888	101500	汽车维修销售	5288
北京奥斯玛电梯公司	北京市平谷区东高村镇兴业路2号	69909050－205	101200	电梯	
北京奥博电子电器有限责任公司	北京市石景山五里坨隆府路	88902280－361	100043	发电机及发电机组制造	

续表

单位名称	办公地点	联系电话	邮政编码	主要产品	销售收入(万元)
北京铁通康达铁路通讯设备有限公司	北京市石景区创业园西区C座	88797012	100043	铁路专用设备及器材	
北京中科金马科技有限公司	北京市石景山区鲁谷路74号	68631769	100043	配电开关控制设备制造	
北京市鑫源弹簧厂	北京市石景山区京源路口	68875086	100043	弹簧制造业	
北京忠致环保设备有限公司	北京市石景山区衙门口村东	68654908	100043	环境保护仪器仪表制造	
北京江南建筑机械配件厂	北京市石景山区苹果园东口	68874212	100043	建筑机械制造业	
北京福昊达科技开发有限公司	北京市石景山区石景山路22号万商大厦708室	68666322	100043	广播电视设备制造业	
北京市双利环保设备厂	北京市石景山区西黄村	88965683	100043	炊事用具制造业	
北京市石景山向阳环保设备厂	北京市石景山区衙门口	68668972	100043	环境保护仪器仪表制造	
北京市春海技术开发有限责任公司	北京市石景山区琅山村西口	62599299	100043	衡器制造	
北京和合拉链有限公司	北京市延庆县康庄镇政通路12号	69131175	102101	各种拉链	1307.8
北京威龙电机有限公司	北京市延庆县妫水南街7号	81196286	102100	微型电机	324
首钢莫托曼机器人有限公司	北京经济技术开发区永昌北路7号	67880557	100176	工业机器人	
北京五环仪器仪表厂	北京市石景山区广宁村新立街	88993895	100043	自动化仪表	
化工、石油化工、医药行业					
北京化学工业集团有限责任公司	北京经济技术开发区西环北路23号	67860685	100176	试剂、塑料、橡胶制品、化工设备、气体产品、包装材料	144882
北京化工厂	北京市朝阳区广渠路5号	67782931	100022	彩粉、化学试剂、502胶	23033
北京普莱克斯实用气体有限公司	北京市朝阳区东郊大郊亭	67715544	100022	氮气、氧气、氩气	19821
北京染料厂	北京市朝阳区垡头十八间房	67383777	100023	染料、颜料、硫酸	3767

续表

单位名称	办公地点	联系电话	邮政编码	主要产品	销售收入（万元）
北京华腾橡塑乳胶制品有限公司	北京市通州区次渠工业开发区	81501509	101111	再生胶、工业胶板、跑道胶板、乳胶制品、家用手套	20411
北京北搪化工设备厂	北京市通州区次渠工业开发区	81501947	101111	化工设备、搪瓷浴盆	3037
北京化工实验厂	北京市朝阳区西大望路23号	67712050	100022	氮肥	120
北京市氧气厂	北京市朝阳区东郊大郊亭	67787128	100022	氮气、氧气、氩气	203
北京化学工业集团进出口公司	北京市朝阳区十里河大羊坊路79号	67323927	100021	化工材料批发进出口	2283
北京化学试剂研究所	北京市朝阳区九龙山西大望路17号	67711342	100022	光刻胶、高纯试剂、感光液	2866
北京化学工业集团经营实业总公司	北京市朝阳区中纺街乙30号	65024406	100020	化工、生物、橡胶	1198
北京化学工业集团公司供销公司	北京市朝阳区劲松南路9号	67714610	100021	化工产品批发	376
北京市化学工业研究院	北京市海淀区成府街2653信箱	62573311	100084	塑料助剂、科研开发、技术开发	827
北京化学工业集团公司锅炉压力容器检测站	北京市朝阳区大郊亭	67715545	100022	技术监督、设备检测	97
北京华新发展公司	北京市朝阳区建国松公坟	65688466	100022	开发技术、发展化工产品	74
北京化工三厂	北京市丰台区永定门外宋家庄	67633388	100078	多元醇、抗氧剂、增塑剂	0
北京市环球橡胶厂	北京市丰台区永外海慧寺1号	67221250	100075	轮胎	0
北京橡胶五厂	北京市丰台区东铁匠营南方庄68号	67662602	100078		0
北京瑞京乳胶制品有限公司	北京市通州区次渠工业开发区	81501309	101111	乳胶手套	5002
北京宜刚鞋业有限公司	北京市通州区次渠工业开发区	81501429	101111	全胶鞋	2330
北京金鱼科技股份有限公司	北京市通州区玉带河大街12号	60562546	101149	金鱼牌洗涤产品	

续表

单位名称	办公地点	联系电话	邮政编码	主要产品	销售收入（万元）
北京丽源公司	北京市崇文区天坛东路66号	67145298	100061	奥琪、宝贝化妆品、欧珀莱化妆品	
北京乐金日用化学有限公司	北京市丰台区石榴庄南里8号	67644544	100075	竹盐牙膏	
北京诺华制药有限公司	北京市昌平区永安路31号	65058833	102200	原料药、各种西药	49801.6
北京巨能新技术产业有限公司	北京市海淀区科技园区	82511155	102200	巨能钙	7061.2
北京耀华生物技术有限公司	北京市怀柔区雁栖工业开发区	61668529	101407	疫苗试剂	18645
北京天惠参业股份有限公司	北京市怀柔区经纬工业园区	61681913	101407	西洋参	8893
北京力德希科技有限公司	北京市怀柔区雁栖工业开发区	61667976	101407	力德希胶囊	7771
雷力化学农用有限公司	北京市怀柔区雁栖工业开发区	61667976	101407	海洋生物肥料	8783
梦丝丝药物营养保健品公司	北京市怀柔区雁栖工业开发区	69650260	101407	祛斑膏、洗面奶	5186
天地信玻璃制品有限公司	北京市怀柔区雁栖工业开发区	61668529	101407	特种玻璃	5050
北京京都黄金有限公司	北京市怀柔区雁栖镇八道河	61611613	101400	黄金	6026
北京恒源粉末合金厂	北京市怀柔区雁栖工业开发区	61666627	101407	铜粉、铁粉	5111
北京长城奔油脂化工产品装配厂	北京市门头沟区永定栗元庄	69804755	102308	汽油、机油、润滑油	30100
北京同仁堂股份有限公司	北京市崇文区崇外大街42号	67179817	100062	同仁牛黄清心丸、同仁乌鸡白凤丸、同仁大活络丸、安宫牛黄丸、国公酒等	216908.54
北京同仁堂科技发展股份有限公司	北京市丰台区南三环中路20号	67619724	100075	六味地黄丸系列产品、感冒清热颗粒、牛黄解毒片、板兰根颗粒等	86500

续表

单位名称	办公地点	联系电话	邮政编码	主要产品	销售收入（万元）
中国北京同仁堂(集团)有限责任公司	北京市崇文区东兴隆街52号	67171761	100062	皮肤病血毒丸、脑立清、香砂和胃丸、清肺抑火丸、良附丸等	4697.7
北京曙光药业有限责任公司	北京市崇文区夕照寺	65760753	100061	西药制品	3579.2
北京光翌空间膜技术工程有限公司	北京市顺义区	80490805	101300	空间膜材料及制品	3000
北京华塑工业有限责任公司	北京市顺义区军营村东	69424663	101300	塑料制品	
益顺乙炔气体有限公司	北京市顺义区后俸伯村北	89477955	101300	乙炔气	
茂源防火材料厂	北京市顺义区李桥镇	81473293	101304	防火材料	
北京首儿药厂	北京市顺义区李天路李桥段5号	81473286	101304		
祥云药业有限责任公司	北京市顺义区顺通路西侧	89492575	101300	化学原料药	
北京中顺制药厂	北京市顺义区光明南街	69444071	101300	化学原料药	
北京韩美药品有限公司	北京市天竺空港工业区		101312		
北京联宾塑胶印刷有限公司	北京市大兴区青云店镇	80281666	102605	塑胶制品	11000
北京航兴宏志化工有限公司	北京市大兴区长子营镇吕秀庄村南	80219232	102606	无机化工产品	2500
北京古德安达工贸有限公司	北京市大兴区安定镇仇营村	80231437	102607	泡沫	390
北京昂立达科技发展有限责任公司	北京市大兴区安定镇毛巾厂院内	80232096	102607	化妆品原料	350
北京宏伟科奥建材有限公司	北京市大兴区安定镇毛巾厂院内	80231504	102607	混凝土添加剂	300
北京拓凯化工技术有限公司	北京市大兴区安定镇青礼路	80234886	102607	甲壳素	300
北京健力药业有限公司	北京市大兴区庞各庄镇南元子村东	89288668	102601	木糖醇、甘氨酸	5020

续表

单位名称	办公地点	联系电话	邮政编码	主要产品	销售收入（万元）
北京可纯生物化学工程有限责任公司	北京市大兴区黄村镇薄村	61267641	102600	各种化妆品及洗涤剂	5000
北京美的生物技术有限公司	北京市房山区窦店镇	80318430	102434	蜜蜂牌酶制剂系列产品	867.7
北京高盟化工有限公司	北京市房山区燕山工业区8号	69342270	102502	聚氨酯黏合剂	8020
北京迪龙化工有限公司	北京市房山区燕山工业区37号	69344298	102502	抗氧剂、抗静电剂	4580
北京市燕山特种润滑油厂	北京市房山区燕山东风上店路1号	69344270	102502	真空泵油、齿轮油、液压油、内燃机油、汽轮机油等	822
北京北泡塑料集团公司	北京市丰台区永外顺四条1号	67611299	100078	PU、PS泡沫塑料新型建材	23300
北京华盾雪花塑料集团有限责任公司	北京市丰台区黄土岗马家楼19号	63568283	100071	塑料薄膜、中空制品	19395.83
双鹤药业股份有限公司	北京市朝阳区光华路9号	65015567	100020	北京降压零号、维生素EC复合剂、大输液系列、北京蜂王精等	
北京赛科药业有限责任公司	北京市朝阳区广渠路21号	67784558	100022	威士克、磺胺二甲嘧啶等	
北京紫竹药业有限责任公司	北京市朝阳区三间房东路	65791170	100020	米非司酮、替勃龙、左旋甲基切炔诺酮等	
北京万辉药业集团	北京市宣武门西大街129号	66012380	100031	糖适平、科泰新（双氢青素）、利佳片、素客同、胃速乐、野菊花栓、环利软膏	
北京万东医疗装备公司	北京市建国门外郎家园6号	65682238	100022	医用X射线机	
北京医药股份有限公司	北京市东城区安定门大街257号	64016936	100009	药品销售及医疗器械产品的销售	
北京医疗器械研究所	北京市朝阳区北三环中路	62016365		医用加速器	
中国医药研究开发中心	北京市昌平区沙河展思门路27号	69731747	102206	主要从事国家科研任务	

续表

单位名称	办公地点	联系电话	邮政编码	主要产品	销售收入（万元）
北京橡胶十厂	北京市通州区东关大街2号	69547362	101149	防水卷材、橡胶水坎、橡胶丝、气床垫	5576
北京人卫中药饮片厂	北京市通州区潞城镇七级村工业大院	89585299	101117	中药饮片	2000
北京恒聚油田化学剂有限公司	北京市通州区漷县镇	80589588	101109	聚丙烯酰胺	16800
北京真善美日用品有限公司	北京市密云县西智路口	69065508	101500	保健化妆品	3785
北京天挚化工有限责任公司	北京市平谷区新平南126号	89982440－8108	101200	杀菌剂	3982.1
北京天利海化工有限公司	北京市平谷区新平南124号	69962732	101200	甲乙基麦芽酚	12317.3
北京维多化工制品有限公司	北京市平谷区新平南路122号	69961563	101200	麦芽酚	7186.8
北京伏尔特技术有限公司	北京市石景山区八大处高科技园区创业园A座	88795658	100043	卫生材料及医药产品	
北京市天山新材料技术公司	北京市石景山区八大处高科技园区中双园路7号	88795588	100043	专项化学用品制造	
益田润石（北京）化工有限公司	北京市古城西街19号中小工业园区	88926294	100043	润滑油	
北京双鹤高科天然药物有限公司	北京市延庆县妫水南街11号	81192559	102100	天然药制造	5347
北京清华紫光制药厂	北京市八达岭工业开发区（康庄）	61163659	102101	头孢系列	1278
北京匡达制药厂	北京市延庆经济技术开发区（南菜园）	81191394	102100	健骨生丸	1078.6
北京九龙制药厂	北京市延庆县经济技术开发区（南菜园）	69182080－103	102100	中成药	947.6
北京长城高效有机肥料有限公司	北京市延庆县大榆树镇簸箕营	81193222	102100	高效有机肥料	991.7
北京首钢氧气厂	北京市石景山区石景山路（旁村）	68872451	100041	氧气、氮气、氩气	32904
北京西山塑料制品厂	北京市海淀区杏石口路23号	88441102	100089	注塑制品的生产、设计开发	3170

续表

单位名称	办公地点	联系电话	邮政编码	主要产品	销售收入（万元）
建材、装饰行业					
北京水泥厂有限责任公司	北京市昌平区马池口镇北小营村东	60755269	102202	水泥	27515.2
有研亿金新材料股份有限公司	北京市昌平区星火街6号	62386798	102200	新材料及应用技术	21928.7
北京路新沥青混凝土有限公司	北京昌平北七家歇甲村1号	61759708	102209	沥青混凝土	15393
北京秦昌玻璃有限公司	北京市昌平区南口镇东大街52号	89795089	102202	平板玻璃	14377.2
北京远通制管有限公司	北京市昌平区城北水库路	69743709	102200	水泥管	8178
北京亚都室内环保科技有限公司	北京市昌平区城区镇超前路9号	89771841	102204	加湿器	8976.9
北京西普耐火材料有限公司	北京市昌平区南口镇南辛路10号	89791418	102202	耐火材料制品	7172.8
北京利尔耐火材料股份有限公司	北京市昌平区科技园区创新路9号	61713492	102200	无机非金属材料	7633.6
北京兴发水泥有限公司	北京市怀柔区怀北镇河防口	69661301	101408	水泥	22038
北京新港水泥制造有限公司	北京市门头沟区军庄灰峪村	60811215	102300	生产水泥	125271
北京海琨建材厂	北京市门头沟区永定冯村	69804094	102308	生产销售煤矸石烧结砖	36600
北京福拓石材有限公司	北京市海淀区上庄村	62473163	100084	建筑用石制品	27947
北京五方国际石材有限公司	北京市海淀区西三旗安宁庄2号	62920511	100085	生产加工各种建筑石材	27522
北京雷明公路无机料厂	北京市门头沟区军庄村北	60811225	102300	无机料的购料加工	25691
北京建华布朗尼混凝土有限公司	北京市丰台区大瓦窑村北46号	83291259	100071	混凝土生产及销售	24856
北京赛阳特种水泥制造厂	北京市门头沟区军庄村	60812897	102300	生产水泥	19710
北京宝宜耐火材料有限公司	北京市门头沟区军庄镇镇西甲2号	60813785	102300	生产销售耐火材料	19876

续表

单位名称	办公地点	联系电话	邮政编码	主要产品	销售收入（万元）
北京榕东活动房有限公司	北京市门头沟区永定石龙工业区龙同路2号	69801647	102308	制造活动房	19700
北京亿丰豪斯沃尔新型建材有限公司	北京市西城区地安门西大街141号	66163204	100009	有网、无网内外墙保温板、乙烯泡沫板	1000
北京英隆伟业科技开发有限公司	北京市新街口外大街12号1103室	82028806	100088	高强植物纤维复合保温材料	500
北京嘉寓门窗有限公司	北京市顺义区牛栏山工业区	69412265	101301	门窗	
顺义牛栏山水泥厂	北京市顺义区牛栏山环岛西侧	69411120	101301	水泥	
宏利钢管有限公司	北京市顺义区潮白河大桥东	89470373	101300	钢管	
北京绿丞塑胶制品有限公司	北京市大兴区长子营镇牛坊村	80269009	102615	防水材料	1500
北京福安建材有限公司	北京市大兴区孙村	61267874	102600	SP大板	2770
北京中海兴业安全玻璃有限公司	北京市大兴区采育镇科技园	80278012	102606	安全玻璃	4300
北京长城新型装饰材料公司	北京市大兴区采育镇科技园	80272454	102606	保温板、隔热板	6100
北京科宝优耐家居装饰有限公司	北京市大兴区庞各庄镇京开路边	89281095	102600	橱柜	15000
北京市良乡家具厂	北京市房山区良乡镇凯旋大街6号	69351311	102401	木制家具	1728.5
北京双山水泥集团	北京市房山区河北镇磁家务村东	60385954	102413	双山牌水泥	12269.7
北京三力水泥有限公司	北京市房山区周口店镇南韩继村	61390951	102453	鑫牌水泥	3151
北京房山强力水泥厂	北京市房山区周口店镇篓子水村北	69308930	102405	奥达牌水泥	9829
北京北化凌波工贸有限责任公司	北京市房山区大安山乡	61303697	102419	平板玻璃	1010
北京市阎村砖厂	北京市房山区阎村镇南梨园村	89319388	102412	模数多孔砖	791.3
北京太行前景水泥有限公司	北京市房山区青龙湖镇坨里村	80370370	102471	水泥	17528

续表

单位名称	办公地点	联系电话	邮政编码	主要产品	销售收入（万元）
北京多维联合轻钢板材有限公司	北京市房山区长阳镇	80355145	102445	压型钢板、彩色轻钢板	8160
兴京木制品北京有限公司		65895692	100024	木制家具	
北京通惠绿洲混凝土有限公司		87742632	100022	水泥制品	
北京市高强混凝土有限责任公司	北京市朝阳区高碑店小郊亭	87741896	100022	混凝土	
北京京华兴商品混凝土有限公司	北京市朝阳区双桥中路小寺村288号	65745281	100024	水泥制品	
北京市朝阳田华和众商品混凝土搅拌站		67781473	100022	水泥制品	
北京韩信混凝土有限公司	北京市朝阳区十八里店乡十八里店村	67474426	100023	混凝土	
北京东亚铝业有限公司	北京市通州区张家湾镇东口	69572238 69572235	101113	建筑用铝型材	16500
北京强力家具有限公司	北京市通州区梨园镇	60521503	101101	家具系列产品	4494
北京特种水泥厂	北京市通州区桥庄村南	81588529	101101	水泥	4800
吉林森工北京分公司	北京市通州工业开发区	61568686	101113	木地板、木门	1965
北京福田建材机械有限责任公司	北京市通州区通胡大街70号	89522392	101117	塑机建材	16000
北京北泡轻钢建材有限公司	北京市通州区张家湾镇光华路8号	61565702	101113	轻钢结构	14300
北京惠泽建材有限公司	北京市密云县火车站东站	69091824	101500	塑钢门窗	1300
密云县庄头峪人防构件厂	北京市穆家峪镇庄头峪村	61052547	101500	钢制人防门	5600
北京鹏远新建筑材料有限公司	北京市密云县太子务村	61019022	101509	保温板	3799
平谷区水泥二厂	北京市平谷区马坊镇太平东路11号	60996024	101204	水泥	12170.5
北京华源亚太化学建材有限责任公司	北京市延庆县妫水南街5号	81191754	102100	PEC管、纹联聚乙烯管	3005.9
北京奈特铝塑复合管有限公司	北京市延庆县延庆镇莲花池村	63896823	100073	铝塑复合管	2122.3

续表

单位名称	办公地点	联系电话	邮政编码	主要产品	销售收入（万元）
北京市京辰工贸公司	北京市延庆县城西农场	61111647	102100	油毡卷材	1139.4
北京福田建材有限责任公司	北京市通州通湖大街70号	89522265	101100	建筑材料	16087
纺织、服装行业					
北京市纺织控股有限责任公司	北京市东城区东单三条33号	65127929	100005		5233.3
北京超羽纤维制品有限公司	北京市房山区良乡工业开发区	89360802	102488	豪华型床上系列用品	1697.6
北京京棉纺织集团有限公司	北京市朝阳区八里庄东里1号	65584499－2220	100025	纱、布	33751.1
北京丽华棉纺织厂	北京市高丽营镇西王路村	69455559	101303	纱、布	6753.9
北京中纺三昌纺织有限公司	北京市通州区台湖镇	61535548－3208	101116	棉布	5015
北京京华纺织有限公司	北京市朝阳区双桥东路	65895624	100024	纱	5377.9
北京京澳毛纺有限公司	北京市朝外大街十里堡	65570052	100025	毛纱	5004.2
北京光华染织厂	北京市朝阳区光华路8号	65815511	100026	布	5741.5
北京飞天纺织有限公司	北京市通州区西关大街104号	69542201－8120	101149	印染布	3354.8
北京天彩纺织服装有限公司	北京市朝阳区光华路8号光华大厦a座9层	65815275	100026	服装	2503.4
北京邦维光华纺织品有限公司	北京市通州区马驹桥	60501041	101102	阻燃布	1472
北京光华启明烽科技有限公司	北京市朝阳区光华路8号光华大厦	65815511	100026	燃烧器	676.9
北京铜牛针织集团有限公司	北京市朝阳区光华路北1号	65858580	100026	经编针织坯布	1004.4
北京铜牛股份有限公司	北京市通州区张家湾镇光华路6号	61502482	101113	针织服装	14196.7
北京月季红线业有限公司	北京市通州区梨园镇小街村	69572782	101010	纱	2399.9
北京铜牛瑞蓝制衣有限公司	北京市密云县	69011234		针织服装	3082.6

续表

单位名称	办公地点	联系电话	邮政编码	主要产品	销售收入（万元）
北京铜牛芮波儿服装服饰有限公司	北京市朝阳区黄杉木店15巷	85763228	100025	棉针织服装	1006.5
北京铜牛经编有限责任公司	北京市通州区梨园镇	81530284	101149	经编针织坯布	986.1
北京京兰非织造布有限公司	北京市朝阳区太平庄142号	85772003	100025	无纺布	1021.6
北京斗牛士运动服装有限公司	北京市通州区梨园镇张家湾	81534598	101149	运动休闲服装	973.8
北京旺乐高婴幼儿用品制造中心	北京市丰台区于家坟89号	67604619	100078	针织服装	569.6
北京京凯非织造布有限公司	北京市朝阳区太平庄142号	85772083	100025	无纺布	712.3
北京雪莲毛纺服装集团公司	北京市朝阳区松榆南路107号	87311909	100021	毛针织服装	4910.8
北京雪莲羊绒股份有限公司	北京市朝阳区东直门外三元桥曙光西里	64664443	100028	羊绒衫	17474.7
北京金商梦时装有限公司	北京市朝阳区来广营南湖渠	64356826	100102	妇女用品	849.3
北京埃姆毛纺公司	北京市门头沟区永定镇上岸村	69803238	102308	针织绒线	4139.2
北京新友毛纺有限公司	北京市怀柔区怀柔镇王化村北	61697027	101400	毛纱	1049.5
北京火炬毛针织有限公司	北京市大兴区西红门镇大白楼村委会东	61288208	100076	毛针织品	913.4
北京五洲染织集团公司	北京市朝阳区石佛营西里12号楼	85842325	100025	棉布	10026.3
北京五洲燕阳特种纺织品有限公司	北京市大兴区瀛海镇黄亦路97号	67611234	100076	软体油罐	2968.3
北京燕阳水带有限公司	北京市崇文区永外安乐林中街4号	67646258	100075	消防水带	1191.1
北京五洲兴海布业有限公司	北京市大兴区瀛海镇太和中场路	69286183	100176	棉布	921.7
北京五洲佳泰新型涂层材料有限公司	北京市丰台区南方庄89号	67608106	100078	双轴向制品	2695.6
北京五洲服饰商标织带有限公司	北京市大兴区瀛海镇黄亦路97号	67655755	100076	商标	304.2

续表

单位名称	办公地点	联系电话	邮政编码	主要产品	销售收入（万元）
北京市京工红旗厂有限公司	北京市朝阳区左安门外饮马井1号	67629375	100021	各种旗类	694.3
北京市京工世纪服装服饰有限公司	北京市朝阳区松榆西里29号	67336655	100021	服装	1383.3
北京高久雷蒙时装有限公司	北京市通州区张家湾镇姚辛庄工业开发区	80586472	101113	服装	1047.4
北京佐田雷蒙服装有限公司	北京市通州区西集镇郎府任辛庄路南	61557016	101108	西服套装	3384.6
北京长城风雨衣公司	北京市宣武区宣外大街92号	83164982	100052	服装	898.3
北京金羊毛纺有限公司	北京市海淀区清河镇	62912687	100085	精纺呢绒	7109.4
北京清河毛纺织厂	北京市海淀区清河镇	62913284	100058	精纺毛织品	6975.6
北京丝金时装有限公司	北京市海淀区清河	62914070	100085	服装	2422.5
北京双羊纺织有限公司	北京市海淀区清河	62913291	100085	毛毯	1128.8
北京衬衫厂	北京市朝阳区马泉营12号	84593311	100103	衬衫	3180.9
北京衬衫厂古北口分厂	北京市密云县古北口锁北甸子村	71051447	101508	衬衫	554.6
北京福莱克斯时装有限公司	北京市朝阳区马泉营12号	84593311	100103	衬衫	2106.4
北京鲁泰衬衫有限公司	北京市朝阳区马泉营12号	84593311	100103	衬衫	1142.0
北京大华天坛服装有限公司	北京市海淀区人民大学南路三义庙	62612565	100086	衬衫	5556.9
北京友爱印染有限公司	北京市朝阳区八里庄北里甲101号	85813330	100025	印染布	1911
北京京冠毛巾有限责任公司	北京市海淀区安宁庄东路18号	62957416	100085	毛巾	1743.9
北京爱利德新纺织品发展有限公司	北京市海淀区清河镇小营毛研所	62925355	100085	毛纱	1010.4

续表

单位名称	办公地点	联系电话	邮政编码	主要产品	销售收入（万元）
北京绅士服装有限公司	海淀区永丰乡亮甲店村	62456618	100094	“绅士”服装系列产品	9500
北京鄂尔多斯科技发展有限公司	北京市昌平区科技园区永安路47号	89715773	102200	羊毛衫	106277.2
北京鹏达制衣公司	北京昌平阳坊东贯市	69761134	102205	服装	25832.1
北京辛营服装有限公司	北京市三渡河村	61631999	101407	衬衫	7215
北京顺思童服装有限公司	北京市经纬工业园区	61681913	101400	西装、儿童服装	6405
杜邦－大源非织造布有限公司	北京市门头沟区永定龙圆路6号	69804175	102300	水刺无纺布	76422
北京埃姆毛纺有限公司	北京市门头沟区永定上岸	69803238	102308	粗纺针织绒线	41392
北京大源非织造有限公司	北京市门头沟区永定石龙工业区雅安路11号	69806354	102300	无纺布	35489
北京南丁格尔服装服饰有限责任公司	北京市海淀区万寿寺甲4号办公楼5层	68434771	100081	服装制造业	20199
北京市前进鞋厂	北京市崇文区广渠门外大街14号	67781928	100022	布鞋	767
北京市剧装厂	北京市崇文区西草市32号	67020742	100051	戏剧服装	406.8
龙泰毛皮制品有限公司	北京市崇文区西革新里98号		100077	裘皮制品	655.3
北京中絮棉纺厂	北京市顺义区仁和镇新顺北大街10号	69449064	101300	服装	
北京美富时装公司	北京市顺义区仁和镇五里仓	69449191	101300	服装	
北京泛美时装公司	北京市顺义区仁和镇平各庄	89492868	101300	服装	
顺美时装股份有限公司	北京市顺义区仁和镇	69441618	101300	服装	
北京亿都川服装有限公司	北京市顺义区仁和镇小东庄村北	69440348	101300	服装	

续表

单位名称	办公地点	联系电话	邮政编码	主要产品	销售收入（万元）
北京丽华纺织有限公司	北京市顺义区高丽营镇	69455559	101302	纱	
北京胡氏乔伦服装有限公司	北京市大兴区瀛海镇104国道瀛海段39号	69271999	100076	服装	2100
北京田源纺织有限公司	北京市大兴区亦庄镇东工业区	87398091	100023	棉纱	3000
北京冬雪羊绒有限公司	北京市大兴区采育镇	80271584	102606	羊绒衫	580
北京康特制衣有限公司	北京市大兴区北臧村镇	60270792	102609	毛衫	3660.8
北京朗利夫服装有限公司	北京市大兴区北臧村镇	60275366	102609	女裤	1607.9
北京东方无纺布有限公司	北京市大兴区庞各庄镇工业开发区79号	89280800	102601	建筑用土工布无纺布	2400
北京德通化纤工业有限公司	北京生物医药产业基地	61258818－1208	102600	涤纶短纤维	12000
北京房山服装有限公司	北京市房山区城关镇农林路4号	69323515	102400	服装	2679.4
北京快鹿织造有限公司	北京市房山区良乡工业开发区	61357107	102488	袜子	7085
北京市紫草坞纺织品有限公司	北京市房山区阎村镇大紫草坞村	89319118	102412	金舫牌羊毛衫	1332.4
北京爱慕内衣有限公司	北京市朝阳区望京北路218～220号	64392626	100102	文胸	
北京市东方叶杨羊绒企业有限集团	北京市通州区 漷县镇	80580846	101109	羊绒制品、毛棉针织品	16500
北京馨亭家居用品有限公司	北京市宣武区法源寺前街11号	84863235	100004	床单生产	3988.7
北京立达制衣有限公司	北京市宣武区和平巷11号	64163482	100027	毛衫、服装及服饰	2380
北京富泰革基布股份有限公司	北京市密云县兴云路98号	89096519	101500	革基布	31319
北京富帛实业股份有限公司	北京市密云县双井村北	89090713	101500	棉纱、棉布	15432
北京奥克斯特制衣有限公司	北京市密云县双井村	89099515	101500	服装服饰	5800

续表

单位名称	办公地点	联系电话	邮政编码	主要产品	销售收入（万元）
北京华奈达集团	北京市平谷区建设西街24号	69965015	101200	杰恩羽绒服	6173.8
北京市古针工贸公司	北京市石景山区古城西路	68878029	100043	印染	
北京为民得康床上用品厂	北京市石景山区八角	68840783	100043	棉制品	
北京卓欧制衣有限责任公司	北京市八达岭经济技术开发区	62962018	100084	服装	5094.3
北京桂诚信毛针织品有限公司	北京市延庆县大榆树镇村北	61182018	102100	毛衣	1521.6
北京亚龙羊毛衫厂	北京妫水南街14号	81191192	102100	羊绒衫、裤	1023.6
北京约克毛针织品有限公司	北京市延庆县永宁镇左所屯村	60171238	102104	手套、袜子	384.6
食品、饮料行业					
北京五星青岛啤酒有限公司	北京市海淀区西三旗建材城中路2号	82912308	100096	五星啤酒	
北京百事可乐饮料有限公司	北京市丰台区马连道11号一商大厦12层	63281177	100055	百事可乐饮料	
北京红星股份有限公司	北京市怀柔区红星路1号	65683106 61697890	101400	红星牌系列白酒、夜光杯葡萄酒	44754
北京义利食品股份有限公司	北京市大兴工业开发区广阳大街2号	60241457	102600	巧克力、糖果	
北京龙徽酿酒公司	北京市海淀区玉泉路2号	68219243	100039	龙徽葡萄酒	
北京领先食品工业有限公司	北京市海淀区温泉镇太舟坞408号	62456132	100095	矿泉水	800
北京统一食品有限公司	北京市昌平区沙河百葛路301号	60772828	102206	方便食品	27042.9
北京市第五肉类联合加工厂	北京市昌平区沙河镇巩华城大街6号	69731776	102206	生猪屠宰及肉制品	14841.5
科高大北农饲料有限公司	北京市雁栖镇工业区	61642597	101407	混合饲料	45861
北京统一饮品有限公司	北京市富乐工业园区	69642449	101400	冰红茶、冰绿茶	39270

续表

单位名称	办公地点	联系电话	邮政编码	主要产品	销售收入（万元）
汇源莫哈夫食品(北京)有限公司	北京市庙城工业区	60693889	101401	果汁饮料	20975
爱芬食品北京有限公司	北京市怀柔雁栖开发区	61667410	101407	巧克力、宠物食品	117964
红牛维他命饮料有限公司	北京市怀柔雁栖开发区	61667062	101407	红牛饮料	50242
北京广东健力宝饮料有限公司	北京市怀柔区雁栖镇	61641485	101407	饮料	12178
北京市怀柔区肉类联合加工厂	北京市怀柔区庙城镇高各庄村	60694074	101401	西餐	5065
北京龙华牛奶厂	北京市门头沟区龙泉大峪滨河路东	69845243	102300	牛奶	24514
北京市通三益食品厂	北京市崇文区远望街12号	67132329	100062	糕点制品	383.2
春之光营养配餐中心	北京市崇文区龙潭路13号	67174967	100061	食品加工	455.8
北京天福号食品厂	北京天竺空港工业区B区五华路21号	80493709	101300	中西式熟食	8500
燕京啤酒集团公司	北京市顺义区双河路9号	89492201	101300	清爽、特制干啤系列啤酒	
北京牵手果蔬饮品有限责任公司	北京市顺义区牛栏山金牛工业区	69410081	101301	软饮料	
北京汇源食品饮料有限公司	北京市顺义区北小营镇	60483388	101305	软饮料	
北京鲲鹏食品集团	北京市顺义区南法信镇	69472617	101300	熟肉	
顺鑫农业牛栏山酒厂	北京市顺义区牛栏山地区办事处	69412531	101301	华灯牌北京醇、二锅头	
北京二锅头酒业股份有限公司	北京市大兴区瀛海工业开发区兴海路2号	69270722	100076	白酒、黄酒	6686
北京丰收葡萄酒有限公司	北京经济技术开发区亦庄南工业区天意路18号	67889188	100176	葡萄酒	12500
北京市宝金龙食品厂	北京市大兴区青云店镇	80284365	102605	豆制品	4000
北京兴起食品有限公司	北京市大兴区青云店镇	80212600	102605	鲜奶、酸奶	3000

续表

单位名称	办公地点	联系电话	邮政编码	主要产品	销售收入（万元）
北京咪多美食品技术开发有限公司	北京市大兴区北臧村镇	60279333	102609	西点	121.9
北京美丹食品有限公司	北京市大兴区庞各庄镇工业区10排19号	89289138	102601	饼干、蛋糕派	6226
北京市中原肉联厂	北京市房山区琉璃河镇	89381637	102403	燕都、中原、佳辉牌熟食制品	1723
北京卓宸畜牧有限公司	北京市房山区良乡镇侯庄村东	60332068	102446	卓宸牌清真排酸牛羊肉	12546.8
北京蓝宝酒业有限公司	北京市房山区长沟镇北正村	61310542	102407	蓝宝纯生啤酒	9780.5
北京味全食品有限公司	北京市朝阳区西坝河西里18号	64212233	100028	婴幼儿食品	
北京雨润食品有限公司	北京市通州区台湖创业园1号	61533128	101116	西式火腿、烤肠类	6000
北京纳贝斯克食品有限公司	北京市宣武区南线阁60号	63541188	100053	生产烘烤食品销售自产	37744.2
北京王致和食品集团公司	北京市宣武区枣林前街19号	63522160	100053	豆制品制造业	35328.6
义利—纳贝斯克饼干食品有限公司	北京市宣武区南线阁60号	63541188	100053	生产饼干食品	6205.6
北京青岛啤酒三环有限公司	北京市密云县果园西路98号	69043019	101500	山水、云湖啤酒	17645
内蒙古伊利集团北京乳品厂	北京市密云县工业开发区锦程路	69076949	101500	酸牛奶、鲜牛奶	12273
北京不老保健饮品有限公司	北京市密云县不老屯镇	69034689	101516	矿泉水	530
北京佳乐食品厂	北京市密云县东门外	69043876	101500	方便面	3276.7
北京家田食品有限公司	北京市密云县云西工业区	61020180	101500	大豆食品	1000
北京密日兴食品有限公司	北京市密云县十里堡镇	89022811	101500	花生食品	2000
北京华润啤酒有限公司	北京市平谷区文化南街23号	69961021	101200	雪花啤酒	2810.4
北京老才臣食品有限公司	北京市兴谷开发区5号	69984773	101200	酱	2887.2

续表

单位名称	办公地点	联系电话	邮政编码	主要产品	销售收入（万元）
千喜鹊食品有限公司	北京市兴谷开发区9号区	89994119－88808	101200	猪肉	8264.3
北京市合洋乳品厂	北京市石景山区衙门口南	68842248	100043	乳制品制造业	
北京市西黄村牧业食品有限公司	北京市石景山晋园庄	88701287	100043	屠宰业	
北京市金禾源食品有限责任公司	北京市石景山区八大处高科技园区	88905886	100043	方便主食业	
北京庆和食品有限责任公司	北京市延庆县沈家营镇中鲁科技园区1号	69141582－8016	102100	腐乳	4230.1
北京天润食品厂	北京市朝阳区十八里店乡十八里店村	67474606	100023	藕粉、葡萄糖	1937.2
北京市延庆华庆乳品厂	北京市延庆县城西	69142353	102100	奶粉、炼乳	621.8
北京京都银龙食品有限公司	北京市延庆县京张路口南	69141934	102100	高档系列挂面	571.6
北京市奥京果脯有限公司	北京市延庆县大庄科乡大庄科村东	60189061	102106	果脯	535.4
北京长城酿酒有限公司	北京市延庆县沈家营镇八里店村东	69104277	102100	醋、酱油制造	46.3
北京莱勒克食品有限公司	北京市门头沟区门头沟路10号	69843715	102300	巧克力食品	
能源行业					
北京京煤集团有限责任公司	北京市门头沟区新桥南大街2号	69842626 69842461	102300	煤炭开采	1371332
北京昊华能源股份有限公司	北京市门头沟区新桥南大街2号	69849418	102300	煤炭	
北京昊煜工贸有限责任公司	北京市门头沟区新桥南大街2号	69867542	102300	水泥、发电、矿泉水、铸件、复合板	
北京金泰恒业有限责任公司	北京市宣武区广内街登莱胡同4号	63548162	100053		
北京京煤集团有限责任公司物业管理公司	北京市门头沟区黑山北小街13号	69832011	102300		
北京矿建建筑安装有限责任公司	北京市门头沟区黑山大街32号	69844497	102300		

续表

单位名称	办公地点	联系电话	邮政编码	主要产品	销售收入（万元）
北京水煤浆厂	北京市门头沟区城子市场街31号	69842461－22971	102300	水煤浆、洗精煤	1907.04
北京京煤集团有限责任公司液压支架厂	北京市门头沟区中门寺37号	61890345	102300	矿井液压支架	4118.89
北京矿务局杨坨煤矿	北京市门头沟区军庄	60811401	102300		
北京京煤集团有限责任公司化工厂	北京市房山区坨里镇	80374040	102471	雷管、火药	6308.73
京西晨光饭店	北京市门头沟区双峪路1号	69858383	102300		
北京矿务局综合地质工程公司	北京市门头沟区门头沟路24号	69842472	102300		
北京矿务局三河煤矿	河北省三河市齐心庄镇	0361－3710343	065205	煤炭、塑料编织袋	2649.28
北京昊亚工贸有限责任公司	北京市门头沟区门头沟路10号	69844092	102300		301.2
北京京西建筑勘察设计院有限公司	北京市门头沟区新桥南大街2号	69846714	102300		
北京鑫华源机械制造有限责任公司	北京市门头沟区门头沟路47号	61814331－32868	102300	立体平车库、矿用产品、塑钢窗、渣浆泵、热风炉	
北京昊泰建筑材料有限公司	北京市门头沟区军庄镇杨坨	60813376－2025	102300	矸石砖	
北京昊星建筑材料有限公司	北京市门头沟区王平镇西村老四楼	69842461－33368	102301	矸石砖	
北京神华昌运高技术配煤中心	北京昌平城北街道办事处	64046980	102200	煤炭	358266.1
北京环鼎科技有限责任公司	北京市昌平区科技园区创新路12号	69742846	102200	石油天然气勘察设备	7318.4
北京昊煜工贸有限责任公司	北京市门头沟区新桥南大街2号	69867541	102300	发电	107701
北京大有兴业工贸中心	北京市朝阳区印刷二厂大郊亭4号	67712253	100022	其他制造业	21950
北京市煤炭总公司顺义区公司	北京市顺义区火车站西	69443986	101300	煤炭	
北京英豪阳光太阳能工业有限公司	北京市大兴区黄村镇芦城工业区	61260093	102600	太阳能热水器	6000

续表

单位名称	办公地点	联系电话	邮政编码	主要产品	销售收入（万元）
北京金鸡煤炭集团	北京市房山区史家营乡金鸡台村	60391695	102461	原煤	19525
北京创源煤炭集团	北京市史家营乡莲花庵村	60397290	102461	原煤	9597
中国华北电力集团公司	北京市宣武区广安门内大街482号	83581244	100053	发供电	760002.30
北京大唐发电股份有限公司	北京市宣武区广安门内大街482号	83581233	100053	大唐发电	92163.60
北京北方阳光太阳能设备有限公司	北京市密云县十里堡镇王各庄村	89023710	101500	全玻璃真空太阳集热管	1746.5
北京科利源热电有限公司	北京市海淀区清河三街72号	62912255－2012	100085	电力	4234.3
北京首钢电力厂	北京市石景山区首钢厂东门内	88295269	100041	电、蒸汽、热水	131486
金属行业					
首钢矿业公司	河北省迁安市杨店子镇	0315－7710802	064404	铁精矿粉、球团矿、烧结矿	302636
北京首钢鲁家山石灰石矿	北京门头沟野溪	61881058	102300	石灰石、冶金用白灰	5784
北京首钢股份有限公司焦化厂	北京市石景山区首钢厂东门内	68873110	100041	焦炭	30400.5
北京首钢炼铁厂	北京市石景山区首钢厂东门内	88295696	100041	烧结矿、生铁	
北京首钢华禹铸造厂	北京市石景山区金顶街西口	88295618	100041	离心球墨、铸铁管	1789
北京首钢股份有限公司第二炼钢厂	北京市石景山区首钢厂东门内	88293097	100043	连铸方坯、连铸板坯	
北京首钢新钢责任有限公司第三炼钢厂	北京市石景山区首钢厂东门内	88295407	100041	连铸方坯、矩形坯	
北京首钢新钢责任有限公司型材厂	北京市石景山区首钢厂东门内	88295123	100041	螺纹钢筋	
北京首钢股份有限公司第一线材厂	北京市昌平区沙河镇沙阳路	69731883	102206	线材	320811.59
北京首钢股份有限公司高速线材厂	北京市石景山区首钢厂东门内	88293362	100043	线材	
北京首钢新钢责任有限公司中厚板轧钢厂	北京市石景山区首钢厂东门内	88295252	100041	中厚钢板	

续表

单位名称	办公地点	联系电话	邮政编码	主要产品	销售收入（万元）
北京首钢富路仕彩涂板有限公司	北京市石景山区首钢厂东门内	88290057	100041	连铸板坯	
北京首钢吉泰安合金材料有限公司	北京市昌平区沙河镇富生路9号	80715588	102206	合金钢丝、不锈钢丝带、电炉丝	3918
首钢日电电子有限公司	北京市石景山区八大处路45号	88701188	100041	集成电路	55210
北京首钢特殊钢公司	北京市石景山区古城大街	88917608	100043	成品钢材	13467
北京首钢第一耐火材料厂	北京市丰台区卢沟桥北小郭庄西路46号	83844466－262	100072	耐火砖、特种耐火材料	7155
北京首钢冶金研究院	北京市海淀区小营东路1号	62949584	100085	带材、铁芯、高温母材	13670
北京安泰钢研超硬材料制品有限公司	北京市昌平区创新路29号	69709643	102200	金刚石制品	7695.9
奥瑞金新美制罐有限公司	北京市雁栖工业开发区	61668529	101407	易拉罐	26593
北京九龙华源实业公司	北京市门头沟区剧场东街30号	69842061	102300	金属结构制造业	46978
有研稀土新材料股份有限公司	北京市新街口外大街2号	62058558	100088	金属钐、钕铁合金	500
北京达博有色金属焊料有限责任公司	北京市新街口外大街8号	84928882－2006	100088	键合金丝	760
皇冠制罐有限公司	北京市天竺空港工业区	80497999	101312	金属罐	
北京燕达皇冠盖有限公司	北京市顺义区新顺南大街路西	69443132	101300	金属包装	
北京奥宇模板有限公司	北京市大兴区采育镇	80271166	102606	钢模板	14000
北京柔星管道有限责任公司	北京市大兴区采育镇大皮营	80200794	102616	柔性铸铁管	1800
北京伟豪铝业有限公司	北京市大兴区缓存清源西路	69259660	102600	铝箔	30100
北京达瑞星钉业有限公司	北京生物医药产业基地	61252456	102600	各种钢钉制品	15000
北京金太阳药芯焊丝有限公司	北京市房山区良乡镇昊天大街123号	80318802	102401	太阳牌药芯焊丝	709.6

续表

单位名称	办公地点	联系电话	邮政编码	主要产品	销售收入（万元）
北京市有色金属工业总公司	北京市宣武区槐柏树街2号	63021987	100053	有色金属材料冶炼、加工	51726
北京超塑新技术公司	北京市丰台区永外双庙125号	67689166	100078	超塑槽筒、合金材料	646
北京冶金设备自动化研究所	北京市东城区纳福胡同13号	64043102	100009	冶金工程机械自动化设计	216
北京金鹰铜业公司	北京市通州梨园小街	60526450	101101	精密铜带、框架材料	18671
北京达博焊料公司	北京市朝阳区安外大羊坊2号	84922575	100012	金丝、硅铝丝、导电浆料	7159
北京通州宋庄铸造厂	北京市通州区宋庄镇	69596970	101118	铸铁压力管件及配件	9775
北京北泡轻钢建材有限公司	北京市通州区张家湾镇光华路8号	61565702	101113	轻钢结构	14300
北京国中实业集团公司石景山压力容器制造厂	北京市石景山区鲁谷村东头	68862845	100043	金属结构制造业	
北京汽车玻璃钢制品总公司	北京市八达岭经济技术开发区	61163638	102101	玻璃钢制品	4304.9
北京恒利电缆实业有限公司	北京市延庆县经济技术开发区（南菜园）	81193663	102100	电线、电缆	1166.4
其他行业					
北京工美集团有限责任公司	北京市东城区王府井大街200号	65140165	100005	工艺美术品	1234.6
北京工美集团有限责任公司工艺品分厂	北京市朝阳区和平里南口砖角楼13号	64201522	100013	工艺美术品	1086.4
北京工美集团有限责任公司王府井工美大厦	北京市东城区王府井大街200号	65288866－5611	100005	工艺美术品	18351.4
北京工艺美术博物馆	北京市东城区王府井大街200号	65289326	100005	工艺美术品	17.9
北京工美集团有限责任公司白孔雀艺术世界	北京市西城区德外北滨河东路3号	62013008	100011	工艺美术品	1091.2
北京工美集团有限责任公司技术中心	北京市东城区王府井大街200号八层	65284169	100005	工艺美术品	175.4

续表

单位名称	办公地点	联系电话	邮政编码	主要产品	销售收入（万元）
北京工美集团有限责任公司珍艺斋工艺品商场	北京市宣武区琉璃厂东街107号	63017401	100050	工艺美术品	63.6
北京丽星工艺美术品销售中心	北京市宣武区前门外廊房头条43号	63048717	100051	工艺美术品	138.9
北京握拉菲装饰品有限公司	北京市朝阳区德外北沙滩大屯路2号	64873902	100101	工艺美术品	1762.7
北京工美进出口有限责任公司	北京市朝阳区和平里南口砖角楼13号	64218134	100013	工艺美术品	11481.3
华天服饰有限责任公司	北京市朝阳区和平里南口砖角楼13号	67698252	100013	工艺美术品	835.6
北京理嘉物业管理中心	北京市朝阳区和平里砖角楼4号楼	67318177	100013		65.8
北京市虎城小区供热服务中心	北京市朝阳区农光东里11号	67318177	100021		1289.2
北京工美集团应用技术研究所	北京市朝阳区大屯路2号	64871971	100101		
北京市首饰质量监督检验站	北京市朝阳区大屯路2号	67305255	100101		319
北京市埃迪玛服饰有限责任公司	北京市朝阳区农光东里11号	62916768	100021		725.5
北京市工艺美术职业技术学校	北京市昌平区回龙观西三旗桥北路西		100085		
北京市工艺美术出版社	北京市东城区和平里七区16楼	84255220	100013	工艺美术图书	350.5
北京市四季青双青印刷厂	北京市海淀区佟家坟9号	88441244	100089	书刊印刷	1750
北京市海淀区四季青印刷厂	北京市海淀区门头村48号	62591144	100093	书刊印刷	1050
北京皮件厂	北京市海淀区花园北路20号	82075707	100083	皮包、箱、袋等	1940
北京东升新型盒子房厂	北京市海淀区清河南镇	62919373	100085	标准、异型盒子房等	1150
东升砂布实业公司	北京市海淀区学清路11号	62915108	100085	砂布、砂带、砂盘等	3234
北京鹿牌都市生活用品有限公司	北京市昌平区南口东大街22号	69771061	102202	玻璃保温容器	21374.1

续表

单位名称	办公地点	联系电话	邮政编码	主要产品	销售收入（万元）
上海紫江企业集团北京分公司	北京市富乐工业园区	69642449	101400	吹塑及热罐装瓶	7835.6
太平洋制罐（北京）有限公司	北京市怀柔区雁栖镇下庄	61642566	101407	铝罐	30478
波尔亚太（北京）金属容器有限公司	北京市怀柔区雁栖工业开发区	61668288	101407	铝罐	26853
北京东明化学工业有限公司	北京市怀柔区雁栖工业开发区	61665518	101407	塑料模具	6319
北京奥星恒迅有限公司	北京市怀柔区雁栖工业开发区	61667065	101407	医用包装袋	6152
北京世纪兴业印刷有限公司	北京市门头沟区增峪路4号	69848716	102300	其他印刷业	32220
北京公众信息科技有限公司	北京市海淀区白石桥路28号	68910207	100081	广告制品	20341
北京市宏华电器有限公司	北京市门头沟区永定美安路	69804715	102308	全自动电热水器	16452
北京全兴磁卡特殊印刷有限公司	北京市海淀区田村路甲11号	68166660	100039	生产信用卡等系列产品	16436
北京市门头沟区城子金刚石厂	北京市门头沟区龙泉滨河路47号	69844998	102300	人造金刚石	15938
北京中天纸业集团公司	北京市西城区西四北八条9号	66519131	100034	复印纸、环保再生系列信息用纸、复合包装包	
北京星海乐器有限责任公司	北京市朝阳区九龙山黄木场6号	67783927	100022	钢琴、管乐、民乐	
北京兴大豪科技开发有限公司	北京市朝阳区酒仙桥东路1号	64358866	100016	电脑刺锈机电子控制系统	
北京玻璃集团公司	北京市崇文区崇外东大街1号	67180003	100062	日用玻璃制品、眼镜片、眼镜架	
北京市玉器厂	北京市崇文区光明路11号	67115310	100061	玉器制品	200
北京工美凤凰旅游集团	北京市崇文区龙潭湖北路1号	67111381	100061	工艺礼品	2720
北京市珐琅厂有限责任公司	北京市崇文区永定门外安乐林路10号	67211677	100075	景泰蓝	
北京市地毯五厂	北京市西城区新街口大半截胡同16号	66161473 66162115	100035	手工羊毛地毯、挂毯	450

续表

单位名称	办公地点	联系电话	邮政编码	主要产品	销售收入（万元）
北京航空工艺地毯有限公司	北京市顺义空港工业区B区裕东路3号	80495457	101300	航空地毯、航空座椅布	2800
北京轻工印刷厂	北京市西城区西直门内南草场11号	66181839	100035	商标印刷	800
北京鹏亚制版印刷有限公司	北京市三里河东路A座9号	84024636	100045	制版印刷	450
北京钰森嘉钰环保科技有限公司	北京市新街口外大街北方星座D座三层202室	81330798	100088	钰森节水抗旱治沙移栽袋	500
北京亿州仅升特种电线电缆高新技术有限公司	北京市德外大街11号	68016812	100088	安全防火电线电缆	110
北京阔步体育器材有限责任公司	北京市顺义区仁和镇五里仓	69442304	101300	体育器材	
北京中艺彩印包装有限公司	北京市顺义区后沙峪镇铁匠营村西	80496020	101300	多色印刷品	
北京银牡丹印务有限公司	北京市天竺空港工业区		101312	多色印刷品	
北京市双星高级润滑油厂	北京市大兴区黄亦路28号	69272067	100076	润滑油	1600
北京博林包装有限公司	北京市大兴区青云店镇	80213896	102605	精品包装盒	1000
北京星伟体育用品有限公司	北京生物医药产业基地	61238399	102600	台球桌系列产品	80000
北京兴河纸业有限公司	北京市房山区琉璃河镇	89381498	102403	金宇牌餐巾纸、金科牌晒图纸、金振牌编织纸	2674.1
北京韩建集团有限公司	北京市房山区韩村河村	80380516	102423		200952
北京市房山区西南章造纸厂	北京市房山区韩村河镇西南章村	80389196	102406	复印纸、箱板纸、高强瓦楞纸、绝缘纸、再生牛皮纸	1929
北京房山希望饲料公司	北京市房山区城关镇大石河	89345263	102400	饲料	7918.5
北京印刷集团有限责任公司	北京市西城区西黄城根北街10号	66172554	100034	书刊印刷	15538.3
北京轻联包装集团公司	北京市东城区校尉胡同10号	65138099	100005	多色印刷品、金属制品	12646

续表

单位名称	办公地点	联系电话	邮政编码	主要产品	销售收入（万元）
北京轻联集团有限责任公司	北京市西城区东滨河路5号	62371590	100011	物业、旅游、餐饮、房地产	36626
北京利丰雅高长城印刷有限公司	北京市宣武区永内西顺城街甲2号	63011108	100050	胶印印刷、照相制版	7205
北京市纸箱厂	北京市大兴县工业开发区金星路18号	60213404	100021	纸制品	5268
北京皮革集团	北京市丰台区南三环东路29号	67666085	100078	革皮箱包、革皮服装	5930.7
北京金田特印刷有限公司	北京市宣武区永内西顺城街甲2号	83102351	100050	胶印印刷	886
北京北人羽新胶印印刷有限公司	北京市东城区美术馆后街78号	64023734	100010	胶印印刷、照相制版	2882
北京包装装潢制品厂	北京市朝阳区左安门外左安东路	67629433	100021	彩色瓦楞纸板、纸盒、纸箱	488
北京联合印刷纸器有限公司	北京市朝阳区左安门外左安东路	67628533	100021	彩色瓦楞纸板、纸盒、纸箱	8000
北京市文百工业公司	北京市朝阳区三间房东路4号	65723051	100024	文体器材	2747.6
北京胶印厂	北京市东城区美术馆后街78号	64023734	100010	胶印印刷、照相制版	895
北京德宝商三包装印刷有限公司	北京市亦庄工业园区如意路1号	67372860	100023	包装印刷	11698.79
北京宝岛包装印刷有限公司	北京市大兴旧宫工业园区富华街北东区甲19号	68179416	100039	包装印刷、书刊印刷	5526
北京市皮件三厂	北京市丰台区永外南顶村4号	67226710	100075	革皮箱包	2461.8
北京市制革厂	北京市丰台区永外宋家庄顺八条4号	67622181	100078	轻革、重革	1176.8
北京北控制水有限公司		65156649	100022	自来水	
康地饲料添加剂（北京）有限公司	北京市朝外大街20号联合大厦705号	65883388	100020	配合饲料浓缩剂	
北京美好希望有限责任公司	北京市朝阳区小红门村	87603370	100176	饲料	

续表

单位名称	办公地点	联系电话	邮政编码	主要产品	销售收入（万元）
北京市通州次渠印刷厂	北京市通州区次渠工业区	81501256	101111	会计账册系列产品	1400
北京清华紫光泰和通环保技术有限公司	北京市通州区潞苑南大街25号	89592043	101100	免冲厕所、融雪剂、垃圾处理、项目施工	3900
北京印钞厂	北京市宣武区白纸坊街23号	63543344	100054	其他印刷业	86779.9
北京华盾塑料有限责任公司	北京市丰台区黄土岗马家楼119号	83721930	100070	塑料薄膜	19395.8
北京邮票厂	北京市宣武区右安门内大街8号	63524455	100054	邮票	19386.3
北京中融安全印务公司	北京市宣武区白纸坊西街10号	63569471	100053	零件印刷、排版	16295.6
经济日报印刷厂	北京市宣武区白纸坊东街2号	63559988	100054	书报刊印刷	9703.6
北京慧缘有限责任公司	北京市密云县滨河工业区	61088188	101500	安全帽	1100
北京倍舒特妇幼用品有限公司	北京市密云县工业开发区	69061748	101500	卫生巾、卫生护垫	8665
北京康祥塑胶有限公司	北京市平谷区马坊工业开发区1区36号	60999158	101204	皮革制品	7400.1
科力中科贸	北京市八角中里	62567545	100043	耐火陶瓷制品	
日达服饰印刷有限公司	北京市石景山区西井路5号	88799548	100043	包装装潢及其他印刷	
北京市通路矿产加工厂	北京市石景山区衙门口	68864356	100043	其他耐火材料制品业	
北京市虹艺玩具厂	北京市石景山区衙门口村西	68878492	100043	玩具制造业	
北京雅力新保温材料厂	北京市石景山区西井1栋西侧	68633530	100043	隔热保温材料制造业	
北京漫步者科技有限公司	北京市延庆县妫水南街14号	81192110	102100	多媒体音箱	3897.9
北京康拓饲料公司	北京市延庆县京张路口南	69102827	102100	配合饲料	2176.8
北京三川纸业有限公司	北京市延庆县香营乡村东	60161188	102104	瓦楞原纸	1852.2

续表

单位名称	办公地点	联系电话	邮政编码	主要产品	销售收入（万元）
北京市丽水嘉园房地产开发中心	北京市甜水园北里1号楼	65930875	100026	房地产开发、物业	9474.8
乾坤房地产公司	北京市朝外幸福三村北街1号	64608608	100027	房地产	
北京京城工业物流有限公司	北京市西城区德内大街西海东沿甲1号		100035	物流	
北京西海工贸公司	北京市西城区德内大街103号		100035		363
北京市机械局技术开发所	北京市崇文区东四块玉南街28号		100061		
北京市机械工业管理局党校	北京市朝阳区潘家园东里21号		100021		
北京市农机公司	北京市宣武区广外红居南街	63260787	100055	物流商贸	35248
北京优力凯置业有限责任公司	北京市朝阳区大黄庄	65746390	100024	房地产开发	4449.2
北京市农机物资供应公司	北京市朝阳区双桥中路	65893043	100024	仓储	7092
北京市农业机械总公司干部学校	北京市宣武区思源胡同8号	63014962	100054		
北京市华成建筑设计事务所	北京市海淀区复兴路2号	63273336－3303	100038		
北京市农机总公司培训中心	北京市昌平区二拨子	81795608	100096		
北京市兴东方实业有限责任公司离休干部管理服务中心	北京市宣武区核桃园东街1号	63161266	100053		
北京市长辆物业管理中心	北京市丰台区张郭庄甲1号	83804534	100072	小区物业管理房屋维修、糕点熟食、花卉出租、旅游、餐饮	441
北京市工业技师学院	北京市朝阳区化工路甲1号	67387521	100023	技工学校	3738
北京市化工职业病防治院（北京化工医院）	北京海淀区香山一棵松50号	62591713	100093	化工职业病预防治疗、监测	1164

续表

单位名称	办公地点	联系电话	邮政编码	主要产品	销售收入（万元）
北京市化工橡胶设计院	北京市宣武区槐柏树街2号	63022806	100053	工程设计、技术服务	517
北京京工化工投资咨询中心	北京市朝阳区华威北里劲松南路1号	677762672	100022	资金调剂管理、投资咨询服务	115
北京化学工业集团仪器仪表公司	北京市朝阳区南磨房四环路大郊亭	67714014	100022	技术咨询、开发、计量、鉴定	288
北京市建设工程质量监督总站化工工程监督站	北京市崇文区广渠门南水关14号	67150858	100061	技术监督	114
中共北京化学工业集团公司委员会党校（干部学校）	北京市东城区北池子38号	65121315	100006	大学学历教育、岗位培训、继续教育	261
北京化学工业集团有限责任公司教育培训中心	北京市朝阳区化工路甲1号	67382049	100023	管理经营学校国有资产、化工教育综合管理	59
北京华泰仿瓷制品有限公司	北京市通州区西关大街104号	69547477	101149	密胺餐具	1644.8
北京天通印刷有限公司	北京经济技术开发区隆庆街13号	67878740	100176	多种印刷品	1248.9
北京北化房地产开发有限公司	北京市崇文区广渠门南水关14号	67149649	100061	房地产开发与经营、商品房销售	53.81
维达北方纸业（北京）有限公司	北京市平谷区航宇北街南侧	89993949	101200	卫生纸	2532.9
北京宏丽源有限责任公司	北京市崇文区天坛东路66号	67158895	100061	奥琪美容师系列化妆品	3000.0
北京电控恒星经贸有限公司	北京市东城区东直门外新中街11号院内5号楼2层	64179013	100027	商品销售、会议、租金	2581.24
北京电控久益实业发展公司	北京市朝阳区酒仙桥中路18号	64389908	100016	服务类	5231.81
北京市西达房地产开发有限责任公司	北京市门头沟区黑山北小街13号	69838212	102300		
北京市梅苑饭店	北京市海淀区高梁桥斜街甲30号	62241115	100081		

北京市校(院)办企业名录

企业名称	所属院校	企业地址	负责人	电话
北方工业大学印刷厂	北方工业大学	北方工业大学院内	史　钧	13701096971
北京企中电子有限公司	北方工业大学	北方工业大学院内	刘伟力	13601101738
中色北方建筑设计院	北方工业大学	北方工业大学院内	许　仁	88803394
北方工业大学实验工厂	北方工业大学	北方工业大学院内	张虎占	88803127
北京北方技术开发公司	北方工业大学	北方工业大学院内	陈太栋	88803266
北京北大方正集团公司	北京大学	北京市成府路298号中关村方正大厦九F	张兆东	82529988
北京北大资源集团	北京大学	北京市资源宾馆北配楼	鞠传进	62750998
北京北大未名生物工程集团	北京大学	北京市上地生物城	潘爱华	82890919
北京北大纪元科技发展有限公司	北京大学	北京市燕东园32楼	郝敬林	62757373
北京北大金秋新技术公司	北京大学	北京市中关村酒店2495	吕景波	62574210
北京北大先行科技产业有限公司	北京大学	北大太平洋科技大厦1605	高　力	82667070
北京北大青鸟有限责任公司	北京大学	北京市成府路207号北大青鸟楼	杨芙清	62759861
北大君士集团有限责任公司	北京大学	北京市西城区国际企业大厦B座9层	王新屏	88091600
北京北大科技园有限公司	北京大学	北京市太平洋科技大厦	鞠传进	82667188
北大科技园建设开发有限公司	北京大学	北京市太平洋科技大厦	鞠传进	82667188
北京北大维信生物科技有限公司	北京大学	北京市航天长城大厦619室	段震文	68748040
北大英华科技有限公司	北京大学	北京市太平洋科技大厦17层	乔聪启	82668266
北京时代博雅咨询有限公司	北京大学	北京市北大畅春园	贺　鑫	62759150
北京北大天创信息技术有限公司	北京大学	北京市太平洋科技大厦	王绍武	13901227963

续表

企业名称	所属院校	企业地址	负责人	电 话
上海蓝光科技有限公司	北京大学	上海浦东	李树明	13901285955
北京大友软件系统有限公司	北京大学	北京市海淀区西苑乙二号	杨炎华	62752483
北京燕园天地科技有限公司	北京大学	北京市逸夫楼二层3712室	郝维诚	62751165
北京二外教育信息咨询中心	北京第二外国语学院	北京市朝阳区定福庄南里1号	贾丽君	65767463
北京第二外国语学院印刷厂	北京第二外国语学院	北京市朝阳区定福庄南里1号	徐 洁	65778506
旅游教育出版社	北京第二外国语学院	北京市朝阳区定福庄南里1号	刘丽雅	65777798
北京天哲国际旅游广告公司	北京第二外国语学院	北京市朝阳区定福庄南里1号	徐 洁	65778506
东华国际旅行社	北京第二外国语学院	北京市朝阳区定福庄南里1号	刘 恒	65514913
北京商苑物业管理中心	北京工商大学	北京市阜成路33号	太史义	68987238
北京太阳广告公司	北京工商大学	北京市阜成路33号		
北京海淀北商外事楼	北京工商大学	北京市阜成路33号	太史义	68987238
北京奥特轻工技术开发公司	北京工商大学	北京市阜成路33号	太史义	68987238
北工大汽车配件公司	北京工业大学	北京市朝阳区南新园中路108楼1712号	薛国刚	13801078937
北京工大住宅维修中心	北京工业大学	北京市朝阳区武圣东里28楼100号	刘文斌	67338632
北京工大金天物资中心	北京工业大学	北京市朝阳区平乐园100号	金小强	67391922
北京工大京天加油站	北京工业大学	北京市朝阳区平乐园100号	王桂红	67391570
北京毓秀精细化工厂	北京工业大学	北京市朝阳区平乐园100号	程树新	67392501
北京熙园宾馆	北京工业大学	北京市朝阳区平乐园100号	周莉莉	67391698
北京市东方宝龙电子新技术公司	北京工业大学	北京市朝阳区平乐园100号	霍 建	68032166
北京公达数码科技有限公司	北京工业大学	北京市经济技术开发区地盛北一号A区1号楼	陈可兵	67855151
北京工业大学建筑勘察设计院	北京工业大学	北京市朝阳区平乐园100号	王奎仁	67392327

续表

企业名称	所属院校	企业地址	负责人	电话
北京工大计算机软件开发公司	北京工业大学	北京市朝阳区平乐园100号	李娟霞	67391749
北京工大瑞雪制冷公司	北京工业大学	北京市朝阳区平乐园100号	陈洪岭	64391960
北京工大中宇智能信息系统工程中心	北京工业大学	北京市朝阳区平乐园100号	王金国	67391497
北京学宜宾馆有限公司	北京建筑工程学院	北京市西城区展览路1号	于志洋	68322324
北京建工远大市政建筑工程公司	北京建筑工程学院	北京市西城区展览路1号	蔡小刚	68322745 jgyojs@sohu.com
北京京龙实业开发总公司	北京建筑工程学院	北京市西城区展览路1号	彭正林	68363680
北京建工广厦机械厂	北京建筑工程学院	北京市西城区展览路1号	周　成	68322142
北京建工京精大房建设监理公司	北京建筑工程学院	北京市西城区展览路1号	李维平	68319009 www.jjdf.com.cn
北京建工建筑设计研究院	北京建筑工程学院	北京市西城区展览路1号	倪吉昌	68322135 jiangongshejiyuan@sina.com
北京方华苑假日景区顾问有限责任公司	北京建筑工程学院	北京市西城区展览路1号	金良生	68352495
北京天乐伟业科贸有限责任公司	北京建筑工程学院	北京市西城区展览路1号	黄少代	68355386
北京科大方兴科技孵化器有限责任公司	北京科技大学	北京市海淀区学院路30号方兴大厦607室	王会中	62334968
北京科大联创冶金技术有限公司	北京科技大学	北京市海淀区学院路30号	刘京山	62313468
北京科技大学开发总公司机翔分公司	北京科技大学	北京市海淀区学院路30号	胡正寰	62332331
北京科技大学开发总公司京都分公司	北京科技大学	北京市海淀区学院路30号	刘　勇	62333700
北京冶科岩土技术公司	北京科技大学	北京市海淀区学院路30号	张文明	62333710
北京科大时光科技有限公司	北京科技大学	北京市海淀区学院路30号	余达太	62335960

续表

企业名称	所属院校	企业地址	负责人	电话
北京市和兴冶金机电新技术公司	北京科技大学	北京市海淀区学院路30号	刘　钊	62324654
北京科光磁性材料有限公司	北京科技大学	北京市海淀区学院路30号	肖耀福	62332263
北京科技大学设计研究院	北京科技大学	北京市海淀区学院路30号	黄重国	62334915
北京科技大学实验工厂	北京科技大学	北京市海淀区学院路30号	郭　俊	62333626
北京科大恒兴高技术有限公司	北京科技大学	北京市海淀区学院路30号	唐　荻	62332598－6312
北京科大京科技术有限公司	北京科技大学	北京市海淀区学清路学知轩大厦1005室	王振声	82755623
北京科大九阳科技有限公司	北京科技大学	北京市海淀区学清路学知轩大厦404室	刘庭成	62318446
北京科大科技园有限公司	北京科技大学	北京市海淀区学清路学知轩大厦605室	徐金梧	62332247
北京科大印刷有限公司	北京科技大学	北京市海淀区学院路30号	于海龙	62332765
北京科大永兴电子信息材料技术有限责任公司	北京科技大学	北京市海淀区学院路30号	谢建新	62333799
北京科大中冶技术发展有限公司	北京科技大学	北京市海淀区学清路学知轩大厦411室	陈向明	62329500
北京青年旅游实业公司	北京青年政治学院	北京市朝阳区望京中环南路4号	孙玉霞	64722092
北京康良实业总公司	北京师范大学	北京市海淀区新街口外大街19号	王德胜	62208067
北京师范大学出版社	北京师范大学	北京市海淀区新街口外大街19号	赖德胜	62208107
北京浩智电子科技开发公司	北京师范大学	北京市海淀区新街口外大街19号	余胜泉	62007683
北京北体宾馆	北京体育大学	北京体育大学校内	程行尚	62989563
北京豪健服装厂	北京体育大学	北京体育大学校内	周　俊	62989294
北京北体大校园综合商店	北京体育大学	北京体育大学校内	程行尚	62989563
北京博体体育科学技术开发中心	北京体育大学	北京体育大学校内	周　俊	62989294
北京海淀北体加油站	北京体育大学	北京体育大学校内	刘　泳	62989520
北京海淀北体汽车配件销售中心	北京体育大学	北京体育大学校内	刘　泳	62989520

续表

企业名称	所属院校	企业地址	负责人	电话
北京体育大学出版社	北京体育大学	北京体育大学校内	谷小薇	62989450
北京海淀北体汽车修理部	北京体育大学	北京体育大学校内	刘　泳	62989520
北京市北体出租汽车公司	北京体育大学	北京体育大学校内	刘　泳	62989520
北京北体大纯净水厂	北京体育大学	北京体育大学校内	成凯旋	62989399
北京北体康乐城	北京体育大学	北京体育大学校内	侯向前	62989570
北京外研书店	北京外国语大学	北京市海淀区西三环北路19号	李树祥	88817500
北京毕升新技术开发中心	北京印刷学院	北京大兴兴华北路25号	柳世祥	60261250
北京印刷学院实习工厂	北京印刷学院	北京大兴兴华北路25号	罗林奎	60261225 sxgc@bjge.edu.cn
北京中医药大学药厂	北京中医药大学	北京市顺义林河工业开发区林河大街4号	王春云	89491226
北京一品恒生中医药开发中心	北京中医药大学	北京市朝阳区北三环东路11号	习静东	84254969
北京康伴医药科技发展公司	北京中医药大学	北京市朝阳区北三环东路11号	王林元	64287472
北京拓新医药科技信息服务公司	北京中医药大学	北京市朝阳区北三环东路11号	孟丹妮	64282692
北京中医药大学科技开发公司	北京中医药大学	北京市朝阳区北三环东路11号	文　萍	64286642
北京北中科仪设备开发公司	北京中医药大学	北京市朝阳区北三环东路11号	文　萍	64286642
北京中大东方医药科技发展中心	北京中医药大学	北京市朝阳区北三环东路11号	宋一川	64288997
北京赛莱科贸公司	北京中医药大学	北京市朝阳区北三环东路11号	刘长攸	64202604
北京北中博通科技发展中心	北京中医药大学	北京市朝阳区北三环东路11号	刘铜华	64286642
北京清华兴业投资管理有限公司	清华大学	北京市海淀区清华园1号	李胜军	62780269
北京清华科技创业投资有限公司	清华大学	北京市海淀区清华园1号	刘丹妮	62791195－614

续表

企业名称	所属院校	企业地址	负责人	电话
航天清华卫星技术有限公司	清华大学	北京市海淀区清华园1号	张彦文	010－68370793
北京清华文泉技术开发公司	清华大学	北京市海淀区清华园1号		010－62795865
清华同方股份有限公司	清华大学	北京市海淀区清华园1号	孙　岷	82399978
北京清华阳光能源开发有限责任公司	清华大学	北京市海淀区清华园1号	高　萍	82896736
北京华兴微电子有限公司	清华大学	北京市海淀区清华园1号	钟湄莹	62968211/12/13－307
北京泽华化学工程有限公司	清华大学	北京市海淀区清华园1号	丁　红	62979574/62976145
华清科源投资管理有限公司	清华大学	北京市海淀区兰旗营小区配套公建2号楼2层	向继国	62793171－2071
北京清软英泰信息技术有限公司	清华大学	北京市海淀区清华大学华业大厦三区四层	张志中	62792101
北京清华紫光泰和通环保技术有限公司	清华大学	北京市通州区潞苑南大街25号	刘国权	010－89593174
北京清华万博网络技术股份有限公司	清华大学	北京市海淀区清华大学华业大厦三区三层	吴晓岚	62771782转666
北京清华科技园建设股份有限公司	清华大学	清华大学东门创新大厦A座16层	郑　允	62785888－370
北京清华华环电子股份有限公司	清华大学	北京市海淀区上地六街26号	刘　萍	82784803－308
清华紫光环保有限公司	清华大学	北京市清华大学紫光大楼	邵瑞泽	62780354
北京清华紫光顺风信息安全有限公司	清华大学	北京市海淀区清华大学东门外学研大厦B座709室	王　伟	62790910转804
北京清华工美建筑装饰工程有限公司	清华大学	北京市朝阳东三环中路34号清华工美楼306室	叶　霏	65810794
清华科威国际技术转移有限公司	清华大学	北京市海淀区清华园华业大厦2006室	吴建亚	010－62792468
上海清华晶芯微电子有限公司	清华大学	北京市海淀区三才堂水清木华园5号楼131室、上海市北京东路668号科技京城C509	周　昉	021－53081880－809

续表

企业名称	所属院校	企业地址	负责人	电话
北京宇信电子有限公司	清华大学	北京市朝阳区慧忠北里天创世缘小区C座2106号	杜　蕾	64802970－810
北京清华亚王液晶材料有限公司	清华大学	北京市海淀区清华大学液晶大楼3楼	张兰芳	62771792
北京清华富港信息材料有限公司	清华大学	北京市密云县果园西路11号	彭雪英	69057800/13683304619
深圳市清华源兴生物医药科技有限公司	清华大学	深圳市南山区高新技术园北区郎山路清华源兴	潘　璠	0755－26980898
北京博奥生物芯片有限责任公司	清华大学	北京市昌平区生命科学园路18号	夏朝阳	13301309766
北京精电蓬远显示技术有限公司	清华大学	北京市海淀区清华科技园华业大厦3202室	潘海潆	62780866－863
清华同方光盘股份有限公司	清华大学	北京市海淀区清华大学华业大厦	单青龙	62791818－4061
北京清华同方微电子有限公司	清华大学	北京市海淀区知春路27号大运村11号楼11层		010－82351818
北京清华液晶技术工程研究中心	清华大学	北京市海淀区清华大学华业大厦液晶大楼		010－62785753
汕头保税区联亿生物工程有限公司	清华大学	汕头保税区内C06地块	陈瑗莉	0754－3594888
北京清华紫光测控有限公司	清华大学	北京市海淀区清华大学东门外双清路清华紫光大楼101室	王　敏	010－62556531
清华科技园(江西)发展有限公司	清华大学	南昌市经济技术开发区枫林大街	童图军	0791－3805770－8060
北京市海淀区清华大学8区	清华大学	清华大学东门学研大厦A座8层	韩玉华	62770877－6822
北京清华鲁银科技发展有限公司	清华大学	北京市海淀区清华大学华业大厦二层		62772545
广东银港纳米工程技术股份有限公司	清华大学	广东银港集团有限公司	陆映潮	13502609561

续表

企业名称	所属院校	企业地址	负责人	电　话
北京清华同方软件股份有限公司	清华大学	北京市海淀区上地六街1号鲁能科技大厦6层	赵新远	010-82701088
赛尔网络有限公司	清华大学	北京东长安街1号东方广场W1座写字楼10层	付晓东	65226655-1109
青岛金谷镁业股份有限公司	清华大学	青岛市高科园株洲路东端		0532-8607668
山东东岳化工股份有限公司	清华大学	山东省桓台县唐山镇	崔同政	0533-8514466
江西京鹰汽车新技术有限责任公司	清华大学	江西省鹰潭市环城东路103号		0701-6286609
北京清华诚志科技发展有限公司	清华大学	北京市海淀区创新大厦B座		010-62705204
北京清华同方机电工业有限公司	清华大学	北京市海淀区王庄路1号清华同方科技广场A座29层		010-82399925
北京首都科技集团有限责任公司	清华大学	北京市西城区西直门南大街16号9层		010-66518014
清华紫光股份有限公司	清华大学	清华大学东门外紫光大厦	齐　联	62770008
诚志股份有限公司	清华大学	江西省南昌市经济技术开发区枫林大道清华科技园(江西)华江大厦9层	许晓阳	0791-3826898
清华紫光古汉生物制药股份有限公司	清华大学	湖南省衡阳市先锋路54号	曹定兴	0734-8239335
泰豪科技股份有限公司	清华大学	江西南昌高新开发区泰豪科技大楼	杨　骏	0791-8102663
北京万东医疗装备股份有限公司	清华大学	北京市朝阳区建国门外郎家园6号	张丹石	010-65682598
北京起重工具厂	首都经济贸易大学	北京市朝阳区红庙金台里2号	苏安田	85995857
北京崇成经济技术开发公司	首都经济贸易大学	北京市朝阳区红庙金台里2号	梁成祥	65976485
北京京师科技开发公司	首都师范大学	北京市海淀区西三环北路105号	宣　密	68902282
北京首师大作文导报社	首都师范大学	北京市海淀区西三环北路105号	杨学军	68900525

续表

企业名称	所属院校	企业地址	负责人	电话
首都师范大学出版社	首都师范大学	北京市海淀区西三环北路105号	付作梅	68428968
北京首医药物研究所	首都医科大学	北京市丰台区右安门外西头条10号	郭建强	63051730
北京首医科技有限公司	首都医科大学	北京市丰台区右安门外西头条10号	郭建强	63051730
北京市医海生物工程技术开发公司	首都医科大学	北京市丰台区右安门外西头条10号	谢小明	63051136
北京瀛宫宾馆	首都医科大学	北京市丰台区右安门外西头条10号	张春波	63051490
北京康文书店	首都医科大学	北京市丰台区右安门外西头条10号	李绪德	63051272
北京淳方科贸公司	首都医科大学	北京市丰台区右安门外西头条10号	高世光	63051150
北京首医临床医学科技中心	首都医科大学	北京市丰台区右安门外西头条10号	梁　宏	63056573
北京市丰台鑫桥商店分店	首都医科大学	北京市丰台区右安门外西头条10号	田兰英	63051573
北京首大科信科贸公司	首钢工学院	北京市朝阳区东坝菊子房	李　明	65495672
北京地大地质科技公司	中国地质大学(北京)	北京市海淀区学院路29号	刘俊英	82321419
北京鑫旺达科贸公司	中国地质大学(北京)	北京市海淀区学院路29号	徐永全	13901392167
北京地智科贸公司	中国地质大学(北京)	北京市海淀区学院路29号	温炳奇	82323044
北京地大捷奥斯书店	中国地质大学(北京)	北京市海淀区学院路29号	李淑玲	82322282
北京地大彩印厂	中国地质大学(北京)	北京市海淀区学院路29号	赵　方	82322675
北京中地大工程勘察设计研究院	中国地质大学(北京)	北京市海淀区学院路29号	齐天龙	13901225925
北京爱地勘察机械厂	中国地质大学(北京)	北京市海淀区学院路29号	李军娥	82322347
中国地质大学(北京)劳动服务管理中心	中国地质大学(北京)	北京市海淀区学院路29号	杨建华	82323484
北京京迪广科贸公司	中国地质大学(北京)	北京市海淀区学院路29号	常荣生	82322384

续表

企业名称	所属院校	企业地址	负责人	电　话
北京新夏洁净能源技术发展中心	中国矿业大学(北京校区)	北京市海淀区学院路丁11号	从金华	62331632
北京市矿研高新技术公司	中国矿业大学(北京校区)	北京市海淀区学院路丁11号	邹仁贵	62313286
北京市开石矿业科技工程公司	中国矿业大学(北京校区)	北京市海淀区学院路丁11号	陈志平	62331292
北京采矿放顶煤开采液压支架技术研究所	中国矿业大学(北京校区)	北京市海淀区学院路丁11号	秦凤华	62331388
北京柯林科矿业技术研究所	中国矿业大学(北京校区)	北京市海淀区学院路丁11号	支献华	62331462
北京中大爆破技术工程公司	中国矿业大学(北京校区)	北京市海淀区学院路丁11号	刘殿书	62331348
北京东方瀚科技发展有限公司	中国矿业大学(北京校区)	北京市海淀区学院路丁11号	张　琳	62331430
北京中矿大机械厂	中国矿业大学(北京校区)	北京市海淀区学院路丁11号	王群启	62331562
北京高水矿山工程与材料研究所	中国矿业大学(北京校区)	北京市海淀区学院路丁11号	刘文水	82755706
北京协和医药科技开发总公司	中国协和医科大学	北京市东单三条9号	张　华	65105019
中国协和医科大学招待所	中国协和医科大学	北京市崇文区天坛南里9号	王春荣	67035551
中国协和医科大学出版社	中国协和医科大学	北京市东单三条9号	刘小培	65295969
北京协和医学音像出版社	中国协和医科大学	北京市东单三条9号	刘小培	65295969
北京卡普服务中心	中国协和医科大学	北京市阜外北礼土路167号	董志强	68361817
北京协医诊断试剂厂	中国协和医科大学	北京市东城区帅府园1号	王　云	65288495
北京协和医学科学技术开发公司	中国协和医科大学	北京市宣武区南纬路2号	吴炳章	83553790
北京协和药厂	中国协和医科大学	北京市崇文区龙潭路翔龙大厦	宋　建	67116513
中国政法大学出版社	中国政法大学	北京市海淀区西土城路25号	李传敢	62215621 13701372140

续表

企业名称	所属院校	企业地址	负责人	电话
北京法大印刷厂	中国政法大学	北京市海淀区西土城路25号	王进明	62229002 13801393407
中国政法大学劳动服务管理中心	中国政法大学	北京市海淀区西土城路25号	稽子明	69745577 －4903
北京正文园商店	中国政法大学	北京市海淀区西土城路25号	李彦华	62229953 13911175467
中央美术学院装饰工程公司	中央美术学院	北京市东城区校尉胡同5号	吴素华	65236852
北京中美院环境艺术设计研究中心	中央美术学院	北京市东城区校尉胡同5号	吴素华	65236852
北京中美院艺术装饰工程部	中央美术学院	北京市东城区校尉胡同5号	高万芳	65287732
北京中美院当代艺术中心	中央美术学院	北京市东城区校尉胡同5号	高万芳	65287732